U0920766

鄭州年鑑

ZHENG ZHOU YEAR BOOK

2016

郑州市人民政府 主办

郑州市地方史志办公室 编

中州古籍出版社

·郑州·

郑州市政区图
焦作市
温县
岳村
祥云镇
招贤
南庄镇
缑村镇
孟州市
化工镇
黄河大堤
新蟒河
黄河
北郭
沁河
邙岭
首阳山
偃师市
山化
岳滩镇
洛河
伊河
顾县镇
陶化店水库
缑氏镇
高龙镇
大口
府店镇
马涧水库
揣鼓台水库
洛阳市
G30
G310
G207
S49
S85
S32
巩义市
孝义街道
康店镇
站街镇
河洛镇
北山口镇
芝田镇
回郭镇
大峪沟镇
小关镇
米河镇
竹林镇
新中镇
鲁庄镇
西村镇
夹津口镇
涉村镇
坞罗水库
上街区
峡窝镇
汜水镇
高山镇
荥阳市
城关
乔楼镇
刘河镇
崔庙镇
王村镇
高村
金寨回族乡
环翠峪风景区管委会
尖山风景区管委会
新密市
袁庄
米村镇
牛店镇
城关镇
平陌镇
超化镇
大冶镇
宣化镇
登封市
中岳街道
嵩山
1491.7
少林水库
纸坊水库
唐庄
卢店镇
告成镇
东华镇
大金店镇
颍阳镇
君召
石道
送表矿区
白坪
徐庄镇
白沙水库
券门水库
颍河
平顶山市
许昌市
夏店
陵头镇
大峪
方山镇
鸠山镇
丁店水库
河王水库
楚楼水库

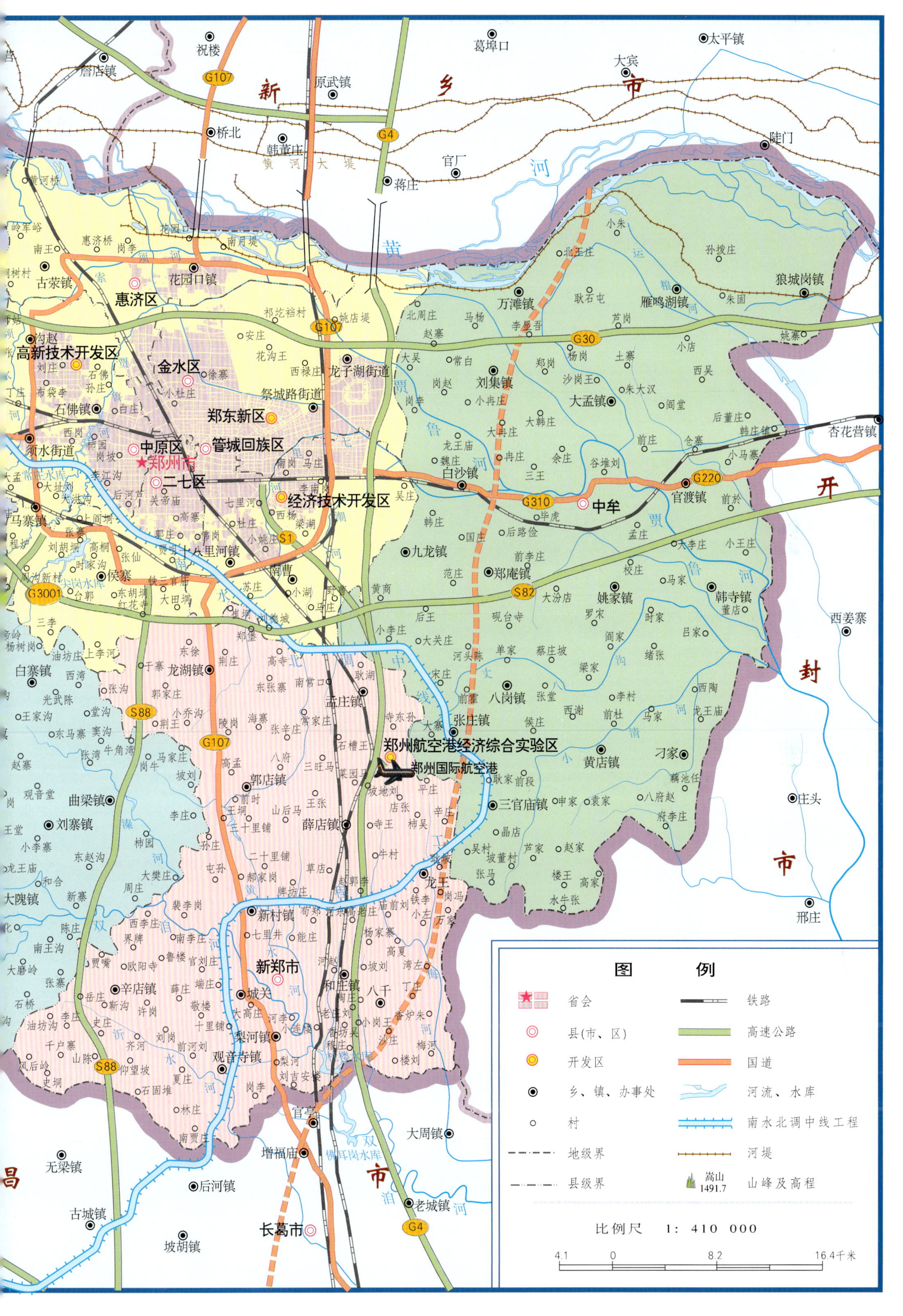
新
乡
市
开
封
市
市
祝楼
葛埠口
太平镇
詹店镇
原武镇
大宾
桥北
韩董庄
陡门
官厂
黄　河　大　堤
蒋庄
黄河桥
河
岭军峪
惠济桥
岗李
花园口
南月堤
南王
小朱
黄
北王庄
运
孙拨庄
古荣镇
惠济区
花园口镇
万滩镇
耿石屯
雁鸣湖镇
狼城岗镇
朱固
祁圪裆村
姚店堤
北周庄
马杨
李显吾
苗岗
姚寨
沟赵
安庄
赵寨
杨岗
土寨
小店
高新技术开发区
金水区
花沟王
大吴
常白
郑岗
西吴
刘庄
徐寨
西禄庄
龙子湖街道
刘集镇
沙岗王
朱大汉
石佛
孙庄
小杜庄
祭城路街道
岗赵
大孟镇
闫堂
布袋李
小冉庄
后董庄
石佛镇
白庄
郑东新区
贾
大韩庄
韩庄镇
杏花营镇
西岗
大冉庄
前庄
仓寨
须水街道
中原区
管城回族区
鲁
龙王庙
小马寨
郑州市
南岗
马庄
魏庄
冉庄
余庄
谷堆刘
李江沟
二七区
白沙镇
三王
G220
大坡刘
李南岗
吴庄
官渡镇
前於
后河芦
关帝庙
七里河
经济技术开发区
G310
中牟
马寨镇
高寨
西杨
韩庄
毕虎
上闫垌
梁湖
后路佺
孟庄
郭庄
杜庄
国庄
张寨
小姚庄
大李庄
小王庄
刘胡垌
高桐
十八里河镇
九龙镇
前李庄
程垌
张仙
南曹
校庄
时家沟
侯寨
郑庵镇
马家
韩寺镇
周沟新村
尖岗水库
铁三官庙
苏庄
小湖
范庄
大汾店
姚家镇
董店
G3001
东胡垌
大田垌
黄南
S82
罗宋
西姜寨
台郭
红花寺
马庄
后王
现台寺
时家
崔岗
刘德城
小李庄
吕家
三李
郑堡
大关庄
闫家
杨树岗
油坊庄
上李河
东徐
高寺
河头陈
单家
蔡庄坡
绪张
白寨镇
龙湖镇
荆庄
北
耿湖
宋庄
西湾
于寨
东张寨
南常口
梁家
西陶
光武陈
郭家庄
孟庄镇
八岗镇
张堂
张沟
王家沟
堂沟
小乔沟
寺东孙
西谢
李村
龙王庙
S88
荆王
陵岗
海寨
常家庄
张庄镇
前杜
马家
东马寨
窦沟
张辛庄
大寨
侯庄
G107
石槽王
郑州航空港经济综合实验区
刁家
牛角湾
高孟
八府
张湾
马家庄
三旺马
黄店镇
赵寨
岗牛
坡刘
郭店镇
菜园王
郑州国际航空港
耿家
前段
藕池任
观音堂
前时
坡地刘
平庄
曲梁镇
山后马
店张
王张
辛庄
三官庙镇
申家
袁家
八府赵
庄头
王垌
李庄
刘寨镇
二十里铺
寺王
柿吴
府李庄
薛店镇
晶庄
小李寨
孙庄
柿园
牛村
吴村
芦家
赵家
东赵沟
二十里铺
坡董村
龙王庙
大樊庄
屯孙
郝家岗
草店
赵郭李
龙王
楼王
高家
和合
牌坊庄
张马
新寨
周庄
大隗镇
裴李岗
新村镇
荀郑
郑庄
老庄
前刘
铁李
岗冯
水牛张
陈庄
西李庄
小左
万家
南王沟
界牌
七里井
能庄
杨家寨
南李庄
鲁楼
官刘庄
高夏
大磨岭
贾嘴
欧阳寺
新郑市
坡刘
湾左
张寨
端庄
辛店镇
薛庄
城关
和庄镇
八千
丁庄
岳庄
石桥
新沟
许岗
敬楼
大高庄
河李
闫庄
香炉朱
油坊沟
李庄
十里铺
小岗王
梅河
千户寨
史庄
刘岗
梨河镇
小连桥
齐河
前河刘
沙庄
山陈
风后岭
仰望坡
观音寺镇
梨河
楼刘
S88
夏庄
刘吉安
史垌
石固堆
岗李
林庄
官亭
大周镇
南贾庄
增福庙
佛耳岗水库
昌
无梁镇
后河镇
老城镇
古城镇
长葛市
G4
坡胡镇
G107
G4
G30
S1
G107
双
洧
图　　例
省会
县(市、区)
开发区
乡、镇、办事处
村
地级界
县级界
铁路
高速公路
国道
河流、水库
南水北调中线工程
河堤
嵩山
1491.7
山峰及高程
比例尺　1: 410 000
4.1
0
8.2
16.4千米

郑州市城区图
郑州国家高新技术产业开发区
惠
济
区
荥
阳
市
中
原
区
连霍高速
绕城高速
郑少高速
京港澳高速
陇海快速路
科学大道
中原西路
西三环
西四环
天健湖公园
锦和公园
中心广场
莲园
科学公园
绿谷公园
雕塑公园
西流湖公园
郑州植物园
碧沙岗公园
五一公园
儿童乐园
绿城公园
长江公园
烈士陵园
康佳公园
文博森林公园
分河口公园
月季公园
古树苑
郑州服务区
郑州西服务区
高新技术开发区管委会
郑州大学
河南工业大学
常庄水库
尖岗水库
图例
政府驻地
一般单位
学校
医院
商场
宾馆、酒店
火车站
高速公路
铁路
街道
规划道路
中原区
二七区
管城回族区
金水区
惠济区
郑东新区
高新技术开发区
经济技术开发区
公园、绿地

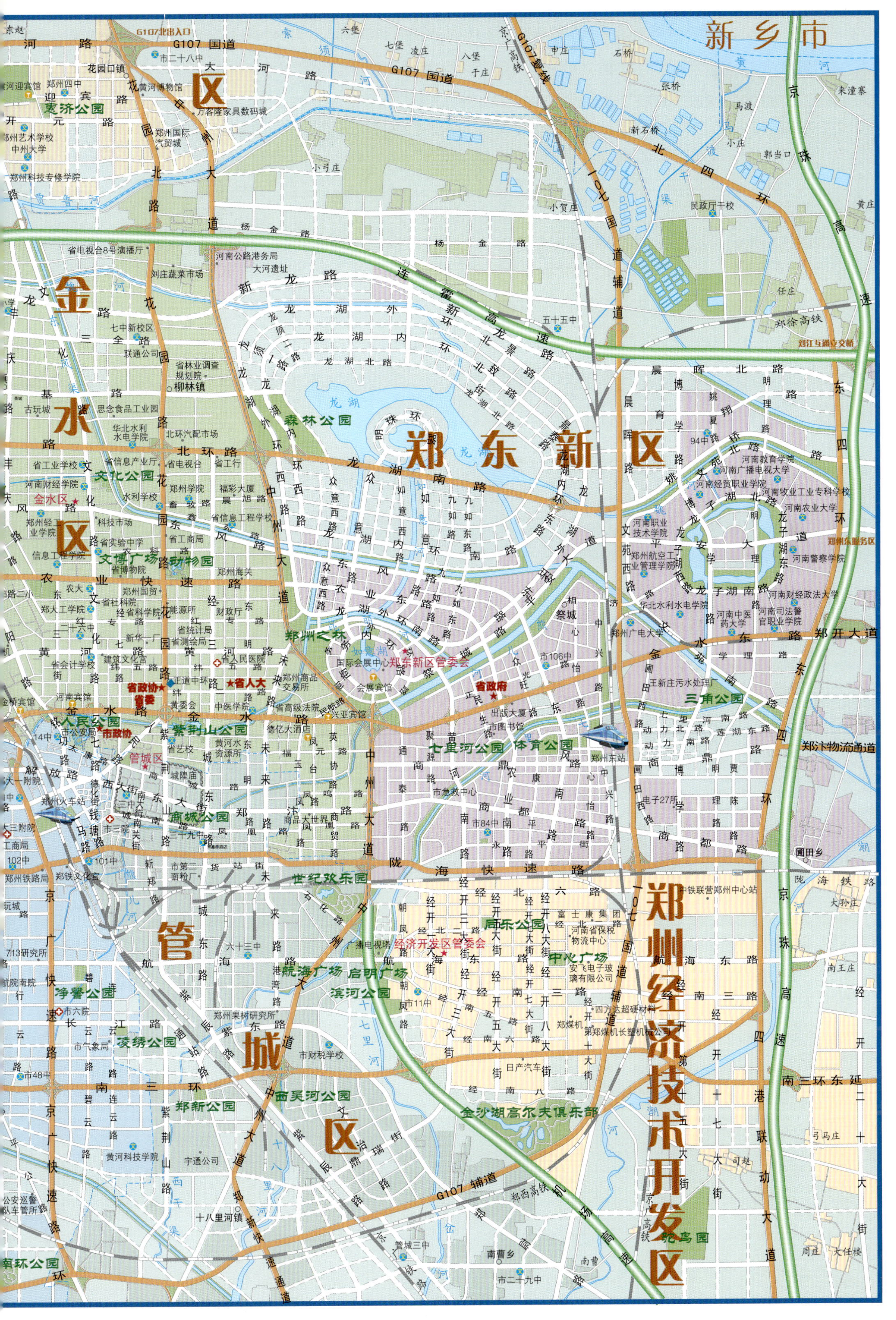

新乡市
金水区
郑东新区
管城区
郑州经济技术开发区
G107国道
连霍高速
京珠高速
黄河博物馆
惠济公园
森林公园
龙湖
文化公园
文博广场
动物园
郑州之林
如意湖
国际会展中心
郑东新区管委会
省政府
省政协
省委
省人大
人民公园
紫荆山公园
管城区
商城公园
七里河公园
体育公园
郑州东站
三角公园
世纪欢乐园
航海广场
启明广场
滨河公园
同乐公园
中心广场
经济开发区管委会
净馨公园
凌绣公园
郑新公园
南曹乡
鸵鸟园
金沙湖高尔夫俱乐部
郑州火车站
郑开大道
北环路
陇海快速路
南三环东延
紫荆山公园
十八里河镇
圃田乡

郑州市交通图

北郭
沁河
缑村镇
焦作市
温县
招贤
祥云镇
南庄镇
孟州市
化工镇
新蟒河
黄河大堤
黄河
沿黄快速通道
北陈沟
中任庄
北邙
水泉
车庄
丁村
高村
孤柏咀
王村镇
S314
韩常村
张村
倪店
蒋头
口子
汜水镇
G30
留村
十里堡
西邢村
武庄
西史村
金寨回族乡
高寨
X040
X034
河王水库
石板沟
寺湾
南河渡
七里铺
河洛镇
古桥
杨岭
礼泉
俩沟
潘窑
纸坊
高山镇
上街区
峡窝镇
城关
荥阳市
X050
竹园
X019
X011
大坡顶
大王村
三十里铺
苗顶
竹川
乔沟
唐沟
魏岗
洪界
任庄
七里村
豫龙
至乌鲁木齐
邙岭
G30
康店镇
孝义街道
站街镇
柏茂
官殿
S314
巩义市
黑南
大黄冶
铁匠炉
王河
山后
中原路快速通道
草店
X040
乔楼镇
陇海铁路
首阳山
偃师市
山化
北山口镇
G310
X052
大峪沟镇
将军岭
张家庄
高庙
米河镇
杨家沟
槐树洼
楚楼水库
洛河
G310
岳滩镇
高山
后泉沟
底沟
白窑
孙寨
小关镇
竹林镇
新中镇
X021
石板沟
X034
贾峪
丁店水库
陇海路快速
芝田镇
小营殿
驻家庄
清中
民权
龙门
双楼
索坡
傅河
马寨
回郭镇
喂庄
G237
山川
老井沟
新山
X050
岭沟
池沟
X040
刘河镇
X021
翟沟
崔庙镇
石硼
伊河
顾县镇
郑西客运专线
陶化店水库
苏家庄
X058
常封
坞罗水库
天坡
坞罗
罗泉
S49
杨树沟
洪河
胡脑
王宗店
白赵
郑岗
缑氏镇
高龙镇
西村镇
鲁庄镇
东侯
罗彦庄
李家窑
夹津口镇
西坡
寺峪河
环翠峪风景区管委会
庙子
五指岭
神仙洞
方沟
乱石
G207
阳
后林
涉村镇
夹津口
王沟
核桃园
尖山风景区管委会
X025
金井沟
摇鼓台水库
马涧水库
大口
密岭
外河
府店镇
赵城
关帝庙
羊角沟
寺里坪
塔水磨
巩密关
国公岭
下寺沟
柿树湾
袁庄
拐沟
公川
王窑
郭庄
井湾
花家庄
郑卢高速
米村镇
姜沟
X038
新密市
王河
三官庙
磨沟
寨上
北召
西张湾
马鞍河
雷家沟
墓坡
嵩山
1491.7
纸坊水库
北竹园
S85
市
塔沟
少林水库
X020
向阳
牛店镇
打虎亭
七里岗
少林
玄天庙
玉台
西土门
城关镇
郑登快
东张庄
唐庄
月台
扎子沟
西瓦店
李庄
西十里铺
书院
北高庄
康村
吴岗
S316
张坡
甘寨
杨岭
黄城
X016
马庄
王家庄
X038
X029
红石头沟
王庄
登封市
中岳街道
卢店镇
平陌镇
郑卢高速
水磨湾
崔坪
三王庄
交河口
西施村
戈湾
龙泉
超化
颍阳镇
S85
常寨
耿庄
东十里铺
栗子沟
大冶镇
范寨
君召
钱岭
X031
大王庄
X046
西湾
朝阳沟
S323
簸箕掌
黄
周洼
文村
北旨村
北沟
S32
松华
刘沟
圣帝庙
裴塘
X016
冠子岭
河门
石桥
告成镇
东刘碑
申家沟
S323
老庄沟
阎坡
G207
书堂沟
袁桥
东华镇
曲河
X044
佛垌
刘寨
鲁村
大金店镇
X048
S49
山沟
黄路山
王家堂
石道
王楼
南寨
颍河
唐庄
袁窑
X237
青石河
宣化镇
石坡
上窝
王堂
周庄
苇园沟
王窑
庙庄
岳窑
郝沟
安庄
陈楼
李家沟
二岗
券门水库
白沙水库
丁村
三元
白坪
S32
送表矿区
海眼
祁沟
徐庄镇
郑庄
平
程窑
X048
柳泉
夏店
何家门
陵头镇
顶
许
方山镇
大峪
山
颍河
鸠山镇
市
至吉隆坡
至新加坡
至重庆

至北京
至天津
至哈尔滨
至首尔
至台北
至上海
至广州
至香港
新
乡
市
开
封
市
昌
市
京广铁路
京广客运专线
黄河大堤
黄
河
连霍高速
陇海铁路
祝楼
詹店镇
原武镇
葛埠口
太平镇
大宾
桥北
韩董庄
官厂
蒋庄
陡门
黄河桥
岭军峪
岗李
花园口
古荥镇
花园口镇
惠济区
祁圪裆村
姚店堤
北王庄
万滩镇
雁鸣湖镇
孙拨庄
狼城岗镇
小朱
沟赵
高新技术开发区
金水区
安庄
西禄庄
龙子湖街道
大吴
马杨
赵寨
芦岗
小店
姚寨
布袋李
石佛
小杜庄
祭城路街道
郑东新区
四港联动大道
岗李
刘集镇
郑岗
土寨
西吴
大孟镇
郑开大道
后董庄
郑汴物流通道
杏花营镇
须水街道
柿园
岗坡
中原区
管城回族区
马庄
龙王庙
大冉庄
前庄
仓寨
小马寨
郑州市
二七区
南岗
魏庄
白沙镇
三王
谷堆刘
官渡镇
大耿刘
后河芦
关帝庙
七里河
李南岗
吴庄
中牟
上南垌
经济技术开发区
梁湖
韩庄
后路岗
毕虎
孟庄
前於
刘胡垌
张寨
郭庄
佛岗
九龙镇
国庄
大李庄
小王庄
侯寨
张仙
十八里河镇
南曹
苏庄
范庄
郑庵镇
姚家镇
马家
韩寺镇
台郭
铁三官庙
红花寺
马庄
黄甫
大汾庄
罗宋
西姜寨
上李河
东徐
大关庄
单家
吕家
白寨镇
千寨
龙湖镇
荆庄
东张寨
南曾口
耿湖
八岗镇
梁家
绪张
光武陈
张沟
郭家庄
孟庄镇
前营
李村
西陶
王家沟
小乔沟
凌岗
常家庄
寺东孙
张庄镇
生金李
西谢
马家
刁家
岳村镇
窦沟
张湾
岗牛
张辛庄
大寨
石槽王
郑州航空港经济综合实验区
黄店镇
观音堂
坡刘
郭店镇
菜园王
郑州国际航空港
前段
藕池任
曲梁镇
大学路南延工程
三十里铺
三官庙镇
袁家
庄头
刘寨镇
李庄
薛店镇
柿吴
付李庄
小李寨
孙庄
牛村
晶店
武寨
东赵沟
柿园
二十里铺
草店
吴村
芦家
老寨
郑家岗
赵郭李
龙王
楼王
大隗镇
周庄
岗冯
新村镇
方家
邢庄
西李庄
裴李岗
七里井
荀郑
南李庄
高夏
南王沟
欧阳寺
官刘庄
拔刘
张寨
新郑市
端庄
和庄镇
石桥
岳庄
辛店镇
薛庄
城关
八千
大高庄
油坊沟
史庄
河李
小岗庄
千户寨
齐河
梨河镇
小连楼
梅河
观音寺镇
孝庄
岗李
林庄
南贾庄
官亭
大周镇
无梁镇
增福庙
双洎河
后河镇
老城镇
古城镇
坡胡镇
长葛市
G107
G4
G30
G310
G220
G3001
S223
S82
S1
S102
S316
S88
S321
S323
S103
S102
X005
X006
X013
X022
X023
X026
X028
X014
X029
X033
X035
X004
X023
X006
图 例
省会
县(市、区)
开发区
乡、镇、街道
村
地级界
县级界
铁路
客运专线
高速公路及编号
国道及编号
规划国道
省道及编号
快速通道工程
县道及编号
机场及航线
河流、水库
南水北调中线工程
河堤
山峰及高程
嵩山
1491.7
比例尺 1: 410 000
4.1
0
8.2
16.4千米

郑州市地势图

北郭
沁河
温县
市
祥云镇
作
孟州市
化工镇
焦
新蟒河
黄河大堤
黄河
高村
王村镇
唐岗水库
汜水镇
G30
金寨回族乡
枯河
河王水库
河洛镇
上街区
高山镇
峡窝镇
城关
荥阳市
邙岭
康店镇
站街镇
G30
巩义市
乔楼镇
豫龙
首阳山
北山口镇
G310
楚楼水库
山化
G310
偃师市
大峪沟镇
米河镇
洛
岳滩镇
洛河
伊河
芝田镇
竹林镇
小关镇
新中镇
刘河镇
回郭镇
顾县镇
崔庙镇
陆浑店水库
西村镇
坞罗水库
S49
高龙镇
缑氏镇
鲁庄镇
夹津口镇
涉村镇
G207
阳
擂鼓台水库
大口
府店镇
袁庄
米村镇
市
嵩山
1491.7
少林水库
S85
新密市
牛店镇
城关镇
唐庄
登封市
中岳街道
卢店镇
平陌镇
大冶镇
S85
颍阳镇
君召
S32
告成镇
G207
大金店镇
东华镇
S49
石道
颍河
宣化镇
白沙水库
白坪
S32
徐庄镇
高程表(米)
1250
1000
700
500
300
200
150
100
平
顶
山
市
大峪
许
方山镇
鸠山镇
颍河

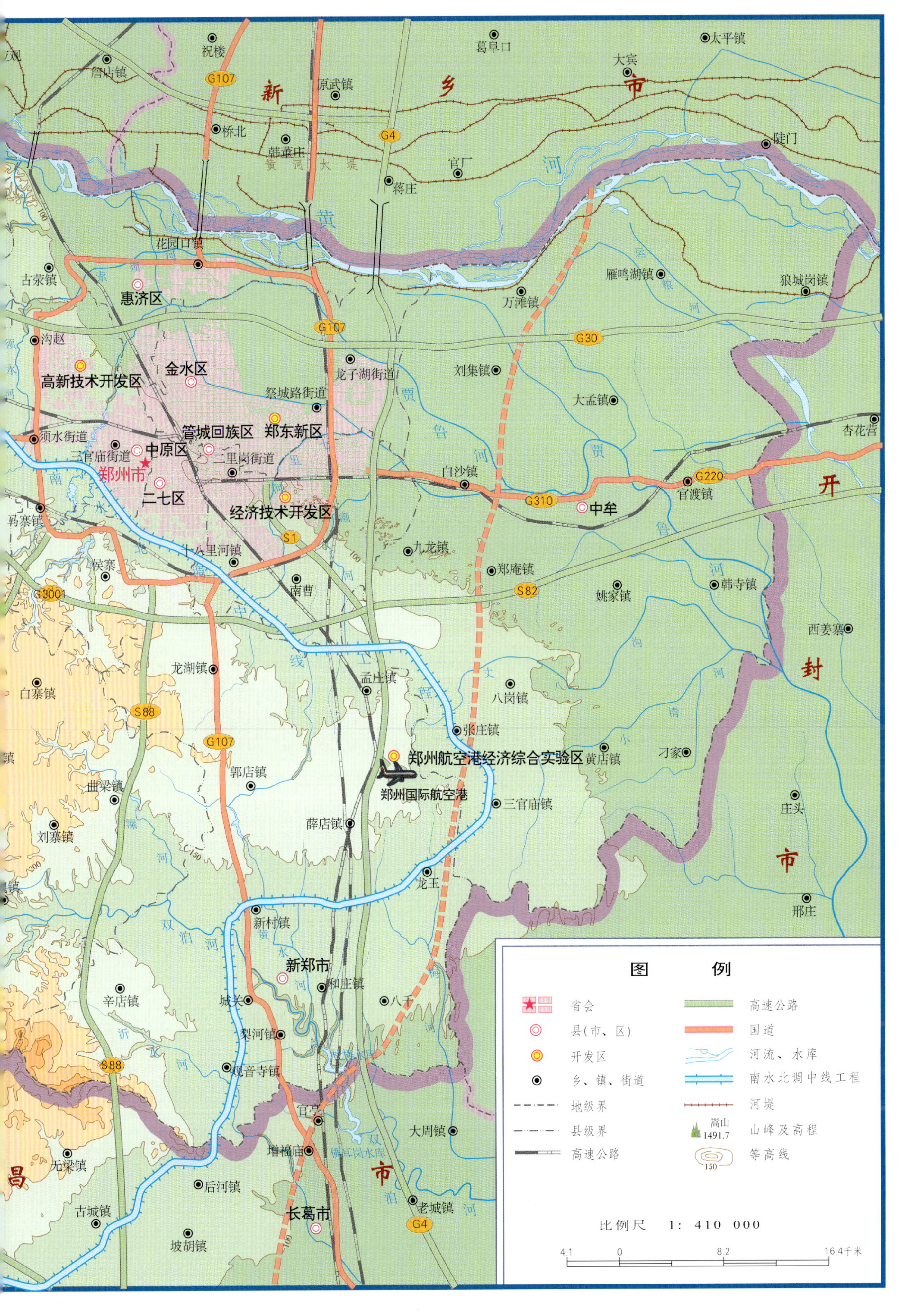

新
乡
市
开
封
市
郑州市
惠济区
金水区
高新技术开发区
管城回族区
郑东新区
中原区
二七区
经济技术开发区
中牟
郑州航空港经济综合实验区
郑州国际航空港
新郑市
长葛市
黄河
贾鲁河
南水北调中线工程
双洎河
图例
省会
县(市、区)
开发区
乡、镇、街道
地级界
县级界
高速公路
国道
河流、水库
南水北调中线工程
河堤
山峰及高程
等高线
比例尺 1: 410 000

编辑说明

一、《郑州年鉴》是郑州市人民政府主办、郑州市地方史志办公室承办的地方综合年鉴。该鉴旨在按年度全面系统地记载郑州市经济社会发展的主要情况，为机关、企事业单位等组织及外来投资者和社会各界人士了解郑州、研究郑州、建设郑州提供丰富翔实的地情资料。

二、《郑州年鉴》是国内外公开发行的年刊，以出版年号为卷次名称，自1985年创刊以来，每年出版一卷，本卷年鉴是总第32卷。

三、《郑州年鉴》采取分类编辑法，按篇目、类目、分目、条目的结构组成内容体系。全书以不同字体、字号区别不同层次。条目标题均加【 】表示。为方便读者检索，《郑州年鉴》正文前设置总目、中英文目录；正文后设置主题词索引、表格和示意图索引、彩图插页索引，主题词索引标目按汉语拼音声母音序分类排列，表格和示意图索引及彩图插页索引按页码顺序排列。

四、《郑州年鉴》2016卷设有特载、市情概要、大事记、党政机构、人民团体和社会团体、法制、人民武装、农业和农村工作、工业经济、服务业、交通运输业、民营经济、财政税务、城乡建设与环境保护、经济监督与管理、文化事业、新闻出版与传媒、科技教育、卫生体育、社会事业、开发区及产业集聚区、县（市）区、附录等23个篇目。全书除文字内容外，还收录了反映领导活动、部门工作、行业发展、城乡新貌、重要成绩等方面的彩色图片。

五、《郑州年鉴》所辑录的内容由市直各部、委、办、局，各县(市)、区及部分驻郑单位组织提供，均经各供稿单位审核，资料真实可靠。“统计资料”由郑州市统计局提供，内文条目中的数据由各供稿单位提供，部分条目中的数据因统计口径等原因可能与统计资料中的数据不相符合，在引用本书的有关数据时，应以附录中的“统计资料”为准。

六、《郑州年鉴》在组稿、编撰、印刷、发行过程中得到各有关部门和领导的大力支持，资料收集和初稿撰写人员付出了艰辛努力，在此一并谢忱。本卷《郑州年鉴》中的疏漏和错误之处，敬请专家和读者批评指正。

郑州年鉴编纂委员会

郑州年鉴编辑部

主　　编　张群保
常务副主编　梁豫生
副 主 编　范鹏飞
编　　辑　贾建英　蒋晓娜　刘　恒　程天天
彩页编辑　吕根尚
装帧设计　王　娜

总　目

目录

特载

市情概要

自然环境

行政区划

人口状况

发展综述

组织机构

大事记

党政机构

中国共产党

综 述

重要会议

重要活动

纪检监察工作

组织工作

宣传工作

统战工作

政策研究

编制管理

老干部工作

党史工作

党校工作

人民代表大会

综 述

人大会议

监督工作

人民政府

综 述

重要会议

重要活动

人力资源和社会保障

外事侨务工作

对台工作

信访工作

接待工作

机关事务管理工作

人民政协

综 述

政协全会

政协常委会议

民主党派和工商联

综 述

民革郑州市委员会

民盟郑州市委员会

民建郑州市委员会

民进郑州市委员会

农工党郑州市委员会

九三学社郑州市委员会

工商联

人民团体和社会团体

工 会

共青团

妇女联合会

科学技术协会

社会科学界联合会

文学艺术界联合会

慈善总会

红十字会

残疾人联合会

归国华侨联合会

法 制

地方立法工作

政府法制工作

政法工作

公安工作

检察工作

法院工作

司法行政工作

仲裁工作

典型案例

人民武装

郑州警备区

武警郑州市支队

人民防空

农业和农村工作

综 述

扶贫开发

种植业

水产业

畜牧业

林 业

农业机械化

水利建设

南水北调

黄河治理

工业经济

综 述

电力工业

食品工业

煤炭工业

烟草工业

服务业

商贸流通

商业贸易

供销合作

粮油购销

投资促进

会展业及节庆活动

会展业

乙未年黄帝故里拜祖大典

旅游业

综 述

旅游管理与服务

旅游活动

银行保险业

人民银行

工商银行

农业银行

建设银行

中国银行

郑州银行

中国人寿保险

泰康人寿保险

邮电通信业

邮 政

移动通信

联通通信

电信通信

交通运输业

铁 路

综 述

郑州车站

郑州东站

郑州北站

郑州客运段

公路运输业

综　述

交通基础设施建设

公路养护

道路运输生产

城市公共交通

交通行业管理

交通企业

轨道交通

航空运输业

河南省机场集团有限公司

中国南方航空河南航空有限公司

华南蓝天航空油料有限公司河南分公司

民营经济

综 述

财政 税务

财政管理

国税管理

地税管理

城乡建设与环境保护

建设行业管理

综 述

建筑业管理

勘察设计业管理

建筑节能

城乡规划与管理

城乡规划编制

城乡规划管理

住房保障和房地产管理

市政建设与管理

综 述

市政设施养护

市容环境卫生

数字化城市管理

火车站地区管理

园林绿化与公用事业

园林绿化建设与管理

城市供水

城市燃气

集中供热

污水处理

城市环境雕塑建设

城乡环境保护

环境保护

气象服务

防震减灾

经济监督与管理

发展计划管理

国土资源管理

工商行政管理

审计监督

物价管理

质量技术监督管理

安全生产监督管理

国有资产监督管理

食品药品监督管理

市场发展工作

统计工作

海关工作

文化事业

社会文化

文物管理

档案工作

地方史志工作

图书发行

新闻出版与传媒

新闻出版

郑州报业集团

郑州人民广播电台

郑州电视台

科技　教育

科 技

教 育

综 述

基础教育

中等职业教育和成人教育

高等教育

民办教育

师资队伍建设

教育管理

卫生　体育

卫生与计划生育

体　育

社会事业

精神文明建设

公民思想道德建设

精神文明创建

志愿服务活动

诚信建设

未成年人思想道德建设

农村精神文明建设

网络精神文明建设

“六个文明”主题活动

民生工程

城乡居民生活

爱国卫生运动

民政

综述

社会管理

社会服务

民族与宗教

开发区及产业集聚区

郑州航空港经济综合实验区（郑州新郑综合保税区）

郑东新区

郑州经济技术开发区

郑州高新技术产业开发区

产业集聚区

县（市）区

巩义市

新密市

登封市

新郑市

荥阳市

中牟县

金水区

二七区

管城回族区

中原区

惠济区

上街区

附 录

荣誉榜

2015年郑州市全国劳动模范和先进工作者

法 规

统计资料

重要文件目录

CONTENTS

People's Organizations and Social Groups

Legal System

People' s Armed Forces

Agriculture and Rural Work

Industry Economy

Service Industry

Transportation Industry

Private Economy

Finance Tax Affairs

Urban and Rural Construction and Environment Protection

Economic Supervision and Management

Culture Undertaking

Press and Publication Media

Science and Education

Health and Sports

Social Undertakings

Development Zones & Industrial Clusters

County(city) District

Appendix

Index

彩页目录

和谐城乡　美丽郑州

区域新貌

部门亮点

企业新姿 基层风采

和谐城乡 美丽郑州

古都郑州 魅力之城

HARMONIOUS URBAN AND RURAL
BEAUTY ZHENGZHOU

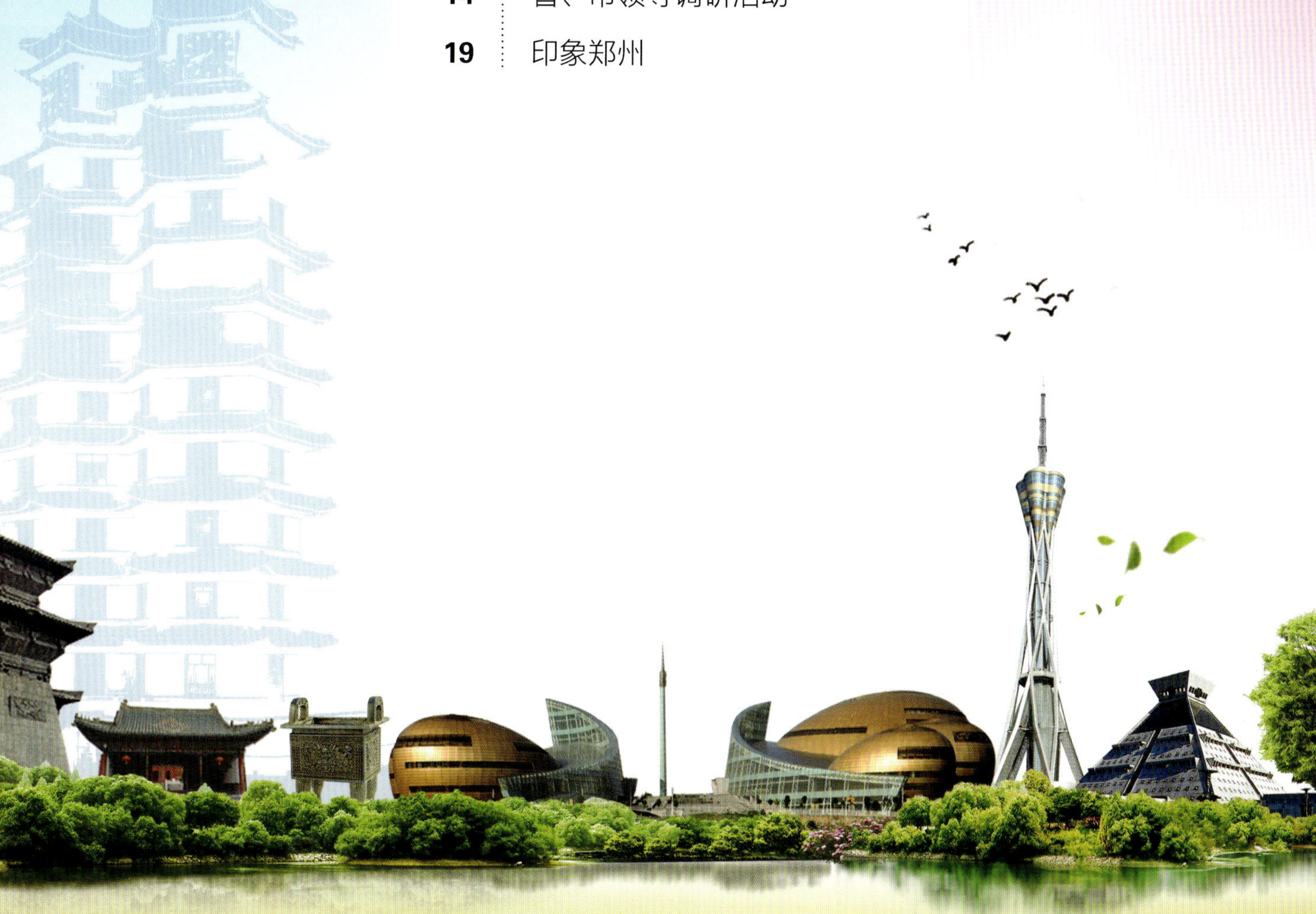

印象郑州
YINXIANG ZHENGZHOU
1

铁炉沟大桥
4

5

1. 2015年10月13日，郑登快速通道朝阳沟特大桥合龙
2. 城郊铁路高架段建设
3. 2015年10月31日，陇海路快速通道工程全线建成通车
4. 2015年10月，新建文明示范路郑登快速通道通车
5. 2015年12月18日，商登高速郑州航空港区段通车
6. 2015年12月22日，郑州新郑国际机场二期扩建工程投运

黄河大堤生态廊道

金水东路生态廊道

郑新快速路生态廊道

嵩山南路绿化美化

中原路生态廊道

中州大道生态廊道

◆郑州黄河国家湿地公园

◆南环公园

◆高新区游园

◆经开区蝶湖

◆郑州树木花卉博览园

① 二七区樱桃沟

② 黄河大堤秋色

③ 惠济区古树林

④ 环翠峪·梅山瀑布

⑤ 高新区须水河生态水系

⑥ 黄河故道

大溪湖绿化

◆郑州大学高新区中心医院

◆郑州机械研究所国家实验室

◆解放军信息工程大学新校区

◆中铁隧道国家实验室大楼

◆郑州大学新校区

◆“十二五”时期，郑州市新增4000余台新型空调公交车

◆地铁列车停车库

◆南水北调干渠

◆南水北调水厂调蓄池

节庆活动舞龙

◆黄河滩区赛马

◆生态廊道骑行

◀2015年9月24日，中共中央政治局常委、国务院总理李克强在郑州航空港实验区调研

◀2015年8月29日至30日，全国政协副主席、九三学社中央主席韩启德调研郑州市安宁疗护工作

▶2015年1月22日，全国政协副主席、国家民委主任王正伟在回民第一小学调研民族教育工作

国家及部委领导视察活动

▲2015年11月24日，十七届中央政治局常委、中央精神文明建设指导委员会原主任李长春在经开区中大门视察

▲2015年5月29日，第九届全国人大常委会副委员长、全国妇联原主席彭珮云来郑调研村规民约等工作

▲2015年12月9日，第十届全国人大常委会副委员长、中国关工委主任顾秀莲视察二七区谷殿明学雷锋基地

▲2015年12月17日，第十二届全国政协人口资源环境委员会副主任、河南省原省长李成玉在高新区威科姆公司调研

▲2015年12月1日，全国人大财经委副主任邵宁在经开区中铁装备视察

国家及部委领导视察活动

▲2015年10月12日，民政部部长李立国到管城区蓉湾社区养老服务中心调研督导工作

▲2015年1月23日，司法部部长吴爱英在金水区视察指导司法工作

▲2015年3月30日，国家卫计委主任李斌调研郑州市医改工作

▲2015年1月24日，国务院副秘书长、国家信访局局长舒晓琴到二七区视察矛盾排查、人民调解工作

▲2015年5月14日，国家民航总局局长李家祥到航空港实验区调研

▲2015年11月9日，中共中央宣传部常务副部长、中央文明办主任黄坤明在郑调研

▲2015年7月15日，中国科协党组书记、常务副主席、书记处第一书记尚勇到中原区调研科普建设情况

▲2015年12月13日，公安部党委委员、副部长傅政华到郑州市公安局上合组织首脑会议安保指挥部视察工作

▲2015年4月24日，住房和城乡建设部副部长陆克华视察园博会

▲2015年12月9日，人力资源和社会保障部副部长邱小平带队督察郑州市农民工工作情况

▲2015年5月20日，科技部副部长曹健林到高新区汉威电子调研

省、市领导调研活动

▲2015年2月17日　省委书记、省人大常委会主任郭庚茂视察郑州轨道交通

◀2015年2月17日，省委书记、省人大常委会主任郭庚茂到金水区慰问

◀2015年5月22日，省委书记、省人大常委会主任郭庚茂在登封市产业集聚区调研

▶2015年4月20日，省长谢伏瞻在第九届投洽会展厅视察

▶2015年7月22日，省长谢伏瞻在新密市调研

▶2015年2月15日，省长谢伏瞻在纬四路农贸市场调研节前农产品供应情况

省、市领导

调研活动

►2015年7月9日，郑州市市长马懿在新密市调研

►2015年5月25日，市长马懿视察金水区联合执法工作

◄2015年6月5日，市长马懿视察二七区启福大道积水点改造情况

▶2015年5月5日，郑州市人大常委会主任白红战在新郑市调研华南城项目

◀2015年12月25日，市人大常委会主任白红战参加五级人大代表集中视察活动

▶2015年4月9日，市人大常委会主任白红战到上街区调研

省、市领导调研活动

▲2015年4月21日，市政协主席王璋在乙未年黄帝故里拜祖大典上接受记者专访

◄2015年5月28日，市政协主席王璋专题调研郑州市职业教育情况

►2015年8月21日，市政协主席王璋到中牟县调研农产品质量安全监管工作

1 经开区滨河国际新城戒指桥

2 桃花峪黄河中下游界碑

3 国家一级保护鸟类—大鸨迁徙落脚郑州黄河湿地

4 新密市浮戏山

5 云缠雾绕青龙山

6 郑州黄河湿地荻花开

7 巩义市康百万庄园

社区绿化

南裹头黄河漂流

李商隐公园

刘禹锡公园

荥阳北部平原优质种子基地

特载

牢记责任 抢抓机遇 发扬成绩 乘势而上 为实现“两个率先”目标建设国际商都而努力奋斗

——市委十届十三次全体（扩大）会议报告（节选）

（2016年1月9日）

一、肯定成绩，总结经验，坚定在新起点上实现新跨越的信心和决心

“十二五”时期，是郑州发展史上极不平凡的五年。五年来，在省委、省政府的正确领导下，市委、市政府团结带领全市人民，落实“四个全面”战略布局，围绕“三大一中”战略定位，以航空港实验区为统揽，实施开放创新双驱动战略，突出“三大主体”工作，凝心聚力，真抓实干，实现了经济社会的持续健康快速发展，较好完成了“十二五”规划的主要目标和任务。经济实力实现晋位，“十二五”期间，我市保持了年均11.2%的经济增速，高于全国、全省3.4和1.6个百分点。2015年全市生产总值预计完成7450亿元，比“十一五”末增长70%，占全省的比重由17.5%提高到19.5%，在全国27个省会城市中由第8位前移至第7位；全口径财政收入完成2408亿元，年均增长19.4%；地方财政一般预算收入完成942.9亿元，是“十一五”末的2.4倍，占全省比重由28%提高到31.3%，在全国27个省会城市中由第7位前移至第6位。经济结构优化升级，三次产业结构由“十一五”末的3：54.6：42.4调整为2：50：48，高新技术产业增加值在GDP中的比重由16.5%提高到24%，工业中战略性新兴产业比重由36.5%提高到46.4%，实现了服务业在经济中的比重超过工业、工业中战略性新兴产业比重超过传统高耗能产业两大历史性转型。区域竞争力显著增强，2011年–2014年郑州综合竞争力在全国294个城市中排名由第54位前移至第19位；创新创业环境在国内100个主要城市中排名由第16位前移至第9位；五年实际利用外资167.2亿美元，是“十一五”的2.6倍；进出口总额由“十一五”末的51.6亿美元增长到550亿美元，年均增长66%，总量在全国27个省会城市中由第17位前移至第3位。群众生活质量大幅提升，“十二五”期间，全市公共财政民生支出2700亿元，年均增幅达到21.2%；基础设施投资共完成4197亿元，是“十一五”的3倍，市县两级城市建成区面积5年增加220平方公里，城镇就业人数净增72万，城镇化率由63.6%提高到69.9%；全市每千人拥有医院床位数由5.4张提高到8张、拥有中小学学位数由82个提高到117个，分别高出全国平均水平64%和15%；农民人均纯收入由9225元提高到1.7万元，城镇居民人均可支配收入由1.9万元提高到3.2万元，年均分别增长12.9%、10.8%，城乡居民收入比由2.0缩小到1.8，比全国平均水平低1个百分点，居中西部前列。法治文明社会建设进程加快，市人大常委会制定地方性法规10部、修订5部，代表提出的35件议案、2810件建议得到办理；市政协向社会征集提案3593件、立案办理2980件；以刑事案件速裁程序试点为带动的司法效率明显提高；依托网格调处各类矛盾纠纷19.2万余件，调成率97%以上；化解信访突出问题6526起，办结率100%，息诉率达到86%以上；处置重大不稳定事件3000多起，没有发生造成影响的重大案（事）件；基层民主参选率由88.2%提高到91.4%；公众安全感满意度保持在95%左右，全民法治宣传教育普及率达到85%以上，社会主义核心价值观知晓率达到96%以上，全市注册志愿者突破70万人。荣获“全国社会管理综合治理优秀城市”称号，创成并蝉联全国文明城市、国家卫生城市。党风政风干部作风明显好转，以网格为载体，6396支市县两级群众工作队、4.5万名公职人员下沉网格担责履责，保持基层网格问题排查化解率在96%以上；有近200名富有基层工作经验、敢于担当、作风务实的干部被充实到了县（市）区领导岗位，300多名优秀干部被选派到急难险重岗位接受锻炼、发挥作用，有基层工作经历的干部在县（市）区党政领导班子中的比例达到60%左右；扎实开展党的群众路线教育实践活动和“三严三实”专题教育，各级党员领导干部确立整改事项3.2万项，立改立行2.8万项，整改率达到87.5%；围绕反“四风”开展了26项专项整治，查处违反八项规定案件685起、党政纪处分393人，全市纪检监察机关立案5331件、党政纪处分5832人，保持了反腐败的高压态势。

回顾五年来的发展历程，我们有许多宝贵经验和精神财富值得总结发扬，归纳起来有三个鲜明特点：

一是"先"，就是把握大势，遵循规律，结合郑州实际创造性贯彻落实中央和省委决策部署，主动作为，先行先试，抢占先机。我们从国情、省情看市情，深化认识传统发展方式不均衡、不协调、不可持续的问题，把握中央推进发展转型和省委"四集一转"政策导向，围绕郑州最终实现现代化"产业在哪里布局、布局什么产业，人们在哪里居住、居住什么环境"，梳理出郑州都市区空间布局、功能分区和产业分布，构建了支撑郑州长远发展的空间新格局，探索走出了一条以产业集聚区和新型社区为支撑的"三化协调、四化同步、集聚集约集群内涵式"科学发展路子。我们深化认识全球以航空为标志的交通方式递进带动经济形态变革的趋势，抢抓"一带一路"战略机遇，实现全国第一个航空港经济综合实验区落户郑州、米字形高铁网在郑州加快建设，初步构建了一个"三网融合""四港一体"多式联运、连通境内外、辐射东中西的综合交通枢纽。我们准确把握国家推进贸易自由化的决策部署，以自由贸易区申建为引领，创新拓展综合保税区、出口加工区、保税物流中心等海关特殊监管区建设和口岸功能建设，实现了"三个一"通关体制的重大突破，成为拥有特种商品进口指定口岸最多的内陆城市，确立了郑欧班列、跨境贸易电子商务服务试点在全国的领先地位，初步形成了一个与沿海相当、与国际接轨的对外开放体制机制。我们深化认识郑州发展的阶段特征，把握中央、省委以新型城镇化拉动内需、解决"两个二元结构"问题的决策实质，树立"一个主体两个载体""三位一体"城乡统筹发展理念，突出"中心城市带动、县城组团发展、产业集聚区支撑、统筹社区建设"，提前启动以人为核心的新型城镇化建设，实现了城乡承载功能、城市形态和产业业态、群众就业生活环境的显著提升，初步奠定了一个支撑郑州持续发展的城乡基础。我们深化认识新技术产业革命发展趋势，遵循新常态下国家、省产业政策，坚持"一区一主业"，谋划了工业七大主导产业和"1+1+6"产业基地、服务业七大主导产业和"十中心"建设，以各类产业集聚区、服务业"两区"为载体，坚持"培内""引外"并重、开放创新双驱动，初步构建起了一个以电子信息、汽车与装备制造、现代金融商贸物流、文化创意旅游为标志的大都市战略支撑产业体系。我们深化认识中央、省委以治理体系和治理能力现代化为核心的全面深化改革方向，不等不靠，积极探索，率先推进以"五单一网"为核心的行政审批制度改革、以城乡规划建设土地管理"六统一"和投融资体制改革为重点的政府性资源配置机制改革、以产业集聚区管理套合改革为突破的"小政府、大服务"行政体制创新、以农村"三改"和建立在就业社保基础上公共服务覆盖常住人口的"人"的城市化制度创新等改革，初步探索形成了一个符合郑州实际、体现"两个作用"的行政和公共管理运行体系。上兵伐谋，胜在谋略。从新型城镇化引领带动发展方式转变到现代产业体系构建形成具有高成长性、可持续性的经济新支撑，从航空港实验区设立到米字形高铁网建设和郑欧班列、E贸易持续突破，从开放带动、打通过去内陆地区梦想拥有的"港口"通道到创新驱动、形成"双创"热潮、释放改革红利，这些契合新常态特征和要求的发展成效，无不是我们遵循规律、突出规律性，把握大势、突出前瞻性，结合实际、突出科学性，提前谋划、抓"先"抓"早"的结果。正是得益于规律性、前瞻性、科学性的认识和行动，才使郑州在全国这一轮竞争发展中赢得了先机、占据了主动、争取到了更多国内外资源向郑州集聚，为郑州蓄势崛起、赶超发展创造了条件、积累了优势。回顾这几年的发展，如果我们没有在2012年提出"一区一主业"、确定工业七大主导产业和服务业七大主导产业，没有提出科技型中小企业成长路线图计划，没有持续进行招商引资、推进产业项目落地建设，就不会有近年来的产业结构持续优化升级，不会有GDP保持11.2%年均增速的发展态势。如果我们没有以新型城镇化为引领的基础设施建设投资拉动，没有在中央决策之前实施大棚户区改造，就不会有内需拉动作用的充分显现，不会有房地产业的健康稳定发展。因此，"先"的实质就是遵循规律、把握大势，从实际出发，做好战略性、前瞻性、高站位的谋划，这是一个地方实现科学发展的前提和基础。

二是"实"，就是坚持"全国找坐标、中部求超越、河南挑大梁"，突出目标导向、问题导向，干实事、下实功、求实效。在航空港实验区建设上，坚持领导小组月例会周协调机制，集全市之力加以推进，用一个多月时间搬迁6个村1万多名群众保障机场二期建设，全力推进郑欧班列从破冰开行到均衡运行，主动争取、积极探索跨境贸易电子商务服务试点，实现了日处理能力超100万包的规模，获批建设全国跨境电商综合试验区，初步确立了以航空为引领、郑欧班列为支撑、跨境电子贸易为基础的丝绸之路经济带物流枢纽地位。在新型城镇化建设上，从解决群众反映强烈的交通拥堵问题入手，坚持以拆开路、以拆促建、以拆促转，掀起了郑州这一轮以完善城乡承载功能为核心的基础设施大建设。城市轨道交通、大"井字+环线"快速路网、16个环城高速出入口、266条断头路打通等重大交通工程有序建成投用。全市1994个行政村有1107个村、268万群众参与"四类社区"建设，已有100万群众实现回迁、享受到了城市化生活。城市日供水能力由原来的80万吨增加到177万吨以上，市区95%的区域用上南水北调优质水源；新建变电站23座，新增天然气用户60万户，新增供热面积3095万平方米。建成区绿化覆盖率由31.9%提高到40.1%，人均水域面积由5.8平方米扩大到10.2平方米，初步显现出了自然之美、社会公正、城乡和谐的现代田园城市雏形。在现代产业体系构建上，建立市委常委联系重点企业、"五职责任招商"、"四位一体"项目推进等机制，创造了不到一个月时间实现富士康项目从签约到生产、不到一个月时间完成上合组织成员国政府首脑会议筹备保障工作的"郑州速度"，极大地增强了外界对郑州的信心。五年共引进具有国际影响力、国内辐射力、国内外资源整合力、市场高成长力的"四力"型项目205个，一大批国内外知名企业和国家级功能平台落户郑州，初步奠定了支撑郑州可持续发展的产业基础。在民生改善上，坚持实施民生实事工程，逐年提高城乡低保标准、最低工资标准，实施保障性住房"三房合一"改革、社会保障"五险合一"改革和教育卫生优质资源倍增计划，新建、改扩建中小学165所、幼儿园416所，优质教育资源覆盖率由30%提高到70%，新增医院床位2.86万张，"郑州片医"服务模式基本实现城乡全覆盖，在国家基本医疗保障项目基础上市财政出资实施免费妇女“两癌”筛查、耳聋基因筛查、贫困白内障患者复明手术等项目，受益家庭114万户；创新以易地搬迁扶贫为特征的扶贫开发模式，实施精准扶贫，扶贫对象由24.5万人减少到3.9万人，初步实现了让人民群众生活更美好的阶段目标。可以说，过去的五年，是全市广大党员干部履职尽责、开拓创新的五年，克难攻坚、砥砺奋进的五年，苦干实干、善做善成的五年。正是大家坚持“谋事实”，把握发展规律和郑州的阶段特征，因地制宜，务实求实，不好高骛远，不脱离实际；坚持“创业实”，脚踏实地、真抓实干，定一件干一件，干一件成一件，不弄虚作假，不搞形式，不翻“烧饼”；坚持“作风实”，始终保持了舍我其谁的担当精神、抓铁有痕的拼搏劲头、不达目的誓不罢休的韧劲毅力，我们才完成了成倍于过去工作量的繁重任务，干成了不少别人认为我们干不成的实事难事。

三是“正”，就是坚持党要管党、从严治党，以党风带政风促民风，带“正”路子、立“正”导向、树“正”风气。坚持从市委常委会做起，严格落实县级以上机关“四项基础制度”，建立以八个市级重点工作推进领导小组为主体的领导运行机制，形成了“党委统一领导、政府分工负责、四大班子通力协作，责任、有序、高效”的良好工作局面。坚持围绕中心工作抓党建，探索建立经济社会主战场选拔任用干部制度，用经过基层锻炼、能打硬仗、善于攻坚的干部充实优化县（市）区班子，带动形成了“重基层、重一线、重实干、重实绩”的工作导向，培养了一支具有国际化视野、现代化领导能力、敢于担当的干部队伍。坚持以网格化为载体，落实基层“四项基础制度”，充分依靠群众推进工作落实，构建起了以基层党组织为核心，政府职责与群众自治有效衔接、互为支撑的基层治理结构。坚持以教育实践活动和专题教育为契机，从落实八项规定、反“四风”入手，立改立行，建章立制，健全权力规范运行和监督检查问责“两个机制”，强化政治纪律和规矩，落实“两个责任”，初步构建了不敢腐不能腐不想腐的“两强三不”党风廉政建设和反腐败斗争工作体系。坚持以立法、执法、司法、普法环节的制度创新推进全面依法治市，以培育和践行社会主义核心价值观为引领深化精神文明建设，通过加强对人大、政协、统战、双拥、群团等工作的领导凝聚各方力量，形成了一个“风正、气顺、心齐、劲足”的良好氛围。五年来，我们以科学的发展路子凝聚了共识和力量，以严格的考核奖惩树立了正确导向，以党员干部的率先垂范带动全市上下干事创业、争强抢先，呈现出了路子正、导向正、风气正的好局面、好氛围，为郑州都市区建设提供了坚强政治组织保障。

五年来，全市各级党员干部讲政治、顾大局、依靠群众、苦干实干，用“先、实、正”的实际行动推动郑州晋位升级、融入国际、引领全省、蓄势崛起，为内陆地区扩大开放探索了路子，为“一带一路”战略贡献了力量，较好履行了省会城市的“双重”责任，给省委、省政府和人民群众交上了一份合格的答卷，也使郑州站在了向全面建成小康社会、基本实现现代化宏伟目标迈进的新起点上。我们坚信，在党中央和省委、省政府的坚强领导下，坚定不移地走正确的发展路子，郑州一定能够在我们党实现“两个一百年”目标进程中夺取新的胜利，在中国特色社会主义道路上创造新的辉煌、开创更加美好的明天。

二、认清形势，抢抓机遇，在适应新常态、引领新常态上积极作为、厚植优势

一要从全球经济变革大趋势中把握机遇、坚定信心。世界经济仍在深度调整，总体上会延续疲弱复苏态势，但有三大趋势正在形成：一是以空运为主导的“第五次冲击波”带动全球经济形态深刻演变，国际货物运输逐步由“海港”主导向“海陆空”共同承担转变。二是以互联网为基础的经济组织方式深刻变革，研发、生产和销售趋向全球资源配置。三是以贸易自由化为特征的市场交易模式正在推进，地区之间的政策差异将逐步取消、形成统一市场。以上三个趋势，将使内陆城市与沿海沿边地区在这一轮经济调整中处于同一起跑线上，将使物流成本在国际贸易中的决定性作用越来越大。郑州区位居中、“四港一体”抢先形成、人力资源丰富、市场辐射面广，在内陆城市承接国际贸易和国内外产业转移中竞争优势明显，建设国际商都的条件更加成熟。大家要主动从适应三大趋势的角度出发思考问题、制定目标、落实措施，超前谋划工作，抢占先行先机。

二要从党和国家的政策导向和战略走向中认清方向、保持定力。党和国家适应和引领新常态主要有三大特征，即速度换挡、结构优化、动力转换。从速度换挡看，保持中高速增长，稳定预期、稳定就业、稳定态势。从结构优化看，在适度扩大总需求和调整需求结构的同时，着力加强供给侧结构性改革。理解“供给侧+结构性+改革”，实质是从提高供给质量出发，用改革的办法推进结构调整，矫正要素配置扭曲，提高全要素生产率，扩大有效供给，实现由低水平供需平衡向高水平供需平衡跃升。主要路径就是“加减乘除”，“加”就是在推进“四化”发展中培育新的增长点；“减”就是化解过剩产能；“乘”就是全面推进科技、管理、市场、商业模式创新；“除”就是扩大分子、缩小分母，提高劳动生产率和资本回报率。当前的阶段性任务就是“去产能、去库存、去杠杆、降成本、补短板”。从动力转换看，核心是坚持创新发展，以“大众创业、万众创新”激发活力，以拓展区域发展空间、基础设施建设空间、新兴经济发展空间拉动需求和供给同步提升。把握中央政策导向，结合我市实际辩证分析，利大于弊，机遇大于挑战。保持中高速增长为我们新旧动力转换创造了稳定的宏观环境。“去产能”对我们推进煤电铝耐材等资源型企业重组转型，既是倒逼、也是机遇。短期看虽有阵痛，但国家配套政策为平稳过渡、风险防范提供了支持；长远看行动越早越主动，越有利于浴火重生、腾出发展新空间。国家“去库存”的改革性措施，有利于我们加快新型城镇化步伐、加快解决“两个二元结构”问题；“去杠杆”为化解非法集资问题、降低债务和金融风险、拓宽投融资渠道创造了条件和机遇；“降成本”有利于发挥我市中小企业数量规模优势，激发“大众创业、万众创新”的市场活力；“补短板”对我们扩大有效投资、完善基础设施、改善民生都是利好。同时，我们还要看到，经过这几年努力，我们通过新型城镇化优化空间布局，优化社会公共产品供给，形成了较大的潜在市场需求；通过现代产业体系构建形成了新兴产业支撑，经济回旋余地较大；通

过开放创新双驱动，各种资源正在向郑州集聚，生产要素构成正在向中高级迈进。这些举措与中央精神高度契合、效果正在显现。我们一定要从发展大势中把握机遇、扬长补短，从工作实践中认清方向、保持定力，坚持既定的思路目标不动摇，坚持在实践中不断总结、持续提升、扩大成效。

三要从郑州面临的现实挑战中保持清醒、主动担当。挑战主要来自三个方面：一是中央、省委对郑州寄予厚望。从航空港实验区规划上升为国家战略规划到这次五中全会明确支持中原地区城市群发展，从习近平总书记、李克强总理先后到郑州调研作出重要指示到把上合组织成员国政府首脑会议放在郑州召开，都充分体现了中央对郑州为内陆城市扩大开放探索路子、为中部崛起提供战略支撑的殷切期望。省委省政府更是集全省之力支持和推进郑州发展，寄希望于通过郑州的发展，抢占制高点，发挥中心城市带动作用，引领河南走向国际化、加快现代化。能否不负重托、实现中央和省委的战略意图，是对我们能力素质的现实检验。二是解决自身短板问题任务依然艰巨。传统资源型产业随着国家“去产能”力度加大难以恢复原有水平，有的已走到尽头，而新兴产业的主导作用尚在形成之中；城乡承载承接功能不足，科技创新能力相对较弱，土地、资金、环境瓶颈制约严重，干部队伍能力素质与服务对外开放、建设国际化城市的要求不相适应等问题依然突出。特别是对照全面小康和现代化指标体系，我们在环境质量指数、研发经费支出、人均劳动生产率、居民收入等方面还存在不小差距，需要在今后的发展中下大气力加以解决。三是区域竞争更加激烈。随着郑州这几年在全国地位、作用和形象的提升，区域竞争态势更加明显。特别是在枢纽打造上，有些城市本身基础就比郑州好，我们在一些领域虽然抢先一步，但还没有形成不可替代的优势和地位，随时都有被赶超的可能，一旦失去先机，郑州的良好发展态势就可能发生逆转。

综合判断，“十三五”时期既是郑州“爬坡过坎、攻坚转型”的关键期，更是“抢抓机遇、奠定基础、确立地位”的决胜期。全市上下要认清形势，保持清醒，切实增强责任感和紧迫感，以比别人更高的标准、更多的付出、更拼命的精神、更科学务实的态度，主动担当，履职尽责，更好地适应新常态、引领新常态，为郑州长远发展奠定基础、厚植优势。

三、牢记责任，科学定位，切实把思想统一到实现“两个率先”、建设国际商都的宏伟目标上来

这次“十三五”规划纲要和国际商都规划纲要分别提出“两个率先”的近期目标和建设国际商都的远期目标。两个目标与中央提出的“两个一百年”奋斗目标的时段要求相一致。

远期目标国际商都，是省委、省政府对郑州的科学定位。省委九届十一次全会通过的《中共河南省委关于制定河南省国民经济和社会发展第十三个五年规划的建议》明确提出“实施郑州国际商都发展战略，加快向国际化大都市迈进”。这是省委、省政府遵循产业演变规律、国际贸易规律、城市发展规律，对新常态下的郑州发展进行的前瞻性、科学性谋划，是指导郑州现代化建设的战略定位。全市上下要把思想统一到省委、省政府决策部署和战略意图上来，站位全局，着眼长远，牢牢把握“一带一路”建设重大机遇，力争到建国一百年时把郑州打造成为以国际物流中心为基础的国际性工商业中心城市，建成国际化大都市。

近期目标“两个率先”的内涵是：以在全省率先实现全面建成小康社会、率先开启现代化建设新征程“两个率先”为统领，到2020年，在全面建成小康社会的基础上，部分区域和领域初步实现现代化，消除城乡之间、城市内部“两个二元结构”和农村贫困人口、城市贫困人口“两个贫困人口”问题，综合竞争力跨入国内城市第一方阵，初步建成自然之美、社会公正、城乡和谐的现代田园城市，实现国际商都规划2020年的阶段目标。这是我们理解领会中央和省委决策精神，履行“双重”责任，把握郑州发展阶段特征，提出来的“十三五”发展目标。

从必要性看，中央规划建议提出，通过“十三五”发展，要为实现第二个百年奋斗目标、实现中华民族伟大复兴中国梦奠定基础。省委着眼于“中原更出彩”，在规划建议中提出“到2020年，惠及全省人民的小康社会全面建成，部分领域和区域率先基本实现现代化，综合实力进入全国第一方阵”。作为省会城市、省委谋划的“核心增长极”，郑州应责无旁贷地担起“部分领域和区域率先基本实现现代化”的担子，下定决心向国内城市第一方阵进军。同时，重庆、南京等城市都已明确提出在“十三五”期间要向基本实现现代化迈进，站位“全国找坐标、中部求超越、河南挑大梁”，我们都应当树立“两个率先”的目标取向。

从可行性看，在全面小康建设上，根据测算，我市2015年小康实现程度已达到95%以上。根据国家有关评价体系，达到97%即为实现全面小康。按照我们的预期，只要抓好扶贫攻坚、环境整治、全社会研发经费投入等短板项目，争取有大的改进，到2017年有望提前三年实现全面建成小康社会。在现代化建设上，参照江苏制定的现代化指标体系，共有30项53个具体指标，综合评分达到90分以上即为基本实现现代化。对比分析，我市2015年综合评分为78分，只要我们加倍努力大干五年，到2020年有望接近90分，其中2/3以上的单项指标可以达到初步现代化标准。如果航空港实验区、郑东新区、经开区、高新区、六个城市区、各县城组团规划区单独测算，这些区域有90%的单项指标可以实现现代化。此外，“十三五”期间，我市以航空枢纽、高铁物流枢纽为标志的“四港一体”交通体系，以坚强智能电网为标志的电力供应系统，以下一代互联网示范城市建设为带动的信息网络平台，以全国公交都市示范城市建设为带动的城乡公交服务体系，以都市型农业为带动的现代农业等领域都有望达到国内一流水平。在综合竞争力方面，根据2014年排名，除去港澳台地区城市，郑州排在第16位，在全国35个大中城市中排第12位，经过五年努力，有望前进两个位次进入35个大中城市前十名，进入全国城市第一方阵。在国际商都建设上，根据中央和省委规划建议对“十三五”发展的谋划部署和我市目前的基础条件、发展态势，到2020年，机场二期将全面发挥作用，米字形高铁网和辐射省辖市的“1小时交通圈”、周边省会城市的“2小时交通圈”基本形成，以轨道交通和快速路网为代表的城市大交通体系基本建成，以航空物流和高铁物流为引领、郑欧班列和跨境贸易电子商务为带动、四大战略支撑产业为基础的交通物流枢纽优势将会更加凸显，有望打造成为服务全球、辐射全国的中国

物流产业发展高地，形成以出口导向型为主要特征的先进制造业和高端服务业联动发展新格局。因此，到2020年，郑州部分区域和领域初步实现现代化、综合竞争力进入国内城市第一方阵、实现国际商都规划2020年阶段目标是现实的、是可行的，经过努力是可以实现的。对此，全市上下要坚定信心，把思想统一到省委、市委的目标定位上来，用实现“两个率先”、建设国际商都的宏伟目标强化共识、提振精神、凝聚力量，形成全社会共同的目标追求和行动自觉。特别是航空港实验区、郑东新区、经开区、高新区、六个城市区、各县城组团和电力、建设、交通、工信、农业等系统都要以实现现代化为目标做好谋划、努力奋斗、争取实现。

四、把握主线，突出重点，努力实现“十三五”发展良好开局

今年工作总的要求就是贯彻创新、协调、绿色、开放、共享的发展理念，落实中央提出的“三去一降一补”任务和省委“稳增长、促改革、调结构、强基础、惠民生、防风险”的部署，以“大开放、大创新、大建设、大管理”为主线，深化提升“三大主体”工作，为实现“两个率先”、建设国际商都奠好基、起好步。

大开放，就是着力提升开放的质量和层次，坚持以开放拓空间、强增量、优存量。一是深化构建面向国际化的大开放平台。以自贸区、跨境电商试验区、国家自主创新示范区、郑东新区金融集聚核心功能区、经开保税区、互联网骨干直联点城市、流通领域改革试点城市、服务外包示范城市等建设为载体，以高铁物流枢纽基地建设、郑欧班列加密均衡运行、E贸易业务拓展、各类口岸功能提升为重点，深化推进“三网融合”“四港一体”多式联运综合交通枢纽建设，完善提升与沿海相当、与国际接轨的对外开放体系。二是扩大政府主导推动的国际化人文经贸合作交流。上合组织成员国政府首脑会议在郑州成功举办，极大地提高了郑州在国内外的影响力，增强了全民的自信心。我们要以此为契机，坚持“引进来”与“走出去”相结合，深化与“一带一路”沿线国家的合作、与欧美等技术和服务外包业务多的国家的合作，开展一批具有国际影响力的对外人文经贸合作交流活动，推进一批高层次、高端化的技术和产业项目合作，全方位、多角度接轨国际、融入国际。三是提升各类载体功能，突出主导产业招商。进一步深化产业集聚区和服务业“两区”管理套合改革，加快推进基础设施提升和功能集合构建。坚持“一区一主业”，强化“五职招商”责任，持续加大招商引资力度，以优质增量带动存量调整，促进传统高耗能产业“关停并转”。金水科教园区的快速发展、郑东新区金融产业集聚、经开区汽车产业不断扩能、中牟时尚文化创意大项目的集中入驻等，都充分证明哪个县（市）区对“一区一主业”理解得深、研究得透、下的功夫够，能够用国际化、现代化、专业化的眼光和要求谋划项目，这个地方的主导产业就会上台阶、上层次、形成强劲的集聚发展态势。

大创新，就是把改革创新贯穿经济社会发展全过程、各领域，依靠改革创新破除瓶颈、争创优势、增强活力。一是突出供给侧结构性改革提高全要素生产率的体制创新。持续深化“五单一网”制度改革、财税体制改革、金融支持小微企业等制度创新，优化企业投资经营环境；继续推进投融资体制、土地管理制度、产业引导基金管理制度等改革，更好地发挥政府和市场“两个作用”，提高各种生产要素配置效率；坚持以新型城镇化带动房地产业健康发展，深化户籍制度改革、农村“三项改革”和社会保障制度创新，建立“政府引导、市场化运作”的房屋租赁市场体系，出台鼓励农民到县城、镇区、组团新区购房落户政策，加快农村转移人口市民化步伐。二是深化“大众创业、万众创新”体制机制建设，营造有利于人才集聚、创新创业的环境。深化实施“智汇郑州·1125聚才”计划，完善提升以农民创业园、专业园区、产业集聚区、开发区为载体的从农村到城市、从低端到高端梯次发展的全民创业链和以创新创业综合体为载体、“两金一扶”体系为保障的科技创新链，优化“一站式”服务，激发市场主体的创业创新活力。三是发挥高成长性企业优势，夯实创新基础平台。坚持“政府引导、企业主体、市场导向、平台支撑、协同创新”的原则，加快实施以15家高成长性企业为重点的百亿级科技型领军企业（集团）培育计划和2000家科技型中小企业成长路线图计划，完善提升以国家专利审查协作河南中心、技术转移郑州中心为重点的功能平台，政府主导的社会化科研共享平台和以互联网骨干直联点建设为带动、以众创众包众扶众筹新模式为标志的网络创业创新平台，努力打造“全民创业热土、国家创新中心”。

大建设，就是以新型城镇化建设为引领，围绕郑州长远发展需要和群众“七个更”期盼，加快塑造现代化城市形态风貌。一是以交通、生态、电力为重点，推进城乡基础设施建设。全力保障米字形高铁网建设，加快大“井字+环线”快速路网、“两环三十一放射”的完善提升，全面推进城市轨道、城际轻轨建设，基本实现城乡交通畅通的目标。加快实施坚强智能电网工程、蓝天工程、生态水系工程、廊道提升和绿化覆盖工程，持续加大大气污染、水污染治理力度，彻底解决市区水电气暖供应问题。地铁建设要按照到2020年确保200公里、争取250公里的目标安排谋划、加快推进。电力建设重点要围绕省电力公司“十三五”规划实施做好保障工作，争取到2020年使郑州电力供应水平达到国内外一流水平。同时，高标准推进园博园、民族运动会主会场、航空港实验区会展中心和省市公共文化服务区建设，形成一批体现国际水准的标志性建筑。二是以“三级三类”便民服务中心和安置房为重点，推进民生项目建设。市区大围合区域内的村庄要全部拆迁到位、安置房全部开工建设，80%的拆迁群众实现回迁；各县城、组团新区、产业集聚区规划区周边3公里范围内村庄改造，交通干线两侧1公里内村庄改造，易地扶贫搬迁、煤矿塌陷区村庄搬迁改造，都要实现大头落地；“三级三类”便民服务中心按照布局规划和服务功能实现全覆盖；依托便民服务中心，新建、改扩建中小学30所，新增医院床位5000张以上、养老床位2000张以上，确保社区文体活动设施、就业培训服务设施等公共服务设施配建到位。三是以“四力型”项目为重点，强力推进产业项目建设。坚持“四位一体”项目推进机制，强化责任落实，加强组织协调，加大项目建设强度。各类产业集聚区要确保有2-3个“四力型”项目落地建设，主导产业投资增速达到25%左右，确保在晋星、晋级、晋位上实现新突破。

大管理，就是要围绕《率先全面建成小康社会让群众生活更美好三年行动计划白皮书》的实施，依托网格化管理，提高公共管理服务现代化水平。一是以营造畅通、整洁、有序的市容环境为重点，深化城市精细化管理。突出“车辆乱停乱放、占道经营、垃圾乱倒”“三乱”治理，狠抓城市精细化管理20项重点任务落实，巩固提升城市管理成效。二是以安全生产、公共安全、防范风险为重点，深化社会和谐稳定治理。始终把抓早抓小、解决问题、消除隐患作为工作的出发点和落脚点，按照“急则治标、缓则治本、长则建制”的原则，建立常态化的信访集中化解、安全隐患排查制度，持续做好非法集资化解处置和困难企业风险防控工作，确保社会大局和谐稳定。三是以非法生产、非法建设、非法经营治理和便民利民服务为重点，深化提升基层社会治理体系的网格化管理。结合“五单一网”改革，完善痕迹化管理制度，做到行政性审批权限下放到位、管理服务职责落实到位、痕迹记录追责到位，确保郑州每一寸土地上发生的事情、每一个群众的诉求事项都有人去管、有人去办、有人为其负责。

五、加强和改进党的领导，强化政治组织保障

能否实现既定目标，关键在我们的各级党组织和党员干部队伍。各级党委（党组）要认真履行“党要管党、从严治党”的政治责任，坚持围绕中心工作抓党建，在推进中心工作中建好党、管好党。

一是完善领导体制和工作机制，凝聚工作合力。要坚持和完善“党委统一领导、政府分工负责、四大班子通力协作”的领导运行机制。各级党委（党组）要把党建工作和党的领导贯穿到中心工作的方方面面，在加强自身队伍建设的同时，切实加强对人大、政协工作的领导，充分发挥人大代表、政协委员的职能作用。高度重视和切实抓好意识形态、统一战线、人民武装和群团等工作，最大限度地凝聚共识、汇聚力量。

二是突出担当、拼搏、实干，切实加强干部队伍能力和作风建设。要坚持党的好干部标准，突出勤奋敬业、尽心尽责、敢于担当、善于担当的干部选用标准，坚持经济社会发展主战场选拔使用干部制度，形成干部凭业绩自动生成的长效机制，树好“重实干、敢担当、求实效”的用人导向。要扎实推进“三严三实”专题教育，持续开展焦裕禄式好干部和学习弘扬焦裕禄精神好干部评选活动，树立标杆、弘扬正气。要创新干部教育培训方式，不断提高广大党员干部运用马克思主义立场、观点、方法观察分析和处理问题的能力，运用国际化视野、现代化思维谋划工作的水平和领导驾驭现代经济发展的能力。

三是依托网格化管理，深化“4+4+2”党建制度体系建设，夯实基层基础。以网格为载体推进区域化党建全覆盖，以“4+4+2”党建制度体系建设规范组织运行，以痕迹化管理促进“三支队伍”履职尽责，进一步完善以基层党组织为核心，政府职责与群众自治有效衔接、互为支撑的基层治理体系，让以人为本、以人民为中心、依靠群众、依法依规成为各级干部的行为规范和习惯自觉。

四是坚持从严从实，强化“两强三不”党风廉政建设和反腐败斗争机制建设。坚持“加强教育、强化预防、及时警醒、查早查小，坚决防止影响恶劣的腐败分子产生”的理念，把教育警示摆在前、把纪律规矩挺在前、把监管制度建在前，健全以清风茶社、警示约谈为载体的廉政教育常态化制度和以述职述廉、重大事项报告、巡察制度等为重点的干部约束管理制度，保持反腐败高压态势，持续好、巩固好“风正、气顺、心齐、劲足”的良好政治生态。

“十二五”的发展成就鼓舞人心，实现“两个率先”、建设国际商都的宏伟目标催人奋进。让我们紧密团结在以习近平同志为总书记的党中央周围，在省委、省政府的正确领导下，坚定信心，鼓足干劲，再接再厉，向着“三大一中”、建成国际商都的战略目标，向着在全省率先全面建成小康社会、率先开启现代化建设新征程的阶段目标，开拓进取、奋力前行，为加快中原崛起河南振兴富民强省、让中原更出彩作出新的更大的贡献！

政府工作报告

——在郑州市第十四届人民代表大会第三次会议上

市长　马懿

（2016年2月24日）

各位代表：

现在，我代表市人民政府，向大会报告工作，请予审议，并请各位政协委员和列席人员提出意见。

一、"十二五"成就及"十三五"主要目标

"十二五"时期，是我市发展史上极不平凡的五年。面对复杂多变的外部环境和经济下行压力持续加大的严峻形势，在省委、省政府和市委的坚强领导下，全市上下贯彻落实"四个全面"战略布局，按照"全国找坐标、中部求超越、河南挑大梁"的总要求，抢抓航空港实验区和中原经济区建设重大机遇，围绕"三大一中"战略定位，突出"三大主体"工作，大力实施开放创新双驱动战略，积极作为经济发展新常态，干成了一系列打基础利长远的大事要事，经济社会持续健康快速发展，顺利完成了"十二五"的各项目标任务，全面建成小康社会站在了新的历史起点。

——综合实力迈上新台阶。"十二五"时期，我市保持了年均11.2%的经济增速，高于全国、全省3.4个和1.6个百分点，各项主要经济指标在全国、全省保持了升级晋位态势。2015年，全市生产总值完成7315.2亿元，总量比2010年增长70%，占全省比重由17.5%提高到19.8%，对全省增量的贡献率达到26%，在全国27个省会城市中由第8位前移至第7位；一般公共预算收入942.9亿元，是2010年的2.4倍，占全省比重由28%提高到31.5%，对全省增量的贡献率达到40.3%，在全国27个省会城市中由第7位前移至第6位。郑州在全省的首位度持续提升，区域竞争力显著增强。

——改革创新步伐明显加快。通过持续深化重点领域关键环节改革，增创区域发展新优势。以行政审批制度改革、"五单一网"制度改革、产业集聚区管理机构套合改革等为标志，着力构建"小政府、大服务"的政务服务新格局；以投融资体制改革、城乡规划土地建设管理"六统一"制度改革等为标志，政府性资源市场化配置能力进一步提升；以创新创业综合体建设、"两金一扶"政策体系和"智汇郑州·1125聚才计划"为支撑，营造了有利于人才集聚、创新创业的发展环境。郑州经济社会发展的内生动力和活力持续增强。

——经济结构不断优化升级。三次产业结构由2010年的3.1：54.5：42.4调整为2.1：49.5：48.4，高新技术产业增加值在生产总值中的比重由16.5%提高到24%，工业中战略性新兴产业比重由36.5%提高到49.4%，实现服务业在经济中的比重超过工业、工业中战略性新兴产业比重超过传统资源高耗能产业两大历史性转型，经济发展的质量和效益显著提升。

——城乡面貌发生质的飞跃。米字形快速铁路网建设全面展开；地铁1号线开通运营，1号线二期、2号线一期、5号线、3号线一期加快建设；14个环城高速出入口、266条支线路网建成投用；"两环三十一放射"、10条市域快速通道等一大批交通道路工程建成通车，"井字+环线"快速路网初步成型。市区85%的区域用上南水北调优质水源；新增天然气用户60万户，新增供热面积5588万平方米，生活垃圾无害化处理率由90%提高到95%，污水日处理能力由90万吨提高到170万吨，城市承载能力持续增强。全市1994个行政村已有1107个被纳入"四类社区"建设，回迁群众100万人。市县两级城市建成区面积5年增加220平方公里，城镇化率由63.6%提高到69.9%。自然之美、社会公正、城乡和谐的现代田园城市风貌初步展现。

——开放平台支撑更加坚实。航空港实验区上升为国家战略，实验区建设取得重大阶段性成果，"三年打基础"目标基本实现。机场二期建成投用，货邮吞吐量增速连续4年居全国大型机场前列。综保区等海关特殊监管区功能不断拓展，汽车、肉类等进口口岸投用，我市成为内陆功能性口岸最多的城市。郑欧班列境内外集疏分拨范围、货运总量和满载率均居中欧班列前列。跨境贸易电子商务走货量居全国试点城市前列。富士康、国家专利审协河南中心等一大批国内外知名企业和国家级功能平台落户郑州。郑州成为国家级互联网骨干直联点，跻身全国十大通信网络交换枢纽。全市累计利用境外投资167.3亿美元，是"十一五"的2.6倍；进出口总额由51.6亿美元增长到570.3亿美元，占全省76.7%，年均增长61.6%，在全国27个省会城市中由第17位跃升至第3位。特别是圆满完成了上合组织成员国政府首脑理事会第14次会议服务保障任务，充分展示了我市的整体形象和实力。郑州在全国、全省发展大局中的地位、作用和影响力明显提升。

——群众生活水平持续改善。全市公共财政民生支出2889亿元，年均增长26%。城镇就业人数净增72万。新建改扩建中小学校165所、幼儿园416所。"五险合一"市级统筹基本实现全覆盖，城镇基本养老保险参保率95%以上，新农合参合率99.5%。346万农村人口饮水安全问题得到解决，在全省率先实现了农村饮水安全村村通自来水目标。精准扶贫成效显著，全市24.5万

扶贫对象已有20.6万人实现脱贫。城镇居民人均可支配收入由1.9万元提高到3.1万元，农村居民人均可支配收入由9225元提高到1.7万元，年均分别增长10.5%、13.2%。

这些成绩的取得，是落实省委、省政府决策部署的结果，是市委正确领导的结果，是市人大依法监督、市政协民主监督的结果，是全市上下开拓创新、务实重干的结果。在此，我代表市人民政府，向辛勤奋战在各条战线上的广大干部群众、驻郑人民解放军、武警官兵、政法干警和中央驻郑单位，向各民主党派、工商联、各人民团体和社会各界人士，向所有关心、支持郑州改革开放与现代化建设的海内外朋友表示诚挚的感谢和崇高的敬意！

经过“十二五”时期的探索实践，我们积累了宝贵经验，主要体现在：坚持科学发展。把贯彻中央、省委决策部署与郑州实际相结合，把握大势，遵循规律，坚持走好以“一个载体、三个体系”为支撑的“三化协调、四化同步”科学发展路子。坚持开放带动。充分发挥区位加交通比较优势，抢占先机，主动作为，着力打造开放载体平台，建设大枢纽，发展大物流，培育大产业，塑造大都市，积极构建内陆开放高地。坚持改革创新。突出问题导向、市场导向、需求导向，强力推进重点领域和关键环节改革，不断推动体制机制创新，以“双创”为带动，持续增强发展的内生动力和活力。坚持加快发展方式转变。紧紧围绕建设资源节约型和环境友好型社会，突出集约集群集聚发展，着力促进结构调整和经济转型，加快构建现代产业体系，不断提高城市核心竞争力。坚持统筹城乡协调发展。大力推进以人为核心的新型城镇化，努力形成合理的城镇体系、合理的人口布局、合理的产业布局和合理的就业结构，促进基本公共服务均等化，加快城乡一体化进程。坚持共享发展。以办好民生实事为重要抓手，着力在保障改善民生上做文章、在服务质量和服务方式上求提升，以改善民生凝聚民心，以凝聚民心汇聚民力，以汇聚民力共促发展。这些经验是全市人民智慧的结晶，弥足珍贵，必须倍加珍惜、发扬光大。

各位代表：“十三五”时期是我市率先全面建成小康社会的决胜期，也是“抢抓机遇、奠定基础、确立地位”的攻坚期。我们必须以高度的历史责任感、时代紧迫感，准确把握形势的新变化新特点，努力开创科学发展新局面。

《郑州市国民经济和社会发展第十三个五年规划纲要（草案）》、《郑州建设国际商都发展战略规划纲要（草案）》及说明已印发大会，提请审议。

“十三五”时期经济社会发展的指导思想是：高举中国特色社会主义伟大旗帜，全面贯彻党的十八大和十八届三中、四中、五中全会精神，以马列主义、毛泽东思想、邓小平理论、“三个代表”重要思想、科学发展观为指导，深入贯彻习近平总书记系列重要讲话精神，落实“四个全面”战略布局，坚持发展第一要务，贯彻“创新、协调、绿色、开放、共享”发展理念，抢抓航空港实验区和中原经济区建设重大机遇，深入实施开放创新双驱动战略，以国际商都建设为统揽，以新型城镇化为载体，以中高端现代产业体系为支撑，确立郑州国际综合交通枢纽和物流中心、“一带一路”核心节点城市、全球智能终端（手机）制造基地“三个地位”，在全省率先全面建成小康社会、率先开启现代化建设新征程。

主要预期目标是：经济保持中高速增长，主要经济指标和人均指标增速高于全省平均水平1个百分点以上，力争到2017年率先全面建成小康社会。到2020年，部分区域和领域初步实现现代化，综合竞争力跨入国内城市第一方阵，转型升级和创新驱动实现新突破，产业发展水平迈向中高端，质量、效益和协调性明显高于“十二五”；生态环境质量总体改善，社会治理能力和城市软实力明显增强，人民群众的获得感、幸福感和城市归属感稳步提升，实现国际商都规划阶段性目标。

实现上述目标，我们必须以国际商都建设为统揽，强化国际化、智慧化引领，着力构建“十大体系”，即国际化现代化立体综合交通大枢纽体系，“买全球、卖全球”的大物流体系，智慧化、国际化、高端化的大产业支撑体系，统筹城乡协调发展的大都市城镇体系，与国际接轨、国内领先的大开放体系，全民创业链、科技创新链、人才支撑链“三链融合”的大创新体系，自然之美、田园风貌、绿色低碳的大生态体系，以人为本、共建共享的大民生保障体系，具有国内外影响力、亲和力、感染力的大文化体系，高质高效、公平正义、责任有序的大服务体系。

各位代表：我们坚信，只要全市人民携起手来，凝神聚力，砥砺前行，坚持“五大发展理念”不动摇，矢志不渝促发展，按照“十三五”总体谋划，一件一件抓落实，咬定青山不放松，我们的目标就一定能够实现！

二、2015年工作回顾

2015年是“十二五”的收官之年。一年来，按照市委决策部署，我们坚持抓改革创新、强投资开放、促结构转型、求民生改善，较好地完成了市十四届人大二次会议确定的目标任务。初步统计，全市生产总值增长10.1%，分别高出全国、全省3.2个、1.8个百分点；一般公共预算收入增长13.1%，分别高出全国、全省4.7个、3.2个百分点；固定资产投资增长19.6%，分别高出全国、全省9.6个、3.1个百分点；规模以上工业增加值增长10.2%，增速居全国35个大中城市第4位；进出口总额增长22.9%，增速居全国35个大中城市首位；社会消费品零售总额增长11.5%；城镇居民人均可支配收入增长8.7%；农村居民人均可支配收入增长8.9%。

（一）抓住关键求突破，航空港实验区建设取得重大进展。坚持以体制机制创新、产业集聚、大枢纽建设为抓手，坚定不移打好实验区建设攻坚战。全面推进体制机制创新。复制上海自贸区海关制度创新11项、检验检疫制度创新8项；在全省率先推行了“三证合一”、电子营业执照登记管理等创新改革。加快推进主导产业集聚发展。智能手机产量突破2亿部，约占全球供货量的七分之一；富士康液晶面板等重大项目开工建设，友嘉精密机械产业园等项目加快推进。强力推进大枢纽建设。郑徐高铁主体完工，郑万、郑合高铁开工建设；郑焦、郑机城际铁路通车运营。郑州机场已开通客货航线171条，客运量1729.7万人次，货运吞吐量40.3万吨。多式联运海关监管中心一期建成运营，“四港一体”合作发展机制初步确立。大力推进航空大都市建设。空港、古城、双鹤湖、会展物流“四大片区”联动发展。成功举办2015郑州航展，通用航空在国内外的影响力不断提升。

（二）深化改革激活力，重点领域改革取得新成效。进一步深化重点领域改革，发展内生动力不断增强。持续深化“五单一网”制度改革。公布实施“五个清单”，明确市本级权责7478项、调整行政审批147项、压减行政事业性收费275项，政府性基金压减至11项、确认企业投资项目管理负面清单106项，全市四级政务服务网启动运行，便捷、高效的政务服务环境正在形成。持续增强市场主体活力。加快商事制度改革，市场主体、注册资金分别增长21.9%、15.8%。以“共保体”模式支持科技型、创新型、创业型小微企业发展，贷款余额2455亿元、增长32%；新增挂牌企业50家，挂牌上市公司累计118家，居中部六省会城市前列。持续提升政府性资源市场化配置能力。不断深化经营性土地网上招拍挂和土地统收统储统供新模式，加快存量闲置用地清理处置，盘活土地13万亩；以融资工具和模式创新为重点，多层次、多领域、多渠道开发利用资本市场，累计融资804亿元。

（三）统筹城乡强支撑，新型城镇化建设提质增效。以人的城镇化为核心，新型城镇化迈入全面推进的新阶段。强力推进“畅通郑州”工程。南四环至机场城郊铁路工程顺利推进。未来路下穿金水路等工程竣工通车，南三环东延二期、国道107辅道快速化等工程加快建设。完成支线路网138条，市区新增公共停车泊位8.3万个。加快大棚户区改造和新型农村社区建设。全年累计启动村庄拆迁改造359个，开工建设安置房4414万平方米，回迁群众42.6万人，基本实现围合区域内及县城、产业集聚区、组团新区规划区范围内村庄拆迁改造大头落地；市场外迁58个，三年177个市场外迁的目标基本完成；启动建设新型农村社区156个，建设安置房1177万平方米，回迁群众19.9万人。持续提升中心城区功能。一大批水电气暖等基础设施加快建设或建成投用，以“三级三类”便民服务中心为依托的公共服务体系加快构建，城市精细化管理扎实开展，城市管理水平明显提升。

（四）优化结构促转型，产业结构调整步伐加快。坚持扩大优质增量、调整优化存量并举，推动产业结构转型升级。加快推进工业结构优化。汽车及装备制造、电子信息、新材料、生物医药四大战略性产业占全市工业比重提升了2.6个百分点，传统高耗能产业比重降低了2个百分点。七大主导产业投资占工业投资的比重达到78%，千亿级主导产业达到5个。大力发展现代服务业。加快发展以E贸易、华南城等为带动的新型商贸产业集群，以航空物流、大宗商品交易市场等为带动的现代物流产业集群，以郑州国际文化创意园区等为带动的文化创意旅游产业集群；郑东新区金融集聚核心功能区入驻金融机构达到265家，金融业增加值占现代服务业的比重超过20%。加快发展都市生态农业。粮食产量达到168万吨，连续13年喜获丰收，建成农业产业化集群28个，农产品加工业年销售收入2000亿元。持续加快产业集聚区发展。产业集聚区对工业增长、投资拉动的贡献率分别达到66.7%、47.4%；经开区成为全省唯一的六星级产业集聚区，航空港区成为全省五星级产业集聚区。强力推进重点项目建设。新开工重点项目234个、竣工70个；省市重点项目完成投资4075亿元，完成年度目标的113%，投资率、审批率均居全省前列。

（五）开放创新双驱动，厚植发展新优势。大力实施开放创新双驱动战略，以开放创新促转型、促发展。着力打造开放载体平台。出口加工区B区通过国家预验收，中国（河南）自贸区、经开综保区申建工作顺利推进；郑欧班列全年开行156班，实现了每周“去三返二”的常态化运营；国际邮件转运口岸及肉类、活牛、冰鲜水产品、食用水生动物等进口指定口岸获准运营。加快培育新业态新模式。郑州跨境电子商务综合试验区获国家批准；国家电子商务示范城市建设和国家服务业综合改革试点工作加快推进；跨境贸易电子商务试点业务迅猛增长，走货量全年突破5000万单。持续开展大招商。围绕“四力”型项目引进，强化“五职招商”责任制，实际利用外资38.3亿美元。不断提升自主创新能力。20个创新创业综合体建成110万平方米，入驻企业1060家，培育科技创新团队36个，引进科技领军人才82名。

（六）多措并举抓治理，生态文明建设持续加强。坚持发展、保护两手抓，强力推进生态建设和环境治理。大力实施蓝天工程。拆改市区燃煤锅炉110蒸吨，市区燃煤锅炉拆改任务基本完成；淘汰黄标车和老旧车辆9.7万辆；中心城区机械化清扫率达到80%，建筑工地扬尘治理基本达到“六个100%”整治标准。大力实施生态绿化工程。新增绿地1201万平方米，新建公园游园28个，建成区绿地率达到35.3%；建成森林公园9个、林业生态廊道467公里，植树造林7.49万亩，森林覆盖率达到33.4%。大力实施碧水工程。环城生态水系循环工程、石佛沉砂池向西区供水工程顺利开工，贾鲁河生态水系综合整治工程有序推进。扎实推进农村人居环境综合整治和美丽乡村建设。新增省级人居环境整治达标村（社区）100个、省级示范村（社区）50个、国家级生态乡镇3个。

（七）保障民生增福祉，社会事业全面进步。持续加大民生投入，圆满完成民生实事。创业就业成效显著。发放小额担保贷款10.6亿元，新增城镇就业15万人，农村劳动力转移就业10万人。教育资源配置不断优化。市区新建改扩建中小学校37所、新建幼儿园47所，妥善安置5.6万进城务工人员随迁子女入学。公共卫生服务水平持续提升。一大批优质医疗资源项目投入使用，新增床位9300张；持续完善“片医”基层卫生服务体系，成为全国推进医疗卫生改革示范城市。文化体育事业繁荣发展。深化国家公共文化服务体系示范区创建工作，四级公共文化基础设施网络基本建立，市民公共文化服务区“四个中心”等一大批重大项目开工，乙未年黄帝故里拜祖大典成功举办。社会保障体系不断完善。医保、低保、居民基本养老金、企业退休人员养老金、优抚对象抚恤标准稳步提高；新开工公租房1万套，建成保障性住房4.85万套。慈善事业加快发展，蝉联全国“七星级慈善城市”。精准扶贫加快推进。易地扶贫搬迁1.3万户5万多人、整村推进30个，脱贫群众5.46万人。

（八）转变作风提效能，政府自身建设不断加强。扎实开展“三严三实”专题教育，严格执行中央八项规定及省委、市委有关规定，全市会议费同比下降18%，“三公”经费同比降低7.2%。办理省人大代表建议21件、省政协委员提案44件，市人大代表议案6件、建议591件，市政协委员提案821件，议案、建议和提案全部办结，满意率99.3%以上。向市人大常委会报备政府规章4件、其他规范性文件67件。严格落实“一岗双责”，坚持依法行政，加大效能监察和反腐败工作力度，一批违法违纪人员受到惩处。深化规范提升网格化管理，积极推进平安郑州建设，持续加强非法集资防范处置，狠抓安全生产、食品药品、消防安全等重点领域安全监管，社会大局和谐稳定。

国防教育、国防后备力量建设和“双拥”共建工作取得新成效。外事侨务、对台工作进一步加强。民族团结进步事业取得新进展。统计、审计、档案管理、修志编鉴、社科研究工作水平实现新提升。人防、气象、防震减灾体系不断完善。

在肯定成绩的同时，我们也清醒地认识到发展中还存在诸多矛盾和问题，主要是：产业结构性问题依然突出，传统产业改造升级力度不够，新兴产业拉动能力有待提升；创新基础和科技创新能力相对薄弱，高层次人才依然缺乏；城市综合承载力亟待提升，城市交通、公共服务、精细化管理等方面与群众期盼还有不小差距；生态环境约束加剧，大气、水体、土壤、农村环境等污染问题依然突出；政府职能转变还不到位，一些干部不作为、不会为、不敢为的问题依然存在。对此，我们一定高度重视，直面矛盾和问题，采取有力措施，不断加以改进和解决，努力让人民群众满意。

三、2016年重点工作

今年是实施国际商都规划和“十三五”规划的开局之年，也是推进供给侧结构性改革的攻坚之年。世界经济仍在深度调整，总体上延续疲弱复苏态势；我国经济长期向好的基本面没有改变，但结构性矛盾突出，经济下行压力较大。我市与全国一样，形势比较严峻，环境复杂，任务艰巨。同时，我们也要看到，我市多重机遇叠加汇集。以航空运输为主导的“第五冲击波”、互联网、自由贸易时代到来和我国国际地位显著提升，为郑州加速融入全球经济体系提供了重要机遇；郑州成为“一带一路”核心节点城市，国际商都规划上升为全省战略；特别是郑州枢纽优势、开放优势、体制优势逐步显现，大发展的态势和能量正在形成。我们既要正视问题、防范风险、迎难而上，又要抢抓机遇、保持定力、坚定信心，确保经济社会持续健康较快发展。

政府工作的总体要求是：全面贯彻中央、省委、市委各项决策部署，坚持“四个全面”战略布局，牢固树立“创新、协调、绿色、开放、共享”发展理念，主动融入“一带一路”战略，以国际商都建设为统揽，紧紧围绕“三大一中”战略定位，着力加强供给侧结构性改革，大力实施开放创新双驱动战略，持续提升“三大主体”工作，突出“大开放、大创新、大建设、大管理”，努力实现“十三五”良好开局，为在全省率先全面建成小康社会、率先开启现代化建设新征程奠定坚实基础。

主要预期目标是：地区生产总值增长9%；规模以上工业增加值增长10%以上；固定资产投资增长16%；一般公共预算收入增长9%；社会消费品零售总额增长11%以上；进出口总额增长7%；实际利用外资增长3%；城乡居民收入增长与经济增长基本同步；居民消费价格涨幅控制在3%左右；节能减排降碳、环保等约束性指标完成省下达任务。

今年在统筹做好各项工作的同时，将重点抓好以下工作：

（一）坚持开放带动主战略，着力形成全方位、多层次、宽领域对外开放新格局。以国际化为引领，不断拓展开放的广度深度，持续增强内外联动发展能力。加快航空港实验区建设。以建设航空、铁路、公路“三网融合”现代立体综合交通枢纽为基础，重点提升“四港一体、多式联运”物流功能，统筹推进区域联动发展，协同推进产业集聚和城市功能完善，打造全省体制机制创新示范区，增强国际影响力和带动力。大力推进改革创新和自贸区政策复制，不断完善以自贸区为标杆的“大通关”体系。加快打造国际航空货运枢纽，力争国际货运航线达到36条。加快郑州—卢森堡航空物流双枢纽建设。在改造提升的基础上，逐步形成以上街机场为核心的通用航空运营网络。持续深化与富士康战略合作，加快推进正威智能手机产业园、中国移动河南数据中心等项目建设，力争年产手机2.5亿部。确保生产总值增长15%、规模以上工业增加值增长16%、固定资产投资增长18%。加快开放载体平台建设。争取中国（河南）自贸区近期获批，确保新郑综保区拓展和经开综保区申建顺利完成。加快郑州—波兰铁路物流双枢纽建设，积极开拓郑欧班列增值服务，确保全年开行200班以上。大力发展复合型多式联运，谋划实施国际陆港二期，力争完成货运吞吐量12万标箱。加快跨境电子商务综合试验区建设，力争全年走货量突破1亿单。加强口岸体系建设，实现汽车、邮政、肉类、活牛、水果、冰鲜水产品、食用水生动物等口岸规模化运营，粮食、药品口岸建成运营；推动邮政集团加快对接万国邮联，构建辐射中西部的快件物流中心。突出抓好精准招商。坚持集群式招商、产业链式承接，围绕“四力”型项目和新技术新业态新模式招商，力争引进“四力”型项目50个、实际到位资金1900亿元。

（二）坚持创新引领，加快发展动力转换。把创新放在发展全局的核心位置，加快推进“全民创业热土、国家创新中心”建设，着力构建大都市战略支撑产业体系。

在创新方面。加快推进国家自主创新示范区建设。重点在科技合作、科技成果转化、高端人才引进等方面先行先试。加快“双创”支撑平台建设。积极推进中科院过程研究所郑州分所等项目建设，新增国家级、省级科技创新型孵化器10家以上；确保政府主导的20个创新创业综合体建成投用120万平方米、新入驻企业1500家以上，力争年底前15个创新创业综合体实现科技公共服务平台全覆盖。加快实施“智汇郑州·1125聚才计划”。力争年内引进培育高端人才和紧缺型高层次人才200名、领军型科技创新创业团队20个。全面贯彻落实网络强国战略。加快推进智慧城市、宽带中国示范城市及下一代互联网示范城市建设；深入贯彻国家大数据战略，促进互联网与交通、医疗、行政服务等领域深度融合；以互联网促进三次产业转型升级，形成拉动经济增长的新动力。

在结构调整方面。以加快新旧动力转换为核心，大力推进技术改造和新产品研发，推动郑州制造向郑州创造、郑州速度向郑州质量、郑州产品向郑州品牌转变。突出高端引领，做大做强战略性产业。以智能终端产业为引领，加快液晶面板、智能穿戴等相关产业发展，着力打造全球重要的智能终端产业基地、国内领先的电子信息产业基地，智能终端产业销售收入突破3000亿元，电子信息产业规模力争达到3600亿元。以汽车及高端装备制造为引领，加快推进东风日产第二工厂、中国中车轨道交通基地等项目建设，力争新能源汽车生产能力达到6万台、整车产能达到100万辆、汽车及装备制造业销售收入突破3000亿元。以新材料和生物医药产业为引领，加快发展战略性新兴产业，力争新材料产业销售收入突破2000亿元。加快提升改造传统优势产业，推动现代食品、铝精深加工、品牌服装及现代家居制造三个千亿级产业基地建设。突出需求导向，促进服务业提质增效。大力发展消费金融、金融租赁等新兴业态，强力推进郑东新区金融集聚核心功能区和龙湖金融中心建设；加快国家信息消费试点城市建设，扎实做好国家内贸流通体制改革试点工作，积极申报国家服务外包示范城市；提升电子商务产业规模和聚集程度，力争电子商务交易额达到4500亿元、增长25%。以民生需求为导向，促进教育培训、健康养老、文化体育、家政服务等生活性服务业加快发展。以华强文化科技产业基地等一批重大项目建设为带动，整合旅游资源，大力发展全域旅游。支持登封市建设以华夏历史文明传承创新示范工程为主导的世界历史文化旅游名城。突出转型融合，发展都市生态农业。加快转变农业发展方式，推进一、二、三产业融合发展，抢占农业制高点，建成高标准农田4万亩、可追溯标准化“菜篮子”生产基地3万亩、都市生态农业示范园6万亩。突出集约集聚，推进产业集聚区晋星晋级。持续推进产业集聚区上规模上水平上层次，加快服务业“两区”提速扩容，形成营业收入超百亿元产业集群6个。

（三）坚持深化重点领域和关键环节改革，持续增强发展活力。以处理好政府和市场关系为核心，各项改革任务、制度建设向全面建成小康社会目标聚焦、向构建发展新体制聚焦，确保改革取得预期成效。扎实推进供给侧结构性改革。积极稳妥化解过剩产能，通过发挥市场在资源配置中的决定性作用，促进过剩产能优胜劣汰、重组兼并、嫁接提升，实现以增量带存量，推动产业转型升级。大力去除商品房库存，以县（市）区为主体，以市场为导向，研究制定各区域商品房去库存、促消费具体措施；探索租购并举的住房制度，从今年起原则上不再新建公租房，新增公租房需求主要通过发放货币补贴、由政府购买或租赁存量商品房解决；完善大棚户区改造安置政策，提高货币化安置率。全面落实国家、省降低企业税费负担、社会保险费、电力价格等政策，研究制定降成本优供给推进发展政策措施，帮助企业降低生产经营成本，减轻企业负担，推动实体经济持续健康快速发展。深化经济体制改革。以投融资体制改革、金融支持小微企业改革、财税体制改革为支撑，以商事制度改革、营改增扩围、消费税改革和资源税费改革为突破，持续提升实体经济发展活力。力争小微企业融资余额达到2800亿元，新增资本市场融资600亿元。深化资源要素市场化配置。大力发展城区经济和县域经济；持续推进国有企业改革，提高国有企业核心竞争力和国有资本效率；鼓励支持引导非公有制经济发展；改进政府调控方式，放开竞争性领域商品和服务价格。充分发挥资本市场作用。设立50亿元规模的PPP项目基金，争取撬动社会资本100亿元以上；积极向上争取债务置换额度380亿元以上，争取年内债券融资规模达到200亿元以上；积极推动企业挂牌上市，力争年内新增挂牌上市企业30家以上；开展投贷联动试点，对创新创业和战略性新兴产业发展提供融资支持。

（四）坚持科学推进新型城镇化，加快打造和谐宜居、富有活力、独具特色的现代田园城市。深入贯彻落实中央城市工作会议精神，进一步拓展发展空间，努力促进城乡统筹发展、区域协调发展、城乡一体化发展。持续推进综合交通枢纽建设。积极配合米字形快速铁路网建设，郑徐高铁年内开通运营，加快郑万、郑合高铁建设，尽快开工郑太、郑济高铁；开工建设高铁南站、机场至洛阳城际铁路。加快“畅通郑州”工程建设，农业快速路（除铁路代建部分）、京广快速路二期等工程建成通车，107辅道快速化工程（北三环至南三环部分）开工并实现高架主体贯通，加快西三环北延、北三环东延等工程建设，开工建设支线道路50条以上，建成通车30条以上；完成农村公路三年行动计划乡村通畅工程建设，持续完善县乡交通圈。加快公交都市建设，地铁2号线一期“十一”前试运营，1号线二期、南四环至机场城郊铁路年底前试运行，加快地铁5号线、3号线一期建设，扎实做好4号线、2号线二期、7号线、8号线、9号线前期工作，争取尽快开工；加快公交专用道、公交场站建设，新增新能源公交车500台以上。持续推进新型城镇化。力争6月底前围合区域内改造村庄完成拆迁，确保“四优先”村庄拆迁大头落地，力争2015年前拆迁村庄安置房全部开工建设。全面启动大围合区域内市场外迁工作，大力推进城区公益性农贸市场建设。积极做好历史文化风貌特色村和自然生态风貌特色村的保护提升。持续增强城市综合承载能力。加快侯寨水厂、双桥污水处理厂等一批水电气暖、污水及垃圾处理等市政设施建设，加快坚强智能电网建设；加快公共停车场、充换电站、充电桩、综合管廊和海绵城市建设，新增公共停车泊位5万个以上；注重区域协调发展，积极推进公共服务设施向城市薄弱地区和农村延伸。持续提升城市精细化管理服务水平。围绕打造“畅通、整洁、有序”市容环境、“天蓝、地绿、水清”生态环境和“15分钟便民生活圈”生活环境，加快“三级三类”便民服务中心建设，启动城市执法体制改革，实施提升县级城市管理水平三年行动计划，突出“四乱”治理，狠抓20项重点任务落实，提高城市精细化规范化数字化水平。特别是要按照“大中小修并重、有序推进大修、集中开展中小修”的原则，积极推进市政道路及附属设施整治。

（五）坚持绿色发展理念，大力推进生态文明建设。坚持源头严防、过程严管、后果严惩，齐抓共管，标本兼治，努力让良好生态环境成为人民生活质量的增长点。强力推进大气污染防治。紧紧抓住燃煤、扬尘、机动车尾气排放、散源排放四大污染源治理，以重点区域精细化治理为带动，力争市区禁燃区面积达到建成区面积的80%，中心城区机械化清扫冲洗率达到85%以上，市区建筑工地文明达标率达到100%；积极做好第五阶段标准车用汽柴油供应、机动车尾气治理、黄标车和老旧车辆淘汰、烟花爆竹禁放等工作；全面启动大围合区域工业企业外迁升级，三环内所有污染企业升级改造外迁或停产关闭；新力电力“热电外迁”工程全面开工建设，完成郑东新区热电厂、高新区泰祥电厂、荥阳国电等5家燃煤电厂11台机组超低排放改造。切实抓好水生态文明建设。加快推进贾鲁河生态水系综合整治工程，完成石佛沉砂池向西区供水工程、环城生态水系循环一期工程主体建设任务，开工建设牛口峪引黄工程；持续开展城市河流清洁行动，对十七里河、十八里河进行清淤，实施索须河（中州大道—祥云寺段）生态提升、潮河上游河道治理等工程建设；扎实做好“河长制”、“水长制”工作，努力实现“水清河美”目标。持续改善城乡生态环境。全面启动第十一届中国国际园林博览会园博园及配套设施建设，园博园主展馆力争年底前建成。大力开展植树造林和园林绿化，完成营造林10万亩，市区新增绿地500万平方米以上；加快环城高速林业生态景观带和森林公园体系建设，完成陇海西路、机场高速、京港澳高速等6条生态廊道建设任务；突出抓好南水北调生态文化公园、青少年公园、植物园二期等一批公园、游园建设，新建游园20个。大力推进“乡村清洁工程”，加强农村公路两侧“双违”整治，认真开展创建达标村和示范村活动，切实改善农村人居环境。着力加强生态环境管理。实施最严格的环境保护制度，严守各级政府环保责任红线，落实排污单位主体责任，实施一票否决。引入第三方治理，开展环境综合督察、重点领域执法检查，严厉打击环境违法行为。

（六）坚持共享发展理念，持续增强人民群众的现实获得感。继续加大财政投入，认真办理民生实事，切实让人民群众共享改革发展成果。全力打好脱贫攻坚战。深入贯彻精准扶贫基本方略，突出旅游引领、规划先行、分类实施、政府主导、社会化市场化推进，以易地扶贫搬迁为抓手，强力推进扶贫攻坚，实现脱贫3.2万人，荥阳市、新郑市实现扶贫对象全部脱贫，确保扶贫攻坚三年行动计划两年大头落地。积极推进创业就业。支持高校毕业生就业创业，做好退役军人和下岗职工安置工作，实施新生代农民工职业技能提升计划，突出抓好农村转移劳动力和城镇就业困难人员就业工作，发放小额担保贷款10亿元，新增城镇就业再就业13万人，农村劳动力转移就业7万人。加快发展教育事业。以实现均衡发展、促进教育公平为核心，进一步优化各阶段、各层次教育资源配置，制定鼓励社会资本参与教育基础设施建设的政策措施，市区新建改扩建中小学校30所，新增学位3万个。扎实推进健康郑州建设。持续加快宜居健康城和“十一中心”等一批医疗基础设施项目建设，新增床位1400张以上；完善公共卫生服务体系，推进基本公共卫生服务均等化。深入开展爱国卫生运动。落实全面两孩政策，提高出生人口素质。繁荣发展文化体育事业。创新发展文化产业，深入实施文化惠民和精品文化重点工程，加快建设“书香郑州”；强化网上思想文化阵地建设，打造繁荣清朗网络空间；加快推进市民公共文化服务区“四个中心”、大河村考古遗址公园等重点项目建设；认真筹办好丙申年黄帝故里拜祖大典、2016中国（郑州）国际旅游城市市长论坛和首届中国考古大会；深入开展全民健身运动，持续提升竞技体育水平。全面提高社会保障水平。扎实推进机关事业单位养老保险制度改革，深化“五险合一”，农村五保、城乡低保应保尽保；持续完善养老、优抚、助残、救孤、济困等制度，新建社区养老中心20个，新增养老床位2000张以上。健全农村留守老人、妇女、儿童关爱服务体系。支持慈善和红十字事业健康发展。切实加强社会治理。深化规范提升网格化管理，健全社会治安立体防控体系，完善反恐工作和打击犯罪机制，强化对流动人口和特殊人群的服务管理。畅通信访渠道，完善社会矛盾纠纷排查化解调处机制，切实做好信访稳定工作。加强社区建设，推行政府购买社区社会服务试点。落实属地管理责任和监管部门责任，集中解决重点地区、重点行业非法集资、融资担保等金融风险。加强食品药品安全监管，强化日常检查和督察抽检责任；严格落实安全生产责任制，深化重点领域专项整治，坚决遏制安全生产和食品药品及农产品安全重特大事故发生。加快平安郑州、法治郑州建设，确保社会大局和谐稳定。

加强国防动员、国防后备力量和人民防空建设，推动军民融合发展。支持驻郑解放军、武警部队建设，深化“双拥”共建工作。支持工、青、妇等人民团体更好发挥桥梁纽带作用。推进民族团结进步，促进宗教和谐和睦。全面做好统计、审计、地方志、外事侨务、对台事务、社科研究、档案管理、防震减灾等工作。

四、切实加强政府自身建设

全面贯彻法治政府建设实施纲要，加快推进法治政府、创新政府、廉洁政府和服务型政府建设。

（一）大力推进依法行政。健全依法决策机制，完善公众参与、专家论证、风险评估、合法性审查等重大决策法定程序。严格按照法定权限和程序行使权力，履行职责，推进政务公开。科学设计法治政府建设指标体系和考核标准，大力推进服务型行政执法，促进严格规范公正文明执法。加强重点领域立法，提高政府立法公众参与度。创新普法教育机制，大力推行“七五”普法。依法接受市人大及其常委会法律和工作监督，严格执行市人大及其常委会的决议决定，实行人大代表议案建议办理“一把手”负责制，规范办理程序和标准，提高办理质量和效率；主动接受市政协民主监督，切实做好政协委员提案办理工作，广泛听取社会各界意见，自觉接受社会监督和舆论监督。

（二）持续提升行政效能。规范四级政务服务体系，完善政务服务网功能，力争6月底前，实现便民服务网点覆盖率、政府信息资源共享率、已发布政务服务事项网上申报率“三个100%”；年底前，实现行政权责事项网上运行率、电子监察系统监管率、公共服务事项进驻大厅率“三个100%”。围绕实现“四个转变”和砍掉“五个一批”的目标，统筹推进行政审批、投资审批、公共资源交易制度等改革，着力解决跨领域、跨部门、跨层级的重大问题。

（三）加强政府作风建设。认真践行“三严三实”要求，全面贯彻中央八项规定精神，扎实开展“双学一做”学习教育，驰而不息纠正“四风”。加强公务员平时考核，实施公务员能力素质提升工程，深化争创人民满意公务员活动，提升公务人员素质能力。强化政府绩效管理和行政问责，持续开展懒政怠政为官不为专项治理，大力整治行政不作为、慢作为、乱作为现象。

（四）切实加强廉政建设。严明政治纪律和政治规矩，坚持纪严于法、纪在法前，认真履行主体责任和“一岗双责”，切实加强党风廉政建设，继续加大纠风惩腐力度，始终保持反腐高压态势。强化审计、监察等部门监督，严肃查处工程建设、土地出让、房地产开发、国有资产管理、矿产资源开发、公共资源交易等领域的腐败问题。加强对涉及群众切身利益的政府权力的监管，严肃处理涉及群众事务时吃拿卡要、与民争利甚至欺压群众的行为，以反腐倡廉的实效保障发展、取信于民。

各位代表：目标任务已经确立，路径重点已经清晰。时代在召唤，群众在期盼。让我们更加紧密团结在以习近平同志为总书记的党中央周围，在市委的坚强领导下，解放思想，振奋精神，埋头苦干，乘势而上，为实现“两个率先”目标、加快国际商都建设而努力奋斗！

市情概要

自然环境

【概况】 郑州市地处黄河中下游和伏牛山脉东北翼向黄淮平原过渡的交接地带，地理坐标为东经112° 42'-114° 14'、北纬34° 16'-34° 58'。郑州市是河南省省会，位居河南省中部偏北，东接开封，西依洛阳，北临黄河与新乡、焦作相望，南部与许昌、平顶山接壤，辖区东西长135-143公里，南北宽70-78公里，面积7446.2平方公里，占全省总面积的4.5%。

【地质地貌】 郑州地区地质构造复杂，西部为嵩山、箕山隆起区，东部为开封、大金店拗陷区。地壳发展的5个历史时期形成的地层单元在郑州地区均有出露，有"五世同堂"美称的中岳嵩山已被命名为世界地质公园。

郑州地区现代地貌结构的基本轮廓是西部多山地丘陵，占总面积的2/3弱；东部多平原，占总面积的1/3强。基本地势由西南向东北倾斜，呈阶梯状降低，山地、丘陵、平原分界明显。在总土地面积中，山地2377平方公里，占31.9%；丘陵2255平方公里，占30.3%；平原2815平方公里，占37.8%。

【山脉水系】 郑州市境内的山脉多分布在京广铁路线以西，交结于登封、巩义、荥阳、新密、新郑5市边界一带。主要山脉有嵩山、箕山、邙山、具茨山、五指山等；著名山峰有少室山主峰连天峰、太室山主峰峻极峰、箕山老婆寨、五指岭鸡鸣峰、始祖山风后岭等。

郑州市地跨黄河、淮河两大流域。黄河流域面积1830平方公里，占全市总面积的24.6%；淮河流域面积5616.2平方公里，占全市总面积的75.4%。境内有大小河流124条，流域面积较大的河流有29条，其中黄河流域6条，淮河流域23条。过境河流有黄河、伊洛河，其中黄河在郑州市境内河长160公里，堤防71.42公里。

【矿产资源】 郑州市矿产资源种类丰富，已发现各类矿产36种，占全省的1/3。探明储量的16个矿种分别为煤、铝土矿、铁矿、硫铁矿、熔剂灰岩、耐火黏土、冶金用石英岩、水泥配料用灰岩、水泥配料用砂岩、天然油石、锂、镓、陶瓷土、水泥配料用黏土、水泥配料用黄土、冶金用白云岩等。全市有大型矿床11处，中型矿床69处，小型矿床120处。全市矿产资源探明保有储量潜在价值为3010.64亿元，单位国土面积（每平方公里）矿产资源潜在价值为4043.19万元。

郑州市矿产资源储量巨大，煤矿累计探明储量55.26亿吨，保有储量50.66亿吨，探明储量位居全省第一。铝土矿累计探明储量14209.7万吨，保有储量12825.6万吨，储量位居全省第一。耐火黏土矿累计探明储量12080.1万吨，保有储量11504.1万吨，储量位居全省第一。溶剂用灰岩累计探明储量13429万吨，保有储量12168.9万吨。金属锂累计探明储量和保有储量均为5617吨；金属镓累计探明储量和保有储量均为6932吨。

【气候气象】 郑州市地处中原腹地，属北温带大陆性季风气候，冷暖气团交替频繁，春夏秋冬四季分明。冬季漫长而干冷，雨雪稀少；春季干燥少雨多春旱，冷暖多变大风多；夏季比较炎热，降水高度集中；秋季气候凉爽，时间短促。全年平均气温15.6℃；8月份最热，月平均气温25.9℃；1月份最冷，月平均气温2.15℃。全年平均降雨量542.15毫米，无霜期209天。全年日照时间约1869.7小时。

【生物资源】 郑州市植物资源十分丰富，主要包括农作物、林木、花草、药材和菌类植物等，约有184科、900属、1900多种，乔木、灌木、草本植物皆有，遍布于山区、丘陵、平原及河谷地带；植物区系划分上属于暖温带落叶阔叶林植被型。郑州地区动物区系属于华北动物区系。动物资源中西部山地丘陵区动物种类和数量较多，森林动物资源较丰富；东部平原地区以小型动物为主，饲养动物资源丰富，兽类较贫乏。鱼类资源中江河平原区鱼类占优势，以鲤科鱼类最多。

郑州市市花为月季（1983年3月确定），市树为法桐（2007年9月确定）；土特产主要有黄河鲤鱼、新郑大枣、中牟大蒜和西瓜、河阴石榴、荥阳柿子、新密金银花、嵩山芥片等。

（玉　生）

行政区划

【概况】 至2015年年底，郑州市共辖金水区、二七区、管城回族区、中原区、惠济区、上街区6个区和巩义市、新密市、登封市、新郑市、荥阳市、中牟县5市1县，总面积7446.2平方公里，人口956.9万人。

【建置沿革】 1948年10月郑州解放，人民政府实行市县分设政策，在郑县城区设立郑州市，下辖第一、第二、第三区，面积5.23平方公里，人口16.4万人。

1949年12月，郑县的104个自然村、3.6万人划归郑州市管辖，在原设三个区的基础上，郑州市新设第四、第五区。1950年4月，为统一领导四郊的工作，郑州市撤销第四、第五区，设立郊区。1953年1月，为贯彻民族区域自治政策，郑州市设立回族自治区；同年3月，为适应大规模城市建设需要，经政务院批准，原郑县大部和荥阳县、成皋县一部划归郑州市管辖。

1954年10月，河南省会由开封迁到郑州，郑州市遂成为全省政治、经济、文化中心。1955年10月，郑州市城区行政区划调整，将第一、第二、第三区分别更名为陇海区、二七区、建设区。1956年，郑州市将回族自治区更名为金水回族区。1958年4月，为大力发展工业，将荥阳县马固镇和巩县小关一带的河南铝业公司采矿区划归郑州市管辖，并在此处设立郑州市上街区；同年8月，郑州市将金水回族区与陇海区合并为管城区；同年12月，经国务院批准，开封专区西部的荥阳县、巩县、登封县、密县、新郑县划归郑州市管辖。1960年6月，郑州市撤销建设区，新设中原区、金水区。1961年12月，荥阳县、巩县、登封县、密县、新郑县复归开封专区管辖。1966年，郑州市管城区更名为向阳区。1971年11月，荥阳县划归郑州市管辖。至此，郑州市共辖6个区、1个县，即二七区、金水区、中原区、向阳区、郊区、上街区和荥阳县。

1981年11月，郑州市向阳区更名为向阳回族区。1982年1月，为解决城市蔬菜供应问题，郑州市设立金海区。1982年12月，为加强矿区开发与管理，郑州市在密县境内设立新密区。1983年7月，郑州市向阳回族区更名为管城回族区。1983年8月，为实行市带县体制，将开封地区所辖的巩县、登封县、密县、新郑县、中牟县划归郑州市。至此，郑州市共辖中原区、二七区、金水区、管城回族区、郊区、上街区、金海区、新密区8个区和荥阳县、巩县、登封县、密县、新郑县、中牟县6个县。

1987年2月，郑州市撤销郊区、金海区、新密区，新设邙山区。1991年6月，经国务院批准，撤销巩县，设立巩义市（县级）。1994年4月，经国务院批准，撤销荥阳县、密县，设立荥阳市（县级）、新密市（县级）。1994年5月，经国务院批准，撤销新郑县、登封县，设立新郑市（县级）、登封市（县级）。2004年5月，郑州市邙山区更名为惠济区。

（玉 生）

【区划调整】 2015年5月，经郑州市人民政府批准，二七区调整嵩山路街道办事处管理区域，增设人和路街道办事处。

2015年12月，经河南省人民政府批准，撤销管城回族区十八里河镇，设立十八里河街道办事处。

【区划现状】 截至2015年年底，郑州市共辖12个县（市）区，其中，县级市5个、县1个、市辖区6个；另有4个非行政区：郑州航空港经济综合实验区（已上升为国家战略），郑州高新技术产业开发区（国家级），郑州经济技术开发区（国家级），郑东新区（城市新区）。全市共有85个街道、73个镇、16个乡、2197个村委会、654个居委会（社区）。2015年年底，各县（市）区所属乡、镇、街道办事处情况如下：

中原区共辖1个乡、1个镇、12个街道。分别是：沟赵乡，石佛镇，桐柏路街道、绿东村街道、棉纺路街道、三官庙街道、汝河路街道、秦岭路街道、林山寨街道、建设路街道、中原西路街道、航海西路街道、须水街道、西流湖街道。

二七区共辖1个乡、1个镇、14个街道。分别是：侯寨乡，马寨镇，五里堡街道、蜜蜂张街道、大学路街道、建中街街道、淮河路街道、福华街街道、一马路街道、铭功路街道、解放路街道、德化街街道、长江路街道、京广路街道、嵩山路街道、人和路街道。

管城回族区共辖2个乡、10个街道。分别是：南曹乡、圃田乡，北下街街道、南关街道、陇海马路街道、二里岗街道、城东路街道、西大街街道、东大街街道、紫荆山南路街道、航海东路街道、十八里河街道。

金水区共辖19个街道。分别是：文化路街道、东风路街道、南阳新村街道、南阳路街道、大石桥街道、经八路街道、花园路街道、人民路街道、未来路街道、北林路街道、丰产路街道、杜岭街道、龙子湖街道、祭城路街道、凤凰台街道、兴达路街道、丰庆路街道、国基路街道、杨金路街道。

上街区共辖1个镇、5个街道。分别是：峡窝镇，济源路街道、新安路街道、中心路街道、工业路街道、矿山街道。

惠济区共辖2个镇、6个街道办事处。分别是：花园口镇、古荥镇，刘寨街道、老鸦陈街道、长兴路街道、迎宾路街道、新城街道、大河路街道。

中牟县共辖1个乡、15个镇、3个街道。分别是：刁家乡，韩寺镇、白沙镇、官渡镇、狼城岗镇、万滩镇、张庄镇、大孟镇、九龙镇、黄店镇、郑庵镇、雁鸣湖镇、八岗镇、姚家镇、刘集镇、三官庙镇，东风路街道、青年路街道、广惠街街道。

巩义市共辖15个镇、5个街道。分别是：米河镇、新中镇、小关镇、竹林镇、大峪沟镇、站街镇、康店镇、北山口镇、西村镇、芝田镇、回郭镇、鲁庄镇、夹津口镇、涉村镇、河洛镇，新华路街道、孝义街道、永安路街道、杜甫路街道、紫荆路街道。

荥阳市共辖3个乡、9个镇、2个街道。分别是：城关乡、高村乡、金寨回族乡，乔楼镇、豫龙镇、广武镇、王村镇、汜水镇、高山镇、刘河镇、崔庙镇、贾峪镇，索河街道、京城路街道。

新密市共辖1个乡、12个镇、3个街道。分别是：袁庄乡，牛店镇、平陌镇、超化镇、大隗镇、苟堂镇、刘寨镇、白寨镇、岳村镇、来集镇、城关镇、米村镇、曲梁镇，西大街街道、青屏街街道、新华路街道。

新郑市共辖3个乡、9个镇、3个街道。分别是：城关乡、八千乡、龙王乡，辛店镇、观音寺镇、梨河镇、和庄镇、薛店镇、孟庄镇、龙湖镇、郭店镇、新村镇，新建路街道、新烟街道、新华路街道。

登封市共辖4个乡、8个镇、3个街

2015年郑州市行政区划情况

县（市）区	乡	镇	街道	村委会	居委会（社区）
中原	1	1	12	85	98
二七	1	1	14	53	107
管城	2	0	10	35	90
金水	0	0	19	64	177
惠济	0	2	6	54	9
上街	0	1	5	23	34
中牟	1	15	3	402	21
荥阳	3	9	2	288	16
新郑	3	9	3	288	26
新密	1	12	3	303	30
登封	4	8	3	313	20
巩义	0	15	5	289	26
合计	16	73	85	2197	654

（张向军）

道。分别是：君召乡、石道乡、白坪乡、唐庄乡，颍阳镇、大金店镇、卢店镇、告成镇、大冶镇、宣化镇、东华镇、徐庄镇，嵩阳街道、少林街道、中岳街道。

（张向军）

人口状况

【概况】2015年末，郑州市常住人口956.9万人，比上年增长2%。全市共有家庭户290.8万户，平均每个家庭户的人口为3.29人。

2015年，全市出生人口9.8万人，增长2.9%；人口出生率10.37‰。死亡人口4.4万人，增长6.6%；死亡率4.59‰。全年净增人口5.5万人，增长0.2%；人口自然增长率为5.78‰。

【人口构成】按性别分，2015年末，郑州市常住人口中男性488.8万人，占51.1%；女性468.1万人，占48.9%。人口性别比为104.4。

按城乡分，全市城镇人口666.9万人，占69.7%；乡村人口290万人，占30.3%。

按年龄分，常住人口中0-14岁人口146.8万人，占15.3%；15-64岁人口739.3万人，占77.3%；65岁及以上人口70.8万人，占7.4%。

按民族分，汉族人口941.5万人，占98.4%；各少数民族人口15.4万人，占1.6%。

按文化素质分，大学（指大专以上）教育程度人口213.1万人，高中（含中专）教育程度人口199.5万人，初中教育程度人口292.1万人，小学教育程度人口146.9万人（以上各种受教育程度的人包括各类学校的毕业生、肄业生和在校生）。每10万人中具有大学教育程度人口为22273人，具有高中教育程度人口为20845人。

（黄　飞）

2015年年末郑州市人口基本情况

县区	总户数（户）	总人口（人）				城镇化率（%）
		合 计	女 性	非农业人口	城镇人口	
郑州市	2908491	9568935	4681091	4018466	6669069	69.69
中原区	249598	751288	370107	646108	677736	90.21
二七区	266705	781445	383061	480432	696736	89.16
管城区	180434	545994	266118	277747	464094	85.00
金水区	501134	1453288	699971	941730	1322346	90.99
上街区	45595	136785	69717	86600	124405	90.95
惠济区	92019	286008	144217	69889	203351	71.10
中牟县	121556	481361	236797	77210	218489	45.39
巩义市	250333	823597	401915	156731	431364	52.35
荥阳市	175009	615790	280615	133887	317378	51.54
新密市	220945	803685	395520	298971	425470	52.94
新郑市	166459	656732	341708	172339	350103	53.31
登封市	182235	694315	339766	204128	357849	51.53
经济开发区	76813	220280	102468	75733	183735	83.41
高新开发区	92026	247674	120558	133108	205569	83.00
郑东新区	143108	470501	225937	171368	297450	63.22
航空港区	133937	600192	302616	92485	394446	65.72

2015年年末郑州市人口自然变动情况

县区	年平均人口（人）	出生人口（人）	死亡人口（人）	出生率（‰）	死亡率（‰）	自然增长率（‰）
郑州市	9473385	98286	43483	10.37	4.59	5.78
中原区	747231	7952	2748	10.64	3.68	6.96
二七区	773919	8372	3723	10.82	4.81	6.01
管城区	541240	5603	2398	10.35	4.43	5.92
金水区	1444909	13423	3973	9.29	2.75	6.54
上街区	136462	1122	696	8.22	5.10	3.12
惠济区	284498	3156	1343	11.09	4.72	6.37
中牟县	476627	5630	2820	11.81	5.95	5.86
巩义市	821769	9015	4972	10.97	6.05	4.92
荥阳市	615600	6588	3539	10.70	5.75	4.95
新密市	803514	8379	4365	10.43	5.43	5.00
新郑市	651420	7349	3358	11.28	5.15	6.13
登封市	691629	7918	4150	11.45	6.00	5.45
经济开发区	210213	2268	631	10.79	3.00	7.79
高新开发区	247135	2078	751	8.41	3.04	5.37
郑东新区	452886	4331	823	9.56	1.82	7.75
航空港区	574338	5973	2797	10.40	4.87	5.53

（黄 飞）

发展综述

【经济总量及结构】 2015年，郑州市完成生产总值7315.2亿元，比上年增长10.1%；人均生产总值77217元，比上年增长7.9%。其中，第一产业增加值151亿元，增长3.0%；第二产业增加值3625.5亿元，增长9.4%；第三产业增加值3538.7亿元，增长11.4%。全部工业增加值3188.2亿元，增长9.6%；建筑业增加值438.3亿元，增长7.8%；交通运输、仓储和邮政业增加值400.9亿元，增长3.1%；批发和零售业增加值538.0亿元，增长6.9%；住宿和餐饮业增加值246.4亿元，增长7.0%；金融业增加值666.8亿元，增长19.1%；房地产业增加值411亿元，增长10.4%；营利性服务业增加值556.9亿元，增长11.9%；非营利性服务业增加值715.2亿元，增长14.4%。非公有制经济完成增加值4407.7亿元，增长10.2%，占生产总值的比重为60.3%。年末全市城镇化率达到69.7%，比上年提高1.4个百分点。

【农业与农村经济】 2015年，郑州市完成农林牧渔业增加值151亿元，比上年增长3%。粮食总产量168.3万吨，比上年增长3.9%。其中夏粮产量85.6万吨，增长5.4%；秋粮产量82.7万吨，增长2.4%。全年棉花产量2516吨，增长13.5%；油料产量15.4万吨，下降5%；蔬菜总产量273.6万吨，下降4.5%；水果总产量27.5万吨，下降4.4%。肉类总产量25.7万吨，下降2.6%；禽蛋23万吨，增长1.1%；水产品和奶产品产量分别为14.9万吨和42.8万吨，分别下降2%和10.7%。

全年粮食作物种植面积347.7千公顷，比上年下降2.5%。其中夏粮种植面积172.2千公顷，下降2.3%；秋粮种植面积175.5千公顷，下降2.6%。蔬菜种植面积64.5千公顷，下降4.7%；油料种植面积43.1千公顷，下降8.3%；棉花种植面积2750公顷，增长16.3%。

全年完成林业育苗面积2.5千公顷，比上年下降10.1%；中、幼林抚育面积2.8千公顷；造林面积3.5千公顷，下降47.3%；四旁植树685万株，下降1.7%。义务植树361万人次，增长0.3%；义务植树1362万株，增长1.6%。拥有森林公园24个，其中国家级森林公园2个。

全年农田新增有效灌溉面积10.9千公顷，比上年增长1.3倍；新增节水灌溉面积8.7千公顷，下降12.3%；综合治理水土流失面积270.2千公顷，增长7.6%。年末全市农业机械总动力582.1万千瓦，比上年末增长1%。农用拖拉机12.7万台，比上年下降1.4%；农用运输车11.4万辆，下降3.4%。全年农村用电量37.1亿千瓦时，比上年下降0.7%。化肥施用量（折纯）22.1万吨，比上年下降5.3%。

【工业和建筑业】 2015年，郑州市规模以上工业企业完成增加值3312.3亿元，增长10.2%；非公有制工业完成增加值2539.3亿元，增长11.7%；高技术业完成增加值514.5亿元，增长25.5%。分经济类型看，国有企业完成增加值723.4亿元，比上年增长0.1%；集体企业完成增加值23.9亿元，增长4.2%；股份制企业完成增加值2117.2亿元，增长9%；其他类型完成增加值132.9亿元，增长4.4%。分轻重工业看，轻工业完成增加值782.7亿元，增长6.4%；重工业完成增加值2529.6亿元，增长11.4%。七大主导产业完成增加值2375.6亿元，比上年增长12.6%；总量占规模以上工业增加值的71.7%，比上年提高2个百分点。其中汽车及装备制造、电子信息、新材料、生物及医药四大战略性产业完成增加值1637.5亿元，增长14.1%，总量占规模以上工业增加值的49.4%，比上年提高2.6个百分点；六大高耗能行业完成增加值1330.6亿元，增长6.8%，总量占规模以上工业增加值的40.2%，比上年下降2个百分点。

主要工业产品产量有升有降，其中移动通信手持机（手机）19672.4万台，增长51.8%；汽车产量51.4万辆，增长1.4%；铝材449.9万吨，增长10.7%；磨具73万吨，增长4.4%；钢材产量627.4万吨，下降4.6%；速冻米面食品产量122.4万吨，下降2%；耐火材料制品产量3375.5万吨，增长4.6%；服装产量2亿件，下降0.5%；水泥产量2184.4万吨，下降10.5%；卷烟1674.3亿支，下降3.4%；电力电缆31.3万千米，下降22%。

全年规模以上工业企业完成主营业务收入13434.1亿元，比上年增长9.2%；实现利税1541.3亿元，增长6%；实现利润1057亿元，增长6.7%；产销率达到98%，比上年提高0.3个百分点。

全市建筑业完成总产值2714.7亿元，比上年增长0.1%；完成增加值438.3亿元，比上年增长7.8%。建筑施工企业施工房屋面积23205.9万平方米，增长30.7%；竣工房屋面积4254.4万平方米，下降18.8%。

【固定资产投资】 2015年，郑州市固定资产投资完成6288亿元，比上年增长19.6%。固定资产投资中，国有及国有控股单位完成投资1711.2亿元，增长37.7%；民间投资完成4509.8亿元，增长14.5%。分产业看，第一产业完成投资87.1亿元，增长5.5%；第二产业完成投资1475.3亿元，增长0.6%；工业投资完成1472.7亿元，增长0.5%；第三产业完成投资4725.6亿元，增长27.4%。

全年固定资产施工项目2354个，计划总投资10884.6亿元，比上年增长2.4%；新开工项目1261个，计划总投资3992亿元，比上年增长19.5%。基础设施投资完成1297.4亿元，增长23.1%。

全年房地产开发投资完成2000.2亿元，比上年增长14.7%；其中住宅投资1338.2亿元，增长13.7%。商品房屋施工面积10818.2万平方米，比上年增长2.3%；其中住宅施工面积7256.2万平方米，增长3.8%。商品房新开工面积2834万平方米，增长3.1%；其中住宅1983.6万平方米，增长1.5%。商品房屋竣工面积1076.7万平方米，下降43%；其中住宅670.5万平方米，下降40.3%。房屋实际销售面积1898.7万平方米，增长19.3%；销售金额1224.4亿元，增长43.9%。

【国内贸易】 2015年，郑州市完成社会消费品零售总额3294.7亿元，比上年增长11.5%。分城乡看，城镇消费品零售额2769亿元，增长11%；乡村消费品零售额277.4亿元，增长14.6%。分行业看，批发业零售额351.7亿元，增长18.6%；零售业零售额2233.2亿元，增长10%；住宿业零售额21亿元，增长5.4%；餐饮业零售额440.6亿元，增长13.3%。

全年限额以上批发和零售业零售额1576.9亿元，比上年增长9.1%。其中食品、饮料、烟酒类159.6亿元，增长20.5%；服装、鞋帽、针纺织品类142.6亿元，增长4.1%；金银珠宝类39.8亿元，增长34.1%；日用品类62.8亿元，增长13.5%；五金、电料类14.4亿元，增长10.5%；家具类11.4亿元，增长20.1%；石油及制品类136.4亿元，下降1.9%；汽车类702.6亿元，增长1.2%；煤炭及制品类10.1亿元，增长1.6倍。限额以上住宿餐饮业营业额120.9亿元，比上年增长5.6%。

【对外经济】 2015年，郑州市直接进出口总额570.3亿美元，比上年增长22.9%。其中，进口257.8亿美元，增长30.5%；出口312.5亿美元，增长

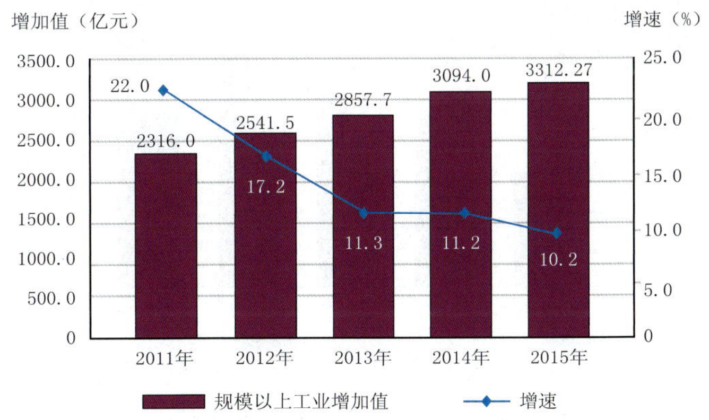

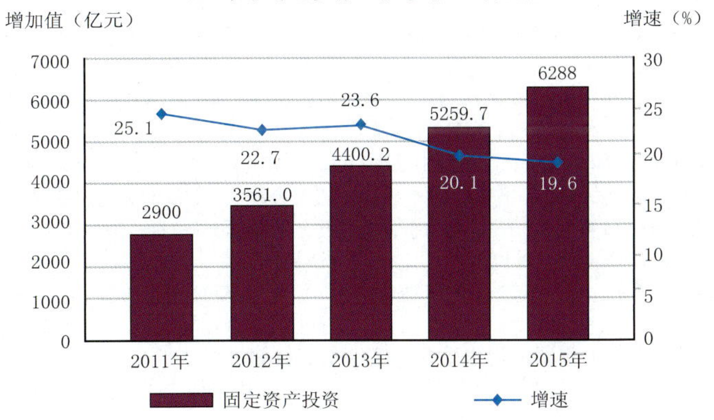

全市社会消费品零售总额及增速

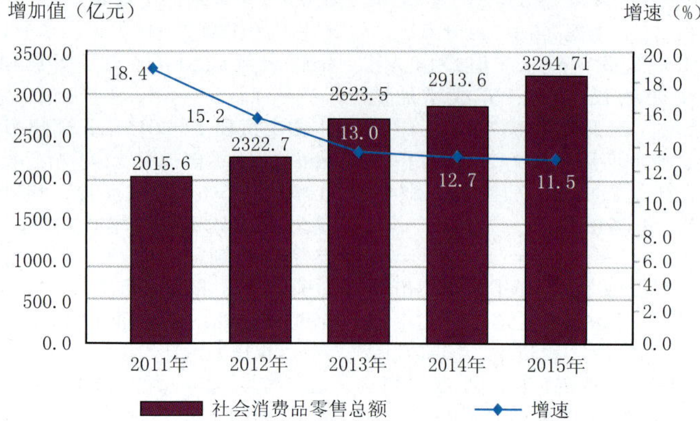

全市进出口总值、出口总值及增速

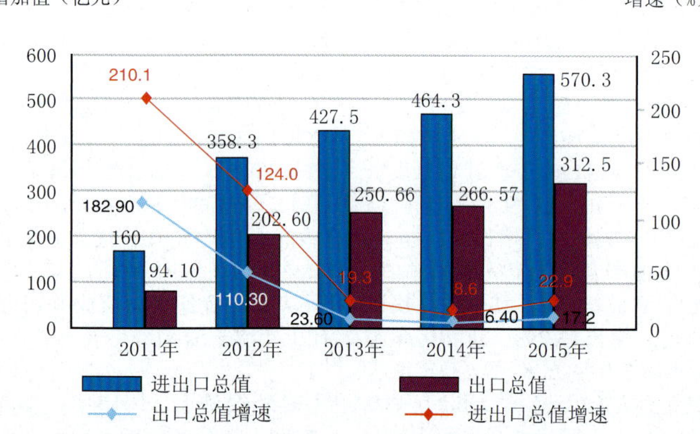

全市地方财政总收入、地方公共财政预算收入及增速

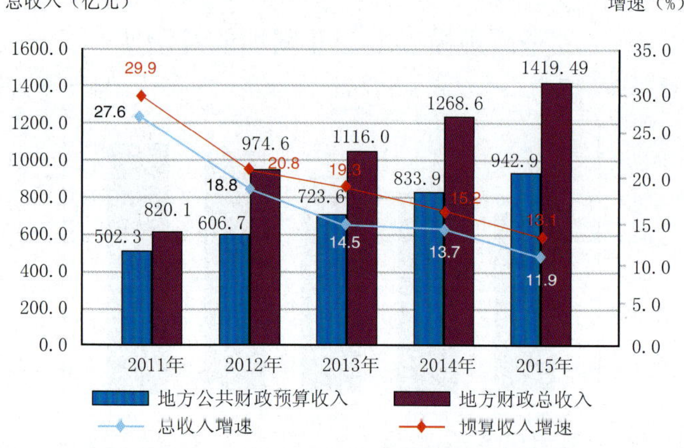

17.2%。在出口总额中，一般贸易出口39.6亿美元，下降12.2%；加工贸易出口270.6亿美元，增长23.4%；机电产品出口28.7亿美元，高新技术产品出口269.6亿美元。

全年新批外资企业58个，比上年减少8个，下降12%。合同利用外资额12.6亿美元，下降13.2%；实际利用外商直接投资38.3亿美元，增长5.4%；引进境内域外资金1417.9亿元，增长6%。

全年境外投资额10.1亿美元，比上年增长19.7%；国外经济合作营业额20.9亿美元，增长8.6%。

全年跨境电子贸易走货量5189.5万包，货值41.1亿元。

【交通、邮电和旅游】 2015年，郑州市交通运输业各种运输方式完成货运周转量548.2亿吨公里，比上年增长2.2%。其中铁路172.7亿吨公里，下降13.4%；公路370亿吨公里，增长11.3%；航空54276万吨公里，增长15.1%。完成客运周转量279.6亿人公里，比上年增长1.2%。其中铁路134.5亿人公里，增长2.2%；公路79.7亿人公里，下降4.6%；航空65.4亿人公里，增长6.9%。

郑州新郑国际机场全年完成货邮吞吐量40.3万吨，比上年增长8.9%；旅客吞吐量1729.7万人次，增长9.4%。

全年完成邮电业务总量297.8亿元（按2010年不变价计算），比上年增长39.4%。其中邮政业务总量63.7亿元，增长59.3%；电信业务总量234.1亿元，增长34.8%。移动电话用户年末达到1344.6万户，增长2.6%，本年新增移动电话用户338.6万户，下降21.6%；年末互联网用户239.9 万户，比上年增长1.9%；新增用户31万户。

年末全市汽车拥有量达到246.9万辆，比上年增长12.9%；其中个人拥有224.1万辆，增长15.9%。在汽车拥有量中，轿车137.8万辆，增长16.8%；其中个人拥有量129.8万辆，增长18.2%。全市汽车驾驶员316万人，比上年增长17.2%。

全年实现旅游总收入1004.2亿元，比上年增长12.5%；来郑旅游人数8674.4万人次，比上年增长11.7%。其中国际旅游人数47.3万人次，增长4.8%；国内旅游人数8627.1万人次，增长11.7%。年末全市共有旅行社218家，星级酒店40个，A级旅游景区42个，AAAA级以上景区13个。

【财政、金融证券和保险】 2015年，郑州市完成地方财政总收入1419.5亿元，比上年增长11.9%；地方财政一般公共预算收入942.9亿元，增长13.1%；其中税收收入699.3亿元，增长11.7%；市本级收入392.5亿元，增长13%。在地方财政一般公共预算收入中，个人所得税29.3亿元，增长6.5%；企业所得税113.3亿元，增长20.7%；增值税67.8亿元，增长10.8%；营业税255.6亿元，增长14.3%；房产税19.4亿元，增长21.3%。

全年地方财政一般公共预算支出1106亿元，比上年增长20.4%。其中城乡社区支出292亿元，增长29.5%；节能环保支出74.4亿元，增长1.6倍；教育经费支出147.6亿元，增长18.6%；农林水事务支出71.6亿元，增长32.4%；医疗卫生与计划生育支出81.4亿元，增长15.9%；科学技术支出17.8亿元，增长23.2%；社会保障与就业支出77.8亿元，增长24.7%；公共安全支出41.4亿元，增长13.9%。

年末全市金融机构各项存款余额16936.3亿元，比上年末增加2385.9亿元，增长16.4%；其中城乡居民储蓄存款余额5695.5亿元，增加577.6亿元，增长11.3%。金融机构各项贷款余额12650.3亿元，增加1779.9亿元，增长16.4%。

全年全市有3家企业挂牌上市，分别为郑州光力科技股份有限公司、郑州银行、河南思维自动化设备股份有限公司，首发融资55.4亿元，截至2015年年底，全市上市企业已达41家。全市“新三板”挂牌企业80家，其中2015年新增50家。

全年全市保险公司保费收入338.5亿元，比上年增长21.8%。其中财产险收入115.3亿元，增长19%；人身险收入223.2亿元，增长23.3%。全年赔付额103.3亿元，比上年增长44.6%。其中财产险赔付额53.8亿元，增长20.2%；人身险赔付额49.5亿元，增长85.5%。

【科学技术和教育】 2015年，郑州市共组织实施科技项目1007项，比上年下降18.2%。其中省级以上项目335项，增长18.8%；市级项目672项，下降29.2%。全年完成重大科技成果576项，增长12.7%。其中基础理论成果52项，增长26.8%；应用技术成果490项，增长11.4%；软科学成果34项，下降13.3%。拥有国家工程技术研究中心6个，省级工程技术研究中心188个，省级重点实验室26个。

全年专利申请量达到26406件，增长8.6%；授权量16125件，增长30.9%。全年共签订技术合同4599份，增长8.3%；技术合同成交金额达130.1亿元，增长17.3%。拥有国家级企业技术中心18个，比上年增长12.5%；省级企业技术中心321个，增长4.8%。国家级创新型试点企业4家，省级创新型试点企业获得国家科技进步奖12项，增长50%；省级科技进步奖36项，增长5.8%。

年末全市共有研究生培养单位9个，招生7834人，比上年增长6.5%；在校研究生22067人，增长10.2%；毕业3417人，增长47.7%。全市普通本专科学校56所，招生25.7万人，比上年增长6.8%；在校学生82.4万人，增长5.2%；毕业21.5万人，增长10.7%。成人高校38所，招生5万人，下降1.9%；在校学生11.2万人，增长7.4%；毕业4.1万人，下降0.5%。中等职业技术教育学校129所，招生11.2万人，增长7.8%；在校学生27.8万人，增长7.9%；毕业8.3万人，增长3.4%。普通高中114所，招生6.5万人，增长8.4%；在校学生18.4万人，增长4.3%；毕业5.9万人，增长7%。普通初中297所，招生11.2万人，比上年增长4.2%；在校学生32.7万人，增长3.6%；毕业10.2万人，增长13.1%。普通小学935所，招生14.5万人，比上年增长3.5%；在校学生79.1万人，增长5.3%；毕业10.9万人，增长8%；小学适龄儿童入学率达100%。幼儿园在园幼儿35.8万人，比上年增长4.4%。全市共有专任教师14.9万人，比上年增长3.1 %。其中高等学校4.1万人，增长0.1 %；普通中等职业学校1.1万人，增长0.7 %；普通中学3.8万人，增长6.9%；普通小学3.6万人，增长2.6%；幼儿园2.2万人，增长4.8%。

【文化、卫生和体育】 2015年末，郑州市共有艺术表演团体16个，公共图书馆15个，群众艺术馆、文化馆12个，博物馆31个，综合档案馆13个，已开放各类档案57.6万卷，比上年增长35%。广播电台2座，电视台2座。全市广播人口覆盖率100%，电视人口覆盖率达100%，有线电视用户197.4万户，增长13.8%。拥有全国重点文物保护单位74处；国家级非物质文化遗产名录6个。

年末全市共有卫生机构3923个，比上年下降2.1%。其中医院、卫生院330个，增长5.4%。拥有床位7.7万张，增长3.1%。其中医院、卫生院床位7.2万张，增长3.3%。卫生技术人员8.5万人，增长4.4%；其中执业医师、执业助理医师3万人，增长3.4%；注册护士4.1万人，增长6.6%。疾病预防控制中心、防疫站16个，卫生技术人员530人；妇幼卫生机构14个，卫生技术人员4015人。专科疾病防治医院3个，卫生监督检验机构16个，监督机构卫生技术人员434人。乡镇卫生院98个，卫生技术人员4552人，床位4876张。

全年共获得世界冠军2个，亚洲冠军1个，获得各类比赛金牌227枚。全市新增全民健身路径工程134条，新增村级农民体育健身工程130个、乡镇体育健身工程3个。销售体育彩票23.9亿元，增长20.1%。

【城市建设、环境保护和安全生产】 2015年末，郑州市建成区面积437.6平方公里。城市新铺设自来水供水管道2937.9公里，新扩建城市道路179.1公里，面积546.3万平方米。全年全社会用电量496.9亿千瓦时，比上年下降1.6%，其中工业用电量329.8亿千瓦时，下降3.7%；城乡居民生活用电量68.3亿千瓦时，下降2.3%。供水总量达35181万立方米，日供水能力187.4万立方米。污水处理率达到96%，日污水处理能力139.4万立方米，垃圾粪便无害化处理率达到100%。

全年新开公交线路19条，更新、增加公交车辆607辆，年末实有公交车6221 辆，城市公交客运量达9.5亿人次，其中BRT客运量2.5亿人次。

全市人均公园绿地面积7.1平方米，建成区绿化覆盖率40.3%。公园达到81个，公园面积2431公顷，公厕966座。

全市建成禁燃区86个，面积279.9平方公里。市区空气质量优良天数138天。

全年万元GDP能耗降低8.3%，规模以上工业增加值能耗降低15.9%。综合能源消费量1963万吨标准煤，比上年下降7.4%。其中轻工业119万吨标准煤，下降3.1%；重工业1844万吨标准煤，下降7.6%。

全年共发生伤亡事故2096起，造成死亡100人，下降13%；事故直接财产损失3765.6万元，下降4.2%。

【人口、人民生活和社会保障】 2015年末，郑州市总人口956.9万人，比上年增长2%。其中女性468.1万人，增长2.6%；男性488.8万人，增长1.5%。城镇人口666.9万人，增长4.1%；乡村人口290万人，下降2.4%。全市全年出生人口9.8万人，增长2.9%；人口出生率10.37‰。死亡人口4.4万人，增长6.6%；死亡率4.59‰。全年净增人口5.5万人，增长0.2%；人口自然增长率5.78‰。

全年居民人均可支配收入26502元，比上年增长9.2%，扣除价格因素，实际增长8.4%；居民人均消费性支出18530元，增长8.1%，实际增长7.3%。其中城镇居民人均可支配收入31099元，增长8.7%，实际增长7.5%；人均消费性支出21692元，比上年增长7.8%，实际增长6.6%。农村居民人均可支配收入17125元，比上年增长8.9%，实际增长8.4%；人均消费性支出12080元，比上年增长8.6%，实际增长8.2%。

全年城镇居民消费价格比上年上涨1.1%。食品价格上涨1%；其中肉禽及其制品上涨2%，蛋类下降14.4%，蔬菜上涨6.2%。居住价格上涨1.6%；家庭设备用品及维修服务价格持平；烟酒及用品价格上涨0.3%；医疗保健及个人用品价格上涨2.5%；娱乐教育文化用品及服务价格上涨2.1%；交通和通信下降2.4%；衣着价格上涨2.5%。

年末全市从业人员559.6万人，比上年增长2.5%，其中城镇从业人员307.1万人，增长1.2%。全年城镇新增就业人员14.5万人，下降2%；农村劳动力转移就业10.2万人，下降11%。年末城镇登记失业率1.6%。

全市民生福利总指数为108.7%，比上年提高4.7个百分点，民生得到进一步改善。

全年城镇居民享受政府最低生活保障2.2万人，比上年下降19.6%；发放最低生活保障金1.1亿元，下降7.3%；农村居民享受最低保障10.6万人，发放最低生活保障金2.4亿元，下降6.2%。全市参加失业保险166.8万人，比上年增长11.9%；年领取失业保险金者1.5万人。参加城镇职工基本养老保险303.6万人，比上年增长13.7%。其中职工167.6万人，增长13.7%；离退休人员30.5万人，增长4.4%。城镇职工参加医疗保险总人数为164.9万人，比上年增长0.7%。其中职工135.2万人，增长0.4%；离退休人员29.6万人，增长1.9%。接受城乡医疗救助17.6万人次，比上年增长112.6%；发放城乡医疗救助金5277.6万元，增长42.2%。

年末全市提供住宿的社会服务机构131个，比上年增长28.4%。其中养老服务机构91个，增长33.8%。拥有床位数1.9万张，增长14%。其中养老服务机构1.5万张，增长17.6%。各类提供住宿的社会服务机构收养救助1.1万人，增长8.1%。建立社区服务指导中心10个、社区服务中心79个、社区服务站298个。接受城乡医疗救助10.6万人次，发放城乡医疗救助金5271万元，比上年增长35.3%。全年社会销售福利彩票15.2亿元，比上年下降1.6%；筹集社会福利资金1.3亿元，增长38.9%；接受社会捐赠476.6万元，增长4.5倍。

（统计公报）

组织机构

中共郑州市委

书　记　吴天君
副书记　马　懿　王　璋（2月免）
　　　　胡　荃
常　委　吴天君　马　懿
　　　　王　璋（2月免）　胡　荃
　　　　高建慧（女）　郭锝昌
　　　　孙金献　王　哲　薛云伟
　　　　王跃华　黄保卫　张建慧
　　　　刘贵新（2月免）
　　　　张延明（2月任）
　　　　王德山（2月任）
秘书长　王　璋（2月免）
　　　　胡　荃（2月任）
常务副秘书长　姜现钊
副秘书长　刘旭光（兼）　张志泉
　　　　李伟革　李建伟　王海江

纪律检查委员会

书　记　郭锝昌
副书记　岳希荣（女）
　　　　李树生（2月免）　葛震远
　　　　周　英（7月任）
秘书长　高希浩
纪委常委　高希浩　赵国锋（9月免）
　　　　刘进国　高建中　冯忠信

（曾厚宏）

·市委工作部门·

办公厅

主　任　姜现钊
副主任　曹建伟（12月免）　张红军
　　　　宋林杰　屈海中（7月免）
纪检员　张满满（女）

组织部

部　长　高建慧（女）
常务副部长　李喜安
副部长　白　云（女）
　　　　戴春枝（兼，女）　朱河顺

宣传部

部　长　王　哲
常务副部长　徐西平
副部长　宋建国　裴保顺
　　　　王丽艳（4月任）
文明办主任　裴保顺
文明办副主任　邓智柏　薛土岭
　　　　姬月莲（女）
　　　　马　雷（6月免）
　　　　尚　杰
　　　　黄红雨（女）

统战部

部　长　王跃华
常务副部长　李俊超
副部长　白宇宙（12月免）
　　　　潘新红（女）　王　丽（女）
　　　　王　新（12月任）
纪检员　程　炜
台湾事务办公室主任
　　　　潘新红（女，兼）
台湾事务办公室副主任
　　　　欧阳军　曹东梅（女）
　　　　赵旭昌　唐国庆

政法委

书　记　黄保卫
常务副书记　孙桂林（3月免）
　　　　杨昆峰（3月任）
副书记　李华云　司久贵　侯保卫
政治部主任　马晓霞（女）

政策研究室

主　任　李建伟
副主任　汤清典　左巧娈（女）
　　　　王庆先
纪检员　崔剑波

机构编制委员会办公室

主　任　吴志强
副主任　王学军　王晓燕（女）
　　　　王信军　王曙光
纪检员　孙　玄

市直属机关工委

书　记　刘旭光（兼）
副书记　王永福　朱　光　李书英
委　员　刘　宁（12月任）
　　　　钟孝君（12月任）
纪工委书记　范兴辉

·市委直属事业单位·

档案局

局　长　徐宏杰
副局长　贾欣营　李永强　靳林中
纪委书记　谢枝彤（女）

（郑继孝）

市委党校

校　长　王　璋（兼，2月免）
　　　　胡　荃（兼，2月任）
常务副校长　姚芸来
副校长　叶光林（女）

（徐宏伟）

郑州报业集团

党委书记、社长、董事长　石大东
党委副书记、总编辑　张子明
党委副书记、总经理　许　聪（女）
郑州日报社总编辑
　　　　张子明（兼，3月任）
郑州晚报社总编辑　程玉峰
副社长、副总经理　张明俊　张　永
中原网总编辑　徐秀丽（女，3月免）
　　　　张新彬（4月任）
副总编辑　刘春兰（4月任）
纪委书记　卢士海

·部门管理机构·

老干部局

局　长　李建国（4月任）
副局长　战文胜　邢万顺　卢国祥
　　　　郭　愿
纪检员　赵　华（女）

机要局

局　长　陈　杰
副局长　朱培龙

保密委员会办公室（国家保密局）

主　任（局　长）　张淑娥（女）
副主任（副局长）　尹宏府（11月免）
　　　　杜建强（1月免）
　　　　李春鑫　郭　哲

·办公厅领导的事业单位·

党史研究室

主　任　薛稳定
副主任　王宗民　李红霞（女）
　　　　杨洪良　孙红旗　高　峰
纪检员　秦凤云（女）

（郑继孝）

郑州市十四届人大常委会

主　任　白红战
副主任　周长松
　　　　舒安娜（女，土家族）
　　　　赵明恩　赵武安
　　　　张学军（1月免）　王广灿
　　　　王贵欣　赵新中（1月任）
　　　　王铁良　范　强
秘书长　王福松
副秘书长　李金鹏　张　辉
　　　　姜朝红（女）
　　　　杨郑安（回族）
　　　　李永茂　龚华章
委　员（共38人，按姓名笔画为序）
　　　　马斐颖（女）　王中立
　　　　王东升　王竹强　王超斌
　　　　毛鸿雁（女）　龙同胜
　　　　叶齐科（6月免）　白宇宙
　　　　任广林　刘庭杰　李金鹏
　　　　李学章　李树生
　　　　李　艳（女）
　　　　李喜安（10月免）
　　　　李蝴蝶（女）　吴卫平
　　　　吴予红（女）
　　　　沈丕黎（女）　张义德
　　　　张子亮　张文随
　　　　张艳华（女）　张　辉
　　　　尚守道　周荔青　郑友军
　　　　郑福有　赵学庆　赵顺舟
　　　　姜朝红（女）　黄国甫
　　　　常绪东　崔豫琳（女）
　　　　阎铁成　焦大宏
　　　　温润琴（女）

翟桂红（女）　樊少楠

市人大法制委员会
主任委员　吴卫平
副主任委员　李　艳（女，回族）
罗　丽（女）
委　员（共8名，按姓名笔画为序）
王　青（女）　张文随
张　辉　赵学庆
姜朝红（女）　崔豫琳（女）
阎铁成　靳四梅（女）

·市人大常委会工作机构·

办公厅
主　任　李金鹏
副主任　于　鸿（女）

内务司法工作委员会
主　任　樊少楠

经济工作委员会
主　任　宋柏松
副主任　郑福有　李永祥

教育科学文化卫生工作委员会
主　任　张义德
副主任　梅　青（女）

城乡建设环境保护工作委员会
主　任　邢建新
副主任　张子亮　曹进元

农村工作委员会
主　任　任广林
副主任　刘　华（女）

选举任免代表联络工作委员会
主　任　阎铁成
副主任　蔡军龙　张慧娴（女，兼）

民族侨务外事工作委员会
主　任　沈丕黎（女）
副主任　王联民

预算工作委员会
主　任　龙同胜
副主任　王韶蓓（女）

郑州高新技术产业开发区工作委员会
主　任　郑友军
副主任　吴永昭　宋旭光　时连渠
张家德（10月任）

郑州经济技术开发区工作委员会
主　任　温润琴（女）
副主任　徐惠俐（女）
席　挺（10月任）
王华耀（10月任）

郑州航空港经济综合实验区（郑州新郑综合保税区）工作委员会
主　任　常绪东

郑东新区工作委员会
主　任　王竹强
副主任　郃松章（1月任）
李汉志（10月任）

研究室
副主任　张国宏

法制室
主　任　李　艳（女）
副主任　韩广道

信访室
主　任　张文随
副主任　崔永勋

（胡凯林）

郑州市人民政府

市　长　马　懿
副市长　孙金献　薛云伟
沈庆怀（1月任）
刘　东（女）
马　健（2月免）
吴忠华（1月免）　张俊峰
杨福平　黄　卿（2月任）
李喜安（10月任）
秘书长　王春山（10月免）
袁三军（10月任）
常务副秘书长　李国强
副秘书长　冯卫平　张　吉　商建东
李　杰　赵红军
潘　冰（6月免）
翟　政（6月任）
李庆忠（9月免）
李建霞（女）
薛永卿（6月任）
赵向东（7月免）　袁聚平

（曾厚宏）

·市政府工作部门·

办公厅
主　任　王春山（10月免）
袁三军（10月任）
副主任　史根有　张晓英（女）
牛满仓　张丽华（女）
纪检组长　张晓英（女，兼）

发展和改革委员会
主　任　李书峰
副主任　魏　东　范建华　夏　扬
饶卫军　李福科　刘志敏
王庆玮（8月免）
纪检组长　刘雅琳（女）

物价局
局　长　杨虎臣
常务副局长　朱巨亚
副局长　王宏元（11月免）
郑德邦　朱孝忠
王志昂（11月免）　王为民
王丽英（女）　王新田
纪检组长　赵　涵（女）

（郑继孝）

教育局
局　长　毛　杰（女，3月免）
李陶然（3月任）
常务副局长　刘鹏利
副局长　葛　飞　田保华　张大龙
曾昭传
纪委书记　马新安

科技局
局　长　文广轩
党委副书记　乔英奎
副局长　任　灿　李大群
纪委书记　许新明

（徐宏伟）

工业和信息化委员会
主　任　苗晋琦（11月免）
党委副书记　刘延龄
副主任　巫怀民　邢冬原（11月免）
杜设亮　张士成　谷振风
焦义深（12月免）
郜东辉（12月任）
纪委书记　王　东

民族事务委员会
主　任　马　军
副主任　刘佩伦　雷建生
周建军
纪检组长　李伟国

公安局
局　长　沈庆怀
常务副局长　张书军
党委副书记、政治部主任
李　珂（女）
副局长　张　保　罗永生　陈友军
李奎业　张武清
纪委书记　王晓宁（女）

监察局
局　长　岳希荣（女）
副局长　李留宪　郭秋丽（女）
邹　鹭（女）

民政局
局　长　谢霜云
党委副书记　吴同欣
副局长　刘鲁豫　杨杭军　袁　杰
李淑萍（女）　张铁山
张国强
纪委书记　郎克俊

司法局
局　长　周顺杰
党委副书记　张予琳（女）
副局长　席现军　申德礼　黄耀欣
纪委书记　刘德林

财政局
局　长　刘　睿

党委副书记　刘　健
副局长　石　歆　丁二勇
　　张予红（女）
纪委书记　周亚东

人力资源和社会保障局

局　长　戴春枝（女）
副局长　娄渊胜　王翠玲（女）
　　张　伟　卞　薇（女）
　　王松亭
纪委书记　杨海权

国土资源局

局　长　刘维德（11月免）
　　吕安民（11月任）
党组副书记　吕安民（11月免）
　　邱应厚（11月任）
副局长　邱应厚（11月免）　崔留森
　　陈思格（11月免）　李五云
纪检组长　吴振华（女）

安全生产监督管理局

局　长　李元中
副局长　潘建华　朱建勋　丁清卫
　　郭项峰　时富宗
纪检组长　房志伟

城乡建设委员会

主　任　陈　新
党委副书记　高永振
副主任　金建新　王立新　梁远森
　　杨　琦　曲　标　李俊铭
纪委书记　丁启豹

住房保障和房地产管理局

局　长　李德耀
副局长　宋建伟　高胜利　王修安
　　杨智威
纪委书记　雷　鸣（女）

城乡规划局

局　长　杨东方
党委副书记　张　凯（11月免）
　　曹晓苗（12月任）
副局长　许　振　李成祥　陈国清
　　牛建军
纪委书记　丁剑波

交通运输委员会

主　任　吴耀田
党委副书记　曹培林
副主任　陆秀玲（女）　魏　予
　　李　刚
纪委书记　李德森（12月免）
　　刘　宇（12月任）

城市管理局

局　长　赵新民
党委副书记、副局长　司同义
党委副书记　李　平
副局长　魏天亮　郭克河　翟月修
　　尚学振　王润洲

纪委书记　闫卫平

环境保护局

局　长　蔡玉奇（4月免）
　　潘　冰（4月任）
党组副书记　郑淑敏（女）
副局长　李俊杰
　　翟巧枝（女，11月免）
　　李春德　韩松涛
　　赵　凯（12月任）
纪检组长　冯锦岭

农业农村工作委员会

主　任　周亚民
党委副书记　楚万青
副主任　李新有　董　锐　马占军
　　吴　蒙　宋俊英（女）
　　曹东坡
纪委书记　张玉成

畜牧局

局　长　蔡仲友
副局长　李文波　郑保华　张军峰
　　徐宝龙
纪委书记　赵富荣

水务局

局　长　史传春
党委副书记　张中锋（12月免）
副局长　孙　黎（女）　胡文杰
　　薛永卿（3月免）
　　孙书河（11月免）
　　卢守富　高国振　刘德坡
纪委书记　黄永成

林业局

局　长　崔正明
党委副书记　郭　伟（11月免）
副局长　张卫东　宋万党
　　牛培玲（女）　李佳刚
纪委书记　刘跃峰

商务局

局　长　余遂盈
党委副书记　陈　彦（女）
副局长　张海亮　林继民　刘天启
　　曹宏伟　郭　磊（12月任）
纪委书记　李连生

文化广电新闻出版局

局　长　王霄鹂（女）
常务副局长　许凤鸣
副局长　朱晓东　董　娣（女）
　　吴安德　张文书　范守艾
　　宁凤丽（女）　李德专

卫生和计划生育委员会

主　任　顾建钦（10月免）
　　付桂荣（女，10月任）
党委副书记　付桂荣（女，10月免）
　　张文艳（女，10月任）
副主任　张文艳（女，10月免）
　　兰维娜（女）　李长友

　　原学岭　许迎喜　段新国
　　陈　勇
纪委书记　张智光

爱卫办

党组书记　付桂荣（女，10月任）
主　任　付桂荣（女，10月免）
副主任　许付华　张中建　吴孔宝
　　薛铁山　张士东
纪检组长　王书广

食品药品监督管理局

局　长　周　铭
党组副书记　李竖亚
副局长　闻清涛　邹庆明　韩黎民
　　张　萍（女）　祁红亮
　　张松安　张五超　刘涪江
　　孙景莉（女）　闫荣魁
纪检组长　裴广战

审计局

局　长　冯明杰
副局长　徐　平（女）　桑富强
　　于世营　乔德宁
纪检组长　赵　军（12月任）

体育局

局　长　李庆山
副局长　张国防　周朝晖
　　赵　君（12月任）　张家富
纪检组长　杜国政

统计局

局　长　万永生
副局长　韩彦北　祝遵刚
　　江　滨（11月免）
纪检组长　王停军

旅游局

局　长　张杰锋
副局长　何宏波
　　薛宝霞（女，11月免）
　　刘根成　李明伟　胡家安
纪检组长　刘海青（女）

粮食局

局　长　刘啸峰
党委副书记　魏来圈
副局长　张旭东　张世然
　　胡光程（12月任）
纪委书记　王喜胜

信访局

局　长　牛瑞华（3月免）
　　韩俊远（4月任）
副局长　李应旺
　　杨爱玲（女，12月免）
　　冯　明　王随府　田书黎
　　金爱江　牛宏浩（12月任）
纪检组长　霍训军

外事侨务办公室

主　任　李陶然（3月免）

蔡玉奇（3月任）
副主任　刘培林　张树忱
黄改玲（女）
吕　剑（女，12月免）
纪检组长　马国立

法制办公室

主　任　张江涛
常务副主任　李文德
副主任　李庆伟（7月免）　李惟锋
牛承志
纪检组长　张金生

人民防空办公室

主　任　李幸福
副主任　许效常　项忠阳　石如善
纪检组长　王作伟

文物局

局　长　任　伟
党委副书记　李　峰
副局长　王　杰　汪文道　任晓红
闫凤岗
纪委书记　张湘洋（11月免）
胡　鹏（12月任）

园林局

局　长　张胜利
党委副书记　赵景尧
副局长　姚喜民　许学清　祖应军
张　强
纪委书记　郭书君

国有资产监督管理委员会

主　任　李秀山
党委副书记　黄名坤
副主任　李中正　岳启明　郭耀伟
刘学银　于东启
纪委书记　苏海平

·市政府直属事业单位·

煤炭管理局

局　长　柴栓庆
副局长　徐建林　王少宗　王国占
王志远　师志刚　黄保臣
丁振庆
纪检组长　马海红（女）

（郑继孝）

住房公积金管理中心

主任、党委副书记　朱蜀辽
党委书记　张静伟（12月免）
赵　伟（12月任）
副主任　薛佩玲（女）　罗　鸣
李力刚　刘帮成　史保金
纪委书记　尹丙申

（周遂鹏）

机关事务管理局

局　长　王　微
党委副书记　韩　勇
副局长　姚希岗　常　利
李洪建　王新涛
孙建军（12月任）
纪委书记　姚　光

接待办公室

主　任　范建勋
副主任　彭起信　陈培民　白建军
李建军
纪检组长　朱海平

供销合作社

主　任　刘五一
党委书记　张　杰
监事会主任　宫建国
副主任　贾耀刚　丁庆彪　常建青
杨燕青　苏现民　赵文生
纪委书记　李国书

地震局

局　长　王红梅（女）
党组书记、副局长　于　明
副局长　侯清卫（11月免）
苏海敏　刘明强
纪检组长　蒋炎平

地方史志办公室

主　任　张群保
副主任　梁豫生（11月免）
王丹东
纪检组长　吴相武

（郑继孝）

建设投资总公司

副总经理　秦广远　沈建焜　付立文

市场发展局

局　长　田跃平
副局长　唐文革　罗黎明　房广明

仲裁委员会办公室

主　任　杨爱玲（12月任）
副主任　梁立群（12月免）
柴　青（女）　谷　青
李红武　崔工作（12月任）

（周遂鹏）

·市政府派出机构·

郑州航空港经济综合实验区（郑州新郑综合保税区）

党工委书记　胡　荃（兼，2月免）
张延明（2月任）
党工委副书记、管委会主任
张延明（2月免）
马　健（2月任）
党工委副书记、纪工委书记
赵新中（1月免）
党工委副书记
法建强（2月任）
管委会副主任
黄　卿（2月免）
法建强（2月免）
万正峰（9月任）
张春阳（2月任）
马锁文
常继红（女，9月任）
王广国（兼，9月任）
王春山（9月任）
管委会主任助理
常继红（女，9月免）

郑东新区

党工委书记、管委会主任
张建慧
党工委副书记、管委会常务副主任
吴福民
党委副书记　马安庄
管委会副主任　周定友　赵长根（1月免）
周军营　孟祥岭（1月免）
王新宇（1月任）
陈平山（11月任）
郭程明（11月任）
管委会主任助理　魏宁娣（女）
李　晗（女）
纪工委书记　郜松章（1月免）
孟祥岭（1月任）

高新技术产业开发区

党工委书记、管委会主任
赵书贤
党工委副书记、管委会常务副主任
翟晓宾（1月免）
牛瑞华（3月任）
党工委副书记　李金勇
管委会副主任　张良才（10月免）
张静伟（12月任）
王　军
王宏伟（12月任）
姚五洲　郝军峰
贾有林
杨　光（12月免）
纪工委书记　张家德（10月免）
张良才（10月任）

经济技术开发区管委会

党工委书记、管委会主任　崔绍营
党工委副书记、管委会常务副主任
史占勇
党工委副书记　李雪生
副主任　张春喜　王义民　孙　兵
李华军（12月免）
席　挺（10月免）　李国立
师淑君（女）
杨　光（12月任）
马　良（11月任）
纪检委书记　武　斌

火车站地区管委会

党委书记、管委会主任
王鲁明（4月任）
党委副书记、管委会常务副主任
郝国军
管委会副主任　冯现朝　韩道俊
王　伟　白清志
纪委书记　丁占清

（徐宏伟）

黄河生态旅游风景区

党工委书记、管委会主任　雒国栋
党工委副书记　李振兴
管委会副主任　马玉林　杜振宇
　　胡　春　成才旺
　　李宗建
纪工委书记　王建军

·市政府驻外办事机构·

市政府驻北京联络处

主　任　张管城
副主任　张党权　常宏瑞

市政府驻广州办事处

主　任　张泽宏
副主任　刘　刚　王忠文

市政府驻上海联络处

主　任　王　强

（周遂鹏）

·省市双重管理机构·

工商行政管理局

局　长　吴凤军
副局长　赵小林　张元龙　陈传建
　　江　洪　刘　勇
纪检组长　黄　静（女）

国家税务局

局　长　杨国政
副局长　李文峰（8月免）
　　马松伟　李　巍
　　王　平（女）
纪检组长　刘丽玲（女）

地方税务局

局　长　李新峰
党组副书记、副局长
　　王　钢（1月免）
　　李雷鸣（1月任）
副局长　裴国庆（1月免）
　　白嵩峰
　　宋　山（1月任）
　　冯　霖（女，8月任）
纪检组长　宋　山（1月免）
　　韦　鑫（1月任）

质量技术监督局

局　长　何增涛
副局长　张建庄　职玉森　尚建国
　　王拥军　李海陆
纪检组长　刘国权

烟草专卖局（公司）

局长（经理）　赵建州（10月免）
　　李广良（10月任）
副经理　邱国旺　施鹏跃
　　曹华琴（女）
　　潘红亭（女，6月任）
副局长　张敬邦
纪检组长　李长银（10月任）

河南省邮政公司郑州市分公司

总经理　张战军
副总经理、纪委书记　李　平（女）
副总经理　王　辉　范克洲
　　苏伟锋（12月免）

供电公司

总经理　张中青
副总经理　杨好忠　陈希正（7月免）
　　刘发展　杜利民　李智敏

（范鹏飞　贾建英　刘　恒）

政协郑州市第十三届委员会

主　席　王　璋
副主席　张建国　朱专兴　张冬平
　　李新有　张民服　崔　凡
　　李玉辉
　　吴晓君（女，满族）
　　王顺生　薛景霞（女）
党组副书记　王跃华　张建国
秘书长　陈松林
副秘书长　谭　哲　汤　燕（女）
　　陈　斌　王松涛　李海铁
常务委员（111人，按姓氏笔画排）
丁吉豹（2月任）　于素云（女）
马　军（回族）　马金营
马晓宇（女）　马新海　牛培玲（女）
王文浩　王巧荣（女）　王红梅（女）
王　丽（女）　王志民　王志坚
王秀霞（女）　王顺生
王　彬（2月免）　王跃胜
王琳琳（女）　王新荣（女）
王　璋　韦传彬　付全立
冯德平（10月免）　母心灵（女）
白　云（女）　白金尧　刘月楼（女）
刘旭光　刘　阳　刘忠明　孙中党
孙景莉（女）　孙　黎（女）
安惠萍（女）　曲昌荣（10月免）
朱专兴　朱泽州　朱润生
汤　燕（女）　严　璐（女）
何艳丽（女）　吴晓君（女，满族）
吴营昌　张之鹏　张冬平　张民服
张玉笋　张红垒　张自福　张志泉
张京祖（女）　张建国　张　英
张春香（女）　张洛通　张铁秀
张　强　李大文　李元中　李文凡
李玉辉　李华云　李志强（10月免）
李国强　李建伟　李忠仁　李政军
李洪太　李留宪　李富玲（女）
李　琳　李新有　李献峰　李　群
李　磊　杨保成　杨惠春　汪德峰
连林昌　陈松林　周朝晖　尚建国
岳希荣（女）　罗会军　郑方燕（女）
郑高飞　施　展　胡文杰
胡华敏（女）　赵文瑛（女）
赵克新（回族）　赵思群
赵　毅（10月免）　郝　伟（女）
徐　平（女）　袁小杰　郭　良
郭耀伟　高　峰　崔　凡　阎书刚
黄万新　葛　飞　睢跟尚　虞　婕（女）
路志欣　翟俊霞（女）　谭　哲
潘新红（女）　薛景霞（女）　魏新立

·市政协工作机构·

办公厅

主　任　谭　哲
副主任　丁言兆　徐　莹（女，回族）

调研室

主　任　张　英
副主任　邢　进

提案委员会

主　任　李献峰
副主任　李建云（女）
　　张灵芝（女）
　　张沄龙　张志泉（兼）
　　李国强（兼）
　　崔正明（兼）
　　李政军（兼）
　　师艳军（兼）

经济委员会

主　任　李忠仁
副主任　李福科（兼）
　　郝　伟（女，兼）
　　赵永录（兼）
　　张楸枫（女，兼）
　　刘仁和（兼）

农业委员会

主　任　杨传文
副主任　郭　良　陈金城
　　楚万青（兼）
　　蔡仲友（兼）
　　胡华敏（女，兼）
　　郭　竞（兼）
　　牛培玲（女，兼）

人口资源环境委员会

主　任　高　峰
副主任　杨合法　李春德（兼）
　　李锦湘（兼）
　　吕安民（兼）
　　王少宗（兼）
　　姚希岗（兼）

教科文卫体委员会

主　任　刘炳辰
副主任　张德印　虞　婕
　　刘艳秋（女）
　　张大龙（兼）
　　张文艳（女，兼）
　　钟海涛（兼）
　　李富玲（女，兼）
　　严　璐（女，兼）

社会和法制委员会

主　任　王志坚
副主任　侯艳芳（女）
　　王志民（兼）

李留宪（兼）
李　磊（兼）

民族和宗教委员会

主　任　朱润生
副主任　杨国怀　刘佩伦（兼）
阎书刚（兼）
王朝晖（兼）
马彦峰（兼）

文史资料委员会

主　任　李洪太（2月任）
副主任　何　洁（女）
韩国河（兼）
任　伟（兼）
关国锋（兼）
李志强（兼）
安惠萍（女，兼）

港澳台侨和外事委员会

主　任　刘月楼（女）
副主任　董建山　潘新红（女，兼）
赵思群（兼）　张杰峰（兼）
李新岭（兼）
吕　剑（女，兼）

委员管理联络委员会

主　任　张春香（女）
副主任　赵先玲（女）
白　云（女，兼）
王　丽（女，兼）
王保军（兼）
王丽娟（女，兼）
李文凡（兼）　朱泽州（兼）
牛雷莉（女，兼）

城市建设委员会

主　任　张京祖（女）
副主任　曹培林（兼）　杨卫民（兼）
马新海（兼）　曲　标（兼）
高胜利（兼）

（李　杰　吕兆辉）

民主党派与工商联

民革郑州市第十二届委员会

主任委员　刘　东（女）
副主任委员　张自福　牛培玲（女）
刘五一　王巧荣（女）
秘书长　张　路

民盟郑州市第十二届委员会

主任委员　朱专兴
副主任委员　王志昂　李蝴蝶（女）
郝　伟（女）　张洛通
王新荣（女）
秘书长　宋喜玲（女）

民建郑州市第十四届委员会

主任委员　张冬平
副主任委员　孙　黎（女）
崔豫琳（女）
刘忠明　李政军
于　珊（女）
秘书长　崔豫琳（女，兼）

民进郑州市第四届委员会

主任委员　张民服
副主任委员　徐　平（女）
赵学庆　汪德峰
张　强
秘书长　赵学庆（兼）

农工党郑州市第六届委员会

主任委员　李新有
副主任委员　吴予红（女）　李顺兴
孙中党　李凤芝（女）
郑方燕（女）
秘书长　师艳军

九三学社郑州市第五届委员会

主任委员　舒安娜（女）
副主任委员　郑高飞　王秀霞（女）
李　琳　刘崇怀
李秋红（女）
秘书长　郑高飞（兼）

（杨飞雁　石　林　沈开伟）

工商联

主　席　薛景霞（女，兼）
党组书记　白宇宙（兼，12月免）
王　新（兼，12月任）
驻会副主席　郭留章（11月免）
李清四　王清祥
许元浩（12月任）
秘书长　李清四（兼）

（郑继孝）

郑州市中级人民法院

院　长　于东辉
副院长　李广湖　王志民
刘玉华（女）
段占青（6月免）　李保甫
赵永纯　石志军
政治部主任　高延安
纪检组长　闫金丽（女）

（张　巍）

郑州市人民检察院

检察长　刘建国
党组副书记　宋　楠（女，4月任）
副检察长　朱专兴　宋　楠（女）
尚清霞（女，3月免）
赵光南　范　俊　宋　超
苏长明　孙　武
政治部主任　丁　力
纪检组长　司永军

（刘　冰　李　丹）

郑州市群众团体组织

总工会

主　席　张学军（1月免）
赵新中（1月任）
党组副书记、常务副主席　赵顺舟
党组副书记　陈观壤
副主席　施　展　张建涛　林增志
赵志新
纪检组长　李成先

共青团郑州市委员会

书　记　张艳华（女）
副书记　李　磊　任　莉（女）

妇女联合会

主　席　马斐颖（女）
副主席　侯淑玲（女）
王　超（12月任）
纪检组长　周宇红（女）

文学艺术界联合会

主　席　钟海涛
党组书记　徐大庆
副主席　马素芳（女）
程韬光　贾伟东
纪检组长　李国昌

归国华侨联合会

主　席　赵思群（12月免）
吕　剑（12月任）
纪检组长　李卓瑜（女）

残疾人联合会

理事长　杨惠春
常务副理事长　程广平
副理事长　周长信　陈　卓（女）
王军辉
纪检组长　吕　源

社会科学界联合会

主　席　赵　君（12月免）
赵思群（12月任）
副主席　宫银峰　许颖杰　秦贤卿
纪检组长　梁晓冬

科学技术协会

主　席　吴予红（女）
副主席　张福清　马国明　崔光伟
王世珍（女）　曲海涛
纪检组长　王　前

红十字会

会　长　刘　东（兼）
常务副会长　刘光访
副会长　韩孝坤（女）　汤　震
杨　威
纪检组长　王红梅（女，10月免）

（郑继孝）

驻郑部属及省属单位

·交通通信机构·

郑州车站

站　长　杨育生（4月免）

张会清（4月任）
党委书记　牛剑峰（9月免）
　　刘治华（11月任）
副站长　于佩离　王予刚
　　赵立炜（5月免）
　　杨　光（6月免）　彭　辉
　　邵运江　王静涛（1月任）
　　薛言琦（5月任）
纪委书记　张春林

郑州北车站

站　长　刘　霆
党委书记　谭影舟
副站长　麻克君　李坤营　李庆华
　　黄培源　齐　悦　王卫华
纪委书记　高建生

郑州东车站

站　长　余效月
党委书记　刘治华（11月免）
　　陶建强（11月任）
副站长　刘伟宇　荆宇鹏　郭守营
　　李兴新　杨延明（5月免）
　　白　斐（6月任）
党委副书记　杨延明（5月任）
纪委书记　蔡清峰

郑州客运段

段　长　邓　捷（4月免）
　　高书仁（4月任）
党委书记　童永强
副段长　薛言琦（5月免）
　　程　勇　张志超
　　张春霞（女）　马　强
　　田　鹏　李　斌
　　王卫东（6月任）
党委副书记　尚新校（5月任）
纪委书记　谢永峰

中国联合网络通信有限公司郑州市分公司

总经理　李占伟
党委书记　安占恒
副总经理　王跃武　司晓辉（2月免）
　　陈　涛（3月任）
　　张卫华（女）
　　朱练忠　周本汉
　　杨　栋（2月任）

·金融机构·

中国人民银行郑州中心支行

行　长　金鹏辉（3月免）
　　徐诺金（8月任）
副行长　庞贞燕（女）　周　波
　　王深德　朱培玉
纪委书记　张正杰（8月免）

中国工商银行河南省分行营业部

总经理　夏宗福
副总经理　姜　林
　　徐　斌（3月免）
　　荣卫民（2月任）
　　刘明辉
　　石　果（8月免）
　　买艳芳（女）　刘建民
　　周素玲（女，7月任）
纪委书记　崔朝东

中国农业银行河南省分行营业部

总经理　周贵恒
副总经理　韩　进（8月免）
　　李炳英（女）　王　军
　　魏少华（女）
　　卢炎武（8月免）
纪委书记　韩　进（兼，8月免）

·保险机构·

中国人寿保险股份有限公司郑州市分公司

总经理　淡新虎
副总经理　高德胜　李新生
　　刘浩燕（女）　王铭方

·其他单位·

郑州市黄河河务局

局　长　朱松立
副局长　申家全　蔡长治　秦金虎
纪检组长　赵书成（1月免）

郑州银行

董事长　王天宇
行　长　申学清
监事长　范大路
副董事长　张荣顺
副行长　夏　华　赵丽娟（女）
　　白效锋
　　郭志彬（12月任）
纪委书记　赵麦城
行长助理　孙海刚
　　郭志彬（12月免）
　　张文建
总会计师　毛月珍（女）

（范鹏飞　贾建英　刘　恒）

中国人民解放军郑州警备区

司令员　尚守道　大校
政　委　王德山　大校
副司令员　韩世联　大校
　　张义清　大校
副政委　苏理明　大校
参谋长　董继锋　大校
政治部主任　王家和　大校
后勤部部长　祁贵云　上校

（马　涛）

中国人民武装警察部队郑州市支队

支队长　李　斌　大校
第一政委　黄保卫
政　委　黄延平　大校
副支队长　陈　杰　上校
　　王巍涛（1月任）　上校
参谋长　王海军　上校
政治部主任　师现钊　上校
后勤部部长　禹云魁　中校

（赵　鑫）

2015年郑州市大事记

1月

4日

△全市贯彻落实省委第一巡视组反馈意见整改工作推进会召开。会议强调，全市上下要以高度的政治自觉、思想自觉、行动自觉落实中央和省委关于巡视工作的各项部署要求，切实抓好省委第一巡视组反馈意见的整改落实，如期完成整改任务，以此为契机，推动全市各项工作上台阶。

6日

△市委副书记、市长马懿带领市直相关部门负责人，到部分重点工程建设现场，调研"畅通郑州"工程建设情况。马懿一行首先到北三环，听取彩虹桥维修方案及维修期间交通疏导预案汇报。随后，到红专路下穿中州大道隧道工程现场，沿隧道从龙湖外环路到姚寨路，察看隧道西出口交通情况。副市长吴忠华、张俊峰等陪同调研。

△郑州机场2015年首条新航线——成都往返郑州航线开通。

7日

△中共郑州市第十届委员会第十次全体（扩大）会议举行，通过了《中共郑州市委关于深入学习贯彻〈河南省全面建成小康社会加快现代化建设战略纲要〉的决定》，表彰了郑州都市区建设三年行动计划和2014年全市"三大主体"工作先进单位和先进个人。

8日

△全国政协副主席、国家民族事务委员会主任王正伟莅临郑州，就贯彻落实中央民族工作会议精神进行考察调研。国家民委办公厅主任张京泽、经济发展司司长乐长虹、文化宣传司司长武翠英、政策研究室主任石玉钢等一同参加调研。河南省副省长张广智、省民委主任彭亚平、市领导马懿等陪同调研。王正伟一行先后到北顺城街清真食品市场、代书胡同社区、管城回族区第一回民小学等地进行了察看。

13日

△郑州航空港经济综合实验区与中国民生投资股份有限公司在郑州签署战略合作框架协议。全国政协常委、全国工商联副主席、中民投董事局主席董文标，全国政协常委、全国工商联副主席、百步亭集团董事局主席、中民投董事茅永红，中民投董事、董事局投资管理委员会副主席彭亚超，中民投总裁李怀珍等出席签约仪式。河南省委副书记、省长谢伏瞻，省委常委、常务副省长李克等出席签约仪式。市领导马懿、胡荃、张延明出席签约仪式。张延明、李怀珍代表双方签约。

15日

△全市县域产业集聚区暨招商引资工作观摩讲评会召开。会议要求，全市上下要进一步坚定信心、明确目标、厘清思路，争先晋位，努力在新的一年里取得更大的突破和成效。在郑的副市级以上领导干部出席会议或参加观摩活动。会议印发了《2015年郑州市产业集聚区建设专项工作方案》和《中共郑州市委关于进一步深化干部人事制度改革 注重在经济社会发展主战场选拔使用干部的意见（征求意见稿）》。市委副书记、市长马懿对加快推进全市产业集聚区建设进行了安排部署。

16日

△酷派集团智能手机产业园项目开工仪式在郑州航空港区举行。这标志着该区以智能手机为代表的智能终端产业掀开新的一页。副省长张维宁，市委副书记、航空港经济综合实验区党工委书记胡荃，酷派集团总裁郭德英等出席开工仪式。该产业园项目总投资11亿元，项目建成达产后可年实现手机产能2000万部，预计年产值可达100亿元。

19日

△政协郑州市第十三届委员会第二次会议在省人民会堂开幕。市政协主席王璋代表政协郑州市第十三届委员会常务委员会向大会作工作报告。

20日

△郑州市第十四届人大第二次会议在省人民会堂开幕。市长马懿代表市政府向大会作政府工作报告。大会还书面听取了《关于郑州市2014年国民经济和社会发展计划执行情况与2015年国民经济和社会发展计划草案的报告》《关于郑州市2014年财政预算执行情况和2015年财政预算草案的报告》。

21日

△郑州航空港实验区首个统一整体开发的大型产业综合体项目——企业总部经济园正式开工。该项目计划总投资145亿元，总建筑面积300万平方米，计划分四期开发。

△市委、市政府召开全市安全生产综合整治百日攻坚行动督察会。会议强调，各级各部门要牢固树立人的生命大于天的责任意识，坚持原则、认真负责，将安全生产各项措施严格落实到位。市领导马懿、白红战等出席会议。

22日

△郑州市第十四届人大第二次会议在省人民会堂举行第二次全体会议。市人大常委会主任白红战作市人大常委会工作报告，市中级人民法院院长于东辉作市中级人民法院工作报告，市人民检察院检察长刘建国作市人民检察院工作报告。

23日

△政协郑州市第十三届委员会第二次会议在省人民会堂闭幕。会议首先公布了补选政协郑州市第十三届委员会常务委员的结果。会议通过了市政协十三届二次会议关于常务委员会工作报告的决议、政协郑州市第十三届委员会提案委员会关于市政协十三届二次会议提案审查情况的报告、市政协十三届二次会议政治决议。

24日

△郑州市第十四届人大第二次会议在省人民会堂闭幕。会议通过了关于郑州市人民政府工作报告的决议、关于郑州市2014年国民经济和社会发展计划执行情况与2015年国民经济和社会发展计划及其报告的决议、关于郑州市2014年财政预算执行情况和2015年财政预算的决议、关于郑州市人民代表大会常务委员会工作报告的决议、关于郑州市中级人民法院工作报告的决议、关于郑州市人民检察院工作报告的决议。赵新中当选为郑州市第十四届人民代表大会常务委员会副主任。

△国务院副秘书长、国家信访局

局长舒晓琴一行到郑州考察调研信访工作。省委常委、政法委书记刘满仓等陪同。舒晓琴一行先后到紫荆山广场、嵩山路办事处亚星社区、二七区人民法院多功能诉讼大厅、管城区城东路办事处商城花园社区和经开区九龙办事处八里湾村等地进行了察看。

26日

△由中国中铁装备集团自主研制的直径8.03米全断面岩石掘进机（TBM）在郑州经开区中铁装备集团生产车间下线。这标志着我国岩石隧道掘进机技术已跻身世界第一方阵。

△河南金鹏信息技术股份有限公司和河南太能电气股份有限公司在北京举行"新三板"上市挂牌仪式。至此，郑州市在"新三板"上市企业达31家。

△市长马懿主持召开市政府第21次常务会议，通过了《郑州市人民政府关于促进市场公平竞争维护市场正常秩序的实施意见》《郑州城区生态水系"水清河美"工程方案》。

27日

△市政府召开第二次全体（扩大）会议。马懿指出，全市进入了以"增速换挡、结构优化、动力转换"为特征的经济发展新常态，要把思想统一到市委十届十次全会精神上来，把行动落实到政府工作报告确定的各项任务中去，以更高的标准、更多的付出，尽职尽责，努力完成各项目标任务。

29日

△全市"五单一网"暨行政审批制度改革调研讲评会在金水区召开。会议要求，全市上下要以"五单一网"制度改革为抓手，着力打造与国际接轨、具有国内领先水平、有利于创新创业的营商环境，着力建立服务群众、服务发展、廉洁从政、履职尽责的制度机制，推进密切联系群众的制度化建设。会前，与会领导现场观看了行政审批电子监察系统运行情况，实地察看了市建委办事大厅、并联审批综合窗口、市食品药品监督管理局办事大厅和金水区行政审批服务中心。

△河南预备役高炮师党委二届七次全体（扩大）会议在郑州召开。会议指出，要在省委、省政府和省军区的正确领导下，走好军民融合深度发展路子，实现国防建设和地方建设良性互动、协调发展，为实现"中原更出彩"做出新的更大的贡献。

31日

△市委副书记、市长马懿在市政府会见由深圳市特区建设发展集团有限公司董事长、深圳市盐田港集团有限公司董事长李冰率领的深圳市考察团一行。

2月

2日

△副省长王铁带领省委农办、省农业厅、省农开办有关负责人到新郑好想你枣业股份有限公司调研，副市长杨福平陪同。王铁一行实地参观了现代产业园区和农业示范园区，就群众就业、企业发展、"三化"协调发展等具体问题和企业负责人进行了详细交谈。

3日

△全国首台"铁路旅客云服务"设备在郑州东站启用。该设备可提供"一对一"远程视频人工服务，只要点击"求助"功能，铁路客服就会出现在屏幕上，在线解答疑问。此外，还具有免费拨打电话、查询列车信息等功能。

△市委、市政府召开棚户区改造、生态廊道建设、创新创业综合体和便民服务中心建设等重点工作现场推进会，要求全市上下提高认识，认清责任，把握季节特征，突出工作重点，全力抓好推进，持续巩固和扩大以新型城镇化为引领的都市区建设成效。市委副书记、市长马懿对相关工作进行安排部署。副市级以上领导干部参加观摩或出席会议。

5日

△首届"天地之中杯"廉政暨文化遗产漫画大赛获奖作品发布会在郑举行，来自全国各地33名漫画家接受表彰。郑州市委常委、市纪委书记郭锝昌，中国新闻漫画研究会会长张耀宁，人民日报社《讽刺与幽默》主编肖承森等出席发布会并为获奖者颁奖。

△市委副书记、市长马懿主持召开全市存量闲置建设用地集中清理处置专项行动年度工作电视电话会议，对闲置用地清理处置专项行动进行再动员、再部署。市委常委、常务副市长孙金献等出席会议。

△市政府、中科院过程工程研究所、金水区政府共建中科院过程工程研究所郑州分所合作协议签约仪式举行，郑州市与中科院系统全面深入合作拉开序幕。中科院党组成员、副秘书长、中科院北京分院院长何岩，中科院院士李洪钟，中科院北京分院副院长李静及中科院过程所相关负责人，省科技厅厅长贾跃、省科学院副院长张占仓参加签约仪式。

6日

△河南电子口岸平台上线启动仪式在郑州航空港区河南电子口岸服务中心大楼举行。该平台上线标志着河南省初步建成了集通关、物流、商务服务于一体的大通关统一信息平台，提升了政府管理部门和贸易经营企业间信息传递效率。副省长赵建才等参加启动仪式。

△市委、市政府在经开区召开国际陆港建设、E贸易试点、郑欧班列运营工作督察会议。会议强调，各级各部门要认真贯彻落实习近平总书记在郑调研指示精神，围绕贸易便利化，进一步加快国际陆港建设，深化提升E贸易、郑欧班列运营水平，努力做大规模、做出地位、做出影响，为加快郑州航空港经济综合实验区建设提供有力支撑。市委副书记、市长马懿，郑州海关副关长乔振峰，河南出入境检验检疫局副局长王富晓，省物资集团董事长赵文明，河南邮政速递物流公司副总经理马俊林等出席会议。

8日

△河南省最大遵循国际领先标准的第四代云计算数据中心——浪潮集团云海科技园在郑州航空港经济综合实验区奠基，这标志着河南省的云计算数据中心建设向国际水平迈进。云海科技园总建筑面积135万平方米，总投资30亿元，建设项目涵盖云计算数据中心、云计算研发中心、运营结算中心三大功能板块，引进国家重点实验室1个，科技型研发企业1000家，研发中心、企业技术中心百余个，建成后可实现年工业产值100亿元，年纳税10亿元。

9日

△市委副书记、市长马懿在市政府会见到郑考察的聚美优品董事长、CEO陈欧一行。聚美优品副总裁李德参加会见。市委常委、副市长薛云伟，郑州海关副关长曲罡，河南出入境检验检疫局副局长李峰，经开区管委会常务副主任史占勇等陪同会见。

10日

△中共郑州市第十届纪委第五次全体（扩大）会议召开。会议强调，全市上下要贯彻落实十八届中纪委五次全会精神和九届省纪委五次全会精神，坚持"一个理念"，构建"两强三不"党风廉政建设和反腐败斗争机制，努力营造风清气正的政治生态环境。在郑副市级以上领导干部出席会议。

△中央综治委副主任、中央政法委副秘书长、中央综治办主任陈训秋一行莅郑，考察社会治安综合治理和平安建设情况。省委常委、政法委书记刘满仓，市委副书记、市政协主席王璋等陪同考察。陈训秋一行先后到经八路街道办事处、丰庆路街道办事处和祭城路街道办事处祭城社区，实地察看街道综治工作中心、群众来访接待室、社区警务室、社区治安办等工作现场，详细了解治安防控、社会管理服务、矛盾排查化解等综治工作开展情况。

10-11日

△省委书记、省人大常委会主任郭庚茂，省委副书记、省长谢伏瞻，省政协主席叶冬松与省委、省人大、省政府、省政协四大班子部分领导人到郑州航空港经济综合实验区调研，先后考察了郑州新郑国际机场二期工程、郑欧国际货运班列、保税展示交易中心、电子口岸服务中心、蓝宝石显示器件产业园、河南友嘉精密机械产业园、海尔一期空调项目、河南中烟公司等，并分别召开郑州国际商都规划情况汇报会和航空港经济综合实验区工作座谈会。

12日

△郑州警备区党委第四届第十次全体（扩大）会议召开。会议强调，

要在省委、省政府和省军区的正确领导下，坚持以强军为目标，敢于担当、深化改革、真抓实干，努力开创全市国防后备力量建设新局面，实现国防建设和地方建设良性互动、协调发展，为以航空港实验区为统揽的郑州都市区建设做出新的更大贡献。郑州警备区领导王德山、尚守道、韩世联、张义清等出席会议。

25日

△郑州市召开2015年生态建设和环境治理工作动员大会。市委副书记、市长马懿就生态建设和环境治理工作进行全面动员部署。

△郑州市新型城镇化建设推进大会在市青少年宫召开，大会全面总结2014年及过去三年郑州市新型城镇化建设工作，安排部署新型城镇化新三年行动计划及2015年各项工作。市委副书记、市长马懿就全市新型城镇化建设工作进行全面动员部署。

26日

△市政府印发《郑州市千亿级物联网产业集群发展实施方案（2015-2020年）》。

△郑州市召开2015年开放创新暨现代产业体系建设大会。会议对2014年全市对外开放、服务业发展、工业经济、科技创新等工作进行总结，并对2015年工作进行安排部署。市委副书记、市长马懿出席会议并讲话。市委常委、常务副市长孙金献主持会议。

27日

△“2014感动中国”颁奖盛典在中央电视台一套播出，郑州陇海大院爱心群体入选“感动中国2014年度人物”。

28日

△全国精神文明建设工作表彰暨学雷锋志愿服务大会在北京举行，郑州市继2011年荣获第三届“全国文明城市”荣誉称号之后，经中央文明委复查审核确认，继续保留“全国文明城市”荣誉称号。

3月

3日

△市委、市政府召开棚户区改造、创新创业综合体和便民服务中心建设等重点工作现场观摩会。部分副市级以上领导参加观摩或出席会议。会前，与会人员先后对市内各区、开发区的棚户区改造、创新创业综合体建设、区级公园和生态廊道、“三级三类”便民服务中心、建筑及拆迁工地扬尘治理等重点工作推进情况进行了观摩。

6日

△住建部住房公积金个人住房贷款政策座谈会在郑州召开。来自住建部监管司及江苏、安徽、四川等省住房公积金监管部门，以及苏州、银川、沈阳等城市住房公积金管理部门的相关负责人参加会议。住房和城乡建设部住房公积金监管司司长张其光，省住建厅副厅长张达，市委常委、常务副市长孙金献出席会议。

7日

△郑州市12338家庭暴力心理危机干预中心和未成年人心理健康帮助中心揭牌。

12日

△受市委副书记、市长马懿委托，市委常委、常务副市长孙金献主持召开市政府第24次常务会议，通过了《郑州市政府信息资源共享管理办法（草案）》。

13日

△位于郑州市核心区的首家电子商务产业园区——河南优胜电商园正式开园。该园区由省计算机行业协会、河南芯互联电子科技有限公司和上海策派电子商务有限公司联合建设，位于文化路与优胜北路交会处，建设面积3万平方米，总投资2.6亿元，是市区内建设体量最大、投资额最高的电商园区。

△郑州至德国汉堡的中欧光伏班列鸣笛开行，首批装载6个集装箱总计1兆瓦的太阳能光伏组件从郑州出发，15天可到达德国汉堡。这是我国首个输欧光伏专列。

16日

△郑州市举行第三届道德模范表彰大会，王金宽等10人荣获“郑州市道德模范”荣誉称号，冯金良等20人荣获“郑州市道德模范提名奖”。

△郑州首家众创空间——金源孵化器在河南省国家大学科技园（东区）揭牌。市委常委、市工业经济科技和安全生产工作领导小组组长、统战部部长王跃华等参加活动。

△由团市委承办的河南省青少年“南水北调工程”生态环保宣传实践活动启动暨省会青少年春季义务植树活动在荥阳市王村镇后白杨村举行。副省长张广智、副市长杨福平出席活动。参与活动的领导为河南省青少年“南水北调工程”生态示范林纪念碑揭碑。

18日

△市政府下发《关于加快推进跨境贸易电子商务发展的意见》。

20日

△郑州市总工会十三届七次全委（扩大）会议举行，市人大常委会副主任赵新中当选为郑州市总工会主席。

25日

△省长谢伏瞻到郑州市调研，察看重点项目和重点企业。谢伏瞻一行先后察看了农业路快速通道项目、金水万达中心项目、郑东新区龙湖金融中心、郑大一附院郑东新区医院、郑徐客运专线郑州枢纽项目、东风日产30万辆乘用车项目。

26日

△全国青少年校园足球行政管理人员和校长培训班在郑开班，来自河南、贵州、四川、陕西、云南、宁夏6个省（自治区）的教育行政部门负责人、校园足球特色学校校长600余人，通过经验交流、现场观摩等形式，共同探讨推进校园足球运动的新理念、新办法。全国青少年校园足球工作领导小组办公室主任、教育部体卫艺司司长王登峰，省教育厅厅长朱清孟等出席开班仪式。

△市政府印发《关于加快推进都市生态农业示范园区建设的实施意见》。

27日

△市委副书记、市长马懿带领市直相关部门负责人，到经开区调研郑州跨境贸易电子商务服务试点和郑州国际陆港工作，并组织召开座谈会，协调解决项目推进中遇到的困难和问题。市委常委、常务副市长孙金献，市委常委、副市长薛云伟等陪同调研。郑州海关副关长曲罡、河南出入境检验检疫局副局长李峰、郑州铁路局副局长陆彦彬等参加座谈会。马懿一行先后到郑州跨境贸易电子商务服务试点中大门O2O项目建设现场、聚美优品、商务监管中心和郑州国际陆港多式联运监管中心项目建设现场进行了察看。

△以“美丽中国行·共圆中国梦”为主题的“寻找最美中国符号暨领先世界巡礼河南行”活动在郑启动。“最美中国符号”是美丽中国的标志，评选结果经网上投票与专家审定等环节确定。

△市政府印发《郑州市扶贫开发三年攻坚行动计划（2015-2017年）》。

28日

△2015年中国郑开国际马拉松赛在郑开大道和郑东新区举行。副省长张广智、省体育局局长张文深、副市长刘东等出席起跑仪式。来自29个国家和地区的49000名选手参赛，赛事规模和参赛人数再创历史新高。

△由世界500强企业——正威集团投建的正威科技城智能终端（手机）产业园项目在郑州航空港实验区正式开建。该项目总投资250亿元，全部建成后年手机产能将达到2亿部，实现年产值2000亿元以上，对郑州市打造经济增长新引擎、加快打造全球重要的智能终端研发制造生产基地将起到重要推动作用。

30日

△郑州市与中国民生投资股份有限公司旗下9家知名企业签订战略合作框架协议。省领导谢伏瞻、李克、张维宁等出席签约仪式。全国工商联副主席黄荣，全国政协常委、全国工商联副主席、亚洲金融合作联盟主席、中国民生投资股份有限公司董事局主席董文标，全国政协常委、全国工商联副主席、中国民生投资股份有限公司董事局副主席、亿达集团董事局主

席孙荫环，中国民生投资股份有限公司董事局副主席、巨人集团董事局主席史玉柱，中国民生投资股份有限公司总裁李怀珍，全国工商联副主席、山东东岳化工集团董事局主席、首席执行官张建宏，全国工商联副主席、红豆集团总裁周海江，全国工商联副主席、陕西荣民集团董事长史贵禄，全国政协常委、全国工商联副主席、百步亭集团董事局主席茅永红，正大集团副董事长杨小平，全国工商联副主席、中国民生投资股份有限公司监事会主席、科创集团董事局主席何俊明，阳光城集团董事局主席林腾蛟，广西金伍岳能源集团董事长时珣等出席签约仪式。市领导马懿等出席签约仪式。

△市政府印发《郑州市行政审批工作考核奖惩评价暂行办法补充规定》。

4月

1日

△9时，位于市区东北角107辅道与连霍高速交叉口的收费站——连霍高速东三环北站正式开通。至此，郑州环城高速上三个新建成高速出入口已全部开通。

2日

△省委副书记、省长谢伏瞻率省重点项目暨产业集聚区建设第二观摩组到郑州市观摩。省委常委、省纪委书记尹晋华，省人大常委会副主任段喜中，副省长赵建才，省政协副主席钱国玉，市委副书记、市长马懿及其他省辖市市长、省直有关部门主要负责人、部分省直管县县委书记参加观摩。观摩组一行先后观摩了新郑市特色商业区内的华南城、奥特斯交易广场项目，中牟汽车产业集聚区内的郑州比克新能源新材料产业园、郑州日产扩能项目以及中牟城乡一体化示范区国家农业生态公园等项目。

△郑东新区与河南大学签订合作框架协议，共建全省首个留学生创新创业园。该创新创业园将选址连霍高速与京港澳高速交叉口西南角区域的河大国际学院新校区，并突出“国际化”特色。

3日

△市政府印发《关于全市交通运输行政执法体制改革的意见》。

5日

△8点51分，一列车次为DJ55102的白色动车组由郑州车站开出，行至南阳寨站后，沿郑焦铁路上行线运行，这标志着郑焦城铁联调联试工作全面展开。

7日

△市委副书记、市长马懿在市政府分别会见中国南车股份有限公司城轨事业部总经理徐洪春一行和中信产业投资基金管理有限公司总裁田宇一行。

9日

△全国妇联党组书记、副主席、书记处第一书记宋秀岩一行到郑州市城市社区，调研基层妇联工作。宋秀岩一行首先到管城区航海东路街道映月路社区，走进“儿童之家”“手工编织坊”“妇女之家”“书法摄影室”，详细了解社区妇联组织参与政府购买引进社工服务机构创新开展妇联工作情况。在北下街街道代书胡同社区，宋秀岩一行走进“妇女之家”“儿童之家”、家长学校和社区居民家中，听取“寻找最美书香家庭”、远程网络家庭教育培训等工作开展情况的汇报。

△郑州市政府与社会资本合作（PPP）项目推介暨签约仪式在国际会展中心举行，标志着郑州PPP模式全面启动实施。

△2014年度全国十大考古新发现在京揭晓，河南省有郑州东赵遗址、河南隋代回洛仓与黎阳仓粮食仓储遗址两项考古项目入选，是此次评选中唯一有两个项目入选的省份。此次入选的东赵遗址位于郑州市高新区沟赵乡赵村南，面积100余万平方米。

10日

△河南省医院协会传染病医院分会2015年年会暨郑州市国际远程会诊高层论坛在郑州市第六人民医院召开。论坛上，郑州市首个国际远程会诊中心在该院正式挂牌，填补了郑州市没有国际远程会诊的空白。

△市委副书记、市长马懿在市政府会见到郑州市考察的交通银行总行副行长王江一行。

11–14日

△郑州市代表团赴印度就IT、生物制药、智能终端、服务外包等产业进行考察访问，签署了一系列战略合作协议。代表团一行与BQ集团总裁进行了会谈，并就其研发团队入驻郑州航空港经济综合实验区签订了战略合作协议。代表团一行与班加罗尔世贸中心总裁梅农先生、执行总裁奈尔博士及当地20多位高校、企业负责人和政府官员进行了座谈交流，并签订了世贸中心和韦洛尔科技大学与郑州市的深度合作协议。代表团一行考察了印度大型国际化制药企业熙德隆集团（Hetero Group）。通过这次考察访问，熙德隆集团决定在前期投资3亿美元与郑州市辅仁药业集团合作的基础上，再追加2亿美元投资进行新产品的研发生产。代表团一行还考察访问了印度GMR海得拉巴国际机场有限公司，并与该公司签订战略合作备忘录。

12–15日

△中共中央政治局常委、全国人大常委会委员长张德江率全国人大常委会执法检查组先后到开封、许昌、郑州开展职业教育法执法检查。在医药技师、农业、机电、轨道交通、技术经济等职业院校，张德江与学生们亲切交谈，鼓励他们牢固树立人人能成才、行行出状元的观念，增强自信，勤奋学习，服务社会，实现人生价值。在黄河水利职业技术学院、许昌学院，张德江指出，我国经济发展进入新常态，在转型升级、创新发展中需要大量的高素质技术技能人才。在宇通客车公司、许继集团等企业的实训基地，张德江强调，校企联合育人是一种好方法，有利于学生实训实践，掌握一技之长，实现职业教育和企业发展双赢。张德江还到河南省人才市场服务大厅，与企业招聘方和应聘学生进行了沟通交流。最后，张德江在郑州主持召开了河南省职业教育法实施情况工作汇报会。

15日

△中原航空港产业投资基金管理有限公司正式成立，河南省首个国字号产业投资基金——中原航空港产业投资基金运作全面启动。该基金由港区投资平台兴港投资发展有限公司和百瑞信托有限责任公司共同发起，以港区市政基础设施和优势产业领域为主要投资方向，总体规模300亿元，首期100亿元。

15–19日

△郑州市代表团赴阿联酋迪拜和南非林波波省，围绕航空港建设、自贸区创建等进行考察学习、洽谈合作。

代表团一行在阿联酋航空公司总部与阿联酋航空公司航空政治与产业事务高级副总裁塞勒姆·阿拜德拉先生、阿联酋航空主管货运高级副总裁那比尔·艾哈迈德·苏丹先生等就郑州航空港与阿联酋航空开通郑州至迪拜航线及双方合作事宜举行了会谈。迪拜杰贝–阿里自由贸易区是中东北非地区最早、最成功的自贸区。代表团一行对自贸区进行了实地考察，详细听取了自贸区负责人关于自贸区规划建设、发展历程以及投资政策等情况介绍，并就自贸区管理、运营、组织构架等方面进行了交流。代表团一行在迪拜还会见了郑州香港会展管理有限公司董事长施铭泽（Hugh C Scrimgeour)先生和阿联酋著名的港口、铁路、机场建筑承包商阿拉泰公司CEO拉甲先生。

代表团一行抵达林波波省首府波洛夸内，与林波波省内阁委员希夸帝阁下、摩羯大区市政府（行政区划包含波洛夸内省会区域）行政市长卡尼亚戈先生、波洛夸内市政府行政市长卡迪本先生及林波波省有关部门官员进行了多次会谈。双方达成了进一步加强交流与合作的共识。代表团还参观考察了波洛夸内国际机场。

16日

△以比利时卢森堡省长卡普瑞思·贝尔纳为团长的代表团在郑州与河南保税物流中心签订合作协议。

18日

△郑州市家纺市场外迁承接地——河南元通纺织城开业投入运营。该纺织城位于建设路与西四环交叉口西

北角，是我国中部地区最专业、最先进的品牌家纺交易中心，运用"五合一"智慧型商业模式运营管理，也是全省唯一一家场馆式家纺品牌交易中心。

19–20日

△第九届黄帝文化国际论坛在新郑市举行，来自海内外的专家学者纵论黄帝文化，畅谈中华优秀传统文化精神。中共河南省委原书记徐光春，省人大常委会原副主任李柏拴，中华炎黄文化研究会常务副会长赵德润，国务院参事室国学中心副主任李文亮等出席论坛开幕式。郑州市委副书记、市长马懿出席论坛开幕式。论坛由中华炎黄文化研究会、中国先秦史学会、中华黄帝故里建设促进会、郑州市人民政府主办，新郑市人民政府、河南省黄帝故里文化研究会承办，主题为"中华优秀传统文化精神"。

论坛闭幕式上颁发了首届轩辕奖和轩辕纪念奖。十届全国人大常委会副委员长、中华炎黄文化研究会会长许嘉璐，中共河南省委原书记徐光春，全国政协常委、民革中央副主席郑建邦，省人大常委会副主任蒋笃运，省政协副主席李英杰，省人大常委会原副主任、河南省黄帝故里文化研究会名誉会长李柏拴，中华炎黄文化研究会常务副会长赵德润，国务院参事室国学中心副主任李文亮等出席论坛闭幕式。

20日

△市长马懿分别会见到郑州参加第九届中国河南投洽会的波兰卢布林省省长斯瓦沃米勒·索斯诺夫斯基一行，以及俄罗斯企业家代表团一行。

△中国广播联盟"中华文化巡礼——百家电台走进郑州"活动在郑州人民广播电台启动，拉开了"中华文化巡礼"系列活动的序幕。来自全国百家电台的百名记者走进郑州，通过深入的采访报道，全方位展示郑州、宣传郑州。中央人民广播电台分党组副书记、副台长赵忠颖，郑州市委常委、宣传部部长王哲出席启动仪式，启动仪式由中国广播联盟秘书长伍劲松主持。

21日

△河南省跨境电商全球战略合作新闻发布会暨全球供应商签约仪式在郑州举行。发布会宣布，省新闻出版广电局与"万国万购"共建的全国最大"跨境电商O2O保税展示商城"落户中原福塔，标志着河南广电全面进军"互联网+"产业，开启线上线下体验消费新时代。副省长张广智，省委宣传部常务副部长王耀，省委宣传部副部长、省新闻出版广电局局长朱夏炎，郑州海关副关长乔振峰，河南出入境检验检疫局副局长廖衍，郑州市副市长刘东等出席仪式。来自波兰、德国、韩国等多个国家的众多嘉宾出席仪式。

△作为第九届中国（河南）国际投资贸易洽谈会的重要活动之一，电子商务发展高层论坛暨项目洽谈对接活动在郑州天鹅城国际饭店举行，现场启动2个、签约8个项目。副省长赵建才参加活动。活动现场，省商务厅联合阿里巴巴集团"互联网+农村"电商项目、谷歌2015"双十"河南专享行动计划正式启动，省商务厅与阿里巴巴农村淘宝项目、国际贸易网商协会与俄罗斯巴什科尔斯坦共和国合作项目、郑州市商务局与慧聪网电子商务产业带项目等8个项目签约。

△乙未年黄帝故里拜祖大典在新郑市黄帝故里景区举行。来自海内外的数千名各界嘉宾亲临现场，共拜人文始祖，祈愿中华民族团结和谐、伟大祖国繁荣富强。大典由河南省人民政府、政协河南省委员会、国务院台湾事务办公室、中华全国归国华侨联合会、中华全国台湾同胞联谊会、中华炎黄文化研究会共同主办，郑州市人民政府、政协郑州市委员会、新郑市人民政府承办。大典主题延续保持为"同根同祖同源，和平和睦和谐"。

参加拜祖大典的领导和嘉宾有：全国政协副主席何厚铧，十届全国人大常委会副委员长、中华炎黄文化研究会会长许嘉璐；中国国民党前副主席詹春柏、胡志强；中共中央候补委员、全国政协常委、中华全国台湾同胞联谊会党组书记梁国扬，全国政协常委、全国侨联副主席李卓彬，中共中央台湾工作办公室、国务院台湾事务办公室主任助理周宁，中华炎黄文化研究会常务副会长、国务院参事赵德润等主办单位领导；北京市、甘肃省、青海省等省、自治区、直辖市相关领导；全国教育、文化艺术界知名人士，全国道德模范代表；来自中国台港澳及美国、加拿大、巴西等30多个国家和地区的海外侨胞代表。中共河南省委书记、省人大常委会主任郭庚茂，中共河南省委副书记、省长谢伏瞻，河南省政协主席叶冬松等河南省四大班子领导；郑州市四大班子领导；新郑市主要领导及社会各界代表。

22日

△全球高端装备制造业&生物医药业合作论坛在郑州召开，副省长张维宁出席。

△由河南省人民政府、中国国际贸易促进会、中国人民对外友好协会共同主办，以"新常态、新机遇、新动力"为主题的第九届中国（河南）国际投资贸易洽谈会暨第三届（2015）世界新兴产业大会在郑州国际会展中心轩辕堂开幕。省委副书记、省长谢伏瞻，省政协主席叶冬松，中国贸促会会长姜增伟，中国人民对外友协副会长冯佐库，亚太总裁协会全球执行主席郑雄伟等出席开幕式。江苏省人大常委会副主任史和平、新疆维吾尔自治区人大常委会副主任贾帕尔·阿比布拉、北京市副市长戴均良、湖北省政协副主席肖旭明、甘肃省政协副主席张津梁、青海省政协副主席纪仁凤、中国铝业股份有限公司总裁罗建川等应邀出席开幕式。河南省领导邓凯、史济春、赵素萍、蒋笃运、赵建才等出席开幕式；省委常委、常务副省长李克主持开幕式。

中国香港、澳门特区政府代表，美国、法国、俄罗斯、韩国、日本、罗马尼亚、克罗地亚、奥地利、尼泊尔、波兰、匈牙利、葡萄牙、捷克、塔吉克斯坦、丹麦、马其顿、泰国等国家政要、驻华使节，境内外知名商协会负责人、国内外500强及知名企业高管，北京航空航天大学、香港金融管理学院等境内外著名专家学者，上海、天津、安徽、江西、黑龙江等兄弟省市相关部门负责人等共2000余人参加开幕式。郑州市领导马懿等出席开幕式。

23日

△郑州图书馆"天中讲坛"第3期邀请全国马克思主义理论研究和建设工程咨询委员会主任、河南省委原书记徐光春解读了《一部河南史 半部中国史》的深刻内涵。省文化厅厅长杨丽萍、郑州市政协主席王璋等以读者的身份聆听了当天的讲座。

△全国政协副主席、民建中央常务副主席马培华率领民建中央调研组，就"加快科技成果转化，促进创新驱动战略实施"到郑州市开展专题调研。省政协副主席、民建省委主委龚立群等陪同调研。调研组一行先后到河南保税物流中心、新开普电子股份有限公司、河南汉威电子股份有限公司进行实地调研，并听取了郑州市政府、省发改委、省工信厅、省科技厅、郑州大学等单位有关工作情况汇报。

26日

△全国人大法律委员会副主任、九三学社中央副主席、中国工程院院士丛斌率九三学社中央调研组，就农村养老工作到郑州市进行专题调研。省政协副主席、九三学社省委主委张亚忠等陪同调研。

27日

△郑州市轨道交通世界银行贷款项目正式启动。以项目经理欧杰为团长的世行代表团、省市相关部门负责人参加启动会。市委常委、常务副市长孙金献出席启动会。

△"丝绸之路经济带"沿线的十大海关关长在青岛签署《丝绸之路经济带海关合作协议》，以构建区域通关监管一体化，提升服务效能。十大海关辖区内9万家海关注册企业的通关成本预计降低20%至30%。

29日

△郑州航空港经济综合实验区第二污水处理厂再生水工程竣工通水。与此同时，该区首个人工湖——正弘中央公园人工湖也正式启动注水。

30日

△郑州市第十四届人大常委会第

九次会议闭幕。会议表决通过了《郑州航空港经济综合实验区体制机制创新工作情况的报告》、市政府关于森林城市建设工作情况的报告、《郑州市人民代表大会常务委员会专项工作评议办法（草案表决稿）》、市政府关于郑州市职业教育工作情况的报告、市政府关于贯彻实施《中华人民共和国残疾人保障法》和《河南省实施〈中华人民共和国残疾人保障法〉办法》情况的报告。

△装载德国新鲜啤酒的郑欧回程班列驶入郑州铁路集装箱中心站，该班列首次搭载灌装酒顺利完成测试。

△12时左右，河南跨境贸易电子商务通关服务平台在郑州机场开始实单测试运行，首批海外货品办理了跨境贸易电子商务服务试点“一般模式”通关。一批从澳大利亚空运到郑州机场的小盒装保健品叶绿素，成为郑州首批办理“一般模式”通关业务的货物。

5月

2日

△中大门保税直购体验中心正式对外开放。

4日

△市政府印发《关于加快全域旅游发展的意见》。

△8时10分，为郑焦铁路执行运行试验任务的DJ55108次动检车从郑州火车站驶出，标志着郑焦铁路正式进入试运行阶段。

△郑州—新西伯利亚邮件航线在郑州机场成功首航。数吨来自江苏、北京、福建、山东、浙江、广东等地的国际邮政快件首次在郑州集中，再空运至俄罗斯。这标志着郑州至俄罗斯国际航空邮路正式开通。

6日

△13时许，由9节车皮组成的救灾专列驶出郑州东站，踏上驰援西藏地震灾区之路。从民政部郑州救灾物资储备库调拨的15000件棉大衣、1000个简易厕所被紧急运往西藏地震灾区。

△由中国旅游协会旅游教育分会主办、省旅游局和郑州市政府协办的第七届全国旅游院校服务技能（饭店服务）大赛在郑州开赛。国家旅游局党组成员、人事司司长、全国旅游职业教育教学指导委员会主任魏洪涛，省政府副秘书长万旭，省旅游局副局长李亚白，市委常委、宣传部部长王哲等出席开幕式。

8日

△作为省内首个省、区合作的新型投融资平台，河南富港投资控股有限公司在航空港区正式成立。该公司由省财政厅下属的省级投融资公司——河南省豫资城乡投资发展有限公司与郑州航空港综合实验区的投融资主体——郑州航空港兴港投资发展有限公司共同出资组建。

9日

△中原书院揭牌仪式暨思想中原文化论坛在郑州举行，来自全国各地的知名文化学者、新豫商领袖后EMBA学员等近200人出席。中原书院是“华圣贤主题书院建设工程”在河南的首家书院。

11日

△中央马克思主义理论研究和建设工程咨询委员会主任、中共河南省委原书记徐光春到郑东新区，实地察看郑州颐和医院、郑州儿童医院东区院区，对两家医院建设发展取得的成绩给予充分肯定和高度评价，希望郑州市继续深入推进医疗体制改革和医疗卫生事业发展，加快建设具有全国重要影响力的区域性医疗中心。

12日

△由省教育厅、省人力资源和社会保障厅、市政府主办，市教育局、郑州职业技术学院承办的河南省暨郑州市首届“职业教育活动周”正式启动。副省长徐济超、省教育厅厅长朱清孟、副市长刘东等出席启动仪式。

△8时51分，C2900次动车组从郑州站经过铁路黄河大桥向焦作站驰去，标志着郑焦铁路开始按照运行图“试跑”。

13日

△郑欧班列开展冷链运输业务，首载冷鲜品出境，郑州市铁路“冷链”物流迈入国际化。

14日

△全国妇联在人民大会堂举行全国“最美家庭”揭晓仪式，全国共有100个家庭获此称号。其中，郑州市马昕、谷殿明家庭名列其中。

15日

△在郑州铁路集装箱中心站，郑州至青岛港直通班列、郑州至中亚班列实现顺利首发，这标志着郑州市打通“陆海联运”国际物流大通道，郑州连通境内外、辐射东中西的国际物流通道枢纽地位越发明显。班列首发仪式结束后，郑州铁路局与青岛港（集团）有限公司还签署了战略合作框架协议。

16日

△河南中原云大数据集团有限公司和美国Sanipont International LLC公司在郑州举行战略合作签约仪式，这标志着大数据集团采取开放思路积极引入最先进技术和合作模式，将在互联网服务方面占据技术制高点，启动并开拓互联网云服务市场。河南省委宣传部副部长、河南新闻出版广电局党组书记、局长朱夏炎出席签约仪式。

△郑州市与中国通号集团在京签署战略合作框架协议，双方将围绕服务国家“一带一路”战略实施和加快中原经济区建设，深化中央企业与地方政府的合作，建立长效合作机制，开展多层次、多领域和多形式的合作。

18日

△中央农村工作领导小组副组长袁纯清带领中央农村工作领导小组调研组到郑州市调研。中央农办农村一局副局长杨尚勤，农业部农产品加工局副局长刘明国，副省长王铁，省委农村工作领导小组副组长赵顷霖，省委农办副主任王振伟、马万里，市委副书记、市委秘书长胡荃等参加调研。调研组先后到河南万庄农资集团、好想你红枣产业园、雏鹰农牧集团股份有限公司进行了察看。

19日

△在郑州国际文化创意产业园集中签约仪式上，建业·华谊电影小镇、国际地理标志博览中心、国际马戏演艺王国等8大项目集中签约入驻位于中牟的郑州国际文化创意产业园。省市相关领导出席签约仪式。

△省政协副主席钱国玉带领调研组到郑州市专题调研南水北调中线工程郑州段生态走廊建设情况。市政协主席王璋等陪同。调研组一行先后到G107、S103与南水北调干渠交叉口、南水北调穿黄工程、庙王路南水北调两侧生态廊道绿化工程、中原西路生态廊道等现场进行了察看。

21日

△中原区办税服务厅正式揭牌，这是河南省首家“一人一窗一机”办理国、地税所有涉税业务的大厅，标志着市国税局、市地税局全面深化国地税合作迈出了新的步伐。

△晚8时，刘湾水厂第二条出厂水主干管与全市供水管网并网运行，刘湾水厂新增日供水10万立方米，经开区、郑东新区实现丹江水全覆盖。

23日

△由中国书法家协会主办，河南省书法家协会协办的首届“刘禹锡杯”全国书法作品展在郑州美术馆开幕。中国书法家协会分党组成员、副秘书长曹建明，省政协副主席靳绥东，省文联主席杨杰、副主席宋华平，副市长杨福平等出席开幕式。

25日

△市委副书记、市长马懿带领市直相关部门负责人，沿线察看农业路中原区段、金水区段拆迁情况，听取工程项目部关于工程建设进展情况汇报，现场协调解决工程推进中遇到的困难和问题。随后，马懿又到金水区纬四路停车场、纬二路道路整治现场、东韩砦拆迁工地、数码公园地下停车场建设现场进行察看，听取金水区交警、城管联合执法情况介绍，调研金水区城市精细化管理、扬尘治理等工作。

△中国通号（郑州）电气化局集团有限公司在郑成立。该公司由郑州铁路局和中国通号集团合作组建，公司注册地设在郑州市。

26日

△市委副书记、市长马懿带领市

直相关部门负责人到荥阳市、新密市，现场检查指导“三夏”生产。马懿一行先后到荥阳市广武镇后王村小麦高产万亩示范方、新密市前土郭村旱地小麦田、河南大众种业有限公司广武镇种子基地进行了察看，并到新密市下庄河中石化加油站，详细了解了“三夏”柴汽油等农资保障供应服务情况。

27日

△省政协副主席靳绥东带领省政协机关70多名干部参加“看郑州”活动，实地感受郑州改革开放和城市建设取得的成就。市政协主席王璋等陪同。

28日

△以“创新创业、引领未来”为主题的郑州（首届）国际创新创业大会暨全球众筹峰会在郑州国际会展中心召开。省市相关领导与来自海内外的数百名业界领袖及行业代表会聚一堂，共谋新常态环境下的创新驱动发展之道。本届创新创业大会由郑州市政府主办，为期两天，囊括了开幕式大会、创新创业高峰论坛、千人计划专家会议、创新创业大赛、全球众筹峰会、新三板论坛以及项目融资路演会等主要环节。

29日

△在市政府主办的“新三板助力创新”专题论坛上，全国中小企业股份转让系统有限责任公司副总经理陈永民、企巢新三板学院院长程晓明、中原证券副总裁赵丽峰等多位专家及业界高层进行了主题演讲，并围绕相关话题与现场观众展开互动交流。市委常委、统战部部长王跃华出席论坛。

△市委、市政府召开全市棚户区改造、环保专项治理等重点工作现场观摩会。部分副市级以上领导参加观摩或出席会议。会前，与会人员对航空港实验区、郑东新区、二七区、管城区工作推进情况进行了观摩。

6月

1日

△市长马懿主持召开市政府第27次常务会议，通过了《加快发展众创空间推进大众创新创业的实施意见》。

△河南省首个大数据信用系统查询服务平台项目在郑启动筹建。该平台由云征信息技术有限公司开发建设，依托大数据技术，以新理念、新技术、新模式将信用评价进行量化，为河南省用户提供多样化大数据应用和信用分析服务。

2日

△市委副书记、市长马懿在市政府会见以南南合作促进会秘书长、原中国驻叙利亚大使张迅为团长的外交部高级外交官考察团一行。

4日

△市委副书记、市长马懿在市政府会见韩国金浦市市长刘永录率领的代表团一行，并代表市政府与刘永录签署了郑州市与金浦市促进友好交流及加强经济合作的谅解备忘录。副市长杨福平等参加会见。

△市委十届十一次全体（扩大）会议召开，通过了《中共郑州市委关于全面推进依法治市的实施意见》和《中国共产党郑州市第十届委员会第十一次全体会议决议》。

5日

△市委副书记、市长马懿带领市直相关部门负责人检查指导全市防汛工作。副市长张俊峰、杨福平等一同检查。马懿一行首先到常庄水库大坝下游背水坡改造工程现场、南水北调入常庄水库口门进行了察看。随后到启福大道积水点、金水路西延工程建设现场、金水区大孟砦拆迁改造工地进行了察看。

7–9日

△由住房和城乡建设部计划财务外事司副司长张学勤率领的国务院第九督察组第三工作组莅临郑州市，督察国务院稳增长、促改革、调结构、惠民生、防风险重大政策措施在郑落实情况。郑州市委副书记、市长马懿汇报了郑州市贯彻落实国务院重大决策部署情况。

9日

△河南省两位志愿者为国外患者捐献的两份造血干细胞在省肿瘤医院正式交接给相关国际人士，当晚搭乘飞机紧急送往美国、荷兰。副省长、省红十字会会长王艳玲，副市长、市红十字会会长刘东等出席交接仪式。两位志愿者分别是来自登封大冶镇的孙金伟和来自禹州的王玉超。两人不仅是河南省首次与荷兰、美国的血液病患者配型成功的干细胞捐献志愿者，还同日同地进行了干细胞采集，这在中华骨髓库建立以来尚属首次。

11日

△市委副书记、市长马懿主持召开全市简政放权暨“五单一网”制度改革工作推进电视电话会议，对下一阶段的运行实施工作进行再安排、再部署。

△2015年全国血液管理暨2012–2013年度无偿献血表彰大会在北京召开。郑州市连续六届荣获“全国无偿献血先进城市”称号。

12日

△万国万购跨境电商O2O保税展示商城在中原福塔内正式开门营业。匈牙利前总理麦杰西·彼得，省委常委、宣传部部长赵素萍等参加启动仪式。

△郑州市政府与中国光大实业（集团）有限公司合作成立产业投资基金签约仪式举行，总规模50亿元的产业投资基金——“光大郑州国控新产业基金”（暂定名）正式宣告成立。

13日

△开封市委书记吉炳伟率党政考察团到郑参观考察。郑州市领导马懿、胡荃等陪同考察。

16日

△市委副书记、市长马懿主持召开市政府第28次常务会议，通过了《郑州市城乡规划管理条例（修订草案）》和《郑州市建设工程施工安全管理条例（草案）》。

△绿地面积约13.5万平方米的郑州市南环公园正式向市民开放。该公园的建成填补了郑州市南部城区没有城市综合性公园的空白。公园位于南四环与大学南路交叉口东北区域。

17日

△市委副书记、市长马懿带领市直相关部门负责人，到部分棚户区改造项目和农业路快速通道工程建设现场，调研棚户区改造、工地扬尘治理及农业路快速路工程建设工作。副市长张俊峰陪同调研。马懿一行先后察看了中原区孙庄安置房项目建设现场、金水区岳寨安置房项目建设现场、惠济区张寨村拆迁工地、农业路快速通道工程建设情况。

△市委副书记、市长马懿在市政府会见莅郑考察的中信银行党委书记、行长李庆萍一行。市委常委、常务副市长孙金献参加会见。

△市政府印发《关于取消调整下放部分行政权责事项进一步简政放权的通知》，决定取消、调整和下放266项行政权责事项。作为郑州市第十轮行政审批制度改革的最新成果，经过调整、优化，全市行政审批事项确定为147项。

18日

△富士康、腾讯、和谐汽车三方签订合资协议，在郑州成立初始规模为10亿元的投资合作公司，作为共同投资智能电动汽车及相关互联网项目的投资平台。此举标志着三方在互联网+智能电动汽车领域的合作进一步深入。

△省委宣传部与郑州大学共建大学生校外实践教育基地签约暨导师聘任仪式在郑州大学举行，这标志着河南省在推动新闻教育改革、创新新闻人才培养机制方面迈出了实质性步伐。人民日报社河南分社、新华社河南分社、河南日报报业集团、河南人民广播电台、河南电视台、河南大象融媒集团公司、郑州报业集团等7家单位成为郑州大学实践教育基地，人民日报社河南分社社长龚金星等23位传媒名家被聘为郑州大学兼职导师。

18–19日

△省人大常委会副主任蒋笃运带领省人大常委会执法检查组，通过现场调研和汇报座谈的形式，对郑州市贯彻落实《中华人民共和国民办教育促进法》情况进行检查。市人大常委会主任白红战等出席座谈会。

22日

△郑州市儿童医院与美国卢里芝加哥儿童医院正式缔结为合作医院，开启河南省医疗卫生在儿童健康领域与美国医院的合作先河。副省长王艳玲、副市长刘东等参加签约仪式。当日，美国

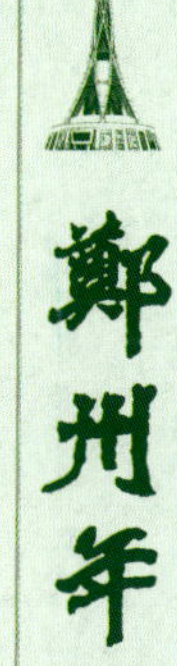

卢里芝加哥儿童医院首席执行官希南女士一行参观了郑州市儿童医院东区医院，两院专家还开展了病例研讨及学术交流等活动。

23日

△市政府印发《关于推广运用政府和社会资本合作（PPP）模式的实施意见》。

24日

△市委副书记、市长马懿以《牢记“双重”责任 践行“三严三实” 加快推进以航空港实验区为统揽的郑州都市区建设》为题，在全市政府系统“三严三实”专题教育党课上作专题报告。市委常委、常务副市长孙金献主持专题党课。

25-26日

△郑州市委副书记、市长马懿率郑州代表团赴上海，参加2015豫沪产业转移合作系列对接活动。在沪期间，马懿先后会见了上海城建、中海物流、赛伯乐、宝冶集团、天地华宇、圣戈班、飞宇投资等公司的客商代表。本次活动，郑州市工信委共征集发布对外招商项目130个；收集上报拟签约项目35个，主要涉及汽车零部件、装备制造、生物及医药等郑州市主导产业，签约金额745.6亿元，位居全省第一。

26日

△郑焦铁路正式开通运营。跑完全程最快仅需34分钟。郑焦铁路线路全长78公里，设郑州、南阳寨、黄河景区、武陟、修武西、焦作6站。

△郑州市第十四届人大常委会第十次会议闭幕。会议表决通过了《郑州市轨道交通条例（草案表决稿）》、市政府关于郑州市民公共文化服务区（常西湖区域）“一设计三规划”情况的报告及市人大常委会相关决议，表决通过了市政府关于高端产业发展情况的报告、市政府关于科技创新体系建设情况的报告、市政府关于开展法制宣传教育和依法治市工作情况的报告、市政府关于民族工作情况的报告。

27-28日

△由安徽省委常委、合肥市委书记吴存荣，合肥市委副书记、市长张庆军率领的合肥市党政代表团一行莅临郑州市参观考察。郑州市委副书记、市长马懿会见代表团一行并陪同考察。

30日

△市委巡察工作动员部署会召开，对开展首轮巡察工作进行安排部署，这标志着郑州市巡察工作正式启动。市委常委、市纪委书记、市委巡察工作领导小组组长郭锝昌出席会议并讲话。

△郑州市召开消防和安全生产工作会议。市委副书记、市长马懿出席会议并讲话。市委副书记、秘书长胡荃主持会议，白红战、孙金献等副市级以上领导出席会议。

△市委、市政府召开大棚户区改造等重点工作现场观摩会，市委副书记、市长马懿出席会议并讲话。市委副书记、秘书长胡荃主持会议。白红战、孙金献等副市级以上领导参加观摩或出席会议。会前，与会人员先后对二七区、中原区、高新区、惠济区、金水区、郑东新区、管城区的大棚户区改造等9项重点工作进行了现场观摩。

7月

1日

△省委常委、省纪委书记尹晋华到中原区城市社区、项目工地，调研郑州市基层“四项基础制度”建设情况。市委副书记、市长马懿等陪同调研。

3日

△郑发投集团与上实融资租赁公司在上海签署合作协议，开启了郑州市多层次、多领域、多渠道开发利用资本市场的新局面。郑州市委常委、常务副市长孙金献参加签约仪式。

6日

△市委副书记、市长马懿带领市直相关部门负责人，到部分市政重点项目施工现场，调研“畅通郑州”工程建设情况。马懿一行先后到陇海快速路京广路段地面工程、京广快速路（北三环—连霍高速）京广铁路立交工程、未来路下穿金水路工程、经三路下穿金水路工程、地铁2号线东大街站点工程施工现场进行了察看。副市长张俊峰陪同调研。

7日

△市政府印发《关于加快推进郑州市“宽带中国”示范城市建设的实施意见》。

9日

△市委副书记、市长马懿带领市直相关部门负责人，到新密市调研易地扶贫搬迁工作。马懿一行先后到岳村镇正茂生态园、尖山风景区管委会杏苑社区、米村镇和盛嘉园社区、袁庄乡易地扶贫搬迁安置项目小区、位于尖岗水库西南岸的工程一级提灌站建设现场进行了察看。副市长杨福平等陪同调研。

10日

△为期六天的“首届新疆原产地精品哈密瓜走进中原”活动在新疆哈密农产品（郑州）交易馆启动。副省长李亚、省政府秘书长郭洪昌、副市长杨福平等出席活动。

14日

△省政协主席叶冬松率领省政协常委视察团一行莅临郑州市，调研郑州航空港经济综合实验区建设发展情况。省政协副主席靳绥东、邓永俭、李英杰、龚立群等参加调研；市领导马懿、胡荃等陪同调研。

15日

△国家海关总署副署长、政治部主任胡伟一行莅郑考察调研。副省长赵建才，海关总署加贸司司长郑汉龙，郑州海关关长孙玉宁，省政府副秘书长马刚，市领导马懿等陪同调研。胡伟一行到河南保税物流中心和郑州国际陆港，实地调研跨境贸易电子商务试点进展及多式联运中心建设情况，考察了综合查验中心现场，并听取郑州海关工作汇报。

△中国科协调研组一行莅郑，调研郑州市贯彻落实中央群团工作会议精神、社区科普和企业科技创新等工作。中国科协党组书记、常务副主席、书记处第一书记尚勇，中国科协学会学术部副部长刘兴平、科学技术普及部副部长辛兵参加调研。省委副书记邓凯，省委副秘书长苏长青，省科协党组书记蔡永礼、省科协主席霍金花陪同调研。市委副书记、市长马懿等陪同调研。尚勇一行先后到郑州威科姆科技股份有限公司、位于西三环的绿都社区进行了察看。

16日

△由市纪委策划并组织拍摄的十集大型廉政历史人物电视纪录片《正气贯古今》即日起在郑州电视台播出。省纪委副书记齐新安，市政协主席王璋，市委常委、市纪委书记郭锝昌出席首播仪式暨新闻发布会。

18日

△为期两天的“夏商周时期的中原与周边——纪念郑州商城发现60周年暨韩维周、安金槐、邹衡先生学术成就研讨会”在郑州举行。来自中国社会科学院、中国科学院、中国国家博物馆、北京大学、南开大学及省内外科研院所、高等院校的150余名专家学者齐聚郑州，交流郑州商城发现60周年来相关领域的最新学术动态和研究成果，共同缅怀对郑州商城发现和研究做出巨大贡献的、夏商周考古的主要开创者韩维周、安金槐和邹衡。

19日

△2015年海外华裔青少年“中国寻根之旅”夏令营河南营开营仪式在登封举行，来自美国、加拿大、英国、爱尔兰、意大利、南非6个国家的12所中文学校和教育机构的近200名华裔青少年及老师相聚千年古刹少林寺，寻根问祖，探访少林功夫和禅宗文化。该活动是国务院侨务办公室和中国海外交流协会为增进海外华裔青少年对祖籍国的了解，提高学习汉语和中华文化的兴趣，推动海外华文教育发展而举办的大型综合性活动。

△国内首个B2B2C（多用户跨境交易）平台——万国优品升级版成功在郑州上线公测，开启跨境购物新模式。该新型平台上线后，可实现跨境企业对企业、跨境企业对消费者的自由贸易，旨在为国际商家及消费者搭建“买卖全球”平台。万国优品作为郑州市本土电商，也是国内首家保税模式跨境电商平台。

22日

△省长谢伏瞻到郑州市登封、新密调研，指导当地经济社会发展。谢伏瞻一行先后到登封市产业集聚区家居产业园、郑州新恒美铝型材有限公司、登封高新技术工业园区、新密市米村镇和盛嘉园社区、新密郑州建文特材科技公司、郑州瑞泰耐火科技公司进行了察看。随后考察了郑州同赢服装总部港项目、香港迅捷服装产业园项目。郑州市委副书记、市长马懿等陪同调研。

24日

△郑州市召开大气污染防治攻坚动员大会，对大气污染防治工作进行专题部署。市委副书记、市长马懿出席会议并讲话。胡荃、白红战、王璋等在郑的副市级以上领导干部出席会议。

△副省长张广智带领河南省郑州国际文化创意产业园建设工作领导小组成员单位相关负责人到产业园实地观摩调研，并召开领导小组第一次会议，协调推动解决园区建设中存在的问题。张广智一行先后察看了华强三期方特梦幻王国、绿博二号安置区、中央湿地公园、华谊兄弟项目，并在会上听取了郑州市关于文化产业和中牟县关于国际文化创意产业园发展情况的汇报。

27日

△市委副书记、市长马懿带领市直相关部门负责人，到农业路快速通道工程建设现场、省会空气质量监测点和部分棚户区改造现场，调研农业路快速通道工程建设和大气污染防治工作。副市长张俊峰等陪同调研。

△郑州车管所官方公众微信平台正式推出便民服务举措——“预约审车”“快递领免检标”“快递领环保标”“驾考状态推送”等多项新功能，市民通过网络就能轻松办理车驾管业务。

29日

△市政府印发《郑州市火灾隐患综合整治暨消防安全提升工作总体方案》，即日起，在全市范围内开展火灾隐患综合整治暨消防安全提升工作，全力维护消防安全形势稳定。

△郑州航空港经济综合实验区与惠银东方（北京）投资管理公司联合设立的郑州航空港城市发展基金已完成发行，基金规模达100亿元。这标志着全国首支国家战略区域发展产业基金正式落地郑州航空港。中国银行对该基金模式高度评价，并决定将这一模式在全国推广。

30日

△中部六省优秀曲艺大赛颁奖仪式暨中国曲艺牡丹奖艺术团送欢笑惠民演出在郑州举行。中国曲协副主席翁仁康，中国曲协分党组成员、副秘书长黄群，市委常委、宣传部部长王哲出席活动。由中曲协、河南省文联、郑州市委宣传部主办，河南省曲协、郑州市文联、郑州市曲协承办的“第七届中部六省曲艺大赛”共有23个节目进入决赛。

31日

△省人大常委会副主任储亚平带领省人大调研组对郑州市民族工作进行专题调研。市人大常委会主任白红战等陪同调研。调研组先后到管城回族区北下街街道代书胡同社区、管城回族区回民第一小学进行了调研。

8月

1日

△郑州市本土跨境电商保税国际大型O2O线下体验店（保税进口直购中心）在郑州大上海城开门迎客。场内面积2200平方米，来自20多个国家的13000多件进口商品，吸引了大量市民蜂拥而至。保税国际郑州大上海城进口商品直购中心分为E贸易专区和一般贸易专区，共展出美国、德国、韩国、日本、澳大利亚等全球核心贸易国的多种产品。

△为期四天的第二届全国中学生模拟联合国大会在郑州开幕。团中央学校部副部长石新明，中国联合国协会副会长王学贤，团省委副书记李若鹏、王艺，市领导高建慧等参加活动。来自全国各省级团委代表，各省市49所重点中学的师生代表团，清华大学、北京大学等名校的在校生组成的主席团共600余人参加活动。

4日

△市委副书记、市长马懿带领市直相关部门负责人到郑州航空港经济综合实验区和郑州经济技术开发区，调研督导重点工作和重大项目推进情况。市领导胡荃、孙金献等一同调研。马懿一行先后察看了河南进口肉类指定口岸、正弘·中央公园、贰仟家企业总部汽车物流园、中外运中部区域物流网络枢纽项目、郑州新郑综保区口岸作业区、河南郑州出口加工区B区、宅急送华北分拨配送基地、郑州国际陆港多式联运监管中心、E贸易“百万包”重点工程等项目的建设情况，对项目推进中存在的问题进行协调解决。

△市长马懿主持召开市政府第31次常务会议，通过了《郑州市城市地下管线管理办法（草案）》。

5日

△市人大常委会主任白红战到二七区检查、督导大气污染治理工作。白红战一行先后到冯庄改造项目工地、孙八砦改造工地等6个未达标工地进行了督导检查。

△中国科协党组成员、书记处书记徐延豪带领评估调研组到郑州市调研国务院关于推进“大众创业、万众创新”有关政策措施落实情况。副市长黄卿陪同。调研组一行先后到位于郑州高新区的河南省国家大学科技园（西区）和威科姆公司，实地考察大学生、科研人员的创业情况，并详细了解新兴产业发展态势以及政府对大学生、科研人员创业、农民工返乡创业的扶持措施和成效。

6日

△市委副书记、市长马懿率领郑州市党政考察团赴石家庄，专题学习考察石家庄市大气污染防治工作。石家庄市委副书记、代市长邢国辉陪同考察。郑州市领导胡荃、白红战、王璋等参加考察。

7日

△省政协副主席钱国玉带领省政协推动传统媒体和新兴媒体融合发展专题调研组到郑州报业集团，围绕媒体融合发展进行专题调研。市政协主席王璋等陪同调研。

8日

△国内首个高端水果连锁品牌——“水果营行”在郑州开业，首批开业的8家连锁店创新采用O2O经营模式，开创郑州市水果行业线上线下融合的连锁直营模式先河。“水果营行”是香港联和国际集团斥巨资打造的国内首个高端水果连锁直营品牌，主营水果零售连锁项目，涵盖水果生产基地建设、水果加工配送及终端零售推广等业务。

8-9日

△由市委宣传部、市文化改革与发展办公室、市文化广电新闻出版局、团市委联合主办的2015郑州青少年动漫游戏文化节在会展中心举行。此次“郑州青漫”涵盖青少年动漫游戏文化展区、少儿动漫游戏文化展区、动漫游戏产业论坛三大项，中国动漫历史回顾、世界动漫精品展、动漫Cosplay大赛等20多个分项。

12日

△首届“创赢未来”全国大学生创新创业大赛启动仪式在金水区举行。共青团中央全国青年彩虹工程实施指导办公室副主任沈军，市委常委、统战部部长王跃华等出席启动仪式。此次大赛由金水区委、金水区政府主办，中国青少年发展服务中心、全国青年彩虹工程实施指导办公室等26家单位和企业共同承办。

13日

△市政府印发《关于进一步加快市区公共停车场建设管理工作的指导意见（试行）》。

13-14日

△中央统战部副部长、全国工商联党组书记、常务副主席全哲洙率全国工商联调研组莅郑，调研郑州市支持小微企业发展政策措施落实情况及实施效果。省领导陶明伦、梁静，市领导王跃华、张建慧等陪同。调研组一行先后到郑东新区、经开区、金水区，考察了市工商联小微企业众创空间、河南黑蜘蛛电子商务有限公司、河南书网教育科技股份有限公司、河

南海田自动化系统有限公司、郑州跃海科技有限公司等10家企业。

14日

△市委副书记、市长马懿在市政府会见到郑考察的日本三菱电机株式会社常务执行董事、中国总代表、三菱电机（中国）有限公司董事长、总经理久木田崇彰一行。市委常委、常务副市长孙金献，市委常委、统战部部长王跃华等参加会见或陪同考察。

16日

△郑州市召开大气污染防治工作专家咨询会。清华大学教授、中国工程院院士郝吉明，中国环境科学研究院副院长柴发合，中国环境科学研究院二级研究员张凡，中国环境科学研究院研究员王淑兰，南开大学教授冯银厂，河南省环境监测中心教授多克辛，郑州大学教授张瑞芹等参加咨询会。市领导马懿、胡荃、孙金献等参加咨询会。

18日

△省长谢伏瞻到郑州市就大气污染防治工作进行专题调研，并召开座谈会，对做好大气污染防治工作进行了部署。谢伏瞻强调，要切实增强大气污染防治的紧迫感责任感，深化认识，综合施策，强化责任，真正把郑州打造成天蓝水净地绿的生态宜居城市。谢伏瞻一行先后到金水区徐砦村拆迁待建工地、城区空气质量监测站、郑州新力电力公司、中原区后牛庄房建工地进行了察看。

19–21日

△国家质检总局食品局局长林伟带领国家进口肉类指定口岸验收组专家对该口岸郑州、漯河两个查验区进行正式验收。专家们认为，两个查验区硬件建设标准一流、设施设备完善、制度健全规范，符合国家标准和要求，同意通过验收。河南出入境检验检疫局局长李忠榜，省政府口岸办主任郑金广，市领导薛云伟等参加验收活动。

21日

△“中国高新科技企业投融资巡回路演”活动走进郑州，郑州市8家优质高新科技中小企业进行精彩路演。本次活动由科技部火炬中心、深圳证券交易所、市政府、省金融办等共同主办。

△市政协主席王璋带领部分政协委员到中牟调研农产品质量安全监管工作。副市长杨福平陪同调研。王璋一行先后到中牟县乡级农产品质量安全官渡监管站、河南万邦国际农产品物流城，对郑州市农产品质量安全监管工作进行了实地调研。

△高新区举行项目集中签约仪式，包括郑州亿达科技新城、联东U谷、腾讯众创空间在内的11个项目正式入驻高新区，总投资162亿元。

23日

△《黄河》特种邮票在郑州邮政大厦首发，这是黄河首次以全景视野走入方寸世界。在这套邮票中，嵩山、少林寺塔林、古观星台以及中原福塔等郑州多个地标性建筑悉数亮相，郑州城貌首次登上“国家名片”。首发式由水利部黄河水利委员会、市委宣传部、中国邮政集团河南省分公司联合主办。

25日

△8时30分，南航河南航空一架波音737–800型飞机从郑州新郑国际机场起飞，直飞日本东京，郑州拥有了首条直达东京的航线，两地最短航行时间缩至4小时。

26日

△市委副书记、市长马懿到部分市政重点工程建设工地，督导“畅通郑州”工程建设。副市长张俊峰等陪同调研。马懿一行首先到陇海快速路嵩山路口、工人路口、紫荆山路口、中州大道立交等重要节点施工现场，察看工程进展情况；随后，又察看了商鼎路下穿中州大道工程、福元路雨污水改造工程、未来路下穿金水路工程、经三路下穿金水路工程、农业路快速通道高架桥、南阳路道路维修工程等施工现场。

28日

△市十四届人大常委会第十一次会议闭幕，表决通过了《郑州市建设工程施工安全管理条例（草案表决稿）》。

29日

△郑州航空港实验区与领胜集团有限公司签订电子材料生产项目协议。这标志着全球最大的专业电子模切及金属制造商落户郑州航空港。该项目投产后将进一步拉长郑州智能终端产业链条，为郑州航空港构筑现代产业体系奠定坚实基础。

△郑州市本土跨境电商万国优品与天津航空物流区跨境电子商务产业园签署战略合作协议，成为首家入驻天津港保税区的跨境电商平台。

△全球第一台无人驾驶大客车，在郑首次实现全程无人工干预成功运行。客车从郑开大道城铁贾鲁河站出发，在完全开放道路环境下，途经26个信号灯路口，自主完成了跟车行驶、自主换道、邻道超车、路口自动辨识红绿灯通行、定点停靠等一系列试验科目，行驶32.6公里，最高时速68公里，顺利到达指定终点，全程无人工干预。此次上路试运行的自动驾驶大客车，由包括中国工程院院士李德毅所在的总参61所等与宇通客车联合推出，研发耗时3年。

29–30日

△全国政协副主席、九三学社中央主席韩启德带领全国政协教科文卫体委员会调研组，就“推动安宁疗护发展”在河南省进行专题调研。省政协主席叶冬松，全国政协委员、教科文卫体委员会副主任刘敬民，省政协副主席靳绥东，省政协副主席、九三学社省委主委张亚忠参加调研。调研期间，韩启德到河南省肿瘤医院、郑州市第九人民医院和郑州市中原西路社区卫生服务中心，实地了解情况，并召开座谈会，听取医护人员、患者及其家属、社区居民的情况介绍及意见建议。

30日

△“炎黄儿女在黄河岸边万人齐唱保卫黄河”活动在郑州黄河风景名胜区炎黄广场举行。市党政军领导马懿、白红战、郭锝昌等以及部分在郑的副市级领导干部，郑州市各级机关干部、企业职工、农民、军人、青少年学生，曾在抗日战争中浴血奋战的老战士、老同志以及市劳模代表、各行业先进人物共4万人参加活动，共同纪念中国人民抗日战争暨世界反法西斯战争胜利70周年。

31日

△省委书记、省人大常委会主任郭庚茂，省委副书记、省长谢伏瞻，省政协主席叶冬松与省四大班子部分领导到航空港实验区调研，实地察看重点工作推进落实情况，并召开座谈会，研究讨论并指导航空港实验区下一步建设和发展。

9月

1日

△市人大常委会主任白红战到二七区调研督导大气污染防治工作推进情况。白红战一行到高寨安置房项目、锦绣山河玉晖园项目工地和嵩山南路等地进行了察看，督察各责任单位、施工单位扬尘治理措施落实情况。

△市领导马懿、胡荃、白红战、高建慧、郭锝昌等到市档案馆，参观“中原壮举——纪念抗日战争胜利70周年档案史料展”。

4日

△郑州市唯一一位受邀参加纪念中国人民抗日战争暨世界反法西斯战争胜利70周年阅兵活动的抗战老兵谷源清返郑。市党政军领导胡荃、沈庆怀、王家和参加欢迎仪式。市委副书记、秘书长胡荃为谷源清佩戴了由中共中央、国务院、中央军委为抗战老兵颁发的“中国人民抗日战争胜利七十周年”纪念章。谷源清1943年参加革命，任八路军太岳军区战士、武工队员，新中国成立后历任市政府副秘书长，中原区区长，市民政局党委书记、局长等职。

7日

△市委副书记、市长马懿到部分市政重点工程建设工地、交警支队监控室、报废机动车拆解中心等地，督导“畅通郑州”工程建设、黄标车淘汰和城市快速通道货车限行工作。副市长张俊峰等陪同调研。马懿一行首先到陇海路快速通道嵩山路口、华山路口以及农业路快速通道西三环与化工路口等重要节点施工现场，详细察看施工进展情况。随后，到市交警支队监控室、河南省中联再生资源有限公司、G107机动车监测站，现场察看了全市黄标车监控

卡口运行情况、报废机动车拆解情况和机动车尾气检测工作。

8日

△第十七届亚洲象棋个人锦标赛暨首届亚洲象棋嘉年华会启动仪式在中国象棋策源地荥阳市文博中心举行。亚洲象棋联合会秘书长林关浩，国家体育总局棋牌运动管理中心象棋部主任、中国象棋协会秘书长刘晓放，新加坡象棋总会名誉会长洪宝兴，河南省体育局副巡视员张跃敏，郑州市副市长刘东等出席启动仪式。第十七届亚洲象棋个人锦标赛暨首届亚洲象棋嘉年华会是由亚洲象棋联合会主办、新加坡象棋总会承办、英国吉尼斯世界纪录等多家机构协办的一次集象棋竞技性、文化性、娱乐性、互动性于一体的国际文化交流盛会。本次启动仪式由亚洲象棋联合会、荥阳市人民政府联合主办，河南省社会体育管理中心、荥阳市楚河汉界象棋文化推广中心等单位承办。

△郑州市召开全市三项重点工作推进落实座谈会，学习贯彻全省重点工作推进落实市县座谈会精神，听取各开发区、县（市）区“三严三实”专题教育、“三查三保”活动、“4+4+2”党建制度体系建设推进情况，分析存在的问题，明确下一步着力点和主要举措。

12日

△为期两天的“嵩山论坛——华夏文明与世界文明对话”2015年会在登封开幕。170余位国内外政要、专家学者、企业家围绕本届论坛主题“和而不同：共建人类命运共同体”展开对话与探讨交流。全国人大常委会副委员长张宝文出席论坛并致辞。河南省人大常委会副主任储亚平，副省长、嵩山论坛组委会主任张广智，北京大学高等人文研究院院长杜维明，中国国际文化交流中心秘书长丁奎淞，全国政协委员、中国文物学会副会长张廷皓，嵩岳文化发展基金会理事长乔清举等出席论坛。意大利科森扎省省长马里奥·奥基乌托、意大利科森扎省政府秘书长罗伯特·阿尔巴诺出席论坛。国际哲学学院主席约安娜·库苏拉迪、国际哲学学院院士彼得·肯普等来自意大利、俄罗斯、丹麦、印度、奥地利等多个国家和地区的知名专家学者出席论坛。

12-13日

△中原经济区城市旅游联盟金秋巡展活动在郑举行。中原经济区城市旅游联盟于2011年10月在郑州成立。34个联盟城市分布于河南、内蒙古、宁夏、青海、甘肃、四川等省（自治区）。

14日

△由省文化厅、省文联、中华豫剧文化促进会主办，河南豫剧院、省剧协、省文化艺术研究院共同承办的“全国豫剧院团工作交流会”在郑州开幕。交流会为期两天，来自全国各地的134名豫剧院团长、表演艺术家、评论家齐聚绿城，为豫剧发展建言献策。全国政协教科文卫体委员会副主任王全书、副省长张广智、中国剧协主席濮存昕、中国剧协分党组书记季国平、文化部艺术司副司长吕育忠等出席开幕式。

△市委十届十二次全体（扩大）会议召开。会议审议并原则通过了《中共郑州市委关于推进全面从严治党的实施意见（讨论稿）》，表决通过了《中国共产党郑州市第十届委员会第十二次全体会议决议》。

15日

△市委副书记、市长马懿主持召开市政府第32次常务会议，通过了《郑州市2015-2017年燃煤削减和清洁能源建设工作方案》。

16日

△副省长张广智一行到郑州国际文化创意产业园现场办公，协调推动解决园区建设过程中存在的问题。省政府党组成员、省文化体制改革和发展工作领导小组副组长路国贤，省文化厅厅长杨丽萍等参加调研。市委常委、宣传部部长王哲陪同。

17日

△在国家、省、市记协相关负责人陪同下，以俄罗斯记者联盟秘书帕维尔·古季诺托夫为团长的俄罗斯新闻代表团莅临郑州市，以“丝绸之路经济带建设”为主题，走进郑州宇通、郑州国际陆港公司、郑州人民广播电台、郑州报业集团等地进行实地访问。

△郑州市政府代表团、河南保税物流中心与匈牙利福都保税公司在匈牙利首都布达佩斯举行中国郑州匈牙利国家商品馆及跨境贸易电子商务战略合作签约仪式及新闻发布会。郑州市委副书记、市长马懿出席并讲话。中国驻匈牙利大使馆经济商务参赞处参赞王宏亮到会祝贺。匈牙利国家邮政总局、匈牙利和乐宝（Herbaria ZRT）集团、匈牙利Realm Globalg公司、匈牙利AQUA集团、匈牙利维诗拉（Transmissi ó）公司、匈牙利CSI公司、匈牙利Thomas breitling公司、中国国航驻匈牙利办事处等多家企业和当地媒体共约100人出席会议。会议最后举行跨境贸易电子商务合作签约仪式，河南保税物流中心、福都保税公司分别与匈牙利Aqua eur ó pa kft、匈牙利Transmissi ó Kft两家公司进行合作签约。

18日

△市委全面深化改革领导小组第四次会议召开，通过了《郑州市贯彻落实〈关于完善县级以上机关反腐倡廉制度的若干规定（暂行）〉的实施方案》。

19日

△2015中国郑港国际徒步大会在郑州经开区举行。省市领导张广智、刘东以及世界徒步协会等组织的有关领导，与近3万名国内外徒步爱好者共同参加活动。河南籍奥运冠军孙甜甜宣读了“绿色徒步、全民健身”倡议书。

20日

△国家干细胞研究基地河南基地、郑州市干细胞转化与应用工程技术研究中心在市第一人民医院揭牌成立。

21日

△作为“畅通郑州”工程中的重点项目，107国道郑州段改建工程与郑汴路互通式立交正式通车。至此，郑州四环最后一个交通节点打通，实现真正意义上的全线贯通。市民驾车通过郑汴路至航海路段不需绕行107辅道，行车时间由原来的40分钟缩短为3分钟。

△在北京召开的2015一带一路媒体合作论坛上，郑州市委常委、副市长薛云伟作主旨演讲，用两个“三件事”阐述郑州融入“一带一路”的主动作为。

△国开证券有限责任公司河南省分公司在郑州开业。国开证券总裁侯绍泽，省政府金融办主任孙新雷，国开行河南分行行长李化常，市委常委、常务副市长孙金献出席揭牌仪式。揭牌仪式后，国开证券河南省分公司分别与航空港实验区、经开区签订战略合作协议。

△副省长徐济超在郑调研高校创新创业工作。市领导王跃华、刘东陪同调研。徐济超一行先后到郑州大学西亚斯国际学院、黄河科技学院进行了察看。

21-22日

△市委副书记、市长马懿在英国伦敦分别拜访了英国皇家邮政和普罗派卫视，并与当地华人华侨企业家进行座谈。马懿与皇家邮政国际总监理查德·斯诺登先生就合作事宜进行了具体商谈。普罗派卫视作为中国唯一进入欧美国家的主流媒体及“一带一路”的官方宣传机构，马懿与其总监叶臻臻先生就扩大郑州航空港区、跨境电子贸易和郑欧班列在英国和欧洲的影响力进行了商谈。马懿一行还与十多位英国华侨企业家进行了座谈。郑州经济技术开发区管委会常务副主任史占勇、市政府秘书长王春山陪同参加系列活动。

22日

△郑州市启动大学生创新创业支持计划项目，符合条件的大学生创业者将有机会获得2万-15万元不等的创业扶持资金。

23日

△国家档案局局长、中央档案馆馆长李明华带领检查组莅临郑州，到新密市检查档案管理工作。市委常委、宣传部部长王哲陪同。李明华一行首先到新密市牛店镇张湾村新型农村社区，检查档案管理工作，察看居民健康档案。随后，检查组检查了新密市档案馆待藏室，到青屏街道办事处青峰路社区调看了村民档案。

24日

△中共中央政治局常委、国务院总理李克强莅临郑州，在河南省委书记郭庚茂、省长谢伏瞻陪同下，围绕郑州航空港经济综合实验区及郑州机场二期建设、农民创业及金融扶持“三农”、跨境电商发展等进行考察。

李克强认真观看郑州航空港区规划发展及机场二期规划展板，听取相关负责人介绍汇报，细心询问建筑工人的起居生活和工资待遇。李克强指出，我国物流成本比较高，要通过建设高标准交通枢纽，降低成本，让物畅其流、人畅其行，造福百姓，要将郑州机场建成最大、最好、一流的国际机场。

李克强走进新郑市孟庄镇农民创业园服务大厅和红枣加工企业，详细了解农产品电商发展、创业园优惠政策、金融机构扶持力度以及农民创业效益，询问农民创业者贷款利率是否有所降低。李克强指出，利率市场化是为了服务实体经济，可以让更多的金融活水流向“三农”和小微企业。

李克强到郑州跨境电子商务综合监管中心，详细了解货物进出口国家、包裹出境操作细节、郑州业务增长情况以及快递业发展状况。李克强对快递行业持续快速发展给予肯定，嘱咐通过“互联网+”，做强“大众创业、万众创新”平台，推动民族快递品牌走向全球，同时快递、跨境电商要协同发展，互生互赢。

聚美优品是2012年郑州“E贸易”试点后第一个进驻的国内电商大企业。李克强在这里考察时勉励年轻人不仅要做创客，而且要做极客，带动更多人创新创业。

在移动终端最大的全球购物社区——“小红书”，李克强与电商工作人员交流，对电商企业的快速发展给予肯定。

△市委副书记、市长马懿率团访问哈萨克斯坦共和国。哈萨克斯坦铁路总公司总裁马明在首都阿斯塔纳的公司总部会见马懿一行。双方就郑欧班列开行、集装箱业务、场站建设、铁路运邮、跨境贸易、信息共享及投资成立合资公司等进行了深入洽谈，并达成广泛共识。随后，郑州国际陆港公司与哈铁货运快运公司签订了合资合作协议，马懿、马明共同出席签约仪式。在哈萨克斯坦期间，马懿还参观考察了BABA公司，出席益海嘉里与BABA公司小麦进口协议的签约仪式。郑州经济技术开发区管委会常务副主任史占勇、郑州国际陆港公司总经理赵文明、市政府秘书长王春山陪同参加系列活动。

25日

△为期三天的2015郑州航展在上街机场开幕。副省长赵建才，省长助理、省民航办主任、省机场集团董事长安惠元，国家飞行流量监控中心副主任刘玉林，中国民用机场协会理事长夏兴华，民航河南监管局副局长焦建新，工信部军民结合司副司长曹志恒，工信部工业文化发展中心副主任孙星，省体育局局长张文深，省民航办副主任康省桢等出席开幕式。市领导胡荃、白红战等出席开幕式。本届航展活动内容包括亚洲私人与公务航空博览会、中原飞行大会、通航高端论坛和环球航空嘉年华等四大板块，参展飞机157架，参展参会企业216家，累计表演飞行时间26小时、363架次，观众约20万人次，签约项目25个，总金额268.3亿元。

27日

△为期三天的郑州首届迷途音乐节在荥阳孤柏渡飞黄旅游区落幕。黑豹、反光镜、脑浊等知名乐队，罗大佑、郑钧、张萌萌等音乐人及海外电音DJ相继亮相，吸引了超过4万观众相聚音乐节。该活动由活力944郑州音乐广播联合郑州星航文化传播有限公司主办。

28日

△全国首个中华校园国学堂在管城区五里堡小学揭牌。中华校园国学堂公益项目由中国宋庆龄基金会慈善文化传播基金、《环球慈善》杂志社发起成立，由中国宋庆龄基金会慈善文化传播基金向爱心企业或热心人士募集资金，在全国各中小学捐建而成。五里堡小学“一行中华校园国学堂”是由爱心企业昆中药捐资建设的全国第一个示范教学点。

29日

△郑州市委外宣办、郑州市政府新闻办的官网“郑州之窗”、官方微信公众号“遇见郑州”在郑州报业集团上线，市委常委、宣传部部长王哲参加上线仪式。上线仪式上，还举行了中原大数据研究院成立暨中原网与海量数据签约仪式。

30日

△以中国国际经济交流中心副理事长、省人大常委会副主任张大卫为组长的中央改革办调研组莅郑调研。市委常委、常务副市长孙金献陪同调研。调研组一行到经开区，听取了郑州跨境贸易电子商务服务试点项目负责人关于PPP模式运行情况的汇报，参观了保税物流中心。

△河南省公安英烈纪念墙和公安英烈纪念馆在郑州市烈士陵园落成。省市领导刘满仓、许甘露、沈庆怀出席落成活动。

10月

9日

△市人大常委会主任白红战到二七区检查、督导大气污染治理工作。白红战一行先后到南三环中石化加油站工地、正商C4工地、京广铁道家苑工地进行了督导检查。

△市委副书记、市长马懿带领市直相关部门负责人，到部分重点交通项目施工现场，调研“畅通郑州”工程建设情况。市领导张建慧、张俊峰陪同调研。马懿一行先后到经三路城东路下穿金水路隧道、未来路下穿金水路隧道、农业路快速路工程、江山路拓宽改造工程、南阳路中修工程等施工现场进行了察看。他要求相关部门要及时向社会做好维修方案的释疑工作，争取市民对维修工作的理解和支持。

10日

△为期三天的第三届中国郑州国际街舞大赛在河南省体育馆开幕，900余名选手参加首日比赛。由中国舞蹈家协会主办，郑州市委宣传部、金水区政府承办的第三届中国郑州国际街舞大赛参赛选手超过4000人次，包括中、美、日、韩、加、德等10余个国家和地区的街舞大师、高手，涵盖了各地各大街舞团体的精英。

△为期四天的第二十一届郑州全国商品交易会在郑州国际会展中心开幕。中国商业联合会常务副会长梁蓉、中国—东盟商务理事会执行理事长许宁宁、印度驻华大使馆贸易与商务处二等秘书辛师兰、云南省会展行业协会会长吴俊、中华两岸投资创业协会会长卢文杰、东盟国际贸易投资商会副会长庄伟诚出席开幕式。副省长张广智宣布开幕，市委副书记、市长马懿致辞，市委常委、副市长薛云伟主持开幕式。德国、西班牙、葡萄牙、韩国、日本、泰国等20多个国家和港澳台地区及20个省（市）、自治区的参展参会嘉宾参加开幕式。本届郑交会展览面积8万平方米，室内室外共划分16个展区，共设3800多个展位，参展商品数万余种，参展参观人数达21万人次。此次展会还首次开设专题“对接会”，为本土跨境电商与境外参展企业搭建“面对面”合作的桥梁。

11-12日

△国家民政部部长李立国率督导组一行莅临荥阳和佑尊长园和管城区蓉湾社区养老服务中心调研督导工作。河南省副省长李亚，省民政厅厅长冯昕，郑州市委副书记、市长马懿等陪同调研。

13日

△为期两天的第二届中国舞蹈家协会街舞委员会工作年会在郑州举办，来自全国各地的艺术家、街舞精英等近500人齐聚一堂，共同研讨中国街舞规范化之策、产业化发展之路。中国舞蹈家协会副主席、中国文学艺术基金会副理事长兼秘书长冯双白，中国舞蹈家协会分党组书记、秘书长、驻会副主席罗斌出席大会并讲话。中国舞蹈家协会分党组副书记、副秘书长李甲芹，中国舞蹈家协会副主席、中央芭蕾舞团团长冯

英以及国家一级编导、中国歌剧舞剧院艺术指导、创作室主任夏广兴先后作专题发言。

14日

△郑州市跨境电商首次在国外开设展示体验馆，跨境电商保税国际韩国展示体验馆在韩国济州岛开业，主要销售韩国及欧美地区知名品牌的化妆品、杂货和食品等。

15日

△市委第二轮巡察工作动员部署会召开。市委巡察组将进驻新郑市、中牟县、二七区，开展为期一个月的常规巡察。市委常委、组织部部长、市委巡察工作领导小组副组长高建慧主持会议并宣布各巡察组组长、副组长任职和任务分工。市委常委、市纪委书记、市委巡察工作领导小组组长郭锝昌出席会议并作动员讲话。

△郑东新区举行项目入驻集中签约仪式，涵盖金融、创新创业、科技研发、特色产业园区等多个领域，累计投资近百亿元的18个项目集中签约正式入驻东区。

16日

△以“传播郑能量 开启善时代”为主题的第八个郑州慈善日活动仪式在群艺宫举行，现场募集善款1.46亿元，创郑州市慈善日设立以来募集善款新高，也是第二次捐款额破亿元。

17日

△河南有线郑州分公司与新密市广电信息网络有限公司举行“三网融合”合作项目签约仪式。这标志着全国首个县级“三网融合”模式在新密市启动。

18日

△即日起，郑州市民可以通过支付宝查询个人账户余额等个人参保信息。市人力资源和社会保障数据管理中心与支付宝合作，初步实现了社保卡与支付宝的绑定及查询个人参保信息功能，成功迈出了郑州市社会保障“互联网+”的第一步。

19日

△在福州举行的第一届全国青年运动会体操女子跳马决赛中，郑州选手刘津茹获得冠军。在女子10米气手枪个人决赛中，郑州小将周莹获得冠军。

20日

△在福州举行的第一届全国青运会女子自由体操决赛中，郑州选手芦玉菲获得冠军。

△卡特彼勒（郑州）有限公司井下柴油车投产仪式在郑州举行。市委常委、统战部部长王跃华，副市长黄卿参加仪式。

21日

△以“青春期·新启航”为主题的2015中部（郑州）跨境电子商务发展峰会举行。eBay、京东全球购、淘宝全球购、麦德龙等20余家知名电商企业高层齐聚绿城，纵论跨境电商发展。省、市领导张维宁、张延明、马健出席峰会开幕式。本次峰会由郑州航空港经济综合实验区管委会、中部国际电子商务产业园主办，邀请知名专家、跨境电商企业代表、传统零售商、海内外电商巨头、新型电子商务创业者、第三方服务商等多方嘉宾共聚一堂，通过举办主题峰会、专题论坛、高端对话、高层沙龙等形式，深入探讨跨境电商产业发展途径，以把握市场发展新方向，推动全省跨境电子商务产业健康快速发展。

22日

△市十四届人大常委会第十二次会议闭幕，会议表决通过了关于修改《郑州市城乡规划管理条例》的决定、关于废止部分地方性法规的决定。会议表决通过了郑州市中级人民法院关于涉诉信访工作的报告、市人民检察院关于检务公开工作情况的报告。会议表决通过了郑州市政府关于贯彻落实《中华人民共和国食品安全法》情况的报告、关于农业产业化经营发展情况的报告、关于加快全域旅游产业发展情况的报告。会议表决通过了郑州市人民代表大会常务委员会组成人员守则。新任命的副市长李喜安在会上作任职发言。

△市委副书记、市长马懿带领市直相关部门主要负责人到新密市，实地检查指导“三秋”生产。副市长杨福平陪同检查。马懿一行先后到“引水入密”工程水厂项目、苟堂镇农作物秸秆综合利用项目、曲梁镇曲梁村小麦万亩示范方等处进行了察看。

23日

△市政府与中国空间技术研究院战略合作框架协议签约仪式举行。此次签约既是双方深入践行国家央地合作战略、率先在郑州推动军转民产业落地的重要举措，也是深入推进郑州市智慧城市建设、促进战略新兴产业发展的重要机遇。中国航天科技集团公司党组成员、副总经理张建恒，中国空间技术研究院院长张洪太、副院长李忠宝等参加签约仪式。市领导马懿、王跃华等参加签约仪式。

24日

△由郑州商品交易所主办的“郑州农产品（白糖）期货论坛”在郑召开，来自中国证监会、相关行业协会、国内外涉糖企业、专业投资机构和结算银行的代表共计400多人参加会议。本次论坛主题为“经济新常态下白糖期货与产业发展——完善制度、深化服务、发挥功能”。

25日

△嫣然天使基金携手企汇网举办的2015河南·爱的分享会慈善晚宴在郑州举行。此次河南天使之旅共为37名河南唇腭裂患儿提供全额免费的唇腭裂修复手术。

26日

△16时25分，装载3.032吨澳大利亚冰鲜牛肉的华航CI0054航班从澳大利亚飞抵郑州，18点45分，运达河南进口肉类指定口岸郑州查验场，这是该口岸获批后首次直接进口肉类产品，标志着我国首个不沿海、不沿江、不沿边的内陆进口肉类指定口岸正式启用。

△第一届青年运动会武术散打项目团体决赛在泉州市海峡体育中心体育馆举行，郑州运动员获一金一银。以登封塔沟武校队员为班底的郑州女子散打队获得金牌，由登封塔沟武校男学员组成的郑州男子散打队获得亚军。

△中国红十字会副会长、中国红十字基金会理事长郭长江莅临郑州市，到市儿童医院调研“小天使基金”项目开展情况。省红十字会党组书记、常务副会长赵国新，副市长、市红十字会会长刘东等陪同调研。郭长江一行先后到市儿童医院远程会诊中心、新生儿ICU、白血病儿童病房等处，详细了解白血病患儿治疗情况、“小天使基金”项目开展情况等，并向患儿家属征求建议。

△郑东新区举行项目集中开工仪式，40个项目集中开工，涵盖基础设施、科技创新、民生服务等多个领域，总投资达80亿元。

27日

△市公安局召开案件新闻发布会，宣布郑州市“1999.12.5”特大持枪抢劫银行案成功告破，并对外通报案件侦破信息及有关证据。

28日

△市长马懿主持召开市政府第34次常务会议，会议决定，对市政府领导同志工作分工进行如下明确和调整：马懿市长主持市政府全面工作。孙金献常务副市长负责市政府常务工作，负责综合协调、经济运行、要素保障、深化改革等重点工作。薛云伟副市长负责全市服务业发展，对外开放及开放平台建设、经济监督、食品安全、民用航空等重点工作。沈庆怀副市长负责政法及社会管理，应急处置、信访稳定等重点工作。刘东副市长负责文教卫体社会事业发展，缓解就学就医难、计划生育、爱国卫生等重点工作。张俊峰副市长负责城乡规划建设、构建综合交通枢纽、治理交通拥堵、新型城镇化建设、棚户区改造等重点工作。杨福平副市长负责“三农”发展，林业生态建设和林业发展，生态水系、扶贫开发、旅游、文物、全面小康社会建设等重点工作。黄卿副市长负责工业发展，科技创新、安全生产、国资监管等重点工作。李喜安副市长负责城市管理、环境保护、园林绿化、优化人居环境等重点工作，配合做好交通拥堵治理工作。袁三军秘书长协助马懿市长处理市政府日常工作，主持市政府办公厅

工作。

29日

△副省长徐济超对郑州市创新创业工作进行调研。市委常委、统战部部长王跃华陪同调研。徐济超一行先后到郑州市电子商务创业孵化基地、郑州大学产业技术研究院、UFO众创空间、郑州磨料磨具磨削研究所等处，实地察看创新创业载体建设和科技企业发展情况。

31日

△西起西四环以西新田大道、东至京港澳高速以东的陇海路快速通道工程全线通车。陇海路快速通道工程是郑州市“环形+井字”快速路系统的重要组成部分，全长约29公里，设计全程“高架+地面”双层通行，总造价约153亿元。

△金水路准快速化工程中又一下穿隧道——经三路—城东路隧道工程通车。经三路—城东路下穿金水路隧道规划为城市主干路，道路红线宽52米，全长888.47米，工程北起纬二路，南至顺河路。隧道主体为双孔双向4车道，可通行机动车，隧道两侧还各有一条非机动车道，可通行电动车、行人。经三路东侧、城东路西侧各设置有一座下穿金水路过街地下通道。

△“建业·华谊兄弟电影小镇”项目奠基仪式在郑州国际文化创意产业园举行。副省长张广智，省政府党组成员、省文化体制改革和发展工作领导小组副组长路国贤等出席奠基仪式。市委常委、宣传部部长王哲，副市长杨福平，华谊兄弟传媒股份有限公司董事长王中军，建业集团董事局主席胡葆森等出席奠基仪式。

△郑州至万州高铁河南段开工仪式在平顶山市举行。郑万高铁建成通车后，郑州到重庆的火车车程时间将缩短至4小时以内。郑万高铁全长818公里，北起郑州东站，经湖北省襄阳、重庆市巫山，接入渝万铁路万州北站，为双线电气化高速铁路，设计时速为350公里。

11月

1日

△今日起，郑州全天全市区域内禁止黄标车上路行驶。

2日

△2015郑州俄罗斯电影周在郑州艺术宫·象剧场拉开帷幕。俄罗斯电影家协会外联部主任克洛索瓦·尤里，俄罗斯著名导演图曼耶夫·瓦拉基米尔，俄罗斯优秀演员图曼耶夫·达季阳娜、科斯琴科·维达里；中国文联国际部副主任薛伶，中国电影家协会分党组成员、副秘书长李景富；河南省文联主席杨杰；市领导王哲、舒安娜等出席开幕式。由中国电影家协会、俄罗斯电影家协会、河南省文联、中共郑州市委宣传部主办的“2015郑州俄罗斯电影周”是在郑州举行的一次国际电影交流活动，填补了河南乃至中国中部地区电影史空白。

△市委副书记、市长马懿会见波兰国家铁路股份公司首席执行官雅各布·卡诺斯基一行。市委常委、副市长薛云伟等参加会见。

4日

△在平安银行“橙聚新势力，共享大未来”——金橙文化旅游俱乐部2015年会员峰会上，平安银行行长邵平与河南省副省长张广智共同为“平安文旅荟”首个整体落地项目——“盛世中原”揭幕。与此同时，平安银行与郑州市人民政府举行了文化旅游产业战略合作签约仪式，平安银行将发起成立200亿元文化旅游产业发展基金，全力助推郑州文化旅游名城建设。四川省乐山市委副书记、市长张彤，郑州市委常委、宣传部部长王哲等参加峰会。

5日

△省人大常委会副主任王保存带领由部分省人大代表组成的省十二届人大代表学习班到郑州，在航空港经济综合实验区开展调研。市人大常委会主任白红战等陪同调研。调研组先后到郑州航空港经济综合实验区电子口岸服务中心、综合保税区、国际商品交易中心、机场二期施工现场进行实地调研，并听取相关工作汇报。

6日

△首届郑州航空港法治论坛举行，来自省内外的近10位法学、社科领域知名专家学者就大航空时代的航空立法、航空港法治创新等主题展开深入探讨交流。省市领导刘满仓、黄保卫等出席论坛开幕式。本届论坛由省法学会主办，郑州航空港经济综合实验区管委会、省法学会郑州航空港法律政策研究会承办。

7日

△为期两天的第三届郑州服务外包创新大会在河南外包园开幕。外经贸部原副部长、中国第三任WTO谈判代表团团长谷永江，商务部原副部长魏建国，国务院参事室特约研究员、国家统计局原总经济师姚景源，来自北京、上海、香港及美国等国内外嘉宾以及服务外包界精英们齐聚一堂，纵论服务外包新常态，碰撞跨界资源的新趋势。市委常委、副市长薛云伟出席会议。此次盛会由省商务厅、省科技厅、市政府联合主办，金水区政府等单位协办。

△经开区管委会与英慧有限公司在郑州举行第六代低温多晶硅（LTPS）薄膜晶体管液晶显示器件项目签约仪式。省领导郭庚茂、谢伏瞻、李克等出席签约仪式。富士康科技集团总裁郭台铭、总财务长黄秋莲、执行总经理林政辉等出席签约仪式。市领导马懿、胡荃等出席签约仪式。经开区党工委书记、管委会主任崔绍营与富士康集团副总经理、英慧有限公司总经理张登凯分别代表双方在投资协议上签字。

8日

△第六代低温多晶硅（LTPS）薄膜晶体管液晶显示器件项目在经开区国际物流园区奠基。该项目为富士康集团在国内投资兴建的首条第六代LTPS液晶面板生产线，总投资280亿元，预计2018年实现量产。

9日

△中宣部常务副部长、中央文明办主任黄坤明到郑州市调研。黄坤明实地察看了郑东新区千玺广场、郑东新区创新创业综合体和位于经开区的河南保税物流中心。

10日

△市委副书记、市长马懿在市政府会见中国建材集团党委副书记、中国新型房屋集团董事长郝振华一行。副市长张俊峰参加会见。

11日

△河南省电子商务创业孵化基地在郑州师范学院东校区举行开园揭牌仪式。该基地也是全省首个电子商务发展规划研究院。

12日

△河南机场集团与西部航空公司在郑州签署战略合作协议。西部航空公司将在郑州新郑国际机场设立分公司，成为郑州机场的第二家客运基地航空公司。

△市长马懿主持召开市政府第35次常务会议，通过了《郑州市国内贸易流通体制改革发展综合试点实施方案》。

14-15日

△2015新教育国际高峰论坛在郑举行，国内外教育界专家学者分享新教育实验成果，探求教育改革新思路。全国政协副秘书长、民进中央副主席、中国新教育实验发起人朱永新，副市长刘东出席论坛。此次论坛的主题是“研发卓越课程”，来自美国、德国、芬兰等国家的教育团队和国内专家，分享了他们在课程建设方面的理念及经验，与全国1000多名新教育同仁交流切磋，探讨卓越课程研发，畅谈实践中的反思。

15日

△反腐倡廉史诗电影《第一大案》开机新闻发布会在郑州举行。省纪委副书记齐新安、省委宣传部副部长王仁海、省文化改革发展办公室主任徐慧玲等出席发布会。《第一大案》由河南省纪委、省委宣传部联合摄制，郑州报业集团旗下河南郑大文化传播有限公司出品。

16日

△市委、市政府举行全市大众创业、万众创新现场观摩及经验交流会。会前，与会人员先后到高新区、

二七区、郑东新区进行现场观摩，深入了解创新创业综合体、众创空间和科技创新项目引进等方面的建设推进情况。

17日

△郑州东站被授予2014-2015年度中国建设工程质量最高荣誉——“鲁班奖”。

△党的十八届五中全会精神省委宣讲团在郑州市举行报告会。省委宣讲团成员、省委党校党组书记、常务副校长焦国栋作宣讲报告，在郑的副市级以上领导出席报告会。

△第四届中国公益论坛晚宴暨中国公益年度颁奖典礼在北京举行，现场颁出了“中国公益力量奖”“中国公益行动奖”以及“中国公益良心奖”三个公益奖项。其中，郑州市知名豫剧表演艺术家王宽被授予“中国公益良心奖”。

18日

△作为2015年河南省“互联网+”开放合作大会的重要内容之一，腾讯“互联网+”中国行河南站系列活动在郑州国际会展中心举行。河南省相关政府部门负责人、腾讯公司河南合作伙伴等约1000人参会。副省长赵建才在大会上致辞。市委副书记、市长马懿，市委常委、统战部部长王跃华参加会议。

△由河南省人民政府主办、河南省发展改革委承办的2015年河南省“互联网+”开放合作大会开幕式暨项目签约仪式在郑州国际会展中心轩辕堂举行。省委书记、省人大常委会主任郭庚茂对大会的召开作出重要批示，省委副书记、省长谢伏瞻出席大会。阿里巴巴集团副总裁孙利军、腾讯集团副总裁郭凯天、百度公司副总裁孙云丰、浪潮集团副总裁王方、神州数码智慧城市服务集团华中区总裁李江颖出席大会。京东、和利时、华为、中兴、国美等1000余家合作企业代表，河南省、市、县政府及有关部门负责人和签约项目双方代表共1800余人出席大会。郑州市领导马懿、王跃华等出席大会。

19日

△华特迪士尼（中国）有限公司与省政府签署战略合作备忘录，华特迪士尼项目正式落户郑州国际文化创意产业园。

△最高人民检察院党组副书记、常务副检察长胡泽君到郑调研检察工作。胡泽君要求郑州市检察机关要深入学习贯彻十八届五中全会精神，围绕中心、服务大局，积极推进司法改革和高素质检察队伍建设，为全面深化改革提供有力司法保障。

20日

△市委副书记、市长马懿对金水区城市精细化管理和大棚户区改造、群众安置房建设、黄标车治理等工作进行调研。马懿一行先后到纬一路、纬五路、纬一路小学和紫荆山宾馆地下智能车库等处，实地察看精品街提升改造、垃圾袋装化收集直运、医疗卫生社区服务点建设、小学改扩建、智能停车系统建设等情况，详细了解城市精细化管理服务先行区工作进展情况和大棚户区改造、群众安置房建设、黄标车治理等工作。马懿还察看了纬三路水产市场、省人民医院周边综合整治情况。

△为期五天的香港时尚购物展在郑州国际会展中心启幕，300多个优质品牌及众多港味美食集中亮相。副省长赵建才、香港贸易发展局总裁方舜文、省商务厅厅长焦锦淼等出席开幕式。

△郑州市与中国铝业公司签署战略合作框架协议，中国铝业公司将在郑州市建设中国有色金属国际陆港。签约仪式上，中国铝业股份有限公司还与上街区签署了氧化铝节能减排升级改造项目合作协议。

△全国“扫黄打非”工作小组专职副组长李长江一行莅郑调研。省委常委、宣传部部长、省“扫黄打非”工作领导小组组长赵素萍，省委宣传部副部长、省新闻出版广电局局长、省“扫黄打非”工作领导小组办公室主任朱夏炎等陪同调研。

22日

△保税国际进口商品直购中心总店正式开业。该店位于南三环文治路附近金岱产业集聚区云时代广场，面积约6800平方米，分上下两层，商品来自80多个国家的3000多个品牌达5万多种，成为郑州市最大的跨境电商线下体验店。保税国际是郑州市最大的跨境电商平台，采用线下体验+线上购买的经营模式，在河南已设两家直购中心。此次开业的南三环文治路店，是保税国际最大的进口商品直购中心，也是全市最大的保税店。

23日

△郑州市与上海、武汉、长沙、贵阳、广州和深圳6座城市同时推出“互联网+公证”服务。郑州市公证处成为华中地区首批七个、河南省唯一一个开通支付宝申办涉外公证业务的公证处。

23-24日

△由省委宣传部主办的“印象河南·2015省外媒体中原行”活动在郑启动，来自上海 、黑龙江、吉林、山西等地的记者走进郑州，实地感受郑州发展新貌。采访团一行先后到郑州国际陆港、郑欧班列、河南保税物流中心、郑州新郑国际机场二期工程、郑州好想你枣业公司、郑州思念食品公司和郑州宇通客车公司等地进行了实地采访。

△国家知识产权局局长申长雨带队莅郑调研。省、市领导徐济超、王跃华等陪同调研。申长雨一行先后察看了位于金水区的国家知识产权创意产业试点园区、中铁工程装备集团公司、美中药协中国总部、国家专利审查协作河南中心施工现场。

26日

△市委副书记、市长马懿带领相关部门负责人，到市区主要干道、“畅通郑州”工程施工现场和大棚户区改造现场，对市区除雪、“畅通郑州”工程建设和市容整治工作进行调研督导。市领导张建慧、张俊峰陪同调研督导。马懿一行沿陇海高架、金水东路、中州大道等市区主干道，实地察看市区除雪情况。随后，马懿一行察看了京港澳高速圃田出入口综合整治、金水东路两侧市容整治、江山路拓宽改造及绿化提升、陇海路地面段精细化配套建设等工作进展情况。马懿一行到圃田村、老鸦陈、柿园村、石羊寺村等大棚户区改造现场，实地察看建筑垃圾的清运情况。马懿一行还走进京广快速路北延铁路代建工程和农业路高架工程施工现场，详细了解两个工程的建设推进情况。

26-27日

△由海关总署和国家发改委等单位专家组成的验收专家组莅郑，对郑州跨境贸易电子商务服务（E贸易）试点项目进行现场查验。经过详细问询和评审，专家组一致同意该项目通过验收。

28日

△郑州国际文化创意产业园概念性总体规划及城市设计评审会在郑举行。市委常委、郑东新区党工委书记、管委会主任张建慧参加会议。郑州国际文化创意产业园位于中牟县，规划面积132平方公里，围绕“文化创意、时尚旅游、高端商务”三个主题进行规划，郑州绿博园、郑州方特欢乐世界、方特梦幻王国、方特水上世界等项目已经建成迎客，建业·华谊电影文化小镇、海宁皮革城等14个项目已开工建设。

△市委副书记、市长马懿带领相关部门负责人，对城市精细化管理工作进行督导检查。郑州航空港实验区管委会主任马健、副市长张俊峰等陪同督导。马懿一行先后到机场高速出入口、新郑机场、机场二期施工现场等处，实地察看机场高速出入口周边综合整治工作、新郑机场内外市容环境整治以及机场二期工程区域综合整治、绿化提升工作的进展情况，现场协调解决工作进展中的困难和问题。随后，还察看了机场高速、新郑市迎宾路等道路两侧绿化提升、垃圾清运工作进展以及交通标识、施工围挡的设置情况。

△市委、市政府召开驻郑高校院所创新创业现场观摩暨经验交流会。省市相关领导及所有驻郑高校、部分科研院所领导同志参加观摩并出席

会议。

29日

△郑州市首家标准化星级智慧农贸市场——经八路农贸市场以全新面貌投用。

△郑州经开区和大连良运集团有限公司签订《郑州进境粮食指定口岸合作框架协议》。

30日

△市委常委（扩大）会议召开，传达学习中央扶贫开发工作会议和省委常委（扩大）会议精神，研究郑州市贯彻落实工作。会议要求，全市各级各部门要站在全面建成小康社会的高度，坚决打赢脱贫攻坚战，确保郑州市在全省率先全面完成所有贫困地区和贫困人口的精准脱贫。市领导马懿、胡荃、白红战等出席或列席会议。

12月

1日

△市委、市政府举行全市大棚户区改造、大气污染治理及城市精细化管理工作观摩推进会。在郑副市级以上领导参加观摩或出席会议。会前，与会人员现场观摩了中原区、管城区、郑东新区、金水区、二七区市容环境整治、城市精细化管理、大棚户区改造和大气污染治理等工作开展情况。

△郑州西区地标性建筑群——奥体中心、文博艺术中心、市民活动中心、现代传媒中心——“四个中心”正式开工。郑州市民公共文化服务区“四个中心”项目位于中原西路南水北调渠以南、陇海高架以北、西四环以东、凯旋路以西，自西向东依次为：奥体中心、文博艺术中心、市民活动中心、现代传媒中心，地上总建筑面积约75万平方米，具体包括体育场、体育馆、博物馆、大剧院、科技馆、报业大厦、广电中心等十几个项目。

2-3日

△省人大常委、市人大常委会主任白红战带领部分驻郑省人大代表赴商丘进行集中视察。商丘市委书记魏小东，商丘市委副书记、市长李公乐等陪同。

3日

△市委副书记、市长马懿带领相关部门负责人，对郑州市主要干道沿线市容市貌整治工作进行督导检查。副市长李喜安陪同督导。马懿一行沿陇海高架、中州大道、迎宾路、京广快速路等市区主要道路，实地察看了道路两侧垃圾清运、围挡设置、绿化提升、标识标线施划等情况。

△国务院南水北调工程建设委员会办公室主任鄂竟平带领检查组到郑州市，督察南水北调中线工程断水应急处置工作。副省长王艳玲、省政府副秘书长胡向阳、省南水北调办主任刘正才、副市长杨福平等陪同。鄂竟平一行先后到白庙水厂、南水北调中线工程郑州配套工程23号泵站等处进行了实地察看，并观摩了郑州市南水北调工程断水应急调度演练。

4日

△郑州航空港实验区产业集聚地配套工程项目——“智能生活小镇”建设动员大会在该区北区举行。这标志着该项目正式开建。省市领导张大卫、赵建才、张延明等，富士康集团执行总经理林政辉等出席动员大会。该项目是一个功能复合、绿色环保、集研发与生活于一体的综合性项目，总规划面积133.33公顷，将建设成集住宅、商业、工业研发中心、体育馆、学校、医院、公交车站于一体的综合性生活区域。

5日

△凌晨3时30分，装载88.3吨澳大利亚冰鲜牛肉的澳洲航空公司包机抵达郑州新郑国际机场，直接运至河南进口肉类指定口岸实施检验检疫，随后向全国各地分拨。该批进口澳洲牛肉创造了国内两个纪录，是我国首次大批量进口冰鲜肉，也是我国首次整机进口肉类，标志着河南进口肉类指定口岸已经由小批量进口测试进入到大批量进口常态化运行阶段。

7日

△市委召开全市抓基层党建专项述职评议会议，深入学习贯彻省委省辖市市委书记抓基层党建工作述职评议会议精神，对各开发区、县（市）区党（工）委书记抓基层党建工作进行述职评议。

8日

△郑州市与解放军信息工程大学在郑州签署《军民融合发展战略合作框架协议》和《共建郑州信大先进技术研究院协议》。省委副书记、省长谢伏瞻等出席签约仪式。

9日

△十届全国人大常委会副委员长、中国关心下一代工作委员会主任顾秀莲一行到郑州市调研关心下一代工作情况。市委常委、组织部部长高建慧陪同调研。

11日

△“航空港在线”开播仪式暨“一带一路”电视融媒体合作论坛在郑州举行。省委书记郭庚茂，省委副书记、省长谢伏瞻分别向“航空港在线”开播发来贺词。

12日

△由郑州市政府、省科技厅、民建河南省委、省工商联支持，由市科技局、郑州报业集团、郑州银行、凤凰网、大象融媒联办，天明集团主办的“首届中国创客领袖大会暨‘双12中国创客日’”揭幕仪式在郑州举行。全国人大常委会副委员长陈昌智，省委副书记、省长谢伏瞻为大会发来贺信。中央马克思主义理论研究和建设工程咨询委员会主任、河南省委原书记徐光春，河南省相关领导及来自全国各地的知名企业家500余人出席大会。与会嘉宾共同揭幕了“12月12日中国创客日”，并为创客创新创业研究院、中国创客创新创业园、中原创客创新创业服务联盟揭牌。大会首次提出“双12中国创客日”，决定“双12中国创客节”永久落户郑州。

14日

△国务院总理李克强在河南郑州为来华出席上海合作组织成员国政府首脑（总理）理事会第十四次会议的各国领导人举行欢迎宴会。俄罗斯、哈萨克斯坦、吉尔吉斯斯坦、塔吉克斯坦、乌兹别克斯坦，以及巴基斯坦、阿富汗、蒙古国等国领导人出席。宴会前，李克强同与会各国领导人共同参观河南省同上合组织成员国合作成果展，详细听取河南省负责人介绍有关情况，并同各国领导人进行了亲切交流。国务委员杨晶出席活动。

14-15日

△上海合作组织（以下称“上合组织”或“本组织”）成员国政府首脑（总理）理事会第十四次会议在郑州（河南省）举行。哈萨克斯坦共和国总理马西莫夫、中华人民共和国国务院总理李克强、吉尔吉斯斯坦共和国总理萨里耶夫、俄罗斯联邦政府总理梅德韦杰夫、塔吉克斯坦共和国总理拉苏尔佐达、乌兹别克斯坦共和国第一副总理阿齐莫夫出席会议。中华人民共和国国务院总理李克强主持会议。上合组织秘书长梅津采夫、上合组织地区反恐怖机构执行委员会主任张新枫、上合组织实业家委员会理事会主席卡特林和上合组织银行联合体理事会授权代表德米特里耶夫出席会议。上合组织观察员国代表阿富汗伊斯兰共和国首席执行官阿卜杜拉、白俄罗斯共和国总统办公厅副主任斯诺普科夫、印度共和国外交国务部部长辛格、伊朗伊斯兰共和国通讯与信息技术部部长瓦埃齐、蒙古国副总理奥云巴特尔、巴基斯坦伊斯兰共和国总理谢里夫，以及联合国亚太经社会执行秘书、联合国副秘书长阿赫塔尔、亚洲相互协作与信任措施会议秘书处执行主任宫建伟与会。

各代表团团长在建设性和务实的气氛中就国际和地区经济发展的广泛议题交换了意见，讨论了深化上合组织经济合作和人文合作的前景与措施，表示愿进一步巩固上合组织成员国人民相互理解与传统友谊，并达成共识。

此次会议是河南省、郑州市承办的首个国家级重大外事活动。

15日

△国务院总理李克强与出席上海合作组织成员国第十四次总理会议的各国领导人共同参观郑州市郑东新区

城市建设。国务委员杨晶参加活动。

△国务院总理李克强在郑州国际会展中心与来华出席上海合作组织成员国总理第十四次会议的各国领导人共同出席联合记者会。共见记者前，李克强同与会上合组织成员国领导人出席签字仪式，共同签署会议联合公报和有关决议，发表了上合组织成员国总理关于区域经济合作的声明，并见证了有关合作文件的签署。国务委员杨晶出席上述活动。

△国务院总理李克强在郑州黄河迎宾馆会见来华出席上海合作组织成员国总理第十四次会议的塔吉克斯坦总理拉苏尔佐达。

△国务院总理李克强在郑州黄河迎宾馆会见来华出席上海合作组织成员国总理第十四次会议的巴基斯坦总理谢里夫。

△国务院总理李克强在郑州黄河迎宾馆会见来华出席上海合作组织成员国总理第十四次会议的阿富汗首席执行官阿卜杜拉。

18日

△郑西高铁郑州西站正式开通。高铁郑州西站位于荥阳市豫龙镇境内，中原西路与荥泽大道交会处西南侧。东距郑州市区西三环15公里，南距陇海西路两公里，北距中原西路200米，西距上街区15公里，处于郑州西区组团发展的核心位置。郑州西站原为郑西铁路客运专线荥阳南站，2011年5月24日正式开建。2014年6月6日，郑西高铁荥阳南站正式获得国家铁路总公司升级更名批复，命名为郑州西站。

△市长马懿主持召开市政府第36次常务会议，通过了《郑州市“互联网+”行动实施方案》。

23日

△郑州银行股份有限公司成功在香港联合交易所主板上市，成为河南省首家登陆香港资本市场的银行机构，也是河南省首家上市的本土银行。

△市委、市政府召开全市“三级三类”便民服务中心建设观摩推进会。在郑副市级以上领导参加观摩或出席会议。会前，与会人员现场观摩学习了中原区、二七区、惠济区、金水区、郑东新区、管城区推进“三级三类”便民服务中心建设的工作经验。

24日

△市十四届人大常委会第十三次会议闭幕。会议表决通过了市政府关于2015年民生“十件实事”办理落实情况的报告；表决通过了市政府关于市十四届人大二次会议《关于制定〈郑州航空港经济综合实验区条例〉》《关于尽快出台〈郑州市电动自行车管理办法〉》《关于制定〈郑州市公共文化设施规划建设管理条例〉》《关于保护郑州历史文脉打造商都“金名片”经济组团推动传统文化特色街区建设》《关于大力发展都市生态农业》等代表议案办理情况的报告。

28日

△中国智能骨干网郑州航空港实验区项目建设动员大会举行。市委常委、郑州航空港实验区党工委书记张延明等，菜鸟网络科技公司副总裁刘伟等出席大会。

29日

△省政府办公厅下发《中国（郑州）跨境电子商务综合试验区申建工作方案》，省政府决定向国务院申请设立郑州跨境电商综合试验区，持续在产业融合、业务流程、监管模式创新等方面先行先试，推动全省跨境电子商务工作更加快速、更为有序地发展。

△由河南省戏剧家协会、郑州人民广播电台、郑州晚报社联合主办的河南戏曲流派艺术家塑像落成暨叱咤中原——河南戏剧演员排行榜2015流派传承奖颁奖典礼在河南文化产业大厦汇艺剧院举行。全国政协教科文卫体委员会副主任、中华豫剧文化促进会会长、河南省政协原主席王全书，中华豫剧文化促进会副会长、秘书长、省政协原秘书长张秉义，市委常委、宣传部部长王哲等出席颁奖典礼。

30日

△总投资260亿元的白沙大数据产业园和河南投资集团总部入区项目正式落户郑东新区。市委常委、郑东新区党工委书记、管委会主任张建慧等出席签约仪式。签约仪式上，郑东新区管委会与河南投资集团有限公司正式签署《关于白沙大数据产业园项目战略合作框架协议》暨《河南投资集团有限公司总部入区协议》，项目总投资约260亿元。

31日

△郑机城际铁路正式开通运营，运营初期，每天开行图定列车22.5对。

△阿里云中部创业创新基地一期工程在郑州航空港实验区正式开建。市委常委、航空港实验区党工委书记张延明，省发改委重点项目办主任、航空港实验区建设领导小组办公室副主任黄亚军等出席开工仪式。该项目一期总投资约24.93亿元，总建筑面积62万平方米，预计建设周期为3年。

党政机构

中国共产党

综述

【概况】 2015年，中共郑州市委认真贯彻落实党的十八大和十八届三中、四中、五中全会精神，以及省委、省政府决策部署，以“四个全面”战略布局为引领，主动适应、积极作为新常态，围绕省委打造“四个河南”、推进“两项建设”和“一个载体四个体系六大基础”部署，牢牢把握“三大一中”战略定位，抢抓“一带一路”、中原经济区和航空港实验区建设历史机遇，深化提升“三大主体”工作，大力实施开放创新双驱动战略，统筹推进经济建设、政治建设、文化建设、社会建设、生态文明建设和党的建设，促进了经济社会持续健康快速发展。

全年全市实现生产总值7315.2亿元，比上年增长10.1%；一般公共财政预算收入942.9亿元，比上年增长13.1%；规模以上工业增加值3312.3亿元，比上年增长10.2%；社会固定资产投资6288亿元，比上年增长19.6%；社会消费品零售总额3294.7亿元，比上年增长11.5%；城镇居民人均可支配收入31099元，比上年增长8.7%；农民人均纯收入17125元，比上年增长8.9%。人均GDP突破1万美元。2015年，郑州市城市综合竞争力在全国294个城市中居第17位，创新创业环境在国内100个主要城市中居第9位。郑州市被授予中国历史文化名城、中国优秀旅游城市、国家卫生城市、国家园林城市、国家森林城市、全国绿化模范城市、全国科技进步先进市、全国双拥模范城市、全国社会管理综合治理优秀城市和全国文明城市等荣誉称号，城市知名度、美誉度进一步提升。

【新型城镇化建设】 2015年，郑州市按照“一基本两牵动三保障”要求，以大棚户区改造、安置房建设、“畅通郑州”工程为切入点，以人的城镇化为核心，加快新型城镇化步伐，全市城镇化率达到69.7%。全年累计启动村庄拆迁改造359个，开工建设安置房4414万平方米，回迁42.63万人；完成市场外迁58个，三年外迁177个市场的目标圆满完成；启动建设新型农村社区156个，建设安置房1177万平方米，回迁19.91万人。积极配合推进“米”字形高铁网建设；地铁1号线二期、2号线一期及延长线、5号线加紧建设，3号线前期进展顺利；“井字+环线”快速路网、市域快速通道、高速公路、国省干线公路和县域路网等工程有序推进，未来路和经三路—城东路下穿金水路隧道、陇海路高架等竣工通车，农业路快速化工程顺利推进；加快构建以“三级三类”便民服务中心为依托的公共服务体系，大力实施各类管网改造和城市亮化美化工程，城市精细化管理服务水平不断提升。

【现代产业体系构建】 2015年，郑州市坚持“四集一转”发展方向，以产业集聚区、商务中心区、特色商业街区建设为载体，以战略性企业（集团）和“1+1+10”产业集群培育为抓手，持续优化调整产业结构。强力实施新型工业化“3366”战略，工业总产值突破1.5万亿元，稳居中部省会城市第1位。产业集聚区完成固定资产投资2336亿元，增长26.5%；规模以上工业增加值完成1518.9亿元，增长14%；第三产业比重达到47.9%，同比增长56%；六大高耗能产业比重下降至 39.9%。新业态新模式加快培育，国家电子商务示范城市建设步伐加快，中原云计算和大数据产业园等重大项目推进顺利，电子商务交易额超过3600亿元，增长33%；网络零售额520亿元，增长30%，约占全省50%。现代商贸物流、金融服务、文化创意旅游等高成长服务业快速发展。粮食产量再获丰收，农业组织化、产业化、科技化水平稳步提升。

【“坚持依靠群众、推进工作落实”长效机制建设】 2015年，中共郑州市委进一步推进以网格为载体的“坚持依靠群众、推进工作落实”长效机制建设，围绕市委、市政府中心工作，牢牢把握“深化规范提升”主题，着力在强化稽查考核、严格责任追究、痕迹化管理、加强公共服务、基层四项基础制度建设等方面下功夫，不断提升长效机制运行水平，持续推进社会治理体系和社会治理能力现代化。

（一）实行痕迹化管理，规范“三支队伍”履职考核。结合“五单一网”改革，围绕非法生产、非法经营、非法建设等7个重点领域和城市管理提升13项工作，对“三支队伍”承担的职责任务进行系统梳理，研究出台了《长效机制工作“三支队伍”岗位职责行为规范》《加强长效机制“三支队伍”管理考核工作20项举措及推进方案》，对群众工作队、部门下沉人员、三级网格长定人、定岗位、定职责、定行为规范，实行痕迹化管理。初步建立了“网格化覆盖、差异化职责、规范化履职、

新型社区——新密市超化新区

痕迹化管理”体系。全年共培训各级网格人员4万余人次，组织外出学习考察23次、院校进修20期。

（二）着力交办督办，充分发挥四级平台作用。全面履行平台职能，通过平台交办、会商、裁决、联合执法、联席会议、业务挂起等方式，协调解决、化解处置了大量矛盾问题。2015年，全市各级共发现上报台账和社情业务99.6万件，办结95万件，办结率95.34%；加大疑难问题督察处置力度，开展平台未办结事件专项治理，共督办案件461件，办结436件。全年市、县、乡三级共组织联合执法千次，有效解决疑难问题1000余个。

（三）创新公共服务模式，拓宽服务群众渠道。大力推进一级网格微信政务平台建设，拓宽联系群众、服务群众的渠道，截至2015年年底，全市90%以上的一级网格开通了政务微信。创新公共服务模式，加快推进“三级三类服务”市民服务体系建设，着力解决“服务群众最后一公里”问题。全市共选配楼栋长3万余名、村民联户代表7万余名，实现了楼栋长和联户代表制度的全覆盖。各级网格积极采取代办服务等形式开展便民服务，全年共为群众代办各类事项24万余件。

（四）条块融合，加强基层四项基础制度建设。紧密依托网格化管理长效机制推进基层四项基础制度建设，全市各级网格长共运用农村“四议两公开”工作法和城市社区“一征三议两公开”工作法决议事项11151个，化解信访矛盾纠纷22733起。

（五）注重跟踪督导，严格责任追究。围绕经济社会发展的现实需要，适时组织开展集中专项治理，大力实施常态化稽查，严格责任追究。全年市、县、乡三级共开展稽查754次，通报单位562个次、人员1575人次。全市各级共问责单位554个次；实施责任追究1563人次，其中党政纪处分31人次。

位于郑州航空港经济综合实验区的智能手机产业园

【改革开放与招商引资】 2015年，中共郑州市委紧紧抓住对外开放的重大机遇，服务保障上海合作组织成员国政府首脑（总理）理事会第十四次会议于12月14日至15日在郑顺利召开。持续提升开放水平和创新能力，全市进出口总额完成570.3亿美元，比上年增长22.9%，居中部六省省会城市首位；跨境E贸易走货量突破5000万单，居全国试点首位；郑欧班列开行156班，开行班次、货物品类均居中欧班列前列；相继成功获准建设肉类、汽车、粮食、药品、澳洲活牛屠宰等五大进口指定口岸和全国第五大国际邮件转运口岸，成为内陆地区功能性口岸最多的城市。组织参加2015豫港投资贸易洽谈会、第九届中国国际投资贸易洽谈会等国内外经贸洽谈活动，取得了较好效果。康师傅食品工业园落户郑州，郑州加州工业城项目加紧推进。积极实施“走出去”战略，三全、威科姆等公司到全国多个大中城市设立分公司，宇通公司共向国外销售1000多台客车。全年外商投资企业新增118家，入驻的世界500强企业累计达16家。成功举办黄帝故里拜祖大典、第九届河南投洽会等重大活动，深入开展集群招商和产业链招商，引资总额1800亿元，实际利用外资31.7亿美元。持续提升自主创新能力，出台《关于加快发展众创空间、推进大众创新创业的实施意见》等；高标准推进20个创新创业综合体建设，建成110万平方米，入驻企业1060家；36家科技企业孵化器建成投用；强力推进“智汇郑州·1125聚才计划”，实施“1+7”配套政策体系，推动人才链、产业链、技术链、资金链、服务保障链的深度融合。坚持问题、市场和需求导向，积极探索推进重点领域和关键环节改革。持续深化“五单一网”制度改革，明确市本级权责事项7478项、调整行政审批事项148项、压减行政事业性收费275项，全覆盖的四级政务服务网试运行，有效打通服务群众的“最后一公里”。持续深化金融支持小微企业“1+4”机制改革，全市小微企业贷款余额2455亿元，增长35%；新增“新三板”挂牌企业47家，居中部六省省会城市第2位。持续深化土地管理制度改革，清理存量建设用地约8667公顷，土地出让收入380亿元，供地率近10年来首超60%的国家规定标准。持续深化投融资体制改革，以公开推介32个PPP项目为带动，以首批21.1亿元的专项建设债券成功发行为支撑，以490亿元新型城镇化子基金、50亿元光大郑州新产业基金等为标志，探索走出资本市场开发利用新路子，2015年累计实现资本市场融资598亿元。同时，财税体制改革、“五险合一”改革、“三房合一”改革、县级公立医院综合改革、农村综合改革、党政机关公务用车等领域改革均取得积极进展。

【民主法治建设】 2015年，中共郑州市委深入学习贯彻党的十八大和十八届四中全会精神，进一步加强法治郑州建设。研究制定依法治市“1+2”文件；建立依法治市长效联动机制，建立健全普法宣传教育机制；严格规范依法行政，强化依法行政监督考核；持续推进省委明确的司法体制改革11个重点事项，刑事案件速裁程序试点工作成效明显；基层法治创建活动深入开展，全市受到全国普法办命名表彰“民主法治村（社区）”4个，31个社区被命名表彰为“全省民主法治社区”。进一步扩大民主。支持市人大及其常委会围绕全市中心工作依法履行职能。加强和改进党对政协工作的领导。积极开展“同心”实践行动、“百千万”活动，巩固发展爱国统一战线。加强党对群团工作的领导，研究制定市委加强和改进群团工作的实施意见。加强和改进新形势下工商联工作，民族、宗教、外事、对台等工作取得新进步。深入推进党务公开、政务公开、厂务公开、村务公开和公共企事业单位办事公开。加快推动国防和驻郑部队建设，参建参创、平安治理和双拥共建等工作取得新成绩。

【城市软实力建设】 2015年，郑州市城市软实力建设各项工作进一步深入推进。编制完成了文化产业发展专项规划。实施文化精品名牌带动战略，大型原创舞剧《风中少林》荣获全国舞蹈界最高奖“荷花奖”金奖，入选国家舞台艺术精品工程。深化文化体制改革，对郑州歌舞剧院实行体制机制创新，市场化运作《禅宗少林》音乐大典顺利进行。贯彻落实《公民道德建设实施纲要》，组织开展争创诚信商业街、“共铸诚信郑州”集中宣传周等多种形式的活动。加强学习型城市建设，进一步提高市民思想道德综合素质。开展纪念抗日战争胜利70周年系列活动，进一步弘扬和培育民族精神。在全市社区广泛开展“六有五进”活动，全市一类社区达到288个，所有二、三类社区都实现了达标升级，群众性精神文明创建活动深入人心。城市软实力得到进一步增强。

【美丽郑州建设】 2015年，郑州市一般公共预算民生支出808亿元，比上年增长22.8%。持续加强平安郑州建设，严格落实信访稳定“四包一”责任制，扎实开展安全生产百日攻坚活动，持续强化道路交通、消防安全等重点领域安全监管，妥善处置300余起事件，处置率100%。市区新建幼儿园47所，新建、改扩建中小学37所，新增优质学位2.4万个，5.6万名进城务工人员随迁子女实现“应入尽入”。开展职业教育资源重组，中州大学成功升本。积极推进全民技能振兴工程，全年新增城镇就业13.54万人，农村劳动力转移就业9.29万人。新开工公共租赁住房1万套，新建成保障性住房4.85万套。积极创建国家公共文化服务体系示范区，市、县、乡、村四级公共文化基础设施网络基本建立，市民公共文化服务区“四个中心”正式奠基开工。强力推进大气污染治理，累计投入资金42.9亿元，工地达标率达到99%；拆改燃煤锅炉14台；淘汰黄标车和老旧车辆8.89万辆；加快生态建设，植树造林4993.3公顷，森林覆盖率达到33.4%；市区新建公园游园28个，新建绿地1201万平方米，建成森林公园9个、林业生态廊道467公里；突出截污治污和生态管护，集中开展“水清河美”专项整治，城区河道生态环境得到较大改善。全年完成扶贫对象脱贫5.46万人；定点扶贫工作实现了248个贫困村第一书记和工作队全覆盖，以及每户建档立卡帮扶责任人的全覆盖。

【党的建设】 2015年，中共郑州市委以“三严三实”专题教育为契机，强化党要管党、从严治党的政治责任和党风廉政建设“两个责任”，推进“4+4+2”党建制度体系建设。

（一）扎实开展“三严三实”专题教育。落实“立根固本、落细落小、修枝剪叶、从谏如流”要求，坚持以上率下，从严从实抓好集中学习、党课报告、专题研讨、查摆整改等关键环节，以“三查三保”为载体，推进改革发展稳定。组建8个专题教育巡回检查组督导检查，指导全市109家单位开展专题教育，组织评选优秀党课讲义20家、学习弘扬焦裕禄精神好干部20名。全市组织专题党课6086场次，21.89万名党员接受教育，党员干部学习研讨18339人次。突出问题导向，深入查找信访稳定、拆迁征收、安置房建设等9大领域问题，对2013年以来发生的信访案件、媒体曝光事件、重大不稳定因素及群众路线教育实践活动2015年整改台账进行了梳理，38项突出问题列入重点督察整改内容。建立问题台账1449个、个人问题清单13300个，有效解决了存在的突出问题。

（二）加强领导班子和干部队伍建设。分级分批培训各级干部2.9万人次，完成全市180名乡镇（街道）党（工）委书记全员轮训、200名优秀农村（社区）党组织书记示范培训，新建“红色网络教育家园”125家。优化领导班子配备，选派84名优秀干部充实到各类开发区、县（市）区、产业园区，对16家市直单位45名干部进行补充调整，对12个重要市直部门“一把手”进行了交流配备。选派20名县处级后备干部参与大气污染治理、50名中青班优秀学员到产业园区和基层一线工作历练。切实加强干部管理监督，有序推进消超工作。全市共消化超职数配备干部2312名，占超职数配备干部总数的60.5%。严格执行领导干部个人有关事项报告制度，3000多名市管干部个人有关事项报告完成收录，重点查核143名拟提拔重用个人事项报告。

（三）加强宣传思想建设。认真落实党委（党组）意识形态工作责任制要求，切实加强党对意识形态工作的领导。组织“百姓宣讲直通车”进基层宣讲活动，组织专题宣讲和专家讲座。全年在中央主流媒体发稿80余篇，加强舆论引导和舆情处置体系构建，营造良好舆论氛围。结合“一带一路”外宣战略，对黄帝故里拜祖大典、嵩山论坛、上街区航展等重大活动进行集中宣传报道，启动“爱上郑州”城市形象推广工程，提高了郑州在海内外的影响力。开展“道德模范”“身边好人”等评选活动，推动社会主义核心价值观融入百姓生活，蝉联“全国文明城市”荣誉称号，公共文化服务体系建设不断深化，群众文化活动丰富多彩，黄河岸边万人合唱《保卫黄河》、第三届中国（郑州）国际街舞大赛等反响空前。郑州国际文化创意产业园集中签约仪式成功举行，华谊建业电影等重点文化项目落地建设。全面完成省委确定的文化体制改革事项，文化发展活力不断增强。

（四）加强基层党组织建设。出台《进一步加强基层四项基础制度建设的意见》等文件，不断完善“4+4+2”党建制度体系。以网格化管理长效机制为载体，构建起以基层党组织为核心，政府公共服务、市场监管、社会治理、环境保护与群众自治有效衔接、互为支撑的基层治理结构，实现了社会治理模式的创新。召开了县乡党委书记抓党建工作述职评议会，公开县（市）区、（开发区）党（工）委书记抓党建承诺。帮扶整顿201个软弱涣散党组织，建设村（社区）组织活动场所374个。健全基层党建工作经费保障机制，每个村（社区）3万元党建经费和每个社区20万元服务群众专项经费纳入年度财政预算。选派187支群众工作队、248支扶贫工作队，完成669个社区换届。出台《郑州市乡镇党代表资格管理暂行办法》，建立了乡镇党代表正常的进出机制。

（五）加强党风廉政建设。认真落实党风廉政建设“两强三不”工作机制。制定出台“两个责任”实施意见，建立任务清单，开展述责述廉、集体约谈活动；成立市委巡查工作领导小组，组建巡查机构开展工作。探索推进派驻机构改革，强化执纪监督力量。以深入落实中央八项规定精神为抓手，开展“以案促教、以学促纪”系列警示教育活动。保持高压态势，坚决遏制腐败蔓延。全年调查核实违反八项规定问题线

惠济区古树林

索307个，查处问题260起，党纪政纪处分272人；全市纪检监察机关立案1392件，党政纪处分1497人。

（刘跃亭　郜巧梅　吕志城）

重要会议

【市委十届十次全体（扩大）会议】 2015年1月7日，市委十届十次全体（扩大）会议在嵩山饭店召开。会议由市委常委会主持。会议的主要任务是深入学习贯彻党的十八大、十八届二中三中四中全会和中央经济工作会议精神，以及省委九届八次全会、省委经济工作会议精神，总结郑州都市区建设三年行动计划和2014年工作，分析当前形势，安排部署2015年及今后一个时期的工作，动员全市上下解放思想、深化改革、锐意进取，主动适应新常态、积极作为新常态，努力开创以航空港实验区为统揽的郑州都市区建设新局面。

会议审议并原则通过了《中共郑州市委关于深入学习贯彻〈河南省全面建成小康社会加快现代化建设战略纲要〉的决定》，讨论了《中共郑州市委常委会2014年度工作报告》《中共郑州市委郑州市人民政府关于做好2015年经济工作的实施意见》。

会议充分肯定了郑州都市区三年行动计划实施成效，一致认为实现了郑州都市区三年行动计划的圆满收官，形成了“十个一”的特色成效。一是走出了一条适应郑州阶段特征的发展路子；二是形成了一套符合郑州实际的领导体制和工作机制；三是描绘了一个引领郑州科学发展的都市区发展蓝图；四是奠定了一个支撑郑州持续发展的城乡基础；五是搭建了一个推进郑州走向国际化的开放平台；六是构建了一个支撑郑州跨越发展的现代产业体系；七是探索了一个具有郑州特色的坚持依靠群众推进工作落实长效机制；八是培育了一支具有国际化视野、现代领导能力、敢于担当的干部队伍；九是形成了一个“风正、气顺、心齐、劲足”的干事创业氛围；十是实施了一批涉及群众生活水平提升的实事举措，开创了大刀阔斧、势如破竹、全面突破的崭新发展局面。

会议指出，要以国际商都规划为指导，深入研究新常态下的郑州发展，加快制定和推进实施新三年行动计划。总体要求是：深化开放创新双驱动，着力推进“三大主体”工作上台阶，加快推进以航空港实验区为统揽的郑州都市区建设，初步建成自然之美、社会公正、城乡和谐的现代田园城市，努力在全省率先全面建成小康社会。战略任务是：基本建成国际化、现代化立体综合交通枢纽；基本形成大都市战略支撑产业体系；基本形成城乡一体化发展格局；初步形成重要的内陆开放高地；奠定可持续发展的生态环境基础；加快推进社会治理现代化。

会议指出，要切实做好2015年工作，为实施新三年行动计划起好步、奠好基。2015年经济工作的总体要求是：深入贯彻党的十八大、十八届二中三中四中全会及中央、省委经济工作会议精神和《河南省全面建成小康社会加快现代化建设战略纲要》，紧紧围绕打造大枢纽、发展大物流、培育大产业、建设以国际商都为特征的国家中心城市的“三大一中”战略定位，抢抓“一带一路”重大机遇，坚持稳中求进总基调，主动适应经济发展新常态，以提高经济发展质量和效益为中心，抓改革创新、强投资开放、促结构转型、求民生改善，提升“三大主体”工作，全面推进依法治市和以航空港实验区为统揽的郑州都市区建设，促进经济平稳健康发展及社会和谐稳定。努力实现四个方面的新突破：一是以航空港实验区改革先行先试示范区建设为标志的全面深化改革实现新突破；二是以“畅通郑州”工程、大棚户区改造、城乡承载功能提升为重点的新型城镇化建设实现新突破；三是以航空港实验区为引领，深化开放创新双驱动，现代产业体系构建实现新突破；四是以网格化长效机制为依托，在提升群众生活质量上实现新突破。重点做好七项工作：一是以体制机制创新带动航空港实验区突破发展；二是以重点领域改革带动改革的全面深化；三是以人的城镇化为核心带动新型城镇化提质增速；四是以现代产业体系构建带动发展方式转变；五是以开放创新双驱动带动城市竞争力持续提升；六是以大气污染治理为重点带动生态环境改善；七是以民生改善带动社会事业协调发展。

会议强调，要全面从严治党，强化组织保障。全市各级党组织要切实履行管党治党政治责任和党风廉政建设“两个责任”，坚持围绕中心工作抓党建，在推进中心工作中建好党、管好党。突出抓好县级以上机关领导班子民主集中制、党内政治生活常态化制度、干部选拔任用制度、反腐倡廉体制机制“四项制度”建设，依托网格化长效机制深化基层民主科学决策机制、矛盾调解化解机制、便民服务工作机制、党风政风监督检查机制“四项基础制度”建设，持续抓好教育实践活动问题整改和中央巡视反馈意见、省委巡视反馈意见整改落实，以及建章立制工作，全面提升队伍建设、组织建设、作风建设水平，营造干事创业、廉洁自律、风清气正的政治生态。

【市委十届十一次全体（扩大）会议】 2015年6月4日，市委十届十一次全体（扩大）会议在嵩山饭店召开。会议由市委常委会主持。会议的主要任务是深入学习贯彻党的十八届三中、四中全会和省委九届九次全会精神，落实“四个河南”战略布局，对全面依法治市进行安排部署，动员全市上下把思想和行动统一到中央、省委决策精神上来，全面落实新形势下法治建设各项任务，努力提升依法治市科学化水平，为建设以郑州航空港经济综合实验区为统揽的郑州都市区、率先全面建成小康社会提供坚强法治保障。

会议审议并原则通过了《中共郑州市委关于全面推进依法治市的实施意见》；讨论了《贯彻落实〈实施意见〉重要举措责任分工方案》和《郑州市全面推进依法治市2015年重点事项》；表决通过了《中国共产党郑州市第十届委员会第十一次全体会议决议》。

会议指出，全面推进依法治市的主要目标是：围绕建设中国特色社会主义法治体系、建设社会主义法治国家的总目标，坚持依法治市、依法执政、依法行政共同推进，坚持法治国家、法治

1月7日，市委十届十次全体（扩大）会议召开，对郑州都市区三年行动计划和2014年“三大主体”工作先进单位和先进个人进行了表彰

6月4日，市委十届十一次全体（扩大）会议召开，对2014年度综合工作优秀单位和先进单位进行了表彰

政府、法治社会一体建设，推进地方性法规规章更加完备、法治实施更加高效、法治监督更加严密、法治保障更加有力，推进党内法规更加健全，实现科学立法、严格执法、公正司法、全民守法，促进治理体系和治理能力现代化，推动郑州市法治建设水平进入全国全省先进行列。到2020年，确保取得“五个明显成效”：围绕依法执政，在提高执政能力和执政水平取得明显成效；围绕科学立法，在健全地方法规规章上取得明显成效；围绕严格执法，在建设法治政府上取得明显成效；围绕公正司法，在推进司法体制机制改革上取得明显成效；围绕全民守法，在提升公民法治意识上取得明显成效。

会议指出，要把握全面推进依法治市的重点任务。要严格实施宪法法律，严格执行宪法法律监督制度，完善立法体制机制，推进科学立法、民主立法，加强重点领域立法，注重立法和改革决策相衔接，进一步提高地方立法工作水平。要推进法治政府建设，依法全面履行政府职能，健全依法决策程序和机制，深化行政执法体制改革，大力推进服务型行政执法，强化对行政权力的制约和监督，全面推进政务公开，进一步提高依法行政能力。要强化公正司法，确保依法独立公正行使审判权和检察权，优化司法职权配置，推进严格司法，保障人民群众参与司法，加强人权司法保障，加强对司法活动的监督，进一步提高司法公信力。要增强全民法治观念，深入推进全民法治宣传教育，推进多层次多领域依法治理，建设完备的法律服务体系，健全依法维权和化解纠纷机制，进一步提升社会法治化水平。要加强法治工作队伍思想政治建设，加强法律服务队伍建设，创新法治专业人才培养机制，为依法治市提供强有力的组织和人才保障。

会议强调，党的领导是全面推进依法治市工作最根本的保证。各级党委要发挥总揽全局、协调各方的领导核心作用，切实加强对法治建设的统一领导、统一部署、统筹协调。要建立健全法治建设指标体系和考核标准，将法治建设成效纳入各地各部门绩效目标考核体系，把法治建设成效作为衡量各级领导班子和领导干部工作实绩的重要内容。各级党政主要负责人履行第一责任人职责，推进依法治市的重大举措要纳入改革任务总台账管理，一体部署、落实和督办。要严格执行党内法规制度，把党内法规制度建设作为法治建设的重要内容，以严格执行党内法规制度推动依法治市各项工作。同时，要强化工作落实，建立常态化督察机制，确保全面依法治市有效推进。

会议强调，此次全会出台的《实施意见》和《责任分工方案》《2015年重点事项》“1+2”文件体系明确了总体要求和目标任务，是中央、省委推进依法治国、依法治省重大决策在郑州市的具体化。各级各部门要把思想和行动统一到中央、省委、市委的决策部署上来，深入学习领会“1+2”文件精神，切实增强全面推进依法治市的坚定性、自觉性和主动性，进一步明确职责、细化方案，以重点领域、关键环节的突破带动依法治市全面推进。要坚持发挥好领导干部的“关键少数”作用，努力在尊法学法守法用法方面作模范，以上率下，形成全市共同推进全面依法治市的工作合力，把郑州的各项事业全面纳入法治化轨道。

【市委十届十二次全体（扩大）会议】 2015年9月14日，市委十届十二次全体（扩大）会议召开。会议由市委常委会主持。会议的主要任务是深入贯彻党的十八大和十八届三中、四中全会，以及省委九届十次全会精神，立足于协调推进“四个全面”战略布局，对全市全面从严治党工作进行安排部署，为加快以航空港实验区为统揽的郑州都市区建设提供坚强政治组织保障。

会议审议并原则通过了《中共郑州市委关于推进全面从严治党的实施意见（讨论稿）》，讨论了《〈中共郑州市委关于推进全面从严治党的实施意见〉责任分工方案（讨论稿）》，表决通过了《中国共产党郑州市第十届委员会第十二次全体会议决议》。

会议指出，在新的历史条件下推进全面从严治党，要把握方向，聚焦问题，突出重点。必须高举中国特色社会主义旗帜，坚持以邓小平理论、“三个代表”重要思想、科学发展观为指导，深入贯彻落实习近平总书记系列重要讲话精神，以“四个全面”战略布局为引领，以完善从严治党责任体系为抓手，以网格化管理为依托，以“4+4+2”党建制度体系为载体，全面加强党的思想建设、组织建设、作风建设、制度建设和反腐倡廉建设，着力营造干部清正、政府清廉、政治清明的从政环境，为加快推进以航空港实验区为统揽的郑州都市区建设提供坚强的政治组织保障。一是以建设学习型党组织为载体，强化理论武装，筑牢思想根基。二是以建设高素质执政骨干队伍为目标，坚持正确用人导向，激发党员干部活力。三是以落实基层“四项基础制度”为重点，强化基层党组织核心作用，夯实基层基础。四是以“一把手”工程为带动，突出整体效能，加强各级领导班子建设，形成“风正、气顺、心齐、劲足”的工作氛围。五是坚持“加强教育、强化预防、及时警醒、查早查小，坚决防止影响恶劣的腐败分子产生”的理念，强化党的政治纪律和政治规矩，强化“两个责任”落实，保持不敢腐的高压态势，完善不能腐的制度体系，夯实不想腐的思想基础，构建“两强三不”机制。

会议强调，要强化责任，加强领导，统筹推进，确保全面从严治党各项任务落到实处。一要增强自觉，落实责任，形成党委统一领导、相关部门齐抓共管、一级抓一级、层层抓落实的党建工作格局。二要统筹布局，协调推进，坚持中心工作与党建工作两手抓、两手都要硬，把落实“四个全面”战略布局作为一个整体统筹谋划、统筹推进。三要注重融合，抓常抓长，把“三严三实”专题教育融入日常化教育、常态化党建，推进“4+4+2”党建制度体系在全市有效落实、不断完善提升。四要强化督导，务求实效，以严格的考核促进责任的落实，建立常态化的工作督导通报制度，对落实不力、严重失职的，要动真碰硬、严肃问责。

会议要求，全市各级各部门要迅速组织党员干部认真学习贯彻本次会议精神，深刻把握全面从严治党在以航空港实验区为统揽的郑州都市区建设中的重要地位、关键作用，加深理解、凝聚共识、增强自觉，抓好全会精神的贯彻落实。要围绕中心攻坚克难，以保增长、保安全、保稳定为目标，坚定不移打好市委、市政府确定的“七场硬仗”，确保“十二五”圆满收官，确保这一轮以“三大主体”工作为主导的发展成效得以展示，让人民群众充分享受到改革发展的成果。要坚持“严”和“实”的标准，以专题教育推进党建工作和中心工作两促进、双丰收，以工作的成效体现、检验“三严三实”的要求。

【市委常委会议】 2015年1月24日，市委常委会议召开，传达学习全国、全省宣传部长会议精神，研究部署全市贯彻落实工作。会议强调，全市上下要认真学习、深刻领会全国、全省宣传部长会议精神，围绕新一届中央领导集体“四个全面”总体要求，深入学习宣传贯彻习近平总书记系列重要讲话精神，强化党管意识形态政治责任，加强社会主义核心价值观宣传教育，进一步做好全市宣传思想文化工作，为推进以航空港经济综合实验区为统揽的郑州都市区建设提供思想舆论支持。会议要求，一要加强思想建设，用习近平总书记系列重要讲话精神武装头脑、统一认识、指导实践、推动工作。二要强化各级党委（党组）管意识形态的责任体系建设，落实各级党委（党组）的主体责任和书记的第一责任人责任，加强对宣传思想工作的领导。三要深入开展社会主义核心价值观宣传教育活动，树立正确导向，完善制度规范，巩固思想基础。四要发挥郑州市文化资源优势，深化文化体制改革，加快推进重点文化产业和文化事业项目建设，着力提升城市文化品位和城市软实力。

1月28日，市委常委会议召开，传达学习中纪委十八届五次全会、全国组织部长会议和省纪委九届五次全会、全省组织部长会议，以及全国、全省离退休干部“双先”表彰大会精神，研究部署郑州市的贯彻落实工作。会议要求，全市上下要切实把思想和行动统一到中央、省委对当前党风廉政建设和反腐败斗争的形势判断上来，统一到中央、省委推进反腐倡廉工作各项任务部署的落实上来，统一到认真履行“两个责任”“一岗双责”上来。各级领导干部要带头强化责任意识，全面履行党风廉政建设和反腐败的责任，着力构建干部不敢腐、不能腐、不想腐的体制机制和制度体系。要带头发挥好领导表率作用，坚持以上率下，营造全市良好的政治生态，推进全市党风廉政建设和反腐败斗争不断深入开展。会议强调，要坚持不懈地加强思想教育，坚定理想信念；坚持从严治吏，严把选人用人关；大力推进县级以上机关“四项制度”建设，切实加强领导班子建设；依托网格化管理，加强基层“四项基础制度”建设，夯实基层基础；持续巩固教育实践活动成果，推进作风建设不断深入开展；深化人才体制创新，积极营造有利于人才集聚、创新创业的发展环境；切实加强老干部工作，充分发挥老同志的独特优势和作用。

2月5日，市委常委会议召开，传达学习中央、省委农村工作会议精神，研究郑州市贯彻落实意见。会议指出，全市上下要认真学习贯彻落实中央、省委农村工作会议精神，加快推进全市农业农村工作实现新的提升。要围绕全域城镇化深化农村土地制度改革，完善“政府主导、市场化结合”的管理服务平台和农村市场服务体系。要突出围绕提高粮食自给率、副食品自给率，以“服务城市、富裕农民”为主题，大力发展设施农业，强化农副产品供给质量和安全保障。要围绕群众消费需求，积极发展城郊休闲农业、观光农业，带动社会消费和农民增收。要把农业农村发展作为生态建设的重要内容，严格土地保护制度，推进农村环境综合整治，高度重视土壤污染、水污染防治工作，确保农业生产水平、农村环境面貌、农民生活质量的持续提升。

2月12日，市委常委会议召开，传达学习贯彻省领导在航空港实验区调研时的指示精神，研究郑州市贯彻落实意见。会议指出，2月10日至11日，省委书记郭庚茂、省长谢伏瞻带领省四大班子部分领导到航空港实验区调研，给予实验区建设充分肯定，并对下一步工作提出明确要求。全市上下要深刻理解把握省领导调研讲话精神，进一步坚定信心，牢记使命，认清责任，明确方向。要把航空港实验区作为头号工程和引领工程，持之以恒地抓好落实，抓出成效；要拿出“拼尽全力、狠抓抓牢”的劲头、决战决胜的精神，全力以赴抓好各项工作；要坚定不移地抓好贯彻落实，打好攻坚战，履行好郑州所肩负的“双重”责任。会议强调，要围绕“三大一中”战略定位，进一步深化国际商都规划，切实抓好航空港实验区建设、跨境贸易电子商务、国际陆港和郑欧班列、对外开放体制机制创新等重点工作，深入研究，完善提升，集中力量抓推进、抓落实。要进一步完善领导机制，形成推进航空港实验区建设的强大合力；要强化责任落实，确保各项部署落实到位；要强力推进，确保各项工作谋划在前，把握主动。

5月18日，市委常委会议召开，传达学习贯彻全省“三严三实”专题教育党课暨动员部署会精神，研究部署全市“三严三实”专题教育工作。会议要求，要坚持务求实效，确保专题教育取得优化政治生态、提振精神状态、推进改革发展的实际效果。一要把握专题教育的实质。理解把握中央和省委部署，核心是要把“三严三实”专题教育融入经常性学习教育，实现常态化教育。实质是要紧密围绕“三严三实”开展党的建设日常工作，实现专题教育与党建日常工作的深度融合，做到有的放矢、常态常效，为进一步加强党建工作特别是思想政治建设和作风建设指明方向。二要突出郑州的实践特色，坚持问题导向。要把实践特色体现在解决问题、推动工作上，引导党员领导干部抓好两个方面问题的解决：对照“三严三实”要求查找在思想作风方面存在的“不严不实”问题，逐一整改；结合自身责任查找在推进郑州经济社会发展方面履职尽责上存在的问题，研究对策，破除瓶颈、扫清障碍，有力推动工作，以解决问题、推动工作的成效体现、验证、提升践行“三严三实”的效果。三要坚持兰考标准，争当焦裕禄式的好干部。教育引导各级党员干部继续深学细照笃行焦裕禄精神，积极开展践行“三严三实”、学习焦裕禄精神先进典型评选活动，弘扬正气，凝聚正能量，实现以党风带政风促民风，形成风清、气正、心气、劲足的良好氛围和政治生态。

5月27日，市委常委会议召开，传达学习省委书记郭庚茂5月22日莅郑调研讲话精神和省委政协工作会议精神，研究部署全市贯彻落实工作。会议要求，一要系统学习领会省委、省政府对郑州发展的系列指示精神，把思想和行动统一到省委、省政府要求部署上来。二要发挥郑州区位地理中心的优势，深入谋划各类“中心”建设。三要把握经济社会发展规律，谋划培育抢占先机的新优势。四要按照“多点支撑”要求，优化郑州“三化”空间布局规划，进一步明确各板块、各组团的发展定位和责任担当，加快发展步伐。五要依托网格化管理长效机制，深入推进基层四项基础制度建设，进一步深化提升以网格为载体、以基层党组织为核心、以基层四项基础制度为基础，政府公共服务、市场监管、社会管理、环境保护与群众自治有效衔接、互为支撑的基层治理体系。六要按照“以产兴市、以市带产”的要求，谋划以商贸物流业带动制造业集聚发展。会议强调，全市各级政协组织和政协委员要适应新形势新要求，把握正确方向，提升履职能力，努力在协商民主建设上展现新作为、在服务改革发展上作出新贡献、在促进民主和谐上实现新发展、在弘扬先进文化上打造新亮点、在履职能力上力求新提升。

6月2日，市委常委会议召开，研究推广运用政府和社会资本合作模式（PPP）及“五单一网”改革工作。关于推广运用政府和社会资本合作模式问题，会议指出，全市上下要统一思想，提高站位，充分认识新常态下推广运用PPP模式的重要性、必要性和紧迫性。要转变以往靠财政资金搞建设、靠市场垄断求生存的老观念、老做法，抢抓国家推广PPP模式的政策机遇，率先走出一条引进社会资本参与郑州基础设施、公共设施建设的路子，为郑州今后发展奠定坚实基础。要明确目标路径，抓住当前重点，加快构建推广运用PPP模式的工作体系。各有关部门要按照“积极探索、全力推进”的原则，结合郑州建设发展实际，分步推进PPP模式工作体系建设，确保到2018年实现PPP模式在全市公共服务建设运营各个领域全覆盖、全应用。当前要着力做好政策体系完善、PPP项目有序推进、国家和省支持政策争取等重点工作。市政府和社会资本合作工作领导小组及其办公室要加强组织领导，各级各部门要上下联动，推进PPP模式在郑州的推广运用实现新突破。关于“五单一网”改革问题，会议指出，“五单一网”改革是郑州市结合自身实际实施的一项根本性改革，是推进政府运行机制创新和再造、建设“服务型政府、现代化政府、法治政府、廉洁政府”、实现治理体系和治理能力现代化的基础性工作。全市上下要抓紧推进实施，真正做到“法无授权不可为、法定职责必须为”。会议强调，全市上下要坚定不移地深化推进涉及郑州长远发展和现代领导能力建设的重大改革，不断提高适应新常态、驾驭现代经济社会发展的能力和水平。

8月11日，市委常委会议召开，听取全市大气污染防治工作进展情况汇报，研究部署下一步工作。会议指出，全市上下要克服畏难情绪和“速胜论”思想，持续提高认识、加大力度、狠抓落实，坚决打好大气污染恶化阻击战。会议强调，要确立经济发展与环境保护“两手抓、两手硬”的思想，坚持“四个治理”的指导方针，推进大气污染防治工作不断深化、细化、常态化。一要坚持系统治理，切实提高大气污染防治的科学性、统筹性、系统性。二要坚持综合治理，完善常态化、长效化的工作机制。三要坚持重点治理，切实抓好重点部位、重点环节、重点行业、重点区域的监控和污染治理。四要坚持从严治理，按照“全覆盖、零容忍”的要求，确保大气污染治理的每项措施落实到位。会议指出，要严格落实“党政同责、一岗双责”，层层传导压力，形成工作合力。要紧紧抓住扬尘、燃煤、尾气排放三大污染源治理，以重点区域精细化治理为带动，全面落实工地降尘、垃圾集中处理、黄标车淘汰、渣土车治理、燃煤锅炉拆改、油烟达标排放、污染企业监测治理等各项措施，加大力度，不断巩固和扩大治理成效。要充分调动广大群众参与的积极性，确保空气质量实现好转。

8月19日，市委常委会议召开，传达学习省长谢伏瞻莅郑调研大气污染防治工作重要讲话精神，研究全市贯彻意见。会议指出，要站在对全省发展负责、对人民群众负责、对郑州长远发展负责的高度，深化认识做好大气污染防治工作的重要性和紧迫性，认清郑州主体责任，切实增强责任感、使命感和紧迫感。要围绕精准治理、科学治理、依法治理、综合治理，按照“急则治标、缓则治本、长则建制”的原则，进一步完善方案、强化措施，着力提升。一要坚持经济社会发展与环境保护工作同步推进，统筹兼顾，“两手抓、两手都要硬”；二要进一步完善工作方案，提高大气污染防治工作的科学化水平；三要紧紧抓住扬尘、燃煤、尾气排放三大污染源治理，推进各项措施的落实，确保实现空气质量好转；四要做好大气污染源普查工作，分类制定防治和规范管理的政策措施，推进治理措施的不断深化；五要围绕年度目标加快推进大棚户区改造，体现“两手抓、两手硬”成效。会议要求，要进一步强化责任，持续加大工作力度。要充分发挥网格化管理作用，全民发动，全民参与，全民治理，形成全社会推进大气污染防治工作的强大合力和浓厚氛围。

9月2日，市委常委会议召开，传达学习贯彻省领导在航空港实验区调研时的重要讲话精神和全省重点工作推进落实市县座谈会精神，研究郑州市贯彻落实意见。会议要求，全市上下要把思想统一到省委、省政府的决策精神上来，以航空港实验区为统揽，以“三严三实”专题教育、“三查三保”活动、“4+4+2”党建制度体系建设三项重点工作为抓手，突出阶段性工作任务，狠抓落实，确保各项工作有一个更好的工作成效。会议强调，要突出重点，提升水平，从严从实贯彻落实省委决策精神。一是以航空港实验区为统揽，坚决打好“七个硬仗”。即突出各类口岸建设和“四港一体”体制机制建立，全面推进航空港实验区建设；抓好经济运行，力争GDP增速高于全省平均水平两个百分点；打好大气污染恶化阻击战，确保比上年好、争取晋位升级；打好大棚户区改造攻坚战，确保征迁群众年底前回迁30%、力争50%；全力推进“畅通郑州”工程建设，确保各项工程按照承诺时间节点投入运行；深入做好安全生产隐患排查消除工作，守住“发展绝不能以牺牲人的生命为代价”的红线；抓好非法集资专项治理和信访稳定工作，确保社会大局和谐稳定。二是坚持“三个突出”，不断把“三严三实”专题教育推向深入。要突出融入，把专题教育融入经常性教育、中心工作、常态化党建，确保两手抓、双促进；要突出问题导向，以工作问题反思思想作风问题，结合思想作风问题整改带动工作问题整改，通过整改问题、推动工作，来验证和检验践行“三严三实”的效果；要突出常态化，坚持以上率下、从严教育，在中心工作中发现正反两方面典型，引导广大党员干部见贤思齐、见不贤而自省，汇聚改革发展稳定的强大动力。三是站位协调推进“四个全面”战略布局的高度，加快“4+2+2”党建制度体系建设。全市各级党组织和党员干部要切实增强推进落实的自觉性、主动性，充分依托网格化管理这个特色载体和“五单一网”制度改革、痕迹化管理制度建设等有效抓手，推进“4+2+2”党建制度体系落实生效。

9月11日，市委常委会议召开，听取市领导分包开发区、县（市）区大棚户区改造、大气污染防治等六项重点工作推进情况的汇报，安排部署下一步工作。会议指出，各位市领导在分包开发区、县（市）区工作中要继续担责履责，深入一线、研究问题、督导推进，充分发挥示范带动作用，使全市上下巩固“风正、气顺、心齐、劲足”的良好氛围，推动整体工作的有效落实。要正确认识当前所处的发展阶段，全力打

5月4日，市领导及市直有关单位主要负责人在郑州分会场收看收听全省经济运行暨大气污染防治工作电视电话会议

好以大棚户区改造、大气污染治理和“畅通郑州”工程等为标志的“七场硬仗”，确保影响郑州长远发展的各类拆迁任务圆满完成、安置房建设按照时间节点加快推进、大气污染治理取得明显成效、“畅通郑州”工程大头落地，把城市发展提高到一个新水平和层次，为长远可持续发展奠定基础。会议要求，要围绕国际商都建设，立足“大开放、大创新、大建设、大管理”，统筹谋划好2016年和“十三五”的工作。大开放，就是要发挥已经争取和正在建设的各类口岸和“四港一体”体制机制基本建立的优势，全面加大招商引资力度，加快产业发展，扩大对外合作；大创新，就是要围绕完善“大众创业、万众创新”的创业链和创新链，以创新创业综合体建设、“1+7”人才引进和“两金一扶”政策实施、“五单一网”制度建设、投融体制机制改革为重点，加速推进发展动力转换；大建设，就是加快推进大的公共交通和各类配套设施、公共服务设施的建设，为未来发展奠定基础；大管理，就是要以城市精细化管理为统揽，以“三级三类”便民服务中心为主线，切实解决好群众行路难、办事难、上学难、就业难、就医难“五难”问题，全面提升城市管理服务的水平和层次。

9月28日，市委常委会议召开，传达学习省委常委会关于贯彻落实李克强总理河南调研重要讲话精神的意见、省委党的群团工作会议精神、省委统战工作会议精神和省委书记郭庚茂、省委副书记邓凯关于郑州市大气污染治理工作的有关批示精神，研究全市贯彻落实意见。会议强调，全市上下要把学习贯彻李克强总理考察指示精神作为当前的首要政治任务，深刻认识和领会总理考察指示精神，切实增强加快郑州发展的信心和责任感、紧迫感，在全省落实总理的三个期望中当龙头、作示范、走前头。一要迅速传达学习，统一思想认识。二要紧密联系实际，研究落实意见，更好地指导和推进全市各项工作。三要加大宣传力度，在全市形成以贯彻落实总理考察指示精神为动力、开创各项工作新局面的浓厚社会氛围。会议指出，要进一步加强对群团工作的领导，坚持正确方向，总结工作经验，完善工作机制，把郑州的群团工作做出郑州的特点，不断提高党的群团工作水平和实效。要深刻认识做好新形势下统战工作的重大意义，准确把握做好新形势下统一战线工作的重要原则，全面落实中央《条例》和省委关于加强新形势下统一战线工作的意见，把握郑州的发展阶段特征来推进统一战线工作，坚持改革创新、服务中心、服务大局，努力开创全市统一战线工作的新局面。要充分认识到生态建设的紧迫性和必要性，按照“坚持科学发展、绿色发展，项目建设与生态建设协调并进，经济指标与生态效果一并考核，努力建设经济繁荣、环境优美的大都市”和“精准治理、科学治理、依法治理、综合治理”的要求，推进各项措施深化、细化、常态化，持续推进做好大气污染治理工作，努力把郑州建成经济繁荣、环境优美的大都市。

10月9日，市委常委会议召开，传达学习和贯彻落实省委书记郭庚茂关于郑州工作的重要指示精神。会议指出，全市上下要充分认识省委、省政府的战略意图，以及郑州在全省发展大局中的重要地位和作用，牢记“双重”使命，以舍我其谁的责任感、时不我待的紧迫感，加快以航空港实验区为统揽的郑州都市区建设，为打造“四个河南”、推进“两项建设”、实现“中原更出彩”做出应有贡献。要突出重点，全力攻坚，切实做好第四季度各项工作。要全力以赴确保经济运行平稳增长。要做好工作谋划，制定好国际商都规划实施方案及专项方案、全面建成小康社会让群众生活更美好三年行动计划白皮书及配套专项方案、全面从严治党工作意见、推进中心市镇建设意见等工作方案。要切实抓好七项标志性工作：一是“畅通郑州”工程要打好百日攻坚战，确保各个工程按照时间节点如期推进；二是大棚户区改造要加快进度，确保动迁群众尽快回迁安置；三是大气污染治理要坚持每日调度分析，抓好各项措施的落实，确保空气质量好转；四是开放平台建设要围绕各类口岸建设和“四港一体”体制机制建立，以及航空港、郑欧班列、E贸易上台阶系列目标的实现，加大力度，争取有更大的突破；五是抓好市场外迁工作；六是围绕机场二期建成投运，全力做好服务保障工作；七是高度重视和切实抓好安全生产、社会稳定工作，确保社会大局和谐稳定。同时，要做好“十二五”的总结宣传工作，增强全社会的信心。

11月12日，市委常委会议召开，传达学习全省领导干部会议精神，研究全市贯彻落实十八届五中全会精神的意见。会议指出，全市上下要按照省委部署，进一步深刻理解、准确把握党的十八届五中全会精神，把学习贯彻落实全会精神作为当前一项重要的政治任务，切实用全会精神武装头脑、指导实践、推动工作。一要切实抓好全会精神的传达学习和宣传工作。二要以全会精神为指导，谋划好2016年及“十三五”工作。要将创新、协调、绿色、开放、共享的发展理念贯穿到2016年工作及“十三五”规划中，切实提高工作谋划的层次和水平；要立足于国际商都规划的实施，抓好重大问题研究，着力在国际化城市形态风貌塑造、大枢纽建设、智慧经济和智慧社会建设、产业转型升级、开放型经济体系和创新体系构建、绿色共享发展等六个方面实现新突破。三要坚定不移地打好“七场硬仗”，确保全年目标任务圆满完成。四要结合十八届五中全会精神的宣传教育，切实做好“十二五”的总结宣传工作。

11月30日，市委常委（扩大）会议召开，传达学习中央扶贫开发工作会议和省委常委（扩大）会议精神，研究全市贯彻落实工作。会议要求，全市上下一要认真学习贯彻中央扶贫开发工作会议精神和省委常委（扩大）会议精神，切实增强做好扶贫开发工作的责任感和使命感，把率先实现贫困对象精准脱贫作为一项重大的政治任务，进一步加大推进力度；二要认真总结全市精准扶贫工作的经验，积极对接、衔接国家和省精准扶贫的政策和措施，科学谋划，制订好全市精准扶贫的落实意见；三要紧盯在全省率先完成精准脱贫任务、率先全面建成小康社会的目标，强化责任，按照“产业为基、就业为本”的思路，继续推进人口集聚、产业支撑和公共服务覆盖，确保贫困人口实现稳定就业、享有和城市一样的公共服务、收入达到全市平均水平，确保2018年全市贫困对象全面脱贫、全面建成小康社会的目标顺利实现。

12月16日，市委常委班子召开“三严三实”专题民主生活会。会议围绕“三严三实”主题，坚持习近平总书记在党的群众路线教育实践活动中指导兰考县委常委班子民主生活会的标准，联系班子和个人实际深入查摆问题，严肃认真开展批评和自我批评。省委年度综合考核组组长、省人大内务司法委员会主任委员、省人大常委会内务司法工作委员会主任王流章，省委年度综合考核组副组长、省委组织部干部监督室主任靳合社列席会议，现场督导。通过开展批评和自我批评，市委班子成员对自身存在的问题与根源有了更加清醒的认识，对下一步整改方向和目标有了更加清晰的把握，一致表示要进一步解决好世界观、人生观、价值观这个“总开关”问题，认真践行“三严三实”要求，不断提高认识、提升境界，以严的标准和实的作风推进各项工作。王流章代表省委考核组对市委常委班子“三严三实”专题民主生活会进行了点评，对下一步成果巩固和整改落实工作提出四点要求：一要强化行动意识，解决好突出问题；二要善于搞好结合，着力抓好当前工作；三要加强班子建设，不断增强党委战斗力；四要建立长效机制，确保专题教育深入推进。会议要求，一要及时吸纳反思会议所提出的意见；二要坚持立行立改，务求实效；三要带头立规执纪，发挥好表率作用；四要加强对分管系统和联系点专题教育的指导督导；五要坚持两手抓、两手硬，以工作实效体现和检验“三严三实”。

12月25日，市委常委会议召开，传达学习河南省协助筹备上海合作组织成员国政府首脑（总理）理事会第十四次会议工作总结会议精神，部署全市贯彻落实工作。会议要求，一要从中央、省委省政府对郑州的肯定中坚定走好既定发展路子的信心，持续深化提升、扩大成效。二要从此次会议成功举办对郑州的深远影响中坚定郑州蓄势崛起、建设国际化大都市的信心。三要从此次会议筹备实践中坚定做好郑州各项工作的信心，保持良好的作风和状态，推进各项工作再上新台阶。会议强调，全市各级领导干部要认清责任，牢记使命，切实增强责任感、紧迫感，把思想统一到省委、省政府关于“蓄势崛起、跨越发展关键时期，爬坡过坎、攻坚转型紧要关口”的形势判断和“发挥中心城市带动，建设国际商都、国际大都市”的目标定位上来，以国际商都建设为统揽，强化国际引领、智慧引领，实施开放创新双驱动战略，深化提升“三大主体”工作，确保在全省率先全面建成小康社会，加快建设国际化大都市，率先迈上基本实现现代化的新征程，切实发挥好核心带动作用。全市上下要认真传达学习会议精神，做好总结表彰宣传工作，鼓舞全市士气；要认真贯彻落实党的十八届五中全会、中央经济工作会议和城市工作会议精神，做好“十三五”谋划和开局工作；要持续巩固和扩大城市精细化管理成效，推进新型城镇化深化提升，营造畅通、整洁、有序的市容环境；要做好上合组织政府首脑（总理）理事会第十四次会议相关工作跟进，巩固和扩大会议成果，提升对外开放水平；要深化“三严三实”专题教育，弘扬优良作风；要安排好“双节”期间各项工作，让全市人民过一个欢乐祥和、安全文明的双节。

【全市领导干部会议】 2015年3月25日，全市领导干部会议召开，传达贯彻省委九届九次全会精神。会议强调，要准确把握并围绕全面推进依法治省“1+2”工作格局，结合郑州实际，进一步厘清思路，切实把省委全会精神全面、系统、准确地贯彻落实到位，研究提出具体落实举措，推动中央和省委依法治国、依法治省重大决策部署在全市具体化、项目化，确保取得实效；要准确把握领导干部在法治建设中的责任，发挥好“关键少数”的作用，在推进法治建设中发挥好模范带头作用。要突出重点任务，全面提升依法治市科学化水平。坚持全面推进与突出重点相结合，解决现实急迫问题与长远建章立制相结合。一方面，做好全市依法治市工作的整体谋划和研究，起草好实施意见；另一方面，坚持问题导向、把握阶段特征，积极作为，率先行动，把能做的事先做起来。要围绕群众反映强烈的突出问题，从公共交通管理、非经营主体非法集资整治、城市精细化管理服务三大领域做起，从严格执法、公正司法入手，从体制机制改革完善、执法队伍建设、全民守法意识提升、全社会支持严格执法公正司法氛围营造抓起，认真梳理推进，以点带面，带动全市依法治市水平的全面提升。当前要重点抓好十个方面的工作：加快推进“五单一网”改革；建立社会综合征信系统；完善基层“四项基础制度”；依托网格开展全民普法、规范群众自治；依法规范信访秩序；深入推进服务型行政执法；抓好司法体制改革；做好重点领域的立法工作；加强基层法治工作队伍建设；完善确保领导干部依法行使权力的制度机制。会议要求，全市各级党组织要把学习党的十八届四中全会和习近平总书记系列重要讲话精神、省委九届九次全会精神相结合，作为当前的首要政治任务，迅速掀起学习贯彻热潮。要抓好经济运行调控、项目建设、春季重点工作推进、招商引资、重点改革事项、开放创新、各类风险防范、社会大局稳定等方面的工作，确保实现首季度开门红，为全年目标任务的圆满完成奠定基础。

6月4日，全市领导干部会议召开，传达学习全省县级以上机关四项基础制度建设工作电视电话会议精神，研究部署全市的贯彻落实工作。会议要求，全市上下要深入学习省委书记郭庚茂重要讲话精神，充分认识深化县级以上四项基础制度建设的重大现实意义，增强贯彻落实的坚定性、主动性和自觉性。要坚持问题导向，围绕影响党的集中统一、干部队伍建设和党群干群关系的突出问题，抓住关键，把握实质，切实提高针对性和可操作性。要加强领导，抓好制度实施，各县（市）区党委切实担负起主体责任，主动推进。要统筹推进县级以上四项基础制度和基层四项基础制度建设，做到以上率下，上下联动，形成合力，共同构建全面从严治党的制度体系；要把县级以上四项基础制度建设列入“三严三实”专题教育的重要学习内容和整改事项，以四项基础制度的运行成效体现、检验“三严三实”。要探索创新，完善提升，各县级以上机关要不等不靠，边实践、边总结、边提升，把成功做法经验化、零星探索系统化、有效措施制度化，以点带面推动整体工作。要从市级领导班子和领导干部做起，带头落实好、执行好、运用好四项基础制度，为县级领导班子和领导干部树立标杆、做出示范，层层带动，层层推进，真正把中央、省委全面从严治党的各项要求部署落到实处。

6月12日，全市领导干部会议暨“三查三保”活动动员会召开，传达学习贯彻省委书记郭庚茂在省委中心组“三严三实”专题教育第一次学习研讨总结暨全省“三查三保”活动动员会上的讲话精神，对全市“三严三实”专题教育和“三查三保”活动进行安排部署。市委副书记、市长马懿出席会议并讲话，市委副书记、市委秘书长胡荃主持会议。会议强调，要把“三查三保”活动与践行“三严三实”要求相结合，与推动全局工作相结合，坚持“一个导向”，把握“两个原则”，突出“三项重点”，确保问题得到有效解决、作风实现明显转变、工作取得更好成效。坚持“一个导向”，就是要坚持问题导向，认真查摆问题、剖析原因。把握“两个原则”，一是坚持标本兼治，既切实解决“三查三保”活动中发现的突出问题，又着眼长远建立长期管用、执行有效的制度机制；二是坚持务求实效，持续深化作风建设，不断增强干部履职尽责意识。突出“三项重点”，一是保安全，全面排查隐患，坚决避免重特大安全生产事故发生，确保人民群众的生命财产安全；二是保增长，突出“保增长、调结构、抓项目、优环境”，找准切入点、抓好着力点，确保全年目标圆满完成。三是保稳定，以解决影响民生改善的实际问题和侵害群众合法权益的突出问题为重点，加大工作力度，确保大局和谐稳定。会议强调，要抓住关键，严格标准，确保“三严三实”专题教育扎实开展。一要进一步提高认识，强化责任；二要把学习弘扬焦裕禄精神引向深入；三要抓好专项整治，确保整改到位；四要坚持以上率下，层层加压，实现两手抓、两不误、两促进。

11月3日，全市领导干部会议召开，传达学习贯彻十八届五中全会和省委常委（扩大）会议精神，研究郑州市贯彻落实工作。会议强调，各级各部门要按照省委常委（扩大）会议的部署，在谋划2016年工作及“十三五”规划中，深入贯彻十八届五中全会精神，把握政策导向、突出重大问题研究，突出战略性、奠基性、引领性，切实提高工作谋划的层次和水平。要准确把握国际国内以新技术革命为标志、以移动互联网为特征的发展趋势，准确把握中央的政策导向和中国在全球治理中的战略走向，贯彻“创新、绿色、协调、开放、共享”的发展理念，抢抓机遇，主动作为，立足于国际商都规划的实施，着眼于在全省率先全面建成小康社会。强化智慧经济、智慧社会和国际化的观念，坚持以国际商都建设为统揽推进各项工作，围绕大开放、大创新、大建设、大管理来谋划工作，在全面塑造国际化城市形态风貌、推进米字形高铁等重点工作上实现新突破。让群众有更好的教育、更好的医疗、更好的文化生活、更好的体育公共服务，享受到更好的生活和就业环境，有更多的获得感。

12月23日，全市领导干部会议召开，传达学习中央经济工作会议、中央城市工作会议和省委常委（扩大）会议精神，安排部署全市的贯彻落实工作。会议指出，全市上下要深刻理解和把握会议精神实质，切实把思想统一到中央决策、省委部署上来，进一步深化认识，增强自觉，主动适应、积极作为经济发展新常态，扎实做好2016年经济工作，统筹做好城市工作，切实提升各项工作的谋划和发展水平，推动经济社会持续健康快速发展。会议强调，一要抓好会议精神的传达学习。全市各级党组织要把学习会议精神作为当前的重要任务和中心组学习的主要内容，组织广大党员干部认真学习研讨。二要抓好2016年和“十三五”谋划工作。各级各部门要把会议精神贯彻落实到2016年工作安排和“十三五”规划之中，突出重大问题研究，突出战略性、奠基性、引领性。三要抓好政策研究，积极对接项目。要准确把握国家的政策导向和投资重点，抓紧与中央、省有关部门对接，做好项目谋划工作，确保“十三五”发展实现良好开局。

12月31日，全市领导干部会议召开，传达贯彻省委九届十一次全体（扩大）会议、省委经济工作会议和省委扶贫开发工作会议精神。会议要求，全市上下要从四个方面统一思想、深化认识。一是深化对全省发展成就和基本经验的认识，进一步坚定信心；二是结合郑州实际深化对当前形势和任务的认识，始终保持头脑清醒；三是深化省委关于“十三五”和2016年经济工作、全省扶贫开发工作新要求、新部署的认识，进一步明确努力方向；四是深化对郑州地位、作用和责任的认识，切实增强责任感和使命感。会议强调，全市各级各部门一要抓好会议精神的传达学习，进一步统一思想，深化认识，增强贯彻落实的主动性、自觉性；二要结合实际，抓好工作谋划，深入论证在全省率先全面建成小康社会、率先迈上初步实现现代化新征程的“两个率先”目标，深入研究郑州在“一极三圈八轴带”中如何发挥作用及2016年工作的突破口、切入点，深化提升全市扶贫开发工作，切实提高工作谋划的层次和水平；三要抓好当前具体工作，承接好省委三个会议涉及郑州的任务，做好与上级部门的对接，筹备好市委十届十三次全会，抓好春节前项目签约落地工作，高度关注和切实做好“双节”期间各项工作，确保人民群众过一个祥和、安定的“双节”，确保2016年和“十三五”经济社会发展有一个良好开局。

【党务工作重要会议】 市委党务工作大会 2015年2月10日，市委党务工作大会召开。会议要求，全市上下要按照中央、省委关于各项党务工作的决策要求，贯彻全面从严治党部署，落实依法执政要求，努力开创各项党务工作新局面，为加快郑州都市区建设提供坚强有力的政治组织保障。各级各部门要依托网格化管理长效机制，以落实“四项基础制度”为重点，围绕“双基双治双安”建设，夯实基层基础，不断提升党务工作保障和服务郑州都市区建设的水平。一要坚持从严治吏、强化基层、激发活力，从严选好用好管好干部，突出基层服务型党组织建设，加强各级领导班子建设，改革创新聚集人才的体制机制，为郑州都市区建设提供有力的组织保障和人才支持。二要坚持弘扬主旋律、把握主动权、汇集正能量，以学习习近平总书记系列重要讲话精神为重点，强化思想理论建设；以阵地建设为重点，牢牢掌握意识形态工作的领导权和主动权；以培育和践行社会主义核心价值观为重点，推进文明郑州建设；以深化文化体制改革为重点，推进郑州文化繁荣发展，为郑州都市区建设营造良好舆论氛围和思想文化支撑。三要坚持公正司法、打防并举、从严治警，依托网格夯实平安建设的基层基础，积极稳妥推进司法体制改革，全力维护政治大局和社会治安稳定，为郑州都市区建设营造稳定、有序、和谐的发展环境。四要坚持协商民主、团结合作、凝心聚力，牢牢把握大团结大联合主题，不断提高政党协商水平，切实做好民族、宗教工作和党外人士代表工作，充分发挥统一战线和群团组织的作用，为郑州都市区建设提供强大合力。

“三严三实”专题教育党课暨动员部署会 2015年5月19日，市委“三严三实”专题教育党课暨动员部署会在市委党校召开。会议强调，要准确把握“三严三实”内涵，认真落实“六个表率”要求，聚焦“忠诚、干净、担当”，努力营造“风清、气正、心齐、劲足”的政治生态和社会氛围。会议要求，要精心组织，高标准高质量开展好“三严三实”专题教育。要把握总体要求，深化认识开展专题教育的实质，坚持问题导向，坚持兰考标准，突出实践特色，确保在深化“四风”整治、巩固和拓展教育实践活动成果上见实效，在守纪律讲规矩、营造良好政治生态上见实效，在真抓实干、推动改革发展稳定上见实效；要做好关键动作，高质量讲好专题党课、组织好专题学习研讨、召开好专题民主生活会和组织生活会、抓好整改落实和立规执纪，实现“三严三实”制度化、常态化、长效化；要强化领导责任，坚持“以上率下”，形成“书记抓、抓书记”、上行下效、上率下行的良好局面；要营造良好氛围，加强舆论引导，推进学习教育不断深化；要坚持两手抓两促进，把专题教育激发出的工作热情转化为强大的工作动力，推动经济社会发展和专题教育两手抓、两不误，实现两促进、双丰收。

全市“三严三实”专题教育学习交流会 2015年5月20日，全市“三严三实”专题教育学习交流会举行。会议要求，全市上下要认真学习，深入领会，切实把思想统一到中央、省委部署和省委书记郭庚茂党课讲话精神上来，高标准高质量推进“三严三实”专题教育。一要把握内涵，自觉践行。二要把握开展专题教育的实质，紧紧围绕“三严三实”抓党的建设，把专题教育融入经常性学习教育，实现常态化、长效化。三要强化问题导向。广大党员领导干部要围绕两个方面问题深入查摆，即对照中央、省委、市委所列举的“不严不实”表象，深入查摆自身在思想和作风上存在的问题；对照工作岗位职责，深入查摆分管工作中存在的问题。结合市委、市政府关于五六月份集中化解问题的部署，逐一解决落实到位，以此来体现、验证、提升践行“三严三实”的效果。四要突出实践特色。以“践行‘三严三实’、争当学习弘扬焦裕禄精神的好党员好干部”为载体，广泛开展焦裕禄式好干部和学习弘扬焦裕禄精神好干部评选活动，引导广大党员领导干部对照“三严三实”继续深学细照笃行焦裕禄精神，树立一批身边的先进典型和榜样，弘扬正气、凝聚正能量，实现以党风带政风促民风。

市委中心组“三严三实”专题教育第三次专题学习研讨会 2015年10月

5月20日，全市“三严三实”专题教育学习交流会举行

26-27日，市委中心组举行“三严三实”专题教育第三次专题学习研讨会。传达学习习近平总书记，中共中央政治局常委、书记处书记刘云山，省委书记郭庚茂关于“三严三实”专题教育的重要讲话精神及中央办公厅有关通知精神；围绕“严以用权，真抓实干，实实在在谋事创业做人，树立忠诚、干净、担当的新形象”主题，开展学习研讨，并对全市专题教育下一步工作进行研究部署。会议要求，一要深刻领会和准确把握中央、省委的新要求，切实增强开展好专题教育、一鼓作气抓作风建设的责任感和自觉性；二要以贯彻落实中央、省委精神为契机，抓住关键环节，强化标准要求，以专题教育推进各项工作上台阶、上水平；三要加强领导，强化责任，推进专题教育常态化、长效化。

市委“三查三保”工作汇报会 2015年11月27日，市委召开“三查三保”工作汇报会，听取全市在“三严三实”专题教育中推动“三查三保”活动的情况，总结分析存在的问题，研究下一步工作重点和主要举措。会议指出，各级各部门要深化认识，切实把“三查三保”活动摆在突出位置，持续推进、不断深化、务求实效。一要总结经验、完善规范，把好的做法制度化。二要深化认识以“三查三保”活动为载体推动各项工作的重要意义，进一步强化责任。三要持续排查，即期明责，及时化解，确保“三查三保”活动取得实效。

全市抓基层党建专项述职评议会议 2015年12月7日，全市抓基层党建专项述职评议会会议召开，对各开发区、县（市）区党（工）委书记抓基层党建工作进行述职评议。会议强调，要依托网格化管理，强化“一个核心”、抓好“三支队伍”、落实基层“四项基础制度”，提高基层党建科学化水平。强化“一个核心”，就是强化基层党组织的核心地位和作用，以区域党建为方向，以有效的党组织活动为抓手，以软弱涣散基层党组织转化提升为重点，扩大党建工作的有效覆盖，推进基层党建水平全面提升。抓好“三支队伍”，即抓好群众工作队、市县职能部门下派网格人员、乡（镇）街道下沉网格人员队伍建设，健全痕迹化管理体系，形成可量化的、自动生成的干部履职绩效评价制度，确保每件事情都有人去管、有人为其负责；以问题为导向做好动态调整，有针对性地调整充实“三支队伍”；坚持正确的用人导向，引导干部扎根基层，形成干部争先恐后到基层工作的浓厚氛围。要落实基层“四项基础制度”，在民主决策制度方面，推进农村“四议两公开”工作法和城市社区“一征三议两公开”工作法全覆盖，提高基层决策的民主化、科学化水平；在矛盾化解方面，进一步完善以社区警务室为核心，与基层法庭、社区居委会、民调委紧密结合的基层调解网络体系；在便民服务方面，加快三级三类便民服务中心体系建设，切实解决好服务群众“最后一公里”问题；在党风政风监督检查方面，完善以“三公经费”和村务公开为重点的公开制度，积极开展针对基层侵害群众利益、影响党群干群关系等突出问题的专项治理，强化基层廉政建设“两个责任”的落实，始终保持党风廉政建设的高压态势。

【新型城镇化建设重要会议】 新型城镇化建设推进大会 2015年2月25日，郑州市新型城镇化建设推进大会召开，全面总结2014年及过去三年全市新型城镇化建设工作，安排部署新型城镇化新三年行动计划及2015年各项工作。会议指出，新型城镇化建设的总体要求，就是围绕“扩面”“提质”“惠民”，大干三年，基本实现郑州全域城镇化，全面建成小康社会，基本形成“整洁、畅通、有序”的城乡环境，基本建成自然之美、社会公正、城乡和谐的现代田园城市。“扩面”，就是以“畅通郑州”工程、大棚户区改造、承载功能提升、“四优先”新型社区建设为重点，基本实现影响郑州长远可持续发展的各类城乡改造任务大头落地、制约郑州发展的水电气暖路等重大基础设施瓶颈基本解决，80%以上的农民实现城镇化转换。“提质”，就是围绕落实习近平总书记提出的群众“七个更”期盼，解决好群众办事难、上学难、就医难、行路难、就业难等问题。“惠民”，就是切实维护好群众利益。

棚户区改造、创新创业综合体和便民服务中心建设等重点工作现场观摩会 2015年3月3日，市委、市政府召开棚户区改造、创新创业综合体和便民服务中心建设等重点工作现场观摩会。会议要求，全市上下要着眼于贯彻落实中央“四个全面”战略部署和省委、省政府《全面建成小康社会加快现代化建设战略纲要》，着眼于在全省率先建成小康社会、为郑州长远可持续发展奠定基础，提高站位，抢抓机遇，坚定不移地加快推进以大棚户区改造等重点工作为核心的新型城镇化建设。要突出重点、认清责任，城市区要突出棚户区改造、创新创业综合体建设、区级公园和生态廊道、便民服务中心体系、建筑及拆迁工地扬尘治理、支线路网打通、城市精细化管理服务等工作，各县（市）要优先推进县城、产业集聚区、新市镇规划区3公里区域，煤炭塌陷区、贫困山区、黄河滩区和高速公路、干线公路两侧1公里区域的村庄改造，做好历史文化风貌村保护提升等工作，改善群众生活环境，加快小康建设步伐。全市各级领导干部要按照“勤奋敬业、尽心尽责、敢于担当、善于担当”的要求，振奋精神，全力以赴，以良好的工作状态和扎实的工作作风，确保各项工作有序推进、取得成效。

3月29日，市委、市政府召开棚户区改造、创新创业综合体建设等重点工作现场观摩会。会议强调，全市上下要进一步统一认识，充分看到市委、市政府推进新型城镇化建设各项工作部署的科学性和正确性，坚决克服畏难情绪和等靠思想，着力提升解决问题、驾驭发展的能力，坚持既定目标任务不动摇，持续巩固和扩大新型城镇化建设成效。各级各部门要把推进新型城镇化建设作为郑州“抢抓机遇、奠定基础、确立地位”的战略举措，层层强化责任，层层传导压力，努力形成担责尽责、上下联动的工作局面。各级领导干部要切实转变作风，准确把握市委、市政府工作意图，坚持从本地实际出发、从郑州长远发展需要出发，依托网格化管理，发扬“钉钉子”精神，敢于担当，善于担当，确保各项工作有序有效推进，努力开创新型城镇化建设新局面。

2月25日，郑州市新型城镇化建设推进大会召开

5月3日，市委、市政府召开大棚户区改造及创新创业综合体建设等重点工作现场观摩会。会议指出，全市上下要充分认识市委、市政府落实中央、省委省政府决策精神，实施大棚户区改造工作的科学性、正确性，把思想和行动统一到市委、市政府的各项工作部署上来，克服一切干扰，扫除思想障碍，坚持2015年大棚户区改造既定目标任务不动摇，全力以赴、克难攻坚，创新方法，实现突破，持续巩固和扩大大棚户区改造工作成效。要在依法治国、依法治市的大背景下，按照"依靠群众、依法行政、司法保证、善用媒体"的工作思路，尽快探索建立依法保障下的充分协商、良性征收拆迁机制，将大棚户区改造工作全面纳入法制轨道。要集中力量，查处一批强装强卸、强买强卖和暴力抗法、寻衅滋事的违法违规行为，为郑州建设发展营造良好的法制环境。要全面排查影响棚户区改造、安置房建设、省市重点项目建设等方面存在的各类问题，建立台账，明确责任，明确时限，强化督察，确保化解到位。各级各职能部门要履职尽责、敢于担当，提高工作效率，主动服务好棚户区改造工作。要加强考核，科学制定考核办法，稳定、有序、高效推进大棚户区改造。

5月29日，市委、市政府召开全市棚户区改造、环保专项治理等重点工作现场观摩会。会议指出，全市上下要认清形势，鼓舞士气，坚定加快新型城镇化建设的信心和决心，坚定走"以人为本、城乡统筹、三化协调"集聚集约内涵式发展的路子，全力加快推进新型城镇化建设。要坚持问题导向，突出大棚户区改造、扬尘治理、污水口治理和支线路网打通工程等阶段性重点工作，强化措施，确保取得阶段性成效。要加强领导，统筹谋划，强化责任，加强组织，狠抓落实，确保新型城镇化有序有效推进，为郑州长远发展奠定基础。会议要求，各开发区、各县（市）区要继续加快推进大棚户区改造，全力做好临时过渡房安全工作，持续推进安置房建设，推动大棚户区改造向纵深发展。全市上下要统一思想，充分认识大气污染防治的严峻性、复杂性、长期性、艰巨性，切实增强责任感和紧迫感，采取有力措施，突出重点，着力做好建筑垃圾处理，严格落实施工工地湿法作业，扎实做好汽车尾气治理和重点区域、重点企业监控等工作，扎实有效推进治理工作，使全市空气质量尽快取得明显好转。各级各部门要强化措施，落实领导分包制度到工地，层层传导压力，建立严格督导机制，强化从严问责，确保治理目标实现；要按照市委、市政府的部署要求，以对人民群众高度负责的态度，主动作为，勇于负责，共同努力，确保大气污染防治目标任务的完满完成。

8月30日，全市大棚户区改造、大气污染治理等重点工作现场观摩会召开，现场察看各城区工作进展情况。会议强调，全市上下要按照市委、市政府的工作部署，抓住第四季度的有限时间，紧盯目标任务、紧扣时间节点、紧追工程进度，开展百日攻坚，确保全年建设任务的圆满完成。"畅通郑州"工程要按照时间节点，加快建设进度，严抓工程质量，确保各项工程达到时间进度、如期竣工投用，确保年底全市交通拥堵状况明显好转。大气污染治理要围绕空气质量确保比2014年好，坚持每天调度分析，严格落实控尘、控烟、控煤等措施，推进治理工作不断深化、细化、常态化。要加大大棚户区改造力度，加快安置房建设，确保动迁群众尽快回迁安置。要加快推进市场外迁，带动中心城区外疏。要抓好"三级三类"便民服务中心建设和城市精细化管理工作，开展脏、乱、差专项治理，提升城市管理水平，营造整洁、畅通、有序的城市环境。

10月30日，全市大棚户区改造、大气污染防治、城市精细化管理等重点工作观摩讲评会召开。会议强调，各级各部门要紧盯目标，突出重点，确保全年各项工作圆满完成。要按照年度目标任务，加快推进大棚户区改造、工地垃圾清运、安置房建设开工等工作，带动"畅通郑州"工程、市场外迁、生态廊道建设、便民服务中心体系建设等各项工作加快步伐、扩大成效。要坚持"两手抓、两手硬"，进一步完善大气污染防治措施，多策并举，确保空气质量比上年好。要抓住秋冬有利时机，抓紧推进生态廊道、园林绿地、土地复耕、高标准农田改造等工作，迅速掀起建设热潮。要围绕解决"五难"问题、让群众生活更美好，全面实施城市精细化管理，着力营造畅通整洁有序的市容环境、天蓝地绿水清的生态环境和"15分钟便民生活圈"的生活环境。全市各级各部门主要负责人要强化责任担当，坚守工作一线，狠抓工作落实，以工作成效体现和检验"三严三实"作风。

12月1日，全市大棚户区改造、大气污染治理及城市精细化管理工作观摩推进会召开。会议强调，全市上下要按照远近统筹、阶段推进的要求，紧紧围绕营造畅通整洁有序的市容环境、天蓝地绿水清的生态环境和"15分钟便民生活圈"的生活环境"三个环境"，探索完善现代城市管理体制，科学配备城市管理装备，改造提升城市基础设施，推进智慧城市建设，落实好城市精细化管理各项任务措施。全市上下要拿出超常规的状态、超常规的措施、超常规的力度，加紧构建以县（市）区为单位、乡（镇）办为主体的城市精细化管理工作推进机制，全民动员，全民参与，全力以赴，坚决打赢城市精细化管理攻坚战。要切实解决好群众关心的热点问题，确保社会大局和谐稳定，为省会营造良好的生活环境，让群众生活更美好。

全市扶贫开发暨新型城镇化工作现场经验交流会 2015年10月16日，全市扶贫开发暨新型城镇化工作现场经验交流会在新郑召开。会议落实省委、省政府关于贯彻李克强总理河南调研重要讲话精神的工作部署和省委书记郭庚茂对郑州发展的重要指示精神，对全市近年来以新型城镇化为引领推进郑州建设发展的工作进行总结和经验交流，并对推进新型城镇化深化提升、加快率先全面建成小康社会进行动员部署。会议要求，全市上下要在四个方面深化认识、统一思想。一是审视路子，坚定信心。二是认清形势，担当责任。落实好李克强总理关于河南要在破解新型城镇化这一中国发展的关键难题上做示范的指示精神和省委书记郭庚茂对郑州市提出的"爬山、铺地、消患"的工作要求，落实好国家、省推进新型城镇化的一系列

5月20日，全市新型城镇化重点工作观摩推进会召开

政策措施，既是政治责任，更是郑州发展的难得机遇。全市上下要顺势而为，乘势而上，在全国全省这一轮新型城镇化建设中抓住机遇，走在前头、做出示范。三是紧盯目标，明确任务。各县（市）区要着眼于在全省率先全面建成小康社会、基本实现全域城镇化，围绕"畅通郑州"工程和全域路网体系建设，大棚户区改造和"四优先"社区建设，中心城区和县城组团、新市镇、产业集聚区基础设施、公共设施配套完善，以旅游开发为引领的历史文化风貌特色村保护提升，城乡公共服务和社会保障一体化，贫困群众稳定脱贫等标志性工作，进一步梳理工作任务，加快推进落实。四是创新方法，着力提升。要突出系统性、统筹性、战略性，优化空间战略布局，统筹中心城镇、产业集聚区、贫困山区、黄河滩区、农业生产区的城镇化建设，系统解决土地、资金、公共服务、社会保障等问题，提升运作水平，确保新型城镇化可持续发展。

全市"三级三类"便民服务中心建设观摩推进会 2015年12月23日，全市"三级三类"便民服务中心建设观摩推进会召开。会议强调，全市上下要以中央经济工作会议、城市工作会议和省委常委（扩大）会议精神为指导，准确把握全市阶段特征，总结成绩，交流经验，加快推进以人为核心、以"三级三类"便民服务中心和城市精细化管理为标志、以"三个环境"打造为目标的新型城镇化深化提升。各级各部门要围绕"大管理、大服务"，突出抓好以"三级三类"便民服务中心建设、道路交通综合整治、生态廊道建设、非机动车辆管理、企业市场外迁、分级诊疗体系建设、智能交通体系建设、户籍制度改革等重点工作，抓住机遇，乘势而上，持续郑州市新型城镇化快速推进的良好态势，不断充实内容、提升水平，确保2016年郑州的城市形态风貌、管理水平、文明程度、对外形象实现一个大的提升。要坚持"政府主导、市场运作、改革配套、依托网格、网络覆盖"，扎实推进"三级三类"便民服务中心建设。要加强领导，建立健全工作推进机制；细化方案，规范建设任务和运行管理；加强宣传，调动广大群众的参与积极性，形成全社会推进新型城镇化深化提升的强大合力，坚定不移地走好具有郑州特色的新型城镇化路子，尽快把郑州建设成为自然之美、社会公正、城乡和谐的现代田园城市。

【现代产业体系构建重要会议】 全市县域产业集聚区暨招商引资工作观摩讲评会 2015年1月15日，全市县域产业集聚区暨招商引资工作观摩讲评会召开。会议要求，全市上下进一步强化重视主战场、支持主战场，向主战场倾斜力量、倾斜政策的导向；进一步坚定信心、明确目标、厘清思路，持续全市产业集聚区和招商引资工作良好势头，努力在新的一年里取得更大的突破和成效。会议强调，2015年全市产业集聚区建设目标任务是围绕在全省产业集聚区中晋星、晋级、晋位谋划部署各项工作。各县（市）区要对照目标主动认领任务、落实责任，强化措施，确保各项工作任务落到实处。要充分认识市委在经济社会主战场选拔使用干部的导向，积极到主战场接受锻炼，在主战场上展现作为。全市各组团新区、产业集聚区、专业园区要鼓足干劲、大干快上，确保一季度有精彩开局、全年有新的更大的突破。

全市产业集聚区建设工作会议 2015年4月24日，全市产业集聚区建设工作会议召开。会议贯彻落实全省产业集聚区建设工作会议精神，回顾总结全市产业集聚区、服务业"两区"建设发展情况，对下一步产业集聚区等科学发展载体建设和当前的经济运行工作进行安排部署。会议强调，全市上下要进一步统一思想，提高认识，切实增强推进郑州大建设、大发展的责任感、使命感和紧迫感。要把握内涵，明确目标，解决问题，着力提升，推进各类科学载体实现更好更快发展。要围绕"抓改革创新、强投资开放、促结构转型、求民生改善"的总要求，突出主导产业培育和大棚户区改造，以项目为抓手，以投促建、以投促调、以投促转，确保在晋星、晋级、晋位上实现新突破。要着力在五个方面解决问题、实现提升：一是解决好规划修编衔接不到位问题，提升规划引领的水平；二是解决好主导产业发展不突出、项目落地难问题，提升产业集群效应；三是解决好承接能力不足的问题，提升新型城镇化建设水平；四是解决好开放创新功能平台建设方面的问题，提升发展的动力和活力；五是解决好套合改革中涉及的问题，在体制创新、服务创新上着力提升。会议要求，各级各部门主要领导要把勤奋敬业、尽职尽责、敢于担当作为工作标准，在提升能力水平、狠抓落实上下功夫，确保各项工作落到实处、取得实效。

大众创业、万众创新现场观摩及经验交流会 2015年11月16日，全市大众创业、万众创新现场观摩及经验交流会召开。会议强调，全市上下要深入贯彻落实十八届五中全会精神和李克强总理考察河南重要讲话精神，牢固树立和切实贯彻"创新、协调、绿色、开放、共享"发展理念，进一步加大"双创"工作推进力度，迅速形成"大众创业、万众创新"热潮。会议指出，要总结经验，坚定信心。坚持既定工作部署不动摇、持续推进、持续提升。要提高站位，构建支撑。全市各级各部门要围绕打造"全民创业热土、国家创新中心"目标，提高站位，走在前列，以互联网示范城市建设、光通信技术、新能源汽车、智能终端、智能装备和新材料等领域的研发和产业化为引领，构建"大众创业、万众创新"支撑体系，占领全国制高点，为郑州长远发展打好基础。要创新方法，加速推进。各县（市）区要积极探索，互相学习借鉴，结合自身实际，围绕载体平台建设、人才支撑、政策保障等工作，进一步厘清发展思路，梳理工作路径，形成推进方案，努力探索走出一条具有郑州特色的"双创"路子。要加强领导，狠抓落实。各县（市）区要把"双创"工作摆在突出位置、纳入议事日程，完善工作机构和工作机制，主要领导要亲自研究、亲自推进；各级各部门要高度重视，抓好落实，确保成效，努力开创全市"大众创业、万众创新"新局面。

1月15日，全市县域产业集聚区建设暨招商引资工作观摩讲评会召开

【郑州航空港经济综合实验区建设重要会议】 国际陆港建设、E贸易试点、郑欧班列运营工作督察会议 2015年2月6

日，市委、市政府召开国际陆港建设、E贸易试点、郑欧班列运营工作督察会议。会议强调，要统一思想，提高站位，正确理解把握中央、国务院关于推进自由贸易的战略意图，深入贯彻落实习近平总书记在郑调研E贸易的指示精神，围绕“买全球、卖全球”的战略目标，做好跨境电子商务的战略谋划和设计，全力加快建设全球网购商品集疏分拨中心。要认真总结梳理试点工作，推进成功做法条理化、法制化、标准化，同时要着眼于贸易自由化，深化制度、体制、机制、政策创新，推动试点工作向更高层次迈进。要坚持长短结合，加快建设支撑全球网购集疏分拨中心的信息系统，优化跨境电子商务布局，加快配套服务载体建设，完善E贸易集疏体系，推进全市跨境电子商务健康快速发展。会议指出，要紧紧围绕习近平总书记调研郑州国际陆港建设时提出的“建成连通境内外、辐射东中西的物流通道枢纽，为丝绸之路经济带建设多作贡献”的重要指示精神，做好战略性谋划和规划，全面加快国际陆港建设，为实现“三大一中”目标奠定基础。要围绕陆港公司和郑欧班列自主经营，进一步完善体制，构建网络，围绕汽车及零配件、粮食、肉类、邮政等重点货源，科学组织，降低成本，扩大规模，为郑欧班列可持续健康运行提供保障。要突出重点，按照时间节点，明确任务，倒排工期，加快推进路网体系完善、配套基础设施建设等工作，全面掀起国际陆港建设高潮，实现国际陆港的大发展。

航空港实验区工作推进督察会 2015年3月13日，航空港实验区工作推进督察会召开。会议强调，要围绕贯彻省委全面建成小康社会加快现代化建设战略纲要，落实好省四大班子领导2月10日、11日调研航空港实验区讲话指示精神，坚定跨越发展的信心和决心，争分夺秒开创大建设大发展新局面。

全市贯彻省领导航空港实验区调研讲话精神大会 2015年9月8日，全市贯彻省领导航空港实验区调研讲话精神大会召开。会议要求，贯彻落实省领导调研航空港实验区讲话精神，要坚持“抓实”与“造势”并举，集全市之力，争分夺秒，拼尽全力，加快推进。一要重点抓目标完成，围绕年初确定的各项目标任务，加大力度，强化措施，确保圆满完成。二要抓枢纽建设，围绕机场二期建成投用、“米”字形高铁项目建设，全力配合做好服务保障工作；同时，加快推进与之相配套的地铁2号线南延、郑机城际铁路、高速出入市口以及外联道路建设，积极推进海关多式联运监管中心建设，加快形成“铁公机海”多式联运体系。三要抓口岸建设，抓紧建设汽车进口口岸二期、药品口岸，加快推进肉类、冰鲜水产品、粮食指定口岸等各类口岸建设。四要抓重点项目建设，强力推进279个重点项目建设，突出抓好117个省重点项目，确保全年固定资产投资突破500亿元，同时加大招商引资力度，确保新签约项目50个、总投资达到1000亿元。会议指出，全市上下要深刻领会省领导调研航空港实验区讲话精神，以高度的责任感和紧迫感抓好贯彻落实工作。一要积极融入国家“一带一路”战略，紧紧围绕省领导提出的明确要求，深入研究，精心谋划，找准定位，完善思路，明确攻坚方向，确保战略目标的实现。二要突出各类口岸建设和“四港一体”体制机制建立，不断巩固在内陆地区对外开放体制机制的先进地位和在新丝绸之路经济带中的重要节点地位，以航空港、国际陆港、电子口岸平台为依托，以郑欧班列、航空卡班、E贸易为载体，进一步创新交通组织模式和通关“三互”体制，推进铁海、空铁、区港全面衔接，基本确立“四港一体”多式联运的独特优势。三要发挥枢纽优势，加大招商引资力度，发展大物流、培育大产业、带动大都市建设，持续保持大开发、大建设的发展局面。四要以航空港实验区为统揽，持续推进“三大主体”工作，提升发展层次、质量和水平，扩大工作成效，努力开创以航空港实验区为统揽的郑州都市区建设新局面。

2月10－11日，省领导郭庚茂、谢伏瞻等赴郑州航空港经济综合实验区调研

【其他重要会议】 *全面深化改革领导小组第三次会议* 2015年1月13日，市委全面深化改革领导小组第三次会议召开，总结全市2014年全面深化改革工作，安排部署2015年工作，研究有关具体改革事项。会议指出，全市上下要坚定持续深化改革、以改革求突破创优势促发展的信心和决心，把改革作为主动适应新常态、积极作为新常态的关键一招、战略举措，在认真总结的基础上持续深化、持续突破、持续提升，确保郑州市在此轮改革中走在全省前列、与全国先进城市同步，培育形成郑州发展的体制机制新优势。要坚持问题导向和改革方向，突出改革重点，实现全面改革的新突破。2015年的改革工作要继续按照“四抓”部署，即持续抓好中央、省确定改革事项的贯彻落实，抓好上级探索性改革事项的试点争取，抓好权限范围内改革事项的突破创新，抓好已实施改革措施的深化提升。对已争取到的各类改革试点和示范先行项目，要着力在体制、机制、制度、政策上深化改革，突出影响全市发展大局和民生改善的关键问题谋划改革，为郑州都市区建设提供体制机制保障和支撑。各级各部门要加强组织领导，强化工作责任。要建立健全改革谋划机制、改革项目储备机制、改革进程督察机制等工作推进机制，使各项改革措施有序有效推进；要坚持依靠群众，用改革思维和办法解决群众所需所盼；要努力营造全社会支持改革、参与改革、推动改革的良好氛围。

全市“五单一网”暨行政审批制度改革调研讲评会 2015年1月29日，全市“五单一网”暨行政审批制度改革调研讲评会在金水区召开。会议要求，全市上下要把思想和行动统一到市委、市政府的工作部署上来，站在对事业负责、对发展负责、对群众负责的高度，切实增强自觉性和主动性，全力以赴推动各项改革措施落到实处、见到实效。要紧盯目标，把握方向，明确任务，确保改革有序有效推进。紧盯目标，一要着力打造与国际接轨、具有国内领先水平、有利于创新创业的营商环境，成为国内审批事项最透明、审批流程最简便、管理和服务最高效、信息化应用最广泛的城市之一；二要建立服务群众、服务发展、廉洁从政、履职尽责的制度机制，健全密切联系群众的制度。把握方向，就是要处理好政府与市场、整体与局部、“放”与“管”、于法有据与于事简便周延“四个关系”，既要严格

9月9-10日，市委中心组进行“三严三实”专题教育第二次专题学习研讨

按照“法无授权不可为、法定职责必须为”的原则，规范权力、机构、流程设置，又要着眼于“低成本、高效益、可持续”，在法律允许范围内，创新行政执法方式方法，最大限度简化程序、流程和环节。明确任务，一是按照中央和省委要求，围绕“法定职责”“法无授权”，梳理权责界限，优化工作流程，方便群众，提高效率；二是坚持问题导向、市场导向、需求导向，围绕全市经济社会发展中出现的突出问题和群众反映强烈的问题进行改革；三是制定履职尽责行为规范，对每一项职责的落实定岗定责定行为规范，以岗位职责落实、行为规范执行情况为依据，形成干部能上能下、能进能出，优秀干部自动生成的体制机制。

河南预备役高炮师党委二届七次全体（扩大）会议 2015年1月29日，河南预备役高炮师党委二届七次全体（扩大）会议在郑州召开。会议指出，要认真贯彻落实党的十八届四中全会精神，进一步做好新年度部队建设和军民融合深度发展。一是坚持党管武装、铸牢军魂，确保党对军队的绝对领导。党管武装重点要在“四管”上抓好落实，即管好思想引领、管好制度落实、管好干部队伍、管好组织保障。二是坚持任务牵引、强化训练，全面提升应急应战能力。要把落实习近平主席“能打仗、打胜仗”战略要求作为首要任务，各项工作都要围绕战斗力、聚焦战斗力、服务战斗力来研究、部署和推进，按纲施训，依法治训，做到战训衔接、训用一致，始终保持高度戒备和良好的战备状态，确保一旦有事能够及时处置、有效应对。三是坚持互为一体、齐抓共建，深化军民融合深度发展的实践成果。要牢固树立“军地一盘棋、共同谋发展”的思想，积极融合、主动融合、创新融合。强化融合深度发展的理念，突出融合深度发展的重点，巩固扩大双拥共建成果，切实把预备役部队建设和地方工作衔接起来，推进军民融合发展持续深化。

郑州警备区党委第四届第十次全体（扩大）会议 2015年2月11日，郑州警备区党委第四届第十次全体（扩大）会议召开。会议强调，全市各级党委、政府和人武部门要认真学习贯彻习近平主席关于党管武装工作的重要讲话精神，切实增强党管武装的责任意识，把党管武装的职责履行到位、制度落实到位、工作推进到位，努力推动全市国防后备力量建设再上新台阶。要围绕能打仗、打胜仗，着力提升国防后备力量建设实战化水平。重点抓好全民国防教育基础性工程，牢固树立全民国防观念；抓好训练演练，增强应急应战能力；坚持问题导向，提高国防动员质量；加大财力物力投入，强化服务保障。各级党委、政府要牢固树立“军地一盘棋、统筹谋发展”的理念，不断提升军民融合深度发展的科学化水平。要统筹地方建设与国防建设，更加有效地聚合军地力量、整合军地资源、发挥军地优势，持续扩大军民融合的军事效益和经济社会发展效益。要着力强化融合深度发展的理念，突出融合深度发展的重点，健全军民融合深度发展的机制载体，努力走出一条符合郑州实际、具有郑州特色的军民融合深度发展之路。

市委中心组集体学习会 2015年2月12日，市委举行中心组集体学习会，传达习近平总书记在省部级主要领导干部学习贯彻十八届四中全会精神全面推进依法治国专题研讨班开班式上和在十八届中央纪委第五次全体会议上的重要讲话精神。会议强调，要准确把握习近平总书记两个重要讲话的精神实质，端正思想认识，明确努力方向。一要把握“四个全面”的战略布局，进一步深化认识“四个全面”的内在统一性、逻辑性、规律性，充分认识“四个全面”的重大战略意义和全局指导意义，坚定不移地用“四个全面”统一思想、统揽工作，更好地指导和谋划郑州的各项建设。二要准确把握依法治国必须抓住领导干部这个“关键少数”的重大论述和关于领导干部要做尊法学法守法用法模范的新要求。三要准确把握党的领导与全面推进依法治国的高度统一性，把党的领导、人民当家做主、依法治国有机统一起来，将党的领导贯彻到依法治国全过程、各方面，不断提高党领导法治建设的能力和水平。四要准确把握反腐败斗争的形势和中央从严治党、确保反腐败斗争决战决胜的坚决态度与坚定决心。五要准确把握讲纪律、讲规矩的严肃性和必要性，牢固树立依规治党意识，坚持用党章党规党纪指导党的工作、规范党内活动、严格党的秩序，真正让党的规矩立起来、严起来。六要准确把握以全面深化改革推进制度反腐的导向要求，进一步推进源头治理、预防腐败为核心的反腐倡廉制度建设，切实扎紧制度的笼子，更有效地预防和惩治腐败。

9月28日，市委举行中心组（扩大）学习会，通报南充拉票贿选案和湖南衡阳破坏选举案查处情况，传达学习中央精神，对全面从严治党进一步提出明确要求。会议强调，全市广大党员领导干部要以案为鉴，举一反三，汲取教训，牢记责任，严肃纪律，履职尽责，以身作则，坚定不移地落实好全面从严治党各项部署，进一步巩固全市“风清、气正、心齐、劲足”的良好政治生态，为加快以航空港实验区为统揽的郑州都市区建设提供坚强的政治组织保障。

11月3日，市委举行中心组（扩大）学习会，邀请省纪委法规室主任王明星就学习贯彻《中国共产党巡视工作条例》《中国共产党廉洁自律准则》《中国共产党纪律处分条例》作专题辅导报告。会议指出，要提高认识，增强自觉，不折不扣地抓好三个党内法规的贯彻落实。一要深化认识中央党要管党、从严治党、严惩腐败的坚决态度，坚定不移地与中央保持高度一致，切实把思想统一到中央要求上来，保持头脑清醒、警醒警觉，坚决克服侥幸心理、过关思想、旁观心态，以对党负责、对同志负责、对自身负责的态度，真正担起责任、管住自己、管好队伍。二要澄清模糊认识，模范遵守准则、条例，严格廉洁自律。三要强化责任担当，自觉落实好“两个责任”。四要以三个党内法规的实施为契机，突出抓早抓小，加快完善全市“强化政治纪律规矩、强化‘两个责任’、不敢腐不能腐不想腐”的“两强三不”反腐倡廉机制。要以巡视巡察工作为抓手，保持反腐败高压态势；要加快完善以痕迹化管理为重点的干部履职尽责监督约束机制，解决好公职人员不依法依规用权、不作为、乱作为问题；要加强学习宣传，增强自律意识，让每一名党员都能够明方向、有敬畏、知底线，增强不想腐的思想和行动自觉。

11月26日，市委举行中心组（扩大）学习会，贯彻落实省委宣传部召开的省会新闻宣传工作联席会议精神，围绕强化党管意识形态政治责任、提高媒体舆论宣传引导能力进行集中学习，邀请全国公安文联副主席、公安部原新闻发言人武和平作专题辅导报告。会议强调，全市各级领导干部要履行好党管意识形态的主体责任，把握新形势下媒体舆论工作特点，提高宣传引导和舆情处置能力，切实加强和改进媒体舆论宣传工作，努力营造一个更有利于郑州发展的良好舆论环境。会议要求，要正视存在的问题，转变思想观念，全面提升媒体舆论宣传工作的能力和水平。在今后的工作中，各级领导干部要增强“四种意识”，提高“四个能力”：一是增强主体责任意识，提升推进“大宣传”工作的能力；二是增强舆论引导意识，提升舆情处置能力；三是增强媒体沟通意识，提升善用媒体能力；四是增强接受监督意识，提升依法行政能力。要重点完善党管意识形态责任落实机制、新闻通气会和发言人机制、引导舆情机制、舆情分析和应急处置机制。同时要结合“十二五”总结宣传，做好组织策划和推进工作，进一步凝聚支持发展的正能量。

全市党政联席（扩大）会议 2015年3月2日，全市党政联席（扩大）会议召开，贯彻落实省委常委会、全省工业电视电话会议精神，分析经济形势，安排部署当前工作。会议强调，要突出重点，狠抓关键，推进创新举措的落实，确保各项保增长措施落到实处。一要加强政策研究，确保房地产业稳定健康发展；二要围绕固定资产投入，以项目为载体，加大工作力度；三要抓好新的增长点，突出抓好汽车与装备制造、智能终端、电子商务、食品等产业项目的建设和投运；四要转化拖累点，对困难企业逐一研究措施，促其减亏增盈；五要控制风险点，做好各种风险预案，及时排查化解；六要加强各类生产要素的保障工作。

全市防范打击和处置非法集资工作会议 2015年4月29日，全市防范打击和处置非法集资工作会议召开，贯彻落实全省防范打击和处置非法集资工作会议精神，分析研判处置非法集资工作面临的形势和任务，对下一阶段重点工作进行动员部署。会议要求，要坚持“急则治标，缓则治本，长则建制”，持续加大非法集资防范打击和处置工作力度。急则治标，就是围绕守住不发生系统性、区域性金融风险的基本底线，坚决遏制新的非法集资案件发生，确保不发生重大串联非访集访和群体性事件，打防并举，分类处理，积极化解。缓则治本，就是坚持政府主导、依法规范，使高风险行业步入合法经营、有序发展的轨道。长则建制，就是完善长效防控监管处置体制机制，把防范非法集资作为网格化管理的重要内容，强化网格人员和职能部门下沉人员的责任，确保市场监管职责落实到位。

全市信访工作汇报会 2015年5月7日，全市信访工作汇报会召开，贯彻落实省委政法委、省信访联席办、省维稳办关于做好信访工作的有关精神，安排部署全市信访稳定工作。会议要求，全市各级各部门要端正态度，提高认识，充分认识信访稳定工作的长期性和复杂性，把畅通信访渠道、规范信访秩序、维护群众合法权益作为一项基础性的工作，把解决问题作为信访稳定工作的出发点和落脚点，积极作为，敢于担当，努力从源头上消除矛盾、维护稳定。要认真贯彻落实中央、省委关于涉法涉诉信访工作改革精神，健全诉访分离、依法处理工作机制，切实把涉诉信访问题解决纳入法制轨道。要按照“急则治标、缓则治本、长则建制”的原则，以稳定为核心，建立健全市、县两级信访联席会议制度，对重点信访案件，做到诉求合理的解决问题到位、诉求无理的思想教育到位、生活困难的帮扶救助到位、行为违法的依法处理到位。要加强领导，协调推进信访稳定工作，根据“谁分管、谁联系、谁负责”的原则，坚持条块结合、明确责任、双重负责，创新社会治理方式，形成预防、排查、化解各类矛盾问题的长效机制，确保社会大局稳定，努力营造稳定、有序、和谐的发展环境和群众生活环境。

市委民族工作会议暨郑州市第十次民族团结进步表彰大会 2015年5月27日，市委民族工作会议暨郑州市第十次民族团结进步表彰大会召开，认真学习贯彻中央、省委民族工作会议精神，总结2011年以来全市民族工作，表彰民族团结进步模范集体和模范个人，安排部署新形势下民族工作。会议要求，一要深入学习领会中央、省委民族工作会议精神，切实把思想和行动统一到中央、省委的决策部署上来，进一步增强做好新形势下民族工作的坚定性、主动性和自觉性。要切实增强做好民族工作的责任感和紧迫感，确保民族工作的正确方向，履行好郑州的“双重”责任。二要依托网格化管理长效机制，认真落实民族政策，不断巩固和发展民族团结和谐的大好局面。要把民族工作纳入网格化管理内容，充分发挥“三支队伍”的作用，按照“依靠群众、强化引导、把握特点、依法管理”的原则，抓好民族团结进步工作各项任务的落实。三要坚持发展第一要务，确保各民族共同实现全面建成小康社会目标。各级各部门要把推进少数民族和民族聚居区发展摆在郑州都市区建设的优先位置，优先推进少数民族和民族聚居区新型城镇化建设、民族特色产业发展、少数民族群众民生改善，让少数民族群众得到更多实惠。四要加强和改进党的领导，夯实民族工作基层基础。各级党委、政府要完善领导体制和工作机制，高度重视和切实抓好基层基础和队伍建设，解放思想，凝心聚力，真抓实做，推动全市民族工作取得更大成效，努力开创全市民族工作新局面。

郑州（首届）国际创新创业大会暨全球众筹峰会 2015年5月28日，以“创新创业、引领未来”为主题的郑州（首届）国际创新创业大会暨全球众筹峰会在郑州国际会展中心召开。省市有关领导与来自海内外的数百名业界领袖及行业代表汇聚一堂，共谋新常态环境下的创新驱动发展之道。大会还举行了签约仪式。市长马懿在致辞中表示，郑州将不断提高创新创业层次和水平，进

11月26日，全国公安文联副主席武和平在市委中心组（扩大）学习会上作专题辅导报告

9月14日，全市精神文明建设工作表彰暨深化全国文明城市创建工作大会召开

一步完善产学研政资介相结合的自主创新体系，全面推进国家创新型城市建设，努力把郑州打造成适合创业、适宜创新的国际性创新创业之城。

市委全面深化改革领导小组第四次会议 2015年9月18日，市委全面深化改革领导小组第四次会议召开。会议指出，全市上下要认清全面深化改革的形势和任务，进一步增强自觉性和主动性。要深化认识中央、省委推进全面深化改革的坚定决心和科学方法，深化认识郑州市改革举措的正确性、有效性，深化认识改革对郑州现阶段发展的重要性和紧迫性，既要看到成绩、坚定信心，又要明确方向、保持定力，始终把改革创新的精神贯彻工作全过程、各领域，持续深化、持续突破、持续提升，确保郑州市在此轮改革中走在全省前列、与全国先进城市同步，为郑州的长远发展奠定基础、创造优势。

市委统战工作会议 2015年11月3日，市委统战工作会议召开。会议强调，要深入贯彻中央、省委统战工作会议精神和习近平总书记、省委书记郭庚茂重要讲话精神，高举中国特色社会主义伟大旗帜，同心同德、团结奋斗，不断开创全市统一战线发展新局面，为加快推进以航空港经济综合实验区为统揽的郑州都市区建设凝聚强大力量、提供广泛支持。各级党委（党组）要从全局和战略的高度，充分认识做好新形势下统战工作的重要意义，不断加强和改进对统战工作的领导，着力构建党委统一领导、统战部门牵头协调、有关方面各负其责的大统战工作格局。

市委党的群团工作会议 2015年12月28日，市委党的群团工作会议召开。会议要求，要把握方向，依托网格，突出重点，不断提高全市党的群团工作科学化水平。要加强党的领导，创新体制机制，努力开创党的群团工作新局面。要强化责任，坚持以党建带群建，形成党委统一领导、党政齐抓共管、部门各负其责、党员干部带头示范、群团履职尽责的工作格局。要强化指导，创新方法，探索完善全面深化改革、全面依法治市条件下团结引领群众的方式方法，不断拓展信息化条件下开展群团工作的路径和成效。要坚持标准，建强队伍，强化保障，全力支持，切实增强群团组织联系群众、服务群众的能力。

（刘跃亭　郝巧梅　吕志坡）

重要活动

【李克强到郑州考察】 2015年9月24-25日，中共中央政治局常委、国务院总理李克强在国务委员、国务院秘书长杨晶的陪同下来到郑州，围绕郑州航空港经济综合实验区及郑州机场二期建设、农民创业及金融扶持“三农”、跨境电商发展等进行考察。李克强认真观看郑州航空港区规划发展及机场二期规划展板，听取相关负责人介绍汇报，细心询问建筑工人的起居生活和工资待遇，考察立体交通枢纽建设情况。他指出要将郑州机场建成最大、最好、一流的国际机场；要加快建设机场、铁路等重大基础设施，降低流通成本，推动产业升级；要促进大中小城市协调发展，既兴城也兴业，走出让群众宜业宜居的新路子。在新郑市孟庄镇农民创业园，李克强详细了解农产品电商发展、创业园优惠政策、金融机构扶持力度以及农民创业效益。勉励当地干部多为返乡农民创业服务，让他们在家门口能干成事业，带动农村发展和乡亲们致富。在郑州跨境电子商务综合监管中心，李克强详细了解货物进出口国家、包裹出境操作细节、郑州业务增长情况以及快递业发展状况，对快递行业持续快速发展给予肯定，嘱咐通过“互联网+”，做强“大众创业、万众创新”平台，推动民族快递品牌走向全球，同时快递、跨境电商要协同发展，互生互赢。在第一个进驻郑州“E贸易”的国内电商大企业聚美优品和移动终端最大的全球购物社区“小红书”考察时，李克强对电商企业的快速发展给予肯定，同时勉励年青一代要保持热情，不仅要做创客，而且要做极客，带动更多人创新创业，为企业为社会多作贡献。在河南保税物流中心，李克强走进企业，询问就业和农产品销售带动情况，勉励他们瞄准全球市场做大做强，并要求海关、质检部门持续推进简政放权、放管结合、优化服务，提高通关效率，促进更多新模式新业态脱颖而出。在郑东新区，看到这里中高端产业蓬勃发展，并聚集了大量人口就业、生活，李克强十分高兴。考察中，李克强充分肯定郑州经济社会发展取得的成绩，希望按照“四个全面”战略布局要求真抓实干，积极推进“四化同步”，在“双创”中敢为人先，为加快中原发展、促进中部崛起，为中国经济保持中高速增长、迈向中高端水平做出新贡献。

【徐光春到郑州调研】 2015年5月11日，中央马克思主义理论研究和建设工程咨询委员会主任、中共河南省委原书记徐光春到郑东新区，实地察看了郑州颐和医院、郑州儿童医院东区院区的建设和运营情况，对两家医院建设发展取得的成绩给予充分肯定和高度评价，希望郑州市继续深入推进医疗体制改革和医疗卫生事业发展，加快建设具有全国重要影响力的区域性医疗中心。

【黄坤明到郑州调研】 2015年11月9日，中宣部常务副部长、中央文明办主任黄坤明莅郑调研。黄坤明实地察看了郑东新区千玺广场、郑东新区创新创业综合体和河南保税物流中心。他指出，要牢牢把握和践行社会主义核心价值观这个根本任务，宣传工作要做细做实，推动社会主义核心价值观融入各个方面，在群众心中落地生根。

【胡泽君到郑州调研】 2015年11月19日，最高人民检察院党组副书记、常务副检察长胡泽君莅郑调研检察工作。胡泽君要求，郑州市检察机关要深入学习贯彻十八届五中全会精神，围绕中心、服务大局，积极推进司法改革和高素质检察队伍建设，为全面深化改革提供有力司法保障。

【省领导调研郑州航空港经济综合实验区】 2015年2月10-11日，省委书记、省人大常委会主任郭庚茂，省委副书记、省长谢伏瞻，省政协主席叶冬松与省委、省人大、省政府、省政协四大班子部分领导齐赴郑州航空港经济综合实验区进行调研，考察了郑州新郑国际机场二期工程、郑欧国际货运班列、郑州跨境贸易电子商务服务试点项目、保税物流中心、中部国际电子商务产业园、富士康科技园、智能终端（手机）产业园、保税展示交易中心、电子口岸服务中心、蓝宝石显示器件产业园、河南友嘉精密机械产业园、海尔一期空调项目、河南中烟公司等，研究完善工作思路，部署2015年重点任务。关于做好2015年的工作，郭庚茂强调了四个方面：一是积极融入国家“一带一路”战略，乘势而上，加快郑州航空港经济综合实验区发展；二是狠抓抓牢关键环节，以重点突破带动全面发展；三是着力创造优势，努力打造区域发展的制高点；四是再接再厉、同心协力，打好航空港实验区建设攻坚战。谢伏瞻深入分析了实验区发展中面临的形势和存在问题，对下一步发展提出殷切希望和要求：一要以确保投运为目标，加快机场二期建设；二要以改革为引领，加强载体平台建设；三要以开放为动力，加快产业集聚发展；四要以完善服务功能为重点，推动城市建设和人口集聚。

8月31日，省委书记、省人大常委会主任郭庚茂，省委副书记、省长谢伏瞻，省政协主席叶冬松与省四大班子部分领导到航空港实验区调研，考察了郑州机场二期工程、郑州国际陆港、河南进口肉类指定口岸、综合保税区区港（区）联动口岸作业区等，察看重点工作推进落实情况，并召开座谈会，研究讨论、指导航空港实验区下一步建设和发展。就做好航空港实验区建设下一阶段工作，郭庚茂强调要把握好六个方面：一是积极实施国家“一带一路”战略，更好更快推进航空港实验区建设；二是坚持“四大”并进，突出枢纽建设；三是坚持产业为基，以贸兴市、市产互动；四是坚持战略格局，使航空港实验区发展与区域经济发展相互促进、相互依托；五是坚持深化改革，创新体制机制，培育新的动力；六是坚持产城互动，增强综合保障和服务能力。谢伏瞻强调，要狠抓关键，重点突破，以决战决胜的状态坚决打赢攻坚战；要统筹兼顾，全面推进，持续提升航空港实验区建设发展水平；要从严从实，合力攻坚，为航空港实验区持续快速健康发展提供坚强保障。

2月17日，省委书记、省人大常委会主任郭庚茂在郑州看望慰问春节期间坚守岗位的环卫工人

【郭庚茂到郑州调研】 2015年5月22日，省委书记、省人大常委会主任郭庚茂深入登封市、二七区、新郑市、郑东新区调研，察看项目、指导发展。调研中，郭庚茂对郑州市发展提出三点要求：一是聚焦中心。郑州最本质的优势和特征是“中”，要抓住“中”字做文章，充分发掘利用“天地之中”的区位优势，形成产业、交易、金融、物流、医疗、文化创意旅游、会展等各类区域服务中心；要抓好中心性龙头项目，实现倍增效应。二是抢占先机。要紧跟形势、与时俱进，抢占制高点，抓住新业态新技术新机遇站立潮头，突出后发优势、实现跨越发展。三是多点支撑。要注重均衡发展、城乡一体，明确中心城区、重点经济板块的定位，发展城市新形态，调动多方面积极性，打好群体战。在当前经济形势复杂严峻、下行压力持续加大的情况下，郑州市要围绕“三大一中”战略定位，集中研究一批重点问题，抓一些富有成效最见实效的事情，长短结合，着力稳增长、打基础、保态势，全力构筑郑州发展竞争新优势。

【谢伏瞻到郑州调研】 2015年3月25日，省长谢伏瞻到郑州市调研，察看重点项目和重点企业，看望奋战在一线的工程建设者，指导经济社会发展。在农业路快速通道项目工地，谢伏瞻指出，要多争取群众对工程建设造成的暂时拥堵的理解和支持，高标准、高质量地加快施工进度，保障施工安全，争取早建成早投用，让群众享受到快速通道给工作生活带来的通行便利。在金水万达中心项目现场，谢伏瞻叮嘱，要以一流的建设质量，确保建成一流的工程。在郑东新区龙湖金融中心，谢伏瞻对新老城区市政工程及交通有效衔接、停车场的合理布局、保护龙湖水质不受污染等提出明确要求，并与郑东新区管委会负责人深入分析楼宇经济产生的可观经济效益。他指出，要全面加快各项建设，2016年要成规模、出形象，把郑东新区龙湖区域打造成中原地区新的金融中心，成为郑州对外宣传的新名片、经济增长的新引擎；郑州发展服务业具有其他城市无可比拟的得天独厚的条件，做大服务业，提升全省服务业占比，郑州责任重大。在郑大一附院郑东新区医院工地，谢伏瞻强调新项目建设要注重环保，做好医疗垃圾的分类和处理，寄语郑大一附院努力打造河南最好医院，为群众提供良好就医条件。在郑徐客运专线郑州枢纽项目工地，谢伏瞻希望工程建设者再接再厉，合理安排工期，加快建设进度，保质保量完成建设任务，争取早日投入运行。在位于郑州经济技术开发区的东风日产30万辆乘用车项目工地，谢伏瞻叮嘱项目负责人要科学施工、保证进度，积极适应河南这个消费大市场多样化的需求，开发生产不同档次的汽车车型，实现效益最大化。他强调，当前经济面临下行压力，郑州市要积极作为，以只争朝夕的精神，把项目建设紧紧抓在手上，争取早签约、早开工、早投产、早见效益。只有这样，才能适应新常态、引领新常态，才能稳增长、增后劲，渡过难关。

【襄阳市党政考察团到郑州考察】 2015年10月27-28日，由湖北省委常委、襄阳市委书记王君正率领的襄阳市党政考察团到郑州考察。考察团先后实地考察了郑东新区的郑州国家干线公路物流港、郑州市工商联小微企业众创空间、龙湖金融中心、郑州商品交易所、千玺广场，以及高新区的国家大学科技园西区、河南省电子商务产业园、黄河科技学院等地。考察团成员对郑州市的新区规划、创新创业环境、城市建设表示赞叹，对郑州市经济社会发展成效给予高度评价。

【郑州市代表团出访印度】 2015年4月11-14日，郑州市代表团赴印度，就IT、生物制药、智能终端、服务外包等产业进行考察访问，签署了一系列战略合作协议，取得丰硕成果。代表团一行还考察访问了印度GMR海得拉巴国际机场有限公司，并与该公司签订战略合作备忘录。双方就支持印度GMR海得拉巴机场有限公司在郑州新郑国际机场开通航线，在客货运领域开展全方位深度合作，进一步提升郑州特别是新郑国际机场和海德拉巴国际机场的航空枢纽地位，共建航空大都市研究院和开展航空大都市建设研究，以及人员培训、交流合作等进行了深入协商，作出具体安排。

【郑州市代表团出访阿联酋迪拜和南非林波波省】 2015年4月15–19日，郑州市代表团赴阿联酋迪拜和南非林波波省，围绕航空港建设、自贸区创建等考察访问、洽谈合作。代表团一行对阿联酋迪拜自贸区进行了实地考察，详细听取了自贸区负责人关于自贸区规划建设、发展历程以及投资政策等情况介绍，并就自贸区管理、运营、组织构架等方面进行了交流。该自贸区简单透明的管理规则、方便快捷的进出口手续、快速的审批手续、高效的政府服务网络化管理，为郑州市申建自贸区提供了有益借鉴。在南非林波波省首府波洛夸内，代表团一行与林波波省政府官员进行了多次会谈，达成了进一步加强交流与合作的共识。

【郑州市党政考察团赴石家庄考察】 2015年8月6日，郑州市委副书记、市长马懿率领党政考察团，专程赴石家庄学习考察大气污染防治工作。市领导胡荃、白红战、王璋、郭锝昌、王哲、王跃华、张建慧、张延明、马健、赵武安、张俊峰等，各县（市）区、开发区管委会党政一把手及相关市直委局主要领导近百人参加考察。考察团一行先后到石家庄市保利拉菲公馆建设项目、世纪公园国控点、大气梯度监测站、裕华热电有限公司、城市轨道交通工程3号线等地，进行了现场察看。同时，针对工地管理、道路保洁、超洁净排放、空气自动站运维及大气污染防治科研成果等方面，进行了深入细致的了解。在随后召开的座谈会上，邀请石家庄市有关领导进行了经验介绍，并就郑州市开展的“压煤、降尘、控车、迁企、减排、增绿”六大措施进一步交流取经。座谈会结束后，考察团组织召开了内部交流会。马懿强调，全市上下要坚定信心、决心，用比石家庄市更大的努力、更严的标准、更多的付出，争取更好的成效。

【重要来访活动】 2015年2月27日，哈萨克斯坦国立铁路股份公司总裁马明·阿斯卡尔一行来郑访问，与郑州市就进一步加深合作，推动郑欧班列建设、推进国际陆港建设进行了会谈。

3月9日，苹果和迪士尼设计师艾思林格、中兴环保董事长韩俊平、德稻教育总裁夏军等一行来郑访问。

4月7日，中国建筑股份有限公司总裁官庆一行、中国电力建设集团有限公司副总经理王民浩一行来郑访问，与郑州市就深化交流合作有关事宜进行交流并达成广泛共识。

10月26日，中国电力建设集团有限公司董事长晏志勇一行来郑访问，与郑州市就进一步加强合作，加快推进郑州基础设施建设进行充分交流，取得广泛共识。

11月16日，浪潮集团董事长孙丕恕一行来郑访问，与郑州市就加强信息技术服务等领域的战略合作进行了深入交流，达成广泛共识。

【重要签约仪式】 2015年1月13日，省委副书记、省长谢伏瞻，省委常委、常务副省长李克等出席郑州航空港经济综合实验区与中国民生投资股份有限公司签署战略合作框架协议仪式。未来5年内，中国民生投资股份有限公司将在新能源、航空物流、基础建设、新型城镇化建设及高端制造业、现代服务业发展等领域投入500亿元，助力郑州航空港实验区发展。

2月5日，郑州市政府、中科院过程工程研究所、金水区政府共建中国科学院过程工程所郑州分所合作协议正式签约，标志着郑州市与中科院系统的合作拉开了序幕，郑州市将借力中科院科研人才优势，促进战略新兴产业发展取得更加丰硕的成果。中科院党组成员、副秘书长、中科院北京分院院长何岩，中科院院士李洪钟，中科院北京分院副院长李静等，市领导马懿等参加签约仪式。

3月23日，省政府与腾讯公司签署战略合作协议，双方就“互联网+”进行全方位、深层次的战略合作，共同推进“互联网+”在城市各个领域的应用。随后，富士康集团、腾讯公司、和谐汽车共同签订关于“互联网+智能电动汽车”战略合作协议，三方将在郑州积极开展“互联网+智能电动汽车”领域的创新合作。省委书记郭庚茂，省委副书记、省长谢伏瞻等省领导；腾讯公司董事会主席马化腾、富士康集团董事会主席郭台铭、和谐集团董事长冯长革等出席签约仪式。市领导马懿等参加签约仪式。

5月16日，郑州市与中国通号集团在京签署战略合作框架协议，双方将围绕服务国家“一带一路”战略实施和加快中原经济区建设，深化中央企业与地方政府的合作，充分发挥各自优势，建立长效合作机制，开展多层次、多领域和多形式的合作。

6月12日，省政府专题举办金融支持郑州经济发展对接暨签约仪式，郑州市现场推介发布179个项目，总投资2415.6亿元。其中现场签约12个项目，总投资236.4亿元。省委常委、常务副省长李克，市领导马懿、孙金献、王跃华等出席签约仪式。

9月7日，副市长黄卿率郑州市代表团，参加在京举办的京津豫产业合作对接活动。此次对接活动由省政府主办，得到了工信部、北京市、天津市、国家有关行业协会的积极响应和大力支持，参会洽谈的政府、企业、金融、科研、协会等各界代表达500人。活动中，全省共签约项目86个，签约金额664亿元。其中，郑州市签约项目14个，主要涉及电子信息、装备制造、生物及医药等主导产业，签约金额182亿元，占全省总额的近1/3，位居全省第一。

11月7日，经开区管委会与英慧有限公司在郑州举行第6代低温多晶硅（LTPS）薄膜晶体管液晶显示器件项目签约仪式。省领导郭庚茂、谢伏瞻、李克等，市领导马懿等，以及富士康科

4月8日，郑州市政府与社会资本合作（PPP）项目推介暨签约仪式举行

技集团总裁郭台铭出席签约仪式。

11月18日，2015年河南省“互联网+”开放合作大会开幕式暨项目签约仪式在郑州国际会展中心举行。省长谢伏瞻、常务副省长李克、副省长赵建才、市长马懿，以及阿里巴巴集团副总裁孙利军、腾讯集团副总裁郭凯天、百度公司副总裁孙芸丰、浪潮集团副总裁王方、神州数码智慧城市服务集团华中区总裁李江颖等出席大会。此次大会签约项目434个，总投资超过850亿元。郑州市共签约17个项目，涉及高效物流、电子商务、普惠金融、协同制造、创业创新、益民服务、现代农业等多个领域，总投资27亿余元。

（刘跃亭　都巧梅　吕志坡）

纪检监察工作

【概况】 2015年，全市各级党委、政府和纪检监察机关认真落实中央、省委和市委关于党风廉政建设和反腐败斗争的决策部署，坚定不移贯彻全面从严治党要求，强化“两个责任”落实，强化党的纪律和规矩，以零容忍、全覆盖、无禁区的态度正风肃纪、反腐惩恶，不敢腐的震慑作用充分发挥，不想腐、不能腐的效应初步呈现，全市党风廉政建设取得新的阶段性成效。

【落实管党治党责任】 2015年，郑州市层层传导压力，管党治党责任持续落实。

（一）主动担当。2015年是省委确定的主体责任落实年。一年来，市委坚持将党风廉政建设作为应尽之责，主要领导作为第一责任人，对重要工作亲自部署、重大问题亲自过问、重大案件亲自督办。市委十届十二次全会研究出台了《中共郑州市委关于推进全面从严治党的实施意见》，明确了“两强三不”的反腐倡廉工作机制，对全面从严治党作出专题部署。市委常委会坚持常抓不懈，适时研究党建工作，对反腐倡廉重大问题及时研究解决。市党建领导小组组织各开发区和县（市）区党委（党工委）书记开展抓基层党建工作现场述职评议，不断强化主体责任，党委书记抓党风廉政建设的主业意识、主角意识、主动意识明显增强。

（二）逐级落实。全市各级党委（党组）坚持把党风廉政建设纳入工作总体布局，通过建立责任清单、落实“一岗双责”、逐级作出承诺，构建了齐抓共管的责任体系和工作机制。党委书记主动扛起第一责任人的职责，以上率下，层层传导压力。党委其他成员按照“一岗双责”要求，坚持党建、业务两手抓、两手硬，做到权力行使到哪里，党风廉政建设的职责就延伸到哪里。

（三）强化监督。全市各级纪检监察机关认真履行监督责任，督促指导县（市）区和市直单位党委（党组）编制“主体责任”清单，明确了主体责任的具体内涵和责任边界。市纪委先后组织开展党委（党组）书记、纪委书记（纪检组长）向纪委全委会述责述廉活动，针对存在的问题当场提问、现场评议，进一步强化责任意识。坚持问题导向和“一案双查”，有责必问、问责必严，全年共有11个党委（党组）和65名党员领导干部因落实主体责任不力被追究。

【正风肃纪】 2015年，郑州市各级纪检监察机关聚焦突出问题，正风肃纪持续发力。

（一）严明政治纪律和规矩。结合“三严三实”专题教育，加强“严守政治纪律、严明政治规矩”专题教育，着力查处和纠正10类违反政治纪律的突出问题。把遵守政治纪律作为巡察监督和执纪审查的重要内容，突出发现问题，督促整改落实。全年全市共查处违反政治纪律、组织纪律问题16起，处理18人。

（二）坚持不懈纠正“四风”。全市上下坚持组织监督与群众监督相结合、传统监督与新媒体监督相结合，紧盯重要时间节点，发现问题，及时查处，形成震慑。探索实行“四风”问题线索统一管理，严查顶风违纪行为，加大点名道姓通报曝光力度，持续释放“铁面执纪、越往后越严”的强烈信号。全年全市共发现违反八项规定问题线索215件（次），立案查处168件，党政纪处分171人；先后下发通报12期，通报问题38起53人。

（三）坚决查处侵害群众利益的腐败问题。针对发生在群众身边的“四风”和腐败问题，认真受理群众举报，加大线索排查力度，开展基层重信重访集中治理，重点解决基层生冷硬推、吃拿卡要、与民争利、欺压百姓等“四风”问题，严肃查处“小官巨贪”等基层腐败问题。全年全市共排查线索522起，查办案件435件，党政纪处分417人，组织处理49人，约谈函询56人，有力维护了群众利益。

【执纪审查】 2015年，郑州市各级纪检监察机关加强执纪审查，不敢腐的态势持续强化。

（一）坚持执纪审查重点。紧紧围绕遏制腐败蔓延势头的目标任务，重点查处十八大后不收敛不收手，问题线索反映集中、群众反映强烈，现在重要岗位且可能还要提拔重用的干部。结合全市实际，将城市建设征地拆迁中损害群众利益的问题作为执纪审查着力点，全年共查处拆迁中的腐败案件48件，涉案人员60余人，推动了全市新型城镇化建设健康快速发展。

（二）转变执纪审查方式。坚持把纪律和规矩挺在前面，探索践行监督执纪“四种形态”，克服以法代纪的思维定式，纠正以大案要案论英雄的政绩观，强化日常管理监督，注重抓早抓小。对2013年以来反映领导干部的问题线索进行了全面清理，通过谈话、函询、诫勉等方式，处置问题线索1603件（次），起到了早提醒早教育、早防范早纠正的目的。

（三）持续反腐高压态势。坚持有腐必反、有贪必肃，坚决减少存量、遏制增量。探索开展了协作区联办、重大案件领办、异地互办等办案模式，提高了执纪审查工作效率。全年全市纪检监察机关共接受群众信访举报7865件（次），初核问题线索1327件，立案1392件，党政纪处分1497人，其中县处级干部65人、乡科级干部301人。全市

市纪委组织全市各党委负责人述责述廉

检察机关共立案侦查贪污贿赂、失职渎职案件301件、497人。全市法院系统审结一审贪污贿赂、失职渎职案件189件、294人。切实加大追逃追赃工作力度，成功追回5名潜逃人员，顺利完成了省委追逃追赃领导小组下达郑州市的追逃任务。

【教育预防】 2015年，郑州市强化教育预防，廉洁风气持续浓厚。

（一）坚持廉政教育大宣传格局。坚持把党风廉政建设纳入党委宣传工作总体部署，综合运用媒体资源，形成了广播有声、电视有影、纸媒可读、网络可点的立体互动宣传教育新格局。组织开展了“清风中原行”集中采访活动，在市属媒体开设“党风廉政建设永远在路上”教育专栏，积极运用“清风郑州”微博微信平台、“郑州廉政网”宣传反腐倡廉工作成果，传递正能量，弘扬主旋律。挖掘郑州历史文化资源，创作廉政历史人物纪录片《正气贯古今》和大型廉政电视动漫系列片《警醒》，联合郑州电视台创办廉政访谈节目《清风茶社》，教育广大党员干部“知纪、明纪、畏纪、守纪”，引导广大群众理解并支持参与反腐败工作。

（二）开展“一剧三书”系列教育活动。以“一剧三书”为主要载体，在全市开展“以案促教、以学促纪”系列教育活动，编印《违纪违法案件剖析汇编》《违纪违法领导干部忏悔录》等学习读本，发放至全市县处级干部；将警示教育与舞台艺术相结合，编排廉政舞台剧，连续在全市巡演17场。同时，坚持“四会一课”廉政教育制度，发挥“清风茶社”作用，突出理想信念宗旨和党章党规党纪教育，引导党员干部自觉坚守道德“高线”，严守纪律“底线”。

（三）强化“一案双书”警示教育。注重发挥执纪审查的政治、社会效果，实行案件办理“一案双书”制度，针对典型案例，在出具处分决定书的同时，出具纪律检查建议书96份；以宣布处分决定为契机，先后到65个地方和单位召开廉政谈话会，开展面对面的警示教育。探索开展“廉政教育课上在办案点”活动，分批组织领导干部观看案例警示教育片、重温入党誓词，以“身边案”教育“身边人”，强化了教育效果。

【机制制度改革】 2015年，全市纪检监察机关坚持问题导向，机制制度改革持续深化。

（一）推动“五单一网”改革。充分发挥行政监察作用，围绕“五单一网”制度改革，加强监督检查，促进政府部门简政放权。运用电子监察系统，对审批权力运行实时监控，发现和查处不作为、乱作为行为，有效破解服务群众“最后一公里”问题，让权力运行更透明，群众办事更方便。

（二）推动基层党风政风监督检查机制建设。深化落实省委“4+4+2”党建制度体系，贯彻执行市委《关于进一步加强基层四项基础制度建设的意见》，认真研究、探索建立基层党风政风监督检查制度，以示范点建设和网格化管理为载体，进一步细化监督的重点对象、重点领域、重点问题，对基层“小微权力”实施动态监督，推动了基层党风政风的进一步改善。

（三）推动纪检监察体制机制改革。市委研究出台了纪委书记、副书记提名考察办法，推进纪检监察双重领导体制具体化、程序化、制度化。组建了市、县两级巡察机构，先后开展了两轮巡察，发挥了巡察利剑作用。全市纪检监察机关以深化“三转”为抓手，清理议事协调机构，调整纪委书记（纪检组长）分工，市本级和部分县（市）区内设机构改革到位，人员和重心更多向监督执纪一线倾斜。

市纪委廉政历史人物纪录片《正气贯古今》新闻发布会举行

【队伍建设】 2015年，全市纪检监察机关强化责任担当，队伍建设持续提升。

（一）加强教育培训。在纪检监察系统扎实开展“三严三实”专题教育，巩固深化群众路线教育实践活动成果。以“学思践悟”为平台，精心组织学习习近平总书记关于党风廉政建设和反腐败斗争系列论述，提高干部政治理论素养。通过举办培训班、开展岗位练兵、组织专项业务竞赛，提升了干部队伍的素质能力。

（二）狠抓组织管理。组织县（市）区纪委书记、市直纪检组长和市纪委机关党支部书记述职述廉，推动系统党建主体责任落实。研究制定了关于加强办案经费及场所管理的办法，组织开展自办案件涉案款物专项清理，执纪审查更加规范。

（三）强化自身监督。发挥纪委干部监督机构作用，以零容忍态度查办违纪违法的纪检监察干部，严防“灯下黑”。全年全市受理纪检监察干部问题线索56件（次），立案16件，党政纪处分16人。通过严肃执纪，教育了干部，纯洁了队伍。

（荣旭光）

组织工作

【概况】 2015年，市委组织部认真贯彻落实中央和省委、市委决策部署，突出从严治党这条主线，强化实践导向、问题导向和改革导向，严谨务实，高效运作，推动组织工作适应了新常态、取得了新成效。

持续加强组织部门自身建设。公开遴选（选调）13名工作人员，为部机关补充了新鲜血液。实行全员培训制度，在井冈山干部学院等举办7期“组工干部素能提升专题培训班”，培训组工干部315名，提高了组工干部的专业素养。扎实推进组织系统“三严三实”专题教育，深入整改存在“不严不实”问题，引导组工干部读书思考、锤炼党性、改进作风。加强调查研究和组工宣传工作，形成调研成果80多篇，中组部《组工通讯》《中国组织人事报》等刊发郑州市稿件数量持续上升。党建制度改革稳妥推进，研究起草10多个重要文件，组工制度体系进一步完善。持续办好组织系统“十件实事”，提升了组织工作质效。

【“三严三实”专题教育】 2015年，郑州市扎实推进“三严三实”专题教育。一是坚持领导带头，以上率下。全市各级党组织书记讲党课6086场次，近22万名党员接受了学习教育。

“智汇郑州·1125聚才计划”新闻发布会举行

高质量组织好全市109个单位的三次学习研讨会、专题民主生活会和组织生活会，各级党员干部在学习研讨、剖析反思、交流碰撞中检身正己、“补钙”“加油”。二是坚持问题导向，注重解决问题。以“三查三保”为切入点，建立问题、整改、责任三张清单。围绕38个方面的突出问题，指导市县两级领导班子建立台账1800件、个人问题清单17108个，80%以上的问题得到有效解决，实现了专题教育与工作推进融合并举。三是坚持抓常抓细，活化载体形式。推广兰考经验做法，开展“践行‘三严三实’、争当学习弘扬焦裕禄精神的好干部”评选活动，以“一剧三书”为载体，推动专题教育融入典型教育、警示教育，实现了专题教育的常态化、长效化。

【领导班子和干部队伍建设】 2015年，郑州市全面加强领导班子和干部队伍建设。一是优化班子配备，坚持推行在经济社会发展主战场选拔使用干部制度，着眼增强班子整体功能，选优配强了16个市直部门“一把手”，对59家市直单位班子进行优化调整，对17个县（市）区和园区班子进行配备补充，入围十强、十快的产业园区主要领导优先提拔使用，进一步树立了重基层、重实干、重实绩的鲜明用人导向。二是加强干部教育培训，组织开展十八届四中、五中全会精神专题培训，举办4期领导干部大讲堂，开展城市规划、现代物流等各类培训班209期，提高了各级干部的党性修养和业务素养。三是注重实践锻炼，持续实施“双百工程”“六进”活动，先后选派37名优秀乡镇办书记、20名县处级后备干部、106名中青班学员到重点工作、基层一线挂职历练，提高了应对复杂问题、推动实际工作的能力。郑州市实施“双百工程”培养年轻干部的做法，受到了中组部和省委组织部的充分肯定。

【干部管理监督】 2015年，郑州市干部管理监督更加严格。一是强化日常管理，严格执行领导干部个人有关事项报告制度，完成了近4000名市管干部个人有关事项报告收录，对143名拟提拔重用考察对象的个人事项报告进行重点查核，对476名干部进行随机抽查；严格干部档案审核，完成了3348卷市管干部人事档案的审核登记；严格干部出入境管理，建立干部因私持有出国（境）证照“三对比”清查机制，集中保管干部因私出国（境）证照2447本；扎实推进消化超职数配备干部工作，全市已消化超职数干部3225名，占超职数干部总数的84.5%，推动从严治吏成为新常态。二是开展谈心谈话，着眼于治未病、早预防，采取调研座谈、主动访谈、专门约谈等形式，市委组织部先后同2150名县处级干部、2800名科级干部进行谈心谈话，分析研判领导班子日常运行情况和干部日常表现，对有苗头性、倾向性问题的干部及时“扯扯袖子”“咬咬耳朵”，收到了良好效果。三是加强选任监督，组织开展《干部选拔任用条例》贯彻情况检查，实施“带病提拔”集中倒查，开展科级干部选任预审和“一报告两评议”，营造了风清气正的用人环境。

【基层党建工作】 2015年，郑州市基层党建工作整体跃升。一是党建责任制有效落实。出台《落实党建工作责任制实施办法》，制定县乡党委书记抓党建责任台账，全市11个县（市）区委书记、4个开发区党工委书记、185个乡镇（街道）党（工）委书记，逐级开展党建工作述职评议考核，层层传导党建工作责任，增强了党组织书记抓党建的主业意识，形成了大抓党建的浓厚氛围。二是基础保障扎实有力。顺利完成669个社区换届任务，选出了一批素质优良、群众公认的社区干部。分批对185名乡镇办书记、4201名村（社区）书记（主任）和近千名社工人员进行轮训，提升了广大干部服务群众的能力水平。选派426名干部任驻村第一书记，精准推进扶贫帮困。启动“村级阵地建设年”活动，市、县两级财政投入近10亿元，新建村级组织活动场所184个、改扩建378个，场所面积500平方米以上的社区达到80%以上，基层党组织的服务功能全面拓展。持续开展基层党组织“分类定级、晋位升级”活动，全市91%的基层党组织实现了达标升级。三是四项基础制度建设持续加强。深化拓展“四议两公开”工作法，实行社区“一征三议两公开”，全年全市村（社区）累计民主决议事项7018件；依托三级三类便民服务中心，全面推行组团式服务、民事代理、“党员奉献日”等系列活动，全市基层党组织为群众代办事项达到30万件。四是党员教育管理水平显著提升。组建以基层党组织书记、先进模范人物、党校教师为主的“百人讲师团”，遴选64个现场教学点和培训示范基地，盘活了党建教育资源。打造郑州“智慧党建”手机专网，创建郑州红色教育网站，建成“红色网络教育家园”489家，播出《村官讲堂》11期，扩大了郑州党建工作的影响力、美誉度。电教片《焦裕禄生命的最后53天》荣获中组部2015年全国党员教育电视片观摩交流活动纪录片一等奖、全省党员教育电视片一等奖。

【人才工作】 2015年，郑州市人才工作实现创新突破。坚持依托产业集聚人才、创新体制成就人才、优化环境留住人才，研究出台“1+7”人才政策体系，启动实施“智汇郑州·1125聚才计划”：市财政每年拿出8个亿、5年拿出40.8亿，重点引进培育1000名创新创业领军人才、100个创业创新领军团队、200个科技创业企业家、50名顶尖人才。引才计划在《人民日报》等主流媒体发布，引起了全社会广泛关注。至年底，已将102个领军人才（团队）纳入首批引进培育对象，其中，两院院士4人、国家千人计划专家22人，为郑州跨越式发展增强了创新优势。

（王绍鹏）

宣传工作

【概况】 2015年，在市委、市政府的正确领导下，全市宣传思想文化系统深入贯彻党的十八大和十八届三中、四中、五中全会精神，深入贯彻习近平总书记系列重要讲话精神，紧紧围绕“两个巩固”根本任务，坚持务实宣传、改革创新，为全市经济社会发展提供了有力的思想引领、舆论推动、精神激励和文化支撑。

【思想理论建设】 2015年，全市宣传思想文化系统把“两个巩固”作为根本任务，坚持用马克思主义中国化的最新成果武装教育全市干部群众，筑牢全市干部群众干事创业的思想基础。将党委（党组）中心组学习与“三严三实”专题教育紧密结合，不断丰富内容、创新形式。全年共组织市委中心组集中学习12次，远超年度6次的目标任务。其中有11次扩大了学习人员范围，整体呈现出集中学习场次多、参加范围广的特点。印发了《中共郑州市委宣传部关于在全市县处级党委（党组）中心组开展“三严三实”专题学习的通知》，编制了具体的学习任务和学习计划。落实党委（党组）中心组学习通报制度和年度述学制度，有力促进了县处级党委（党组）中心组学习的制度化、规范化。采取多样化形式，增强理论宣传的吸引力和感染力，积极开展理论宣讲活动。组建郑州市十八届五中全会精神宣讲团，全市共组织宣讲队员1367人，开展宣讲1800余场。组建大学生宣讲团，积极开展基层巡演活动。启动“百姓宣讲直通车”进基层宣讲巡演活动，把文艺和理论有机结合，全年全市共开展巡演活动824场，受众25万人次，受到基层群众的普遍好评。开展理论骨干培训，提升了理论骨干的理论水平和学习宣传贯彻理论创新成果的能力。结合当前经济形势、社区建设等内容，为广大群众进行了13场社科知识“大篷车”下基层和20场“中原大讲堂·郑州讲堂”宣讲活动，直接听众达5000多人次。坚持以社会主义核心价值观为引领，在常态化做好媒体、网络、户外公益广告宣传工作的基础上，出台了《郑州市建设社会主义核心价值观主题公园示范公园、主题广场示范广场方案》等文件，累计投入资金7000多万元、建成社会主义核心价值观主题公园41个、主题广场30个、主题社区79个，主题景观雕塑作品6个，核心价值观宣传教育实践落细、落小、落实，逐步融入市民日常生活。组织开展纪念中国人民抗日战争胜利70周年群众性主题教育活动，做好中国人民抗日战争胜利70周年纪念章统计发放工作。紧紧围绕市委、市政府中心工作和全市经济社会发展中遇到的重大理论、现实问题开展理论研究，积极发挥“参谋”“智囊”作用，为全市经济社会发展建言献策。全市课题申报数量达2000余项，完成“郑州在丝绸之路经济带建设中的地位与作用”“基于经济新常态的郑州经济转型问题研究”等11项重点研究课题。积极申报上级科研项目，其中《河南省新型城镇化与城市“三元结构”问题研究》获得省调研课题一等奖。市社科联与郑州科技学院联合，举办了以“深化改革创新，全面推进郑州经济社会快速发展”为主题的郑州市2015年度社会科学学术年会。

8月12-13日，省委常委、宣传部部长赵素萍在郑调研培育和践行社会主义核心价值观和深化“六个文明”活动

【新闻宣传】 2015年，郑州市紧紧围绕中央、省委重要部署和市委、市政府中心工作，加大新闻策划力度，唱好主旋律，打好主动仗，汇聚正面宣传的强大力量。先后组织开展了“我看十二五 郑州这五年”“加快推进郑州都市区建设‘为中原更出彩’点赞”“我看郑州新变化”、大气污染防治、城市精细化管理、“大爱之城”等系列主题宣传活动。在全国“两会”、省市“两会”、乙未年黄帝故里拜祖大典、十八届五中全会等重要会议和重大活动的宣传报道工作上，积极推动媒网联动，增强宣传效果。采取全方位、全媒体、全手段做好上海合作组织会议的宣传报道工作，郑州报业集团出品的原创歌曲《郑州欢迎你》唱响中原大地，关注量突破千万人次。2015年度中央、省级主流媒体头条刊发郑州市正面报道40余篇，在重要版面、时段刊发郑州市重要报道200余篇。如《人民日报》头版头条刊发《郑州大棚改 家门口城镇化》，央视《新闻联播》头条报道了郑州万人齐唱《保卫黄河》活动，中央人民广播电台《新闻和报纸摘要》栏目头条播出郑州E贸易新闻等，充分展示了郑州市经济社会发展的突出成果，受到社会各界的广泛关注，为郑州都市区建设争取了更大的舆论空间。

【网络管理】 2015年，郑州市围绕大局、大事和大势，关注重大方针政策、意识形态热点，积极主动做好舆情控制和引导。进一步强化舆情信息监测处置，密切关注重点敏感舆情，利用大数据技术建立健全信息收集汇总分析制度、舆情处置跟踪督办制度，坚持早预警、早监测、早发现、早处置。创新舆情收集方式，起草并报送大数据舆情专报11份，为市委、市政府提供定制型舆情服务。配合市委落实媒体网络舆情会商处置工作机制，切实发挥网络评论员队伍作用，积极引导舆论导向。继续实施百家网站建设推进工程，持续加强地域内互联网站管理，加快推动各县（市）区成立网络安全和信息化领导小组。积极参加重大活动和会议的舆情监测研判处置工作，精心策划组织重大活动网络宣传，做好黄帝故里拜祖大典等活动期间全市网络舆情稳定工作。针对个别典型舆情事件，实时监控，及时引导，避免重大舆论危机发生。

【对外宣传】 2015年，郑州市以大型庆典、展会为契机，对嵩山论坛、上街航展等重大活动进行集中宣传报道。积极接待国外、境外及中央级媒体来郑的采访活动，提高郑州在海内外的影响力。上海合作组织会议期间接待国外记者120余人，其规模和影响为郑州历史之最。建立“郑州之窗”官方网站、“遇见郑州”官方微信公众号，开辟外宣新平台。契合国家“一带一路”外宣战略，启动“爱上郑州”城市形象推广工程，开展了系列全媒体宣传推介活动，向“一带一路”沿线及周边国家和地区展示郑州深厚的历史人文积淀及现代城市发展风貌。加强对外文化交流，出台了《关于孔子课堂建设承担人文交流新项目专项方案》，郑州47中孔子课堂已在美国开设了2个教学点。

【舆论管理体制建设】 2015年，郑州市全面加强新闻战线采编人员的马克思主义新闻观教育，引导新闻采编人员牢牢把握正确舆论导向。成立新闻道德委员会，督促和引导全市新闻机构和从业人员开展行业自律。不断完善新闻策划会制度，建立新闻座谈点评会制度，构建提升郑州形象的宣传格局。积极建设大数据应用平台，做好社会、媒体和互联网舆情的监测、研判、报告、引导。对社会关注度较高的城市建设、大气污染防治工作、拥堵路口交通状况、重点工程进展等领域，连续策划召开多次新闻通气会，组织开展深度采访报道，解疑释惑、回应关切，营造了良好的舆论氛围。举办省会新闻宣传联席会议，制定《关于选派省市新闻单位干部双向挂职锻炼的方案》，建立省会新闻宣传联席会议制度和市级层面定期座谈会制度，建立与省直媒体定期沟通的常态化工作机制和重大敏感事件即时沟通机制。

【文明城市创建】 2015年，郑州市以“文明河南 郑州先行”为统领，大力开展文明创建工作。在全国精神文明建设工作表彰暨学雷锋志愿服务大会上，郑州市蝉联“全国文明城市”荣誉称号。出台了《关于建立深化全国文明城市创建工作长效机制的实施意见》，开展“十项整治”，强力推进文明创建工作。继续实施城乡共建结对帮扶。扎实开展“美丽乡村·文明家园”建设，以“文明村镇”“文明集市”“星级文明户”创建为抓手，使村容村貌明显改观，群众精神文化生活明显改善。在上海合作组织会议期间，向全市市民发出《当好东道主 文明迎嘉宾》倡议书，大力开展城区车容车貌专项整治和文明交通志愿服务活动，充分展示了文明城市风采。《郑州市企业信用信息管理办法》《郑州市推进诚信建设制度化的实施意见》《郑州市社会信用体系建设实施意见》等文件相继出台，信用建设法规制度体系初步形成，“郑州市诚信建设红黑榜”在媒体发布。

【道德模范评选宣传】 继二七区“陇海大院”爱心群体凭借39年如一日的邻里大爱当选2014“感动中国”年度集体后，十几年来茶社“卖唱”养育孤儿的郑州国家一级演员王宽当选2015“感动中国”年度人物。这是郑州市连续三年推荐典型入选“感动中国”年度人物，大爱之城感动全国。大力开展道德模范评选宣传活动，全年共有8人入选“中国好人榜”，120人当选文明市民。积极组织深入社区、村镇、校园、企业、工地等单位和场所，采取多种形式举办先进典型事迹宣传会百余场次。持续开展关爱礼遇道德模范活动，在端午、中秋等节日期间，对全市生活困难的各级各类道德模范、身边好人进行慰问。常态化开展道德讲堂、文化讲堂活动，让身边人讲述身边事、身边事教育身边人，在全市形成了争当模范、礼遇模范的崇德向善氛围。

【学雷锋志愿服务活动】 2015年，郑州市着力做好顶层设计，推进站点建设，健全网络平台，开展各类品牌服务，扎实推进志愿服务工作。出台《郑州市志愿服务制度化三年行动计划（2015-2017年）》，为全市志愿服务工作提供了基本遵循。推进“文明使者”志愿服务站建设，截至年底，全市建成各类站点617个。建立了志愿者回馈激励措施公开承诺制度，市人社局、市房管局、市卫计委等5家单位就优秀志愿者在就业、就医等方面享受的优待政策公开向社会进行了承诺。继续推进志愿服务项目化运作，首届志愿服务项目资金援助工程受援项目“我以我言做你眼”被评为第十届全国优秀青年志愿服务项目，受援项目“爱心流动图书车”荣获第二届中国青年志愿服务项目大赛银奖；启动了第二届志愿服务项目资金援助工程的筹备工作。持续深入开展“爱满绿都·志愿郑州”主题宣传与实践等活动，品牌活动影响日益广泛。

【未成年人思想道德建设】 2015年，郑州市丰富教育手段，通过多样化、青少年喜闻乐见的活动使社会主义核心价值观入脑入心。全年全市共组织开展各类青少年培育和践行社会主义核心价值观活动1400余场，参加人员达90余万人。组织开展“童心向党”歌咏活动，6首歌曲在中国文明网上进行了展播。开展学习美德少年和争做美德少年活动，参与签名寄语的学生达120万人。截至年底，全市有25名学生先后获得全国美德少年、河南省美德少年及提名奖等荣誉称号。由市级财政投入625万元新建了25所乡村学校少年宫，至年底全市共建成乡村学校少年宫254个、城市学校少年宫65个、心理健康辅导中心13个，为未成年人健康成长提供了广阔舞台。

【公共文化服务】 2015年，郑州市探索建立公共文化服务标准体系，研究确定了公共文化服务保障标准、技术标准、服务规范和评估标准。高标准规划的市民公共文化服务区“四个中心”（现代传媒中心、文博艺术中心、市民活动中心、奥林匹克中心）建设项目正式奠基，进入了实质性施工阶段。推进文化服务示范建设，开展“公共文化服务示范乡镇（街道）村（社区）和示范项目”创建活动。文化信息资源共享取得新突破，郑州地区公共图书馆服务联盟已有10个县（市）区完成联盟馆并入工作，郑汴一体化图书馆服务联盟建设工作正式启动。全市205家图书馆、群艺馆、美术馆、文化站等全部实现免费开放。邀请王立群、二月河等知名学者、文化名人举办了10余期讲座，“天中讲坛”逐渐成为中原地区具有一定影响力的大型公益性文化惠民品牌。“舞台艺术进乡村、进社区”年内演出突破1000场。“舞台艺术送农民”“情暖新春”专场文艺演出等活动完成全年演出任务。“公益电影放映”活动年内放映23480场。“广播电视村村通”工程加快进度，各县市现辖153个乡镇（街道）基本实现了广播电视信号全覆盖。

【城乡群众文化】 2015年，郑州市以城市社区和基层乡村为重点，“送文化”与“种文化”相结合，组织开展丰富多彩的群众文化活动。举办双节期间群众文化活动千余场，观看群众达30万人次。“出彩郑州”系列文艺活动举办200余场，参与群众达数百万人次。“欢乐中原”“情韵郑州”“绿色周末”、郑州市戏曲大赛、郑州市歌手大赛、郑州市中老年舞蹈大赛等系列群众文化活动精彩纷呈。持续打造精品剧目品牌，创排了豫剧《都市阳光》等精品剧目。电影《轩辕大帝》在拜祖大典期间成功典映，原创动漫电视剧《黄帝史诗》在中央电视台、河南电视台播出。成功举办炎黄儿女在黄河岸边万人齐唱《保卫黄河》、郑州市纪念中国人民抗日战争暨世界反法西斯战争胜利70周年

2月9日，2015年郑州市迎新春文艺汇演举行

合唱比赛等大型群众文化活动，通过开展一系列的歌唱比赛，在全市形成了纪念、缅怀、学习先烈的良好氛围，激发了全市干部群众积极投身郑州都市区建设的热情，激励了全市党员干部和人民群众统一思想、振奋精神，为实现“中国梦”、郑州更出彩而不断努力。第三届中国（郑州）街舞大赛盛况空前，完美收官。

【本土文化品牌建设】 成功举办“第三届郑州本土电影展映月”活动，展映本土电影5部，展映场次25场，观影人数达到6000余人次，推动了郑州电影产业的发展。“六一”儿童节期间，由郑州的影视公司制作的《念书的孩子》等3部电影在央视电影频道播出。举办“文化中原·大美郑州”首届微电影节，吸引400余部微电影、200余部剧本、2000余名微电影演员报名参赛。成功举办首届“迷途音乐节”、2015中国·郑州国际马戏邀请赛。象剧场引进《开心麻花》等一系列经典剧目，已演出100余场。“小樱桃”品牌入选国家动漫品牌建设和保护计划，连续剧《黄帝史诗》《少年司马光》《山海奇谭》等入选文化部“弘扬社会主义核心价值观动漫重点扶持计划”项目，提升了本土文化品牌的影响力。

【文化体制改革】 2015年，郑州市在全省各地市中率先制定了《郑州市深化文化体制改革实施方案》，将文化体制改革任务具体分解为5大类26大项93小项，做到了项目化、具体化、责任化。抓住第一批重点改革事项，先期进行了任务分解，确保先行一步。完成省委深化文化体制改革专项小组确定的《省辖市第一批重点改革事项》，以及2015年省委督办的3项文化体制改革重要改革事项。至年底，全市有文化产业法人单位1.1万余家，文化产业法人单位实现增加值243亿元，同比增长14.2%，占全省的比重始终保持在25%以上。加大转制文化企业的政策支持力度，积极推进中原网新三板上市，对转制后的2家非时政类报刊出版单位继续实行政府采购，推动2家转制文化企业享受税收减免。引导民营文化企业加快发展，新增国家级文化产业示范基地1家、市级文化产业示范基地15家、新三板上市企业2家，示范带动作用不断增强。

【文化交流展示推介】 2015年，郑州市宣传思想文化系统先后组织参加了第十一届中国（深圳）文博会、第二届中原（鹤壁）文博会等，在宣传、展示、推介等方面取得了良好成效。中国（深圳）文博会上，集中推介了郑州航空港经济综合实验区和郑州国际文化创意产业园，郑州市2家企业被评为“文化新业态最具成长型企业”。第二届中原（鹤壁）文博会上，郑州市参展项目得到省领导的充分肯定，参展作品中5个获得金奖、5个获得创意奖。

【媒体融合发展】 2015年，中共郑州市委宣传部顺应时代的发展和要求，积极组织市属媒体全面展开传统媒体和新兴媒体融合，成效初步显现。郑州报业集团全力推动中原网新三板上市，并以此带动各新媒体平台融合发展，迅速形成了“五报三网二杂志”加“两微一端”的全媒体宣传格局。郑州人民广播电台与“蜻蜓FM”深度合作，发展河南用户近500万，每天页面访问人数超过30万人次。郑州电视台开通“郑州网络电视台”和“ZZTV手机电视客户端”，新媒体平台建设加快推进。

【文化项目建设】 2015年，华谊建业电影文化项目等8个项目在郑州集中签约，签约金额达170多亿元。至年底，华谊建业电影文化项目已开工建设。平安银行与郑州市人民政府共同发起成立200亿元文化旅游产业发展基金，支持郑州打造成为全国区域性文化中心。华特迪士尼项目正式落户郑州国际文化创意产业园。

【文化遗产保护】 2015年，郑州市完善了省级非物质文化遗产代表性传承人资料，启动传统美术抢救保护工程。拍摄《郑州记忆——郑州市非物质文化遗产纪录片》23集。利用文化遗产日和传统节假日，组织非物质文化遗产展演和非遗进社区活动。《大运河通济渠郑州段管理规划》获得国家文物局批复及河南省文物局核准，大运河管理走上规范化道路。对登封“天地之中”历史建筑群开展保护与管理，完善动态信息及监测预警系统建设方案。积极做好文物保护规划和方案的编制、评审、报批工作及文物本体的抢救维修工作，把文物保护纳入城市规划。持续推进郑州商城国家考古遗址公园、大河村考古遗址公园、黄河博物馆（老馆）改造等文物系统重点项目建设。继续做好全市博物馆、纪念馆免费开放工作，全年共举办展览、巡展等140余场，累计接待观众300余万人次。

【干部人才队伍建设】 2015年，全市宣传思想文化系统党员干部切实转变工作作风，提升综合素质，增强服务意识和责任意识，干部队伍建设工作取得实效。制定《中共郑州市委宣传部关于开展“三严三实”专题教育的实施方案》，开展3次专题学习研讨和1次专题民主生活会。坚持问题导向，采取自己找、群众提、上级点、组织查等多种方式，深入查摆“不严不实”问题、查找“三查三保”工作中存在的各类隐患，并提出整改措施33条。每位领导干部都开列了不严不实问题清单，建立了不严不实问题台账。部机关领导班子成员在专题民主生活会上认真对照检查，深刻开展批评与自我批评。督促指导郑州人民广播电台、郑州电视台等二级单位严格按照标准开展专题教育。

根据工作需要，对市直宣传文化系统部分领导班子进行调整，涉及郑州报业集团、市文广新局和市文物局下属11个县级事业单位。顺利完成下属二级单位郑州人民广播电台、郑州电视台党委换届工作。指导完成市文联10个协会换届工作。会同有关主管部门，完成了对市直宣传文化系统领导班子和部管干部的考核，做好机关及下属单位48名县处级领导干部个人有关事项报告，推进了干部队伍建设的科学化、规范化。先后组织系统干部参加中宣部、省委宣传部、市委组织部、市人社局开展的各级各类培

第二届中原（鹤壁）文博会上郑州市展示的媒体融合项目，得到省委常委、宣传部部长赵素萍和副省长张广智的充分肯定

8月30日，“炎黄儿女在黄河岸边万人齐唱保卫黄河”活动在郑州黄河风景名胜区炎黄广场隆重举行

训。举办新闻发言人培训班等5次业务培训，提高了宣传系统干部队伍的理论修养和业务素质。严格按照程序要求，遴选7名优秀年轻干部进入部机关工作，进一步优化了干部队伍结构。

【黄河岸边万人合唱】 2015年8月30日，郑州近4万名各界各族群众齐聚黄河岸边，在炎黄二帝巨塑前高唱《保卫黄河》《团结就是力量》等歌曲，慷慨激昂的歌声伴着黄河滚滚浪涛，回响在黄河两岸。本次活动是郑州市纪念中国人民抗日战争暨世界反法西斯战争胜利70周年的一项重要活动。机关干部、企业职工、农民、军人、青少年学生，以及曾在抗日战争中浴血奋战的老战士、老同志及郑州市劳动模范代表、各行业的先进人物参加了本次大合唱。歌声不仅唱出1000万郑州人民的坚强意志，更抒发了亿万中原儿女的爱国深情。央视《新闻联播》头条报道了活动盛况。

（汤理科　戴烁琪　陈天培　张玉华）

统战工作

【概况】 2015年，全市统战系统认真学习党的十八大和十八届三中、四中、五中全会精神，习近平总书记系列重要讲话尤其是出席中央统战工作会议重要讲话精神，深入贯彻中央、省委、市委统战工作会议精神，以及党的统一战线工作的第一部党内法规《中国共产党统一战线工作条例（试行）》、省委《关于加强新形势下统一战线工作的意见》精神，牢牢把握大团结大联合主题，紧紧围绕市委、市政府中心工作，发挥优势，突出特色，积极创新，真抓实干，为郑州经济社会发展提供了广泛的力量支持。

【理论学习宣传】 2015年，郑州市深入学习贯彻中央、省委和市委统战工作会议精神，全市统战工作力度进一步加大。中央、省委统战工作会议召开后，市委高度重视，常委会组织了2次专题学习活动，提出明确的落实措施；结合郑州市实际研究出台了《关于加强新形势下统一战线工作的实施意见》；召开了高规格的市委统战工作会议，对当前和今后一个时期全市统战工作进行全面安排部署，进一步解决了统一战线工作中的认识问题、政策问题和体制机制问题。全市统战系统各单位和广大统一战线成员，通过召开座谈会、举办专题讲座、制作展板、微信发布等方式，开展系列学习宣传活动，营造了良好的舆论氛围，掀起了学习贯彻会议精神的热潮。各县（市）区委及时组织学习活动，新郑市、金水区、上街区等先后召开党委统战工作会议。各级党委主要领导的统战意识进一步增强，重视支持统战工作的力度进一步加大。通过学习宣传活动，统一了思想、凝聚了力量，保证了会议精神和《条例》《意见》精神在全市落地生根。

【“同心”实践行动】 2015年，全市统战系统持续开展“同心”实践行动，围绕中心、服务大局的积极性进一步增强。按照市委办公厅、市政府办公厅《关于在全市做好2015年“同心”实践行动工作的通知》（郑办文〔2015〕16号）要求，全市“同心”实践行动工作联席会议各参与单位进一步加快“同心”实践基地建设，全力助推民生改善，积极服务新型城镇化建设。召开了全市“同心”实践行动工作第五次联席会暨总结表彰会，首次以市委、市政府名义对10家先进单位和20名先进个人进行表彰，调动了各单位参与“同心”实践行动的积极性。联席会议各参与单位深入“同心”实践基地登封市唐庄乡开展调研活动，主动扶持，深入对接，制定了92项帮扶项目和支持措施，开展慰问、捐赠、送医、助教、送文化等惠民活动24次，其中各民主党派市委组织送书画进校园、助学金发放、金银花采摘节等系列活动16次。各县（市）区均建立了“同心”实践基地，广泛调动统一战线力量参与民生改善和新型城镇化建设。“同心”实践行动不仅解决了农村农民的实际困难，改善了村镇面貌，而且充分体现了统一战线的工作优势，彰显了统一战线的责任担当，活动的影响力和覆盖面逐渐扩大。

【推动多党合作】 2015年，郑州市充分发挥统一战线在协商民主中的重要作用，多党合作水平进一步提升。

进一步加强政党协商。市委办公厅印发了《中共郑州市委同民主党派无党派人士2015年政治协商计划》（郑办〔2015〕10号），明确年度协商的主要内容、协商形式、时间安排和保障措施，政党协商的内容得到进一步丰富，形式和程序进一步规范。协助市委组织召开党外人士座谈会、“十三五”规划征求意见座谈会、情况通报会等政党协商活动，通报经济社会发展情况和党风廉政建设等方面的情况，征求党外人士意见建议。结合全市统战工作实际和积累的实践经验，在广泛征求各民主党派、工商联、无党派代表人士及市政府办公厅、市政协办公厅等单位意见的基础上，于10月形成了《各民主党派郑州市委直接向中共郑州市委提出意见建议制度（试行）》《郑州市各民主党派工商联无党派人士意见建议落实反馈制度（试行）》代拟稿。协助省委调研组做好协商民主建设调研工作，全面总结了近年来郑州市关于加强社会主义协商民主建设各方面取得的成绩和经验。

积极支持民主党派建言献策。继续坚持“党委出题、党派调研、政府采纳、部门落实”机制，协助市委印发了《2015年各民主党派重点调研课题的通知》（郑办〔2015〕9号），为民主党派调研创造良好的条件。邀请民主党派中央、省委到郑州市，围绕“加快科技成果转化，促进创新驱动战略实施”、主动融入“一带一路”战略、农村养老、中小学礼仪教育等问题开展专题调研7次；协助各民主党派市委开展考察调研20余次，形成调研报告16篇。九三学社市委关于《中州大道紫东路附近中石化输油管道存在重大安全隐患》等社情民意信息得到了省市领导的批示。

协助民主党派加强自身建设。持续开展坚持和发展中国特色社会主义学习实践活动，并结合纪念抗日战争胜利70周年活动，引导各民主党派继承优良传统、巩固政治基础、提高政治素质、发挥积极作用。协助举办、参加省市各民主党派、工商联、无党派代表人士联合中心组集中学习活动4次，协助民主党派组织赴南昌、井冈山、新县、兰考等地开展优良传统教育8次，协助组织基层支部主委培训班7次，进一步提高了民主党派成员的政治素养，增强了履职能力。协助九三学社市委成立内部监督委员会，协助民主党派基层组织成立、换届、增补，进一步加强了民主党派组织建设。协助民主党派完善基层组织工作考评制度、领导班子谈心会制度等内部管理，进一步健全了各项工作机制。

【非公经济领域统战工作】 2015年，郑州市统战系统着力加强非公有制经济人士教育引导，全市非公有制经济进一步发展。

（一）以守法诚信为重点，深入开展理想信念教育活动。制定了《关于以守法诚信为重点深入开展理想信念教育实践活动的实施意见》（郑统〔2015〕16号），4月27日组织召开了郑州市以守法诚信为重点深入开展非公有制经济人士理想信念教育实践活动动员会，共有5962名非公经济人士参加教育实践活动，开展法律服务活动412次，解决非公有制企业困难、问题472个。组织500余名非公经济人士参加"助力中原企业腾飞，新三板走进郑州"企业财富管理之夏季论坛、"新常态、新变革、新金融 融通国际资本 擎起中原未来——2015金融创新论坛"、国学大讲堂、全省非公有制经济代表人士理论与务实培训班、河南省第二期青年企业家（北京大学）培训班等培训活动，加深了全市民营企业家对当前经济形势的认识，提高了他们发展企业的信心和管理水平。

（二）发挥优势，积极参与邀商引资。发挥全市统战系统联系广泛的优势，积极开展招商引资活动，为郑州经济建设引资金、上项目。以乙未年黄帝故里拜祖大典、第九届中国（河南）国际投资贸易洽谈会等重要会议为契机，邀请到来自香港、上海、深圳、杭州、厦门的企业41家；组织全市非公有制企业参加了第十三届漯河食博会、"浙商进濮阳"等一系列招商活动，全年共引进项目107个，落地资金160亿元。

（三）开展"百千万"活动和"同心"光彩行动，引导企业履行社会责任。深入开展以"百企帮百村、帮扶千名贫困学子、帮扶万人就业"为主要内容的"百千万"活动。共有113个非公有制企业参与到"百企帮百村"活动，总投资12579.7万元；在"帮扶千名贫困学子"活动中，364个非公有制企业帮扶2036名贫困学生，共投入帮扶资金943.3万元；在"帮扶万人就业"中，802个非公有制企业提供就业岗位14601个，实际安排就业岗位9789个。在"同心"光彩行动中，全市共开展"同心"光彩、"同心"感恩、"同心"扶贫活动162次，参与非公有制企业279个，捐赠到位资金5414万元。

【民族宗教工作】 2015年，郑州市深入开展民族团结进步与和谐寺观教堂创建活动，全市民族宗教领域和谐稳定局面进一步巩固。

认真贯彻中央、省委民族工作会议精神，召开市委民族工作会议暨市政府第十次民族团结进步表彰大会，对做好新形势下全市民族工作进行了全面安排部署。深入开展民族团结进步创建活动，评选出30个民族团结进步模范集体和60名民族团结进步模范个人，郑州市9个集体和10名个人被评为全省民族团结进步模范。申请将少数民族补助费由180万元增加到300万元，并列入财政预算，对少数民族的扶持力度进一步加大。认真做好城市少数民族流动人口和涉疆服务管理工作，印发了《郑州市城市少数民族流动人口服务管理体系建设试点工作实施方案》，在全市设立了少数民族流动人口服务中心17个、服务站80个、服务点88个。

深入开展和谐寺观教堂创建活动，坚持民族宗教联席会议和抵御防范校园传教渗透工作联席会议制度，持续推进基督教私设聚会点依法治理试点工作，继续开展抵御境外利用宗教对高校进行渗透和防范校园传教工作，保障了全市宗教领域的稳定。积极帮助宗教界解决实际困难，为全市各宗教团体申请增加经费至12万元，并列入财政预算。进一步推动宗教团体和宗教界人士自身建设，培训宗教团体、场所负责人和宗教界代表人士、宗教教职人员1200余人，推荐选送到省级培训12人。

【港澳台海外统战工作】 2015年，郑州市积极发挥港澳台海外统战工作优势，对外交流交往进一步扩大。

在省市统一部署下，高标准、高质量完成了黄帝故里拜祖大典的嘉宾邀请及接待工作。积极邀请港澳台海外知名人士参加黄帝故里拜祖大典、第九届中国（河南）国际投资贸易洽谈会等活动；组织开展"2015台商看郑州"活动，全方位多层次展示郑州市经济社会建设成就，为全市招商引资和台商投资搭建平台。不断扩大郑台交流交往成果，秉承"两岸一家亲"的理念，以文化为纽带，以"三中一青"为重点，进一步拓宽交流渠道，郑台共进行交流项目102个，直接参加人数1474人；新增台资企业4家，合同利用台资17.21亿元人民币，交流交往成果不断扩大。

【党外代表人士队伍建设】 2015年，郑州市不断加强党外代表人士队伍建设，全市统一战线可持续发展能力进一步提高。

加大对党外代表人士的培训力度，在市社会主义学院举办了郑州市党外干部培训班、党外骨干成员培训班、新阶层人士培训班和县处级党外干部研修班以及统战系统干部培训班。推荐7名驻郑党外全国、省级人大代表参加省委统战部党外全国及省级人大代表培训班，推荐3名党外领导干部参加省第25期党外领导干部培训班并做好服务工作，选拔推荐2名党外后备干部参加市委组织部中青年干部培训班学习，党外代表人士的整体素质得到了提升。率先在全国全省创新培训形式，与市总工会、市中小企业局联合在厦门大学举办了郑州市新的社会阶层人士（"两新"组织负责人）、非公企业经营者工会知识培训班，得到了省委统战部的大力支持，受到了全国总工会的高度评价。

为贯彻落实中央统战工作会议精神，根据中央统战部、中央网络安全和信息化领导小组办公室《关于开展新媒体从业人员统战工作的意见》（统发〔2014〕76号）和省委统战部有关安排部署，与市网信办、市工商局等单位进行沟通，对全市新媒体从业人员等有关情况进行摸底统计登记工作。根据无党派人士、新阶层人士、归国留学人员2014年以来的新变化，继续调整完善人物库，对2014年以来全市无党派人士情况、新的社会阶层人士基本情况、归国留学代表人员基本情况进行了全面系统详细的统计，对350人规模的无党派人士人物库、300人规模的新的社会阶层人士人物库、130人规模的归国留学人员人物库进行调整充实，确保了人员素质较高和规模稳定。

【统战系统自身建设】 2015年，全市统战系统认真开展"三严三实"专题教育，自身建设进一步加强。各单位结合实际制定了工作方案，切实将"三严三实"融入全体党员干部经常性的学习教育。市委常委、统战部部长王跃华为全市统战系统干部职工上了题为《深入学习和自觉践行"三严三实" 努力开创统一战线工作新局面》的专题党课，并查找了统战系统"不严不实"问题，对践行"三严三实"提出明确要求。部领导班子率先垂范，举行专题学习讨论活动3次，广泛征求意见建议120多条，归纳整理为8大类28条；召开专题民主生活会，做到了聚焦问题，深挖根源，立行立改。深入统一战线成员和基层部门开展调研活动30多次，帮助解决问题21个。部机关坚持每周一集中学习42次，养成了良好学风，丰富了理论知识，坚定了理想信念。将长效机制工作和定点扶贫工作结合起来，将唐庄乡寺沟村作为定点帮扶村，建立了寺沟村贫困户和统战系统干部的"帮扶对子"，组织机关干部深入分包贫困户开展调研，了解情况，帮助贫困家庭脱贫致富，进一步增强了机关干部的宗旨意识和群众观念。

（胡晓林）

政策研究

【概况】 2015年，市委政研室（改革办）深入贯彻落实市委十届十次、十一次、十二次全会精神，紧紧围绕市委中心工作和发展大局，不断开拓进取、务实创新，主动作为、积极作为，以文辅政取得新成效，调研工作得到新加强，服务改革实现新突破，队伍建设呈现新面貌，圆满完成了市委下达和市领导交办的各项工作任务，为推动全市经济社会发展作出了积极贡献。全年共向市委提交各类文字材料212件，其中组织或参与起草市委（市政府）文件15份；起草领导讲话7篇；起草上报市委领导参阅材料30份；开展课题调研18个；报送《中部动态》《聚焦省会》《调查研究》《改革简报》158期；编辑《郑州工作》12期；其他各类文稿25篇。共有18件在省委《调查研究》《全面深化改革工作简报》《郑州机关党建》等刊物上发表，一大批调研成果进入市委、市政府决策。

【以文辅政】 2015年，市委政研室（改革办）把文稿服务作为决策参谋服务的重要抓手，立足郑州发展大局，紧贴市委工作思路，以市委文件、综合文稿、课题研究为重点，全面提高文稿起草质量和效率，切实增强各类文稿的针对性、指导性和可操作性，提高参谋层次和服务水平，较好地发挥了以文辅政作用。

（一）高质量起草了一批市委重要文件。围绕依法治市工作，参与起草了《中共郑州市委关于全面推进依法治市的实施意见》《郑州市全面推进依法治市2015年重点事项》。围绕全面深化改革工作，起草了《中共郑州市委关于调整市委全面深化改革领导小组的通知》《市委全面深化改革领导小组近期工作要点》等。围绕加强新型智库建设，起草了《市委、市政府关于加强新型智库建设的实施意见（讨论稿）》。围绕农业农村工作，起草了《关于加快推进农村集体经济股份制改革和村委会改居委会工作的意见》，已进入市委发文程序。

（二）高质量完成了一批市委重要文稿。围绕国务院重大决策部署落实情况督察和省委先后两次改革督察，起草完成了《郑州市深化改革经验做法》《关于中央及省委全面深化改革精神贯彻落实情况报告》等会议材料和上报材料。围绕贯彻省委书记郭庚茂关于出彩中原建设相关要求，形成了《郑州在出彩中原建设中的地位和作用》。围绕市委重点工作部署，参与起草了《郑州市推广中国（上海）自由贸易试验区可复制改革试点经验工作方案》《郑州市商贸物流和对外开放工作方案》《郑州市汽车产业发展行动计划》《郑州市“十二五”成就展》等一批重要材料。

（三）形成了一批重要研究成果。按照市委部署，从理论、政策、实践等角度，对郑州都市区建设三年行动计划进行深入研究，形成了《郑州都市区建设发展理论与实践创新》课题成果。围绕经济新常态，完成了《历史上的郑州与近代郑州》《“米”字高铁连接的欧亚大通道与中原经济圈》《迎接高铁货运时代》《后WTO时代郑州面临的新挑战与机遇》等课题研究。围绕国际商都建设，形成《郑州与成都“国际化水平”对比分析》《如何进一步提升郑州城市综合竞争力》等专题研究。围绕国务院互联网计划，组织编写《互联网+学习辅导读本》。围绕市委主要领导关注重点，进行前瞻性、思路性研究，形成了《关于对经济发展新常态的有关问题研究》《关于组织开展“八看八谈八树”活动建议》《关于举办中国（郑州）国际时尚文化旅游节的建议》等研究报告和政策建议。

【调研工作】 2015年，市委政研室（改革办）精心选题、深入调研，助推发展迈上新台阶。

（一）围绕“三大主体”工作抓好调研。积极适应经济新常态，围绕现代产业体系建设，完成了《新常态下郑州工业经济发展思考与建议》《新常态下郑州商贸服务业发展调查与思考》《铸就“国际商都”坚强支撑——加快构建郑州现代市场体系的调查与思考》等系列调研报告。围绕新型城镇化建设，调研形成了《关于郑州市城市规划建设管理运行情况的调研报告》《经济新常态下加快我市农业农村发展的思考和建议》等多篇报告。

（二）围绕航空港实验区建设抓好调研。2015年，市委政研室（改革办）进一步拓宽领域、深入研究，调研形成了《以郑州航空港经济综合实验区为龙头带动“三个层次”发展的战略构想》《关于发展郑州市通用航空产业的思考和建议》等一批专题报告，得到市委、市政府领导的批示和肯定。为更好地宣传推介郑州特别是航空港实验区，组织全室力量，历时近半年，牵头编写了《聚变——郑州如何由超级货运空港演变为航空大都市》。该书以航空港实验区建设为主线，总结发展经验、厘清发展思路、展望发展愿景，兼具学术色彩和实践特色，共6章35个小节18万字，至年底初稿已经修订完毕。

（三）围绕群众关心的社会热点抓好调研。密切关注社会民生热点问题，深入基层、深入群众进行调研，形成了《加快发展郑州市养老服务业调查报告》《关于我市中心城区市场外迁情况的调查》《创建“书香支部”固魂砺德强为》等调研报告。

【信息服务】 2015年，市委政研室（改革办）办好载体、注重实效，信息服务得到新提升。

（一）精心编发《中部动态》《聚焦省会》《调查研究》等内刊。立足服务市委需要，密切关注、及时收集郑州和国内主要城市经济发展动态和政策走向信息，扩大研究范围，加大信息报送频次，提高信息报送质量。全年共编发《聚焦省会》《中部动态》《调查研究》91期。为进一步发挥参谋助手作用，拓宽信息服务视野，下半年，借鉴省委政研室《专报》创办形式，增设《专报》特刊，及时收集时政要闻、前沿科技、专家解读、传媒聚焦等重要信息，第一时间专报市委书记、市长、副书记、常务副市长，为市委科学决策提供宏观信息参考，至年底累计编发26期。

（二）高质量办好《郑州工作》。以“四个全面”重大战略、郑州都市区建设、“三大主体”工作、国际商都建设和“十二五”辉煌成绩回顾为宣传重点，持续优化栏目设置，不断凸显刊物特色，增强宣传报道效果。全年编辑出版《郑州工作》12期，编辑稿件410篇、约120万字，刊发图片318幅，在传达市委声音、反映基层工作、营造舆论氛围、服务郑州发展等方面发挥了积极作用。同时，《郑州工作》对外交流刊物达到313家，2015年订阅数量较上年增长近9%，取得了质量和效益“双提升”。

（三）圆满完成全市优秀调研成果汇编评审。积极做好2014年度全市调查研究先进单位、先进个人及优秀调研成果评选活动，42家单位参与评选，共收到123篇调研成果。在评选的基础上，编写形成了《2014年郑州市优秀调研成果汇编》。同时，积极组织2014年度省级调查研究先进单位、先进个人及优秀调研成果评选活动，推荐优秀调研成果10余篇、先进单位7家、先进个人7名。

【推动改革】 2015年，随着改革的逐步深入和步伐加快，市委政研室（改革办）承担的任务比2014年明显加重，工作要求也更高。对此，市委政研室（改革办）坚持把改革工作放到更加重要位置，切实强化责任担当，在时间和精力上加大投入，认真谋划研究，加强协调、主动作为，进一步理顺了工作关系，健全了工作制度，较好地发挥了在全市全面深化改革工作中的参谋、服务、协调、宣传、督导作用，保持和巩固了全市改革的良好势头，推动改革实现新突破，改革红利不断释放。

（一）全面做好参谋服务。认真学习领会中央和省委关于全面深化改革的会议精神、决策部署，积极向市委常委会和市委全面深化改革领导小组报告工作情况、提出工作建议。筹备召开了市委全面深化改革领导小组第三次、第

四次会议，起草了《市委全面深化改革近期重点任务责任分工意见》《2015年全面深化改革工作要点》等一批重要文件，确保了改革的科学谋篇布局和有力有序推进。

（二）积极营造改革氛围。全年共编发《郑州市全面深化改革工作简报》35期，及时反映了全市改革的重要部署及各领域、各单位改革的推进情况。同时，积极向省委改革办报送郑州市改革的有关信息材料，有10篇被采用，居全省各地市第一位，进一步扩大了全市改革工作影响力，营造了良好的舆论氛围。充分发挥政研优势，积极为各单位的改革工作提供支持和服务，牵头组织开展农村“双改”等重点领域改革调研，形成了推进改革的强大合力。

（三）切实加强统筹协调。围绕抓好改革任务落实，进一步充实改革办督察力量，加强对全市改革办系统的工作指导和重点改革事项的督导督察，完善工作台账制度，基本形成了上下联动、左右协调的工作格局。全年共征求全面深化改革各专项小组意见10余次，制作编发改革台账5份共100余本，下发督导通知10余件，整理全市改革举措落实整改台账13大类共29项。配合完成了中央改革办对郑州市跨境电商发展调研、国务院督导组对郑州市重大政策措施落实情况的督察，牵头完成了两次省委全面深化改革督察，受到各级领导的充分肯定。

（姚金恩　孙钰翔）

编制管理

【概况】 2015年，市编办紧紧围绕市委、市政府决策部署，统筹兼顾，突出重点，扎实工作，以转变政府职能、推动简政放权为目标，不断深化行政管理体制改革；以提供优质公共服务、促进社会和谐为目标，积极稳妥推进事业单位改革；以服务中心工作、保障民生为目标，不断优化机构编制资源配置；以规范进人程序、节约行政成本为目标，不断加强机构编制管理，较好地完成了全年各项工作任务。

以打造精兵队伍、提升履职水平为目标，不断强化自身建设。扎实开展“三严三实”专题教育活动，深入查摆机构编制工作中存在的“不严不实”问题，列出清单，制定整改措施及整改期限，增强了解决问题、改进工作的责任感和主动性。进一步改进工作作风，不定期对明令禁止的有关事项进行突击检查，强化了干部职工的纪律观念。健全群众工作长效机制，定期对惠济区古荥镇马村进行走访，深入了解帮扶点经济发展现状、农民增收渠道、资源优势和发展潜力等，并组织义诊活动，给贫困村民送去温暖。积极推进反腐倡廉建设，组织党员干部集中开展主题教育、岗位教育、示范教育、警示教育。注重加强队伍能力建设。在浙江大学举办“郑州市机构编制系统业务管理暨党建工作培训班”，分两批对市县两级编办140余名工作人员进行了培训。积极组织人员参加中央编办、省编办及市直有关部门举办的各类培训，进一步提高了机构编制干部的理论素质和业务水平。

【政府机构改革】 根据郑州市机构改革实施意见，2015年的工作重点是修订政府工作部门“三定”规定。按照省编办规定的时间节点，市编办以转变政府职能为核心，进一步理顺职责关系，明确和强化责任，优化政府组织结构，规范机构设置，完善运行机制，确立了“三不增加”原则（不增加人员编制、不增加领导职数、不增加内设机构），先后分三批拟定40家政府工作部门的“三定”规定。本轮改革，调整部门职责24 项，取消23 项，下放41项，加强45项，增加2项，承接1项。同时，加强对县（市）区机构改革的指导，在县（市）区政府工作部门限额内，对县（市）区机构改革方案进行了适当调整，突出对工业产业的支撑。截至2015年年底，各县（市）区政府机构改革全面完成。

【行政责任清单编制审核】 2015年，市编办按照市政府《郑州市全面推行五单一网制度改革工作实施方案》的总体部署，依法编制责任清单，完成对86个部门上报8850项权责事项的预审、初审和复审，最终确认权责事项7478项，其中市政府权责事项222项、部门权责事项7256项（含基本公共服务406项）；为推进责任清单依法规范运行，还组织起草了《郑州市行政责任清单运行监督检查办法（草案）》。按照“五单一网”制度改革市县统筹推进的原则要求，市编办主动跟进，从政策把握和实际操作层面，加强对县（市）区的业务指导，推动县（市）区责任清单编制审核工作。此外，根据责任分工，抽调业务骨干，积极配合相关部门建立行政审批事项清单，审核市直46个部门上报的303项审批事项，其中，取消33项、下放6项、上解2项、调整管理方式112项、列入清单147项，规范审批事项名称、实施依据、前置条件、审批流程、办结时限等266处。

【经济发达镇行政管理体制改革试点】 依据省编办对经济发达镇试点工作的政策精神，经与省里多次沟通汇报后，市编办推荐34个镇候选省级经济发达镇行政管理体制改革试点镇。2015年8月，经省编办批准，13个镇（新郑市龙湖镇和薛店镇、新密市超化镇和曲梁镇、登封市大冶镇和告成镇、荥阳市豫龙镇和贾峪镇、中牟县官渡镇和姚家镇、二七区马寨镇、惠济区花园口镇及上街区峡窝镇）被确定为省级经济发达镇行政管理体制改革试点镇，获批数量居各省辖市第一位。

【重点领域和关键环节管理体制改革】 2015年，郑州市统筹推进重点领域和关键环节管理体制改革。

（一）推进乡镇食品药品监管体制改革。为加强基层食品药品监管力度，在2014年将市、县食品药品监管体制由垂直管理改为分级管理的基础上，督促县（市）区在每个乡镇都设立食品安全委员会，批复在11个县（市）区和4个开发区设立共计182个乡（镇）办食品药品监督管理所；根据郑州航空港经济综合实验区发展需要，批准设立郑州新郑综合保税区和郑州航空港经济综合实验区机场口岸2个区域食品药品监督管理所，为构建横向到边、纵向到底的食品药品安全监管体系奠定了坚实基础。

（二）推动不动产登记制度改革。将市县两级房管、农业、林业等部门的不动产登记职责整合到国土部门，由国土部门统一承担土地登记、房屋登记、农村土地承包经营权登记和林地登记等职责，并及时成立不动产登记机构，为全面开展不动产登记工作提供了体制保障。

（三）推动金融监管体制改革。为理顺地方金融管理职能，在郑东新区、经开区、高新区和各县（市）区设置了金融工作办公室，将融资性担保机构和小额贷款公司的监管职责划入各地金融办，实现了“谁审批、谁监管”“谁主管、谁负责”，有力推动了全市防范打击和处置非法集资工作。

【事业单位分类改革】 2015年，市编办按照中共中央、国务院《关于分类推进事业单位改革的指导意见》和河南省有关要求，以提升事业单位公益服务水平为目标，在深入调研、详细论证的基础上，结合郑州市实际，将全市现有事业单位划分为承担行政职能、从事生产经营活动和从事公益服务等三个类别。至年底，市本级的事业单位分类意见已经省编办批复同意，县（市）区分类情况按程序上报备案。此外，还按照省编办的统一部署，重点对生产经营类事业单位转企改制工作进行了深入细致的调研。

【事业单位法人治理结构改革试点】 郑州市自2012年初开展事业单位法人治理结构改革试点工作以来，成立领导小组，制定工作方案，指导试点单位组建理事会、制定章程，建立了事业单位法人治理结构模式，全市事业单位法人治理结构试点工作取得初步成效。通过逐年扩大试点范围，截至2015年年底，全市共有87家事业单位完成法人治理结构改革试点工作，2015年确定的郑州市第四十七中等15家试点单位的理事会在组建中。在2015年全省事业单位法人治理结构改革试点工作座谈会上，郑州市作了典型发言。

【行业体制改革】 全面完成交通运输执法体制改革。根据河南省指导意见，规范设置全市交通运输执法机构，将分散在多个部门的交通运输行政处罚、行政强制、监督检查、货运源头治超等职责整合到新组建的执法机构，理顺了全市交通运输执法体制，有效解决了交通运输重复执法、多头执法、趋利执法等问题。

继续深化教育体制改革。按照省编办《关于开展全省中小学校有关情况调研的通知》要求，及时对全市中小学师资队伍建设、人员结构、编制管理中存在的主要问题等情况进行认真细致调研，摸清了全市中小学在校生人数、教职工编制数、在职人员数、岗位机构等情况，并形成专项调研报告；多次对市直中等职业学校进行调研，对人员结构、内设机构和教辅机构设置等方面存在的问题提出对策和建议，促进了全市中等职业教育事业健康发展。

深化文化体制改革。根据文化体制改革有关精神和要求，配合做好中原网转企改制工作，有效提升了郑州市文化市场核心竞争力。

推进医药卫生体制改革。按照2015年度全市医药卫生体制改革重点工作要求，积极做好县级公立医院法人治理结构试点工作。

【优化机构编制资源配置】 （一）全力服务中心工作。积极为产业集聚区和开发区发展提供体制机制保障。为促进产业集聚区实现更大规模、更高水平发展，市编办进一步明晰了产业集聚区（组团新区）的经济管理职能。根据省委办公厅、省政府办公厅《〈关于推进产业集聚区与乡镇行政区域管理套合的指导意见〉的通知》精神，结合全市实际，制定印发《关于进一步深化产业集聚区（组团新区）与乡镇办行政区域管理套合的通知》，明确产业集聚区（组团新区）管委会主要负责经济管理职能，所套合的乡（镇）办负责管理社会事务，重新修订印发了郑东新区、经开区和11个县（市）区的21个产业集聚区（组团新区）“三定”规定，形成了经济建设与社会管理相互促进的运行机制。全力助推郑州航空港经济综合实验区建设发展。根据实验区发展需求，先后为其设立动物监督所、食品药品监督所、市住房公积金管理中心航空港管理部、法院、检察院等机构；帮助航空港实验区建立事业单位法人独立登记管理体制，为其建立了代码为“411900号”的事业单位网上在线登记管理系统客户端，并移交事业单位法人档案56家；按照市委、市政府要求，积极推进实验区托管区域人员编制划转工作，截至2015年年底，经上报省编办和中编办批准，共为实验区划转行政编制137名、事业编制1885名。

（二）着重办好涉及民生的重点问题。围绕市政府确定的2015年民生十件实事，市编办积极发挥职能作用，坚持机构编制资源向民生领域倾斜。围绕改善空气质量，为市环保局内设机构污染防治处加挂大气污染防治处牌子；围绕缓解入学难问题，积极向上级争取支持，合理配备中小学教育资源，向教育教学一线倾斜，保证了全市新建中小学的顺利开学；围绕卫生计生工作，在充分调研论证的基础上，整合原卫生、计生部门，组建新的卫生和计划生育委员会，及时拟定“三定”规定，推动其职责、机构、人员尽快融合和工作尽快运转。

【规范用编程序】 （一）加强机构编制法制化建设。在严格执行《郑州市机关事业单位进人履行编制审核程序规定》的基础上，结合全市进人用编审核工作实际，以市编委名义出台《关于加强机关事业单位编制使用管理的通知》（郑编〔2015〕1号），进一步规范进人用编程序，为实现全市财政供养人员只减不增目标提供了有力保障。

（二）抓好机构编制实名制管理。在做好机构编制实名制数据库管理的同时，按照省编办要求，依托党务内网建立网络版实名制管理系统，及时更新全市机构编制信息数据，坚持每月与市财政局进行数据核对，每年组织开展机构编制年报统计工作并将有关数据上报省编办，实现了对全市机构编制和财政供养人员的动态监管。

（三）做好县（市）区机关事业单位进人用编备案工作。根据市委办公厅、市政府办公厅印发的《关于实行县（市）区机关事业单位进人用编备案制度的通知》精神，认真落实“季度用人备案制度”，建立数据催报督报制度，保证了编制数据及时准确，为合理配备编制提供准确依据。

【控编减编专项督察】 2015年，市编办根据全省控编减编专项督察工作会议部署，及时向市编委领导汇报，召开全市控编减编专项督察工作会议，对控编减编专项督察工作进行了安排部署。召开专题主任办公会，学习会议精神，研究贯彻落实的具体办法、措施，并与机构编制日常管理工作相结合，制定了控编减编工作任务分工。会同纪检、组织、财政和人社等部门组成联合督察组，对金水区、二七区、管城区、中牟县和郑东新区控编减编工作进行专项督察，确保了全市机构编制控制在省编办核定的总量之内。

【机构编制监督检查】 2015年，市编办加强机构编制监督检查工作，积极巩固核查工作成果。将2014年开展机构编制专项核查工作中发现的问题归类整理，逐一反馈到各单位，督促各单位落实整改措施，确保发现的问题整改到位。

继续开展机构编制责任审计。按照上级要求，配合市审计局先后对市扶贫办、市商务局、市文物局和市国资委等4家单位主要领导在任期间的机构编制有关规定执行情况进行审计，维护了机构编制工作的严肃性。

推动机构编制法规政策进课堂工作常态化。选派业务骨干到市委党校，为青干班的学员讲授机构编制法规政策，使学员们增强了机构编制法规意识和责任意识。

开展机构编制执行情况专项检查。会同教育局、公安局、财政局、人社局和卫计委等相关部门，重点检查部分机关事业单位是否存在擅自设置机构、超职数配备中层领导干部等情况，发现问题，及时纠正。

配合市委组织部，积极提供中央巡视组巡视中发现的涉及机构编制事项材料，并按省编办要求，按程序上报了相关证明材料。

【事业单位登记管理】 2015年是事业单位法人年检制度改为年度报告公示制度的第一年。市编办按照省编办要求，扎实开展事业单位法人年检制度改革。全市符合条件应参加年度报告公示的事业单位法人660家，全部通过网上管理系统报送年度报告材料，上报率100%；统一为市直事业单位法人换发了有效期为5年的事业单位法人证书。

【机构编制电子政务工作】 2015年，郑州市加快推进机构编制信息化建设。按照省编办要求，市编办为全市接入省机构编制业务网的设备配备了安全软件，确保网络版机构编制实名制系统安全运行。做好党政机关网上名称开办审核、资格复核和网站标识管理工作。全年全市成功申请党政机关、事业单位网站标识3049个，其中市直131个、县（市）区2918个。继续做好中文域名注册管理工作。

（王永新　王志科　朱亚浩）

老干部工作

【概况】 2015年，郑州市共有离退休干部65259人，其中离休干部3009人，退休干部62250人；离退休干部党员31940名，建有离退休干部党总支18个、党支部560个。

2015年，全市老干部工作以“为党的事业增添正能量”为价值取向，以“让市委放心、让老干部满意”为标准，全面落实党的老干部政策，认真开展“三严三实”专题教育，围绕纪念抗日战争胜利70周年，加强离退休干部“两项建设”（党支部建设、思想政治建设）和老干部服务管理工作，深入开展“两展示两争当”（展示阳光心态、展示当代风采，争当时代老人、争当奉献老人）活动，引导离退休干部为郑州都市区建设凝聚正能量。全年共有7个老干部先进集体、20名老干部先进个人获省级以上表彰，其中受到国家表彰的先进集体1个、先进个人1名；市关工委荣获全国关心下一代工作先进集体，市老干部大学夕阳红志愿者服务队被评为全省离退休干部先进集体。

【离退休干部“两项建设”】 2015年，全市各级各部门切实把从严治党要求落实到离退休干部“两项建设”工作中，使离退休干部党组织成为坚强的战斗堡垒、老干部工作领域成为巩固的思想阵地。

（一）“两项建设”责任得到落实。一是市委高度重视。市委常委会一年两次听取并研究老干部工作，并多次召开座谈会听取老干部的意见建议。市主要领导坚持一年两次向老干部通报工作、征求意见、走访看望老干部，并对老干部思想政治工作和党组织建设提出了明确要求。二是各级党委（党组）积极落实。把离退休干部党组织建设纳入党建工作总体规划，强化党委（党组）主要领导的第一责任人职责，做到与在职人员党组织建设同部署、同规划、同考核。三是老干部工作部门有力推进。召开全市离退休干部“双先”表彰暨老干部工作会，细化老干部工作部门抓党建的具体职责，建立和完善老干部工作领导组织网络，以责任传递压力，以压力推动落实。

（二）思想政治建设得到加强。一是突出重点学。以理想信念和党性教育为重点，组织离退休干部深入学习十八届四中、五中全会和习近平总书记系列重要讲话精神，学习省委、市委重大决策部署，引导离退休干部始终做到政治坚定、思想常新、理想永存。二是搭建平台学。全市老干部工作部门把思想政治工作与开展活动相结合，发挥老干部活动中心（室）、老干部大学（分校）和老年社团等作用，举办形势报告会、座谈会、成果展览等，让老干部感受郑州都市区建设新成效。三是注重效果学。结合形势变化和老干部思想动态，有针对性地进行政策宣讲和思想疏导，让老干部了解形势，正确对待利益调整，理解和支持市委、市政府中心工作。

（三）党组织建设得到强化。一是举办离退休干部党支部书记培训班。组织100多名离退休干部党支部书记学习依法治国、互联网+和老干部工作新精神等内容，提高党支部书记和骨干的整体素能。二是努力实现党组织全覆盖。创新党组织管理模式，在困难企业离休干部党员中建立24个临时党小组，在老干部合唱团、书画研究会等7个老年协会建立临时党支部，努力使离退休干部党员全部纳入组织管理。三是充分发挥党组织作用。督促指导离退休干部党支部充分发挥党组织凝聚作用，把更多的老同志团结在党组织周围。2015年，新增离退休干部党员2306名。

【“两展示两争当”活动】 按照“一年起步、两年提升，长期抓好，形成常态”的思路，2015年全市“两展示两争当”活动分宣传动员、组织实施、总结提升三个阶段进行，让老干部心态上现阳光、行为上展风采，争当时代老人、奉献老人。

（一）让老干部展示阳光心态，从思想上为郑州都市区建设凝聚正能量。一是以党组织为引领，让老干部学习理论，思想终身向阳。通过践行“三严三实”、创新支部学习、改进服务方式、丰富活动内容等，努力把离退休干部党组织打造成增添正能量的“发动机”；通过举办培训班、报告会、学习会等形式，学习国内外形势、本地本部门中心工作等内容，使离退休干部党支部成为推动改革大局的“助力器”。二是以文化科技为源泉，让老干部学习前沿，始终洋溢青春。创办“郑州老干部手机报”，开设了《两展示两争当》等10多个栏目，成为老干部展示阳光心态的新窗口；在老干部中建立飞信、微信、QQ群等，引导老干部通过网络学习并在网上发出好声音，金水区“QQ奶奶”张秀丽带动身边30多名老干部，帮助青少年走出心理困惑，“粉丝”已超过18万人。三是以学习活动阵地为依托，让老干部学习知识，展现蓬勃朝气。利用合唱、书法、诗词等14个协会和10个老干部大学分校26个教学点，组织上万名会员、学员，建立起“上下联动、覆盖城乡”的学习活动网络，开展丰富多彩的活动，展示时代老人健康美。

（二）让老干部展示当代风采，从行动上为郑州都市区建设释放正能量。一是提出“八个一”倡议，让老干部在奉献社会中展风采。引导和鼓励老干部参与讲好一个传统故事、写好一段美好回忆、畅谈一个发展愿望等8件事，展示老干部的正能量。市关工委在青少年中开展“中国梦·我的梦”教育活动，186个“五老”报告团作报告200多场，听众达20多万人次。二是组织老干部“看郑州”，让老干部在建言献策中展风采。组织近2000名老干部参观郑州的重点项目及改善民生、基层党建等方面的发展成果，让老干部体验美好生活、畅谈发展变化，老干部共提出合理化建议200多条。三是注重文化传承，让老干部在为改革发展点赞中展风采。开展了“为河南现代化建设点赞”活动，老干部摄影、书画、诗词等协会（团体）举办摄影展、书画展，以“谈、写、画、唱、演”等形式立体式“点赞”。四是把握重大节点，让老干部在弘扬主旋律中展风采。举办“纪念抗战胜利70周年活动月”和迎“七一”老干部大学教学成果展，以老干部喜闻乐见的展览、比赛、宣讲、演出等形式，吸引上万名老干部“比展示、比风采、比奉献”。

（三）让老干部争当时代老人、奉献老人，从树立新风上为郑州都市区建设增添正能量。一是宣扬“双先”代表，树立“时代老人”标杆。表彰了50个离退休干部先进集体和100名离退休干部先进个人，安排全国离退休干部先进集体登封市嵩山文化宣传队队长王志周进行巡回报告，选树了为青少年作千场报告、组建百名“老人雷锋团”的退休老师周慧玲等典型进行专题宣讲。二是围绕可敬可学，发掘身边的“中国故事”。把18年如一日，祖孙三代带领员工学雷锋，走遍郑州1500多个家属院，免费维修灶具15万多台的谷殿明，编入市“五老”报告团，广泛宣讲立足自身、坚持学雷锋的事迹；《人民日报》以《10年4万感谢卡，郑州老人赞大家》为题，刊登了郑州市离休干部程万兴的事迹。三是举办“一会一展”，推动正能量活动深入开展。举办全市老干部工作“十二五”成果展暨“两展示两争当”活动推进会，用40张展板300多幅图片和7个单位的典型做法，总结老干部工作5年来的新成效，研讨老干部工作转型发展的新思路，宣传老干部为建设国际商都的新贡献，促进了正能量活动的深入开展。

【老干部服务管理】 2015年，全市各级老干部工作部门与涉老部门密切配合，全面落实党的老干部政策，用心用情服务老干部，努力提高离退休干部的幸福指数。

（一）老干部待遇得到不断提高。一是加大了医疗保障力度。为确保离休干部“三个机制”有效运行，坚持做好特困企事业单位认定工作，市属离休干部就医医院由27家扩大到35家，市财政拨出2.1亿元弥补离休干部医药费统筹基金缺口，5年累计支出9亿多元。二是提高了健康检查质量。组织硬件设施好、医疗水平高的医院，采取“双向选择”的方式，为3113名市属副县级以上老干部进行健康检查；老干部健康检查费用标准由350元提高至500元。三是更新了健康理念。广泛开展健康知识教育，全年共举办健康讲座9场，印发保健手册2万多本，受益老干部达

3万余人次。

（二）服务老干部水平得到不断提升。一是帮扶困难企业离休干部。发挥“夕阳红小分队”小、快、灵的作用，为老干部提供多样化服务。二是探索社会化服务。指导上街区推行“敬老优享卡”，联盟医疗卫生、购物餐饮、法律服务等10类30多家商户，为老干部提供折扣、上门、优先等服务，并惠及社会老人。三是积极为老干部办好事、解难事。按政策将红军遗属补助由700元提高至1500元，老干部慰问金由500元增至3000元；分6组对易地安置的老干部进行走访慰问，为易地安置老干部解决了参加组织生活难、医药费报销难等实际问题。

（三）老干部学习活动需求得到不断满足。一是阵地建设得到加强。市委高度重视老干部学习活动阵地建设，多次召开会议研究老干部活动中心建设工作，加大投入力度，对1-3楼装饰装修款项已作出批复。二是活动中心有效运转。以“新中心新形象”为理念，实行规范化、精细化管理，最大化利用场地，举办第27届老干部运动会、元宵节游艺活动，组织各类比赛60多场次、书画摄影等大型展出20多次，吸引25万人次参加，老干部满意度不断提高。三是老年教育健康发展。老年大学以快乐式教学、亲情化服务为新常态，巩固“百班万人”成果，推动教学工作向基层延伸，新增15个专业16个班，成立10个学会和5个艺术团，在校学员达2万余人。开展“六进”志愿服务活动，扩大了老年教育覆盖面。

【老干部工作部门自身建设】 2015年，全市各级老干部工作部门重视和加强自身建设，努力打造敬老、爱老、为老、助老的品牌部门，把老干部工作队伍建设成一支讲政治、重感情、业务精、作风好、老干部信得过的过硬队伍。加强理想信念和党性教育。组织党员干部参观豫西抗日根据地纪念馆、中原英烈展览馆等，激发老干部工作者始终做到“用忠诚之心对党、用敬重之心对老干部、用担当之心对工作、用平常之心对自己”。教育引导党员干部加强自身修养，转变工作作风，推动工作创造新业绩。提升能力素质。以“激发老干部工作者正能量”为主题，在大别山干部学院举办了为期6天的全市老干部工作人员培训班；同时，认真抓好岗前培训、挂职锻炼、专题培训，不断增强服务意识，有效提高工作人员整体素质。强化机制建设。落实中央八项规定精神，修订完善了加强内部管理方面多项行之有效的制度机制。认真落实民主集中制，每月召开“诸葛亮会”，围绕重大问题通报情况、研究讨论、集体决策，努力使老干部局机关建设提高到一个新水平。

（马 帅）

党史工作

【概况】 2015年，郑州市党史工作深入贯彻落实全国、全省党史工作会议精神，坚持以十八大和十八届二中、三中、四中全会精神为指导，紧紧围绕市委中心工作，发挥党史资政育人作用，以深入开展“三严三实”专题教育活动为契机，利用党史工作优势，深化党史党性教育，推动全市党史工作再上新台阶。

结合党史工作实际情况，坚持高标准，严要求，扎实深入开展“三严三实”专题教育活动。成立党总支书记任组长、领导班子成员为成员的领导组，并确定联络员，为开展“三严三实”专题教育工作奠定了坚实基础。市党史研究室主任、党总支书记薛稳定为党员干部上党课，同时召开“三严三实”专题教育动员大会，安排部署相关工作。注重突出活动重点对象和环节内容，抓好中心组的学习教育，以此带动党员的学习。高标准完成三次专题研讨，突出围绕严以修身、严以律己和严以用权三个核心问题，紧密联系思想工作实际谈认识，深入查摆剖析自身存在的不严不实问题，并提出了整改措施。明确整改任务和时间表，同时拓展监督渠道，加强群众监督和社会监督，活动取得了初步效果。

【党史资料征编】 2015年，全市党史工作部门持续开展党史资料征集活动，取得显著成效，有力推动了党史研究工作，进一步丰富了党史研究成果。

（一）《中共郑州地方历史》（二卷）撰写工作快速推进。以《中共郑州地方历史》（二卷）编撰为重点，集中人力物力，采取有效措施，组织集体攻关。每月召开一次专题会，汇报编写进度，研究解决工作中的问题和困难，提出下一步主攻方向。同时，市党史研究室领导带领相关处室人员经常深入基层，座谈研究编写工作，审读书稿，及时指导，帮助解决疑难问题，调动了各县（市）区积极性。至年底，《中共郑州地方历史》（二卷）已完成征求意见二稿3万余字的微调修改工作。登封、新郑、金水等县（市）区的党史二卷已出版发行。

（二）郑州党史大事记完成编写出版。本着细征、精编的原则，整理出版了市委书记2014年工作大事记、市长2014年工作大事记、郑州党史2014年大事年编、2014年郑州党委工作纪实。期间共征集书记、市长工作图片800余幅，选用70幅；重要讲话、重要文章和调研报告70余篇，采用33篇。同时完成了2015年市委书记、市长大事记的收集整理工作，郑州党史大事记做到了按月整理、按月上报。其中，《郑州党史大事年编》38万余字。完成了本年度党史大事年编向省党史研究室的上报工作，共计上报320余条、18万余字，被上级采用转发88条、近3.5万字。

（三）扎实推进《郑州改革开放实录》编写工作。通过组织课题研究编写，全面系统地收集郑州市改革开放各方面的资料，客观记述全市改革开放进程中的重大事件和重大成就，科学总结规律性认识和可资借鉴的经验，分别形成系类性专题研究成果，为各级党委政府科学决策提供了借鉴和参考。至年底，全市共征集稿件31篇，涉及31家单位，其中，市直单位17个、新区2个（郑东新区和航空港区）、县（市）区11个、企业1个。完成了对所有单位相关图片的收集任务。

（四）继续办好《郑州党史纵览》杂志。全年共编辑出版《郑州党史纵览》刊物4期，其中前2期每期56页，共17万字；后2期每期64页，共24万字。共印制8000册。2015年5月，刊物获得市文广新局授予的“2014年度郑州市十佳内资刊物”称号。

【党史宣传教育工作】 2015年，全市党史工作部门进一步加大党史宣传教育工作力度，亮点纷呈，开辟了党史宣传教育的新境界。

（一）强化郑州党史网站建设。协调促进郑州党史网（www.zzdangshi.com）的改版升级成功，同时负责网站维护工作，每周定期向网站上传书记、市长大事记2篇、文章4篇，全年共上传书记、市长大事记24篇，文章80篇，图片20余幅，约50万字。在网站上开设纪念抗战胜利暨世界反法西斯胜利70周年专栏，上传《孤胆英雄赵继》等8篇文章，约4万字，讲述郑州人自己的抗战故事。

（二）编辑《多彩郑州》。全书分为9个篇章，收集图片300余幅，撰写文字20万余字，基本概括了郑州历史文化、人文景观、城市风貌、重要人物、革命历程、建设成就等，是一本近距离了解郑州不可多得的小型百科全书。基本完成编辑校改。

（三）做好“多彩家园——市民心中的郑州”摄影大赛后期工作。由市委办公厅、组织部、宣传部主办，党史研究室、郑州报业集团和市文联共同承办的“多彩家园——市民心中的郑州”摄影大赛，共收到参赛作品3200余件，多角度聚焦了郑州市加快实施新型城镇化建设所取得的显著成就。经专家评选，产生一、二、三等奖及优秀奖100件。2015年1月，在市文联展厅举办摄影大赛获奖作品展，展出获奖作品等120余幅，参观人数1万余人次。2月，编辑出版画册《“多彩家园——市民心中的郑州”摄影大赛获奖作品集》，共132页，收录获奖作品及特邀摄影佳作140余幅，印制1000册。

（四）扎实做好重要节庆纪念活

“多彩家园——市民心中的郑州”摄影展在市文联举行

动。结合自身优势，开展了抗战胜利70周年系列纪念活动。一是与市委宣传部联合编印《抗日烽火——郑州抗战简史》，全书5万余字，印制8000册。二是分别在郑州党史网、《郑州党史纵览》开设《纪念中国人民抗日战争暨世界反法西斯战争胜利70周年》专栏、专刊，宣传郑州抗战人物故事。三是与河南人民广播电台合作，在河南人民广播电台《城市正能量》特别节目，直播白沙阻击战等郑州的抗日战争故事2期，时长约50分钟。四是与党史教育基地汝河路小学联合举办了“勿忘国耻 振兴中华 做中华好少年”纪念活动。

【党史队伍建设】 2015年，市委党史研究室积极推进“人才工程”建设，为党史事业的持续健康发展储备人才。一是领导班子坚持从严治室、从严律己、从严带队伍，根据工作职能和岗位职责，完善绩效考核机制，着力解决影响和制约自身科学发展的问题。二是加强党史业务培训，以提升素质、增强能力为重点，开展岗位业务能力提升活动。采取以会代训、专题培训、外出受训等方式，提高了党史队伍整体理论水平和业务科研水平。三是发挥党史工作优势，积极服务中心工作。在党史工作任务重、人手紧的情况下，先后抽调30余人次参与群众工作队、村容村貌检查等工作，树立了新时期党史部门和党史干部队伍的良好形象。

（孟庆超）

党校工作

【概况】 2015年，中共郑州市委党校紧紧围绕市委、市政府中心工作和决策部署，以党建工作统揽全局，强化政治意识、大局意识、纪律意识、服务意识，充分发挥了干部教育培训主渠道、理论宣传主阵地、党性锻炼大熔炉、决策咨询思想库作用，各项工作圆满完成。

扎实开展“三严三实”专题教育。认真谋划、精心组织，成立了专题教育领导小组和办公室，制定并印发了实施方案等系列文件，明确目标任务，严格按照规定程序与步骤，狠抓整改落实，取得了明显成效。全年共开展集中学习10余次，举办专题党课4次、专题研讨会5次，召开群众座谈会12场，发放意见征求表150余份，走访交流教职工100余人次，征集意见建议157条、个人问题清单290个，并对照认领，严格整改，解决了影响党校发展的一些深层次问题，确保每个党员受教育、整体作风大改观。

以打造“一流的管理和服务”为抓手，全面实施依规管理、科学管理。通过培养、选拔和造就一流的管理队伍，强化业务技能培训和制度管理，树立行政后勤“大服务”理念等手段，压缩管理层级，理顺各方关系，努力做到权责明晰、事权匹配、高效优质。树立现代管理理念，始终坚持以不断的建设投入促进党校可持续发展，采用“分期分步实施，渐进增量发展”的推进策略，以不间断投入拉动不间断建设、推动不间断发展，从而实现了整体水平的提升和飞跃。

以打造“一流的硬件和基础设施”为抓手，大力推进基础设施建设。2015年，对报告厅、学员宿舍、学员餐厅的内部设施进行大面积的改造更新，提高了后勤保障能力；引进国家行政学院学习时代书吧，为学员提供了读书交流的平台，受到普遍好评。以移植大树为重点，全面绿化美化校园。随着基础设施的改善、功能的不断提升，党校的影响力、美誉度日渐提高。

以打造“一流的风气和人文环境”为抓手，全面加强学风文风校风建设。通过大力弘扬党校精神，培育广大教职员工的忠诚意识、奉献品格、求是准则和创新灵魂；通过完善规章制度、强化制度刚性约束，要求教职工做到正人先正己、育人先育己；通过从严治校、从严治教、从严管理，让党校成为不正之风的“净化器”“风清气正的学府，锤炼党性的熔炉”；通过加强校园文化建设，熏陶品质、陶冶情操，校园人文环境不断优化，各种风气不断端正。

认真落实“两个责任”，全面加强党风廉政建设。结合党校实际，积极研究制定《校党委落实党风廉政建设责任制清单制度》《“两个责任”签字背书制度》等，推进党委主体责任的落实。校纪委加强对党风廉政建设前瞻性问题的思考，在重大问题决策、重要干部任免、重大项目投资决策、大额资金使用等方面切实履行了监督责任；重新修订了领导干部党风廉政建设责任制，全面落实了党风廉政建设责任制。坚持“一岗双责”，做到了党风廉政建设与业务工作同步安排、同步落实、同步检查、同步考核。

高度重视精神文明建设，将精神文明建设纳入年度工作任务开展，坚持年初部署、不断检查、经费保障等，扎实做好精神文明建设工作。不仅在主体班宣讲社会主义核心价值观，还强化对教职工的教育；全年共举办“道德讲堂”13场，利用传统节日举办各种活动5次，志愿者服务活动5次。利用校刊、网站、宣传橱窗、微博微信等形式，积极参与市委市政府、市文明委安排的诚信建设、公益广告等各种活动。顺利通过省级文明单位年审，党校的文明创建工作档案被作为示范档案推荐兄弟单位学习，并被评为市精神文明建设先进单位。

强化平安建设，建立由主要领导负责的平安建设领导机构，加强对广大教职工的教育和宣传力度，在坚持昼夜巡查的基础上，强化技防力度，保证了全校没有出现违法违纪事件。被表彰为2014年度全市平安建设先进集体。

【干部教育培训】 2015年，市委党校以打造“一流教学”为抓手，大规模、高质量培训党员干部。严格按照“一个中心、四个方面”的教学布局，完善教学内容、改进教学方式、丰富教学方法、升级教学设施、强化业务培训和人才引进、开放党校讲坛，教学水平得到不断提升，培训规模出现大幅度跃升。2015年，共举办了两期郑州市县处级领导干部学习贯彻十八届四中全会精神轮训班，培训160人；主体班有县处级班、中青班、科级班、统战班、军队转业干部培训班及公务员初任和任职班，共培训学员2055人。社会培训共举办22期培训班，培训学员4230人。中央党

市委党校2015年秋季学期开学典礼举行

校在职研究生120人。其他培训4900多人次。全年共培训各级各类学员11465人，充分发挥了干部教育培训的主渠道、主阵地作用。

【科研工作】 2015年，市委党校以打造“一流科研”为抓手，始终坚持科研工作“四个服务”的宗旨，坚持打造决策咨询智库、理论创新高地、科研人才高地、科研协作平台与学术交流中心“四个打造”原则，通过实施“课题带动”和“大科研战略”，建立健全一整套科研保障机制，科研水平得到明显提升。2015年，公开发表论文57篇；申报各级各类科研课题130项，立项80项，其中，省政府招标课题项目7项、市厅级课题73项。结项各级各类课题60项。获得各类科研奖励22项。《学报》质量稳步提升，共出版学报6期，发表文章156篇。坚持以教学带科研、以科研促教学，真正做到“教学出题目，科研做文章，成果进课堂”，把教学、科研、调研工作统筹安排，实现教学科研咨询一体化。

【服务市委、市政府工作】 2015年，市委党校共承担市委党务工作大会、市委传达贯彻省委九届九次全会精神报告会、市政协培训会等市委、市政府、市人大、市政协各种会议近10次，良好的服务得到了市委主要领导的好评。同时，承接了市纪委、市委组织部、市委宣传部、中原区和有关局委会议近20次，出色的服务得到了相关部门的高度赞誉。

【党校分校管理】 2015年，为切实加强和改进分校管理，落实教学“六统筹”，市委党校在充分调研、研讨和论证的基础上，专门设立了分校工作处，并出台了一系列管理制度，做到凝聚各方力量、共铸培训合力，初步形成了郑州市党员教育培训大平台、大格局。

（杨小明　陈海平）

人民代表大会

综　述

【省长谢伏瞻参加省第十二届人民代表大会第五次会议郑州代表团活动】 2015年1月28日下午，省长谢伏瞻到省十二届人大五次会议郑州代表团，与代表们共同审议《政府工作报告》。代表们对《政府工作报告》给予高度评价，表示赞同和拥护。同时，就加快高成长服务业发展、建设公共资源交易平台、合理配置和利用水资源、申报自贸区、防范金融风险、加强生态环境保护、保障职工权益、发展高等教育等方面的工作提出了意见和建议。

谢伏瞻对郑州2014年的工作给予充分肯定，希望郑州强化“龙头”意识，勇于担当，做到四个“率先”，努力为全省发展作出新的更大贡献。一要率先全面建成小康社会。要保持合理的发展速度，提升发展的质量和效益，走在全省发展的前列。二要率先推进产业结构优化升级。加快服务业发展，大力发展高端制造业、培育壮大战略性新兴产业，进一步提升产业竞争力，充分发挥对全省产业结构调整的引领和带动作用。三要率先深化改革扩大开放。完善开放平台，牢牢抓住郑州航空港经济综合实验区这个平台，深度融入“一带一路”建设，发挥国家重要节点城市辐射带动作用，积极推进E贸易试点，努力把郑州建成中西部重要的内陆口岸城市。四要率先推进科技创新。重点支持科研机构、高等院校科研能力建设；培育创新主体，激发企业创新活力；优化创新环境，充分激发市场活力和社会创造力，构筑起全省的创新发展高地。

【代表议案建议办理】 2015年2月28日，市人大常委会召开代表议案建议交办会，将市十四届人大二次会议上代表提出的6件议案和617件代表建议正式交付相关部门。其中，交市人民政府办理代表议案6件、代表建议591件，交市中级人民法院办理代表建议6件，交市人民检察院办理代表建议2件，交党群社团组织办理代表建议15件，因内容不符合要求退回3件。

12月23日，在市十四届人大常委会第十三次会议上，由市人民政府、市中级人民法院、市人民检察院承办的6件代表议案、599件代表建议已经全部办结。代表反映的问题已经解决或基本解决的448件，占总件数的74.79%；正在解决或列入计划逐步解决的108件，占总件数的18.03%；因条件限制或其他原因需以后解决的43件，占总件数的7.18%。通过满意度调查，对6件议案的办理工作，代表全部表示满意或基本满意；对交办的599件代表建议的办理工作，代表表示满意或基本满意的595件，占总件数的99.33%；表示不满意的4件，占总件数的0.67%。

【代表培训工作】 2015年5月7-10日，为进一步增强市人大常委会组成人员依法履职的能力，更好地履行职责，市人大常委会组织常委会组成人员和县（市）区人大常委会负责人共107名学员，在全国人大深圳培训基地举办履职学习班，集中学习了全口径预决算监督、常委会组成人员如何履职等方面知识。市人大常委会主任白红战在开班仪式上指出，全体常委会组成人员要充分认识履职学习的现实意义，切实增强履职学习的主动性，珍惜学习机会，注重学习方法，严守学习纪律，全面提升素质。要做忠诚于党的表率、勤于学习的表率、履职尽责的表率、遵纪守法的表率，共同维护地方国家权力机关的良好形象。

7月28日，市十四届人大常委会举行人大代表履职学习班，省人大常委会副主任张大卫作《关于航空港经济综合实验区建设的有关问题》专题辅导报告。市人大常委会主任白红战要求，全市人大代表要认真学习、领会、消化和吸收此次学习内容，一要与学习党的十八大，十八届三中、四中全会精神和“三严三实”专题教育相结合；二要与贯彻省委、省政府对郑州工作的要求，“三大一中”战略和“双重责任”有机结合；三要与贯彻上半年市委经济工作会议精神相结合，做好五个重点工作；四要与国际商都建设、制定“十三五”规划相结合；五要与各位代表履职尽责、发挥代表参与决策、监督协助、桥梁纽带和模范带头四个作用相结合。

10月12日，市十四届人大常委会

举行人大代表履职学习班，郑州市人大常委会原党组成员、副秘书长柴清玉作《地方人大常委会的监督权和监督工作》专题辅导报告，重点从人大监督权的重要性认识，人大监督的对象、内容、范围，人大监督的重要形式，做好人大监督工作要审时、度势、把握度等四个方面对地方人大常委会的监督权和监督工作，以及人大代表如何行使监督权进行了精彩阐述。

【主任接待代表日活动】 2015年3月13日，市人大常委会副主任周长松接待了张子亮、宋保安等市人大代表，就他们提出的“加大郑州三环内绿化保护及建设”“发行郑州旅游年卡”进行了现场督办。市园林局局长张胜利、市旅游局局长张杰锋分别对办理代表建议作了认真答复。

4月15日，市人大常委会主任白红战接待了胡爱丽、孙永献、李爱华三位市人大代表，对他们提出的关于“两环三十一放射”景观廊道后期维护、高层住宅电梯设计安装、解决无主管楼院卫生管理等民生方面的意见和建议进行了现场督办。市人民政府督察室、规划局、园林局、城管局、交运委、建委、物价局、法制办等部门主要负责人，就代表们提出的意见和建议进行了认真答复。白红战指出，“主任接待代表日”应长期坚持，并在实践中不断完善提升；各级各部门要充分尊重人大代表权力，切实提高办理质量，及时跟踪落实议案、建议办理情况，监督推进各项工作，提高见面率、满意率、办结率、落实率。

5月15日，市人大常委会副主任舒安娜接待了人大代表吕晓华、张双利，就他们提出的“关于继续加强对学校周边及城区街道经营食品治理的建议”“关于进一步推动全民阅读的议案”进行了现场督办。市食药监局、工商局、教育局、文广新局负责人分别对代表建议进行了认真回复。

6月16日，市人大常委会副主任赵武安接待了人大代表皇甫立志，就他提出的“加快陇海路高架桥地面层施工进度尽快还路于民的建议”进行现场督办，市建委作出答复，皇甫立志代表对承办单位的办理结果表示满意。

7月15日，市人大常委会副主任王广灿接待了市人大代表赵长升，就他提出的“关于推进工商登记便民措施的建议”进行现场督办，市工商局做出答复，赵长升代表对承办单位的办理结果表示满意。

8月14日，市人大常委会副主任王贵欣接待了市人大代表焦大宏、张国晓，就焦大宏代表领衔提出的“关于加强推进财政预算公开的议案”和张国晓代表提出的“关于市级产业引导基金出资设立郑州旅游产业投资基金”的建议进行现场督办，市财政局对议案和建议进行了认真答复。

9月15日，市人大常委会副主任赵新中接待了市人大代表田宝宏、朱肖云，就他们提出的“关于进一步加强公安机关执法规范化的建议”“关于规范社会化养老服务体系工作的建议”进行现场督办，市公安局、市民政局分别做出认真答复，代表对承办单位的办理结果表示满意。

10月14日，市人大常委会副主任王铁良接待了市人大代表张振英、钟水权，就他们提出的“关于尽快给予土地流转优惠政策健全法律法规的建议”“关于加强农村环境保护的建议”进行现场督办，市农委、市环保局分别对代表建议进行了答复。代表对承办单位的办理结果表示满意。

11月20日，市人大常委会副主任范强接待了张宏安、李蝴蝶两位市人大代表，就他们提出的“关于切实加强电动自行车管理，保障市民出行交通安全的议案”和“关于郑州市禁止燃放烟花爆竹的建议”进行现场督办，市人民政府法制办、市公安局、市交运委和市城管局相关领导分别对办理议案、建议作了认真答复，范强对议案、建议的办理提出了要求。

6月1日，全国人大常委会原副委员长彭珮云到经开区视察

【市委加强县乡人大工作和建设座谈会】 2015年12月4日，市委加强县乡人大工作和建设座谈会召开。市委副书记、市委秘书长胡荃出席会议，市人大常委会主任白红战主持会议。

会议学习贯彻中共中央转发的《中共全国人大常委会党组关于加强县乡人大工作和建设的若干意见》及省委《关于加强全省县乡人大工作和建设的实施意见》，对进一步加强和改进全市县乡人大工作和建设进行了安排部署。

胡荃要求，各级各有关部门要准确把握中央、省、市相关会议和文件精神，充分认识加强、改进县乡人大工作和建设的重要意义；要坚持问题导向，着力提高县乡人大工作整体水平；要加强党的领导，为县乡人大开展工作提供坚强保证。

白红战指出，全市各级人大要以此次会议的召开为契机，努力当好贯彻党委决策的坚定执行者、提高县乡人大工作和建设的勇敢实践者、建设郑州国际商都的积极推动者。

【郑州市人大工作座谈会】 2015年12月4日，郑州市人大工作座谈会第二十三次会议在登封市召开，市、县（市）区两级人大常委会负责人及工作人员参加会议，研讨交流全市人大全面推进依法治市工作、开展国家宪法日活动情况，以及加强县乡人大工作和建设情况，谋划做好新形势下人大工作的思路和措施。

市人大常委会主任白红战指出，全市两级人大常委会要充分发挥地方人大在协调推进“四个全面”战略布局中的作用。依法履行职责，科学谋划“十三五”规划纲要；积极主动担当，全面落实省委人大工作会议精神；勇于改革创新，持续提升依法履职的能力和水平。要围绕中心，突出重点，履职尽责，奋发有为，为加快以航空港实验区为统揽的郑州都市区建设作出新的更大的贡献。

（胡凯林）

人大会议

【人大全会】 郑州市第十四届人民代表大会第二次会议 2015年1月20日，郑州市第十四届人民代表大会第二次会议在省人民会堂开幕。大会共有代表559人，出席513人，出席人数符合法定人数。会议听取了郑州市人民政府市长马懿代表市人民政府向大会作的《政府工作报告》；书面听取了《关于郑州市2014年国民经济和社会发展计划执行情况与2015年国民经济和社会发展计划草案的报告》《关于郑州市2014年财政预算执行情况和2015年财政预算草案的报告》。

1月22日上午，郑州市第十四届人民代表大会第二次会议在省人民会堂举行第二次全体会议。出席会议的代表514人，符合法定人数。市人大常委会主任白红战作市人大常委会工作报告；市中级人民法院院长于东辉作市中级人民法院工作报告，市人民检察院检察长刘建国作市人民检察院工作报告；书面印发了郑州市人民代表大会法制委员会工作报告，表决通过了本次大会选举办法。

1月24日上午，大会举行市十四届人大二次会议第三次全体会议。会议进行了选举投票，表决通过了关于郑州市人民《政府工作报告》的决议，关于郑州市2014年国民经济和社会发展计划执行情况与2015年国民经济和社会发展计划及其报告的决议，关于郑州市2014年财政预算执行情况和2015年财政预算的决议，关于郑州市人民代表大会常务委员会工作报告的决议，关于郑州市中级人民法院工作报告的决议，关于郑州市人民检察院工作报告的决议。

第三次全体会议结束后，郑州市第十四届人民代表大会第二次会议举行了大会闭幕式。大会应出席代表559人，出席528人，出席人数符合法定人数。会上宣读了选举计票结果，赵新中当选为郑州市第十四届人民代表大会常务委员会副主任。

市人大常委会主任白红战发表讲话。他指出，2015年是全面深化改革的关键之年，是全面推进依法治国的开局之年，是全面完成“十二五”规划的收官之年，也是落实市委十届十次全会确定的奋斗目标、实施郑州都市区建设新三年行动计划的重要一年。各级人大要善于运用法治理念履行职责、善于运用法治思维谋划工作、善于运用法治方式服务发展，忠实履行宪法法律赋予的职责，为打造大枢纽、发展大物流、培育大产业、建设以国际商都为特征的国家中心城市充分发挥地方国家权力机关的职能。人大代表要做科学立法的实践者，发挥好在科学立法中的参与决策作用；做严格执法的推动者，发挥好在严格执法中的桥梁纽带作用；做公正司法的监督者，发挥好在公正司法中的监督协助作用；做全民守法的示范者，发挥好在全民守法中的模范带头作用。

【人大常委会会议】 市十四届人大常委会第七次会议 2015年1月17日，郑州市十四届人大常委会第七次会议举行，市人大常委会主任白红战主持会议。会议原则通过了市人大常委会工作报告稿（草案）。审议并表决通过了市十四届人大二次会议议程（草案）；市十四届人大二次会议主席团和秘书长名单（草案），计划、财政预算审查委员会名单（草案），议案审查委员会名单（草案）；市十四届人大二次会议列席人员名单。审议了市十四届人大二次会议筹备工作情况的报告、市人大法制委员会工作报告稿（草案）、市人民《政府工作报告》稿（草案）、市人民政府2014年国民经济和社会发展计划执行情况与2015年国民经济和社会发展计划（草案）报告稿、市人民政府2014年财政预算执行情况与2015年财政预算（草案）报告稿、市中级人民法院和市人民检察院工作报告稿（草案）。审议并表决通过了郑州市第十四届人大常委会代表资格审查委员会关于郑州市第十四届人民代表大会代表变化情况及补选代表的代表资格审查报告、关于批准设立郑州市东城地区人民检察院的决定、关于郑州市2014年政府投资项目计划执行情况和2015年计划的报告、郑州市人大常委会关于批准郑州市2015年度政府投资项目计划的决议。

会议还审议并表决通过了有关人事任免案。审议并表决通过了关于接受吴忠华辞去郑州市人民政府副市长职务的决定；审议并表决通过了关于黄保卫、沈庆怀、郃松章的任免议案。经表决，黄保卫不再担任郑州市公安局局长职务，沈庆怀任郑州市人民政府副市长、郑州市公安局局长，郃松章任郑州市人大常委会郑东新区工作委员会副主任。

市十四届人大常委会第八次会议 2015年2月27日，郑州市十四届人大常委会第八次会议举行，市人大常委会主任白红战主持会议。会议听取了副市长杨福平作的关于2014年度市人大常委会决议和审议意见贯彻落实情况的报告，市人大常委会秘书长王福松作的关于《郑州市人民代表大会常务委员会讨论、决定重大事项的规定（修订草案）》的说明，有关人事任免案；书面传达了省十二届人大四次会议精神。审议并表决通过了市人民政府关于2014年度市人大常委会决议和审议意见贯彻落实情况的报告、《郑州市人民代表大会常务委员会讨论、决定重大事项的规定》。审议了人事任免案，经表决，接受马健辞去郑州市人民政府副市长职务，决定任命黄卿为郑州市人民政府副市长。

市十四届人大常委会第九次会议 2015年4月28-30日，郑州市十四届人大常委会第九次会议举行，市人大常委会主任白红战主持会议。会议听取了常务副市长孙金献作的关于人事任免案的说明，郑州航空港经济综合实验区管委会主任马健作的关于《郑州航空港经济综合实验区体制机制创新工作情况的报告》，副市长杨福平作的关于森林城市建设工作情况的报告，市人大常委会秘书长王福松作的关于《郑州市人民代表大会常务委员会专项工作评议办法（草案）》的说明；受市人民政府委托，市政府副秘书长李建霞作的关于全市职业教育工作情况的报告，市政府法制办主任张江涛作的关于《郑州市轨道交通管理条例（草案）》的说明，市残联理事长杨惠春作的郑州市关于贯彻实施《中华人民共和国残疾人保障法》和《河南省实施〈中华人民共和国残疾人保障法〉办法》情况的报告；有关人事任免案。书面传达了十二届全国人大三次会议精神。

会议表决通过了郑州市人民代表大会常务委员会专项工作评议办法，郑州航空港经济综合实验区体制机制创新工作情况的报告，市人民政府关于森林城市建设工作情况的报告，市人民政府关于全市职业教育工作情况的报告，市人民政府关于贯彻实施《中华人民共和国残疾人保障法》和《河南省实施〈中

郑州市第十四届人民代表大会第二次会议举行

华人民共和国残疾人保障法〉办法》情况的报告。会议还表决通过了有关人事任免案。

市十四届人大常委会第十次会议 2015年6月24-26日，郑州市十四届人大常委会第十次会议举行，市人大常委会主任白红战主持会议。会议听取了副市长张俊峰作的关于郑州市民公共文化服务区“一设计三规划”情况的报告和关于提请韩俊远同志任职的议案说明、市人大常委会副主任王铁良作的关于市十四届人大代表变化情况的资格审查报告、市中级人民法院院长于东辉作的关于提请任免郭晓堃等25名工作人员法律职务的议案说明、市人民检察院检察长刘建国作的关于提请任免靳耀东等52名工作人员检察职务的议案说明、市人大法制委员会主任委员吴卫平作的关于《郑州市轨道交通管理条例（草案）》修改情况的说明；受市政府委托，市政府法制办主任张江涛作的关于《郑州市建设工程安全生产监督管理条例（草案）》和《郑州市城乡规划管理条例（修订草案）》的说明、市发展和改革委员会主任李书峰作的关于高端产业发展情况的报告、市科技局局长文广轩作的关于科技创新体系建设情况的报告、市司法局局长周顺杰作的关于法制宣传教育和依法治市工作情况的报告、市民族事务委员会主任马军作的关于民族工作情况的报告；书面听取了市十四届人大二次会议代表议案、建议办理进展情况的报告。

会议听取了市人大法制委员会关于《郑州市轨道交通管理条例（草案）》审议结果的报告，表决通过了《郑州市轨道交通条例（草案表决稿）》；表决通过了市十四届人大代表变化情况的资格审查报告、市政府关于郑州市民公共文化服务区（常西湖区域）“一设计三规划”情况的报告及市人大常委会相关决议、市政府关于高端产业发展情况的报告、市政府关于科技创新体系建设情况的报告、市政府关于开展法制宣传教育和依法治市工作情况的报告、市政府关于民族工作情况的报告；表决通过了有关人事任免案，并为新任命人员颁发任命书，新任命人员进行了就职宣誓。

市十四届人大常委会第十一次会议 2015年8月25-28日，郑州市十四届人大常委会第十一次会议举行，市人大常委会主任白红战主持会议。会议听取了副市长张俊峰作的关于“畅通郑州”工程进展情况的报告，市中级人民法院院长于东辉作的关于审务公开情况的报告和关于提请任免杜文龙等36名工作人员法律职务的议案说明，市人大常委会副主任王铁良作的关于市十四届人大代表变化情况的代表资格审查报告，市人大法制委员会主任委员吴卫平作的关于《郑州市建设工程施工安全管理条例（草案）》审议修改工作情况的汇报；受市人民政府委托，市发改委主任李书峰作的关于2015年上半年国民经济和社会发展计划执行情况的报告，市财政局局长刘睿作的关于郑州市2014年财政决算和2015年1-6月份财政预算执行情况的报告、关于2015年第一批新增地方政府债券资金及地方政府置换债券资金分配使用情况的报告和关于2015年调入预算稳定调解基金情况的报告，市文物局局长任伟作的郑州市人民政府关于《郑州市郑韩故城遗址保护条例》贯彻实施情况的报告，市审计局局长冯明杰作的关于郑州市2014年度市级预算执行及其他财政收支的审计工作报告，市工信委主任苗晋琦作的关于郑州市工业转型升级工作的报告，市民政局局长谢霜云作的关于郑州市城乡最低生活保障工作的报告。

会议对2013年度市本级预算执行审计工作报告中反映问题整改落实情况开展专题询问，首次对郑州市工业转型升级工作和郑州市城乡最低生活保障工作进行了评议。

会议听取市人大法制委员会主任委员吴卫平作的《郑州市建设工程施工安全管理条例（草案）》审议结果的报告，并表决通过了《郑州市建设工程施工安全管理条例》；表决通过了郑州市人大常委会关于批准2014年市级财政决算的决议，市政府关于2015年上半年国民经济和社会发展计划执行情况的报告，关于郑州市2014年财政决算和2015年1-6月份财政预算执行情况的报告，郑州市人大常委会关于批准2015年第一批新增地方政府债券资金及地方政府置换债券资金分配使用的决议，关于2015年第一批新增地方政府债券资金及地方政府置换债券资金分配使用情况的报告，郑州市人大常委会关于批准2015年调入预算稳定调节基金的决议，关于2015年调入预算稳定调节基金情况的报告，市政府关于2014年度市本级预算执行及其他财政收支审计工作报告。

市十四届人大常委会第十二次会议 2015年10月20-22日，郑州市十四届人大常委会第十二次会议举行，市人大常委会主任白红战主持会议。会议听取了副市长杨福平作的关于郑州市农业产业化经营发展情况的报告，市中级人民法院院长于东辉作的关于涉诉信访工作的报告，市人民检察院检察长刘建国作的关于检务公开工作情况的报告，市人大常委会秘书长王福松作的关于《郑州市人民代表大会常务委员会组成人员守则（草案）》的说明，市政府法制办主任张江涛作的关于提请废止《郑州市市区烟花爆竹安全管理条例》议案的说明和关于提请废止《郑州市农药管理条例》议案的说明，市人大法制委员会主任委员吴卫平作的关于《郑州市城乡规划管理条例（修订草案）》修改情况的说明，市食品药品监督管理局局长周铭作的关于贯彻落实《中华人民共和国食品安全法》情况的报告，市环保局局长潘冰作的关于《郑州市大气污染防治条例》贯彻执行情况的报告，市旅游局局长张杰锋作的市人民政府关于加快全域旅游产业发展情况的报告。

会议听取了常务副市长孙金献作的关于提请李喜安同志任职的议案的说明和关于提请袁三军等4名同志职务任免的议案的说明，部分新拟任命人员分别与常委会组成人员见面，并作任前发言；听取了市人大常委会副主任王铁良作的关于接受李喜安辞去市十四届人民代表大会常务委员会委员职务的决定（草案）的说明和关于提请任命张家德等4名市人大常委会工作人员职务的议案的说明、市中级人民法院院长于东辉作的关于提请任免刘宏建等3名工作人员法律职务的议案的说明、市人民检察院检察长刘建国作的关于提请任免裴文典等3名工作人员检察职务的议案的说明，并分别介绍拟任命人员与常委会组成人员见面。会议就《郑州市大气污染防治条例》贯彻执行情况开展了专题询问。

会议听取了市人大法制委员会主任委员吴卫平作的《关于修改〈郑州市城乡规划管理条例〉的决定（草案）》审议结果的报告和关于废止部分地方性法规的决定（草案）审议结果的报告，

8月26日，市人大常委会对市本级预算执行审计工作报告中反映问题整改情况开展专题询问

10月21日，市人大常委会就《郑州市大气污染防治条例》贯彻执行情况进行专题询问

并表决通过了关于修改《郑州市城乡规划管理条例》的决定和关于废止部分地方性法规的决定；表决通过了市中级人民法院关于涉诉信访工作的报告，市人民检察院关于检务公开工作情况的报告，市政府关于贯彻落实《中华人民共和国食品安全法》情况的报告、关于农业产业化经营发展情况的报告、关于加快全域旅游产业发展情况的报告，郑州市人民代表大会常务委员会组成人员守则，关于接受李喜安辞去市十四届人民代表大会常务委员会委员职务的决定。根据表决结果，市十四届人大常委会组成人员由50人减为49人。会议还表决通过了有关人事任免案，新任命的副市长李喜安作任职发言；新任命人员接受任命书，并进行就职宣誓。

市十四届人大常委会第十三次会议 2015年12月23-24日，郑州市十四届人大常委会第十三次会议举行，市人大常委会主任白红战主持会议。会议听取了副市长薛云伟作的市政府关于2015年民生“十件实事”办理落实情况的报告，市十四届人大二次会议代表议案和建议、批评和意见办理情况的报告；市财政局局长刘睿作的郑州市2015年财政收入预计完成情况及市本级财政超收安排意见的报告，关于郑州市2015年第二批新增地方政府债券资金及第二、三批地方政府置换债券资金分配使用情况的报告；市国税局局长杨国政作的郑州市国家税务局2015年税收工作情况的报告、市地税局局长李新峰作的郑州市地方税务局2015年税收工作情况的报告、市人大常委会法制室主任李艳作的关于《郑州市人民代表大会常务委员会规范性文件备案审查办法（草案）》的说明；市中级人民法院院长于东辉作的关于提请任免孟沛等18名工作人员法律职务和提请任命邵菊等32人为郑州高新技术产业开发区人民法院人民陪审员的议案说明；市人民检察院检察长刘建国作的关于提请任免乔亦丹等10名工作人员检察职务的议案说明，并分别介绍拟任命人员与常委会组成人员见面。

会议表决通过了市政府关于2015年民生“十件实事”办理落实情况的报告；市政府关于市十四届人大二次会议《关于制定〈郑州航空港经济综合实验区条例〉》《关于尽快出台〈郑州市电动自行车管理办法〉》《关于制定〈郑州市公共文化设施规划建设管理条例〉》《关于保护郑州历史文脉打造商都“金名片”经济组团推动传统文化特色街区建设》《关于大力发展都市生态农业》《关于加快我市新能源汽车研发生产及推广应用》等代表议案办理情况的报告；市政府、市中级人民法院、市人民检察院关于市十四届人大二次会议代表建议、批评和意见办理情况的报告；郑州市2015年财政收入预计完成情况及市本级超收安排意见的报告，关于郑州市2015年第二批新增地方政府债券资金及第二、三批地方政府置换债券资金分配使用情况的报告；市人大常委会关于批准郑州市2015年第二批新增地方政府债券资金及第二、三批地方政府置换债券资金分配使用计划的决议；市国家税务局2015年税收工作情况报告、市地方税务局2015年税收工作情况报告；市人民代表大会常务委员会规范性文件备案审查办法。会议还表决通过了有关人事任免案，新任命人员接受任命书，并进行就职宣誓。

【人大常委会主任会议】 市十四届人大常委会第十三次主任会议 2015年1月8日，郑州市人大常委会主任白红战主持召开市十四届人大常委会第十三次主任会议。会议听取了市委组织部常务副部长李喜安作的关于市十四届人民代表大会第二次会议各项名单草案的说明；市人民检察院检察长刘建国作的关于设立郑州市东城地区人民检察院议案的说明；市人大常委会秘书长王福松作的市人大常委会工作报告修改情况及市十四届人民代表大会第二次会议其他各项工作报告的起草情况；市人大法制委员会主任委员吴卫平作的市人大法制委员会工作报告修改情况；市人大常委会经济工委主任宋柏松作的关于郑州市2014年政府投资项目计划执行情况和2015年计划草案的初审报告及相应的决议（草案）；市人大常委会选工委主任阎铁成作的关于市十四届人民代表大会代表变动情况的代表资格审查报告、关于市十四届人民代表大会第二次会议代表提出议案和审议处理规定（草案）；市人大常委会副秘书长、办公厅主任李金鹏作的关于市十四届人民代表大会第二次会议建议议程（草案）、建议日程（草案）、筹备情况的汇报，关于市十四届人大常委会第七次会议建议议程、日程和出席、列席人员安排意见（草案）。

市十四届人大常委会第十四次主任会议 2015年1月17日，郑州市人大常委会主任白红战主持召开市十四届人大常委会第十四次主任会议。会议听取了市委组织部常务副部长李喜安作的关于市十四届人民代表大会第二次会议各项名单草案的说明及人事任免案说明；市人大常委会选工委主任阎铁成作的市十四届人民代表大会代表资格审查委员会关于市十四届人民代表大会代表变动情况及补选代表的代表资格审查报告、关于市十四届人民代表大会第二次会议选举办法（草案）的说明；市人大常委会副秘书长、办公厅主任李金鹏作的关于市十四届人民代表大会第二次会议建议议程（草案）、建议日程（草案）的报告，关于市十四届人大常委会第七次会议议程、日程安排意见（草案）的报告。

市十四届人大常委会第十五次主任会议 2015年2月10日，市人大常委会主任白红战主持召开市十四届人大常委会第十五次主任会议。会上市人大常委会秘书长王福松传达了省十二届人大四次会议精神。会议听取了市人大常委会选工委主任阎铁成作的关于2015年市人大常委会主任接待代表日安排意见的汇报；市人大常委会副秘书长姜朝红作的关于《郑州市人民代表大会常务委员会讨论、决定重大事项的规定（修订草案）》的说明；市人大常委会副秘书长、办公厅主任李金鹏作的关于2014年度市人大常委会决议、决定和审议意见落实情况的说明，关于市人大常委会2015年工作要点（草案）和2015年市人大常委会会议、主任会议议题安排意见（草案）的汇报，关于市十四届人大常委会第八次会议议程（草案）、日程（草案）和出席、列席人员名单（草案）的汇报。

市十四届人大常委会第十六次主

任会议 2015年2月27日，市人大常委会主任白红战主持召开市十四届人大常委会第十六次主任会议。会议听取了市委组织部副部长白云作的关于人事任免案的说明，市人大常委会选工委主任阎铁成作的关于承办和督办市十四届人大二次会议代表议案、建议和批评意见工作的说明。

市十四届人大常委会第十七次主任会议 2015年3月20日，市人大常委会主任白红战主持召开市十四届人大常委会第十七次主任会议。会议传达了十二届全国人大三次会议精神。听取了市卫计委主任顾建钦作的关于传染病防治工作情况的报告；市人大常委会教科文卫主任张义德作的关于全市传染病防治工作情况的视察报告和对《关于传染病防治工作情况的报告》的审议意见（草案）进行的说明，市科技创新工作情况的调研报告的实施方案（草案）；市人大常委会经济工委主任宋柏松作的关于郑州市产业结构优化升级情况的调研报告的实施方案（草案）；市人大常委会法制室主任李艳作的关于完善《郑州市城乡规划管理条例（修订草案）》起草工作的方案；市人大常委会副秘书长、办公厅主任李金鹏作的关于市十四届人大常委会第九次会议议题安排意见（草案）。

市十四届人大常委会第十八次主任会议 2015年4月17日，郑州市人大常委会主任白红战主持召开市十四届人大常委会第十八次主任会议。会议听取了市委组织部常务副部长李喜安作的人事任免案的说明；市中级人民法院院长于东辉作的关于提请任命李圣东等50人为郑州航空港经济综合实验区人民法院陪审员的议案；市人大常委会各相关部门关于市十四届人大常委会第九次会议议题准备情况；市人大常委会秘书长王福松作的关于《郑州市人民代表大会常务委员会专项工作评议办法（草案）》的说明；市人大常委会副秘书长、办公厅主任李金鹏汇报的关于市人大常委会会议有关事项进行规范的意见（草案）的说明，市十四届人大常委会第九次会议议程、日程和出席、列席人员安排意见（草案）。会议传达学习了十二届全国人大三次会议精神。

市十四届人大常委会第十九次主任会议 2015年5月22日，市人大常委会主任白红战主持召开市十四届人大常委会第十九次主任会议。会议听取了市住房保障和房地产管理局局长李德耀作的关于郑州市保障性住房建设情况的报告，市人大常委会城建工委主任邢建新作的关于该工作的视察报告和审议意见（草案）；市国资委主任李秀山作的关于郑州市国有资产监管和国有企业改革情况的报告，市人大常委会经济工委主任宋柏松作的关于该工作的视察报告和审议意见（草案）；市发改委主任李书峰作的关于郑州市2014年政府投资项目计划执行情况和2015年计划（草案）的报告审议意见落实情况的报告，市人大常委会经济工委主任宋柏松作的关于该报告的意见；市人大常委会副秘书长、办公厅主任李金鹏作的关于市人大常委会第十次会议的议题安排意见（草案）。

根据市人大常委会2015年工作要点安排，下半年将对郑州市部分工作开展专项评议，会议分别听取了市人大常委会评议郑州市城乡最低生活保障工作、郑州市工业转型升级工作、郑州市教育信息化建设工作、郑州市生态廊道和公园建设工作、郑州都市生态水系全面提升工作的实施方案（草案）。

市十四届人大常委会第二十次主任会议 2015年6月17日，市人大常委会主任白红战主持召开市十四届人大常委会第二十次主任会议。会议听取了市委组织部常务副部长李喜安作的关于人事任免案的说明；市中级人民法院院长于东辉作的关于人事任免案的说明；市人民检察院检察长刘建国作的关于人事任免案的说明；市水务局局长史传春作的关于2015年防汛准备工作情况的报告；市人大常委会城建工委主任邢建新作的关于郑州市城市防汛工作的视察报告；市人大常委会农工委主任任广林作的关于郑州市黄河内河防汛准备工作情况的视察报告和对《关于我市防汛准备工作情况的报告的审议意见（草案）》的说明；市人大常委会教科文卫工委主任张义德作的关于全市科技创新工作情况的调研报告；市人大常委会选工委主任阎铁成作的关于2015年度评选市十四届人大先进代表组和优秀代表的意见；市人大常委会各相关部门关于市十四届人大常委会第十次会议议题准备情况的报告；市人大常委会副秘书长、办公厅主任李金鹏作的关于市十四届人大常委会第十次会议议程、日程，以及出席和列席人员名单（草案）的汇报。

市十四届人大常委会第二十一次主任会议 2015年7月22日，市人大常委会主任白红战主持召开市十四届人大常委会第二十一次主任会议。会议传达学习了全市上半年经济工作会议精神。听取了市交通委主任吴耀田作的关于郑州市“两环三十一放射”及环城高速出入口建设情况的报告；市人大常委会城建工委主任邢建新作的关于郑州市“两环三十一放射”及环城高速出入口建设情况的视察报告、对《关于郑州市“两环三十一放射”及环城高速出入口建设情况的审议意见（草案）》进行的说明；市审改办主任李留宪作的关于郑州市“五单一网”制度改革工作情况的报告；市人大常委会副秘书长、办公厅主任李金鹏作的关于郑州市“五单一网”制度改革工作情况报告的初审报告、对郑州市“五单一网”制度改革工作情况报告审议意见（草案）进行的说明、市十四届人大常委会第十一次会议议题安排意见（草案）。

市十四届人大常委会第二十二次主任会议 2015年8月13日，市人大常委会主任白红战主持召开市十四届人大常委会主任会议第二十二次会议。会议听取了市中级人民法院院长于东辉作的关于人事任免案的说明；郑州航空港实验区党工委副书记法建强作的关于《郑州市十四届人大常委会第九次会议对市人民政府关于郑州航空港经济综合实验区体制机制创新工作情况报告的审议意见》落实情况的报告，市人大常委会郑州航空港实验区工委主任常绪东作的关于该审议意见落实情况的报告的意见；市教育局局长李陶然作的关于《郑州市十四届人大常委会第九次会议对市人民政府关于我市职业教育工作情况报告的审议意见》落实情况的报告，市人大常委会教科文卫工委主任张义德作的关于该审议意见落实情况的报告的意见；市林业局局长崔正明作的关于《郑州市

12月9日，市人大常委会组织代表视察十件实事落实情况

十四届人大常委会第九次会议对市人民政府关于森林城市建设工作情况报告的审议意见》落实情况的报告，市人大常委会农工委主任任广林作的关于该审议意见落实情况的报告的意见；市残联副理事长王军辉作的关于《郑州市十四届人大常委会第九次会议对市人民政府关于贯彻实施〈中华人民共和国残疾人保障法〉和〈河南省实施中华人民共和国残疾人保障法办法〉情况报告的审议意见》落实情况的报告，市人大常委会内司工委主任樊少楠作的关于该审议意见落实情况的报告的意见；市人大常委会各相关部门关于市十四届人大常委会第十一次会议议题准备情况的报告；市人大常委会副秘书长、办公厅主任李金鹏作的关于市十四届人大常委会第十一次会议议程、日程，以及出席和列席人员名单（草案）的汇报。

市十四届人大常委会第二十三次主任会议 2015年9月17日，市人大常委会主任白红战主持召开市十四届人大常委会第二十三次主任会议。会议听取了市商务局局长余遂盈作的关于全市“三力”型产业项目招商引资情况的报告，市人大常委会经济工委主任宋柏松作的关于“三力”型产业项目招商引资情况的视察报告、对《市人民政府关于“三力”型产业项目招商引资情况的报告的审议意见（草案）》进行的说明；市发改委主任李书峰作的《关于郑州市高端产业发展情况报告》审议意见落实情况的报告，市人大常委会经济工委主任宋柏松作的关于《市人民政府关于高端产业发展情况的报告审议意见落实情况的报告》的意见；市城乡规划局局长杨东方作的《关于郑州市民公共文化服务区“一设计三规划”决议》落实情况的报告，市人大常委会城建工委副主任张子亮作的关于《市人民政府关于〈郑州市民公共文化服务区“一设计三规划”决议〉落实情况的报告》的意见；市司法局局长周顺杰作的《关于法治宣传教育和依法治市工作审议意见》落实情况的报告，市人大常委会内司工委主任樊少楠作的关于《市人民政府关于我市法治宣传教育和依法治市工作审议意见落实情况的报告》的意见；市科技局局长文广轩作的《关于科技创新体系建设情况报告的审议意见》落实情况的报告，市人大常委会科教文卫工委主任张义德作的关于《市人民政府关于科技创新体系建设情况报告的审议意见落实情况的报告》的意见；市民族事务委员会主任马军作的《关于民族工作情况报告的审议意见》落实情况的报告，市人大常委会民侨外工委主任沈丕黎作的关于《市人民政府关于民族工作情况报告的审议意见落实情况的报告》的意见；市人大常委会副秘书长、办公厅主任李金鹏作的关于市十四届人大常委会第十二次会议议题的安排意见（草案）。会议还传达了市委十届十二次全体（扩大）会议精神。

市十四届人大常委会第二十四次主任会议 2015年10月15日，市人大常委会主任白红战主持召开市十四届人大常委会第二十四次主任会议。会议听取了市人民检察院检察长刘建国、市委组织部副部长朱河顺、市中级人民法院副院长李广湖分别作的关于人事任免案的说明；市人大常委会经济工委主任宋柏松作的关于新常态下工业结构调整优化情况的调查报告；市人大常委会各相关部门关于市十四届人大常委会第十二次会议的议题准备情况；市政府法制办常务副主任李文德作的郑州市人民政府关于提请废止《郑州市农药管理条例》的议案、郑州市人民政府关于提请废止《郑州市市区烟花爆竹安全管理条例》的议案；市人大常委会法制室主任李艳作的关于废止《郑州市市区烟花爆竹安全管理条例》和《郑州市农药管理条例》的议案的审查报告、关于《郑州市城乡规划管理条例（修订草案）》审议修改工作情况的汇报；市人大常委会内司工委主任樊少楠作的关于对市人民检察院检务公开工作情况的视察报告；市人大常委会科教文卫工委主任张义德作的关于《中华人民共和国食品安全法》的执法检查报告、关于对市教育局教育信息化建设工作情况的调查报告；市人大常委会城建工委主任邢建新作的关于《郑州市大气污染防治条例》贯彻执行情况进行执法检查的报告、市人大常委会关于开展《郑州市大气污染防治条例》贯彻执行情况专题询问的实施方案（草案）、关于郑州市生态廊道和公园建设情况的调查报告；市人大常委会农工委主任任广林作的关于对郑州市农业产业化经营发展情况的视察报告、关于对郑州都市区生态水系全面提升工作情况的调查报告；市人大常委会民侨外工委主任沈丕黎作的关于郑州市加快全域旅游产业发展情况的视察报告；市人大常委会信访室主任张文随作的关于郑州市中级人民法院涉诉信访工作情况的视察报告；市人大常委会秘书长王福松作的关于《郑州市人民代表大会常务委员会组成人员守则（草案）》议题情况的说明；市人大常委会副秘书长、办公厅主任李金鹏汇报的市十四届人大常委会第十二次会议议程、日程，以及出席和列席人员名单（草案）。

市十四届人大常委会第二十五次主任会议 2015年11月19日，市人大常委会主任白红战主持召开市十四届人大常委会第二十五次主任会议。会议听取了市中级人民法院院长于东辉作的《关于开展审务公开工作情况报告》的审议意见落实情况的报告，市人大常委会内司工委主任樊少楠作的关于《市中级人民法院关于开展审务公开工作情况报告的审议意见落实情况的报告》的意见；市政府副秘书长袁聚平作的《关于“畅通郑州”工程进展情况的报告》的审议意见落实情况的报告，市人大常委会城建工委主任邢建新作的关于《市人民政府关于“畅通郑州”工程进展情况的报告的审议意见落实情况的报告》的意见；市发改委副主任饶卫军作的《关于2015年上半年国民经济和社会发展计划执行情况的报告》审议意见落实情况的报告，市人大常委会经济工委主任宋柏松作的关于《市人民政府关于2015年上半年国民经济和社会发展计划执行情况的报告的审议意见落实情况的报告》的意见；市文物局局长任伟作的《关于〈郑州市郑韩故城遗址保护条例〉实施情况报告》审议意见落实情况的报告，市人大常委会科教文卫工委主任张义德作的关于《市人民政府关于〈郑州市郑韩故城遗址保护条例〉实施情况报告审议意见落实情况的报告》的意见；市人大常委会选工委主任阎铁成作的关于《郑州市人民代表大会常务委员会员依法任命的国家工作人员进行宪法宣誓的

8月27日，市人大常委会首次评议政府职能部门专项工作

具体实施办法（草案）》的说明；市人大常委会法制室主任李艳作的关于《郑州市人大常委会2016年度地方立法计划（草案）》的说明；市人大常委会信访室主任张文随作的关于市人大常委会信访工作情况的报告；市人大常委会副秘书长、办公厅主任李金鹏作的关于市十四届人大常委会第十三次会议议题的安排意见的汇报。会议还学习贯彻了省委人大工作会议精神。

市十四届人大常委会第二十六次主任会议 2015年12月17日，郑州市人大常委会主任白红战主持召开市十四届人大常委会第二十六次主任会议。会议听取了市中级人民法院院长于东辉作的关于人事任免案的说明；市人民检察院副检察长赵光南作的关于人事任免案的说明；市民政局局长谢霜云作的《关于开展城乡最低生活保障工作情况的报告的评议意见》落实情况的报告，市人大常委会内司工委主任樊少楠关于该评议意见落实情况的报告的意见；市工信委主任苗晋琦作的《关于工业转型升级情况的评议意见》落实情况的报告，市人大常委会经济工委主任宋柏松关于该评议意见落实情况的报告的意见；郑州住房公积金管理中心副主任罗鸣作的关于落实审计查出问题整改情况的报告，市人大常委会预算工委主任龙同胜关于该整改情况的报告的审查意见；市审计局局长冯明杰作的《关于郑州市2014年度市级预算执行及其他财政收支的审计工作报告》的审议意见落实情况的报告，市人大常委会预算工委主任龙同胜关于该报告的意见；市财政局局长刘睿《关于郑州市2014年财政决算和2015年1-6月份财政预算执行情况的报告》的审议意见落实情况的报告，市人大常委会预算工委主任龙同胜关于该报告的意见；市人大常委会选工委主任阎铁成作的关于评选表彰2015年度市十四届人大优秀代表和先进代表组有关情况的说明；市人大常委会法制室主任李艳作的关于《郑州市人民代表大会常务委员会规范性文件备案审查办法（草案）》的说明；市人大常委会各相关部门关于市十四届人大常委会第十三次会议议题准备情况的报告；市人大常委会副秘书长、办公厅主任李金鹏关于市十四届人大常委会第十三次会议议程、日程，以及出席和列席人员名单（草案）的汇报。

（胡凯林）

监督工作

【执法检查】 2015年3月12日，市人大常委会组织部分常委会委员和人大代表，对郑州市贯彻实施《中华人民共和国残疾人保障法》和《河南省实施〈中华人民共和国残疾人保障法〉办法》的情况进行执法检查。市人大常委会副主任赵新中参加检查。

6月18-19日，省人大常委会副主任蒋笃运带领省人大执法检查组对郑州市贯彻落实《中华人民共和国民办教育促进法》情况进行执法检查。市人大常委会主任白红战、副主任舒安娜，副市长刘东，市人大常委会秘书长王福松陪同检查。

7月13日，市人大常委会副主任舒安娜带领部分常委会组成人员和人大代表，对《郑州市郑韩故城遗址保护条例》贯彻执行情况进行执法检查。

9月22日，市人大常委会副主任舒安娜带领部分常委会组成人员和人大代表，对全市贯彻执行《食品安全法》情况进行执法检查。

9月24日，市人大常委会副主任王贵欣带领部分常委会组成人员和人大代表，就郑州市贯彻实施《河南省政府投资建设项目审计条例》情况进行执法检查。

10月10日，市人大常委会副主任赵武安带领部分常委会委员和人大代表，对《郑州市大气污染防治条例》的贯彻实施情况进行执法检查。

【调研及视察活动】 2015年1月13日，市人大常委会主任白红战带领部分驻郑全国、省和市人大代表，对郑州市“三大主体”、城市交通建设、经济社会发展等工作开展集中视察。市人大常委会副主任赵武安、王广灿、王贵欣、王铁良、范强，秘书长王福松参加视察。

1月14日，市人大常委会主任白红战到郑州华南城项目现场，了解项目进展情况，并对项目推进过程中存在的问题进行现场督办。市人大常委会秘书长王福松参加活动。

1月16日，市人大常委会副主任舒安娜带领部分常委会组成人员和全国、省、市人大代表，对郑州市教育文化卫生工作进行视察。

2月27日，省人大常委会副主任王保存带领省人大常委会调研组，对郑州航空港经济综合实验区进行调研。市领导张延明、赵武安陪同调研。

3月18日，市人大常委会副主任舒安娜带领部分常委会委员和市人大代表，对全市传染病防治工作进行视察。

3月26日，市人大常委会副主任王铁良带领部分人市大代表，对郑州市森林城市建设情况进行视察。

4月3日，市委副书记、市委秘书长胡荃到市人大调研人大工作。市人大常委会主任白红战主持会议，副主任周长松汇报了市人大常委会工作情况。市人大常委会副主任赵明恩、王广灿、王贵欣、赵新中、王铁良、范强，秘书长王福松参加会议。

4月9日，市人大常委会主任白红战到上街区，对经济社会发展、重点项目建设以及人大工作进行调研。市人大常委会秘书长王福松参加调研。

4月14日，市人大常委会组织部分常委会组成人员和市人大代表，对航空港实验区体制机制创新情况进行视察。市人大常委会副主任赵武安参加视察。

4月15日，市人大常委会组织部分常委会组成人员和市人大代表，对全市职业技术教育工作情况进行视察。市人大常委会副主任舒安娜参加视察。

4月15日，市人大常委会信访室组织部分常委会委员及人大代表，对郑州市稳增长、调结构、创新企业发展新思路等工作进行调研。市人大常委会副主任周长松参加调研。

4月16日，全国人大内司委副主任委员秦光荣带领调研组一行，对郑州市养老服务业工作进行专题调研。市人大常委会副主任赵新中陪同调研。

5月5日，市人大常委会主任白红战到新郑专题调研华南城项目建设进展情况，并对项目推进过程中存在的问题进行现场督办。市人大常委会副

5月15日，部分驻豫全国人大代表调研南水北调中线水质保护工作

主任王广灿、王贵欣，秘书长王福松陪同调研。

5月13日，市人大常委会副主任王广灿带领部分常委会组成人员和人大代表，对全市国有资产监管运营情况进行视察。

5月14日，全国人大农业与农村委员会主任委员陈建国一行，对郑州市现代农业和粮食安全问题进行调研。市人大常委会副主任王铁良陪同调研。

5月14日，市人大常委会副主任赵武安带领部分常委会委员和人大代表，对全市保障性住房建设情况进行视察。

5月14日，市人大常委会副主任舒安娜带领部分常委会组成人员和人大代表，视察全市科技创新工作。

5月15日，部分驻豫全国人大代表对郑州市建立南水北调中线水质长效保护机制问题进行专题调研。省人大常委会副主任刘春良、省人大常委会原副主任王明义、市人大常委会主任白红战参加调研。市领导胡荃、周长松、王铁良、杨福平，市人大常委会秘书长王福松陪同调研。

5月16日，省人大常委会副秘书长、办公厅主任夏林带领省人大百余名机关干部，对郑州航空港经济综合实验区和中牟县现代农业产业园进行实地调研。市人大常委会副主任周长松、秘书长王福松陪同调研。

5月19日，市人大常委会副主任赵新中带领部分常委会委员和人大代表，对郑州市开展法治宣传教育和依法治市工作情况进行视察。

5月19日，部分驻豫全国人大代表对河南省及郑州市的军民融合发展情况进行调研。省人大常委会副主任张大卫、市人大常委会主任白红战、市人大常委会副主任赵明恩、市政协副主席薛景霞等参加调研。省军区政委王伟力，市领导王广灿、沈庆怀，市人大常委会秘书长王福松陪同调研。

5月20日，新乡市人大常委会主任范学贵率团到郑州考察调研。市委副书记、市委秘书长胡荃，市人大常委会主任白红战，副主任周长松、赵武安，秘书长王福松陪同考察调研。

5月21日，市人大常委会副主任范强带领部分常委会委员和人大代表，对郑州市轨道交通建设情况进行视察并召开座谈会。

5月26日，市人大常委会民侨外工委组织人大代表，视察代表议案、建议办理进展情况。市人大常委会副主任舒安娜参加视察。

5月27日，市人大常委会副主任周长松带领信访专业组代表，到河南兴业投资有限公司对企业稳定工作进行调研。

5月27日，市人大常委会预算工委组织代表，视察代表议案、建议办理进展情况。市人大常委会副主任王贵欣参加视察。

6月1日，全国人大常委会原副委员长彭珮云一行对郑州经济技术开发区进行考察调研。市人大常委会副主任赵新中陪同调研。

6月3日，市人大常委会副主任王铁良带领部分人大代表，对郑州市内河、黄河防汛准备工作情况进行视察。

6月3日，市人大常委会副主任舒安娜带领部分常委会组成人员和人大代表，对全市民族工作情况进行视察。

6月3日，市人大常委会经济工委组织人大代表到市工业和信息化委员会，就代表议案、建议办理情况进行视察。市人大常委会副主任王广灿参加视察。

6月8-9日，市人大常委会副主任舒安娜陪同韩国仁川广域市议会议长卢庆洙一行在郑州市考察。

6月11日，市人大常委会副主任王广灿带领部分常委会组成人员和人大代表，对全市新兴产业发展情况进行视察。

6月11日，省人大常委会视察组对全市法院行政审判工作和检察院刑罚执行监督工作开展情况进行视察。市人大常委会副主任王贵欣陪同视察。

6月19日，市人大常委会主任白红战到二七区督导大气污染防治工作，市人大常委会秘书长王福松参加督导。

6月25日，市人大常委会副主任舒安娜带领有关部门负责人，对郑州市部分中考考点进行巡视。

7月7日，市人大常委会副主任王广灿带领部分常委会组成人员和人大代表，对全市工业转型升级情况进行视察。

7月8日，市人大常委会主任白红战到二七区、市环保局，对加强大气污染治理工作进行督导调研。市人大常委会副主任赵武安、秘书长王福松陪同调研。

7月8日，市人大常委会教科文卫代表专业组对全市大遗址保护工作进行调研。市人大常委会副主任舒安娜参加调研。

7月9日，市人大常委会副主任赵新中到二七区督导大气污染防治工作。

7月13日，包头市人大常委会主任苏誉、秘书长王汉彪率领考察团对郑州市专题询问工作进行考察。市人大常委会主任白红战，市委常委、宣传部部长王哲，市人大常委会副主任周长松、秘书长王福松陪同考察。

7月14日，市人大常委会主任白红战带领部分常委会委员和人大代表，对郑州市新能源汽车产业发展情况进行视察。市人大常委会副主任王广灿、副市长黄卿、市人大常委会秘书长王福松陪同视察。

7月15日，市人大常委会副主任赵武安带领部分常委会委员和人大代表，对郑州市"两环三十一放射"及高速出入口建设情况进行视察。

7月16日，市人大常委会副主任王贵欣带领部分常委会委员，对二七区黄土裸露整治情况进行督导检查。

7月17日，市人大常委会副主任舒安娜带领部分常委会组成人员和人大代表，对郑州市公安出入境分理处建设运行情况进行视察。

7月17日，市人大常委会副主任王广灿到二七区，就监测点周边污染源整治情况、燃煤锅炉拆改工作情况进行督导调研。

7月21日，市人大常委会副主任赵新中带领部分常委会组成人员和市人大代表，对全市两级法院审务公开工作进行视察。

7月23日，省人大常委会副主任储亚平一行对郑州市土壤污染防治立法工作进行调研。市人大常委会副主任赵武安陪同调研。

7月24日，市人大常委会副主任王广灿带领部分常委会委员和人大代表，

5月19日，部分驻豫全国人大代表在郑调研军民融合发展情况

7月29日，市人大常委会组织代表视察“畅通郑州”及轨道交通工程建设情况

对全市工业转型升级情况进行视察。

7月29日，市人大常委会副主任赵武安带领部分常委会委员和人大代表，对郑州市“畅通郑州”及轨道交通工程建设情况进行视察。

7月30日，市人大常委会副主任王广灿带领部分市人大代表，对全市创新创业综合体建设情况进行视察，并督办代表建议落实情况。

7月31日，省人大常委会副主任储亚平带领省人大调研组，对郑州市民族工作进行专题调研。市人大常委会主任白红战、副主任舒安娜，副市长杨福平陪同调研。

8月11日，市人大常委会主任白红战到新郑市专题调研华南城项目建设进展情况，协调解决项目推进过程中遇到的困难和问题。市人大常委会秘书长王福松参加调研。

8月12日，省人大常委会委员、法制工作委员会主任关少锋带领省人大常委会调研组，对郑州市行政审批制度改革加快政府职能转变工作进行调研。市人大常委会副主任周长松陪同调研。

8月18日，市人大常委会副主任王铁良带领部分常委会委员，对二七区大气污染治理工作进行督导检查。

9月1日，市人大常委会主任白红战到二七区大气污染防治工作联系点调研督导工作推进情况。市人大常委会秘书长王福松陪同督导。

9月1日，市人大常委会副主任舒安娜带领部分常委会组成人员，视察全市教育信息化建设工作。

9月10日，由省人大常委会组织、全省各市县人大常委会负责人组成的省人大常委会考察团，对郑州市国家大学科技园UFO众创空间、郑州航空港经济综合实验区进行考察。市人大常委会副主任周长松、秘书长王福松陪同。

9月11日，市人大常委会副主任赵新中一行到二七区，督导黄标车及老旧车辆淘汰工作。

9月15日，市人大常委会副主任范强到郑州经济技术开发区，调研安图生物体外诊断产业园和医药物流产业园项目建设情况。

9月16日，市人大常委会副主任周长松带领部分常委会组成人员和人大代表，对全市法院涉诉信访工作进行视察。

9月16日，市人大常委会副主任王广灿带领部分常委会委员和人大代表，对全市“三力”（国际影响力、国内辐射力、国内外资源整合力）型产业项目招商引资情况进行视察。

9月23日，市人大常委会副主任赵新中带领部分常委会组成人员和人大代表，对全市检察院检务公开工作进行视察。

9月24日，市人大常委会副主任舒安娜带领部分常委会组成人员和市人大代表，对郑州市全域旅游产业发展情况进行视察。

10月9日，市人大常委会主任白红战到二七区，检查、督导大气污染治理工作。市人大常委会秘书长王福松参加活动。

10月9日，市人大常委会副主任赵武安带领部分常委会组成人员和人大代表，对郑州市生态廊道和公园建设情况进行视察。

10月13日，市人大常委会副主任王铁良带领部分常委会委员，对郑州市都市区生态水系全面提升工作情况进行视察。

10月14日，市人大常委会主任白红战带领市人大常委会机关干部参观“一设计三规划”图片展。市人大常委会副主任周长松、赵明恩、赵武安、王贵欣、范强，秘书长王福松参加活动。

10月28日，市人大常委会副主任舒安娜带领部分常委会委员和人大代表，对市十四届人大常二次会议代表议案、建议办理情况进行视察。

11月5日，省人大常委会副主任王保存带领省十二届人大代表学习班学员，到郑州航空港经济综合实验区进行调研。市人大常委会主任白红战、副主任王铁良、秘书长王福松陪同调研。

11月10日，市人大常委会副主任舒安娜带领部分常委会组成人员和市人大代表，就部分重点建议的办理情况进行视察。

11月24-26日，部分驻三门峡市全国、省人大代表对郑州市经济社会发展情况进行集中视察。市人大常委会副主任王铁良陪同视察。

12月1日，全国人大财政经济委员会副主任委员邵宁带领调研组莅临郑州，听取有关部门对国家“十三五”规

7月14日，市人大常委会主任白红战视察新能源汽车产业发展情况

划纲要编制、2016年计划安排及审查工作的意见建议，并对郑州经济社会发展情况、郑州“十二五”规划和年度计划执行情况进行调研。市人大常委会主任白红战、副主任王广灿、秘书长王福松等陪同调研。

12月2–3日，市人大常委会主任白红战带领部分驻郑省人大代表赴商丘进行集中视察。市人大常委会副主任王铁良、秘书长王福松参加视察。

12月9日，市人大常委会组织部分常委会组成人员和人大代表分成两组，分别就十件实事落实情况进行视察。市人大常委会主任白红战，副主任周长松、王广灿、王贵欣、赵新中、王铁良，秘书长王福松参加视察。市人民政府副市长李喜安陪同视察。

12月10日，市人大常委会组织部分市人大常委会组成人员和人大代表，对全市税收工作进行视察。市人大常委会副主任王贵欣参加视察。

12月11日，市人大常委会组织部分市人大常委会组成人员和人大代表，对郑州市2015年财政收入工作进行视察。市人大常委会副主任王贵欣参加视察。

12月11日，市人大常委会主任白红战、秘书长王福松到二七区，就省委、市委人大工作会议精神贯彻落实情况进行督察。

12月11日，市人大常委会主任白红战带领相关部门负责人到二七区，对大气污染防治工作进行督察。市人大常委会秘书长王福松参加督察。

12月25日，市人大常委会主任白红战带领部分驻郑全国、省和市、县（市）区、乡（镇）五级人大代表集中视察。市人大常委会副主任周长松、赵明恩、王广灿、王贵欣、王铁良、范强，秘书长王福松参加视察。

（胡凯林）

人民政府

综 述

【概况】 2015年是“十二五”的收官之年。面对错综复杂的国内外形势，郑州市政府在省委、省政府和市委的正确领导下，深入贯彻党的十八大、十八届三中四中五中全会和习近平总书记系列重要讲话精神，紧紧围绕“三大一中”战略定位，坚持抓改革创新、强投资开放、促结构转型、求民生改善，较好地完成了市十四届人大二次会议确定的目标任务。

2015年，全市地区生产总值完成7315.2亿元，增长10.1%；规模以上工业增加值3312.3亿元，增长10.2%；一般公共财政预算收入942.9亿元，增长13.1%；固定资产投资6288亿元，增长19.6%；社会消费品零售总额3294.7亿元，增长11.5%；城镇居民人均可支配收入31099元，增长8.7%；农村居民人均可支配收入17125元，增长8.9%。主要经济指标在全国35个大中城市中位次持续前移，经济发展的协调性不断增强。

【郑州航空港经济综合实验区建设】 2015年，郑州市坚持以体制机制创新、产业集聚、大枢纽建设为抓手，坚定不移打好实验区建设攻坚战。全面推进体制机制创新。复制上海自贸区海关制度创新11项、检验检疫制度创新8项；在全省率先推行了“三证合一”、电子营业执照登记管理等创新改革。加快推进主导产业集聚发展。智能手机产量突破2亿部，约占全球供货量的1/7；富士康液晶面板等重大项目开工建设，友嘉精密机械产业园等项目加快推进。强力推进大枢纽建设。郑徐高铁主体完工，郑万、郑合高铁开工建设；郑焦、郑机城际铁路通车运营。郑州机场已开通客货航线171条，客运量1729.7万人次，货运吞吐量40.3万吨。多式联运海关监管中心一期建成运营，“四港一体”合作发展机制初步确立。大力推进航空大都市建设。空港、古城、双鹤湖、会展物流“四大片区”联动发展。成功举办2015郑州航展，通用航空在国内外的影响力不断提升。

【新型城镇化建设】 2015年，郑州市以人的城镇化为核心，新型城镇化迈入全面推进的新阶段。强力推进“畅通郑州”工程。南四环至机场城郊铁路工程顺利推进；未来路下穿金水路等工程竣工通车，南三环东延二期、国道107辅道快速化等工程加快建设。完成支线路网138条，市区新增公共停车泊位8.3万个。加快大棚户区改造和新型农村社区建设。全年累计启动村庄拆迁改造359个，开工建设安置房4414万平方米，回迁群众42.6万人，基本实现围合区域内及县城、产业集聚区、组团新区规划区范围内村庄拆迁改造大头落地；市场外迁58个，三年177个市场外迁的目标基本完成；启动建设新型农村社区156个，建设安置房1177万平方米，回迁群众19.9万人。持续提升中心城区功能。一大批水电气暖等基础设施加快建设或建成投用，以“三级三类”便民服务中心为依托的公共服务体系加快构建，城市精细化管理扎实开展，城市管理水平明显提升。

【重点领域和关键环节改革】 2015年，郑州市进一步深化重点领域改革，发展内生动力不断增强。持续深化“五单一网”制度改革。公布实施“五个清单”，明确市本级权责7478项，调整行政审批147项，压减行政事业性收费275项，政府性基金压减至11项，确认企业投资项目管理负面清单106项，全市四级政务服务网启动运行。持续增强市场主体活力。加快商事制度改革，市场主体、注册资金分别增长21.9%、15.8%。以“共保体”模式支持科技型、创新型、创业型小微企业发展，贷款余额2455亿元，增长32%；新增挂牌企业50家，挂牌上市公司累计118家，居中部六省会城市前列。持续提升政府性资源市场化配置能力。不断深化经营性土地网上招拍挂和土地统收统储统供新模式，加快存量闲置用地清理处置，盘活土地8666.67公顷；以融资工具和模式创新为重点，多层次、多领域、多渠道开发利用资本市场，累计融资804亿元。

【现代产业体系构建】 2015年，郑州市坚持扩大优质增量、调整优化存量

3月27日，市长马懿调研跨境电子商务服务试点、郑欧班列和国际陆港建设情况

并举，推动产业结构转型升级。加快推进工业结构优化。汽车及装备制造、电子信息、新材料、生物医药四大战略性产业占全市工业比重提升了2.6个百分点，传统高耗能产业比重降低了2个百分点。七大主导产业投资占工业投资的比重达到78%，千亿级主导产业达到5个。大力发展现代服务业。加快发展以E贸易、华南城等为带动的新型商贸产业集群，以航空物流、大宗商品交易市场等为带动的现代物流产业集群，以郑州国际文化创意园区等为带动的文化创意旅游产业集群；郑东新区金融集聚核心功能区入驻金融机构达到265家，金融业增加值占现代服务业的比重超过20%。加快发展都市生态农业。粮食产量达到168万吨，连续13年喜获丰收，建成农业产业化集群28个，农产品加工业年销售收入2000亿元。持续加快产业集聚区发展。产业集聚区对工业增长、投资拉动的贡献率分别达到66.7%、47.4%；经开区成为全省唯一的六星级产业集聚区，航空港区成为全省五星级产业集聚区。强力推进重点项目建设。新开工重点项目234个，竣工70个；省市重点项目完成投资4075亿元，完成年度目标的113%，投资率、审批率均居全省前列。

1月20日，郑州市第十四届人民代表大会第二次会议开幕，市长马懿作《政府工作报告》

【开放创新双驱动战略实施】 2015年，郑州市大力实施开放创新双驱动战略，以开放创新促转型、促发展。着力打造开放载体平台。出口加工区B区通过国家预验收，中国（河南）自贸区、经开综保区申建工作顺利推进；郑欧班列全年开行156班，实现了每周"去三返二"的常态化运营；国际邮件转运口岸及肉类、活牛、冰鲜水产品、食用水生动物等进口指定口岸获准运营。加快培育新业态新模式。郑州跨境电子商务综合试验区获国家批准；国家电子商务示范城市建设和国家服务业综合改革试点工作加快推进；跨境贸易电子商务试点业务迅猛增长，走货量全年突破5000万单。持续开展大招商。围绕"四力"型项目引进，强化"五职招商"责任制，实际利用外资38.3亿美元。不断提升自主创新能力。20个创新创业综合体建成110万平方米，入驻企业1060家，培育科技创新团队36个，引进科技领军人才82名。

【民生保障和改善工作】 2015年，郑州市持续加大民生投入，圆满完成民生实事。创业就业成效显著。发放小额担保贷款10.6亿元，新增城镇就业15万人，农村劳动力转移就业10万人。教育资源配置不断优化。市区新建改扩建中小学校37所，新建幼儿园47所，妥善安置5.6万进城务工人员随迁子女入学。公共卫生服务水平持续提升。一大批优质医疗资源项目投入使用，新增床位9300张；持续完善"片医"基层卫生服务体系，成为全国推进医疗卫生改革示范城市。文化体育事业繁荣发展。深化国家公共文化服务体系示范区创建工作，四级公共文化基础设施网络基本建立，市民公共文化服务区"四个中心"等一大批重大项目开工，乙未年黄帝故里拜祖大典成功举办。社会保障体系不断完善。医保、低保、居民基本养老金、企业退休人员养老金、优抚对象抚恤标准稳步提高；新开工公租房1万套，建成保障性住房4.85万套；慈善事业加快发展，蝉联全国"七星级慈善城市"。精准扶贫加快推进。易地扶贫搬迁1.3万户5万多人，整村推进30个，脱贫群众5.46万人。强力推进生态建设和环境治理。大力实施蓝天工程、生态绿化工程和碧水工程，拆改市区燃煤锅炉110蒸吨，市区燃煤锅炉拆改任务基本完成；淘汰黄标车和老旧车辆9.7万辆；中心城区机械化清扫率达到80%，建筑工地扬尘治理基本达到"六个100%"整治标准。新增绿地1201万平方米，新建公园游园28个，建成区绿地率达到35.3%；建成森林公园9个、林业生态廊道467公里，植树造林4993.33公顷，森林覆盖率达到33.4%。环城生态水系循环工程、石佛沉砂池向西区供水工程顺利开工，贾鲁河生态水系综合整治工程有序推进。扎实推进农村人居环境综合整治和美丽乡村建设。新增省级人居环境整治达标村（社区）100个、省级示范村（社区）50个、国家级生态乡镇3个。

（李林晓　陈一帆　陈海彬）

【政府信息编发和上报】 2015年，全市政务信息工作紧扣政府工作中心，瞄准经济发展新常态下发展方式转变、发展动力转换的新举措，突出围绕服务大局进行谋划，找准信息定位点和着力点，紧盯深化改革开展交流，增强主动服务和超前服务意识，加强问题信息反馈，贴近领导信息需求，为各级政府把握全局、科学决策提供了及时、准确和全面的信息服务。全年共组织编发政府信息刊物664期，上报省政府信息685条、采用108条，采用量列省辖市首位；组织开展郑州市十四届人民代表大会第二次会议简报工作，并完成大会《简报》31期；参与河南省第十二届人民代表大会第四次会议郑州团大会工作，完成大会《简报》6期；全年组织重点信息调研12次，上报国务院办公厅、省政府调研信息16篇，被国务院办公厅采用3篇。市政府办公厅被省政府办公厅表彰为"2014年度政务信息工作先进单位"。

（一）突出重点、围绕中心，进一步提升工作水平。围绕落实市委全会精神和省、市《政府工作报告》部署，结合全市"增速换挡、结构优化、动力转换"的经济发展新常态，要求各级信息部门和信息员主动适应新常态，及时做好信息报送。围绕市委、市政府全市2015年上半年经济工作会议的工作部署，组织各级各部门开展了"突出重点，围绕中心，进一步提升政务信息工作水平"研讨。围绕市委、市政府"全力冲刺第四季度，确保全年目标任务圆满实现"要求，组织各级各部门开展了做好问题信息报送和反馈信息采编经验交流。全年各级各部门共上报政务信息2985条，采用1460条，及时反映了政府重点工作开展情况。

（二）强化信息队伍建设，开展好年度培训活动。年初，召开了部分县（区）和市直部门的信息工作座谈会，突出强化落实信息工作"责任意识到位、贯彻落实到位、强化学习到位"，进一步调动政务信息工作的积极性。上半年，结合政务信息业务骨干培训，对各级政务信息工作开展情况进行了讲评。11月2-9日，在湖南大学举办了郑州市政府政务信息干部培训班，培训政务信息干部87人。针对部门信息员流动性大的实际，每季度更新通信录，健全完善政务信息微信群，定期通报信息上报重点、存在的问题和需要改进的地方，提高信息报送的针对性。全年为基层授课5批次，培训信息员387人。

（三）明确目标任务“三个贴近”，完善信息服务。制定下发了《关于下达2015政务信息工作目标任务的通知》和《郑州市2015年政务信息报送要点》，体现“三个贴近”：一是贴近领导思路。把省、市领导强调和关注的问题作为工作重点，要求各单位及时反映经济社会发展新动态、新情况、新问题。二是贴近群众生活。紧盯民生十大实事，报送与群众生产生活息息相关的综合信息，对涉及群众切身利益、民生保障等社会关注的热点问题，及早调查、认真剖析。三是贴近问题需求。及时反映各县（市）区和市直部门主要领导的意见建议，开展调研分析，及时反映热点、难点问题。全年各级各单位上报经验、调研、问题、反馈类信息182条，编发《专报信息》111期，及时将重点工作的新进展、出现的新情况和意见建议报送相关领导，为领导提供参考、为决策提供依据。至年底，市领导批示专报信息46篇，创近年新高。

（四）强化教育、提升，不断完善正规化建设。认真开展“三严三实”专题教育，重点抓住服务提升、转变作风、能力提高、工作推进，通过组织政治和业务学习，促进制度落实。一是进一步健全沟通联络。加强与省政府办公厅和市政府驻外机构沟通联系，改进国务院办公厅信息上报采编工作，了解信息上报重点和近期上报信息存在的问题和需要改进的地方，提高信息的“含金量”。二是进一步加强热点难点反馈。加强与市政府各部门各单位的沟通，征询当前工作的热点难点，及时组织问题信息、反馈信息，结合网络和新媒体反映的热点，组织涉及政府工作的应对信息反馈。跟踪市直单位，做好领导批示办理情况和后续工作的落实。三是进一步健全学习机制。组织市直有关单位信息员学习政务信息报送的有关规定，继续实行信息工作月通报制度，使信息工作更加透明。四是进一步提高部门信息上报的主动性。结合落实公务员考核考评工作，将目标纳入政务信息工作考核，部门信息上报积极性得到提高。全年共编辑“上半年经济运行暨重点工作进展情况专题”“贯彻落实半年经济工作会精神情况专题约稿”“贯彻落实全市大气污染防治攻坚大会精神情况”“落实做好抗战胜利70周年系列纪念活动期间各项工作部署”“积极做好上合组织政府首脑（总理）会议筹备工作专题”“全力冲刺第四季度，确保全年目标任务圆满实现”“落实城市精细化管理百日行动部署工作专题信息”等18个专题和约稿信息。

（巩 煌）

重要会议

【全市生态建设和环境治理工作动员大会】 2015年2月25日，全市生态建设和环境治理工作动员大会召开。市长马懿指出，全市上下一定要进一步增强责任感、紧迫感，下大力气解决好环境突出问题，以良好的生态环境增创科学发展新优势。要扭住关键点，聚焦着力点，扎实推进国家生态文明先行示范区建设。重点做好四项工作：一是坚持源头治理，强力推进大气污染防治；二是坚持提质扩面，扎实做好造林绿化工作；三是坚持标本兼治，加快推进水生态文明建设；四是坚持优化结构，着力转变发展方式。

【全市开放创新暨现代产业体系建设大会】 2015年2月26日，全市开放创新暨现代产业体系建设大会召开，对2014年全市对外开放、服务业发展、工业经济、科技创新等工作进行总结，对2015年工作进行安排部署。市长马懿出席会议并讲话。会议指出，要深化认识、提高站位，进一步增强加快构建以大都市战略支撑产业为特征的现代产业体系的责任感和紧迫感，坚定信心，认清形势，坚定不移地打赢本轮开放创新、结构调整、转型发展攻坚战。会议强调，要紧盯目标、突出重点，推进开放创新和现代产业体系建设实现新突破。要抓好开放载体平台建设，提升对外开放功能；抓好科技创新，增强发展动力；抓好重点增长点，稳定经济运行；抓好重点集群、重点项目的引进和建设，培育新的经济增长点；抓好40家战略企业、15家科技型企业作为全市的支柱来培育，打造“三力型”战略性企业团队；抓好产业集聚区建设，做强战略支撑产业承接发展载体。同时，要深入研究国家适应经济新常态、深化改革创新不断推出的新政策、新举措，努力培育更多有利于形成制高点的发展优势。会议要求，要加强组织领导，强化责任落实，完善推进机制，把思想和行动统一到市委、市政府的决策部署上来，不断提升驾驭现代经济发展的能力，巩固扩大各项工作成效，为实现“三大一中”战略目标奠定坚实基础、提供有力支撑。

市长马懿指出，要深化认识全市构建现代产业体系思路举措的正确性，进一步坚定信心；深化认识新常态下郑州面临的机遇和挑战，进一步认清形势；深化认识郑州的重大责任和历史使命，进一步提高站位，“争分夺秒、拼尽全力、狠抓抓牢、决战决胜”，坚定不移地打赢此轮开放创新、结构调整、转型发展攻坚战。要紧盯目标、突出重点，推进开放创新和现代产业体系建设实现新突破。同时要深入研究国家适应经济新常态、深化改革创新不断推出的新政策、新举措，努力培育更多有利于形成制高点的发展优势。

【郑州航空港实验区建设领导小组工作推进会】 2015年4月17日，郑州航空港经济综合实验区建设领导小组工作推进会召开。市长马懿强调，必须以更高的站位、更广阔的视野来认识、把握和推进实验区的发展。工作站位要再提高，通过深度融入国家“一带一路”战略，尽快把实验区建设成为

7月27日，市长马懿调研重点工程建设和大气污染防治工作

4月7日，市长马懿会见参加市政府与社会资本合作项目推介会的嘉宾

引领中原经济区发展、服务全国、连通世界的内陆开放高地。工作重点要再突出。要狠抓重点，领导小组办公室梳理了2015年实验区的84项重点工作任务，各责任单位要制定专项工作方案，确保按要求完成任务；要解决难点，善于抓大事、破难题，坚持问题导向，主动协调对接，提出切实可行的解决方案，争取尽快将重大问题清单上的问题予以解决；要注重协同，各地要把服务全省、全市大局和促进自身发展结合起来，进一步加强协调，努力形成优势互补、互利共赢的一体化发展格局。工作机制要再完善，认真落实领导责任和各个层级的例会制度，严格督察奖惩，确保实验区建设的各项工作顺利推进、全面落实。

【全市产业集聚区建设工作会议】 2015年4月24日，全市产业集聚区建设工作会议召开。市长马懿指出，加快推进产业集聚区建设，扎实做好当前经济工作，事关郑州转型发展、可持续发展，责任重大，任务艰巨。全市上下要深化认识，肯定成绩，进一步坚定新常态下加快推进产业集聚区和服务业“两区”建设的信心和决心。要认清差距，找准问题，切实增强加快推进产业集聚区和服务业“两区”建设的紧迫感和责任感。要明确任务，突出重点，推进产业集聚区和服务业“两区”建设上规模上层次上水平。为完成目标任务，重点要抓好六项工作：一是持续深化开放招商，强化产业集群培育；二是大力实施创新驱动，增强区域发展活力；三是坚持产城融合，推动“四化”同步协调发展；四是持续推进体制机制改革，切实增强发展内生动力；五是强化发展要素保障，努力破解瓶颈制约；六是大力推进服务业“两区”建设，确保再上新台阶。

【全市新型城镇化重点工作观摩推进会】 2015年5月21日，全市新型城镇化重点工作观摩推进会召开。市长马懿对加快推进全市新型城镇化工作进行了安排部署。他强调，全市上下要认清形势，找准位置，切实增强做好新型城镇化拆迁工作的信心和决心，对照市委、市政府的工作要求，对照全年目标任务，加压奋进，确保全面完成2015年新型城镇化目标任务。各县（市）区要突出重点，把握关键，统筹推进全市新型城镇化建设，加快安置房建设和群众回迁，扎实抓好社区配套设施建设，切实维护农民合法权益。各级各有关部门要加强领导，强化责任，积极谋划，通过督察传导压力、凝聚共识，形成上下一心推动工作的强大合力，确保各项工作有序按时推进。

【全市消防和安全生产工作会议】 2015年6月30日，全市消防和安全生产工作会议召开。市长马懿出席会议并讲话。他要求，要深化“三查三保”活动，强化安全责任，时刻紧绷安全这根弦，切实做好消防和安全生产工作，确保人民群众生命财产安全，为人民群众营造一个安全、稳定、和谐的生产生活环境。

【全市上半年经济工作会议】 2015年7月21日，市委、市政府召开全市2015年上半年经济工作会议，贯彻落实全省经济运行工作电视电话会议精神，总结上半年工作，分析当前形势，安排部署下半年工作，动员全市上下统一思想、坚定信心、加压奋进、狠抓落实，确保全年目标任务圆满完成，加快推进以航空港实验区为统揽的郑州都市区建设。

【全市大气污染防治攻坚动员大会】 2015年7月24日，全市大气污染防治攻坚动员大会召开，对大气污染防治工作进行专题部署。市长马懿在讲话中指出，要提高认识，切实增强责任感和紧迫感。郑州正处于“爬坡过坎、奠定基础”关键时期，加快转型发展、推进新型城镇化建设、实施大棚户区改造、改善民生等任务艰巨。处理好发展与环境保护的关系，对新型城镇化工作提出了更高要求。全市上下要痛下决心、形成合力、齐心协力，在保证加快发展的同时，集全市之力打好大气污染防治攻坚战。

【全市大气污染防治和大棚户区改造工作观摩讲评会】 2015年7月30日，全市大气污染防治和大棚户区改造工作观摩讲评会召开，市长马懿出席会议并讲话。他强调，各级党委、政府要充分认识当前大气污染防治的严峻形势，坚定信心、紧盯目标，统筹推进大气污染防治、大棚户区改造工作。一手抓发展，不折不扣完成大棚户区改造和安置房建设任务；一手抓环境保护，坚决扭转大气污染严峻态势。两手抓、两手都要硬，确保各项工作部署落到实处，在完成此轮城乡大建设的同时，实现环境空气质量的明显改善。

【“畅通郑州”工程推进会】 2015年9月1日，“畅通郑州”工程建设推进会召开。市长马懿强调，全市各级各部门要认清形势，深刻认识加快推进“畅通郑州”工程建设的重要意义，切实增强“畅通郑州”工程建设的紧迫感和责任感，按照年初制定的时间节点，确保完成“畅通郑州”工程建设任务。要坚持问题导向，明确责任，强力推进“畅通郑州”工程建设。各级各部门要坚持以工程建设中存在的问题为导向，不等不靠、想方设法、以我为主，将责任明确到人，加强服务保障，建立通力协作解决问题、推进工作的机制，通过问题的化解来推动工程建设的进展。同时要坚持科学施工，加快工程施工进度；坚持严格管理，加强施工扬尘治理。

【全市经济运行工作会议】 2015年10月15日，市长马懿主持召开全市经济运行工作会议。他指出，当前全市的经济运行进入了以速度换挡、结构优化、动力转换为特征的新常态，稳增长、保态势、促转型将是一项长期性、系统性的工作。他要求，一要精准发力保增长。要抓住四个关键，不断优化投资结构、提升产业投资比重，坚持以项目建设带动结构调整、促进经济转型、加快民生改善，确保各项民生实事不折不扣完成。二要狠抓落实保增长。要切实发挥好各级各类保增长政策的“倍增效应”，及时研判发展态势，以改革的精神、创新的办法一项一项抓落实，推动实现借力借势发展。三要科学谋划保增长。要高质量做好“十三五”规划编制工作，争取一批重大项目、重要试点、重点工作进入国家和省发展规划，围绕“大开放、大创新、大建设、大管理”谋划推进一批打基础、利长远、创优势的重大项目。

【城市精细化管理工作观摩推进会】 2015年12月16日，城市精细化管理工作观摩推进会召开。市长马懿要求，要持续巩固提升城市精细化管理成果，探索城市管理新办法、新模式，走出一条符合郑州实际的城市精细化管理道路。

（李林晓　陈一帆　陈海彬）

重要活动

【2015年春节团拜会】 2015年2月16日，市委市政府2015年春节团拜会举行。市长马懿在致辞中指出，全市上下要站位“全国找坐标、中部求超越、河南挑大梁”，牢记省会城市的“双重”责任，树立率先意识，突出“抓改革创新、强投资开放、促结构转型、求民生改善”的总要求，继续把改革推动、开放带动、创新驱动贯穿经济社会发展全过程、各领域，积极作为新常态，加快建设大枢纽、发展大物流、培育大产业、塑造以国际商都为特征的国家中心城市，让人民群众切实感受到、享受到郑州改革发展的成果。

【马懿分别会见南车和中信客人】 2015年4月7日，市长马懿分别会见了中国南车股份有限公司城轨事业部总经理徐洪春一行和中信产业投资基金管理有限公司总裁田宇一行。在会见徐洪春时，马懿表示，郑州市非常欢迎南车集团来郑投资兴业，大力支持南车集团投身郑州经济社会发展中，将积极协调解决南车郑州项目推进过程中遇到的困难和问题。在会见田宇时，马懿表示，郑州市当前正处于大建设、大发展时期，非常需要中信产业投资基金这样有实力的企业参与进来，希望中信更加关注郑州，更多参与到郑州的经济社会发展中来。

【郑州市政府与社会资本合作（PPP）项目推介暨签约仪式】 2015年4月8日，郑州市政府与社会资本合作（PPP）项目推介暨签约仪式在国际会展中心举行，标志着郑州PPP模式全面启动实施。市长马懿向与会嘉宾介绍了郑州市情、经济社会发展情况以及面临的各种机遇。他指出，大力推广PPP模式是发挥市场决定资源配置作用的重要举措，郑州市将大力推广PPP模式，着力与社会资本长期合作、共赢发展，热忱欢迎广大社会资本来郑投资兴业，共创美好未来。郑州市将努力营造公平竞争的市场环境、宽松优惠的政策环境、高效廉洁的政务环境，既为社会资本参与郑州建设提供广阔的舞台，也为全省推广应用PPP模式蹚路子、创经验。

【马懿会见交行总行客人】 2015年4月11日，市长马懿会见了正在郑州市考察的交通银行总行副行长王江一行。马懿简要介绍了郑州市情。他表示，郑州的发展得到了交通银行的大力支持，希望双方今后加强沟通交流，拓宽合作空间，努力实现双赢。

【马懿会见参加投洽会客人】 2015年4月20日，市长马懿会见了参加第九届中国河南投洽会的波兰卢布林省省长斯瓦沃米勒尔·索斯诺夫斯基一行和俄罗斯企业家代表团一行。在会见波兰省长一行时，他介绍了郑州市情，希望通过此次活动，加强两地之间的交流，实现合作共赢。在会见俄罗斯企业家代表团时，他重点介绍了郑州市工业发展情况和未来发展思路，指出郑州的经济发展虽然取得了一些成就，但依然是一个发展中的城市，有很多方面需要向俄罗斯的城市学习，希望能建立联系，寻求长期合作共赢的机会。

10月10日，市长马懿出席第21届郑交会开幕式

【马懿会见外交部高级外交官考察团】 2015年6月2日，市长马懿会见了以南南合作促进会秘书长、中国驻叙利亚原大使张迅为团长的外交部高级外交官考察团一行。马懿代表市委、市政府对考察团一行莅郑考察表示欢迎，并简要介绍了郑州市的经济社会发展情况。他希望各位外交官能在郑州多走走、多看看，深入了解郑州，向世界宣传推介郑州，让世界更好地了解郑州。

【郑州与韩国金浦签署经济合作谅解备忘录】 2015年6月4日，市长马懿会见了韩国金浦市市长刘永录率领的代表团一行，介绍了郑州市市情和经济社会发展情况，并代表市政府与刘永录签署了郑州市与金浦市促进友好交流及加强经济合作的谅解备忘录。

【马懿会见中信银行客人】 2015年6月17日，市长马懿会见了莅郑考察的中信银行党委书记、行长李庆萍一行。他指出，中信银行作为国内资本实力雄厚的商业银行之一，与郑州市有长期良好的合作关系，为郑州经济社会发展提供了大力支持和帮助，向中信银行表示感谢的同时，希望中信银行继续深化与郑州的合作，加大金融支持郑州发展力度，实现企业、地方双赢发展。

【马懿为全市政府系统作“三严三实”专题教育党课报告】 2015年6月24日，市长马懿以《牢记“双重”责任 践行“三严三实” 加快推进以航空港实验区为统揽的郑州都市区建设》为题，在全市政府系统“三严三实”专题教育党课上作专题报告。

马懿指出，要深刻领会中央、省委、市委决策部署精神，提高思想认识，把握内涵实质，切实增强贯彻落实的主动性和自觉性。要深化认识开展“三严三实”专题教育的重大意义、时代内涵，深化认识政府系统干部队伍中存在的“不严不实”问题，以此次专题教育为契机，持续拧紧发条、持续深化教育、持续加压整改，确保问题得到有效解决，确保队伍建设和作风建设得到不断加强，为实现“三大一中”战略定位、履行好郑州“双重”责任提供坚强保障。

【合肥市党政代表团到郑州考察】 2015年6月27-28日，由安徽省委常委、合肥市委书记吴存荣，合肥市委副书记、市长张庆军率领的合肥市党政代表团一行到郑州市参观考察。市委副书记、市长马懿会见代表团一行并陪同考察。

【中国郑州匈牙利国家商品馆及跨境贸易电子商务战略合作签约仪式举行】 2015年9月17日，中国郑州匈牙利国家商品馆及跨境贸易电子商务战略合作签约仪式及新闻发布会在匈牙利首都布达佩斯举行。市长马懿出席仪式并讲话。签约仪式上，河南保税物流中心、福都保税公司分别与匈牙利著名的保健营养品与食品生产企业Aqua eur ó pa kft、匈牙利Transmissi ó Kft两家公司进行合作签约，两家匈牙利企业将作为河南保税物流中心入驻企业福都保税公司的特许授权供应商开展E贸易业务合作。此次战略合作签约仪式的举行将有力推动广大欧洲消费品生产企业在郑州E贸易试点的"实际落地"。

【马懿拜会英国皇家邮政等企业】 2015年9月21-22日，市长马懿在伦敦分别拜访了英国皇家邮政和普罗派卫视，并与当地华人华侨企业家进行座谈。马懿与皇家邮政国际总监理查德·斯诺登就合作事宜进行了具体商谈，双方表示将尽快进行具体对接，签订合作协议。普罗派卫视作为中国唯一进入欧美国家的主流媒体及"一带一路"的官方宣传机构，马懿与其总监叶臻臻先生就扩大郑州航空港区、跨境电子贸易和郑欧班列在英国和欧洲的影响力进行了商谈。普罗派卫视表示将积极支持和帮助宣传，并利用自身的资源和优势，帮助郑州寻求海外合作伙伴。

【郑州市新年招待会】 2015年12月30日晚，市政府举行新年招待会，市领导与在郑工作的外国友人、海外侨胞和港澳台同胞欢聚一堂，共迎新年，共话发展。市长马懿在致辞中首先代表市委、市人大、市政府、市政协，向出席招待会的嘉宾表示热烈欢迎，并向所有在郑工作的外国朋友、海外侨胞和港澳台同胞致以新年问候，对他们为郑州发展做出的积极贡献表示诚挚感谢。

（李林晓　陈一帆　陈海彬）

人力资源和社会保障

【概况】 2015年，全市人力资源和社会保障系统认真贯彻落实党的十八大和十八届三中、四中全会精神，紧紧围绕市委、市政府中心工作，坚持"服务发展、保障民生"工作理念，积极适应经济发展新常态、从严治党新常态、依法治国新常态，按照"抓改革、强规范、优服务、求提升"的工作思路，着力推进就业创业、社会保障、人事人才和劳动关系四方面重点工作实现新突破，着力推进以责任、效能、创新、和谐、法治、廉洁为主要内容的"六型人社"建设实现新突破，圆满完成了各项目标任务。

加强党委领导班子建设，坚持领导带头，以上率下示范引领，深入开展"三严三实"专题教育及"三查三保"活动，研究制定了《党建工作考评细则》。充分发挥各级党组织政治引领和战斗堡垒作用，对12个基层党组织进行换届，建立局基层党校，对80余名基层党组织书记和党务干部培训，加强流动党员管理，开展了"书记谈党建"征文、基层党组织书记抓党建工作述职等活动，组织基层党组织"分类定级、晋位升级"。完成了部分单位中层干部的调整配备、竞争上岗工作，形成更加严谨务实的工作作风，实现业务建设、队伍建设双促进、双提高。

完善方案，继续开展"两创一评"（创建服务型机关、创建优质服务窗口、作风纪律检查考评）活动，加强日常检查和法律法规知识考核，促进作风转变、服务水平提升。深化"五单一网"和行政审批制度改革，梳理权责清单，加强服务监督，规范权力运行。全面推进"法治人社"建设，突出服务型行政执法建设和行政执法责任制，不断加快推进依法行政进程。深入开展"调查研究年"活动，撰写调研报告88篇。

按照建设责任、效能、创新、和谐、法治、廉洁为主要内容的"六型人社"目标，不断提升系统自身建设水平，提升人社部门服务发展、保障民生的效能。加强精神文明和机关文化建设，提炼了"诚敬守正、汇才惠民、严谨务实、追求卓越"的人社精神，提升文明单位内涵和质量。开展了"廉政亲情寄语""人社寄语"征集活动，并编印成册；开展丰富多彩的文体活动，营造了谋事创业的和谐氛围。

【就业创业工作】 2015年，郑州市实现新增城镇就业14.97万人，完成年度目标任务的115.12%（其中失业人员再就业4.84万人、就业困难人员就业1.09万人，分别完成年度目标任务的161.46%和107.2%）；农村劳动力转移就业10.15万人，完成年度目标任务的126.94%。开展创业培训2.11万人，完成年度目标任务的211.35%；再就业培训3.19万人，完成年度目标任务的106.31%；农村劳动力就业技能培训6.05万人，完成年度目标任务的121%。发放小额担保贷款10.61亿元，完成年度目标任务的106.1%。城镇"零就业家庭"中至少有1名成员实现就业，实现了"零就业家庭"动态为零的目标。城镇登记失业率控制在4%以内。接收大中专毕业生10.37万人，9.44万人实现就业，初次就业率达91%。向富士康集团等驻郑企业输送普工9.8万人。

以创业带动就业。大力推进大众创业、万众创新，通过组织"创业项目推介"等专项活动，大力宣传创业政策和典型，形成了全民创业带动就业的良好氛围。充分发挥市政府设立的创业专项资金作用，鼓励支持全民创业；在培训的针对性上下功夫，着眼提高劳动者创业就业能力，培训后3982人成功创业，带动就业19835人；简化程序，落实贴息政策，扶持3152人创业，带动就业4.1万人；认定了11家市级创业孵化园区，147家企业入园孵化，为创业者提供了良好的创业环境，有效化解风险。

确保特殊群体就业。多措并举，持续做好高校毕业生就业工作。举办了"高校毕业生就业服务月"等多场大型专场招聘活动，提供招聘岗位60000余个；新增见习基地55家，4000余名毕业生见习期满后被单位留用，正式实现就业；加强对困难毕业生帮扶及离校未就业毕业生服务，落实各类扶持政策，

市委组织部副部长、市人社局局长戴春枝到市社保局管城区分局调研

3月31日，2015年度全市公务员培训大讲堂开讲

促进尽快实现就业。加强就业援助，确保困难人员及时实现就业。落实补贴政策，减轻就业困难家庭生活负担；举办了“就业援助月”等活动，搭建双选平台，促进供需有效对接；开发公益性岗位，托底安置就业困难人员。“就业援助月”期间，帮助1751名就业困难人员实现了就业。

培训促农民工转移就业。结合新型城镇化建设，根据被征地农民、农村转移劳动力就业需求及企业用工需求，采取订单培训、定向培训、送技能下乡培训等方式，有针对性地开展职业技能培训，提高其综合素质和市场竞争力。积极开展“春风行动”等农民工就业援助活动及专项招聘会，为用人单位和农村劳动力搭建便捷、高效的对接平台。充分发挥农民工工作领导小组办公室及各级公共就业服务机构职能，免费向农村劳动者提供就业政策咨询、职业指导、职业介绍、职业供求信息和职业培训信息等就业服务，大力促进农村富余劳动力有序转移、稳定就业。

【社会保障工作】 2015年，全市城镇职工养老保险参保334.11万人，完成年度目标任务的109.69%；失业保险参保158.39万人，完成年度目标任务的112.3%；城镇基本医疗保险参保335.24万人，完成年度目标任务的103.7%；工伤保险参保156.86万人，完成年度目标任务的101.2%；生育保险参保99.04万人，完成年度目标任务的107.3%；机关事业单位养老保险参保25.5万人；城乡居民养老保险参保226.31万人，享受待遇62.24万人。

待遇进一步提高。全市企业退休人员人均月养老金增加215.78元；居民养老保险基础养老金由每人每月75元调整为138元。城镇居民基本医疗保险每人每年财政补助标准从320元提高到380元；提高居民医保住院起付标准，统筹基金最高支付限额从6万元提高到10万元。失业保险金标准由每月1120元调整至1280元。调整部分保险费率，失业保险费率由3%降至2%；工伤保险基准费率下浮50%，全市平均降幅37%。受理工伤认定4150件，认定或视同工伤案件4120件；受理各项劳动能力鉴定申请3447人，法定时效内作出鉴定结论率达到100%。

服务水平进一步提升。深入推进“五险合一”市级统筹，新社会保险信息系统上线工作基本完成，累计发放全国统一标准的社会保障卡624.3万张，实现了多险种统一经办，在“同人、同城、同库”和“一票征收、一网融合”的道路上迈出了坚实一步。不断加强便民利民服务体系建设，开通“郑州社会保险”和“郑州市社保卡”微信服务平台，开展生育保险网上申办、居民医保网上缴费、灵活就业人员缴费基数手机APP申报等服务，实现支付宝查询社保卡余额，极大地方便了参保群众，提升了工作效率，经验做法在全省推广。

基金管理进一步加强。认真做好社会保险基金筹集管理和使用情况专项检查工作，加强基金非现场监督，基金安全保障能力稳步增强，各项社会保险待遇及时足额支付。加强日常征缴稽查，各险种新增参保3.58万人项，追缴各项社会保险费1.16亿元。对重复享受养老保险待遇人员进行核查处理，涉及768人，追回基金284万余元。查处违规定点医疗机构、定点零售药店105家，追回违规使用社保金532.33万元。

【人事人才工作】 （一）完善制度，加强人才培养引进。形成了《郑州市关于引进培育创新创业领军人才（团队）实施意见》等“1+7”政策体系，为最终上升为市委、市政府的人才战略打下坚实基础，该聚才计划为郑州市历史上含金量最高、分量最重、最有吸引力的人才政策。引进各类专业技术人才1896人，其中留学回国人员173人。完成专业技术人员继续教育培训近11万人。37个引进外国智力项目被列入市级引进国外技术管理人才项目计划，其中15项被列为国家级、省级项目；出国（境）培训质量和实效稳步提升。深入推进全民技能振兴工程，进一步健全面向全体城乡劳动者的职业培训制度和工作体系，切实加强技工院校和职业技能鉴定机构管理服务，推进就业技能培训、岗位技能提升培训、创业培训取得新发展。开展2014年和2015年省级全民技能振兴工程项目（共8项）建设工作，建设金额共计6440万元；获批2016年省级全民技能振兴工程项目5项，建设金额共计5620万元。开展了技能人才宣传月活动，技工院校招生3.5万人，约占全省招生人数的35%，比2014年提高5个百分点，完成各类技能培训34.5万人次，职业技能鉴定8.5万人，培训高技能人才2.3万人。

（二）落实政策，深化人事制度改革。贯彻落实《事业单位人事管理条例》，完善事业单位岗位管理制度，继续稳步推进事业单位改革。强化事业单位聘后管理和任职备案，全市3670余家事业单位推行了聘用制改革，事业单位聘用率达到100%。印发了《关于进一步加强事业单位人事档案管理工作的通知》，事业单位人事档案集中管理工作顺利启动。积极参与全市公务用车制度改革工作，制定出台了《郑州市公务用车制度改革中妥善安置司勤人员实施办法》，积极稳妥推进全市司勤人员分流安置工作。开展机关事业单位“吃空饷”问题集中治理，完成了机关事业单位工资标准调整和公务员工资试调查。

（三）转变作风，提升人事人才服务。完成了2015年度全市事业单位专业技术人员三级岗位评审和事业单位工作人员转岗竞聘工作，事业单位人事管理规范有序。印发了《郑州市事业单位公开招聘工作规程》，进一步规范事业单位公开招聘工作，批准招聘3861人。加强协调，圆满完成了25名“三支一扶”大学生志愿者招募及到期志愿者安置工作。加强机关事业单位离退休人员规范管理，完成了机关事业单位医务鉴定工作。严控结构比例，严把申报推荐，强化评委会监督管理，严肃查处违纪行为，职称评审环境进一步优化，评审质量稳步提升。简化工作程序，继续在全市开展非公单位职称评价工作“绿色通道”，非公单位职称评审工程师任职资格通过405人。整合人力资源市场职能，提高服务能力，全年组织招聘会359场，进场求职20余万人次，达成就业意向9.7万余人；争取了省委组织部“智慧党建”APP就业专栏，面向全省党员提供就业服务。严守保密纪律、严肃考风考纪、严格监督管理，共组织和参与各类人事考试39次，参考人数18.95万人。加强机关事业单位工勤人员技能培训和专业技能竞赛，提升工勤人员能力素质；加强机关事业单位工人技术等级考核，报名6820人，考核通过5107人。做好军转安置工作，营职以下及技术级军转干部计划安置工作圆满完成，自主择业干部管理服务和企业军转干部解困维稳工作扎实推进。

（四）争先创优，加强公务员管理。按照《关于县以下机关建立公务员职务与职级并行制度的意见》（中办发〔2015〕4号），稳步推进县以下机关公务员职务与职级并行工作。严密组织，实施公务员公开招录、遴选等活动6次，招录公务员410多名，确保公开公正。强化培训工作计划管理，完成公务员培训项目312个，累计培训8万多人次。认真编制、按计划实施表彰奖励项目；完成了2015年全国劳动模范推荐工作；完成第四届人民满意公务员评选工作，确定"人民满意的公务员集体"候选对象15个，"人民满意的公务员"候选对象60名；组织英模、劳模和优秀基层公务员代表参加奖励性培训，进一步激发其干事创业积极性。

【和谐劳动关系工作】 （一）贯彻落实《郑州市劳动用工条例》，加强劳动关系调处。继续实施集体协商集体合同制度新三年行动计划，完善劳动关系矛盾协调处理与劳动保障监察、社会保险稽查、劳动人事争议调解仲裁并重工作机制，加强劳动关系矛盾双方自主协调，全市劳动关系总体和谐稳定。加强企业工资宏观调控和指导。严格落实最低工资标准，2015年7月1日起，郑州市最低工资标准从1400元/月调整为1600元/月；指导企业落实工资指导线制度，认真做好企业薪酬调查，积极开展国有企业负责人薪酬改革。加强和改进集体合同审查备案工作，指导企业签订工资专项集体合同和女职工权益保护专项集体合同，全市10884家企业签订集体合同19834份，覆盖职工117万多人，集体合同签订率达93.4%。

（二）加强仲裁监察，维护劳动者合法权益。大力推进两级仲裁院规范化建设，组织全市仲裁院案件庭审评比观摩交流活动，进一步规范了劳动人事争议案件庭审行为，为进一步加强劳动人事争议效能建设打下坚实基础。立案受理劳动人事争议3997件，涉及职工4319人，处理结案4106件（含上年转169件），结案率98.6%，为职工和用人单位挽回经济损失6758.44万元。已结案件中，调解结案2121件，占结案总数的51.7%以上。加强源头治理，建立和完善解决拖欠农民工工资长效机制，进一步推动"两网化"管理，加强日常监督检查，投诉举报结案2369件，处理突发事件359件；全年为2.2万余名劳动者追回工资报酬3亿多元（其中为近2万名农民工追回工资报酬2.84亿元）；查处未经许可和登记擅自从事劳务派遣业务3件，取缔非法职业介绍活动44件。2015年年底开展了农民工工资支付情况专项检查，印发宣传资料13万份，开展咨询5372人次，共为9062名农民工补发工资及赔偿金额6963.58万元，有效维护了广大劳动者特别是农民工的合法权益。

（三）及时协调回复，解决群众民生难题。坚持每日领导干部大接访、网格化管理排查预案、信访信息报告等制度，完善上下联动机制，健全信访工作责任查究制度，着力解决涉及民生的信访突出问题，确保了劳动人事关系的和谐稳定。全年共接待群众来访2349批5079人（次），其中集体来访77批1555人（次），处理群众来信202封，受理信访案件183起，法定期限内办结率达100%。参加市政府组织的信访案件协调会51次，参与处理突发性事件、集体上访57起；在全局系统组织开展矛盾纠纷排查调处活动12次。畅通便民服务渠道，12333共受理答复群众来电112万个；受理答复处理人民网、市长电话、市长信箱、心通桥、ZZIC、局长信箱、门户网站在线咨询等渠道人社业务交办件7200多件，受到交办部门和市民群众的肯定和好评。

（王汝立　闵　勇）

外事侨务工作

【概况】 2015年，全市外事侨务工作按照外事侨务为国家总体外交服务、为归侨侨眷服务、为经济社会发展服务的工作宗旨，围绕大局，突出重点，开拓创新，充分发挥了外事侨务部门的职能作用和优势。通过加强与国际友好城市、国际友好人士，以及海外华人华侨和组织等的联系，拓宽了郑州市对外交往的领域和渠道，推动了郑州市国际双向交流活动，有力地促进了全市的对外开放和经济社会发展，充分发挥了外事侨务部门在中原经济区、郑州都市区和航空港经济综合实验区建设中的应有作用。

认真学习贯彻十八大、十八届四中全会精神，加强思想政治建设。用社会主义核心价值体系引领机关文化建设和精神文明建设，在全办开展读书活动，全面提高自身素质，增强破解难题、驾驭工作的能力和水平。认真落实中央八项规定，着力解决工作中存在的作风不实、纪律不严等问题，促进机关作风的转变，提升了机关的整体文明程度，推动了和谐机关建设再上新台阶。

【因公出国（境）管理】 2015年，郑州市加强因公出国（境）管理，严格规范审批手续。

（一）做好因公出国（境）审批工作。严格按照中央八项规定精神和中办发16号文件的各项要求，对每一个出访团组实行计划管理，对出访任务的必要性、报批材料的真实性、行程安排的合理性都从严把关，并与市纪委、组织部等相关单位密切配合，加强对因公出国（境）工作的监督和检查。根据全市对外开放的需要，切实做到对党政干部出访、一般性考察团组、双跨团组从严审批。全年全市因公出国（境）人数共计136批，436人次。其中，市厅级领导共出访28批，138人次。因公出国（境）工作没有发生任何违反外事纪律的事件。

（二）做好市领导出访工作。根据郑州市"三大一中"战略工作重点，围绕积极参与全球产业分工格局重构，推动更高水平、更宽领域、更大规模对外开放，构建适应经济全球化新趋势的开放型经济体系工作，做好市领导出访工作。围绕丝绸之路经济带、中原经济区、郑州航空港经济综合实验区建设和全市大招商活动等主题，积极服务全市经济社会发展大局。

4月，郑州市代表团赴印度、阿联

8月14日，市长马懿会见日本三菱电机公司代表团一行

酋和南非进行了友好访问。在印度期间，突出“促进结构调整和产业升级”的主题，先后对印度的智能终端、生物制药、IT、服务外包等产业进行了深度考察，签订了一系列合作协议：考察印度BQ集团，就该集团研发团队入驻郑州航空港综合实验区签订了战略合作协议；考察班加罗尔世贸中心，签订了班加罗尔世贸中心和韦洛尔科技大学与金水区有关项目的合作协议；考察熙德隆集团，双方达成抗艾滋病毒和抗肝炎病毒等抗病毒领域药品的合作共识，促成了该集团在前期投资3亿美元与郑州市辅仁药业集团项目合作的基础上，再次追加投资2亿美元进行新产品的研发生产。在阿联酋期间，突出“大力推进郑州航空港经济综合实验区建设”的主题，重点考察了阿联酋航空公司和杰贝阿里自贸区，深入学习了航空港建设、自贸区创建等方面的经验做法。在南非林波波省，双方表示将继续支持河南国基集团与林波波省政府在该省的项目合作，同时不断拓展双方在文化、教育、卫生等领域的合作交流，进一步活跃民间交往，不断提升双方国际友好合作交流水平。

（三）服务企业，办理APEC商务旅行卡。为方便企业人员出访，加大为企业服务的力度，认真做好APEC商务旅行卡的办理申请工作，帮助企业减轻出访成本、提高出访效率。全年共为宇通客车股份有限公司等多家企业申办APEC商务旅行卡50张。

【涉外工作管理】 2015年，郑州市加强涉外工作管理，为全市对外开放创造良好的涉外环境。一是组织好教育培训，妥善处理涉外事件。参与了市关于马航宣布NH713失事后的善后工作协调会，协调处理了郑东新区华侨赵爱镭与合作伙伴经济纠纷、韩国公民JUNG HONG KUY在郑旅游病亡等13起涉外事件，既维护了国家荣誉，也保护了中国公民的合法权益。二是邀请外国人来郑工作审理有序开展。依据相关规定，全年共审核、审批邀请外国人来郑邀请函43批53人次，服务了郑州经济社会发展，受到社会和群众的好评。三是做好驻华使馆人员和外国媒体的接待工作。

【重要团组来访接待】 2015年，市外侨办完成了多个重要团组来访接待等工作，有力配合了国家总体外交的需要。

（一）圆满完成礼宾接待工作。全年共接待境外来访团组58批2217人次。其中国宾级4批，分别是韩国国会副议长郑甲润、匈牙利前总理麦杰希、吉尔吉斯共和国总理萨里耶夫和乌兹别克斯坦第一副总理鲁斯塔姆·阿济莫夫；省部级团组11批，分别是马来西亚槟城州行政议会部长罗兴强、比利时卢森堡省省长卡普瑞思·贝尔纳、波兰卢布林省省长斯瓦沃米尔·索斯诺夫斯基、芬兰东芬兰省省长艾丽·阿托宁、老挝万象市委书记辛拉冯·库派吞、印度马哈拉施特拉邦首席部长、韩国仁川广域市议会议长、韩国仁川广域市市长刘正福、意大利科森扎省省长马里奥·奥基乌托和奥地利蒂罗尔州州长君特·普拉特、印度外交国务部长V.K.辛格；重要商贸团组4批，分别是印度“全球”孵化器创始人兼首席执行官苏哈斯·戈皮纳斯一行、日本三菱电机株式会社久木田崇彰一行、卡特彼勒公司全球矿业集团总裁芮德华一行、波铁CEO雅各布·卡诺斯基一行。

4月19日，市外侨办主任蔡玉奇会见韩国大邱环境公团理事长尹瑢文

市委、市政府领导曾多次会见境外来访团组。市长马懿会见了波兰卢布林省省长斯瓦沃米尔·索斯诺夫斯基一行、日本三菱电机株式会社久木田崇彰一行、波铁CEO雅各布·卡诺斯基一行和韩国金浦市市长刘永录一行，并与金浦市市长共同签署了《郑州市与金浦市促进友好交流及加强经济合作的谅解备忘录》；市委组织部部长高建慧宴请了马来西亚槟城州行政议会部长罗兴强一行；副市长张俊峰会见了韩国大邱广域市副市长金延昶一行，并签署了《郑州市与大邱广域市合作协议书》。

（二）积极服务政府部门、市直高校和企业开展国际友好交流。4月，积极协助省商务厅、省政府外侨办接待了来郑参加2015中国（河南）投资贸易洽谈会和首届中国（河南）国际友好城市投资洽谈会的嘉宾；5月，协助市科技局举办了郑州（首届）国际创新创业大会暨全球众筹峰会。市外侨办副主任张树忱应邀赴宇通客车股份有限公司，与该公司海外部高层就外事礼宾知识进行了座谈。

【友好城市交流】 2015年，郑州市创新友好城市工作机制，拓宽对外交往的领域和空间。一是建立健全国际友城联络员工作机制。该机制的建立健全，提升了友城、国际组织工作层次，使对外交往交流更加制度化、高效化、责任化，联络沟通更具连续性、时效性。从制度上为郑州市深入开展友城工作、充分利用国际组织平台、增强友城间实质交往、增加友城数量方面提供有力保障。二是积极开展与国际友好城市的交流合作。经外侨办积极谋划，副市长刘东率团对白俄罗斯莫吉廖夫市进行了访问，并签署了友好城市协议书，郑州市的友好城市数量也从10个增长到11个。三是积极参加国际组织举办的活动。继续加强同世界历史都市联盟、世界城市和地方政府联合组织（UCLG）两个国际组织的联系和沟通，并积极参会，广泛宣传郑州。

【为侨服务】 2015年，郑州市认真落实各项侨务政策，积极做好为侨服务工作。一是认真做好困难归侨补助金发放和归侨退休补贴申报工作。全年共为符合条件的59人发放退休归侨补贴70800元，为19户27人发放困难归侨生活补助金323478元。从7月1日起，郑州市将全市低保标准调整为每人每月470元，增长了40元。市外侨办及时向市财政局申请了专项经费，确保困难归侨生活补助金足额发放到位。二是认真落实惠侨政策。全年共接待业务咨询500多人次，办理归侨证1个、侨眷证47个，为72名归侨侨眷考生办理了身份认证。

（张　超）

对台工作

【概况】 2015年，全市对台工作认真落实中央和省市委对台工作的重大决策和部署，扎实开展“三严三实”专题教育，紧紧围绕“三个服务”的总体思路，以建阵地、夯基础为统领，积极谋划新举措，主动培植新优势，为全市经济社会发展作出了积极贡献。

【郑台经贸合作】 2015年，全市对台经济工作主动适应“增速换挡、结构优化、动力转换”的经济发展新常态，抢抓郑州发展新机遇，扩大交流、深化合作。全年全市新增燎原新能源（河南）科技有限公司、年代厨卫电器有限公司等台资企业4家，合同利用台资17.21亿元人民币。

（一）加快台商大厦建设引商。2015年8月，总投资3.7亿元人民币、建筑面积59905平方米的台商大厦顺利落成，市台协及部分台资企业陆续进驻，先期来郑投资的80家台资企业通过自愿认购方式全额拥有产权。台商大厦开中部六省之先河，成为台商集聚发展的平台，是郑州市对台经济工作主阵地，也是全市乃至全省对外开放的窗口，将成为承接台资企业产业转移和融合发展的孵化器。

（二）依托拜祖大典平台招商。乙未年黄帝故里拜祖大典期间，宏信集团、雍上企业集团、德诚国际集团、永丰银行等台湾知名企业的30名高管应邀亲临大典，台湾少年黄怡庭与两岸四地小朋友共同放飞和平鸽和红气球。由台湾年代集团与振发集团合资创办的燎元新能源（河南）科技有限公司总投资15亿元人民币的光伏太阳能项目和台湾年代厨卫电器有限公司总投资2亿元的厨卫电器项目与登封唐庄乡政府正式签约。

（三）借助“台商看郑州”聚商。该活动以“交流、联谊、合作、双赢”为主题，旨在通过经贸考察、参访、联谊等形式，全方位多层次展示郑州市经济社会建设成就，为郑州市招商引资和台商投资搭建平台。自5月19日后，共举办5次活动，在郑台商先后走进新密市、郑东新区、经济技术开发区、中牟县及惠济区等，深入到郑州“三大一中”战略实施一线。活动使在郑台商对郑州改革开放和城市建设取得的喜人成就有了更全面的了解，对郑州整体发展形势和脉络有了更新、更深刻的认识，融入郑州、扎根郑州的决心更加坚定。

（四）抓好权益维护固商。开展台资企业走访季活动，全面掌握在郑台企发展情况，广泛宣传中央对台方针政策和涉台法律法规，引导台商依法经营管理；加大对投诉案件的协查和督办力度，依法维护台商的合法权益，妥善解决了台商台企的诉求，确保了全市涉台大局的稳定。全年共受理台胞、台商投诉案件25起，其中国台办、海协会转办案件9起，做到了事事有登记、案案有结果、件件有回复，达到了结案率100%和“无积案”的要求。

【郑台交流交往】 2015年，全市对台交流交往秉承“两岸一家亲”的理念，以文化为纽带，坚持循序渐进、绵绵用力、久久为功的方式方法，郑台两地交流交往呈现高层来访持续不断、基层乡里长来郑交流频繁、教育交流合作密切、地方特色文化优势凸显等特点。全年全市共进行102个交流项目，直接参加人数达1474人次。其中，接待台湾团组36个1132人次；应邀赴台项目66个342人次。

（一）固化黄帝故里交流品牌。中国国民党前副主席詹春柏、胡志强在乙未年黄帝故里拜祖大典净手上香，并在故里祠前题词“万流归宗”“广被全球”；中国国民党荣誉主席连战、国民党前副主席蒋孝严书法作品应邀参展“乙未年黄帝故里拜祖大典海内外华人书画名家作品邀请展”；与市影视家协会联合制作的乙未年黄帝故里拜祖大典献礼微电影《老家》荣获“亚洲微电影金海棠奖”。在省、市、县三级台办的共同努力下，新郑市黄帝故里成为郑州市首家国家级涉台工作阵地。

（二）亮化传统文化交流品牌。春节前夕，市台办联合市文联开展“绿城祝福进宝岛，郑台两地一家亲”迎新年送春联活动，共向岛内寄送全市书法界知名人士手写春联300余副，向在郑台胞台属台商赠送印刷春联2000副。活动赢得了岛内外台湾同胞的广泛认同和赞誉，亲民党主席宋楚瑜、花莲县县长傅昆萁等先后寄贺卡表示对郑台两地交流发展的祝福；连战办公室和新党主席郁慕明专题复函盛赞活动对传承楹联文化、连接两岸情谊的重要意义。

（三）对台交流基地多元化。全市立足中原作为华夏历史文明传承创新区的战略定位，深入挖掘郑台历史渊源，整合全市对台交流资源，一方面，持续开展对台交流基地创建活动，命名了郑州一中等10家市级对台交流基地；另一方面，加强对交流基地的建设和管理，指导其在作用发挥、活动开展、巩固成效方面下功夫。6月，新郑市黄帝故里被国台办命名为海峡两岸交流基地。

（四）基层乡里长交流常态化。台湾新同盟会彰化分会乡里长、高雄市乡里长、台湾杰出农民协会、桃园市复兴区、中南部基层社区及新同盟会台北分会等先后应邀参访，他们走基层、看社区，进企业、看园区，重点了解新型社区服务与管理和新农村建设情况，了解现代农业及生态农业发展模式以及农业类台资企业发展等。高雄市乡里长参访团还与金水区未来路街道办事处银基花园社区签订了基层交流友好结对备忘录。

【对台宣传教育】 2015年，全市对台宣传和涉台教育工作始终坚持以我为主、正面宣导的原则，加强舆论引导，扩大宣传受众，放大宣传成效，营造了良好的舆论氛围。

（一）整合各种传媒的优势扩大宣传。一是继续做好信息宣传工作，全年共采写信息200余条，被《豫台视窗》采用80多条，被《省对台工作信息》采用40条；二是支持和配合台湾“中视”《大陆寻奇》电视系列片摄制组和中评社等岛内媒体来郑采访，通过台湾媒体记者的镜头来宣传郑州；三是充分发挥网站、电台、电视台等传统媒体和微博、微信等新兴自媒体平台作用，对涉台活动采访报道，着力形成全方位、多角度、立体互动的对台宣传网络；四是推动郑州人民广播电台等新闻媒体赴台考察，入岛宣传郑州市以航空港实验区为统揽的郑州都市区建设新成就，凝聚郑台交流合作正能量。

（二）开展涉台教育进校园宣传周活动。10月底，市台办、市教育局联合动员部署，全市中小学踊跃参与，通过举办台海形势报告会、组织演讲比赛、开辟涉台宣传专栏、举办图片展、悬挂横幅标语、制作手抄报等形式，增进全市中学师生对台湾知识的了解，坚定了他们推动两岸和平发展、实现祖国统一大业的信心和决心。活动后，推选出部分学校组成交流团，与台湾育达商业科技大学、亚洲大学、桃园启英高级中学等学校和教育部门开展面对面的学习交流。期间，市教育学会与亚洲大学签订了合作协议，郑州一中与启英中学达成了合作意向。

【对台服务工作】 2015年，全市对台干部进一步强化服务党和国家对台工作大局、服务郑州经济社会发展、服务台胞台商台属意识，切实提高服务水平，推动全市对台工作健康发展。

（一）做好对困难台胞台属的帮扶工作。全市对台部门利用传统节日，深入县（市）区台胞家庭和困难台胞台属中，开展走访慰问活动。一是市委高度重视，四大班子领导带队走访。春节前夕，市领导薛云伟、王跃华、张俊峰、王顺生等专程看望了中原区台胞黄锡奎和二七区台胞施惠珠；端午节前夕，市政协副主席吴晓君看望了管城区困难台属李志健。二是覆盖面广。春节前夕，走访活动在全市范围同时进行，列入市台办走访的有59户，其中发放特困补助的29户，20户定居台胞也全部走访入户。

（二）举办台胞台属台商子女“看郑州”夏令营活动。7月9日，来自各县（市）区的台胞台属台商子女代表与郑州市旅游职业学院的志愿者40余人参加了第一届郑州市台胞台属台商子女“看郑州”夏令营活动。市台办精心安排营员参观市容市貌、游览名胜古迹、学习少林武术、体验烩面等地方特色美食的制作等。通过活动，使他们看到郑州日新月异的发展变化，感受到中原文化的厚重，增进了同胞情谊，根植了对两岸同属中华民族和“两岸一家亲”理念的认知认同。

（三）开展“台胞台属之家”创建活动。在台胞台属相对集中、基础条件好、有示范带动作用的镇办和社区试点建立“台胞台属之家”，为其组织开展活动创造便利条件，加强学习、沟通信息、相互交流提供平台。7月，在二七区大学路康桥华城社区召开现场会，将其命名为首个市级“台胞台属之家”。12月底，又将中原区阳光新城社区等10处命名为市级“台胞台属之家”。

（四）着眼发展服务台企。协调市民管办妥善处理市台协换届遗留问题，有效化解了协会内部的矛盾；多次召开座谈会，广泛听取台商台企的意见，协助台企转型升级，推动相关政策的落实；建立台协理事分包联系企业制度，推动台商之间互助合作；持续关注台商工业园区大型台企的发展，做好重大项目的跟踪服务；开展端午、中秋等联谊、“台商看郑州”及组织台胞台商子女看郑州活动，凝心聚力，使在郑台商能安心发展、带动发展。

【干部队伍建设】 2015年，全市对台干部统一思想、深化认识、强化学习、提升业务素质，在全市形成了干事谋事、主动作为的良好氛围，为开创全市对台工作新局面奠定了坚实的基础。

（一）加强领导。一是召开全市对台工作会议。会议由市政府副秘书长李杰主持，市委常委、统战部部长王跃华参加会议并作重要讲话。会议传达学习中央和省委对台工作会议精神，总结回顾2014年全市对台工作，安排部署了2015年各项任务。二是召开全市台办系统半年工作座谈会暨二七区“台胞台属之家”创建工作现场会。组织与会人员参观二七区马寨产业集聚区台商园区、大学路康桥华城社区，座谈2015年上半年辖区各项对台工作开展情况，就下半年工作进行再部署、再动员。

（二）扎实开展“三严三实”专题教育活动。认真组织班子成员及机关全体党员学习贯彻习近平总书记系列重要讲话精神，特别是关于践行“三严三实”的新思想、新观点和新要求，坚持从严要求，做到领导带头，突出问题导向，紧密联系思想和工作实际，确保活动取得实效。

（三）深入开展台湾知识讲堂活动。以“我身边的台商（台胞）讲台湾”为主题，由在郑台商、在读台生主讲，共开展了10场专题讲座；以“我所知道的台湾政要”为主题，由市台办机关干部集中宣讲；以台湾知识讲堂进机关、进党校、进基层为主题，共组织了5场报告会，受众达数千人；以深入岛内民众、与台湾基层民众开展面对面沟通交流、考察学习的形式，把讲堂开到岛内，组织了首个全市台办系统研习培训班，从不同层面、不同纬度解读、宣讲。通过这些活动，学习内容和载体不断丰富，参与范围和受众不断扩大，干部队伍的业务素养和工作能力不断提升，人人关心对台工作、人人支持对台工作的良好工作氛围更加浓厚。

（张　晖）

信访工作

【概况】 2015年，市委、市政府高度重视信访工作，各级各部门根据中央和省的决策部署，立足“阳光信访、责任信访、法制信访”建设，注重“三严三实”，努力畅通渠道，深化源头治理，积极化解稳控，依法引导规范，整体工作取得明显成效。在全国“两会”、“9·3”阅兵、十八届五中全会、上合总理峰会等重大敏感节点，没有发生来自郑州的干扰，有力维护了社会大局和谐稳定，受到中央和省委、省政府的充分肯定。

赴京上访情况：国家信访局共登记郑州市赴京非访292人次，同比下降69.3%，赴京信访秩序明显好转。其中，集体赴京非访10批67人94人次，占总量的32.2%；重复赴京非访59人次，重访率20.2%。群众反映问题主要集中在问题楼盘、投资担保、城镇拆迁、劳动社保、“三农”等方面，约占赴京非访总量的67.5%。自国家信访局实行依法逐级走访以来，郑州市赴京集访、赴京个访基本实现零登记。

到省上访情况：全年共发生到省集访880批20894人，批次、人数同比分别上升54.4%和122%。其中，规模访151批10912人，到省委、省政府门口集访312批10972人，批次同比分别上升104%和89%。全年共发生到省个访2092起3403人，同比分别下降17.7%和14.5%。

来市上访情况：全年共发生来市集访822批21297人，批次、人数同比分别上升28.2%和39.6%。其中，规模访219批12017人，来市委、市政府门口集访343批13039人，批次同比分别上升63.4%和39.4%。全年共发生来市个访489起701人，同比分别下降12.7%和23.9%。群众到郑上访反映问题主要集中在城建管理、拆迁安置补偿、拖欠农民工工资、投资担保、企业改制等方面，约占总量的80%以上。

群众来信情况：全年共受理群众来信10572件，同比上升5.7%，其中重信为983件，重信率9.3%。审核立案5155件（含省、市直转和群众致信市委书记、市长信件），按期结案4079件，按期结案率100%。

群众来电情况：共接群众来电507起，其中省信访局转送件21起、交办件4起，本级受理482起，按期办结率100%。

网上信访情况：共受理群众网上信访1283起，其中国家和省信访局转送件1040起、交办件62起、督办件4起，本级受理177起，按期办理998起，按期答复率82%。

群众通过信、电、网等途径反映的问题主要集中在涉法、纪检监察、城乡建设、交通能源、国土资源等方面，约占总量的1/2。

复查复核情况：共接待向市政府申请复查复核信访事项2760起，经审查受理204起，其中复查4起、复核200起。结案174起（含协调化解撤诉48起），经审议部分更正11起，退回重新办理12起。其他2556起经做解释工作息访或选择其他途径处理解决。省复核、审核、认定郑州市信访事项16起，维持16起。从复查复核终结的信访事项看，信访人对市政府做出的复查复核意见基本满意，稳定率在98%以上。

1月15日，郑州市在紫荆山广场举行了依法逐级走访广场宣传活动

【非访治理】 2015年，郑州市将非访治理作为推进工作、提升信访工作效能的重要抓手，创新机制，强化措施，取得了明显成效，赴京非访登记量大幅下降。

（一）非访治理机制进一步完善。适时调整完善市两办、市驻京办、市政法委、市中级人民法院、市公安局、市信访局等6个组长单位带班，11个县（市）区轮流值班的驻京工作机制，更有效调动了工作资源，推动形成了工作合力。进一步健全强化驻京工作组牵头，责任单位为主体，综治、公安、信访分口负责的赴京上访应急机制，大大提升了非访处置效能。

（二）在京工作模式不断创新。坚持信息先行，市公安情报信息平台累计录入重点上访人员信息近3万条，对有关人员动向进行实时动态掌控，及时通报有关责任单位，全年累计提供有效预警信息2000多条，为工作高效开展提供了有力支持。加强工作协调，值班组长单位借助驻京值班微信群，及时发布上访信息、通知公告、工作动态、工作指令等，有效提升了工作效率、节约了值班经费、增进了工作友谊。在敏感节点，实施了京地联动对接通报、县（市）区轮流督导巡查等工作制度。

（三）敏感节点保障工作有力有序。围绕全国“两会”、李克强总理视察郑州、“9·3”阅兵、十八届五中全会、上合组织总理峰会等敏感节点，先后部署开展10多次信访保障活动，特别是在“9·3”阅兵、十八届五中全会和上合组织总理峰会期间，郑州市非访始终保持“零”登记，被动局面得到根本扭转，有效维护了省会的和谐稳定和郑州的对外良好形象。国务院副秘书长、国家信访局局长舒晓琴给予高度评价。

【积案化解】 2015年，郑州市将排查解决信访领域突出问题作为“三严三实”专题教育活动的重要内容，盯住赴京非访回流案件、赴京到省来市规模访和重复访案件，通过排查建档、化解稳控、督办销案，有力推动了涉及群众切身利益诉求问题的妥善解决。

（一）深化排查，推动调处责任落实。围绕征地拆迁、问题楼盘、非法集资、劳动社保、双拖欠等方面信访突出问题，全年开展了8次信访隐患集中排查化解活动，及时有效调处各类矛盾纠纷7000多起，分5批梳理交办了1843起疑难信访案件，全部落实了“四包一”责任制，逐一建立了工作台账。

（二）专题研判，推动积案有序化解。2015年，郑州市党政主要领导先后主持召开4次联席会议，集中研判了17起非法集资、问题楼盘等方面突出问题，有力推动这些信访积案的化解和相关人员的稳定；分管市级领导根据自身工作需要，随时召集召开行业联席会议，对128起系统信访突出问题实施了集中研判化解。各县（市）区定期召开党政联席会议，积极化解一大批区域性信访积案，有效维护了群众的合法权益。市本级通过认真甄别和审查，使用信访疑难专项救助资金80万元，有效化解疑难信访事项20件。

（三）包案接访，推动疑难问题解决。针对中央、省交办的重大案件，以及自身梳理出来的132起特别重大非法集资信访案件，全部落实市级包案领导，市主要领导带头分包了19起案件，其他市级领导对自己分管领域或联系地方的信访案件主动担当，通过现场督导协调、面对面与群众沟通，有力推进了疑难信访问题的解决。为加大问题解决力度，市级领导主动带头下访接访；各县（市）区和市直部门主要领导率先垂范，轮流排班接访，有效推动信访问题解决在基层属地。全年全市共办理各类信访案件3016起，有效维护了群众的合法权益，减少了越级上访、恶性上访和极端事件的发生。

【“一岗双责”责任制落实】 2015年，郑州市立足当前信访工作的新形势、新特点，适时开展督促、评查、指导、问责，有力推进了信访工作“一岗双责”责任制的落实。

（一）定期研判通报。坚持常态化的通报、告知机制，借助“全市信访稳定工作情况日报”、“一周群众信访工作情况通报”和“全市群众信访工作情况分析”等形式，定期向县（市）区和市直责任单位通报访量情况、存在问题、工作建议，确保工作部署安排得到贯彻执行。

（二）加大督导力度。2015年，郑州市先后10次组织对全市领导接访、领导包案、信访信息化建设、依法逐级走访、重大信访案件化解、群众满意度评价等工作的专项督导暗访，通过事前、事中、事后全程跟踪问效，有力推进了有关工作的落实。

（三）建立制度保证。市委、市政府印发了《关于进一步强化领导干部信访工作“一岗双责”责任制的通知》，从信访隐患排查、定期公开接访、阅批群众来信、召开联席会议、包案解决问题、现场处置上访等六个方面，为信访工作“一岗双责”责任制提供了制度保证。

（四）严格双向问责。一方面对不听劝阻缠访闹访，故意扰乱国家机关办公秩序和社会公共秩序的人员，依法打击处理，先后对9名非访人员依法予以拘留，对41名赴京滋事人员进行了训诫；另一方面，对因责任不落实、措施不到位、履职不认真，导致发生有影响信访事项的责任单位进行责任倒查，先后对两个非访问题突出的县、区在全市通报批评，对5个非法集资问题突出的办事处给予黄牌警告，对5个非访问题突出的乡（镇）办实施了重点管理。同时，积极开展网上信访事项群众满意度评价工作，借助群众评判、监督，推动履职尽责到位。

【规范信访秩序】 2015年，郑州市着力明确制度、宣传引导、教育培训，推动群众走访秩序逐步规范。

（一）明确相关制度规范。先后制定下发了《关于进一步规范信访事项受理办理程序引导来访人依法逐级走访实施细则》《关于集中开展“依法信访、理性维权”主题宣传活动的实施方案》等文件，并印制了规范化的“一单式”工作法，为依法逐级走访工作提供了制度遵循。

（二）集中开展宣传活动。1月15日、1月22日和4月28日，郑州市与省信访局联合在紫荆山广场举办活动3次，对依法逐级走访、《信访条例》等进行宣传，国务院副秘书长、国家信访局局长舒晓琴等领导到场参加。为扩大宣传

3月4日，国家信访工作督导组到市信访局来访接待大厅实地察看

范围、强化宣传效果，积极邀请新华社、中央电视台、《河南日报》、河南电视台、《郑州日报》、郑州电视台等40多家媒体参与报道，并借助网站、微博、微信等新兴媒体多渠道宣传，直接受教育群众达100万余人，全市依法逐级走访氛围进一步浓厚。

（三）加强干部教育培训。通过以会代训的形式，分5批组织分管领导和信访干部1000余人进行培训，基本实现对依法逐级走访工作熟知、会用，具体办理人员能够准确区分受理、不予受理和程序性受理范围，熟练掌握出具各种文书材料。在持续的宣传教育引导下，全市群众呈现出越级赴京上访下降、到省会郑州上访上升的理性态势。

【信访网格化管理】 2015年，郑州市依托“坚持依靠群众，推动工作落实”网格化管理长效机制，持续开展信访问题源头治理。

（一）强化以日例会、周研判为重点的信息研判预警制度。进一步强化由市委、市政府分管领导牵头，市维稳、综治、公安、信访、消防等部门日常参加，市直有关部门根据情况动态调整的信访稳定日例会、周研判机制。借助这一机制，一些预警性维稳信息得到提前掌握，一些预谋性规模访得到提前预防。

（二）创新以“网格”为载体的矛盾排查化解机制。充分发挥信访干部作为群众信访工作联络员的作用，在三级网格全面公开姓名、职务、联系方式，主动协助指导基层开展群众信访工作，重点做好政策宣传、民意收集、动态掌控和网格长的参谋助手等工作。进一步动员各级各部门将信访信息员、治安巡防员、消防安全员等基层队伍纳入三级网格，从源头上做好信息收集、矛盾排查、纠纷调处、化解稳控等工作，使97%的矛盾问题在基层网格得到化解。

（三）完善建立重点部位应急处置机制。将省委、省政府、市委市政府三个门口纳入一级网格管理，充实人员力量，建立完善牵头协调组织、应急处置预案、日常工作流程、交办督办机制、通报查究制度，及时处置群众聚集缠闹现象，有效维护社会面上的和谐稳定。

【基层基础建设】 2015年，郑州市在信访工作中以上率下、软硬并重、内外兼修，扎实推进基层基础建设。

（一）信访信息化建设助力“阳光信访”。全市累计投入2000多万元用于视频接访监督平台和信访信息系统建设，市本级以及15个县（市）区、106个市级职能单位、186个在编乡（镇）办、700多个县（市）区职能单位与省信访局全部实现连通，多数单位增配了计算机、高拍仪等设备。市信访局先后组织新系统使用集中培训2次、座谈培训16次，受训人员700余人，有效提高了信访干部的信访信息化应用能力和水平，推进了“阳光信访”建设。

（二）学践结合，全面提升素质能力。通过开展“三严三实”“三查三保”主题教育实践活动，有效提升了全体信访干部队伍素质；通过举办《信访条例》普法宣传、依法逐级走访集中宣传、信访知识竞赛等活动，进一步增强广大党员干部的依法行政意识；通过开展信访事项办理群众满意度评价工作和信访干部廉政教育，在各级信访接待场所设立“信访干部工作作风举报箱”，接受来访群众和基层干部的监督，进一步塑造了“热情、依法、负责、奉献”信访干部队伍形象。

（三）达标评比，推动基层基础不断夯实。积极在乡（镇）办开展“四有”达标活动，通过规范标准、督导评比，进一步提升基层软硬件建设水平；扎实推进“四无”乡（镇）办创建活动，不断推进信访工作制度措施在基层落实，进一步夯实信访工作的基础；大胆探索完善信访考核办法，更加注重平时工作业绩考量，加大联席会议、领导接访等工作制度落实情况和调研成果加权比重，逐步打破了“唯量”简单考核模式，对全市信访工作的健康持续发展起到了很好的引导作用。

（孙建峰）

4月29日，郑州市举行国务院《信访条例》实施10周年广场集中宣传活动

接待工作

【概况】 2015年，郑州市接待办按照“团结、求实、高效、廉洁”要求，圆满完成了全年各项接待任务，以严谨、细致的服务保障为中原经济区郑州都市区建设作出了积极贡献。市接待办被省委省政府命名为“省级文明单位”，被市委市政府评为“郑州都市区建设三年行动计划‘坚持依靠群众推进工作落实’长效机制工作先进单位”“郑州市‘坚持依靠群众推进工作落实’长效机制工作优秀群众工作队”“全市档案工作先进集体”“郑州市组织工作先进单位”“全市党建工作先进集体”“党组中心组学习优秀单位”等荣誉。

扎实开展好“三严三实”专题教育。党组书记范建勋以《聚焦作风建设，践行“三严三实”，努力营造良好的政治生态》为题为干部职工上党课；围绕三个专题，组织党组中心组“三严三实”专题学习研讨3次，查找了班子和班子成员在作风建设方面存在的问题，深入剖析问题根源，建立了问题整改台账。严格提拔任用，树立正确干部导向。5月，对科级干部进行了一次调整，提拔科级干部5名，重用3名，交流转岗2名，加强了中层干部队伍建设。抓实群众工作队工作。建立了周工作例会制度、信息报送制度、工作情况通报制度、负责人联席会议制度和工作台账。主动融入基层、融入群众、融入网格，配合抓好违章建筑、小广告、户外广告、占道经营等专项治理工作，得到了领导和社区群众的好评。向社区赠送2台电脑和1台复印机，帮助社区建成综合管理服务平台；举办了两期调解员培训班，协调解决影响社会稳定的矛盾隐患30个，慰问社区困难党员、困难群众15户，为群众办实事、办好事16件。

【完成接待任务】 2015年，郑州市接待任务完成出色，共完成接待任务600多批，接待来宾4.2万人次。先后完成了国务院总理李克强，中央政治局原常委贾庆林、贺国强，中央政治局委员、国务院副总理刘延东，全国政协副主席李海峰等党和国家领导人的接待任务；完成了上海合作组织成员国政府首脑（总理）理事会第十四次会议的接待工

作；接待了中央信访工作督导组、全国人大农业与农村委员会调研组、国办督导组、全国政协经济委员会调研组、省委省政府督导组等上级工作组，接待了湖南省、上海市、天津市、杭州市等外地考察团组，富士康、腾讯集团、三菱电机株式会社等国内外商务客团；完成了省领导航空港实验区调研、省重点项目及产业集聚区现场观摩会等省、市大型会议、活动的服务保障工作，市领导出访北京、广州、石家庄等地的服务保障工作。为来郑考察调研的各级领导和投资兴业的商务客团等各项公务活动顺利进行提供了安全、优质、高效、节俭的服务保障，得到各级领导、机关和来宾的充分肯定。

2015年12月14–15日，上海合作组织成员国政府首脑（总理）理事会第十四次会议在郑州举行。市接待办作为组长单位，与省市相关单位共抽调310多名工作人员组成外宾驻地保障组，历时45天，精心统筹，克难攻坚，圆满完成了俄罗斯、哈萨克斯坦等11个国家总理和上合组织秘书长、地区反恐执委会等6个国际组织476名外宾及561名各类工作人员的餐饮、住宿服务保障工作，以及主会场800多名会议代表及相关人员的会议、会谈、记者见面会、合影、听会、新闻报道、茶歇等各项服务工作，得到国内外来宾及各级领导的肯定和表扬，市接待办被评为“上合组织成员国政府首脑（总理）理事会第十四次会议郑州市服务保障工作先进单位”，11人受到市委市政府表彰。

【规范接待秩序】 2015年，市接待办完善制度建设，规范接待秩序。代拟了《郑州市党政机关公务接待实施细则》，经过市委常委会、市政府常务会议研究于2015年3月下发执行。《实施细则》对职责划分、接待对象、住宿餐饮、接待程序、接待经费审批及结算方式等作了明确规定，细化了各个环节操作规程，使全市公务接待工作规范有序、有章可循；完善接待登记制度，制定、完善了《主任办公会议制度》《党组民主生活会制度》《办公机具和办公用品配置管理办法》《印章使用与管理制度》等19项工作制度，进一步修订了《工作人员行为规范》《接待工作程序》《接待人员礼仪规范》等规章制度，促进了工作的高效运转。加强档案管理，建立重要来宾信息档案，对接待方案、接待指南、接待登记等进行收集整理归档保存，做到接待工作有痕迹、查询资料有依据。

【贯彻落实接待新规】 2015年，市接待办统筹协调，狠抓接待新规的贯彻落实。公务接待涉及出席会议、考察调研、执行任务、学习交流、检查指导、请示汇报工作等方面，市接待办作为管理部门充分发挥了统筹协调作用。在大型重要公务接待活动中，现场指导、组织安排各项工作，发挥了公务接待系统整体效能；对市直85个单位313个政务考察点和74家定点酒店，逐个调研、登记造册，定期更新，实现了无缝式对接、程序化管理；与郑州铁路局、郑州机场公司、市公安局、市食品药品监督局等单位密切合作，保证了公务活动的有序、高效运转；协同市纪委以党风政风建设为切入点，狠抓常抓中央八项规定、《实施细则》的贯彻落实，对关键节点、重点单位进行监督检查，确保“四风”问题不反弹；会同市财政局制定了公务接待用餐标准，指导市直各单位、各开发区、县（市）区，出台落实《实施细则》具体措施，充分保证了全市经济社会发展需要。

【业务培训】 2015年，市接待办切实搞好业务培训。4月，组织召开了全市公务接待工作会议，以会代训组织业务培训。副主任陈培民对《郑州市党政机关公务接待实施细则》进行解读，讲清了制度规定，统一了思想认识，解答了接待部门提出的疑难问题；纪检组长、监察室主任朱海平以《加强制度建设，做好接待工作服务保障》为题，对制度建设提出明确要求；调研员张建国作了《公务活动中的席位安排》等专业知识辅导，提高了专业水平；出版了《中国礼宾与公务接待》，下发各相关单位学习，提高了全市公务接待人员素质和业务水平；安排10多人次到市直、县（市）区宣讲公务接待工作业务。组织开展了2015年度全市公务接待系统岗位练兵活动，2人分别获得2015年全市公务员岗位练兵“业务标兵”“业务能手”称号。通过训练和比赛，打造专业化、学习型接待队伍，提升了公务接待人员的能力和素质。

（郭秋梅）

机关事务管理工作

【概况】 2015年，郑州市市直机关事务管理局在市直机关国有资产、房地产、基建、公务用车、物业管理，市直机关精神文明建设、公共机构节约能源资源管理指导及其他社会事务协调，以及通信技术、安全保卫、绿化美化、膳食服务、集中办公区会议室管理等服务管理工作中创新思路、积极作为，圆满完成年度任务。

定点扶贫扎实有力。中牟县黄店镇段村作为市直机关事务管理局定点扶贫村，局党委坚持“党委做后盾、一把手负总责、工作队当代表”，依据政策、因地制宜，抓党建、解难题、办实事，大力实施“输血”“造血”工程，不断增强帮扶村发展后劲。协调资金40余万元开展村容村貌整治、捐资助学活动，整修了村内主要道路，架设了路灯，建立了“金色童年图书室”；协调资金35万元，率先在全省设立了村级慈善工作站，实现扶弱济困常态化；争取资金170万元，协调建设田间生产路，扶持庭院经济，建立高效农业示范项目，10.67公顷高效农业大棚示范区业已建成，为该村2017年实现脱贫目标奠定了基础；建成910平方米村室，彻底解决了该村两委会无办公场所、无教育阵地的问题；协调相关企业制定鸭场养殖方案并积极推动立项。至年底，该村实现年内脱贫55户252人目标，扶贫工作取得阶段性成果，受到当地政府、村两委和村民的好评。市市直机关事务管理局被评为2015年度市扶贫开发先进单位。

【重点工程建设】 2015年，市市直机关事务管理局如期推进重点工程建设。一是纬五路34号院整修改造工程如期完工，新增办公用房建筑面积1.5

举办2015年度文明创建工作培训会

万多平方米，拟安排两家市直单位入驻办公的调配方案已获市政府批复。二是市政协南配楼与主楼加固、连廊建设、供暖管网改造及部分供热主管维修等工程圆满完工，有效改善了该办公区办公环境，受到市政协领导的高度肯定。三是棉纺路20号院整修、市水务局外墙整修、纬五路34号院机械立体停车库建设等工程，坚持规划先行、依法依规有序推进，前期资料调取、方案制定、预算编制等筹备工作基本就绪。

【公车改革和公务用车管理】 2015年，郑州市公车改革和公务用车管理规范高效。市市直机关事务管理局认真履行公务用车主管部门职能，紧紧围绕全市公车改革做文章、抓落实。全面掌握了市直单位现有公车信息，对140家参改单位共4957辆涉改车辆进行车辆编制和保留标准审核，12月20日全市公车实现封存目标。依据政策、结合实际，研究制定了全市公车评估、拍卖工作方案，为全市公车改革顺利推进做出了贡献。坚持分类处理、沟通协调、现场督导，圆满完成了市政府常务会确定的年度918辆公务黄标车淘汰任务。落实市政府赋予的年度环保责任目标，坚持重大节日、重要活动、重污染天气条件下公车封存制度落实，组织完成13批59500台次车辆封存任务。

【办公用房管理】 2015年，郑州市市级机关办公用房管理规范有序。制定并提请市委市政府两办印发了《郑州市市级机关办公用房管理办法》，实现办公用房调配、租赁、维修和物业管理规范化、制度化；坚持“减少财政资金支出，优先安排租房单位，整合分散办公单位，严格执行标准规定”原则，盘活存量房源，调整9家单位办公用房共计1.6万平方米。同时，对市财政局移交的52家外租房办公单位进行审核，依政策取消21家、到期变更协议6家，全年减少财政支出952万元，其他25家协议到期后按照规定予以变更并纳入到外租房集中规范管理中。

【安全保卫工作】 2015年，全市市直机关安全保卫成效显著。坚持以平安机关建设为抓手，注重技防、人防、物防综合运用，狠抓重点区域、重点对象、重点时段、重要部位安全防范。投资安装市委市政府南院后院高压脉冲设备和电子巡更系统，升级改造监控设备，有效提升了直管办公区安防水平。落实消防安全目标责任制，加强人大办公楼、地下停车场消防设备检修维护，突出抓好市委市政府北院立体停车场夏季消防防控，消防安全目标责任制得到了全面落实。全年完成70余次会议和外事接待车辆服务，妥善处理群众集访396起4200人次。积极推进登封市大冶镇平安建设联系点工作，组织该镇企业、学校等单位开展消防知识培训和技能演练，赠送消防器材100具，进一步提高了消防事故防范能力。机关消防安全和治安防范实现“四零”目标，市市直机关事务管理局平安机关建设工作在年度考核中取得优异成绩。

【公共机构节能管理】 2015年，郑州市公共机构节能管理深入扎实。按照“依法依规，打好一攻，当好二传”要求，巩固已有成果，积极探索节能管理新领域。改进能耗考评体系，研究起草了《郑州市公共机构节约能源资源监督考核办法》。对27家公共机构能耗定额试点单位用能数据进行研究分析，修订完善了定额标准。落实《郑州市公共机构合同能源管理（暂行）办法》，选取 3 家医院进行试点，积极探索节能管理新模式。指导完成第二批2家国家级、4家省级节约型公共机构示范单位创建任务，发挥了示范引领作用。截至2015年年底，全市公共机构综合能耗比2010年降低16%，完成了“十二五”规划要求。

【精神文明创建指导】 2015年，郑州市市直机关事务管理局精神文明创建指导有力。积极融入全市精神文明创建氛围，继续深化局精神文明创建成果，相继完成文明市民推荐、道德讲堂、文化讲堂及“好人365”转发评议、机关单位除雪区域划分等工作。突出主流文化引领作用，制定了精神文明建设工作要点，组织了文明创建工作培训。以培育践行社会主义核心价值观为主题，广泛开展了“中国好人榜”投票评议、“学雷锋纪念日”主题宣传、文明交通志愿服务等活动。认真履行市直机关文明创建指导职能，对市直63家在届省、市级文明单位进行了年度复查，对14家新创省级文明单位、省级文明单位标兵及7家市级文明单位进行了考评验收。市市直机关事务管理局获得创建全国文明城市集体三等功，2人分别获得创建全国文明城市个人三等功和先进个人。截至年底，归口市直机关事务管理局管理的96家市直单位中，成功创建国家级文明单位9家、省级70家（含1家标兵单位）、市级14家。

（康　元）

人民政协

综　述

【概况】 2015年，市政协在中共郑州市委正确领导和市政府大力支持下，深入贯彻落实中共十八大、十八届三中四中五中全会和习近平总书记系列重要讲话精神，按照市委“抓改革创新、强投资开放、促结构转型、求民生改善”的总要求，围绕“四个全面”战略布局谋划推进政协工作，以开展“三严三实”专题教育活动为抓手，围绕中心、服务大局，发挥优势、改革创新，认真履行三大职能，积极推动协商民主广泛多层制度化发展，为全市改革发展稳定作出了应有的贡献。

【强化思想政治建设】 2015年，市政协始终把坚持和发展中国特色社会主义作为巩固共同思想政治基础的主轴，坚持党的领导，强化思想政治建设。一是筑牢团结奋斗的思想政治基础。坚持以中国特色社会主义理论引领事业发展、以“四个全面”战略布局统一思想行动，以五个共识凝聚各界力量，推动各

9月18日，市政协主席王璋带领部分市政协委员，对重点提案《关于郑州市推进海绵城市建设的建议》进行督办

级政协组织、各参加单位和广大委员深入学习十八大，十八大以来历次重要会议精神和习近平总书记系列重要讲话精神，巩固思想政治基础。二是认真贯彻落实省、市委政协工作会议精神。协助市委召开学习传达省委政协工作会议座谈会，开展对县（市）区贯彻省、市委政协工作会议精神情况专项督察，通过多种形式推动学习贯彻活动广泛深入开展，营造了良好的氛围，形成了党委高度重视、政府大力支持、各方积极配合的大好局面。三是自觉坚持和维护党的领导。凡是政协的主要工作、重大活动、重要会议和重要问题都主动向中共郑州市委请示汇报，听取市委对政协工作的意见。做到市委、市政府的工作推进到哪里，政协履职就跟进到哪里，好声音就传播到哪里，正能量就汇聚到哪里。

【推动协商民主建设】 2015年，市政协坚持把推进政协协商民主作为重点工作，健全协商机制、丰富协商形式、拓宽协商范围，推动协商民主广泛多层制度化发展。一是形成了互相衔接、环节完整的协商运作机制。从协商议题提出，到活动组织、成果采纳落实和反馈，都有制可依、有章可循。加强与党政部门沟通协调，制定年度协商工作计划，从协商议题、协商形式、活动组织等方面作出明确安排。协商成果以书面形式报送党政领导及有关部门，直接进入决策参考。二是构建了多层次、全方位的协商格局。初步形成了以全体会议为龙头，以专题议政性常委会议为重点，以双月协商座谈会、提案办理协商为常态的协商议政格局，委员履职有舞台、议政有载体，全年共有委员近千人次参与协商活动并发言。三是探索了“协商于民、协商为民”的协商实践。坚持邀请公民代表旁听政协全会，邀请社会组织、志愿者人士、专家学者等参与协商座谈会，让群众看得见、够得着、用得上协商民主。

【为改革发展建言献策】 2015年，市政协充分发挥政协人才密集的智力优势，紧扣主题主线，抓住重点难点，积极建言献策。一是着眼全局广泛协商。市政协十三届二次全会期间，委员们热议改革、共商民生、建言发展，围绕全市改革发展中的若干重要问题，通过提交提案、大会发言、小组讨论和联组讨论等多种形式，提出了中肯意见和建议。二是聚焦重点专题议政。围绕城市精细化管理服务先行区建设、加快郑州市现代职业教育体系建设等重点议题，广泛开展调研，深入议政建言，形成调研报告，许多建议被有关部门采用，为推动全市城市建设和加快发展文化教育事业发挥了积极作用。三是紧扣中心积极建言。以实现交通管理精细化、解决垃圾处理问题、促进郑州市中心商务功能区和特色商业区建设、农产品质量安全、进一步提升郑州建设华夏文明传承创新核心区影响力、大气污染防治为主题，召开了6次双月协商座谈会。党政领导对协商成果作出多次批示，许多意见建议转化为市委、市政府工作举措。

【坚持民生导向】 2015年，市政协坚持民生导向，围绕群众利益，通过提案、调研视察、反映社情民意等方式，推动民生问题的解决，让群众感到政协离他们很近、委员就在身边。一是顺应群众关切，积极建言献策。进一步加大重点提案督办力度，发挥重点提案的监督作用。围绕防汛、抗旱、垃圾处理、农产品安全、交通精细化管理、环境保护等问题进行了30多次调研视察，广泛收集并积极反映群众的愿望，提出意见建议200多条，为民生鼓与呼。二是针对群众诉求，关注民计民生。把反映社情民意作为政协践行群众路线的具体体现，充分发挥界别在联系群众中的桥梁纽带作用，及时反映各界群众的愿望诉求。全年共编报社情民意信息200多期，其中许多问题经市领导重视批示得到解决。按照市委统一部署，市政协领导对大棚户区改造、拆迁群众安置工作、大气污染防治等重点工作进行督导，有效发挥了检查、督促、推动工作开展的作用。三是践行群众路线，开展为民服务。按照市委统一部署，选派机关干部组成群众工作队和扶贫工作队到登封市君召乡开展驻村帮扶工作，深入基层社区，走访慰问群众，了解体察民情，为群众做好事、办实事、解难事；认真做好群众来信来访工作，协调关系、理顺情绪、解疑释惑、化解矛盾，增进社会和谐稳定。市政协被省委组织部授予全省选派第一书记工作先进单位荣誉称号，并作为全省18个省辖市驻村工作先进单位代表作了典型发言。广大政协委员主动下基层、进社区，通过捐款捐物、扶贫扶智等活动，为困难群众献爱心、送温暖，得到各界群众的好评，树立了委员的良好形象，提升了政协的社会影响力。

【广泛团结联谊】 2015年，市政协坚持团结和民主两大主题，发挥政协独特优势，调动一切积极因素，努力寻求最大公约数，形成最大凝聚力。一是深化同各党派团体的合作共事。促进参加人民政协的各民主党派、工商联和无党派人士团结合作，定期向各民主党派、工商联和无党派人士通报工作，主动征求他们对政协工作的意见建议，及时帮助他们协调解决工作中的困难与问题。重点安排各民主党派、工商联在政协全体会议和常委会议上发言，办理他们提交的提案，报送他们反映的信息，研究他们提出的意见，为他们发表意见主张创造条件。二是做好民族宗教和港澳台侨工作。认真贯彻落实党的民族和宗教政策，引导少数民族群众和宗教界人士增强“五个认同”。坚持走访慰问民族宗教界委员。加强与港澳台侨界委员的密切联系，视察在郑港澳台企业，帮助他们反映困难、解决问题。三是深化团结联谊。加强同外地市政协联谊，同延边州缔结友好政协城市。进一步加强与县（市）区政协的联系，切实发挥全市各级政协的整体工作合力。四是加强文史工作。隆重召开纪念中国人民抗日战争暨世界反法西斯战争胜利70周年座谈会，举办抗战历史图片书画联展，编辑出版《郑州抗战纪事》和《我从哪里来》，较好地发挥了文史资料“存史、资政、团结、育人”的作用，成为政协机关对外交流的“两张名片”。

【加强自身建设】 2015年，市政协坚持以改革思维、创新理念、务实举措大力推进履职能力建设，加强基础性工作，提高工作效能，全面提升工

3月17日，市政协举行十三届二次会议提案交办会

9月10-11日，郑州市政协委员培训班在中共郑州市委党校举办

作科学化水平。一是加强委员学习培训和服务管理。通过政情通报、考察视察、学习培训、“委员大讲堂”等活动，为委员知情明政创造条件。建立委员履职档案，严格委员履职考评，政协委员参会率大大提高，议政建言积极性空前高涨。深化提升“委员之家”建设，努力为委员搭建学习交流的平台、知情明政的平台、联络联谊的平台。二是加强政协机关建设。围绕“强化道德修养的大熔炉、提升文化素质的大学校、构建团结共事的大家庭”机关建设三大目标，建立以考促学机制，编印应知应会读本，营造读书学习氛围。开展机关环境整治，立体停车场、南办公楼、南北楼机关连廊相继建成投入使用，后勤服务纳入机关事务管理局统一管理，各民主党派、工商联及政协机关的办公条件得到改善。三是加强政协宣传工作。注重发挥中央、省、市主流媒体作用，认真做好政协经常性会议、重要活动和优秀委员先进事迹的宣传报道。在《郑州日报》开设宣传专版，与郑州电视台联办《政协视窗》栏目，加大对协商议政活动成果转化的宣传力度；继续办好《我为郑州发展献良策》广播节目，不断提高《郑州政协》期刊办刊水平，为政协发出好声音起到了积极推动作用。

【政协提案办理】 市政协十三届二次会议以来，共提出提案958件，经审查立案868件，其中，委员提案814件，各民主党派、工商联和政协专门委员会的集体提案54件。2015年3月17日，市政协举行十三届二次会议提案交办会，经审查立案的868件提案分别被移交有关单位办理。其中，作为委员来信转有关部门研究参考的67件，与提案者协商后并案、撤案20件。提案办理共涉及90个单位。

为了加大督办力度，进一步增强提案办理实效，市政协采取了一系列的具体措施。一是对重点提案进行领衔督办。从立案的868件提案中遴选出11件重点提案，分别由主席、副主席领衔督办，采取实地视察、专题调研、召开督办协商会等形式，推动提案建议的落实，为整体提案的办理起到示范引领作用。二是对焦点提案专门办理协商。市政协十三届二次会议以来，委员们对郑州市老龄事业发展十分关注，先后共提交了26件涉及养老问题的提案。市政协联合市政府督察室就养老问题专题开展提案办理协商，邀请市民政局、市城乡规划局、市卫计委等提案主办和会办单位及部分提案委员参加，面对面协商，集思广益、凝聚共识。三是对热点提案进行专题协商。对涉及党政中心工作和群众关注度较高的热点问题的提案及时进行整合，并上升为政协常委会议专题议政内容或双月协商座谈会内容，市政府和市政协领导亲自带队进行实地考察、调研座谈，强力推动提案的办理和落实。四是发挥媒体监督激励作用。市政协通过市电视台《政协视窗》栏目和市广播电台《我为郑州发展献良策》专题广播节目，加大对全市工作大局、政协中心工作，以及人民群众关心的热点、难点问题的提案办理情况追踪报道力度，全年共播出节目57期，参与节目的政协委员200余人次，有效推动了提案的办理和落实。

委员提案交办后，各承办单位高度重视、积极作为，保证了提案办理效果。截至2015年11月30日，提案已全部办复，办复率100%，提案人满意率97.5%，基本满意率2.5%。

【政协委员培训】 2015年，按照“四种能力”新要求，着眼“四个争当”新期待，不断提高政协委员在新形势下的参政议政能力，市政协采取多种形式，不断加大政协委员学习培训力度。

5月11-16日，市政协组织政协常委到井冈山干部教育学院进行为期一周的集中学习培训，学习弘扬井冈山精神，坚定理想信念，为实现“中国梦”凝聚正能量。培训以体验式教学为重点，把现场教学、专题教学与互动教学相结合，重温了井冈山革命史与井冈山精神，聆听了毛泽东勤于学习、勇于探索的故事，了解了加强党性修养、坚定理想信念的方法途径。通过重走红军路、体验红军生活等亲身体验，提高了常委们敬业为民、履职尽责的使命感、责任感、荣誉感。市政协主席王璋在培训结业仪式上要求政协委员努力履职尽责，敬业为民，发出时代“好声音”。市政协副主席张建国、李新有、张民服、李玉辉、吴晓君、王顺生参加培训。

9月10-11日，市政协在市委党校对500名政协委员进行了为期2天的学习培训，期间邀请全国政协理论研究会原秘书长原冬平、省政协副秘书长马葆青、省政协提案委主任王伟平、郑州大学教授周磊分别围绕《在协商民主大格局中“懂政协、会协商、善议政”》《政协反映社情民意信息工作的几点思考》《运用提案形式积极参政议政》《新时期政协委员思维的方式和方法》等作了专题辅导报告。培训会上，市政协主席王璋以《让努力读书学习为我们插上飞向成功的翅膀》为题，与学员们进行了交流。通过学习培训，进一步激发了委员的学习意识，拓宽了委员的工作视野，为提高履职能力和水平创造了条件。市政协副主席张建国、朱专兴、李新有、崔凡、李玉辉、吴晓君，秘书长陈松林参加培训。

2015年，市政协按照“适应新形势，满足新需要”的原则，举办了4期不同主题的委员大讲堂，邀请河南省摄影家协会主席于德水、郑州大学商学院教授李祺、北京大学博士生导师唐孝炎、郑州大学教授王书岭分别围绕《当代摄影与发展》《互联网金融之众筹》《从城市大气污染说起》《开启健康的金钥匙》等做了专题辅导报告。通过报告，使委员们增强了学习意识、主体意识、实干意识，进一步提升了委员协商议政本领，激发了委员履职热情。此外，市政协精心编印了《委员学习手册》，内容包括国内重要时事要点、政协基础知识、中央与市委关于政协工作的重要文件三个部分，供每位委员学习应用；积极与郑州市图书馆协调沟通，为全市政协常委办理了借书证，为委员自主学习提供条件。

【调研视察活动】 2015年3月12日，市政协副主席崔凡带领经济界别的委员走访调研相关企业，了解企业经营情况和面临的问题，并听取了企业对郑州市工作的意见和建议。

3月18日，市政协主席、黄帝故里拜祖大典组委会常务副主任王璋到新郑调研拜祖大典筹备情况，研究解决筹备工作中遇到的问题。市政协副主席张建国、吴晓君，秘书长陈松林一同调研。

4月1日，市委副书记、市委秘书长胡荃到市政协调研政协工作。市政协主席王璋，副主席张建国、张冬平、李新有、张民服、崔凡、吴晓君、王顺生、薛景霞，秘书长陈松林等参加调研座谈。

4月2日，市政协副主席、党组副书记张建国对市老区促进会工作情况进行调研。

5月6日，市政协副主席吴晓君带领市政协相关委员会到黄河生态旅游风景区调研。

5月19-20日，省政协副主席钱国玉一行莅郑，调研郑州市南水北调中线工程生态走廊建设工作。市政协主席王璋、副主席张建国、秘书长陈松林陪同调研。

5月20日，市政协副主席崔凡带领部分政协经济界别委员，调研郑州市服务业“两区”（中心商务功能区、特色商业区）建设情况。

5月22日，市政协副主席崔凡带领市政协经济委员会委员一行，赴郑州信息工程职业学院（铁道学院）调研职业教育工作。

5月28日，市政协主席王璋、副主席吴晓君带领部分市政协委员和专家学者，对全市职业教育情况进行专题调研。

5月29日，市政协副主席崔凡带领部分民族宗教界别政协委员，对全市民族团结进步创建工作进行视察。

5月31日，郑州市政协和延边州政协缔结友好政协城市签约仪式在延吉举行。郑州市政协主席王璋、秘书长陈松林参加仪式。

6月11日，市政协副主席吴晓君走访视察在郑部分台胞台属和台资企业。

6月11日，市政协副主席王顺生带领部分市政协委员，对郑州市城市精细化管理服务先行区工作进行视察。

6月16日，市政协副主席崔凡走访慰问少数民族界别政协委员王朝晖，并到委员所属企业进行实地察看。

6月16日，市政协主席王璋，副主席朱专兴、崔凡带领部分政协委员，对全市服务业和普法教育情况进行专题调研。

6月18日，市政协副主席吴晓君视察郑州市图书馆，并就如何建立政协委员读书之家与图书馆领导进行了研讨。

6月18日，市政协主席王璋带领市政协人口资源环境委员会及市城建委、城管局、环保局、公安局等部门有关负责人，到管城区调研督导大气污染防治工作。市政协秘书长陈松林参加活动。

6月24日，市政协主席王璋到惠济区视察“委员之家”建设情况。市政协副主席李新有、秘书长陈松林参加活动。

6月25日，市政协副主席吴晓君对郑州市部分中考考点进行巡视。

7月8日，市政协副主席王顺生带领大气污染防治工作组成员，对管城回族区进行了调研。

7月9日，市政协主席王璋带领部分市政协委员，对全市防汛工作进行视察。市政协副主席李玉辉、秘书长陈松林参加活动。

7月17日，市政协副主席王顺生带领部分市政协委员，对全市废旧矿山土地整理及生态恢复情况、农村空心村土地整治利用和城市闲置土地处置情况进行视察。

7月19-24日，市政协副主席王顺生带队赴上海、杭州、宁波、苏州等地，围绕城市精细化管理工作进行专题考察学习。

7月23日，市政协副主席崔凡到位于管城区金岱工业园的河南新月实业有限公司，调研少数民族企业发展情况。

7月24-25日，市政协主席王璋带领郑州市政协考察团，赴商丘就提高履职能力水平、助推文化产业发展的内容进行学习考察。市政协副主席张建国、朱专兴、李新有、张民服、崔凡、李玉辉、吴晓君、薛景霞，秘书长陈松林参加考察。

7月27日，全国政协常委、教科文卫体委员会副主任黄洁夫率队，围绕“公立医院改革中如何发挥中医药的特色优势”到河南省调研，并在黄河迎宾馆会议中心进行座谈。市政协副主席吴晓君参加座谈。

7月28日，市政协副主席王顺生带领督导组对管城回族区大气污染防治工作开展情况进行了暗访。

7月29日，市政协主席王璋对管城回族区大气污染防治工作开展情况进行督导。市政协副主席王顺生、秘书长陈松林参加活动。

8月6日，市政协副主席张建国带队调研了政协委员企业格林集团投资有限公司和河南德瑞普照明有限公司。

8月7日，省政协副主席钱国玉到郑州报业集团，围绕媒体融合发展进行专题调研。市政协主席王璋、副主席张建国陪同调研。

8月13日，市政协副主席张建国带领提案委员会、经济委员会、社会和法制委员会相关人员到新密市，围绕产业发展和节能环保工作进行调研。

8月13日，市政协副主席吴晓君带领部分市政协委员，对郑州市第三人民医院北区新院建设情况及南区本部的重点医疗科室进行视察。

8月18-19日，市政协主席王璋带领郑州市政协考察团，赴南阳进行学习考察。市政协副主席张建国、李新有、张民服、崔凡、李玉辉、吴晓君，秘书长陈松林参加考察。

8月21日，市政协主席王璋带领部分政协委员，到中牟调研农产品质量安全监管工作。副市长杨福平陪同调研，市政协副主席李新有、李玉辉和秘书长陈松林参加调研。

8月25日，市政协副主席李新有带领相关政协委员，对市政协重点提案《关于“高效利用黄河水资源保障我市生态水系建设”的建议》进行了督办。

8月26日，市政协副主席张建国带领部分市政协委员，对市政协重点提案《将黄帝故里中华姓氏博物馆和中华国学馆纳入郑州市重点文化工程》进行督办。

8月26日，市政协副主席张民服带领部分市政协委员，对市政协重点提案《关于整顿校外教育培训市场的建议》进行督办。

8月27日，市政协副主席崔凡带领部分市政协委员，对市政协重点提案《郑州市新能源汽车推广应用的扶持政

10月21日，市政协主席王璋到登封市君召乡大濞沱村调研驻村帮扶工作

策亟待加强》进行督办。

8月27日，市政协副主席薛景霞带领部分市政协委员，对市政协重点提案《关于铁腕治理我市雾霾的建议》进行督办。

8月31日，市政协副主席李玉辉带领部分市政协委员，就市政协重点提案《关于推进我市新农村建设进程的建议》进行跟踪督办。

9月1日，市政协副主席朱专兴带领部分市政协委员，对市政协重点提案《关于严禁渣土、建筑垃圾乱倒的建议》进行督办。

9月7日，市政协副主席张建国对管城区大气污染防治推进情况进行督导。

9月7日，市政协副主席吴晓君带领部分市政协委员，对全市基层公共文化建设情况进行调研。

9月17日，市政协主席王璋对管城回族区大气污染防治工作进行督导。市政协秘书长陈松林参加活动。

9月18日，市政协主席王璋带领部分市政协委员，对重点提案《关于郑州市推进海绵城市建设的建议》进行督办。市委常委、郑东新区党工委书记、管委会主任张建慧，市政协副主席张建国、秘书长陈松林参加活动。

10月10日，市政协秘书长陈松林到市政协办公厅群众工作队驻地登封市君召乡，调研指导驻村帮扶工作。

10月14日，市政协主席、黄帝故里拜祖大典组委会常务副主任王璋分别到市公安局和新郑市调研拜祖大典相关工作。市政协副主席张建国、吴晓君，秘书长陈松林一同调研。

10月19日，市政协主席、黄帝故里拜祖大典组委会常务副主任王璋到市委统战部调研拜祖大典邀请工作，并与大典组委会邀请部、接待部、经贸部、市容部等相关成员单位座谈交流。市委常委、统战部部长王跃华陪同调研。市政协副主席张建国、吴晓君，秘书长陈松林一同调研。

10月21日，市政协主席王璋带领市直相关部门负责人赴登封市君召乡大滹沱村，实地调研驻村帮扶工作。市政协副主席张建国、秘书长陈松林一同调研。

10月21日，市政协副主席崔凡带领部分民族宗教界政协委员，对全市宗教活动场所管理情况进行视察。

10月23日，市政协副主席崔凡带领市政协经济界别部分委员，调研全市科技创新创业工作。

10月28日，市政协副主席吴晓君到高新区，先后走访了郑州福瑞堂制药有限公司、郑州东方汇富置业有限公司、河南金鹏实业有限公司、河南满堂红集团等政协委员企业，与企业家委员交谈，详细了解企业发展状况。

10月29日，市政协副主席吴晓君带领部分政协委员，视察全市文化传承工作。

11月4日，市政协副主席王顺生带领部分市政协委员，对全市计生优抚政策落实工作进行视察。

11月5日和13日，市政协副主席崔凡分别到经开区祥云寺、登封延裕书画院，走访看望释会童、释延裕、释延崇、刘理伟和孙苟等政协委员，了解委员们的生活工作、场所管理等情况，听取他们的思想状况和存在的实际问题。

11月19日，市政协副主席吴晓君带领市政协委员，视察郑州市部分侨资企业。

11月27日，市政协副主席张建国带领拜祖大典组委会相关部门赴新郑市，实地调研黄帝故里拜祖大典筹备工作，并主持召开了工作推进会。

12月8日，市政协副主席崔凡带领部分市政协委员到新密市平陌镇敬老院，开展敬老助老捐助活动。

12月22日，市政协主席王璋赴新郑，调研丙申年黄帝故里拜祖大典筹备情况。市政协副主席张建国、秘书长陈松林一同调研。

【政协双月协商座谈会】 市政协2015年第一次双月协商座谈会 2015年3月27日，市政协召开双月协商座谈会，邀请部分市政协委员围绕“推进‘畅通郑州’，实现交通管理精细化”建言献策。市政协主席王璋，副市长张俊峰，市政协副主席王顺生、秘书长陈松林出席。座谈会上，市政协委员张强、曹红星、王永汉、翟俊霞、钱正一、马新海、尹宏黎、丰兴运、刘忠明、王晓民先后针对治理社区和医院周边占道经营、解决机动车乱停乱放问题、加强机动车和电动车管理、科学设置交通管理信号灯、整治停车场乱收费、优化出租车运营环境、发展智慧交通等问题坦陈己见，热情建言。市城市管理局、市公安局、市物价局、市交运委等部门负责人与委员们进行了交流互动。

市政协2015年第二次双月协商座谈会 5月7日，市政协召开双月协商座谈会，邀请部分市政协委员和环保人士、青年志愿者，围绕建筑垃圾与生活垃圾处理问题建言献策。市政协主席王璋，副市长杨福平，市政协副主席李新有、王顺生、秘书长陈松林出席。座谈会上，市政协委员高峰、孙中党、李迎霞、齐林、王淑慧、牛雷莉、吴旭东和社会环保人士李莹、青年志愿者房志强，分别围绕郑州如何走出垃圾“围城”困局、制定郑州市餐厨垃圾统一管理办法、妥善处理医疗垃圾、减少一次性消耗品使用、推进垃圾分类试点、建筑垃圾资源化利用等问题坦陈己见，热情建言。市环保局、市城市管理局、市供销合作社、市爱卫办等部门负责人与委员们进行了互动交流。

市政协2015年第三次双月协商座谈会 7月8日，市政协召开双月协商座谈会，邀请部分市政协委员和专家，围绕促进全市中心商务功能区和特色商业区建设建言献策。市政协主席王璋，市委常委、副市长薛云伟，市政协副主席张冬平、崔凡和秘书长陈松林出席会议。座谈会上，李忠仁、张自福、张楸枫、李新岭、王鹏、宋向清、王刚伟、赵永录、李文凡、吕波、李红等委员和专家，先后围绕全市服务业“两区”发展中的突出园区特色、完善基础设施、提升服务品质、完善功能配套、加大政策支持等问题坦陈己见，热情建言。

市政协2015年第四次双月协商座谈会 8月27日，市政协召开双月协商座谈会，邀请部分市政协委员、专家学者和公民代表，围绕全市农产品质量安全建言献策。市政协主席王璋，市委常委、副市长薛云伟，市政协副主席张建国、李玉辉，市政协秘书长陈松林出席会议。座谈会上，郭良、侯五群、

3月27日，市政协召开双月协商座谈会

郑方燕、张友阳、于宏、魏凡、陈丛梅、高春生、徐献军、宋连启、张祖勤等委员、专家和公民代表，先后围绕社会共治提升农产品质量安全、加强食品安全属地管理、加强农业面源污染防治、利用信息技术提升农产品质量安全管控水平、推进农业标准化生产、建设郑州市农产品质量安全追溯体系等问题坦陈己见，热情建言。市农委、市食药监局、市畜牧局负责人结合协商主题与委员、专家和公民代表进行了互动交流。

市政协2015年第五次双月协商座谈会　11月6日，市政协召开双月协商座谈会，邀请部分市政协委员和专家，围绕"加强文化传承，进一步提升郑州建设华夏文明传承创新核心区的影响力"建言献策，进行专题协商。市政协主席王璋，副市长杨福平，市政协副主席张建国、张民服、吴晓君，市政协秘书长陈松林出席会议。座谈会上，市文物局、市文广新局等部门负责人介绍了市文化遗产传承创新工作的基本情况以及非物质文化遗产保护传承现状。马新海、王银玲、释延裕、顾万发、张新斌、崔波等委员和专家，先后围绕打造郑州文化地标、加强基层阵地建设、以华夏传承打造创新影响等建言献策。牛雷莉、许颖杰等委员作了即席发言，市规划局、市园林局等相关部门负责人与专家委员进行了互动交流。

市政协2015年第六次双月协商座谈会　11月26日，市政协召开双月协商座谈会，邀请各民主党派、工商联和市政协委员、专家及公民代表，围绕大气污染防治工作进行协商座谈，建言献策。市政协主席王璋，副市长杨福平，市政协副主席李新有、王顺生，市政协秘书长陈松林出席会议。座谈会上，各民主党派、工商联分别围绕管好用好建筑垃圾、遏制扬尘污染、倡导绿色出行、走科技创新之路等建言献策。环保专家、政协委员和公民代表从不同角度针对大气污染防治集思广益，献计出力。市建委、市发改委、市城管局、市环保局等相关职能部门负责人与参会人员进行了互动交流。

【推动拜祖大典全面提升】 2015年，市政协把办好黄帝故里拜祖大典作为工作的重中之重，举政协之力，集各方之智，扎扎实实做好各项工作。一是精心组织黄帝故里拜祖大典。充分总结借鉴历年成功经验，大典精彩圆满，实现了衔接顺利、稳中有升的既定目标。二是积极推动拜祖大典上升为国家层面主办。充分发挥专家学术引领，论证呼吁拜祖大典上升为国家层面主办。三是深入挖掘和弘扬根亲文化。高度重视华夏历史文化遗产发掘整理保护工作，充分挖掘和弘扬根亲文化，开展《中华姓氏图谱》编撰工作，赴山西、陕西进行专题考察，向市委提交了考察报告。

（李杰　吕兆辉）

政协全会

【市政协十三届二次会议】 2015年1月19–23日，政协郑州市第十三届委员会第二次会议在郑州召开。

1月19日上午，中国人民政治协商会议第十三届郑州市委员会第二次会议在河南省人民会堂隆重开幕。会议应到委员549名，实到委员519名，符合规定人数。受政协郑州市第十三届委员会常务委员会委托，市政协主席王璋代表政协郑州市第十三届委员会常务委员会向大会作工作报告，市政协副主席李新有代表政协郑州市第十三届委员会常务委员会作市政协十三届一次会议以来提案工作情况报告。

1月20日下午，市政协主席王璋主持召开表彰大会，对市政协2014年度优秀调研报告、优秀提案和先进承办单位、优秀政协委员进行了表彰。

1月21日上午，市长马懿与经济、工商联界别的政协委员一起讨论《政府工作报告》。市政协主席王璋及副主席张建国、薛景霞一同参加了讨论。

1月21日下午，市政协十三届二次会议第二次全体会议在黄河饭店举行。会议应到委员549名，实到委员510名，符合规定人数。市政协主席王璋，副主席张建国、朱专兴、张冬平、李新有、张民服、崔凡、李玉辉、吴晓君、王顺生、薛景霞，秘书长陈松林出席会议。张民服主持会议。常务副市长孙金献、市委统战部部长王跃华应邀到会听取了委员们的发言。

1月23日上午，市政协十三届二次会议第三次全体会议（选举大会）在省人民会堂举行。会议应到委员549名，实到委员479名，符合规定人数。会议由市政协副主席张建国主持。市政协主席王璋，市委统战部部长王跃华，市政协副主席张建国、朱专兴、张冬平、李新有、张民服、崔凡、李玉辉、吴晓君、王顺生、薛景霞，秘书长陈松林出席会议。会议以无记名投票方式补选了丁吉豹为政协郑州市第十三届委员会常务委员。

1月23日上午，在圆满完成各项议程后，政协郑州市第十三届委员会第二次会议在省人民会堂胜利闭幕。会议应到委员549名，实到委员481名，符合规定人数。市政协副主席崔凡主持闭幕大会。会议公布了补选政协郑州市第十三届委员会常务委员结果；通过了市政协十三届二次会议关于常务委员会工作报告的决议、政协郑州市第十三届委员会提案委员会关于市政协十三届二次会议提案审查情况的报告、市政协十三届二次会议政治决议。

（李杰　吕兆辉）

政协常委会议

【市政协十三届五次常委会议】 2015年1月6日，政协郑州市第十三届委员会常务委员会第五次会议召开。市委副书记、市政协主席王璋，市政协副主席张建国、朱专兴、张冬平、李新有、张民服、崔凡、李玉辉、吴晓君、王顺生、薛景霞，秘书长陈松林出席会议。

会议听取了市政协关于市政协十三届二次会议筹备情况的汇报、市政府关于《政府工作报告》起草情况的说明、市政协各专门委员会2014年工作情况报告。审议通过了政协郑州市第十三届委员会常务委员会关于召开市政协十三届二次会议的决定，市政协十三届二次会议议程（草案）、日程，政协郑州市第十三届委员会常

1月19–23日，政协郑州市第十三届委员会第二次会议召开

务委员会工作报告、政协郑州市第十三届委员会常务委员会关于十三届一次会议以来提案工作情况的报告，政协郑州市第十三届委员会常务委员会关于推举常委会工作报告报告人和提案工作情况报告报告人的决定，市政协十三届二次会议委员分组办法等有关事项。常委们还讨论了《政府工作报告》（征求意见稿）。

会议决定，市政协十三届二次会议于1月19日至23日召开。

【市政协十三届六次常委会议】

2015年1月18日，政协郑州市第十三届委员会常务委员会第六次会议召开。市委副书记、市政协主席王璋，市政协副主席朱专兴、张冬平、李新有、张民服、崔凡、李玉辉、吴晓君、王顺生、薛景霞，秘书长陈松林出席会议。会议由市政协副主席张建国主持。

会议听取并审议通过了政协郑州市第十三届委员会第二次会议议程（草案）和日程；补选了丁吉豹为政协郑州市第十三届委员会委员；会议决定，同意王彬因工作原因，辞去政协郑州市第十三届委员会委员资格的请求；任命董建山任政协郑州市委员会港澳台侨和外事委员会副主任；免去朱庆政协郑州市委员会经济委员会副主任职务，免去牛文广政协郑州市委员会港澳台侨和外事委员会副主任职务。

根据会议安排，市政协十三届二次会议于1月19日开幕，1月23日闭幕。会议的主要议程是：听取和审议政协郑州市第十三届委员会常务委员会工作报告、政协郑州市第十三届委员会常务委员会关于政协十三届一次会议以来提案工作情况的报告；列席郑州市第十四届人民代表大会第二次会议，听取并讨论《政府工作报告》及其他有关报告；审议通过政协郑州市第十三届委员会第二次会议政治决议、政协郑州市第十三届委员会第二次会议关于常务委员会工作报告的决议、政协郑州市第十三届委员会提案委员会关于政协十三届二次会议提案审查情况的报告；补选政协郑州市第十三届委员会常务委员会委员。

【市政协十三届七次常委会议】

2015年1月22日，政协郑州市第十三届委员会常务委员会第七次会议召开。市政协副主席张建国、朱专兴、张冬平、李新有、张民服、崔凡、李玉辉、吴晓君、王顺生、薛景霞，秘书长陈松林出席会议。

会议听取了大会秘书长关于小组讨论情况的汇报、中共郑州市委组织部关于补选政协郑州市第十三届委员会常务委员情况的说明；审议通过了市政协十三届二次会议选举办法（草案），市政协十三届二次会议选举大会总监票人、副总监票人、监票人名单（草案），市政协十三届二次会议选举大会总计票人、副总计票人、计票人名单，政协郑州市第十三届委员会补选常务委员候选人名单（草案），市政协十三届二次会议关于常务委员会工作报告的决议（草案），政协郑州市第十三届委员会提案委员会关于市政协十三届二次会议提案审查情况的报告（草案），市政协十三届二次会议政治决议（草案）。

7月1-2日，市政协召开十三届十次常委会议

【市政协十三届八次常委会议】

2015年1月23日，政协郑州市第十三届委员会常务委员会第八次会议召开。市政协主席王璋，副主席张建国、朱专兴、张冬平、李新有、张民服、崔凡、李玉辉、吴晓君、王顺生、薛景霞，秘书长陈松林出席会议。

会议听取了政协郑州市第十三届委员会选举大会补选常务委员的选举结果：选举大会以不记名投票方式补选了丁吉豹为政协郑州市第十三届委员会常务委员。

【市政协十三届九次常委会议】

2015年3月31日，政协郑州市第十三届委员会常务委员会第九次会议召开。市政协主席王璋，副主席张建国、朱专兴、张冬平、张民服、崔凡、李玉辉、吴晓君、王顺生、薛景霞，秘书长陈松林出席会议。

会议传达学习了十二届全国人大三次会议和全国政协十二届三次会议精神，安排部署市政协2015年的主要工作。常委们还分组讨论了市政协2015年主要工作完成情况。

【市政协十三届十次常委会议】

2015年7月1-2日，市政协十三届十次常委会议召开，围绕加快全市现代职业教育体系建设进行专题议政。市政协主席王璋，副主席张建国、朱专兴、张冬平、李新有、张民服、崔凡、李玉辉、吴晓君、王顺生、薛景霞，秘书长陈松林出席会议。副市长刘东应邀参加会议。

会议书面传达学习了省委政协工作会议精神和市委十届十一次全体（扩大）会议精神。听取了市政府关于加快郑州市现代职业教育体系建设情况的通报。结合会议主题，市政协教科文卫体委员会、政协上街区委员会、政协新密市委员会、民革郑州市委、民盟郑州市委、民进郑州市委、市政协城市建设委员会、市政协经济委员会、市政协社会和法制委员会等9家单位，分别围绕加快全市现代职业教育体系建设、加快培育职业教育龙头学校、创新职业教育教师队伍培养体制机制、构建全市新型农村职业教育体系、立法推进郑州职业教育规范化等作大会发言；市政协农业委员会等12个单位作大会书面发言。

会议期间，与会人员视察了黄河科技学院、郑煤机集团员工上岗前培训基地、郑州交通技师学院，实地了解全市职业教育发展情况。政协常委们围绕加快郑州市现代职业教育体系建设展开深入讨论，提出意见建议。

会议审议通过了市政协各专门委员会兼职副主任名单。

【市政协十三届十一次常委会议】

2015年10月15日，市政协十三届十一次常委会议召开，围绕郑州城市精细化管理服务先行区建设情况进行专题议政。市政协主席王璋，副主席张建国、朱专兴、张冬平、李新有、张民服、崔凡、李玉辉、吴晓君、王顺生、薛景霞，秘书长陈松林出席会议。副市长张俊峰应邀参加会议。

会议听取了市委统战部关于辞去、增补市政协委员情况的说明。观看了郑州市城市精细化管理服务先行区专题片，听取了市政府关于城市精细化管理服务先行区建设情况的通报。结合会议主题，市政协城市建设委员会、市政协文史资料委员会、政协惠济区委员会、九三学社郑州市委员会、民盟郑州市委员会、政协中牟县委员会、民革郑州市委员会、民建郑州市委员会、市政协人口资源环境委员会、政协金水区委员会等10家单位和市政协常委翟俊霞，围绕郑州市城市精细化管理服务先行区建设工作，从保护历史文化遗产、加强城市管理精细化服务系统建设、加强城

市地下管网建设与维护、提升停车场管理和建设水平、依法治理摊贩占道经营问题、营造良好施工环境等作大会发言。其余单位作大会书面发言。政协常委分组展开深入讨论，并提出意见建议。

会议决定，同意王兴林、李志强、杨洁、王春晓、曲昌荣、赵毅、聂虹影、许广佑、冯德平、黎伟毅因工作原因，辞去所担任的政协第十三届郑州市委员会委员资格的请求；增补史启新、秦彩霞（女）、姚方海、王正轩、王爱辉（女）、孙梅（女）、朱志晓、董建山、王伟民、刘五一为政协第十三届郑州市委员会委员。

（李杰　吕兆辉）

民主党派和工商联

综述

【概况】 2015年，郑州市多党合作事业按照中央、省委、市委统战工作会议精神，紧紧围绕全市统战工作要点，结合市全面深化改革实施意见和 市绩效考核目标， 进一步加强政党协商工作，大力支持民主党派履行职能和加强自身建设，扎实开展“同心”实践行动工作，多党合作事业取得了新进展。

【多党合作和政治协商】 （一）制定年度协商计划，大力开展会议协商。按照市委同民主党派、无党派人士政治协商的实施办法，3月16日，协助市委研究制定了《关于印发〈中共郑州市委同民主党派无党派人士2015年政治协商计划〉的通知》（郑办〔2015〕10号），明确年度协商的主要内容、协商形式、时间安排和保障措施，政党协商的内容进一步丰富，形式和程序进一步规范。协助市委两次召开党外人士座谈会，8月18日，召开党外人士座谈会，通报了上半年全市经济社会发展情况和党风廉政建设情况，并就做好下半年工作征求党外人士的意见建议；12月30日，召开市“十三五”规划征求党外人士意见座谈会，征求各民主党派、工商联、无党派人士对郑州市“十三五”规划的意见建议。会后及时收集整理党外人士意见建议上报市委主要领导，并将意见建议落实情况反馈给党外人士。

（二）研究探索两项制度，充实书面协商内容。根据中央、省、市有关精神和要求，结合全市统战工作实际，在长期实践的基础上，召开专题会议，征求了各民主党派、工商联、无党派代表人士意见；书面征求市政府办公厅、市政协办公厅意见，于10月形成了《各民主党派郑州市委直接向中共郑州市委提出意见建议制度（试行）》《郑州市各民主党派工商联无党派人士意见建议落实反馈制度（试行）》代拟稿，明确了书面协商的形式和内容、程序和要求。进一步规范政党协商中的知情反馈机制，自觉接受民主党派和无党派人士民主监督，使意见建议件件有着落、事事有反馈。

（三）协助省委做好调研，促进郑州市工作提升。4月14日，省委统战部副部长、省侨联党组书记赵太安，带领省委政党协商调研组和人民团体协商调研组，到郑州市调研协商民主建设有关情况。调研组对市委副书记胡荃进行了专题访谈，市委办公厅、市政府办公厅、市委组织部，市工会、共青团、妇联，有关县（市）区，以及部分民主党派市委的负责人参加调研和座谈。调研组充分肯定了郑州市在社会主义协商民主建设工作中一些好的做法和经验。这次调研提高了郑州市对协商民主的认识，全面总结和促进了全市加强社会主义协商民主建设各方面的工作。

【支持民主党派履行职能】 为进一步支持各民主党派履行职能，更好地为市委、市政府决策提供参考，继续坚持好“党委出题、党派调研、政府采纳、部门落实”机制，3月16日，市委印发了《市委办公厅转发2015年各民主党派重点调研课题的通知》（郑办〔2015〕9号），为党派调研创造良好的条件。

（一）协助民主党派中央、省委调研。4-11月，协助做好各民主党派中央、省委在郑州市开展考察调研工作7次，推动了各民主党派中央、省委与郑州市交流合作项目，服务了全市经济社会发展。先后有全国政协副主席、民建中央常务副主席马培华，全国人大常委、法律委员会副主任、九三学社中央副主席丛斌，农工党中央文化体育委员会和人口与资源委员会，省政协副主席、民建省委主委龚立群，省政协副主席、农工党省委主委高体健等到郑州市考察调研“加快科技成果转化 促进创新驱动战略实施”、 主动融入“一带一路”战略、农村养老、中小学礼仪教育等工作。

（二）协助市各民主党派开展调查研究。4-10月，先后协助各民主党派开展考察调研20余次，形成调研报告16篇。经过论证评选，推荐民革市委《关于以金融产业园建设为契机，改善金融环境，促进郑州市金融业发展的建议》《围绕航空港建设 打造负面清单新机制》，民建市委《关于打造我市建筑废弃物循环经济产业链的建议》《关于加快建设郑州国际航空物流网络中心的建议》，民进市委《郑州市养老模式存在的问题及对策》，农工党市委《关于在我市实施活禽定点屠宰的调查与建议》，九三学社市委《关于发展郑州微电影事业的建议》《加强城市地下管网建设与维护的调研》等8篇调研报告上报市委。九三学社市委关于《中州大道紫东路附近中石化输油管道存在重大安全隐患》的社情民意信息得到了副省长张维宁的批示。民主党派的意见建议为市委、市政府科学决策、民主决策提供了依据。

（三）协助民主党派开展社会服务。不断拓宽民主党派发挥作用的渠道，多种形式开展社会服务活动。民革市委组织开展爱心捐赠活动，民盟市委组织开展“黄丝带”帮教活动，民建市委组织开展爱心互助活动，民进市委开展“六一”慰问活动，农工党市委组织开展环境与健康周保护母亲河活动，九三学社市委组织开展送科技下乡活动，致公党郑州总支组织开展青少年安全教育系列讲座暨公益演出活动。在开展的各项社会服务活动中，各民主党派共捐款捐物20余万元，不断引导党派成员努力维护社会稳定、促进社会和谐。

【支持民主党派加强自身建设】 （一）协助民主党派加强思想建设。组织各民主党派深入学习贯彻中共十八届三中、四中、五中全会和习近平总书记系列重要讲话精神，持续开展坚持和发展中国特色社会主义学习实践活动，并结合纪念抗日战争胜利70周年活动，引导各民主党派继承优良传统、巩固政治基础、提高政治素质、发挥积极作用。一是协助民主党派举办、参加中心组学习活动。组织举办了各民主党派、工商联、无党派代表人士联合中心组第33、34、35次集中学习活动，传达学习全国“两会”精神、“四个全面”战略布局，以及中共郑州市委十届十次全会精神；组织郑州市联合中心组学习成员参加省联合中心组学习，听取了民建中央副主席周汉民“主动适应新常态、一带一路开新篇”的辅导报告。通过学习，统一思想认识、凝聚政治共识，各民主党派进一步提高了政治素养、坚定了理想信念、增强了履职能力。二是协助民主党派开展优良传统教育。4月至11月，各民主党派先后8次组织成员开展优良传统教育活动，通过现场教学和体验教学，参观革命圣地、抗战旧址等爱国主义教育基地，接受了红色教育。三是组织举办学习培训活动。9月至10月，在市社会主义学院举办党外骨干成员培训班，40余名党派骨干成员参加了为期一个月的学习培训，通过学习中央统战工作会议和《中国共产党统一战线工作条例（试行）》精神等，增强了履职能力，提高了整体素质。四是协助民主党派组织学习培训。4月至12月，各民主党派先后组织举办各类培训活动7次，学习中国共产党领导的多党合作和政治协商制度，以及统一战线方针政策等，进一步坚定民主党派成员走中国特色社会主义道路信念。五是协助做好民主党派成员参加省党外干部学习培训。为贯彻落实中央、省、市关于加强新形势下党外代表人士队伍建设的意见精神，组织推荐郑州市11名民主党派成员参加了省委统战部举办的第17期、18期、19期民主党派干部培训班，协助党派成员办理有关入学手续的审批工作，帮助接受更高层次的教育培训，全面提高综合素质。

（二）协助民主党派加强组织建设。一是协助九三学社市委成立内部监督委员会。为了进一步加强九三学社市委自身建设，按照九三学社章程和省委要求，经三方协商，协助九三学社市委会成立内部监督委员会，选举了监督委员会主任、副主任、委员。二是协助民革市委增补市委委员。为了进一步加强民革市委会工作力量，经三方协商，协助民革市委增补2名市委委员，改善了民革市委会的组成结构，提高了整体凝聚力。三是协助民主党派做好组织发展工作。协助各民主党派按照党派中央《纪要》精神和党派省委2012年制定的高层次人才标准，有计划、有针对性地制定年度发展规划，坚持在有一定代表性人士中发展、在协商确定的发展范围和对象中发展，组织发展工作健康有序，主体界别特色鲜明。四是协助民主党派基层组织成立、换届、增补。积极协助党派按照各自章程，制定各种工作方案；主动了解基层支部的实际情况，与有关方面沟通意见、协商人选；全程参与党派基层组织的变动工作。先后有民革二七一支部、三联支部换届，中原一支部增补，中原二支部成立；民盟荥阳支部换届；九三学社惠济一支社、管城三支社增补。党派基层组织换届调整后，组织体系更加合理，领导班子更加具有活力。

（三）协助民主党派加强制度建设。协助民主党派完善内部管理和监督制度，不断健全各项工作机制。一是协助民主党派进一步完善基层组织工作考评制度，进一步增强党派活力，促进基层组织工作规范化、制度化；二是协助民主党派完善领导班子分工联系制度，进一步加强对基层工作的指导；三是协助民主党派完善领导班子谈心会制度，沟通思想、交换意见、增进共识；四是协助九三学社市委制订《九三学社郑州市委监督委员会工作规则》，明确内部监督职责和工作流程。

（四）协助民主党派加强机关建设。协助民主党派提升机关干部队伍素质，一是建立民主党派机关干部数据库，及时掌握动态，将民主党派机关干部纳入全市“同心”实践基地挂职锻炼的总体安排；二是推荐1名民主党派机关干部参加市委组织部中青班培训；三是3名民主党派机关干部提升为中层干部正职，1名机关干部职务级别得到提升；四是为民主党派机关遴选2名公务员，充实机关力量。

【“同心”实践行动】（一）表彰全市“同心”实践先进单位和先进个人。制定郑州市“同心”实践行动先进单位、先进个人评选方案，对全市“同心”实践33个参与单位的工作进行总结、评比。3月30日，召开全市“同心”实践行动工作第5次联席会暨总结表彰会，首次以市委、市政府名义对10家先进单位和20名先进个人进行表彰。

（二）制定2015年全市“同心”实践行动工作计划。收集、整理出全市“同心”实践各参与单位上报的2015年项目计划或支持措施共92项，为市委、市政府起草印发全市做好2015年“同心”实践行动工作文件提供了有力保障。

（三）协助组织各民主党派深入开展“同心”活动。协助民主党派充分发挥各自职能优势，加强组织领导，深入调查研究，细化方案实施，推进项目落实。民革市委组织开展法律知识讲座和户外设施捐赠活动；民盟市委组织开展义写春联和送书画进校园活动；民建市委组织开展同心助学活动；民进市委组织开展“同心”助学培训、送课下乡和手拉手活动；农工党市委组织开展送医下乡活动3次；九三学社市委组织开展科技指导和“三送”活动；致公党郑州总支组织开展支教活动。

【基础工作】 2015年，市委统战部党派处着力提高处室基础工作质量。年初召开各民主党派秘书长联席会，与各民主党派协商2015年工作，制定全年学习实践活动；建立完善民主党派成员基本情况统计表，及时采集变更信息，准确掌握党派成员基本情况；上报省委统战部年度民主党派组织发展情况表厅级党外领导干部年度履职简况表等各类统计数据报表；收集整理编纂上年度郑州市民主党派年鉴材料；编印各民主党派、工商联、无党派代表人士联合中心组学习活动成果汇编；完成黄埔军校同学会参加抗日战争统计工作；年底对各民主党派机关工作人员进行年度考核。

做好调研工作。7月，市委统战部与各民主党派组成联合调研组分别到中原区、惠济区、二七区、金水区、管城区调研民主党派等统战工作，了解了民主党派基层组织工作开展情况和民主党派成员思想动态，引导民主党派成员发挥优势、认真履职，围绕党委、政府中心工作积极建言献策，为郑州都市区建设献计出力。

指导县（市）区做好培训工作。指导并参与县（市）区的培训工作，通过学习培训，提高他们的综合素质。金水区分别在上海复旦大学和四川大学举办民主党派干部、统一战线培训班；中原区在四川大学举办统战系统培训班；二七区在浙江大学举办统战系统培训班；新密市在四川大学举办统一战线培训班；中牟县在中牟县弘亿庄园举办统战干部培训班。

完成领导交办任务。4月份以来，先后接待并组织座谈交流活动6次，加强了与外地统战部门的交流，学习了外地在加强协商民主建设、发挥多党合作和政治协商制度的重要作用、加强党外代表人士队伍建设等方面的经验和做法。武汉市统一战线调研组一行16人到郑，就民主党派工作进行座谈交流；济南市委统一战线考察组一行10人到郑考察调研，并就民主党派工作进行座谈交流；东莞市统一战线调研组一行15人到郑，就统一战线有关工作进行座谈交流；南宁市统一战线考察组一行7人到郑考察调研，并就民主党派工作进行座谈交流。省辖市委统战部党派科科长培训班一行30余人到高新区，考察调研民主党派成员企业发展情况；省委统战部第19期民主党派参政议政骨干专题研讨班50名学员到郑，就“河南融入‘一带一路’战略和申报自贸区”等情况进行调研。

（杨飞雁　石　林　沈开伟）

民革郑州市委员会

【思想建设】 2015年，民革郑州市委会积极组织党员认真学习中共十八大、十八届三中四中五中全会精神和习近平总书记系列重要讲话精神，以及坚持和发展中国特色社会主义、“同心”思想等相关内容；在中央统战工作召开之后，及时组织党员学习统战工作会议和《中国共产党统一战线工作条例（试行）》精神；组织党员学习民革十二大、十二届三中全会及民革中央主席万鄂湘讲话精神。通过学习，进一步提高了党员理论素养，明确了有效履职的努力方向。

市委会继续把开展学习实践活动作为思想建设的重点，积极组织党员活动，增强组织向心力。组织党员160余人到焦裕禄同志纪念馆参观学习，组织市委委员、支部主委和党员中市级以上人大代表、政协委员赴南昌、井冈山考察学习；继续组织开展“观故居，走多党合作之路”活动，参观了翁文灏、陈绍宽、杨杰等民革前辈故居。通过考察学习，进一步坚定了广大党员的政治信念，增强了组织凝聚力。同时，市委会组织力量对在学习实践活动中表现出来的先进人物进行挖掘报道，1人被评为民革中央“坚持和发展中国特色社会主义学习实践活动优秀党员”，2人获得民革省委“坚持和发展中国特色社会主义学习实践活动优秀党员”称号。

市委会组织郑州中山书画院赴南阳市镇平县彭雪枫将军纪念馆、桐柏县叶家大庄桐柏革命纪念馆采风写生；成功承办民革省委主办的“纪念抗日战争胜利70周年暨世界反法西斯战争胜利70周年书画摄影展”；邀请专家举办纪念抗战胜利70周年报告会；举办纪念抗战胜利70周年座谈会；组织部分党员参观豫西抗战纪念馆、台儿庄大战纪念馆和战场旧址、云南腾冲滇西抗战纪念馆、国殇园等。通过开展活动，进一步坚定了党员们自觉接受中国共产党领导的信念，增强了对中国特色社会主义道路的道路自信、理论自信、制度自信。

为适应新形势、新任务和新要求，市委会在思想宣传工作方面积极创新，设立“民革郑州市委会”微信公众账号，主要发布民革郑州市委、基层支部工作动态，展示民革党员风采，转发民革上级组织有关工作精神和部署要求，介绍民主党派知识等。每个工作日早上九点左右更新，主要栏目包括民革要闻、基层组织、学习园地等3类8个栏目。账号已得到包括民革中央、民革省委、市委统战部等主要领导在内的200余人关注，提高了民革的影响力和知名度。因创新成效明显，民革郑州市委会被授予“民革全国宣传思想理论工作先进集体”。

【组织建设】 2015年，民革郑州市委会召开委员会议，增补范红娟、李志学为市委委员，为市委会领导班子注入了新鲜血液，提高了领导班子凝聚力。全年共发展党员28人；新成立支部2个、筹备组1个，对5个支部进行了换届或调整。至年底，全市共有支部25个，筹备组3个；全市民革党员共550人，平均年龄54岁。

为加强对后备干部的培养，全年选送9名党员参加了省、市社院举办的不同层次的培训班，选送2名机关干部参加任职培训班和全市优秀年轻干部素能跃升培训班；组织支部委员培训班、新党员培训班各1期。

通过举办培训班、新成立支部（筹备组）及对现有支部的换届调整，使基层支部委员和新党员的政治理论素质和业务水平进一步提高，支部设置更加合理，支部领导班子更加团结有力，充分激活了支部活力，有利于支部更好地开展工作。

【参政议政】 2015年，在党外人士协商会、座谈会、“十三五”规划征求意见会上，民革市委会领导根据新形势、新要求，集合党内钱正一、张瑞刚、赵洁等专家智慧，紧紧围绕全市经济社会发展的重大问题提出多项有分量的建言。在年中党外人士座谈会上，提出以文化宣传为切入点，主动融入“一带一路”发展战略等建议。在中共郑州市委“十三五”规划征求意见会上，提出郑州要明确在“十三五”期间建设国家中心城市的工作思路，城市建设要体现卫星城建设、组团发展等理念，大力推进社会信用体系建设，大力发展中药产业、农贸市场升级改造，引进高端医院及体检中心等7项建议。全国“两会”期间，副主委刘五一积极参与“我为政府工作献一策”活动，被邀请参加国务院办公厅召开的“我为政府工作献一策”总结座谈会，受到了广泛好评。

按照郑州市长期坚持的“党委出题、党派调研、政府采纳、部门落实”的工作机制，经反复讨论协商，市委会确定了两个重点调研课题，其中，“关于在郑州市成立金融科技产业园的建议”的课题成立了由副主委刘五一担任组长的课题组，于4月9日至11日赴宁波进行调研，7月10日到市金融产业园区进行调研，形成了《关于以金融产业园建设为契机，改善金融环境，促进郑州市金融业发展的建议》的调研报告。“申请郑州航空港区实施负面清单管理模式”成立了由专职副主委张自福担任组长的课题组，于8月16日至18日，到上海市进行调研，形成了《围绕航空港建设，打造负面清单新机制》的调研报告。

继续重视市政协全会的提案工作。在全会期间，民革党员中的政协委员共提交集体提案4件、委员个人提案108件，占大会全部提案的12%。1月，市政协表彰了35件优秀提案，其中市委会集体提案“关于进一步加强网格化社会管理工作的建议”，以及民革党员张自福、钱正一等的个人提案共7篇被评为优秀提案，占20%；表彰了143名优秀政协委员，其中民革党员中的优秀委员16人，占12%。

为开展好政协常委会调研，分别成立了以副主委张自福、王巧荣为组长的二季度常委会调研课题组，以副主委牛琣玲为组长的三季度常委会调研课题组，分别到有关单位进行调研，最终形成了《关于创新职业教育教师队伍培养体制机制的建议》《加大政府投入，明确管理职责，切实改善无主管楼院居民生活环境的建议》的调研报告，因提交的调研报告质量高、效果好，在二季度、三季度市政协常委会上民革市委均被选为发言单位，进行了大会发言。

自市政协实施双月协商制度以来，全年共举办双月协商会6次，其中市委会参加2次，提交的《完善园区基础设施 提升产业承载能力》《大气污染防治工作建议》两篇调研报告均被采纳作为口头发言材料。

【社会服务】 2015年，民革郑州市委会在全市“同心”实践基地——登封市唐庄乡举行1次法律知识讲座，向唐庄乡幼儿园捐赠了价值5万元的大型户外设施，为唐庄乡更换法律宣传栏版面。因“同心”实践行动开展较好、效果突出，在3月30日召开的全市“同心”实践行动工作第五次联席会暨总结表彰会上，市委会机关被评为2014年度郑州市“同心”实践行动工作先进单位，并作为先进典型单位进行了发言。

在社会服务方面，积极发挥民革社会法律界人士的优势，依托民革河南省法律维权服务郑州工作站，为12名民革党员提供了法律咨询、调解、代理服务，内容包括相邻权纠纷、合同纠纷、施工纠纷、财产分割纠纷、抚养权纠纷、经济纠纷等，共为民革党员挽回损失3000余万元。市委会对近三年来在社会服务方面做出突出贡献的基层组织和党员进行了表彰。

【促进祖国和平统一】 2015年，民革郑州市委会热情接待了“第十四届台湾高校杰出青年赴大陆参访团”，陪同参观少林寺，并与他们进行联欢，向全体团员赠送礼品；邀请民革中央副主席郑建邦参加乙未年黄帝故里拜祖大典，并在第八届黄帝文化国际论坛上致辞；邀请青岛民革、南昌民革、东营民革、宁德民革、防城港民革等兄弟地市的民革组织30余人参加黄帝故里拜祖大典，共拜轩辕，表达促进祖国统一、增进民族团结、共创和谐生活的美好愿望。金水二支部响应民革中央号召，到平潭实验区调研学习，了解民革中央在对台工作方面的新动向、新举措。

（张路 郭存）

民盟郑州市委员会

【概况】 2015年，民盟郑州市委紧紧围绕郑州市委、市政府的中心工作，团结带领全市各级民盟组织和广大盟员，深入贯彻落实中共十八大、十八届三中四中五中全会精神和习近平总书记系列重要讲话精神，深入开展坚持和发展中国特色社会主义学习实践活动，不断增强盟员对中国特色社会主义的道路自信、理论自信和制度自信，积极为推进以郑州航空港经济综合实验区为统揽的都市区建设建言献策，各项工作均取得了新进展、新成绩。

2015年，民盟郑州市委被评为民盟河南省委2015年度盟务工作优秀市委会，盟员张志华等15人获得省级以上荣誉、37人获得市级以上荣誉。其中，张志华荣获河南省科学技术进步二等奖、郑州市杰出企业家，何建新荣获中国纺织工业联合会科技教育“纺织之光”教师奖，入选河南省高校科技创新人才计划；李新娥荣获全国纺织品“优秀指导教师”称号；孙钢军的摄影作品获国家级银奖，本人获河南省优秀社科成果奖三等奖；王德军荣获“河南省职业教育教学专家”光荣称号；王松波荣获“郑州市学术技术带头人”荣誉称号；张国玺荣获河南省优秀教学成果一等奖。

【思想建设】 2015年，民盟郑州市委以学习贯彻中共十八届四中、五中全会精神和习近平总书记系列重要讲话精神为主线，紧密结合盟内实际，广泛开展调研活动，利用市委全会、骨干盟员学习报告会、支部学习生活会，以及辅导报告会、形势报告会、经验交流会和社情民意座谈会等形式，组织广大盟员深入学习中央、省、市有关会议精神和盟章盟史，深入开展坚持和发展中国特色社会主义学习实践活动，不断提高盟员政治理论水平和准确把握新形势的能力，巩固与中国共产党共同的政治立场、奋斗目标，为更好地履行参政党职能夯实理论基础；进一步增强盟员自觉维护多党合作和政治协商制度的责任感和使命感，以及履行参政议政职责的自觉性、主动性和创造性。

3月，民盟郑州市委召开十二届六次全会（扩大）会议，盟内骨干盟员和民盟郑州市委机关工作人员60余人参加会议。会上，民盟郑州市委主委、郑州市政协副主席朱专兴传达了全国"两会"精神，副主委张洛通通报了民盟郑州市委2015年工作要点。参会人员对2015年工作要点进行了分组讨论，并对工作要点提出意见和建议。

7月，民盟郑州市委在清华大学继续教育学院举办骨干盟员培训班，盟内骨干盟员及机关工作人员共计56人参加培训。民盟郑州市委主委朱专兴从讲珍惜、比学习、讲纪律三个方面做了动员讲话。培训课程涵盖经济、哲学、法制、心理和互联网等多个领域，邀请了中国管理科学院、清华大学、北京大学和央视知名专家学者从国家宏观经济形势、依法治国理念、压力管理与心理调适等方面进行了精彩的授课。

11月，民盟郑州市委赴井冈山举办了骨干盟员暨新盟员培训班，盟内骨干盟员、新盟员和机关工作人员共计50人参加学习。民盟郑州市委主委朱专兴向学员旗手授班旗，副主委李蝴蝶从学习井冈山精神、端正态度、严明纪律、确保成效等方面做了开班讲话，参训学员潜心学习、积极讨论、严于律己、广泛联谊，以良好的形象展示了郑州市盟员的风采。

【组织建设】 2015年，民盟郑州市委认真贯彻落实民盟中央"人才兴盟、人才强盟"战略，把人才发展作为组织建设的第一要务，加大高层次、高素质人才的发展力度，按照5%的比例新发展政治素质好、业务能力强、有代表性的知识分子，为民盟组织注入了新的活力。全年共发展新盟员57人。至年底，全市共有盟员1108人，基层盟组织43个。盟员中各级政协委员、人大代表61人。其中，全国政协委员1人，省政协委员3人，市政协委员21人（其中副主席1人、常委5人）；省人大代表3人，市人大代表5人（其中常委1人）。另有多名盟员受聘担任市县特约监察员、检察员、审计员和教育督导员等。全市中级以上职称盟员占盟员总数的85%以上，本科及以上学历者占盟员总数的61%以上，硕士及以上学历者占盟员总数的8%以上。

民盟郑州市委以干部队伍建设民主化、科学化、制度化为目标，逐步建立健全一套发现选拔、培养锻炼、管理考核、推荐使用、跟踪监督的良性工作机制，从基层组织入手发现人才、吸纳人才，切实建立了一支高素质的民盟队伍，为民盟的事业薪火相传提供充足的人才保证。2015年，民盟郑州市委成立了惠济总支，并对中原工学院总支、荥阳支部、回民中学支部、中州大学支部4个支部进行了换届。开展"评先评优"活动，对16 个先进支部和77名优秀盟员进行了表彰。

【参政议政】 2015年，民盟郑州市委紧紧围绕郑州市委、市政府的中心工作，整合智力资源，就郑州市实施"十二五"规划的重点问题、郑州航空港经济综合实验区、申建郑州自由贸易园区、"一带一路"中心城市等关键问题做好参政议政工作，为推动全市信息化和工业化深度融合、工业化和城镇化良性互动、城镇化和农业现代化相互协调的发展进程、生态文明建设、巩固和加强全市农业基础地位、充分发挥区位优势等重大问题，扎实调研，积极建言献策。盟员中的政协委员、人大代表恪尽职守，积极发挥参政议政和民主监督职能。

提交全国"两会"建议提案。2015年，民盟郑州市委主委朱专兴作为全国政协委员在全国"两会"上提交了《关于建立中国（郑州）自由贸易园区的建议》《关于打造"全球华人拜祖圣地、中华民族精神家园"的建议》等6项建议和提案。其中，《关于建立中国（郑州）自由贸易园区的建议》的提案在《人民政协报》、中国青年网、腾讯网、新浪网、《郑州日报》等门户媒体网站刊登发表。

提交民盟河南省委建议提案。2015年，民盟郑州市委共向民盟河南省委报送10项提案，其中《关于建立中国（郑州）自由贸易园区的建议》等3个建议和提案被民盟中央采纳，《关于为检察机关及时增加政法专项编制的建议》等7篇调研报告被民盟河南省委采纳，作为重点提案上报河南省政协；申报民盟河南省委参政议政调研课题，获民盟河南省委立项1项。

提交市政协建议提案。2015年，民盟郑州市委向郑州市政协提交了40多份建议和提案，其中民盟郑州市委集体提案3份，在郑州市政协十三届二次会议上提出的《关于加强我市交通管理，推进"畅通郑州"建设的意见与建议》被评为优秀提案。市政协委员张晓红代表民盟郑州市委在会上做了题为《关于大力推进我市社区养老发展的建议》的发言，受到参会领导和委员的一致好评。张洛通、王新荣、时文忠、王凤玲、王永军、张一帆等6名盟员被郑州市政协授予"优秀政协委员"称号。

积极落实"市委出题，党派调研"机制。2015年，民盟郑州市委向中共郑州市委统战部报送了《关于推进郑州市农村基础教育信息化的调查与思考》《关于郑州市雾霾天气治理的调查与建议》2个课题并已完成。进一步加大民盟郑州市委调研课题库课题的数量，在题库中准备了13篇调研课题，其中3篇郑州市政协常委会发言提案、2篇2014年民主党派重点调研课题，3篇民盟河南省委课题已完成，5个课题正在进行。

积极报送社情民意信息。2015年，民盟郑州市委上报民盟河南省委社情民意47篇，有15篇被采纳，全省排名第一；向郑州市政协报送社情民意47篇；向中共郑州市委统战部报送社情民意47篇，有17篇被采纳。为进一步开创社情民意工作新局面，民盟郑州市委坚持社情民意协商座谈会制度，组织人大代表、政协委员、专家召开了5次社情民意协商座谈会，向全市各基层组织下发了关于征集社情民意的通知，征集社情民意26份。健全了参政议政绩效考评机制，充分激发盟员参政议政工作的积极性，提高信息数量和质量。

【社会服务】 2015年，民盟郑州市委按照"围绕中心、服务大局、发挥优势、讲求实效"的工作思路，不断加大社会服务工作力度，较好地完成了各项社会服务工作。

1月，民盟郑州市委在新郑市薛店镇民盟烛光小学举行"送书画进校园"活动，唐海、马鸣等15名书画家挥毫泼墨，积极创作。书画家们还与薛店镇民盟烛光小学的老师们探讨艺术创作，与小学生们就中国传统文化进行交流，对老师和同学们的艺术创作进行了现场指导。

2 月，民盟郑州市委和中共郑州市委统战部在郑州市"同心"实践基地——登封市唐庄乡联合举办了"送温暖、献爱心"暨"写春联、送祝福"活动，并为乡亲们送上了过冬的棉衣、棉被和粮油等慰问品。

9月，民盟郑州市委联合北京四中网校郑州分校在登封市唐庄乡初级中学联合举办"送书画进校园"暨网络教育资源捐赠及教育报告会活动，把北京四中的优质教育资源拓展普及到"同心"实践基地，为广大师生搭建起与教育名家、书画名家进行交流学习的现代化平台，弘扬了中华传统书画艺术，营造了学校良好的文化氛围，树立了"互联网+"的教育理念，促进了"同心"实践基地教育信息化的发展。

10月，民盟郑州市委组织唐海等10名书画家到郑州监狱开展"黄丝带”帮教行动——送文化下基层活动。充分发挥民盟书画艺术人才荟萃的优势，以书画艺术为载体，营造监区文化艺术氛围，让监狱干警和服刑人员得到艺术熏陶，进一步增强了监狱干警的社会责任意识和服刑人员的积极改造意识，维护了监狱的安全稳定，推进平安监狱、法治监狱、文化监狱建设，为加快郑州市和谐社会建设做出了新贡献。

【机关建设】 2015年，民盟郑州市委把加强机关建设、提高专职工作人员综合素质作为重要内容来抓，以打造“学习型、服务型、实干型、和谐型”机关为目标，进一步建立健全岗位目标责任制、机关办公会议制度、机关学习制度、考勤制度、慰问老领导和离退休干部制度以及为老盟员过生日制度等。机关各处室均签订了目标责任书，进一步分清了职责、明确了任务，全面提高了机关工作人员的办文、办会、办事能力。全年看望住院盟员和慰问老盟员80多人，给20名70岁以上盟员过了生日。

（朱珊珊）

民建郑州市委员会

【概况】 2015年，民建郑州市委会团结带领全市广大会员牢记使命，同心同德，以纪念民建成立70周年为契机，深入开展坚持和发展中国特色社会主义学习实践活动，全面推进自身建设，围绕中心，服务大局，发挥优势，彰显特色，切实履行参政党职能，各项工作取得了新的进展，先后荣获了“民建全国参政议政先进集体”“民建全国先进集体”等荣誉称号。

【思想建设】 2015年，民建郑州市委会带领会员加强学习，凝聚共识，思想建设内涵不断深化。

深入开展政治理论学习活动。市委会积极引导广大会员深入学习贯彻中共十八大、十八届三中四中五中全会精神和习近平总书记系列重要讲话精神。各支部广泛动员，采取多种形式，把政治学习与学习实践活动、加强自身建设结合起来，取得了良好成效。通过学习，进一步凝聚共识、汇聚力量，引导全体会员更加紧密地团结在中国共产党周围，做全面建成小康社会的参与者和推动者。

积极推进坚持和发展中国特色社会主义学习实践活动。一是举办了“民建之声”新春音乐会，邀请河南民族乐团演出，表达了广大会员爱祖国、爱民建的真挚感情。二是举行了“德行天下”报告会，从“中国社会现状”“传统文化中蕴含的管理思想”等多个层面，深度剖析传统文化的当代价值，加深了会员们对传统文化的认知。三是组织市委委员、基层组织主委27人前往山西省五台县参观晋察冀军区司令部旧址、徐向前故居等抗战遗址，重温历史，缅怀先烈，发扬革命传统。四是举办了冬季趣味运动会，会员们踊跃报名，积极参与，参赛队伍团结协作，奋力拼搏，展现了广大会员昂扬奋进的精神面貌，增进了支部的凝聚力和向心力。五是组织会员70余人参加民建省委举办的“文化中国与中国文化”报告会，增强了会员的文化自觉和文化自信。通过这些活动，引导广大会员自觉增强政治意识、政党意识和使命意识，增强了市委会的影响力、凝聚力和号召力。

参与纪念民建成立70周年系列活动。一是组织会内书画家、摄影家参加民建中央纪念民建成立70周年艺术作品展，提交5幅作品，其中2幅入选。二是开展了以“读会史颂伟业，学会章树新风”为主题的征文活动，收到征文11篇，并积极向民建省委报送，其中1篇被《河南民建》刊登。三是全力配合民建省委系列纪念活动，搜集整理市委会的历史资料，积极组织会员参与民建成立70周年暨河南民建成立65周年纪念大会系列活动。通过形式多样的纪念活动，深化了广大会员对优良传统的认知，增强了会员的荣誉感、责任感和使命感。

加强参政党理论研究。市委会先后两次召开理论研究工作会议，通报情况，研究工作，部署任务。理论研究委员会以“民建如何在全面深化改革和全面推进依法治国中发挥作用”为主题开展研究，向民建省委报送理论文章14篇，其中2篇被《河南民建》刊登；同时，就如何培养理论研究人才、提高理论研究质量等问题与民建青岛市委、大连市委进行了交流。

加大宣传工作力度。市委会完成了网站改版升级工作，优化网站页面，丰富网站内容，充分利用网站开展专题宣传教育，及时传达上级精神，展示市委会工作全貌。全年共编发各类信息80余篇，并积极向相关媒体投稿，其中，民建中央网站采用20篇、人民政协网采用5篇、团结网采用5篇、民建省委网站采用48篇、《河南民建》采用37篇、根在中原网站采用8篇、《河南日报》采用1篇、《郑州日报》采用2篇、《郑州晚报》采用1篇，8篇报道被中原网、新浪网和凤凰网等多家媒体采用。

【组织建设】 2015年，民建郑州市委会加大力度，夯实基础，突出界别特色，注重改善年龄结构，组织发展结构不断优化。全年共发展新会员26人，全部为大专以上学历，其中本科学历者18人、硕士研究生以上4人；经济界人士占92.31%。至年底，全市共有会员592人，其中，男会员379人、女会员213人；平均年龄54岁。本科以上文化程度者332人，占会员总数的56.08%；具有中高级职称的329人，占会员总数的55.57%；经济界会员498人，占会员总数的84.12%。

加强领导班子建设。领导班子始终坚持民主集中制原则，充分发挥领导班子的整体作用，形成了和谐、民主高效的工作作风。高质量开好领导班子民主生活会，加强思想作风建设。积极参加民建中央参政议政工作会议、“三严三实”研讨会、中心组学习等，提高了政治把握能力、参政议政能力、组织领导能力、合作共事能力、解决自身问题能力。

抓好人才队伍建设。拓宽渠道，加大培训工作力度。举办了骨干会员培训班和新会员学习班，采用现场教学、专题教学、体验教学相结合的方式，学习民建会章、会史、多党合作和政治协商制度，参加会员97人次；先后选送5名会员参加民建中央、省委的培训，26名会员参加省市区三级统战部举办的相关培训。通过培训，满足了不同层次会员的需求，提高了会员的整体素质。同时，进一步加强对骨干会员的物色、考察、培养、选拔，多方面、多层次储备人才，推荐骨干会员到民建中央、省委、市委各专委会发挥优势，到各级人大、政府、政协工作积累经验、发挥作用。至年底，会员中共有各级人大代表、政协委员97人，处级以上干部18人。

开展活力基层建设。一是表彰先进，发挥典型示范作用。在民建郑州市十四届四次委员（扩大）会议上，对在支部量化考核中获得一、二、三等奖的支部和在参政议政、社会服务、热心会务等方面表现突出的优秀会员进行了表彰。二是完善支部活动考核制度，激发支部活力。各支部结合自身特色，开展了内容丰富、形式多样、健康有益的活动，同时加强支部之间的横向联系，大大增强了支部的活力和凝聚力。三是高度重视，认真筹备支部换届工作。召开支部换届筹备会议，下发《民建郑州市委关于支部换届的意见》，明确了换届的各项要求；积极与基层委员会、支部研究协商，协助其做好换届工作。各支部均于年底前召开了全体会议，确定了班子成员候选人名单。

加强市级组织交流。市委会先后到民建太原市委、民建西宁市委开展会务交流，积极学习两地的工作经验；分别与到访的民建吉安市委、遵义市委就会务工作、会员企业合作进行交流座谈，热心为会员企业合作牵线搭桥。通过交流，市级组织间互帮互助，相互借鉴，共同提高，携手推进民建事业向前发展。

建设和谐高效机关。机关干部自觉践行“三严三实”，进一步转变工作作风，各处室分工明确，密切配合，高效运转；各项工作争优创先，顺利通过省级文明单位复检和软件正版化抽查工作；积极参加全省机关专干培训班、市委统战部举办的各项培训，不断提升工作能力和服务水平。

【参政议政】 2015年，民建郑州市委会围绕中心，建言献策，参政议政能力不断增强。

深入开展专题调研。围绕市委、市政府中心工作，确定了“加快建设郑州国际物流网络中心”和“打造我市建筑等废弃物循环经济产业链”2项重点调研课题。围绕“打造我市建筑等废弃物循环经济产业链”课题，调研委员会深入到市城管局、城建委了解情况，并到武汉、昆明两地进行了实地考察；围绕“加快建设郑州国际物流网络中心”课题，先后走访了河南电子口岸服务中心、中国（郑州）国际商品交易中心、郑州国际陆港等6家单位，与市发改委、商务局、口岸局等相关部门进行了座谈交流，并到大连口岸物流网有限公司、青岛保税港区进口商品总部基地、海程邦达国际物流有限公司考察学习。经调研，形成了《关于加快建设郑州国际航空物流网络中心的建议》《关于打造我市建筑废弃物循环经济产业链的建议》2篇调研报告。调研委员会还围绕农民工职业培训问题和城市精细化管理先行区内架空线网入地问题展开调研，形成2篇调研报告，提交市政协二、三季度常委会。其中《完善资金筹措和立法机制，加快城市精细化管理服务先行区架空网线入地》的调研报告，在市政协三季度常委会上进行了大会发言。

积极建言献策、反映社情民意。“两会”期间，以市委会名义提交集体提案6件。《关于做好联防联控，打好治霾攻坚战的建议》被评为优秀集体提案。会员中的人大代表、政协委员提交议案、提案70余件，其中会员领衔提交的《关于制定〈郑州市公共文化设施规划建设管理条例〉的议案》和《关于保护郑州历史文脉，打造商都“金名片”，经济组团推动传统文化特色街区建设的议案》被市人大予以立案。《关于解决小微企业融资难的建议》《加速电子商务产业发展，促进我市传统经济转型升级的建议》《关于加快健全新生病残婴儿救助体系的提案》《关于建议取缔露天烧烤的提案》4件提案被市政协评为优秀个人提案。会员中共有10名政协委员被评为“郑州市政协2015年度优秀委员”。采取激励机制，鼓励广大会员反映社情民意。全年共收到会员反映的社情民意40余篇，其中9篇被民建省委采用。

认真参加高层协商。市委会领导积极参加中共郑州市委、市政协、市委统战部举行的党外人士座谈会、情况通报会、协商会等，综合会内专家学者意见建议，就全市的一些重要决策提出建议。在政协协商会上提交了《加强非物质文化遗产保护传承，提升郑州华夏文明传承创新核心区影响力》和《关于管好用好建筑垃圾减少我市大气污染的建议》2份建议，在党外人士座谈会就城市建设与管理、环保、金融、科技等方面工作提出5点建议，在“十三五”规划纲要征求意见会上围绕“十二五”期间郑州市经济社会发展面临的突出矛盾和问题提出8点建议，受到了市党政主要领导的高度重视。

参与、配合民建中央、民建省委调研。民建中央常务副主席马培华来郑，就“加快科技成果转化，促进创新驱动战略实施”开展专题调研，并听取了市委会的工作汇报，对郑州市的工作给予充分肯定。民建省委调研组分别就“推进城市地下空间开发利用管理立法”和“互联网背景下农村金融服务创新与风险控制问题”来郑州调研，市委会积极参与，给予调研工作有力的支持。积极参与民建省委提案、发言征选，提交了《河南省农地规模经营情况》和《加强金融体系建设加快人民币国际化进程若干问题研究》2篇调研报告。

【社会服务】 2015年，民建郑州市委会整合资源，发挥优势，社会服务成效不断提高。

巩固“同心”实践活动成果。市委会围绕全市统战系统“同心”实践基地建设，号召广大会员捐款近50万元，在民建中央的思源工程基金下设立了郑州“同心”助学专项基金，定向分期分批资助唐庄乡贫困大学生。全年共资助23名优秀大学生4.6万元，“同心”助学活动自开展以来，已帮助76名贫困家庭孩子圆了大学梦，累计捐助15.2万元。此外，机关干部对分包的寺沟村7户帮扶对象逐一入户走访了解情况，认真开展定点扶贫工作。

助推会员企业健康发展。以企业工作委员会为平台，整合会内资源，帮助会员企业健康成长。一是举办了“新常态下民营企业家的法律思维”专题讲座、“相约春天·携手共进——互联网思维春会”等；先后组织43名会员参加“郎眼看经济，论道新机遇——中国经济形势分析与区域发展高端论坛”，14名会员参加民建中央举办的“2015（第十七届）中国风险投资论坛”“2015中国（湖南）非公有制经济发展论坛”。通过这些活动，引导会员企业家以新思维、新方法、新科技助力企业结构调整、转型升级。二是坚持走访会员企业。主委带队先后深入豫炉工业园区、河南中州通讯有限公司、河南恒茂创远电子科技有限公司等会员企业考察调研，了解企业经营状况，为会员企业出谋划策，解决问题。三是为会员企业搭建平台。组织8家会员企业在河南农业大学举行招聘会，帮助企业发掘人才；带领会员企业家就互联网金融的创新发展、废旧汽车拆解等问题赴上海、无锡考察学习，帮助企业家开阔视野，转变思路。四是联手会内企业家用爱心回馈社会。举行了“温暖冬天”爱心助学活动，发动企业家会员为省商务学校的贫困学生捐款近20万元。

2015年，广大会员积极开展社会服务活动，投入扶贫资金54.905万元，向灾区捐款捐物77.38万元，捐资助学43.02万元，开展三下乡活动30次，会员企业吸纳劳动力1392人，开展各种培训讲座1328人次。援建村文化室1个，投入资金15万元；援建学校1所，投入资金5万元；援建公路8公里，投入资金48万元。

（百金丽　钱振强）

民进郑州市委员会

【概况】 2015年，民进郑州市委深入学习中共十八大、十八届三中四中五中全会精神和习近平总书记系列重要讲话精神，以及中央、省委统战工作会议精神，认真学习《中国共产党统一战线工作条例（试行）》；以民进成立70周年、河南民进组织成立30周年、民进郑州市委成立20周年为契机，深入开展坚持和发展中国特色社会主义学习实践活动，广泛开展社会调研，积极建言献策，努力推进民主党派工作再上新台阶。

截至2015年年底，全市共有民进会员505人。其中，女会员290人；平均年龄52岁；大专以上文化程度474人，占会员总数的94%；具有中高级职称的会员455人，占会员总数的90%；文化教育出版界别会员379人，占会员总数的75%。

【思想建设】 2015年，民进郑州市委在学习实践活动中进一步增强主线意识，积极搭建平台，强化思想基础。紧密结合庆祝中国人民抗日战争暨世界反法西斯战争胜利70周年、民进成立70周年开展征文活动，共收到会员征文约50篇。1月4日，召开老领导座谈会，邀请老主委、老会员15人，对民进郑州市委成立20年以来的历程进行回顾，并诚恳征求老领导对市委会工作的建议和意见；1月8日，召开庆祝民进郑州市委成立20周年暨依法治国报告会；1月13日，召开民进郑州市委四届六次全会；5月24日，组织50名会员参加民进河南省委组织的坚持和发展中国特色社会主义学习实践活动报告会；7月3日至7日，组织市委委员、基层支部主委、会内市级人大代表、政协委员一行50余人赴贵州开展学习调研活动，并集中学习、座谈中央统战工作会议精神和《中国共产党统一战线工作条例（试行）》。通过系列活动进一步夯实了思想基础。

【组织建设】 2015年，民进郑州市委严格按照组织发展程序，进一步优化会员结构，鼓励基层支部积极开展活动。出台《关于调整民进郑州市委专门委员会的决定》《民进郑州市基层组织考核方案（试行）》，充实专委会队伍，明确基层组织考核细则，使基层组织建设工作更加制度化和规范化。在省委会指导下，完成了会员证的办理工作。

3月6日，组织全体女会员赴郑州大学新校区，与民进郑州大学委员会开展庆“三八”联谊活动；4月22日，组织会内人大代表、政协委员、市委委员、支部主委考察郑州市地铁运营情况；9月8日，在教师节前夕，市委会组织教师会员120余人赴郑州市绿博园参观考察生态建设情况；10月19日，在重阳节来临之际，市委会举办“迎重阳健康讲座”，邀请民进市委委员、河南省第二人民医院肿瘤中心主任、市政协委员张阳为离退休会员作健康讲座。全年共发展新会员19名，全部具有本科以上学历，其中，教育界别者占63%、中级以上职称者占84%。先后选送19人次参加省市各级培训。中原一支部、郑东经开支部荣获“全国先进基层支部”称号。

【参政议政】 2015年，民进郑州市委继续注重发挥参政议政专委会的作用，组织会内人大代表、政协委员围绕热点问题开展社会调研，为市委市政府决策提供参考。

5月4日，民进中央参政党理论研究会举行2015年度课题招标论证及评审委员会会议，民进郑州市委会课题组申报的“新时期进一步完善民进代表人士队伍建设机制研究”中标自选课题。市委会召开专题工作会议，认真研究安排课题调研，圆满完成调研任务，得到民进中央颁发的结项证书；5月25日，市委会赴郑州市教育局就职业教育集团化进行调研；8月12日至16日，赴西安、兰州开展调研，为社区养老、教育信息化及民主党派代表人士队伍建设收集资料；9月16日、17日，赴市科技局、环保局就“科技创新在大气污染治理中的引领作用”进行调研，为市政协第六次双月协商会议准备发言材料。完成了年度重点调研课题并形成高质量调研报告《郑州市社区养老模式存在的问题及对策》《信息化促进基础教育均衡发展》。郑州市政协从市政协十三届二次会议以来审批立案的868件提案中选出11件作为2015年重点提案，其中民进集体提案《关于“高效利用黄河水资源保障我市生态水系建设”的建议》和民进郑州市委副主委汪德峰《关于大力发展现代物流业打造郑州航空港区“大枢纽”地位的建议》名列其中，由两位市政协副主席带队进行督办。2015年，民进郑州市委连续第五次荣获“全省参政议政工作先进单位”称号

【社会服务】 2015年是民进社会服务工作主题年。市委会坚持政治性、公益性和以智力为主的原则，响应民进中央号召，提倡“服务就在身边，人人可以参与”的微公益理念，认真思考，形成合力，提升实效。

4月25-26日，市委会在郑州市举办“同心”助学唐庄乡小学新教育理念与实践培训班，邀请新教育理念先行实践者、民进郑州市委委员吴建增，全国新教育种子教师、榜样教师、“阅读改变中国”2014年度点灯人奖项获得者、民进会员时朝莉为全市统一战线“同心”实践基地唐庄乡培训校长及骨干教师33名。5月29日，市委会组织赴郑州航空港经济综合实验区实验小学开展“六一”慰问活动，观看该校阳光大课间活动，并为该校捐赠价值3300元的文体用品。6月5日、10月28日，市委会在郑州师范学院自然博物馆举办“同心助学”——唐庄乡一小与沙口路小学、唐庄乡二小与列子小学手拉手活动。活动中，来自4所学校的214名小学生结成了“手拉手”小伙伴并一起参观自然博物馆，学习丰富的自然知识，激发了学生们爱自然、讲科学的兴趣。10月24-25日，民进郑州市委在郑州举办“同心”助学唐庄乡小学语文教育培训班，邀请民进市委委员、郑州师范学院附属小学特级教师刘雁华为唐庄乡定向培训语文教师30名；11月12日，市委会再次邀请刘雁华赴唐庄乡举办送课下乡活动，受到当地师生的热烈欢迎。

2015年，民进惠济二支部被授予民进全国“社会服务工作先进集体”荣誉称号；民进郑州市委“同心实践教育帮扶”项目获得民进全省社会服务工作优秀成果奖；会员赵玉萍、袁鲜丽、英瑾、吴建增、王玉欣、韩跃军、张俊峰、唐成凤、王丽、孙东周获得民进全省社会服务工作先进个人称号；民进金水第八支部、中原第一支部、二七第二支部、郑东经开支部获得民进全省社会服务工作先进集体称号；民进郑州市委连续第四次荣获“全省社会服务工作先进单位”称号。

（戴　兰）

农工党郑州市委员会

【思想建设】 2015年，农工党郑州市委坚持把思想建设摆在各项工作的首位常抓不懈，在不断学习中坚定三个自信，不断夯实广大党员的共同政治思想基础。

认真学习贯彻中共十八届四中、五中全会精神。通过学习中共十八届四中全会和习近平总书记系列重要讲话精神，引导广大党员深化对全面推进依法治国重要性和必要性的认识，不断提高运用法治思维和法治方式深化改革、推动发展、维护稳定的能力，努力做学法尊法守法用法的模范。中共十八届五中全会召开后，市委会及时下发了《关于学习贯彻中共十八届五中全会精神的通知》，各级组织采取理论中心组学习、专题培训、宣讲辅导、集中讨论、案例教育等灵活多样务实创新的方式，组织广大党员认真学习；市委领导带头学习，围绕“十三五”规划建议和习近平总书记重要讲话，全面准确深入学习全会精神，自觉以新的发展理念指导新的发展实践。

深入学习贯彻中央、省委统战工作会议精神。农工党郑州市委把学习贯彻中央统战工作会议精神、习近平总书记发表的重要讲话、《中国共产党统一战线工作条例（试行）》作为当前一项重要的政治任务，高度重视、精心部署，组织广大党员进行多形式的学习。市委分三个层面抓好学习。一是抓好市委领导班子的学习。领导班子带头学、深入学，不但自己学深吃透会议精神，还宣讲会议精神，为基层党员答疑解惑。二是抓好市委委员和支部主委的学习。市委委员和支部主委在认真学习的同时，还扎实组织广大党员学习，原汁原味地向广大党员宣讲会议精神。三是抓好基层党员的学习，让每一位党员都了解会议精神。7月8日，农工党郑州市委召开学习贯彻中央统战工作会议精神座谈会，检验学习成果，市委委员、支部主委40余人参加会议。会议邀请中共郑州市委统战部副部长王丽再次领学了中央统战工作会议精神，并对《中国共产党统一战线工作条例》进行了详细解读。市委委员代表、支部主任代表纷纷发言，畅谈对会议精神和《条例》的理解。农工党市委主要负责人对学习贯彻中央统战工作会议精神和《条例》再次提出明确要求。9月8日，中共河南省委统战工作会议召开，农工党郑州市委及时研究学习部署，并下发文件，要求把学习贯彻省委统战工作会议

精神与中央统战工作会议精神结合起来，既要着眼大局，又要结合河南实际，突出重点促突破、服务大局展作为，确保学习贯彻中央、省委两级统战工作会议精神收到实效。

扎实有效推进学习实践活动深入开展。农工党郑州市委坚持学习与实践相结合、思想教育与发挥作用相统一、增进政治共识与提高履职实效相促进，全面规划2015年学习实践活动，继续把坚持和发展中国特色社会主义学习实践活动作为推动全年各项工作的抓手，强力推动。在中国农工民主党成立85周年之际，农工党郑州市委组织骨干成员赴广东、江苏等地农工党党史教育基地学习交流，开展党史教育，锤炼政治思想素质。召开纪念农工党成立85周年座谈会，重温农工党的辉煌历程，进一步坚定政治信念。5月20日，在农工党郑州市"同心"实践基地唐庄乡河南雅新园艺开心农场主办登封市首届金银花采摘节，助推"同心"实践基地休闲观光农业健康发展。全市农工党各级组织采取专题培训、宣讲辅导、集中讨论、案例教育等灵活多样、务实管用的方式，开展中国特色社会主义、中国梦、社会主义核心价值观宣传教育，开展理想信念、党性党风党纪和道德品行教育，开展"学党章讲同心传承优良传统"教育；根据各自的实际情况，不断创新方法和载体，通过丰富多彩的活动，搭建齐参与共收获的活动平台，寓教于乐，让广大党员易于参与、乐于参与，在活动中有所提高。市直四支部组织党员重新学习农工党章程和党史，到中共"一大"会址、农工党"一干会址"、南京邓演达烈士墓等多党合作学习教育基地和农工党党史教育基地参观学习，营造学习、传承、弘扬农工党优良传统的浓厚氛围。

【参政议政】 2015年，农工党郑州市委紧密围绕中共郑州市委、市政府的重大决策和中心工作，把服务科学发展作为参政议政工作的着力点，把促进经济平稳较快发展和社会和谐稳定作为参政议政的首要任务，充分发挥优势，积极建言献策，持续提高参政议政质量，着力促进经济平稳较快发展和社会和谐稳定。

积极参与政治协商。中共郑州市委召开党外人士座谈会，通报郑州市经济运行情况，就经济社会发展征求意见，农工党郑州市委领导高度重视，认真准备，积极提出意见和建议。

积极开展调查研究。年初按照"党委出题、党派调研，政府采纳、部门落实"的机制，选定调研课题，组织精干力量，成立调研组，深入调研。农工党郑州市委主要领导指导制定调研方案，经常带队开展专题调研。通过赴杭州、宁波调研城市精细化管理，撰写了《关于在我市实施活禽定点屠宰的调查与建议》，市委统战部作为重点调研课题上报中共郑州市委；通过赴敦煌、开封等地调研夜市管理，提交了调研报告《关于全面加强我市餐饮夜市管理的建议》；通过赴兰州调研，提交了调研报告《数字化预防接种门诊考察报告》；通过赴湖南调研土壤重金属污染情况，撰写了《关于加大土壤污染治理保证人民身体健康的建议》。吴予红、李顺兴、孙中党、李凤芝、郑方燕、师艳军、毋心灵、孙阔、王连宇、陈飞等党员被农工党河南省委评为优秀骨干。

在"两会"上积极建言。在郑州市政协第十三届二次会议上，农工党郑州市委共提交9件集体提案、30件个人提案；在郑州市第十四届人民代表大会第二次会议上，农工党郑州市委共提交9件个人议案（建议）。《加快发展休闲农业，助推郑州现代田园城市建设》被评为优秀集体提案，花姝红的《打造无线智慧城市，加速信息惠民利民》、王岩青的《关于加强我市住宅电梯安全管理的建议》、毋心灵的《关于规范郑州市电动车管理的建议》被评为优秀提案，郑方燕、陈秋生、王炜等6名党员被评为优秀政协委员。

发挥优势，助推中医药事业发展。农工党郑州市委主要领导和部分骨干成员发挥优势，出主意想办法，解决实际问题，规范膏药行业发展，助推中医药事业发展。在农工党郑州市委的帮助支持下，10月25日，全国首家膏药协会——郑州市膏药协会成立，在国内产生了广泛积极的影响，中原二支部副主委李现杰当选为会长。

基层支部多渠道参政议政。二七支部深入基层调研，撰写了《关于二七区残疾人享受优惠政策的调查》和《开发乡村生态游，助推二七城乡一体化发展》的调研报告；疾控中心支部向中原区政协提交了《关于我区扬尘治理的几点建议》；管城支部提交市、区两级政协提案11件，撰写了《关于以慢病防治为突破口建立分级诊疗制度的调查报告》；市直四支部向新郑市政协提交个人提案27件、集体提案1件，反映社情民意4件，其中《强化慢性病防控，打造健康新郑》《建立公务员义工制度》等多个提案得到了新郑市政府的采纳应用。

【社会服务】 2015年，农工党郑州市委始终把群众受益作为社会服务工作出发点和落脚点，积极整合各方资源，充分发挥界别优势，彰显社会服务农工特色，拓宽服务路径，社会服务水平不断提升。

（一）依托服务基地平台，提升计生家庭健康"同心"行动计划。根据市委《百千万农村计划生育家庭健康"同心"行动计划（2012.08-2017.08）》的实施方案，做好年度目标分解。充分发挥农工党在医疗卫生领域的智力优势，依托爱康中心这个平台，组织专家队伍深入服务，为惠济区的农村计生家庭提供优质服务，受到广大计生家庭欢迎。

（二）努力拓展活动内涵，彰显"同心"实践行动农工特色。为继续深入开展树立和践行社会主义核心价值体系活动，根据农工党郑州市实际，按照《关于开展"同心"活动的实施方案》，精心谋划、倾力打造具有农工党特色的"同心"品牌。以农工党郑州市委新型城镇化引领"三化"协调科学发展"同心"实践基地——登封市唐庄乡雅新园艺农场为基地，组织专家解决生产中的技术难题，为雅新园艺农场争取项目资金，为郑州市统一战线"同心"实践基地登封市唐庄乡争取农业项目资金，得到市委统战部领导好评。组织专家到登封市唐庄乡卫生院调研，帮扶卫生院发展；组织医疗专家到登封市唐庄乡寺沟村，开展坚持和发展中国特色社会主义学习实践活动义诊服务，丰富了"同心"活动内涵，提高了活动效果。围绕定点帮扶和专题活动，开展多种形式的社会服务。第八届"中国环境与健康宣传周"期间，在郑州市沿黄大堤举行保护母亲河环保活动。"国际科学与和平周"期间，组织省市级医疗专家为唐庄乡寺沟村广大村民进行常见病、慢性病的咨询、初步筛查、诊断和一般治疗，引导群众合理用药、科学就医，使村民不出乡镇就享受到城里专家的优质医疗服务，受到群众一致好评。

（三）开展丰富多样的活动，基层组织社会服务呈现新气象。各支部根据各自的实际情况，开展了形式多样的社会服务和社会公益活动。市六院支部邀请专家为社区居民开展主题为"脂肪肝预防"的健康讲座，到校园举办"让年轻的血液更健康"预防艾滋病知识讲座；惠济支部举行以"预防接种，关爱儿童健康"为主题的卫生宣传活动，参与举办惠济区青春健康俱乐部主持人大赛；二七支部捐款1000元，为侯寨乡小学贫困学生送去学习用品、课外读物；市直二支部践行群众路线，为中牟二幼教职工举办健康知识讲座；疾控中心支部深入社区、农村、工厂、学校，开展疾病预防控制健康知识讲座4次；市直四支部组织党员到卫生院、社区、老年养护中心等地开展义诊宣传活动5次，提供健康咨询，为老百姓免费量血压、做心电图等；管城支部到东明路38号院开展送医送药活动，重阳节到老年公寓看望慰问孤残老人；职防院支部深入14家工厂、社区、机关企业，开展职业卫生健康教育和义诊宣传活动。

【组织建设】 2015年，农工党郑州市委强基固本，持续建设"三型"组织。

加强思想宣传，坚定政治方向。积极组织广大党员学习贯彻中共十八大、十八届三中四中五中全会和习近平总书记系列重要讲话精神及农工党十五大、十五届三中全会精神，坚持把《前进论坛》《郑州农工》作为农工党员加强学习的有效载体，不断提升《郑州农工》办刊水平，全年出版《郑州农工》杂志4期。农工党市委为在职党员订阅《前进论坛》，荣获农工党中央2015年度《前进论坛》发行工作先进单位。

加强领导班子建设，建设合格班子推动工作全面发展。市委会领导班子坚持参加郑州市各民主党派、工商联、无党派代表人士联合中心组学习，不断提高班子思想水平、理论修养和履职能力。进一步加强农工党市委对各基层组织的工作指导和联系，切实掌握好基层组织中干部和党员队伍状况，指导帮助基层开展组织活动。

求真务实，扎实开展“三严三实”专题教育活动。农工党郑州市委按照农工党省委《关于在全省县处级以上党员干部中开展“三严三实”专题教育的实施方案》，抓好落实，确保专题教育收到实效。市委主要负责人积极参加中共郑州市委中心组“三严三实”专题学习研讨，并经常了解党员的学习情况，指导专题教育活动，交流学习心得；其他成员积极参加所在单位的“三严三实”专题教育活动。通过专题教育，农工党郑州市各级干部更加明确政治方向、坚定理想信念，努力在本职岗位上建功立业，自觉远离低级趣味、抵制歪风邪气，形成了踏实工作、干事创业的局面。

加强组织建设，科学做好组织发展工作。12月5-8日，组织基层组织负责人近50人参加农工党河南省委举办的基层服务型参政党组织建设工作会议暨基层组织负责人培训班，努力建设“六有”基层服务型参政党组织；12月11-13日，举办新党员培训班，围绕中共十八届五中全会精神和习近平总书记系列重要讲话精神、中央统战工作会议和省委统战工作会议精神、党性修养和农工党党史进行了系统的学习，增强了新党员的政治把握能力。按照“三个为主”的原则，严把质量关，有计划地发展知识层次高、代表性强和社会影响大的中青年骨干入党。全年共发展党员30人，平均年龄39岁。其中，硕士7人、博士1人；高级职称7人；医药卫生界16人、人口资源界2人，主体界别占发展党员总数的62%；高层次人才22人。至年底，全市共有党员592人，基层组织25个。

着力加强骨干队伍和后备干部队伍建设。着眼于多党合作事业的长远发展和干部队伍的长远建设，加强对后备干部的管理。选送1人到省社会主义学院学习、5人到市社会主义学院进行培训，帮助他们提高政治素质、坚定理想信念。建立代表人士队伍数据库，实行动态管理。对发展有潜力的成员、预发展成员，按照“适度数量、优化结构、素质优良、作用突出”的原则，进入储备人才库，夯实建设高素质参政党的人才基础。

组织多种活动，关心广大党员生活。春节期间，市委领导专门慰问历届老主副委，征求他们对市委工作的意见和建议；“三八”妇女节组织女党员听讲座、看电影，充分体现对女党员的关爱；重阳节到来之际，组织离退休老党员赴郑州气象科普体验馆参观。基层支部活动呈现联合调研、联合活动的良好态势。中原二支部、市直三支部组织党员到“同心”实践基地雅新园艺农场进行参观调研；中原二支部、七院支部联合调研都市生态农业，营造了团结和谐的氛围，增强了凝聚力。广大党员爱岗敬业，在各自专业领域和工作岗位上取得了优异成绩。据不完全统计，全市农工党员中担任省、市各专业委员会主任委员、副主任委员的50余人，在国家、省部级核心期刊发表论文60余篇，出版专著4部，取得科研成果8项。陈飞、王连宇等10名党员被农工党河南省委评为参政议政骨干，王新华、花姝红等12名党员被农工党河南省委评为优秀党员，王岩青、赵幸娟等获得河南省医学科技进步奖项，刘敏、马琳瑛等13人次获得省级表彰。齐新志继被河南省食品药品监督管理局评为“河南省十大食品药品监管卫士”后，因在上合组织峰会会议保障中作出突出贡献，被中共郑州市委、市政府记个人二等功。

加强机关作风建设，建设服务型机关。2015年，农工党郑州市委机关以构建服务型机关为重点，全面加强机关建设。在机关人员少的状况下，努力适应新时期统一战线日益繁忙的工作任务，把服务主委会、服务基层、服务党员记在心上，不断提高机关人员的办文、办会、办事能力。机关人员与基层支部和党员沟通更为紧密，进一步提高了服务参政议政工作和社会服务工作的能力、服务党务工作的能力。

（张亚平）

九三学社郑州市委员会

【概况】 2015年，九三学社郑州市委以九三学社创建70周年和九三学社郑州市委成立30周年为契机，以思想建设、组织建设、制度建设为主体，以社内监督为保障，以社务工作评价为抓手，组织社员深入学习中共十八大、十八届三中四中五中全会精神和习近平总书记系列重要讲话精神，围绕市委、市政府中心工作，着力加强履行职责能力、自身建设能力和协调执行能力建设，努力提高参政议政、民主监督和社会服务水平，积极开拓社会服务新领域和新途径，继续推进人才强社战略，各项工作顺利开展。

以量化考核为抓手，切实提升机关执行能力。社市委机关坚持周一例会制度。按要求制订上报社市委年度工作台账及《2015年度九三学社郑州市基层组织（基层委员会、支社、专委会）社务工作评价细则》，注重评价结果对履行职能、自身建设的典型引领作用，对基层组织、骨干社员的正向激励作用，对整合资源，提高组织化、整体化水平的导向作用。评选表彰了13个先进集体和70名优秀社员，为社务工作成绩优秀的组织和个人提供更多参与社务工作的机会和更广泛的发展平台。组织考核优秀的基层组织负责人和社员赴枣庄进行考察调研及社务工作交流，进一步提升其综合素质。组织社市委机关工作人员赴枣庄、广州、深圳进行社务工作交流，学习借鉴外地市先进经验，进一步提升机关工作效率。建立郑州九三官方微信，充分借助现代媒介手段，开展好各项社务工作。

【九三学社创建70周年暨九三学社郑州市委成立30周年系列活动】 2015年，为纪念中国人民抗日战争和世界反法西斯战争胜利70周年暨九三学社创建70周年、九三学社郑州市委成立30周年，继承九三学社“爱国、民主、科学”的优良传统，不断巩固多党合作的共同思想政治基础，增强全社的凝聚力、向心力和社会影响力，社市委组织开展了系列活动。

开展“参观抗战遗址，接受红色教育”专题活动。社市委于5月底组织骨干社员参观台儿庄大战纪念馆、孟良崮战役纪念碑、铁道游击队作战旧址等红色教育基地，深入推进坚持和发展中国特色社会主义学习实践活动，进一步凝聚思想共识，增强社员对参政党建设的责任感和使命感。

举办“纪念九三学社创建70周年暨九三学社郑州市委成立30周年”征文活动。为继承九三学社的优良传统，展示新时期参政党履职风采，激发社员围绕中心服务大局的使命担当意识，社市委开展纪念九三学社建社70周年暨九三学社郑州市委成立30周年征文活动。社市委宣传委员会成员及部分宣传骨干共12人组成评审组，对征文进行评审，评选出兼具思想性、可读性和启示性的优秀文章共20篇，并集结成册。

召开纪念抗战胜利70周年座谈会。为纪念中国人民抗日战争胜利70周年，社市委在山东枣庄召开了纪念抗战胜利70周年座谈会。通过铭记历史、缅怀先烈，珍视和平，开创未来，为实现中华民族伟大复兴的中国梦而努力奋斗。

开展送科技、送法律、送健康帮扶活动。社市委整合资源，发挥优势，组建3个服务团，于7月29日到登封市唐庄乡，开展送科技、送法律、送健康活动。科技服务团由8名科技专家组成，在雅新园艺农场有针对性地开展现场技术指导，并赠送技术工具书20多本，发放科普图书200多本、环保袋近200个，进一步提升了企业员工科普意识和技术水平，提高了企业的经济效益；健康服务团由8名医疗专家组成，在寺沟村中心社区卫生服务中心为100余名村民义诊，发放科学保健及健康知识宣传资料300份、环保手提袋200个；法律服务团由8名法律专家组成，在唐庄乡政府会议室开展法律讲座，为全乡的民调员讲解如何依法行政，并针对日常工作中遇到的具体问题解惑答疑，进一步提升了基层法律工作者的法制水平。

看望慰问抗战老社员。9月1日，社市委副主委兼秘书长郑高飞受主委舒安娜的委托，带领机关干部及部分社员亲切看望慰问了九三社员、抗战老兵索良民。感谢他为民族解放和国家独立所做出的卓越贡献，向他致以诚挚的问候和美好的祝愿。

召开九三学社创建70周年郑州市总结表彰大会。10月底，社市委召开大会，对系列纪念活动进行总结，并对征文活动中表现优秀的20名社员进行表彰。

【参政议政】 2015年，社市委进一步整合参政议政的力量，充分发挥组织优势、渠道优势、智力优势，深入实际，围绕中心、服务大局，做好调查研究，收集社情民意，认真履行参政议政职能。

（一）提案工作成效显著。社市委围绕中共市委、市政府中心工作，关注社会热点、难点问题，积极组织广大成员进行调查研究，开展多层次、多方位的参政议政活动，以参政议政为核心，打造高品质的建议提案，被社中央授予议政成果贡献奖二等奖。在市“两会”上，共提交集体提案6份、委员个人提案67份、建议6份。社市委主委舒安娜执笔的社市委集体提案《关于加快发展郑州节能环保产业的建议》获优秀集体提案。郑高飞《关于推进城乡社会保障一体化的建议》、刘本彩《关于延长地铁运营时间的建议》、王璐凡《以网格化为载体赋予社区更多更大的权利，使其发挥管理社会的更大作用》、冯常生《关于在“文化郑州”建设中突出“黄河文明”特色定位、打造城市文化名片的建议》等4件提案获优秀委员提案。郑高飞、李秋红、王璐凡、冯常生、史百岭、刘本彩、何艳丽、崔学晨等8名社员被评为优秀市政协委员。

（二）专题调研有深度。为了更好地完成2015年重点调研课题，社市委成立了专题调研组，拟定调研计划，就郑州市的基本情况进行深入细致的调研。为借鉴先进城市的经验和做法，专题调研组分别赴成都、昆明、广州和深圳进行调研，并形成调研报告《关于发展郑州微电影事业的建议》《关于加强城市地下管网建设的调研》。根据工作安排，社市委深入调研，提交社省委《关于加强我省城市地下管网建设的建议》，市政协常委会《创新职业技术教育 培养新型应用人才》《关于加强城市地下管网建设与维护、确保管网安全运行的调研与建议》、市政协双月协商座谈会《关于减少扬尘污染提高大气质量的建议》《发挥优势 精准扶贫》等优秀报告。

（三）社情民意质量高。社市委注重发挥社情民意信息员作用，邀请专家对信息员队伍进行培训，报送的信息质量明显提高。全年报送社情民意信息120余条，被社中央、省政协及社省委采用42条，为历年来最高。郑高飞、申爱民、陈颖燕提出的《控制废旧农膜污染刻不容缓》被社中央采用；崔学晨《中州大道紫东路附近中石化输油管道存在重大安全隐患》被省政协采用。郑高飞、申爱民提出的《重视土地流转中的“非农化”“非粮化”问题》、二七三支社集体提出的建议《关于免费婚检改为免费强制婚检的建议》被省政协采用。《重视土地流转中的“非农化”“非粮化”问题》的建议刊登在新华社主办的《河南领导参考》2015年第10期上。

（四）社市委下发调研课题。社市委根据社省委、中共郑州市委、市政协、中共郑州市委统战部的工作部署，结合党派实际，多方沟通，确定调研题目、调研任务，以社市委文件形式下发。社市委继续推行领导班子成员分管专委会和领题调研制度，加强对专委会调研课题的研究和指导力度，讨论确定各专委会和基层委员会重点调研课题14个。全年各基层组织共上报调研报告24份，社市委召开参政议政工作会议，筛选出6份调研报告用做集体提案及大会发言材料。

【组织建设】 2015年，社市委着力在提高社员的整体素质、推进基层组织建设、加强后备干部队伍建设、增强组织凝聚力等方面下功夫，创新机制，规范管理，不断提升组织建设水平，为更好地履行参政议政、民主监督职能和健全内部管理机制，提供组织保证。

（一）严把入社关，组织发展不断添活力。社市委坚持组织发展“三个为主”的原则，规范程序、保证质量、优化结构。全年举办入社积极分子培训班1期、新社员座谈会2期，发展社员28名，平均年龄39岁；其中博士1人，硕士8人；高级职称者7人，中级职称者19人；科技界4人，医药卫生界11人，高等教育界6人，政府机关界3人，其他界别4人。

（二）领导班子建设进一步加强。社市委坚持主委会学习制度，按时参加市委统战部组织的各民主党派、工商联中心组学习。继续推进班子成员分工合作机制，主副委根据分工，主动联系分管专委会和基层委员会，积极协助，相互配合。

（三）后备干部队伍不断优化。建立后备干部的履行社内职责及遵守社章情况档案，着力加强对后备干部的培养、管理和推荐、使用。加强对骨干社员的培训，邀请社省委参政议政处副处长陈静讲授社情民意信息的撰写。组织40余名骨干社员在安阳市委党校举办培训班，采取理论教学与现场教学相结合的形式，开办“完善干部性格　提高领导艺术”“红旗渠精神及当今时代价值”“国家‘一带一路’战略分析”3个专题讲座。选派16人参加省、市委统战部及社省委举办的培训班。通过培训，进一步提升了骨干社员的政治素质和社务工作水平。

（四）基层组织活力不断增强。依据社务评价结果及支社主委个人工作情况，对4个支社领导班子进行调整。各支社依据社省委《支社开展活动规范》，结合自身实际情况，制定支社活动计划，设立“支社活动日”，确定活动主题，创新活动形式，充实活动内容，突出活动特色，基层组织的凝聚力和向心力进一步增强。二七基层委员会、二七一支社、高新二支社、管城四支社召开工作会议，传达社市委会议精神；中原基层委员会进社区征集社情民意信息；金水基层委员会邀请专家，为金水统战成员做“新媒体现状及发展趋势”讲座；管城基层委员会为失独家庭送上关爱。

（五）专委会充分发挥职能。各专委会结合自身特色，进行调查研究，形成调研报告22份，社市委择优确定为社市委集体提案及大会发言材料。同时，各专委会积极开展形式多样的活动，科技委员会、农业委员会、医药卫生委员会和妇女委员会承办社市委“同心”实践活动，参政议政委员会协助社市委确定调研课题、审查调研报告，宣传委员会协助社市委对征文活动文章进行评审，妇女委员会组织女社员在“三八”国际妇女节观看电影，老龄委员会组织老社员参观君源有机农场并采摘蔬菜。

【社会服务】 2015年，社市委始终把做好社会服务工作作为履行参政党职能的重要方式，努力发挥全市社员智力优势，拓展路径、整合资源，促使社会服务工作内容充实、方式多样，持续提高社会服务效能。

（一）郑西科技合作项目签约。为充分发挥党派特色、探索社会服务的新方式，社市委与社西安市委于2014年签订了九三学社郑西科技合作框架性协议，搭建起两地成员和企业合作的平台。2015年，双方确定合作重点为生态农业、观光农业、有机农业，促成中国农业科学院郑州果树研究所和西安锦桥现代农业有限责任公司成为郑西科技合作首批技术推广合作单位，由双方代表刘崇怀、赵纯望签订合作协议，由中国农科院郑州果树研究所为西安锦桥现代农业有限责任所属的五泉玉葡萄科技示范园制定园区规划、提供葡萄生产技术服务，推动该服务点利用新品种、新技术、新方法，使葡萄生产种植更加科学，产量增加，品质提高，收入稳步增长，可持续发展能力明显增强。

（二）强力推进“同心”实践活动。社市委结合登封市唐庄乡的实际情况，整合社市委资源，由24名专家组成科技、法律、医疗三个专家团，开展了送科技、送法律、送健康帮扶活动。此外，社市委果树生产技术服务团3次到“同心”实践基地雅新园艺有限公司进行技术指导，举办1期技术培训讲座，组织公司人员多次到中国农科院郑州果树研究所参观学习，使公司员工进一步提高技术水平，解决生产中出现的问题。

（三）积极开展送科技下乡活动。社市委组织科技委员会成员到上街区五云山生态农业观光园名优果品示范园，为果农进行葡萄、苹果、梨、杏等果树的种植和管理技术培训、指导。社市委组织社内专家到三门峡二仙坡绿色果业有公司开展科技服务活动，对果农进行技术指导，详细讲解苹果种植中果实管理、采后修剪和病虫害防治技术，帮助解决生产过程中遇到的困难和问题。

（四）指导基层组织开展“百名专家进百村”活动。社市委引导基层支社，深化“百名专家进百村、进社区、进企业送科技”活动。金水一支社与结对共建单位——大石桥街道办事处党委在优胜社区举办爱国主义法治宣传教育活动；市直一支社在荥阳市高村乡宋村举办“送爱心、送温暖”活动，让宋村群众享受到社会的关爱；管城四支社、管城二支社在紫东路开展交通安全宣传活动；二七三支社与二七区妇幼保健所联合举办《食源性疾病预防知识》的宣传活动；中原一支社走进中原区绿东村四季园社区举办亲子教育专题讲座；科技委员会联合医药卫生委员会、中原五支社，在郑州市蔬菜研究所进行健康知识专题讲座。

（五）建功立业成绩优异。2015年，全市各条战线的九三社员立足本职岗位，积极履行职责，取得了突出成绩。二七基层委员会获社中央全国优秀基层组织称号，崔学晨被评为社中央全国优秀社员，尚秋霞被评为社中央全国优秀社务工作者，郑高飞被评为社中央参政议政工作先进个人、社会服务工作先进个人，徐英被评为社中央参政议政工作先进个人，管城基层委员会获社中央参政议政工作先进集体称号。黄伟东、张晓曼、柴升入选郑州市第十二批专业技术拔尖人才，陈艺莉、王璐凡被评为郑州市“三八红旗手”，卢秋宏被评为郑州市技术标兵。2人晋升正高级职称，3人晋升副高级职称，4人职务晋升。本年度社员出版专著4部，发表论文50余篇。

【思想宣传工作】 2015年，社市委以“坚持和发展中国特色社会主义学习实践活动”为主线，以网站改版为依托，创新思维，开拓新路，着力加强思想宣传工作。

（一）升级改版社市委网站，优化社刊栏目，加大宣传力度。社市委对社市委网站进行改版升级，发稿数量不断增加，全年上传稿件98篇。网站内容不断充实丰富，点击率不断提高，进一步扩大了九三学社的社会影响力。通过发动社员们多投稿、多参与，扩大宣传队伍、优化稿源，全年编辑出版了社讯4期（包括纪念社市委成立30周年征文专刊1期、社内监督专刊1期），进一步拓展了社员间的交流途径。

（二）进一步拓展对外宣传，扩大九三学社影响。社市委进一步加大对媒体、报刊及网站新闻稿件的投稿工作，着力宣传广大社员在参政议政和社务工作方面的突出表现，稿件分别被《人民政协报》、光明网、中国记者俱乐部网、《九三河南社讯》《郑州政协》等各级主流媒体采用40余篇。

【社内监督工作】 2015年，社市委积极探索社内监督方法路径，不断创新，切实加强全市各级社组织及领导班子成员的政党意识、社章意识、纪律意识和担当意识教育，进一步明确监督对象、拓展监督内容，建立完善各项监督制度，不断强化监督举措。

社省委巡察督导郑州市委工作。社省委督导组先后参加了社市委五届十一次全会、监督委员会选举和成立会议。听取社市委、专委会、基层委员会和支社集体报告工作，社市委委员和部分骨干社员报告换届以来的履职情况；与社市委委员和部分骨干社员进行个别谈话，了解社市委、专委会及基层组织工作情况；参加分组讨论，收集和听取对社市委、社省委工作的意见建议。召开巡察督导工作座谈会，向社市委领导班子和机关干部反馈巡察督导意见。社市委监督委员会选举和成立会议选举郑高飞为监督委员会主任，李秋红为副主任，王志彬等7人为委员，讨论通过了《社市委委员履职量化考核评价办法》等多份监督制度。

积极参与筹办社中央社内监督工作现场会。社市委成立工作领导小组，召开领导班子谈心会，撰写题为《强化监督措施 推进社务工作》的监督工作经验汇报材料，整理社内监督会议记录、集体报告工作和个人报告履职情况等档案资料，编辑出版社内监督社讯专刊1期，制作展示板面1块。二七基层委员会主委张祖勤以《做实社内监督 提升基层建设水平》为题做大会发言。

加强对社内监督结果的运用。对社务工作开展情况落后的基层委员会、专委会、支社负责人进行约谈。对连续2年考评落后的2个支社，建议主委辞去职务，并对支社领导班子进行了调整。另有2名支社主委因本职工作繁忙，社务工作力不从心，主动请辞，社市委及时调整支社领导班子，保障支社活动顺利开展。对长期失联的3名社员进行通报批评，对持绿卡的2名社员建议终止其社籍，对判刑的1名社员建议开除其社籍。

对骨干社员进行社内监督培训。社市委分别召开主委会议、监督委员会会议、市委全体（扩大）会议，印发社省委社内监督工作资料汇编，要求骨干社员学习监督制度，增强履职意识。

市委委员履职量化考评。社市委根据有关文件精神，结合委员履职实际，从提交参政议政材料、反映社情民意、参加社市委活动、参加社市委会议、基层组织职务作用发挥情况、年度个人述职等方面进行打分考核。根据考核结果，对落后的2名市委委员进行了约谈。

实行社务工作季通报制度。依据年初制定的基层组织社务考评细则及各基层组织工作计划，定期（3、6、9、12月）通报各基层组织社务工作开展情况（组织建设、参政议政、社会服务等），提醒督促各基层组织了解情况、开展活动。

（尚秋霞）

工商联

【概况】 2015年，市工商联按照市委十届十次全会战略部署，围绕市委做出的“建设以国际商都为特征的国家中心城市”的“三大一中”战略定位，抓住“两个健康”工作主线，坚持开放创新双驱动，凝心聚力，紧密协作，团结和带领全市各级工商联组织和广大非公有制经济人士，扎实推进工作落实，为郑州市“三大主体工程”提供有力支持，全面完成了市工商联十七届四次执委会议部署的各项工作任务。在全国范围内率先全面完成了县级工商联的“五好”建设，支持“双创”工作和商会融入网格化管理的创新分别受到全国工商联领导全哲洙、谢经荣的高度赞赏。

【思想建设】 一是做好党的群众路线教育实践活动的延伸和“三严三实”专题教育活动。开展了“侵害群众利益行为”的专项整治活动，制定整改台账，组织召开专题民主生活会3次、专题学习研讨6次、专题党课4次。专题教育实践活动使党员干部提升了思想素质，进一步激发了服务会员的积极性和主动性。二是继续开展“四信”教育。4月27日，组织召开了全市以守法诚信为重点深入开展非公有制经济人士理想信念教育实践活动动员会，传达中央统战部、全国工商联和省委统战部、省工商联动员会精神，学习省市领导史济春、王跃华的讲话精神，与市委统战部联合下发了《实施意见》，对全市教育实践活动进行安排部署，从加强领导、抓好组织实施，创新载体、丰富活动内容，充分引导、发挥企业家主体作用，统筹兼顾、增强守法诚信教育的针对性和实效性四个方面提出要求。根据部署，市工商联和各级工商联组织充分发挥组织优势，创新工作方法，丰富活动载体，把守法诚信教育作为事关“两个健康”的基础性工作抓日常、反复抓，活动内容生动活泼、见实见效。其中，二七区工商联组织50余家会员企业到典型企业学习观摩；管城区、中原区工商联分别组织非公有制经济人士赴大别山干部学院、四川大学培训，坚定理想信念，提升政治素养；登封市工商联把活动与“依法治市”活动相结合，组织“普法讲师团”进企业巡回讲法；中牟县工商联将活动与全县统一战线助推新型城镇化实践活动同步推进；上街区工商联充分利用《上街时讯》和上街电视台等平台，对活动中涌现出来的先进典型进行宣传；温州商会组织党员骨干代表50多人前往遵义进行红色传统教育；钢贸商会构建常态化服务监督机制，推进“守法诚信”体系建设。通过活动，以实际行动践行了“三严三实”，巩固了“四信”之基，非公有制经济人士法治意识明显增强，民营企业诚信经营硕果累累，社会各界好评如潮。

【参政议政】 一是迎接中央统战部副部长、全国工商联党组书记全哲洙和全国工商联副主席谢经荣来郑州调研。8月13日，中央统战部副部长、全国工商联党组书记全哲洙带领调研组就小微企业发展情况来郑州调研。省市领导陶明伦、梁静、杨京伟、王跃华、张建慧、黄卿、薛景霞等参加调研。调研组深入小微企业实地考察，召开座谈会并与企业负责人进行深度访谈，了解支持小微企业发展的政策措施落实情况，听取意见建议。全哲洙对郑州市小微企业扶持政策落实情况和企业发展给予充分肯定，特别是对郑州市工商联小微企业众创空间给予高度评价，认为众创空间开创了新的发展模式，值得在全国推广。7月8日，全国工商联副主席谢经荣带领调研组就商会发展工作来郑州调研，对市钢贸商会的理想信念教育实践活动、温州商会的党建工作和金水区工商联经八路街道商会的网格化建设进行了考察，对郑州市的商会建设工作予以高度评价和充分肯定，认为郑州市工商联商会建设工作经验和做法值得借鉴和推广。二是开展了“民营企业发展法治环境调研”“非公有制经济代表人士队伍建设调研”“职业教育专题调研”“大气污染防治专题调研”“上规模企业调研”等调查研究活动8次，撰写了《郑州市民营企业发展法治环境调研报告》《关于郑州市非公有制经济代表人士队伍建设的调研报告》《深化校企合作，加快人才培养》等调研报告5篇，上报省联调查问卷140份、典型材料7份。三是开展小微企业监测工作3次，分别以“守法诚信为重点的理想信念教育实践活动专题监测”“非公有制经济发展环境评价”和“商会建设专题监测”为主题，共组织40多家企业在全国工商联民营企业信息直报系统网站上填报调查问卷。四是利用政协渠道开展参政议政。组织工商联界别的政协委员参加市政协十三届二次会议，撰写了《在全市政府派出机构设置工商联组织》的集体提案，本界别委员提交个人提案58件并全部立案，提交社情民意11条。组织委员参加市政协委员大讲堂、委员培训班、双月协商座谈会等活动，撰写了《适应新常态，共谋新发展，推动我市非公有制经济再上新台阶》《深入学习“两会”精神，推动我市非公有制经济快速发展》《倡导绿色出行，为郑州治理雾霾贡献力量》等大会发言材料。组织工商联界别政协委员开展考察学习活动，交流了企业利用“新三板”拓宽融资渠道、发挥传统文化优势改进企业经营等内容。五是组织基层工商联参加省委统战部开展的“关于人民团体协商工作”的调研，经市工商联推荐，新郑市工商联作为县级工商联代表在座谈会上发言。

8月13-14日，中央统战部副部长、全国工商联党组书记全哲洙莅郑调研小微企业发展情况

【学习培训】 一是举办各种论坛活动。先后举办了“助力中原企业腾飞，新三板走进郑州——企业财富管理之夏季论坛”“新常态、新变革、新金融 融通国际资本 擎起中原未来——2015国际金融创新论坛”“国学大讲堂”等活动，组织4000多名会员参加，开阔眼界、激发热情。其中，“国际金融创新论坛”在全省经济界引起强烈反响，受到省市领导张大卫、梁静、马懿、王跃华等的高度评价。二是组织会员参加培训学习。推荐2名副会长参加了省工商联第二期青年企业家培训班、2名行业商会会长参加了理论培训班，先后组织100余名企业家参加4期豫商讲堂，安排4名非公有制经济代表人士参加了市委统战部举办的党外骨干培训班；组织非公有制经济代表人士参加了市委统战部举办的中心组学习4次，撰写了《深入学习“两会”精神，着力推动我市非公经济快速发展》和《深入学习贯彻〈中国共产党统一战线工作条例（试行）〉精神，推动工商联事业再上新台阶》等4篇大会发言材料。三是通过“三方四家”活动帮助会员打造和谐劳动关系。按照中共中央国务院、省委省政府《关于创建和谐劳动关系的意见》，市工商联组织会员企业依法与工会就职工工资、生活福利等涉及职工切身利益问题进行平等协商，签订合同。引导非公有制企业积极创造就业岗位，严格遵守国家相关法律法规和政策措施，尊重和维护员工合法权益，依法保障职工享有养老、失业、医疗、工伤、生育等社会保险权利，建立和完善职工工资协商共决机制、正常增长机制和支付保障机制；引导非公有制企业依法建立工会组织，开

展工会活动。经过市工商联推荐，会员企业郑州市神阳科技有限公司和河南金马工贸有限公司参加了全省构建和谐劳动关系评选活动。

【对外宣传】 2015年，全市工商联组织对外宣传工作取得显著成绩。在市级以上报刊发表文章信息28篇，其中，在《中华工商时报》上发表13篇，在市工商联网站发布各类会务活动信息800余篇，分别被《河南省工商界》刊物和"根在中原"网站、省工商联网站等转载，起到了宣传会员、推介会员的作用。在2015年11月举行的"河南省民营企业100强发布会"上，市工商联推荐的康利达、三全、思念等11家企业榜上有名。会员企业河南锐之旗信息技术有限公司董事长李少杰被评为2015河南经济年度人物。市工商联会员任红军、张海洋、朱肖云等10人获得"河南省非公有制经济人士优秀中国特色社会主义事业建设者"称号。市工商联连续4年被评为全省工商联系统宣传阵地建设先进单位。

【经贸交流】 一是组织会员参加各种经贸交流活动，为企业发展寻找机会。组织600多名会员参加了第九届中国（河南）国际投资贸易洽谈会、"民营企业垄上行"项目推介会、"善用香港优势·开拓海外市场"投资推广研讨会等活动。二是组织会员参加全省工商联经济服务工作座谈会、郑州市中小企业银企对接会、省财政厅缓解小微企业融资难题专题座谈会等活动，帮助企业寻找解决融资难的途径。三是继续加大邀商力度。完善招商引资信息发布机制，建立项目库，共收集整理200家企业数据资料，通过"请进来""走出去""以商引商"等形式，邀请到外地市企业来郑考察600余人次。在"乙未年黄帝故里拜祖大典"中，邀请到来自香港、上海、深圳、杭州、厦门等地的企业家41位，其中全国500强企业4家、行业百强9家，圆满完成了邀商任务和接待任务，被大典组委会评为先进邀商单位。

【光彩事业】 一是继续推进"百企帮百村"活动。至年底，全市参与帮扶企业957家，结对村数831个，建立帮扶项目891个，累计投入帮扶资金约216亿元。通过村企互动、产业推动、项目带动等形式，为结对村提供基础设施建设和增收、就业机会，帮助当地农民改善生活质量，取得了良好的经济效益和社会效益。二是参与举办"民营企业招聘周"活动。组织120余家企业参会，提供岗位7677个，达成用工意向1448个。针对服装企业需求，市工商联专门组织了22家企业开展专场招聘，提供岗位200余个，现场签订用工意向112个。市工商联还与人力资源中心建立长效服务机制，推出了就业再就业"绿色通道"，促进高校应届毕业生、"4050"人员、农村富余劳动力的就业和再就业。三是光彩事业取得显著成效。市工商联主席企业河南康利达集团为"北京大学教育基金会"捐助教育基金300万元，成立"革命老区教育基金"和"教育慈善基金"，帮助贫困大学生完成学业。在省工商联"光彩圆梦"活动中，康利达集团捐助50万元；在2015"郑州慈善日"活动中，康利达集团现场捐赠350万元。据统计，康利达集团二十余年来在赈灾救助、扶贫济困、尊老助医、助学帮教等公益慈善事业方面累计捐赠上亿元，成为民营企业参与社会公益事业的楷模。市工商联会员、副会长企业好想你枣业股份有限公司投资300多万元，与附近数千家农户建立了约3333公顷绿色红枣生产基地，使承包农民年人均增加收入2000多元，累计安排农村富余劳动力进厂务工3000多人。

7月8日，全国工商联副主席谢经荣一行到经八路街道商会调研

各级工商联和商会组织积极投身光彩事业。管城区工商联引导辖区非公有制经济人士奉献社会，全年投入钱物500余万元。中原区工商联组织21家会员参加"郑州市慈善日"活动，当天捐款100多万元。惠济区工商联组织会员为光彩事业捐款捐物合计60余万元，解决就业380人，帮扶126名贫困学子完成学业。新郑市工商联组织会员企业投资400万元建立标准化种猪养殖项目，使项目所在村人均年纯收入增加1650元。新密市工商联组织58家会员企业积极参与"光彩圆梦"助学活动，资助贫困学生200余人。荥阳市工商联大力宣传非公有制经济人士参与光彩事业的典型，开展了"荥阳非公经济人物"评选活动，制作专题片在电视台等新闻媒体上亮相，以此鼓励他们在经济社会发展中做出更大贡献。

【组织建设】 一是持续推进县级工商联建设。指导各县（市）区工商联结合实际，采取有效措施和办法，扎实开展创建活动。10月，先后对各县（市）区创建工作进行了调研和督导，按照标准要求逐条逐项对照，健全和完善相关依据性材料，达到了"五好"县级工商联建设标准要求，提前两年完成省工商联的目标要求。二是继续扩大组织覆盖面。按照相关规定，经过申请和审核，吸收郑州市盐城商会、汝州商会、进口汽车商会作为市工商联团体会员。截至年底，市工商联共有行业商会20家、异地商会25家，会员30584个，其中年营业收入超过4亿元的上规模企业11家。三是积极推动行业（异地）商会等社会组织管理体制改革。按照省政府有关要求，配合市民政部门做好市属行业（异地）商会直接登记注册工作。四是开展商会交流活动。驻会领导分别带队到泉州市、揭阳市、长春市工商联学习考察，并与揭阳市工商联缔结为友好商会。五是加强机关培训。按照省工商联统一安排，市工商联主席、党组书记赴上海浦东干部管理学院参加了学习培训；分4批组织县（市）区工商联主要负责人赴北京参加工作培训。按照市委组织部年度培训计划，先后安排机关3名县处级干部和2名科级干部参加主体班培训和业务培训。

（茹东晓）

区域新貌
中国郑州 黄河之都
NEW AREA

郑州航空港经济综合实验区（郑州新郑综合保税区）管理委员会

2015年9月24日，中共中央政治局常委、国务院总理李克强在郑州航空港实验区调研

2015年2月10-11日，省委书记、省人大常委会主任郭庚茂，省长谢伏瞻率领省四大班子领导调研航空港实验区

2015年5月14日，国家民航总局局长李家祥在航空港实验区调研

2015年12月15日，海关总署副署长孙毅飚到综保区考察

2015年8月6日，市长马懿调研航空港实验区

2015年9月12日，市委常委、港区党工委书记张延明参加构建中阿自由贸易园区研讨会

2015年3月6日，市委常委、港区党工委书记张延明参加航空港实验区与中信银行郑州分行签署战略合作协议仪式

2015年6月24日，港区管委会主任马健参加中国民航发展论坛

台湾青年发展基金会董事长连胜文带队与实验区管委会举行台商企业对接会

郑州航空港经济综合实验区（郑州新郑综合保税区）管理委员会

① 郑机城铁开通运营
② 机场二期飞行区通过民航局行业验收
③ 机场T2航站楼投用
④ 郑州机场二期建成投用
⑤ 正弘中央公园
⑥ 第一水厂一、二期工程建成

谷庄安置区

智能手机产业园

中部国际电商产业园

郑东新区管理委员会

2015年9月25日，中共中央政治局常委、国务院总理李克强在郑东新区视察

2015年5月22日，省委书记、省人大常委会主任郭庚茂到郑东新区龙湖区域调研

2015年1月28日，市委常委，区党工委书记、管委会主任张建慧在龙湖现场办公

西运河公园

体育公园

北湖湿地公园

上海合作组织成员国总理第十四次会议在郑东新区召开

入驻项目签约仪式

北三环东延绿化施工

龙湖湖心岛内环项目建设

象湖工程施工现场

CBD鸟瞰

龙子湖

龙湖

如意湖龙舟赛

东站广场

郑州经济技术开发区管理委员会

2015年11月24日，十七届中央政治局常委李长春在河南保税物流中心视察

2015年12月17日，全国政协委员会常务委员、人口资源环境委员会副主任李成玉视察宇通公司

2015年12月1日，全国人大财经委副主任邵宁视察中铁装备

2015年7月7日，市委副书记胡荃，区党工委书记、管委会主任崔绍营一行在经开区调研

2015年1月27日，区党工委书记、管委会主任崔绍营率队在尚岗杨公园、世和小区召开现场会

2015年3月4日，经开区管委会领导崔绍营、李雪生、孙兵、马良一行察看生态廊道、水系、拆迁、安置房建设情况

2015年7月15日，区党工委副书记、管委会常务副主任史占勇带队考察经开区扬尘治理工作

2015年7月23日，区党工委副书记、管委会常务副主任史占勇调研潮河两侧生态水系建设情况

召开党的群众路线教育实践活动座谈会

国家郑州市高新技术创业中心

郑州国际陆港联检中心

宇通新能源工厂

中铁工程装备集团有限公司车间

郑州国际物流园区

郑欧班列抵达郑州国际陆港

金沙湖

蝶湖

龙渠、凤河

尚岗杨遗址公园

2015年建成的秀锦小区

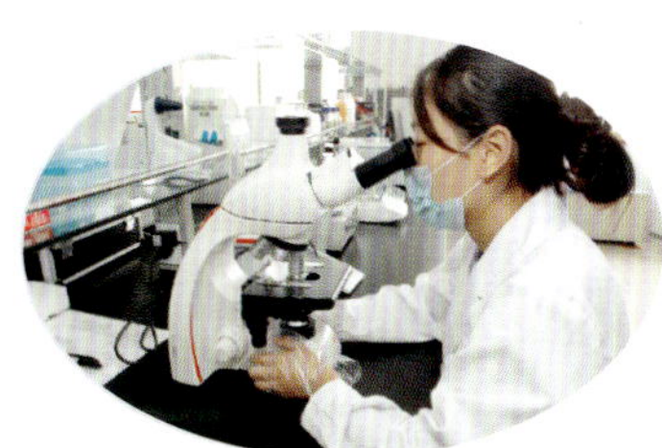
金泰生物实验室

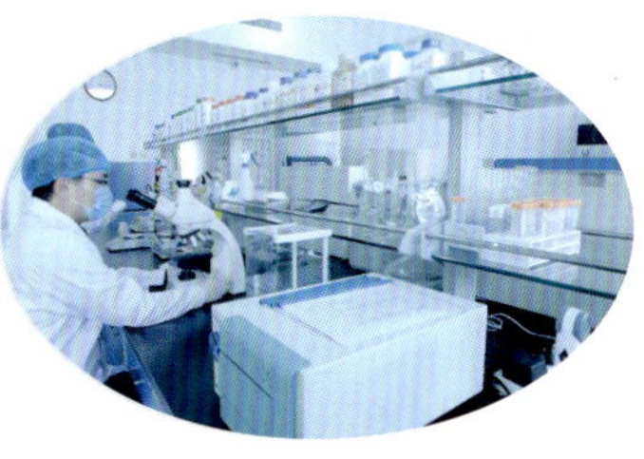
留学生创业园内格然林医药科技有限公司的专业实验室

滨河国际新城戒指桥

获得的荣誉

郑州高新技术产业开发区管理委员会

2015年12月17日，全国政协委员会常务委员、人口资源环境委员会副主任李成玉到威科姆公司调研

2015年5月20日，科技部副部长曹健林到高新区汉威电子调研

解放军信息工程大学

郑州大学

中铁隧道“盾构及掘进技术国家重点实验室”

电子商务产业园

郑州机械研究所“新型钎焊材料与技术国家重点实验室”

河南汉威电子股份有限公司园区

河南思维自动化设备股份有限公司

位于高新区的郑州大学附属中心医院

游园一角

生态廊道

祥营村城中村改造项目

建设中的安置房小区

须水河生态水系

河南郑州出口加工区管理委员会

2015年8月5日，副省长赵建才视察出口加工区B区

2015年8月4日，市长马懿在出口加工区调研

2015年10月23日，市委副书记胡荃视察E贸易发展情况

2015年11月13日，郑州经济技术开发区党工委书记崔绍营视察出口加工区企业

海关总署在出口加工区组织开展调研活动

河南郑州出口加工区管理委员会

出口加工区B区成功预验收

开展纪念建党94周年活动

中组部在出口加工区调研
非公企业党建工作

富士康电子制造产业园

进口食品交易中心

出口加工区B区主卡口

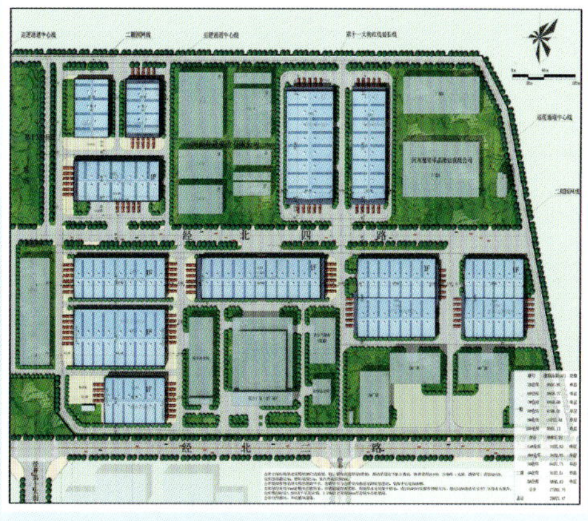

出口加工区跨境贸易保税仓库平面图

中共巩义市委 巩义市人民政府

巩义市委书记徐相锋到企业调研

巩义市市长孙淑芳深入企业调研

华西科技

新购买40辆新能源空调公交车

蓝天白云下的巩义

康百万庄园

机械化收割

正在建设的S237道路

桑家沟葡萄种植基地

云缠雾绕青龙山

中共新密市委　新密市人民政府

2015年7月22日，省长谢伏瞻在新密市调研

2015年7月9日，郑州市市长马懿在新密市调研

2015年11月30日，新密市9家企业在上海股权托管交易中心集中挂牌

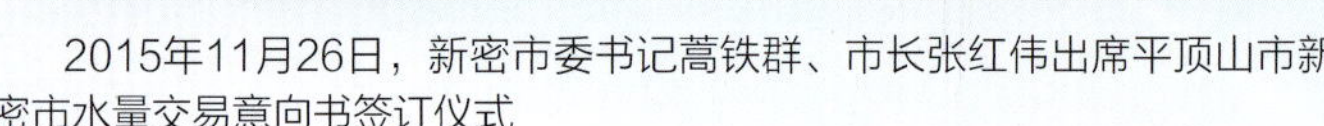

2015年11月26日，新密市委书记蒿铁群、市长张红伟出席平顶山市新密市水量交易意向书签订仪式

尖岗水库“引水入密”工程

大学路南延新密曲梁段

郑登快速通道祥云路段

曲梁产业集聚区金盛服装商贸城建设

郑州赛澜服饰有限公司生产流水线

新型社区——超化新区

来集桧树亭社区

蓝天碧水工程

全域旅游

新密古县街

凤凰天桥

美丽浮戏山

中共登封市委 登封市人民政府

2015年5月22日，省委书记、省人大常委会主任郭庚茂调研登封市产业集聚区中岳非晶项目

2015年7月22日，省长谢伏瞻到登封市产业集聚区调研TATA木门项目

2015年7月2日，副省长张广智调研登封市产业集聚区中岳非晶项目

2015年投入使用的登封市石道乡颍福花园社区综合服务中心

登封市颍阳镇2015年新建成投入使用的社区——国鑫小区

建成投用的中岳社区卫生服务中心

2015年通车的郑登快速通道北李家沟大桥

郑登快速通道少林河大桥

改建后的少林大道东段（焦河口段）

位于登封市产业集聚区的河顺自动化设备有限公司

白云牧港兽用中药项目中药提取车间

郑州登电银河科技有限公司SMD陶瓷器件项目生产车间

郑州闼闼嵩阳木业有限公司TATA木门生产基地项目生产线

位于石道乡正在建设的三全集团厂房

位于唐庄乡的文化产业项目马头崖艺术山庄

位于唐庄乡的农民创业园

位于君召乡的宝融蔬菜园区一角

新建成的唐庄乡同心幼儿园

中共新郑市委 新郑市人民政府

2015年9月24日，中共中央政治局常委、国务院总理李克强在孟庄镇农民创业园调研

2015年5月18日，中央农村工作领导小组副组长袁纯清到郑州市调研“一二三产”融合发展情况

2015年4月9日，国家食药监局副局长滕佳材到郑州市小鹏食品厂调研

2015年9月21日，副省长徐济超到新郑市调研创新创业综合体工作

2015年2月3日，副省长赵建才调研华南城项目建设情况

2015年5月19日，省政协副主席钱国玉调研南水北调中线工程新郑段生态廊道建设情况

2015年4月15日，郑州市市长马懿在新郑市察看乙未年拜祖大典筹备情况

新郑新城轩辕湖公园美景尽览

圣戈班绿色国际建材城奠基仪式

具茨山扶贫搬迁社区

中德产业园

西关大桥

丹江清水滚滚来

西亚斯大学生创业园

总建筑面积18万平方米的孟庄镇农民创业园

和庄镇恒天电缆公司生产车间

2015年中华枣乡风情游

乙未年黄帝故里拜祖大典在新郑举行

中共荥阳市委 荥阳市人民政府

2015年1月6日，国务院参事室调研组在荥阳调研新丝绸之路经济带建设过程中生态保护与文物保护工作

2015年12月18日，荥阳市委书记宋书杰、人大常委会主任张淑霞、政协主席付冬菊参加郑西高铁郑州西站开通仪式，荥阳跻身“高铁经济圈俱乐部”

2015年12月30日，荥阳市委书记宋书杰出席浙江大学与荥阳市中原智谷创新创业综合体运营托管协议签订仪式

荥阳市市长王新亭在首届亚洲象棋文化博览会上向来宾宣讲荥阳市情

荥阳市政府与海格通信集团合作签约仪式

少林客车校车生产线

卡特彼勒有限公司井下柴油车下线仪式

中原利达机器人自动化生产线

黄河鲤鱼连片养殖基地

荥阳8个高速公路出入口之一——中原路与绕城高速出入口

郑西高铁与绕城高速立体交汇

刘河镇扶贫搬迁安置社区——刘河社区

荥阳市重点工业项目集中启动仪式

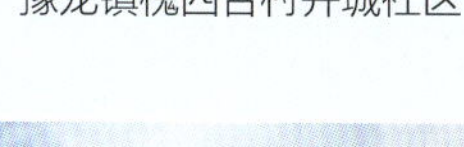

豫龙镇槐西合村并城社区

环翠峪 · 梅山瀑布

李商隐公园

中共中牟县委　中牟县人民政府

2015年9月6日，县委书记樊福太参加新型城镇化论坛

2015年9月6日，县长潘开名参加新型城镇化论坛

庆祝元宵节及非物质文化遗产展演

建设中的海宁皮革城项目

回迁的郑庵镇春晖社区

中共中牟县委　中牟县人民政府

方特欢乐世界正门

绿博园

国家农业公园

贾鲁河生态治理成效

生态廊道

路网工程

物流大道

整车生产

酷跑电动车

雁鸣水乡

中共金水区委　金水区人民政府

2015年2月17日，省委书记、省人大常委会主任郭庚茂到金水区慰问

2015年2月15日，省长谢伏瞻到金水区经八路农贸市场调研

2015年5月25日，市长马懿视察金水区联合执法工作

2015年8月10日，区委书记郑灏东调研老旧楼院改造工作

区委书记郑灏东、区长陈宏伟慰问老干部

2015年7月15日，区长陈宏伟视察城中村改造工作

2015年6月9日，区人大常委会主任薛燕带领驻区市、区两级人大代表视察金水区黄河、内河、城市防汛工作

2015年3月27日，区政协主席武建民带队视察文化路街道大气污染防治工作

金水区安全生产应急救援综合演练

金水区第三届群众文化艺术节系列活动

金水区春节慰问活动

“才聚金水”夏季大型综合招聘会

大气污染治理

金桥学校足球大课间

立体停车场

金水区总医院新址

中共二七区委 二七区人民政府

2015年12月9日，中国关工委主任顾秀莲视察二七区谷殿明学雷锋基地

2015年1月24日，国务院副秘书长、国家信访局局长舒晓琴到二七区视察矛盾排查、人民调解工作

2015年8月7日，省委常委、省委副书记邓凯视察二七区征兵工作

2015年9月21日，副省长徐济超到二七区视察黄科大U创港

2015年8月21日，省人大常委会副主任、省总工会主席张大卫到二七区开展“金秋助学”活动

2015年6月5日，市长马懿视察二七区启福大道积水点改造情况

2015年5月19日，市委常委、市委副书记胡荃到二七区视察河南网商园建设情况

2015年9月1日，市人大常委会主任白红战到二七区视察大气污染防治工作

2015年4月14日，区委书记蔡红到五里堡街道调研

2015年5月6日，区长陈红民视察罗沟村拆迁情况

举行2015年选商引资项目推介会暨签约仪式

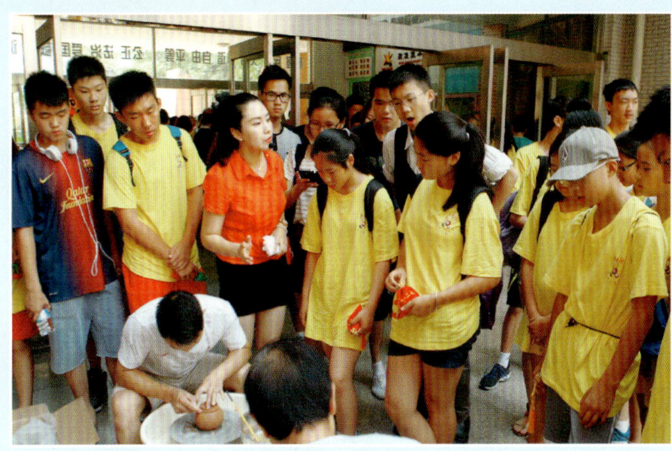

海外华裔青少年“中国寻根之旅”河南营到二七区参观非物质文化遗产

二七区纪念中国人民抗日战争暨世界反法西斯战争胜利70周年文艺汇演

楼宇经济形成规模

二七区与辖区高校共创U创港

蓝天工程成效显著

龙园水乡

京沙鞋业电商产业园引领产业新模式

樱水生态园

樱桃沟

中共管城回族区委 管城回族区人民政府

2015年1月22日，全国政协副主席、国家民委主任王正伟到回民第一小学调研民族教育工作

2015年10月12日，民政部部长李立国到管城区蓉湾社区养老服务中心调研督导工作

2015年1月24日，国家信访局局长舒晓琴到城东路街道商城花园社区调研信访稳定工作

2015年5月14日，省委常委、政法委书记刘满仓调研北下街街道基层矛盾排查化解工作

2015年8月12日，省委常委、宣传部部长赵素萍在代书胡同社区调研

2015年11月8日，副省长、省公安厅厅长许甘露视察管城区电动车充电车棚建设情况

2015年8月25日，省民政厅厅长冯昕在管城区调研优抚工作

2015年7月29日，市政协主席王璋对管城区大气污染防治工作进行督导

2015年12月27日，市委常委、宣传部部长王哲调研管城区“十二五”期间工作

2015年7月21日，市委常委、郑东新区党工委书记、管委会主任张建慧调研东大街街道黄金珠宝企业发展情况

2015年5月14日，区长虎强调研铭心珠宝企业

国家级特色商业街国香茶城茶文化特色街

渠南新区效果图

省市重点项目——中原黄金珠宝文化产业园鸟瞰图

郑州商都博物院和郑州市文物考古研究院效果图

生态廊道

中国500强企业——福耀集团投资建设的郑州福耀玻璃有限公司福耀玻璃厂房

书院幽荷游园

中共中原区委 中原区人民政府

2015年7月15日，中国科协党组书记、常务副主席、书记处第一书记尚勇到中原区中原西路街道绿都社区调研科普建设情况

2015年7月1日，省委常委、省纪委书记尹晋华到中原区调研"四项基础制度"建设情况

2015年8月19日，市委副书记、市委秘书长胡荃到中原区察看大气污染防治情况

2015年7月10日，省委政法委副书记李承先到中原区法院调研

2015年4月23日，省政协副秘书长王克俊到中原区调研民主协商工作

2015年2月11日，省发改委副主任王红到中原区察看春节期间商品供应情况

2015年7月30日，省妇联副主席吕娜到中原区桐柏路风和日丽社区调研妇联基层组织建设情况

2015年11月18日，省纪委宣传部副部长卢远东等到中原区检察院验收省级廉政文化示范点创建工作

由中原区委、区政府主办的2015新年音乐会在河南省人民会堂上演

中原区政府和中原工学院签订合作协议

中原区政府与河南工程学院签订战略合作协议

建设中的陇海路生态廊道

长江公园全景

桐柏路街道风和日丽社区服务中心办事大厅

罗庄城中村改造验收

中共惠济区委 惠济区人民政府

2015年1月6日，市长马懿视察彩虹桥大修工程筹备情况

2015年5月7日，省国土厅厅长盛国民在惠济区调研

2015年6月12日，市委副书记胡荃察看惠济区扬尘治理情况

2015年7月14日，市政协主席王璋到惠济区视察防汛工作

2015年3月19日，市委常委、宣传部部长王哲到惠济区调研文物保护工作

2015年3月2日，区委书记王东亮到花园口镇调研

2015年3月16日，区委书记王东亮、区长黄钫调研建设项目

2015年12月25日，区长黄钫接受媒体“十二五”专访

郑州轨道交通有限公司到惠济区调研

市三院同欧安乐龄医养联合体项目签约仪式

惠济区与西亚斯洽谈项目

惠济区2015年“郑州慈善日”活动启动仪式

市民政局在大河广场举办捐衣物活动

江山路违章建筑拆除行动

工地扬尘治理

南裹头黄河漂流

大堤秋色

古树林

黄河大观四季温泉度假区

中共上街区委 上街区人民政府

2015年9月25日，副省长赵建才莅临2015郑州航展现场

开展“三八”妇女节维权宣传活动

在亚星盛世广场开展党员志愿者服务活动

“5·22”科技活动周在亚星盛世广场集中宣传

“5·12”防灾减灾日在亚星盛世广场集中宣传

纪念抗日战争暨世界反法西斯战争胜利70周年合唱比赛

郑州航展飞行特技展示

航展表演

标准化厂房

创新创业综合体新建厂房

创新创业综合体配套公寓

啸鹰航空公司

创新创业综合体综合体设计图

南水北调水厂调蓄池

五云社区新貌

景色秀丽的江南社区

太溪湖绿化

NEW AREA META

区域新貌荟萃

上海合作组织成员国总理第十四次会议在郑东新区召开

机场T2航站楼投用

中铁隧道“盾构及掘进技术国家重点实验室”

郑欧班列抵达郑州国际陆港

管城区生态廊道

方特欢乐世界正门

景色秀丽的江南社区

二七区蓝天工程成效显著

人民团体和社会团体

工会

【概况】 2015年，市总工会和全市各级工会紧密围绕全市工作中心，竭力服务大局，竭诚服务职工，以改革创新的精神，真抓实干，努力进取，各项工作取得了新的进展。全年全市新建会企业法人2019个，新增工会会员225735人；全市共有建会企业法人26451个，工会会员2303281人。

【思想政治和先进文化建设】 2015年，全市各级工会认真学习宣传贯彻中央和省、市委有关会议精神，牢牢把握工会工作正确政治方向，坚持加强以社会主义核心价值观为主要内容的理想信念教育、社会主义法治教育、文明道德教育，把培育高素质职工队伍作为工会服务大局的一项战略任务来抓。市总工会不断创新教育形式，丰富工作载体，充分发挥各类传媒和工会报刊、网站、微信等平台作用，在各级各类媒体刊登新闻稿件520余篇；编辑制作了郑州工会“十二五”成就回顾展专题片和反映工会爱心帮扶工作的微电影《爱·传递》；开展了“中国梦·劳动美”主题宣传教育活动和主题演讲活动；举办9场郑州市劳动模范先进事迹巡讲宣讲报告会，听众达1.5万余人次；庆祝“五一”劳动节活动期间，市总工会编辑制作劳模风采系列专题片12期，在郑州电视台、郑州晚报、中工网集中报道；在中工网开辟10个专栏，集中对一批劳动模范、最美劳动者、巾帼标兵、优秀基层工会干部、模范职工之家等进行广泛宣传；投资125万元，在职工活动场所省工人文化宫建设了劳模宣传灯箱和职工文化艺术长廊。通过系列活动，大力弘扬劳模精神、劳动精神和工人阶级的伟大品格，引导全市职工适应时代发展要求，全面提升思想道德、科学文化、技术技能、民主法治、健康安全和社会文明素质，争做建功立业、引领风尚、勤学修德的先锋，争做有智慧、有技术，能发明、会创造的新型劳动者，为推进郑州都市区建设注入了新的活力。

【劳动竞赛建功立业活动】 2015年，全市各级工会围绕“三大主体”工作，广泛开展内容丰富、形式多样的劳动竞赛建功立业活动，充分发挥全市职工主力军作用，组织动员广大职工为加快推进郑州都市区建设多作贡献。“五一”节前夕，市总工会组织召开了郑州市庆祝“五一”国际劳动节暨建功都市区劳动竞赛动员大会，对在都市区建设中作出突出贡献的先进单位和个人进行表彰，对劳动竞赛活动进行动员。

在全市重点建设项目中深入开展“五比一创”劳动竞赛，确定77个重点工程建设劳动竞赛示范点，参赛项目600多个，覆盖40余万职工，评选表彰重点项目建设优秀参赛单位50个、技术标兵50个、先进工作者50个，带动了全市重点工程建设又好又快发展。围绕建设美丽郑州，在全市各类企事业单位中持续开展“三比两降”节能减排竞赛活动，以95家示范单位为引领，带动全市6000余家单位、70余万职工报名参赛，评选表彰郑州市节能减排先进单位50个、先进个人50名、技术标兵100名、优秀义务监督员50名。举办郑州市第十二届职工技术运动会，设置竞赛工种（项目）133个，涉及40多个行业，全市参与各级练兵、选拔的职工达35万人次，表彰郑州市技术状元131名、技术标兵529名，近8万名职工技术等级得到提升，职工的岗位竞争力进一步增强。广泛开展职工经济技术创新活动，大力推进班组建设，各级工会在规模以上企业全面推行首席员工制度，引导广大职工紧紧围绕企业发展、技术创新献计献策，取得显著成效。修改完善“安康杯”竞赛活动方案和考核标准，全市参赛企业达7834家、参赛职工91.3万人。

做好劳模、五一劳动奖章、奖状和工人先锋号的评选推荐工作，不断提高劳模管理服务水平。选树表彰了35个市“五一劳动奖状”获得单位、160名市“五一劳动奖章”获得者，向省总工会推荐的4个省“五一劳动奖状”、10名省“五一劳动奖章”、10个省工人先锋号均受到表彰，推荐的13名全国劳模候选人全部当选。“双节”期间，慰问各级劳模660名，发放中央、省市帮扶救助资金278万元。建立劳模（高技能人才）工作室196个。

8月13日，河南省（郑州市）工会会员卡首发仪式在郑州市职工之家举办

【工会工作法治化建设】 2015年，市总工会制定出台了《郑州市总工会关于贯彻落实党的十八届四中全会精神大力推进工会工作法治化建设的实施意见》，将全市工会工作进一步纳入法治

8月11日，市总工会主席赵新中慰问富士康和宇通职工

化轨道。不断提高工会工作法治化水平，切实做好职工维权维稳工作。

成立郑州市职工法律援助律师团，公开招募18名执业律师，无偿为广大职工提供优质法律服务。全市工会系统共建立法律援助机构198个，法律援助工作人员、志愿者613名，劳动法律监督组织3454个。扎实开展“六五”普法教育工作，在全市职工中组织开展法律法规学习宣传和知识竞赛活动，参与职工达100余万人。

深入宣传贯彻《河南省企业工资集体协商条例》，召开全市企业工资集体协商要约行动月、农民工参与工资集体协商工作现场交流会，进一步引导和规范企业工资集体协商行为，努力增强集体合同实效。2015年全市建立企业工资集体协商制度、签订工资集体合同的企业63931家，覆盖职工120多万人。进一步加强区域（行业）职代会制度建设，不断深化厂务公开，抓好职工代表培训工作，全市建立职代会制度企事业单位23982家，建立厂务公开制度企事业单位24426家。

围绕维权维稳积极开展矛盾纠纷排查和风险评估，充分发挥职工信访及“12351”职工维权热线平台作用，及时做好信访稳定工作。全年全市各级工会组织共排查安全隐患315起，化解矛盾纠纷430多个，接待调处职工来信、来访、来电701起，涉及职工3876人次，结案率达97.5%。全市工会系统共建立劳动争议调解组织数达4538个，拥有工会调解员6386人。

各级工会积极参与职业病防治工作，深入开展安全生产隐患排查治理活动，积极推进工会系统平安建设，努力保障职工劳动安全、生命健康权益。全年共参与工伤事故调查处理12起。

【职工服务和困难职工帮扶】 2015年，全市各级工会组织完善体系机制，切实加强职工服务和困难职工帮扶工作。

深入贯彻省总工会关于建立职工网络服务体系的实施意见，按照“信息化、社会化、实名制、项目制、普惠制、广覆盖”要求，全面推进“互联网+工会”和“一网一卡一平台”建设，初步形成全市各级工会上下联动、平台线上线下互动、广大职工需求推动的服务职工新格局。全市共录入单位信息3815家，录入会员信息632087个，网络上传更新各类服务信息1100余条；洽谈签约合作优惠商家415家，有2397家单位为44.39万名职工申办工会会员卡，23万张会员卡已制成发放到职工手中；微信服务平台编发推送服务信息400余条，吸引2万名粉丝关注，总阅读量达30万次，获得中华全国总工会颁发的“全国最有影响力工会新媒体”和“全国十佳创意设计工会新媒体”两大奖项。

各级工会不断拓宽帮扶领域，强化帮扶力度，把困难帮扶与家庭、心理健康、就业创业服务和职工互助活动有机结合，不断提高帮扶服务职工水平。元旦、春节期间，全市各级工会共筹集慰问款物总额1236万元，走访困难企业158家，慰问困难家庭14136户。持续做好农民工平安返乡、春风行动、金秋助学、就业援助月、女职工关爱、民营企业招聘周、职工互助保障等品牌工作。全市各级工会通过包车、购票帮助农民工平安返乡20564人次；“春风行动”组织专场招聘会25次，成功介绍农村劳动者就业5743人；筹集助学资金735万元，资助2650名困难学生顺利入学；全市各级工会开展培训2.7万人次，帮助11812人实现创业或就业；发放小额借款436万元，帮助1728人创业和就业。

【工会组织建设】 2015年，全市各级工会组织加强工会组织建设，不断扩大覆盖面、增强代表性。市总工会把“集中行动”作为全年工作的重中之重来抓，以开展基层工会建设“落实年”活动为抓手，坚持做到“四个到位”，确保建会、发展会员和“集中行动”扎实推进。截至年底，全市新建工会组织2019家，新发展会员225735人（其中农民工会员191960人），实名制信息录入63万余人。

继续在全市基层工会开展达标创优建立工会工作示范点活动，修改完善示范点工会考核标准，并投入专项资金259万元，为增强基层工会规范化建设注入新动力，努力把基层工会组织建设成广大职工信赖的“职工之家”，把工会干部锤炼成听党话、跟党走、职工群众信赖的“娘家人”。至年底，全市共有达标创优建立工会工作示范点80个。

切实抓好基层工会干部队伍素质能力建设，增强工会干部的政治意识、大局意识和服务意识，提高工会干部的履职能力。组织基层工会主席参加中华全国总工会培训2期；基层工会组织培训57期，参训工会干部7295人次。全市选树推荐全省职工教育培训示范点4个、全国职工书屋示范点3个、全省职工书屋示范点7个，命名郑州市“职工书屋”示范点45个；选树表彰郑州市学习型组织先进单位10个、知识型职工标兵10名、知识型职工先进个人40名，职业道德建设十佳单位10个、十佳职工10名；选树表彰郑州市文明职工100名，选树推荐河南省文明职工100名。

以开展“三严三实”专题教育为契机，切实改进作风，密切与职工群众联系。认真落实工会领导机关、领导干部联系基层、联系职工等制度，广泛听取基层意见，进一步畅通联系服务职工的渠道。上半年，市总工会在全市开展了“新常态下企业经营状况和职工队伍情况大调研”和“指导基层推动工作落实调研”活动，并对调研情况进行综合分析，将调研成果运用到实际工作中。进一步完善制度机制，着力破除工会机关化、行政化倾向，持续解决理想信念、群众观点、思想方法、精神状态、服务能力等方面的问题，把践行“三严三实”作为提振精气神、焕发新活力、实现新作为、推动工会各项工作创新发展的重要途径，激励各级工会干部树立和发扬“三严三实”作风，激发干事创业热情，凝聚起干事创业的强大正能量。

（郭　巍　慕秋石）

共青团

【概况】 2015年，全市各级团组织按照市委、市政府的总体工作部署，牢牢把握群团工作的政治性、先进性、群众性，以“建功郑州都市区 青春担当勇作为”为主线，贴近青年实际，瞄准国内先进，抢抓机遇，务实重干，多项工作在创新中取得突破。在全国省会城市中第一家开通“青年之声”网络社交平台，持续打造服务了30余万人（次）的青少年综合服务平台——青春家园，成功承办第二届全国中学生模拟联合国大会，组织22万青年志愿者投身“三大主体”和城市精细化管理工作一线。团市委先后被评为郑州市2014年度综合工作先进单位（群团组织唯一一家）、河南省青年创新创业大赛先进单位。

【青少年思想政治引领】 2015年，全市各级团组织着力增强政治性，始终把抓好青少年理想信念教育作为共青团的首要任务，强化育人职能，全面加强青少年思想政治引领。

（一）凝聚思想共识，深入学习贯彻党的群团工作会议精神和共青团十七届四中全会精神。组织开展理论宣讲、专题培训、社团交流等活动130场次。不断深化“中国梦”主题教育活动，先后举办青春励志故事分享活动、演讲比赛、学习总书记系列重要讲话精神征文比赛等主题团日活动近2000场，征集文章3000余篇，影响辐射青年50余万人。

（二）汇聚精神力量，广泛开展培育践行社会主义核心价值观活动。组织开展“红领巾相约中国梦”“奋斗的青春最美丽”“与信仰对话”等主题教育实践活动800余场次，覆盖青年30余万人次。承办第二届全国中学生模拟联合国大会，来自全国各地49所重点中学的师生代表共600余人参加了大会。大会期间，举办了主题音乐会、外交官讲座、学生论坛、教师论坛、地球村晚会、全国学子看郑州等特色活动。团中央书记处书记傅振邦和省、市领导徐济超、胡荃、高建慧等出席活动并给予高度评价。以“彩虹人生”为主题，组织全市中学中职学校开展优秀中职毕业生报告会16场、社团展演活动70余场，参与青年学生20万余人次，活动信息被团中央微信推广。

（三）构建清朗网络，扎实开展网络宣传引导工作。抓住学雷锋日、清明、抗战胜利70周年、开学第一课等重要时间节点和重大社会事件，精心策划主题，设计开展符合网络及青年特点的正面宣传。不断加强网络宣传阵地建设，巩固“五个一”的工作做法，即：突出“青春为郑州点赞”一个宣传主题，筑牢一个共青团新媒体实体化阵地，组建一支共青团网络文明志愿者队伍，构建一套网站、微博、微信、微刊、手机报“五合一”的新媒体宣传体系，联合市委组织部打造一批青少年“红网”家园，唱响主旋律、弘扬正能量，形成了全国领先的工作格局。在全国省会城市中，第一家开通“青年之声”互动社交平台，打造了一个“团帮青、青帮青、政帮青、社帮青”的综合服务平台，组建了青年就业创业、青少年心理咨询、青少年权益维护、青年婚恋交友、青少年志愿服务等10个专家联盟团队，为广大青少年提供学习生活、工作婚恋、思想引导和社会热点问题解析解答3000余个（次），切实增强团组织在网上的吸引力和凝聚力。《中国青年报》以《郑州青年过“五四”首次实现全网络》为题进行了报道。定期组织网络大V、知名网评员等开展网络舆情讨论，组织开展了数十次网络宣传引导演练。编发郑州青年手机报16期、微信114期，新浪、腾讯、人民微博粉丝总量达17万余人，微信受众达12万余人，在全国地市级微信公众号排行榜中一直名列前十位。按照市委要求，成立郑州共青团网络舆情监测研判小组，对全市每日网络舆情监控上报，并对下周舆情进行预判。策划发布了“郑州入围全国城市竞争力20强的关键理由”“喜欢郑州，从欣赏开始”等主题微信微博100余期，其中多篇原创文章的微信阅读点赞量超过5万余次，微博转发量总计达100万余次。动员各级团组织和广大团员青年，参与对正能量文章的积极转发、评论达400万次。

【服务经济社会发展大局】 2015年，全市各级团组织着力增强先进性，紧紧围绕市委市政府中心工作，强化担当作为，组织动员广大团员青年积极投身郑州都市区建设。

（一）以“青春建功郑州”活动为载体，积极投身经济建设主战场。在机场二期工程、地铁2号线、5号线等建设中，开展各类青年突击队活动200余场。“五四”期间，在沿黄快速通道举办了“建设郑州我先行·青年突击当先锋”青年突击队集中誓师活动。“三夏”期间，依托行业青年文明号集体，参与开展助收帮扶、农机维修、安全宣传、医疗服务、科技咨询等志愿服务活动1.5万人次。

（二）以精细化管理“百日行动”为重点，全力服务新型城镇化建设。助力全市城市精细化管理“百日行动”，以“汇聚七彩青春服务城市管理”为主题，组织动员全市各级团组织和团员青年参与“美好郑州 、青年先行”城市管理志愿服务、“我为畅通工程作贡献”青年突击队服务畅通工程项目建设、“小手拉大手 共建品质郑州”等20个专项活动，为建设美丽郑州凝聚青春力量。积极开展“防治大气污染 共建美丽郑州”青年环保系列宣传实践活动，成立“防治大气污染”青年环保志愿者服务队近100支，举办2期郑州共青团环保大讲堂，在全市开展青少年环保宣传和实践活动30余次。相继启动了“青春建功 美丽中国”“绿色爱家”保护母亲河等一批生态公益项目，利用植树节、地球日、环境日等广泛开展植树造林、快乐骑行、健康竞走、环保书画展览、绿色大讲堂等环保实践活动60余场次。以“保护母亲河 美丽中国梦”为主题开展植树活动，参与青少年4000余人，植树2万余株。

（三）以“网格青年志愿服务”活动为抓手，全面参与长效机制建设。大力开展“万名青年志愿者下网格”活动，打造市级网格青年志愿者服务站18个，参与团员青年20余万人次。集中开展“联系服务农村青年月”活动，组织乡村青年文化活动96场，发放春联和年画1.2万余副、宣传册5000余份、书籍3000余册，捐赠物资价值30.4万余元。团市委机关群众工作队驻扎金水区南阳路办事处西彩社区，排查解决问题200余个，工作案例入选市群众工作队宣传片，西彩社区团支部被授予“河

6月1日，团市委在二七区政通路小学开展“精忠报国是我一生的目标”——省会红领巾庆“六一”联合队会

8月1日，第二届全国中学生模拟联合国大会在郑州开幕

南省五四红旗团支部”。

【服务青少年成长成才】 2015年，全市各级团组织着力增强群众性，以创新创业创优为导向，围绕青年重点需求、针对青年重点群体开展服务，主动为青年办实事解难事。

（一）围绕发展需求，打造服务青年创业就业平台。建立了省内首家青年创业孵化器和青农联服务大厅，为青年提供政策咨询、创业就业培训、项目推广、资金申报、小额贷款等“一条龙”服务。深入开展“青春点亮中国梦”大学生暑期见习行动，为在校大学生征集见习岗位1361个，实现青年就业创业见习上岗487人。持续深化青年创业小额贷款工作，发放小额贷款169笔1600万元。积极推进涉农企业和农村青年电子商务培训，培训农村青年2000余人。

（二）履行两办职能，切实维护青少年合法权益。积极推进预防青少年违法犯罪工作，创建省级青少年维权岗2个。不断深化“共青团与人大代表、政协委员面对面”活动，成立省内首个“人大代表、政协委员联系青少年事务工作站”，积极开展法治进校园、平安建设宣传月自护知识教育，通过举办讲座、发放安全小读本、自护课堂、自护体验教育等活动130余场，向广大青少年普及自护知识，覆盖青少年30余万人次。把12355青少年服务台作为构建社会化维权体系的重要平台，累计开展考前心理讲座18场，服务考生2万余人。

（三）点亮志愿品牌，广泛开展青年志愿服务。推进志愿服务基层平台建设，先后在馨家苑社区服务中心、“一碗面”公益餐厅等社会志愿组织建立青年志愿者服务站，至年底，全市已建立各级各类青年志愿者服务站31个；全市共注册志愿者43万余人、青年志愿者服务队350支。深化关爱进城务工人员子女志愿服务行动，全年共结对进城务工人员子女小学349所，结对进城务工人员子女85019名，开展七彩课堂活动200余次。举办阳光助残志愿服务活动，与全市18757名残疾青少年开展结对志愿服务。

（四）整合社会资源，深化困难青少年群体帮扶工作。积极开展郑州希望工程爱心助学系列活动，募集款物价值113.55万元，受益留守儿童近2万名。专题为贫困自闭症儿童开展公益活动，举办郑州“旅行希望工程”公益游学活动，参与人数突破1000人，筹集善款3万余元。为8000余名特殊群体青少年在青少年宫提供免费优秀儿童剧目公益展演28场。郑州希望工程爱心助学捐赠学习用品和图书价值2.5万元，筹建10座“希望图书室”。

【团组织建设】 2015年，全市各级团组织着力固本强基，以扩大团的工作有效覆盖为统揽，创新形式，激发活力，强化夯实基础，提高团组织的吸引力和凝聚力。

（一）扎实推进社区团组织换届。按照市委、市政府关于社区“两委”换届统一要求，启动全市社区团组织换届工作，召开专题推进会，制作专题宣传片，创新性地推进“兼职团委委员”的做法。

（二）扩大非公团建组织覆盖。围绕服务产业集聚区建设，按照非公企业团建“活力工程”的有关要求，坚持抓大带小、条块结合，深化达标创优，进一步健全靠前指导、分包联系、示范培训等机制，扩大非公企业团建覆盖面，全年新建非公企业团组织213家。

（三）统筹推进街道区域化团建工作。参照区域化团建示范点建设标准，在全市86个街道全面铺开街道区域化团建工作。6月，在全省区域化团建骨干培训班暨重点工作推进会上做典型发言，介绍了“3+3+3”模式工作经验。

（四）积极推进“青春家园”建设新模式。全面探索社区类、企业类、青年社会组织类青春家园建设新模式。至年底，全市“青春家园”达31家，累计服务青年达30万余人。

【团干部队伍建设】 2015年，全市各级团组织着力从严治团，深入开展“三严三实”主题教育活动，强化团干部队伍建设，全力锤炼团干部良好作风。把开展“三严三实”专题教育与“团干部如何健康成长”大讨论活动结合起来，完善直接联系服务团员青年制度、调查研究制度、基层联系点制度，进一步密切团干部与团员青年的联系。以“四位一体”学习制度为抓手，举办各类团干部学习交流活动6期。树立问题导向，聚焦机关化、行政化、贵族化、娱乐化“四化”现象，以制度化、常态化为抓手，着力改进工作作风、密切联系青年，团干部作风进一步转变。

（王淑楠）

妇女联合会

【概况】 2015年，全市各级妇联组织立足职能、服务大局，改革创新、开拓进取，在郑州都市区建设中发挥妇联作用、彰显妇联作为，推动工作迈上新台阶。一是开展“五个万家”活动，在都市区建设实践中彰显作为。创新谋划推进“德润万家”“业安万家”“法进万家”“书香万家”“心暖万家”等五大活动，在服务大局中推动妇联工作实现新跃升。郑州市2户家庭入选全国100户“最美家庭”，入选数量占全省的50%，在全国各大城市中位居前列。创新运用“互联网+”推动巾帼就业创业，《中国妇女报》连续2次对郑州市运用互联网思维推动妇女就业创业进行报道。积极开展百场普法大讲堂，探索建立“七位一体”模式依法维护妇儿权益，扎实开展“和睦家庭”创建，刘延东、汪洋、彭珮云等领导对郑州市修订村规民约维护农村妇女权益给予充分肯定，《中国妇女报》先后3次对郑州市此项工作进行报道。通过生活帮扶、技能帮扶、健康帮扶等七类精细精准帮扶，使72778名困境妇女儿童受益。全年先后在全省“双协”工作会议、维护妇女儿童权益暨和睦家庭创建现场会、关爱留守儿童工作现场会等全省会议上作典型发言。二是抓好节庆抓准契机，努力营造氛围提升影响优化环境。抓好“三八”“六一”等节日，抓住男女平等基本国策实施20周年等重要契机，举办了“家风力量·幸福守望”——2014年郑州市寻找“最美家庭”活动成果交流会、“书香童心中国梦”庆“六一”儿童阅读成果展示、评选发布郑州市实施男女平等基本国策20年十件大事等丰富多彩的庆祝活动，开展了两规划实施情况督导检查和迎检工作，大力推动基层妇女参选参政，提升了妇联工作影响，优化了妇女儿童发展环境。三是改革创新强基固本，妇联组织更加充满活力坚强有力。在全省率先启动村、社区妇联组织规范换届工作，创新运用社会化思维，采用兼职的方式吸收近7万名优秀妇女进入基层妇联队伍，极大地壮大了基层妇联工作力量。全省服务型基层妇联组织建设观摩培训现场会在郑州召开，肯定并向全省推广郑州市做法，《中国妇女报》、全国妇联《妇工要情》等报刊对郑州市工作进行专题报道。采取送教上门方式连续开展实战培训12场，培训专兼职妇女工作者1200多名，规模创全市历年妇女培训之最。推动妇女儿童活动场馆纳入全市“三级三类”市民服务中心建设内容。积极探索“互联网+”妇联工作新路径，构建妇联宣传工作新格局；创新创办市妇联图文音画日志微信，利用互联网及时高效发出女性声音、展示女性风采，展示了紧贴时代、开放创新的妇联新形象。

根据市委市政府统一安排部署，市妇联积极参与了一系列全市性的重要工作。参加市委党的群团工作专题调研活动，并派出精干力量参与了市委加强改进党的群团工作实施意见的起草、市委党的群团工作会议筹备等工作。选派工作队进驻荥阳市高村乡牛口峪村开展了驻村帮扶工作，通过用“情”、用“心”、用“力”帮扶，推动全村134户589人脱贫。积极参与推动城市精细化管理“百日行动”，充分发挥妇联优势，广泛开展“服务城市精细化管理·巾帼在行动”活动，及时组建“五支队伍”，全力开展“五大行动”，切实发挥“五大作用”，精心打造“五个样板”，为推动城市精细化管理中做出妇联贡献。

扎实开展“三严三实”专题教育活动。通过牢固树立大局导向、责任导向、改革导向、问题导向、需求导向等五个导向，从严上入手、向实处着力，领导班子以上率下，带领全体机关党员干部加强理论学习、从严剖析自我、大力整改落实，机关工作的自由主义、个人主义等不良现象得到坚决纠正，营造了从严从实的工作氛围，形成了风清气正、心齐劲足的良好政治生态，凝聚起促进工作的强大正能量。

2014年度郑州市寻找“最美家庭”活动成果交流会举行

【“德润万家”活动】 2015年，全市各级妇联组织积极贯彻落实习近平总书记“注重家庭、注重家教、注重家风”的讲话精神，开展“德润万家”——“寻找‘最美家庭’·巾帼在行动”活动，全面推进家庭建设，把家庭打造成为培育和践行社会主义核心价值观的重要载体。一是深入开展寻找“最美家庭”活动。引导群众走出家门、聚集在“妇女之家”，晒家庭幸福生活、议良好文明家风、讲家庭和谐故事、展家庭文明风采、秀家庭未来梦想，宣传好家风好家训，展示家庭美德和良好家风的时代内涵。全市共选树各级“最美家庭”1.6万余户，晒出家庭照片1万多幅，举办“最美家庭”故事会、家风家训展示会4000余次，30多万群众参与活动、接受教育。2户家庭入选全国100户“最美家庭”，入选数量占全省的50%，在全国各大城市中位居前列。二是全面深化家庭文明建设。以寻找“最美家庭”活动为契机，细化深化家庭文明建设内涵，全年广泛开展了“最美”廉洁家庭、和睦家庭、法治家庭、书香家庭、绿色家庭、智慧家庭等6类家庭和“最美”母亲、婆婆、媳妇、子女等4类家庭角色创建，使家庭在廉洁、环保等各领域的重要作用更加全面发挥。全年共评选6类“最美家庭”标兵户60户、“最美家庭”600户，表彰“最美”母亲、婆婆、媳妇、子女40名，优秀母亲、好婆婆、好媳妇、好子女250名。全国妇联先后7次对郑州市家庭建设的经验做法进行报道。三是认真做好家庭教育工作。积极参加全国“我爱我家”——2015年全国家庭情景剧展示活动，推选的剧目《软软的信》荣获优秀作品奖并进京接受颁奖。开展“心系女童”青春期女童家庭教育宣传活动，发放宣教手册1万册、“粉红礼包”5万份、“玫瑰课堂·女生第一课”教育光盘1000张，广泛传播青春期家庭教育知识，帮助青春期女童健康成长。做好家庭教育新知识宣传普及工作，举办相关讲座25场，受益家长3万多人。做好家庭教育五年规划（2011-2015年）终期评估工作。

【“业安万家”活动】 2015年，全市各级妇联组织积极响应大众创业、万众创新号召，开展“业安万家”——“促进就业创业·巾帼在行动”活动，服务推动广大妇女就业创业创新，积投身新常态、主动作为新常态、奋勇建功新常态。因工作突出，郑州市在全省“双协”工作会上作了典型发言。一是创新运用“互联网+”推动巾帼就业创业。与海尔郑州分公司、互联网品牌魅后卫生巾等联合创新实施“创客丽人”女性创业项目，探索“互联网+妇联+企业+创客妇女”的巾帼创业新模式，帮助2万多名妇女实现创业梦想。在全省率先创新举办巾帼电子商务培训班、“互联网+”农产品女经纪人培训班，培训创业妇女、女经纪人、女种养大户200人；投入14万元，命名扶持巾帼创业创新电商示范基地13个。《中国妇女报》连续2次对郑州市运用互联网思维推动妇女就业创业进行报道。二是典型引领激发就业创业建功立业热情。创新举办巾帼创业创新事迹报告会，组织创业创新先进女典型走进6个镇村（社区）、2个企业、4所大中专院校，举办报告会12场，受益女性5000多人。积极开展巾帼文明岗、巾帼建功标兵（集体）评选表彰，授予市级巾帼文明岗25个、巾帼建功标兵80名，推荐获评全国、省级巾帼建功先进集体10个、巾帼文明岗21个、巾帼建功标兵20个，通过典型引领带动广大女性立足岗位建功立业。三是广开渠道广搭平台做好就业创业服务。加强妇女培训，举办种植、养殖、家政等技能培训200多期，培训妇女1.8万多人次，安置就业妇女近1.2万人，带动近5000名妇女创业发展。开展“春风送岗位行动”，举办妇女就业招聘会、推介会66场，帮助10280名妇女成功就业。用好妇女小额担保财政贴息贷款政策，发放贷款1.65亿元，为1458名创业女性提供资金支持。积极实施“巧媳妇”工程，推动服装类加工企业在全市乡镇、村（社区）建立服装加工站点14个，带动360名妇女就近就地就业。积极开展巾帼基地创建和创业导师选拔，投入21万元新命名扶持市级巾帼现代农业科技示范基地6个、巧媳妇工程示范点1个，新命名妇女（女大学生）就业创业实践基地20个，新选拔妇女（女大学生）创业导师40名；新创建全国巾帼现代农业科技示范基地2个，获得奖补资金10万元，新创建全国巾帼家政培训示范基地1个、女大学生创业实践基地2个。依托基地和导师，为广大妇女提供技能培训、实践锻炼等就业创业服务。

【“法进万家”活动】 2015年，全市各级妇联组织围绕全面推进依法治市，开展“法进万家”——“建设法治郑州·巾帼在行动”活动，提升广大群众法律素养，依法维护妇女儿童权益，开展“和睦家庭”创建，积极为法治郑州建设作贡献。一是百场普法大讲堂广受欢迎。在全市发起“法进万家”百场普法大讲堂活动，组建由公安、法院、检察、司法等部门专业工作者和高校专家学者为成员的普法宣讲团，计划用三年时间在全市100个示范村、社区举办100场普法宣讲，将法律知识送到基层普通群众中。至年底，大讲堂已举办17场，近7000名基层群众参与活动，接受法律教育。创新采用订单式宣讲模式，根据群众需要，以案说法，用基层群众听得懂的语言，讲解法律知识，普及法律精神，受到群众的热烈欢迎。二是“七位一体”模式依法维护妇儿权益。普法教育源头先行，开展各类法律宣传活动50多场次，发放宣传资料近7万份，接受法律咨询近2万人次。信访代理提高效率，接待群众来信来访来电321件，结案率98%，推动有序维权、依法维权。网络维权拓宽渠道，在市妇联官方网站、微信、微博开设网上维权窗口，提供高效便捷的在线维权服务。法律援助及时解难，实施“中彩金”法律援助项目，全年受理涉及妇女儿童权益援助案件48起，结案42起，帮助受援人挽回经济损失400多万元。调解疏导深化服务，采用“妇女工作者+社会工作者（专职调解员）+志愿者（义工）”模式开展婚姻家庭矛盾纠纷调解，接待婚姻家庭咨询1600余人次，进行专业婚姻家庭治疗100余起，提供心理疏导500余次。办理实事优化环境，针对维权工作中的困境妇女儿童，通过多种途径开展救助帮扶，及时传递关怀和温暖。民主协商凝聚共识，广泛开展各类民主协商，减少阻力，凝聚共识。登封市通过富有成效的基层民主协商，对村规民约进行修订，将男女平等理念融入基层社会治理，实现维护农村妇女权益和基层平安稳定的双赢。中央政治局委员、国务院副总理刘延东，国务院副总理汪洋，全国人大常委会副委员长、全国妇联主席沈跃跃，全国人大常委会原副委员长、全国妇联原主席彭珮云等领导或现场调研，或作出批示，充分肯定郑州市作法。《中国妇女报》先后3次对郑州市此项工作进行报道。三是“和睦家庭”创建积极助力平安郑州建设。把“和睦家庭”创建作为参与平安郑州建设的切入点，建立“九个五”创建工作指标体系，开展最美和睦家庭大讲堂活动、“让爱流动”大型“和睦家庭”公益项目等特色活动；创新开展“和睦家庭”及标兵户微信投票评选，吸引近92万群众关注，收到投票11万多张，评出“最美和睦家庭”标兵户10户、“最美和睦家庭”优秀示范户100户，产生广泛社会影响，全省妇女维权暨和睦家庭创建现场会安排郑州市作了典型发言。

2015年“书香童心中国梦”活动中表彰“十佳阅读之星”

【“书香万家”活动】 2015年，全市各级妇联组织积极响应国家“倡导全民阅读，建设学习型社会”号召，创新谋划“书香万家”——“推进全民阅读·巾帼在行动”活动，以女性和家庭为重点，开展一系列读书学习活动，以家庭带动社区，以社区带动社会，共建“书香郑州”。一是创新开展妇女网上学习。在郑州市党员干部现代远程教育网络上增设家庭教育网上课堂板块，组织广大妇女群众通过网络开展学习、接受教育。二是广泛开展女性普及教育。继续在全市开展100场女性素质流动课堂进机关、进乡镇、进村社区、进企业等“四进”活动，使更多的妇女获得学习培训机会，通过学习提升素质。三是开展多形式的读书学习活动。“三八”节期间，举办“新常态 新女性”公益讲座周活动，邀请专家学者和领导作公益讲座4场，1000多名女性参加活动。承办2期郑州市公务员大讲堂，邀请知名学者为市直机关近1000名干部作了读书讲座。在全市广泛开展“书香家庭”“阅读之星”“书香家长”评选活动，评选最美“书香家庭”10户、“书香家庭”100户，“十佳阅读之星”和“十佳书香家长”各10名，“阅读之星”和“书香家长”各100名；开展“阅读让女性更出彩”阅读征文活动，营造浓厚的书香氛围。

【“心暖万家”活动】 2015年，全市各级妇联组织以高度的责任心和使命感谋划开展“心暖万家”——“向贫困宣战·巾帼在行动”活动，积极开展各类帮扶救助，扎实实施实事项目，努力改善妇女儿童民生。一是“七类帮扶”心暖万家。启动“心暖万家”——“向贫困宣战·巾帼在行动”活动，积极开展政策帮扶、项目帮扶、生活帮扶、精神帮扶、技能帮扶、健康帮扶、法律帮扶等七类精细精准的帮扶活动，切实改善困境妇女儿童及其家庭状况。至年底，已使72778名困境妇女儿童受益，活动中赠送孕产包、抽油烟机等生活物品价值47万多元，举办扶贫脱贫专题报告会、座谈会47场，举办各类扶贫劳动技能培训班79期，为399名贫困“两癌”患者减免医疗费用147.96万元，争取全国妇联“贫困母亲‘两癌’救助专项基金”33万元、救助33人，组织各类医疗机构开展健康知识讲座、义诊和送医送药活动34次。二是持续实施“两癌”筛查。推动城乡妇女“两癌”免费筛查项目第6次列入市政府民生十大实事，并新增人类乳头状瘤病毒（HPV）基因检测内容，实现筛查提档升级。全年进行宫颈癌检查102059人、乳腺癌检查104640人、HPV基因检测50156人。三是积极救助贫困弱视儿童。积极争取中国儿童少年基金会弱视儿童公益项目，免费筛查救治全市52名贫困弱视儿童。积极承办由中国儿童少年基金会、河南省妇联主办的“儿童弱视专项基金”义诊活动暨“给孩子一双明亮的眼睛”爱眼日捐赠活动，获得捐赠58万元。四是持续开展公益助学。继续实施“春蕾计划”，投入20万元为100名贫困高中女生每人提供2000元资助。

【“三八”节庆活动】 2015年，全市各级妇联组织以“平等、奉献、进步”为主题，以弘扬良好家风、倡导健康生活为重点，举办了“家风力量·幸福守望”——2014年郑州市寻找“最美家庭”活动成果交流会、郑州市第七届“百万妇女健身活动”展示大赛、“三八红旗手”（集体）评选表彰、庆“三八”省会女子书画展等适合妇女参与的、丰富多彩的庆祝活动，全面展现全市女性时代风采、在家庭和社会文明建设方面的独特作用。其中，“家风力量·幸福守望”——2014年郑州市寻找“最美家庭”活动成果交流会，通过播放专题片、现场访谈、专家点评、文艺表演等方式，议家风、谈家规，讲和谐、晒幸福，形象生动地呈现“最美家庭”先进事迹，展示了全市家庭建设的丰硕成果，传递了家庭美德正能量。第七届“百万妇女健身活动”展示大赛共吸引全市各领域的85个代表团近3600名妇女参赛，展现了积极向上、昂扬奋发的绿城妇女风采，营造了热爱健身、热爱生活的社会氛围

【“六一”节庆活动】 2015年，全市各级妇联组织以“书香童心中国梦”为主题，开展了“书香童心中国梦”庆“六一”儿童阅读成果展示、六一走访慰问、“阅读之星”“书香家长”评选表彰等一系列庆祝活动，取得了良好的社会反响。其中，“书香童心中国梦”庆“六一”儿童阅读成果展示活动以儿童阅读为主题，将“阅读”贯穿活动全过程，采取诵读、朗读、合唱、情景剧表演、歌舞、戏曲等多种表现方式，精彩呈现了10多个与阅读有关的节目，营造温馨美好、欢快向上的书香文化氛围，引导广大儿童喜爱阅读、热爱学习，在书香的浸润滋养中快乐成长。展示活动通过电视台向全市播放，引发了强烈反响。“六一”慰问活动中，全市妇联组织共慰问学校198所、幼儿园184所、社会福利院13所，慰问贫困儿童3318人，捐款12.8万元，捐赠衣物、学习用品近2万件，市委常委、组织部长高建慧，市人大常委会副主任赵新中，市政协副主席吴晓君等领导分别到华山路小学、淮河路小学、郑州市儿童福利院等地看望慰问孩子们。

【纪念男女平等基本国策实施20周年活动】 2015年，全市各级妇联组织组织开展了一系列纪念活动，增强全社会的国策意识和性别平等意识，营造出男女平等、和谐发展的良好社会氛围。借助主流媒体和网站、微博、微信等新媒体，开展广泛的纪念宣传活动，市妇联在《郑州日报》刊发了纪念专版；在全市范围内评选并发布了郑州市男女平等基本国策实施20年最具影响十件大事；以“妇女发展与社会进步”为主题，举办郑州市纪念男女平等基本国策实施二十周年专题论坛，邀请专家学者及各界代表对郑州市促进男女平等的方法和对策进行了深入探讨研究。

【两规划中期评估】 2015年，全市各级妇联组织抓住妇女儿童发展规划中期评估契机，深入基层的村、社区、学校、医疗卫生机构，开展两规划实施督导检查工作，总结工作经验，深入查找问题，大力推进重点难点指标落实，推进两规划更好落实，优化妇女儿童生存发展环境。12月上旬，迎接省政府妇儿工委两规划督导组对郑州市两规划实施情况的督导检查。省督导组对郑州市妇女儿童发展规划实施工作情况给予充分肯定。

【基层社区女性进“两委”工作】 2015年，全市各级妇联组织抓好社区“两委”换届契机，超前行动、多方协调，积极为基层社区女性进“两委”争取政策指标保障；组织召开全市社区“两委”换届妇女参选示范培训会议，对妇女参选进行动员、培训、部署。经过努力，此次换届全市社区居委会产生女性成员3170人，占68.9%；社区“两委”产生女性成员4695人，占70.7%；产生女党支部书记270人、女居委会主任280人，基层妇女参政议政水平显著提升。

【基层妇联组织建设】 2015年，全市各级妇联组织用社会化、规范化思维推动基层妇联组织建设，推动基层组织不断巩固、规范、提升。一是规范换届叫响全省全国。制定下发《郑州市规范基层妇联组织换届工作实施意见（试行）》《郑州市妇联基层组织建设工作指南》，召开换届培训会，在全省率先启动村、社区妇联组织规范换届工作。工作中，创新运用社会化思维，采用兼职的方式，吸收各方面优秀妇女6.6万多人进入基层妇联队伍，极大地壮大了基层妇联工作力量。全省服务型基层妇联组织建设观摩培训现场会在郑州召开，充分肯定并在全省推广郑州市经验做法，《中国妇女报》、全国妇联《妇工要情》等报刊对郑州市此项工作进行了专题报道。二是基层组织覆盖面不断扩大。在市地震局等3个市直单位和圆方社工服务中心等10个社会组织中新建了妇委会，新发展市女子书法研究会等5个社团为团体会员，妇联组织覆盖面不断拓宽。三是“妇女之家”建设不断规范。打造县级示范“妇女之家”450个，创建市级示范“妇女之家”100个，推荐省级示范“妇女之家”45个，被省妇联授予河南省“妇女之家”建设先进单位。

【阵地平台建设】 2015年，全市各级妇联组织强化政策保障、打造活动品牌，大力推进妇女儿童活动阵地建设，提升服务水平。一是强化阵地建设政策保障。主动协调、大力争取，推动妇女儿童活动场馆纳入全市“三级三类”市民服务中心建设内容，为妇女儿童活动阵地建设提供了强有力的政策保障。至年底，市妇女儿童中心建设规划已基本确定，建设面积1.3万平方米。在市妇联鼓励支持下，各县（市）区也积极推动了本级妇女儿童活动阵地建设，惠济区妇女儿童活动中心建设项目已获批立项。二是创新打造中心活动品牌。充分发挥市妇女儿童活动中心的阵地平台作用，在持续开展好未成年人自救自护教育、寒暑期公益电影月等日常公益活动的同时，创新开展“小鬼当家淘乐会”“安全知识进校园”“大篷车送教下乡”等一系列公益活动，全年服务妇女儿童4万多人次。牢固树立品牌意识，通过开展更加新颖丰富的活动，大力巩固“亲爱的爸爸来了”公益亲子活动品牌；创新打造“美丽郑州·遇见爱情”公益交友品牌，策划开展了“爱在五月”“重返十六岁”等系列交友活动，《中国妇女报》先后2次对郑州市这两项品牌公益活动进

郑州市第七届百万妇女健身活动成果展示

郑州市妇联举办妇联系统干部培训班

行报道。三是“儿童之家”建设持续推进。推动“儿童之家”建设列入市政府年度财政预算，出资1000万元新建100所“儿童之家”。依托“儿童之家”做好关爱儿童工作，全省关爱留守流动儿童工作现场会安排郑州市作典型发言，全面介绍了经验做法。

【妇联干部培训】 2015年，市妇联制定并实施《2015-2020年郑州市妇联干部教育培训规划》，创新开展了贯穿全年、规模空前的妇联干部大培训，积极提升妇联干部队伍素质。一是换届培训规模空前。1月初，结合村“两委”换届，举办2期郑州市新当选农村女党支部书记、女村主任、女委员培训班，培训基层女干部400名；10月份，结合基层妇联组织规范换届，与专业机构合作，采取送教上门方式连续开展实战培训11期，培训专兼职妇女工作者1200多名，规模创历年妇女培训之最，《中国妇女报》于10月26日对此项工作进行了报道。二是高端培训开拓视野。11月至12月，先后举办中山大学郑州市妇联系统干部培训班、复旦大学郑州市妇联执委高级研修班、北京师范大学珠海分校郑州妇女干部管理能力提升培训班，培训妇女干部210人，开拓了妇女干部视野，提升了素质能力。三是创新开展项目培训。结合2016年即将实施的“绿城妈妈”社区服务项目，在上海举办“绿城妈妈”社区服务项目培训班，培训社区妇女干部60人，为项目的顺利实施打下坚实基础。

【信息化建设】 2015年，市妇联积极探索“互联网+”妇联工作新路径，构建妇联宣传工作新格局，树立妇联机关新形象。运用新媒体优势创新建立“第一时间传递”微信群，与近20个省市媒体主动对接、积极联系，打造成为宣传妇联工作有效平台；强化网络宣传，主动加强与映象网、中原网、大河网、凤凰网河南频道等网络媒体的联系，通过网络更快、更及时发布妇女工作信息。在网络上构建起了以《郑州日报》等传统媒体为支撑，积极联合大河网、映象网等新媒体的妇联工作大宣传格局，全年在中央各类媒体宣传妇联工作20余次，省级媒体宣传30余次，市级媒体宣传260余次，扩大了妇联影响力。创办市妇联图文音画日志微信公众号。在积极提升妇联原有网站、微信、微博的同时，紧跟“互联网+”时代步伐，创新创办市妇联图文音画日志微信，设《郑州女声》《巾帼行动》《女子艺尚》三个栏目，每日推出1期，采用图、文、音、画有机融合的形式，利用互联网及时高效发出女性声音、宣传妇联工作、展示女性风采，取得了良好反响。

（王燕燕）

科学技术协会

【概况】 2015年，全市各级科协组织按照“三服务一加强”的工作定位，充分发挥智力密集优势，积极投身经济社会发展大局；切实加强学会自身建设，持续推动学会服务能力提升；深化科普资源开发，推动形成社会化科普工作新格局；加强自身建设，努力建好科技工作者之家。先后获得“全国科普日”国家级优秀组织单位等17项荣誉，各项工作都取得了新的成绩。

扎实开展“三严三实”专题教育。制定学习计划，全年组织中心组学习17次，推动机关学习型组织建设，积极引导全体党员干部确立“终身学习，自觉学习”理念。在全市贯彻党的十八届四中全会精神知识竞赛中，市科协荣获优秀组织奖。坚持高标准严要求，精心组织三个阶段专题学习研讨活动，找问题、理思路、推工作，切实加强了党员干部思想作风建设。

【建言献策】 2015年，市科协积极组织引导广大科技工作者，发挥智力作用，建言献策，服务党委政府科学决策和经济社会发展。全年共整理上报“科技专家建议”15篇，邀请国内著名学者在郑举办各类培训班128场。其中，“智慧城市建设与思考”“互联网+”“战略及其实施对策”等讲座深受欢迎，引起市委、市政府的高度重视。

【创新驱动助力工程】 2015年，市科协积极组织实施创新驱动助力工程，助推全市科技创新发展。一是制定《郑州市“创新驱动助力工程”示范区工作实施方案》，组织和指导各县（市）区开展创新驱动助力工程。对全市企业的科技需求开展调查研究，共征集到科技产业需求5大类196项，发挥桥梁纽带作用，积极联系省硅酸盐学会、省食品科学技术学会等一批行业学会分别到相关企业进行洽谈，省级学会与市属企业达成合作意向2项。二是举办了9场“服务企业自主创新”系列报告会，培训科技人员1600余人次。三是与市人社局联合举办4期“科技创新大讲堂”，培训机关事业单位工作人员1000余人次。四是联合市政协、市委党校举办了“吴澄院士报告会”和“唐孝炎院士报告会”，对市委党校县处级班、中青班等主题培训班学员和部分政协委员进行专题培训。五是发挥市“三讲一比”活动领导小组办公室作用，推进群众性技术创新活动深入开展，全市205家企事业单位的10万人参加活动，印发工作简报13期。

【院士专家企业行活动】 2015年，市科协继续组织开展院士专家企业行活动，助力全社会形成“大众创业、万众创新”的氛围。充分发挥“科技工作者之家”优势，以科技需求为导向，建立和完善“企业难题需求库”“科技成果库”和“专家人才数据库”，整合科技信息资源，促进科技成果转化，打造创业创新平台，进一步激发全市“大众创业、万众创新”的活力。积极推进院士专家企业行活动，先后邀请中国工程院院士张生勇、周克崧、吴澄和郑州大学杨贯宇等著名教授到河南鸽瑞材料股份有限公司、遂成药业股份有限公司等企业进行产学研用对接，解决科技企业发展中遇到的难题。全年共办理技术合同认定登记762项，实现技术交易总额5.3亿元，较好地促进了科技成果的转化。

【学术交流体系建设】 2015年，全市

科协系统把加强学术交流服务体系建设、开展高质量高层次的学术交流活动作为学会工作的重要任务，精心打造学术交流品牌。市属学会成功举办了“2015中国中部（郑州）国际装备制造业博览会”“河南省妇产科护理新进展学术研讨会”等350次高水平学术交流活动，活跃了学术思想，推动了自主创新。

【公民科学素质建设】 2015年，市科协充分发挥素质办的牵头和综合协调作用，健全和完善工作机制，制定《2015年郑州市百项全民科学素质行动计划》，明确各成员单位、各县（市）区重点工作任务。在四川大学举办郑州市第二期全民科学素质工作培训班，联合市人社局表彰了郑州市27个全民科学素质工作先进集体和30名先进个人，首次评选产生郑州市全民科学素质优秀案例10个，荣获省级优秀案例4个。荥阳市、管城回族区、上街区被评为河南省优秀科普示范暨公民科学素质建设先进县（市）区。完成了国家和河南省督察组对郑州市“十二五”《科学素质纲要》实施情况的督导检查，郑州市作为全省唯一一个地级市，在河南省“十二五”实施《科学素质纲要》情况汇报会上作了典型发言，得到督察组的高度评价和充分肯定。郑州市公民具备基本科学素质的比例达到8.8%，比“十二五”既定目标高出3.8个百分点。

【社区科普大学建设】 2015年，郑州市扎实推进社区科普大学建设。招聘补充科普志愿者教师，制作发放第三套《运动与健康》健身操光盘，举办骨干培训班，评选表彰了社区科普大学先进集体、优秀实践课方案、优秀组织工作者等。2015年，全市112个社区科普大学示范点共完成系统科普知识培训3360个课时，培训社区居民120930人次，发放社区科普大学教材8000册、科普读物7304册、科普杂志3万份。市科协联合市人社局开展郑州市社区科普大学工作先进集体表彰工作，惠济区、金水区、二七区荣获郑州市社区科普大学工作优秀组织单位，中原区三官庙街道办事处等单位荣获十佳街道办事处。社区科普大学作为城区科普工作的有效载体，成为郑州市的一张名片，2015年先后接待上级和外地科协调研学习15次，中国科协党组书记、常务副主席尚勇来郑调研时，给予了高度评价，“郑州经验”作为典型在全国进行推广。

【基层科普工作】 2015年，郑州市加强基层科普工作力度，“基层科普行动计划”硕果累累。市科协联合市财政局共同开展了“基层科普行动计划”先进单位和先进个人评选工作；全市有17个先进集体和个人获得国家和省级奖励，46个集体和个人获得市级奖励，全年共获得上级奖补资金245万元、市级奖补资金130万元。

【青少年科普工作】 2015年，郑州市加强青少年科普工作力度，有效提升未成年人科学素养。组织全市10万余名中小学生举办第21届郑州市青少年科技创新大赛。组织参加河南省第29届和全国第30届青少年科技创新大赛，获得省级奖项140项、全国奖项24项，市科协荣获全国优秀基层组织单位。承办并组织参加河南省第15届青少年机器人竞赛，全市175个参赛队伍全部获奖，获奖数量居全省第一。组织开展了青少年科学调查体验活动、科学素质网上知识竞赛、“六一”儿童节科幻画巡展等一批丰富多彩的青少年科普活动。

郑州科技馆工作走在全国前列。实施免费开放政策，全年接待观众61万人次，创建馆以来历史新高。提升常设展览水平，设立创新教育展区，做好展品更新，完成4D影院改造。举办《叹为观纸》《心理健康》《玩具中的科学》等临时展览。大力开展“魅力科学课堂”活动，全年开讲423堂，受众2万余人次。邀请英国皇家化学学会北京分会主席戴伟等著名教授开展系列科普主题讲座，全面提升青少年科普素养。率先开展展品网络展示，以动漫化、网络化方式提高展品的展示效果，扩大展品的展教功能。继续开展科技馆活动进乡村、进社区、进学校活动，把丰富的科普活动内容展现在公众面前。成功承办了2015年全国科技馆发展论坛，在全国科技馆馆长培训班上介绍郑州科技馆工作经验，提升了郑州科技馆在全国的影响力。

【反邪教警示教育】 2015年，郑州市扎实开展警示教育，反邪教工作有声有色。继续扩大警示教育的覆盖面，将基层组织建设的重点放在高校院系、城市社区和农村村组。至年底，全市各级反邪教组织已达2491个，数量居全省第一。在全市党员干部中开展“四个一”警示教育活动，组织各高校开展30余场反邪教警示教育，举办了4000余次主题班会。首次举办了反邪教活动策划大赛，共收到97份策划方案，16万人（次）参与网络投票。在全国率先成立反邪教研究中心，至年底共有研究人员29人；积极承担国家、省、市研究课题，至年底立项课题10项，其中2项课题获得国家反邪教协会的立项和资助。中国科协党组成员、书记处书记吴海鹰进行专题调研时对郑州市反邪教工作给予了高度评价。

【社会化科普活动】 2015年，郑州市开展形式多样的科普活动，推动科普工作社会化。以“科技成就梦想，拥抱智慧生活”为主题，举办郑州市“全国科普日”系列活动，创作推出“郑小科”系列科普动漫。新郑市、新密市等11个县（市）区及市属学会等开展各种形式的科普日活动159项，举办科普讲座135场次，听众达3万余人，编印发放科普宣传资料30万份，全市有40多万人参加了科普日活动。指导荥阳市、登封市创建全国科普示范县（市）区，新创建河南省科普示范社区9个、河南省科普示范乡镇30个。继续加强科普教育基地创建，郑州气象科普馆等3个单位被命名为全国科普教育基地，8个单位被命名为河南省科普教育基地。依托科普教育基地，组织开展了“低碳行、科普游”等活动，面向市民宣传节能环保知识，倡导绿色低碳出行。开展文化科技卫生“三下乡”活动，针对农民需求赠送了一批科普书籍和科普资料。开展小发明家培养工程，培养中小学

4月21日举行的院士专家企业行活动中，中国工程院院士张生勇到韩都药业解疑答惑

生的发明兴趣和创新能力。举办食品安全宣传周系列活动，社区科普大学集中讲授100个课时的食品安全知识，受益居民达4000余人。积极做好承接政府职能转移工作，配合中国科协完成了“基层公共医疗设施建设、使用和管理政策落实情况”第三方评估工作。市属学会开展形式多样的科普活动，全年共开展各类科普活动320余场次，参与居民20万人次，第二届营养早餐大赛等一批精品活动得到社会各界广泛好评。

【科普资源开发】 2015年，全市科协系统主动适应社会发展变化，创新开发系列科普资源。一是建立“科普之声”微信公共平台，开通科技工作者与公众沟通的渠道。二是继续办好“科普之声”广播栏目，全年播出365期。三是免费向重点人群发送科普短信，全年发送短信50期14万条。四是利用现代传媒手段，拍摄《大众创新、拥抱智慧生活》《郑小科科普大冒险》等系列科普专题片，荣获河南省科普微电影大赛一等奖。创作科普戏剧《迷途记》，在各县（市）区演出25场。五是积极推进新馆建设工作，配合有关部门，按照功能齐全、配套设施完整、展教功能充分的标准，对新科技馆进行了规划设计。11月10日，随着郑州市公共文化服务区“四个中心”的奠基，新科技馆建设正式启动。六是开发了科普挂图、科普图书、科普景观等一系列科普资源，登封市、荥阳市、中牟县、管城回族区等县（市）区科协建设了科普雕塑园和科普画廊等科普基础设施，丰富了科普教育形式和内容。

【学会组织建设】 2015年，全市科协系统组织实施“学会服务能力提升专项活动”，开展“星级学会”创建。加强学会组织建设，完成市属学会的年审、换届工作，批复成立了郑州市知识产权协会和郑州市膏药协会。加强学会干部队伍建设，开展业务知识培训，组织市属学会秘书长50余人，在济源市委党校愚公移山精神干部培训学院举办为期一周的提升学会服务科技创新能力培训班。2015年，市属学会在服务科技创新、服务社会管理创新、服务科技工作者和学会自身发展的能力上得到了提高，市属学会的整体面貌有了很大改善。

【科协建家工作】 2015年，全市科协系统坚持把服务科技工作者作为根本任务，继续提升“建家交友”能力，充分发挥桥梁纽带作用，竭诚为科技工作者服务。开展“中国科协会员日”活动，举办“解读学会发展政策”专题讲座。市科协班子成员多次看望驻郑两院院士和知名科技专家，带去党和政府的温暖；邀请5位院士专家参加乙未年黄帝故里拜祖大典。加大对科技工作者的表彰力度，表彰了第六届“十大科技女杰”，开展了第十届自然科学优秀论文、第七届青年科技奖和建言献策活动优秀专家建议评选工作，充分调动广大科技工作者的积极性、主动性和创造性。

“科普进园区”院士专家报告会举行

【科协自身建设】 加强组织建设。扩大企事业科协组织覆盖面，2015年新批准成立企事业科协19家，总数达到103家。以全国文明城市复验和省级文明单位复验为契机，提升机关文明程度，市科协被评为郑州市创建全国文明城市先进集体。提升传媒宣传工作。加大对外宣传力度，在国家、省市媒体上发稿248篇，有力提升了科协影响力；开办通讯员培训班，提高科协系统传媒工作能力。做好驻村帮扶工作。落实市委要求，派出1名中层干部到新郑市农村软弱涣散党组织任第一书记；安排3名群众工作队员常驻五龙口村，协调解决过渡安置费等一批问题，开展春节送温暖、夏季消防安全检查、老年人免费体检等活动，得到了五龙口村干部群众的好评和支持。开展丰富多彩文体活动。组织开展省市机关干部“看郑州”活动、干部职工“共筑中国梦、岗位作贡献”演讲比赛、机关黑板报比赛、卫生流动红旗评比等一系列健康积极的文体活动，丰富了广大干部职工的精神生活，增强了科协机关的凝聚力。

（夏亚飞）

社会科学界联合会

【概况】 2015年，市社科联（院）紧紧围绕市委、市政府中心工作重点和全市经济社会发展中遇到的重大理论和现实问题，积极开展调查研究、理论研讨和学术交流，发挥了“参谋”“智囊”作用。被评为全国大中城市先进社科联、全省社科系统先进单位。

强化理论武装，以十八大和十八届三中、四中、五中全会精神统领社科工作，认真开展“三严三实”专题教育实践活动。深入学习贯彻习近平总书记系列重要讲话及省、市相关重要会议精神，联系“三严三实”专题教育实践活动，结合社科工作实际，不断增强做好社科工作的责任感和使命感。全年共组织中心组集体研讨学习10次，“三严三实”专题教育学习研讨3次并召开专题民主生活会，开展基层调研20余次等。坚持重大工作主动向市委请示，调研成果及时向市委、市政府报送，按照省、市委关于宣传思想工作的安排部署和对社科工作的具体要求，扎实开展工作。

【重大课题调研】 （一）加强重点课题调研制作。围绕全市“十三五”经济社会发展的基本思路、战略重点等开展全面部署，重点研究选题11项，分别为“郑州在丝绸之路经济带建设中的地位与作用”“基于经济新常态的郑州经济转型问题研究”“郑州新型城镇化进程中的土地问题研究”“郑州开放型经济体系建设研究”“郑州科技创新能力提升问题研究”“郑州新型农村社区建设研究”“郑州文化都市建设研究”“郑州人力资源建设研究”“政府治理能力现代化问题研究”“郑州坚持依靠群众推进工作落实长效机制研究”“郑州‘十二五’经济社会发展分析与前瞻”等。

（二）积极申报上级科研项目。全年申报并完成了省政府决策研究课题《郑州航空港产业发展研究》《郑州融入丝绸之路经济带研究》，以及省社科联调研课题《河南省新型城镇化与城市

"三元结构"问题研究》等。其中,《河南省新型城镇化与城市"三元结构"问题研究》获得省调研课题一等奖。此外,参与完成《新型城镇化背景下的河南人口转移研究》等上级研究课题11项,向各级公开刊物发表理论文章10余篇。

【社科成果转化】 2015年,郑州市社科工作亮点频出,出版专著、编发《社科内参》及建立智库联盟等。完成了《郑州航空港经济综合实验区发展研究》的出版发行;筹备《郑州市"十三五"经济社会发展战略研究》编审出版;组织编发调查研究报告、《社科内参》10期,及时报送市委市政府主要领导;与中国知网河南分公司洽谈《中国学术文献网络出版总库》试用合作事宜,并初步达成合作意向;与其他城市社科院合作成立全国城市社科院智库联盟,并积极开展相关项目的研究工作。

【参与中心工作】 2015年,市社科联积极参与市委、市政府中心工作。参与了市委重要工作会议的筹办,以及《郑州市社科规划项目改革办法》和《郑州市委关于加强智库建设的意见》起草,郑州市"十三五"规划、《郑州三年行动计划实践历程》、郑州"十二五"回顾成就展文案脚本编写,"'十三五'前瞻研究""新型城镇化的土地问题研究""新型社区建设与管理研究"等相关工作。参与市委宣传部的《弘扬中原文明,提升河南文化软实力》省级课题研究、《郑州市文化志愿者建设问题研究》等,得到相关部门和领导的好评。

【基层调研】 2015年,市社科联深入实际调查研究,提升科研人员调研能力。4月,组织科研人员利用5天时间到中牟县进行深入调研,调研内容包括"十二五"经济社会发展情况、问题与经验,新型城镇化进程中农村土地管理体制改革问题,新型农村社区建设的基本情况和经验,适应经济新常态、产业转型升级、经济新增长点的培育情况,实施开放创新"双驱动"战略情况,文化产业及文化资源保护、利用情况,人才资源开发建设情况,网格化管理体制机制建设问题,行政管理体制改革、政府治理能力现代化建设情况等。调研采取座谈与实地了解相结合,共组织座谈会5场,参观重要产业(工业、农业、服务业、文化等)项目10余处,以及新型农村社区建设情况、特色文化村保护情况等,加深了科研人员对基层实际情况的了解,为承担科研任务奠定了良好基础。

【课题评审】 2015年,市社科联组织完成了2014年度社科调研课题的结项、评奖及2015年度社科调研课题立项工作。2014年共有846项课题达到结项要求,经郑州市社会科学优秀成果评奖委员会专家评定,共评出优秀社科调研课题一等奖63项、二等奖81项、三等奖98项。从评审情况看,全市社科调研课题逐步呈现出针对性强、调研深入、理论水平高、可操作性强等特点,特别是围绕郑州航空港建设等郑州市委市政府中心工作展开的课题调研,为郑州市经济社会发展提供了理论支持和决策参考。

由于课题评审工作组织宣传到位,2015年课题申报数量达2000余项,经专家评审,决定对980项郑州市2015年度社会科学调研课题予以立项。

【社科知识宣传普及活动】 2015年,市社科联按照围绕主题、紧跟形势、突出重点、联系实际的要求,利用社科普及教育基地,紧紧围绕以郑州航空港经济综合实验区为统揽的郑州都市区建设、当前经济形势、社区建设以及文化建设等内容,为广大群众进行了13场社科知识"大篷车"下基层和20场"中原大讲堂·郑州讲堂"宣讲活动,直接听众5000多人次,现场接待了上千名群众咨询,发放各类宣传资料4000余份。在10月份省社科联召开社科普及工作总结表彰大会上,郑州市社科联被评为全省社科普及工作先进单位;10月13日,在四川宜宾召开的全国大中城市社科联工作会议上,郑州市社科联被评为全国先进社科组织。

【学术交流及科研协作】 2015年,市社科联积极走出去,参与全国的高水平行业会议和学术交流活动,从中拓宽视野、学习先进经验。先后参加了全国大中城市社科联工作会议、全国招投标协会举办的项目招投标实务操作研讨班、中国航空工业协会主办的中国航空经济理论研讨会、中国社科院马克思主义研究院主办的中国特色社会主义发展道路第二届理论研讨会、全国城市社科院"一带一路"战略理论研讨会、中南五省社科院"新型智库建设"理论研讨会等,并提交了会议材料、参加了主题发言,受到与会专家学者好评。在参与省外活动的同时,注重与省内科研院所的合作,相互取长补短,开展科研协作。参加了河南省社科院主办的"第三届中原智库论坛",与河南工程学院合作开展了"郑州市土地流转问题研究""郑州市中小企业融资问题研究""郑州市服装产业发展研究";《2014年郑州房地产市场分析及2015年预测》入编《中国房地产发展报告(2015)》。

【社科学会建设】 (一)各学会结合行业特点开展课题调研活动。各县(市)区社科联及各学会(协会、研究会)围绕郑州市经济社会发展中的重大理论和现实问题开展调研,并对前瞻性强、实用性高的课题进行跟踪制作。做好社科调研课题的立项、结项、评审工作,最终推出一批针对性强、理论水平高的优秀社科调研课题进行归纳整理、摘要汇编,上报市委市政府和有关部门,为决策参考服务。

(二)做好学会审批、年检、换届、咨询服务工作。市社科联根据各学会上年度的工作开展情况,严格按照相关程序要求,认真对下属各学会进行了年检;指导郑州市教育学会、郑州市逻辑学会按照程序进行了换届工作;对于一些学会知识的相关咨询,按照有关政策和相关规定给予耐心解答,搞好咨询服务工作。

(三)各学会积极开展丰富多彩的学术活动。郑州图书馆学会于3月26日在新密市图书馆召开郑州地区图书馆服务联盟建设工作经验交流会,与会代表介绍了各自在图书馆服务联盟建设过程中的经验和体会,并围绕如何加强

郑州市2015年度社会科学学术年会举行

郑州市电子商务发展专题研讨会举行

馆际合作、推进图书馆服务创新、管理创新以及图书馆阅读推广等进行了广泛交流和深入探讨；郑州市地方史志学会围绕业务知识提升召开新入职人员座谈会，并开展业务知识培训，各处室负责人轮流进行授课，加深了新入职人员对地方志工作的认识，进一步明确了工作任务和要求，为尽快融入新环境、适应工作节奏奠定了基础；郑州市行为科学等学会开展了课题调研、学术报告、社科知识宣讲等一系列学术活动。在10月份召开的全国大中城市社科联工作会议上，郑州市法学会、郑州市教育学会和郑州市图书馆学会被评为“全国先进社科组织”。

【社科学术年会】 2015年11月10-20日，由市社科联与郑州科技学院联合举办的“郑州市2015年度社会科学学术年会”在郑州科技学院举行，主题为“深化改革创新 全面推进郑州经济社会快速发展”，会议期间举办了综合研讨会、专题研讨会、学术报告会及社科成果普及宣传交流展示等相关系列学术活动，全面解读党的十八届五中全会精神，为推进郑州航空港经济综合实验区建设、郑州市经济社会快速发展建言献策，《郑州日报》、郑州电视台、人民网、河南省政府网、大河网、中原网、凤凰资讯、新浪新闻、网易新闻等20多家新闻媒体播发刊登年会消息。本届年会呈现出内容丰富、参与面广、社会关注度高、反响强烈等特点，受到社科界专家学者的一致好评。会后，市社科联将年会成果分门别类编辑为4期成果专报，呈送市领导。

【《中州纵横》杂志】 2015年，中州纵横杂志社紧紧围绕市委、市政府中心工作，务实创新、规范管理，以提高杂志的质量为中心，坚持贯彻党的方针政策、把握正确舆论导向、传递社会信息、记述发展成就、发表理论观点、展示时代风貌，顺利完成了2015年全年6期的编辑发行任务。

强调栏目设定的专业化与针对性，增强专题栏目文章的理论性、预见性、可读性，加大对知名专家、领导、课题组的文章采访与约稿的力度。围绕市委、市政府的中心工作组织专门稿件、开设专栏，策划了“郑州市文化问题研究”“郑州市航空港区发展研究”和“十二届全国人大二次会议精神解读”3个专题，共约知名专家学者稿件20余篇，近20万字。办好《中州纵横》副刊。坚持精选内容的高品位和可读性，不断拓展副刊的个性特色，完善组稿、排版等环节，使《中州纵横》副刊成为《中州纵横》正刊的有益补充和正刊内容的拓展延伸。

（张丽新）

文学艺术界联合会

【概况】 2015年，郑州市文联深入贯彻落实党的十八大、十八届四中五中全会、习近平总书记系列重要讲话，以及全市宣传思想文化工作会议、全省文联工作会议精神，紧紧围绕中国梦的时代主题，突出强化以人民为中心的工作导向，紧紧围绕多出精品、多出人才的工作重点，坚持围绕中心、走进基层、服务群众，开展了系列活动，取得了一定的成绩。扎实开展“三严三实”专题教育活动，紧盯问题，认真抓好整改，把“学查改”融为一体，做到了边学习，边整改。

【文艺展演活动】 2015年年初，为贯彻落实习近平文艺座谈会讲话精神，把社会主义核心价值观融入百姓生活，分别主办了“迎新春·构和谐”郑州市群众美术作品展、“我们的中国梦——送欢乐下基层”文化惠民活动、楹联书法作品展、“美丽郑州，我爱我家”省会女子书画展、“深入基层、送戏下乡”演出等。

3月，由市委宣传部、郑州市文联主办的“根亲中国”微电影大赛启动，得到了各大专院校、专业影视公司、微电影爱好者、广大拍客等创作团队、个人，以及社会各界热心人士的关注。本次大赛征集到来自全国的优秀微电影作品百余部，创作者们从“根亲”出发，选择发生在身边的平凡故事为蓝本，生动诠释了亲情文化主题。

按照市政协要求，4月，由郑州市文联承办了“海内外华人书画名家作品邀请展”。此次邀请展是乙未年黄帝故里拜祖大典的一项重要活动内容，共展出书画作品128幅，作者包括国内知名书画家、海外华人、华侨书画家等，中国国民党荣誉主席连战、荣誉副主席蒋孝严为邀请展题词。中央电视台、河南电视台、河南电台、郑州电视台、郑州电台、《大公报》《文汇报》《河南日报》《郑州日报》、人民网、央广网河南分网、腾讯、网易河南、新浪河南、大河网等20余家媒体对活动进行了深入报道。

7月，由中国摄影家协会、中共郑州市委宣传部和郑州文学艺术界联合会主办，河南省摄影家协会、中国摄影报社承办的第二届“文明郑州”全国摄影大赛获奖作品展及颁奖仪式在升达艺术馆举行。参展作品以郑州市商都文化、四季风光、精神文明和城市建设为主要内容，多角度、多层次概括了郑州市作为中原都市的发展成就，为中国第16届国际摄影艺术展在郑州举办打下了良好的基础。中国新闻网、中国广播网、网易、大河网、中原网、《河南日报》等新闻媒体对活动的开展给予了深入报道。市文联承办了“第七届中部六省曲艺大赛”。此次大赛共有来自六省的23个节目进入决赛，不仅有相声、快板、河南坠子等大家熟悉的曲种，还有苗傩鼓词、茶灯说唱等地域特点鲜明的曲种。中国曲协主席姜昆对此次大赛给予了高度的评价，市文联被授予优秀组织奖。人民网、新浪网、搜狐网、百度、《中国文化报》全程跟踪报道。举办“弘道养正”——郑州市践行社会主义核心价值观优秀篆刻作品展。本次篆刻作品展，以传统艺术形式表达了郑州人民对社会主义核心价值观的理解，传递了郑州人民传承民族优秀传统文化的坚定信念，吸引了众多市民的关注，取得了借篆刻的魅力在全社会传播、弘扬核心价值观的良好效果。

8月，由市委宣传部、郑州市文联、郑州市文广新局联合主办了纪念抗日战争胜利、世界反法西斯战争胜利70周年暨郑州市第八届美术作品展，共收到中国画、油画等十余个画种作品1300

余幅，集中展示了全市美术创作的艺术成就和丰硕成果，也表现了郑州市美术工作者的国家情怀、民族情怀。同时还举办了中国人民抗日战争暨世界反法西斯战争胜利七十周年书法展，共展出抗日战争题材书法作品70幅，受到广大书法爱好者的一致好评。此次参展作品的作者来自全市各行各业，他们以饱满的爱国热情，书写着对和平的珍爱和对祖国繁荣富强的美好祝福，以及对几千年来中华民族热爱和平的文化传统的继承和发扬。

【种文化到基层】 2015年，郑州市成立“郑州文艺志愿者协会”，组织动员全市广大艺术家投入生活，用艺术奉献人民群众。深入开展文艺惠民系列活动，开展文艺进农村、军营、企业、校园活动，深化专业文艺工作者进社区、进基层活动，选择了10个社区服务点，组织书法、戏曲、音乐等专业文艺工作者定期讲座，开展活动，变“送”文化为“种”文化。全面推动“中国书法驻万家”活动，力争建设成一百家“书法家之家”，此项活动贯穿全年。主办了“出彩郑州”2015年郑州市戏曲大赛，旨在充分发挥文化“引导社会、教育人民、推动发展”的重要功能，吸引更多的群众参与到文艺活动中，丰富人民群众精神文化生活，促进全市戏曲艺术的繁荣与发展。

【文艺创作】 2015年，市文联坚持把“二为”方向、“双百”方针和习近平总书记在文艺工作者座谈会上的讲话精神贯彻到文艺创作、生产、传播和评论过程中，从人民群众的火热生活中挖掘素材，从人民群众的实践创造中提炼主题，从人民群众的审美需要中汲取灵感，推出更多更优秀的现实主义精品力作，推出更多反映伟大时代历史巨变、描绘人民群众精神 、思想性艺术性相统一的文艺精品。

由钟海涛、周亚民主编的中国当代著名诗人颂郑州诗歌作品集《郑风》由中国文联出版社出版发行。该书是郑州市文联、郑州市农委等部门联合邀请全国知名作家、诗人，以郑州现代高效农业产业园区建设、发展及地域文化史迹、黄河母亲为轴线，进行采风活动后所创作的作品集，共收录了150余首诗歌，参与创作人员中仅中国作家协会会员就有30余位，许多在全国有重要影响的著名诗人名列其中 。

1月23日，第十一届“十月文学奖”在北京颁奖，市文联副主席马素芳（鱼禾）的散文《驾驶的隐喻》获奖。市作协秘书长申剑上半年中篇小说创作获得丰收，先后在《山花》《十月》杂志发表中篇小说《白衣胜雪》《天空很近》等作品，并在《中篇小说选刊》转载，受到文学界的高度关注和好评。

2015年，市文联推出了一批美术、书法、摄影精品，与中国美协、中国书协、中国摄协合作创作一批书画、摄影作品，举办体现中原题材、华夏风情的美术、书法、摄影大赛，发现人才。

【“深入生活、扎根人民”主题实践活动】 按照中宣部、中国文联、河南省文联等部委部署，市文联根据实际情况，把开展“深入生活、扎根人民”主题实践活动作为加强务实作风建设的一项重要工作来开展，引导全市广大文艺工作者牢固树立以人民为中心的创作导向，深入到基层和群众中去，在深入人民生活中提升思想和艺术境界，创作更多无愧于时代的优秀作品。5月22日，在登封市大冶镇垌头村开展了一系列丰富多彩的“到人民中去”文艺志愿者服务日主题活动，来自郑州市各文艺家协会主席团成员及文艺志愿者近60人参加活动。

（徐向阳）

慈善总会

【概况】 2015年，郑州慈善总会认真贯彻落实国务院《关于促进慈善事业健康发展的指导意见》，努力创新发展公益慈善事业，扎实有序开展各项工作，在构建和谐社会、创建文明城市、完善社会保障体系中发挥了重要作用。截至年底，市本级共募集善款6015万元，慈善项目和救助共支出4942万元，救助各类困难群体30万人次，在荣获全国七星级慈善城市的基础上，还获得“中国（2015）慈善榜——公益推动力奖”。

【慈善募捐】 2015年，郑州慈善总会创新资金募集渠道，确保救助实施到位。

（一）通过打造郑州慈善日，资金募集创纪录。10月16日，慈善总会牵头组织、各部门联动配合、新闻媒体强力推介、企业和市民积极参与，全市共募集慈善善款1.46亿元，创造了慈善日募集善款的新高峰，“郑州慈善日”成为郑州市的慈善品牌与城市名片。

（二）通过增设慈善基金，开展针对性帮扶。联合各医疗单位、企业、协会、社区等，持续创建了以郑州舰海浪花慈善基金、郑州大学EMBA慈善基金、郑州华联商厦慈善救助基金等9项具有帮扶针对性的基金项目，合计募捐133万元，提高救助覆盖的集中度。截至年底，累计设立基金38项，其中助医基金13项、助学基金7项、助残基金5项、助困基金9项、社区基金2项、助老基金1项、双拥基金1项。

（三）通过特色活动募集资金，切实助力精准扶贫。以各种主题活动为载体，有效开展好各类爱心义卖或捐赠活动。成功举办了“茶有价，爱无价，关注困境儿童，爱在你我身边”公益慈善拍卖活动、“赛亚留胚米，爱心大换购”活动、省市人大代表在二七区王胡砦社区爱心捐赠活动、“半面女孩”于静在陇海医院治疗救助专题爱心募捐活动等，取得良好的社会效应。

（四）通过创新载体募集资金，拓宽救助新渠道。一是发起中原信托“乐善1期”公益信托计划重大眼科疾病慈善救助项目，中原信托有限公司捐赠50万元，用于救助全市重大眼科疾病的贫困患者。二是正式上线微博、微信、支付宝、公益淘宝店等新媒体工具，实现了以便民服务为主线的手机浏览、网络募捐、互动等功能，将“慈善周周行”采访的部分困难群众发布在网上，获得网络募捐15万余元。三是以“慈善周周行”为平台，变被动为主动，以“周”为频率倾听民众呼声，倾心解决民众难题。2015年，“慈善周周

2015年“郑州慈善日”活动当天募集善款1.46亿元

行”共开展活动40余次，募集善款100万余元。

【慈善救助】 2015年，郑州慈善总会本着公开、公平、公正和救到急处、难处的原则，认真组织实施各项慈善救助。一方面，延伸救助群体，尽可能实现关爱范围的全覆盖；另一方面，丰富救助内容，切实提高慈善救助质量。

（一）提升孤残留守儿童救助和服务水平。一是在救助患病儿童方面用好心。在河南省肿瘤医院举行“让爱走进小天使、关爱儿童血液病”救助活动，为21名受助血液病患儿代表发放60余万元救助金；在市第二人民医院承办的河南“微笑列车”，为唇腭裂患者免费集中手术；开展“让阳光普照每个孩子”——郑州新视界眼科医院走进郑州市儿童福利院，为近400名孩子普查眼科疾病；联合中意人寿保险河南分公司向来自郑州市儿童医院的5名糖尿病困难患儿捐赠价值20万元的胰岛素泵。二是在救助留守孤儿方面用好情。组织留守儿童参观河南博物院、郑州科技馆，获得更多知识；赠送爱心手工制作品，将关爱之情传递给他们。三是在救助贫困学子方面用好力。联合马可波罗组织慈善之旅，为18名来自中牟县的农村贫困孤儿捐助3万元；联合郑州日产汽车有限公司开展“牵手工程”阳光助学活动；联合晨露国际针对品学兼优的低保家庭孩子，共同打造“梦想之旅”，为他们提供到国外学习考察的机会；联合弘康人寿保险股份有限公司河南分公司开展“情系学子 爱心起航”活动，在向困难家庭学生进行每人1000元救助和向学校捐赠急需物资的同时，邀请专业音乐老师莅临现场授课，带领学校师生走进艺术世界。

（二）加大医疗救助扶持力度，完善帮扶体系。本年度医疗基金共投入530多万元，对“遭遇最不幸、家庭最困难、社会最同情、需求最迫切”的特困人群给以救助，救助贫困患者2973人次。一方面，继续新建新增医疗救助慈善基金。在原有的医疗救助基金的基础上，新设立郑州市第二人民医院、郑州市第三人民医院、郑州市第七人民医院、郑州中原医院、郑州新视界眼科医院、郑州同济医院及郑州市第六人民医院“肝胆相照·呼吸与共”等7项医疗救助慈善基金。通过多家医院基金的建立，为贫困患者提供更好更实际的帮助。另一方面，重点打造“善行绿城”医疗救助慈善项目。新启动了“爱友新希望”癌症患者康复行动、重大眼病救助等慈善项目。与此同时，联合河南省肿瘤医院、郑州市第二人民医院、郑州人民医院、郑州市第三人民医院、郑州市第八人民医院共同开展重大疾病慈善救助活动，为81位重大疾病贫困患者代表发放了共计119万余元的慈善救助金。

（三）全方位关注弱势群体，助力社会和谐。一是从老年人群着眼注入关爱。郑州中心医院设立“银杏相伴·健康同行”慈善救助基金200万元，用于贫困老年患者救助；组织“假日儿女”活动，由郑州高校慈善志愿者与困难老人进行结对帮扶，开展慰问活动。二是从特殊群体着力给予帮助。与市残疾人康复教育中心联合开展“慈善义肢 助力前行”项目；联合郑州聋艺文化传播有限公司开设“聋艺画廊”，为有艺术爱好的聋人提供就业平台；举办第六届全国聋人相亲会，9对新人牵手成功。在冬至节气集中开展救助特殊弱势群体，包括贫困环卫工人、交通协管员、出租车司机、残疾人等共计240人，总救助金额24万元，并为他们免费发放棉大衣和速冻水饺。参加“爱心助考”活动，免费为高考考生提供车辆搭乘服务。开展“郑州慈善志愿者中秋关爱环卫工暨‘无车日’公益骑行活动”。发起“关爱环卫工早餐工程月计划”，现场为100名环卫工每人发放100元的爱心早餐金，表达来自社会的关心和慰问。三是从贫困人群着手实施救助。在“善行天下·暖冬行动”冬季送温暖活动中，全市慈善组织安排专项助困资金2000余万元、棉衣棉被10万余件，调动志愿者5万余人次，开展50多场慈善救助活动，全市近10万名困难群众受益；积极配合市委、市政府年度“送温暖”活动，走访慰问特困家庭，为他们送去慰问金、礼品。开展冬季送温暖“一帮一”救助低保户活动，全年救助6212人，共发放救助金130万元。联合各县（市）区慈善总会开展“爱在郑州 传递真情”县（市）区联动救助困难群众活动，为180户困难家庭发放60万元善款和棉被。联合郑州市民政局、郑州晚报社在全市实施“衣暖人心——废旧衣物回收再利用公益慈善项目”，热心市民千余人参加活动，截至年底，已安放回收箱210个，回收衣物30吨，消毒整理冬衣3000件、裤子5000条、被子500条，已发放衣物1000余件。

（四）全力打造慈善实体，健全服务网络。注资30万元善款设立“和善基金”，并在二七区人和路小学挂牌成立全市首个慈善小学；挂牌成立“郑州慈善文武学院”和登封市首个农村慈善工作站；建立全市首个市直机关单位和离退休干部组成的“益民”老干部慈善志愿者工作站。至2015年年底，共计建立100家工作站，并全部投入运行；建立了11支专业志愿者服务队。系列慈善实体的打造，既为扩大慈善宣传奠定了基础，也为开展实际工作增加了马力。

【慈善文化宣传】 2015年，郑州慈善总会着力弘扬慈善文化，提升慈善组织影响力。

（一）组织专题公益讲座，普及慈善知识。一是举办公益讲座。开展心理咨询、养生保健、科普知识、法律援助等内容公益讲座50余场，受益听众千余人。二是编印慈善月刊。组织开办每周一期的《各地慈善动态》和每月一期《郑州慈善》杂志，全年共印发《各地慈善动态》28期、编辑出版《郑州慈善》6期。三是网络传播信息。做好微信“郑州慈善志愿者在行动”的运营，全年共发送新闻278条，向市民传递慈善志愿活动动态，使慈善形象不间断地深入人心。

（二）创新宣传方式，提高慈善意识。一是推动慈善文化走基层。启动“慈善文化走基层”公益演出项目，通过走入县乡村、文化广场、各大社区及机关事业单位，举办志愿者文艺演出，持续把群众喜闻乐见的文艺作品送到基层。二是持续筹拍微电影助宣传。在纪念抗日战争胜利70周年之际，拍摄了慈善微电影《军号嘹亮》，延伸了宣传载

市委副书记、市委秘书长胡荃接受爱心企业的捐赠

体，扩大了宣传辐射面。三是推出慈善电视专题栏目。联合郑州电视台共同打造《爱满绿城》电视栏目，通过《爱心故事》《快乐慈善》《扶危助困》《公益讲堂》《爱暖夕阳》等5个小栏目，用镜头语言展示发生在市民身边的爱心故事，在传播现代慈善理念、慈善文化、透明慈善等方面起到了良好的效果。

（三）创新创投，凝聚慈善力量。在全市范围内组织开展了第三届“郑州慈善大奖”评选活动、首届郑州慈善公益广告大赛、第二届“志愿四方杯”慈善公益项目创投大赛、首届“河南弘大杯”慈善摄影大赛等活动，通过基层群体的参与和传播，进一步提高慈善事业的社会影响力。举办了2015“传递温暖 呵护夕阳”大学生担任养老护理员慈善项目高校联动选拔大赛，通过海选、复赛、决赛，在1000余名报名学子中选拔了100名大学生开展暑期护理员工作。

（四）发挥活动引领作用，激发参与热情。一方面，面向社会组织开展各种类型的文化活动。举办第二届“慈善一小时”活动，发动社区慈善志愿者工作站，针对区域特色设计专题活动，掀起全民宣传慈善和奉献爱心的积极性。开展2015“我栽一点绿益，还您一片蓝天”公益慈善植树活动暨“慈善环保公益林基地”授牌仪式，200名慈善志愿者共同见证了全市首个慈善环保公益林基地的建立。组织开展“全市慈善志愿服务周活动”，以及义诊、义务理发、维修家电、公益讲座、慰问困难人群、义卖报纸、救助物品发放等活动。另一方面，面向志愿者开展各种形式的文化活动。首次举办针对慈善志愿者的联欢和表彰活动，开展第二届志愿者盛会，现场为抗战老兵发放慰问金、轮椅、治疗仪，并对优秀的志愿者团队进行表彰，鼓励更多的人参与到慈善活动中来。开展“2015全国爱眼日关爱慈善志愿者眼科义诊活动，为老年骑协志愿者近1000人普查眼睛，这是首次集中对常年奉献爱心的志愿者进行的回馈服务。组织开展“郑州市庆祝第30届国际志愿者日服务展示会”活动，30余支慈善志愿者队伍参加展示。

【慈善组织建设】 2015年，郑州慈善总会加强基础管理，夯实发展基石。采用多元化方式提高学习的有效性。系统学习“三严三实”指示精神、深刻内涵，用理论指导实践，切实树立和巩固优良作风；认真学习《国务院关于促进慈善事业健康发展的指导意见》；赴深圳、成都等地参加慈善交流展示会，体验社会公益组织能力建设创新、公益慈善信托、公益慈善法（草案）培训、沙龙、座谈等系列活动。采用研讨形式稳步推进各项工作。组织召开慈善工作创新会议，以创新思维部署年度工作；召开“救急难”慈善项目实施工作会议，切实把“救急难”融入并体现到各类社会救助制度中，提升了救助的综合效应；召开基层慈善组织网络建设推进会，加强基层慈善服务网络的建设；举办慈善总会基金档案管理会，加强慈善基金的管理，规范基金募集和使用。采用层级督导方式保障基金规范使用。一方面，通过下基层调研的形式，对基层慈善组织建设工作给予指导；另一方面，监事会对2015年度慈善项目进行全面督导检查，审查项目包括慈善基金救助人员的材料档案、救助对象贫困资质、财务账目等，确保和规范全市慈善基金的透明使用和管理。

（赵娅慧）

红十字会

【概况】 2015年，郑州市红十字会认真贯彻落实《中华人民共和国红十字会法》，切实加强领导班子建设，坚持依法建会、依法治会、依法兴会，不断拓宽人道主义服务领域。全年造血干细胞成功捐献17例，至年底累计成功捐献人数200例，高居全国省辖市榜首；在“红会送医”、应急救护培训、红十字青少年、人道救助、遗体器官捐献等方面取得优异成绩。郑州市红十字会荣获国家人力资源部、中国红十字会总会“全国红十字系统先进集体”称号，并受到习近平总书记的亲切接见。

至2015年年底，郑州市红十字会共有基层红十字会组织530个、市直团体会员单位43个；共有会员18万余人，其中青少年会员8万余人。11个县（市）区中，已有新郑市、登封市、金水区、管城区、二七区、惠济区、中原区理顺了管理体制。

【红十字品牌项目建设】 （一）博爱家园——社区红十字应急救护学雷锋志愿者培训活动项目扎实推进。郑州市红十字会与郑州市文明办联合开展博爱家园——社区红十字应急救护学雷锋志愿服务活动，6月1日至7日，组织了一期“博爱家园——红十字应急救护志愿者”师资培训班，培训的100名学员分别来自街道办事处、社区及志愿者队伍。6-7月，组织22期社区红十字应急救护学雷锋志愿者骨干培训，共培训学员1102名，为做好社区红十字应急救护学雷锋志愿服务工作打下了坚实基础。

（二）中国红十字总会应急救护核心项目圆满完成。年初，为进一步推进应急救护核心项目工作开展，市红十字会专门根据各县（市）区具体情况制定下发了全市应急救护普及讲座培训计划。全年各县（市）区红十字会共开展普及培训230场，为期三年的核心项目已经完成。

（三）国际红十字联合会慢性非传染性疾病预防和控制项目进展顺利。该项目在新郑市常刘社区、二七区绿云社区继续推进，每周组织志愿者进入两个社区900户家庭探访宣教，该项目组全年共完成24次项目督导、评估。

【救灾援建工作】 5月25-29日，参加了省红十字会组织的“大爱中原，善行雅安”灾后重建回访活动，现场对雅安地震灾区援建项目进行回访，各类善款使用规范，建设项目圆满完成。与昭通市红十字会签订协议，援建鲁甸县龙头山西锁纳博爱小学，援建资金175万元。6月中旬，信阳商城县等地发生水灾，郑州市红十字会向商城县红十字会

春节期间开展“博爱送万家”活动

捐赠款物合计140万元。

【应急救护工作】（一）依托应急救护培训中心，开展培训工作。截至年底，郑州红十字应急救护培训中心共开展培训21场（次），培训4952人（其中普及性培训3200人）；发放救护员证1752个。管城回族区红十字会举办了3期应急救护培训班，共有101人获得“初级救护员”资格。惠济区红十字会在郑州师院设置了应急救护培训站，配备齐全的培训器材，应急救护培训成为新生入学的一项重要培训。

（二）参加全省红十字知识与应急救护技能竞赛。组织代表队参加第三届“博爱中原 文明河南”红十字青少年知识与应急救护技能竞赛，夺得团体一等奖，检验了全市红十字青少年应急救护培训水平，提高了青少年参与应急救护培训的积极性。

【人道救助工作】（一）“博爱送万家”活动持续开展。2015年春节，共筹措价值39.23万元的慰问物资2200份，直接发放慰问金13000元，为困难群众提供了一定的帮助，弘扬了人道主义精神。“博爱送万家”活动已成为红十字会的品牌之一。

（二）爱心助医活动。红十字“小天使基金”共为全市7名14岁以下白血病儿童发放救助金21万元；“老年心脏病”救助金救助患者8人，发放救助金1.6万元；联合宇通公司，救助为救落水儿童而献出生命的大学生孟瑞鹏家人5万元；联合郑州大学医学院脑瘫外科和中泰脑科医院，救助患者5名，发放救助金8000元。启动“康恩贝健康之旅——老年病防治博爱行动”，为全市家庭困难的544名老年前列腺疾病患者发放价值85.26万元的药物。登封市红十字会继续为艾滋病病人筹措发放救助金，全年发放救助金100余万元。

（三）爱心助困活动。申报国家彩票公益金项目，获得价值20万元的设施资助，全部配备于荥阳市天鹅湖老年公寓，极大改善了公寓的硬件设施，为老年人安享晚年提供了帮助。“六一”儿童节为郑州市儿童福利院捐赠价值3.6万元的食品、玩具及日用品。

【“三献”工作】（一）造血干细胞捐献继续领跑。大力开展宣传动员，精心做好捐赠服务。全年共招募造血干细胞志愿者1736人（预定的年度计划900人），成功捐献17例。截至年底，全市成功捐献人数200例，高居全国省辖市榜首。4月22日，管城回族区红十字会联合区直机关工委、团区委组织区直机关党员干部、团员干部开展“讲担当 献爱心 比贡献”无偿献血暨造血干细胞血样采集活动，进一步发挥公职人员的辐射作用，更广泛地向大众宣传造血干细胞捐献工作。

（二）配合做好无偿献血宣传工作。利用“5·8”世界红十字日等活动，积极配合市卫生部门做好无偿献血的宣传和动员工作，为保障全市临床用血做出了积极贡献。

（三）遗体（器官）捐献工作成绩斐然。4月，联合河南中医学院，召开郑州市遗体、器官捐献工作培训会；5月，联合解放军骨科研究所，召开郑州红十字医用组织库中心工作会议；利用广场活动等时机进行了大力宣传和志愿者招募。全年实现遗体捐献7例、角膜捐献2例、器官捐献31例。

【志愿服务工作】（一）围绕“四关爱”活动开展志愿服务。组织志愿者到老年公寓为老人洗脚、表演节目，陪老人聊天；组织志愿者为建筑工地的农民工送去衣服和被子，免费为农民工理发，春节期间在汽车西站为农民工提供春运车次、天气、路况，地铁、公交换乘等公共信息咨询，以及免费的热水、针线、药品，累计提供志愿服务时间400小时，服务乘客2000余人；组织志愿者为留守儿童送温暖，积极帮助烧伤的残疾儿童入学；组织志愿者为社区孤寡老人和行动不便的瘫痪病人、残疾人提供打扫卫生、买菜、买煤气、聊天等志愿服务；植树节组织志愿者到郑州烈士陵园、万山义务植树基地等地植树，播种绿色，美化环境。

（二）围绕“主题活动日”开展志愿服务。3月5日，开展形式多样的学雷锋志愿服务活动；围绕“5·8”世界红十字日、“5·12”防灾减灾日、世界献血者日等主题活动日，把志愿服务活动和志愿服务宣传工作结合在一起，相互促进，不断提高市民对志愿服务的了解和兴趣。

（三）组织红十字水上救援志愿服务。积极开展水上救生、水上安全知识传播、水源保护、城市汛期防洪等社会公益活动。救援队共有队员160人，其中骨干80人，下辖如意湖、龙湖、西流湖、尖岗水库、特勤等5个分队。截至年底，共打捞溺水人员、阻断溺水事故苗头200余人（次），其中成功挽救了40多人的生命；在河南省红十字系统培训班上，进行了1次水上救援演练；义务为中小学生开展水上避险与应急救护知识讲座6场。

（四）拍摄中国首部关注志愿者电影。1月，由郑州市红十字会、金水区红十字会联合河南功夫爹文化艺术策划有限公司摄制中国首部关注志愿者电影《为了谁》。该片以郑州市金水区红十字会孝慈志愿者服务队张菊队长为原型，讲述志愿者群体默默无闻、无私奉献的大爱故事，旨在呼吁社会关注、理解和关爱奋斗在公益事业第一线的志愿者们。

（五）在郑州市儿童福利院设置志愿服务站。5月27日，郑州市儿童福利院志愿服务站举行揭牌仪式，设立了红十字志愿服务儿童福利院站办公室。截至年底，共组织3批志愿者赴儿童福利院，开展儿童营养、中医按摩、儿童心理等方面的志愿服务活动。

（六）积极贯彻落实红十字送医计划。按照省政府“639基层卫生人才工程”的总要求和省红十字会的具体要求，市红十字会将利用6年时间，依托市红十字会团体会员单位，每年组织不少于200人次的红十字志愿者，深入偏远地区县乡级公立医院开展义诊、咨询、培训等志愿服务活动，为公立医院改革服务。截至年底，市红十字会组织市第九人民医院、市中心医院赴新密市苟堂镇卫生院、平陌镇卫生院开展活动5次，参与志愿服务专家200人次，义诊5000人次，帮教150人次。

（七）建立红十字生命健康安全

2015年造血干细胞捐献200例活动举行

体验教室。中国红十字会总会“红十字生命健康安全体验教室”项目落户金水区纬一路小学，项目实施费用30万元，以研发生命健康安全知识教育系列课件为重点，通过“场景式+情景式”模式，开展群众性应急演练、救护员培训、亲子讲座及学校安全教育与体验活动和生命安全教育主题活动。

【红十字精神传播】 2015年，郑州市各级红十字组织多角度狠抓宣传工作。

（一）充分运用传统媒体进行宣传。积极邀请省、市主流媒体参加红十字活动与座谈；精心策划新闻专题，多方位展示全市红十字事业发展的新成效。上半年，在各大媒体刊发各类新闻信息72篇，编发红十字简报15期。在《郑州日报》刊登专版及郑州市红十字会捐赠款物情况公示，更好地宣传红十字各项业务，并做到募捐工作公开透明。新郑市红十字会全年订阅《中国红十字报》和《博爱》杂志455份，荣获中国红十字会总会报刊宣传二等奖。

（二）灵活运用新兴媒体进行宣传。高度重视网络建设，及时完善网站功能、更新网站内容。充分发挥“郑州市红十字会网络传播志愿服务队”的作用，在网络上宣传红十字会工作，向社会传递正能量。上半年累积刊发各类博客、微博信息100余条。

（三）积极运用现场活动。以“5·8”世界红十字日、世界献血日、世界急救日等纪念性节日为契机，积极开展形式多样的宣传活动。一是在紫荆山广场开展“纪念68个世界红十字日暨河南省红会送医计划启动仪式”为主题的广场活动，现场为广大市民献上了精彩节目，并组织了义诊义治服务以及红十字有关问题的咨询，省、市有关领导，志愿服务队伍，以及省市新闻媒体等400余人参加了此次活动。二是参与郑州市政府应急办举行的“5·12”防灾减灾日宣传活动，现场进行了徒手心肺复苏培训，演示了创伤救护四项技术，红十字水上义务救援队进行了模拟演练；接受群众咨询2000余人次，发放各类宣传资料2000余份。三是“世界献血日”组织志愿者到河南省血液中心献血，陈福安、赵云刚等多名志愿者受到国家、省、市有关部门的表彰，有力地推动了全市无偿献血工作的开展。

（新 展）

残疾人联合会

【概况】 2015年，郑州市残联紧紧围绕国务院、省残联《关于加大推进残疾人小康进程的意见》，按照年度工作目标，积极落实省、市民生工程，扎实开展残疾人康复、教育、就业、扶贫、文化体育等各项工作，年度残疾人工作任务顺利完成，残疾人事业实现了新发展。

加强党风廉政建设，深入推进“三严三实”专题教育和“三查三保”活动，把开展活动与残联各项工作紧密结合起来，深入基层调查研究，撰写心得体会，精心备课，认真施教，积极开展批评与自我批评，不断建立完善长效机制，切实抓好整改落实，党员干部作风得到持续转变。

【十大实事工作】 （一）残疾人“两项补贴”稳步推进。市政府将“为全市一级、二级重度残疾人和精神、智力三级残疾人单独全额提供城乡最低特殊生活补助”列入2015年民生“十件实事”。市残联成立了领导小组，出台了实施方案，对已享受城镇最低生活保障待遇的重度残疾人，按照每月100元的标准给予生活补贴；对已享受农村最低生活保障待遇的重度残疾人，按照每月50元的标准给予生活补贴；对未享受城乡低保待遇的重度残疾人和精神、智力为三级的残疾人，按其户籍类别参照当地城乡低保标准按月给予生活补贴。全年补贴总人数为22116人，市、县两级财政补贴经费5280万元，受助人群之多、范围之广、补贴金额之大前所未有。

（二）实施残疾人类别等级免费评定。市政府将“为郑州户籍残疾人办理残疾人证时免费进行残疾评定”列为2015年民生十大实事项目，各级党委政府迅速制订工作方案，明确经费来源及责任单位，各方面给予大力支持。在残疾评定定点医疗鉴定机构不变的情况下，对残疾人办证、医疗鉴定残疾类别实现全部免费，平均每人次节约资金200余元，在一定程度上减轻了家庭的经济负担。该项政策的实施，极大地调动了办理残疾人证的积极性，办证人数和办证率大幅提高，全年新增办证14700人，其中8000余人免费评定，减免评定费用共计135万元。在办证工作中，建立了责任追究制度，强化了办证工作纪律，严格办证程序，杜绝了关系证、人情证。

（三）推进0-14岁残疾儿童康复救助。市政府将“为全市所有符合条件的0-14岁残疾儿童提供康复救助”列入2015年民生“十件实事”。市残联、市财政局联合制定了《郑州市0-14岁残疾儿童康复救助实施方案》，主要为全市所有符合条件的0-14岁残疾儿童提供康复训练和辅助器具补贴救助。全年全市共救助0-14岁残疾儿童521人，其中，聋儿184人、智力残疾儿童108人、脑瘫儿童155人、孤独症儿童41人、肢体残疾儿童术后康复4人、辅助器具适配29人，共投入资金461.78万元，并形成了残疾儿童救助服务的长效机制。该件实事的办理使残疾儿童康复救助实现了全覆盖，同时取消了救助门槛。同时，对所有0-14周岁残疾儿童辅助器具康复项目配备，实现了只要有配备需求，政府即给予全额补贴。

【残疾人康复工作】 （一）继续大力实施河南省贫困残疾儿童抢救性康复工程。2015年，河南省政府继续将贫困残疾儿童抢救性康复工程纳入民生工程，共下达郑州市各项救助任务1996名。郑州市残联按照全省统一部署，精心组织各县（市）区深入开展宣传活动，积极扩大项目影响，开展残疾儿童筛查，建立了残疾儿童随报制度，做到发现一例，上报一例，切实掌握残疾儿童的实际康复需求。在筛查的基础上，各县（市）区筛选符合救助条件的残疾儿童，确定为救助对象。郑州市是省残联确定的政府向社会力量购买残疾人服务工作的试点城市，市残联领导组织各相关业务人员认真学习关于购买服务的相关政策，积极启动工作程序，上报购买服务计划。对人工耳蜗、助听器、脑瘫、智力、孤独症和肢体残疾矫治手术6个项目进行了公开招标，确定了定点康复机构。完成聋儿（人工耳蜗）项目任务26名、聋儿（助听器）项目任务30名、孤独症儿童康复任务30名、脑瘫儿童康复任务350名；智力项目任务1370名，郑州市完成任务685名，超额完成省残联“完成一半任务即可”的要求。

（二）继续实施残疾人事业专项彩票公益金康复项目。根据《郑州市残疾人事业专项彩票公益金康复实施方案》及配套《实施办法》，对520名贫困精神病患者进行服药医疗救助，对130名贫困精神病患者进行住院医疗救助，结合各县（市）区贫困精神病患者的需求情况，对受助的贫困精神病患者进行重新审核，对个别受助对象进行了调整。为61名成年听力残疾人免费配发了助听器，并提供每人300元的验配调试服务费。组织各县（市）区对有适配假肢、助视器、矫形器、辅助器具需求的贫困残疾人进行筛查，协同省、市辅助器具专家赴各县（市）区开展彩票公益金辅助器具适配，为肢体残疾人免费装配假肢、矫形器126例，为848名低视力患者配发低视力助视器1046件，为197名贫困残疾人免费配发彩金辅助器具307件。

（三）继续实施全市低保家庭的精神病患者医疗救助工作。各级残联对全市低保家庭的精神病患者进行了再筛查、再统计，经过救助申报、逐级审核等环节，全年分两批共确定低保家庭精神病患者2392人，市财政拨付救助资金272.7万元至各县（市）区，2015年年底已全部发放到受助对象手中。

（四）继续实施“曙光行动”白内障患者免费复明手术。为巩固白内障患者复明手术长效机制，联合省残联、省助残济困总会在郑州市实施“曙光行动”白内障免费复明手术活动，4月

9日，举办了“曙光行动”2015年白内障免费手术复明工程启动仪式，医护人员现场为200多名居民群众进行了眼病筛查。全年全市共筛查眼疾患2万余人次，为白内障患者实施免费复明手术约1500例。

（五）开展残疾预防和康复宣传活动。充分利用全国爱耳日、世界孤独症日、碘缺乏病日、爱眼日等宣传有利时机，通过举办各种宣传教育活动，向社会广泛宣传残疾预防与康复知识，营造良好康复氛围。3月3日，郑州市残联与团市委、郑州市残疾儿童康复中心联合举办爱耳日宣传教育活动，看望听障儿童，并向听障儿童发放书包等学习用品及玩具；各县（市）区残联以“安全用耳，保护听力”为主题，精心组织、广泛开展了一系列丰富多彩、效果显著的宣传教育活动。5月15日是全国第22个“防治碘缺乏病日”，市残联同市卫生等部门联合，在绿城广场举办了以“科学补碘，重在生命最初1000天”为主题的碘缺乏病宣传活动。

2015年，各项康复工作顺利进行，全市共培训社区康复协调员1217名，为低视力残疾人配发助视器848名，培训低视力儿童家长290名，盲人定向行走训练714名，聋儿听力语言训练534名（其中新收训257名），精神病防治康复1万多名，肢残（脑瘫）社区康复训练1040名，智残儿童社区康复训练440名，孤独症儿童训练141名，供应辅助器具约1万件。

【残疾人特殊救助】 2015年，郑州市继续开展“三无”残疾人生活救助工作。市残联严格按照要求，对符合“三无”条件的残疾人收集相关资料，确定符合标准对象后，由各乡（镇）民主评议、乡（镇）党委会讨论通过并公示，由市残联进行审批。全年共有1069名残疾人通过审核，发放补助资金380余万元。加强残疾人托养工作。对累计托养达到8个月以上的16-59岁残疾人给予每人3000元的补助，实现了符合一人补助一人的目标。全年全市共托养智力、精神、肢体重度残疾人1990人，投入资金156.80万元。实施“轮椅助行工程”，为贫困肢体残疾人免费发放轮椅2130辆。开展贫困残疾人家庭无障碍改造工作，投入52.50万元，为150户贫困残疾人进行了家庭无障碍改造。继续做好为中心城区持证残疾人购买团体交通意外伤害险工作，全年共为14873名残疾人进行了投保。为1251名残疾人发放燃油补贴325540元。对30名贫困残疾高中生进行资助，为70名学前残疾幼儿发放助学款21万元。坚持节日慰问与临时救助并举，全年共组织走访慰问、救助各类贫困残疾人2000人次，发放面粉、食油、大米及日常用品价值40余万元。

【残疾人培训就业】 2015年，郑州市进一步规范残疾人培训工作流程，市残联开创了四个特色残疾人培训项目（“珐琅彩掐丝工艺”“盲人网上开店”“盲人保健按摩师”“残疾人电子商务”），创建了五个市级残疾人培训示范基地，全年共培训残疾人10005人，其中6890名残疾人实现就业创业。实施“助残就业 同奔小康——郑州市千人千岗就业创业行动”，组织20家用人单位，开发出1300个就业岗位，约有1000余名残疾人求职，现场达成就业意向246人，行动后续安置残疾人就业1086人。成功举办残疾人文化艺术工场成果展，展出金石堆、珐琅彩掐丝工艺画等8个门类200余件作品，受到了中残联领导的充分肯定，省残联专门组织全体机关人员现场参观，《中国残疾人》杂志进行了专题报道。全年接待来访求职2000人、失业登记1159人；新增就业人数4666人，其中，按比例安排就业1107人、集中就业531人、灵活居家就业1449人、社区基层就业1139人、基地就业260人、公益岗位就业38人、自主创业128人，办理个体经营优惠证14个。举办第二期全国医疗按摩骨干师资培训班，培训盲人医疗按摩57人，有偿扶持盲人保健按摩机构105户。

【残疾人文化体育宣传】 2015年，郑州市继续开展残疾人文化活动周。市残联与市文广新局联合，在残疾人相对集中的社区、残疾人服务机构、特教学校、福利企业及各类公共文化服务场所，因地制宜组织残疾人就近、就便开展各种文艺演出和展览展示活动，组织电影展映周、文化助残等丰富多彩的活动。全市各级残联积极行动，结合当地实际，采取有效措施，精心组织开展了第25次全国助残日活动。无障碍阅览室工作稳步推进。在全市建立了盲人无障碍阅览室11所；郑州市图书馆、管城区、金水区、惠济区图书馆内都设有盲人无障碍阅览室，每天免费对残疾人开放。加强残疾人自强健身示范点建设和申报工作。在已建成3家残疾人自强健身示范点（二七区辅读学校、市残疾人康复教育中心、中原区育红学校）的基础上，又申报了管城区辅读学校和新密市牛角湾文体中心两个残疾人自强健身示范点。开展发展特奥运动员、融合伙伴活动，新增融合伙伴800名。积极向省输送优秀运动员8名，并承担了省滚球、田径、游泳5个比赛项目的训练。在全国第六届特奥会比赛中，郑州市取得了19金、8银、3铜的优异成绩；在第九届全国残运会上，郑州市取得了7金、5银的佳绩。全市有4名田径特奥运动员入选中国特奥代表团，赴美国参加第十四届世界夏季国际特奥运动会，夺得3金、4银。加强残疾人事业宣传力度，全年电视报道65条、广播报道62条、报刊报道24篇，印发宣传册122600册。

筹备成立市残疾人文学艺术界联合会。经过近一年时间的筹备，经市文联批准，确定成立市残疾人文联，初步设立书画家协会、美术家协会、作家协会、音乐家协会、舞蹈家协会、摄影家协会、民间工艺美术家协会等7个专业协会。其中，残疾人书画家协会于12月19日成立，其余协会在筹建中。

【残疾人维权信访】 2015年，郑州市加大残疾人“一法一办法”的执行力度。3月12日，市人大对郑州市贯彻实施《中华人民共和国残疾人保障法》和《河南省实施〈中华人民共和国残疾人保障法〉办法》情况进行执法检查，对全市残疾人技能培训、聋儿语言训练、假肢安装康复训练、残疾人托养等工作给予了充分肯定。4月28日，市人大常务会第九次会议顺利通过了市残联执行“一法一办法”的审议，并对市残联执行残疾人保障法、维护残疾人权益工作表示全力支持。做好信访维权工作。充分发挥全市150个法律援助受理点作用，为残疾人提供“优先、优质、优惠”法律服务，千余名残疾人接受咨询服务，百余名残疾人得到了法律援助；全市残联系统共处理残疾人来信来访来电2000余人次（件），做到了事事有答复、件件有回音，全市没有残疾人进京赴省集体上访事件发生。残疾人维权热线顺利开通。根据中残联安排部署，郑州市作为残疾人12385服务热线建设的三个试点城市之一，于5月17日率先正式运行，日均受理残疾人来电20多件，单日最高52件，按期办结率97.8%。300多名残疾人接受维权服务，100余名残疾人得到了法律援助。

【残疾人规划财务工作】 2015年，市残联按照财务有关管理规定，重新修订完善了机关财务规章制度，进一步理顺财务管理。全年共拨付省级下拨资金1200余万元；拨付市本级预算专项款1374万元，其中，残疾人职业技能培训费69.43万元、残疾人低保精神病救助二批次共272.7万元、“三无”救助二批次共382.11万元、市级“阳光家园”智力和精神残疾人托养补助76.8万元、康复经费100万元、其他各项经费约473万元。同时，完成政府购买服务项目6个，共节省财政资金9.3515万元。完成了财务预算执行统计报表汇总、二级机构的事业单位产权登记、机关预算内政府采购计划、2016-2018年中期财政预算编报及全国残联系统财务统计报表的汇总上报等工作。在市审计局和省审计厅两次财务审计工作中，对市残联财务管理工作给予了高度评价。

【残疾人组织建设】 按照中残联、省残联有关文件要求，至2015年年底，全市179个乡（镇）街道、2660个行政村（社区）的残协全部建立，组建率达100%，残疾人专职委员选聘率达100%。残疾人专职委员工作补贴落实到位，全部纳入了县（区）财政预算，每人每月工作补贴100元。对专职委员的培训任务进行分解，结合就业培训工程进一步加强对本辖区残疾人专职委员的培训，800名残疾人专职委员参加了网络在线培训。加强优秀残疾人人才库建设。按照中残联、省残联要求，建立市、县、乡三级优秀残疾人人才库，筛选各类优秀残疾人，发现和挖掘优秀残疾人典型材料，逐级上报优秀残疾人人才库。2015年，全市4名自强模范、7名助残先进个人、4个残疾人之家和3个助残先进集体受到全省表彰。志愿者队伍建设不断加强，全年新增注册助残志愿者1100人，在阿卡迪亚社区建立了"文明使者"志愿助残示范站，影响和带动更多的志愿助残者更加贴近残疾人、方便残疾人、服务残疾人。

【残疾人基础信息核查】 全市残疾人信息核查工作历时7个月，动员6852名调查员，参与205个乡镇（街道）、3081个村（社区）的调查工作，共投入经费331万元，调查残疾人109230人，其中入户调查98549人、0–15岁非持证残疾儿童459人。复录共计抽样人数10647人，抽样比例为10.35%；全市平均复录错误率0.27%，在指标控制范围内，复录工作全部达标。

【基层残联亮点工作】 2015年，各县（市）区残联比、学、赶、超，残疾人工作任务全面完成，亮点纷呈、各具特色。金水区充分发挥自身优势，将残疾人社区康复站建设工作纳入到了城市精细化管理范畴，全年建成17个康复站；创设"星雨广场""金彩虹班"，为孤独症儿童提供了康复、学习的平台。二七区举行了残疾人自强健身示范点启动仪式暨"爱心书吧"捐赠活动；在人民公园设立"手语岛爱心社"及"星雨广场家庭交流中心"；推出的陇海大院爱心集体典型事迹在全国家喻户晓。中原区举办了聋人书画艺术作品展览和残疾人专场招聘会；积极开展残疾人文化活动，组织编排的《习主席寄语》等多个节目曾入选中央电视台、凤凰卫视、河南电视台及郑州电视台春晚节目。管城区多方筹措资金，为105户特困残疾人家庭免费实施了无障碍改造；与区慈善总会投入资金50万元开展慈善救助活动，其中为15名大病贫困残疾妇女每人发放医疗救助金5000元；依托便民服务中心+社区生活站，为辖区残疾人免费提供服务；抓实残疾人体育工作，运动员多次在重大比赛中为省、市赢得荣誉。惠济区通过举办基层残疾人工作者业务知识培训班，提升服务残疾人水平；为52名残疾学生或残疾人家庭子女发放资助金7万元；在区《慈善报》开辟《惠济区残疾人风采》专栏，用身边的残疾人典型模范引导残疾人。上街区建成投入使用的残疾人康复教育托养中心在建筑规模、服务设施等方面处于全国领先地位；创办的非物质文化遗产——麦秆画培训班，创业起点低、见效快。登封市大力实施全民技能振兴工程，举办职业技能培训和农业实用技术培训成效明显；举办扶残助残道德讲堂，弘扬了社会主义核心价值观。新密市举办盲人创业典型先进事迹报告会，影响广泛，做法被中残联等多家媒体报道；将残疾人康复工作纳入村医、片医年终目标考核；出台了《新农合补偿方案》，规定凡在新密市内县级定点医疗机构住院的参合残疾人，住院起付线在规定的基础上降低100元，分段补偿比例提高5%。新郑市举办"关爱残疾人，温情满新郑"专场文艺晚会；推出了残疾人志愿者典型刘静，2015年被中央文明办评选为中国乡村好青年。荥阳市创新性推出助残服务直通车信息服务平台，是全省第一家专门为残疾人提供综合信息服务的信息化平台；组织医院为残疾人义诊、发放爱心助残卡。中牟县制定了《中牟县康复服务进家庭工作实施方案》，开展"康复进家庭"活动；出台了《关于加强贫困残疾人社会救助工作的实施意见》，为特教学校就学的残疾学生提供10万元的就学补贴，对考上大学的残疾学生以及残疾人家庭子女给予救助。航空港实验区实行了针对残疾人遇到突发事件、突发疾病和特殊困难等突发事件访视制度，主动为残疾人排忧解难。高新区成立"郑州高新区残疾人创业同盟"，召开了"郑州高新区残疾人创业与经营者峰会"。郑东新区结合"三级三类"便民服务中心建设，搞好残疾人社区康复站建设，其中商都路办事处普惠社区建成了180平方米的社区残疾人康复站。经济开发区借节日开展活动时机，大力宣传涉残惠残政策，发动残疾人广泛参与活动，构建包容互助的和谐氛围。

（毛贻广）

归国华侨联合会

【概况】 2015年，郑州市侨联围绕市委中心工作和省侨联工作要求，扎实开展专题教育活动，自觉践行"三严三实"提高履职能力；充分发挥外联优势，努力为经济建设服务；老侨新侨并重，热忱为侨服务；积极开展走访调研活动，为做好侨务工作奠定基础。各县（市）区侨联组织结合自身特色，在侨胞之家建设、根亲文化建设、招商引资、为侨服务等方面做出了一定成绩，亮点纷呈。至年底，全市共有9个县（市）区、企业侨联组织，分别为金水区侨联、上街区侨联、管城区侨联、荥阳市侨联、中牟县侨联、新郑市侨联、新密市侨联、登封市侨联和长城铝业集团侨联。

按照市委要求，及时抽调工作队新成员，做好驻二七区嵩山路办事处黄岗寺社区帮扶工作。按黄岗寺社区居民总户数印制了7500张"便民服务卡"，与社区建立了联合党支部。配合社区做好创建卫生社区工作。联合区城管执法部门开展"百日行动致商户一封信"宣传活动。对嵩山路小区、工人路小区、兴华街小区非法占道经营、店外经营、流动经营情况进行集中整治，共清查52家门店，遏制了违章占道经营反弹现象。

加强侨联自身建设。按照以会代训的要求，召开了郑州市侨联第八届十次常委（扩大）会议，侨联第八届常委和各县（市）区侨联主席、副主席共60人参加了会议。下派1名中层骨干到金水区北林路办事处任副书记，为服务市委中心工作做出了积极贡献。完成了省侨联综合评价体系、全市侨情调查和组织建设情况调查、信访工作统计等工作。积极参加统战部总支开展的党员绿色健步走、义务植树和公园垃圾捡拾公益活动等，为践行环保做出表率。加强党风廉政建设，成立郑州市侨联整治和预防腐败体系建设工作领导小组，制订了《郑州市侨联建立健全惩治和预防腐败体系工作规划的实施方案》。

【邀商、接待及对外交流】 （一）积极参与乙未年黄帝故里拜祖大典活动。作为拜祖大典组委会邀请部的成员单位，市侨联在乙未年拜祖大典期间共邀请了来自美国、澳大利亚、英国、新加坡及香港、澳门等侨领及侨商30名，其中，1位侨领上香、3位侨领及侨商作为祈福贵宾、2位来自香港及澳门的小朋友参加了放飞和平鸽活动。市侨联被评为乙未年拜祖大典先进单位。

（二）参加海内外许氏宗亲祭祖活动。4月24日，市侨联一行4人参加了海内外登封许氏宗亲大型祭祖活动。来自海内外10个许氏宗亲代表团的150多名许氏宗亲齐聚登封，开展了"2015·许氏宗亲登封许由山（箕山）祭祖暨河南许由与许氏文化研究会成立二十周年庆典"系列活动。

（三）与兄弟侨联交流学习工作。市侨联派人参加了全国省会级城市侨联工作年会，与全国省会城市兄弟侨联交流学习，撰写的《夯实为侨

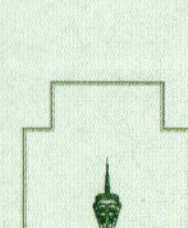

1月2日，中国侨联副主席董中原调研管城区“侨胞之家”建设情况

服务基础 推进“侨胞之家”建设》作为年会交流材料收编出版。市侨联主席赵思群率侨商代表一行4人应邀出席漯河市留学人员创业创新协会成立大会，学习漯河市侨联先进的工作经验和创新做法，更好地推动郑州市侨联工作。

【为侨服务工作】 （一）双节期间走访慰问归侨侨眷。市侨联在元旦、春节期间“送温暖、献爱心”，开展了一系列走访慰问困难归侨和服务对象的活动，为他们送去慰问品及慰问信，累计慰问困难归侨和侨眷30户。市委常委、统战部部长王跃华带队走访，把党和政府的关心送到归侨侨眷家中。 持续开展“关爱困难归侨老人”走访慰问活动，定期结对帮扶，形成常态化，为归侨老人提供困难慰问、身心保健、法律援助等服务。

（二）组织开展归侨侨眷联谊活动。为贯彻“组织起来、活跃起来”的侨务工作新要求，进一步形成侨界团结和谐的浓厚氛围，郑州市侨联组织90多名归侨侨眷，赴荥阳开展以“聚侨心，爱家乡，传承中原文化”为主题的爱国主义教育观光联谊活动，分别参观了荥阳桃花峪和南水北调穿黄工程。10月15日，组织老归侨赴登封市唐庄乡，开展“九九重阳节 浓浓爱乡情”侨界联谊活动，分别参观了“同心”敬老院、“同心”社区、“同心”幼儿园、康家生态园、瑞洋生态园、“同心”实践基地雅新开心农场种植基地等。

（三）信访维权工作。5月，为帮助加拿大籍华人王淑琴协调解决被非法侵占土地的有关问题，市侨联多次赴新郑了解情况，与相关部门沟通，协调解决问题，使其土地被侵占问题得到妥善解决。

（四）积极开展公益事业。经过省侨联积极联系，“天籁列车”免费助听器捐赠活动于6月来到郑州。市侨联与相关部门积极沟通，“天籁列车”捐赠活动启动仪式7月1日在郑州文庙举行。省侨联主席董锦燕、捐资人澳大利亚华侨魏基成等出席开幕式并讲话；“天籁列车”慈善团队爱心志愿者现场开展了助听器使用培训讲解和调整、听力测试、语音回复矫正、语音教学仪调试等工作，现场反应热烈良好。管城区、上街区、中牟县、新郑市、登封市侨联等基层侨联组织为“天籁列车”免费助听器捐赠活动作出了积极努力。

【走访调研工作】 （一）到侨光医院开展调研。为加强侨光医院的建设管理，市侨联多次到侨光医院进行调研活动，了解侨光医院经营情况，研究分析存在问题，帮助解决管理经营中的困难。为加强基层领导班子建设，针对医院领导班子调整等问题，进行了深入的考察调研。

（二）到基层侨联开展调研。陪同中国侨联副主席李卓彬、权益保障部部长张岩等领导赴管城区侨联调研基层侨联社区“侨胞之家”的建设情况。陪同河南省侨联机关党委书记陈卫平等赴管城区“侨胞之家”调研，并出席了“侨胞之家”揭牌仪式。市侨联赴荥阳市侨联调研，与荥阳市侨联机关工作人员围绕如何发挥好侨联四项职能作用进行座谈交流。

（三）到侨资企业开展调研。8月25日，陪同河南省委统战部副部长、河南省侨联党组书记赵太安等调研郑州市新侨创新创业情况，走访河南留学人员创业园格然林科技有限公司、河南信息产业园河南龙光三维生物工程有限公司、创业园孵化基地、中德产业园、裕港置业有限公司等新侨创业企业，省侨联党组书记赵太安给予了极高的评价。陪同省侨联主席董锦燕分别到郑州侨联生物能源有限公司建设工地和邦仁药业有限公司调研。

（韩 莉）

地方立法工作

【概况】 2015年，市人大常委会共制定、修改、废止地方性法规5件，即制定《郑州市轨道交通条例》《郑州市建设工程施工安全管理条例》，修订《郑州市城乡规划管理条例》，废止《郑州市市区烟花爆竹安全管理条例》和《郑州市农药管理条例》。先后开展了《郑州航空港经济综合实验区发展促进条例》《郑州市电力设施和电能保护条例》等4件立法调研项目的跟踪督促工作。

坚持科学立法，民主立法。为贯彻落实党的十八届四中全会关于委托起草法律法规草案的精神，市人大常委会委托社会力量起草了《郑州市城乡规划管理条例（修订草案参考稿）》，在审议通过的《关于修改〈郑州市城乡规划管理条例〉的决定》中，有45%的内容被采纳，充分反映了更多的意见和声音。为掌握建设工程施工安全管理第一手资料，常委会组织人员到施工现场实地察看，面对面征求人大代表、专家学者、施工人员的意见；在《郑州市建设工程施工安全管理条例》制定过程中，收到来自各方面的意见和建议128条，经逐条研究，共采纳65条。为了科学设置《郑州市轨道交通条例》内容，深入轨道交通施工场地、运营场站，实地体验运作全程，认真研究审查修改，增强了条例的针对性和可操作性。

【地方立法计划编制】 2015年，市人大常委会对2016年立法计划编制工作高度重视，坚持围绕中心、服务大局、关注民生的原则，经过广泛征求意见，市十四届人大常委会第二十五次主任会议审议通过了《郑州市人大常委会2016年度地方立法计划》，确定全市2016年制定（修订）地方性法规2件、立法调研项目3件。

【完善立法机制】 2015年，市人大常委会完善立法机制，努力提升立法水平。一是坚持并不断完善立法咨询制度。就年度立法计划建议项目征求专家意见，保证立法项目选择的准确性，切实把好“入口关”；每件法规案在二审前都召开了法律咨询委员会会议，认真听取专家意见，保证立法质量。二是重视发挥人大代表在立法中的作用。研究立法选题时，注重从代表议案和建议中确定立法项目；法规草案起草过程中，注重征求人大代表的意见和建议，并认真研究提出议案；召开有关法规草案的座谈会、研讨会和进行调查研究时，邀请有关人大代表参加；常委会审议法规草案时，邀请相关领域的各级人大代表列席会议，听取他们的意见。三是创新开门立法、科学立法新途径。在法规案出台前增加评估程序，从草案文本质量总体评价、法规出台时机是否适宜、法规案针对性可操作性如何、配套措施能否及时调整到位、对本地区改革发展稳定可能造成的影响等方面，进行表决前评估，实现了人民代表大会制度的实践创新。

【规范性文件备案审查工作】 2015年，市人大常委会扎实开展规范性文件备案审查工作。根据党的十八届三中、四中全会和修改后的《立法法》对规范性文件备案审查提出的新要求，市人大常委会及时修订《郑州市人大常委会规范性文件备案审查规定》，出台了《郑州市人大常委会规范性文件备案审查办法》，科学设置规范性文件备案审查的原则、主体和程序等内容，为加强规范性文件备案审查、增强法律监督实效提供了有力的制度保障。2015年，市人大常委会共接收市政府报备的规章4件、其他规范性文件67件。

（胡凯林）

政府法制工作

【概况】 2015年，市政府法制办紧紧围绕市委、市政府“三大一中”战略部署，扎实开展“三严三实”专项教育，持续深化大局意识、服务意识、责任意识、创新意识、精品意识和协作意识，加强学习型机关和规范化机关建设，主动适应经济发展新常态，不断提升干部职工整体素质和工作水平。认真做好政府立法、规范性文件监管、具体行政行为合法性审核、行政执法监督、行政复议和行政诉讼等各项工作，圆满地完成了各项工作任务。

加强机关自身建设，增强服务中心工作能力。大力开展学习型机关建设和规范化机关建设活动。制定方案，完善制度，明确责任，组织考核，保证活动收到实效。扎实开展

6月26日，市十四届人大常委会十次会议对宣传教育和依法治市工作情况的报告进行表决

全市简政放权暨“五单一网”制度改革工作推进电视电话会议召开

“三严三实”专题教育活动。按照市委部署，高标准严要求推进主题教育活动，得到市委督导组的充分肯定，实现了活动预期效果。认真落实党风廉政建设责任制。全方位实行制度化管理，树立了公正廉洁、正直务实的政府法制工作者的形象。干部队伍建设呈现新气象。牢树六个意识，按照法制工作法治化的要求，组织专门人员制定了25项机关工作和管理制度，工作作风明显改进；强化全市政府法制工作“一盘棋”理念，全市政府法制工作整体得到规范发展、全面推进。政府法制宣传工作取得新成效。充分利用郑州市政府法制网、《政府法制工作》简报和《郑州政府法制》期刊等主要“阵地”，发布网络信息900多条、编发期刊和内部简报多期，举办广场宣传活动和法制讲座各2次，承办郑州市公务员培训大讲堂1次，为政府法制工作的顺利推进营造了有利环境。积极开展省级文明单位和平安建设先进单位复查复检活动。以活动开展促进干部职工文明素质提升，相继开展了义务植树活动、青年志愿者维护交通畅通、建党节暨服务型行政执法征文、庆祝抗战胜利70周年大合唱等活动，推动单位文明建设水平迈上新台阶。

【依法行政、法治政府建设】 2015年，市政府法制办立足部门职责，加强工作改革创新，助推依法行政、法治政府建设取得新成效。一是以学习培训促建设。围绕提高领导干部法治思维和依法办事能力，拟制了2015年度领导干部学法计划，明确学法内容和时限。拟定了各级干部专题法制讲座和培训方案，并按计划分别在中国政法大学、四川大学、兰州大学等组织县处级领导干部、政府法制干部和行政执法单位负责人3个法制培训班。二是以规划促建设。依照《河南省人民政府办公厅关于做好2015年度全省推进依法行政工作的通知》和市政府依法治市工作目标任务的安排部署，起草了《郑州市2015年依法行政工作要点》《郑州市依法行政考核方案》《郑州市依法行政重点事项责任分工》等文件，对全市依法行政工作的思路、工作重点、推进措施等提出了要求。三是以考评促建设。通报2014年度依法行政责任目标评议考核和行政执法机构执法绩效考核情况，督促有关单位认真整改存在的问题，有序组织了2015年度“两个考核”工作。四是以改革促建设。按照市委、市政府工作部署，抽调专人参加“五单一网”改革工作，认真梳理了全市各级各部门11大类权力，审核确定行政权力清单，起草《郑州市行政权力清单运行监督检查办法（草案》；开展委托行政许可、行政处罚的清理工作，确保全市“五单一网”改革工作顺利推进。

【政府立法工作】 2015年，市政府法制办加强重点领域立法，推进政府立法科学化、民主化。突出重点领域，改进立法方式，借助政府法律专家咨询团的力量，切实提升政府立法水平。一是保质保量完成年度立法计划。完成《郑州市轨道交通管理条例》《郑州市建设工程施工安全管理条例》《郑州市城乡规划管理条例》《关于提请废止〈郑州市市区烟花爆竹安全管理条例〉和〈郑州市农药管理条例〉的草案》等地方性法规4件，完成《郑州市政府信息资源共享管理办法》（政府令213号）、《郑州市大型仪器设施共享管理办法》（政府令214号）、《郑州市龙湖水域保护管理办法》（政府令215号）、《郑州市城市供热与用热管理办法》（政府令216号）、《郑州市禁止燃放烟花爆竹规定》（政府令217号）、《郑州市城市地下管线管理办法》等政府规章6件。积极向市人大常委会争取，把《郑州市非机动车管理办法》纳入地方立法项目，起草论证《郑州市非机动车管理办法》和《郑州市知名商标认定和保护办法》，参与修订《河南省行政执法条例》。二是扎实开展政府规章清理工作。根据市委部署，全年共清理现行有效的政府规章118件，提出了立改废的意见。三是认真办理人大代表议案和政协委员提案。全年共接到人大代表议案建议17件、政协委员提案19件，已全部办结，满意率100%。四是科学编制地方立法计划。组织起草《郑州市2016年度地方性法规立法建议项目（草案）》和《郑州市2016年度政府规章制定计划（草案）》，待市人大常委会和市政府审议。五是组织建立政府立法基层联系点。印发《关于推荐政府立法基层联系点的通知》，起草《郑州市政府立法基层联系点工作规定》，积极酝酿建立政府立法基层联系点。

【行政执法监督协调】 2015年，市政府法制办创新监督理念，严格规范行政执法行为。将服务的理念融入行政执法监督协调全过程，切实增强工作实效。

（一）围绕严格规范公正文明执法，加强监督协调力度。全年共接待群众来信、来访、来电等460余人次，办理行政执法投诉案件50起，处理回复投诉事项57起；收到85个单位报备具体行政行为14435508件；在广泛征求意见的基础上制定《行政执法流程图示范文本》和《行政执法文书示范文本》；进一步完善行政裁量权基准制度。

（二）全面落实行政执法责任制。根据《河南省人民政府办公厅关于全面落实行政执法责任制的意见》，拟发了《郑州市人民政府办公厅关于全面落实行政执法责任制的意见》（郑政办〔2015〕83号），对10个重点领域进行检查督导，建立了郑州市行政执法督导平台。全年制发行政败诉案件过错责任追究通知书39份。

（三）围绕服务型行政执法建设，推动执法方式由管理型向服务型转变。印发了《郑州市2015年服务型行政执法建设工作实施方案》，建立郑州市服务型行政执法建设整体推进督导平台。组织服务型行政执法示范点观摩和服务型行政执法工作征文活动。做好全市2015年度服务型行政执法示范点检查验收和服务型行政执法督导平台建设工作。金水区城市管理行政执法局、新郑市城市管理行政执法局、郑州市公安局出入境管理处、郑州市国土资源执法监察支队、郑州市社会保险稽查大队、郑州市地税局等6个单位作为郑州市服务型执法示范点，受到省依法治市办公室表彰。

（四）扎实做好两证换发工作。拟发了《做好执法人员培训和换证工作的通知》和《关于参加〈河南省行政执法证件管理系统〉操作培训班的通知》。对行政执法人员的培训和换证工作进行整体部署，建立“郑州服务型行政执法”微信平台，严格信息审定和统计上报，对郑州市市直单位6258名执法人员进行考核，高质量完成系统录入，至年底郑州市17000余人的执法证件已逐步发放到位。

【行政行为审核和行政诉讼】 2015年，市政府法制办严格审慎把关，做好具体行政行为审核和行政诉讼工作。全年共收到市政府办公厅转送的具体行政行为审核件、领导交办件、政府常务会议议题审核件、市政府重大项目合作协议共计752件，提出法制审核意见1400余条；代表市政府办理行政诉讼案件62件、行政复议案件148件、行政赔偿案件1件；认真落实行政败诉案件过错责任追究。从市中级人民法院收集到全市行政机关的败诉案件69件，下发《行政诉讼案件败诉案件过错责任追究通知书》39件。加强对全市行政机关合同管理的指导。抽取合同100份进行检查，对存在的问题逐一进行登记，为进一步提高行政机关的合同管理工作奠定了良好的基础。定期公布涉及行政执法的典型案例，主动服务于行政执法。起草了郑州市推行政府法律顾问制度相关材料和《郑州市重大行政执法决定法制审核工作规则》，完成了对《郑州市行政应诉工作规则》的修订工作。

【规范性文件监督管理】 2015年，市政府法制办加强规范性文件监督管理，着力维护法制统一和政令畅通。一是组织开展规范性文件清理。根据市委要求，组织郑州市促进市场公平竞争维护市场正常秩序和环保“土政策”政府规章规范性文件专项清理，清理市政府及政府办公厅规范性文件1094件。二是认真开展规范性文件审核和备案工作。全年共审核文件682件，审结率100%，出具法制审核意见358条。其中，正式审核件516件，征求意见件44件，政府常务会议、秘书长办公会议议题审签件122件。三是坚持“有备必审、有错必纠”，认真开展备案审查工作。全年共受理备案文件1215件，审查备案文件1215件，纠正违法文件6件，整理规范性文件备案情况通报3期。向省政府法制办和市人大报送备案规范性文件89件。四是归纳总结规范性文件监管经验，制定新形势下规范性文件管理措施。修订《郑州市规范性文件监督管理规定》（政府令第202号），起草《郑州市重大行政决策程序规定》。

【行政复议工作】 2015年，市政府法制办畅通行政复议渠道，依法化解社会矛盾纠纷。以维护群众合法权益、促进社会和谐稳定为目标，不断健全制度、夯实基础、强化措施、创新机制，努力完善行政复议机制。一是依法办理行政复议案件，确保办案质量和效率。全年共接待群众来信、来电、来访3186人次，下发补正通知333件、告知书48件，出具不予受理决定167件，受理1450件，转办286件，受理后撤回申请13件、审理1272件、审结783件。审结的案件中，维持的334件，驳回的195件，撤销的16件，撤销重做的51件，确认违法的18件，责令履行的94件，终止的75件。直接纠错率22.9%，间接纠错率11.2%。办理行政复议决定引发的行政诉讼案件219件，办结59件。二是认真探索推进案件审理机制改革。组织召开行政复议委员会案件审理会、案件专家论证会，研究审理了12起重大复杂案件。总结工作规律，起草了《行政复议委员会工作规则》及《行政复议委员会委员审理案件暂行规定》《加强行政复议工作规范化建设的实施意见》等，探索实行行政复议案件审理四级办案机制和行政复议委员会委员直接审理案件工作机制，增强了行政复议制度的权威性和公信力。三是开展行政复议精品案件评选活动，带动办案质量不断提升。印发了《关于开展全市行政复议精品案件评选活动实施方案》，开展全市第二届行政复议精品案件评选活动，评选出全市十大行政复议精品案件，充分发挥了典型的引领带动作用。

【服务中心工作】 2015年，市政府法制办积极服务全市中心工作。一是持续开展“区办共建”工作，为郑州航空港经济综合实验区发展营造良好的法制环境。根据《郑州市人民政府关于委托郑州航空港经济综合实验区行使行政执法权若干规定》和实施方案，指导、协调、监督市直有关部门推进特殊区域委托执法工作，认真研究解决委托行政执法工作中的疑难问题，为实验区发展创造良好的执法环境。二是积极推行综合执法，拓展相对集中行政处罚权工作范围。深入研究市本级推进综合执法的领域和方式，为领导决策提供参考。同时，对县（市）区加强指导，支持综合执法、联合执法，整合执法队伍，缩减执法层级，推进执法力量下沉，认真总结开展相对集中行政处罚权工作的经验，积极协助县（市）区开展相对集中行政处罚权工作。三是积极完成领导交办的专项工作。组织专人参与开发区管理权限调研、郑铝集团维稳、融资担保公司整顿、土地治理整顿、城中村改造、群众工作队等工作，多方沟通协调，提出法制建议，保证了各项工作顺利开展。

（刘汗青）

政法工作

【概况】 2015年，全市政法系统坚持问题导向、法治引领、改革创新，以维护省会安全稳定、创新治安防控体系、完善依法治市工作格局、推进司法体制改革、强化基础制度建设、塑造政法先进典型为着力点，深入推进平安郑州、法治郑州、过硬队伍建设，郑州市网格化管理体系、突发事件应急处置机制、反暴恐协作机制、赴京非访治理机制、治安防控体系建设、反邪教斗争宣传、平安细胞创建活动等成为全省规范典型，为打造“四个河南”、推进全省政法建设作出了应有贡献。

市委、市政府高度重视政法建设，坚持“硬道理”和“硬任务”一起抓、“第一要务”和“第一责任”一起担，切实加强组织领导，持续推进平安郑州建设。2015年，市委常委会6次研究政法综治信访维稳工作，市政府常务会议4次听取研究政法工作重点事项。市主要领导经常过问、亲自协调、主动分包解决重大不稳定问题；市委常委、政法委书记黄保卫重点协调解决疑难问题，督导组织重要时期维稳工作。年初召开的市委党务工作大会、市委政法工作会议，对做好全市政法工作提出了总要求：各级党委要加强和完善对政法工作的领导，支持政法机关依法履行职责；政法机关要严格执法、公正司法、打防并举、从严治警；要深入开展三项斗争，全力维护政治大局稳定；要切实提高对社会治安的掌控能力，不断完善社会治安防控体系；要积极稳妥推进司法体制改革，坚持网格夯实政法基层基础。

市委、市政府把平安郑州、法治郑州建设、司法体制改革纳入党委政府中心工作，网格化管理体系列入郑州发展“三大主体”工作，与经济建设同部署、同检查、同考核、同表彰。始终突出问题导向，以“三查三保”活动为抓手，深入查找社会稳定、公共安全等方面存在的问题，38项突出问题列入“三严三实”专题教育重点督察和整改内容。市财政为政法部门编制财政预算13.7亿多元，拨款7000万元用于视频监控体系建设，出资1.8亿元保障20547人的治安巡防队员、暂住人口协管员、专职人民调解员、合同制消防员、交通协管员5支基层创安队伍。以办好省、市民生实事为抓手，持续加大民生投入，仅上半年民生项目支出就达313.7亿元，年度民生投入占公共预算财政支出的65.4%。县（市）区分级落实政法专项工作经费，治安防控体系建设、应急处置、专项治理等经费及时足额保障，确保了政法各项工作顺利开展。

【维护社会稳定工作】 2015年，全市

各级党委、政府始终把维稳工作放在经济社会发展全局中统筹谋划，紧紧抓住影响全市社会和谐稳定的源头性、根本性、基础性问题，深入排查化解各类重大不稳定问题，强化情报信息工作，健全完善社会稳定风险评估机制，积极预防和妥善处理群体性事件，省会政治社会持续和谐稳定。

（一）突出党委领导。党政一把手亲自抓，分管领导具体抓。市委主要领导、各位常委落实“一岗双责”，亲自包案、协调、接访、化解重大不稳定问题。各县（市）区和市直各单位主要领导亲自指挥调度，分管领导集中精力靠上工作，班子成员抓好分管领域的稳定工作，全市上下形成了一级抓一级、层层抓落实的良好局面。

（二）加强对敌斗争。始终把维护国家安全和政治稳定作为首要任务，强化专项整治、专案侦查、专项打击，加强对涉政治类重点人员的教育稳控，依法依规打击挑头闹事的重点人。2015年，有效应对“两参”人员多次组织串联赴京到省集访维权事件，成功化解原焦枝铁路和平舞铁路会战民兵师群体多次到省委集访事件；强力攻坚经营性案件124起，破获各类现行案件53起，破案率100%，抓获并依法打击处理各类违法犯罪人员124人，捣毁各类窝点46处；依法打击“1·8”“2·2”全国部分“维权”律师和非访重点人在郑非法活动；反邪教斗争成效显著，“法轮功”等邪教现实危害逐步消减，全市反邪教工作“三个纳入”“四项活动”典型经验先后6次被省委防范办转发，3次在全省工作会议上作典型发言。

（三）强化应急处置。健全完善处置机制，保持各勤力量随时拉得出、冲得上、打得赢；主要领导靠前指挥，一旦发生群体性事件，责任单位主要领导第一时间到现场处置，控制局势；突出重点部位管控，加强省委省政府、市委市政府等重点部位快速处理力量。2015年，先后妥善处置各类集访、堵门堵路事件300余起，没有发生造成较大影响的突发事件。特别是在上合组织峰会期间，郑州市全员发动、全面备战，全方位、多领域、实打实保障了省会社会政治大局高度稳定，圆满完成了国际会议召开期间安保、维稳等各项任务。

（四）落实风险评估。完善社会稳定风险等级预警机制、责任追究机制和监督制约机制，在征地拆迁、环境保护、重大项目建设等重点领域，确保做到应评尽评。2015年实施重大决策事项320起，评估率达到100%，有效消除重大事项中的稳定隐患，因重大事项而引发的稳定问题明显减少。

（五）解决突出问题。围绕征地拆迁和安置补偿、高息吸储、医疗事故等不稳定问题，逐一落实分包领导、专人处理、限时解决，确保问题不积累、矛盾不激化。全年共对7批68起重大不稳定问题、10类不稳定群体进行了集中交办，结案55起，10类特定群体均落实了责任主体和分包措施。

（六）稳控重点人员。2015年，全市交办重点人近2000人，按照“四个一”要求，由基层政府和相关部门逐人明确责任人，逐人制定控制方案、落实防控措施，采取走访、谈话、耳目管理等多种形式，全面准确掌握动态；对特定群体中的骨干人员，建立每月邀约座谈沟通机制；公安机关提前介入，对不听劝告的重点人依法刑事拘留，起到了“处理少数人，教育大多数”的震慑作用。

（七）加强情报信息。依托网格化管理体系，有效整合国安、国保、特情、社会信息员等力量，及时了解最新动向，全年收集整理各类情报信息2700余条，处理预警性情报信息500余条。对苗头性、行动性线索，做到了安排部署不过夜、及时稳控不漏管、跟进处置不松懈。落实重大敏感时期“日报告、零报告”制度，定期组织维稳形势分析研判会，做到涉稳问题心中有数、应对有策。

（八）狠抓“三查三保”。市委副书记、市长马懿专门对第三项“查保”活动作出批示，市委常委、政法委书记黄保卫亲自研究审定第三项“查保”活动《实施方案》，市委政法委书记办公会每周听取情况汇报，每月召开工作推进、讲评会，开展全面督察2次、个案督导50余次。各级各部门把整改化解突出矛盾问题作为推动“三严三实”专题教育的重中之重。活动开展以来，全市共排查出突出问题1032起，全部填写了《全市“三查三保”第三项“查保”活动排查整改问题清单》，至年底化解1002起，化解率达到97%。

【平安郑州建设】 2015年，全市政法系统认真贯彻落实中共中央《关于加强治安防控体系建设的意见》，以突出治安问题为导向，以信息化为引领，以基础建设为支撑，进一步完善全覆盖、立体化社会治安防控体系。全年全市没有发生有较大影响的重大刑事治安案件，营造了良好的经济社会发展环境。中央综治办主任陈训秋和省政法委书记刘满仓到郑视察调研时，对郑州市工作给予了充分肯定和高度评价。

（一）依法严厉打击违法犯罪活动。以“平安1号”活动为载体，深入开展命案攻坚、暴恐犯罪、打黑除恶、打击“两抢一盗”等专项行动，打击刑事犯罪工作取得明显成效。市公安局围绕“三个第一”理念，大力推进“四项建设”，紧盯“全省第一、全国一流”的目标，着力打造郑州公安的特色品牌。全年全市共发现行命案54起，破53起，破案率98.15%，发案数减少35起；立案侦办涉黑涉恶团伙案件35个，其中一审判决涉黑涉恶团伙16个58人；成立打击入室盗窃专业队，共起诉“两抢一盗”犯罪嫌疑人4334名，打掉各类入室盗窃团伙110余个；深入开展打击经济犯罪，共破各类经济案件202起，移送起诉146人，挽回损失6067.23万元。严厉打击涉嫌违法犯罪投资担保公司，全年共立案13起，打击处理88人，挽回经济损失6亿元。特别是对天运房地产营销策划有限公司郑州分公司涉嫌合同诈骗案件，成立专案组，依法打击违法犯罪行为，共移送起诉78人，逮捕48人。组织开展反暴恐实战拉练，启动“封城”2号行动，全力维护社会治安秩序。市检察院按照“担负‘双重’责任，全面争当全省检察机关‘领头雁’‘排头兵’”的总体工作思路，以服务航空港实验区建设为抓手，以查办职务犯罪工作为重中之重，1-11月共立案侦查贪污贿赂犯罪案件202件322人、渎职侵权犯罪案件74件132人；依法严惩严重刑事犯罪，批捕和决定逮捕各类

2015“平安郑州”杰出法治人物颁奖典礼举行

犯罪嫌疑人5372人，提起公诉8236人。市中级人民法院大力推进现代化法院建设，不断加强司法能力建设，提高司法服务水平，截至12月16日，全市法院共受理各类案件185828件，审执结140539件，同比分别上升31.04%和24.3%，为郑州都市区建设提供了有力的司法保障。司法行政系统积极服务平安郑州建设，切实强化监管场所安全工作，监管工作安全“四无”目标如期实现；持续推进人民调解工作和规范化调委会创建活动，全年共受理各类民间纠纷6万件，调成58200件，调成率达到97%以上；强化社区矫正机构建设，出台《郑州市社区矫正中心建设指南》，推进社区矫正工作职业化、专业化、规范化建设步伐，全年接收各类矫正对象2032名，解除矫正1675名。

（二）强化提高反暴恐应急处突能力。组建76支武装巡逻队，在全市重点领域开展武装巡逻。对全市14075名列管的五类重点人，按照“一人一表一档一动向”的要求，逐人建档、录入系统，实行“点对点、人对人”分包稳控。建立了集“武警、特警、铁路、民航、高铁、属地公安局”为一体的联勤联动体制，不断完善信息共享、应急处突各项工作机制，确保郑州不发生暴恐现实危害。

（三）深入推进视频监控平台建设。以“视频监控规范提升年”活动为载体，市财政出资7000万元，对全市新建的社区、路口等地域及时跟进补位、升级改造，提升覆盖率、保持完好率，实现视频监控互联互通。

（四）加强治安巡防队伍建设。巩固专职治安巡防队，全市7200余名专职治安巡防队员全天候开展巡逻防范、初期火灾扑救、矛盾纠纷调解、爱心岗等工作，全年现场抓获并扭送违法犯罪嫌疑人及有劣迹人员316名，协助公安机关破获案件120起，调解民事纠纷7599件，发现火灾隐患1640处，扑救初起火灾305起，处置各类险情206起；壮大平安志愿者队伍，组织发动全市30万平安志愿者走上街头、走进社区，参与社会治安防控、维护交通秩序和社区志愿服务等活动。

（五）建立“一格（村）‘1+N’”综治联动工作机制。依靠市委、市政府推进网格化管理长效机制建设，以新密市试点为基础，探索建立了“1+N”综治联动社会治理模式，将4857名民警全部下沉到三级网格，配合市直机关下沉网格人员，协调巡防员、保安员、民调员、协管员、楼院管理员等治安综治力量，做到“五进五到位”，即平安创建进村（社区），把宣传发动做到位；治安防范进村（社区），把严密防控做到位；信息采集进村（社区），把情况掌握做到位；为民服务进村（社区），把便民利民做到位；法制宣传进村（社区），把法律服务做到位；扶贫帮困进村（社区），把排忧解难做到位。

政法委组织文明志愿者开展活动

（六）筑牢平安建设根基。由各级党委、政府牵头，综治部门协调，整合反邪教、维稳、信访、民政、卫计、安全等部门，实行集中办公、集成服务、集约管理，形成集矛盾化解、治安防控、便民服务于一体的县、乡、村三级综合服务管理平台，15个县（市）区、190个乡镇（办）、2526个社区（村）均建立了综合服务管理中心或综合服务管理站，实现了矛盾联调、治安联防、问题联治、管理联抓、工作联动、平安联创的工作格局；按照“整合资源、条块结合、整体推进、注重实效”的原则，以行业、系统和社区（村）为基本元素，全面开展基层平安创建活动，创建平安社区526个、平安村1152个，达标率70.96%；平安局委36个，达标率66.67%；“平安校园”“平安商场”“平安医院”“平安景区”等基层平安单位800余家，构筑自下而上、从小到大，层层创建、逐级推动的平安郑州创建体系。

（七）深入推进矛盾纠纷化解。制定出台了郑州市《关于完善基层矛盾纠纷预防化解机制实施意见》，建立市、县、乡、村四级矛盾纠纷调处化解工作平台，统一设置、集中办公，统筹协调综治、维稳、信访、公安、司法行政等部门，共同做好矛盾纠纷预防化解工作；明确在教育、卫计、国土、住建、交通、人社、环保、旅游等领域建立分行业、分系统的矛盾纠纷调处化解工作平台；加强队伍培训，打造了“党委领导，综治牵头，部门联动，多方参与”的基层综治信访民调队伍培训新模式，推动实现信息灵、责任明、防范严、处置快、效果好的工作目标。

（八）加大平安建设宣传力度。经常性开展大型平安建设宣传活动，全年制作各类大型宣传栏506块、大型喷绘448处，建设固定宣传栏670块，制作平安建设宣传灯杆道旗170余公里。中牟县平安宣传模式被列为全省的示范样板，郑州市宣传工作在全省会议上作了典型交流。

【法治郑州建设】 2015年，郑州市委紧跟省委部署，研究制定了《中共郑州市委关于贯彻党的十八届四中全会精神，全面推进依法治市的实施意见》《责任分工方案》和《2015年重点事项》三份文件，推动形成了全市全面推进依法治市“1+2”工作格局。全市各级各部门以“1+2”文件为统领，积极推动宪法和法律法规知识普及，领导干部运用法治思维和法治方式深化改革、推动发展、化解矛盾、维护稳定的能力显著提升，公民法律素质显著提升，全社会法治化管理水平有了新的提高。一是建立健全法治建设指标体系和考核标准。市政府进一步完善将法治建设成效纳入政府责任目标管理体制；各地各部门将法治建设成效纳入绩效目标考核体系，并作为考核各级领导班子和领导干部工作实绩的重要内容。二是建立普法依法治市长效协调联动机制。各县（市）区、各部门研究制定了落实“1+2”文件责任机制，细化分解，做到责任到人、措施到人、任务到人，进一步加强普法依法治市工作的组织领导和工作落实，保障依法治市工作有序开展。三是健全普法宣传教育机制。制定了《郑州市“谁执法谁普法，谁主管谁普法”责任制实施办法》和《关于完善国家工作人员学法用法工作制度的若干规定（暂行）》；整合法治队伍资源，建立法官、检察官、行政执法人员、律师等以案释法制度，开展“百场万人”法治讲座；健全媒体公益普法制度，加强普法微信、微博等新媒体新技术在普法中的运用，构筑多视角、多形式、全方位的法制宣传格局。四是严格规范

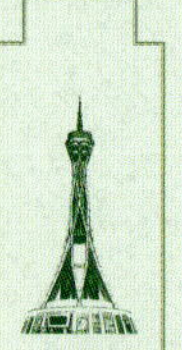

依法行政。强力推进第十轮行政审批制度改革，建立“五单一网”运行保障机制，加快推进全市“五单一网”改革，市政府登记确认并对外发布了市级行政权责清单7478项（政府222项、部门7256项）、行政审批事项清单147项、产业集聚区企业投资项目管理负面清单106项、行政事业性收费清单74项、政府性基金清单11项等“五个清单”。五是积极稳妥推进司法体制改革。坚持正确方向和依法有序原则，持续推进省委明确的11个改革重点事项稳步开展。郑州市作为全国刑事案件速裁程序18个试点城市之一，率先开展刑事案件速裁程序试点工作，审理的案件数量、案件种类均排名全国第一；中原区法院承担的全国50个基层法院人民陪审员试点工作，得到中央政法委、最高人民法院高度评价，并在全国座谈会上介绍经验；行政首长出庭应诉和依法行政工作得到最高人民法院和省高院领导批示总结推广，并被全国人大修改新的行政诉讼法时借鉴吸收。在全省率先推广设立诉讼服务中心，把分散在审判各部门的引导、查询、答疑等40余项事务，集中推向前台现场办理，进一步方便了群众。

【“平安郑州”杰出法治人物评选活动】 为充分展示全市政法系统先进典型忠诚为民、公正执法、爱岗敬业、甘于奉献的良好形象，充分发挥先进典型人物的示范引领作用，市委政法委依托“三严三实”专题教育，联合市委宣传部发动媒体和社会力量，开展“平安郑州”杰出法治人物评选活动，在全市树立一批具有广泛群众基础、强烈感召力的先进典型，弘扬政法正能量，不断增强政法工作的感染力和影响力。此次评选重点向基层一线倾斜，范围主要是在“平安郑州”“法治郑州”建设中作出突出贡献，受到社会广泛认可的政法干警、武警、消防官兵、巡防队员、人民调解员以及相关工作人员。7月中旬至年底，制定《“平安郑州”杰出法治人物评选活动宣传工作方案》，发动市委政法委机关14名处室骨干和电视台55名新闻骨干组建7个选树考查小组，对130名基层人员进行深度挖掘、考察；协调郑州电视台对37名候选人进行跟踪采访，制作新闻宣传片，召开了“平安郑州”杰出法治人物评选活动新闻发布会，邀请《法制日报》《河南日报》《大河报》《河南法制报》、河南电视台政法频道，《郑州日报》《郑州晚报》、中原网、郑州电视台、郑州人民广播电台、郑州新闻广播官方微信等近30家媒体对“平安郑州”杰出法治人物评选活动相关事宜予以报道。组织郑州人民广播电台、郑州新闻广播官方微信、郑州电视台等媒体分别开设专题专栏，对37名候选人事迹进行采访报道，在《郑州日报》《郑州晚报》对37名候选人事迹进行集中展示，在中原网开设网络投票，郑州新闻广播官方微信开设微信投票，311117名群众参与网络投票，43980名群众参与微信投票。经评选，确定“平安郑州”杰出法治人物20名、“平安郑州”优秀法治人物17名。通过全方位、大视野、多层面社会化宣传，在全社会广泛树立了政法干部队伍“忠诚、为民、廉洁、务实”新形象，更好地推进了平安郑州、法治郑州建设。

（刘　茜）

公安工作

【概况】 2015年，全市公安系统主动适应经济社会发展的新常态，紧盯“全省第一、全国一流”的目标，确立“万无一失，一失万无”等5个科学理念，树立“科学思维、辩证思维、边界思维、法治思维”的思维方式，运用“顶层设计、项目运作、典型带动、夯实责任、改革推动”的工作方法，统一思想、振奋精神、凝聚警心，着力打造郑州公安的特色品牌，持续提升依法履职能力、队伍作风形象，以及人民群众的安全感、满意度和公安机关的执法公信力，得到了公安部党委、省市党委政府和省公安厅党委的高度评价及人民群众的广泛赞识。

新一届市公安局党委针对郑州公安业务和队伍的现状，反复研究、厘清思路，明确提出“全省第一、全国一流、永不落后”的工作目标，确立形成了五个指导郑州公安工作的系统理念。一是“万无一失，一失万无”的理念。进一步强化敌情意识，综合运用政治斗争、思想斗争、经济斗争的手段，依法履行公安机关“刀把子”职能，全力维护社会政治政权安全。二是“以打开路、以防为先、打防并举、打防结合”的理念。进一步明确“打击是龙头，防范是根本，两手都要抓、两手都要硬”的原则，全面提升打防犯罪的能力和水平。三是“破大案也要破小案，破小案就是为民办大事”的理念。完善合成作战机制，深化破小案十项措施，深挖犯罪线索，加大赃物追缴力度，提高打击效能和质量。四是“向科技信息化要警力、要战斗力、要执法公信力”的理念。更新设备手段，全面提升信息化实战应用能力，在硬件建设上求突破，在实战应用上求提升。五是“严管厚爱并重，严格管理为先”的理念。在严优并举中体现从严为先，以铁的法纪带出铁的队伍。

12月14－15日，上海合作组织成员国政府首脑（总理）理事会第十四次会议在郑州举行，全市公安系统把做好上合组织首脑理事会安保警卫工作作为捍卫河南郑州公安荣誉、提升河南郑州形象的首要政治任务，全警动员、全力以赴，紧盯“三个确保、四个坚决防止、六个守住、两个下降”的工作目标，把握时间节点，运用科技手段，筑牢封控防线，严管场点线路，严控重点人员，圆满完成时间紧迫、程度前所未有的安保任务，创造了重大外事活动安保工作的“郑州速度”和“郑州奇迹”，得到中央、公安部党委、省委省政府、省公安厅党委和市委市政府及参会各方的高度评价。

【维护社会大局稳定】 2015年，全市公安系统始终把维护国家政治安全、政权安全置于首要位置，健全完善情报搜集研判机制、线索核查稳控机制、重点源头管控机制，真正做到了“未动先知、有动早处”。

（一）强化情报搜集研判。树

2月3日，公安部警务督察局局长余新民到郑州市公安局督导检查春节安保工作

立“情报信息导侦、导防、导控”的理念，建立“日研判、日调度、零报告”制度，先后组织参与情报交流、研判会商432次，搜集研判情报信息5453份，努力获取重点人员活动轨迹766人次，及时预警各类诉求群体非访活动427起5300余人次，化解不稳定因素2300起，为领导正确决策及稳妥处置提供了有力的情报支撑。全年没有发生因信息掌控滞后造成影响稳定的案（事）件，技侦情报信息工作综合排名全省第一、全国第十，基本实现了“未动先知、敌动我知、有知即动”。

（二）强化重点群体稳控。密切关注企业军转干部、涉艾人员、“两参”人员、对越作战退役人员、非法集资人员等特殊利益群体，以及劳资纠纷、土地征用、城镇拆迁、劳动社保等矛盾集中的重点领域，一对一、人对人、点对点，明确任务，落实稳控。全年排查列控重点专案120起，破获各类国保现行案件56起，依法打击处理违法嫌疑人235人；妥善处置规模性非访活动25起，打击处理重点人员112人。全国“两会”、十八届五中全会、上合组织峰会、省市“两会”等敏感节会期间，郑州没有发生利益群体赴京到省集访事件。

（三）强化涉稳专案侦查。成功侦破“4·17”印刷涉疆宗教非法宣传品专案，查封涉案公司5个，摧毁了内地制售宗教非法印刷品的组织网络，切断内地通往新疆的传播渠道，得到了省公安厅通报表扬。强力推进部督“306”专案，捕获涉案嫌疑人11名，收缴非法出版物50类千余册，为全面摧毁其全国性组织体系提供了有力支撑，得到公安部的肯定。重拳打击涉稳群体专案，依法打击处理“烟草协解人员”专案挑头骨干9人，使其彻底失去活动能力；依法教育训诫“4·20”专案网上煽动人员690人。

（四）强化矛盾纠纷化解。大力推进重点信访案件集中清理化解，公安部登记公安信访事项及交办群众来信全部按期办结。全国“两会”期间，郑州进京非访人数历史性退出全省前五。“9·3”阅兵期间，郑州进京非访人数首次为零，各项安保措施被省公安厅以密电形式转发全省公安机关学习借鉴。

（五）强化网上侦控力度。成立网络舆情处置办公室，坚持24小时网上动态巡查监控，落实涉稳、涉警信息巡查、监控、预警责任制，严格各类重点人网上、网下动态管控，第一时间落地查人，及时控制，消除影响。全年共完成公安部下发的涉恐协查任务98个，梳理涉疆涉恐信息11000余条，分析全市网吧上网的新疆籍维吾尔族人员5万余人次，配合反恐、刑侦等部门侦办涉恐案件17起，打掉涉恐团伙11个，抓获130余人。处置网上违法信息8000余条，通报市局综处办465条重点关注信息，向分局下发督办单430余期，落地查人1200余人次。

【打击暴恐违法犯罪活动】 2015年，全市公安系统紧紧围绕“严打暴恐年”专项行动，明确提出了“三个决不允许”的工作目标，在实战中始终坚持临机决断、上压一级、不留后患“三个原则”，确保省会郑州没有发生暴恐袭击得逞案件。省会反暴恐工作受到国家反恐办及公安部副部长黄明高度评价。一是完善专班研判体系。以省会反恐办的名义成立了情报信息分析研判专班，24小时常态化值班值守，确保情报信息“随到、随收、随研判、随预警、随处置、随反馈”，形成了反暴恐“大情报、大研判、大指挥”格局。二是完善打击犯罪体系。建立了反暴恐专案专班机制，严格落实“信息共联、资源共享、手段共用”要求，多警种协调联动，多手段同步上案。全年共核查涉恐线索355条，破获涉恐案件13起，其中3人以上团伙案件11起；击毙暴恐分子2人，抓获73人，缉拿在逃人员7人；解救被裹胁儿童56名。三是完善资源互通体系。以市长令形式发布了《郑州市信息资源共享管理办法》，将全市50多个行业、部门采集掌握的社会信息资源全部纳入反恐怖“大情报”平台统一管理。至年底已采集各类社会信息5000余万条。四是完善群防群治体系。研究出台了《反暴恐专群结合工作机制》，建立了5余万人的“五员”队伍，先后提供涉恐线索140余条。实行举报奖励制度，设立奖励基金300万元，印制张贴50万份《关于发动人民群众举报违法犯罪的通告》，让各类违法犯罪无处遁形。五是完善网格排查机制。依托“一格（村）一警”警务模式，对1642名在郑新疆籍维吾尔族人逐人登记核查身份，划出等级，分类管控。通过摸排成功抓获6名涉嫌“伊吉拉特”人员，解救9名被裹胁儿童。省领导郭庚茂、刘满仓、许甘露先后批示，予以高度评价。六是完善行业联查机制。在全市16个长途客车站设立警务室，督促落实实名购票制，乘客信息即时入库、滚动核查。对全市危爆物品、易制爆易制毒危险化学品及管制器具的生产、销售、运输、储存、使用单位，进行不间断全面清理排查，全年共收缴易制爆化学品720公斤、枪支22支、子弹2437发。对全市1026家物流寄递企业全面澄清、登记造册，建立了从业单位和从业人员电子档案。

【打击各类违法犯罪活动】 2015年，全市公安系统坚持严打方针不动摇，根据不同阶段明确不同主题，组织开展了“平安一号”“平安二号”“平安三号”系列行动，打击锋芒直指严重暴力犯罪、黑恶团伙犯罪、系列侵财犯罪、涉众经济犯罪，始终保持高压态势。一是严打命案暴力犯罪。2015年全市共发现行命案71起，现行命案侦破率历史性达到100%。成功侦破历时16年之久的“12·5”特大抢劫银行案件和4起命案积案，其中2起为积压20年以上的积案，协破外省命案15起。二是严打黑恶团伙犯罪。坚持“露头就打、除恶无尽”，全年共打掉涉黑团伙7个，与上年同期相比上升75%，其中已经一审判决3起、提起公诉2起、在侦2起。共终审判决涉黑案件5起47人，与上年同期相比增加1起；终审判决恶势力成员数982人，比上年增加了31%。三是严打系列侵财犯罪。既破大案，又管小案，始终把打击重点指向“两抢”、入室盗窃、盗窃电动车、电信诈骗等群众反映强烈的违法犯罪。全年共刑拘侵财犯罪嫌疑人4912人，与上年同期相比升高

2月14日，市公安局在柳林镇金印阳光社区广场举办“警民同心、共建和谐”迎春警民联欢文艺会演

7.2%；打掉侵财类团伙82个，与上年同期相比增加11个；追回赃款赃物2000余万元，比上年增多800余万元。四是严打涉黄涉赌犯罪。坚持有黄必扫、有赌必打，保持对黄赌违法犯罪"零容忍、零放任"。全年共治安拘留涉黄违法犯罪嫌疑人700人、刑事拘留181人、收容教育373人，处理人员同比上升113%；治安拘留涉赌犯罪嫌疑人3749人、刑事拘留拘留209人，处理人员同比上升59%。五是深入开展禁毒人民战争。坚持"查源头、抓毒枭、断渠道、打下线、挖团伙"，全年共破获毒品刑事案件609起，抓获涉毒犯罪嫌疑人779人，强制隔离戒毒吸毒人员1736人次，行政拘留吸毒人员3059人次，缴获各类毒品共计26.8千克。市公安局禁毒支队被评为"全省禁毒工作先进集体"。六是严厉打击经济犯罪。坚持"靠前、优化、服务、查处"的经济犯罪侦查工作思路，切实履行"打击、服务、参谋"三大职能，全年共受理各类经济案件1587起，立案1535起，刑拘996人，逮捕468人，移送审查起诉658人，挽回经济损失近16亿元。

11月30日，市公安局举行全市公安机关"上合"会议安保工作誓师大会

【社会治安防范】 2015年，郑州市公安局紧紧围绕联勤联动和巡查巡控的转型升级，着力构建高度协调、高效运转的立体化社会治安防控体系。一是打造情指合一的应急指挥体系。投资构建了覆盖各行业、各层级、各领域、各部门的合成作战警务平台，情指合一，快速反应，初步形成了"统一指挥、统一调度、统一行动，技术合成、手段合成、战力合成"的合成指挥体系，主要包括110报警服务台、指挥中心、情报中心、视频监控中心、无人机巡控五大应用模块，真正实现了"地上地下衔接，网上网下联动，空中地面呼应，公安社会协同"的良好格局，为案件成功处置赢得了先机。二是打造无缝对接的"视频监控网"。研究制定《平安郑州视频监控建设总体方案》，投入近10亿元，按照"三统两分"的建设原则，建设了"全覆盖、无盲区、大通联、高效用"的视频监控体系；最大限度地整合社会监控资源，统一接入公安机关视频监控平台，打造平安郑州"三维模式"。全年共建设监控探头21081个、卡口320处、微型卡口623个、电子警察108个，改造探头600个、制高点30处，新增管理监看维护人员314人。三是打造高效协同的"巡逻防控网"。完善构建了大巡防体系，全市12支特警PTU、30支市内分局武装巡逻队、25支武警巡逻队、29个分局交管巡防大队、30个市内分局专职便衣巡逻队、40支局直机关民警巡逻队，以及城区社区巡防队、网格巡防队、内部单位巡防队，相互呼应和支援，提高了街面见警率、盘查率、查获率。全市43个重点部位全部实现了"一分钟响应"。四是打造常态运转的"应急处置网"。建立了集"武警、特警、铁路、民航、高铁、属地公安局"为一体的联勤联动应急处置机制，统一电台频道，互通警情信息，动中备勤，快速反应，常态化运转。针对暴恐袭击、涉危涉爆等突发案事件，制定完善了10类46种处置预案，形成了集"指挥、调警、处置、善后"为一体的预案体系，并先后组织开展应境、应势、应急拉动指挥调度200余次，全面检验评估了应急指挥能力、合成作战能力、临机应变能力和突击攻坚能力。

【公安安全管理】 2015年，全市公安系统严格落实"谁主管、谁负责，谁审批、谁负责，谁检查、谁负责，谁出事、谁担责"的原则，加强治安、消防、交通、监所安全管理，坚决防止发生重特大安全事故。

（一）强化消防安全管理。深入开展"清剿火患"专项行动，突出公共娱乐场所、商场、市场等人员密集场所，劳动密集型企业，突出城中村、拆迁临时安置点和城乡接合部，高层地下建筑，易燃易爆行业和单位，"两节五会"重要时间节点，不间断地开展火灾隐患排查治理。全年共接警出动12219起（火灾5693起、抢险救援5103起），保护财产价值1.8亿元，抢救1476人，疏散3636人。检查单位42520家（次），发现火灾隐患51097处，整改50126处，"三停"单位611家，临时查封875家，拘留2002人。

（二）强化社会治安管理。深入开展缉枪治爆专项行动，全年共清理清查小商品市场、集贸市场3024家（次）；收缴炸药4991公斤、雷管21273枚、枪支79支、子弹18157发、仿真枪185支、仿真枪零部件456件、管制刀具271把、弩12支、黑火药5公斤、鞭炮644箱；立案查处涉危案件875起，行政治安拘留802人，刑事拘留31人。全面加强单位内部安全防范工作，共检查内部单位15368家，发现治安隐患1819处，整改1685处，下发责令限期整改治安隐患通知书703份，落实行政处罚120家。

（三）强化交通安全管理。重点开展"八个专项治理"，即道路交通安全三年综合整治、重型货车集中整治、客运车辆集中整治、机动车乱停乱放整治、机动三轮车和电瓶观光车整治、非机动车和行人违章专项整治活动、交通设施排查整治。尤其是对渣土车、水泥罐车等工程运输车和电瓶观光车、非法营运三轮车，多策并举开展源头化治理。全年全市共处理各类道路交通事故139486起，其中，适用一般程序处理955起，死亡180人（其中生产经营性事故死亡73人）、受伤1039人，直接经济损失475万元，分别比上年同期下降9.48%、8.63%、10.82%和21.8%。查处摩托车4454辆、机（电）动三轮车2360辆、三轮汽车1321辆、闯禁行货车7800起，查处乱停乱放90余万起，黄标车注销淘汰97152台，超额完成省政府下达的52010辆任务。

（四）强化监所安全管理。持续推进监管病区和特殊病区建设，落实嫌疑人员"应收尽收"要求。全年全市在用的四类20个监管场所累计羁押各类违法犯罪嫌疑人49852人次。其中，看守所20387人次；拘留所25892人次；戒毒所收戒2917人次（强制戒毒1583人、代为执行1334人）；收容教育656人次，羁押死刑犯110人，执行死刑24人；收押涉暴恐、涉疆、涉黑案犯121人；涉艾26人。严格执行监管场所各项规章制度，强化在押人员动态管控，没有发生在押人员自伤、自残、自杀、暴亡、脱逃、越狱、袭警等问题。

【执法规范化建设】 2015年，全市公安系统突出执法主体能力建设、执法制

度体系建设、执法办案场所规范化建设、执法办案信息化建设、执法质量考评机制建设、整治突出执法问题6个重点，更新理念，完善制度，创新机制，提升能力。

（一）加强日常执法监督。制定出台了《深化执法规范化建设强化执法监督的工作通知》，围绕执法规范化建设要求，每季度对各分、县（市）局开展执法质量考评工作，同时开展日常性网上执法巡查活动。全年共巡查案件2600余起，发现各类执法问题1400余条，下发执法监督督办通知书30余份；围绕公安部开展的执法检查“回头看”活动，开展网上巡查案件1500起，下发执法监督督办通知书1500起，进一步规范执法行为。

（二）强化法治能力培训。坚持“一切面向实战、一切为了实战”的原则，组织开展2015年度执法资格等级考试，全市公安机关共有12098人次参加了基本级执法资格考试、5331人次参加了中级执法资格考试、832人参加了高级执法资格考试。在全市公安机关范围内选拔出62名优秀法制人才，组建公安内部法律专家团队。组织开展素质强警业务培训和比武竞赛活动，编发执法规范“口袋书”，对每个执法行为、每个操作程序分类制定具体规范标准。

（三）强化执法规范安全。大力加强执法办案场所建设，下发了《郑州市公安局执法办案中心（区）建设标准》，对办案中心和办案区的设置作出细致规定。全局共建成执法办案中心12个，改建办案区33个。郑州市公安局完成执法办案中心建设的单位占应建单位的75%，远远超过省公安厅规定的年底前完成30%的目标。

（四）深化司法体制改革。开展刑事案件速裁程序试点工作并积极进行探索，出台了《郑州市公安局适用刑事案件速裁程序工作考评办法》，把速裁工作的实效纳入年终绩效考评，强化分级培训与考核，有效提升快速办案能力，积极督促建设驻所速裁法庭和法律援助工作站。2015年启动速裁程序484件。

【公安队伍建设】 （一）狠抓“三严三实”专题教育。建立党委班子成员责任分包和专题教育联系点“三个一”制度，对各级班子和领导干部自我查找出的“不严不实”突出问题，坚持拉单子、建台账，逐项分析，制定措施，推进了工作开展。省委“三严三实”、“三查三保”督导组莅临郑州检查时，对郑州市公安局的“三严三实”专题教育给予了高度评价。按照公安部、省公安厅统一部署，迅速行动，精心组织，在“三严三实”专题教育中扎实开展了“秉公执法、人民公安为人民”主题教育，有效深化了专题教育，受到公安部督导组的充分肯定。

（二）狠抓“素质强警年”活动。制定《郑州市公安局素质强警年活动实施方案》，在全市公安机关掀起了“三个一”（每周一次晨练、每月一天集中训练、每季度一次考核）和“四个小”（小练兵、小比武、小评比、小竞赛）岗位练兵热潮，共举办各类培训班53期，培训民警30097人。组织开展2次达标考核，检验了训练成果。举办素质强警岗位练兵比武竞赛，经过190余场的选拔赛，30支代表队164名民警分别参加了刑侦信息化应用、交通执勤执法、社区警务等6个科目的决赛。通过以赛促练，在全市公安机关掀起了岗位练兵热潮。

（三）狠抓先进典型选树。坚持聚焦基层、瞄准一线，先后推树了刘成晓、刘成俊等一大批立足本职、敬业奉献的“老黄牛”式先进典型和巾帼建功先进个人，在全市公安机关营造了学先进、赶先进、努力争当先进的良好氛围。通过层层推荐，遴选出4名优秀民警和1个先进集体，举办了“榜样的力量”践行“三严三实”先进事迹报告会，受到广大民警的一致好评，有力推动了工作开展。

（四）狠抓警营文化建设。出台《进一步加强警营文化建设工作指导意见》，大力加强警营文化设施建设。制定《2015年度全市公安机关文体活动方案》，举办了“中国梦、法治路”书法摄影展、庆“三八”女民警登山比赛、清明节祭奠公安英烈活动、“警营四月，我和读书有个约会”读书交流活动；组织了“十佳警营歌手”大赛和郑州市公安局篮球联赛、乒乓球赛等一系列文体活动；组织民警参加郑州市纪念抗日战争暨世界反法西斯战争胜利70周年合唱比赛和郑州市“缅怀先烈 圆梦中华”演讲大赛，分别获得一、二等奖；参加市直机关第四届登山比赛，获得第四名。通过系列活动，活跃了警营文化生活，增强了队伍的集体荣誉感和职业归属感。

（王 静 李淑贞）

检察工作

【概况】 2015年，全市检察机关紧紧围绕郑州“三大一中”战略定位，认真践行“三严三实”要求，以“担负双重责任，全面争当全省检察机关领头雁、排头兵”工作目标为引领，坚持遵循规律、理性司法、务实发展，忠实履行法律监督职责，各项检察工作取得新进展。

【服务经济社会发展大局】 2015年，全市检察机关围绕全市中心工作，积极服务经济社会发展大局。

积极服务经济发展新常态。按照郑州市“抓改革创新、强投资开放、促结构转型、求民生改善”的总要求，深化落实航空港实验区、产业集聚区建设服务措施，在富士康等重点企业建立检企共建机制，完善重点项目“首席服务官”制度，保障重大项目顺利推进。依法打击破坏各类市场经济秩序犯罪，共批准逮捕非法集资、金融诈骗等严重经济犯罪嫌疑人197人，提起公诉229人。如在办理胡永波等人集资诈骗2.4亿元案时，既注重依法严厉打击犯罪，又注重做好社会风险防控，最大限度地维护群众利益和社会稳定。依法保障知识产权和大众创业、万众创新，共批准逮捕侵犯商标权、商业秘密等犯罪嫌疑人24人，提起公诉89人；在高新区863软件园建立检察服务站，为“双创”型小微企业提供订制式法律服务。市检察院被

郑州市检察机关发挥职能作用服务大气污染治理工作座谈会举行

表彰为“郑州都市区建设三年行动计划综合工作优秀单位”。

积极服务生态文明建设。围绕打造美丽郑州，市检察院出台服务生态文明建设和食品药品安全工作意见，加大生态环境司法保护力度。依法严惩破坏环境资源刑事犯罪，共批准逮捕此类犯罪嫌疑人27人，提起公诉212人。扎实开展打击破坏环境资源和危害食品药品安全犯罪专项立案监督活动，共监督立案49件65人。在生态保护领域查处职务犯罪嫌疑人42人，如依法查处了管城区个别洗浴中心偷采地下水背后的7名水政干部滥用职权、玩忽职守、受贿系列案等。围绕全市“蓝天工程”，与市有关部门联合召开雾霾治理专题座谈会，向社会公布加强生态环境司法保护十起典型案例，与环保等行政单位建立联动机制，监督和加强环保执法，以法治手段推动大气污染治理，受到了媒体以及社会各界的点赞。

积极参与社会治理创新。立足检察职能，助推社会治理体系和治理能力现代化。向社会公开承诺爱民服务九件实事，推动群众关注重点问题的解决。持续开展送法“五进”活动，检察干警走进全市学校、企业、农村、社区、机关，举办宣讲370余场次，有20多万人受到法治教育。积极推动法制校园建设，与市教育局会签文件，选派268名检察官兼任辖区中、小学法制副校长，开展经常性法制宣传和法律服务。主动融入全市网格化管理体系，推动检察职能基层全覆盖。市检察院开展驻村精准扶贫，组织干警对登封市马窑村87户贫困户开展“一对一”帮扶，做到不脱贫不脱钩。

【查办和预防职务犯罪】 2015年，全市检察机关坚持惩治预防并重，持续保持高压反腐态势。

重拳出击，全力肃贪。全年共立案侦查贪污贿赂犯罪224件361人，其中大案214件（百万元以上案件42件），县处级以上要案33人。根据上级检察院指定，市检察院依法办理了天津市、西藏自治区两起省部级领导干部涉嫌职务犯罪案件和洛阳市人大常委会原副主任侯俊意受贿案等；直接立案侦查了二七区政府原副区长弓永超贪污受贿案等一批影响较大的案件。开展打击行贿犯罪专项活动，依法查处行贿犯罪22人。积极查办群众反映强烈、情节恶劣的“小官大贪”案件173件214人。如依法查处了中原区董砦村原党支部书记井书修受贿537万元案、新密市刘寨村原党支部书记邓西平挪用公款1400万元案等。加大职务犯罪追逃追赃力度，决不让腐败分子从经济上捞到好处和逍遥法外。由郑州市负责追逃的境内5名职务犯罪嫌疑人全部抓获归案。成功将“百名红通”四号人物、潜逃美国13年的省高速公路发展有限公司原副董事长黄玉荣劝返回国投案，中央纪委、省委主要领导批示肯定。

加大力度，严厉惩渎。全年共立案侦查渎职侵权犯罪77件136人。其中，重特大案件68件、县处级以上要案6人。如依法查处了省中小企业发展服务中心原主任黄安甫滥用职权案，平顶山市高新区管委会原党工委书记赵翰等6人玩忽职守、滥用职权案等。大力开展专项查案活动，查处环保领域渎职犯罪2件12人，房地产领域渎职犯罪5件11人，发生在群众身边、损害群众利益的渎职犯罪58件98人，有力打击了“不作为”“乱作为”等渎职犯罪，促进了法治政府建设。

突出重点，强力预防。牢固树立“挽救一名干部比惩治一名干部更为重要”的预防理念，积极推动党委领导下的预防职务犯罪社会化网络建设。围绕民生民利和重点工程，先后开展了棚户区改造项目执行、环境影响评价等预防调查46次，发出检察建议60件，推动有关部门建章立制10余项。对全市2913名新任农村“两委”干部进行重点预防教育，向基层干部发送预防短信4万多人次。打造行贿犯罪档案预约查询智慧平台，提供查询12万多次，建议取消31家污点企业市场准入资格，促进社会征信体系建设。注重发挥新媒体预防作用，制作预防微电影、公益短片、海报等廉政作品，在机场、地铁、大型商场等公共场所展播，向社会输送廉洁“正能量”。市检察院预防职务犯罪警示教育基地分别被省、市纪委和市委党校、团市委确定为反腐倡廉警示教育基地，全年共接待83批5500多人参观。省委常委、纪委书记尹晋华带领省直机关主要负责人参观时给予了高度评价。

【刑事检察工作】 2015年，全市检察机关顺应群众平安需求，打击犯罪、化解矛盾，全力维护社会和谐稳定。

依法严惩严重刑事犯罪。全年共批准逮捕各类犯罪嫌疑人5413人，提起公诉9909人。深化严打暴恐犯罪专项行动，批准逮捕间谍、邪教、暴力恐怖等影响国家安全犯罪嫌疑人11人，提起公诉10人；突出打击严重影响人民群众安全感犯罪，批准逮捕严重暴力、多发性侵财、拐卖妇女儿童等犯罪嫌疑人2754人，提起公诉4658人。如对王明杰灭门杀人案等恶性刑事犯罪从严惩处、快捕快诉，取得了较好的法律效果和社会效果。

坚持宽严相济，促进社会和谐。积极推行轻微刑事案件非羁押诉讼制度，对涉嫌犯罪但社会危险性较小的1118人作出不批捕决定；对犯罪情节轻微、社会危害较小的213人作出不起诉决定。积极推进刑事案件速裁程序试点工作，与公安局、法院密切协作，采取建立简易法庭、远程视频提审等措施，简化程序，提高效率，检察机关办案时间平均为6个工作日，大大缩短了办案周期。全年共适用速裁程序案件1935件2193人，办案数量和质量位居全国试点单位前列，在全国检察机关刑事速裁工作会上作典型发言。加强未成年人司法保护工作，推行亲情会见、犯罪记录封存和未成年被害人救助、心理疏导等制度，坚持“少捕慎诉”，依法不批捕162人，不起诉54人，实行非羁押诉讼328人，使他们有机会改过自新、回归社会。中原区、管城区、巩义市、登封市等基层检察院创新涉罪未成年人帮教工作，得到了省检察院的肯定和推广。

市检察院成功将“百名红通”四号人物——省高速公路发展有限公司原副董事长黄玉荣劝返回国投案

加强源头治理，化解矛盾纠纷。坚持维权与维稳相统一，从源头预防、化解社会矛盾。落实办案社会风险评估预警机制，在各个环节强化释法说理，增强化解矛盾效果。运用法治思维法治方式推进涉法涉诉信访改革，实行诉访分离，在涉法涉诉信访案件集中化解专项活动中，依法办结478件，全部息诉罢访。积极开展司法救助，协调有关方面救助刑事被害人117人，发放救助金154.7万元。坚持把信访人当亲人、把信访件当家书、把信访问题当家事，让群众切身感受到司法温暖。

【诉讼监督】 2015年，全市检察机关全面强化诉讼监督，切实维护社会公平正义。

加强刑事诉讼监督工作。坚守防范冤假错案的底线，重点纠正有案不立、有罪不究、违法办案、量刑畸轻畸重等问题。全年共监督纠正侦查机关应当立案而未立案109人、不应当立案而立案61件，纠正漏捕135人、漏诉161人，对认为确有错误的刑事裁判提出抗诉68件。如在审查起诉谭永志等37人拐卖儿童案中，成功追加起诉3人，其中1人被判处死刑，缓期二年执行；2人分别被判处有期徒刑八年。

加强刑事执行检察工作。成立郑州市东城地区人民检察院，对刑罚执行、刑事强制措施执行、强制医疗执行等刑事执行活动进行全面监督。针对有权人、有钱人判刑不坐牢等突出问题，依法监督纠正刑罚执行机关提请减刑、假释、暂予监外执行不当357人，监督收监执行20人；监督纠正社区矫正脱管漏管50人；监督财产执行232人。开展羁押必要性审查，提出变更强制措施建议并被采纳127人，查办刑事执行中的职务犯罪25人。配合法院和司法行政机关做好特赦工作，对提请特赦的239件逐件审查监督，对15件报请不当的提出纠正意见。

加强民事和行政检察工作。对认为确有错误的民事行政裁判、调解，提出抗诉23件，依法提请省检察院抗诉94件，提出再审检察建议39件，对民事行政审判活动监督253件、执行活动监督279件。同时，对88件裁判正确、不符合抗诉条件的申诉案件，积极做申诉人的服判息诉工作，维护司法裁判权威。认真落实市十四届人大二次会议代表关于加强审判监督的意见，在全市开展行政执行监督专项活动，提出检察建议269件，全部被采纳。

【检察队伍建设】 2015年，全市检察机关加强过硬队伍建设，打牢检察工作发展根基。

加强领导班子建设。深入开展“三严三实”专题教育，抓住领导干部“关键少数”，聚焦“不严不实”突出问题，认真对照检查，严肃开展批评和自我批评。坚持问题导向，梳理完善领导班子问题清单，制定16项整改措施，明确责任领导和整改时限，向群众公开，接受群众监督。学习贯彻《中国共产党党组工作条例》，制定“三重一大”事项监督管理规定，在全国检察系统率先建成财务内控系统，得到最高人民检察院肯定。全面推行基层院检察长、市检察院部门负责人公开述职述廉述学制度，强化履职考评。严明政治纪律和政治规矩，两级院班子成员叫响“向我看齐，从我做起，对我监督”，自觉做政治清醒的明白人、廉洁从检的干净人、过硬队伍的带头人，增强班子的凝聚力和战斗力。

加强素质能力建设。积极探索适应司法体制改革对人才和队伍素质的新要求，大力开展“大学习、大练兵、大竞赛”活动，分批组织业务部门干警到西南政法大学培训310人次，组织刑法修正案（九）、修改后的《行政诉讼法》全员考试、业务竞赛2300多人次。全市检察机关有15人分别荣获全国、全省“业务标兵”或“十佳”称号，3人获评“全省检察业务专家”称号；有6件侦监、反贪、反渎职案件获评全省“十大精品”案件，2件民行案件获评全国“优秀”案件。

加强党风廉政建设。细化党风廉政建设“两个责任”和“一岗双责”具体实施办法，突出分管领导和部门负责人在落实主体责任上的作用，防止责任架空和“上热下冷”。认真学习《廉洁自律准则》《纪律处分条例》，组织检察干警到监狱接受警示教育，筑牢拒腐防变的思想防线。把从严治检要求落实到队伍建设全过程，保持检务督察常态化，明察暗访发现问题实名通报，督促整改。对检察人员违法违纪问题坚持“零容忍”，全年依纪依规警告处分1人、撤职1人、辞退2人；在全市检察机关开展了“严明纪律、深刻反思、忠诚履职”专项教育整顿活动。

【接受相关监督】 2015年，全市检察机关强化监督制约，不断提升司法公信力。

坚持党的领导，自觉接受人大监督。坚持重要工作部署、重大案件及时向市委、市人大请示报告，坚决贯彻执行市委、市人大各项决议、决定。加强同人大代表、政协委员的经常性联系，全年共走访代表委员600余人次，邀请代表委员参加检察机关重大活动500余人次；定期发送《检察要况》和郑州检察手机报，通报检察工作情况；制定实施《预约接待代表委员制度》《代表委员意见建议收集处理和反馈制度》，办理人大议案2件、政协提案2件，做到办前沟通、办中反馈、办后回访、件件落实。对省人大代表转交的李振伟走私普通货物案，市检察院认真办理，并专程到代表所在单位进行释法说理，人大代表表示满意。

深入推进检务公开工作。坚持把案件信息公开作为深化检务公开的核心，除法律特别规定外，一律向社会公开。全年共公开案件程序性信息39843件、重要案件信息1442条、法律文书4280份，预约辩护与代理343次，案件公开数量居全省第一。积极打造检务公开大厅等示范窗口平台、“三微一端”等新媒体平台、派驻乡镇检察室等基层服务平台，形成多渠道、多层次公开体系，保障人民群众的知情权、参与权、监督权。市人大常委会视察审议检务公开工作时给予了充分肯定。

强化司法办案监督制约。扎实

送法进企业活动

开展规范司法行为专项整治工作，对2.6万个案件逐案排查，梳理出5类11项司法不规范突出问题，涉及300余起案件，逐件明确责任，抓好整改。针对突出问题，举一反三，扩大整改效果。自主研发“涉案财物管理信息平台”，在全国检察系统率先实施涉案财物管理达标颁证制度，从源头上杜绝涉案财物处置不规范问题。深化案件集中管理机制改革，扎紧制度笼子。通过业务应用系统实现业务信息网上录入、业务流程网上管理、业务活动网上监督、业务质量网上考评，使网络运行成为规范司法的“硬制约”。注重发挥人民监督员作用，监督范围扩展到职务犯罪立案、羁押、扣押冻结财物、起诉等各环节，全年共邀请人民监督员参加疑难复杂案件听证52人次，促进了案件公开公正处理。健全完善办案质量终身负责制、错案责任倒查问责制，以严肃追责倒逼司法规范。

（刘 冰 李 丹）

法院工作

【概况】 2015年，全市法院坚持以“八加六、白加黑”为统揽，牢记责任，主动担当，坚持统筹全局，依法服务保障美丽郑州建设；坚持公正高效，努力维护社会公平正义；坚持创新思路，倾力打造现代化法院，全面推进法院各项工作，为郑州都市区建设提供了有力司法保障。全市法院共受理各类案件188881件，同比上升33.1%；审执结案件163707件，同比上升30.9%。收结案数均创历史新高，位居全省法院首位。市中院共受理各类案件27048件，审执结案件24522件，同比分别上升17.7%、24.8%。

【服务经济发展大局】 努力营造良好发展环境。紧紧围绕全市智慧化、国际化、高端化大产业体系建设，审结电子商务、物流仓储、股权转让等与经济发展密切相关的各类案件52865件，助推经济发展方式转变。紧贴航空港实验区建设司法需求，指导航空港实验区法院组成3个服务团队，对绿地会展城、河南移动公司数据中心建设等重大项目开展“一对一”司法服务，妥善化解涉及机场二期工程、郑机城铁等建设工程纠纷163起，促进航空港实验区建设加快推进。依法保障创新驱动战略，审结侵犯“富士康”“盼盼”商业秘密、商标权等知识产权案件1796件，助推郑州市深度融入“一带一路”战略布局。

积极参与金融秩序治理，妥善审结民间融资案件。制定风险告知办法，发布“十问十答”宣传手册，提醒群众防范金融风险；妥善审结民间借贷、融资等案件23673件，规范民间融资行为；严厉惩治金融犯罪行为，依法审结集资诈骗、非法吸收公众存款等犯罪案件63件175人，维护金融秩序稳定；出台规范涉案财物处置意见，依靠党委、政府支持，积极为群众挽回损失20多亿元。市委市政府给予专项表彰。

【平安郑州建设】 2015年，全市各级法院加强刑事审判工作，依法审结各类刑事案件8991件10125人。始终保持对严重危害社会治安犯罪的高压态势，审结涉暴涉恐、涉黑涉毒、“两抢一盗”案件1014件1205人。严厉惩治危害食品药品安全、制售假冒伪劣商品等犯罪行为，审结此类案件110件176人。坚持依法反腐不手软，审理贪污、受贿、滥用职权等职务犯罪案件216件367人，其中厅级以上8人、处级21人。加大对行贿行为惩治力度，审理行贿、介绍贿赂犯罪案件32件47人，同比上升23%。严格减刑、假释案件审理标准，实行一律网上公示提请建议书、一律公开裁判文书，依法裁定减刑假释2751人、不予减刑假释94人，促进罪犯改过自新。认真贯彻全国人大常委会决定，严格把握特赦案件的实体条件，依法对224名罪犯实行特赦，充分彰显刑罚执行的人道主义精神。深入学校、社区、工地举办法制讲座、提供法律咨询、赠送法律书籍，制播宪法实施、未成年人保护等专题微电影、动漫视频，增强普法教育的辐射面、渗透力。在世界知识产权日、国际禁毒日、国家宪法日等特殊时点，邀请各界群众2309人次走进法院，观摩庭审、座谈交流，亲身体验法治文化；积极回应舆论关切，召开新闻发布会 43次，发布典型案例以案释法，预防和减少犯罪发生，促进社会和谐稳定。

【法治郑州建设】 2015年，全市各级法院完善行政争议协调解决机制，落实行政案件异地管辖，深化行政首长出庭应诉制度，妥善审理涉及城市建设、信息公开、社会保障等行政案件3809件，保护行政相对人合法权益，监督支持行政机关依法行政。主动参与社会治理，及时发出司法建议68条，促进依法治市。严格执行国家赔偿法，依法审结国家赔偿案件29件，维护赔偿请求人合法权益。认真落实院长天天接访制度，坚持依法纠错、依法终结、依法治闹，通过联动化解、司法救助等方式，妥善处理信访案件611件，涉诉信访量同比下降30.4%，进京访总量同比下降16.5%，在“9·3”阅兵、上合组织政府首脑会议等重大国事活动期间没有发生一起来自郑州涉诉信访案件的干扰。

【民生权益保护】 2015年，全市各级法院积极适应民生权益保护新需求，审结劳动争议、房屋买卖、教育医疗等与群众利益密切相关案件60954件。依法审理土地流转、承包经营等涉农案件2335件，维护农民合法权益，促进农业发展。设立13个家事审判机构，邀请妇联干部、心理咨询师参与家事纠纷调解，试行婚姻冷静期、人身安全保护裁定等制度，妥善审理家事纠纷12739件，弘扬传统美德，促进家庭和睦。完善涉军维权工作机制，与郑州警备区联合下发《进一步加强涉军维权工作若干意见》，依法高效办理涉军案件254件，工作经验在全省法院推广。

持续开展保护农村“三留守”人员合法权益、为农民工讨薪等专项活动，为1099名“三留守”人员送去法律温暖，为755名农民工追回拖欠工资3463万元，让务工人员安心城市建

市中级人民法院少审庭到河南省郑州未成年犯管教所开展法律宣传活动

设。加大未成年人司法保护力度，严厉打击侵害未成年人身心健康犯罪，审结案件339件（人），依法对强奸、猥亵儿童罪犯马进周，拐卖妇女、儿童主犯谭永志执行死刑；依法从轻审结未成年人犯罪案件107件129人，尝试在6个爱心帮扶基地帮教17名失足少年，10人已走上就业岗位，健康回归社会。

【执行工作】 2015年，全市各级法院不断改进执行工作。健全执行联动威慑机制，建立与工商、房产、土地等部门的信息对接平台，与21家金融机构建成点对点查询系统，查询信息775401条，冻结资金1.36亿元，扣划3164万元，实现被执行人存款查得到、冻得住、扣得快。加大规避执行、抗拒执行打击力度，曝光“老赖”29471人，使其在申请贷款、资质认定、乘坐飞机高铁等方面处处受限；司法拘留980人，追究拒执罪17人，形成强大震慑，1910名被执行人主动履行义务。全年共执结案件33804件，标的额258.6亿元，切实保障胜诉当事人合法权益。

【司法便民服务】 2015年，全市各级法院深入开展司法网格服务，1325名法官下沉三级网格，利用车载法庭、网格点巡回审判1860次，提供法律咨询12000 余人次，诉前化解纠纷5529起。完善诉讼服务中心功能，增设当事人、律师休息场所，落实诉讼引导、判后答疑等“一站式”服务，接待群众4万余人次。建立郑州法院诉讼服务网，提供网上预约立案、开庭公告、案件查询等服务；逐步开通案件信息短信、微信服务平台，向当事人发送信息 2万余条，方便当事人及时了解案件情况。依法适用民事案件小额诉讼程序，对事实清楚、争议不大的案件一审终审16912件，切实减轻群众讼累。认真落实司法救助制度，对716名特困刑事被害人、申请执行人发放救助基金663万元，对9425名经济困难的案件当事人缓减免交诉讼费4817万元，彰显司法人文关怀。

【法院自身建设】 着力推进司法手段信息化。加快数字化法庭建设，新建、改造高清科技化法庭168个，同步录音录像庭审2万余件（次），倒逼法官不断提升庭审风貌、庭审能力。推行简易案件庭审记录改革，以中牟县法院为试点，改变传统庭审记录方式，运用录音录像技术，全程留声留影留痕，庭审时间平均缩短60%。全面推进网上办案，对立案、审限、结案等8项审判节点实时监管，即时生成35项质效监测指标，初步实现办案网上流转、网上监控、网上分析，全年网上预警案件3万余次，审判数据分析120次，有效提升审判管理信息化水平。在全国首创微信办案平台，对案情简单的案件，在征得当事人同意后，由法官主持建立办案微信群，组织当事人网上调解、证据网上交换、争议焦点网上归纳，审判效率显著提高，在国内外司法界引起强烈反响。

着力优化审判资源。强化院长审判职责，两级法院院长带头办理疑难复杂案件，结案情况一周一通报，全年办结案件 1355件，极大激发干警办案热情。继续完善刑事案件速裁试点工作，与公安、检察机关密切配合，对事实清楚、证据充分、情节较轻、被告人自愿认罪的案件，在羁押场所就近开庭、简化程序、当庭宣判，全年共审结案件1935件，上诉率0.4%，办案数量和质量均位居全国试点法院前列。全面推行由一名优秀法官主审、多名法官或辅助人员协作配合的新型办案团队模式，204个办案团队全年结案140841件，平均结案690件，为推进法官员额制改革打下坚实基础。

着力促进司法公开。依托郑州法院网、手机APP平台，大力推进审判流程公开、裁判文书公开、执行信息公开建设，将案件事实认定、裁判说理、法律适用等置于社会公众监督之下，全年直播庭审 1314件，公布裁判文书116945份，中院微信、微博平台发布工作信息188167条，中院微信公众号影响力稳居全国法院前三名。完善司法网络拍卖，在全省率先与中信银行搭建网拍按揭贷款平台，减轻竞拍人一次性付款难题，提高网拍成交率，全年通过网络上传拍品1137件，成交474件，总成交额 9.6亿元，平均溢价率19%，为当事人节省佣金5000余万元。全市法院审判质效明显提升，法定审限内结案率99.8%，一审案件服判息诉率91%，二审改判发还率1.4%，案访比310：1，审判业务主要考核指标、群众满意度均位居全省法院前列，全市法院人民陪审员工作、多元化纠纷解决机制、行政首长出庭应诉等工作经验在全国、全省法院推广。

（张 巍）

司法行政工作

【概况】 2015年，全市司法行政系统立足司法行政机关职能和特点，坚持以法治为引领，积极做好司法行政机关推进平安郑州、法治郑州、过硬队伍建设工作，为加快以航空港实验区为统揽的郑州都市区建设作出了新贡献。

1月23日，司法部部长吴爱英带领调研组到郑州市金水区和郑东新区考察基层司法行政工作，对郑州市探索基层司法行政工作履职尽责、服务群众等方面取得的成效给予了高度评价。

【平安郑州建设】 2015年，全市司法行政系统始终把维护监管场所安全稳定置于首位，先后组织开展了百日安全排查、监狱戒毒场所违禁品（违规品）清缴，以及罪犯减刑、假释、暂予监外执行专项整治等一系列活动，及时消除监管安全和执法工作漏洞，强化会见管理、监所大门管理、监所物流区管理、安全生产等规章制度的执行效能，监管工作水准和执法工作质量进一步提高。市监狱累计完成“三课”教育528个课时，超额完成计划课时，入学率、参考率实现“双百”目标；203名服刑人员通过了2015年度国家职业技能鉴定初、中级考试，获证率达到参训人员的94%。积极做好与周口市公安部门等的对接

“送法进军营”活动

协调，落实戒毒人员收治风险评估和安全防护举措，全省“大收戒”工作部署圆满完成。全面加强社区矫正工作，确立了金水区、新密市和荥阳市3个社区矫正中心建设试点县（区），全市社区矫正工作职业化、专业化、规范化建设步伐明显加快，对社区服刑人员的监督管理、教育矫正和社会适应性帮扶举措不断强化。年内累计接收各类矫正对象2032名，解除矫正1675名，现有在矫人员3583人，矫正对象的再犯罪率始终保持在0.07%以下。安置帮教工作扎实开展，年内累计接收刑满释放人员1370人，安置帮教率达到97%，重点人员的帮教率达到100%，有效预防和减少了刑满释放人员的重新违法犯罪。

【法治郑州建设】 2015年，全市司法行政系统全面深化“法律六进”活动，各类主体对象的普法教育均衡展开、同步推进、效果明显。全市共组织开展各类“法律六进”活动2800余场次，发放法制宣传册（页、挂图）128万余份。法治文化建设深入推进，新密市来集镇李堂村法治宣传教育长廊等6个法治宣传教育基地被评为全省首批优秀法治文化建设示范基地，郑州电视台、郑州广播电台、《郑州晚报》开设的《民主与法制》《检察之声》《郑州警务报道》等专题栏目保持按时开播、适时更新、联动宣传，全社会尊法学法守法用法的法治文化氛围日益浓厚，“办事依法、遇事找法、解决问题用法、化解矛盾靠法”的法治观念进一步增强。全面深化法治创建活动，研究出台了《郑州市依托网格开展全民普法、规范群众自治的实施意见》，积极引导和培育一批法治县（市）区、“民主法治村”等创建示范单位。新郑市荣获“全国法治县（市、区）创建活动先进单位”称号，全市有3个村（社区）被授予“全国民主法治示范村（社区）”称号、19个村（社区）被评为“全省民主法治村（社区）”。郑州市人大代表在实地集中视察后，充分肯定全市民主法治创建成果。市十四届人大常委会第十次会议听取并审议通过了郑州市法治宣传教育和依法治市工作情况报告。“六五”普法依法治理工作圆满收官。

【人民调解】 2015年，全市司法行政系统强化人民调解维护社会稳定的基础性作用，全年深入推进规范化调委会创建活动，人民调解进社区、进村户、进企业活动以及“一村（社区）一调解员”建设工程，人民调委会设立、人民调解员选任和管理更趋科学化、制度化和规范化，“一村（社区）一调解员”建设目标如期实现，人民调解工作质量有效提升。全年累计受理各类民间纠纷60047件，调成58832件，调成率达到97%以上。

【法律服务】 2015年，全市司法行政系统围绕市委、市政府“三大一中”战略定位，有序引导广大律师深度参与全市重大投资项目的谈判、招投标、签约，国有大中型企业的改制重组及经济结构调整等，全市律师共担任各级政府、企事业单位、社会团体及公民个人等法律顾问2902家，累计办理各类案件33224件。其中各类诉讼案件28316件、非诉讼案件4000件、仲裁案件908件。先后有3380名律师参与了党委政府信访接待，接待来访群众达到5600多人（次），息访和引导当事人通过诉讼渠道解决诉求120多件。郑州律师队伍成长为推动郑州经济社会发展的一支重要力量。公证、司法鉴定法律服务业持续健康发展，出台了行业质量控制、工作业绩考核和违法违规惩戒等一系列制度措施，公证、司法鉴定的公信力显著提升。年内累计办理各类公证141411件。其中，办理国内公证88259件、涉外公证53012件、涉港澳台公证140件。共受理司法鉴定案件4427件，办结4427件，采信率达到99%。国家司法考试工作扎实开展，7915名考生在郑州考区安全、有序、顺利参加了年度国家司法考试，省司法厅充分肯定了郑州市的考务组织工作。

【法律援助】 2015年，全市司法行政系统进一步拓宽法律援助范围，法律援助由低保人群扩大至低收入人群；同时，将不服生效裁判的申诉人纳入法律援助范围，法律援助覆盖面得到有效拓展和延伸。全年共办理法律援助案件8440件，超额完成省司法厅下达的目标任务。持续优化援助案件结构，刑事案件占到各类诉讼案件总数的22%，达到1857件；律师办理案件7468件，占比达到88%以上；卷宗质量评估率达到100%，可联系到受援人的案件回访率达到100%，对县（市）区法律援助案件的抽查率保持在20%以上。继续加强“12348”电话值守工作，全市共提供法律援助咨询84856人次，超额完成了全年目标任务。刑事案件速裁程序试点工作扎实开展，全年共参与办理刑事速裁案件126件，达到了改革试点的预期效果，受到市委政法委领导的充分肯定。市法律援助中心及服务大厅乔迁新址，新的法律援助服务大厅面积360多平方米，实现了法律援助申请、受理、指派、卷宗回收以及法律咨询一站式办理。

【新闻宣传】 2015年，全市司法行政系统坚持围绕中心、服务大局，贴近实际、贴近生活、贴近群众，注重发现、培育、推广具有鲜明时代特点和司法行政特色的先进典型，累计在主流新闻媒体发稿839篇。其中，中央媒体20篇、省级媒体552篇，市级媒体267篇。司法行政队伍为民、务实、清廉的价值追求得到生动诠释。

【司法行政改革】 2015年，全市司法行政系统圆满完成干警公务员登记工作，市人社局正式下文，同意郑州市监狱等4个狱所的615名干警按照公务员法管理，困扰监狱戒毒人民警察多年的身份问题得以彻底解决。积极推进狱所警员职务套改工作，至年底已完成干警职务套改的初审和报批，1/3的狱所干警工资待遇将会得到较大提升。积极推进行政审批制度改革，编制了行政审批事项清单和司法行政权责清单，梳理行政审批事项1项、司法行政权责事项88项，司法行政工作权责更为明确，依法行政的“红线”和“底线”更为清晰。不折不扣落实公

4月15日，央视采访郑州市金水区和管城区人民调解工作

务车辆改革部署，局系统累计封存上交公务车辆49台，保留机要通信、应急公务、执法执勤及离退休人员服务用车74台，并顺利通过了市纪委检查验收。

【司法队伍建设】 2015年，全市司法行政系统认真开展“三严三实”专题教育活动，先后组织了14次集中学习和教育培训、11次专题研讨和调查研究，广泛征集各方面意见建议，列出了问题清单和具体整改措施，县处级以上领导干部在思想、作风、党性上进行了又一次集中“补钙”和“加油”，特别是绷紧了政治纪律和政治规矩这根弦，增强了践行“三严三实”要求的思想自觉和行动自觉。切实加强队伍教育培训，先后组织全市司法所所长、司法所信息员、长效办工作人员以及监狱戒毒人民警察参加网格化管理、信息报道、警务实战培训班，开办了浙江大学、红旗渠干部学院专题培训班，按期举行了“道德讲堂”，受训人员累计达到1100余人次。

（赵维维）

仲裁工作

【概况】 2015年，郑州仲裁委员会办公室以“加强规范化建设，提升仲裁公信力”为主线，仲裁工作始终坚持正确的政治方向和科学先进的专业发展方向，为促进全市经济发展，构建和谐社会做出了新的贡献。全年共受理案件3094件，同比增长10 %；涉案标的额25亿元，同比增长87 %。案件质量和办案效率均有明显提高，充分体现了仲裁的快速结案特点。

深入开展党内各项教育活动，不断增强政策理论水平。加强政治思想学习，确保仲裁工作正确的政治方向，不断增强党员党性和服务中心大局的意识。扎实开展“三严三实”专题教育活动，结合“三查三保”活动，深入查摆存在的突出问题，并深刻剖析原因，制定台账和整改措施，达到了提高认识、统一思想的效果，为推动仲裁事业的持续稳健发展奠定了坚实的政治基础。

【仲裁案件办理】 2015年，郑州仲裁委员会办公室严格依法办案，不断提高仲裁公信力。牢固树立“公正服务和谐高效”的仲裁理念，积极打造郑州仲裁品牌形象。一是不断完善各项办案制度，规范办案行为。先后制定和完善了《仲裁秘书办案规范》《裁决书制作规范》和《鉴定工作意见》等十余项规章制度。二是加大对案件的审限管理力度，每月统计公示仲裁案件办理详细情况，综合排名，重点对梳理出来的超期案件进行分析，查找超期原因，督察督办办案量少的处室和人员，制定具体整改措施，有效压缩审限。三是严把核阅关。坚持严格的裁决书三级审核制度，调解书、决定书二级审核制度，并在仲裁秘书中开展仲裁文书的自查和互审工作。四是充分发挥专家咨询委员会的职能，通过专家咨询为仲裁庭公正裁决提供智力支持。五是建立科学合理的监督机制，实行错案追究制，定期开展案件评查工作，增强仲裁员和仲裁秘书的责任心，促使仲裁庭独立、公正地解决纠纷。六是提前按月搜集各处工作安排，编制全办工作计划表，梳理工作重点，有效增加了工作前瞻性。七是组织仲裁员沙龙活动，特邀中国政法大学国际法学院教授、博士生导师宋连斌，针对仲裁理论与实务等做深入剖析，不断提升仲裁员及仲裁秘书的业务水平。

【仲裁宣传推广】 2015年，郑州仲裁委员会办公室围绕市委、市政府的中心工作，大力宣传推广仲裁法律制度。一是加强与传统媒体的联系和沟通。通过报纸和电台介绍仲裁的优势和特点。二是利用有利条件，在广大市直机关中推行仲裁，通过耐心细致的解释分析，有效增加郑州仲裁的知名度。三是实行重点突破、以点带面、点面结合的工作模式，及时总结经验、调整方式方法。根据全市仲裁事业发展的现状和实际情况，依托九家外省驻豫商会联盟力量，成立河南省九商联盟仲裁分会，为促进全市经济和谐发展发挥积极作用。设立了中建七局仲裁调解室。四是加大管理制度创新力度，促进仲裁机构规范化建设。对分支机构进行规范化管理。整合现有的仲裁工作网络，使分支机构沿着健康、规范、有序的轨道发展；制定和完善各项内部管理制度，提升机关管理水平，使管理工作更加科学、规范。五是按照要求，由省法制办和郑州仲裁委员会办公室联合筹备成立河南省仲裁法学研究会，为全省仲裁理论研究及仲裁法宣传提供了研究平台。六是联合市知识产权局、公安局、商务局下发了《郑州市2015年度专利行政执法工作实施方案》。七是积极与省银行业协会沟通，联合签署战略合作框架协议。

【仲裁信访工作】 2015年，郑州仲裁委办公室针对办案过程中经常会出现围攻仲裁工作人员、扰乱庭审秩序等突发情况及上访事件，因势利导，因案施法，积极应对。一是制定实施《郑州仲裁办信访评估制度》和《郑州仲裁办信访预警机制》；二是成立信访稳定小组，针对不特定的突发事件，及时处理，将矛盾解决在萌芽状态；三是建立24小时值班制度，安排每日带班领导；四是遇到突发情况及时召开班子及专家咨询会议；五是建立立案值带班制度，保证立案工作的顺利开展。

（安 睿）

典型案例

【侦破“1999.12.5”特大持枪抢劫银行案件】 1999年12月5日19时20分许，5名犯罪嫌疑人持枪闯进郑州市航海东路上的郑州合作银行管城支行中药城批发市场分理处，击伤1名保安员和1名女营业员后，用铁锤将营业厅柜台上方的防弹玻璃砸破进入营业室内，抢走营业款208万元后逃跑。案件发生后，市公安局迅速成立了案件侦破指挥部，抽调100余名精兵强将，充分利用现场物证，积极开展现场访问，但始终未发现有价值线索。16年时间，经历的四届郑州市公安局党委始终把“1999.12.5”案件的攻坚侦破作为压在心头上的一项任务，保证专案组不撤，侦破力度不减。

随着刑事科技技术创新发展，郑州市公安局主动应用新技术，专案组紧盯新技术的应用实践。针对“12.5”现场提取的锤把上遗留有少量血斑，技术民警经过反复分析比对，比中驻马店市西平县11个石姓家系。专案组先后组织近百名警力，前往驻马店市西平县、平舆县、汝南县等多地，秘密排查上千人，没有遗漏一个嫌疑对象，快速缩小了石姓家系排查范围，顺利锁定主犯石二群。随后，通过综合多种情报信息分析研判，获取余全收、李付利、石新春、陈德成有参与“12·5”案件作案的重要线索。

郑州市公安局重新成立了“12·5”专案指挥部，省公安厅副厅长、市政府副市长、市公安局局长沈庆怀任指挥长；从市公安局犯罪侦查局、技侦支队、网监支队、经侦支队、情报中心、商城路分局等多部门抽调80余人，分成5个抓捕小组及法制审核组、资产清算组等，按照“周密组织，内紧外松，除恶务尽，注意安全”要求，于10月21日奔赴驻马店市展开抓捕收网行动，秘密将以石二群为首的5名主犯全部抓获归案。

“1999.12.5”案件取得突破后，专案组在做好相关固定证据工作的同时，对5名犯罪嫌疑人不断加大讯问力度，挤挖余罪。同时在全省范围内开展串并案工作，对1996年至2006年10年间全省发生的持枪抢劫银行、储户案件分析串并，又连续破获郑州市“1998.9.12”持枪抢劫运钞车案、驻马店市“1998.11.21”抢劫银行案、周口市“2004.3.19”抢劫储户案、信阳市“2004.3.30”抢劫储户案，抓获涉嫌非

法买卖枪支、结伙抢劫的李红伟、陈伟、李得新、孙根柱4名犯罪嫌疑人。

【侦破重大盗窃金店案件】 2015年5月13日，市公安局商城路分局接到报案：管城区东大街和紫荆山路交叉口向南20米路西的乾昌珠宝内金首饰被盗，经过清点重量2公斤多，价值约802800元。专案组围绕中心现场仔细勘验，提取物证检材、调取中心现场视频，迅速锁定进入现场嫌疑人体貌特征；围绕案发周边视频，利用图侦顺线追踪，确定了嫌疑人使用的交通工具及来去路线；围绕金店员工及相关人员调查走访，摸排可疑线索。经过大量细致的排查工作，针对嫌疑人进出现场的方式，推测熟人作案或内外勾结可能性很大。经过对金店内部全体员工和店内安装卷闸门、安防设备的装修人员进行全面调查，发现店内安装卷闸门装修外包工程菏泽籍装修工人对乾昌珠宝地形地貌外墙装修较熟悉，结合前期追踪作案车辆辽A36949活动轨迹，发现该车来去消失地皆在与山东菏泽搭界的兰考县堌阳镇，专案组大胆推测山东菏泽籍装修工人有重大作案嫌疑。

2015年5月16日19时许，专案组成员赶赴山东菏泽，综合前期搜集到的大量信息加紧对嫌疑人活动轨迹进行细致研判，4名主要嫌疑人的真实身份逐渐浮出水面。2015年5月17日下午15时许，在山东菏泽学院对面胡同的一凡宾馆内将正在打牌的嫌疑人邓兴乐、刘世慷成功抓获。经就地突审，两犯供述伙同另两名嫌疑人贝贝（外号）和小江（外号），经过密谋后在郑州抢劫黄金的事实。专案组乘胜追击，在菏泽市一夜市摊点将贝贝（李付鹏）抓获，当场从其身上搜出25条金项链；在菏泽市青年路阎朋旅馆内将小江（梁振江）抓获，当场从其身上搜出金项链两条。此外，还将销赃的嫌疑人杜堃一网打尽。嫌疑人到案后，专案组人员不顾连日劳累，分组加大突审力度，连夜起赃。5月18日凌晨分别在邓兴乐、梁振江家中将被盗的大量金项链追回，上午11时从李付鹏表哥李彬住处追回金项链1条。追回赃物共约2公斤。

本案在发案后4日内便将嫌疑人全部成功抓获，为受害人挽回大量经济损失，消除了社会不良影响，提高了群众满意度。

【侦破“2015.03.09”强奸幼女案件】 2015年3月9日16时40分，郑州市高新技术产业开发区一小学8岁女生张××在放学后留校值日后离开学校，因午托部老师在学校放学时已接完学生离开，其沿着石楠路西侧向北步行回午托部，行至石楠路玉兰街口北加气站附近时，被一骑红色小轮脚蹬式电动车的男子骗至高新区大里村拆迁废墟，蒙住眼睛后实施强奸。犯罪嫌疑人离开后，张××在案发现场附近借用他人手机联系家长，家长到公安机关报案。

该案性质极其恶劣，社会影响极大，市公安局高新分局领导高度重视，立即组织精干警力成立专案组，要求案侦大队和各所民警全员参战，每天召开案情分析研判会。市公安局犯罪侦查局指导了侦破工作。专案组迅速开展工作：一是从被害人体内提取相关检材送检嫌疑人DNA，连夜根据描述查找现场并进行细致勘查；二是根据受害人陈述，逐一调取了沿线的视频监控录像，进一步查找破案线索；三是根据视频监控对犯罪嫌疑人及乘骑电动车特征刻画，以人、车找人，对辖区重点区域、路口进行蹲点守候；四是在电动车市场和街面查找相同特征的车辆；五是对周边学校师生进行走访并通报相关情况，建议校方对学生和家长进行全面的安全教育，发动教职员工、周边从业人员提供线索，预防再发生类似情况。

3月11日，专案组成功从犯罪嫌疑人遗留的毛发中分离出DNA数据，对117个符合条件的可疑人员筛查出9个重点对象，并对其家庭关系进行查证、走访；赶赴禹州的侦查员通过走访排查，发现重点嫌疑人。同时，结合视频侦查准确刻画出的嫌疑人及电动车特征，经过深入排查和调查走访，找到了该电动车销售（嫌疑人李××）的登记信息，与3月19日赶赴禹州的侦查员通过走访排查发现的重点嫌疑人李××相吻合，当即确定李××有重大作案嫌疑。

3月20日凌晨4时许，在禹州市山货乡将犯罪嫌疑人李××（男，34岁，禹州市山货乡雷庄村人）抓获。经讯问，李××对其在2015年3月9日强奸幼女的罪行供认不讳。

（王　静　李淑贞）

人民武装

郑州警备区

【概况】 2015年，郑州警备区坚决贯彻落实上级党委决策指示，坚持持续用力、稳中求进、务实创新，突出铸魂固本，坚持迎考备战，深入整风整改，圆满完成了年度各项工作任务，警备区全面建设保持了上升发展的良好态势。警备区党委被省军区表彰为“先进党委”，郑州市荣获“全国双拥模范城”七连冠。先后迎接省长谢伏瞻、省委副书记邓凯、济南军区副政委吕建成、省军区司令员卢长健等领导检查调研，对警备区建设给予了充分肯定。

【思想政治建设】 2015年，郑州警备区思想政治建设基础不断巩固。突出习近平主席系列重要讲话精神学习贯彻，认真组织党委中心组理论学习。扎实开展“三严三实”“学习践行强军目标、做新一代革命军人”和拥护支持改革等专题教育，激发官兵献身强军实践内动力。编写《新形势下民兵思想政治教育辅助教材》，使民兵思想向强军兴军聚焦。结合优秀“四会”政治教员评选，组织团级单位主官轮流上课，经常性教育取得较好效果。围绕开展清理整治、正确面对调整改革，广泛开展大谈心活动，及时解决官兵实际困难。先后组织三轮政工干部集训，着力加强政治机关和政工干部建设，推动古田政工会议精神末端落实。开展“中国梦、强军梦、我的梦”巡回演讲，有效激发了适龄青年参军入伍积极性，新密市人武部被省委宣传部、省教育厅和省军区政治部联合表彰为“国防教育先进单位”。加大新闻报道工作力度，全年在省级以上新闻媒体见稿856篇，警备区连续11年被省军区表彰为“新闻报道先进单位”，被省军区政治部表彰为“网络宣传先进单位”，警备区政治部被省军区表彰为“先进政治机关”。

【应急应战和国防动员能力建设】 2015年，郑州警备区应急应战和国防动员能力持续提升。狠抓战备基础建设，投入40余万元对警备区三室两库进行升级改造；投入200余万元，统一规范战备物资。召开党委专题议训会，认真分析训练形势，查找解决矛盾问题；按照“三三”组训模式落实常态训练，先后组织4次封闭集训，提高了官兵军事素质；选送7名参谋人员参加集训比武，迎接省军区基础训练考核，成绩始终处于省军区第一方阵；扎实组织野营拉练、手榴弹实投训练，弥补了短板弱项。警备区和中原区人武部、管城回族区人武部被省军区表彰为“军事训练先进单位”。先后遂行过境机动保障任务5次，动用民兵1800余人次，有效提高了组织指挥和民兵遂行任务能力。积极探索新常态下民兵整组方法路子，提出应急队伍“八有”建设目标，组织民兵应急分队集中点验拉动，指导金水区卫生防疫分队参加省建应急大队拉动考核，取得较好成绩。紧紧围绕“三个确保、一个提高”目标要求抓征兵，全市发放义务兵优待金1.62亿元，市委、市政府、郑州警备区联合出台《关于进一步加强征兵工作的意见》，圆满完成了4608名新兵征集任务，大学生征集比例达到48.3%。警备区司令部被省军区表彰为“先进司令机关”。

9月18日，组织民兵应急分队进行维稳演练

【党委班子和干部队伍建设】 2015年，郑州警备区党委班子和干部队伍建设水平显著提高。以“三严三实”专题教育整顿活动为抓手，着力优化政治生态环境。师团党委班子围绕“四个说清楚”和不良政治生态问题表现，专题召开民主生活会，深入查摆问题、剖析根源，研究制定整改措施，党委班子凝聚力战斗力进一步增强。以“8个专项清理整治”为重点，建立专项清理领导小组，安排常委分工负责，机关分部门按系统主抓推动问题查纠整改落实，作风建设向常态化迈进。3月，围绕学习贯彻上级指示精神和各项政策法规组织干部培训，警备区6名常委进行了集中辅导。为每名党员购买《廉洁自律准则》《纪律处分条例》并组织专题学习教育，进一步强化了党员干部的法规意识和自律观念。修订《党委常委加强自身作风建设的措施》《关于加强干部队伍教育管理的意见》和《警备区四优评比实施细则》，形成了“三定期、两随机、一挂钩”的管理新机制。教育引导各级干部树立自律是第一素质、从严是责任担当、批评是关心培养、靠素质政绩进步“四种观念”，大力弘扬靠素质立身、靠政绩进步、靠自律树像、靠公开监督、靠公平正风的“五靠风气”，干部教育管理质量明显提升。警备区党委和金水区、新密市人武部党委被省军区表彰为“先进党委”。

【基层建设】 2015年，郑州警备区基层建设整体水平不断提升。坚持重心下移，建立"四查三考"帮抓机制，党委常委按分工结合民兵整组、政治生态考核帮抓、征兵工作、安全工作蹲点等，对各团级单位进行检查督导，查清理整治内容是否落实、"四个秩序"是否正规、安全管理是否到位、民兵组织整顿是否落实，考察党委班子建设、干部现实表现、人武部暨民兵应急队伍成建制拉动情况。以省军区开展的基层规范化建设达标创先活动为抓手，对基层武装部全面帮抓帮建，完善"两室一库"设施，统一规范软件资料，全市乡镇、街道武装部规范化建设全部达标。大力加强专武干部队伍建设，集中组织专武干部集训，全市有18个基层武装部和18名专武干部受到省、市表彰。

【安全管理】 2015年，郑州警备区安全发展基础更加牢固。认真落实"三委"联席会议制度，扎实开展"学法规、用法规、守法规""五项清理整治""夏季百日安全竞赛"、党委蹲点帮抓安全管理工作等活动，以及消防、交通安全、信息安全保密知识讲座，强化官兵安全意识。突出重点部位管控，投入20余万元对警备区机关营区、民兵武器装备仓库、民兵训练基地等重要目标监控系统和消防设施升级改造。严格落实警备区日常管理"十项制度"，提高安全防范能力。严密做好军事训练、战备拉动、兵员征集等大项活动中的安全管理工作，搞好分析预测和风险评估，确保了大项活动安全顺利。注重加大检查监督力度，持续加强人车枪弹密经常性管理，先后组织5个波次安全工作大检查，有效纠治6类266个具体问题。警备区被省军区表彰为"安全管理先进单位"。

【后勤综合保障】 2015年，郑州警备区后勤综合保障能力稳步加强。依据《后勤战备工作规定》，指导各人武部修订完善后勤战备方案计划，补充配套后勤战备物资器材，基本实现后勤"一室一库"规范化建设目标。坚持经费预算向战备训练倾斜，巩固深化"阳光理财"成果，推进资金集中支付、经费标准一体化、公务卡结算支付、物资集中采购等改革，经费使用效益明显提升。年初对8名离职主官进行经济责任审计，年底对团级单位经费开支情况进行检查，扎实抓好财务工作大清查、营房两项整治、不合理住房清理、资产大清查等各项清理整治，经费、营房、资产使用管理更加规范有序。成立专项工作小组，集中力量攻关东三马路超年限租赁项目，彻底解决了历史遗留问题。

【军民融合发展】 2015年，郑州警备区军民融合发展进一步深化。以推动军民融合深度发展为契机，积极争取地方党委政府支持。联合郑州市出台《关于军人家属就业安置的实施意见》，推动随军家属就业安置工作的制度化、常态化，一次性集中安置随军家属63人。协调市委、市政府研究出台师职以上军休干部医疗保障问题《会议纪要》，对1408名师职军休干部实施"三补一提一卡一机构"的医疗照顾，解除了师职军休干部的后顾之忧。与郑州市中院签订军地共建协议，召开联合会议，举行了涉军维权审判庭、执行庭挂牌仪式，有力推动涉军维权工作迈上新台阶。全年共协调处理涉军案件和纠纷83件。师团两级自筹资金108.5万元，协调市、县扶贫资金356万余元，实施产业帮扶项目18个，帮助贫困乡村钻打灌溉机井10眼，修筑道路93.5公里，援建贫困乡村学校13所，全区现役干部结对资助贫困学生126人，帮扶贫困农村经济发展取得了明显成效。扎实开展大走访大慰问活动，春节前夕，对驻郑师以上部队、郑州籍现役官兵家庭、国防生家庭和烈属开展集中慰问，发放慰问金慰问品共计680余万元。5月17日，《前卫报》头版头条以《强军惠民的中原大手笔》为题，对郑州依托民生工程推进军民融合的经验做法给予了专题报道，在军内外引起较大反响。

【保障部队演练过境】 2015年，郑州警备区先后保障了军委总部临机拉动军区20、54集团军7个梯队2000余人次、3个方向机动，军区考核预备役高炮师400余人次，省军区战役演训50余台车次等的过境机动任务。动用10个民兵专业分队800余人次，出动警力180人次、各类车辆150台（次），设置保障点15个，协调地方高速绿色通道、服务区人车清理10余次，为过境部队提供了坚强有力的保障，也提高了国动委组织指挥能力和民兵遂行任务能力。

【"中国梦、强军梦、我的梦"巡回演讲】 2015年5月中旬至6月上旬，郑州警备区在全省率先组织了"中国梦、强军梦、我的梦"巡回演讲活动，在广大师生中引起强烈反响。此次巡回演讲活动，警备区积极协调各县（市）区人武部与辖区驻军部队、大中专院校和行政、企事业单位联系，提前推荐遴选演讲人员。经过层层审定，分别选定现役士兵、在校大学生、优秀退伍军人等6人组成演讲团，深入郑州大学、河南财经政法大学等多所高校巡回宣讲17场次，4万余名大中专院校师生直接接受教育，极大地调动了高学历青年的参军热情。

【出台《关于进一步加强征兵工作的意见》】 为激励更多适龄优秀青年参军入伍，2015年7月8日，市政府第29次常务会议审议通过了由市委、市政府、警备区联合制定的《关于进一步加强征兵工作的意见》。8月7日，市委、市政府、警备区联合印发了该《意见》（郑发〔2015〕13号）。《意见》归纳为10条具体措施，不仅明确了新区（开发区）征兵工作责任，还大幅度提高义务兵优待金标准，并给予应征青年报销差旅补助和生活补贴、退役安置优待等政策，极大提高了应征青年的入伍积极性，使适龄青年参军入伍政策更加优惠、大学生参军得到更多实惠，为圆满完成征集任务奠定了基础。

【义务兵优待金集中发放】 2015年8月1日前，郑州市先后组织了15场次义务兵优待金集中发放仪式，为8666个义务兵家庭发放优待金约1.62亿元（每人每年18720元）。发放工作由警备区常委带队，确保及时足额到位，鼓励郑州籍义务兵在部队安心服役，较好地宣传了征兵政策，发挥了激励导向作用。8月7日，警备区联合市委、市政府出台

4月13日，金水区卫生防疫分队进行消毒演练

《关于进一步加强征兵工作的意见》，其中大幅度提高义务兵优待金标准，由不低于上年度农民人均纯收入的1.2倍提高至1.8倍，到四类以上艰苦边远地区和特殊岗位的每年增发5000元，进藏服役的每年增发20000元。

【驻郑部队军人随军家属就业安置工作座谈会】 2015年6月18日，郑州警备区召开2015年驻郑部队军人随军家属就业安置工作座谈会，驻郑各部队分管领导共计50余人参加会议。会议指出，郑州市委、市政府将从2015年起，利用三年时间，分三批逐步消化市主城区内所有随军家属就业安置任务，并将随军未就业军人配偶基本生活补贴由每人每月650元增加到1000元，补助标准全省最高。

【涉军维权法庭挂牌成立】 2015年9月18日，郑州警备区与郑州市中级人民法院联合召开涉军维权工作会议，并举行涉军维权审判庭、涉军维权执行庭挂牌暨军地共建协议签订仪式。市委常委、郑州警备区政委王德山，市法院党组书记、院长于东辉，警备区政治部主任王家和，河南军事法院院长李汝军等出席会议。会上，警备区政治部主任王家和与市法院副院长李保甫代表军地双方签订了共建协议；警备区政委王德山和市法院院长于东辉共同为涉军维权审判庭和涉军维权执行庭揭牌，并分别讲话。设立涉军维权审判庭和涉军维权执行庭，是建立健全涉军案件专业化审判机制、打造专业化涉军维权审判队伍的重要举措，有助于充分发挥审判职能，依法妥善处理涉及国防利益和军人军属合法权益的纠纷和案件。双方签订军地共建协议，并联合制订下发工作意见，有利于密切军地关系，促进军地深度融合，建立健全涉军维权各项工作机制，加强对军人军属合法权益的保护力度，丰富维权载体，拓宽维权渠道，形成维权合力。

【参加省属民兵应急大队跨区实兵拉动演练】 2015年10月8日，省军区组织省属民兵应急大队进行跨区实兵拉动演练。郑州市金水区卫生防疫分队作为首支接受点验分队，在接到上级关于黄河滩区出现"重大疫情"的预先号令后，快速分析研判形势，定下行动决心。针对此次救援行动事发突然、情况紧急，黄河滩区地形复杂、施救难度大，人民生命财产受到严重威胁、任务艰巨等特点，联合指挥部迅速启动应急方案，紧急收拢人员，请领装备器材，动员各种车辆，组织本级指挥所带卫生防疫分队采取摩托化机动方式向演练地点集结。演练现场，卫生防疫分队紧急展开，先后演练了疫情检测、设置隔离区、流行病调查、疫区消杀、伤员救护等科目，展现了新形势下民兵应急分队应急处突能力。

（马　涛）

武警郑州市支队

【概况】 2015年，武警郑州市支队党委团结带领各级党组织和广大官兵，坚持以强军目标为统领，以总队党委"三个突出"要求和"抓经常打基础解难题"工作思路为指引，坚持抓基层打基础、抓干部强素质、抓规范求精细、抓安全保稳定，高标准实现"两个确保"，支队建设呈现全面发展、全面推进、稳步上升的良好态势。

【思想政治建设】 2015年，武警郑州市支队思想政治建设坚强有力。紧紧围绕学习贯彻习近平主席系列重要讲话精神这条主线，制定落实《加强理论学习措施十八条》，理论武装扎实、研究成果丰硕，中心组学习经验被总队转发推广，支队全年共在省级以上新闻媒体刊稿240篇（幅）。"1.52"政工模式提质增效明显，备课试讲、推门听课形成常态，各项教育落实到位。投入12.8万元为基层中队安装电子白板，召开目标文化宣讲演示现场会，主题教育开展有声有色，干部骨干授课能力显著提升，在总队"四会"政治教员评比竞赛中取得1名标兵、2名优秀教员的好成绩。深入开展"强军风采"系列文化活动，"绿城卫士杯"篮球赛、"强军杯"足球赛、拍摄微电影、迎新春文艺晚会等活动，形式丰富多彩，受到官兵点赞。法律服务、心理教育开展经常，一人一事工作扎实有效，严密组织执勤、重要岗位人员政治考核，确保了部队集中统一和安全稳定。

【执勤处突与军事训练】 2015年，武警郑州市支队中心任务完成圆满出色。坚持中心居中，分类抓建勤务，支队固定勤务目标实现连续18年安全无事故，一、二、三、十、中牟中队分别成功处置执勤险情。强力推进"三门峡会议"精神落实，"两看"中队执勤安防系数有力提升。顺利撤收部分警卫勤务，推动馨悦苑小区、省纪委新办案中心上勤，组建机动巡逻中队。盯紧"三场维稳战役"，坚持一仗接着一仗打，圆满完成上合组织峰会安保、"9·3"阅兵设卡警戒等重大临时性勤务，以及押解、押运勤务，成功处置群体性上访事件多起，有力维护了郑州社会大局稳定。

【部队规范化建设】 2015年，武警郑州市支队依法从严治警成效明显。积极适应依法治军、从严治军新常态，落实安全工作"八个基本规范"，狠抓"六个严禁"贯彻执行，硬起手腕处理违纪问题，部队总体实现安全稳定。大力开展"学法规、用法规、守法规"和"百日安全竞赛活动"活动，定期学习事故案件通报，不断强化官兵法治思维。建立经常性工作巡查机制，值班首长不定期查、常委分片查、蹲点干部跟踪督导查，对部队实施了有力管控，基层"四个秩序"正规。严格敏感时期、重点部位、重要时段、重点人员、动态枪弹车辆管控，制定完善《支队干部教育管理规定》《基层女干部管理规定》，扎实开展士官教育整顿，实行司务长轮岗交流，组织拉网式安全隐患大排查，从严抓好内部关系教育整顿，扎实做好新兵"三查一除"，部队安全基础逐步厚实。

【基层建设】 2015年，武警郑州市支队基层建设基础更加稳固。以学习贯彻新《纲要》为牵引，编印下发《纲要

12月11日，武警郑州市支队参加"上合"安保官兵进行机场勤务现场教学

4月21日，武警郑州市支队官兵承担黄帝故里拜祖大典礼宾任务

100题》《落实全军古田政工会精神工作手册》，坚持定期考、随机查，以考促学、以查督学，持续有力推动“明白人”培养工作。运用“一个纪要、三张表”加强工作统筹，合并会议，压减工作组，定期召开工作例会，严密组织季度考评和“双向讲评”，按纲抓建秩序更加规范。建立领导挂钩、机关营以上干部包队机制，安排党委机关人员下部队蹲点帮建，真心实意为基层解难题、办实事。坚持“抓两头带中间”，制定年度重点帮建计划，加大后进单位帮建力度，强力推进勤务中队建设，有力促进了基层全面建、整体上，2个大队、9个中队被总队评为基层建设先进单位。大力开展教育关爱干部活动，严格落实干部士官休假，救济困难官兵7.8万元，协调25名官兵子女入学入托，举办“暖冬之恋”联谊活动，提升了官兵幸福指数。

【综合保障能力建设】 2015年，武警郑州市支队综合保障效能稳步提升。坚持以中心任务为牵引，加强“一组五队”应急保障体系建设，修订完善后勤保障方案，及时补充更新战备储备物资，后勤训练扎实有效，应急保障效能稳步提升。坚持党委集体议财管财理财，注重开源节流，严格落实“双限额”规定，推行公务卡结算制度，提高经费保障使用效益。定期召开后勤工作例会和“司务长之家”活动，严抓驾驶员技能培训复训，组织炊事员交流、聘请地方名厨教学，积极开展岗位练兵，后勤队伍能力有力提升。认真组织财务清查，严格枪弹、车辆安全管控，扎实推进营房领域“三项整治”，确保后勤领域安全。为基层办好“八件实事”，开展“伙食管理规范年”活动，落实早餐“两个一”规定，定期组织官兵体检和卫生巡诊，有效激发了官兵工作热情。

【党委班子建设】 2015年，武警郑州市支队党委班子建设持续加强。扎实开展“三严三实”专题教育整顿和“三不”教育活动，向官兵和用兵单位征询的5大类29条具体意见得到有效落实，促进了支队上下思想和工作作风转变。支队开展教育做法被《武警报》转发。深入推进“8个专项整治”活动，内部招待场所公款吃喝、违规住房、超面积用房、超占兵员、违规用车等问题没有丝毫反弹。公平公正处理热点敏感问题，上下没有不良反映。总队考评中，武警郑州市支队党委班子测评满意率达到100%。

（赵　鑫）

人民防空

【概况】 2015年，市人防办牢牢把握郑州人防在全省人防建设中争做各项工作的“排头兵”、人防发展的“领头羊”和深化改革的“示范田”的目标定位，不断巩固党的群众路线教育实践活动成果，深入开展“三严三实”专题教育，全市人防综合指标始终位列全省首位，市人防办被表彰为“全省人防全面建设综合先进单位”和“全市年度综合工作先进单位”。

始终把学习贯彻习近平总书记系列重要讲话精神和中央、省委、市委各项决策部署作为首要政治任务，坚持学以致用、真学真用；紧密结合郑州市全面建成小康社会、全面深化改革、全面依法治市、全面从严治党的实践探索，着眼全市人防工作定位，明确学习重点，创新方式方法，推动学习成果转化应用。党组书记李幸福撰写的研讨文章《人民防空如何大有作为》在《河南人防》杂志发表，8篇理论学术优秀论文入选省人防协会征文汇编。扎实开展“三严三实”专题教育。坚持领导带头、以上率下，办党组作出“五个带头”（带头加强学习、带头遵守制度、带头廉洁自律、带头接受监督、带头落实管党治党责任）的承诺；坚持从严要求，确保质量，成立了活动办、协调组、督导组，确保专题教育的顺利推进；坚持问题导向，边整边改，采取“群众提、自己找、上级点、互相帮”的方式，列出问题清单，逐一整改。加强学习培训，邀请解放军西安政治学院专家教授讲授军人作风养成、中原区法院法官剖析执法案例、市委党校教授讲授“三严三实”的背景和要求，在浙江大学、清华大学组织两次全市人防系统综合能力提升班，深化对中央、省委、市委决策部署的理解和把握。认真落实党委（党组）意识形态工作责任制要求，切实加强党对意识形态工作的领导，定期分析研判意识形态领域情况，加强对各类意识形态阵地的管理。通过加强理论学习和意识形态教育，党员干部运用战略思维、辩证思维、法治思维、底线思维和创新思维分析解决问题、谋划推动工作的本领进一步提高，意识形态主阵地得到进一步巩固。

【完成“三合一”综合演练任务】 2015年，市人防系统完成了“三合一”综合演练任务。“三合一”综合演练包含人员疏散隐蔽行动演练、重要区域人员疏散掩蔽及防护演练、战时群众心理防护演练三部分，为全省年度分值最高、难度最大的竞争性目标，在全省实战化演习科目评定中被确定为第1名。5月，着手对年度演练总体方案进行了演习流程拟制和室内推演。5-7月份，完成了国家人防办赋予的《群众防空组织心理防护专业行动演练》电教片拍摄任务，并在全国人防“青岛集训”上进行演示，得到上级领导的充分肯定和兄弟单位的高度评价。7月，省演习综合指导组对郑州市演习方案、流程进行审订，给予了“翔实、专业、可行”的好评。8月，在新密市组织75名演习骨干进行演练流程、保障计划、协同分工等内容的培训和推演，并进行现场勘察和“定人、定位、定责、定装”工作。“9·18”防空警报鸣放的同时，动员人员5500余名，装备车辆120台（件、套），按照市县联动模式，进行了人防指挥部组织筹划和行动控制演习，分别在金水区、新密市开设了人防机动指挥所。同时，组织金水区300多名群众向新密市疏散，实施疏散安置对接演练；组织金水区丹尼斯商场300余名群众、11中分校2500余名师生、省烟草研究院家属院350余名居民向地下人防掩蔽部、地下掩蔽场所和公园、绿地进行紧急掩蔽防护演练；组织直属单位进行机动指挥所开设、信息保障、抢险抢修、特种救援及质量检测等多要素、多课目的实兵实装实演活动。通过演练，锻炼了队伍、提高了素质、磨炼了意志，进一步增强了对人民防空行动程序、方法的掌握和运用。

【完成上级试点工作】 2015年，市人防办按照时间节点稳步推进，圆满完成多项国家、济南军区、河南省人防办的试点工作和急难险重任务。一是人防机动应急救援建设试点工作。郑州市在全省人防系统率先成立了“人防特种救援中心”，并被国家防办确定为人防机动应急救援系统试点城市，加紧生产符合郑州实际的机动应急救援系统，即将完工。二是人防信息系统综合集成试点工作。严格按照“一网四系统”标准规范，将项目建设与军民融合发展进行有效结合，确保系统既符合全国全省互联互通的整体要求，又能突出省会城市的特色亮点，已完成系统的总体规划和中期建设目标，并对即将完成项目进行了需求设计和论证。三是人防战备数据库建设试点工作。在申请预算经费未到位的基础上，不等不靠，大胆尝试，积极探索，已完成郑州市人防数据库建设的总体方案和初步框架构想。四是《人防训练与考核大纲》试训任务。严格按照大纲精神，扎实进行组训，达到试训效果。拍摄制作了人防机关、城镇居民大纲训练两部资料片，两篇经验做法材料在《中国人民防空》杂志发表，1篇在《河南人防》杂志发表。9月，组织人防机关、直属单位和人防专业队伍按新大纲进行实战化演习，试训做法在全省大纲集训会议上进行了交流发言。五是室外多媒体多功能新型警报器运用建设任务。多媒体多功能防空防灾警报器不仅能完善战时防空警报的发放网络，解决原有防空警报器音响信号难以辨别的问题，还能充分满足服务民生、服务社会、平战结合的发展要求，郑州市全年共安装5台，超额完成省人防办下达的3台安装任务。六是城市地下空间使用维护管理试点工作。成立了以主管市长为组长，规划、人防、住建、国土等相关职能部门参加的工作领导小组，统筹协调试点工作的推进和延伸；在专家学者的参与支持下，起草了《郑州市城市地下空间使用维护管理办法（草案）》。七是编制城市地下空间利用规划试点工作。市政府出台《郑州市城市地下空间开发利用管理暂行规定》（郑政〔2014〕23号）；建立了地下空间协调机制，明确市人防主管部门为城市地下空间利用的牵头单位；年内编制完成了《郑州航空港经济综合试验区地下空间开发利用规划》并通过专家评审。

【人防组织指挥建设】 2015年，郑州市人防组织指挥建设持续提升。一是完善人防指挥部编成，以市国动委名义明确指挥部成员及职责，为指挥部成员配备装备器材，组织指挥部成员进行点验。二是由郑州警备区牵头，于6月上旬完成19家人防专业队伍成员单位的整组工作。三是在焦作市进行了为期3天的专业理论学习和专业技术训练，全市19家人防专业队成员单位、15家重要经济目标单位领导（负责人）和专业骨干共计83人参训。四是深化重要经济目标防护评估工作，4月下旬组织全市10家二、三类重要经济目标单位进行了防护评估任务部署和业务培训，5月中旬下发了重要经济目标防护评估实施细则，8月上旬各单位完成个案防护评估纸质材料，10月完成专家评审，11月上旬完成了重要经济目标评估工作资料装订、存档和上报工作。五是在省人防办统一导调下，5月、11月移动指挥平台两次赴平顶山驻训，高质量完成了远程机动、按时集结、指挥所开设与撤收、信息传输与处理等多个训练课目。

【人防信息保障】 2015年，郑州市人防信息保障能力稳步推进。一是对基本指挥所进行升级改造。通过资源梳理和资金整合，共协调资金近400万元，对指挥所作战区显示控制系统及要素房间进行升级和改造，至年底作战区的“一中心三部门”的指挥部编成模式已形成，能确保平时学习、训练、会议及重大演习演练活动展开。二是新装电声警报28台、多媒体警报器5台，“9·18”参加全省防空警报统一鸣放，并在警报鸣放的同时，采取市本级带一区（金水区）、一市（新密市）演习模式，进行了人防指挥部组织筹划和行动控制演习。三是在省人防的直接领导下，进行国家层面的人防信息保障体系建设，完成微信通信系统改造，加入国家人防卫星通信骨干网，配备了军用第三代短波电台。四是指挥信息保障业务步入良性工作轨道，战备值班、警报值班、电台值班、视频值班、预警训练、机动指挥车训练规范有序。

【人防工程建设和管理】 2015年，郑州市人防工程建设和管理严格规范。一是结合全市新一轮行政审批制度改革，严格落实便民利民举措和“日清周结”制度，行政审批绩效综合考核取得较大进步，行政审批窗口荣获省人社厅和团省委“省级青年文明号”称号。二是人防工程建设种类齐全，比例科学。年度审批地下空间面积1162万平方米，审批结建防空地下室面积178万平方米，审批单建地下空间6.9万平方米，征缴人防易地建设费4535万元。竣工验收人防工程面积66.9万平方米，其中医疗救护、专业队工程面积11.08万平方米，人员掩蔽面积54.5万平方米，配套工程面积1.24万平方米，各项指标均大幅超额完成。三是完成人防战备资产资源和地下空间普查工作，截至“十二五”末，郑州市有各类人防工程面积447.7万平方米，人均防护面积达1.07平方米。四是单建人防工程项目严格按程序报批建设。“十二五”期间，郑州市轨道交通1号线一期人防工程、德化街人防工程、动物园人防工程、数码公园人防工程等项目顺利竣工，郑州东站东广场人防工程开工建设，新郑市人防指挥所、中州大道航海路人防工程完成立项和可研报告报批工作，中牟县解放路人防工程完成立项、可研、初步设计审批工作。五是落实人防工程质量监督责任。出台了《人防工程质量监督服务办法》，对不具备办理质量监督手续的人防工程项目提前介入监督，避免监督环节缺位，将质量监督及验收的要求和程序在网上公示，提高办事透明度和效率。六是规范和健

市人防办参加市应急知识竞赛获得一等奖

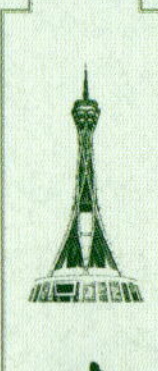

人防紧急疏散演练

全人防工程档案。改造老指挥所，建设全新的档案管理中心，2014年以前建设项目的档案全部完成建档工作，2015年以来新产生的档案随进度及时完成建档，实现建档制度化。

【人防宣传教育】 2015年，郑州市人防宣传教育不断深化。一是持续巩固人防教育“五进”示范单位建设成果，建章立制定期对示范单位进行检查。二是在《河南日报》《中国国防报》《中国人民防空》等省部级刊物刊发稿件12篇，在《河南人防》刊发稿件18篇，在《郑州日报》《郑州晚报》《大河报》《东方今报》《河南商报》等省市主流报纸刊发稿件15篇，省市政府网站发布活动信息30余篇，省市电视台和广播电台均有全市人防建设的成果播放，人防宣传的覆盖面和影响力进一步增强。三是市本级与金水区联合开展了规模较大的防空防灾技能展演活动，参加演练的群众、学生得到实际的锻炼，检验了平时训练的成果，带动效应显著。四是在9月份开展了人防电影科教片放映月活动，向社区、学校、企业配发《居安思危，备战人防》科教片，9月18-19日郑州市电视台和各县（市）电视台连续进行了集中播放，各县（市）区以学校、社区、企业和广场为重点，组织了大型放映活动，增强群众国防观念和人防意识。五是全市有3所大中专院校人防教育工作取得阶段性成果，金水区、管城区、惠济区完成了在大中专院校开展人防宣传教育试点工作。惠济区人防办联合中州大学开展了“人防在我心中”演讲比赛，得到省人防办的高度肯定。

【人防平战结合工作】 2015年，郑州市人防平战结合工作成效显著。一是加大对全市人防工程的平时开发利用，积极利用人防工程缓解停车难，对已竣工验收的人防工程及时办理使用维护手续。二是作为市政府应急管理成员单位，充分发挥人防系统硬件、软件优势，将人防指挥信息系统、人防警报、人防疏散基地（地域）和人防专业队用于服务民生、抢险救援，多次保障市委、市政府重大会议活动。三是开放23处人防工程供市民纳凉，累计接待纳凉群众数万人次，30余家媒体进行报道。市人防办将纳凉工作作为一项常规性的惠民工程纳入年终考核体系，成立了“纳凉工作督察队”，在各纳凉点公开监督和建议电话，对每个纳凉点的开放时间、服务态度、内部卫生、安全管理等进行全程跟踪督导，及时发现并解决问题。金水区在纳凉点开设了音乐课堂，中原区在纳凉点增添了健身器材，二七区开办了纳凉点K歌舞台，团市委和市人防办团委在纳凉点建立了青年志愿者服务站。四是高度重视人防工程防汛工作，组织相关人员对需要加固改造的早期人防险危工程进行了实地调查核实，对铭功路小学等6处人防工程实施了抢险加固，金水区和市人防工程管理维护中心进行了防汛抢险实兵演练。在全市防汛会上，市人防办被表彰为“年度防汛工作先进单位”。

【人防法制工作】 2015年，郑州市人防法制工作不断加强。一是积极改进行政执法方式，规范行政执法行为，提升行政执法水平，行政执法工作严格规范。制定了行政指导工作规范，完善了行政指导法律文书。推进行政调解、和解工作机制，运用调解机制依法处理纠纷，依法、公平、高效处理争议。二是加强基层行政执法调研，梳理基层行政执法现状和问题，努力实现全市人防系统运用服务型行政执法理念规范行政执法工作。三是深入推进“五单一网”制度改革。经过梳理，市人防办共保留行政许可2项、行政处罚25项、行政强制1项、行政征收1项、行政检查1项、基本公共服务5项、其他行政权力3项，“清单”的基本内容、权责运行流程及服务承诺均在郑州市政府网站和郑州市人防办网站公布。四是坚持人防法律法规学习，提高机关干部学习法律法规的积极性。4月初，举办了全市人防执法人员培训班，把理论讲解和实际操作相结合，把实际案例融入课程，紧贴实际，操作性强。五是大力开展普法宣传。结合“5·12”“9·18”等纪念日开展人民防空法律法规宣传活动，派发宣传材料和纪念品，扩大宣传面，增加影响力，激发了人民群众参与支持人防建设的积极性。

【人防机关“准军事化”建设】 2015年，郑州市人防机关“准军事化”建设亮点鲜明。一是狠抓机关作风建设，通过“准军事化”训练、按纲施训和高校学习等活动，营造和谐发展氛围，凝聚力战斗力不断增强。二是按实战化、正规化要求改造战备值班室，严格落实24小时值班制度。三是分别于5月份在信阳市平桥区党校、12月份在信阳市郊李家寨组织两次“准军事化”集训，立足野外陌生地域，贯彻落实《大纲》，取得良好效果。四是年内依托浙江大学、清华大学优质教育资源，举办了两次能力素质提升培训班，全市人防系统的眼界思维进一步开阔，形成了一心一意干工作，齐心协力谋发展的大好局面。

（张春波　马睿丰）

农业和农村工作

综　述

【概况】 2015年，郑州市各级农业部门认真贯彻落实中央、省委、市委农村工作会议精神，坚持以新型城镇化为引领，以发展都市生态农业为方向，着力创新体制、机制，深化农村改革，加快转变农业发展方式，有力地推进了农业多功能融合发展，农民收入持续增长，农村社会和谐稳定。完成农林牧渔业增加值153亿元，同比增长2.3%；农民人均纯收入17125元，同比增长8.9%。

县以下新型城镇化建设。全域推进县以下新型城镇化建设，扎实开展村庄拆除和安置房及配套设施建设，严格开展月度拆建增量考核工作，截至2015年年底，五县（市）县以下新型城镇化建设累计启动新型社区项目172个，开工建设安置房19.04万套2755万平方米，回迁群众9.11万户35.63万人。启动美丽乡村试点村建设，全面推进农村人居环境整治，在全省农村人居环境考核中，新密市获得全省第一。

现代都市生态农业示范园区建设。2015年，郑州市出台了《郑州市人民政府关于加快推进都市生态农业示范园区建设的实施意见》，进一步聚焦重点、整合资源、提升标准，积极推进都市生态农业三产融合发展。启动10个万亩以上都市生态农业示范区建设，扎实推进一批基础设施建设工程，实施了花卉、休闲、红枣等6个示范区核心区项目基础设施建设提升工程。全面推进集“菜篮子”工程、休闲观光、生态可持续于一体的都市生态农业示范园建设，全年共建 1000亩以上都市生态农业示范园47个总面积3.93千公顷。

“菜篮子”工程建设。“菜篮子”工程建设提标升级，启动2.67千公顷可追溯标准化“菜篮子”生产基地建设，全年实现蔬菜产量300万吨。加快推进农产品质量安全追溯体系项目建设，建立了市、县两级追溯体系指挥中心，实现了追溯网点建设的全覆盖。2015年，全市共抽检蔬菜、水果、水产品214万批次；原（杂）粮、干菜（果）、茶叶27万批次，合格率均在99.5%以上，连续多年位居全国前列。强化农业综合执法和农资专项打假，全年查处农资违法案件357起，郑州市农业执法大队被命名为全国农业综合执法示范窗口。

农业产业化经营。2015年，全市市级以上农业产业化龙头企业总数达到430家，其中国家级龙头企业13家，省级龙头企业61家；全市共有农业产业化集群28个，其中，省级集群11个，市级集群17个。全市农民合作社总数达到3032家，合作社成员总数达到17.5万户，带动农户近45.1万户，成员出资总额超30亿元。2015年，农民合作社统一销售农产品总值近35亿元。全市经工商登记注册的家庭农场有192家，经工商登记注册农民合作社联合社有24家。

休闲观光农业。推动休闲农业提档升级，全市登记在册200亩以上休闲农业庄园达到239家，成功创建全国休闲农业与乡村旅游十大精品线路1条、十佳农庄1家、五星级企业1家、四星级企业6家、三星级企业3家，全市休闲农业与乡村旅游星级示范企业达到36家，在全国处于领先地位。全年休闲农业旅游接待游客2324余万人次，营业收入27.78亿元，带动农民就业达10万人。

农业科技创新。农业科技创新能力不断提升，强化科技支撑，加快农业科技创新和重大技术推广，建立设施蔬菜、水果、水产等6个产业技术体系。积极推进三创和互联网+农业发展，研究出台《郑州市农业农村工作领导小组关于推进都市生态农业创意创新创业和互联网+农业发展意见》，确定了一批农业创新综合体。完成都市生态农业地理信息综合管理系统建设，建设了一批精准农业物联网示范基地，开发了郑州市休闲农业智慧旅游二维码服务项目。

农村综合改革工作。农村综合改革取得新进展，土地承包经营权确权颁证登记10乡镇试点工作有序推进。农村产权交易方面，成立郑州市农村产权交易监督管理委员会，全市建成12个县级土地流转服务中心和109个乡级土地流转服务站，建立了市、县、乡三级农村产权流转交易体系。农村集体经济股份制改革方面，有256个村组完成了股改工作，完成产权制度改革的村（组）资产总额为70.4亿元，改制后多数成立了股份经济合作社。积极推进农村投融资机制改革，挂牌成立郑州农业担保股份有限公司，注册资本3亿元，获得郑州银行等14家银行授信30亿元以上，全年担保企业4家，合同金额5000万元。

（王晓静）

【农村集体产权股份合作制改革】 制定了《郑州市农村集体产权股份合作制改革工作推进落实方案》（郑农小组

2015年市委农村工作会议

办〔2015〕3号），在全市各县（市）区全面开展农村股改工作。2015年，有9个县（市）区成立了股改工作领导小组，下发了股改工作指导性意见。截至2015年年底，全市共有45个村、211个组完成了股改工作；有25个村、79个组正在组织实施股改工作。完成产权制度改革的村（组）资产总额为70.4亿元，其中量化资产总额52.6亿元。

（马 良）

【农村土地承包管理】 2015年，全市土地流转面积达到44.76千公顷，占家庭承包耕地的24.1%。流转形式以出租为主，出租面积38.67余千公顷；工商资本租赁农地5.72千公顷。

农村土地承包经营权确权登记颁证工作，完成2014年5个确权登记颁证试点村的外测扫尾工作，试点村计划外测面积为508.12公顷，经实地测量后承包地面积为805.602公顷，实际增加197.48公顷，增加32.5%。召开2015年全市农村改革工作会议，下发《郑州市农业农村工作领导小组办公室关于印发2015年郑州市农村土地承包经营权确权登记颁证工作方案的通知》（郑农小组办〔2015〕2号），确定在荥阳市高山镇和王村镇、新密市超化镇和来集镇、登封市送表矿区和宣化镇、新郑市观音寺镇和新村镇、中牟县万滩镇和黄店镇等10个乡（镇）全面开展农村土地承包经营权确权登记颁证工作，共涉及190个行政村，9.2万个农户，承包耕地22.67千公顷。为推进确权工作顺利开展，举办了农村土地承包经营权确权登记颁证试点工作人员培训班，组织人员到开封市、信阳市等地考察学习农村土地承包经营权确权登记颁证工作先进经验，并下发2015年农村土地承包经营权确权登记颁证中央财政补助资金1300万元。

引导土地规范有序流转工作，加强土地流转服务体系建设。一是起草了贯彻落实中央两办61号文件的实施意见，并对100名新型农业经营主体管理人员进行培训；二是推进监督检查服务中心站建设，统一制作了牌匾；三是与河南工业大学合作，开展工商资本租赁农地市场准入监管和风险防范课题研究；四是在县（市）区自查基础上对各地贯彻落实中央两办61号文件情况进行督导检查；五是对郑州市相关乡镇开展土地流转风险防范工作进行调研。

为贯彻落实好农业部、中央农办、国土资源部、国家工商总局《关于加强对工商资本租赁农地监管和风险防范的意见》（农经发〔2015〕3号）精神，起草了《关于加强工商自办租赁农地监管和风险防范的实施细则》和《郑州市农村土地流转风险保障金管理办法》。为适应新要求，在全省统一文本基础上，起草并正式下发文件，在全市使用统一的郑州市农村土地经营权转包（出租）示范合同和郑州市农户承包地经营权入股示范合同。

2015年，受理土地纠纷信访案件15起，结案15起，其中市政府复查复核委员会交给的复查复核案件8起。郑州市农村土地纠纷调解仲裁委员会接受中原区两起土地纠纷案件，经过案情初步分析和了解，两起案件均不符合市仲裁庭受理范围。

【农村产权交易】 2015年，郑州市委、市政府高度重视农村产权交易工作。成立了以副市长杨福平为组长的郑州市农村产权交易监督管理委员会。召开2015年全市农村改革工作会议，明确在5个县（市）全面开展农村产权交易工作，并规范了县、乡两级农村产权交易机构名称。出台了交易管理办法和交易规则，明确了产权交易的机构、交易方式和程序、行为规范等内容。搭建农村产权交易平台，实现农村产权交易网上办公。2015年，郑州市主要开展了家庭承包耕地的经营权和农村集体经济组织“四荒地”经营权的流转交易。

（牛晓天）

【新型农业经营主体建设】 大力培育专业大户、家庭农场、农民合作社等新型农业经营主体，加快构建新型农业经营体系。2015年，以规范、提升为重点，采取多种有效措施，推动农民合作社建设，全年共规范各类农民合作社458家，农民合作社数量达到3032家，其中，市级示范社285家，省级示范社19家，国家级示范社22家。全市合作社联合社达到24家，经工商登记注册的家庭农场有192家，其中，市级示范家庭农场22家，省级示范家庭农场9家。专业大户、家庭农场、农民合作社已成为推动郑州市都市生态农业发展的重要经营载体，成为加快转变农业发展方式、推动农业现代化的基础力量。

（张 胜）

【农业科技创新】 2015年，市财政设立农业科技创新专项资金1200万元，重点支持都市生态农业产业技术体系、农业技术推广和农业科技研发及成果转化项目建设。全年批复农业科技创新项目46个，其中产业技术体系建设项目6个，农业技术推广项目37个，农业科技成果转化项目 3 个。截至2015年年底，共引进、实验、示范、推广应用农业新品种 140个、新技术15个、新装备5套、新材料1个；建立郑州市设施蔬菜（瓜类、叶菜类等）产业技术体系、设施蔬菜（茄果类）产业技术体系、水果（石榴、桃）产业技术体系、水果（葡萄、草莓等）产业技术体系、水果（樱桃）产业技术体系和水产产业技术体系等6个产业技术体系，共聘请首席专家6名、岗位专家54名，建立试验示范基地38个。

【基层农业技术推广服务区域中心站项目建设】 郑州市规划建设区域中心站32个。根据规划设计，区域中心站内设办公室、检测室、仓库、厨房、休息室等设施，配楼内设农产品展示厅、培训教室等，办公设备、检测设备、培训设备均按要求配备；已投入运行的区域中心站在促进当地主导产业形成和农业标准化、规模化、专业化生产上发挥了显著作用，受到了广大农民群众的欢迎。

【新型职业农民培育】 2015年，全市共培育新型职业农民2314人，其中生产经营型1014人，专业技能型和社会服务型1300人。生产经营型专业主要有现代农艺、设施农业、农机化、畜牧生产、园艺生产等，专业技能型专业主要有蔬菜、果树、养殖、中药材等，社会服务型专业主要有生态农业、农村信息员和动物防疫员等。

现代都市生态农业园区

农产品质量安全信息监控系统

【万名科技人员包万村科技服务行动】 组织实施“河南省万名科技人员包万村”科技服务行动，全市共组织703名（市级67人，县乡636人）来自农业技术推广部门和涉农科研单位的农业科技人员实施“万名科技人员包万村”科技服务行动，覆盖全市1812个行政村。同时在商都农网上公开了科技人员的姓名、单位、技术职务、分包村和市农委的服务热线、监督电话等信息，接受社会各界监督。在主栽粮食作物小麦收获、玉米播种关键时节加大了对农民的技术指导和培训力度，积极开展农技服务工作，为确保全市粮食稳定增产提供强有力的技术支撑。全年科技人员直接指导农户19万户，培训农民80万人次。

（贺全九）

【农业信息化建设】 2015年，郑州市农业信息化建设以体系建设、网络延伸、模式创新为着力点，积极探索“互联网+农业”新兴业态，信息服务水平有了明显提升。一是不断完善农业农村信息综合服务平台。郑州市农委及委属单位共建设农业网站12个，各县（市）、区农业主管部门门户网站达到12个，90%的市级以上农业产业化龙头企业建有公司网站，45%的农民专业合作社可通过网络查询涉农信息。二是继续推进农业物联网示范基地建设。建成荥阳、新郑、中牟、惠济等示范基地32个，精准农业物联网技术已应用于农业生产中。三是大力推进农业电子商务发展。开发建设郑州市农产品电子商务平台，网上展示农产品2000余个，品种涉及粮油、畜产品、果蔬、深加工产品和种苗等。积极促进农产品电子商务进农村，登封市与阿里巴巴集团签订了登封市农村淘宝电商产业园项目，已有32个农村淘宝村点建成开业，并成立了农村淘宝县级服务中心。四是加强农业信息资源整合。开发建设郑州都市生态农业地理信息系统，以遥感、地理信息、全球定位、人工智能和网络技术为支撑，对农作物、土地、土壤等农业生产数据进行全面监测，并进行定期的信息获取以及动态分析和诊断预测。五是不断提高“12316三农热线”服务质量。建立农业科技服务团专家数据库，2015年共受理电话8200多个，组织11次“12316三农热线”活动，涉及蔬菜、花卉、小麦种植等方面。六是不断创新信息服务方式。通过商都农网发布信息2.5万条，编发郑州农业手机报150期、《郑州农业农村信息》55期、《郑州农业》刊物9期，发布郑州都市农业微信1590条、微博信息2172条。

（陈　阳）

扶贫开发

【概况】 2015年，郑州市突出精准扶贫，精准识别、精准施策，全面开启扶贫攻坚战。全年累计投入各级财政扶贫资金81202.7万元，其中市本级财政投资54973.1万元，比2014年的30446万元增加24527.1万元，增长81%。通过实施易地扶贫搬迁、整村推进扶贫、贫困山区区域特色经济项目、科技产业化扶贫、雨露计划培训以及加大社会化扶贫力度等，全年实现5.47万人脱贫。

【精准扶贫】 开展建档立卡贫困户清洗核查工作，确保扶贫对象识别准确，为做好精准扶贫工作奠定基础。制定了《郑州市扶贫开发建档立卡工作实施细则》，明确识别标准和程序，组织力量逐村逐户宣传发动、登记造册、建档立卡，全面开展了精准扶贫建档立卡工作。围绕扶贫对象精准、措施到户精准、因村派人精准、项目安排精准、资金使用精准、脱贫成效精准等6个方面，扎实开展精准扶贫工作。一是进一步核查清洗建档立卡贫困户信息，做到扶贫对象精准。通过严格的核查清洗，为做好精准扶贫工作奠定了坚实基础。二是精确帮扶贫困村、贫困户，做到因村派人精准。调整群众工作队和定点扶贫工作队，实现“两队合一”。实现了对全市248个贫困村定点扶贫工作全覆盖和面上贫困人口的全覆盖。同时向贫困村派驻了第一书记。三是强化考核，落实主体责任，做到措施到户精准。市委、市政府两办印发了《郑州市扶贫开发工作考核评价办法》，对县级扶贫开发的主体责任进一步明确，确立了减贫和精准两个刚性约束指标，以及减贫增收、条件改善、精准管理、资金管理、责任落实等5项内容16个具体指标。

【易地搬迁扶贫】 2015年，郑州市安排易地扶贫搬迁专项资金3.16亿元。搬迁扶贫12969户，共计50208人。在搬迁过程中，注重与新型城镇化建设工作相结合。全市35个扶贫搬迁社区的选址确定在城区、镇区、产业集聚区范围内，方便群众生产生活和就业。同时，按照新型农村社区“五通”“七有”“两集中”的建设标准，同步推进搬迁社区基础设施和公共服务设施建设，打造高标准的扶贫搬迁社区。注重解决搬迁群众后续发展问题。市政府出台了《关于切实做好易地扶贫搬迁后续扶持工作的意见》，就完善搬迁群众补偿办法、保障搬迁群众基本生活、扶持搬迁群众就业创业等方面做出了明确的政策规定。设立了易地扶贫搬迁产业发展扶持资金，重点用于能够增加搬迁村集体固定资产的项目，让搬迁群众有稳定的收入来源。2015年，投入易地扶贫搬迁后续产业发展资金5280.1万元，扶持新建商业门市房等项目19个，受益群众52801人。同时，鼓励搬迁地区土地流转，市、县财政对搬迁群众将土地流转给规模经营主体、流转期限在5年以上、流转面积在3.33公顷以上的，每亩每年分别补助100公斤小麦，连续补助5年。注重搬迁模式的创新。积极探索具有地方特色的易地扶贫搬迁模式，创造出了企业介入、市场运作，社区安置模式；政府平台、土地收储，社区安置模式；政府先搬迁、企业后介入开发，社区安置模式；政府主导、非整村搬迁，社区安置模式；原址拆建、节约土地，社区安置模式；政府奖补、统规自建，社区安置模式等多种易地扶贫搬迁模式。

【贫困山区区域特色经济项目】 结合易地扶贫搬迁、特色产业发展和生态环境保护，以服务市民、富裕农民、优化生态为目标，下达贫困山区区域特色项目资金7000万元，安排项目5个，着力打造新密尖山、新郑具茨山、登封大熊

新密市尖山风景区神仙洞村整村推进项目

山、登封中岳唐庄世界心谷、荥阳世外桃源等贫困山区区域特色经济发展区。

【整村推进扶贫】 2015年，郑州市整村推进扶贫工作下达财政扶贫资金3600万元，其中省级扶贫资金855万元，市级扶贫资金1600万元，县配套资金1145万元，安排整村推进30个村。下达基础设施项目资金110万元，完成项目2个。

【产业和科技扶贫】 2015年，郑州市投入科技产业化扶贫资金1320万元，实施项目54个。其中省级项目4个，市级项目50个。通过扶持具有辐射带动能力的科技产业化龙头企业，提升农业综合生产能力。

【“雨露计划”培训】 2015年，安排省级雨露计划培训资金552万元，培训学员5350人。试点开展市级贫困劳动力职业技能培训工作，举办月嫂、家政服务、驾驶等专业培训班，培训学员1120人，考取职业资格证率达到96%，受训学员上岗就业后均实现了增收脱贫。

【互助资金扶贫】 2015年，郑州市投入2500万元，在50个村开展互助资金扶贫。在每个村50万元的基础上，委托农商行作为第三方，扩大贷款额度至300万元用于本村贫困群众发展产业贷款，每户贷款最高不超过2万元，全市共发放资金1.5亿元，有效缓解了贫困群众发展产业缺资金的问题。

【定点扶贫与群众工作结合长效机制】 市委办公厅、市政府办公厅印发了《关于调整群众工作队和定点扶贫工作队的通知》（郑办〔2015〕16号），实现了“两个倾斜”“两队合一”。调整后参与定点扶贫工作的有59个市属单位和189个县（市）区属单位，实现了对全市248个贫困村定点扶贫工作全覆盖和面上贫困人口的全覆盖。同时为248个贫困村派驻了第一书记。

（王建红）

种植业

【概况】 2015年，全市农作物播种总面积421.39千公顷，同比下降3.69%；粮食作物播种面积304.61千公顷，同比下降2.3%；粮食总产151.38万吨，同比增长2.73%，其中夏粮播种面积149.65千公顷，产量76.19万吨；秋粮播种面积154.95千公顷，产量75.19万吨；全年粮食平均亩产331.30公斤，同比增长5.49%。油料作物播种面积40.32千公顷，总产14.86万吨；棉花播种面积1.89千公顷，产量0.17万吨；蔬菜播种面积63.18千公顷，总产268.06万吨。（以上数据不含巩义市）

（冯 莉）

【夏粮生产】 2015年，郑州市夏粮播种面积149.67千公顷，总产76.2万吨，同比增3.8%；平均单产339.4公斤，较上年略增。从产量构成因素看，全市各类型麦区平均亩成穗33.4万穗，较上年增1.1万穗，其中水浇地平均亩穗数35.5万穗、较上年增0.3万穗；旱地平均亩穗数29.3万穗、较上年增1.5万穗。全市平均穗粒数30粒，较上年增1.2粒，其中水浇地平均穗粒数31.4粒，较上年增0.1粒；旱地平均穗粒数27.3粒，较上年增2.8粒。平均千粒重39克，与常年持平。从生态类型区来看，旱地增产明显，水浇地持平略增。其中，水浇地106.67千公顷，平均亩产369.5公斤，较上年亩增4.3公斤，增幅1.2%；旱地54.2千公顷，平均亩产265.2公斤，较上年增39.5公斤，减幅17.5%。

【秋粮生产】 2015年，全市秋季粮食作物播种面积154.95千公顷，平均单产323.50公斤/亩，总产75.19万吨。其中，玉米133.71千公顷，平均单产329.71公斤/亩，总产66.13万吨；薯类11.07千公顷，平均单产437.35公斤/亩，总产7.26万吨；豆类9.39千公顷，平均单产110.01公斤/亩，总产1.55万吨；水稻0.11千公顷，平均单产470.59公斤/亩，总产0.08万吨；谷子0.67千公顷，平均单产170.00公斤/亩，总产0.17万吨。

【花生生产】 2015年，全市花生种植面积33.19千公顷，平均单产273.81公斤/亩，总产13.63万吨。2015年，郑州市花生生产以高产创建项目的实施为契机，全面落实花生生产组装配套技术，促进

高标准粮田

了全市花生生产水平的提升。

（高　亮）

【蔬菜生产】 2015年，郑州市无极端不利天气影响，蔬菜生产态势良好，整体价格除年初维持高位运行外，与2015年价格相比，相对偏低，全年没有出现大的卖难问题，蔬菜市场呈现品种丰富、数量增多、价格平稳的局面。2015年，全市共拥有菜田面积49.96千公顷，其中常年菜田17.26千公顷，季节性菜田面积33.03千公顷（其中含大蒜面积22.23千公顷）。全年完成蔬菜播种面积80千公顷，完成总产300.56万吨，产值34.64亿元。全市拥有蔬菜保护地生产面积8.33千公顷，占保护地总面积的75.80%，其中包括日光温室1.5千公顷；大中棚面积5.25千公顷；小拱棚面积1.57千公顷。全年生产面积较大的蔬菜种类分别是大蒜22.23千公顷、番茄4.00千公顷、黄瓜3.59千公顷、大白菜3.55千公顷、萝卜3.5千公顷、大葱2.84千公顷、小白菜2.68千公顷、辣椒2.44千公顷、菠菜2.25千公顷、豇豆2.2千公顷、胡萝卜1.78千公顷、芹菜1.71千公顷、茄子1.41千公顷。

（班青宇）

【果树生产】 2015年，全市水果生产总面积达到16.98千公顷，总产量达到30.15万吨，分别比2014年增加2.6%、3.4%。其中苹果1.82千公顷、4.12万吨，梨2.02千公顷、3.73万吨，桃2.51千公顷、4.91万吨，葡萄2.69千公顷、4.84万吨，杏0.93千公顷、2.93万吨，石榴2.53千公顷、3.69万吨，樱桃2.19千公顷、1.97万吨，草莓1.03千公顷、2.32万吨。全市水果产业稳步发展，种植结构逐步调整。葡萄、梨种植面积迅速扩大，大樱桃、苹果、设施草莓种植面积略有上升，石榴、桃等种植面积保持稳定，杏种植面积略减。受冻害影响，樱桃、石榴等与2014年相比明显减产。

（安　冕）

【花卉生产】 2015年，郑州市花卉种植面积6千公顷，同比增长0.67%，年销售额8.2亿元，同比增长0.61%。其中，鲜切花生产面积0.13千公顷，年销售额0.54亿元；盆栽花卉生产面积0.27千公顷，年销售额1.23亿元；观赏苗木生产面积3.27千公顷，年销售额5.02亿元；食用与药用花卉生产面积2.2千公顷，年销售额1.35亿元；草坪生产面积0.13千公顷，年销售额0.06亿元。全市花卉生产销售整体情况良好，销售价格与往年相比稳中有升。蝴蝶兰、凤梨等品种的销售形势均好于往年，销售价格明显提升。从市场销售情况看，小型化组合盆栽花卉受到了更多居民家庭的青睐。

（王　峰）

【农作物病虫草害发生与防治】 2015年，全市农作物主要病虫草鼠害为中度发生年份，发生面积763.51千公顷次，开展防治面积680.71千公顷次，占发生面积的89.16%，挽回粮食损失10298.29万公斤，挽回油料损失518.59万公斤，挽回棉花损失1.1万公斤，挽回蔬菜损失5221.16万公斤，挽回水果损失1069.08万公斤。

主要农作物病虫草害发生情况。（1）小麦病虫害为中度发生年份，略重于常年，发生面积436.89千公顷次。其中麦蚜、麦蜘蛛、小麦纹枯病中度发生，局部偏重发生，其他病虫害偏轻发生。（2）玉米病虫害中度偏轻发生，发生面积172.13千公顷次，其中玉米螟、粘虫、地下害虫中偏轻发生，二代粘虫局部中度发生，其他病虫害轻发生。（3）花生病虫害中度偏轻发生，发生面积55.53千公顷次，其中花生叶斑病中度偏轻发生，局部中度，花生茎腐病局部中度偏轻发生，其他病虫害轻发生。（4）棉花病虫害轻发生，发生面积1.8千公顷次。（5）全市蔬菜病虫害中度发生，发生面积93.96千公顷次。其中病害中度偏轻发生，番茄早疫病、晚疫病、多种蔬菜病毒病、黄瓜霜霉病、辣椒疫病中偏轻发生，其他病害轻发生。虫害中度发生，粉虱中度发生，局部偏重；蚜虫、美洲斑潜蝇、小菜蛾中度发生；菜青虫、棉铃虫、叶螨、甜菜夜蛾中度偏轻发生，其他害虫轻发生。（6）果树病虫害中度发生，发生面积16.53千公顷次，苹果炭疽病、葡萄炭疽病、桃蚜中度发生；苹果斑点落叶病、苹果褐斑病、梨黑星病、葡萄霜霉病、山楂叶螨、桃小食心虫、桃蛀螟中偏轻发生，其他病虫轻发生。

2015年全市农作物病虫草害发生面积763.51千公顷次，开展防治面积680.71千公顷次，占发生面积的89.16%。防治挽回粮食损失10298.29万公斤，挽回油料518.59万公斤，挽回棉花1.1万公斤，挽回蔬菜5221.16万公斤，挽回水果1069.08万公斤。

（胡　锐）

【植物检疫】 郑州市开展小麦产地检疫面积8.37千公顷，占报检面积的100%，产检合格面积8.24千公顷，生产合格种子4944万公斤。签发省间调运检疫证书2199批次，省内调运检疫证书2017批次，共调运检疫合格种子560.83万公斤，调运检疫占报检的100%。

（邢彩云）

【农作物病虫害专业化统防统治】 2015年，全市共有植保专业化防治组织46个，其中注册28个，从业人员2178人，拥有机械1678台。2015年专业化防治主要作物有小麦、玉米、花生，总防治面积80.73千公顷。

（李丽霞）

【培肥地力】 通过大力推广麦秸麦糠覆盖、小麦留高茬、玉米秸秆还田等技术和有机质提升试点示范带动，提高耕地综合生产能力。2015年全市共完成麦秸麦糠覆盖、小麦高留茬153.33千公顷，玉米秸秆还田113.33千公顷，有机肥积造1300万方。耕地理化性状得到改善，土壤肥力稳中有升，土壤有机质含量呈逐年递增趋势。

【测土配方施肥】 2015年，全市推广测土配方施肥面积361.33千公顷。其中，玉米111.33千公顷，小麦158.67千公顷，花生24千公顷，大蒜18千公顷，蔬菜44千公顷，西瓜5.33千公顷。建立79个村级示范方。巩固整乡镇推进测土配方施肥乡镇15个，新增整建制推进配方肥试点乡镇3个，新增整建制推进配方肥示范村70个。调整小麦施肥配方2个、玉米施肥配方1个、蔬菜配方2个，

直升机防治小麦病虫害

郑州市农委专家组现场教学农业技术

配方肥施用面积144.67千公顷。采集土壤样品1800个，化验土样25300项次，分析植株样品280个。完成玉米、花生、蔬菜等作物肥料试验13个，完成三区示范试验56个；10－11月，安排小麦、大蒜、蔬菜等跨年度肥料试验19个，安排三区示范试验64个。通过实施测土配方施肥资金补贴项目，项目区粮食作物单产水平提高十分明显，经济效益可观。根据近9年试验，测土配方施肥项目区内小麦平均每亩增产20.2公斤，节约化肥1.5公斤（折纯），每亩可节本增效45元；玉米平均每亩增产24.6公斤，节肥1.56公斤（折纯），亩节本增效53元；花生平均每亩增产14.8公斤，节肥1.5公斤（折纯），亩节本增效70元左右。全市仅实施测土配方施肥一项就可为农民增加收入接近2亿元。同时由于减少了化肥施用量，减轻了对环境的污染，产生了巨大的生态效益，年减少化肥施用量6500余吨（折纯）。

（郭长江）

【农村能源环保】 开展农业面源污染数据动态更新调查工作，对种植业、畜禽养殖业、水产养殖业污染源进行全面调查与数据统计，并完成计算机软件系统的数据录入工作。对前期采集的样点进行了核查，完善数据审核、分析，完成了300个保护地土样采集工作。全年组织采样车辆10台，取样队10个，采样人员40人，共采集、处理土样300个；新建1000立方米大中型秸秆沼气工程1处，该项目主体工程已经完工。

（牛河钧）

【旱作农业】 2015年，以生态建设为基础，围绕增强丘陵山区农业综合生产能力，提出重点打造新密伏羲山、九里山，登封九龙潭、三皇寨，荥阳环翠峪，二七樱桃沟等六大丘陵山区沟域生态农业示范区项目。

（赵 海）

水产业

【概况】 2015年，全市水产经济平稳、健康发展，水产养殖面积达到9.8千公顷，水产品产量达到14.8万吨，比上年减少0.7万吨。现代渔业建设有了新突破，荥阳国家现代渔业示范区核心区建设项目开始实施，完成了2个水产标准化健康养殖项目，立项扶持了5个水产龙头企业、合作社进行池塘改造、水循环净化设施、苗种繁育设施等建设。水产品质量安全保持较高水平，认定3个农业部水产健康养殖示范场，水产品药物残留产地检测合格率达到100%。

【积极创建国家现代渔业示范区】 市农委通过整合水产、农开、“菜篮子”、休闲观光等各类涉农资金，对沿黄重点渔区的路网、水系、电力等水产基础设施进行改造建设，为开展荥阳国家现代渔业示范区创建工作打下了良好的基础。根据省水产局《关于开展荥阳国建现代渔业示范区试点创建工作的通知》（豫农〔渔业〕函〔2015〕2号）要求，按照国家现代渔业示范区创建工作的新标准、新要求，参照国内外先进典型，委托中国水产科学研究院渔业机械研究所编制《荥阳国家现代渔业示范区规划》以及重点项目建设实施方案，形成完整的示范区建设规划体系。

【编制郑州市渔业“十三五”规划】 通过对郑州市渔业“十二五”期间的发展情况进行总结梳理，针对经济发展新常态下的渔业发展形势，着眼于未来5年建成完善的现代水产产业体系，着力提升水产综合生产能力和质量安全水平，将郑州市打造成为全国内陆水产健康养殖强市、北方鲜活水产品物流中心，将都市生态渔业作为郑州市渔业发展的基本目标，认真谋划编制了《郑州市渔业“十三五”规划》，实施“控产、提质、拓展、增效”战略，拓展渔业的休闲功能和生态保障功能，确保渔业经济健康持续发展。

【渔业安全生产监管】 积极定期开展水产品质量安全整治专项执法检查，落实“三项记录”制度，对全市无公害水产基地、健康养殖示范场进行水产品产地抽检，确保水产品产地质量安全。认真贯彻落实渔业安全生产法律法规和省、市关于进一步加强渔业安全生产工作的通知，层层建立渔业安全生产责任制，强化渔船渔港安全监督管理，全年无渔业生产重大安全事故发生。

渔业资源增殖放流

【渔业资源养护】 加强渔业水域生态保护与修复，推进渔业资源养护。对全市天然水域实施了为期3个月的禁渔期。按照农业部《全国水生生物增殖放流总体规划》，结合实际制定郑州市增殖放流实施方案并组织实施，6月和10月分别在黄河举行了增殖放流活动，累计共放流黄河鲤鱼、草鱼、鲢鳙鱼、黄河甲鱼等苗种134万尾。

（赵 赫）

畜牧业

【概况】 2015年，全市畜牧部门在市委、市政府的正确领导下，紧紧围绕“产业发展、疫病防控、质量监管”三大重点，创新思路、强化措施，狠抓落实，较好地促进了全市畜牧业平稳发展。

畜产品质量安全监管持续强化。深入开展“瘦肉精”、肉品、生鲜乳、饲料、兽药等专项整治。截至2015年年底，全市出动执法人员18000多人次，检查出动车辆11000多车次，检查各类畜牧企业17560个，检查超市、商场520余人次，农贸市场580余人次，查处动物卫生监督及畜牧兽医综合执法案件12起，其中动物卫生监督案件4起，兽药案件8起，打掉私屠滥宰窝点8个，其中1个移交司法机关进行处理。组织兽药饲料质量安全管理培训11场次，培训人员768人次，发放各类宣传材料1200多份，对企业发放签订畜产品质量安全承诺书20265份，张贴投入品规范使用告知书23003份；完成兽药、饲料和畜产品各类抽检检测1678批次，合格率均达到90%以上。外埠入郑查验点消毒换证车辆7319辆，查验白条猪28.96万头，鲜猪产品0.43万吨，冷冻产品0.75万吨，有效确保了上市肉品安全，全市无畜产品质量安全事故发生。

畜牧产业集群建设初具成效。深入开展“生态畜牧业示范创建”活动，鼓励引导畜禽规模养殖场（区），走以集约化发展为特征的农牧结合型生态畜牧业发展模式，实行周边土地流转集中或协议对接，建设好与种植业衔接的沼液管网设施，使种植业与养殖业有机结合，实现畜禽排泄物就近就地资源化利用，促进农业生产和生态环境的良性循环。全市已基本建成生猪、奶牛、蛋鸡、肉牛、兽药饲料等五大畜牧产业化集群，其中4个省级畜牧产业化集群全年累计实现销售收入约60.37亿元，带动周边农户15.7万户，吸纳当地8000多名农民就业。

重大动物疫病防控不断增强。不断强化畜禽免疫、监测预警、检疫监管、应急管理等综合防控措施，扎实开展以畜禽集中免疫为重点的重大动物疫病防控工作。2015年，全市发放口蹄疫疫苗1439.4万毫升、猪瘟疫苗494.46万头份、高致病性猪蓝耳病疫苗207.26万头份，应免猪、牛、羊、禽免疫率均为100%；市本级开展禽类疫情监测2658份，结果全部为阴性，全市无重大动物疫情发生。

畜禽养殖废弃物综合利用产生效益。围绕贯彻落实《畜禽规模养殖污染防治条例》，狠抓标准化规模养殖场（区）升级改造，积极鼓励扶持养殖企业采用雨污分离、干湿分离、沼气发电、废弃物循环利用等技术和方法，解决传统养殖费时、费力、成本高、粪便外流污染环境等问题，较好地促进了畜禽粪便的污染治理和综合利用。全市已建成31个国家级、省级畜禽养殖标准化示范场；15个省级生态畜牧业示范场和省级畜牧专业合作社。全年推广环保养猪200多家，落实扶持资金960多万元，建成环保猪舍约20万平方米。

（蔡仲友 马朝阳）

【畜牧业生产】 2015年，全市肉类总产量23.32万吨，禽蛋产量21.94万吨，奶类产量43.03万吨。全市规模养殖场（区）有3193个，规模化率达到85%以上，畜牧业产值99.62亿元，占农林牧渔业的比重为38.96%。积极引导奶牛小区转型升级，开展奶牛单产提升行动。全市奶牛存栏7.67万头，牛奶产量42.27万吨，存栏100头以上规模奶牛场有59个，生鲜乳收购站57个，全部实现了机械化挤奶；生鲜乳运输车辆37台，车辆准运证持证率为100%；奶站交接单使用率达100%。郑州市惠济区薛岗奶牛养殖者专业合作社、中牟县万胜牧业有限公司等14个奶牛小区通过奶牛估价入股、购买奶牛等形式完成奶牛小区向牧场转型升级，同时，全市有20家奶牛场奶牛单产由中高产向高产提升。通过奶牛小区转型升级、开展奶牛单产提升行动，使郑州市奶牛场区管理水平进一步提升。

（刘宏亮 陈兴龙）

【畜产品质量安全监管】 2015年，郑州市畜产品质量安全保持了良好发展态势，全年无发生重大畜产品质量安全事件。畜禽屠宰监管体制改革走在全省前列，全市共增加行政编制3名，全供事业编制26名。先后与58家入郑企业签订承诺书、发放告知书，抓好车辆消毒、肉品质量查验、肉品来源可追溯登记、合格肉品检疫证明换发、违禁药品质量抽检等工作，落实质量退出机制，郑州市外埠肉品准入有了制度保障。研究推行《郑州市动物疫病防控防检结合工作制度（试行）》，对村级防疫员和官方兽医的防疫、检疫行为进行规范，真正做到了“以检促防、以防促检”，实现了防疫检疫有机结合、相互促进。积极构建全市各县（市）区畜牧局以及管辖范围内的规模化养殖场、定点屠宰场、奶站“两级三层”的畜产品质量安全追溯信息网络系统，初步实现郑州市畜产品（生猪、牛羊、家禽）养殖企业、生鲜乳运输质量安全可追溯。

（王 琦 郎社强）

【动物疫病防控】 扎实开展畜禽免疫。通过召开动员会、培训会，逐级签订承诺书、责任书，网格人员监督指导，组织防疫督察等措施，落实防疫责任，保证免疫密度和质量。2015年，全市发放口蹄疫疫苗1439.4万毫升、高致病性禽流感疫苗2335.075万毫升、猪瘟疫苗494.46万头份、高致病性猪蓝耳病疫苗207.26万头份，应免猪、牛、羊、禽免疫率均为100%，畜禽强制免疫抗体合格率均在70%以上。强化疫情预警能力，市级兽医实验室监测样品1.8万余份，调查各类养殖场、屠宰场、宠物医院等场所203个次，填写调

自动化养鸡舍

旋转挤奶厅

查问卷203份，为科学防控重大动物疫病提供了科学依据。初步建立了病死猪无害化处理机制，新郑市作为全省病死畜禽无害化处理机制建设试点，依托雏鹰农牧和银发牧业建成东部、西部两个病死猪无害化处理中心，年处理能力分别达到40万头和10万头，已投入运行；中牟普新养殖有限公司无害化处理厂和登封全生农牧有限公司无害化处理厂基础设施全部建成，已启动试运行；荥阳振华农牧有限公司无害化处理厂和新密市无害化处理厂筹建工作有序推进。2015年，全市统计上报无害化处理病死猪196238头，病死猪在动物卫生监督机构监督下全部进行了无害化处理，有效净化了养殖环境。

（梁庆周　吕彪）

【畜禽养殖废弃物综合利用】 郑州市委、市政府高度重视畜牧业发展，加强政策扶持，引导养殖场结合生产实际，探索源头控制减量化、科学处置无害化、种养结合资源化的不同方式和模式，培育亮点，示范带动生态畜牧业发展，坚持把畜牧业循环经济发展和畜禽废弃物综合利用工作作为加快推动畜牧业发展方式转变、建设现代化生态畜牧业、促进畜牧业经济结构转型升级的重要战略举措，积极探索出了一条经济、社会、生态效益相统一的、有自身特色的可持续发展道路，实现了畜牧业与生态环境保护的全面协调发展。2015年，成功创建国家级畜禽养殖标准化示范场1个、省级生态养殖场6个；新建和改扩建规模化养殖场（区）42家，实施农业部畜禽粪污综合利用试点项目1个，共落实扶持资金1191.2多万元，畜禽养殖污染治理和资源综合化利用工作取得明显效果。

（李章群　杨楠）

【畜牧综合执法】 建立完善执法制度。先后制订了《郑州市畜牧局2015年依法行政工作岗位责任制》《郑州市畜牧局2015年依法行政工作要点》《郑州市畜牧局规章制度汇编》，完善了《郑州市畜牧局重大行政处罚审查监督制度》《郑州市畜牧局规范性文件异议审查制度》《郑州市畜牧局规范性文件有效期和定期清理制度》等一系列依法行政制度。加强执法人员法制培训。全年，举办法治讲堂4次、法制培训班11次，参训执法人员达720余人次。开展服务型行政执法建设。2015年，市畜牧局“加强服务型行政执法建设，提高畜牧行政执法工作水平”的经验，在全省示范推广，并在《郑州政府法制》2015年第3期上刊登。推进执法卷宗规范化。在全市开展了执法卷宗评查工作，自查自评卷宗700余件，聘请专家全面评查88件，促进执法卷宗规范化。加强执法力度。2015年，全市共出动执法人员1.59万人次，对4800家从事肉、蛋、奶生产、加工、销售的商户及企业进行全面检查；配合省畜牧局对郑州市市奶站和生鲜乳运输车辆进行了拉网式检查，共检查奶站75个（其中2个为收奶站）、奶牛场73个、生鲜乳运输车19辆，并抽取生鲜乳样品75份；对全市27家兽药经营单位进行兽药GSP认证验收，对7家兽药生产企业70个兽药文号报批产品进行了现场审核，对2家兽药GMP复验企业存在的整改项目实施了现场核查；配合农业部飞行检查组对郑州市2家兽药重点监控企业进行现场检查和处理。

（张军峰　黄剑）

林　业

【概况】 2015年，全市林业工作在市委、市政府的正确领导和高度重视下，以新型城镇化建设为引领，巩固国家森林城市创建成果，以生态廊道、森林公园体系建设、花卉苗木产业发展为重点，各项工作目标全面完成。

造林绿化任务超额完成，营造林任务总规模完成率和造林任务完成率在全省18个地市排名双第一。经过省厅核查验收，营造林总规模9.25千公顷，是目标任务7.68千公顷的120.4%。其中造林5.9千公顷，是目标任务4.45千公顷的133.6%；抚育改造合格面积3.35千公顷，是目标任务3.27千公顷的102.6%。完成市域内7条高速公路和5条快速通道等生态廊道建设提升467公里，绿化面积5848万平方米。已开工建设9个走进森林体验园，郑州树木花卉博览园一期工程完成。全民义务植树活动深入开展，全市参加义务植树人数361万人次，植树1362万余株。

【林业产业】 郑州市政府印发《关于加快郑州都市型林业产业发展促进绿色增长的意见》，明确了郑州市林业产业发展的指导思想、基本原则、总体目标、发展重点和保障措施。大力推进花卉苗木产业发展，完成花卉苗木基地建设1.47千公顷。市林业科技示范中心完成育苗面积400公顷，繁育良种苗木500万株，培育花卉30万盆。绿博园全年共接待游客130万人次，同比增长27%。全市林业生产总值持续增长，完成林业总产值40.27亿元。

【林业资源管理】 严格林地征占用和林木采伐管理，审核审批使用林地项目58个，市本级林业部门受理采伐申请19起，办证81份。严厉打击各类涉林违法犯罪活动，组织开展了“春季严打”“雷霆行动”等严打整治行动，共查处行政案件140起，侦破刑事案件103起，郑州市森林公安局被省森林公安局记集体三等功两次。积极开展“湿地日”“爱鸟周”“野生动物保护宣传月”等科普宣传活动，群众生态保护意识进一步增强。积极开展野生动物救护工作，在市人民公园设立了“郑州市野生动物救护站”。制订了《郑州市突发重大陆生野生动物疫病防控应急预案》，全年没有发生重大疫源疫病疫情。加强林业有害生物防控工作，全市飞机防治林地32千公顷，地面防治6.2千公顷，林业有害生物成灾率0.11‰，低于省定3.5‰的标准。认真落实森林防火责任制，全市没有发生一起森林火灾。加强木材运输检查，维护了木材运输正常流通秩序。加强黄河湿地巡查保护，严肃查处非法占用湿地案件，加强

郑新快速路生态廊道

湿地公园建设管理，顺利通过国家林业局验收，正式成为国家级湿地公园。加强西南、西北重点林区管护工作，保证了重点林区森林资源安全。

【林业改革】 集体林权深化改革进一步深化。建成规范化合作社15家，新建林业专业合作社24家。完成林权抵押贷款3000万元，中原林权交易中心筹办工作稳步推进。“五单一网”制度改革全面完成。加快林下经济发展，完成林下种植3.52千公顷，林下养殖93.4万只头，林下产品采集加工113.33公顷，森林景观利用10.16千公顷，超额完成上级安排的任务。

【政策和科技保障】 认真落实《郑州市人民政府关于加快花卉苗木产业发展的意见》，对18个花卉苗木建设项目进行了扶持，发放补贴资金946万元。新建科技示范园一处，制定林业技术标准2项，完成始祖山郑州市经济林示范基地基础设施建设任务和栽植前期规划、设计工作，持续开展了榲子栎科研实验。认真开展送科技下乡服务活动，组织参与活动专家和技术人员396人次，举办培训班和技术讲座64场。完成了1个重点县级林业技术推广站改（扩）建和3个乡级标准化林业工作站建设工作。推进智慧林业建设，与国家林业局华东林业调查规划院签订了智慧林业合作框架协议。

【党风政风建设】 2015年，郑州市林业部门以开展“三严三实”活动为契机，全面加强党的建设，党风政风行风明显转变。在活动中，紧紧抓住群众反映强烈、社会关注度高，与职工工作、群众生产生活密切相关的热点、难点问题，开展整改和专项治理活动，妥善解决了工程款拖欠等问题。积极开展丰富多彩的党建活动，增强了党员干部职工凝聚力。

（李军永）

农业机械化

【概况】 2015年，郑州市农机部门主动适应农机化发展新常态要求，认真贯彻落实十八届三中、四中全会和习近平总书记系列讲话精神，积极深入开展“三严三实”主题教育实践活动，紧紧围绕市委、市政府“三大主体”工作，按照“优结构、抓改革、促发展”的总体思路，着眼都市农业建设发展需要，细致规划、科学统筹、精心组织、严格落实，较好地完成了全年各项工作任务目标，郑州市农业机械化水平得到大力提升，农机服务组织化程度和社会化服务能力大幅提高，农机安全生产形势保持平稳，进一步巩固了农业机械化发展的好势头、好局面，为全市粮食丰产丰收做出了突出贡献。

全年落实各级财政农机购置补贴资金7548万元，补贴各类机具4600台（套），受益农机合作组织及农户3000户。购机补贴政策的实施有力地促进了郑州市农机装备整体水平的提升和优化。全市主要农作物耕种收综合机械化水平达到80.50%；完成小麦机收156.32千公顷，机收率97.16 %，小麦机播率稳定在97%以上；小麦秸秆还田率、小麦秸秆机械化综合处置率分别为96.30%、97.50%；全市玉米机械化收获125.47千公顷，机收率77.72%，玉米秸秆还田率90.92%，玉米机播率90.23%；全市农作物秸秆机械化综合处置率94.5%，农作物秸秆综合利用率97.2%；机械化保护性耕作实施面积68.67千公顷，完成深松整地面积40千公顷。全市注册的农机专业合作社达到203家；全年召开85次现场会和培训会，培训各类农机技术人员24625人次。新创“平安农机”全国、省级示范岗位3个；新创省级“平安农机” 示范乡镇、示范合作社7个，农机专业合作社等服务组织在册机械“三率”达到100%。农业机械化水平得到大力提升，农机服务组织化程度和社会化服务能力大幅提高，农机安全生产形势保持平稳。

2015年末，全市农机总动力达522.51万千瓦，其中柴油发动机动力414.02万千瓦，汽油发动机动力4.16万千瓦，电动机动力104.32万千瓦。各类农用拖拉机拥有量达到11.23万台（161.81万千瓦），大中型拖拉机拥有量达12995台（63.10万千瓦），其中轮式拖拉机拥有量11078台（53.29万千瓦）；小型拖拉机拥有量99394台（98.70万千瓦）。拖拉机配套农具17.48万部，其中大中型拖拉机配套

丰收的喜悦

农具2.84万部，配套比1：2.18；小型拖拉机配套农具14.63万部，配套比1：1.47。耕整机拥有量2457台（套）（1.39万千瓦），机引犁72586台，机引耙65614台，旋耕机10682台，深松机711台。播种机25051台，其中免耕播种机2254台，精少量播种机21692台，化肥深施机2313台，地膜覆盖机1570台。排灌动力机械达88692台（70.44万千瓦），其中柴油机16439台（13.71万千瓦），电动机72247台（56.68万千瓦）；农用水泵、节水灌溉机械分别为94135台、12004套。机动喷雾（粉）机10959台（3.38万千瓦）。收获机械化科技含量逐年提高，联合收获机趋向大型化发展速度加快，保有量达8862台（60.41万千瓦），比上年增加938台，增长11.90%，稻麦联合收割机5894台（40.12万千瓦），其中自走式稻麦联合收割机新增631台，达到5753台，占联合收获机总量的近65%，玉米联合收获机新增371台，保有量达到2968台（20.28万千瓦），增速15.62%，其中自走式玉米联合收获机2630台（较上年增加365台），占玉米联合收获机的88.61%；割晒机3929台（1.19万千瓦）；其他收获机械也得到迅猛发展，达到11821台（1.58万千瓦），其中大豆收获机7台（312千瓦），油菜籽收获机24台（1408千瓦），马铃薯收获机22台（102千瓦），花生收获机1562台（397千瓦），比上年增加57台，增长3.78%；青饲料收获机156台（10028千瓦），牧草收获机42台（545千瓦），秸秆粉碎还田机9057台，秸秆捡拾打捆机45台（2218千瓦），玉米收获专用割台731台，大豆收获专用割台1台，油菜籽收获专用割台57台。机动脱粒机229480台（6.71万千瓦），谷物烘干机35台（676.50千瓦），种子加工机械38台（290千瓦），保鲜储藏设备91台（8926千瓦）。设施农业设备得到快速发展且向系统化管理方向迈进，温室面积6809.26万平方米，比上年增加308.03万平方米，增长4.73%；连栋温室16.88万平方米，日光温室1202.80万平方米；塑料大棚5544.36万平方米，比上年增加322.64万平方米，增长6.17%；农产品初加工动力机械36418台（31.41万千瓦），其中柴油机796台（1.02万千瓦），电动机35622台（30.39万千瓦）；农产品初加工作业机械24483台（套），其中粮食加工机械18763台，油料加工机械3585台，棉花加工机械1914台，果蔬加工机械210台（套）；畜牧养殖机械10337台（套）（5.55万千瓦），渔业机械13736台（5.78万千瓦），林果业机械262台（4076千瓦）。农用运输车拥有量10.82万台（151.28万千瓦），其中三轮汽车拥有量9.15万台（107.04万千瓦），低速载货汽车拥有量1.66万台（44.22万千瓦），农用挂车12373台。农田基本建设机械2613台（20.15万千瓦）。农用飞机增加了6架，拥有量达到8架，农用飞机的出现为郑州市粮食丰产丰收提供了保障。

10月22日，市长马懿视察秸秆综合利用加工过程

2015年，全市机耕面积210千公顷，其中小麦机耕面积84.12千公顷，玉米机耕面积11.08千公顷，大豆机耕面积3.47千公顷，油菜机耕面积5.05千公顷，马铃薯机耕面积0.34千公顷，花生机耕面积24.29千公顷，棉花机耕面积0.42千公顷。全市机播面积321.41千公顷，其中小麦机播面积146.85千公顷，机播率98.97%；玉米机播面积123.57千公顷，机播率90.23%；大豆机播面积2.48千公顷，油菜机播面积2.97千公顷，花生机播面积15.95千公顷。全市主要农作物机收面积293.16千公顷，其中小麦机收面积 146.05千公顷，机收率97.16 %，小麦生产过程基本实现全程机械化，农业生产进入以机械作业为主的新时代，玉米机械化收获面积104.17千公顷；机收率77.72%，比上年增加近3个百分点；水稻机收面积200公顷。农业机械化作业领域由粮食作物向经济作物，由大田农业向设施农业，由种植业向养殖业、农产品加工业全面拓展，薄弱环节机械化取得重大突破，大豆机收面积420公顷、油菜机收面积386.67公顷。进一步加大对根茎类机械化技术的引进、示范和推广，马铃薯、花生等根茎类作物机械收获面积14.29千公顷。机电灌溉面积204.23千公顷，机械植保面积125.59千公顷，机械脱粒粮食166.67万吨，机械初加工农产品数量155.22万吨。全年共完成机械深耕面积118千公顷，机械深松面积26.79千公顷，机械化免耕播种面积159.94千公顷，其中机械化免耕覆盖播种面积100.93千公顷，保护性耕作面积61.17千公顷，精少量播种面积170.89千公顷，机械深施化肥面积84.85千公顷，机械铺膜面积18.69千公顷，农田机械节水灌溉面积54.75千公顷，机械播种牧草面积0.33千公顷，机械收获牧草数量6.09万吨，机械化秸秆还田面积268.68千公顷，秸秆捡拾打捆面积2.29千公顷，机械化青贮秸秆数量14.91万吨，农用飞机作业面积0.67千公顷。全年共完成农机跨区作业面积69.03千公顷，其中跨区机耕面积6.8千公顷，跨区机播面积2.12千公顷，跨区机收面积57.1千公顷，其中跨区机收小麦48.14千公顷，跨区机收玉米8.71千公顷。全年共完成设施耕整地机械化面积4.31千公顷，设施种植机械化面积0.48千公顷，设施灌溉施肥机械化面积0.99千公顷，免耕播种面积193.33千公顷，其中小麦免耕播种面积65.34千公顷，比上年增加13.7千公顷，增长26%；玉米免耕播种面积121.93千公顷。全市农机化总投入2.72亿元，用于基本建设142万元，用于推广培训101万元，用于农业机械购置2.51亿元，全市农机经营总收入15.31亿元，成本与费用10.62亿元，利润总额4.68亿元。

【“三夏”机收会战】 2015年“三夏”，在市委、市政府的正确领导下，相关部门通力合作，麦收工作部署早、行动快、物资准备充足，配合天气晴好有利时机，全市麦收进程大大加快，夏玉米播种同步跟进，“三夏”生产有序推进，顺利实现了小麦丰产丰收和秋作物适时播种。2015年，全市小麦种植面积160.89千公顷（不含巩义），5月底局部开镰，6月4日左右大面积收割，6月8日前后达到收割高峰期。高峰期全市每天可出动联合收割机6200台左右（含引进1000台），日收获面积20-26.67千公顷，小麦大面积机收6月15日结束，集中收获期为7-10天。秋玉米播种实行收后即播，播种高峰期内，每天出动玉米播种机2万台左右，日播面积26.67-33.33千公顷，6月25 日基本完成秋玉米播种。“三夏”期间，全市设立农机服务站点52个，免费发放联合收割机跨区作业证1400余张。同时，全市各级农机部门不断完善接待、检修、信息、中介、技术、安全、供应、投诉、帮扶等10项服务措施，市、县、区三级农机部门开通24小时服务电话，随时接受咨询并提供帮助，为“三夏”生产创造了良好条件。“三夏”生产中，共投入各种农业机械25万台（套），其中夏收主力机械联合收割机6200台（含引进的1000台），精少量播种机21690台。参与农机会战的农机专业合作社签订农机作业合同20978份；免费发布手机信息3000余条；收割小麦160.89千公顷，其中机收156.32千公顷，机收率97.16%；播种玉米161.43千公顷，其中机播145.65千公顷，机播率90.23%。

精心组织，科学谋划。针对2015年“三夏”的特点，郑州市农机局高度重视，早谋划，早行动，扎实做好各项工作。4月24日，郑州市召开2015年“三夏”农机生产和农机购置补贴工作会议。会议对“三夏”农机工作进行全面部署，并下发了《郑州市2015-2017年农业机械购置补贴实施指导意见》和《郑州市农机局2015年三夏农机工作意见》。

成立组织，加强督导检查。成立了以农机局局长为指挥长的“三夏”农机会战指挥部，指挥部下设综合组、宣传组、安全生产组、技术指导组、后勤保障组，细化职责分工，落实“三夏”生产责任制。并成立6个督导组，由农机局领导班子成员带队分包县（市）区，每天下乡督导，了解情况，协调解决问题，督导全市“三夏”农机生产。各县（市）区农机部门也都成立了相应组织，并制定了相应的应急预案和工作意见。

检修机具，开展农机培训。为了确保小麦颗粒归仓，充分发挥好农业机械在“三夏”工作中的主力军作用，全市各级农机部门结合拖拉机、联合收割机的年度审验等，提前组织农机户、农机服务组织、维修网点对参加“三夏”作业的25万余台（套）各类农机具进行检查、维修和保养，确保机具以良好的技术状态投入生产。同时，全市抽调220余名农机教师和技术骨干深入乡村、合作社、田间地头，采取集中培训与分散培训相结合、现场演示与操作培训相结合，印发技术培训资料等方式，进行安全生产、机具维修保养、驾驶操作、新机具新技术使用等方面培训，确保了农业机械更好地服务于“三夏”农机生产。

相关部门紧密协作，打造农机绿色通道。围绕“三夏”生产，各相关部门履职尽责、强化服务，创造了良好的“三夏”生产环境。为确保粮食颗粒归仓，及时收种，全市农机部门加强同公安交警部门的协调，进一步做好道路保通工作；加强同中石化、中石油的协调，备足柴油货源，组建送油小分队，全市实行每公升优惠0.1元的优惠政策，设立农机用油保供站，为联合收割机开辟绿色通道；加强同移动公司的协调，继续搭建信息平台，及时发送“三夏”服务信息；加强同气象部门的协调，密切关注天气变化，及时发送气象信息，增加预报次数，确保农民抓住时机抢收抢种。“三夏”农机跨区作业已成为确保小麦颗粒归仓、秋作物适时播种的重要措施，也是农机部门的重要职责。郑州市各县（市）区、开发区农机部门发挥自身优势，以农机专业合作社为依托，密切配合，积极开展跨区作业，2015年“三夏”期间参加跨区机收联合收割机数量达到新高。全市共发放联合收割机跨区作业证1400张，组织1200台联合收割机参加跨区小麦机收，小麦跨区机收面积达到48.14千公顷。同时，各级农机部门加强同交通部门的协作，继续落实联合收割机过桥过路的免费通行，处理道路通行过程中的相关问题；加强同公安交警部门的协作，加大路面管控和巡逻力度，为参加跨区作业的联合收割机保驾护航，开辟绿色通道；加强同工商部门的配合，依法整顿农资市场，加大对销售假冒伪劣农机产品和零配件行为的查处、打击力度，确保农民权益不受侵犯。

科学组织，开展抢收抢种。“三夏”机收会战期间，郑州市农机局高度重视，制定完备措施，科学组织农业机械开展抢收抢种工作。（1）设置市县两级“农机110指挥中心”。建立信息平台，为作业机手提供信息、气象服务，合理调配机车。（2）及时发布信息。各县（市）区通过中国农机化信息网提前发布小麦种植、分布情况、需引进机车数量等信息，有效引导外地机车进行作业支援，共引进联合收割机1000台。（3）强化接待服务。在全市主要道路路口设立“三夏”服务站点52个，免费为机手提供茶水、气象信息、县（区）交通地图、机收需求信息及简单的维修、中介服务等。（4）搞好后勤保障服务。督促农机服务网点、农机销售企业等，积极筹备资金，及早购进、备足“三夏”作业机具的易耗易损零配件及各类保障物资。（5）科学组织，提高效率。利用信息平台科学引导联合收割机有序流动，减少机车空行程，做到人歇机不停。大力推广订单作业、承包服务、“一条龙服务”等服务模式，提高作业效率。（6）强化监管，保障安全生产。全市抽调100名农机监理员，成立30个安全监理督察小分队，深入生产一线，对机手进行安全生产教育和技术培训，严防火灾、人员伤亡和机械事故发生。（7）认真做好农机帮扶。以农机专业合作社为依托，建立“三夏”助收队，为外出务工人员、军烈属、困难户开展帮扶服务。“三夏”期间，全市共帮扶农户1万余户，帮扶面积3.67千公顷，为困难户解除了后顾之忧，受到了当地群众的赞誉。（8）加强值班制度，做好突发事件处理。市、县（市）区农机部门均设立热线服务电话，24小时值守，确保信息畅通，及时为机手提供咨询和帮助，对突发事件早汇报、早协调、早处置。

充分发挥农机专业合作社主力军作用。以农机专业合作社为代表的新型农机服务组织充分发挥装备水平高、技术能力强、信息来源广等特点，准备充分、行动迅速、措施得力等优势，成为“三夏”农机会战的主力军。全市共204家农机专业合作社参与农机会战。（1）订单作业助抢收。从4月起，在当地农机部门的指导下，农机专业合作社

“三夏”机收现场

积极与有关乡（镇）、村及种粮大户签订作业合同。共签订作业合同（协议）1.6万份。（2）“一体化”作业促进度。针对“三夏”农时紧迫的特点，农机专业合作社继续推广小麦机收、秸秆粉碎还田、玉米免耕直播一条龙作业，收种一次性完成，拉长了作业链条，提高了机械效率。同时，“三夏”期间，农机部门组织农机合作社、农机大户及其他农机服务组织积极为军、烈、鳏、寡、孤、独等困难户提供帮扶作业服务，落实帮扶面积3.67千公顷。

全力做好秸秆综合利用和禁烧工作。2015年，郑州市夏季农作物秸秆禁烧和综合利用工作在市委、市政府的高度重视下，各县（市）区严格落实副市长杨福平“管住一把火，落实一道令，确保一方安”的指示，充分发挥基层网格化管理作用，强化网格监管责任。各县（市）区都把秸秆禁烧和综合利用工作列入网格化管理责任，建立了从上到下、横到边纵到底的网格化管理网络。充分利用广播、电视、网络、媒体、发放张贴《秸秆禁烧公告》、出动宣传车、悬挂宣传条幅、刷写宣传标语等多种形式大力开展秸秆禁烧和综合利用宣传工作，帮助群众转变传统习惯，增强农民对秸秆禁烧和资源化利用的主动意识，秸秆机械化综合处置率比往年有所提升。同时加大巡查、督察力度。市禁烧办5个督察组配备卫星定位导航仪、摄像机、照相机等调查取证设备不分昼夜督察一线；成立1个机动组进行明察暗访，应付突发事件，实行督察全覆盖。各督察组对分包县（市）区的禁烧和综合利用工作认真负责，每到一地都能深入偏壤小路、田间地头，及时提醒对焚烧隐患的处理，午间、夜间现场督察频次高，圆满完成了所分包县区的禁烧任务。禁烧期间，市及各级禁烧办实行24小时值班，及时上传下达有关精神；设立举报电话，随时处理举报问题。全市采取“卫星引导、一线督察、与媒体互动、与119联动、举报受理调查”五位一体模式严控秸秆焚烧；对禁烧控制不力出现的焚烧火点及时查处、督促整改，并通过短信平台、工作简报予以通报。2015年“三夏”期间，郑州市大气质量明显好于周边地区，没有发生一起因秸秆焚烧导致的大面积烟雾及灰霾造成的重大空气污染事件，为广大群众的绿色生活和建设美丽郑州做出了贡献。

抓好宣传，塑造农机形象。“三夏”期间，市农机局成立宣传组，主动与新闻媒体密切合作，组织策划重要农时农机会战宣传报道，大力宣传农业机械化在提高农业综合生产能力和防灾抗灾能力方面的重要作用，宣传农机会战中出现的好的经验和典型做法，针对机收会战各个时期的特点，认真做好宣传策划，协助电视台、郑州日报社、广播电台进行宣传报道。2015年“三夏”期间，各级新闻媒体共报道郑州市“三夏”农机生产300余次，发送“三夏”农机网络信息2700余条次。农业机械在“三夏”生产中的主力军作用受到社会各界的广泛关注和称赞，树立了农机人的新形象，充分展示了农机人的风采。

玉米机收

【“三秋”农机战役】 2015年“三秋”农机工作，在市委、市政府的正确领导下，在上级业务部门的具体指导下，围绕目标，攻坚克难，积极落实信息服务、物资供应、农机技术服务、农机帮扶、作业协议签订等措施，机械供应充足，秋收秋种平稳顺利。

“三秋”期间，全市成立60个农机服务小分队，共检修各类农业机械35万台（套）。投入各类农业机械40万台（套），其中拖拉机11.50万台；玉米收获机3300余台（含引进），机收玉米125.47千公顷，玉米机收率77.72%；完成玉米秸秆还田面积146.76千公顷，还田率90.92%；完成小麦播种150.13千公顷，机播率98.75%；共培训各类农机人员12184人次；召开不同形式现场会28次，签订作业合同21306份，农机帮扶面积2千公顷。

成立组织，加强督导检查。9月10日，市农机局召开了“三秋”农机生产暨购机补贴专题会议，对工作进行了全面安排部署，下发了《郑州市农机局2015年“三秋”农机工作意见》，并对农机应急工作提出了明确要求。成立了以局长为指挥长的“三秋”农机会战指挥部，下设综合组、宣传组、安全生产组、技术指导组、后勤保障组，细化职责分工，落实生产责任制。并成立6个督导组，由局领导班子带队分包县（市）区，督导全市“三秋”农机生产和购机补贴工作。各县（市）区农机部门也都成立了组织，制定了相应的应急预案和工作意见。加强了联系，及时反馈墒情灾情等生产情况，确保了“三秋”生产顺利进行。

精心组织“三秋”农机会战。确保信息服务到位。充分利用中国农机化信息网、短信等为机手提供机具保有量、分布情况、农作物种植布局和适宜作业等信息服务。确保物资供应到位。落实农机购置补贴政策，加快补贴机具到位，协调农机供应部门、农机供油点做好零配件、油料的供应工作、延长营业时间，保证农机具的安全生产。确保农机技术服务到位。对参加“三秋”作业的机具进行全面检修、保养；开展多种形式的技术培训，提高机手的操作技能；协调农机生产企业、销售供应商，开展上门修理、送修下乡和预约维修服务，保证三包服务质量。确保农机帮扶措施到位。农机部门会同民政部门等以乡为单位对无机村和军、烈、孤、困、寡及缺少劳力的家庭进行农机生产帮扶。充分发挥农机合作社、农机大户等社会化服务组织作用，组织他们同本村农户、周边乡镇签订全程或单项作业协议。鼓励开展玉米机收、秸秆还田、机械深松、免耕播种等一条龙作业和复式作业，提高作业效率，增加机手收入，加快作业进度等。

认真贯彻落实农机购机补贴政策，提升农机装备水平。市农机局高度重视农机购置补贴工作，同市财政局联合下发了做好第二批农业机械购置补贴工作的通知，对2015年的第二批农机购置补贴资金做出了全面安排部署。专门成立了农机购置补贴实施工作领导小组，由局长任组长，纪委书记、主管副局长、郑州市财政局农业处处长任副组长，纪委全程监督。各县（市）区也相

“三夏”农机生产暨购机补贴工作会

继成立了由主管副县长为组长，人大、政协、纪检、财政、工商等部门共同参与的领导小组，进一步加强和监管农机补贴工作，有力地促进了郑州市农机装备整体水平的提升和优化。

严格农机执法，为“三秋”农机生产保驾护航。全市农机安全监理工作坚持“安全第一、预防为主、综合治理”的方针，成立了工作领导小组，制定了工作方案，完善责任制度，强化监管，将任务层层分解，明确责任，落实到人。农机监理人员深入乡村道路、田间场院、维修站点、农机合作社，对作业机械进行安全监督检查和隐患排查治理，严肃查处违法载人、疲劳及酒后驾驶（操作）等违法违章行为，对存在安全事故隐患的拖拉机等，坚决制止其上路行驶和作业，对无牌无证且符合办证上牌条件的，督促车主及时办理牌证，从源头上消除安全隐患。

充分发挥农机合作社的主力军作用。抗旱保秋种麦，出动抗旱机具3万台次，完成抗旱浇灌面积40千公顷。订单作业助抢收。农机专业合作社从8月起，就在当地农机部门的指导下，积极与有关乡（镇）、村及种粮大户签订作业合同，共签订作业合同9000余份，完成作业面积73.33千公顷，占“三秋”总作业量的35%左右，作业总收入近亿元。“一体化”作业促进度。农机专业合作社继续推广玉米机收、秸秆粉碎还田、小麦机播一条龙作业，拉长了作业链条，提高了机械效率，切实发挥农机专业合作社在生产中主力军的作用，为保障粮食丰产丰收做出了突出贡献。

加快推广普及农机化新机具、新技术。2015年“三秋”期间，通过宣传发动、示范带动、政策拉动，大力推广应用新型农业机械和技术，并结合郑州市农业生产的实际，充分利用购机补贴政策，加大对农业生产薄弱环节农业机械的补贴力度，加大了对玉米收获机、秸秆还田机、深松整地和烘干机的推广力度。召开不同形式现场会28次，新增玉米收获机490台，实施保护性耕作面积68.67千公顷。

【玉米机械化收获】 2015年，按照市委、市政府全面推进玉米收获机械化的要求，各县（市）区把加快推进玉米生产机械化作为一项重要任务。（1）继续把增加玉米联合收获机作为发展重点，在满足本地基础补贴的前提下，对玉米联合收获机进行累加补贴，全年新增玉米联合收获机490台，保有量达到2968台。（2）采取行政组织推动、典型示范带动、农机农艺技术联动等措施加大提升玉米机收水平。（3）坚持发展与引进并重，以玉米跨区机收为重点，带动跨区作业向机耕、机播领域拓展；把玉米收获全部机械化作为主攻目标。2015年，全市投入生产的玉米联合收获机共3300余台（含引进），玉米机收率达到了77.72%；其中引进玉米收获机300余台，完成作业面积8千公顷，外出250台，完成作业面积6.67千公顷，推进了全市玉米机收工作，进一步提升了秋粮生产机械化水平。

【农机宣传】 “三夏”“三秋”期间，郑州市农机局成立宣传组，主动与新闻媒体密切合作，组织策划重要农时农机会战宣传报道，大力宣传农业机械化在提高农业综合生产能力和防灾抗灾能力方面的重要作用，宣传农机会战中出现的好的经验和典型做法，针对机收会战各个时期的特点，认真做好宣传策划，协助电视台、报社、广播电台进行宣传报道。2015年“三夏”“三秋”期间，各级新闻媒体共报道郑州市农机生产450余条次，编发农机简报140期，发送农机网络信息3700余条次。

【农机购置补贴】 按照省农机购置补贴会议精神要求，2015年郑州市的农机购补工作本着“稳中求进、改革创新、廉政高效”的原则，继续实行“全价购机、定额补贴、县级结算、直补到户（卡）”的补贴方式，同时结合实际，对农机补贴工作进行了改革创新，制定了《郑州市2015-2017年农业机械购置补贴实施指导意见》，使郑州市农机购置补贴工作更具有连续性和操作性。2015年，中央、省级财政安排郑州市农机购置补贴资金5548万元，郑州市本级财政补贴资金2000 万元，县级财政补贴资金380万元。

规范操作，严格执行农机购置补贴政策。2015年上半年中央下达郑州市补贴资金5829万元，郑州市本级财政安排资金1000万元，共计6829万元。按照省农机购置补贴会议精神要求，农机购补工作继续本着“稳中求进、改革创新、廉政高效”的原则，实行“全价购机、定额补贴、县（区）级结算、直补到户（卡）”的补贴方式，并结合具体实际，在保持政策连续性和稳定性的前提下进行了微调，取消了市本级财政资金对补贴机械的累加补贴，增加基础补贴普惠面。同时部分县（市）区农机管理部门将受理农民购机补贴申请资料及补贴资格认定工作下放到各乡（镇）、办事处，进一步简政放权，从源头上堵塞初始漏洞，方便群众。为确保购机补贴政策不折不扣地落实到位，市农机局高度重视该项工作，与市财政局联合成立了农机购置补贴实施工作领导小组，纪委全程监督，具体实施操作有专人负责，层层把关；召开农机购置补贴会议，对2015年的农机购置补贴工作做出了全面部署；与财政局联合下发了2015年郑州市农机购置补贴实施方案；与各县（市）区农机购置补贴工作第一责任人签订了目标责任书，做到了目标到岗、责任到人，增强了工作使命感、责任感和紧迫感。

加强监管。坚持各级农机纪检部门参与农机购置补贴全过程，公布各级举报、监督电话，自觉接受群众监督，严厉查处违规操作行为，切实维护农民权益，强化行风建设。各县（市）区农机部门针对容易发生问题的关键环节，开展自查自纠，重点加强机制制约和工作监管。成立6个市级督导组，在农机购置补贴工作实施期间，由市农机局班子成员带队每周对各县（市）区农机购置补贴实施情况进行督导检查。在检查中，与延伸绩效考核管理工作相结合，对照延伸绩效考核管理实施方案要求，发现问题及时反馈，督导解决，确保农机购置补贴工作顺利进行。

加大宣传力度，强化信息公开。为保证农机补贴惠民政策的顺利实施，继续加大农机补贴政策宣传力度，全力做好农机购置补贴政策政务公开，切实维护好农民群众的知情权、选择权和监

督权。农机化信息网站开辟农机补贴信息专栏，及时公开农机购置补贴实施方案、农机购置补贴政策具体操作办法、操作流程和其他有关规范性文件、制度和办法等，不断丰富补贴政策信息公开内容。各县（市）区农机部门在办公地点、报名地点、乡镇、村、集市、农机经销点等处设立专门的公开栏，张贴有关农机补贴政策信息，并通过当地政府网、农机信息网、电视台、政务大厅电子信息屏、村委会大喇叭广播、乡镇公告栏、流动宣传车、简易明白纸、宣传挂图等进行信息公开。同时，每周公布一次补贴实施进度、资金使用情况、剩余情况等，随时公示受益农户名单及享受补贴情况，接受社会监督。

以民为本，服务到位。把让农民满意作为衡量农机购置补贴工作成效的标尺。各县（市）区推行财政、农机部门联合办公，对购机者实行申请、公示、确认等一站式服务，努力为农户购机创建一个便捷快速的购机环境。同时在市农机化信息网上公布各县（市）区农机购置补贴政策咨询投诉电话、补贴机具质量投诉电话和电子邮箱，接受农民咨询，认真处理农民投诉，积极解决农民遇到的各种难题，做到了事事有回音，件件有着落。

【秸秆综合利用及禁烧】 2015年，郑州市农作物秸秆禁烧和综合利用工作以“管住一把火，落实一道令，确保一方安”为核心，按照“以疏为主，疏堵结合”的原则，坚持秸秆禁烧与综合利用相结合、全面防控与重点巡查相结合，充分发挥基层网格化管理作用，强化网格监管责任。一是充分发挥农机系统的自身优势，狠抓了秸秆机械化处置和资源化利用，通过大力推进秸秆机械化还田，大力发展秸秆饲料及开展秸秆肥料化利用，加强秸秆能源化利用和抓好秸秆收储清运等，为处置秸秆找到了出路，从源头上杜绝了焚烧隐患，解决了长期禁而不止的问题，尤其是狠抓了群众最简便、最易接受、效果最好的秸秆粉碎直接还田。二是加大秸秆综合利用机械的补贴力度，重点对秸秆综合利用机械按国家政策采取优先补贴，发放补贴1735.3万元，设立综合利用项目40个，新增综合利用机具995台。三是加大宣传力度，充分利用广播、电视、网络、媒体、发放张贴《秸秆禁烧公告》、出动宣传车、悬挂宣传条幅、刷写宣传标语等多种形式大力开展秸秆禁烧和综合利用宣传工作，帮助群众转变传统习惯，增强农民对秸秆禁烧和资源化利用的主动意识，秸秆机械化综合处置率比往年有所提升。四是进一步加大巡查、督察力度，严格奖惩制度，市禁烧办各个督察组不分昼夜一线督察，进行明察暗访，实行督察全覆盖。禁烧期间各级禁烧办实行24小时值班，及时上传下达；设立举报电话，随时处理举报事项。

“三夏、三秋”期间，全市秸秆机械化综合处置率较往年有所提升，大气质量明显好于周边地区，国家气象遥感卫星和大气监测卫星监控焚烧火点明显少于周边地市，没有发生因秸秆焚烧造成的大气污染事件和恶性案件，全市农作物秸秆机械化综合处置率达到94.3%，为广大群众的绿色生活和大气污染防控做出了贡献。

领导高度重视，部署安排周密。市委、市政府高度重视“三夏”农作物秸秆禁烧和综合利用工作。5月14日，市政府办公厅下发《郑州市人民政府办公厅关于切实做好2015年农作物秸秆禁烧和综合利用工作的通知》，要求各县（市）区进一步提高思想认识，加大宣传引导力度，加大秸秆综合利用工作力度，坚持“以疏为主，疏堵结合”，切实做好农作物秸秆禁烧和综合利用工作。5月15日，专项工作部署会后，印发《郑州市人民政府关于农作物秸秆禁烧和综合利用工作的通告》，明确各县（市）、区政府对本辖区农作物秸秆禁烧和综合利用工作负总责。5月29日省政府秸秆综合利用和禁烧工作电视电话会议后，市领导对禁烧工作又提出了进一步要求：（1）强化领导，各级政府主要领导要亲自安排、亲自部署、亲自落实；（2）强化责任，各级、各部门、各有关单位要明确责任，落实责任；（3）强化督察，各级各部门要进一步完善机制，强化督察；（4）强化问责，各级、各部门、各有关单位要切实负起责任，落实问责机制。各级、各部门要以“三严三实”精神落实责任，做好秸秆综合利用和禁烧工作。

强化宣传教育力度，大力营造禁烧氛围。为做好农作物秸秆禁烧和综合利用工作，全市开展了形式多样的宣传活动。充分利用广播、电视、网络、平面媒体、短信平台等多种宣传形式，大力宣传秸秆禁烧的政策规定，秸秆资源化利用的途径、方法、好处和收益，通过秸秆禁烧和资源化利用知识的普及教育，进行广角度、多层次、大容量的宣传，教育群众充分理解和主动参与禁烧工作，帮助群众转变传统习惯，增强农民对秸秆禁烧和资源化利用的主动意识。“三夏”期间，全市出动宣传车辆510台次，制作宣传横幅标语37648条，发放《秸秆禁烧公告》、宣传册、宣传单44万份，组织了9907名宣传监督员，实现了农作物秸秆禁烧和综合利用宣传标语悬挂到村头、宣传车巡回到田间、媒体宣传到全民、秸秆资源化利用好处宣传到村户的“四个到位”。

利用网格化管理，确保秸秆禁烧工作顺利实施。为全面做好农作物秸秆禁烧和综合利用，确保实现市委、市政府下达的既定目标任务。各县（市）区把秸秆禁烧和综合利用工作列入网格化管理责任，明确乡（镇）办政府是秸秆综合利用和禁烧工作主体，乡（镇）办党政一把手对辖区内秸秆综合利用和禁烧工作负总责。实行市级督察组包县（市）区、县（市）区领导包乡（镇）办、乡（镇）办干部包村、村干部包组、组干部包户制度，建立了从上到下、横到边纵到底的网格化管理网络。全市三级网格下沉人员10079名，逐地块落实禁烧责任，确保全覆盖。

加大巡查、督察力度，高压严控秸秆焚烧。市禁烧办5个督察组配备卫星定位导航仪、摄像机、照相机等调查取证设备不分昼夜督察一线；同时成立一个机动组进行明察暗访，应付突发事件，实行督察全覆盖。各督察组对分包县（市）区的禁烧和综合利用工作认真负责，每到一地都能深入偏壤小路、田间地头，及时提醒对焚烧隐患的处理，午间、夜间现场督察频次高，圆满完成了所分包县（市）区的禁烧任务。禁烧期间市及各级禁烧办实行24小时值班，

郑州市秸秆利用现场会

及时上传下达有关精神；设立举报电话，随时处理举报问题。全市采取“卫星引导、一线督察、与媒体互动、与119联动、举报受理调查”五位一体模式严控秸秆焚烧；对禁烧控制不力出现的焚烧火点及时查处、督促整改，并通过短信平台、工作简报予以通报。6月5日河南省电视台都市频道曝光荥阳市王村镇、高村乡及新郑市薛店镇发生秸秆焚烧。经市禁烧督察组现场核查属实。根据《郑州市人民政府关于农作物秸秆禁烧和综合利用工作的通告》，分别对荥阳市（王村镇、高村乡）、新郑市（薛店镇）秸秆禁烧不利进行全市通报批评，并做出对荥阳市上划财力200万元、新郑市上划财力100万元的经济处罚。

增加秸秆综合利用渠道，从根本上解决秸秆出路。各级政府和县（市）区有关部门增强了对秸秆综合利用的紧迫感和责任感，利用政府补贴引导、鼓励拓宽秸秆综合利用途径，从源头上解决焚烧问题。（1）加大对秸秆综合利用机械的购置补贴力度，大幅度提高秸秆机械化综合处置率。在全市农机购置补贴方案中，市农机局重点优先补贴秸秆综合利用机械，把大型收获机械、秸秆还田机、秸秆粉碎机、秸秆捡拾压捆机、大型青贮机等农作物秸秆综合利用机具，按国家政策采取优先补贴。2015年，发放补贴资金1735.3万元，设立综合利用项目40个，新增综合利用机具995台。补贴力度的加大增强了群众购置使用秸秆综合利用机具的热情，为提高郑州市秸秆机械化综合处置水平提供了基本保障，为从源头遏制秸秆焚烧起到了基础性作用。（2）实施秸秆还田作业补贴，鼓励秸秆粉碎直接还田。各县（市）区政府均出台多种政策鼓励引导农民实施秸秆直接还田。登封市政府对完成秸秆综合利用目标任务的乡（镇）办给予夏季每亩3元、秋季每亩10元的还田作业补贴；新密市对秸秆综合利用率达到100%的乡（镇）办，根据面积大小，一次性奖励0.5-1万元。（3）多措并举，全力抓好综合利用工作，以疏为主，解决禁烧难题。全面禁止秸秆焚烧，净化大气环境是市委、市政府的工作要求，是社会关心的热点。加强秸秆回收再利用，既解决焚烧难题，又增加农民收入。秸秆机械化还田是郑州市农作物秸秆综合利用的主渠道，2015年“三夏”，全市小麦秸秆机械化还田率达到96.3%。农作物秸秆综合利用的肥料化、饲料化、燃料化、基料化和原料化“五化”利用势头良好。新密市30多个生物质燃料加工点开展免费脱粒小麦、回收秸秆等服务，共回收小麦秸秆加工粉碎做饲料5000多吨；荥阳市沃野农机专业合作社“三夏”购置小麦秸秆打捆机作业近2000亩，收获秸秆近750吨；登封市动员全市秸秆回收和畜牧养殖企业设立40个免费打麦点，投入综合利用机械120台，同时安排车辆回收田间地头和道路两旁的农作物秸秆，“三夏”期间共回收小麦秸秆3500余吨。中牟县畜牧养殖企业青贮秸秆达25万吨，食用菌栽培循环利用农业废弃物秸秆约11万吨。惠济区协调5台捡拾压捆机回收秸秆，结合全区30多家畜牧养殖场牲畜过腹还田秸秆600多公顷，7个奶牛养殖小区回收秸秆近2万吨。

【农机专业合作社建设】 2015年，郑州市把发展农机合作社作为农机工作的总抓手，进一步落实对农机合作社财政扶持政策，大力发展以农机专业合作社为代表的各类农机专业服务组织。积极引导合作社在开展跨区作业、订单作业的基础上，广泛探索土地承包、土地托管、带地入社、土地流转等规模化经营模式，提高经济效益；积极为农机合作组织提供政策指导、技术培训、人才培养、信息咨询等服务。积极引导农机合作组织依法经营、规范运作、诚信服务，创建服务品牌。截至2015年年底，全市注册农机专业合作社203家，入社社员3936人，资产总额79343万元，服务农户166320户，年度总收入32240万元，规模经营土地面积41.84千公顷。“三夏”“三秋”期间，农机合作社在农机部门的指导下，积极与有关乡镇、村组及种粮大户签订作业合同，推行订单作业，提升全市农业生产机械化效率，提高规模化作业效益，共签订作业合同4万份，协议作业面积233.33千公顷。同时，农机部门组织农机合作社、农机大户及其他农机服务组织积极为军、烈、鳏、寡、孤、独等困难户提供帮扶作业服务，共帮扶2万余户，面积达5.33千公顷。继续落实对农机合作社财政扶持政策，大力发展以农机专业合作社为代表的各类农机专业服务组织，培育发展一批设施完备、功能齐全、特色鲜明的示范农机专业合作社。农机作业领域从产中向产前、产后扩展，服务领域从种植业向畜牧业、果蔬业、农产品加工延伸。

农机专业合作社发展的特点。（1）各级政府和农机管理部门高度重视。出台了关于加快发展农机专业合作社的意见和扶持措施，制定了农机专业合作社发展实施方案和发展目标。积极争取政府财政资金，支持农机专业合作社场库棚建设、购置维修设备、改善信息化办公设施等；农机购置补贴政策资金重点向农机合作社倾斜，并且放开机具台（套）补贴限制，支持发展先进成套农机装备；有关农机化建设项目和新机具、新技术示范推广项目，能够由农机合作社承担的，优先予以安排。有力地促进了农机专业合作社基础设施建设水平和社会服务能力的提高。（2）组建形式多样化。农机户联合型。主要是由具有丰富农机作业、市场经营、技术维修等经验的多家农机户联合牵头，吸收其他农机户参加，成立的农机专业合作社；或由农机专业大户发起，农机手等自愿带 机或带资按股份制原则入社。集体组织主导型。乡、村集体经济好的地方，机具由集体出资购买为主成立的农机专业合作社；或者以村委班子成员牵头，组织农机户参加成立农机合作社。农忙时主要以服务本村本乡农民为主，机具由集体统一管理，统一调度、统一作业，政府埋单或只向农户收取作业成本费。它解决了外出务工户、无劳力户的担忧。农机企业依托型。主要是农机加工、维修、流通企业利用他们生产、加工、维修、营销、技术、市场、资金等优势，吸收农机户、农户参加，形成“龙头企业+农机合作社+农户”的农机服务产业化链条。社会资本带动型。由社会能人牵头，吸引民间资本投资成立农机专业合作社。农忙从事农田作业，农闲开展多种经营，实现了一年四季有活干，提高了场地和设

“三夏”农机志愿帮扶服务

备的利用率，经济效率明显。（3）经营内容市场化。2015年，全市农机专业合作社经营服务项目达10余项，涉及机械制造、农机销售、农机维修、农田作业、运输、建筑、生物质燃料、农产品加工、园林绿化、养殖、种植等项目。除为农业生产服务之外，大部分农机专业合作社正不断拓宽服务领域，扩大服务内容，提高经营效益，增加农机专业合作社的生命力和发展活力。合作社在不断发展壮大的同时，还积极参与救灾抢险和扶贫济困等社会公益活动，提高农机专业合作社的社会影响力，打造“公益农机”品牌。（4）服务模式社会化。开展跨区作业。跨区作业是合作社开展社会化服务的代表模式。跨区作业的范围正由小麦机收向玉米机收、小麦免耕播种拓展，跨区作业模式不断扩大，农机跨区作业品牌的影响力不断增强。实行订单作业。订单作业是合作社开展社会化服务的主要方式。合作社通过提前考察作业市场，与用机户签订作业协议或达成口头协议，按照协议开展机械作业服务。开展“一条龙”作业。合作社利用自己装备齐全的优势开展收获、整地、播种、运输“一条龙”作业，拉长服务链条，不但提高了作业效率，经济效益也明显增加。（5）开展农机适度规模经营。合作社通过土地承包、土地流转等方式把分散的地块集中起来，统一供种供肥、统一作业、统一管理服务，实现区域化种植、标准化生产、规模化经营，有效地降低了作业成本，提高了土地产出率。

【科技创新与农机科普宣传】 2015年，郑州市农机科技部门重点开展了保护性耕作机械技术、生物质燃料模压成型技术、土地机械化深松技术、玉米机械收获技术、秸秆综合利用机械化技术、设施农业机械化技术的推广工作，大蒜花生收获机械化技术、谷子机械化收获技术的试验、示范推广工作，郑州市玉米机械收获实现重大突破，达到77.72%，小麦机收率达到97.16％。

加强科普宣传和培训。采用各类电视、报刊和农机信息网宣传。印制保护性耕作知识培训教材、免耕播种机的使用与调整、知识问答、操作规程等书籍和宣传资料3万多份。现场会是展示、宣传新机具、新技术的重要载体，结合郑州市实际，针对项目区重点宣传和培训结合，送教下乡与培训班结合，“三夏”“三秋”期间，郑州市农机推广站组成技术服务小分队，深入乡村开展上门服务。郑州市农机推广站召开了玉米机械化深松播种现场会、大蒜机械化收获现场会、郑州市秸秆综合利用现场会、机械化秸秆青贮回收现场会、花生机械化秸秆利用现场会、首次谷子机械化收获技术现场会、机械化深松作业现场会。全市共召开了85次现场会及技术培训会，培训人员3万余人次。围绕科技促进文化创新发展、普及科学技术知识、丰富群众科学文化生活、送科技到基层农村等活动主题，制作大型展板10块，发放宣传资料4000余份。通过普及科学知识，展示科技成就，宣传方针政策，展示了郑州市农机推广的新成果、新技术。郑州市农机推广站获得全国农机科普先进集体标兵、河南省农机推广先进单位等荣誉称号。

【机械化保护性耕作】 2015年，郑州市新增保护性耕作机械487台，其中深松机158台。机械化保护性耕作实施面积68.67千公顷。郑州市承担国家农业部的保护性耕作工程建设项目1个，在中牟县实施。积极实施深松整地作业项目，全年累计完成作业面积40千公顷。为了更好地推广机械化保护性耕作技术，郑州市农机局先后编印发放了《保护性耕作技术专题巡回讲义》《保护性耕作技术培训教材》《保护性耕作技术问题解答》《保护性耕作技术要点》《保护性耕作机具操作规程》等培训宣传资料，并通过各级媒体宣传，举办保护性耕作培训班，以及以会代训等方式，全年召开85次现场会和培训会，培训各类农机技术人员2万余人次。在宣传群众的同时，各级农机部门组织技术人员深入到县（市）、乡、村田间地头进行新机具的巡回表演，消除持怀疑态度的农民的顾虑，促进了该技术的传播与应用，掀起购机用机新高潮。为提高作业质量，保证作业效果，专业技术人员对购买保护性耕作机具的机手集中进行理论培训和操作、调整演练。在对机手进行强化培训的同时，各级农机部门要求职工在业务技能方面进行再提高，达到会讲解、会操作、会故障排除，有效解决了自身服务能力不足的问题。

【农机政务信息公开】 2015年，郑州市农机局继续认真贯彻落实《中华人民共和国政府信息公开条例》《郑州市人民政府办公厅政府信息公开实施细则》，积极采取多项措施，加强组织领导，健全工作机制，切实做好政务信息公开工作，取得了显著成效。建立平台，信息公开及时。充分发挥网络信息量大，便捷、及时、透明的特点，拓展信息公开平台。对郑州市农机化信息网站进行了改版和完善，进一步修订了网上政务信息公开与更新制度。指定专人负责信息采编，配合“三夏”“三秋”重要农时季节开设网上专栏，为服务对象提供全面、大量、及时的信息。按照规定在网上主动公开信息380多条。强化网站信息管理。严格遵循网络信息发布的相关法律规章，规范信息录入，提高政务公开信息质量，严格执行网站备案制度和安全协议，贯彻落实网站组织管理、内容更新维护。扩大信息公开范围。网站开设了政策法规、新闻中心、科技教育、市场监管、产品鉴定、质量信息、农技推广、农机服务、安全监理、农机风采，工作动态、通知通告、新闻快讯等栏目，公开宣传“三夏”“三秋”农机生产情况、农机跨区作业、创新示范工程、农机化综合利用、农机购置补贴政策等。对涉及比较敏感的政府信息，只要是属于主动公开的，都能在网站上查询到。规范信息公开程序。严格按照《政府信息公开条例》的规定，对公开的信息进行保密审查，履行相关审核程序。及时准确做好信息公开。属于主动公开范围的政务信息，自该政务信息形式或者变更之日起10个工作日内予以公开。属于申请公开的政务信息，能够当场答复的，当场予以答复；不能当场答复的，15个工作日内给予答复。

【农机安全工作】 2015年，市农机局认真贯彻“安全第一、预防为主、综合治理”的方针，健全农机安全生产责任

市农机局调研中联机械有限公司

农业机械年末拥有量

	农业机械总动力（万千瓦）				耕作机械						收获机械				收获后处理机械	
	合计	柴油发动机动力	汽油发动机动力	电动机动力	大中型拖拉机		其中：轮式拖拉机		小型拖拉机		联合收获机		割晒机		机动脱粒机	
					万台	万千瓦	万台	万千瓦	万台	万千瓦	万台	万千瓦	万台	万千瓦	万台	万千瓦
郑州市	522.5126	414.0226	4.1627	104.3273	1.2995	63.1059	1.1078	53.2994	9.9394	98.7049	0.8862	60.4192	0.3929	1.1922	2.2948	6.7147
中原区	2.2318	1.5848	0.0031	0.6439	0.0113	0.4744	0.0113	0.4270	0.0004	0.0049	0.0068	0.3433	0.0000	0.0000	0.0068	0.0265
二七区	7.2197	5.6472	0.1736	1.3989	0.0075	0.3219	0.0075	0.3219	0.0283	0.3312	0.0036	0.1806	0.0000	0.0000	0.0305	0.0000
管城回族区	5.6843	4.0949	0.0304	1.5590	0.0125	0.4875	0.0125	0.4875	0.0257	0.2833	0.0052	0.3380	0.0045	0.0495	0.0050	0.0000
金水区	4.3245	3.6000	0.0045	0.7200	0.0056	0.2168	0.0056	0.2168	0.0063	0.0441	0.0056	0.3050	0.0000	0.0000	0.0122	0.0610
上街区	3.5384	2.5584	0.0200	0.9600	0.0257	0.9912	0.0231	0.9126	0.0428	0.4880	0.0054	0.3184	0.0000	0.0000	0.0100	0.0000
惠济区	11.1771	7.5969	0.2682	3.3120	0.0262	1.2719	0.0235	1.2564	0.0110	0.0950	0.0136	0.8844	0.0000	0.0000	0.0022	0.0000
中牟县	74.9994	68.0031	0.0822	6.9141	0.2764	12.4536	0.1673	6.7930	3.3342	30.0575	0.1012	6.2368	0.1212	0.0000	0.0780	0.0000
郑东新区	15.1881	14.2103	0.0157	0.9621	0.0408	1.8023	0.0294	1.3844	0.5599	5.0385	0.0155	0.9676	0.0168	0.0000	0.0327	0.2618
经开区	8.9780	8.1070	0.0110	0.8600	0.0317	1.3300	0.0265	1.0660	0.4310	3.9125	0.0075	0.4523	0.0155	0.0000	0.0120	0.1200
航空港区	34.0848	29.1781	0.0712	4.8355	0.0814	3.5375	0.0579	2.4793	1.0800	9.5688	0.0359	3.0207	0.0265	0.0000	0.0445	0.0552
高新区	2.7681	1.8590	0.0034	0.9057	0.0126	0.4745	0.0126	0.4745	0.0010	0.0101	0.0086	0.3501	0.0000	0.0000	0.0075	0.0300
荥阳市	85.6529	69.1740	0.5485	15.9304	0.1853	7.2497	0.1774	6.7768	0.3159	4.1067	0.1653	10.2464	0.0132	0.0664	0.3102	3.1714
新密市	106.0081	70.7135	0.4700	34.8246	0.2190	12.9518	0.2190	12.9518	0.7382	9.4093	0.2319	17.6097	0.0054	0.0663	0.4336	1.3008
新郑市	91.3564	74.0967	1.8095	15.4502	0.2477	12.8066	0.2191	11.2448	1.0483	9.7097	0.1709	11.6320	0.0275	0.0000	0.1688	1.6880
登封市	69.3010	53.5987	0.6514	15.0509	0.1158	6.7362	0.1151	6.5066	2.3164	25.6453	0.1092	7.5339	0.1623	1.0100	1.1408	0.0000

农业机械年末作业量

	机耕面积	机播面积	机械植保面积	机收面积	其中：小麦机收面积	其中：玉米机收面积	机械化秸秆还田面积	机械脱粒粮食数量	机械初加工农产品数量	农机运输作业量
	万公顷	万公顷	万公顷	万公顷	万公顷	万公顷	万公顷	万吨	万吨	亿吨／公里
郑州市	21.0006	32.1418	12.5588	29.3161	14.6055	10.4172	26.8684	143.3895	155.2266	18.4730
中原区	0.1840	0.1890	0.2608	0.1850	0.0920	0.0500	0.0850	0.8635	0.0736	0.1629
二七区	0.0200	0.0203	0.0270	0.0186	0.0118	0.0063	0.0200	0.0751	0.0593	0.1800
管城回族区	0.1631	0.1533	0.2003	0.1455	0.0838	0.0450	0.1353	1.0700	0.4980	0.1811
金水区	0.1141	0.1811	0.0060	0.1661	0.1011	0.0650	0.1900	0.9691	0.0600	0.1200
上街区	0.0625	0.1259	0.4380	0.1184	0.0684	0.0500	0.1350	0.7366	1.5050	0.0240
惠济区	0.9303	0.7241	0.2200	0.7150	0.2290	0.1672	0.3200	2.6917	1.4800	1.4450
中牟县	4.5700	5.2300	0.0000	4.8320	1.2400	1.2385	2.8628	11.2050	17.8900	2.0376
郑东新区	0.6578	0.7976	0.0660	0.7782	0.3255	0.2950	0.7122	4.3000	4.7700	1.0895
经开区	0.5700	0.6617	0.0110	0.6216	0.3162	0.2128	0.5450	3.7391	4.0456	0.8710
航空港区	2.5300	2.6586	0.6500	2.5125	0.9470	0.6309	1.5062	12.2529	4.7649	1.1558
高新区	0.2950	0.5470	0.0100	0.5150	0.2970	0.2150	0.5100	2.6000	0.0800	0.1400
荥阳市	2.1601	5.5320	2.6010	5.2190	3.1181	2.0426	5.7253	33.6385	57.1512	0.6100
新密市	2.5798	5.3652	2.4470	4.6820	2.7360	1.9460	4.9286	21.8755	19.0305	0.1887
新郑市	3.2347	5.3207	5.5357	4.8420	2.6200	1.9173	5.0380	27.9357	41.2385	4.0074
登封市	2.9292	4.6353	0.0860	3.9652	2.4196	1.5356	4.1550	19.4368	2.5800	6.2600

农机化作业服务

	农机化作业服务组织		其中：农机专业合作社		农机户		其中：农机化作业服务专业户	
	年末机构数（个）	年末人数（人）	年末机构数（个）	年末人数（人）	年末机构数（个）	年末人数（人）	年末机构数（个）	年末人数（人）
郑州市	283	3694	202	3276	155518	164646	10164	11738
中原区	2	8	0	0	300	350	150	170
二七区	0	0	0	0	0	0	0	0
管城回族区	0	0	0	0	2304	2693	1	4
金水区	0	0	0	0	5	15	0	0
上街区	0	0	0	0	20	80	0	0
惠济区	10	156	8	112	7900	8200	20	60
中牟县	14	161	14	161	50025	50025	1526	1675
郑东新区	0	0	0	0	8272	8472	235	296
经开区	1	11	1	11	6501	6650	201	210
航空港区	4	20	4	20	13340	13340	334	334
高新区	5	50	5	50	5	15	0	0
荥阳市	127	899	56	610	7698	10276	927	1569
新密市	49	569	48	540	14250	14250	6120	6120
新郑市	41	1620	41	1620	15912	15954	650	1300
登封市	30	200	25	152	28986	34326	0	0

体系，促进了全市农机安全生产状况的持续稳定好转，全年无重特大农机安全生产责任事故。（1）强化农机安全生产大检查。认真开展了农机系统“安全生产大检查”“打非治违”“农机安全生产月”“查尽责、除隐患、保安全”等活动。“三夏”“三秋”期间，成立农机安全检查和技术服务小分队，深入乡村道路、田间地头、农机作业现场开展农机安全巡回检查，发现问题及时解决，并搞好技术指导、后勤保障等服务。全年累计开展农机安全检查561次，出动监理人员1378余人次，检查拖拉机和联合收割机24573台次，查处、纠正违章450起，并当场责令整改到位，有效预防了农机事故发生。（2）创新“平安农机”创建机制。继续巩固和开展“平安农机”创建活动，推出一批示范县、示范岗，提高了创建效果。新建全国“平安农机”示范岗位1个；省级“平安农机”示范岗位2个、示范乡镇2个、示范合作社5个；市级“平安农机”示范村12个、示范合作社5个、示范户120户。（3）加强农机安全宣传教育活动。通过广播、电视、宣传标语、印发安全资料等形式，大力宣传农机安全法律法规、道路交通安全、农机安全操作常识，用事故案例警示群众，强化农机安全生产宣传教育活动，营造良好的安全生产氛围。全年累计开展安全教育宣传活动557次，参与人数25120人，出动巡回宣传车880车次，发放各类安全生产宣传资料151730份。举办各类农机技术培训班90期，共培训各类农机手15961人；与机手签订农业机械安全生产责任书3.8万余份，提高了广大机手的安全意识。（4）多措并举，做好“三夏”“三秋”农机安全工作。“三夏”“三秋”是农机安全生产管理的重点，市农机局、市农机安全监理所领导高度重视此项工作，成立专项领导小组，制定实施方案，采取有力措施，确保有关工作顺利完成。“三夏”“三秋”期间，着重把握作业机具的技术状态和培训安全生产工作两大重点，着重落实3项服务。开展联合收割机等作业机具的安全性能测试，监理部门抽调了400余名农机监理人员分组深入到村户，对全市所有小麦联合收获机进行检修、保养服务，共检修调试保养各类机械3428台次，确保机具以安全完好状态投入生产。投入资金数万元，购买了46顶帐篷，在全市主要交通要道设立安全监理服务网点64个、流动服务车48台，维修、接待人员配备应急药品、农机配件24小时随时待命；开通热线服务电话，确保信息畅通，随时为机手提供服务；适时为机手提供各种服务，切实解决机手的后顾之忧，保证作业机车的技术检验安全，做好跨区作业接待报务工作。采取以会代训、现场讲解、发放资料、播放视频等多样化学习方式，组织机手参加作业前安全培训，学习农业机械的使用、保养、故障判断与维修、安全操作规程等知识，提高驾驶操作人员的技能水平，排查、排除事故隐患。切实做好跨区作业接待报务工作，确保信息畅通。郑州电视台、郑州日报社先后对农机安全监理服务网点建设及机收情况进行了跟踪报道，树立了农机监理新形象。

【农机教育培训】 2015年，继续深入开展农机教育培训大行动。各县（市）区农机部门切实加强农机化管理人才、科技人才和实用人才“三支”人才队伍建设，以春耕、夏收夏种、秋收秋管等生产管理、维修和“三夏”“三秋”作业机具的检修、农机化技术推广、“三夏”“三秋”机械化生产技术指导、新购置机具为重点，全面组织开展农机教育培训大行动活动。进一步创新工作思路，以发展现代农业、增加农民收入、建设社会主义新农村为目标，以创新农机技术推广机制为突破口，以开展新型农民培训为抓手，全面推进农机化科技进步，为农业和农村发展提供强有力的农机科技和人才支撑，推动了郑州市农业机械化的健康发展。全年召开85次现场会和培训会，培训各类农机技术人员24625人次。

【农机新机具、新技术推广】 2015年，郑州市农机推广部门紧紧围绕粮食增产、农业增效、农民增收的目标，坚持“抓特色、调结构、增总量、提效益”的方针，围绕农业科技创新，着力优化农机装备结构，加大技术推广服务力度，不断提高科技水平、装备水平、作业水平和安全水平，通过宣传发动、示范带动、政策拉动，大力推广应用新型农业机械和技术，并结合全市农业生产的实际，充分利用购机补贴政策，加大对农业生产薄弱环节农业机械的补贴力度，重点做好玉米联合收获机、大型拖拉机、免耕播种、深松机和生物质燃料压块机的推广应用，积极引进、示范推广经济作物生产机械化技术，有力地促进了郑州市农机化事业的快速发展。2015年，全市共推广新增各种机具5643台，其中，新增小麦联合收获机402台；新增玉米收获机437台；新增各种拖拉机1025台；新增玉米播种机299台；新增小麦播种机170台；新增秸秆还田机329台；新增旋耕机729台；花生收获机119台，花生摘果机106台；新增微耕机527台，新增卷帘机387台；新增青贮饲料机46台，新增打捆机20台，铡草机35台；植保机械192台，其中植保飞机4台；新增保护性耕作机具487台，其中深松机158台；其他机械333台。

做好宣传推广。现场会是展示、宣传新机具、新技术的重要载体，“三夏”“三秋”期间，郑州市农机推广主站派出技术服务小分队，深入乡村开展上门服务，召开了玉米机械化深松播种现场会、大蒜机械化收获现场会、首次新型航空植保机械作业现场会、郑州市秸秆综合利用现场会、机械化秸秆青贮回收现场会、花生机械化秸秆利用现场会、首次谷子机械化收获技术现场会、机械化深松作业现场会。全市共召开了85次现场会及技术培训会，培训人员3万人次。借助中央惠农政策的有利时机，大力宣传、推广适应本地主要作物的先进、适用、环保的新型机械，全市推广各类农机具5643台。

结合农业生产实际，充分利用农机购置补贴政策，加大对农业生产薄弱环节农业机械的补贴力度，大力推广保护性耕作技术、玉米机械化收获、农作物秸秆压块、根茎类作物机械化收获和机械植保等技术及大马力拖拉机、玉米联合收获机、土地深松机及保护性耕作等新型农机具。2015年，共举办各类农机化新技术培训班、新机具现场演示会85期（次），发放宣传、技术资料10余万份，推广各类新型农机具5643台（套）。因地制宜，积极引进、示范推广经济作物生产机械化技术。2015年，全市共推广根茎收获机130台，总量达到2320台；大蒜、花生机械收获面积22.05千公顷，进一步加大了对花生收获、大蒜种植收获机械化技术的引进、示范工作，以加快花生、大蒜等经济作物生产的产前、产中、产后机械化步伐。以项目为依托带动全市农机推广工作上台阶、上水平。承担了农业部的生物质燃料模压成型技术示范项目。实施深松整地作业项目，按要求在全市将40千公顷任务下达到各县（市）区。同时，充分利用购机补贴政策，优先补贴深松整地机具。新增拖拉机深松机158台。

【农机安全监理】 2015年，郑州市农机安全监理工作在各县（市）区农机安全监理机构共同努力下，紧紧围绕安全生产年和农机安全监理工作目标，始终坚持“安全第一、预防为主、综合治理”的方针，扎实开展了农机系统安全生产大检查、打非治违、农机安全生产月、“查尽责、除隐患、保安全”和平安农机创建等活动，严格落实各项农机安全管理措施，不断加强宣传教育，加大农机安全生产执法检查、隐患排查治理，确保了全市农机安全生产形势稳定。2015年，共受理农业机械登记许可1361个，其中，拖拉机613台、联合收割机748台。接受驾驶人考试申请595个，检验拖拉机13013台、收割机4012台。圆满完成了2015年农业机械及驾驶员年度检审验任务。全市享受购机补贴的自走式动力机械上牌率达到98%；各类农机专业合作社、协会等合作组织拖拉机和联合收割机挂牌率、年检率和驾驶员持证率均达到了100%。

综合治理专项行动。各级农机部门严格按照省、市专项行动指示精神，认真开展了农机系统安全生产大检查、打非治违、农机安全生产月、“查尽责、除隐患、保安全”等活动，有效提升了“三率”水平，保障了农机道路交通安全和农机安全生产。全年共开展农机安全检查561次，出动监理人员1378余人次，检修拖拉机和联合收割机24573台次，查处、纠正违法违章450起，排查治理隐患322处，与公安交通部门开展联合执法58次，主要街道、路口悬挂宣传标语条幅650条，制作宣传版面224块；接受群众咨询服务3万人次。通过专项行动的开展，及时消除了农机事故隐患，有效地预防了农机事故发生。

（戚艳华）

水利建设

【概况】 2015年，郑州市以水生态文明建设为统揽，积极推进水务改革，持续加大投入力度，不断完善管理机制，大力发展民生水利，扎实推进防汛抗旱、都市区生态水系提升、农村安全饮水、农田水利现代化示范乡镇等重点项目建设，初步建成了集防洪、排涝、灌溉、供水等功能为一体的水利综合保障体系，实现了“十二五”圆满收官，全市水务事业发展迈上了新的台阶。

行政审批工作。行政审批“一个窗口对外、一个机构履职、一枚印章签批”的体制机制已经建立，基本实现了“两集中两到位”。“五单一网”制度改革落实到位，权责界定明确清晰。全年办理行政许可事项36件，接待行政审批咨询服务387人次，换发取水许可证12个，办理满意率达97%以上，提前办结率100%，得到良好评价，在全市行政审批工作排名中稳居前列。

水利改革。整合设立了农村水利和水土保持处，新成立了行政审批办公室。取消了畜滞洪区避洪设施建设、洪泛区和蓄滞洪区内非防洪建设项目洪水影响评价报告审核、坝顶兼作公路等3项审批。下放河道采砂审批给登封市水务局行政许可，调整建设项目水资源论证报告书审批为其他权力事项，取消农村集体经济组织修建水库审批、水利工程建设项目防洪规划同意书审核2项审批事项。完善了行政决策机制，加快推进小型水利工程管理体制改革工作，新郑市农田水利设施产权制度改革和创新运行管护机制试点有序推进，新密市水权交易试点工作取得圆满成功。

南水北调和移民工作。南水北调配套工程与干线工程同步通水，刘湾、柿园、白庙水厂先后完成水源置换，丹江水已成为城市主要供水水源，受益人口达650万人，日供水85万立方米，全年供水2.2亿立方米。做好南水北调征迁扫尾，加快临时用地返还复垦，完成跨渠桥梁管养移交，妥善解决干渠遗留问题；制定应急预案，积极做好启福大道及水泉沟等关键部位度汛隐患治理，确保南水北调干渠工程度汛安全和供水安全。下达2015年度丹江口库区移民第三批奖补资金1121万元，落实产业发展资金2950万元，丹江口库区移民人均收入从2011年的4000元增长到2015年的13500元。持续推进大中型水库移民避险解困试点工作，发放大中型水库移民直补资金4172万元，第一批避险解困试点部分群众已入住新居，第二批避险解困资金6459.84万元已全部下达。

【防汛抗旱】 坚持防汛工作行政首长责任制，全面开展汛前隐患排查和隐患点除险加固，对排查出的77处问题进行了整改。协调郑州警备区、驻郑部队、军事院校组建了15支共4520人的防汛抗洪抢险队，组织了军民防汛抢险演练，储备了1500万元的各类防汛物资。积极推进山洪灾害防治非工程措施建设，初步形成了“县、乡、村、组、户”为一体的群策群防体系。借助“互联网+”模式，进一步发挥和优化防汛信息平台作用，强化与16位市级分包领导、38个成员单位及各县（市）区防汛指挥部的联系互动和应急响应，实现实时会商决策。坚持防汛抗旱两手抓，修订完善了《郑州市抗旱预案》，督促引水入密工程进度，解决新密市水资源短缺问题；指导登封市编制引水入登规划，加快推进列入省抗旱规划的水源工程等项目建设；与平顶山市签订了全国首个跨流域水量交易协议，努力破解城市缺水瓶颈。

【生态水系建设】 按照水生态文明试点市建设实施方案，全力推进牛口峪引黄工程、石佛沉砂池至郑州西区生态供水工程、环城生态水系循环工程和贾鲁河生态水系综合治理工程等4大重点项目，并取得突破性进展，共完成投资10.18亿元。环城生态水系循环工程、石佛沉砂池至郑州西区生态供水工程分别于12月10日和12月19日开工建设。牛口峪引黄工程土地异地代保已落实，一级泵站建设完成。贾鲁河、象湖至万三公路段应急疏挖工程计划2016年汛前完工，贾鲁河生态水系综合治理工程前期工作有序推进。索须河天河路节点景观提升示范段已建设完成，东风渠、十八里河等河道上15座拦蓄水闸、坝陆续完工投用。在10月下旬市人大开展的生态水系全面提升工作专项评议中得到“满意”评价。

【水清河美行动】 以“水清河美”为目标，加强生态水系运行管理，全年下达调度令103次，生态水系调水总量达1.6亿立方米。推行“水长制”和“河长制”，突出河道截污治污和两岸生态管护，封堵根治沿河排污口137处，清理河道垃圾76处，拆除违章建筑59处。分别对魏河金杯路至中州大道5.7公里、七里河107辅道至商都路14.7公里进行了清淤，对十七里河汇合口上游进行了应急清淤，对十七里河航海路橡胶坝至岔河村桥段进行了扩挖清淤，有效地提高了河道防洪排涝能力和水景观效果。

【农村安全饮水】 2015年，计划解决16万农村人口饮水安全问题，实际解决16.14万人，总投资7954万元。其中，中央安排郑州市6个县（市）区5916万元，解决12.37万农村人口饮水安全问题，10月底工程已全面完工，并实现通水入户；市本级安排登封、新密两市2038万元，解决3.77万农村人口饮水安全问题，12月底完工。截至“十二五”末，全市共解决346.21万农村人口饮水安全问题，农村自来水普及率已达95%以上，在全省率先实现了农村饮水安全村村通自来水的目标。完成中央预算内投资1110万元，同步建成8个区域水质

2015年全市水务工作会议

碧水绕绿城

检测中心。

【农田水利现代化示范乡镇项目建设】按照《郑州市农田水利现代化示范乡镇建设规划》，积极开展以节水灌溉为目标的农田水利现代化示范乡镇项目建设，着力打造“智能、节水、规模、增效”的现代化示范区。已启动的10个项目中，2013年度3个项目已完工并发挥效益，总投资2.27亿元，初步实现了工程标准化、灌溉高效化、测控自动化、农田园田化的建设效果；2014年度4个项目新郑城关、荥阳广武、登封颍阳、中牟狼城岗总投资2.94亿元，已完成投资18885万元；2015年度3个项目新郑新村、荥阳王村、中牟黄店前期工作基本完成，计划投资1.96亿元，实施方案已经市发改委批复。

【水资源管理】 全市基本建立了覆盖市、县两级实行最严格水资源管理制度的框架体系，强化取水许可管理、计划用水指标核定、超计划用水累进加价等水资源管理制度，征收水资源费及加价水费2170万元，完成了重要饮用水源地安全保障达标评估自查，全年地下水开采总量1770万立方米，相较于2014年地下水总开采量的1950万立方米减少了10%，顺利通过国家节水型城市第三次复验。按照“五单一网”要求梳理水资源管理权责清单，依法依规界定了市水务局115项权责事项和承办的市政府14项权责事项。

【水政执法】 强化水行政执法责任制，开展普法培训，推行服务型执法和精细化执法，规范水表安装并定期校验，建立微信平台自报系统，严厉打击非法取水现象，全年查处131件举报案件、143件重点水事违法案件。重点开展了市内五区水资源管理摸底普查，排查了全市736家用水单位，依法查处了郑州龙浴湾温泉酒店等3家单位违法取水案；与公安和检察机关联动成立专项执法组，对30家重点对象逐一查处。利用“世界水日”“中国水周”等平台，通过节水宣传进社区、进学校、进企业等方式，广泛宣传水法水情，提高全民节水意识，营造良好的尊法守法氛围，《中国水利报》刊登了郑州市开展水情教育工作的主要做法。

【水库除险加固和中小河流治理】 全市列入规划的124座（中型13座、小型111座）病险水库除险加固工程圆满收官，共完成投资7.9亿元。13座中型水库除险加固工程全部完成竣工验收或蓄水验收。111座小型水库全部完成建设任务，其中95座完成竣工验收。24个列入规划的中小河流治理项目投资计划已全部下达，治理总长度257.46公里，批复总投资5.4亿元。2015年前批复的22个项目中，5个项目通过竣工验收，14个项目进行了法人验收，3个项目进入扫尾阶段。2015年11月新批复的2个项目前期筹备工作已经启动。截至2015年年底，郑州市基本形成了完备可靠的防洪保障体系。

【水土保持生态治理】 投资285万元的新密市大潭嘴水土保持综合治理项目已完工，全年共治理水土流失面积54.8平方公里，占计划治理面积45平方公里的122%。对新建铁路石武客运专线等28个项目开展了水土保持监督检查，实现市批生产建设项目监督检查全覆盖；严格征缴生产建设项目水土保持补偿费，共征缴3个项目补偿费31.65万元，实现了市级水土保持补偿费征收零的突破；完成郑州至万州铁路等22个项目水土保持方案技术审查、郑开城际铁路等9个项目水土保持设施专项验收，全市生产建设项目水土保持方案编报率、实施率和验收率明显提高。

【“十三五”规划编制】 从防洪减灾、生态水系建设、民生水利建设、水资源开发利用、水资源节约与保护、水土保持与生态修复、海绵城市建设、水利法制建设、水利改革发展和水利行业能力建设等10个方面，科学编制“十三五”规划，着力打造生态水利，发展民生水利，推行精准水利，构建法治水利。规划估算总投资431.56亿元，其中2016-2018年规划投资346.53亿元，2019-2020年规划投资85.03亿元，力争通过5年时间，构建与全面建设小康社会相适应的水安全保障体系。

（赵　研）

南水北调

【概况】 2015年，郑州市南水北调工作坚持以服从国家大局、服务郑州发展、维护群众利益为原则，立足一流服务，创造一流环境，建设一流工程，各项工作目标任务圆满完成，得到了国调办、省委、省政府和省南水北调办、省移民办的充分肯定。其中，配套工程顺利如期与主体工程同步建成、同步达效，为郑州市经济社会和生态建设提供了强大的水资源保障，受水人口达到650万人；丹江口库区移民稳定发展，移民人均收入从2011年4000元增长到2015年13500元，移民工作受到省委、省政府的表彰；移民征迁资金管理使用安全高效，受到省办的表彰奖励。

丹江口库区移民安置遗留问题基本处理完毕。2015年，郑州市先后解决遗留人口移民身份认定问题40名，调整荥阳市移民村移民安置计划6个，下达移民安置征地超支补助资金1369万元，出台了财产户安置建房补偿补助意见，梳理移民安置“三项”包干预备费使用434万元，财产户安置及建房补偿补助工作取得阶段性成果，移民安置国家验收工作按照上级要求稳步推进。

移民稳定生产，收入明显增加。按照省“强村富民”战略计划，2015年，郑州市新增全省“强村富民”示范村2个，争取奖励资金200万元；新增全省“强村富民”重点村2个，申报奖励资金600万元；下达第三批省奖补资金1121万元，落实产业发展资金2950万元，移民扶持项目建设管理日益规范高效，移民村集体收入高的突破80万元，群众收入突破1.2万元。

水库移民后扶项目效益发挥明显。全年共发放大中型水库移民直补资金4172万元，自2006年起，累计发放3.73亿元；先后下达大中型水库后扶结余资金4次、库区基金3次、小水库扶持基金2次，全年下达项目资金5800余万元；完成2013年及以前年度移民后扶项目验收工作，验收后扶项目158个，完成省政府42项重点民生工程现场督导检查；第一批避险解困试点工作扎实推进，部分群众已入住新居，第二批避险解困资金6459.84万元全部下达。

移民村创新社会治理日益规范。2015年，郑州市大力推进重点难点信访事项台账管理，解决了观沟村全振太财产户安置临时住房、张湾村全坤其宅基地和生产用地分配、遗留人口移民身份认定、姚湾村集体上访等多起信访事件；同时，在“强村富民”规划、“十三五”规划的基础上，协助长江水利委员会规划设计院补充编制了丹江口库区移民后续帮扶发展规划，为移民村下一步生产发展、提升村级管理水平、打造“美丽乡村”、实现移民2020年小康等做好了铺垫。

【南水北调运行安保工作】 2015年，郑州市共投资370万元用于工程沿线安保工作，有效推动了南水北调工作在郑州的顺利实施。南水北调总干渠两岸防汛工作。经过排查，郑州市境内共有17处左岸防洪影响处理工程，其中14处已列入国家防洪工程建设。将总干渠防汛列入全市防汛工作的重点，制定防汛预案，明确防汛责任，落实防汛队伍和料物。对启福大道积水点及水泉沟渡槽下游防汛隐患进行治理，启动启福大道积水点雨水导流引入金水河工程，确保了南水北调郑州段沿线群众及工程安全度汛。加强宣传及巡查督察，确保安全通水。充分利用广播、电视、报纸、网络等多种媒体加强宣传；到沿线中小学校强化安全意识教育，在重要跨渠路口、人员密集区，制作宣传栏、张贴宣传标语；出动宣传车进乡村进行安全知识教育，推行各县（市）区、乡（镇）办事处、村、户四级签订安保协议；联合公安机关建立南水北调工程警务治安室（航空港区），以公安机关为主，打防结合，对破坏工程设施的不法行为进行严厉打击；加强安全隐患排查、搞好日常巡逻；同时还制定了应急预案，开展了救护演练，培训了营救队伍，层层落实安全目标责任，取得良好的社会效果，为一渠清水北送提供了安全保障。

南水北调总干渠

【南水北调干线征迁工作】 （1）临时用地返还复垦工作。按照《河南省南水北调总干渠临时用地使用情况和返还复垦计划台账》，郑州段实施规划临时用地357块2061.07千公顷。经过督察督促，除部分临时用地由于建管单位延期使用而未能返还，其余均已返还到位，返还率96%。（2）总干渠跨渠桥梁移交工作。郑州市境内共建设南水北调跨渠桥梁167座，其中，郑州市自建和联建的56座跨渠桥梁不需移交直接由地方管理，需移交并进行后续管理及养护的跨渠桥梁有111座。8月11日，市政府召开专题验收移交工作会议，出台了《郑州市南水北调跨渠桥梁竣工验收移交工作方案》，明确了各部门的工作任务。2016年10月20日，郑州市跨渠桥梁已全部完成日常管养移交工作。（3）征迁安置专项验收移交工作。郑州市专项迁建项目市本级共30多项，包括热力管道、自来水管道、天然气管道、污水管道、电力线路、通信线路等，除自来水管道外，其余均已完成验收并且办理了移交手续，由专项单位负责接管运行。（4）认真做好干渠征迁遗留、影响处理及维稳工作。全年共解决征迁遗留问题20多项（次），接受群众来访来电30余项（次），保证了工程正常运行。

【南水北调配套工程管理】 郑州市南水北调配套工程，共设置7座分水口门，分别为19-24号和24-1号口门，向新郑市、中牟县、郑州航空港区、郑州市区、荥阳市和上街区供水，年分配总水量为5.4亿立方米，建设提水泵站7座、调蓄工程4座，新建和改造配套水厂10座，工程用地约533.33公顷，总投资约19亿元。2015年，配套工程与主体工程进入试运行管理。

配套工程征迁工作圆满完成。截至2015年年底，累计完成工程建设临时用地453.33公顷的征迁任务，占规划用地的100%，永久用地除2.67公顷管理处（所）部分未完成外，建设用地16公顷已全部征迁到位；返还临时用地408公顷，占所有临时用地的91%；完成专业项目迁建501条；全年共解决有较大影响的纠纷（阻工）事件11起，营造了良好的施工环境。配套工程主体工程建设基本完工。郑州市南水北调配套工程已累计完成管道安装92公里，完成建安投资8亿元，分别占合同总量的99%和92%，剩余工程按计划有序推进。配套工程试运行管理进展顺利。郑州市南水北调配套工程7座分水口门已有6座开始运行，分别向新郑、航空港区、郑州市区、荥阳和上街供水，5月底郑州市区已实现丹江水全覆盖。截至11月底，全市供水总量2.2亿立方米，日供水85万立方米，受水人口达到650万人。丹江水已成为郑州市区和沿线县（市）区的主要供水水源。

【干渠两岸生态保护】 郑州市南水北调总干渠一级保护区两侧外延各200米，二级保护区左、右岸两侧分别为3000米、2500米。保护区总面积597.17平方公里，其中，一级保护区39.35平方公里，二级为557.82平方公里。2015年，为保护干渠清水永续北送，郑州市严格按照《南水北调中线一期工程总干渠（河南段）两侧水源保护区划定方案》明确的范围，积极开展郑州段总干渠保护区的环境保护工作，准确认定保护区内企业的位置，共为近229家企事业单位的行政确认提供了翔实依据；配合评估公司对保护区内389家畜牧养殖企业进行调查确认；根据市政府出台的《郑州市南水北调生态文化公园建设规划》和《郑州市林业生态建设方案》，高标准建设“一水、两带、五段、多园”的滨渠景观。全线已完成生态美化绿化长度68公里。

【南水北调项目资金管理】 郑州市共涉及各项南水北调资金96.31亿元，其中干线征迁51亿元、丹江口库区移民安置16.51亿元、配套工程19亿元，本级财政奖补9.8亿元。各项资金制度建设。根据国调办、省移民办、省南水北调办的各项会计核算和财务制度要求，制定了《郑州市南水北调办（移民局）财务管理制度》《郑州市南水北调办（移民局）财务支付审批制度（试行）》《郑州市南水北调配套工程财务管理制度》《郑州市南水北调办现金及公务卡支出补充规定》《郑州市南水北调物品采购管理办法》等一系列财务制度，对各项资金的审批程序、资金使用和管理做出了明确规定，确保各项支出做到事前有计划、经费有预算，事中有控制，事后严把关，量入为出。

（吴慧青）

防汛抢险军民联合演练

黄河治理

【概况】 2015年，郑州黄河治理工作认真贯彻党的十八届三中四中五中全会精神，全面落实全河工作会议和河南河务局工作会议部署，推进“三个全面”的具体实践和落实，确保了年度各项目标的圆满完成。扎实开展备汛工作，指导完成了中牟县群防队伍组建试点工作，进一步规范了涉河安全、突发事件应急管理等协同机制，推进黄河防汛社会化，及时发现并处置险情，确保了工程安全；进一步完善了花园口景区基础设施，强化维修养护绩效管理，金沟控导工程和赵口闸通过黄委示范工程验收，赵口闸在全河工程管理检查中取得第一名，800万元政府投资项目通过市发改委审批；积极推进依法治河进程，完成了水利综合执法队伍建设，“六五”普法顺利通过水利部验收；严格落实水资源管理制度和水调指令，累计引用黄河水5.2亿立方米；继续支持一线班组建设，26个班组实现了“六上”目标，25个班组开通了宽带网络；深入开展文明创建活动，大力营造了树形象、谋发展的氛围浓厚。

【黄河防汛】 2015年，黄河水利委员会、河南河务局以及河南省、郑州市领导先后视察指导黄河防汛工作，郑州河务局组织举办了沿黄各级行政首长培训班，郑州市防汛指挥部发文进一步规范了涉河安全、突发事件应急管理等协同机制，防汛责任制得到充实和完善。郑州河务局根石探测、根石加固、预案修订、料物储备等各项防汛准备工作扎实到位，在河南黄河防汛技能竞赛中取得优异成绩；指导完成了中牟县群防队伍组建试点工作。由郑州市政府投资建设的32处预报预警系统站点全部投入运行，郑州河务局妥善处置了2起涉河安全群体事件，受到郑州市委、市政府的充分肯定，并获得20万元奖励资金用于应急救援平台的建设。圆满完成了年度内调水调沙任务，全年累计抢险67次，抢险用石1.08万立方米，辖区内工程安全度汛。

【工程建设与管理】 完成了8处危房改建以及杨桥闸除险加固等项目的验收工作。花园口闸改建施工进展顺利。郑州市政府牵头成立了征地补偿工作领导小组，黄河下游防洪工程建设顺利开工。完成了2014年政府投资项目的建设任务，2015年投资项目通过郑州市发改委审批。进一步完善了花园口景区基础设施，结合郑州市黄河湿地周边环境整治和工程管理难点治理，集中拆除了将军坝等处各类违规项目130余处，集中整治成效得到上级肯定。强化维修养护绩效管理，全年植树8.27万棵，金沟控导和赵口闸两处工程通过黄委示范工程验收，赵口闸在全河工程管理检查中取得第一名，郑州河务局供水分局被评为黄河水利委员会“十二五”工程管理先进集体。

【水行政管理】 完成了水利综合执法队伍试点建设任务，4支专职队伍共52人上岗到位；明确了沿黄政府的河道弃渣清除责任；全年累计查处水事违法案件268起，开展了河道安全隐患普查、采砂治理等专项行动，取缔非法采砂场29处、吊离船只29艘，清除采淘铁砂船24只，清除仓储大棚1300平方米、违章建筑或构筑物14处；建成普法长廊20处，设置各类宣传警示牌2876块，H5新媒体普法作品以全河最高票获得中国普法网优秀奖，巩义河务局通过河南省第一批服务型执法示范点建设验收，“六五”普法任务圆满完成，并通过水利部验收。

【引黄供水】 严格落实水资源管理制度和水调指令，保障黄河水资源安全和区域供水安全，开展了取水许可监督管理专项检查，全年累计引水5.2亿立方米。积极克服大河来水偏枯、灌区干渠施工长期无法放水等困难因素，进一步提高涵闸供水能力和供水服务水平，确保了供水安全。强化沟通与协调，顺利解决了中牟象湖水利调蓄工程供水、贾鲁河环保生态水量确认、黄河“九五滩”地下用水等难点问题。

【科技创新】 郑州河务局科技管理成效显著，获得黄河水利委员会科技进步奖1项、河南河务局科技进步奖4项、火花奖10项，被评为河南河务局科技成果推广先进单位。专用船只自动装卸运输机具研制与应用项目获得黄河水利委员会科学技术进步三等奖。专用船只自动装卸运输机具是利用电气液压配合开合升降系统原理、机械行走托运原理等，实现对河道防汛执法船只的快速装卸和托运，达到自动、快速、省时、省力装卸运输船只的目的，具有灵活机动、稳定可靠、操作简单、使用方便等优点。可广泛应用于水行政执法、防汛抢险、河道巡查、河势观测、迁安救护等船只的快速运输工作中，在维护河道管理秩序，快速查处河道水事违法案件，确保河道行洪畅通和防洪工程安全中发挥重要作用。

（吕志华）

工业经济

综述

10月26日，郑州市政府与中国空间技术研究院战略合作框架协议签约仪式

【概况】 2015年，郑州市工业战线深入贯彻落实市委、市政府的决策部署，积极应对经济下行压力，大力实施新型工业化“3366”战略，努力稳增长，积极调结构，开创了全市工业和信息化工作新局面。

规模总量实现大跃升。2015年，全市规模以上工业增加值完成3312亿元，在全国27个省会城市中跃升到第3位，在35个大中城市跃升到第9位，是新中国成立以来，郑州工业的最好位次，也标志着郑州市工业在全国35个大中城市中成功跨入第一方阵；工业总量为“十一五”末的2.1倍。全市规模以上工业实现总产值约1.5万亿元，居中部六省省会城市第1位，27个省会城市第2位，全国35个大中城市第8位。

增速排名大幅前移。2015年，全市规模以上工业增加值同比增长10.2%，高于全国（6.1%）4.1个百分点。在规模以上工业增加值超3000亿元的省会城市中排第1位；在全国27个省会城市中排第3位，较2014年同期（第9位）提高6位。在规模以上工业增加值超3000亿元的大中城市中排第2位，在全国35个大中城市中排第4位，较2014年同期（第10位）提高6位，实现了郑州工业增速引领全国“新常态”。

工业结构进一步优化。2014年全市汽车及装备制造、电子信息、新材料、生物医药四大战略性产业首超高耗能产业的比重，全市工业结构调整取得重大突破。2015年，全市四大战略性产业占全市工业比重进一步跃升至50%，比2010年提高15个百分点；煤炭、化工、建材、钢铁、铝、电力六大高耗能产业比重降低到40%，比2010年降低12个百分点。

项目建设成效显著。“十二五”期间，全市工业项目投资累计突破7000亿元，新建项目680个，竣工达产项目600个，成为是全市工业经济保持平稳较快增长的强力支撑。2015年，全市新开工项目146个，完成年度目标任务的146%，富士康手机面板、领胜电子材料生产、IBM航美国际智慧城等一批重点项目顺利开建；竣工项目120个，完成年度竣工目标任务的120%，东风日产15万台产能提升、郑州日产年产18万台技术改造、北京国能新能源电池等一批重点工业项目顺利竣工或达产。全市累计完成工业投资1472.7亿元，创年度历史新高，工业主导产业投资占全市工业投资的比重达到76.8%，战略性产业投资的比重为37.7%，较“十一五”末分别提高20%和15%，工业投资的结构显著优化，质量和效益进一步提升。

招商引资成果丰硕。“十二五”期间，全市累计签约重点工业项目700多个，签约金额突破6000亿元，成功引进了台湾友嘉、中车、格力、海尔、卡特彼勒等一批重大产业项目。2015年，进一步加快实施了开放带动战略，强化重点产业集群招商，先后成功签约了海格通信、中铁通号、东方嘉盛、光一科技等一批投资规模大、符合主导产业定位的重点工业项目。2015年，全市共签约工业项目100余个，签约总额突破2000亿元，为工业发展蓄足了后劲。

两化融合深入推进。数字城市、智慧城市建设加快推进，顺利通过国家“两化”融合试验区验收，圆满完成郑汴电信同城建设，成功入选国家级互联网骨干直联点城市；国家信息消费试点城市建设成效显著，在全国104个试点城市中脱颖而出，成功创建为全国首批信息消费示范城市。2015年全市两化融合指数达到76，跨入全国先进行列。全市信息消费规模达到450亿元，增长25%以上，成为新的经济增长点。

【工业运行保障】 完善运行机制。充分利用河南工业经济运行监测预测平台和郑州市工信系统信息服务管理平台，对216家重点工业企业进行重点监测，进一步健全工业经济运行监测分析体系，坚持“日监测、周调度、旬报告、月分析、季总结”，强化分析研判。每月召开两次以上工业经济运行分析例会，研究经济运行情况，并制定针对性强的措施建议。建立了全国27个省会城市和35个大中城市工业经济运行工作平台，通过QQ群、微信群及时交流城市间每月、每季度工业产值、增加值、增速以及重点行业、重点企业工业运行状况，准确掌握全国主要城市工业经济运行情况，服务上级决策。强化要素保障。认真组织落实《阶梯供电方案》《电网抢修应急预案》等工作方案，强化电力运行预警监控，圆满完成迎峰度夏工作，有序开展度冬保电工作。强化目标督导。将全市工业增加值增速等目标，分解落实到各县（市）区，明确各县（市）区责任目标。坚持市工信委班子联系县（市）区督导考核工作制度，深入分包县（市）区和重点企业进行督导。大力开展“稳调防促”活动。研究出台了《郑州市工业稳增长调结构防风险促发展活动工作方案》，全面落实工业稳增长、调结构、防风险、促发展各项部署，取得显著成效，工业增速明显回升，在全国、全省的位次不断前移，实现了工业增速引领“新常态”。

【工业结构调整】 坚持把“调结构”作为全市工业经济发展的战略举措，深入对接中国制造2025，加快推进工业结构战略性调整。加快主导产业发展。按照做大做强战略支撑产业、积极培育战略性新兴产业、改造提升传统优势产业的总体思路，培育壮大工业主导产业。2015年，电子信息产业销售收入突破3000亿元；汽车及装备制造业销售收入突破2000亿元；铝及铝精深加工有望突破1000亿元；食品、新材料产业产值均超过了1000亿元，全市千亿级主导产业达到5个。优化产业布局。按照“一区一主业”的原则，持续优化县（市）区工业布局；积极优化主城区产业布局，加快三环内工业企业外迁，三环内35家规模以上工业企业中，已有21家企业顺利完成外迁，主城区工业污染得到有效控制。加快新型工业化产业示范基地建设，推进产业集聚集群集约发展，经开区顺利通过国家级新型工业化产业示范基地复核验收，郑州航空港区成功创建省级示范基地，全市新型工业化产业示范基地达到10个，其中，国家级1个，省级4个，市级5个。大力培育战略性企业。围绕23家工业战略性企业，落实“一企一策”专案，完善领导分包机制，协调解决企业生产经营难题。23户工业战略性企业完成工业产值3600亿元，增长18.1%。优化产能结构。按照国家化解过剩产能、淘汰落后产能的标准，结合郑州实际，研究制定了郑州市积极化解过剩产能、淘汰落后产能的具体办法，不断优化全市产能结构。积极推进工业绿色发展，大力开展清洁生产和资源综合利用工作，狠抓工业节能降耗，全市万元工业增加值能耗同比下降17%，大幅超额完成年度降低5.4%的目标任务。

【招商引资】 2015年，郑州市积极实施开放带动战略，强化集群招商研判，把握国内外产业转移规律，深入研判国内外500强、行业20强企业新一轮布局动向，着眼补链、强链、建链、延链需要，筛选产业链龙头企业，绘制全产业链图谱，精心谋划了一批拟引进的500强企业和重大工业项目。制定集群招商方案。组织研究制定了《郑州市制造业承接产业转移2015年行动计划》和汽车、智能终端、现代家居等重点集群招商方案，成立以市领导为组长，相关县（市）区和市直部门负责人为成员的工作团队，明确招商任务，突出招商重点，强化责任落实。开展系列招商活动。市领导多次带队赴北京、广州、长春、大连等地开展汽车产业专题招商，深化了与东风、卡特彼勒等国内外龙头企业的战略合作；先后赴天津、深圳、沈阳、杭州、中山等地开展电梯、机器人等新兴产业招商活动；积极参加豫沪产业转移合作系列对接、京津豫产业合作、豫粤产业合作对接等招商活动，成功签约了上海复星、新郑IBM智慧新城、卓梅尼电梯等一批重大产业项目。

【工业项目建设】 按照“签约项目抓开工、开工项目抓续建、续建项目抓竣工”的思路，完善项目推进机制，强化项目要素保障，按照《郑州市处置未供即用工业类用地历史遗留问题认定办法》，对19家企业、20个项目、涉及占地面积88.31公顷用地历史遗留问题进行妥善解决。通过全市联审联批、重大项目例会、市工业领导小组会议，先后协调解决了中国中车、宇通、金马凯旋等一批重点工业项目推进中的突出问题，有力促进了全市工业项目建设。郑州四维机器人及智能装备、裕德国际医疗科技园等一批重点项目顺利开建；华润雪花啤酒、光明乳业等一批重点工业项目顺利竣工或达产。

【创新平台建设】 大力实施创新驱动战略，在工业和信息化领域谋划和推进了一批重大创新项目，加快各类创新平台建设。2015年，全市创建省级以上技术创新示范企业19家；累计建成市级以上研发中心1909个，其中，国家级34个，省级564个，成为全市企业技术创新的重要载体。郑州煤矿机械集团股份有限公司创建为国家级技术创新示范企业，郑州光力科技等7家企业获评省级技术创新示范企业；国家知识产权创意产业试点园区被认定为首批省级工业设计园区，郑州飞鱼工业设计有限公司被认定为首批省级工业设计中心。

【工业质量品牌建设】 加强工业质量品牌建设，河南黎明重工科技股份有限公司、格力电器（郑州）有限公司、新天科技股份有限公司3家企业被认定为2015年河南省质量标杆企业。在质量管理小组活动成果评比中，郑州市企业获得全国优秀质量管理小组6个、全国质量信得过班组3个、河南省质量管理小组成果一等奖18个。好想你枣业股份有限公司被认定为2015年全国工业品牌培育示范企业，高新技术产业集聚区被认定为河南省2015年产业集群区域品牌建设试点，河南驰诚电气有限公司等8家企业被认定为省工业企业品牌培育试点企业。

【工业信息化】 深入推进两化融合。研究出台了《关于推进郑州市信息化和工业化深度融合建设实施方案》，开展全市企业的两化融合水平评测，郑州日产、汉威电子等11家企业位居全省前列。开展“互联网+”企业试点工作。研究出台了《郑州市千亿级物联网产业集群发展实施方案（2015-2020年）》，完成悉知信息公司申报2015年度国家两化深度融合管理体系贯标咨询服务机构、九洲计算机等5家企业申报国家级互联网与工业融合创新试点企业、海马轿车等11家企业申报省级互联网与工业融合创新试点企业、宇通客车等9家企业申报省级智能制造试点示范单位等工作。大力推进信息消费试点城市建设。研究出台了《建设国家信息消费试点城市实施方案》，河南企汇网信息技术有限公司的企汇网中小企业综合服务平台、河南君诺电子科技有限

4月15日，市委统战部部长王跃华在首钢安川机器人公司考察

7月14日，市人大常委会主任白红战视察新能源汽车产业发展

公司的百花集创意花卉电子商务服务平台等2个项目获批国家信息消费创新应用示范项目。积极培育新型信息消费，2015年，郑州市基于互联网的新型信息消费规模达到315亿元，增长40%以上；电子商务交易额超过3600亿元，增长30%以上。完善信息基础设施。加快宽带郑州建设，2015年，郑州市区光缆覆盖率已达100%。推进郑州市国家三网融合试点工作，全市有线电视用户达到120万户。作为首批4G网络建设单位，在全省率先实现4G商用。

【优化投资环境】 完善工业政策体系。研究制定了郑州市新型工业化路线图，出台了《关于深入实施开放创新双驱动战略 加快新型工业化进程的意见》；拟定实施了台湾友嘉、东风日产、富士康、中兴、海尔（郑州）、中车6个龙头企业延长产业链打造产业基地工作专案；研究拟定了《郑州市建设千亿级非晶产业集群的意见》《郑州市建设千亿级非晶产业集群工作专案》《郑州市千亿级信息软件和制造产业集群实施方案（2015-2020年）》；深入对接《中国制造2025》，启动了《郑州制造2025行动纲要》《智能装备制造和生物及医药》等9个配套规划的编制工作。强化企业服务。制定下发了《郑州市2015年企业服务工作实施方案》，建立健全市、县、乡（镇、街道、办事处）的三级问题处理体系，突出企业问题协调解决，全年协调解决企业反映问题887个，居全省首位，问题解决率达到98.3%。积极开展“三项对接”活动。组织全市195家企业参加省“五大产业链产销对接大会”，签订产销协议67个，协议金额35亿元。组织郑州556家企业与驻豫金融机构开展银企对接，授信金额151亿元。组织“双百”企业参加2015年郑州市“春风行动”招聘会，成功举办2015年冬季重点工业企业用工对接会，积极开展“全国民营业招聘周”和“高校招聘会”等活动，全年举办各类人才招聘会150场（次），为企业输送各类人才3万余人，有效缓解了企业用工难题。组织企业参加各类展销活动。先后组织润弘制药、遂成药业等30家企业参展第73届全国药品交易会；组织国际精工、华晶、四方达、富耐克、郑州机械研究所、河南工业大学等70家企业、科研机构及院校参展第三届中国（郑州）国际磨料磨具磨削展览会；组织信大捷安、思维自动化等24家企业参展第三届中国电子信息博览会、第十九届中国国际软博会等，不断提高企业品牌知名度。积极组织县（市）区企业入驻“豫货通天下”互联网渠道交易所平台，帮助企业扩大宣传、强化对接、拓展市场。切实减轻企业负担。研究制定郑州市企业减负工作方案，结合全市“五单一网”改革，加强涉企收费治理整顿，积极落实小微企业增值税、营业税减免等政策，为全市30余万户企业减轻负担17亿元，企业发展环境进一步优化。

（牛志永）

电力工业

【概况】 2015年，国网郑州供电公司紧紧围绕郑州市“三大一中”战略定位和加快推进以航空港区为统揽的郑州都市区建设各项决策部署，以保障电力供应为第一要务，以服务重点工程为着力点，扎实工作、务实进取，圆满完成了年度各项目标任务。完成售电量345.36亿千瓦时；综合线损率6.46%，城市综合电压合格率99.999%，城市供电可靠率99.977%，电费回收率100%。实现连续安全生产5310天，连续11年被评为全国“安康杯”竞赛优胜单位。

【电网建设发展】 2015年，国网郑州供电公司共完成电网投资39亿元，较2014年增加5亿元，新开工项目30个，新投运输变电工程20个，新增110千伏及以上线路137.35千米、变电容量134.8万千伏安。500千伏郑北变按期投运，提高电网供电能力70万千瓦，郑州500千伏环网网架基本形成。220千伏红旗变施工受阻、中心城区13座变电站“落地难”等问题得到有效解决，其中红旗变站内部分进入电气安装阶段，隧道工程已完成50%；13座变电站建设项目，在建7座，竣工6座，投运3座，限制报装问题得到大幅缓解。全面完成2015年城乡配网13.4亿元投资，解决3.6万户农村“低电压”问题。加快推进2015年新增农网改造升级和新增城镇配网工程，城乡居民供电质量和可靠性持续改善。

【电力供需完成情况】 发电情况。截至2015年年底，郑州地区共有发电厂23座，装机总容量1003.75万千瓦。其

上海合作组织总理会议保电现场

中，统（省）调电厂12座，装机容量924.5万千瓦；地方小火电7座，装机容量65.2万千瓦；新能源发电厂4座，装机容量14.05万千瓦。2015年，全市发电量为439.91亿千瓦时。

供电情况。截至2015年年底，郑州地区共有±800千伏换流站1座、500千伏变电站5座、220千伏变电站31座、110千伏变电站163座、35千伏变电站62座。主变压器500台，变电总容量2921.32万千伏安，35千伏及以上线路830条，长度5243.02公里。

用电负荷情况。2015年，郑州电网最大负荷827.6万千瓦，较2014年增长4.2%；其中市区最大负荷436.5万千瓦，同比增长2.7%，创历史新高。

【郑州市全社会用电量情况】 2015年，郑州市全社会用电量500.66亿千瓦时，较2014年同比降低10.13%。其中，第一产业用电量9.23亿千瓦时，同比提高14.66%；第二产业用电量320.46亿千瓦时，同比降低3.99%；第三产业用电量95.63亿千瓦时，同比提高10.22%；城乡居民用电量75.34亿千瓦时，同比提高10.35%。

【供电服务】 2015年，国网郑州供电公司完成航空港区内原有供电业务，资产、人员的划转整合，成立了公司直属的港区客户服务中心，统一负责港区供电服务工作，理顺了航空港区供电体制，港区电网进入良性快速发展新阶段。投运机场二期配套110千伏机场中心变电站外部电源线路，完成机场周边13座超高电力杆塔拆降任务，保证了第二跑道及T2航站楼投运需要。积极服务"米"字形铁路建设，郑焦城际、郑机城际配套供电工程按时投运，郑徐高铁配套供电工程全面开工，郑万、郑合高铁配套供电工程前期工作扎实推进。郑州供电公司坚决贯彻市委、市政府"举全市之力，以铁的意志和决心打赢这场攻坚战"的工作指示，投资4650万元、组织省内外技术人员2184人，调配全省23台各类应急电源车参与上合组织政府首脑会议供电保障工作，实现了"万无一失"的保电目标，被市委、市政府授予"优秀服务保障单位"荣誉称号。

【电力营销】 2015年，国网郑州供电公司加大用电信息采集系统建设力度，安装智能电表59万只，市区基本实现采集全覆盖，调通率、费控和远程停复电比例大幅提高。加强反窃电工作，追收电费和违约金155.87万元。实施业扩报装"提质提速提效"专项行动，全年新送电9万户，新增容量308.7万千伏安，释放限报容量105.4万千伏安。开展电能替代技术巡展，拓展"陆电登机"、污水源热泵等新替代领域，累计完成替代电量8.5亿千瓦时，被国家电网公司授予"电能替代工作先进单位"称号。积极服务分布式电源发展，郑州地区首座风电场成功并网，累计并网项目38个，上网电量2927万千瓦时。

【安全生产】 2015年，国网郑州供电公司认真落实党中央、国务院安全生产工作部署，全员开展"安全日"活动，深化安全大检查和缺陷隐患整治，累计整改各类安全隐患694项。开展配网故障跳闸防范治理专项行动，配网跳闸次数同比下降21%，累计实现47个"无故障日"。完成地调D5000系统实用化验收，地调备调系统、四个县调D5000系统上线运行。积极应对度夏大负荷考验和新力公司机组停机造成的供电紧张局面，超前编制度夏方案，科学安排电网运行方式，加强设备特巡特护和故障抢修，综合采取有序用电措施，保障了电力安全可靠供应。强化"大安全"理念，交通、消防、信息、保密等领域均实现安全无事故目标。顺利通过国家能源局安全生产标准化一级企业达标评级暨安全性评价工作。

【科技创新】 2015年，国网郑州供电公司大力实施创新驱动发展战略，推动企业创新发展。《以应对特高压交直流混联运行风险为目标的地区电网综合防控体系建设》获国家电网公司管理创新推广成果一等奖，《基于物理信息融合的输电线路防护体系建设》获国家电网公司管理创新成果三等奖及省公司一等奖。研发应用"互联网+物资合同履约移动管理系统"APP，提升物资管理移动信息化运作能力和合同履约能力。完成变电站智能化保护实训室建设，研发应用计量系统仿真培训平台。3个QC小组被命名为"全国优秀质量管理小组"，8项成果获得省公司班组创新劳动竞赛奖。开展基层单位群众创新项目17个，发表EI/中文核心期刊论文6篇。

（王　博）

郑州市2015年全社会用电量统计表

单位：万千瓦时

类别	用电量	同比增长	结构
全社会用电	4399136	-10.13%	100%
第一产业	92250	14.66%	2.1%
第二产业	3204552	-3.99%	72.85%
其中：工业	3148612	-4.52%	71.57%
第三产业	956262	10.22%	21.74%
城乡居民	753431	10.35%	17.13%

食品工业

【行业概况】 2015年，郑州市食品行业围绕"三大一中"战略定位，紧抓中原经济区、郑州航空港经济综合实验区和"一带一路"建设的重要发展机遇，以发展为主题，以结构调整为主线，以技术创新为支撑，以特色发展为原则，不断巩固冷链食品产业优势，大力发展休闲食品，为全市工业经济稳增长、保态势、促发展做出了重要贡献。2015年，全市规模以上食品工业完成工业增加值537.9亿元，增长4.7%，对全市工业增长的贡献率为4.6%，拉动全市工业增长0.5个百分点；实现主营业务收入976.7亿元，增长10.8%。

2015年主要产品产量：小麦粉产量242.95万吨，增长6%；精制食用油产量43.2万吨，下降1.3%；速冻米面食品产量122.37万吨，下降2%；方便面产量37.94万吨，增长25.8%；啤酒产量60.64万千升，增长11.8%，软饮料产量328.52万吨，增长5.5%；卷烟产量1674.29亿支，下降3.4%。

【食企规模经营】 2015年，郑州市食品 企业发展不断加速，行业优势越发凸显。以冷链食品、方便面、面粉加工等优势产业为重点，整合提升资源和技术优势，探索发展预制菜肴、低温肉制品等新领域，已经形成了大企业为主导、大中小企业协调发展的良好格局。郑州市速冻米面食品企业全国市场占有率超过60%，郑州已成为全国最大的速冻米面食品生产、研发基地及物流中心。2015年，郑州市方便面产量约占全国的4%，小麦粉产量居全省首位，枣

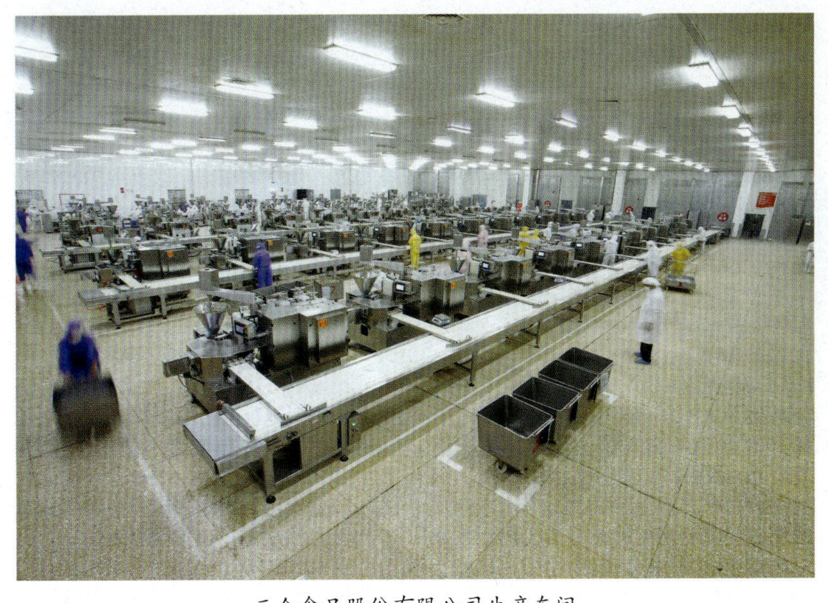

三全食品股份有限公司生产车间

类加工制品规模全国第一，肉类屠宰加工、烟草制造业、啤酒、饮料等也具有相当的规模和特色。食品产业集聚区建设方面，通过不断加大食品产业集聚区规划建设力度，郑州市已分别在马寨食品工业集聚区、新郑中原食品工业园、惠济经济开发区、经开区内形成了以果汁饮料、休闲食品、速冻食品、面制品、油脂加工及相关配套产业为主的特色园区，2015年园区内规模以上食品企业实现主营业务收入约730亿元，占全市食品工业的70%以上。

【企业创新】 2015年，郑州市食品企业新产品层出不穷，创新能力不断增强。一是注重加大产品结构调整，提高新产品开发力度，如三全食品推出私厨水饺系列，思念食品推出中华面点，好想你枣业推出无核即食大枣，均取得良好市场反响。二是注重企业创新能力培养，郑州胖哥食品、登封市小苍娃等企业相继建成市级企业技术中心，截至2015年年底，郑州市食品企业有国家级技术中心4家，省级技术中心19家，市级技术中心20家，三全食品拥有国内速冻食品行业唯一的博士后科研工作站。

【食企政策扶持】 2015年，市工信委充分发挥财政资金的引导作用，按照《郑州市人民政府关于加快食品工业发展的意见》（郑政〔2009〕44号）等文件精神，经企业申报，县（市）区初审，专家会议评审等程序，并深入企业实地考察，为阳光油脂、博大面业等6家食品企业落实发放财政奖补资金共454万元。配合省工信委做好懿赐金樽酒业公司、郑州光明乳业有限公司等企业的新建项目产业政策确认工作。赴广州市、漳州市考察学习当地食品工业发展先进经验与做法，对接联系有关院校和单位，做好编制《郑州市食品工业"十三五"发展规划》的准备工作。

三全食品股份有限公司产品实验室

【重点项目建设】 重点项目实现突破，行业发展后劲加大。2015年，花花牛乳业年产40万吨乳制品项目一期、光明乳业年产12万吨高端酸奶项目、华润雪花年产100万千升啤酒迁建建设项目、双汇产业园二期年产20万吨高低温肉制品深加工项目等一批重大项目相继完工投产，采用国际领先水平的智能化自动化生产设备，有力支撑了全市食品工业的转型升级发展。（1）郑州双汇食品工业园项目。总投资超过20亿元，一期年屠宰200万头生猪项目于2011年竣工投产；二期年产20万吨高低温肉制品深加工项目于2014年竣工投产；三期3万吨美式低温高档肉制品深加工项目于2015年年底竣工投产，四期年产3万吨中式低温肉制品深加工项目、年产1万吨面制品加工项目以及配套的冷链物流仓储运输项目等，将根据后期计划陆续开工建设。（2）河南花花牛生物科技有限公司年产40万吨乳制品项目。计划投资10.5亿元，分两期新建日加工能力1200吨的乳制品生产线。一期工程设计日加工鲜奶600吨，主要生产高端酸奶、配方奶粉，于2014年投产；二期工程设计日加工鲜奶600吨，主要生产奶酪、功能性乳品以及生物技术食品，项目计划2017年初竣工投产。（3）三全食品综合基地续建项目。总投资15亿元，规划建设生产车间、冷冻仓库、原料库、科研中心及销售中心等设施，新增30条速冻米面食品生产线，计划2016年年底开工建设，2018年年底竣工投产。

（部　峰）

煤炭工业

【概况】 2015年，煤炭行业处于需求增速放缓期、过剩产能与库存消化期、环境制约强化期、结构调整的攻坚期"四期并存"时期。在煤炭价格持续下滑和全国工业经济增速放缓等诸多困难的影响下，全市煤炭系统以调结构、稳增长、强监管、保安全为总要求，开拓创新、锐意进取，强化安全监管，转变发展方式，煤炭工业保持了安全平稳发展的良好态势。

2015年，全市生产原煤2500万吨，销售2430万吨，实现产值86.6亿元，实现工业增加值31.8亿元。煤炭安全形势历史最好。2015年，全市煤矿发生事故1起，死亡1人，事故起数、死亡人数同比下降88%和91%，地方和兼并重组煤矿首次实现零死亡，连续5年杜绝了重特大以上事故。

【煤矿安全监管】 煤矿安全监管基础

新郑煤电公司——矿区夜景

更加扎实。区域内历史上首次完成全市煤矿隐蔽致灾因素普查报告，共投入资金3691万元，编制完成了各煤矿、县（市）区、郑州市三级煤矿隐蔽致灾因素普查报告、三级瓦斯地质图、三级综合水文地质图，成为指导全市煤矿安全生产工作的“活字典、活地图”。同时，郑州市煤矿综合信息化平台建成投入使用，实现视频监视、实时监测、远程控制，综合信息化水平居全国地（市）级同类平台前列。主要措施。一是深化网格化安全监管体制。建立了基础网负责小煤矿、专业网负责省属煤矿、执法网开展全面执法监察“三网合一”的“一网四线五双”安全监管新模式。全年网格下沉人员共排查消除安全隐患6000多条，为促进煤矿安全生产发挥了重要作用。二是加强省骨干矿井安全监管。建立了明晰一张权力清单、制定一份责任目标、搭建一个工作平台、推行一个机制、实施一项制度的“五个一”工作机制，全方位推进了省骨干矿井安全监管。三是深入开展“现场管理提升年”活动。建立“源头严防、过程严控、现场严查、后果严惩”的现场管理模式。四是扎实开展安全大检查。全年开展4次季度安全生产大检查和高突矿井瓦斯防治、雨季三防及防治水等6次专项检查，共排查消除各类问题和隐患6000余条。

【煤矿遏制重特大事故攻坚战】 把国家部署的煤矿遏制重特大事故攻坚战作为安全生产的治本之策，以推进安全质量标准化、机械化、信息化、隐患排查治理、隐蔽致灾因素普查、教育培训等6项重点任务为突破口，积极稳妥、科学有序推进。攻坚战期间，全市126家煤矿完成隐蔽致灾因素普查，102家煤矿建立了专职或兼职救护队，94家煤矿安装了语音广播系统和打钻视频传感器，安全保障能力得到大幅提升。其中，登封、新密先后投入资金15亿元，积极开展真查、真停、真盯、真改、真验等专项整顿，关闭退出小煤矿，提升安全水平，全面完成攻坚战目标任务，顺利首批通过了国家验收销号。

【煤炭产销】 2015年，煤炭产销实现基本平衡。一是市政府研究出台煤炭平稳运行实施意见，积极引导煤矿关闭退出，23家煤矿申请关闭。各煤业集团、煤矿企业主动压减产能、减员增效，努力开拓市场，实施转型升级，煤炭市场的倒逼机制促进了煤炭行业加快可持续发展的步伐。二是建立经济运行分析制度，定期发布市场供需信息，引导煤矿企业合理组织生产。实行日调度、月报告、季分析。三是采取两采一准、限采限掘等安全生产措施，严防超能力、超强度组织生产。2015年，全市生产原煤2500万吨，销售2430万吨，实现产值86.6亿元，实现工业增加值31.8亿元，为全市经济发展做出积极贡献。

【煤矿“四化”建设】 全市97家生产煤矿全部达到安全质量标准化三级以上水平，精细化管理水平显著提升。全市生产煤矿监测监控系统全部进行了升级改造，与县（市）煤炭管理部门实现联网，信息化水平跃上新台阶。全市25家煤矿完成综采改造，63家煤矿实现综掘，采掘机械化水平大幅提升。10余家煤矿地面变电所、井下主泵房、中央变电所等岗位实现了无人值守，井下辅助运输系统实现了自动化，安全保障能力大幅提高。

（于宏强）

大型煤巷机械化施工作业

烟草工业

【概况】 2015年，郑州市烟草局（公司）积极适应新常态，认真贯彻执行卷烟“提税顺价”政策，及时调控市场，突出降本增效，全年完成销售收入105.56亿元，同比增长5.28%；实现利税28.78亿元，同比增长17.65%；上缴财政税金19.3亿元，同比增长35.94%。2015年，郑州市烟草局（公司）党组纪检组被中共郑州市纪委授予“2015年度纪检监察工作先进集体”；被省烟草局（公司）党组命名为“2015年度专卖管理工作先进单位”。

“两烟”经营保持平稳。科学分解

2015全市烟草工作会议

指标，深化精准营销，加强品牌培育，开展市场化取向改革试点，大力扩销一二类烟，着力稳增三类烟。全年共销售卷烟39.63万箱；单箱销售收入（含税）30955元，同比增长6.7%。推进物流非法人实体化运作，新物流中心筹建取得突破性进展。认真开展“烟叶质量信誉深化年”活动，推广先进技术，强化烟叶生产基础设施建设，种植烟0.47千公顷，收购烟叶1.43万担。

【专卖管理】 市场环境不断改善。加强执法队伍建设，开展“三创三评”活动，规范办案程序，提升办案质量。积极探索队部合一。深入开展打假斗争，接连开展雷霆·亮剑、百日会战等6个专项市场整治行动。全年查处各类涉烟案件2595起，查获非法卷烟4517件，案值3056万元，其中5万元以上的案件82起，符合国家局标准的网络案件3起，拘留13人，逮捕5人，判刑5人，有力地维护了市场经营秩序稳定。

【企业管理】 推进精益管理，强化贯标对标，努力提高经济运行质量。加大资金资产管理和网上结算推广力度，三项费用率为5.31%，同比下降0.24个百分点。加强信息网络运行管理、维护，提高现代化办公水平。强化内部监管，推进办事公开、民主管理。强化法治教育培训，有效防控法律风险。严格落实安全生产责任制，切实做好初信初访，企业大局安全稳定。

【队伍建设】 开展“三严三实”专题教育，举办“感恩杯”春季运动会。加强班子建设和干部队伍建设，注重干部职工教育，培训和参训人员3115人次，50人获得职业技能鉴定资格。严格落实“两个责任”，扎实开展八项规定回头看专项整治，坚决纠正“四风”，清退办公用房2464.9平方米，清理公务用车28辆。

【公益事业】 2015年，郑州市烟草专卖局（公司）积极参与社会公益事业，于郑州市2015年慈善日，向郑州慈善总会、新郑市慈善总会、中牟县慈善总会共捐资15.5万元，用于扶贫济困等慈善事业。

（唐加强）

服务业

商贸流通

商业贸易

【概况】 2015年，郑州市商务工作紧紧围绕“三大主体”工作，以国际商都建设为引领，坚持内外贸并举，统筹国际、国内两个大局，抓改革创新、强投资开放，促结构转型、求民生改善，招商引资平稳增长，内外贸流通持续进步，较好地完成市委、市政府下达的年度目标任务。

招商引资。2015年，全市招商引资实际到位资金1898.8亿元，其中，实际利用外资35.3亿美元，同比增长5.2%；引进市外境内资金1670亿元，同比增长3.8%。引资总额占固定资产投资近1/3，对全市经济增长保持较强的拉动作用。

对外贸易。2015年，全市进出口总额完成566亿美元，同比增长23%。其中，出口308.8亿美元，同比增长17.5%；进口257.2亿美元，同比增长30.5%。全市对外贸易再上新台阶，保持中部省会第一，跃居全国省会第四位。

对外经济技术合作。2015年，全市国外经济技术合作营业额20.9亿美元，同比增长8.6%；境外投资10.1亿美元，同比增长19.7%。

社会消费品零售总额。2015年，全市社会消费品零售总额完成3046.4亿元，同比增长11.4%。

电子商务。全年交易额3672亿元，同比增长33.5%，其中网络零售额523亿元，同比增长30%，电商发展指数居全国第十一位，“互联网+”指数居全国第六位，综合指标进入全国第一方阵。

【对外开放】 2015年，在区域发展竞争激烈的情况下，郑州市不断完善党政齐抓、部门协作、各级联动、社会参与的开放体制，加快推进郑州国际航空枢纽、郑州国际陆港和各类口岸建设，持续提升郑州市的承载力、吸引力、竞争力，启动自贸区申建，初步形成全方位、宽领域、多层次的立体开放格局，开放招商成为支撑郑州市经济较快增长的一大亮点。

航空港引领带动作用增强。2015年，郑州市继续集中力量完善提升航空港开放平台服务功能，航空运输发展带动作用尤为明显。2015年，郑州市累计开通全货机航线34条，货邮吞吐量突破40万吨，郑州机场成为国内第四大货运机场。郑州航空枢纽航线基本覆盖全球，呈现出国际货邮大于国内货邮、全货机货邮大于客机腹仓、进出境货邮量基本平衡的局面，多个产业对航空运输的依赖度有所提升。

国际陆港建设步伐加快。2015年，以郑欧国际铁路货运班列为核心，集铁路一类口岸、多式联运中心、城市配送中心、区域分拨中心、国际物流中心、综合保税区为一体的中原国际陆港规划建设进一步加快，国际陆港“聚郑州，通全球”的开放平台功能越来越强。其中，郑欧货运班列率先实现进出平衡。郑欧班列首创“公路—海运—空运—铁路”国际多式联运模式，以集货范围最广、服务企业最多等诸多优势，成为“一带一路”上最活跃的铁路物流载体。截至2015年年底，郑欧班列累计开行256班，载货量突破10万吨，开行班次占中欧班列的1/4，运营综合指标居中欧班列首位。

“一带一路”战略节点城市打造。一是发挥连接东西、沟通南北的区位优势，完善铁路、公路、航空网络，推动航空港、铁路港、公路港与海港一体协同，构建三网融合、四港联动、多式联运的现代综合交通枢纽，强化地区性枢纽功能协同，密切与丝绸之路经济带沿线中心城市和海上丝绸之路重点港口城市的经济联系，形成国际航空物流中心和亚欧大宗商品商贸物流中心。二是发挥市场规模优势和产业基础优势，坚持走出去与引进来相结合，大力开展国际产能合作，打造产业转移、要素集疏、人文交流平台。实施“贸易+投资”合作方式，通过贸易合作带动投资合作，加强郑州市矿山装备、轨道交通装备、工程机械、农产品深加工等优势企业与沿线国家开展产业合作，探索建设一批境外经济贸易合作园区。

跨境电商试点领跑全国。2015年，郑州市加大对跨境电子商务基础设施投入，加快建设查验中心、保税库、大型堆场以及专用三网光纤机房等系统配套，为规模化业务运营提供场地设备设施保障。11月27日，郑州跨境贸易电子商务服务试点通过国家验收。共完成海关备案企业811家，入驻阿里巴巴、京

4月20日，第九届投洽会开幕，省长谢伏瞻在展厅视察

东等平台企业115家，引进EMS、UPS、DHL等物流企业15家，引进支付宝、财付通等金融机构和第三方支付平台26家，日均处理能力达到100万包。2015年跨境电商业务量突破5000万包，是2014年的113倍，保持全国试点城市综合指标第一位。进口商品来自55个国家，出口商品发往77个国家，业务单量超过杭州、宁波、广州、深圳、重庆、上海6个试点城市总和。

口岸通关体系不断完善。2015年，郑州市口岸建设步伐加快。汽车口岸通过验收并投入运营，进口汽车业务发展平稳，共从欧洲进口汽车206辆，货值1400万欧元；肉类口岸通过验收并投入运营，澳大利亚屠宰用牛指定口岸计划验收并开展业务；粮食口岸获批，进行选址和组织货源，年底前开工建设，并先行开展粮食进口业务；食品、药品口岸年内全面开工建设。

推进自贸区申建。突出郑州特色优势和内陆型自贸区的示范性，以编制郑州片区方案为重点，着力做好上海自贸区“28+6”成功经验的先行先试和复制推广工作，加强基础理论研究，配合省政府推进中国（河南）自由贸易试验区申建工作。郑州片区方案基本完成，等待省、市主要领导审议通过。按照方案，郑州片区将构建多式联运国际物流中心，引领流通消费国际化的创新发展示范区，打造投资贸易便利的内陆开放高地，建设监管服务模式创新先行区，把郑州建成中国内陆地区的国际经济通道，中部地区经济、社会与政府转型的先行地区。

10月10日，郑交会开幕。市长马懿在郑交会展厅视察

【招商引资】 2015年，全市按照“一区一主业”的要求，一手抓招商、一手促落地，做好龙头型、基地型、平台型项目引进和落地建设工作。全年招商引资项目新开工229个，新签约344个。

产业招商成效突出。围绕市政府确定的14个产业集群，持续开展小分队招商。对接阿里巴巴、达安基因、瑞典宜家、安川首钢机器人、渤海银行、西子联合控股集团、圆通速递等企业，促进招商引资项目签约落地。招商引资的主动性、针对性和实效性明显增强，各县（市）区、开发区按照“一区一主业”定位，以产业集聚区为主阵地开展全链条集群招商，产业集群签约项目占全市比重超过80%。

“三力”（国际影响力、国内辐射力、国内外资源整合力）项目进展明显。以高端制造、战略新兴产业、航空经济、电子商务和高成长服务业为主攻方向，加强研判符合主导产业的国内外500强和行业20强，“三力”项目取得明显进展。全年签约开工高成长力、国际上有影响力、国内有辐射力、对国内外资源有整合力的“四力”项目79个，投资总额2148.7亿元。

“五职”（即党政正职、主管招商引资、工业和城建的行政副职）领导干部招商加速推进。加大“五职”招商力度，严格执行“五职”招商项目认定标准，确保当年签约、当年开工。2015年，全市“五职”招商项目投资总额1208亿元，占全市开工项目投资总额的一半。

项目“三率”（履约率、开工率和资金到位率）超过全省平均水平。坚持“两级三层一统筹”机制，及时化解项目推进中的困难和问题，提高项目“三率”。2015年，在郑注册公司的项目364个，合同履约率83.3%；开工项目295个，项目开工率67.5%；累计实际到位域外资金790.3亿元，资金到位率23.4%。

经贸活动招商扎实开展。第九届河南投洽会邀请参会企业586家，市领导会见了俄罗斯企业家代表团、百胜餐饮集团、亚洲联合卫视代表团、北大方正集团等参会客商，35个项目上会签约，签约总额844亿元，合同外资额732.3亿元。第十九届厦洽会签约项目6个，签约总额79.4亿元，占全省签约总额的14.7%。

【外经贸工作】 在全国外贸持续低迷的形势下，郑州市对外贸易逆势大幅上扬，国际物流分拨和跨境电子商务成为对外贸易新的增长点。

对外贸易逆市上扬。2015年，郑州市外贸进出口继续保持2位数高速增长，加工贸易出口占比85%，美国为郑州市最大出口市场，中国香港、日本分别位居第二位和第三位。郑州市坚持用足用好国家、省、市各项外贸促进政策，加强自主创新和出口品牌建设，出口大户不断涌现。2015年，全市有出口业绩的企业1897家，其中，超百万美元以上494家，超千万美元以上74家。鸿富锦、宇通、明泰铝业、明泰实业、中平能化5家企业出口额超过1亿美元。与此同时，大力引进以智能手机为重点的电子信息、生物医药、新材料、高档消费品等航空偏好项目，打造出口型临空产业集群。

服务贸易发展迅速。2015年，郑州市采取多种措施支持国际物流、会展、旅游、文化等优势行业服务贸易发展，多层次服务贸易体系加快形成。继续做好中国服务外包示范城市申建工作，开展服务外包示范企业认定。为12家企业、16个项目申请服务外包发展专项资金423万元，为约克信息技术公司和大成健身公司办理国家文化服务出口奖励资金申报。

“走出去”步伐更加坚实。实施“走出去”战略，搭建与国外交流沟通、了解国际市场信息的平台，鼓励和支持企业按照国际通行规则对外投资和跨国经营，支持企业投入“一带一路”建设，主动参与国际经济技术合作和竞争。

【商贸流通】 2015年，郑州市加快推进现代化商贸中心建设，着力强化引导，拓展空间，提升水平，商贸业保持持续、快速、健康的发展势头。

商贸流通网络体系日趋完善。一是商圈规模突破“千亿级”。2015年，郑州市以大型商业项目建设为抓手，打造二七商圈、郑东CBD商圈，加快发展航空港—华南城商圈，以商圈建设引领商贸业集聚发展。2015年，二七商圈年销售额突破1000亿元，郑东新区CBD商圈年销售额超过300亿元，商圈的影响力、集聚力不断增强。华南城、华商会、沃金商业和CSD国际时尚中心等项目的运营推动南部航空港—华南城商圈客流量和交易额稳步攀升。二是特色商业街展示独特魅力。2015年，随着天下收藏、农科路酒吧一条街、中原金街

国家级电子商务示范企业：河南企汇网信息技术股份有限公司

等先后获省、市命名认定，郑州市的国家级特色商业街达到2条、省级特色商业街达到4条，市级特色商业街达到13条，这些街区在展示城市形象、反映城市文化内涵、满足居民和游客特定消费需求上的作用日益显现。三是区域商业中心发展强劲。随着城市改造的加快，2015年各区都有新建或改造的区域商业中心建成投入使用，百货、超市、餐饮、娱乐等业态丰富，停车位较多，周边市民购物、餐饮、休闲基本生活需求得到满足，消费带动作用明显。四是农村商业网点不断完善。农村流通现代化进程不断发展，乡（镇）、村连锁超市、便利店达到网点全覆盖。

商贸流通企业实力不断增强。2015年，郑州市大力扶持丹尼斯、大商、正道、华南城等战略性龙头企业做大做强，提升现代化水平，增强企业辐射力。截至2015年年底，丹尼斯全省门店数238家，营业额150亿元；大商全省店铺数36家，营业额140亿元。万邦农产品市场“十二区、五大中心”的商品交易额400亿元以上。以郑州商品交易所、郑州粮食批发市场、华中棉花交易市场为代表的期货和现货市场功能不断增强，大市场、大流通格局正在形成。

商贸业转型升级步伐不断加快。郑州市商业企业在省内甚至国内率先应用新技术和新商业模式，连锁经营、物流配送、电子商务、特许经营等新型流通方式和新型业态发展势头强劲，流通现代化进程不断加快，商业组织化程度不断提高。

商业品牌层级不断提升。2015年，随着郑州核心区商业设施的换代升级，华润万象城、丹尼斯大卫城等一批大型城市综合体的集体亮相，在带来前所未有的商业体量的同时，引入纪梵希、万宝龙、LV、Gucci、Prada等众多国际高端品牌零售和时尚休闲餐饮入驻，使郑州商贸业进入新的消费时代。城乡居民的消费热点也从传统的衣食住行、耐用消费品阶段逐步向享受型消费阶段发展，汽车、石油制品、金银珠宝类、通讯器材类和中西药品类零售额发展迅速，而粮油食品饮料烟酒类和服装鞋帽针纺织品类继续呈现比重下降趋势。

【商贸业惠民利民服务】 一是完善商贸流通中小企业公共服务平台，搭载专业服务机构40家，开展政策咨询、融资贷款、市场开拓、管理创优、宣传推广等服务和活动，受益企业5000多户。二是稳步推进肉菜流通追溯体系建设。建成城市追溯管理平台1个，市区两级团体消费单位监管平台9个，屠宰厂10家，肉品批发市场3家，超市及其门店60家，农贸市场20家，团体消费单位210家和外埠畜产品入郑查验点1个。流通追溯体系主要环节基本打通，实现数据上传至商务部肉菜流通追溯中央管理平台。三是开展标准化菜市场和社区便利店建设。完成新建、改建标准化菜市场2家，社区便利店42个。全市新增生鲜农产品经营面积7750平方米，直接带动就业800余人，带动企业投资约4400万元。四是完成城市共同配送第二批项目申报。申报郑州国际陆港城市配送分拨中心等7家符合条件的第二批扶持项目，共计补贴2015万元。五是开展家政服务培训。加强对家政培训机构的业务指导，引导家庭服务业规范化、专业化发展，郑州市曙光职业培训学校、郑州市家协职业培训学校顺利完成800人的培训任务。六是做好“老字号”保护促进工作。组织指导企业参与第四批“河南省老字号”申报工作，促进老字号对社会创造更多的经济、社会和文化价值。七是推进内贸流通体制改革发展综合试点工作。8月，郑州市被国务院确定为全国9个内贸流通体制改革发展综合试点城市之一。试点方案通过市政府常务会议审议并印发实施，随着试点工作推进，更多便民利民政策落地实施。

【商业行业监管】 一是加强对成品油经营企业的日常监管和服务工作，开展加油站管理示范活动、打击劣质油品专项行动。二是加强典当、拍卖行业监管和日常督察，开展非法集资风险排查，成立典当行业风险检查工作小组，对全市69家典当行现场检查。加强对拍卖企业的日常监管和服务工作，根据郑州市商务局防范、打击和处置非法集资工作领导小组安排，对全市117家拍卖企业进行全面检查。三是结合黄标车及老旧车辆淘汰工作，采取有效措施，加速黄标车及老旧车全面淘汰，减少机动车污染物排放总量，改善城区环境质量。加强行业监管，督导、引导报废汽车回收拆解企业为报废黄标车和老旧车车主提供优质服务，方便车主及时交车，会同环保、公安、财政等部门搞好郑州市黄标车提前淘汰补助资金联合服务窗口工作。加强二手车流通行业监督管理，规范二手车交易市场及经营主体企业行为，规范市场秩序。2015年，全市成品油零售量203万吨，同比增长9%；典当总额66.5亿元，同比增长14%；拍卖成交额82.9亿元，同比增长84%；二手车交易量12万辆，同比增长24%；全年回收报废车辆27741辆，同比增长296%。四是药品流通龙头企业加快兼并重组，探索新型医药流通模式。引导批发、零售企业诚信经营，规范商业信用服务体系，推动行业自律和诚信体系建设。五是生活必需品应急储备和商务运行监测工作有序开展。2014年政府蛋菜储备总量达到9000吨，确保市场供应充足、价格稳定。六是进一步完善商贸流通业指标统计体系，研究建立电子商务、城市配送等统计指标体系和统计制度，加强对商务指标及消费结构的分析，统计管理机制正在形成。

【会展业】 2015年，郑州市共举办展会235个，同比增长1%；展览面积225.76万平方米，同比增长5%。3万平方米以上展会16个，展览面积89.1万平方米；新创办展会3个，展览面积2.3万平方米；全国流动展会10个，展览面积15.6万平方米；实现经济和社会效益约200亿元，会展业主要指标保持全国会展城市前列。

【电子商务】 电子商务持续提速增效，园区建设粗具规模，平台企业突飞猛进，电商应用步伐加快，综合指标居中部首位，进入全国第一方阵，呈现快速、健康、有序发展的良好态势。一是综合指标居中部首位。全市拥有国家级电子商务示范基地2个、国家级示范企业3家，省级示范基地9个、省级示范企业32家，国家级示范基地和示范企业分别占全省2/3和一半以上。2015年“中国电子商务行业发展指数”显示，郑州电商发展指数居全国第十一位；《“互联网+”蓝皮书》显示，郑州“互联网+”指数居全国第六位。二是本土电商平台全国领先。重点培育一批科技含量高、成长性高、附加值高的电商企业，交易额高速增长，业务营收同比增长超百倍。中华粮网年成交粮食670万吨，成交额160亿元，成为全国粮食行业最大的网上交易平台；世界工厂网年交易额500多亿元，在全国B2B平台排名第四，制造业排名第一；企汇网集聚行业会员50万家，业务增幅连续4年居全国首位；中钢网、绿兴农业等一批电商企业具有发展潜力，在新三板挂牌上市，成为郑州市电商发展的一大特色。三是电商产业集聚发展。建成各类电商园区10多个，呈现各具特色、分类发展的良好局面。河南省电子商务产业园是郑州市电子商务服务企业、网络及关联骨干企业重要集聚区，甲骨文、百度、企汇网等70余家行业龙头相继入驻并正式运营。河南省网商园是郑州市中小网商的重要集聚区，成为本土网商创新创业基地，在全国十大电商园区排名第三。河南文化艺术网商园、京莎鞋城网商园、纺织服装电商园、华南城电商产业园等园区依据各区域产业特色加快发展。

国家级电子商务示范企业：郑州悉知信息科技股份有限公司

【中小商贸流通企业公共服务平台服务机构座谈会召开】 1月30日，市商务局召开由民生银行郑州分行、郑州银行优胜北路支行、河南省商业经济学会、河南省酒业协会等16家服务机构相关负责人参加的座谈会，重点就2015年如何加强服务平台建设及企业服务工作进行讨论与交流。会上，各服务机构负责人结合2014年工作开展情况，从不同角度作发言。与会人员对郑州市中小商贸流通企业公共服务平台运行工作给予肯定，同时也就如何利用各自优势，加强服务整合、开展创业辅导、强化服务创新、建立激励机制等方面，提出具体意见和建议。

【政府储备蛋菜投放】 为进一步建立完善春节期间蛋菜储备投放制度，落实“菜篮子”市长负责制，发挥保供、稳价、惠民的作用，力保春节期间市民对蛋菜的集中消费需求和正常生活水平。市商务局于2015年2月11-16日（阴历腊月二十三—二十八日）将储备蔬菜、鸡蛋通过各大超市投放市场，蔬菜品种有大白菜、圆白菜、白萝卜、土豆、洋葱、尖椒和蒜苔共7个品种，参与储备投放的超市有丹尼斯超市、世纪联华超市、华润万家超市、北京华联超市、永辉超市和正道思达超市6家连锁超市46个门店。

【春节黄金周消费品市场】 2015年春节长假，郑州市消费品市场商品供应充足，活动精彩纷呈，消费稳定增长。黄金周期间，郑州市重点监测的15家零售和餐饮企业销售额3.8亿元，同比增长7.5%。一是生活必需品市场运行平稳。春节期间，省会各商业企业早作准备，烟酒、肉食、糕点、生鲜水果、服装鞋帽等各种年货数量充足，品种丰富，丹尼斯、大商、华润万家等大卖场销售稳定增长。节日期间商品价格保持稳定，猪肉价格小幅下降，大部分生活必需品零售价格与节前持平。二是线上营销引领购物新风尚。大商天狗网、苏宁云商、国美在线等零售企业纷纷开启线上促销平台。其中，苏宁云商给每位员工开设微店，春节期间快递无休，在微信朋友圈里转发推介。大商天狗网施行线上下单，线下提货。商家利用微信公众平台推送广告、关注转发有礼等微营销方式深受年轻人追捧。三是消费方式呈多元化发展。从消费结构看，居民休闲消费、文化消费和旅游消费大幅增加。春节期间，休闲民俗、健身娱乐、外出旅游等消费更加受到居民青睐，文庙庙会、城隍庙会、商都民俗庙会等各种传统庙会消费人数屡创新高。各大健身房和KTV娱乐场所采用微信、微博、团购等营销模式，吸引大批年轻消费者前往；春节档电影票房全线飘红，奥斯卡、万达、耀莱等院线部分热门影片连续创下单日票房纪录。四是购物广场成为销售新增长点。郑州市多家新型购物广场，如锦艺王府井、万达广场等，购物环境良好、品牌集聚度高、购物餐饮休闲等功能齐全，消费者以年轻人居多，春节期间销售额较上年同比上涨15%左右。而传统商场如华联商厦、百货大楼等，销售与上年相比基本持平。五是餐饮市场销售出现反弹。从监测的餐饮企业经营情况看，大年三十到初二期间，亲朋好友集中宴请以知名度较高的中高档饭店为主，初三以后本地特色饭店吸引众多外地游客。荤菜、鱼虾和菌类菜品较受欢迎，符合人们节日期间的饮食传统；春节餐饮以大众消费为主，普遍崇尚节俭，包桌消费多在800元上下，家宴标准略低于聚会类。初一至初七，郑州市监测的3家餐饮企业餐饮消费同比增长6.5%，高于全省平均增幅。

【关于加快推进跨境贸易电子商务发展的意见出台】 3月16日，市政府出台《关于加快推进跨境贸易电子商务发展的意见》（郑政〔2015〕9号）（简称《意见》）。《意见》提出，2015年，全市跨境贸易电子商务交易额将比2014年翻三番，到2017年将达到1000亿元，总体发展水平进入全国前列，力争居中部省会城市第一位。将把郑州打造成为“总量规模全国前列、服务政策全国最优、产业链支撑全国最强”的跨境贸易电子商务发展高地，使郑州市成为中西部地区辐射全国的国际网购物品交易和要素资源集疏中心，努力实现“买全球、卖全球”的发展目标。根据《意见》要求，郑州市将坚持多区域布局。在新郑综合保税区、出口加工区、航空口岸、铁路口岸、邮政口岸以及其他符合条件的海关监管场所布局发展跨境贸易电子商务。郑东新区、郑州经济技术开发区、郑州高新技术开发区、二七区等为跨境贸易电子商务的相关产业链的配套区域，其他县（市）区为功能补充区域。郑州市将重点支持河南保税物流中心做大做强跨境贸易电子商务业，加快构建跨境贸易电子商务通关综合服务平台，创新跨境贸易监管和服务方式，研究推广跨境贸易电子商务保税模式业务，全面开

省级电子商务示范企业：河南金马电子商务股份有限公司

展跨境贸易电子商务一般模式业务，引进和壮大一批跨境电子商务领军企业和示范产业园，扩大跨境贸易电子商务出口规模，加快国际综合物流服务体系构建，着力打造全国邮政第四转运口岸，开展保税商品展示交易业务，全力打造“E博会”、建立跨境贸易电子商务支付服务体系，大力培育和引进跨境贸易高端人才、规范跨境贸易电子商务纠纷处理体系等，加快推进跨境贸易电子商务发展。

【电子商务产业园管理办法出台】 截至2015年，郑州市拥有国家级电子商务示范基地1个、省级示范基地5个。惠济区文化艺术网商园、华南城电子商务产业园、管城区河南光谷电子商务产业园、新密市曲梁同赢电子商务产业园、航空港实验区顺丰电商物流园、新郑市聚多云电商产业园等近10个电子商务产业园，依据本区域产业特色建设发展。为加快推进全市电子商务发展，促进产业集聚，规范全市电子商务产业园的规划、建设和管理，市政府出台《郑州市电子商务产业园管理办法》（简称《办法》）。《办法》由总则、认定条件、认定原则与程序、电子商务产业园建设、市级电子商务产业园扶持措施、管理与考核和附则共六章二十九条组成。是市政府根据郑州市电子商务产业园对企业聚集、人才聚集和技术聚集的实际需求，按照“一港多园区”的发展目标和“抓特色、聚产业、谋改革”的发展原则，为电子商务产业园建设提供整体规划和政策配套，是郑州市电子商务发展规划的深化和延伸，也是全国首个针对电子商务产业园出台的管理办法。

【郑州慧聪特色产业带正式启动】 4月22日，在第九届中国（河南）国际投资贸易洽谈会开幕式暨重点对外合作项目签约仪式上，郑州市与慧聪网合伙人、产业带运营商与发展事业部总经理姚永超正式签约，合作共建郑州特色产业带——电子商务平台项目。郑州市与慧聪网电子商务产业带项目将分三期进行，第一期将共同打造特色产业集群电子商务交易平台，引入本地化代运营公司；第二期将共同打造交易平台O2O模式，通过线上线下的结合实现整个交易链条的完整；第三期将共同孵化特色产业园，建设集“产业中心、产业综合体、国家级展会、电子商务”四位一体、四个第一的电子商务产业园。

【中药材物流体系建设情况调研】 为贯彻落实国家有关加快推进中药材现代物流体系建设的文件精神和要求，根据省商务厅安排，4月起，郑州市对中药材物流体系建设情况进行调研。郑州市种植的中药材主要有金银花、女贞子、白芍等10余种，产地主要集中在荥阳市、登封市、新密市等县（市）。具有药品经营许可证的中药材经营批发企业有16家，具有药品经营许可证的中药饮片与制药企业14家，参与中药材配送的第三方物流企业7家。中药材包装材料以塑料、麻袋为主，中药材物流以人力操作为主，机械化水平、信息化技术应用水平还较低。

【首批74家企业通过电子商务企业认定】 5月6日，首批74家电子商务企业通过省商务厅认定备案，获颁“河南省电子商务企业”证书。证书具有备案编号和二维码信息，为电子商务企业专属的电商行业“身份证”。商务部门将对获得认定备案的企业发布政策信息、行业动态，分类指导，跟踪服务，择优予以重点培育和政策扶持。

【组织商场、超市开展世界无烟日活动】 2015年5月31日是世界卫生组织发起的第28个世界无烟日，主题是“制止烟草制品非法贸易”。为开展好活动，市商务局印发专门通知，组织全市各大商场、超市围绕活动主题，开展一系列控烟宣传工作，在增强影响力和扩大宣传覆盖面上下功夫，收到良好的社会效果。

【编印《中小商贸流通企业公共服务平台服务手册》】 为帮助企业了解中小商贸流通企业公共服务平台服务内容和程序，并通过这一平台获取所需的各种服务，促进企业更好发展，市商务局组织编印《中小商贸流通企业公共服务平台服务手册》。该服务手册重点对中小企业关心、关注的各项服务内容（信息咨询、融资服务、市场开拓、技术应用、管理创优）及企业申请获取服务的程序作详细说明，并对平台搭载的39家专业服务机构作详尽介绍。同时，《服务手册》公开服务平台和各专业机构的联系咨询方式，有利于企业深入了解服务平台的功能和作用，便于企业与服务机构开展对接，获取优质高效的服务。中小商贸流通企业公共服务平台建设是商务部2012年启动的一项试点工作。郑州市作为首批试点城市之一，于2014年3月建成服务平台并正式投入运营。

【食品安全进超市活动】 6月18日是2015年食品安全宣传周商务部门主题日，市商务局以“尚德守法，全面提升食品安全法治化水平”为主题，以肉菜流通追溯体系建设宣传为重点，开展食品安全进超市行动，进行肉菜追溯体系建设公益宣传，展示郑州市肉菜追溯体系建设成果。市商务局组织永辉、丹尼斯、华润万家、世纪联华等超市的34个门店同时进行食品安全宣传，在其中5个超市门店开展肉菜流通追溯索票有奖活动和现场咨询，邀请超市购买肉菜的消费者现场体验所购物品追溯信息查询，促进广大市民深入了解体验追溯体系的功能与作用，引导消费者树立购物索票意识，支持和参与追溯体系建设。此次宣传，设置咨询台5处，咨询人员25人，接受现场咨询5000多人次；制作展板7块、易拉宝展架26个、横幅34条、吊旗520面；发放《商品安全知识宣传册》《食品追溯宣传册》《食品安全知识宣传册》《食品安全进超市科普宣传手册》3000册，发放奖品1500份，近万名市民参与活动。

【省级出口基地】 7月1日，河南省人民政府办公厅发文公布第四批河南省出口基地名单。郑州市航空港经济综合实验区、上街区、新密市、登封市分别被命名为“智能终端（手机）及零部件出口基地”“碳阳极产品出口基地”“新型耐火材料出口基地”“少林武术文化出口基地”。

【国家级电子商务示范基地、企业】在商务部第二批国家电子商务示范基地和2015-2016年度电子商务示范企业名单中，郑州市的河南省电子商务创业孵化基地、郑州悉知信息技术有限公司分别入选国家电子商务示范基地和示范企业。至此，郑州市共拥有国家级电子商务示范基地2个、国家级电子商务示范企业3家，省级示范基地（园区）5个、省级示范企业19家。

【郑州市获批国内贸易流通体制改革发展综合试点城市】 8月6日，国务院办公厅印发《关于同意在上海等9个城市开展国内贸易流通体制改革发展综合试点的复函》，同意包括郑州在内的9个城市开展国内贸易流通体制改革发展综合试点。试点工作要求，各试点城市要围绕探索建立创新驱动的流通发展机制、建设法治化营商环境、建立流通基础设施发展模式、健全统一高效的流通管理体制等主要任务，结合实际，突出特色，加强组织领导，搞好综合协调，强化政策保障，力争通过一年左右的探索，在流通创新发展促进机制、市场规制体系、基础设施发展模式、管理体制等方面形成一批可复制推广的经验和模式，为全国统一市场建设打好基础。

【郑州市跨境贸易电子商务试点项目通过国家验收】 11月27日，郑州市跨境贸易电子商务服务试点，通过由海关总署和国家发改委等单位专家共同组成的国家验收组验收。专家组评审认为：郑州试点依托河南保税物流中心，在政策、业务和技术层面改革创新成效显著，试点项目取得显著成效，初步构建了直通全球的跨境网购商品集疏分拨中心，带动了省市对外贸易和地方经济的发展。一是在全国首创“电子商务+行邮监管+保税中心”的通关监管模式，率先在全国试点实现“三个一”通关服务，即“一次申报、一次查验、一次放行”，大大提高了通关效率，降低了运营成本，成为李克强总理视察时盛赞的“秒通关”，成为郑州试点率先在全国实现业务暴增放量的重要因素。二是打通跨境电子商务上下游产业链。集物流配送、包装、耗材、餐饮、会务、上下游加工、结算、生活配套等为一体的跨境电子商务产业园初步成型。三是搭建六大平台。物流平台、交易平台、大数据平台、通关平台、B2B分销平台、支付平台，成为跨境电子商务供应链集成商。四是社会贡献度和产业带动效应显著。郑州试点吸引了国内外跨境电子商务行业龙头企业入驻。阿里巴巴、天猫国际、京东商城、敦煌网、聚美优品、唯品会、小红书、蜜桃网等境内外知名企业相继落地。EMS、UPS、顺丰、中通、申通、圆通等企业通过郑州试点开展国际国内物流配送业务。日均出货量约200吨，辐射全球77个国家（地区）和31个省（市）、自治区及港澳台。五是促进本土跨境电商企业崛起。万国优品、中大门、万国万购、熊抱网、9号店等河南本土电商不断壮大。六是进出口商品覆盖国家广。进口商品来自世界55个国家，出口商品发往77个国家，进口产品包括母婴用品、保健品、化妆品及其他日用品。其中，通过河南保税物流中心网上购买进口化妆品、洗护用品业务分拨量占全国80%以上。初步实现“买全球、卖全球”的目标。

【郑欧班列】 12月4日，郑欧货运班列2015年第150班开行，累计开行250班。郑欧班列开行以来，省外货源占比为70%-80%，来自天津、安徽、四川、上海等超过全国半数的地区，形成稳定的珠三角、长三角、环渤海经济圈基础货源地，揽货能力覆盖国内1500公里核心区及7.9亿人口，辐射到2000公里及12.3亿人口的货源地域，带动日韩等亚太国家的货源区域。郑欧班列的下货分拨点由一个变多个，可以在沿线哈萨克斯坦、俄罗斯下货分拨，分拨站点覆盖欧洲和中亚20个国家105个城市，目的地分拨地域在中欧班列中最广。郑欧班列集疏货物种类涵盖服装、窗饰等传统轻纺类产品，汽车配件、工程机械等工业产品以及笔记本电脑、移动硬盘等电子类产品1000多种。郑欧班列还从欧洲带回高档日用品、整车及零配件、高档建材、高端装备等高附加值的货物。截至2015年，在所有中欧班列中，郑欧班列班次数量接近30%，货量占近40%。郑欧班列成为国内唯一一家往返开行相对平衡的班列，凭借货运总量高、运载货类多、境内外集疏分拨范围广等综合实力，在中欧班列保持领先地位。郑州国际陆港作为区域物流集疏中心带动货量集聚效应已经显现，初步确立连通境内外、辐射东中西的新丝绸之路经济带物流枢纽地位。

【进口冰鲜肉澳洲牛肉空降郑州】 12月5日，近90吨澳大利亚冰鲜牛肉随着澳洲航空公司货运包机抵达郑州机场。根据经销公司运营安排，即日起到春节前夕，每周将有一个整机装载约90吨澳大利亚冰鲜牛肉直飞郑州，运至河南进口肉类指定口岸实施检验检疫后，向全国各地分拨。该批次进口澳洲牛肉是我国首次大批量进口冰鲜肉，也是我国首次整机进口肉类，标志着河南进口肉类指定口岸已经由小批量进口测试进入到大批量进口常态化运行阶段。

【第九届中国（河南）国际投资贸易洽谈会在郑举办】 4月20-23日，第九届中国（河南）国际投资贸易洽谈会（以下简称投洽会）与乙未年黄帝故里拜祖大典同期在郑州市举办。

本届投洽会共安排开幕式暨河南省重点对外合作项目签约仪式、世界新兴产业发展主题论坛、重要客商餐叙会等12项专项活动。郑州市主要参加了开幕式暨重大合作项目签约仪式、重要客商餐叙会、世界新兴产业发展主题论坛、河南省战略投资新机遇说明会暨港澳地区政协委员座谈会、电子商务发展高层论坛暨项目洽谈对接活动等。

本届投洽会，郑州市共邀请参会企业586家620人，是历届投洽会中邀商规模最大、人数最多的一次。其中，境外企业98家，境内企业488家；世界500强企业24家，主要有IBM、圣戈班、卡特彼勒、普洛斯、正威集团、惠普、锐珂、宜家家居、华润等；国内500强企

省级特色街：农科路酒吧休闲街

业45家，主要有北大方正、恒天集团、中集物流、康佳、TCL、苏宁、国美、蒙牛、恒大、万科等；央企26家，主要有中能国电集团、中机六院、中国五矿集团有限公司、中国长城资产管理公司、中铁七局集团有限公司等；港澳台企业44家，主要有香港比高集团、台湾富霖国际投资集团有限公司、新世界国际控股集团、亚洲联合广播电视集团等；境内外商协会20家，主要有美国国际商会、台湾循环农业发展联合会、俄罗斯华人华商协助协会、大韩统合医学抗癌学会、中国企业家国际交流协会等。

本届投洽会参会境内外客商近20000人，郑州市发布18个重点招商引资载体和296个重点招商引资项目。投洽会期间，郑州市与美国超微公司、长城电器、联东U谷、众一光电、东华软件、苏宁云商、北大方正、亿达集团、新城控股等企业共达成投资意向46个，涉及高技术服务、商贸、基础设施、现代物流、装备制造、纺织服装等多个行业和领域。

郑州市有35个项目上会签约，投资总额844亿元人民币，合同外资732.32亿元人民币。其中，内资项目27个，投资总额624.75亿元人民币，合同外资562.32亿元人民币；外资项目8个，投资总额219.25亿元人民币，合同外资170亿元人民币。签约项目特点为：一是规模大。投资额10亿元以上项目19个，占投资总额的93%，主要有路劲新城文化休闲综合体项目、国华置业郑州华贸中心项目等。二是质量高。与国内外500强企业合作力度加大，签约的项目有普洛斯仓储物流项目、DHL中西区物流分拨中心项目、郑州北车装备制造基地项目、绿地集团国际陆港产业配套项目等。三是新兴产业和现代服务业项目居多。新兴产业共签约8个项目，包括电子信息业项目7个，投资总额49.4亿元，生物医药业项目1个，投资总额11亿元；现代服务业方面共签约15个项目，包括现代物流业项目5个，投资总额140.2亿元；商贸业项目10个，投资总额达483.25亿元。

【开展珠三角地区驻地招商活动】 根据省政府安排，郑州市从8月开始，在珠三角地区开展为期1个月的驻地招商活动，市政府办公厅、市商务局、市工信委和14个县（市、区、开发区）政府（管委会）及其商务、工信部门共计78人，组成17个小分队，赴广州、深圳、东莞、珠海等地驻地招商，共拜访企业、商协会135家，对接项目79个。其中，市委常委、航空港区党工委书记张延明，经开区副主任张春喜，郑东新区副主任周军营，中牟县县长潘开名、副县长张胜利，新密市副市长蒋剑茹，上街区区长翟晓宾以及惠济区副区长戴玉振、郑建明等，分别带领小分队考察了领胜、TCL、中兴、宁德时代新能源、碧桂园、冠城钟表、亚洲联合广播电视集团等企业。副市长黄卿带队考察广州本田发动机厂、深圳华为集团、宝诚集团等知名企业以及福田国际电子商务产业园，考察广东南沙自贸区建设情况，并参加河南省珠三角地区驻地招商活动省情说明会暨签约仪式。郑州市在广州召开驻地招商汇报会，郑州市投资促进中心主任张延延听取了各县（市、区、开发区）的活动开展情况和活动成效，并就具体招商工作作部署安排。在河南省珠三角地区驻地招商活动省情说明会暨签约仪式上，郑州市签约4个项目，涉及互联网、电子信息、文化研究、展览展示等领域，合同金额共计40.1亿元。

省级特色商业街：天下收藏正门

【跨境电子商务发展峰会举行】 10月21日，以“青春期·新启航”为主题的2015中部（郑州）跨境电子商务发展峰会举行。eBay、京东全球购、淘宝全球购、麦德龙等20余家知名电商企业高层齐聚绿城，纵论跨境电商发展。省、市领导张维宁、张延明、马健出席峰会开幕式。

本次峰会由郑州航空港经济综合实验区管委会、中部国际电子商务产业园主办，邀请知名专家、跨境电商企业代表、传统零售商、海内外电商巨头、新型电子商务创业者、第三方服务商等多方嘉宾共聚一堂，通过举办主题峰会、专题论坛、高端对话、高层沙龙等形式，深入探讨跨境电商产业发展途径。

峰会上，以全球背景下的电商竞争新格局、跨境贸易时代如何培育国际品牌、传统制造业如何转型外贸电商等为主题，eBay大中华区商务总经理郑长青、京东全球购负责人许庆飞、麦德龙中国区电子商务总经理陶源、顺丰海淘CEO任晓煜、波罗蜜全球购CEO张振栋、中部国际电子商务产业园总经理安敬平、世界工厂网CEO乔景亮等多位高层分别演讲，深入分析跨境电子商务发展现状及未来趋势。针对跨境进出口、营销、供应链建设等问题，部分嘉宾进行互动交流。

【赴福建省开展小分队招商活动】 12月7-11日，郑州市商务局、中牟县组成招商小分队赴福建福州、厦门等地开展专项招商活动。小分队围绕郑州市和中牟县汽车产业、文化创意产业、新能源产业等主导产业发展，拜访福州嘉中嘉新能源科技有限公司总经理耿自伟，福建省文化产业发展促进会会长、福州市仓山烟台山文化创意城董事长林光，福州文化旅游投资集团有限公司副总经理陈杰，台湾福享集团福州福享汽车工业有限公司副总经理翁正义，福建福工动力技术有限公司总经理孙秋林，参观考察了东南汽车（福建）有限公司汽车生产及总装车间、三坊七巷等企业，通过拜访、考察、推介、座谈，就汽车零部件项目、新能源项目、文化创意项目、旅游项目进行洽谈对接并初步达成投资意向。招商活动期间，小分队还拜访了福建省河南商会秘书长时广健，双方就发挥商会桥梁作用为家乡投资搭建平台进行座谈。为加强郑州与福州友好城市经贸合作交流，小分队与福建省国际投资促进中心、福州市经信委、平潭自贸区管委会就进一步开展两地合作进行座谈交流，福州文化旅游投资集团和会展企业参加座谈。

【参加第25届华交会】 3月1-5日，第25届中国华东进出口商品交易会在上海浦东新国际展览中心举行。华交会由商务部支持，上海市、江苏省、浙江省、安徽省、福建省、江西省、山东省、南京市、宁波市联合主办。展会总面积11.5万平方米，有10个展馆5780个展位，包括4个国内企业展区（服装、家用纺织品、装饰礼品、日用消费品）以及1个境外企业展区，共3378家企业到会参展。郑州市部分县（市）区商务局和40余家外贸企业参加交易会。郑州市参展参会企业共接待来自30多个国家和地区的采购商1300余人次，分别与日本、韩国、阿联酋、马来西亚、欧盟、美国、中国香港等国家和地区的客商草签了出口意向和合作意向。展会期间，郑州市参展参会企业还参加了由主办方组织的其他经贸洽谈活动。

【参加第117届广交会】 第117届广交会于4月15日开幕，5月5日落下帷幕。据大会组委会统计数据显示，本届广交会采购商与会184801人，出口成交1720.96亿元人民币。这是自113届广交会以来，连续4届到会采购商人数、出口成交双双下滑。

本届广交会郑州市共有270余家企业参会。到郑州市参展企业展位洽谈、咨询的客商与上届基本持平，但订单成交量比上届略有下降，个别企业持平或有小幅增长，增幅在3%左右。

【参加首届21世纪海上丝绸之路博览会】 5月18日，首届21世纪海上丝绸之路博览会暨第十七届海峡两岸经贸交易会在福建福州市开幕。本次盛会以“开放合作、互利共赢，开创21世纪海上丝绸之路新愿景”为主题，是集商品贸易、服务贸易、投资合作、旅游合作和文化交流为一体的综合性展会，来自49个国家和地区的1850个参展企业与会。展会期间举行了亚洲合作论坛（简称ACD大会），全国政协副主席王钦敏和外交部前部长李肇星到会并发言，“一带一路”沿线国家驻华外交官参会。

【参加第九届中国中部投资贸易博览会】 5月18–20日，第九届中国中部投资贸易博览会在湖北武汉市举办。郑州市由市长马懿和市委常委、副市长薛云伟带队，市商务局及各县（市）区、开发区和部分企业代表，分别组成郑州市政府代表团和郑州市经贸代表团，参加大会相关活动。马懿和薛云伟代表郑州市政府分别出席中博会主旨论坛暨开幕式、中部六省省会城市市长联谊座谈会；代表团全体人员共同参加河南省情说明会暨项目签约仪式。郑州市在大会上共签约9个项目，总投资达104亿元。期间，薛云伟会见了部分企业代表，并率团考察万达集团在武汉开发的包括汉街在内的中央文化区项目。各县（市）区、开发区和部分企业也纷纷组织招商考察活动和项目对接活动，并组织参加“2015中国国际电子商务展”和“中国长江经济带电子商务发展高峰论坛”，对郑州市电子商务发展成果、环境、政策和优势，以及郑州市的知名电子商务企业和园区进行宣传推介。

【参加第十七届海峡两岸经贸交易会】 5月17–21日，21世纪海上丝绸之路博览会暨第十七届海峡两岸经贸交易会在福建福州市举行，本届“海交会”，首次将21世纪海上丝绸之路博览会与海峡两岸经贸交易会相融合，主题是开放合作、互利共赢，开创21世纪海上丝绸之路新愿景。郑州市由市商务局、投资促进服务中心等有关单位及企业组成代表团参会，参加亚洲合作对话——共建“一带一路”合作论坛暨亚洲工商大会、项目签约仪式等活动，与福州市、平潭自贸区加强了交流与合作。

【参加2015中国—亚欧商品贸易博览会】 8月12–16日，2015亚欧商品贸易博览会在新疆乌鲁木齐市举办。郑州市商务局，高新区、荥阳市、上街区商务部门，20余家企业等，组成郑州商务代表团参加博览会。亚欧商品贸易博览会是借助中国—亚欧博览会平台，与亚欧博览会互相呼应、互相衔接的商品贸易博览会。是商务部、新疆维吾尔自治区政府、新疆建设兵团等单位共同主办的国际性经贸活动。本届展会展览面积4万平方米，共设置1955个展位，824家境内外企业参展。郑州市20余家外贸企业参会。其中，郑州卧龙游乐设备有限公司、河南三元食品有限公司等6家企业参展，主要参展产品是游乐设备、食品和农产品等。郑州市参展企业将新开发的产品和相关资料在展会上展出，并与部分客商进行深入的接触洽谈，共接待来自20多个国家和地区的采购商600余人次，与中亚部分国家和地区的客商初步达成出口和合作意向。

【参加中国（兰州）国际跨境电商物流大会】 9月8–10日，2015“一带一路”中国（兰州）国际跨境电商物流大会在甘肃兰州市举行。此次大会由中国交通运输协会、甘肃省商务厅、兰州市政府主办，会议主办方邀请600多名专家学者和跨境电商物流业人士参加。郑州市商务局、经济技术开发区和河南进口物资保税物流中心有限公司有关人员参加大会。“一带一路”中国（兰州）国际跨境电商物流高峰论坛是此次大会的核心内容，与会的中外嘉宾就政策趋势、发展经验、区域合作、企业经营等内容进行探讨。大会还举办国际物流大通道建设运营经验交流和国际物流海外仓园区及保税区建设与经营等分论坛。大会同期举办了展览展示、签约、培训、成果发布等活动，成立了由政府、协会和企业等组成的“一带一路”跨境电商物流合作联盟，并发布《兰州宣言》。

【参加2015中国—阿拉伯国家博览会】 9月10–13日，2015中国—阿拉伯国家博览会在宁夏银川市举办。郑州市由市商务局局长余遂盈带队，市商务局、市投资促进服务中心、会展办及航空港区、二七区、管城区、新密市、中牟县等县（市）区60余人组成代表团参加此次博览会及相关主题系列活动。郑州卡斯特进出口有限公司、郑州中鑫云谷通信设备有限公司、郑州市凯利通电子科技有限公司、郑州金土地能源科技有限公司等8家企业参展。

【首次参加中国国际生态城市论坛】 9月15日，第六届中国（天津滨海）国际生态城市论坛在天津滨海新区开幕，大会由国家发展改革委、住房城乡建设部、天津市人民政府、中国国际经济交流中心主办。本届论坛的年度主题是

投洽会郑州展厅

"生态城市与可持续发展"。全国人大常委会原副委员长蒋正华，新加坡贸易与工业部兼国家发展部高级政务部部长李奕贤，住建部副部长倪虹，文化部党组成员、故宫博物院院长单霁翔，天津市委常委、滨海新区区委书记宗国英，南开大学校长龚克，国务院参事、住建部原副部长仇保兴，中国国际经济交流中心副理事长魏建国等出席会议，1500余位专家学者、企业代表参会。大会期间，共举办5场分论坛，分别以生态文明建设与城市创新治理、城市矿山资源创新应用、20世纪建筑遗产保护与城市创新发展、京津冀协同发展下的绿色金融创新、互联网+背景下的智慧城市与绿色建筑为主题，众多知名专家学者受邀参加研讨。此外，本届论坛还推出城市与全球可持续发展目标（SDG）高级别圆桌会议、新能源主题推介会等8场招商对接活动。郑州市组团第一次参加论坛及相关活动，期间与滨海新区政府、商务委员会、招商促进中心等就两地区域与产业优势合作进行洽谈，并对天津自贸区审批中心、中心商务区、中新天津生态城等进行实地考察。

【参加上海合作组织国家商品展】 9月24-26日，由商务部、哈萨克斯坦共和国国民经济部、吉尔吉斯斯坦共和国经济部、俄罗斯联邦工业和贸易部、塔吉克斯坦共和国经济发展与贸易部、乌兹别克斯坦共和国对外经济联系投资与贸易部、上海合作组织秘书处、陕西省人民政府共同主办的上海合作组织国家商品展在西安曲江国际会展中心举办。这是上海合作组织成立14年来首次举办的以商品展销为主要内容的展览。展览会以"扩大丝路合作，促进共同发展"为主题，旨在深化区域经济合作，推动上海合作组织各领域合作持续快速发展。展览总面积5万平方米，共设置4个展馆。其中，上合组织国家商品馆1万平方米，设上合组织国家成果展区、上合组织国家商品展区和中国展区3个展区，由上海合作组织成员国、观察员国、对话伙伴国、特邀国参展，重点展示各国形象、优势产业和特色商品。俄罗斯、哈萨克斯坦、吉尔吉斯斯坦等14个国家参展，分别展出各自国家和民族各具特色的产品，具有异域风情。本次展览设置"一带一路"中国省区市馆、中国陕西馆、金融产业馆3个展馆。集中展示各地地域特色、产业优势，驰名商标、名牌商品、特色产品、优势项目等。郑州市黎明重工、金水电缆、郑州卧龙游乐设备有限公司等9家企业参加博览会。主要参展产品有机械制造、电线电缆、游乐设备、食品和农产品等。参展企业将最新开发的产品和相关资料在展会上展出，接待来自丝绸之路多个国家和地区的采购商，达成部分出口和合作意向。展会期间，郑州市参展参会企业还参加了由主办方组织的产业论坛、采购商大会等外贸洽谈活动。

【参加2015中国（杭州）国际电子商务博览会】 10月29日至11月1日，2015中国（杭州）国际电子商务博览会在杭州举行。本届电商博览会由杭州市政府、浙江省商务厅主办，杭州市商务委员会承办，主题为"网上丝路杭州出发"。展览面积5万平方米，参展企业2000多家，参会客商10万人，其中国内外知名电商企业100家。展会内容包括展览展示、会议论坛、活动体验、对接交流四大板块。郑州市商务局以及中原区、二七区、管城区、新密市、新郑市等县（市）区商务部门及相关企业负责人30余人参会。展会期间，郑州市代表团主要参加了"博鳌亚洲论坛"—2015中国（杭州）全球电商领袖峰会，电子商务园区发展论坛、农村电商发展论坛、电子商务公共服务体系的建设与创新发展论坛等。同时，代表团还拜访了吉茂科技、杭州颐高集团等电商企业负责人，对接洽谈来郑投资事宜，推进项目进展。

【参加第十七届中国国际工业博览会】 11月3-7日，第十七届中国国际工业博览会在国家会展中心（上海）举行，博览会由国家发展和改革委员会、商务部、工业和信息化部、科学技术部、中国科学院、中国工程院、中国国际贸易促进委员会、上海市人民政府和联合国工业发展组织共同主办，以装备制造业为展示交易主体，设9大专业展，展会面积超过23万平方米，2100多家展商参展。郑州代表团由郑州市商务局带队，中牟县、新密市、上街区、高新区、经开区政府（管委会）和商务部门、工信部门、科技部门以及产业集聚区、相关企业共30余人参会。借助上海工博会平台，针对郑州市有关县（市）区主导产业定位，在汽车、装备制造、通信、新能源、节能环保、科研等产业领域寻求与国内外知名企业合作，开展精准招商。

【参加第118届广交会】 第118届广交会于10月15日开幕，11月4日落下帷幕。与会境外采购商人数和出口成交量，再次双双下降，折射出当前中国外贸的严峻形势。郑州市共有280余家企业参加此次广交会，参会热情不减。郑州市外贸企业在本届展会上的订单成交量与上届持平，有些企业有小幅增长，增幅在5%左右。

【参加第八届中国绿色食品博览会】 11月21日，河南省组团赴江西南昌参加第八届中国绿色食品博览会。本届绿博会以"绿色生态发展"为主题，强化绿色食品宣传、引导绿色食品消费，郑州市由市商务局、二七区、惠济区等有关单位及企业组团参会。展会期间，郑州市代表团赴江西南昌华南城参观考察电子商务产业园、南昌市大学生电子商务创业孵化基地、奥莱中心、江西省名品馆等，并就推进华南城项目进行交流和座谈。

【参加"舟山深海鱿鱼进郑州"产销对接会】 11月27日，"舟山深海鱿鱼进郑州"产销对接会在郑州市郑东新区举办，该对接会由舟山市商务局主办，郑州市商务局协办，舟山当地远洋深海打捞企业以及郑州市大型超市、农产品批发企业以及部分水产市场代表参加对接会。对接会上，舟山当地企业就深海鱿鱼的打捞、经营以及鱿鱼产品的特点、功效等情况向郑州企业作详细介绍，为舟山本地海产品进入郑州市场搭建一个平台。

【参加中国（武汉）食品博览会】 12月18-21日，第24届中国食品博览会暨交易会在湖北武汉市举行。本届食博会以"工商联手、区域合作、内外交流、开拓市场"为宗旨，举办食品展示展销、商贸洽谈、品牌推介活动和全国食品产业投资人大会、全国食品产业采购大会、全国治理食品安全新技术、新管理交流会等经贸活动，并首次推出"互联网+"新模式。食博会共设展位1200个，包括中粮、双汇、茅台、神丹、良品铺子等知名企业共1100家企业参展。郑州市商务局带队组成代表团参会，活动重点是了解行业动态，学习先进经验，品牌推广和宣传，引导和提升郑州市食品产业发展。

【全国打假办督察组在郑检查打假工作】 3月31日，全国打击侵权假冒工作领导小组办公室副主任马恩中一行3人来郑州市察看打假工作。马恩中一行先后察看了惠济区信基调味品批发市场、中石油油品质量检测中心、高新区电子商务产业园。马恩中对郑州市打假工作表示肯定，要求省市有关责任部门结合2015年全国打假重点工作安排，着力组织开展好农村和城乡接合部农贸市场整治、车用燃油专项整治和互联网假冒伪劣商品整治等专项活动，确保工作取得实效。

【四川蓝光集团来郑进行投资考察】 3月31日，四川蓝光实业集团有限公司、四川省投资促进局有关人员在省商务厅经协处有关人员陪同下，对郑州市商业地产进行投资考察，并同中原区（中原新区）、管城区、郑东新区、航空港区等有关单位进行座谈交流。座谈会上，蓝光集团介绍了公司概况和此行目的，与会各区就其提出的商业地价、投资政策、房地产行情等问题，分别结合各自辖区发展现状和未来规划作具体解答。

（马　虹）

供销合作

【概况】 市供销社下属5个县（市）供销社，72个乡（镇）基层社，11个直属企业，2个直属事业单位。机关人员编制41人，9个职能处室，办公经费实行全额预算管理。

2015年，市供销社各项目标任务圆满完成，商品购销总额和利税总额连续四年实现两位数增长，成功保持省级文明单位称号。按照建设标准，巩固提升龙头企业和配送中心各14个，达标乡镇级超市保有量160个。化肥供应量完成32.4万吨，占年计划的101%。国家级再生资源项目百嘉惠再生资源分拣中心完成投资1300万元，经省商务厅验收通过。改扩建再生资源回收中转站10个，占年目标100%。新增农民专业合作社32个，占年目标128%。新增专业合作社联合社3个，占年目标150%。

【新媒助农兴社】 2015年，市供销社大力推进“新媒助农兴社”，探索为农服务新模式。充分发挥新媒体优势，以服务“三农”为宗旨，成功举办蜂蜜、彩虹西瓜、金银花等网络大V体验式助农活动6次，推介蜂蜜、柿子、彩虹西瓜等16个名优特产品，扩大全系统专业社产品的知名度和美誉度。截至年底，@郑州供销在新浪的粉丝超过5.3万个，#郑州供销#阅读量超过2.6亿次。@郑州供销、@西瓜办在全国助农政务微博影响力排行榜上一直名列前茅，全系统有12人进入全国涉农类大V行业影响力排行榜前100名。由于在自媒体应用方面的较大影响力，市供销社主任刘五一在3月应邀参加国务院办公厅在中南海召开的“我为政府工作献一策”总结座谈会。在@郑州供销推动下，全系统组建电子商务企业6家，发展网店52家，网购规模不断扩大，为形成“网订店送、网订店取”的新型配送模式做出有益的探索。登封市被评定为全国供销合作总社电子商务建设示范县，新密市、荥阳市被评定为省级电子商务示范县。

【新网工程建设】 顺应郑州都市区建设的新要求，推进新网工程建设。按照坚持标准、提升层次的要求，在抓好线上业务的同时，大力抓好线下实体店建设，全系统规范发展连锁门店74个，发展后劲不断增强。新密市供销社通过协调，将“两店一站”进社区纳入政府总体建设规划，为供销社在新型城镇化建设中的发展奠定坚实基础。4月和11月，全国供销合作总社副主任骆琳和纪检组长佟宝君分别带队到郑州调研，对郑州市供销社的工作都给予充分肯定。

【基层组织体系建设】 突出抓好基层社和专业合作社建设。以跨地域组建“大个子”中心社为抓手，夯实发展基础，强社带弱社、中心社带偏远社的基层社发展格局初步形成。专业合作社建设力度进一步加大，质量进一步提升。全系统共规范发展专业合作社352个、专业合作社联合社12个，入社成员3.5万人、出资额3亿元，助农增收近千万元。新密市大隗丰园食品专业合作社的“大隗”农产品品牌被评选为全国“百佳农产品品牌”。一年来，全系统新规范发展村级综合服务社97个，村级综合服务社总数达到2676个，流转土地1533.3公顷，为提高农民组织化程度、助农增收做出贡献。

【职业教育】 一是指导郑州市财经技师学院以国家示范校建设为契机，不断深化教学改革，顺利通过国家示范校建设成果省级验收，办学层次和办学质量得到提高。二是郑州财经技师学院新校区建设稳步推进，与新密市政府初步达成用地框架协议，并通过郑州市发改委批复立项。三是大力开展社会培训，培训人员3万人次，为社会培养输送大批实用人才。

【基层党建工作】 以整治软弱涣散党组织为切入点，切实加强基层党建工作。一是创新党组织设置形式。以“分类定级、晋位升级”活动为抓手，加大直属单位基层党组织建设力度，开展党组织排查建档、参与区域化党建工作，开展“在职党员进社区”活动，实现“有形”覆盖和“有效”覆盖相统一，80%的机关在职党员联系所在社区参加志愿服务。选派1名优秀干部参加新密市城关镇翟沟村软弱涣散基层党组织整顿工作，促进该村党建工作的开展。二是加强基层服务型党组织建设。开展创建学习型机关、学习型支部、学习型单位活动，切实把学习成果转化成工作动力。切实转变工作作风，提高办事效率，杜绝“门难进、脸难看、事难办”不良现象。三是加大支持力度，确保党建工作顺利开展。继续加大党建工作经费投入，为党员活动室新配备图书、书柜、桌椅和远教设备。投入资金7000余元购买党员学习用书，配套下拨慰问困难党员资金3万元。

（李　培）

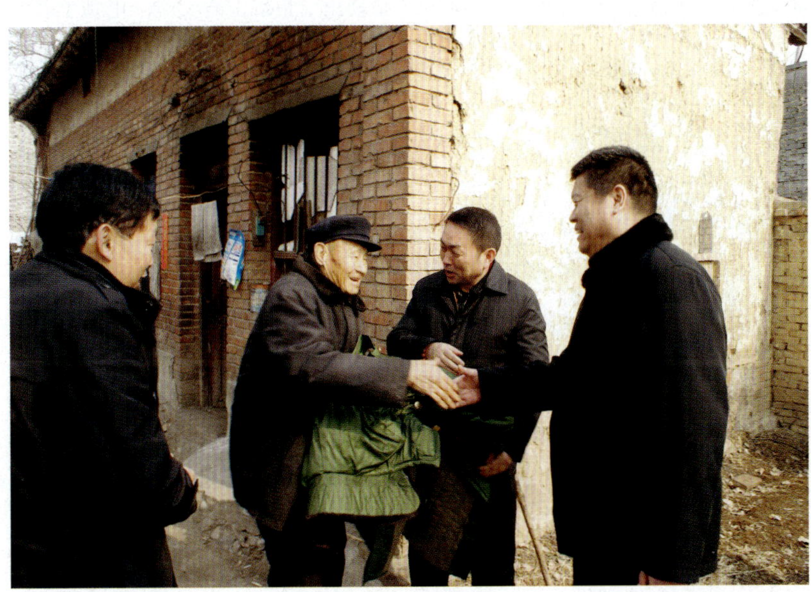

开展扶贫慰问

粮油购销

【概况】 2015年，郑州市全社会粮食收购量责任目标10.8亿公斤，完成21亿公斤，占全年任务的194%；主食工业化率45%，超目标15个百分点；主食产业化和粮油深加工项目投资额责任目标2亿元，完成5.7亿元，占全年任务的285%；粮油加工转化率191%；实现招商引资项目12个，引进国外、省外资金总额15.8亿元；市、县两级地方储备粮储存安全，“一符四无”粮油率100%，超目标任务5个百分点。确保全市粮油储备数量真实、质量完好、储存安全。推进依法行政，粮食质量监管工作评估、信息报送工作、统计工作、执行粮食政策、军粮质量监管工作、党风廉政和政风行风建设、平安建设和信访稳定、遏制重特大安全事故、完成上级交办的工作任务等共性和定性目标整体运行良好。未出现任何一票否决的情况。

【粮食安全保障】 2014年年底，国务院出台《关于建立健全粮食安全省长责任制的若干意见》。2015年7月，河南省人民政府《关于全面落实粮食安全省长责任制的实施意见》公布，从政策层面支撑粮食流通体系的完整与拓展。市粮食局多措并举落实保障粮食安全责任。一是加强地方储备管理。为保证地方储备轮换的正常进行，同时掌握粮源充实库存，市粮食局组织和动员各国

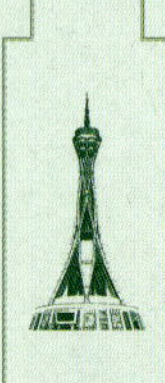

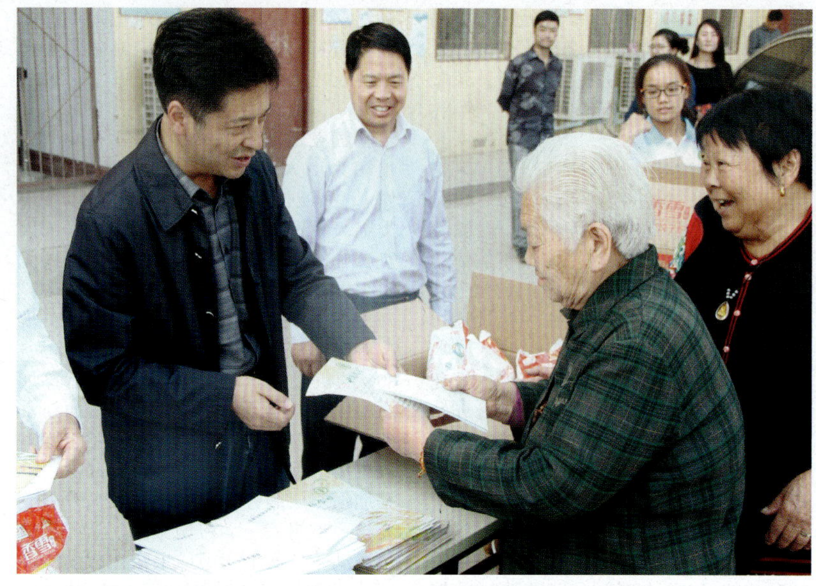
10月16日，举办世界粮食日和爱粮宣传周活动

有粮食购销企业到粮食主产区设点收购，保持区域内合理粮食储存数量，夯实粮食安全基础；各县（市）区地方储备也按各自计划完成轮换，储备粮常储常新。二是充实市级储备。按照省发改委、粮食等部门通知要求，郑州市需新增储备粮。郑州中原国家粮食储备库、郑粮集团等4个单位收购承储，所有新增储备粮全部入库。三是保证粮油市场供应。发挥粮食应急保障80家网点的作用，进一步促进粮食应急体系完善。对小麦、面粉、食用油等主要品种价格进行实时监测，密切关注市场变化，保持合理粮食库存，全粮食市场供求平衡，粮食价格稳定在合理区间。在主要节假日期间，企业加大主要粮食品种生产力度，尽快投放市场，确保粮油市场供应。四是加强粮食质量监管。2015年，开展夏粮收获质量调查和品质测报，郑州市确定质量调查采样总数为77个，覆盖各县（市）区相关乡镇的28个村，品质测报样品12个，小麦会检样品15个，小麦国家级收获粮食质量安全监测样品3个，指导粮食质量监测中心完成2015年度收获小麦质量调查报告。

【社会粮油供需平衡调查】 市粮食局在全市城乡组织开展2014年全市社会粮油供需平衡调查。调查结果显示，全市2014年粮食总需求量440万吨，消费总量359万吨，粮食自给率44%，粮食口粮消费177万吨，与2013年基本持平。

【粮食收购】 夏粮收购。6月1日起，河南省启动最低收购价收购，2015年粮食最低收购价格和2014年相同。为增加农民收入，充实粮食库存，确保粮食安全，郑州市国有及国有控股粮食购销企业落实最低收购价政策，发挥主渠道作用，保障郑州市粮食安全。全市累计收购小麦88.6万吨，比上年同期增加19.7万吨，增长29.8%，其中，国有粮食购销企业收购38.5万吨；平均收购价2.44元/公斤。

秋粮收购。郑州市继续转变“重夏轻秋”的做法，敞开收购农民手中余粮，防止出现农民“卖粮难”的情况，以1.76元/公斤的平均价格，共完成秋粮收购1.7万吨，在保护种粮农民利益的同时，积累秋粮购销经验，提高企业的经济效益。

【粮食统计】 全面实施粮食流通统计制度改革。扩大统计面，精减统计数据，由原来的31张表格调整为11张表格，实现全市粮食统计全覆盖。

【军粮供应】 军粮供应坚持“以兵为本 综合保障”的服务宗旨，不断提升军粮综合保障能力，提高军粮供应管理水平，进一步完善军供管理各项制度，构建“平时供应、急时应急、战时应战”的全天候军粮供应保障体系。每逢重大节日，走访慰问驻郑部队，到基层连队虚心听取广大官兵的意见和建议，服务质量部队满意率100%。

【粮安工程建设】 2015年，全市继续开展粮食安全工程建设。一是大力推进项目建设。全年项目总投资21655万元，其中粮安工程1875万元。郑州油库外迁项目启动，其综合油脂灌装建设项目在上街区备案，总投资17000万元，完成投资2500万元，用于取得土地和地上附属物。荥阳0144库仓储设施项目总投资1750万元（其中省投资500万元）；兴隆粮库进入省“智慧化粮库”试点，总投资940万元。二是做好粮油仓储管理工作。通过加强对粮食仓储工作的管理，确保全市库存粮油储存安全，库存粮食实现“一符四无”100%，储备粮实现“一符三专四落实”100%。三是组织完成全市粮食仓储设施专项调查工作。贯彻落实国务院第52次常务会议精神，建立粮食仓储设施保护制度，根据《河南省粮食局关于开展全市粮食仓储设施专项调查工作的通知》（豫粮文〔2014〕196号）文件精神，历时半年时间组织全市粮食仓储设施专项调查工作。郑州辖区内仓库实际仓容为402.5万吨，其中，地方国有粮食收储企业仓容184.5万吨，中储粮仓容94.6万吨，加工类企业仓容63.6万吨，其他类型企业仓容5.7万吨，收储类民营企业54.1万吨。郑州市内涉粮企业无论从数量还是仓容来看，都是以国有企业为主导，民营企业和其他外资企业所占比重都不大。

【依法管粮】 一是继续深入开展法制宣传。市粮食局以世界粮食日为契机，以服务型执法建设教育活动的开展为抓手，结合工作实际开展多种形式的主题宣传活动，宣传粮食行政管理部门的职责、粮食企业的社会责任以及粮油科普知识、科学合理消费和节粮爱粮知识，呈现出“报纸上有文章、电视上有图

10月20日，国家粮食局副局长吴子丹到河南兴隆国家粮食储备库考察

像、网站上有信息、大街上有标语”的活动局面，树立粮食行政管理部门依法管粮，为粮食生产者、经营者和消费者服务的良好形象。10月16日，郑州电视台、《郑州日报》报道了世界粮食日宣传情况，省人民政府网、河南法制网、中原网等对郑州市“兴粮惠农进万家”活动进行报道。二是规范行政审批行为。对粮食收购资格申报者严格审核、严格把关，实行一次性告之，合格一家，办理一家；对不符合标准者，坚决不予审批。2015年市本级受理粮食收购资格许可11家，其中到期换证2家，变更企业法人2家，变更地址1家，变更企业名称1家，新办证5家。三是推进服务型行政执法教育活动。在全省粮食服务型行政执法建设中，登封市粮食局在郑州市粮食局的指导下，不断开展行政执法机制创新，规范行政执法行为，对粮食服务型行政执法建设进行创新实践，省政府法制办、省粮食局明确其为“全省首批粮食服务型行政执法建设示范点”。6月12日，省政府法制办、粮食局在登封组织服务型行政执法示范点观摩活动，对登封粮食系统服务型行政执法的经验给予充分肯定。

【监督检查】 一是加强日常监管。及时组织对夏粮收购、秋粮收购、粮食出入库、统计制度执行情况、政策性粮食出库和供应等方面的专项检查，推动粮食监管工作的规范化、制度化，确保各项政策制度的有效落实。二是圆满完成年度库存检查工作。通过企业自查、市级抽查，全市储存粮食均做到专仓储存、专人管理、专账记载，全市粮食库存数量真实，账实相符，库存粮食质量良好，各级储备粮轮换计划执行到位，仓储管理水平不断提升。三是加大对涉粮案件的查处力度。设置专门电话和信箱，关注网络等媒体舆情，做好举报、投诉的受理和处理工作。四是开展夏粮收购等专项检查。组织安排夏粮收购监督检查，检查重点是政策性粮食委托收储库点，重点检查“五要五不准”粮食收购守则的落实情况、最低收购价执行预案的落实情况等，检查与收购同步进行。同时，完成军粮供应专项检查、夏粮收购检查、秋季安全储粮专项检查等工作。针对4月央视报道东北二省“以陈顶新”问题，市粮食局组织开展执行国家粮食购销政策情况检查，全市未发现“转圈粮”问题。

【行业建设】 一是加强粮食储存管理。各级粮食部门层层落实储粮安全责任制，坚持“一、三、七”粮情检查制度，加强储粮基础工作，落实科学储粮各项措施，保持“四无”粮仓，全市未出现任何储粮安全问题。二是加强轮换管理。及时下达2015年度地方储备粮轮换计划，加强市级储备粮轮换工作监管，确保储备“一符三专四落实”，粮食常储常新；结合各项储备成本上升的实际，协调提高市本级储备补贴费用标准，保障粮油库存安全。三是做好服务，支持企业发展。市粮食局做好局属购销企业2015年各项粮食费用补贴、利息补贴的审核工作，协调市财政争取各项补贴及时足额到位，协调有关部门做好新增储备资金筹集、解决粮食集并费用，协调夏粮收购粮车入市，为企业排忧解难。

（胡茵妮）

投资促进

【陇海兰新经济促进会活动及新亚欧大陆桥的区域经济发展】 2015年，郑州市进一步加强陆桥沿线城市、国内友好城市交流与合作，关注、收集和交流新亚欧大陆桥区域经济发展信息，做好与新亚欧大陆桥及陇兰经济促进会文件收发工作。参与陆桥沿线城市活动。每年按时参加全国人民代表大会期间在北京举行的陆桥沿线城市领导联谊活动，围绕加强陆桥沿线城市经济合作、促进优势互补共同发展主题进行深入交流，并共同签署议案和建议提交全国人民代表大会，请求国家和有关部委对陆桥经济带的发展给予高度关注和支持。2月份，联合国南南合作办公室、联合国开发计划署、联合国工业发展组织、联合国教科文组织、世界旅游组织和商务部经济技术交流中心，在福州召开联合国海陆丝绸之路城市联盟的筹备会议，国家有关机构、沿线相关城市代表约70人参会。会议期间，与国家新亚欧大陆桥国际协调机制办公室，就郑州融入国家“一带一路”建设、更好地发挥郑州大枢纽作用等方面进行了商谈，为下一步开展深入合作奠定了基础。4月份，参加陇海兰新经济促进会2015年主任会议，就推动经济带城市间的合作与共赢进行了广泛而深入的讨论。5月份，参加2015中国・青海绿色发展投资贸易洽谈会，为抓住国家实施丝绸之路经济带建设、扩大向西开放的机遇，充分利用“青洽会”这一平台，中心积极与西宁有关方面联系，结合郑州市实际情况，积极参与区域经济合作、投资促进活动。6月份，参加在新疆喀什举办的中亚南亚商品交易会，此次交易会以“携手再创丝绸之路新辉煌”为主题，通过主题论坛、商贸洽谈等共商“一带一路”和中巴经济走廊建设带来的发展新机遇。7月份，经市领导批示，以市政府名义正式回函，郑州市以创始成员身份参与联合国海陆丝绸之路城市联盟。8月份，参加在二连浩特举办的以“发展丝路经济、构建合作走廊”为主题的中蒙俄经贸合作洽谈会。8月底，参加在满洲里举办的“2015新亚欧大陆桥国际运输研讨会”，学习其他城市在构建丝绸之路经济带国际物流大通道的经验和做法。9月份，市政府副秘书长李杰代表郑州市，在北京举行的城市联盟成立大会上发言，并向与会的有关国际机构、沿线城市等代表宣传推介郑州。10月份，与陇海兰新经济促进会共同做好以“丝绸之路经济带重点城市水资源保护与利用”为主要内容的课题调研，为有关部门对沿线地区的工作指导提供了参考意见和建议。12月，郑州市向城市联盟秘书处正式签署联盟章程。在城市联盟成立之后，作为城市联盟下属的专业委员会，城市联盟物流工作委员会于9月底在青岛成立，工商理事会于11月初在泉州成立。

【国内友好城市、友好合作城市交流与合作】 主动“走出去”，开展友好城市交流活动。2015年9月，市人大常委会副主任舒安娜带队走访宁波市、无锡市，认真做好联络对接和走访服务工作，并通过交流座谈、实地考察等形式，学习和借鉴友好城市在对外开放、招商引资等方面的成功经验，同时拜访了在郑州市设立办事机构的知名企业总部。通过国内友好城市领导的高层互访，加深了城市间的了解，增进了友谊，对郑州市经济社会的发展起到了积极的推动作用。

积极“请进来”，邀请友好城市参加在郑州市举办的重大经贸、文化活动，广州、连云港等城市组成政府代表团或经贸代表团参加郑交会、产业转移对接等活动，并派出知名企业参加项目对接，为双方进一步深入合作创造了条件。通过友好城市间的交流合作，学习和借鉴了友好城市在对外开放、经济发展等方面的成功经验，加强了两市之间的联系，增进了两市之间的友谊。

【驻郑单位联络服务】 日常业务咨询、人员接待、业务受理及证件办理工作。2015年，接受驻郑机构电话咨询5000多次，接待办证人员1200多人次，新备案登记外地驻郑办事机构142家，换证265家，注销证件14家，查询档案12家。目前，郑州备案登记的办事机构2422家，其中外地市、县级政府设立办事机构的有25家；500强企业16家、上市公司80家，注册资金在亿元以上的企业有218家，涉及传统行业和战略新兴行业20多个。

外地驻郑办事机构及其总部的走访和邀商工作。全年走访了中铁一局、深圳科源、宁波万金集团等10多家驻郑办事机构。通过走访，进一步了解企业及驻郑机构的发展情况和需要解决的实际问题，主动牵线搭桥，多方协调，为驻郑机构及企业提供好服务。

积极搭建平台，做好驻郑机构综合协调服务工作。2015年先后举办两次经济交流座谈会，邀请外地政府、上市公司、知名企业驻郑办事机构负责人及代表，通报郑州市经济信息及动态，了解驻郑机构情况，积极牵线搭桥，促成合作。搭建驻郑机构微信交流平台，及时通报经济信息，促进驻郑机构间沟通交流与合作。

主动协调、提升服务，加强调研、规范管理。主动协调涉及驻郑机构联络服务工作的省工商局、省商务厅、市组织机构代码办、市人社局、市税务局、市文明办、银行等单位为驻郑机构做好服务。规范驻郑机构档案管理工作，归档了2014、2015年办证、换证档案和驻郑机构电子档案库。驻郑办事机构已成为郑州城市的重要组成部分，为郑州市经济建设、创税创收、解决就业和精神文明创建做出了积极的贡献。

【全面推进投资促进工作】 为了搭建投资合作的桥梁和纽带，立足郑州市发展的主导产业，积极开展承接产业转移交流会等工作。一是积极参加商务部投资促进事务局和省市组织的产业转移交流会，组织我市相关县市区、产业园区的代表参会，做好专题推介，为国内外知名企业了解投资郑州搭建合作交流的平台。二是主动与知名企业对接，推介宣传郑州。5月份，利用在福州参加"海交会"的机会，抽出时间专门到新大陆科技集团拜访，双方就如何"以科技创新引领实业发展"进行座谈交流，公司高层为郑州高新技术行业的发展提出了建设性的意见和建议。9月份，利用走访友好城市的机会，考察海澜之家等行业领军企业，就如何为企业营造良好的投资环境、提供周到的投资服务，听取企业的意见建议，并邀请对方到郑州市实地考察，投资兴业。三是参与省市相关重大活动，按照省市政府和市商务局的要求，做好前期筹备和有关服务工作。

（李星炘）

会展业及节庆活动

会展业

【概况】 2015年，郑州市会展工作按照"品牌化、市场化、专业化、信息化、国际化"的发展方向，不断优化发展环境，规范市场秩序，完成各项工作任务。

全年全市共举办展会235个，展览面积225.76万平方米。3万平方米以上展会16个，展览面积89.1万平方米；新创办展会3个，展览面积2.3万平方米；全国流动展会10个，展览面积15.6万平方米；实现经济社会效益约200亿元，会展业主要指标保持全国会展城市前列。

【绿地郑州会展中心项目建设】 市会展部门协助郑州航空港经济综合实验区推进绿地郑州会展城项目规划建设工作，及时跟踪项目进展情况。新会展中心规划室内展览面积40万平方米，其中一期室内展览面积18万平方米，分为16个展馆和1个登陆大厅，于12月26日开工建设，计划2018年完工并试运营。该项目将建成以会展中心为引擎，依托航空、铁路枢纽，集商务办公、会议酒店、休闲商业、绿色宜居等功能为一体的辐射郑州乃至全国的国际智慧型会展城。

【国家级流动展会举办】 市会展部门积极拜访易通全联（北京）国际展览有限公司等流动展会主办方，开展流动展会申办工作。与全国农业机械及零部件展览会组委会保持合作关系，该展会从2013年起连续第3年在郑州举办。2015年，郑州市圆满举办了全国农业机械及零部件展览会，第35届全国摩托车及配件展示交易会，第18届中国国际燃气、供热技术与设备展览会，第10届全国检验与临床学术会议展览暨年会等国家级流动展会10个，展览面积15.6万平方米。

【本地品牌展会扶持】 市会展部门按照政府引导、市场化推动的原则，对郑州中原广告展览会、春季大河车展、郑州国际家具博览会、中原国际汽车博览会、中国国际汽车后市场博览会等自主品牌展会重点扶持，协助主办方做好展会筹备工作，自主品牌展会的规模实力得到显著提升。2015年，郑州市16个3万平方米以上的大型展会中，本地展会达到14个，自主品牌展会数量和规模占据主体地位。

【重大活动服务】 市会展部门按照工作分工，参与筹备上海合作组织成员国政府首脑（总理）理事会第14次会议、第9届（河南）国际投资贸易洽谈会、郑州航展等重要活动的组织筹备工作，做好会场布置、现场管理、服务保障等工作，确保活动顺利开展。市会展办被评为上海合作组织政府首脑（总理）理事会第14次会议郑州市服务保障工作先进单位。第9届（河南）国际投资贸易洽谈会筹备期间，通过方案招投标、收集图片资料等，完成郑州综合形象展台的设计搭建和会场协调服务等工作。做好第21届郑交会的境外招商招展、现场服务和外宾接待等工作，本届郑交会国际展区面积1.1万平方米，来自德国、西班牙、葡萄牙、韩国、日本、澳大利亚、新加坡等20个国家和地区的客商参展参会。

【展会协调服务工作】 市会展部门落实会展联席办公会议制度，对中小型展会督促展馆做好各项服务工作。对中国国际汽车后市场博览会、郑州全国商品交易会、郑州国际车展等大型展会，召开协调会议，向有关单位通报展会情况及需协调的问题，对工作任务进行分工，共同为展会举办提供优质服务。

【资金申请受理审核和展会登记备案】 市会展部门严格落实会展资金申请受理、评估审核等工作。全年共受理30个资金申请项目，通过资料审查、项目跟踪、现场审核、会后抽查、整体评估等程序，对符合条件的展会给予资金奖励补贴，重点支持符合郑州市会展产业导向和市场优势的展会项目做大做强。落实会展活动登记备案制度，引导举办单位规范办展，建立展前把关、展中和展后监督的全程监管模式。

【郑州会展大讲堂举办】 为提升郑州市会展行业整体水平，推动行业间交流合作，市会展办举办郑州会展大讲堂活动，邀请河南励展宏达展览公司等会展企业高管、河南财经政法大学教授等开

乙未年黄帝故里拜祖大典盛况

讲授课，分享行业优秀经验。全市会展企业及高校共300余人参会。

（马　虹）

乙未年黄帝故里拜祖大典

【概况】 4月21日（农历乙未年三月初三）上午，乙未年黄帝故里拜祖大典在郑州市新郑黄帝故里景区举办。拜祖大典由河南省人民政府、政协河南省委员会、国务院台湾事务办公室、中华全国归国华侨联合会、中华全国台湾同胞联谊会、中华炎黄文化研究会联合主办，由郑州市人民政府、政协郑州市委员会、新郑市人民政府承办。大典主题为“同根同祖同源、和平和睦和谐”。

大典沿承九项仪程规制，即盛世礼炮、敬献花篮、净手上香、行施拜礼、恭读拜文、高唱颂歌、乐舞敬拜、祈福中华、天地人和。主司仪由中华全国台湾同胞联谊会党组书记梁国扬担任，主拜人由十届全国人大常委会副委员长许嘉璐担任。参加拜祖大典的领导和嘉宾有：全国政协副主席何厚铧，中国国民党前副主席詹春柏、胡志强，全国政协常委、全国侨联副主席李卓彬，中共中央台湾工作办公室、国务院台湾事务办公室主任助理周宁，中华炎黄文化研究会常务副会长、国务院参事赵德润，中共河南省委书记、省人大常委会主任郭庚茂，省委副书记、省长谢伏瞻，省政协主席叶冬松等河南省四大班子领导，郑州市四大班子领导及各界社会团体、民间组织、友好人士代表，共计近万人。

国家领导人何厚铧、许嘉璐及河南省、郑州市主要领导出席乙未年黄帝故里拜祖大典

【大典仪程】 9时50分，大典主司仪梁国扬宣布乙未年黄帝故里拜祖大典开始。大典共有九项仪程：

——盛世礼炮。现场全体人员肃立，鸣炮21响。

——敬献花篮。何厚铧、许嘉璐、郭庚茂、谢伏瞻、李卓彬、周宁、赵德润等先后向黄帝像敬献花篮。

——净手上香。中国国民党前副主席詹春柏、胡志强，以及港澳台、海外侨胞的优秀代表，为拜祖大典做出突出贡献的代表人士侯伯文、林铭森、叶惊涛等先后登台净手敬香。

——行施拜礼。参加拜祖大典的全体人员向黄帝像三鞠躬。

——恭读拜文。十届全国人大常委会副委员长、中华炎黄文化研究会会长许嘉璐恭读《拜祖文》。

——高唱颂歌。中国男中音歌唱家廖昌永、女高音歌唱家王莹与现场合唱演员、全体参拜人员共唱《黄帝颂》。

——乐舞敬拜。韵律悠远的古乐声中，舞蹈演员翩翩起舞，表达世代子孙对人文始祖黄帝的追思和敬仰之情。

——祈福中华。全国政协常委、民革中央副主席郑建邦，中国舞蹈家协会副主席、中国文学艺术基金会副理事长兼秘书长冯双白，中国工程院院士、郑州大学校长刘炯天，中国社会科学院历史学部主任、学部委员、国家哲学社会科学研究专家咨询委员会委员刘庆柱，国务院侨务办公室国外司司长王晓萍，海军东海舰队郑州舰政委周小琳，清华大学名誉校董、美国国际软件屋公司主席廖凯原，全国政协委员、香港文汇报董事长、社长王树成，澳门特别行政区政府驻北京办事处主任康伟，全国台湾同胞投资企业联谊会荣誉会长丁鲲华，台北中国文化大学教授邱毅，世界客属总会副理事长、高雄博仁集团董事长邓昆耀，泰国中国和平统一促进会常务副会长、泰国各姓氏宗亲总会联合会名誉主席丁文志，电影《轩辕大帝》制片人、北京金色里程文化艺术有限公司董事长李文秀，2014感动中国人物、郑州陇海大院英模群体代表、郑州煤矿机械集团有限公司退休工人樊石头，全国见义勇为道德模范、鄢陵县陶城镇黄庄村村民刘兴元，河南省“五一”劳动奖章获得者、河南省裕兴建设工程有限公司总经理刘德兵，上好佳（中国）有限公司董事长、总裁施学理等18位嘉宾，在祈福树上悬挂由个人签名的祈福牌，并登上拜祖台，在拜祖文长卷上用印，表达对祖国民主、富强、文明、和谐及中华民族伟大复兴“中国梦”的深深祝福。

——天地人和。来自香港、澳门、台湾、郑州的4位小朋友与各界人士共同放飞气球，放飞梦想，表达促进祖国统一、增进民族团结、共创和谐生活的美好愿望。

《人民日报》、新华社、《光明日报》、中央人民广播电台、中央电视台、中国国际广播电台；人民网、新华网、中国新闻网、新浪网、腾讯网、凤凰网；香港《大公报》《文汇报》《香港商报》，台湾东森电视台、澳亚卫视等100余家新闻媒体报道了大典盛况。

【乙未年拜祀始祖轩辕黄帝文】 具茨山下，中华始祖轩辕黄帝故都故里；溱洧河畔，炎黄后裔庄严神圣拜祖敬宗。维公元2015年4月21日，岁在农历乙未，三月初三，中华炎黄文化研究会会长许嘉璐，谨以海内外炎黄子孙之名，肃拜恭祀我人文始祖轩辕黄帝曰：

华夏文明，浩浩荡荡。
我祖勋德，万古流芳。
蒙昧既启，开辟鸿荒。
鸣乎帝后，泽被八方。
教民耕牧，莳谷树桑。
婚嫁有礼，历数岐黄。
始作车楫，初制度量。
选贤任能，有纪有纲。
修德怀远，封土辟疆。
肇趋一统，和合共襄。
来者秉志，历尽沧桑。
千秋风流，共赋华章。
积薪不辍，后来居上。
愈挫愈奋，多难兴邦。
天下为公，民本为上。
振兴中华，百年梦想。
依法治国，全面小康。
全球胄裔，同欣同光。
浩浩九州，膴膴河南。
秣马执辔，崛起中原。
既安且美，维新维光。
富而多文，荣我轩辕。
昆仑巍峨，江河浩瀚。
先祖前哲，垂宪黾勉。
允恭允让，克勤克俭。
济济多士，笃业丕显。
自强自尊，远虑忧患。
厚德载物，至诚至善。
我胸宽博，我思悠远。
四海兄弟，息息相关。

乙未年黄帝故里拜祖大典高唱颂歌

亿兆同心，跨洋越山。
相扶相持，相敬相谦。
和平伟业，黾勉而前。
路长多阻，何畏万难。
维我竭诚，列祖实鉴。
天下大同，龙脉绵绵。
谨禀我祖，伏惟尚飨！

【河南省精品剧目展演周】 作为乙未年黄帝故里拜祖大典的重要组成部分，4月20日，由省委宣传部、省文化厅主办的河南省精品剧目展演周在河南艺术中心开幕，从全省荣获全国性舞台剧目大奖的作品中遴选5台优秀剧目在郑州展演。由郑州歌舞剧院排演的大型舞剧《风中少林》作为本次展演周活动的开幕式演出。《风中少林》融武术、艺术、宗教、爱情等于一体，是一部具有浓郁中原地方特色的大型原创舞剧，先后获得“荷花奖”“文华奖”“五个一工程”奖以及国家舞台艺术精品工程“十大精品剧目”等多项国家级大奖。本次展演周还展演了豫剧《苏武牧羊》、交响合唱《木兰诗篇》、话剧《红旗渠》、豫剧《香魂女》等。

【海内外华人书画名家作品邀请展】 4月20日，乙未年黄帝故里拜祖大典“海内外华人书画名家作品邀请展”在河南美术馆开幕。本次展览由河南省委宣传部、河南省文联、郑州市政协、郑州市委宣传部主办，河南省美术家协会、河南省书法家协会、郑州市文联、荆浩艺术研究院承办。中国国民党荣誉主席连战、荣誉副主席蒋孝严为书画展题词。参加开幕活动的有中国书协香港分会副主席、香港国际书法篆刻学会会长吴任，澳门国际书道联盟澳门书法篆刻协会副理事长何斌，河南省委宣传部副巡视员胡昌国，省委组织部原常务副部长王笑南，省文联主席杨杰，省文联副主席张剑锋、宋华平、刘杰，郑州市政府副市长刘东，市政协副主席王顺生，市委宣传部副部长宋建国，市文联主席钟海涛。活动共展出128幅书画作品，以轩辕文化为主，歌颂黄帝故里，弘扬民族文化，以和平和睦和谐来表达华夏儿女对世界和平的祝福。

【黄帝文化国际论坛】 4月19日，第九届黄帝文化国际论坛在郑州大学西亚斯国际学院开幕，来自海内外的专家学者深入探讨以黄帝文化为核心的中华优秀传统文化精神。作为拜祖大典主体活动之一，此次黄帝文化国际论坛的主题是“中华优秀传统文化精神”，由中华炎黄文化中国研究会、中国先秦史学会、中华黄帝故里建设促进会、郑州市人民政府主办，新郑市人民政府、河南省黄帝故里文化研究会承办。著名策划人、优秀诗词作家朱海担任总策划，中央电视台著名主持人张泽群担纲主持。中华黄帝故里建设促进会名誉会长、中共河南省委原书记徐光春致开幕词。第九届、第十届全国人大常委会副委员长、中华炎黄文化研究会会长许嘉璐，中国社会科学院历史学部主任、学部委员刘庆柱，清华、北大名誉校董廖凯原，胡雪岩研究会副会长曾仕强，百家讲坛主讲嘉宾蒙曼，百家讲坛主讲人王树增，国家一级美术师马子恺等担任演讲嘉宾。

【中国（河南）国际投资贸易洽谈会】 4月22日，由河南省人民政府、中国国际贸易促进会、中国人民对外友好协会共同主办，以“新常态、新机遇、新动力”为主题的第九届中国（河南）国际投资贸易洽谈会暨第三届世界新兴产业大会在郑州国际会展中心轩辕堂开幕。省长谢伏瞻、省政协主席叶冬松、中国贸促会会长姜增伟、中国人民对外友协副会长冯佐库、亚太总裁协会全球执行主席郑雄伟等出席开幕式。开幕式上，播放了《开放的河南欢迎您》专题片。省商务厅负责人作签约情况介绍。本届投洽会共达成280个合作项目，投资总额2772亿元，合同引进境外省外资金2562亿元。签约项目呈现规模大、支撑带动能力强，质量高、新兴产业加快积聚，领域广、符合产业发展方向，布局集中、集群发展态势明显的特点。江苏省人大常委会副主任史和平、新疆维吾尔自治区人大常委会副主任贾帕尔·阿比布拉、北京市副市长戴均良、湖北省政协副主席肖旭明、甘肃省政协副主席张津梁、青海省政协副主席纪仁凤、中国铝业股份有限公司总裁罗建川等嘉宾应邀出席开幕式。

（赵　伟）

旅游业

综述

【概况】 2015年，郑州市旅游经济快速增长。全年郑州市（不含巩义）共接待国内游客7849.39万人次，同比增长12.1%；国内旅游收入915.42亿元，同比增长12.9%；接待入境游客总量为46.3万人次（入境过夜旅游者40.2万人次），同比增长3.1%；外汇收入达到1.794亿美元，同比增长4.9%；旅游总收入达到927.08亿元人民币，同比增长12.8%。

【全域旅游稳步推进】 2015年，郑州市贯彻落实全市推进全域旅游产业大会精神，市旅游局成立由局班子成员任组长的9个新业态工作组，健全周通报、月讲评、半年督察制度。各工作组主动加强与县（市）区、旅游经营者及业界专家的沟通协作，坚持一线查实情、系统理思路、务实订措施，促进工作落实。委托北京大地风景旅游景观规划院，高起点、高标准编制《郑州市全域旅游提升规划》。借助5·19中国旅游日宣传活动，以市政府名义组织召开全域旅游观摩推进会，实地察看方特欢乐世界、中牟国家农业公园，点评各县（市）区全域旅游工作推进情况，交流经验，推动工作。

【旅游产品更加丰富】 中牟方特梦幻王国主题公园建成运行，登封天河文化休闲广场、新密伏羲山旅游区建设进展迅速，郑东新区"四湖一日游"水系观光线路培育成效明显，上街区环球航空嘉年华、登封"汽车拉力赛"等赛事旅游项目影响广泛。乡村旅游模范村、示范户创建成效明显，二七区樱桃沟、新郑泰山村被授予"中国乡村旅游模范村"称号，隆馨农家乐园、神农庄园、百果园农庄、农家乐园、龙福山庄被授予"中国乡村旅游金牌农家乐"称号；中牟国家农业科技示范园入选省旅游局"全国休闲农业与乡村旅游示范点"推荐上报名录。一大批参与新型城镇化土地流转的旅游企业，对生态旅游、养生养老旅游投入不断加大，产业融合、跨界发展渐成主流。

【市场营销】 依托中原经济区城市旅游联盟、TPO年会等载体，持续开展联合营销，区域旅游合作逐步深化。9月，先后在芬兰、匈牙利、俄罗斯开展"功夫郑州"旅游宣传促销，境外市场持续拓展。11月，结合全域旅游业务培训，赴福建厦门、漳州、龙岩等地开展国内旅游宣传促销活动，进一步巩固客家人客源市场。参加中国国际、国内、北方旅游交易会以及台北旅展等展会，

1月12日，副市长杨福平到市旅游信息咨询服务中心调研

精心组织旅行商在郑考察踩线活动，郑州市许多旅游新产品在多地旅行商门店上架销售，旅游业界市场共建互推取得新进步。郑州旅游形象广告片拍摄完成并在河南卫视《新闻联播》正式投放，营销基础更加牢固。参加国际旅游交流合作，郑州市城市旅游宣传片获TPO年度最佳推广CD奖。引导相关县（市）区开发包装工业旅游、慈孝旅游、休闲旅游、乡村旅游等新型线路产品，培育开发"郑州天天游"产品线路，旅游产品更加丰富。

【旅游市场日益规范】 全力推进旅游标准化建设，完成全市第二批旅游标准化19家试点单位中期评估，完成4批次旅行社导游、星级饭店服务员业务技能培训，全面推开"全国旅游团队服务管理系统"和"全国旅游质监和投诉管理系统"应用，旅游服务更加规范，旅游企业转型升级出现以点带面整体服务质量明显提高的局面。强化旅游执法检查，全年共受理旅游投诉37件，为旅游消费者和经营者挽回经济损失56816元；共开展旅游市场检查行动176次，出动检查人员553人次，检查旅行社193家、导游人员209人次、旅游景区16家，共作出具体行政行为63件，下发整改通知书57份，对17名导游员的导游证实施扣分处理，对3名未取得导游证从事导游活动的人员和2家旅行社及其责任人员实施行政处罚，共罚没金额11348元。

【公共服务体系逐步完善】 郑州游客信息咨询服务中心服务效能明显增强，12301旅游服务热线受理咨询电话年均突破4万通，市旅游局官方网站年均点击量突破20万人次，信息传播范围逐步扩大。郑州智慧旅游产业运行监测与公共服务平台项目建设进展顺利；旅游交通标识牌建设项目建设持续推进，完成《郑州市全域旅游标识牌设计施工方案》专家论证和发改委审批；旅游厕所建设初见成效，新建旅游厕所98座，改建旅游厕所27座。

（李　芳）

旅游管理与服务

【郑州市导游管理服务中心官方微信上线】 1月1日，郑州市导游管理服务中心官方微信正式开通，共有"导游之家""最新资讯""'郑'在旅途"三大板块。其中，"导游之家"板块下设《家信息》《家明星》《家公告》《家故事》4个栏目，主要介绍郑州导游管理服务中心基本信息、展示优秀导游风采、发布中心最新公告和省市重大政务活动接待等；"最新资讯"板块下设《热焦点》《法同行》《最优惠》3个栏目，引导广大导游员及时关注最新行业动态等；"'郑'在旅途"板块下设《"郑"阅读》《"郑"印象》《"郑"在秀》《"郑"答疑》4个栏目，主要介绍郑州人文历史、专题文化，精选郑州市精彩导游讲解词，提供在线互动交流和咨询服务等。

【市属星级饭店评定复核】 2014年12月起，依据河南省星评委通知精神，郑州市星评委对市属38家星级饭店按照必备项目、设施设备和运行质量等核心标准进行评定复核。通过评定复核认定保持星级标准好的单位：新密承誉德大酒店（五星）、郑州弘润华夏大酒店（四星）、郑州鹰城鑫地大酒店（四星）、登封少林国际大酒店（四星）、郑州江南春温泉酒店（四星）、郑州嵩山饭店（四星）、登封禅武大酒店（四星）、郑州大同宾馆（三星）、郑州黄

郑州市全域旅游规划及近期行动计划通过评审委员会专家评审

河饭店（三星）、新郑乐谷商务酒店（三星）。保持星级标准较好的单位：郑州丰乐园大酒店（四星）、河南格尔饭店（四星）、郑州大酒店（三星）、郑州长江饭店（三星）、郑州生茂饭店（三星）、郑州天鹅宾馆（三星）、郑州力源宾馆（三星）、郑州天河大酒店（三星）、郑州杜康大酒店（三星）、郑州烟草科技公寓酒店（三星）、登封武都大酒店（三星）、登封新世纪大酒店（三星）、郑州管城饭店（三星）、中牟宾馆（三星）、新郑皇宫大酒店（三星）、登封丰源大酒店（三星）、荥阳龙吟堂大酒店（三星）、荥阳嘉盛世纪宾馆（三星）、上街银都宾馆（三星）、上街多文多酒店（三星）、郑州城外城宾馆（二星）、郑州太阳城宾馆（二星）、郑州卧龙宾馆（二星）、郑州祥源宾馆（二星）、荥阳宾馆（二星）。对星级意识不强，管理服务滞后，设施设备和运行质量达不到星级标准的郑州龙门大酒店（三星）、郑州黄淮宾馆（三星）、郑州中信宾馆（二星），分别取消三星级、二星级标志。

【河南航空旅游发展联盟会员表彰暨授牌会议在郑举行】 1月26日，河南航空旅游发展联盟2014年度会员表彰暨2015年度高中级会员授牌会议在郑州机场举行。市旅游局副局长薛宝霞及省民航办、河南省机场集团等单位有关领导出席会议，联盟各会员单位相关负责人参加会议。会议向获得联盟2014年度最佳进步奖、最佳贡献奖、最佳合作奖的旅游企业颁奖，对获得2015年度高中级会员的单位授牌。

【《德国时代周刊》记者来郑考察采访】 1月27日，《德国时代周刊》记者在郑州市考察采风，重点考察黄河风景名胜区、黄河博物馆、黄帝故里等旅游资源，旨在以欧洲游客的角度和视野出发，通过报道黄河和黄帝文化，向德国游客介绍中国沿黄河旅游产品。

【全市贯彻落实加快全域旅游产业发展大会精神情况汇报会召开】 1月27日下午，副市长杨福平组织召开全市贯彻落实“加快全域旅游产业发展大会”情况汇报会，会议由市政府副秘书长冯卫平主持，各县（市）区、开发区分管旅游工作的领导、市旅游局领导和相关人员参加会议。

会上，市旅游局和各县（市）区、各开发区分管领导先后汇报贯彻落实会议精神的情况。杨福平在听取各单位汇报过程中，对各单位的落实情况进行询问和点评。他就加快全域旅游发展提出要求：一要提高站位，要用发展旅游的理念引领各产业发展，在推进新型城镇化、新型工业化、农业现代化过程中同步布局发展旅游产业。二要深入研究融合发展问题。要以旅游为中心，整合休闲、农业、商业、文化、运动、康疗、养老等相关产业，把各相关产业及旅游产业的链条做长，提升效益。三要做好规划。在半年内，各地都要拿出旅游产业提升的规划，以规划引领发展。四要突出重点。各地要根据自身优势，认真梳理重点旅游项目，制订具体措施，每年有重点地抓好若干个新建项目。五要加强宣传推介力度，打造精品旅游线路，创新旅游宣传品，提升旅游影响力。六要加强领导，抓住机遇，加快推进郑州市全域旅游的发展。

【郑州市2014年度游客满意度调查报告发布暨旅游安全工作会议召开】 2月6日下午，郑州市旅游局组织召开全市2014年度游客满意度调查报告发布暨旅游安全工作会议。中国旅游研究院产业所副研究员何琼峰博士、肖建勇博士出席会议，会议由郑州市旅游局副局长薛宝霞主持，各县（市）区旅游管理部门主管游客满意度、旅游安全的局长和科长，纳入游客满意度测评的7个关键节点单位主管游客满意度工作的负责人参加会议。

会上，何琼峰发布了郑州市2014年度游客满意度调查结果，对郑州市游客满意度取得的新成绩给予充分肯定和高度评价，并对郑州市游客满意度工作提出建议。肖建勇博士站在全国的角度，从宏观到微观阐述了影响游客满意度的因素和游客满意度工作的必要性及工作方法。薛宝霞强调下一步要从四个方面推动全市游客满意度和旅游安全工作。一是要认真领会会议精神，抓好落实；二是要对照调查报告，整改提升；三是要高度重视，全面提升郑州市的游客满意度；四是要强化红线意识，进一步落实安全生产责任制。

【郑州市游客满意度调查排名公布】 2014年，中国旅游研究院郑州市游客满意度调查课题组分别对全市15个县（市）区、开发区和7个重点监测对象展开调查，共回收有效问卷10918份，评论14654条。调查报告显示，2014年，郑州市全年游客满意度指数为71.84。15个县（市）区、开发区的游客满意度得分由高到低为：新密市75.01、郑东新区74.24、新郑市74.09、二七区73.44、登封市72.38、管城区72.21、荥阳市71.84、上街区71.52、中牟县71.48、金水区70.86、航空港区70.49、中原区70.48、经开区70.00、惠济区69.75、高新区68.52。7个重点监测对象的满意度得分由高到低为：绿博园78.79，郑州东站73.99，黄河风景名胜区71.35，二七广场70.43，汽车站、公交和出租服务69.19，地铁66.77，火车站管委会64.98。与2013年相比，满意度上升幅度最大的是郑州东站，增加14.08分。游客对汽车站、公交和出租营运的满意度也略有好转，上升4.89分。网络质监满意度持续提升，原因是各级政府重视旅游质监建设，有6个县（市）区、开发区设立专门的旅游质监网站，投诉渠道逐步实现多元化。

调查报告建议，郑州应在重要公共区域为游客提供高速wifi，扩大手机信号覆盖面积，尤其要增强郊区旅游景点的手机信号强度。还应在远离城区的景区增设银行网点，方便游客刷卡。同时，进一步净化交通运营环境，尽快实现城市管理、城市公共设施、基础服务设施的数字化运营。

【春节旅游市场大检查】 2月11-24日，郑州市旅游局在全市范围内开展春节旅游市场大检查活动，市旅游局组成3个督导组对各地活动开展情况进行督导和检查。2月18日，督导一组赴中原福塔进行实地检查。检查中，督导组听取了景区值班领导情况介绍，实地察看假日期间的旅游值班值守工作、游客流量控制、投诉渠道、突发事件应急预案等情况，并现场抽查投诉记录台账。

2月24日，第二督导组对世纪欢乐园景区开展节日检查。检查组听取了景区有关负责人关于春节假日运行情况的简要介绍，实地察看游客服务中心、售票窗口、公共停车场运营状况，详细了解部分特种设备的定期检测和日常保养制度落实情况，并对景区投诉、咨询电话的反应处理情况进行现场体验。

【市旅游标准化建设经验交流培训会议召开】 4月14日，郑州市旅游标准化建设经验交流培训会议召开。全市旅游管理部门主管标准化工作的副局长、科长，首批旅游标准化建设示范单位先进典型经验介绍人员，全市第二批旅游标准化试点单位主管旅游标准化工作的领导和具体负责人参加会议。会议总结了首批旅游标准化创建工作的主要做法、取得成效、存在的问题，安排部署了2015—2016年度旅游标准化建设工作。首批旅游标准化示范单位先进典型绿博园景区、世纪欢乐园景区、嵩山饭店、郑州大酒店、青屏旅行社、郑旅国际旅游集团依次介绍了创建工作经验做法。

【市旅游工作座谈会召开】 5月7日，2015郑州市旅游工作座谈会在市旅游局召开。会议由市旅游局局长张杰锋主持。市旅游局党组班子成员、局机关及直属单位中层以上干部，各县（市）区、各开发区旅游主管部门负责人和部分旅游企业代表参加会议。

会上，各县（市）区、各开发区旅游主管部门负责人分别就2014年度旅游工作特点、2015年度主要工作打算和推进全域旅游发展工作情况进行汇报发言；河南南湖国旅、郑州华强文化科技有限公司、新密伏羲大峡谷景区、新密承誉德大酒店等旅游企业代表分别就旅游标准化工作作经验交流发言；市旅游局副局长何宏波代表局党组通报表彰2014年度全市旅游工作先进单位；市旅游局各分管领导就年度重点工作作出部署强调。

【郑州市全域旅游工作观摩推进会暨中国旅游日主题活动举行】 5月19日，郑州市全域旅游工作观摩推进会暨2015中国旅游日（郑州）主题活动在中牟县国家农业公园举行。郑州市人大常委会副主任舒安娜、市政府副市长杨福平、市政协副主席吴晓君、市政府副秘书长冯卫平以及市政府办公厅、市旅游局、市农委、市文明办等单位负责人出席活动；各县（市）区、开发区分管领导、旅游行政管理部门负责人，全市100多家重点旅游企业参加了活动。启动仪式上，市旅游局局长张杰锋通报了郑州市全域旅游工作推进情况。活动期间，观

郑州市旅游局组织参加全市元旦长跑活动

摩人员重点考察了方特欢乐世界、中牟县国家农业公园两家景区，以及生态廊道、旅游基础设施、旅游酒店等建设情况，现场观摩了中牟县全域旅游工作发展情况。

活动当天，郑州市旅游局还组织开展了“文明旅游从我做起”和旅游维权常识宣传，引导市民群众快乐出游、文明出游、理性消费。旅游企业开展了旅游景区门票大派送、旅行社线路产品大优惠、旅游星级饭店大酬宾等一系列公众广泛参与、形式多样的惠民活动。

【郑州市在TPO总会上获最佳推广CD奖】 5月27–31日，第七届亚太城市旅游振兴机构（简称TPO）总会在海南三亚市举行，来自中国、韩国、日本、马来西亚、越南等国家和地区的TPO会员城市，以及民间会员代表和国内外特邀嘉宾近300人参加会议。郑州市旅游局副局长何宏波出席会议。会议揭晓了TPO年度系列奖项，其中郑州市与韩国釜山广域市共同荣膺最佳推广CD奖。

【市旅游质监执法培训班举办】 6月9–10日，郑州市旅游局组织召开2015年郑州市旅游质监执法培训班，来自各县（市）区旅游主管部门分管质监执法工作的领导、质监执法骨干以及全市旅行社负责人共200余人参加会议。郑州市旅游局副局长李明伟出席会议并致辞。

李明伟指出，此次培训的主要目的就是要着力提升全市旅游质监执法人员的业务素质和执法水平，着力提升全市旅游行政执法和旅游投诉处理的工作效能，着力提升旅行社规避经营风险的思想意识和实践能力。

【注册导游员业务培训班举办】 6月11–12日，市导游管理服务中心举办为期两天的2015年度注册导游员业务培训班。河南省“十佳”导游员、中心注册高端导游员吉琳琳，中国红十字会救护培训师丁利娟为培训班进行现场授课，中心80名注册导游员参加此次培训。12日，中心组织参训导游员赴郑州黄河生态旅游风景区进行现场观摩学习。

【暑期出游安全隐患排查】 为有效防范和遏制旅游重特大事故发生，郑州市全面开展暑期旅游安全隐患排查整治。按照要求，各县（市）区旅游行政管理部门进一步加强旅游重点时段、重点环节、重点领域的安全监察工作，组织开展旅游安全风险评估和隐患排查活动。针对旅游星级饭店，重点检查其消防安全、食品安全、火灾防控组织、安全预案制订和落实、消防演练、安全出口是否通畅等情况。针对A级旅游景区，重点检查景区内娱乐设备设施，并会同质量监管部门对景区内缆车以及游乐设施等开展安全隐患排查。针对旅行社，重点检查旅行社是否依法与具有合法资质的旅游客运企业签订旅游包车协议，协议是否规范、是否注明各自安全责任；是否制订安全预案，对导游、领队是否进行安全培训；是否签订旅游合同、购买保险等。

【旅游标准化试点单位申报】 6月26日前，在全市范围开展第三批旅游标准化试点单位申报工作，以培育更多代表性旅游标准化示范企业，通过标杆和品牌效应带动郑州市旅游标准化工作全面提升。申报试点单位涵盖旅游业发展较好或具备潜力的各县（市）区旅游企事业单位。创建时间为2015年7月至2016年9月。

【大型红色自驾游郑州站活动举行】 6月30日，“从毛泽东故乡到列宁故乡大型红色自驾游”郑州站活动在二七广场

郑州市旅游局组织在“百万妇女健身活动”展示大赛中表演

举行。河南省旅游局副巡视员李宗军、调研员郭继山，郑州市旅游局副局长何宏波出席活动。参加活动的自驾游车队成员登上二七纪念塔，深切缅怀革命先烈的丰功伟绩。李宗军代表省、市旅游局欢迎自驾游车队队员到郑，并希望通过此次活动进一步广泛宣传河南省的红色旅游资源。

“畅游两大伟人故里 见证中俄传统友谊”从毛泽东故乡到列宁故乡大型红色自驾活动由全国红色旅游工作协调小组办公室和湖南省旅游局主办，是“2015年中俄红色旅游合作交流系列活动”内容之一。

【行政执法资格考试】 按照《郑州市人民政府法制办公室关于做好执法人员培训考试和换证工作的通知》要求和工作安排，9月1日，郑州市旅游局组织25人参加行政执法人员资格考试，考试合格者，取得旅游行政执法资格，并获省政府颁发的执法证件。

【“文明导游”素能提升培训】 9月25日，2015年郑州市“文明导游”素能提升培训活动在郑州市群众艺术馆举行。本次培训由郑州市导游管理服务中心和郑州市群艺馆联合主办，来自全市一线社会导游员近60人参加培训活动。市摄影家协会副主席、市群艺馆副研究员吴国如担任培训主讲，对旅游摄影的特点要求、表现手法、用光技巧、场景选择等基础技能进行系统讲解，并通过优秀作品展示、典型案例剖析等形式，详细讲述旅游摄影常见问题的解决办法。

为活跃导游队伍的精神文化生活，提升导游员业务素质，拓展导游员的知识面，更好地宣传、保护非物质文化遗产，郑州市导游管理服务中心联合郑州市群众艺术馆举办第二期文明导游素能提升培训班，来自全市一线社会导游员近50人参加此次培训。导游员们首先实地参观了郑州市非物质文化遗产展示馆。课堂讲授阶段，省民俗学会副会长、省非物质文化遗产专家委员会资深专家高天星教授围绕什么是非物质文化遗产、非物质文化遗产的分类以及郑州市非物质文化遗产的现状讲解，并将非物质文化遗产与导游业务结合起来，通过列举少林寺、云台山、清明上河园等景区特色，将传统民俗、非物质文化等内容融入大家的生活、工作中。

11月17日，第三期郑州市“文明导游”素能提升培训活动在郑州市黄河饭店举行。本次培训活动以“旅游与应急救护”为主题，来自全市一线的近150名社会导游代表参加此次培训活动。活动邀请郑州大学第二附属医院急诊室主任王明太授课，讲解了现场救护新概念，并现场演示了心肺复苏、气道异物排出、止血、包扎、固定和现场搬运等针对导游行业特点的救护知识和技能。

12月22日，第四期郑州市“文明导游”素能提升培训活动在郑州市黄河饭店举行。来自全市一线近100名社会导游代表参加此次培训活动。结合郑州市承办的“上合会议”，以“商都郑州”为主题开展培训活动。培训活动邀请资深专业优秀导游授课，为一线社会导游生动讲述和展示过去、现在和未来郑州的古典与时尚。

【国庆假日旅游工作督导检查】 9月28–30日，郑州市旅游局组织开展了国庆假日旅游工作督导检查。市旅游局成立6个督导检查组，分赴各县（市）区、开发区对2015年国庆假日旅游工作安排部署和排查检查情况进行督导检查。督察主要采取听取汇报、资料查阅、现场察看等方式，重点对各县（市）区、开发区假日旅游值班安排、应急预案、安全设施维护保养等情况进行督察。

登封市组织召开全市动员大会，就国庆假日旅游工作作出专门安排部署，并组成联合工作组进驻少林景区。荥阳市组织相关部门开展拉网式大排查，协调增加孤柏渡飞黄度假区等重点景区的公安、医疗保障人员配备。惠济区和郑东新区对节日旅游安全工作制订具体方案和应急预案，成立综合协调组、医疗救护组、交通治安消防保障组、抢险救援组、善后处理组和后勤保障组。新郑市、新密市督导辖区景区、景点制订国庆节接待和应急方案，开展安全隐患排查及消防灭火实战演练。其他县（市）区、开发区均开展了不同形式的节前检查排查活动。

【旅游厕所建设管理】 10月14–20日，市旅游局组织各县（市）区旅游行政管理部门主管领导和业务骨干开展全市旅游厕所建设管理检查工作。工作组通过听汇报、查阅资料、现场察看、现场指导的方式，对列入国家、省旅游局建设管理计划的旅游厕所项目建设推进情况进行检查，并对部分旅游厕所的质量等级进行验收和评定。2015年全市上报国家旅游局、省旅游局旅游厕所建设管理计划为265座，其中，新建209座（已完工128座，正在建设27座，未建设54座），改建56座（已完工45座，正在建设3座，未建设8座）。对已完工并上报《旅游厕所质量等级申请评定报告书》的128座厕所进行A级评定，其中，新建99座，达到AAA级32座，AA级37座，A级30座；改建29座，达到AAA级10座，AA级9座，A级10座。

【全域旅游专题培训】 10月22日至11月2日，为贯彻落实郑州市加快全域旅游产业发展大会精神，全面提升旅游行业管理服务水平，结合郑州市在福建漳州、龙岩的旅游市场营销活动，市旅游局组织全市旅游系统干部、业务骨干赴厦门大学开展全域旅游专题培训。专题培训班分为两期（每期6天），市旅游局业务骨干、各县（市）区分管旅游工作的副县（市）区长、旅游局局长共100余人参加培训。市政府办公厅副主任张晓英、市旅游局局长张杰锋、厦门大学国际关系学院相关领导出席两期培训班的开班和结业典礼。培训紧紧围绕全域旅游产业发展战略，采取课堂授课、实地教学、理论研讨等形式，重点学习经济新常态下服务业发展与区域经济、城市文化产业与文化旅游产业发展战略、新形势下的旅游业经营、旅游产业规划问题探讨、中国和平崛起理论与实践、新形势下台海局势与两岸关系等课程。

【郑州市全域旅游规划及近期行动计划通过评审】 12月23日，《郑州市全域旅游产业提升规划及近期行动计划》

（以下简称《规划》）评审会在郑州市召开，来自河南省科学院、河南省社会科学院、郑州大学、郑州财经政法大学、河南工业大学、郑州航空工业管理学院、郑州市规划局、郑州市旅游局及各县（市）旅游主管部门的专家和领导出席会议。

会议听取了规划设计单位——北京大地风景旅游景观规划设计有限公司的规划思路和规划方案汇报，全面审阅了规划成果。《规划》提出郑州市全域旅游"一城三核、两带联通、五大组团、全域发展"的空间布局和七个全域旅游核心集聚区，具有一定的创新性和前瞻性。以冯德显研究员为主任的专家委员会经过讨论，认为《规划》调研比较深入，对郑州市全域旅游发展目标和战略定位科学合理，同意通过评审。

【杨福平调研旅游工作】 1月12日，副市长杨福平到郑州市旅游信息咨询服务中心调研。杨福平一行参观了交流中心、展示中心、咨询中心、12301旅游服务热线，观看2012最郑州摄影大赛获奖作品展，详细了解信息中心在旅游信息化基础设施建设、公益性交流互动活动、旅游形象和旅游产品展示、现场咨询和12301旅游服务热线等方面的工作。

4月1日，副市长杨福平到郑州市旅游局调研，与市旅游局中层以上干部座谈，并就做好全市旅游工作作了指示。

杨福平强调，当前要着重抓好以下五项工作。一是抓紧就《郑州市人民政府关于加快全域旅游发展的意见（征求意见稿）》广泛征求各方意见。二是抓紧按照全域旅游理念，编制《郑州市全域旅游提升规划》。三是按照郑州市委、市政府提出的"一统三大三层次"的要求，积极谋划推进旅游重大项目建设。四是加大旅游营销力度，努力叫响郑州旅游品牌。五是抓好旅游与新型城镇化、扶贫开发等工作的结合。

【刘东会见亚太城市旅游振兴机构（TPO）秘书长周焕明一行】 4月15日，副市长刘东在市旅游信息咨询服务中心会见来郑考察的亚太城市旅游振兴机构（TPO）秘书长周焕明一行。会见中，刘东代表市政府向周焕明一行的到来表示诚挚欢迎，并详细介绍了郑州市情及旅游业发展情况。她说，郑州是华夏文明重要发祥地，承载着裴李岗文化、黄帝文化、商都文化等厚重历史文化积淀，拥有"中国历史文化名城""中国优秀旅游城市"等多项称号。希望亚太城市旅游振兴机构（TPO）能够搭建郑州与亚太地区其他国家和城市加强旅游交流合作的平台，吸引更多境外游客来郑州，切身感受郑州厚重文化历史和多彩城市休闲。

周焕明说，郑州旅游资源丰富，文化底蕴厚重，休闲产业发达，旅游发展前景光明。旅游属于开放带动型产业，需要城市间广泛开展交流合作，更需要当地政府的强力推动。TPO机构旨在促进亚太地区旅游事业繁荣发展，通过城市和团体的共同努力建设紧密的城市间交流体系。他表示，该机构将持续与郑州深入开展交流合作，共同推动郑州旅游业繁荣发展。

（李　芳）

旅游活动

【春节假日旅游】 2015年春节期间天气基本晴好，郑州市采取多项措施，活跃节日旅游市场，为市民提供丰富多彩的文化旅游产品。

（一）全市旅游接待人数增幅明显。春节假日期间，郑州市共接待游客279.1万人次，同比增长13.5%；实现旅游收入16.2亿元人民币，同比增长16.6%。13家重点旅游景区共接待游客46.85万人次，同比增长11.98%；门票收入1953.22万元，同比增长42.96%。其中，嵩山少林景区接待游客13.37万人次，同比增长62.38%，门票收入1118.1万元，同比增长63.66%；郑州黄河风景名胜区接待游客1.53万人次，同比增长66%，门票收入84.9万元，同比增长69.6%。

（二）民俗文化庙会精彩纷呈。景区针对春节旅游市场特点，纷纷推出丰富多彩的民俗文化活动，突出主题、特色和参与性，让民俗文化更加贴近群众。金鹭鸵鸟园、蝴蝶岛、郑州气象科普馆3家景区共同举办"商都民俗庙会"，形成品牌整体影响力和特色景区的互动，以文化展演、民俗风情、民间工艺、趣味竞技、科普活动、春节拜典等活动烘托主题。金鹭鸵鸟园以"文化中原——风情展演"为主题，举办十二生肖、吃农家长桌宴等活动，春节期间共接待游客3.83万人次，同比增长33.5%；蝴蝶岛的主题为"民俗中原——回家过年"，推出如意羊揭幕仪式、"福禄寿"送福、乡村民俗体验等活动，郑州气象科普馆的主题为"欢乐中原——科普嘉年华"。郑州城隍庙——文庙庙会同时举办，推出民间工艺展示和免费学习、民间绝活表演、祭孔仪式等活动。

（三）都市旅游产品丰富多样。假日期间，郑州人民公园、碧沙岗公园、紫荆山公园纷纷举办迎新春群众文化系列活动；郑州方特欢乐世界推出滑稽小丑、小鸡好不惹等娱乐活动，节日期间接待游客6.64万人次，门票收入1461万元；登封少林景区等举办祈福游少林、习武健身行等活动；郑州动物园打造羊文化主题公园，设有羊年文化展和科普展；绿源山水景区举办"2015·河南第二届新春国际马戏艺术节"，春节期间园区共接待游客8万余人；郑州绿博园举办羊年吉祥年画展、郁金香展和中原民间工艺绝活展演；黄帝故里推出敬香祈福迎新年等系列民俗活动。省文化厅举办"春满中原"春节系列文化活动，各县（市）区在广场、社区也纷纷推出丰富多彩的群众文艺活动，丰富市民的节日文化生活。

（四）自驾游、时尚休闲健康游成为市场主体。春节期间，近郊游、短线游、自驾游成为旅游主体，康体健身、休闲放松，成为节日里大多数市民的选择。游客短线自驾游的比重占全市接待总量的75%以上。亲朋好友结伴出游的方式占游客总数的90%以上。温泉、滑雪、赏花、品茶、康体、运动等成为广大游客的主要休闲方式。丰乐园热带雨林水疗馆、香堤湾温泉酒店、江南春温泉酒店等游客接待量再创新高。丰乐农庄单日游客接待量最高达1万余人，江南春温泉游客接待量同比大幅增长。

（五）旅游服务质量良好，旅游市场安全有序。2014年，郑州市游客满意度在全国60个重点旅游城市中排名第16位，实现稳步提升的目标，郑州市的旅游环境得到显著改善。春节期间，郑州市旅游安全形势平稳，旅游市场秩序

郑州市旅游局开展走村入户察民情活动

游学旅游产品推介会召开

井然，没有发生一起旅游安全事故。郑州市旅游信息中心共接听旅游咨询电话63个，郑州市旅游质监所共妥善处理旅游投诉5起。

【游学旅游产品推介会举行】 在内地游学联盟成立大会暨游学推广活动在郑州举办期间，郑州市于7月23日面向参会来宾举办了郑州游学旅游产品推介会。省政府副秘书长万旭、国家旅游局港澳台旅游事务司副司长任佳燕、省旅游局巡视员何琳、郑州市政府副市长杨福平、郑州市旅游局局长张杰锋出席会议。郑州市副市长杨福平在推介会上致辞。郑州市市政府副秘书长冯卫平主持推介会。

在播放郑州旅游宣传片后，郑州市分别以黄帝文化、嵩山文化、黄河文化为主线推出“君子新六艺——黄帝故里成人礼”“天地之中——嵩山研学”“母亲河——黄河新文化探究”3条郑州经典游学旅游线路，介绍中原地区丰厚的历史文化积淀而成的独特旅游资源，并将这些旅游资源结合港澳青少年游学市场特征针对性开发成游学旅游产品，以增强港澳青少年对中华传统文化的认同感。

【组团参加“重走客家路”主题旅游推广活动】 8月12–14日，省旅游局局长寇武江带队赴福州、龙岩两地开展“重走客家路”主题旅游推广活动。郑州市旅游局局长张杰锋率黄帝故里景区、河南中信国旅等旅游企业参加推广活动。重点推出以黄帝文化、黄河文化和根亲文化为主题的旅游产品。郑州市旅游企业与两地旅行商对接，介绍郑州市丰富的根亲文化旅游资源和招徕优惠政策。

【参加中国名山暨河南旅游产品展示活动】 8月20–23日，由河南省旅游局、焦作市人民政府主办的中国云台山国际旅游节在焦作举行。旅游节期间，举行中国名山暨河南旅游产品说明会和旅游展示活动，郑州市旅游局局长张杰锋、副局长何宏波参加活动。

在河南旅游说明会上，郑州市面向境内外参会旅行商重点推出包括嵩山、黄河风景名胜区、少林功夫等在内的山水之旅、三国之旅、功夫之旅3条旅游线路。在旅游展示活动上，郑州市以“中国名山·中岳嵩山”为主题，通过旅游展板、现场咨询、发放资料等形式，面向焦作市民和广大游客宣传郑州旅游形象，推介郑州旅游产品，让更多的游客了解郑州、认识郑州。

【赴欧开展“功夫郑州”旅游宣传促销活动】 9月13–22日，郑州市副市长杨福平率团赴欧洲开展“功夫郑州”旅游宣传促销活动。活动期间，推介团在俄罗斯莫斯科参加了国家旅游局和河南省旅游局组织的“美丽中国——天下黄河”旅游推介会，赴芬兰赫尔辛基、匈牙利布达佩斯开展“功夫郑州”旅游推介活动。促销团通过形式多样的宣传促销手段，向三国的旅游业界和新闻媒体全方位地推介郑州市丰富而独特的旅游资源和产品，推出为本次活动量身定制、具有中国特色的“高铁上的中国古都之旅”和“神奇的中国功夫之旅”两条旅游线路。芬兰RMC旅行社与国华假日旅行社有限公司达成合作意向。

【在福建漳州龙岩举办旅游推介会】 10月27日和29日，郑州市分别在福建漳州和龙岩两地举办“客的根亲 心的旅行”郑州旅游推介会。龙岩市政府副秘书长温万章、郑州市政府办公厅副主任张晓英、漳州市旅游局局长林菁、郑州市旅游局局长张杰锋等出席推介会。两地主要旅行社、客家联谊会、自驾游俱乐部和旅游达人代表参加推介会。

推介会以“客的根亲，心的旅行”为主题，精心编排了“客家寻根、禅宗静修、游走商都”等旅游线路，通过推介员讲解，辅以视频、音频、图片等多媒体和武术表演，向与会者展示了气势恢宏的黄帝故里拜祖大典、驰名中外的少林功夫、巍然屹立的炎黄巨塑、奔腾不息的黄河、充满活力的郑东新区、如火如荼建设中的航空港区。

郑州市黄河风景区、绿博园、康百万庄园、古柏渡飞黄旅游区、金鹭鸵鸟园等主要旅游景区针对福建游客专门推出优惠政策。

【组团参加2015中国国际旅游交易会】 11月13–15日，2015年中国国际旅游交易会在云南昆明滇池国际会展中心举办。郑州市旅游局局长张杰锋带领嵩山少林景区、黄河生态旅游风景区、黄帝故里等重点旅游企业参加交易会。

旅交会上，郑州市重点推出“少林功夫”“黄帝文化”“黄河文化”“时尚都市”等旅游产品，向国内外参会代表和当地市民游客发放精美的中英文旅游宣传资料、旅游宣传折页、“天地之中、功夫之都”纪念章等旅游宣传资料，全方位地展示郑州旅游特色和独特魅力。

本届旅交会展览面积近7万平方米，展位总数3087个，参展国家及地区105个，创下历史新高。有来自韩国、日本、俄罗斯、美国、欧洲及港澳台地区的1000多名买家参加交易会各项洽谈活动。参展商行业涵盖政府、旅游机构、旅行社、酒店、旅游景区景点、航空公司等。

【“把美丽郑州寄出去”城市外宣主题活动】 12月3日，由市委宣传部主办，中国邮政集团公司郑州市分公司承办，市文化广电新闻出版局、旅游局、园林局、外侨办、教育局联合协办的“把美丽郑州寄出去”城市外宣活动举行启动仪式。

“把美丽郑州寄出去”城市外宣主题活动是以传承和弘扬郑州特色文化、提升郑州城市形象为目的，将郑州优美的城市风光、人文景观及民俗文化印制在邮政明信片上，请市民向外邮寄，邀请世界各地的亲朋好友来郑州游玩。市民可以到市区各邮政营业网点及酒店免费领取、寄递明信片。

活动首批发行的旅游主题系列明信片，将最能代表郑州风光的嵩山、黄河、黄帝故里、少林寺、郑东新区、河南博物院、二七纪念塔搬上卡片，并使用商城文物——杜岭方鼎作为邮资图。“把美丽郑州寄出去”活动将贯穿2016年全年，通过进高校、进社区、进公园、进部队、进商圈、进景区等明信片寄递活动，邀请大家参与到活动中，人人争当“把美丽郑州寄出去”活动的支持者、宣传者与实践者。

（李　芳）

银行保险业

人民银行

【概况】 2015年，人民银行郑州中心支行以加大对河南“三大国家战略”金融支持力度为重点，主动适应经济发展新常态，始终坚持稳中求进的工作总基调，积极开拓创新，综合运用各项货币信贷政策工具，着力加大金融市场培育，用足、用活外汇政策，优化金融生态环境，全省货币信贷和社会融资规模合理适度增长，金融稳健运行，金融服务水平不断提升，努力为全省经济转型升级和持续健康发展营造良好的货币金融环境，多项工作得到省委、省政府和人民银行总行领导的批示肯定。

【金融运行状况】 2015年，郑州市金融系统贯彻执行稳健的货币政策，金融运行总体平稳，各项存款稳定增长，同比增量、增速均有所提升；各项贷款稳步攀升，增量、增速趋于稳定；社会融资规模总量略有下降，融资结构不断优化。截至2015年年底，郑州市金融机构本外币各项存款余额17205.83亿元，同比增长14.83%，增速比上年同期提高0.95个百分点；较年初增加2198.59亿元，同比多增372.75亿元。其中，人民币各项存款余额为16696.49亿元，同比增长14.94%，增速比上年同期提高0.56个百分点；较年初增加2146.12亿元，同比多增319.48亿元。金融机构本外币各项贷款余额为12965.55亿元，同比增长16.31%，增速较上年同期增加1.16个百分点；全年新增1815.69亿元，同比多增349.39亿元。其中，人民币各项贷款余额为12659.48亿元，同比增长16.48%，增速较上年同期增长0.15个百分点；全年新增1789.13亿元，同比多增263.6亿元。

【存款情况】 2015年，郑州市金融机构存款具有以下特点：

（一）活期存款表现活跃，拉动住户存款增长。截至2015年年底，金融机构住户存款余额5695.49亿元，同比增长9.83%，增速比上年同期提高0.22个百分点；全年新增577.55亿元，同比多增122.74亿元。其中，活期存款余额2409.85亿元，同比增长9.04%，较上年同期提升4.27个百分点；全年新增269.35亿元，同比多增168.62亿元。

（二）非金融企业存款增量、增速大幅提升。截至2015年年底，金融机构非金融企业存款余额7230.33亿元，同比增长17.53%，增速较上年同期提高9.32个百分点；全年新增1038.12亿元，同比多增548.23亿元。其中活期存款余额3243.68亿元，同比增长22.26%，较上年同期提升17.12%，全年新增530.78亿元，同比多增393.45亿元；定期存款余额1210.14亿元，同比增长11.16%，扭转2014年同期负增长形势，全年新增121.09亿元，同比多增178.96亿元；结构性存款余额430.18亿元，同比增长145.58%，较上年同期提升80.33个百分点，全年新增275.01亿元，同比多增205.84亿元。

【贷款情况】 2015年，郑州市金融机构贷款具有以下特点：

（一）分部门看，非金融企业及机关团体贷款增速显著，住户贷款略有下滑。截至2015年年底，金融机构非金融企业及机关团体贷款余额9129.04亿元，同比增长14.21%，增速较上年同期提升2.22个百分点；全年新增1136.02亿元，同比多增280.57亿元。住户贷款3528.81亿元，同比增长22.75%，较上年同期下降7.7个百分点；全年新增654.04亿元，同比少增16.94亿元。

（二）分期限看，中长期贷款小幅增长，但同比增速略有下滑，短期贷款保持小幅双增长。截至2015年年底，金融机构中长期贷款余额8352.02亿元，同比增长18.71%，较上年同期下降2.53个百分点；全年新增1326.26亿元，同比多增94.55亿元。金融机构短期贷款余额3919.63亿元，同比增长8.38%，较上年同期提高1.56个百分点；全年新增292.95亿元，同比多增60.9亿元。

（三）分贷款主体看，小微企业、涉农贷款增长逐步提升。截至2015年年底，金融机构小微企业贷款余额1958.88亿元，同比增长27.09%，较上年同期提升7.15个百分点；全年新增411.93亿元，同比多增143.22亿元。涉农贷款余额2635.72亿元，同比增长16.1%，较上年同期下降1.45个百分点；全年新增373.05亿元，同比多增51.17亿元。

【社会融资】 截至2015年年底，郑州市社会融资规模当年累计新增2491.77亿元。表内融资规模、占比均有所提升。2015年郑州市表内融资累计增加1772.64亿元，同比增加307.15亿元；占社会融资规模的71.14%，同比上升23.19个百分点。表外融资规模缩减，占比下降。2015年郑州市表外融资累计增加277.59亿元，同比减少662.01亿元，其中，委托贷款同比减少321.64亿元，信托贷款同比减少37.82亿元，未贴现的银行承兑汇票同比减少251.95亿元；占社会融资规模的11.14%，同比下降19.6个百分点。直接融资规模占比提高。2015年郑州市实体经济通过直接融资方式实现融资累计378.56亿元，同比少增211.86亿元，占社会融资规模的15.19%，同比提升4.38个百分点。其中实体经济通过企业债券净融资累计327.58亿元，同比少增230.82亿元，占社会融资规模的13.15%，同比提高2.93个百分点；非金融企业通过股票市场筹集资金累计50.98亿元，同比多增18.96亿元，占社会融资规模的2.05%，同比提高1.46个百分点。

【货币信贷管理】 2015年，人民银行郑州中心支行贯彻稳健的货币政策，强化宏观审慎管理，加快金融市场管理和培育，不断优化融资结构，有效引导市场利率下行，不断强化对薄弱环节的信贷支持，持续扩大人民币跨境使用，保持全省货币信贷总量和社会融资规模合理适度增长，支持河南经济提质增效和转型升级，促进河南经济平稳较快发展。

（一）综合运用多种货币政策工具，营造良好货币金融环境。出台《关于支持河南省经济发展提质增效升级的指导意见》《支持郑东新区金融集聚核心功能区建设措施》等文件，强化

2月2日，人民银行总行副行长李东荣在郑州出席中国人民银行铁路押运车厢试运行启动仪式

信贷政策与区域发展政策、产业政策的协调配合。制订出台《2015年河南省地方法人金融机构差别准备金动态调整规则》，合理确定合意贷款规划，引导地方法人金融机构贷款合理适度增长，2015年全省法人金融机构贷款新增1369.4亿元，同比多增209.4亿元。印发《河南省信贷政策支持再贷款操作指引》，创新推出“优先、审慎、限制”3种再贷款发放模式，注重成效评估和运用，全年分别投放支农和支小再贷款250.1亿元、40亿元。2015年四季度全省使用支农、支小再贷款发放涉农贷款的加权平均利率为5.44%和5.8%，低于同期使用自有资金发放贷款利率4.67和3.52个百分点，不断引导社会利率下行，缓解“融资难、融资贵”问题。落实利率调整和改革政策，引导金融机构合理定价。制订《河南省地方法人金融机构发行同业存单备案管理办法》和《河南省地方法人金融机构大额存单发行工作指引》，规范开展同业存单、大额存单备案发行。制订《河南省差别化住房信贷政策导向效果评估暂行办法》，贯彻落实差别化住房信贷政策，提升政策实施的针对性和有效性。

全省货币信贷和社会融资规模合理适度增长。2015年，河南省社会融资规模5756亿元，本外币各项存款余额4.8万亿元，同比增长13.6%，高于全国平均水平1.2个百分点，全年增加5234亿元，同比多增1194亿元；各项贷款余额3.2万亿元，同比增长15.3%，高于全国平均水平1.9个百分点，全年增加4212亿元，同比多增241亿元。社会融资规模、存贷款余额均居中部六省首位。

（二）强化金融产品和服务方式创新，金融支持民生领域力度加大。一是联合省扶贫办出台深入推进扶贫小额信贷的实施意见，创新推广扶贫小额信贷，支持精准扶贫和产业扶贫，牵头做好大别山集中连片特困地区扶贫开发工作，截至2015年末，河南省53个贫困县贷款余额3641.6亿元，较年初新增421.2亿元，同比增长13.1%；金融机构创新推出的信用共同体贷款等8大类44种信贷产品，实现对贫困县的全覆盖。人民银行郑州中心支行的相关做法分别在全国扶贫开发金融服务工作座谈会和省委农村工作会议上作经验交流，《人民日报》等十多家中央媒体赴河南实地采访金融扶贫工作。二是探索开展两权抵押贷款，牵头联合省委农办、省金融办等印发《关于开展农村承包土地经营权抵押贷款试点工作的指导意见》，全省有9个县作为农村土地承包经营权抵押贷款试点，2个县作为农房抵押贷款试点，截至2015年末，全省有13市、18县探索开办农村承包土地的经营权抵押贷款业务，贷款余额2.05亿元，比年初新增1.13亿元，全年累计发放113笔1.5亿元；8市、9县探索开办农房抵押贷款业务，贷款余额2.32亿元，比年初新增1.31亿元，全年累计发放1523笔2.12亿元。三是联合省工信委等部门印发《关于进一步支持中小微企业融资工作的若干意见》，联合省财政厅用好省级小微企业信贷风险补偿基金，努力化解中小微企业融资难问题，促进中小微企业健康快速发展，截至2015年末，全省小微企业贷款余额6704.1亿元，同比增长27.8%；较年初新增1306亿元。落实创业担保贷款政策，引导金融机构发放青年创业贷款、巾帼创业贷款，小额担保贷款发放量持续位居全国第一位，被全国妇联授予全国巾帼文明岗，人民银行总行工会给予通报表彰。

（三）加强金融市场监管和培育，促进金融市场创新规范发展。举办项目收益票据推广对接会，做好第二批银行间市场融资后备企业培育工作。配合省政府召开全省债务融资推进会议，组织15家主承销商与企业代表现场签署债务融资工具331亿元。2015年，河南省企业和地方法人金融机构累计在银行间债券市场融资1141.6亿元，其中金融债券62亿元，非金融企业债务融资工具1079.6亿元，同比增加131亿元。

（四）加大创新力度，跨境人民币业务实现跨越式发展。在郑州航空港实验区试点开展跨境人民币贷款和境内人民币贸易融资资产跨境转让业务，河南成为首个跨境人民币创新业务试点的内陆省份，其中境内人民币贸易融资资产跨境转让是全国首创。及时出台航空港实验区跨境人民币创新业务试点管理暂行办法，组织跨境人民币创新业务试点启动暨项目合作签约仪式，5家企业与5家海外银行现场签约跨境人民币贷款24亿元，人民币贸易融资资产跨境转让17亿元。制订《河南省跨国企业集团跨境人民币资金集中运营管理办法》，积极推动跨国企业集团开展跨境双向人民币资金池业务，大力引入境外低成本资金。2015年，全省人民币跨境收支达到1949.5亿元，同比增长155.42%。

【金融稳定】 不断加强对辖区金融风险的监测、防范和化解工作，开展金融稳健性现场评估，风险监测100%覆盖，全面掌握风险隐患，重点关注地方法人风险状况，加强风险分析和预警，及时上报重大事项报告10起，突发事件应急信息44期。制订《河南省兰考县普惠金融改革试验区总体方案》并以省政府名义上报国务院，争取成为国家层面的试点，以兰考普惠金融综合改革试验区为突破口，探索金融扶贫、金融普惠、金融支持县域经济的新路径，得到省长谢伏瞻、常务副省长李克的批示肯定。稳步推进国开行、农发行、农行、农村信用社改革工作，配合做好郑州银行上市工作。建立存款保险制度实施常态化工作机制，存款保险制度在河南顺利实施，全省211家地方法人金融机构共收保费3645万元。配合省政府严厉打击非法集资、地下钱庄的行动，探索建立企业异动资金监测机制。开展典型案例剖析，提出用法治化、市场化手段处置非法集资的建议。金融消费权益保护信息管理系统在全省全面上线。建立河南省金融消费权益保护工作协作机制，加大金融消费权益保护工作力度，投诉咨询处理群众满意率超过97%。

【金融统计】 金融统计水平进一步提升。完成金融统计数据集中系统、理财与资金信托统计监测系统等三大系统的全年数据生产任务，河南是全国12个金融统计数据零差错省份之一，银行家问卷调查等3项工作在总行作经验交流。稳妥推进金融业综合统计及信息平台建设。建立河南省小麦和河南省铝行业两项专项监测制度，得到人民银行总行充分肯定。组织对全省312家金融机构开展金融统计业务全面检查，对60家农村信用社开展大中小微企业贷款和涉农贷款统计专项检查，对79家机构开展县域考核工作专项检查，对38家金融机构罚款46.5万元。参与企业融资成本综合监测工作，构建包含九大金融工具的企业

7月21-22日，人民银行总行纪委书记王华庆在郑州调研指导工作

8月5－7日，人民银行总行副行长、国家外汇管理局局长易纲在郑州出席国家外汇管理局2015年分局长高级研修班

融资成本监测方法，得到人民银行总行的高度评价。

【支付清算】 支付清算系统安全稳定运行。深入推进农村支付服务环境建设，探索“惠农支付+农村电商”融合发展模式，推动助农取款服务点升级转化，截至2015年末，全省新设或升级设立惠农支付服务点1803个，全省农村地区共布放ATM1.3万台，POS等服务终端25万台，河南助农取款业务交易量跃居全国第一，农民工银行卡特色服务交易量连续8年居全国第一。在全国率先制订《河南省备付金银行支付机构客户备付金管理办法》，相关做法被总行刊发。印发《河南省银行卡收单业务投诉处理办法》，组织开展备付金安全核查、专项检查和备付金核对校验，强化支付机构监管，规范银行卡收单市场秩序，指导部分支付机构稳妥退出市场。会同通信、公安等五部门开展联合整治银行卡网上非法买卖专项行动，堵截违法行为149起，协助公安部门破获案件17起，净化银行卡受理市场环境。实现二代支付系统“一点接入、一点清算”在银行机构的全覆盖。稳步推进郑州城市处理中心本地备份接入中心机房建设。

【反洗钱】 反洗钱监管水平不断提升。综合运用走访、约谈、检查等监管手段，重点提升法人机构反洗钱工作水平，逐步形成以考核评级结果为基础的反洗钱工作新模式。组织对全省2378家机构进行反洗钱考核评级，对92家机构进行监管走访，对85家机构进行约见谈话，对19家机构进行监管质询。对农业银行、工商银行进行现场检查，加大处罚力度，并首次实施“双处罚”，罚款金额共计123万元。配合有关单位开展反洗钱调查和案件协查，依法开展反洗钱调查和案件协查17次（其中跨区协查7次），下发反洗钱调查通知书127份，有效发挥反洗钱在反恐反腐中的作用。建立重点区域定期报告制度，加强涉恐资金监测。

【人民币管理】 人民币流通和管理不断加强。统筹安排发行基金调拨，确保全省现金供应。探索优化全省货币发行布局。组织开展银行业金融机构对外误付假币专项治理活动，全省金融机构ATM取款机、存取款一体机全部实现冠字号码查询。组织全省对1340家营业网点开展收付业务现金现场检查，对38家营业网点给予警告并罚款13万元。完成新版人民币、各类纪念币发行工作。安全高效完成人民银行总行下达的销毁任务，残损人民币大型机械销毁量、清分量、清分联机销毁量均位居全国第一。探索残钞废料用于生物发电和酒店生物燃料锅炉两种节能环保处理方式，全省提前一年实现人民银行总行残损人民币销毁废料无害化处理的目标。

【国库工作】 现代化国库建设稳步推进。做好国库核算监督等工作，确保资金安全。继续推进国库业务电子化建设，国库收入电子业务量占比稳定在98%以上。配合税务部门完成“金税三期”全省上线，会同省财政厅完成省级财政支出联网系统的上线运行，启动郑州等5市财政支出联网系统的推广，全省基本实现通过财税库银横向联网系统（TIPS）办理车辆购置税、部分地区上线电子退税业务。做好央行经理国库30年宣传工作，做法得到人民银行总行肯定，宣传材料被总行刊载，获总行演讲比赛一等奖第一名。组织各级国库开展“两个加强、两个遏制”专项检查，对6个中心支库及郑州辖区4个支库进行国库会计业务现场检查。指导开发会计分析报表编制和汇总辅助工具、国库会计分析数据联网提取生成系统，并在全省推广，在许昌试点县支行国库会计业务二次监督体制，在焦作试点横向联网与财政部门逐笔对账电子化系统，相关做法得到人民银行总行的肯定。

【信用体系建设】 信用体系建设深入推进。履行河南省社会信用体系建设牵头部门职责，推动5个省辖市和2个省直管县（市）成为社会信用体系建设综合示范区试点；会同省发改委确认首批10个河南省中小企业信用体系建设专项工程示范区和16个农村信用体系建设专项工程示范区。印发《河南省企业征信机构管理实施细则（试行）》，强化管理职能，加强市场培育；受理中国移动洛阳数据中心等3家机构设立个人和企业征信机构咨询。加强征信管理，组织

9月10日，人民银行总行副行长郭庆平出席人民银行郑州中心支行干部任职宣布会议

全省对工商银行、农业银行河南省分行等7家银行926个网点开展以异常查询为重点的征信业务现场检查，启动信用信息泄露风险排查。培育征信市场，会同省金融办出台《推动小额贷款公司和融资性担保公司信用评级工作的指导意见》，推动两类机构信用评级工作。推进动产融资统一登记系统的应用，扩大企业融资渠道，河南省被人民银行总行确定为应收账款融资服务平台线上实时业务系统研发唯一试点省份。2015年，全省依托应收账款融资服务平台成交407亿元，超额完成人民银行总行下达的200亿元工作目标，全省平台供应链重点核心企业、新增企业开户数、金融机构开通用户数量位居全国前列。在全省组织开展以“加强征信宣传教育，提升国民信用水平”为主题的宣传活动，举办各类宣传活动1900多场，10万多人（次）参加，发放各类宣传材料120多万张（册、份）。

【外汇管理】 2015年，外汇管理局河南省分局紧紧围绕“三无安全局”建设夯实履职基础，推进重点领域改革，促进贸易投资便利化，加快转变外汇管理理念和方式，切实防范异常跨境资金流动风险。一是贯彻落实外汇管理改革政策。简政放权，进一步取消和下放行政审批项目，建立健全外汇管理“一个窗口”受理和服务制度，转变外汇监管理念和方式，完善事中事后管理体制机制，强化风险防控，持续推进“三无安全局”建设。全国首家完成对地下钱庄非法买卖外汇行为案件查处。开展“出口不收汇”专项核查，防范跨境资金违规流出风险。贯彻落实外商投资企业外汇资本金意愿结汇管理政策，有序推进保险机构外汇管理改革，完成保险公司外汇账户清理。会同公安机关开展打击利用离岸公司和地下钱庄转移赃款专项行动。与郑州海关缉私局签署《河南省打击走私和外汇领域违法犯罪合作备忘录》，保持打击外汇领域违法犯罪活动高压态势。二是大力支持全省涉外经济发展。出台《进一步简政放权支持河南省涉外经济平稳健康发展的指导意见》，不断改善涉外金融服务，助推全省涉外经济健康发展。配合申报建设中国（郑州）跨境电子商务综合试验区并获批。升级跨国公司外汇资金集中运营管理试点，以外债比例自律管理模式为试点企业核准外债额度10亿美元，帮助企业优化外汇资金管理。深入开展“访银行、走企业、下基层”活动，“一企一策”搞好服务。大力支持中小企业对外短期融资，为全省争取短期外债指标1.84亿美元，较上年增加1.34亿美元。为河南双汇等外商投资股份企业借用外债争取优惠政策，解决涉外企业融资难题。

（蒋靖亚）

工商银行

【概况】 截至2015年年末，中国工商银行河南省分行营业部全部存款、储蓄存款、同业存款、各项贷款、公司贷款、个人贷款余额均居同业四大行首位。全部存款新增91.1亿元，其中，储蓄存款新增53亿元，对公存款新增38.6亿元；各项贷款新增166.2亿元，其中，公司贷款新增33.4亿元，个人贷款新增117.2亿元，贴现贷款新增15.6亿元。实现中间业务收入22.36亿元，同比增加1.94亿元，总量郑州四大行占比45.6%，同业第一。营业部被工行总行授予“五一劳动奖状”。

【客户拓展】 2015年，营业部新增日均1万元以上个人客户8.26万户，同比多增1.41万户。新增财富客户1724户，同比多增244户。新增私人银行客户202户，同比多增116户。净增对公结算账户2065户，同比多增1343户。新增现金管理签约客户1869户，同比多增1120户。新增法人理财客户485户，同比多增32户。新增灵通卡客户62.51万户，同比多增3.73万户。新增电子银行客户102万户，同比多增14.9万户。

【经营结构】 2015年，营业部个人住房按揭贷款占个人客户贷款的85.7%，同比提升3.44个百分点；小企业贷款余额占全部公司贷款的4.4%，同比提升0.03个百分点；表外融资余额占全部公司融资余额的29.9%，较年初和同比均提升3.4个百分点。活期存款占比62%，高于全省工行系统平均水平3.7个百分点；活期新增占比148.5%，高于全省工行系统平均水平56.6个百分点。中间业务收入占营业净收入的比重33.05%，同比提高0.83个百分点，高于全省工行系统平均水平5.05个百分点；非利息收入占比32.62%，高于全省工行系统平均水平5.75个百分点。

【经营效率】 2015年，营业部人均存、贷款分别为4313万元和3507万元，同比分别增加281万元和467万元；网均存、贷款分别为10.5亿元和8.6亿元，同比分别增加5841万元和1.06亿元；人均拨备后利润116.8万元，同比增加12.8万元；人均中间业务收入58.7万元，网均中间业务收入1433.1万元，同比分别增加5.6万元和124.4万元。

【渠道建设】 2015年，营业部推进网点运营标准化改革成效明显，被省工行评为网点竞争力提升劳动竞赛“渠道创新、组织推动先进单位”，被工行总行评为“网点运营标准化管理改革先进集体一等奖”。全年调整优化网点11家，分理处升级为二级支行1家。新增自助设备217台，总量达到1488台；新建自助银行36间，总量达到264间。新增信用卡消费POS6256台，总量达到15054台。通过电子银行及自助渠道实现业务量7.66亿笔，实现电子银行交易额6.22万亿元，增幅0.72%；智能银行从无到有，投产27家，并建成互联网金融产品体验区17家，初步形成以“智能手机+平板电脑+多功能演示机+wifi”为主要设施的规范化体验式服务模式。客户经理总数达到1065名，占全行人数的27.94%，较年初提高0.29个百分点。

【服务能力】 2015年，营业部深入开展“服务体验建设年”主题活动，着力强化柜员、大堂、网点负责人3个关键岗位的主动服务，强化服务培训，完善晨会、夕会直通车管理，建立健全考核

6月26日，河南省工商银行行长许杰、副行长姚虎、副行长兼营业部总经理夏宗福、金融专家赵明，共同为东区支行智能化服务网点启动仪式剪彩

12月18日，省行副行长兼营业部总经理夏宗福出席工商银行与雏鹰农牧集团"一卡通"收单及分期业务战略合作签约仪式并致辞

激励机制，调动支行、网点抓服务工作的积极性和主动性。积极压降中高端客户排队等候时间，开展"客户之声"大数据分析，完善小额补偿机制，改进客户服务体验，提高客户满意度。在服务水平稳步提升的基础上，推进标杆网点创建，提升营业部整体服务形象。郑花支行以河南同业第一的成绩通过中国银行业协会"百佳"评选，营业中心、东区支行通过中银协"五星级"网点验收，财富广场支行、铁路支行通过中银协"四星级"网点验收。

【管理品质】 2015年，营业部开展"懂规矩、守纪律"学习教育活动，通过学习规定内容、内控监察员进行典型案例分析和问题查摆等多种形式，教育活动取得良好效果，全行员工遵规守纪意识进一步提升。2015年四季度，风险率万分之0.15，风险度5.64，风险暴露水平万分之0.84，其中，风险率、风险暴露水平连续16个季度全省工行系统最低，运行质量稳步提升。加强外部欺诈风险信息系统的使用与管理，中央电视台《社会与法》栏目组对营业部成功堵截诱骗大学生办卡、卖卡事件和成功堵截电信诈骗事件进行现场采访，并拍摄制作专题片在中央电视台播出。营业部获工行总行"两个平台建设先进集体"称号，辖属商都路支行营业大厅、陇海路陇西支行、花园路地润路支行、南阳路索凌路支行、行政区支行等5个单位被银监局评为"平安金融机构"。

（宋慧静）

农业银行

【概况】 2015年，农业银行河南省分行营业部贯彻落实总、分行年度工作部署，紧紧围绕工作总基调，牢牢把握郑州新一轮投资机遇和总、分行重点城市行激励政策机遇，主动解放思想，深入转变作风，强力营销客户，从严管控风险，各项业务持续有效发展，经营效益稳步提升。

负债业务。截至年底，各项存款余额765.5亿元，较年初净增64.8亿元，系统内贡献度15.3%，居全省首位；各项人民币日均存款余额704.5亿元，较年初净增23.8亿元，系统内贡献度9.8%。四大行时点存款增量市场份额占比25.2%，同比提升14个百分点，排名第三位；四大行日均存款增量市场份额占比10.5%，同比提升6.8个百分点，排名第四位。

资产业务。截至年底，各项贷款余额406.2亿元，较年初净增56.3亿元，系统内增量占比50.5%，居全省首位。成功办理表外融资业务62亿元，其中产业基金20亿元，理财融资42亿元。四大行增量市场份额占比12.4%，同比上升0.07个百分点，排名第四位。

中间业务。2015年，实现中间业务收入4.2亿元，同比多收0.5亿元，系统内贡献度16.6%，居全省首位；四大行市场份额9.8%，同比上升0.8个百分点，排名第四位。

不良资产清收。2015年，共清收委托不良资产5628万元，呆账核销7899万元，其中信用卡不良核销5300万元。

经营利润。2015年，实现拨备前利润14.8亿元，系统内贡献度22.8%，同比上升1.6个百分点，居全省首位；实现拨备后利润12亿元，系统内贡献度33%，同比上升9.7个百分点，居全省首位。

【项目营销】 将资产业务作为各项业务发展重要突破口，确立"以资产业务撬动、带动各项业务提速发展"的工作思路。一是全力抓好重大基础设施和重大项目营销。紧盯符合国家宏观经济政策、切合河南经济转型、政府大力主导、发展前景广阔的重点建设工程、重大招商引资项目、重大产业转移承接项目，做好金融服务和信贷投放的有效对接。强力营销介入政府背景项目，把政府作为最大、最优的客户，按照"省级平台一网打尽、市级平台全面做透、县级平台择优支持"的原则，班子成员带队，主动出击，组建专业营销团队，对省、市、县三级政府进行高密度登门拜访，全力介入郑发投、省国控产业基金、港区棚改、郑州轨道3号线、东龙控股等省、市、县政府主导的新一轮投资项目。二是瞄准重点企业进行营销。把中字头企业、省属企业、市属企业、辖内上市企业、上市挂牌后备企业作为资产客户营销储备的重点。全面摸底筛选，制订营销名录，逐项目逐企业责任到人，精细化制订一揽子综合服务方案，跟踪营销，落实进度。截至2015年年底，全辖已审批待投放项目24个、金额372亿元，其中，实体贷款21个项目、金额344亿元，表外业务3个项目、金额28亿元。三是大力发展个人贷款业务。将各支行分成4个梯队，突出重点，打造平台，将任务分解到支行、客户和楼盘；实行高激励支撑，分别对支行行长、主管行长、营销人员等各环节人员进行考核计价，重奖行长，强力拉升优质个贷营销势头；实施高等级营销，营销目标锁定支持类和维持类两类高等级客户，实行名单制管理，由营业部独立营销或与支行联合营销，提高营销层次，提升营销效率。

【客户建设】 制订对公重点业务营销活动专项方案，由营业部班子成员带头，各支行、机关各部门充分参与，全面开展对公账户开立营销工作。营业部班子成员带头，中层以上干部都分配有开户任务，每月进行考核，要求全员发动，包户到人，确保完成活动任务。全面实施对公账户营销下沉，修订完善星级网点主任考核办法，将对公基础性账户等重要对公指标纳入网点主任考评。要求各网点利用自身的地理优势、服务优势等有利条件，对区域内对公客户开展地毯式账户营销。紧抓账户源头营销，重点以工商税务、刻章公司等单位为突破口，展开深度营销，实现账户总量增长。

【渠道建设】 一是加强网点建设。制作全辖网点发展图谱，在对155个网点进行综合测评打分基础上，将全辖网点分为高效（旗舰店）、一般（基础店）、低效（"瘦身"店）三类，将30个低效网点瘦身降格为金融便利店或自助银行，解放150名左右柜员充实到高效网点，在全辖打造30个"旗舰店"。截至2015年年底，共完成立项76个。为网点柜面减压；发挥"智能机具"的替代功效，加大"超级柜台"等智能机具的申报匹配力度，最大限度发挥科技手段对人力资源的替代作用，缓解网点人员压力。加大电子产品营销，注重掌上银行、个人网银等电子银行产品的营销推广，要求从员工做起，员工必须开通“掌上银行”，必须办理一笔“掌上银行”业务。

【机制建设】 坚持以市场为导向、以客户为中心，解放思想、深化改革，激发转型发展的内生动力。倡导“不唯任务唯发展、不唯计划唯份额”的发展理念，提前启动2016年“春天行动”，助推2015年 主要核心指标同业市场份额同比提升。精心打造航空港支行，成立法人贷款放款中心，专设网点建设管理办公室，单设信用卡管理中心，充实人员，明确职责，为战略性重点工作搭建专业经营平台。深化零售业务“二次转型”，立项离行式自助银行74台，瘦身网点20个、精简人员86人，投入使用超级柜员150台，有效提升营业网点的营销能力、服务效率和服务品质。网点“6S”管理模式深入推进，郑东支行营业室、未来支行营业室、二七支行营业室被河南省银行业协会评为“百佳”示范单位。实施信贷平行作业和限时办结制，构建以综合绩效考核为中心、支行领导班子经营管理目标责任制考核为补充、业务竞赛活动激励为过程的考核体系，建立重点业务考核问责制度，实行机关员工强制分类考核，有效激发各层面经营活力。

【基础管理】 践行“从严治行、规范管理，稳健经营、有效发展”工作总基调，坚持从严治行，夯实管理基础。深入开展“平安农行”建设，夯实管理基础，内控评价由二类行升格为一类行，获评省行年度“平安农行”建设先进单位。对银监局“两违”检查、上海分局审计发现问题，实行“双线整改”责任制和“销号制”，自上而下专项整治，整改率均达100%。扎实开展信用风险专项治理及信贷防假治假工作，信贷基础管理不断加强。进行在编不在岗人员专项清理，实行员工行为监督承诺责任制，层层签订员工行为监督承诺书，扎实开展员工行为排查，严防和规避员工行为风险。持续强化运营管理体系建设，全面完成BoEing四期工程切换投产，运营质效考核及周周比、月月少考核均居全省第一位。持续开展安全保卫“三化三达标”创建，中原等9家单位、登封等18家单位分别被评为总行、省行级“三化三达标”先进单位。

（张俊涛）

建设银行

【概况】 建设银行郑州金水支行是河南省建行最大的二级分行，是建总行全国100家中心城市行之一，下辖营业网点64个，员工1500余人。金水支行秉承“以客户为中心”的经营理念，以服务企业发展、回馈社会为历史使命，紧紧围绕“系统做强、同业领先”的经营目标，坚持“外抓机遇拼抢市场”“内抓管理强化素质”的工作思路，深入推进战略转型和结构调整，强化基础管理，着力提升市场竞争能力和客户服务水平，综合竞争力和盈利能力显著提高。2015年，郑州金水支行深入推进“智慧金水、健康金水、平安金水、和谐金水”创建工作，各项业务取得显著成绩：一般性存款日均新增、对公存款日均新增、个人存款日均新增、中间业务收入、利润、经济增加值等主要指标均位于同业前列，客户拓展、重大项目、重点产品营销成效突出，实现无重大违规、无案件，创建平安年的目标。

【业务经营】 2015年，金水支行经营效益超额完成计划，实现考核利润14.6亿元，实现经济增加值9亿元。

存贷款业务保持强劲增长势头，中间业务收入再创新高。截至年末，一般性存款日均余额678亿元，日均新增120亿元，其中对公存款日均余额364亿元，日均新增85亿元，个人存款日均余额314亿元，日均新增35亿元。各项贷款余额369亿元，较年初新增73.7亿元。其中个人类贷款余额191.5亿元，新增79.2亿元。实现中间业务净收入6.7亿元。

战略性业务继续保持快速增长。手机银行活跃客户新增7.6万户，微信银行客户新增7.8万户，短信客户新增18.2万户，个人网银活跃客户新增14.2万户，企业网银活跃客户新增6258户，电子银行账务性笔数完成1.07亿笔。实现跨境人民币结算量11亿元，同比新增155%。国际结售汇5.97亿美元，同比新增10%。

项目与产品营销成效显著。全力推进“大抓项目、抓大项目”工作。配合省分行以第一名成绩中标省级社保基金财政专户投标项目，取得省级社保基金财政专户代理资格。中标河南省地方政府债券唯一牵头主承销商，累计承销达271亿元，市场占比19%。郑州土地储备中心35.8亿元土地储备贷款获批，是河南省5年来首单土地储备贷款，也是河南土地储备类单户授信金额最大的信贷业务。成功营销中原最大国际化有色金属智能制造基地和物流港——中铝物流集团中部国际陆港有限公司开立基本账户。成功营销河南省农业厅基本账户及其下属预算单位账户共计11个。河南理工大学万方科技学院一般额度授信2.5亿元顺利获批，为全省第一例贷款获批的民办高校。全省首推“长无忧”城中村拆迁补偿资金管理计划，成功营销7个村，沉淀资金7亿元。成功营销中原工学院信息商务学院一卡通项目，首年发卡14000张，每年新增发卡4000张。多措并举推进重点产品营销，车主卡签约14.5万户，建信保险销量4.3亿元，聚财通余额63.6亿元，结算通新增有效发卡1.4万张，电话支付活跃终端率63%。

【转型创新】 深入推动转型创新，实现各项业务可持续发展。金水支行成立8个研究团队和14个对公业务产品明白人团队，学习转型创新的新理念、新要求、新产品、新方法，负责对全行员工对公新业务进行转培训和业务答疑指导。组建团队研究制订《基层网点转型创新指导手册》，指导网点学习运用。与建信信托、建信资本、建信基金、建信租赁以及建行海外分行深化合作，做大综融业务规模。综合融资累计获批金额506亿元，实现投放金额280亿元。郑州公用事业投资发展集团资产重组32亿元项目成功获批并实现投放，该笔业务是省内最大单战略协同业务。全省首单银行主导的中建共赢城镇化基金首期13.63亿元实现投放。河南水利投资集团18亿元租赁融资业务实现首笔投放2亿元，全年共投放7亿元。联合建信信托、太平资产发起设立建信太平（芜湖）产业基金，用于金水区18个村拆迁安置工程，融资渠道首次引入保险资金。取得中建七局6亿元短期融资券联席主承销商和4亿元超短期融资券主承销商资格，同业中夺得主要份额。完成郑州宇通集团有限公司20亿元超短期融资券注册业务，摘得河南省分行及河南民营企业超短融注册发行第一单。

【风险防控】 2015年，金水支行深入推进党风廉政建设各项工作，有效遏制腐败行为的发生。做好日常督促和检查工作，确保全年纪检监察各项工作得到有效贯彻落实。推进和落实党风廉政建设“主体责任”，细化完善《2015年党风廉政建设及案件防控工作目标责任书》。做到业务发展与党风廉政建设工作“同部署、同落实、同检查、同总结”，两手都要抓，两手都要硬。形成统一规范、层层衔接的责任体系，实现党风廉政建设主体责任及案件防控工作纵向到底、横向到边的责任格局。

深入推进案件防控各项工作，有效防范案件风险的发生，抓好员工廉洁合规从业教育活动。先后开展“学案例 知禁令 重操守”员工合规从业主题教育活动和持续创建“平安金水”再教育活动。进一步提高各级人员风险意识、责任意识、合规意识、担当意识，形成“人人讲合规，人人守合规”的良好氛围；开展13个条线的“案件风险防范承诺书”签订和后续督察工作；抓好“创新‘平安金水’活动”的持续监督、检查、测试和考评工作。实现防范“关口”前移，遏制案件风险发生，促进全行各项业务健康可持续发展。

抓实员工行为排查工作。在抓实每月、每季员工日常行为排查工作的基础上，组织开展《关于开展员工飞单行为专项排查进一步加强案件风险防控工作的通知》和《关于组织开展员工飞单、参与民间借贷、大额博彩行为专项问查及排查的补充通知》等专项活动。在专项排查活动中，重点对基层机构负责人174人（含正副职）、客户经理136人（其中对私客户经理69人，基层网点对公客户经理67人）、大堂经理37人、前台柜员513人进行排查。通过严格的逐项核查，未发现参与民间借贷、民间集资或飞单行为。

（王苏铭）

中国银行

防范非法集资视频会召开

【概况】 2015年，中国银行股份有限公司河南省分行郑州各城区支行深入贯彻落实总行“担当社会责任，做最好的银行”发展战略，紧紧围绕郑州市“三大一中”战略定位，突出“三大主体”工作，以业务发展、风险防范、案件防控三大任务为重点，不断健全经营管理机制，细化绩效考核方案，统筹谋划各项工作举措，全力服务和支持郑州市经济社会建设和民生事业改善，各项业务均衡发展，资产质量保持稳定，经营绩效稳步提升，经营大局健康、平稳、持续。

【存款业务】 2015年，中国银行郑州各城区支行以资产负债管理、绩效管理、财务合规管理为抓手，加强产品和业务创新，梳理营销不同客户群，一手抓郑州市重大建设项目及招商引资项目、重点企事业单位客户，另一手抓客户营销和服务，全方位提升存款业务增长。一是大力拓展清算、托管、现金管理、代发薪等低息活期及短期存款。二是梳理客户，确定不同的客户群，在保持综合收益平衡的情况下实施差异化定价策略。三是加强收益测算及点差分析，参照FTP价格有针对性地开展业务，优化资产负债结构，提高精细化定价能力，努力实现效益最大化。截至2015年年底，郑州城区支行人民币各项存款较上年末增长52.99亿元，增幅为4.57%。其中储蓄存款较上年末增长26.61亿元，增幅为7.66%；公司存款较上年新增54.72亿元，增幅为8.31%。

【贷款业务】 2015年，中国银行郑州各城区支行充分发挥金融对实体经济的支持保障作用，积极筹集信贷规模，全力加强对郑州地区经济发展的资金支持力度。一是围绕重大基础设施建设，重点推进郑徐高铁、郑合高铁、黄河大桥等项目授信投放；围绕县级电力公司改革，抢抓机遇，扩大电力行业授信份额。二是重点推广银团贷款业务。持续加强银团贷款拓展力度，努力提高银团贷款效益。大力推广财务公司+内部银团、同业+内部银团，创新开展债务优化银团、中小型银团、非银结构化银团业务。截至年底，郑州城区支行人民币各项贷款比上年末增长88.55亿元，增幅为10.68%。其中，人民币公司贷款比上年末增加34.94亿元，增幅为6.77%；人民币零售贷款比上年末增加67.34亿元，增幅为24.28%。

【中间业务】 中国银行郑州各城区支行不断强化激励与约束机制，严格依法合规经营，依托新产品，实现非利息净收入快速增长。截至年末，中国银行郑州各城区支行实现中间业务净收入10亿元，在郑州地区同业市场份额为19.27%，居同业第3位。在全省中间业务收入贡献度为33.89%，较上年末提升1.24个百分点。

【网络金融】 2015年，中国银行郑州地区的网络金融实现从无到有。一是新增中银易商客户5.7万户，并带动产生交易及理财金额4.6亿元；直销银行（易商理财）上线，增加低成本营销的有效获客途径。二是开办丝绸之路经济带一体化通关改革首单进口保函业务（阳光国际贸易有限公司通关一体化保函），成为网络金融支持传统业务转型的典型案例。三是发挥中行跨境业务优势，参与撮合国外供应商与郑州跨境贸易实验区e贸易电商平台公司的合作。继完成保税物流中心平台系统建设之后，又完成综合保税区电子口岸公司的系统开发工作，为河南省跨境电子商务发展提供一站式服务支持。

【投行业务】 按照省、市政府和总、分行经济发展决策部署，拓展表外融资渠道，先后创新应用“PE有限合伙产业基金”“非上市公司股权”“优先股”“T+0租赁”“信贷资产证券化”等表外业务模式，大力叙做投资银行、非标理财、融资租赁等表外业务。2015年，中国银行郑州各城区支行先后为郑州公用事业投资发展集团有限公司、河南中原高速公路股份有限公司、中国建筑第七工程局有限公司、郑州新郑综合保税区（郑州航空港区）兴港投资发展有限公司、新郑市政通投资控股有限公司等省、市重点客户提供各类表外融资超过58亿元，为郑州市经济社会发展提供资金支持。

【中小企业业务】 2015年度，中国银行郑州城区支行贯彻落实郑州市委、市政府关于大力支持中小企业发展的工作要求，全力做好中小企业融资服务工作。一是完善机制。以深化“1+4”工作机制、“六项机制”等体制机制建设为核心，创新推广“五种营销管理”模式，坚持把中小企业金融服务机制建设作为提升服务水平的前提和基础，将中小企业金融服务落到实处。二是优化流程。增聘信用审查人员，优化审批流程，提高审批效率。建立差异化存量客户批量管理机制，按照“注重共性、兼顾个性”的原则，“量身定做”批量贷后和年审管理方案，提升批量客户管理质效。三是创新产品。自主创新中银接力贷、网络通宝、跨境撮合服务、专利贷等30余个特色产品。通过“中银接力贷”有效解决小微企业借助外部高成本搭桥资金续借贷款的难题，降低融资成本；通过“网络通宝”产品使小微企业实现网络融资的在线申请；借助“跨境撮合服务”帮助50余家小微企业实现国内外投资业务的撮合；联动中银国际辅导近百家中小企业进入“新三板”和“新四板”培育；通过专利贷产品与省、市、县三级知识产权局搭建立体合作平台，累计支持科技型小企业2000余户，金额20余亿元。截至年末，郑州地

中国银行河南省分行与河南省新闻出版广电局举行战略合作协议签约仪式

区中小企业贷款余额265亿元，占全省中小企业贷款余额的31%。

【渠道建设】 中国银行河南省分行不断增强郑州地区物理网点和电子渠道协同发展，构建覆盖城乡的多元化服务体系，推进网点服务销售流程标准化，进一步提升网点的整体服务效能。2015年，中国银行共在郑州地区新设立自助银行9家，新投放自助设备50台，设备投放量继续保持稳步增长。完成郑州地区第一批16家智能化网点的升级建设，助力网点营销能力的增强和对柜台业务分流迁移的提升。按照总行境内分行网点服务销售流程标准，对郑州地区所有网点进行服务销售流程导入，将标准化流程引入网点日常工作，网点营销模式由分散营销转变为各岗位合力达成营销业绩的模式。郑州城区网点配置引导员，进一步给客户提供优质服务，同时让专职大堂抽出时间和精力做维护客户、营销产品等核心工作，提升网点大堂综合服务水平。

【风险管理】 一是保持资产质量基本稳定。对于信贷资产质量持续大面积恶化，制订"一户一策"管控方案，适时出台债务优化、周转贷款额度等管理办法，在机制、政策、措施等层面推进风险化解进程。2015年，郑州地区城区支行贷款不良率低于全行不良率0.27个百分点。二是持续优化授信结构。完善行业指引、"一行一策"风险内控指引等政策体系，把握发展机遇，盘活存量；综合运用名单式管理、行业限额和总量控制等手段，盘活存量。2015年末，郑州地区增长类行业授信余额占比较年初提升9.03个百分点；压缩类行业授信余额占比较年初下降0.24个百分点。三是采取措施进一步提升业务办理服务和风险把控能力。通过项目预报、提前介入和审批时效管理等措施，加快项目审批进度。对债务优化、中型客户项目"随报随审"。加强风险化解和项目审批等典型案例分享，持续开展PPP、政府购买服务、产业基金等新产品培训，提升业务营销发起和风险把控能力。

【内控案防】 2015年，中国银行郑州城区支行落实"化风险、强内控"的工作目标，以防范员工道德风险为重点，以加强非现场监控和现场排查为手段，强化重点风险领域的综合治理，进一步提高内控案防管理工作水平。一是加强内控管理。成立内控合规中心，行使内控牵头管理职责，提高内控管理的独立性。二是制定内控工作计划。统筹安排全年内控管理工作，研究制订年度内控合规工作计划。三是建立内控工作机制。牵头落实风险评估、内控评级和风险排查，建立"三位一体"的内控管理机制。四是层层抓落实。建立分级分片、落实到人的基层机构负责人联系制度，有效堵塞案件隐患和风险苗头。五是开展各类内控检查活动。深入开展内部管控、遏制违规经营和违法犯罪专项检查工作，并落实风险排查"回头看"活动，严防案件发生。六是强化操作风险管理。依托G-MAP平台，完成G-MAP常规和专项核查任务，及时做出分析、判断，通过风险提示函等形式提出切实可行的整改措施和建议，把违规行为控制在萌芽状态。七是建立内控机制平台。成立由一把手任主席的风险管理与内部控制委员会，建立"月度沟通、季度点评"机制，按月沟通当前风险状况、重要工作进展、内控问题整改情况，并每季点评内控案防工作成效、存在的问题，研究制订下一步工作措施。八是加强内控宣讲专题教育。组织"一把手"宣讲，重点加强对内控案防、基层管控"五十条"等内容的学习培训。开展"内控合规亲情寄语"等多项主题教育活动，加强思想道德建设，注意正向引导，加大正向激励，引导员工树立合法、规范经营意识，提高全员对依法合规重要性的认识，进一步增强员工的合规文化理念。全年未发生重大操作风险事件和案件。

（刘京新）

郑州银行

【概况】 截至2015年年末，郑州银行股份有限公司资产规模2648亿元，较2015年年初增长605亿元，增幅30%；存款余额1692亿元（不含同业存款419亿元），较2015年年初增长366亿元，增幅28%；贷款余额943亿元，较2015年年初增长163亿元，增幅21%；实现拨备前利润55.59亿元，较2014年增长18.59亿元，增幅50.2%；实现中间业务收入7.46亿元，较2014年增长3.64亿元；中间业务收入占比9.64%，较2014年增加2.73个百分点；资本充足率12.19%，不良贷款率1.09%，拨备覆

9月，郑州银行漯河分行开业

盖率260.55%，主要监管指标符合监管要求。

截至2015年年末，郑州银行共有117家机构网点，其中包含南阳、新乡、洛阳、商丘、安阳、许昌、漯河、信阳8家地市分行，5家社区支行和10家小微支行。共有3571名在职员工，其中正式员工3321名，外聘员工250名；正式员工中，30岁及以下年龄占比58%，本科及以上学历占比81%。

2015年，郑州银行获多项荣誉：一是被银监会确定为全国12家“领头羊”城商行之一；二是被银行家杂志社和中国社科院金融研究所评选为“最佳城市商业银行”和“资产规模2000亿元以上城市商业银行竞争力第一名”；三是在英国《银行家》杂志2014年世界银行1000强排名中，一级资本和资产规模分别排名第440位和第376位，稳居世界银行500强；四是位列《当代银行家》杂志评选的全国区域性发展银行公司价值第10名；五是在中国银行业协会“全国商业银行‘陀螺’评价体系”测评中，竞争能力、服务能力分别位于全国城商行第3名和第5名。此外，郑州银行董事长王天宇获“全国劳动模范”荣誉称号，在人民大会堂接受党中央、国务院表彰，并入围由中国社科院金融研究所和《银行家》杂志评选的“2015年中国十大金融人物”。

【公司治理】 2015年，郑州银行大力推进上市等重点工作，不断提升公司治理水平。一是于12月23日在香港联交所主板挂牌上市，共发售H股13.2亿股（不含超额配售部分），募集资金50亿港币，成为河南第一家、全国第十家上市城商行；二是完成董、监事会换届，由股东代表、知名经济学家、法律专家、香港会计专家组成新一届董、监事会；三是由郑州银行发起设立的河南九鼎金融租赁公司获得监管部门批准筹建，发起组建的扶沟郑银村镇银行顺利开业；四是制订2016-2020新五年战略发展规划，发布2014年度社会责任报告，完成2014年度股东分红。

【金融改革】 2015年，郑州银行不断深化金融改革，大力推进各项经营管理革新。一是成立汽车金融中心、融资租赁中心、保理中心、互联网金融中心，将远程银行部更名为电子银行部，会计结算部更名为运营管理部，完成部门职责梳理、定岗定编工作；二是实施独立审批人制度，将贸易融资部审批职能转至信贷审批部，初步建立专业独立的审批机制；三是将票据业务、债券业务后台记账职能转至运营管理部，并在金融同业部票据中心设立小中台；四是下发实施等级行管理办法，初步形成“总—分—支”三级管理架构。

（杨永朋）

【存款业务】 截至2015年年底，郑州银行存款余额1691.84亿元（不含同业存款419亿元），较2014年年末增长366.34亿元，增幅27.64%。其中，对公存款余额1221.09亿元，较2014年年末增长275.82亿元，增幅29.18%，2015年对公存款日均1040.23亿元，较2014年增长253.76亿元，增幅32.26%；储蓄存款余额470.75亿元，较2014年年末增长90.52亿元，增幅23.81%，2015年储蓄存款日均419.88亿元，较2014年年末增长92.62亿元，增幅28.30%。

（李宸霄）

【贷款业务】 截至2015年年底，郑州银行各项贷款余额943.4亿元，较2015年年初增长163.08亿元，增幅20.9%。其中，一般性贷款余额898.5亿元，较2015年年初增长167.84亿元，增幅22.97%；贴现贷款44.9亿元，较2015年年初减少4.76亿元，降幅9.59%；不良贷款余额10.32亿元，较2015年年初增长5.96亿元；不良贷款率1.09%，较2015年年初上升0.53个百分点；存贷比55.76%，较2015年年初下降3.11个百分点。贷款余额前五大行业为：批发和零售业328.59亿元，占贷款总额36.78%；制造业143.15亿元，占贷款总额16.02%；建筑业73.87亿元，占贷款总额8.27%；房地产业73.51亿元，占贷款总额8.23%；农、林、牧、渔业44.18亿元，占贷款总额4.95%；个人贷款（不含个人经营性贷款）110.64亿元，占贷款总额12.38%。

（李秋宜）

【中小企业贷款】 2015年，郑州银行通过加快产品创新、建设专营机构、完善经营机制等措施，持续提升小微金融服务水平。一是推出互联网贷款、“保证保险贷”“应收账款质押贷”“接着贷”“医贷宝”“农家乐”和“家时代”等产品，上线“信贷工厂”和移动平台工作站；二是与中国人民银行征信管理中心、雏鹰农牧集团合作建立应收账款融资系统，开创应收账款融资业务由线下转为线上的国内先例；三是成立8家分行小企业金融服务分中心，新设3家小微支行；四是组建小微业务团队，推行电子化、流水线化审批，开通小微批量业务“绿色通道”，创新小微企业评分卡模式，推出小微金融服务品牌“简单·派”。截至2015年年末，郑州银行小微贷款余额495亿元，较2015年年初新增93.88亿元，增幅23.4%；小微企业贷款户数16408户，较2014年增加843户；申贷获得率90.9%，较2014年增加0.9个百分点，“三个不低于”指标顺利完成。郑州银行获中国银监会2012-2015年度“全国银行业金融机构小微企业金融服务先进单位”、人民银行征信中心“个人征信系统数据质量工作优秀机构”等称号，并获得河南省财政厅风险补偿资金5094万元。

（柳 洋）

【个人业务】 2015年，郑州银行个人业务深入贯彻“以客户为中心”的理念，持续推进交叉营销、消费金融、财富管理等重点工作。成功发行河南省首张集金融服务与公共交通服务为一体的金融IC卡——河南省（郑州市）工会会员卡，推出薪添利、月添利、日添利、易得利、先得利、大额存单、物业通卡、住房保障卡，上线新版网银、新版手机银行和鼎融易移动端APP；完成智能柜台网点全覆盖；启动29家支行网点转型工作，组织财富管理专题培训、知识竞赛，促进零售团队从产品销售型向财富管理型转变。截至2015年年末，郑州银行个人客户数367万户，较2015年年初增加50万户，增幅16%。

（唐寒曦）

12月5日，郑州银行副行长夏华在扶沟郑银村镇银行开业仪式上致辞

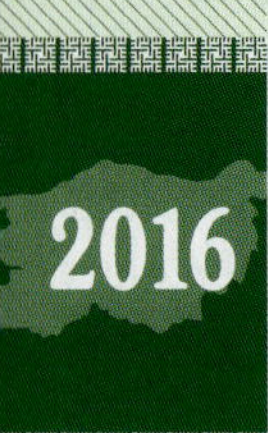

【中间业务】 2015年，郑州银行大力发展中间业务，将优化收入结构作为转型发展的重要抓手，以贸易融资业务、理财业务、债券承分销业务、信用卡业务等为抓手，拓宽中间业务产品种类；完善中间业务考核分配机制，提高分、支行开展中间业务的积极性。2015年实现中间业务收入7.46亿元，较2014年增加3.64亿元，增幅95%；中间业务收入占比9.63%，较2014年上升2.69个百分点。

（付 扬）

【理财业务】 2015年，郑州银行扩大投资品种和渠道，不断丰富理财产品线。在"金梧桐"—鼎诚、聚金、畅享系列的基础上，理财产品新增"同惠"系列（同业理财）、聚鑫系列（私人银行）产品。2015年发行理财产品210期，较2014年增加112期，增幅114.29%；发行规模618.02亿元，较2014年增加294.63亿元，增幅91.11%；发行保本浮动收益型产品123期，发行规模349.97亿元，非保本浮动收益型产品87期，发行规模268.05亿元。截至2015年年末，郑州银行理财产品存续82支，存续规模253.13亿元，其中保本产品存续规模93.45亿元，占比36.92%。

（李 钊）

【银行卡业务】 2015年，郑州银行按照中国人民银行PBOC3.0标准，推出带有智能IC芯片，具有借记、贷记应用和电子现金功能的金融IC卡，标志着郑州银行的银行卡进入"芯"时代。发行河南首张具有金融服务并加载公共交通应用的金融IC卡——河南省工会会员卡以及物业通卡、住房保障卡、安途卡、豫德隆卡等卡种，截至2015年年末，郑州银行发行金融IC卡28.7万张。2015年发行各类借记银行卡58.14万张，卡内存款余额达139.53亿元，较2015年年初增长26.21亿元，增幅23.13%；发行商鼎信用卡23508张，其中激活卡数量17442张，激活率为75.79%；活跃卡数量15478张，活跃率为67.25%。信用卡透支余额为50721.2万元。

（唐寒曦）

【资金清算】 2015年，郑州银行立足于年度经营计划，把改善支付结算手段、提高支付结算服务水平作为工作重点，全心全意服务于广大客户，确保清算资金安全、快捷。2015年共办理资金清算业务485.233万笔，金额116810.29亿元。其中，支票业务36.973万笔，金额3718.95亿元；通过大小额支付系统办理汇兑业务439.01万笔，金额111784.15亿元；签发银行承兑汇票47134笔，金额727.72亿元；兑付银行承兑汇票45421笔，金额579.47亿元。

（卢 峰）

【经营管理】 2015年，郑州银行围绕"夯实基础、严抓管理、建设强力总行"的思路，推进精细化、科学化经营管理。一是完善资产负债管理和资金定价的政策、流程、模型和内控体系，上线资产负债管理和FTP系统，有序推进管理会计体系建设；上线新财务系统，强化预算编制和执行，使财务管理更加精细。二是制订管理政策，设置风险底线，及时跟进资产负债执行情况，适时调整资产负债结构，保证全行资产负债的最佳配置。三是开展"四强、四优"争创活动（"四强"即战略引领能力强、推动发展能力强、改革创新能力强、服务保障能力强，"四优"即政治素质优、岗位技能优、工作业绩优、群众评价优），起到较好的带头示范作用。四是新设漯河、信阳2家分行和大河工业园区、金水路小微等19家支行，完成新郑解放路、洛阳伊滨、南阳唐河等15家支行的批筹，搬迁网点5家，改扩建7家，新增离行式自助银行34个。五是围绕全行重大部署和KPI指标下发督办通知，并通过走访部门、电话问询、短信提醒和编发督办工作信息等方式跟踪督办，全年督办事项62项，完成52项，编发督办工作信息5期，督导各项工作有序开展。

（杨永朋）

【资产保全】 2015年，郑州银行出台《郑州银行不良资产清收处置管理办法》《郑州银行不良资产批量转让管理办法》《外聘律师管理办法》，建立外聘律师库，加大资产保全、清收工作力度。2015年清收不良资产总额58312.16万元，核销不良资产42户15344.75万元，对违约逾期贷款立案诉讼（仲裁）118案，涉案标的8.38亿元，对其中的39案申请财产保全，涉案标的2.02亿元。商都公司清收不良资产11244.38万元。

（韩 刚）

【信息科技】 2015年，郑州银行加快信息科技建设，持续提升科技支撑能力。一是引进13名高端技术人员，成立研发中心、运维中心和管理中心。二是开发完成科技项目207项，较2014年多出33项，其中，大中型项目75项，小型项目132项，项目覆盖金融产品创新、管理流程优化、基础平台建设等多个领域。三是在科技开发部以科室为单位组建创新团队，攻坚课题研究及新技术应用，智慧网点、信息系统新架构研究、业务连续性管理等项目取得阶段性成果，其中"新一代核心业务系统发展趋势研究"和"银行发展互联网融资贷款的前景"通过银监会信息科技风险管理课题研究成果验收，同城数据中心双活高可用系统获得国家实用新型专利，甲骨文一体机（exlogic）的负载均衡应用项目获得甲骨文公司"金融行业最具创新客户奖"。在国际灾难恢复协会（DRI）亚洲年会上，郑州银行获DRI2015"年度最佳IT-DR基础设施"奖，也是全国唯一一家获奖的城商行。

（杨 莉）

【品牌文化建设】 2015年，郑州银行开展微电影剧本及创业故事公开征集活动，在此基础上拍摄并发布《有梦不怕天黑》等4部微电影；成立行刊编辑部，发行《郑州银行》行刊创刊号，出版《郑州银行职工百期纪念册》，开展"道德模范""感动郑银人物、故事"评选、最有价值新闻评选、"美丽郑银"员工摄影优秀作品征集、布设企业文化走廊等活动，打造郑州银行企业文化精品项目；举办第二届运动会、秋季登山比赛，展现全行员工健康向上、勇攀高峰的精神风貌；向慈善公益组织捐款350万元，组织员工无偿献血、百名行长助学等活动。

（杨永朋）

12月23日，郑州银行董事长王天宇和行长申学清在郑州银行港交所上市仪式上

中国人寿保险

【概况】 2015年，中国人寿保险股份有限公司郑州市分公司深入贯彻集团、总、省公司的工作会议精神，紧紧围绕“重价值、强队伍、优结构、稳增长”的经营思路，实施“专注、立项、推广”的工作方针，坚持双向对标，巩固主导地位，坚持队伍为先，夯实发展基础，坚持改革创新，破解发展难题，实现业务发展、队伍建设、经营管理等各方面质的飞跃。

【业务发展】 个险渠道坚持目标认购办法，激发基层积极进取意识；坚持月度平台运作，保持稳定有序发展；坚持横向对标，鼓励大单位大团队超越式发展。全年实现首年期交保费4.23亿元，达成率153.74%，同比增长39.41%，超预算1.48亿元；标保实现2.43亿元，达成率152.3%，同比增长34.9%；十年期及以上保费实现2.16亿元，达成率117.14%，同比增长25.71%；三项指标达成率均排名全省第一。中牟、新密和营销五部年保费规模都达到4000万元以上，占比都达到全市期交总量的十分之一。

团险渠道坚持新项目开发，不断拓展业务发展领域；坚持影子团队建设，不断扩展业务覆盖面；坚持渠道之间互通互融，提升综合开拓能力；坚持月度平台超千万不动摇，实现持续发展。全年短险保费突破1.3亿元，同比增长17%，达成省公司下达年度目标的108%，意外险保费首次突破亿元大关。市区7家单位，短险规模都达到千万元以上，尤其是中原公司，保费达到1737万元，占全市业务规模的13%。

银保渠道趸交业务发展在稳定渠道业务同时，上街探索趸交报告会，实现趸交业务新突破；期交业务发展积极探索网点报告会，实现优质网点大突破；自营业务与个险渠道协同作战，初步实现良性发展。全年实现期交保费1.26亿元，完成年度计划的100.64%；十年期保费2747.72万元，完成年度计划的150.97%；标保3132.01万元，完成年度计划的198.61%；全年实现趸交保费4.86亿元，完成年度计划的95.58%。期交市场份额达到17%，领先第二名7个百分点，保持市场竞争优势地位。

【队伍建设】 个险渠道探索增员助理、企业家俱乐部和三大功能组发展之路，推动绝大多数单位实现提质扩量。全市全年实现架构人力10018人，增员6787人，月均增员率7.49%，全省排名第三；月均综合举绩人力2862人，达成率111.8%，同比增长23%；月均主险举绩人力2304人，达成率121.2%，同比增长31.1%。其中收展三部、收展六部、营销五部、营销六部等单位都实现架构人力翻番。收展三部架构人力同比增幅230%，月均举绩人力同比增幅99%，月均主险举绩同比增长94%。

银保渠道推进直辖组建设模式，全省第一批完成基本法套转，有效探索两支队伍（客户经理队伍和理财经理队伍）一体化运作模式，坚持月追踪办法，实现队伍扩量效果。全市保险规划师队伍由年初的460人，增长到年底的1120人，完成年度计划的140%，实现人力翻一番。其中理财一部、专业化、理财二部3家单位完成全年人力目标。

团险渠道一方面在每个单位建立起3支专业化拓展团队，突出专业化特色，并明确团队主管，增强团队主管的发展意愿，提升市场竞争力。另一方面，大力扩充影子团队，将发展范围延伸到社会力量、同业力量和个险渠道，实现队伍隐性扩张。

【基础管理】 在经营管理方面，转变工作思路和工作方式，逐渐形成有特色的郑州国寿运行之路。年度预算目标认购办法逐步完善，渠道责任人考核办法逐步规范，季度绩效工资发放办法引导各单位提升创费能力，创先争优活动开展调动全员创造的积极性，年度工作总结方式激发万众创新的动力源，工单平台搭建带动机关服务意识提升，两个议事规则执行提升班子整体驾驭能力，费用核算方式转变引导基层走向自主经营，团险渠道效益化经营办法引导团险业务提高创费水平，客户资料管理方式转变引导全员提高资源整合能力，VIP客户服务模式转变促进销售与运营的融合，理赔时效和信息发布方式转变提升客户满意度。

在员工队伍管理方面，不断梳理岗位职责提升全员履责意识，明确职级晋升标准引导岗位工作做优做精，创先争优工作与年度评先挂钩激发员工的工作主动性和创造性，丰富职工活动并邀请职工代表参与公司政策制定研讨，提升员工的归属感和主人翁意识。在销售队伍管理方面，企业家俱乐部月度论坛和会长例会，引导团队做大做强；功能组周集训方式，推动团队自主经营；基本法持续分析运用，促进季发展辅导、月收入分析和周经营实质性运作；报告会模式创新带动公司向心力和凝聚力提升；客养活动理念引进提升客户经营开发方式；月度举绩指标考核追踪，促使主管关注团队管理；培训方式转变，提升主管授课能力；新兵营运作方式下沉，实现新兵营团队化运作；增员助理模式引进，开拓队伍发展新思路。

【转型增效】 2015年，郑州国寿全面推进全预算管理，实施多挣多花、少挣少花、不挣不花的管理思路，打破大锅饭；实行预算、费用定期反馈和重点单位一对一财务辅导，牢固树立效益化经营理念；完善办公场地租赁核算办法，提高成本管控意识；改进奖励方式，减少省、市、县重复奖励，提升经营效益。郑州市分公司经营绩效考核得分126.11分，全省排名第一。全市累计新单创费9343.02万元，累计可用费用达20625.11万元。其中，短期险创费1365.13万元，同比增加1203.79万元，增幅746.13%；受托业务收入创费2209.74万元，续期创费688.47万元。

个险渠道充分发挥主渠道的创费作用，全年长险新单创费5347.48万元，短险创费630万元，续期创费6691.98万元，战投奖励864.68万元，获得省公司各类企划方案奖励1535.6万元。团险渠道引进费率浮动机制，全年创费729.37万元，佣金手续费较2014年下降8个百分点，经营状况明显好转，尤其是交运集团业务、中牟的小额保险等新增业务创费贡献较大。银保渠道长险创费520.27万元，同比增加886.44万元，业务结构调整效果显著。健康险条线全年创费2209万元，其中职补险业务当年盈余约2600万元，实现当年全面扭亏。

（申　森）

泰康人寿保险

【概况】 2015年，泰康人寿保险股份有限公司郑州分公司坚定价值诉求、创新求变、锐意进取、敢打敢拼的发展战略，坚持“稳健经营，开拓创新”的发展方针，为客户提供专业化、高品质的寿险服务。

泰康人寿郑州分公司2015年实现保费收入7.5亿元，其中，个险保费3.39亿元，银行保险规模保费收入2.68亿元；续期保费收入1.56亿元。2015年，泰康人寿郑州分公司市场份额3.67%，市场第九。

【经营管理】 2015年，泰康人寿郑州分公司继续坚定以价值为核心的发展战略，实现公司健康、稳健的发展。一是稳健成长，保持公司业务平台。个险业务完成总公司年度计划任务，人力实现正增长。二是价值转型，初见成效。各系列大个险业务全面实现正增长。新单价值平台实现稳定发展，高价值产品占比提升。三是基础夯实，队伍经营指标提升。核心人力增长，人均产能、件均标保等关键指标较2014年都有提升。四是业务品质持续提升。个险再创新高；运营服务客户能力增强，承保满意度97.34%，客服满意度95.28%，理赔满意度96.74%。五是费用效率提升，费差、投产比持续优化。

【个险业务】 2015年，泰康人寿郑州分公司继续坚持价值经营，个险业务实现较快增长，组织发展和组织建设取得显著突破，保险服务能力不断增强。一是业务规模不断增长，业务品质不断提升。个险年度13个月继续率95.46%。二是队伍专业经营。个险销售队伍同比净增长430人，在组织规模扩大的同时，重视销售队伍反洗钱知识的普及和持续教育，定期加强职业素质培训，提升业务专业技能，坚决杜绝销售误导行为的发生。三是行销服务创新。2015年，泰康人寿河南分公司在开通“重大疾病就医绿色通道”，免费赠送“飞常保”航意险、“铁定保”高铁险的基础上，不断推出“微投保”“E理赔”等创新服务，为全省100万名客户送去保障。

【内控建设】 2015年，郑州分公司秉承“合规第一、业务第二”的发展理念，以提供专业化的保险服务，积极防范合规风险，稳健开拓公司业务发展为目标，实现业务和价值的全面提升。

合规培训工作逐见成效。建立较为完备的合规培训体系，形成日渐浓厚的合规文化，保障合规培训的覆盖面和持续性。

反洗钱管理工作持续提升。一是反洗钱宣传形式多样。通过发放宣传折页、制作展板和宣传条幅、印制大量反洗钱宣传海报、举办反洗钱宣传活动等，普及反洗钱知识。二是反洗钱培训积极推进。全年，郑州公司开展反洗钱培训6场次，培训学员约300人。三是客户身份识别严格落实。全年保存客户身份资料58890套。各中心支公司配备高拍仪开展识别工作，保证投保人身份证件的真实性。四是大额交易和可疑交易及时报告。共产生可疑交易968件，均进行有效识别分析。

杜绝销售误导、客户信息不真实、第三方担保理财。全员签订“合规承诺书”作为代理合同补充条款，代签名、客户信息不真实的，第一次扣罚全部佣金，记录黑名单，第二次除名。严禁公司人员从事兼职、担保理财，一经发现一律除名。事前防范，建立诚信文化。外勤新人班开展“合规诚信教育”，讲政策讲案例，倡导诚信销售，杜绝销售误导。

【理赔业务】 2015年，泰康人寿致力于打造“以客户服务为中心”的服务理念，树立公司“服务好”品牌，在不断提升服务水平的同时，创新服务模式，开创出多种特色理赔服务。一是稳步推进健保通直付式理赔服务。客户出险时在医院直接拿到理赔款。2015年健保通理赔客户295件。“免申请、零等待”，健保通直付式理赔成为泰康的理赔服务品牌。二是手机理赔服务持续升级，3.0系统提升客户感受。2015年，郑州近1360名客户体验足不出户的手机理赔服务。三是彰显人性关怀，“绿通服务”雪中送炭。为客户提供重大疾病就医绿色通道，与国内500多家医院合作，提供“三专一诊”的诊疗服务。同时与省内主要医院签约就诊绿色通道，提供预约专家门诊服务，2015年，郑州市共有6名客户实现不排队享受专家诊治。四是积极应对社会重大突发事故。泰康人寿建立一套完整的重大突发事件理赔应急机制，开启理赔绿色通道，力求在最短时间内完成理赔服务。

【客户服务】 一是以满意度为核心，全面实施运营整合。坚持以关注客户感受、提升客户满意度为核心，突破行业传统承保、理赔、保全各岗位的服务壁垒，按职能与流程重新布局，搭建综合服务、综合作业、综合调查的新服务体系。全面启动全省新生活广场门店评级，以“满意度”为轴心，辐射至门店面积、位置、功能区设置、基础设施建设、基础标识悬挂摆置以及日常对服务人员的评价，对门店进行360度综合服务质量考核。二是以便捷为核心，用微信服务改写传统业务历史。搭建先进的微信投保平台，电子填单，现场实时收费，在线自动核保，生成电子保单，承保短信通知，标准件（无须体检、生调的投保申请）1分钟完成承保全流程，为客户提供便捷的投保体验。三是持续加大电子化创新力度，手机服务不断升级。以客户感受和体验为出发点，将服务端口由实体门店向“空中”和“移动”扩充，让客户享受足不出户、以指代步的轻松服务体验。2015年，郑州地区新增微信客户关注绑定1.43万人次。四是快速理赔，限时赔付。小额件可实时支付到账。

（张玲玲）

邮电通信业

邮 政

【概况】 2015年，全市邮政局所247处，其中，邮政储蓄网点132处，局所服务面积7446平方公里，服务人口803.36万人。金融自动机具309台；城镇居民信报箱59.2万户，信箱信筒327个，邮政车辆391部。邮路124条，总长7423公里。投递段道1012条，总长27270万公里。其中，城市投递段道725条，总长10279公里；农村投递段道287条，总长16991公里。邮政服务质量社会评价综合满意度92.16分。

【实施子公司改分公司】 为深化邮政企业改革和创新升级，建立规范的公司法人治理结构，优化集团组织架构，实现在同一法人主体内对全网资源、业务经营等进行集中管控，推动中国邮政在新常态下平稳健康发展，集团公司制订全网统一子公司改分公司实施方案，按照集团公司、省分公司安排部署，郑州邮政分公司完成证照、公章、账户、合同和部分资产权证的变更工作，基本实现无缝对接，各级邮政分公司顺利运营。

【包裹快递业务改革】 包裹快递改革按照集团公司、省分公司部署，坚持市场化、专业化的总体方向，搭建经营组织架构，完善包裹发展团队，整合营销资源，提升专业管理和经营能力；明晰邮政、速递双方发展定位，整合产品和客服体系，探索县域邮政、速递资源整合，形成发展合力。

【ERP系统上线】 按照省公司统一部署，完成ERP系统的上线应用和各项基础数据导入工作，人力、财务等资源管理系统的维护工作进一步加强。

【健全激励约束机制】 完善县（市）区分公司领导班子、专业分公司（局）负责人绩效考核办法，建立营业网点负责人绩效考核办法，突出效益指标，推动企业转型发展；完善代理金融网点转型绩效考核办法、专业专职客户经理绩效考核办法，激发金融从业人员的积极性，推动代理金融网点转型；对营销人

“把美丽郑州寄出去”活动

员推行基本工资与基本定额、绩效工资与增量定额双挂钩考核办法，客户经理队伍进一步优化。

【网运改革和投递网优化】按照"归口管理、分层运作、动态调整、适度超前、分步推进"的原则，加大对包裹快递业务的网络支撑力度。优化调整投递网络组织和投递生产作业模式，释放投递能力；创新投递方式，探索邮件自提和代投；增加投递电动三轮车、配发（更新）投递PDA智能终端，有效提高投递服务能力和服务品质。

【基础能力建设】全年完成网点及金融便民服务站改造建设25处，投递站改造建设2处。商都路、龙子湖和航空港区综合生产楼建设取得土地证。新密综合生产楼完成主体和二次建设施工，中牟和新郑在办理土地证，荥阳、巩义进行方案设计及论证。经开第五大街仓储进行结构板施工安装，登封仓储在协调开工。完成经开五大街、登封、荥阳邮政业务库设计。建设项目累计投入资金6162万元。

【信息化建设】建设圃田智能仓储系统，实现从电商平台抓单到订单拣选、发货的全流程管理；利用电子商务平台实现多项业务加载和改造，完成公交IC卡缴费项目和华润燃气缴费项目改造；完成河南邮政代理金融辅助营销管理系统的应用和推广，搭建金融数据共享平台，进一步提升数据分析工作的服务水平。继续加大生产设备投资，全年设备采购投资856万元，其中生产设备投资836万元，占比97.6%。新增金融自助设备39台，累计达到309台。全年信息网未出现重大安全运行事故。

【普遍服务能力提升】未开办4项普遍服务的92处网点全部开办汇兑业务，实现各网点普遍服务全覆盖，邮政普遍服务能力持续提升。13处空白乡镇网点建成投入使用，经开区南曹邮政所获得集团公司"十二五"时期空白乡镇补建局所优秀运营局所称号。

【投递网络能力建设】一是加大车辆、设备投入。增加投递电动三轮车421辆，配发投递PDA智能终端891部，全面提升投递服务能力和服务品质。二是优化投递段道、分拣流程，对新郑、中牟、登封等投递段道和分拣流程进行优化，提高邮件处理速度和投递生产效率。三是对市县趟车加装GPS，实现外勤作业实时监控，增加市趟线路2条，优化6条邮路28个站点。

【财务管理】深化全面预算管理，利用财务对标，增强成本费用归口集中管控力度，采用信息化手段进行预算执行控制，为效益提升、成本管控提供抓手，提高企业预算管控效果。发挥会计检查和审计监督职能，有效遏制和规避企业经营风险，完成财务收支审计7个、经济责任审计5个和专项审计调查1个；工程项目审计93个，送审金额3400万元，审减金额485万元。

开办方特主题邮局

【人力资源管理】严格控制用工总量，规范各类用工管理，清理系统外不规范用工137人，用工总量较年初减少160人，人员结构和整体素质得到进一步提升。开展"三工"转换工作，有334名合同用工B转为合同用工A，378名劳务用工转为合同用工B。

【服务质量提升】开展提升邮政服务质量专项活动、无着邮件专项治理活动，组织开展邮政普遍服务情况普查；落实环节管控，狠抓邮件时限，国内小包当日投递率达99.96%，三日妥投率达98.2%。通过强化通信质量、服务质量KPI指标体系，实现对生产质量全流程的系统指标监控。加大对违规经营的监督检查力度，对涉嫌违反经营服务纪律"八条禁令"的问题进行逐项查纠，经营秩序得到进一步规范。机要通信质量保持全红。

【安全生产】建立健全邮政企业安全生产委员会，落实安全生产责任制。以邮政金融"合规回头看""一加强两遏制""十条禁令"落实为重点，创新高管约谈、空降检查等工作制度，集中开展"雷霆行动"等系列活动，进一步提升风险管控能力，杜绝各类较大安全生产事故的发生。

【企业转型发展】截至年底，郑州分公司金融总资产累计新增70.91亿元，居全省第3位，金融板块实现收入4.63亿元，收入绝对值增加5500万元，增幅13.5%，收入占比50.2%，结构调整取得实质性突破。包裹快递业务收入绝对值增加6000万元，增幅72%，实现规模发展。农村电商转型发展取得突破，得到集团公司、省分公司主要领导的认可。

【集邮文化郑州行活动】集邮业务紧抓生肖、中秋项目，坚持"大众集邮"路线，整合社会资源，创新举办"集邮文化郑州行"系列活动，带动集邮收入超千万元，常态化销售趋势初显。拓展网厅销售渠道，直接形成收入近600万元，推动线上线下业务融合、收入结构调整。

【金融业务】2015年，郑州分公司金融业务首季实现余额净增27.28亿元，为历年来最好成绩；6月份夏粮风暴活动期间净增余额7.29亿元，再创历史新高，完比全省第一。全年累计实现保费收入22.32亿元，较上年增长21%，市场占有率稳居全市银保业首位。实现理财销售54亿元，居全省第1位；手机银行注册量、商易通存量、绑定余额、户均、5万元以上大客户结存金额、电子渠道替代率均居全省第1位。

【包裹快递业务】推进实施"一体两翼"发展战略，以包裹快递改革为抓手，完善团队架构，壮大团队实力，加快邮政和速递在资源和团队等方面的融合。通过创新营销模式，深挖市场潜力，提升网络服务能力，深化仓配一体化发展等举措，高效发展标准快递业务、规模发展国际小包业务、转型发展快递包裹业务，全年累计实现包裹快递业务量690万件，收入1.43亿元，较上年增长72%。

【电商分销融合发展】依托线下实体网点和邮掌柜、邮乐网等线上平台，打造农村电商平台，探索线上线下融合

郑州市邮政分公司向黄河博物馆赠送《黄河》邮票

发展，邮掌柜系统商品交易额突破1亿元。依托郑州邮滋邮味微分销商城，打造城市电商平台，商城总点击量达80万次，粉丝突破1.63万人。打通工业品下乡、农产品返城的双向流通通道，实现分销业务由批发零售型向电商平台的初步转变。

【《拜年》特种邮票首发】 1月10日，“吉羊如意 生肖贺岁”《拜年》特种邮票发行，郑州市分公司设主会场，五县（市）、上街区邮政局设分会场，活动现场共计实现春节邮品现款收入9.8万元，预订收入10.4万元。金水区局、二七区局、经开区局、巩义局、登封局都以《拜年》邮票首发举办形式各异的邮品品鉴活动。

【少林祈福邮局开业】 1月27日农历腊八节，“少林祈福邮局”在登封少林寺正式开业。郑州市邮政分公司副总经理范克洲致开幕词，河南省邮政函件局许红亮副局长介绍少林祈福邮局产品，少林寺方丈释永信和郑州市邮政分公司总经理张战军共同为“少林祈福邮局”揭牌，释永信为现场嘉宾讲述少林寺同中国邮政百年渊源，释永信、佛教在线总干事安虎生、登封邮政、登封宗教事务局共同为《手抄经文》祈福明信片揭幕。

【2014淘宝河南电商盛典举行】 2015年1月31日，“2014淘宝河南电商盛典暨河南首届豫鼎奖颁奖典礼”在郑州邮政大厦举办。本次盛典由河南大象融媒集团·映象网与阿里巴巴万堂书院联合主办，河南省邮政公司郑州市分公司承办。共有600多名电商从业人员、国内知名电商大咖和媒体代表参加。大会持续两天，议程分为河南首届豫鼎奖颁奖典礼、河南电商高峰论坛和电商精英干货分享3个部分。

【《黄河》特种邮票发行】 8月23日，由水利部黄河水利委员会、中共郑州市委宣传部、中国邮政集团公司河南省分公司联合主办，中国邮政集团公司郑州市分公司、黄河水利委员会黄河博物馆、郑州市集邮协会共同承办，水利部黄河水利委员会黄河电视台、河南日报报业集团有限公司大河报报社、大象融媒·河南经济广播进行媒体支持的《黄河》特种邮票首发仪式在郑州举办。

【新密召开《大隗村志》首发式】 11月4日，新密市政府在大隗镇大隗村组织召开《大隗村志》首发式暨村志、乡镇街道志编修推进会。新密市人大常委会副主任许东凡、新密市政府副市长蒋健茹、郑州市邮政分公司副总经理范克洲出席会议。新密市各乡镇、街道办事处分管史志工作人员、村志编修示范村负责人参加会议。各县（市）邮政分公司总经理、函件专业负责人进行现场观摩。

【“把美丽郑州寄出去”启动仪式举行】 12月3日，由市委宣传部主办，中国邮政集团公司郑州市分公司承办，市文化广电新闻出版局、旅游局、园林局、外侨办、教育局联合协办的“把美丽郑州寄出去”城市外宣活动启动仪式举行。活动是以传承和弘扬郑州特色文化、提升郑州城市形象为目的，将郑州优美的城市风光、人文景观及民俗文化印制在邮政明信片上，请市民向外邮寄，邀请世界各地的亲朋好友来郑州游玩。活动首批发行旅游主题系列明信片，将最能代表郑州风光的嵩山、黄河、黄帝故里、少林寺、郑东新区、河南博物院、二七纪念塔搬上卡片，并使用商城文物——杜岭方鼎作为邮资图。

（贺　琳）

移动通信

【概况】 2015年，中国移动通信集团河南有限公司郑州分公司以体系改革深化转型，以模式创新重塑优势，坚持以“一个载体、三个体系”为支撑的“三化协调、四化同步”的总体要求，坚持“一条主线”、突出“两个确保”、狠抓“三大驱动”、提升“四项能力”、解决“五个问题”，以提升营销、网络、管理、队伍能力为基础，持续优化产品结构、客户结构、成本结构，紧抓流量、套餐、终端、全业务、渠道五个抓手，推进业务转型与机制改革，稳步加快4G精品网络建设步伐，为全市信息化发展做出贡献。

【4G发展】 2015年，郑州分公司牢牢把握发展契机，打造4G领先优势。全力推动4G快速发展，着力优化客户结构及收入结构，以数据挖掘和客户研究为基础，通过精细化运营、触点管控、营销工具建设和线上渠道发展，加快套餐集中运营由“做大”向“做厚”转变，实现套餐迁移向套餐管理的转变。同时公司以数据业务收入提升、客户端规模拓展为主线，细分目标客户群体，构建“连锁+电商+协同”的高效渠道运营架构，坚持以管理集中化、运营专业化为基础，积极推进实体渠道连锁化运营模式。在全省率先开展“委托加盟”“引商入柜”特许经营模式，统一引入优质社会渠道并纳入集中运营管理体系，充分发挥社会渠道终端销售能力和店面业务服务能力，形成实体渠道连锁化经营模式。

【客户服务】 2015年，郑州移动推动行业信息化发展，聚焦重点细分市场，实现客户满意度领先。细分“重要客户、中小企业、基础教育”三类市场开展集客工作，聚焦重点行业，强化重点项目拓展，确保客户口碑和服务质量。在中小聚类市场，聚焦重点场景和行业，建体系、提能力，促规模拓展。在基础教育市场，聚焦转型业务，加快增值产品发展，集团专线成为亿元级产品，IDC、ICT突破千万，五项重点产品规模拓展，警务通、审务通、平安城市等重点项目取得重大突破，聚类市场网络接入能力得到初步改善，新增覆盖130个聚类区域。郑州移动还以“星级客户、集团客户和4G客户”三类客户群体为切入点提升体验感知，关注自建、社会、电子三类渠道触点服务质量，狠抓热点投诉处理，加快推进服务转型升级。

【网络建设】 2015年，郑州移动秉承“网络质量是通信企业生命线”的理念，围绕打造网络综合竞争优势这一核心，重点做好“提升承载能力、改善客户网络感知、促进网络市场协同和网络能力转换、强化基础管理”四类重点工作，支撑公司转型发展，网络能力全面增强，网络口碑明显改善。强化规范管理，加强同铁塔公司的合作，引入4G新技术，加快工程建设进度。新建光缆17000公里，新建管道513公里，获得“4G建设综合奖”。LTE综合覆盖率、LTE应用层下载速率、上网满意度等关键指标均实现大幅提升。同时自主优化能力不断增强，基础管理能力显著提升，在集团2015年应急技能大比武全国总决赛中获得卫星车开通科目第一名，被中共郑州市委、郑州市人民政府授予“上合会议优秀服务保障单位”荣誉称号。

【企业管理】 2015年，郑州移动改革创新不断深入，管理能力持续提升。加大干部管理力度，严格执行任期管理制度；严格机关员工岗位管理，组织实施部分核心岗位招聘工作。以提升郑州公司经营业绩为目标，将公司业绩和部门业绩进行关联，创新绩效奖金分配机制，使公司各层级员工树立起“业绩升、薪酬升，业绩降、薪酬降”的责任意识。制订公司经营目标预算方案，监控目标完成进度，强化营收稽核精细化管理，做好铁塔资产清查、交接等资产管理清理。坚持“安全第一、预防为主、综合治理”的工作方针，落实安全生产主体责任，强化安全防范措施，加大安全隐患治理，提高应急保障能力。

（关媛媛）

联通通信

【概况】 2015年，郑州市联通公司面对运营费用压降、实名制、营改增、发展增速放缓等重重困难和挑战，公司上下加强战略引领，调整思路举措，主营收入同比增长0.45%，利润同比增长9.43%，收入利润率同比提升1.65%；4G发展同比增幅526%。公司用5个月的时间，建成“全光网市”，全面实现郑州由“铜网”到“光网”的历史性跨越。初步建立专业化区域组织架构，强化专业化协作。突出渠道建设，转型在经营中的作用日益突出。以提升效率为目的，多元素推行薪酬改革，全员人均月薪较2014年保持持续增长的势头。公司围绕中心工作，开展“争创文明双百分行动”，用实际行动践行企业责任和义务。年内完成由省级到国家级的创建和复审工作，青年文明号评比在全市同行业中居首位，新增国基路营业厅中央企业文明号集体1个，VIP客户维系班组全国文明号集体1个，上街中心路营业厅等省级文明号4个（共计15个）。

【精深经营】 2015年，郑州市联通公司面对电信运营多重困难和挑战，以主题经营活动促进业务发展。推出IPTV业务，推广“智慧沃家”融合产品双千行动，现场活动共计拉动“智慧沃家”新装21.5万户。聚焦渠道建设常态化、渠道资源集中化、渠道运营规范化、渠道管理分级化、战略渠道本地化，在全区范围内建立实体店面、沃家社区平台虚拟店。实施形象管理、目标管理、激励管理，基于光纤宽带和IPTV建设“智慧沃家体验区”，全面开启智能家庭体验营销新模式。借助“沃易购”平台，以“线上终端订货会、线下新品品鉴会、定向终端订货”为抓手，通过“聚焦终端、专款促销、特卖会、手机节”等促销方式进行多频次促销，加快厂商型渠道建设，关注渠道承载宽度和能力厚度，实现终端合约恢复性增长。完成智慧党建、幸福工厂、蓝信、优学通等活动，采取项目组纵向穿透、做试点树标杆、现场会复制推广、全过程管控，精耕细作实现规模发展。集团主营收入累计完成收入增幅20.8%；集团主营收入占比提升6.6个百分点。全区校园市场发展移动宽带用户，新生渗透率达到73%，其中应用拉动用户占比较2014年同期增长19个百分点，用户质量大幅提升。

【运营服务】 2015年，郑州市联通公司以压降投诉为标准提升服务，实施以首派负责制为抓手，推进“服务预防”和“有效解决”。横向加大对专业管理部门固定网装移修、移动网信号、资费争议类专项投诉压降考核，倒逼流程优化。纵向加强对公司各部门普通投诉解决率、投诉压降考核。全年公司万人投诉率、升级投诉率连续下降，投诉总量较上年同期压降至49.8%，服务申诉率联通KPI全省第一。公司加强服务管理，协调相关责任部门，针对营业中心收集、协调的185项维修需求，制定解决方案。围绕“三个环境”（体验环境、受理环境、卫生环境）提升服务管理。通过明察暗访、评价客户回访、典型事件跟盯、走访调研等措施，扎实做好营业服务管控工作。15个后台支撑部门分包营业厅，协助营业厅进行客户引导和分流，联动后台部门共同整治，营业厅峰期排队问题得到有效缓解。

【郑州联通建成“全光网市”】 2015年12月28日，郑州市联通公司举行南阳路端局PSTN设备下电暨郑州“全光网市”建成仪式。

“全光网建设”是郑州市联通公司深入贯彻落实国务院关于加快高速宽带网络建设，积极推进“互联网+”行动，促进云计算、大数据创新发展。7月，遵照省公司及市政府的统一要求和安排，市公司明确光改“四位一体”标准化作业模式，界定各环节责任主体。借力政府，统筹资源，推动物业积极配合光网改造，创造“全光”建设良好的外部环境。光改累计投资10亿元，铺设主干及主干引入光缆10万皮长公里。迁转宽带用户70余万户、固定电话用户60余万户，完成3000余家政企客户线路光改。下电PSTN（公共交换电话网络）端局设备53套，模块局及接入网点1637个；下电DSLAM设备2502台，完成近7000个城市小区和2071个行政村用户的通信线路入户改造，拆退电缆131万线对公里，拆退资产原值31.4亿元。光改期间累计投入营销、建设、迁转、支撑约5300余人，施工队伍300支，施工人员超过3000人，开展现场活动2800场次。光改后，郑州联通FTTH（光纤到户）宽带端口达到320万个，网络出口带宽增至1280G。全面实现由“铜网通信”到“光网通信”的历史性跨越。

【上合峰会通信保障】 上海合作组织峰会在郑州举行期间，郑州市联通公司成立通信保障工作领导小组，召开专题会议部署重要通信保障准备工作，建立健全安全责任制，制订工作方案，完善应急预案，进行应急演练。投资优化网络，购置应急物料，重点保障区域停止施工、割接。加强网管监控、网络巡视工作，以提升时效为准则，重要通信网络实行7×24小时双人双岗值守。安排专职服务人员在新闻中心设立通信服务站。公司共投入保障及施工队伍30余支、人力1458人次，车辆1156台次，资金2300余万元。至12月16日12时，郑州联通圆满完成上合峰会的重要通信保障任务。期间，会场核心区域、新闻中心、高铁站、机场、参会代表驻地十几个酒店及其沿途交通线路，基站及网络运行正常无告警，移动网话务量、流量及互联网流量正常，通信状况保持优良。

【VoLTE电话开通】 9月14日凌晨，郑州市联通公司打通河南省首个VoLTE（高清音视频）电话，这标志着4G客户进行通话时语音将持续依托于4G网络，而不再回落至3G网络中，客户通话质量进一步得到提升。VoLTE即Voice over LTE，是一种IP数据传输技术，全部业务承载于4G网络上，可实现数据与语音业务在同一网络上的统一，该技术在为4G客户带来高速数据业务的同时，也可提供等待时间更短、通话音视频质量更高、效果更自然的语音通话体验。联通公司完成10套核心设备的安装、软件调测及接口数据制作等工作，为做好VoLTE电话的试商用打下基础。

【推进“智慧党建”拓展】 郑州市联通公司多举措扎实推进“智慧党建”拓展。郑州市委组织部将“智慧党建”拓展列入督导项目，市委组织部及各县（市）区组织部门与郑州市联通公司多次联合召开专题推进会与培训会，并到各县（市）区督促推进。联通公司领导班子分包各县（市）区“智慧党建”拓展，成立16个“下基层”专项拓展小组，专职负责与各级组织部门的沟通、协调并组织开展现场活动。公司启动开展“智慧党建走进千村万户”活动，在全公司范围内成立41个工作组，覆盖各试点村，紧紧围绕“沃4G终端+智慧党建卡”的各种组合方式加快拓展，规范“智慧党建”现场活动标准动作。各县（市）公司在推广过程中，对县、乡、村三级党务工作人员配备党建专用手机，并以此为基础搭建“智慧党建”各村平台。

【黄河游览区万人合唱通信保障】 8月30日，“炎黄儿女在黄河岸边万人齐唱保卫黄河”活动在郑州黄河风景名胜区炎黄广场举行，纪念中国人民抗日战争暨世界反法西斯战争胜利70周年。郑州市委、市政府、抗战老兵、机关干部、企事业单位职工、农民、军人、学生及各行业先进人物代表近4万人参加本次活动。郑州市联通公司在活动广场现场布放两辆应急通信车，及时开通相关服务，进行为期一周的重要通信保障准备工作。活动期间，现场移动网络KPI指标保持正常，现场人员通信畅通。

【iPhone 6S首发仪式】 9月25日凌晨6时，郑州市联通公司在中原路、文化路营业厅同时举办iPhone 6S首发仪式。在本次首发活动中，自9月10日以来在公司进行iPhone 6S预约、预购的客户、网络大V及广大“果粉”们到首发现场均可享受新号段靓号、以旧换新、零元购机、购机赠送3G流量等首发专属优惠。活动现场，以“旋风彩虹”等多种形式热烈欢迎广大客户的到来，并为预购客户及网络大V客户设置快速通道，已预购客户可直接排队领取新机；现场还为广大客户提供食品、饮料及购机流程指引等服务，为客户营造温馨愉悦的购机环境；客户在现场还可体验iPhone 6S新机与增值服务，包括照片打印机、VR BOX等体验。

（曹兴建）

电信通信

【概况】 2015年，中国电信郑州分公司贯彻落实集团公司、省公司发展战略和部署要求，全面推进企业划小经营，开展光网攻坚，实施提速降费，促进企业健康发展，普惠百万用户，助力“宽带中原”战略实施。至2015年年底，中国电信郑州分公司市场份额达到11.95%；移动业务新增32万户，达到143万户；宽带业务新增15万户，达到68万户。全年移动网投资2.74亿元，固网投资1.5亿元，新建200个3G基站、1192个4G基站，新增45.7万户光网接入能力。2015年，主城区、一般城区、县城、产业园区等覆盖率达到98%，郑州市内高速、高铁、城际轻轨全覆盖，覆盖率达到95%。2015年，中国电信郑州分公司两大重点业务，第一，4G正式上市首年，发展50万4G用户，全网用户4G占比38%；第二，2015年开始推广光宽带，50M以上高速宽带半年内发展5.6万户。

【光网建设】 2015年，中国电信郑州分公司光网建设取得重点突破。2014年12月以来，郑州分公司贯彻落实河南省委、省政府大力实施“宽带中原”战略、建设网络强省的要求，根据省通信管理局、河南电信省公司相关工作要求，按照“高速接入、广泛覆盖、多种手段、因地制宜”的思路，2015年共计投入近1.5亿元进行光网建设。同时进一步加大农村宽带网络的覆盖，通过引入“共享收益、共担风险”的合作模式，有效整合资源，在农村信息村建设中引入民间资本1200万元，主干光缆覆盖308个行政村。截至12月底，郑州市行政村及老旧小区通光纤数达到7943个，光网改造完成覆盖18.3万户用户，基本实现了“四退”目标（退铜、退电、退租、退设备），率先建成“全光网络”，推动郑州迈入全国领先的“全光网”时代。

【提速降费】 2015年，中国电信郑州分公司按照省通信管理局《转发工业和信息化部关于落实“加快高速宽带网络建设推进网速提速降费”工作的通知》要求，免费为用户进行光网改造，免费为用户带宽提速。随着4G的不断发展，用户对大流量套餐的需求趋于明显，针对流量的提速降费政策让用户能够在手机互联网里畅游无忧，手机办公、手机娱乐逐渐成为用户生活的一部分。截至2015年年底，流量收入比2014年提高86%，户均流量值从2014年的330M提升至2015年的560M，更便宜的资费，刺激和促进了用户对于手机流量的使用频次和消耗量。

【公益短信服务】 公益短信宣传。在传统佳节及无车日、环保日、消防日等公益节日，中国电信郑州分公司按照市政府统一要求向电信用户发送公益倡导短信，定期发送打击非法集资、防范网络诈骗、打击钓鱼网站等提醒短信，发送文明城市、共创绿城等文化导向短信，全年全网累计发送3000万条次信息。提供便民查询平台。向手机用户推广电信自有平台“爱城市”，市民可通过“爱城市”查询政务（政府公告、政务要闻等）、生活（电费、天然气等）、交通（公交、地铁、违章）等实时便民信息。打造综合服务平台。中国电信“欢go”平台是中国电信整合网上营业厅和天翼客服客户端打造的综合服务平台，经过全面优化，为用户提供一站式贴心服务。借助“互联网+”的技术和手段，整合多个线上平台，创新O2O销售模式，打造24小时服务的营业厅。

【企业信息化】 2015年，中国电信根据企业客户信息化需求，通过互联网+政务、交通、商业、金融、医疗、物流、工业制造等行业应用的实施，促进“互联网+”行动的全面开展，助力企业信息化。2015年，中国电信郑州分公司全面实现郑州市教育局基础教育网络接入，为郑州市“三通两平台”建设提供支持；为郑州航空港经济试验区5所学校提供网络支持；为郑州300余所中小学、幼儿园提供集家校互动、平安校园、视频监控为一体的教育信息化应用，服务学生家长10万余人。天翼对讲、天翼管家业务基于中国电信广覆盖、大容量的移动通信网络和电信级业务管理平台，为各类政府、企业客户提供高效的人员管理系统；专业的货品进销存系统以及现代化的办公管理系统，提升客户的管理水平，提高员工工作效率，使客户整体信息化水平发生质的飞跃。为解决手机终端带的信息安全漏洞，中国电信推出加密通信，为国防、政务等信息安全要求较高的企事业单位提供保障。医疗影像云、临床助手、候诊WIFI等医卫行业应用产品的开发，也为郑州市医疗卫生信息化事业的发展开启了新途径。

【云计算基地建设】 2015年，中国电信郑州分公司积极推进成立云计算基地，集约化发展互联网数据中心，积极实践云计算、移动互联网、大数据、物联网和智慧城市等多个领域与IDC业务的有机融合。中国电信2015年在郑州投资1.3亿元，规划占地16.8公顷，规划建设3000个机架，完全建成后将成为郑州市云计算中心之一，一期工程2016年初可投入使用，届时将接应更多政府、金融保险、大型企事业单位的托管服务。

（李晓琳）

交通运输业

铁路

综述

【概况】 郑州铁路局地处中原，位于全国路网中心。管辖线路横跨河南、山西、山东、陕西、湖北五省，通过16个分界口，与周边北京、西安、武汉、太原、上海、济南铁路局相邻，所辖京广、京九、焦柳、陇海、侯月、宁西铁路及京广、郑西高铁等营业线路和郑州、洛阳、商丘、新乡、月山、南阳等铁路枢纽纵横交织成网，构成东达沿海、南通两湖、西连秦晋、北接京津的铁路网络，在国民经济发展中有着举足轻重的地位。

2015年末，线路管辖范围：京广线北于柏庄、安阳间485.800公里处与北京局分界，南于小商桥、孟庙间807.000公里处与武汉局分界；陇海线东于虞城县、张阁庄间354.000公里处与上海局分界，西于太要、潼关间935.500公里处与西安局分界；焦柳线南于耿坡、部营间474.099公里处与武汉局分界；新兖线东于算王庄、菏泽南间148.000公里处与济南局分界；京九线北于曹县、梁堤头间650.273公里处与济南局分界，南于木兰、王楼间718.300公里处与上海局分界；太焦线北于夏店、大平间190.682公里处与太原局分界；邯长线东于长治北、北舍间215.491公里处与北京局分界；王北联络线东于王里堡、北舍间9.000公里处与北京局分界；侯月线北于嘉峰、端氏间147.273公里处与太原局分界；宁西线西于商南、富水间248.285公里处与西安局分界，东于李家湾、小林间563.600公里处与武汉局分界；孟宝线东于平顶山西、余官营间98.000公里处于武汉局分界；郑西高铁西于灵宝西、华山北间950.627公里处与西安局分界；京广高铁北于安阳东站510.330公里处与北京局分界，南于许昌东站780.712公里处与武汉局分界；瓦日线西于长子南站501.417公里处与太原局分界，东于台前北站835.768公里处与济南局分界；其他线路都在局管范围内。

全局运营线路正线及联络线64条，主要包括京广、陇海、焦柳、京九、宁西、太焦、侯月、新兖、新焦等铁路干线，运营线路营业长度2385.1公里，总延展长7287.729公里，其中正线延展长4787.777公里，较上年增加319.627公里，站段岔特线延展长2499.952公里，较上年增加18.498公里；正线60型钢轨4652.76公里，占正线总延展的97.2%；正线无缝线路延展长4482.314公里，占正线总延展的93.6%；道岔8639组。

运营线路有桥梁3291座248097米，其中特大桥71座，大桥315座；隧道171座107932米，其中3公里以上的长隧道5座；涵渠7056座199590米。桥隧总换算长252208米。

合资线路正线及联络线共20条，包括新密、安李、石林、郑西高铁、京广高铁、郑开城际、郑机城际、郑焦线、瓦日线及相关联络线。线路营业里程1279.8公里；线路总延展长2727.716公里，其中：正线延展长2387.543公里，站段岔特线延展长340.173公里；正线60型钢轨2343.059公里，正线无缝线路延展长2325.673公里；道岔1064组。

合资线路有桥梁478座623363米，其中特大桥125座，大桥92座；隧道65座157205米，其中3公里以上的长隧道17座；涵渠1251座31420米。桥隧总换算长519351米。

全局配属机车1273台，其中内燃机车220台，电力机车1053台。配属CRH型动车组43列/62标准组，其中CRH2A统型动车组14列/14标准组，CRH380A统型动车组10列/10标准组，CRH380AL型动车组19列/38标准组。配属客车2203辆。

全局设行政职能管理机构31个，其他机构1个；行政附属机构56个，其他机构2个；派出机构1个；行政性学会、协会办事机构3个。局党委设职能机构4个，即组织部（人事处）、党委（行政）办公室、宣传部（企业文化处）、人民武装部（人防战备处）。另设政法（综治）办。郑州铁路局党校（局干部学校）、中原铁道报社、局有线电视台隶属局党委领导。

2015年末，全局职工总数111119人（含郑西客专49人、京广客专41人），其中在岗职工105408人，女职工18810人，干部17761人。全局技能人才86685人，其中高级技师627人、技师5430人，高级工35590人，中级工23981人，初级工14783人。

2015年，旅客发送量完成10240.4万人，实现客票收入106.66亿元，同比分别增长4.51%、5.93%；货物发送量完

2月15日，河南省省长谢伏瞻慰问郑州铁路局一线干部职工

成14779.9万吨，实现货运收入143.86亿元，同比分别下降10.51%、3.85%。全局多元化经营总收入482.66亿元，盈亏总额完成24.25亿元。非运输企业实现利润4.4亿元。

郑州铁路局机关位于河南省郑州市二七区陇海中路106号，邮政编码450052。

【郑州铁路局主要领导调整】 2015年1月5日，局党委、路局召开全局电视电话会议，中国铁路总公司党组书记、总经理盛光祖出席会议并讲话；局长张军邦主持会议。中国铁路总公司党组、总公司任命杨伟军同志为郑州铁路局党委书记职务，免去杨建祥同志郑州铁路局党委书记、委员职务；免去杨伟军同志郑州铁路局副局长职务。6月15日，路局、局党委召开全局电视电话会议，中国铁路总公司党组成员、副总经理王志国出席会议并讲话。总公司人事部副主任王培忠宣布总公司党组、总公司关于路局领导班子的任免决定：任命何元同志为郑州铁路局局长、党委委员、副书记职务，免去张军邦同志郑州铁路局局长、党委副书记职务。

【中国通号（郑州）电气化局集团有限公司组建揭牌】 5月12日，中国铁路通信信号股份有限公司（以下简称中国通号公司）与郑州铁路局在郑州举行出资协议签订仪式，双方共同商议组建中国通号（郑州）电气化局集团有限公司。郑州铁路局局长张军邦、局党委书记杨伟军、副局长陆彦彬，中国铁路通信信号股份有限公司董事长周志亮、副总裁尹刚出席签订仪式。5月25日，公司揭牌仪式在郑州举行。郑州市领导，中国铁路通信信号股份有限公司董事长周志亮，路局局长张军邦为新公司揭牌。路局党委书记杨伟军主持揭牌仪式。

中国通号（郑州）电气化局集团有限公司由郑州铁路局和中国铁路通信信号股份有限公司合作组建。其中，郑州铁路局对所属的郑州中原铁道工程有限责任公司以增资扩股的方式组建新公司，中国铁路通信信号股份有限公司以现金出资，公司注册地设在郑州市。在股本结构上，中国通号公司、路局出资比例分别为65%、35%。公司拟定股本规模为5亿元。新公司具备铁路工程施工总承包一级资质，房屋建筑工程、市政工程施工专业承包二级资质，铁路电务、电气化及机电设备安装专业承包二级资质。新公司在继承和发展双方公司既有经营业务的基础上，着力发展铁路及轨道交通工程总承包、电气化工程、电务工程、电信工程、市政工程、机电总承包工程及设计咨询、物资贸易、加工制造等项目。中国通号（郑州）电气化局集团有限公司的成功组建，将实现轨道交通“四电”系统集成工程施工的最佳组合，进一步推动企业资质的快速提升，成为“四电”集成专业承包一级资质的龙头企业。

【郑焦铁路开通运营】 2015年6月26日7时15分，郑州至焦作C2900次动车组列车从郑州车站开出，标志着历时4年半建设的郑（州）焦（作）铁路开通运营。河南省委常委、省政府常务副省长李克，河南省委常委、省委秘书长李文慧，河南省副省长王艳玲，河南省人大常委会副主任王保存，河南省政协副主席邓永俭，以及焦作市领导，郑州铁路局局长何元、局党委书记杨伟军、副局长陆彦彬，河南城际铁路公司总经理杨树新及有关单位负责人登乘视察。郑焦铁路位于河南省西北部，自郑州车站引出，向北过黄河后，经武陟县、修武县，接入既有铁路新月线焦作车站。线路全长78公里，设郑州、南阳寨、黄河景区、武陟、修武西、焦作6个车站，初期运营时速200公里，预留时速250公里。郑焦铁路开通初期，每天开行10趟列车，7月1日起，每天增至18趟列车，其中包括4趟焦作车站至开封宋城路车站的列车，使旅客在焦作、开封这两个旅游城市间通行更为顺畅，焦作正式融入郑州半小时经济圈。郑州车站开设郑焦列车售票固定窗口，将第三、四候车厅作为郑焦铁路专用候车厅，并把四站台作为郑焦铁路旅客乘降站台。焦作车务段焦作车站6个售票窗口、6台自动售票机和市内9处代售点均发售郑焦铁路车票，并安排客运人员引导帮助旅客通过自动售票机购取票。开通首日，焦作车站发送旅客2642人。至年末，郑焦线累计发送旅客155万人，平均上座率保持在85%以上。

【宁西铁路增建二线工程全线开通】 12月21日17时30分，宁西铁路增建二线郑州局管内丹水至丁河间双线自动闭塞开通，标志着宁西铁路增建二线工程全线开通。宁西铁路西起陕西西安，东到江苏南京，全长1030.2公里，是我国八纵八横铁路网的重要横向干线铁路之一。2004年1月7日，宁西一线正式通车。宁西铁路增建二线工程自2012年9月20日开工至2015年12月21日，历经3年零93天。该工程建设等级为双线国铁I级，郑州铁路局管段总计315公里。工程建设期间，路局按计划陆续完成路基、桥涵、隧道、架梁、电力、通信、铺轨、接触网、站改、封闭车站等多项工程施工任务。为确保宁西二线施工进度，路局提前对局界间郑州局的剩余工作量进行调查，精确掌握施工项目、时间、方式等内容，组织召开由郑州、西安局施工办、建管处等部门人员参加的局间施工协调会，倒排施工进度，做好统筹安排。加强宁西线桥梁、钢轨等工程料的装卸组织、输送等工作，从基础原料方面充分保证工程用料需求。面对铺架工程相对滞后的局面，各有关单位和部门大力支持、积极配合，采取多种措施运梁、开辟多个作业面、24小时轮班作业等方式，创造3个月架梁515孔的全路铺架纪录。施工共完成桥涵工程196座、隧道工程15座、铺轨313.18公里、架梁1136孔、接触网承导线1188.085条公里、站改17个、封闭站16个。

【郑徐客运专线郑州端铺轨】 9月25日，郑州东站北端郑徐客运专线工程，完成首根500米长钢轨铺设，郑徐客运专线郑州端铺轨工作正式展开。郑徐客运专线是我国《中长期铁路网规划》中“四纵四横”之一的徐州至兰州铁路客运专线的组成部分，线路西起郑州市，在郑州东站与郑西客专、京广客专衔接；东至徐州市，在徐州东站与京沪高铁衔接，在高铁路网中“贯通一横、连接两纵”，全程覆盖河南、安徽、江苏三省，线路正线全长361.9公里，其中：河南省境内252.8公里，安徽省境内73.4公里，江苏省境内35.7公里。全线设郑州东、开封北、兰考南、民权北、商丘、砀山南、永城北、萧县北、徐州东9个车站，其中开封北、兰考南、民权北、砀山南、永城北、萧县北6个车站为新建站。全线永久征用土地1.09千公顷，全线拆迁总量155.3万平方米。设计速度350公里/小时，总概算479.8亿元。郑徐客运专线铺轨工程分别由中铁十二局、四局承担，东段于9月6日开始自徐州铜山铺轨基地向西铺设，西段自郑州东铺轨基地向东铺设。年末，郑西客专建管范围红线内征地拆迁、桥梁、正线路基和无砟轨道、道岔板铺设工程全部完成，正线铺轨完成95.8%，站线铺轨完成80.5%；焊轨及应力放散、锁定完成95.7%；高速道岔底座完成95.1%，道岔拼装完成88.5%。站房主体工程已完成，7座配电所2座已送电；接触网立柱装配完成91.7%，承力索架设完成81.3%；通信铁塔完成84%，光电缆敷设完成97.4%。

【郑万高铁河南段开工建设】 10月31日，郑州至重庆万州高铁河南段开工仪式在平顶山市举行。河南省省长谢伏瞻、中国铁路总公司副总经理卢春房、郑州铁路局局长何元出席会议。郑万高铁又名郑万客运专线，是河南省“米”字形高铁西南方向的一“撇”，也是郑渝（郑州—重庆）铁路的重要组成部分，是连接西南地区和中原地区的主要客运快速通道。郑万高铁全长818公里，北起郑州东站，经湖北省襄阳、重庆市巫山，接入渝万铁路万州北站，设计时速350公里。其中河南段线路全长350公里，新建车站9个，工程总投资427亿元。先期开工段位于平顶山西至鲁山境内南水北调干渠13公里路段。2019年全线建成通车后，郑州到重庆车程将由现在的17小时缩短到4小时以内。

【郑州至合肥铁路河南段开工】 12月24日，郑州至合肥铁路河南段工程正式开工建设，河南省政府在周口举行工程建设动员大会，省长谢伏瞻出席会议，并到郑合铁路先期开工现场考察。郑州至合肥铁路途经河南、安徽两省，线路全长497.7公里。其中郑州南至阜阳段线路全长277公里，自郑州南站引出，途经郑州航空港区、开封、许昌、周口，在安徽阜阳西站接入商合杭铁路。全线设郑州南、许昌北、鄢陵南、扶沟南、西华、周口东、项城北、沈丘北、界首南、临泉、阜阳西等11个车站。项目总投资427.2亿元，等级为双线高速铁路，设计速度350公里/小时，建设工期4年。郑合铁路作为河南“米”字形快速铁路网的“一捺”，是连接中西部地区到长三角地区的战略新通道。

【商合杭铁路河南段开工】 12月25日，河南省政府在商丘召开商合杭铁路河南段工程建设动员会，商合杭铁路河南段正式开工建设。河南省副省长赵建才、郑州铁路局局长何元、郑西客专公司总经理张锦耀及商丘市委等领导出席会议。商丘市政府相关部门及设计、施工、监理单位代表共计200余人参加活动。商合杭铁路起自河南商丘，途经安徽亳州、阜阳、淮南、合肥、芜湖、宣城和浙江湖州，终点至浙江杭州，全长794.55公里，全线计划设30个车站。等级为双线客运专线，设计行车速度350公里/小时，建设工期5年。商合杭铁路在河南境内47.99公里，设商丘、商丘新区2个车站。商合杭铁路是中原地区通往安徽乃至杭州、上海等长三角地区的便捷快速铁路通道，可将郑徐客专、合蚌客专、沪汉蓉客专、合福客专、宁杭客专以及规划建设的京九客专等多条高速铁路有机衔接起来。

【“一城五站”格局形成】 12月18日8时57分，G564次列车驶入郑西高铁郑州西站，标志着荥阳正式跨入高铁时代。同时，以郑州市方位命名的车站——郑州东站、郑州西站、郑州南站、郑州北站以及郑州车站，东西南北中布局正式完成，郑州“一城五站”时代格局形成。郑州西站位于荥阳市豫龙镇境内，处于郑州西区发展的核心位置，郑州西站是国内首例在既有高铁营业线上进行的站改工程，东端贯通衔接郑州东站，联络线连通陇海铁路中原车站，西端衔接郑西高铁巩义南站，东西贯通、南通北达，位置优势明显，是以荥阳、上街为主体的郑上新区大动脉。该站配属到发线4条（含正线）、客运站台2座、跨线天桥1座，拥有1600平方米的候车区域和200平方米的售票区域（拥有自动售票机1台）。年末高铁列车每天进站停靠3趟。

【郑州铁路局实现郑西高铁“GSM-R”通信网络属地管理】 4月25日7时38分，DJ5732次动检高铁列车安全抵达郑州车站，标志着郑西高铁“GSM-R”通信网络割接施工完成，郑西高铁通信网络管理权正式由西安铁路局划归郑州铁路局。“GSM-R”通信网络是铁路专用的数字综合无线通信系统，广泛应用于高铁、城际、重载等铁路线上机车与地面之间的调度指挥。2010年，郑西高铁开通运营，由于郑州局MSC核心网尚未开通，其局管内所属的郑西高铁“GSM-R”通信网络暂时接入西安局MSC核心网。2012年，随着郑州局MSC核心网开通并投入使用，铁路总公司决定实施郑西高铁“GSM-R”通信网络割接施工，将原接入西安局核心网的无线通信系统调整为接入郑州局核心网，实现郑州局对管内“GSM-R”网络的完全监控和数据配置权。2014年末，铁路总公司批复郑西高铁“GSM-R”通信网络割接施工方案。郑州局提前组织160名技术人员，利用23个“天窗点”对施工网络310条电路进行调整，配置核对数据1.38万条。2015年4月17日，郑西高铁“GSM-R”通信网络割接施工拉开帷幕。路局施工协调小组亲临郑州通信段网管中心施工现场进行督导，施工给点命令下达后，严格按照相关技术标准进行作业，对相关数据配置进行测试并开通确认，4月25日完成了各项施工任务。此次“GSM-R”通信网络大规模割接施工为全路首例。

【郑州铁路局全年旅客发送量突破亿人次大关】 12月22日，郑州铁路局2015年旅客发送量累计完成1.002亿人次，自2005年以来首次突破亿人次大关。至年末，全局累计完成旅客发送10240.41万人（含60天的预售数），比上年同期增加442.03万人，同比增长4.51%。路局管辖营业里程3709.7公里，其中高速铁路857.6公里。全局有旅客列车355对，其中通过列车260.5对，京广和陇海铁路既有线能力利用率达100%以上。

【节假日运输】 2014年12月31日至2015年1月3日，元旦假日期间，全局发送旅客117.91万人次，较2014年同期多发送35.69万人次，增幅43.41%，创历史同期最高水平。其中1月1日，旅客发送量34.52万人次。

2月4日至3月15日，春运期间，全局累计发送旅客1178.78万人，较2014年春运同期增加41.06万人，增长3.6%。其中，直通旅客发送累计695.32万人，比2014春运同期增加27.28万人，增长4.1%；管内旅客发送累计483.46万人，比2014年春运同期增加13.78万人，增长2.9%。3月8日，单日发送旅客44.8万人（2014年春运单日最高发送旅客42.4万人），再创路局春运单日旅客发送历史新高。客票收入累计完成98101.1万元，比2014年春运同期减少14564.5万元，降幅12.9%。期间，全局累计开行始发临客1443列，其中直通863列，管内580列；节前开行始发临客489列，其中直通294列，管内195列；节后开行始发临客954列，其中直通576列，管内378列。

清明节、五一、端午3个小长假，全局发送旅客452.9万人，较2014年同期旅客发送增加11.9万人，增长2.7%，其中发送直通旅客213.7万人，同比增加8.7万人，增长4.3%，发送管内旅客239.2万人，同比增加3.2万人，增长1.3%；完成客票收入34539万元，比2014年小长假增加4663万元，增长15.6%。3个小长假共开行始发临客170列，其中直通临客10列，主要开往上

郑徐客运专线无砟轨道施工现场

海方向，管内临客160列。始发临客发送旅客18.7万人，实现客票收入638.3万元；小长假期间加挂车辆155辆，完成旅客发送1.2万人，实现客票收入125.3万元。

7月1日至8月31日，暑运期间，全局完成旅客发送量1878.5万人，同比增加131.7万人，增长7.5%。其中，直通发送1075.1万人，同比增加25.7万人，增长2.5%；管内发送804.4万人，同比增加86.2万人，增长12%。客票收入完成18.6亿元，同比减少0.89亿元，下降4.6%。期间，加开始发临客205列，其中直通临客127列，主要为上海方向，加开管内临客78列；始发临客发送旅客20.3万人，实现客票收入1466.5万元。加挂车辆484辆，发送旅客4.9万人，实现客票收入1083.5万元。

9月25日至10月7日，中秋节与国庆节期间，完成旅客发送480.8万人，日均发送37万人，同比增长9.7%。其中，直通发送旅客235.2万人，同比增长2.1%；管内发送旅客245.6万人，同比增长18%。10月1日，客流高峰创郑州局单日发送历史最高纪录，当日发送51.2万人。收入43728万元，日均3363万元，客票收入较上年同期增收12598万元，增长40.5%。加开始发临客170列，其中直通临客26列，主要是上海、西宁方向，管内临客144列，其中高铁、动车临客92列。增加旅客发送26.2万人，实现客票收入1292.5万元。组织加挂各种客车177辆，增加旅客发送1.3万人，实现客票收入218.4万元。

【列车运行图调整】 2015年，全路进行“1.1”“3.20”“5.20”“7.1”“汛期调整及石长线分号图”列车运行图调整5次。路局及时调整方案，争取多开车、开好车，进一步优化旅客列车方案。“1.1”调整图。增开动车组3对，即北京西—成都东G307/8次1对，北京西—重庆北G309/10次1对，北京西—武汉G557/8次1对；停运2对，即北京西—汉口G509/G520次，北京西—武汉（汉口）G513/G522次；改经由2对，即郑州—成都（成都东）D2201/2次、成都—北京西Z50/49次合川至重庆北间改经遂渝、兰渝线，其中D2201/2次改为成都东始发终到。“3.20”调整图。增开高铁卧铺动车组3对，即北京西—南宁高铁动卧列车D927/8次，北京西—贵阳北高铁动卧列车D915/8 D917/6次，北京西—深圳北高铁动卧列车D909/10次，同时增开直通旅客列车1对，改经由4对，停运图定客车2对，停运高峰线1对。“5.20”调整图。新增旅客列车11对，即包头—深圳东Z184/1 Z182/3次1对，厦门—兰州Z126/7 Z128/5次1对，北京—昆明K473/4次1对，大同—汉口K1365/8 K1366/7次1对，汉口—烟台K1476/7 K1478/5次1对，西安—温州K2908/5 K2906/7次1对，济南—张家界K1677/8次1对，贵阳—天津K1342/3 K1344/1次1对，郑州—安阳K7954/3次1对，郑州—南阳K7951/2次1对，新乡—商丘K7955/8次0.5对、郑州—新乡K7956次0.5对；调整列车担当4对；变更运行区段4.5对，其中郑州—银川K1626/3 K1624/5次缩短为郑州—呼和浩特东、商丘—太原2502/3 2504/1次改为商丘（郑州）—银川，车次变更为K2503/2/3 K2501/4/1次，K2501/4/1次终到郑州；改经由4列；停运管内旅客列车1.5对，即新乡—商丘4725/8次0.5对、商丘—安阳4727/6次0.5对、安阳—新乡4729次0.5对。“7.1”调整图。新增开直通旅客列车7对，即贵阳—北京西G82/G403次1对，北京西—贵阳北G401/G404次1对，北京西—贵阳北G81/G402次1对，贵阳北—郑州东G1532/3次1对，郑州东—贵阳北G1531/4次1对，北京西—深圳北D927/8次1对，包头—南宁Z338/5 Z336/7次1对。直通旅客列车变更运行区段3对，其中西宁—郑州K890/89次延长至合肥，车次改为T390/87 T388/9次；郑州—湛江K457/8次延长海口终到始发；龙岩—北京西K571/2次延长至厦门。直通旅客列车改经由3对，直通旅客列车改等级2对，直通旅客列车改车次1对，停运直通旅客列车1对，取消高铁动卧列车运行线1对。增加高峰线2对，即郑州东—信阳东G4539/40次1对，北京西—西安北G4615/6次1对。原有高峰线保留7对，其中有北京西—郑州东G4565/6次、郑州东—深圳北G4563/4次。管内城际列车宋城路—郑州东C2801/2 C2803/4 C2805/6 C2807/8 C2809/10次城际列车5对，郑州—焦作C2900 C2905/6 C2907/8 C2913/14 C2915 C2922 C2925次城际列车5对，焦作—宋城路C2901/2 C2903/4 C2909/10 C2911/12次城际列车2对，宋城路—郑州C2811次城际列车0.5对，焦作—南阳寨C2921 C2923 C2924 C2926次城际列车2对。高峰线城际列车郑州—宋城路C2832 C2833 C2842 C2843次城际列车2对，宋城路—郑州东C2831 C2834 C2841 C2844次城际列车2对。

【郑州铁路局首趟跨海客运列车开行】 7月1日，路局首次开行K457/8次跨海列车。该列车是将原来郑州至湛江西间的线路延长至海口，经由河南、湖北、湖南、广西、广东、海南6省，全程运行近33小时，最终抵达海口车站。该趟列车编组18辆，抵达海安南站后，18节车厢解编成4组车列，按照码头与轮渡内部对接好的轨道，由机车从后方推入粤海铁3号轮渡内部到达对岸，旅客全程不用下车。首趟列车跨海搭乘的粤海铁3号轮渡分3层，上层为旅客舱，第二层为汽车甲板，底层为火车甲板，是中国吨位最大、技术含量最高的火车、汽车、旅客滚装渡船。轮渡从雷州半岛南端的海安港至海南岛的海口市，全长24公里，轮渡跨海时长1小时左右。为了确保旅客安全，路局在每节车厢内配备2套救生衣，由乘务员向车厢旅客讲解救生衣的使用步骤；在轮渡内的站台上配有1000余件救生衣，遇到紧急情况，旅客可经车厢中部到轮渡内的站台上取救生衣，通过应急通道前往甲板。7月4日23时，首趟跨海列车海口至郑州的K458次列车顺利抵达郑州车站。

【郑州铁路局获国际货运代理资质】 8月18日，郑州铁路局在河南省商务厅领到印有“商务部国际货物运输代理企业备案专用章”的国际货运代理企业备案表，标志着郑州局具备国际货运代理资质。根据国家商务部规定，凡经国家工商行政管理部门依法注册登记、从事国际货物运输代理的企业，应当向商务部或商务部委托的机构办理备案。国际

首趟跨海列车开行——乘务员进行救生衣操作示范

货运代理备案是物流企业开展国际货物运输业务，取得合法经营资格的必经程序，是备案企业办理海关、检验检疫、外汇、税务等相关手续的必备条件。此次获得国际货运代理资质对于拓展国际班列开行和国际联运业务将提供更大发展空间。

【华中华东区域铁路营销联动会召开】 为落实铁路总公司关于实施铁路货运区域营销联动方案要求，10月27—28日，郑州局联合武汉、西安、济南、上海等路局，在郑州举办华中华东区域铁路营销联动会，以应对日益复杂的铁路货运营销市场，争取更大市场份额。与会代表本着相互理解支持，双赢、多赢、共赢的原则和目标，对建立区域营销联动日常沟通、诉求、阶段性会议制度，建立联合攻关团队、跨局协调机制、局间收入清算与分配体制，建立区域内价格联动、项目开发机制，加强一体化营销管理等细节进行商讨，在建立联合营销机制、建立沟通协调机制、共同打造东部出海通道、积极推进装备创新等方面达成一致意见，并形成5个铁路局间大宗货物班列开行方案12个，152类“白货”城际快线开行方案7个，集装箱班列运输开行方案4个。

【零散快运、批量零散快运】 2015年，路局结合物流行业发展现状及铁路快运产品自身特点，调整营销策略，加强与社会物流企业的合作，积极适应物流市场和货源结构变化，充分利用价格政策对批量零散货物实施议价，大力实施批量货物入箱政策，开办“点对点”特需列车，提升竞争能力，扩大市场份额，提高货物运量，增加整体效益。

2015年下半年，全局零散快运、批量零散快运运量呈阶梯式增长。（1）零散快运方面，四季度零散快运运量持续发力，连续突破单日4000吨、5000吨关口，其中12月29日单日发送吨达到5328吨，收入达100万元，实现新的突破。2015年零散快运日均发送1295吨，其中下半年日均发送1757吨，较上半年日均发送825吨增幅113%。（2）批量零散方面，路局充分利用批量快运的优惠政策，积极探索营销新方式，吸引部分未通过铁路发运的货物及流失公路的百货货源逐步回流。实现冰柜、冰箱、三轮车、有机玻璃制品、塑钢及其制品、洗涤剂、鞋、书籍、体育用品、中药材、工艺品、蒲包、竹藤制品等25类货物铁路运量零的突破，这些品类全年发送6.88万吨，收入1490万元。部分货物装车大幅增长，摩托车、石板、瓷砖、陶瓷制品、饮料、食品、干蔬菜、日用电器、橡胶制品、布、呢绒、绸缎等45类货物同比多装132万吨，增加收入2.9亿元。其中：第一批108类货物发送吨同比增长72.6%，收入增长31.9%；第二批44类货物3-11月装车增长36.0%，收入增长35.2%，增长幅度均大幅高于全路平均水平。2015年全年批量零散快运完成发送吨370.7万吨，其中下半年累计发送230.5吨，日均发送吨较上半年增幅62%。

【郑州铁路局铁海联运物流大通道开启】 5月15日10时50分，首趟郑州至青岛港直通班列、郑州至中亚测试班列从郑州铁路集装箱中心站开出，标志着路局与青岛港（集团）有限公司联手打造的郑州内陆港铁海联运一体化建设项目正式启动。5月15日，路局副局长陆彦彬代表路局与青岛港国际股份有限公司总裁焦广军签订战略合作框架协议。河南省政府、郑州市政府、青岛市政府及中铁联合国际集装箱有限公司等有关部门的负责人出席首发和签字仪式。郑州内陆港至青岛港铁海联运海关一体化建设项目是2015年国家丝绸之路经济带海关区域通关一体化改革中的一项重大工程。该建设项目以“一带一路”物流大通道建设和多式联运发展为重点，旨在不断加快郑州国际内陆港综合运输体系建设。郑州铁路局与青岛港（集团）有限公司本着“资源共享、优势互补，互信双赢、共谋发展”的原则，以“物流振兴，产业繁荣”为目标，探索中国铁海联运组织模式，在郑州集装箱中心站设立郑州内陆港“铁水联运中心”，实现铁海信息共享，为客户提供方便快捷的一站式服务。

【瓦日铁路（河南段）首次办理国际联运业务】 6月15日14时32分，装载耐火材料的45032次货物列车从安阳车务段管内的濮阳车站发出，经过10天运行抵达中国最大的陆运口岸满洲里，最后通过贝加尔铁路运至俄罗斯。这是瓦日铁路（河南段）开通以来首次启运的国际联运业务，也是继2015年1月20日首趟5000吨重载列车82181次通过郑州局管段、6月5日首次使用新型重载和谐机车后，瓦日铁路（河南段）实现的又一项突破。为提升运输效率，郑州铁路局安阳车务段对国际联运车辆实行优先摘取、挂运，组织业务骨干加强现场盯控，实行盯控责任制，严格装车、运输作业流程，确保国际联运车辆装车严、发车快。瓦日铁路（河南段）开通国际联运业务后，实现了国际联运货物一票直通，濮阳车站可以直接完成国际联运办理全过程。

【货运机车交路优化调整】 8月20日18时起，郑州铁路局对以嘉峰车站为分界口的货运机车交路进行调整，取消图定嘉峰口部分固定重联机车，代之以更灵活的补机运用方式。嘉峰车站是侯月线上的二等站，位于山西省沁水县加丰镇境内，图定78对货物列车经过嘉峰，分别由新乡、洛阳机务段的机车和乘务员担当牵引任务。按铁路总公司及路局部署，调整优化货运机车交路：取消嘉峰口图定固定重联机车，新乡南、洛阳北至侯马北（曲沃）间下行货物列车使用单机牵引，遇列车编组重量大于2000吨时，由调度所安排使用双机牵引，在侯马北（曲沃）拆解担当上行货物列车；将侯马北（曲沃）至上交间补机和侯马北至嘉峰摘挂列车机车的乘务交路，调整为太原局和谐D2C型或韶山型机车和人员担当；本务机车仍由路局和谐D2C或和谐D3CA型机车担当；嘉峰口货物列车牵引定数和计长不变。交路调整后，路局侯月通道图定运用机车由222台减少至175台，减少机车运用47台，同时节省路局机车乘务员运用55班。

【郑州铁路局首趟“长钢专列”开行】 7月20日18时38分，首趟满载2588吨钢材的货物列车从长治北车站发出，开往郑州圃田站中部金属物流园区，标志着路局“长钢专列”项目正式启动。路局

红旗渠号列车冠名首发式

河南中原铁道物流有限公司、长治北车站抓住“互联网+”计划推动下钢铁电子商务迅速崛起的商机，开展“跨界”合作，联合首钢长治钢铁有限公司与河南中钢网电子商务有限公司、苏美达国际技术贸易有限公司达成协议，借助电商营销平台、以中部金属物流园区为仓储基地、开行“长钢专列”的合作意向，促成首钢长治钢铁有限公司与苏美达公司首批2万吨钢材销售合同，实现了路企双赢。

【高河铁路专用线正式运营】 9月21日10时50分，一列满载4311吨“乌金”的煤运列车驶出高河铁路专用线，标志着高河铁路专用线正式运营。高河铁路专用线位于山西省长治市长子县路局长治北车站管段，全长11.537公里，在太焦线小宋车站与国铁接轨，设计年运量600万吨。专用线产权单位高河能源公司是潞安矿业集团的子公司，属煤炭生产企业，年均产量1000万吨，每天装车2至4列。

【高铁列车冠名】 2015年，郑州铁路局紧盯列车冠名招商领域，积极开展营销，向地方政府宣传铁路普速和高铁列车媒体优势，利用公开招商形式成功签约普速、高铁列车冠名合同，相继开行了“水源地”号、“白云山”号、“好想你”号、“红旗渠”号、“许昌·瑞贝卡”号等冠名列车。其中，2月1日，郑州—北京西G90/89次高铁列车被冠名为“好想你”号，开创了河南首列企业冠名高铁的先河；4月2日，西安北—北京西G660次列车被冠名为“红旗渠”号，是郑州铁路局首次与地方政府联手进行冠名合作。“红旗渠”号列车车次分别是洛阳龙门—北京西的G564次、西安北—北京西的G660次和北京西—郑州东的G563次。同时，郑开城际、郑焦铁路以及郑机城际铁路的开通带来了拓展广告经营的商机，郑州铁路局积极谋划，精心组织，完成年收入81万元的郑开城际列车广告招商；按规范程序公开对郑焦铁路一组列车进行招标，与河南日报报业集团大河全媒体广告传媒公司签订“博爱·青天河”号冠名权经营合同，取得城际列车招商年收入280万元的收益，创郑州铁路局短编组列车冠名价格新高。2015年12月完成郑州至机场城际列车招商，合同金额年收入446万元。

【郑徐客专车站广告媒体资源招商会】 12月30日，由郑州铁路局广告独家经营企业河南中原铁道文化传媒有限公司承办的郑徐客专车站广告媒体资源经营权联合招商会举行，参与招标的局管内郑徐客专车站广告媒体资源经过现场竞标，成交金额总计1477万元，超出底价491万元。郑徐客专正线全长361.9公里，横跨河南、安徽、江苏三省，2012年末开工建设。为体现“公开、公正、透明”招商原则，此次招标特邀路局相关处室和车站代表参加。招商范围主要是郑徐客专沿线的开封北站、兰考南站、民权北站和商丘车站，并充分利用这四个高铁站位于进出站地道和候车区域的墙面灯箱、落地灯箱、刷屏机、LED显示屏及天桥墙面灯箱等广告媒体进行商业宣传。为避免客专施工结束后广告媒体设施施工对行车安全和旅客出行的影响，该公司提前介入，与工程指挥部密切联系，提前规划方案，为局管内车站广告媒体设施预留位置，并进行电力布线施工，为郑徐客专开通后的广告媒体设施同步使用提供保证。

【首家“互联网+”电商项目接入高铁商圈】 7月9日，河南印象“O2O高铁体验馆”项目签约仪式在郑州东站举行。郑州铁路局中原铁道旅游集团高铁商业开发分公司总经理张新军和河南印象电子商务有限公司总经理王万杰在协议上签字，标志着国内首家“互联网+”电商项目成功接入河南高铁商圈。O2O（Online To Offline）是一种将线下商业机会与互联网结合起来的电子商务模式。路局中原铁道旅游集团基于河南文化、旅游、物产资源丰厚，“米”字形高铁布局通达全国的优势，与河南印象电子商务有限公司沟通接洽，遴选、汇聚河南名企、名优特产，在郑州东站开设“O2O高铁体验馆”进行品牌形象和产品展示，依托河南印象“乐乎购”网络平台拓展营销，通过线上（网购）与线下（实体店）的完美结合，为商旅人士提供更多便民、高效的商业活动和购物体验。

【首趟自驾游汽车运输列车开行】 5月20日6时10分，80631次货物列车从郑州北站出发，开往重庆，成为郑州铁路局开行的首趟自驾游汽车运输列车，标志着河南铁路运输进入“私人定制”时代。2015年，路局共推出郑州至重庆、哈密、乌鲁木齐、海口4条线路，运送自驾游小汽车80余辆，旅游延伸服务营业收入40余万元。

【郑州铁路局首家客票代售“电超市”开张】 5月29日，郑州铁路局首个“利安·铁路”一体化服务“电超市”旗舰店在圃田开张营业。郑州铁路局河南中原铁道物流有限公司结合旗下300多个客票代售点的经营现状，提出进社区、进乡镇，扩功能“两进一扩”客票代售转型工作思路，并与全国最大的民生服务类电商平台利安集团河南分公司于2015年3月达成合作意向。双方按照“客票代售点+利安‘电超市’+高铁物流配送收揽及物流咨询服务”的运营模式，共同打造多功能民生服务类电商平台“电超市”，实现优势互补、抱团发展、合作共赢的目标。“电超市”内可以实现火车票、汽车票、飞机票和福利彩票购买；水费、电费、电话费、有线电视费缴费；手机、公交卡充值，以及物流快递、商业保险业务办理等功能。

【郑州东站获中国建设工程鲁班奖】 11月17日，郑州东站被建设部授予2014-2015年度中国建设工程质量最高荣誉——鲁班奖。郑州东站作为国家特大型重点工程、中原地标工程、国家铁路交通网中的一体化综合交通枢纽、全国唯一一座高铁“米”字形枢纽，包括站房和站场两部分，设正线、到发线32条，站台30座，建筑面积41.2万平方米。该站分为高架进站层、站台层和地面出站层，集高铁、高速公路、地铁、机场多种交通方式为一体，实现“站站零换乘”，2009年开工，2012年9月28日开通运营。

7月28日，“豫哈丝路行”自驾游小汽车运输班列启程

【李向前获国务院政府特殊津贴】 2015年1月29日，经国务院批准，洛阳机务段宝丰检修车间内燃钳工、高级技师李向前获政府特殊津贴，这是郑州铁路局第二位获此荣誉的职工。李向前1995年中专毕业后，在宝丰检修车间从事内燃机车检修工作。2005年参加首届全国铁道行业职业技能竞赛取得全路内燃机车钳工第一名，并获"全国技术能手"称号。2012年，李向前到车间技术组工作，负责机车走行部质量把关工作，发现DF-6015机车轴箱轴承内圈挡边破碎、DF-6500机车轴箱盖减震器支架裂纹、DF-3105机车前台车转向架构架裂等6件重大质量隐患。2012年，路局建立"李向前内燃机车钳工局首席技师工作室"；2013年，原铁道部将其升格为"李向前内燃机车钳工铁路技能大师工作室"。郑州铁路职业技术学院车辆工程学院技能大师工作室聘任他为首席指导教师。

（张　蕾）

郑州车站

【概况】 郑州车站中心里程为京广线K676+153，技术性质为区段站，业务性质为客运站。管辖郑州客站、许昌东站、郑州南至小商桥11个中间站，管辖里程126.456公里（郑州站京广下行进站信号机至小商桥上行进站信号机间距离）。按车站等级分：特等站1个，郑州客站；一等站2个，许昌站、许昌东站；二等站1个，新郑站；三等站6个，长葛站、临颍站、苏桥站、小李庄站、薛店站、郑州南站；四等站3个，谢庄站、官亭站、小商桥站；高铁站1个，许昌东站；货运营业站5个，郑州南站、小李庄站、薛店站、新郑站、苏桥站；客货运兼办营业站3个，临颍站、许昌站、长葛站。车站内设行政科室16个，有生产车间6个、经营实体2个，年末职工总数3230人。

【主要技术设备】 郑州客站有客车到发线13条，道岔223组，零星车存车线5条，机车走行线2条。上水栓设置：1-10道46个、11-12道50个、13道25个。有候车厅13个，其中普通候车厅8个，软席母婴军人候车厅、旅行休闲厅、豪华休闲厅、石头厅和将军厅各1个，东、西贵宾室各1个。1-6厅共12000平方米，每厅2000平方米，候车能力10910人；7-8厅共2808平方米，每厅1404平方米，候车能力2553人；二楼软席、军人、重点旅客候车厅1118平方米，候车能力2553人；休闲厅共290平方米，候车能力446人；豪华厅共300平方米，候车能力273人。有站台7座。三品检查仪21台，其中东进口6台、西进口5台，贵宾厅3台，1楼旅行休闲厅1台，行包车间3台，高架3台。郑州站售票大厅2个。其中，东售票厅1920平方米，人工售票窗口30个、自动售票机5台、自动取票机7台；西售票厅1540平方米，人工售票窗口30个、自动售取机10台。有代售点173处，其中人工窗口169个，自动售票机窗口4个。郑州客整所场区（I场）有到发线9条，道岔29组。轨道电路分路不良252处，其中客站站区21处，客整所23处，中间站208处。

【郑州车站成为全国首个"互联网+智慧火车站"】 11月18日，在河南省"互联网+"开放合作大会上，郑州车站与腾讯公司正式签署合作协议，标志着郑州车站成为全国首个"互联网+智慧火车站"。该项目以车站指挥管理平台作为线上服务的统一入口，结合微信支付、微信卡包、微信WiFi、微信摇一摇等，围绕火车站旅客的需求，深入商圈线下业务场景，实现整体服务能力的移动化、社交化、便捷化，提高火车站的商业能力和服务能力。该项目主要包含互联网+车站服务、互联网+商业开发、互联网+铁路运营三个部分。在"智慧火车站"平台上，旅客可在线查询车次信息、列车对应候车厅位置，以及周边交通、路线引导、失物招领等信息。部分冷门车票也将在"智慧火车站"平台上进行适当力度的打折促销，充分挖掘客运潜力。物流信息服务方面，货主可根据平台信息及时了解物流车次情况，选择需要的物流产品，实现货主与企业间信息的有效衔接，提升铁路货运在全行业物流领域的竞争力。

【运输安全】 郑州车站强化基础管理，严格过程控制，确保车站运输安全持续稳定。下发《郑州车站组织召开天窗修日协调会议的通知》，现场值班干部每日组织电务、工务、供电等有关（车间）工区负责人召开"天窗"修协调会议，协调次日各单位具体作业地点，避免交叉作业。每日将次日"天窗"修日协调记录发至车站"天窗日协调"微信群，经安全科、技术设备科审核后，监控中心口头通知执行。车站制定《关于建立应急处置值班制度的通知》，划分6班值班人员，每天由3名业务干部（包括监控中心值班人员）值班，全面强化应急处置工作。8月，开展为期1个月的电梯安全专项检查活动，重点检查电梯注册登记、定期检验、标识标志揭挂等情况。重新修订《郑州车站车机联控实施细则》，于9月10日和11日分两批在许昌站、郑州站区召集开展联控文件学习，掌握作业及联控用语变化。下发《关于做好汛期行车安全卡控的通知》，明确现场对"宁可错拦、不可错放"的意识，加强汛期演练，慎重办理降速行车，遇有列车改变行车方式运行等非正常情况时，值班干部必须立即上岗盯控，确保旅客列车运行安全。

重新制定安全管理职责、作业标准及作业流程。在作业层推行作业指导书，在管理层动态管理岗位标准，动态控制安全风险，实现"有岗必有责，一岗一标准、一事一流程"。郑州车站重新明确领导班子、13个科室、91个管理岗位的安全管理职责、工作标准，制定全站67项安全重点工作流程，厘清管理边界，消除管理空白点和交叉点。制定《25T型客车密接式车钩缓冲装置作业指导书》，明确现场联系制度；下发《关于规范岗位手机使用规定的通知》，规范行车岗位、管理人员上道检查拍照等作业行为；制定《关于建立应急处置值班制度的通知》，提高应急处置的时效性。实行"五加二、白加黑"全天候、全覆盖巡视检查制度，全年检查发现问题1836件。

实施日安全分析、周安全分析考评。重点对24小时内发生的典型问题进行点评分析，每日12时前通过微信群向有关车间、中间站进行预警。每周分析全站安全情况，形成分析报告。按照管生产必管安全的原则，将安全、技术设备、客运、货运科纳入深度分析科室。发生政令不畅、A类及以上严重"两违"等5种情况组织责任车间、中间站进行交班，全年组织交班8次，并下发专题通报。坚持定期通报与即时通报相结合，月底全站通报当月安全检查考核情况。对郑州铁路局转发的安全生产典型事故、安全生产突出问题、全局安全生产性活动进行即时通报。通过安全大数据分析，将安全生产中的关键性、倾向性等问题，通过预警的方式向车间、中间站进行预警。全年对人身安全、轨道分路不良、列车编组顺序表等风险内容进行安全预警26次。

开展各类安全专项整治。9月15日至12月上旬开展全站范围内消防安全专项整治活动。组织锅炉压力容器压力管道安全专项检查活动，重点检查许昌东采暖锅炉和郑州车站中央空调压力容器压力管道。制定郑州车站《劳动安全监督检查实施办法》，完善车站、车间（中间站）、班组三级劳动安全监督检查网络组织，落实规章制度、作业标准、劳动安全控制措施。开展营业线施工专项整治活动，同时对车站管内客车高铁安全隐患排查专项整治工作进行检查监督。

开展事故案例教育活动，以查干部、查管理、查现场、查作业为主要内容，梳理典型问题49个，形成学习通报，并通过车站局域网组织各车间、中间站学习。分层召开安全反思会，业务科室梳理本系统安全关键、惯性问题，分析研判安全风险点73个，同时分类汇总制订了安全控制措施。5月，开展防洪演练和防洪安全大检查。在全站行车工种范围内举办接发列车"防错办"培训班。组织四等站管理人员、车站

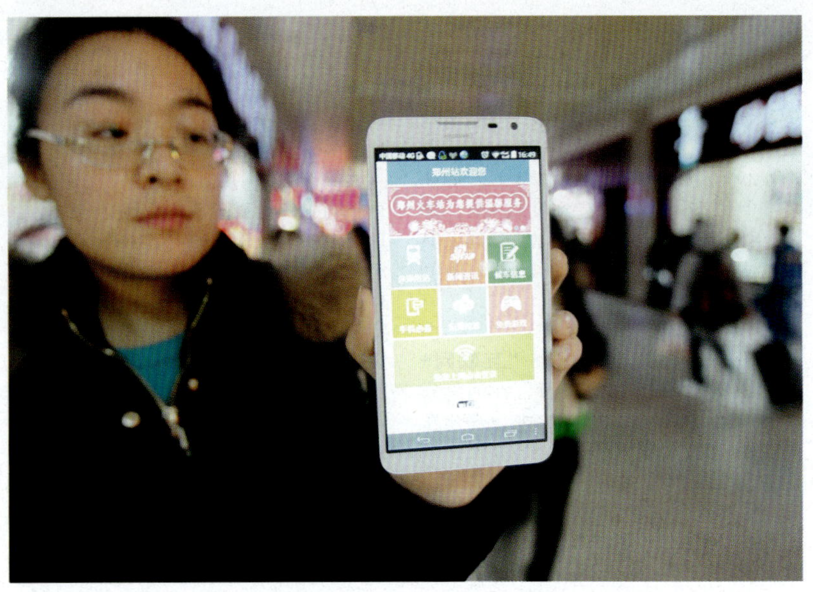

2月4日，郑州车站候车大厅旅客体验WIFI服务

值班员到新郑、许昌站跟班作业，并组织考核。

【运输生产任务】春运，2月4日至3月16日，共计40天。郑州车站制定《春运大客流应急组织预案》等多项春运安全制度及措施。制定《二楼自助购票互联网换票区安全组织措施》，将西票厅20台自助售票机、7台自助换票机整体搬迁上移至二楼，并结合车票预售期延长至60天，提前做好旅客集中退票、改签等应急准备。本着“严禁对流放行保安全，减少交叉放行保畅通”的原则，采取分向候车、双厅候车、侧廊排队、二次放行等措施，采用提前分流、侧廊压队、重点组织、接续联程等有效手段，保证乘降组织安全，提高放行组织效率。期间，全站完成旅客发送人437.04万人，其中客站396.73万人，同比分别增长2%、1.5%；完成客运收入34841万元，同比下降22%。

清明小长假，4月3-6日。针对旅客集中出行和短途旅游较多的出行特点，申请加开洛阳、南阳、商丘等方向临客22趟，其中郑州至开封宋城路站间的城际列车4趟。清明节当天发送旅客18.9万人次，同比增长2.4%，创历年清明小长假发送旅客新高。小长假期间共发送旅客57.1万人。

五一小长假，4月30日—5月3日。针对外出和返程时间较为集中的情况，申请加开临客29趟，其中郑开城际列车4趟，最大限度满足旅客乘车需求。进一步加强东、西进站口实名制验证工作，杜绝只验证不看人或只看人不验证现象；增设人工互联网换票窗口6个，确保互联网购票旅客快速取票；在郑州市区增设自动售取票机22台，24小时方便旅客就近购取票。期间，郑州客站发送旅客62.6万人次，同比增长1.9%；5月1日发送旅客20.3万人次，同比增长3.6%，创单日发送旅客历史新高。

十一黄金周，9月30日—10月7日。郑州车站加开20趟省内短途临客和直通长途临客列车。根据客流情况，在东、西售票厅按照正常客流、大客流从少到多依次增加互联网人工取票窗口，实行售取分离，根据未取票人数及时调整取票窗口数量，并做好互联网换票旅客的宣传引导。应对客流井喷，在开满全站售票窗口的基础上，在西售票厅二层设自助售取票机20台，在东进站口增开14个自动售取票机，缓解自动取票机人多排队的压力。在东实名制验证进站口开设互联网换票窗口6个，方便旅客换票。期间，车站累计发送旅客122万人，同比增加24万人，增长25%。其中10月1日，旅客发送人数21.4万人，同比增长14%，创历史新高。

【列车调图】 5月20日新图实施后，郑州站办理客运（不含动检车、特快行邮及回空动车组）图定旅客列车作业327列，其中始发52列，终到51列，通过224列。办理动车组、城际列车67列。郑州客站图定运能日均4.8万张，较调图前增加2224张。7月1日零时起全路实行新的列车运行图，调整后郑州站办理客运（不含动检车、特快行邮及回空动车组）图定旅客列车作业342列，其中始发55列，终到54列，通过233列。办理动车组、城际列车共计80列。新图实施后，郑州客站虽然减少2列始发列车，但由于城际列车纳入图定，图定运能整体略有增加，日均运能约5万张，较调图前增加约2300张。向东方向日均运能17014张，与调图前相比增1150张；向西方向日均运能9430张，与调图前相比减少1012张；向南方向日均运能8823张，与调图前相比减少856张；向北方向日均运能15034张，较调图前增3055张。图定许昌站日办理接发列车45列，其中上行26列，下行19列，与“5.20”调整图相比减少6列；直达特快6列；特快列车10列；快速列车29列。许昌东站日常开行45列，其中4列暂未开行；周末开行53列，高峰期59列。长葛站原办理客运业务列车6列，调图后增加1列K632次信阳—日照，共办理7列，其中上行4列，下行3列。临颍站原办理客运业务列车4列，其中上行2列，下行2列，调图后无变化。

【客运服务】一是开展安全大检查活动。制定《关于公布客运系统安全大检查、打非治违和专项整治活动实施方案的通知》等实施方案。成立由技术、教育、货运、客运等部门组成的安全专项检查组，开展检查活动，排查客运系统突出风险问题43件，现场检查发现作业标准、基础管理、设备设施等问题182件，并纳入安全大检查问题库。二是筑牢客运安全防线。落实总公司“安全、方便、温馨”3个出行常态化的要求，突出抓好“安全秩序、设施设备、候车乘降、售票组织、文明服务”等关键环节，下发《旅客乘梯安全组织措施》，明确客运电梯的防护时间、人员安排、作业标准、作业程序及应急处置流程图；修订《高速铁路旅客运输组织应急处置办法》，明确动车组列车大面积晚点、启用热备车等12项应急处置程序；修订《实名验证管理制度》，东、西进站口不间断巡视检查，避免实名制验证工作中存在漏验，只看票不看证，只看证不看人等问题。针对中秋、黄金周节假日增开互联网换票、改签、退票窗口等，做好应急预案，加强对候车厅、站台的盯控，准确统计停运、晚点列车售票人数，密切关注列车晚点情况及车底套用列车到达时间，组织旅客接续乘车。同时，全面优化客运组织。“7.1”新图实施后，首次采用单编组列车分厅候车的方式，压缩乘降组织时间，解决乘车人数多、安全防护困难的问题。三是全面推进普速车站专项整治。修订《旅客服务区域厕所环境卫生管理办法》，客运服务区9个旅客公共厕所，实行专人包保、责任连挂，形成车站班子、机关干部、车间干部层层包保。先后4次组织技术、设备等部门、车间及公司对照《铁路客运站车厕所环境卫生管理暂行办法》，查出卫生间墙砖脱落、隔断破旧损坏等各类问题262个，全部整改完毕，编发专题通报2期。要求卫生保洁人员做到人定岗、岗定责，加大日常清洁力度，定期喷洒消毒水，利用白班8：00-12：00、夜班23：00-5：00客流较小时段，进行逐个封闭深度保洁。普速车站专项整治工作得到路局和总公司领导的肯定，在路局验收检查中被评为第一名。四是不断提升客运服务质量。践行“三个出行”常态化服务要求，制定《中转换乘旅客组织办法》，在一站台中部设立中转换乘验证验票岗位，设置验证台、实名制验证设备、列车正晚点系统及监控设备，在站台中部、地道入口等位置增设引导标识71处，中转换乘通道8月18日投入使用，全年日均办理旅客换乘3000人左右。同时，为防止行李沿出站地道斜坡下滑失控，采取增设5处“行李坡道、严禁滑行”标识、斜坡末端0.5米设置不锈钢栏杆、斜坡滑道面增设4个防滑地垫等措施，保证旅客及行李安全。

【路风建设】 围绕客票发售、经营收费、客运服务和货物运输等路风重点工作，开展警示教育，加强监察监督，连续3年杜绝路局定责路风不良反映及其他路风问题的发生。一是分劈责任风险。制作3000份“2015年春运路风禁令” 警示卡下发各岗位，开展春运教育培训，提出卡控范围及处理标准。组织全站售票岗位干部职工签订2015 年度“严肃售票纪律，提升服务质量”保证书。车站与有客货运业务的车间、中间站、经营部门党政正职、主管副职和有关人员签订路风责任书，明确目标、责任及考核标准。二是加大监察频率。对站区日常服务质量的监督监察做到“三步走”，实现监督监察常态化。车站路风办每2人1个班次，日常情况轮值检查，节假日、客流高峰等重点时期全员上岗检查。全年检查主业售票窗口110余次，客票代售点50余次，经营网点130余次，客运服务岗位110余次，检查发现问题245件，其中下发通知书110份，通报10期。三是化解矛盾危机。在客站进站口、候车厅、售票厅等14处重点岗位显著位置公布路风投诉电话，安排专人值守接听路风投诉电话，避免旅客投诉升级。开展货运重点岗位货主满意度测评，全年开展货运中间站重点岗位测评3次，发放问卷210份。全年车站路风办回复意见建议232条，处理化解有效投诉42个，其中总公司转投诉2件，局转投诉4件。四是强化专项整顿。专项检查候车厅、站台售货（厅）车商品销售存在的不粘贴价签、故意损毁价签的行为。全年开展检查治理90余次，发现问题30余件，下发服务质量监督监察通知书12份。

【货运安全及营销】 一是强化基础管理，促进标准化建设不断深入。下发《货装系统作业流程作业标准及货运作业指导书》《货运计量安全检测监控设备管理办法》《中原货物快运作业组织办法》等措施，建立“安全管理微信群”，实施动态安全信息及时传递，及时卡控指导安全生产过程。二是扎实推进风险管理，健全完善安全风险防控体系。制定《货运计量及安全检测设备管理办法》《货运系统危险货物安全卡控细化措施》等，明确作业安全卡控重点。推行“日检查、旬分析、月总结、季考核”的安全管理评价体系建设，提高货运安全管理质量。三是严格卡控关键，实现货运安全年。实行装车品类明细化管理，严格执行“定车站办理、定专用线办理”的“两定”制度，杜绝超范围办理。针对管内小李庄500米长钢轨，新郑、郑州南站卷钢等大宗重点物资装车要求，严格按照装载加固方案组织装车，杜绝“三重一超一落”。全年装载500米长钢轨18列648车。利用动态轨道衡检测仪及超偏载检测装置进行车车过衡检测，对未配备计量衡器的长葛、临颍站，执行“测密划线装车”及利用轮重测定仪检测制度。2015年更新改造项目投入40余万元，改造2台门吊安全监控系统，投资23万元对新郑、长葛快运仓库，许昌西货场道路进行大修，配备3台接取送达车辆到快运车站。采用日常流动检查、季度专项检查等方式，通过察看装车照片等掌握分析各站装车质量实际控制情况。至年末，下现场巡视检查632余天次，发现、整改问题565余件，下发安全管理及现场两违通知书171余份。同时加大危险货物装车管理，下发《危险货物运输管理办法》，开展危险货物运输安全卡控专项整治、危险货物运输消防安全专项整治、危险货物运输安全管理现状调研等活动。四是夯实基础，确保快运作业运输安全。下发《中原货物快运承运安全细化措施》《快运货物站台作业十严禁》《批量零散货物快运货运组织办法》等，细化规范中原快运承运、站台作业及批量零散货物快运工作流程。五是强化货运营销服务。关注车站管内5家重点客户产运销信息，按月统计企业产量和公铁运量，每日召开生产对话会。针对路局价格体制的改变，安排专人与价格处对接，全年车站有效议价项目72个，其中批量零散货物议价项目69个、整车竞争性一口价项目3个。拓展全程物流业务，全年实施项目11个。对外公布客服电话，设立郑州车站货运营销中心和许昌车站货运营销分中心，设立客户接待室、大客户档案室专门用于货运营销。专人负责95306资讯上报，年末车站完成注册695家，店面展示121家，累计交易5.93万吨。至12月31日，货运安全实现无货运重大事故16010天，无货运一般事故9847天。全站完成装车66875车、发送吨406.6万吨、货运收入50598.3万元。全站完成停时30.8小时，较年计划压缩1.2小时。

【职教培训】 以机制建设为龙头，夯实工作基础。采取一线选拔、组织推荐、标兵优先等方式，选拔政治素质好、业务技术精、创新意识强、管理水平高的年轻职工。全年报考56人， 34人取得高职名预备资格。修订完善“新职、转岗、晋升人员”培训管理办法，首次对“三新”人员新任职3个月内业务培训提出要求，并对信号楼等重要岗位明确同班组不得同时配备2名及以上新任职人员。以日常培训为重点，保证培训效果。采取“统一部署集中学、多种途径补强学、改进方法互动学”的方式，全年车站自办培训34期，累计培训22008人次，其中，培训鉴定“三新”人员90人，送外培训186人。5月，对全站2091人进行资格考试及验证工作。以全员练兵为载体，创新培训方式。先后举办全员大练兵活动季前赛、常规赛、季后赛和明星赛，按调车、行车、客运、货运四大系统进行，累计34场、2708人次参加。全年对达标、晋级人员奖励42.41万元。开辟车站局域网《职工教育》专栏，及时维护更新职教通知文电、教学题库、课件资源等。加大多媒体课件开发，制作《许昌至临颍站间通过信号机故障应急处置》《临颍至小商桥站间货物列车区间机故救援应急处置》等微课件。

（杨　瑛）

郑州东站

【概况】 郑州东站中心里程京广客运专线K689+111，郑西客运专线K549+915。车站下辖三场：京广场、徐兰场（建设中）、城际场；三所：动车所，二郎庙、疏解区线路所；两线：郑开城际线，含贾鲁河、绿博园、运粮河、宋城路四站，郑机城际线，含南曹、孟庄、新郑机场三站；四站：陇海铁路圃田西（一等站）、圃田（二等站）、中牟（三等站）和占杨（四等站）车站。车站设行政科室8个，生产辅助部门1个，生产车间5个，经营实体2个，年末职工总数1541人。

【主要技术设备】 （1）客场。京广场有股道16条，到发线14条，道岔59组（均为融雪道岔）。城际场有股道4条，到发线4条，道岔16组（均为融雪道岔）。上水设备分布在京广场1-8道和13-16道，设遥控上水装置98个。有进站口8个，实名制验证设备10台，VIP候车厅21个，重点旅客候车区、母婴候车区、商务旅客候车区各1个，售票厅8个，售票窗口38个，自动售票机48台，检票口32个，查询机60台，候车座椅5400个，安检仪10台，旅客云服务终端机2台，安全监控系统、客运导向系统、信息查询系统、客运广播系统、列车到发管理系统、消防控制系统、中央空调系统各1套。监控摄像头446个，通过监控指挥中心30个25英寸拼接屏对各区域实时监控、录像。⑵动车所。股道30条，到发线25条，道岔90组（其中39组为融雪道岔）。⑶城际铁路。郑开城际铁路全线有股道16条，到发线6条，道岔26组（均为融雪道岔），有进站口7个，售票厅4个，售票窗口8个，自动售票机8台，检票口32个，候车座椅720个，安检仪8台，站台屏蔽门系统1套，安全监控系统、客运导向系统、信息查询系统、客运广播系统、列车到发管理系统、消防控制系统、中央空调系统各4套。郑机城际铁路全线有股道10条，到发线4条，道岔19组（均为融雪道岔），有进站口8个，实名制验证设备4台，售票厅4个，售票窗口16个，自动售票机13台，自动取票机8台，检票口38个，查询机8台，候车座椅1100个，安检仪7台，站台屏蔽门系统2套，安全监控系统、客运导向系统、信息查询系统、客运广播系统、列车到发管理系统、消防控制系统、中央空调系统各3套。⑷既有线。股道50条，其中到发线19条，调车线16条，专用线15条。货运设施有货场4个，货物仓库16个，货运雨棚3座，货运营业厅4个。

【运输安全】 2015年，郑州东站积极倡导“大安全”理念。修订完善车站安全风险管理“七项基本制度”和安全管理职责体系。制定车站领导班子、13个机关科室、100多个管理岗位的安全管理职责和工作标准。针对全站重点工作，制定40项一级流程和72项二级流程，厘清管理边界，消除管理盲点。结合车站实际，开展营业线施工、调车安全、应急处置、高铁和客车安全、军运安全、路外安全、劳动安全、接发列车防错办及防溜等17项安全专项整治活动，不断强化安全基础。做好“上合会议”、春运、汛期、春秋检、集中修和安全大检查等阶段重点工作，持续强化现场控制，不断厚植安全基础。至年末，连续安全生产3231天，实现安全年目标，获郑州铁路局安全生产“优质标杆单位”荣誉称号。

【运输生产任务】 客运方面，以“三个出行”常态化为目标，投入实名制验证设备，优化售票机设置方案，提升“馨”服务系列品牌，全年发送旅客963.5万人，超计划6.5万人，实现客运收入18.0亿元，同比分别增长215.7万人和3.6亿元，增幅28.8%和24.7%。其中，春运期间发送旅客94.3万人，同比增长27.5万人，增幅41.2%；客票进款1.5亿元，同比增长2390万元，增幅18.5%。日均发送旅客23576人，日均客票收入383.3万元，最高日发送旅客32816人（春运第32天，阴历正月十七），最高日客票收入589万元（春运第3天，阴历腊月十八）。

货运方面，成立货运营销中心，实施项目负责制改革，建成投用圃田货运综合楼和圃田货场“两台两线”，积极响应以圃田物流园为引领的郑州铁路局“1+6+N”物流基地建设，围绕车站“一园三区”物流布局，叫响郑欧班列、小汽车全程物流、特需班列等物流品牌，为巩固、提升车站乃至路局现代物流市场地位奠定基础。全年货物发送量完成246.3万吨，运输收入6.3亿元。

【保障“上合”组织会议与会国宾出行】 上合组织成员国政府首脑（总理）理事会第十四次会议于2015年12月14-15日在郑州举行。此次会议是河南省承办的首个国家级重大外事活动。郑州东站各级各部门高度重视，全力配合建成高铁安保指挥中心，组织民兵对车站重要部位进行常态化巡逻检查，在站内候车厅、出站口等区域布置仿真花木，美化车站环境。会议期间，接送重点列车85趟，迎送重点旅客813人次，其中外宾50余人次。全面保障了与会乘车国宾和国家部委领导的安全顺利出行，在各国政要和媒体面前展示了中国高铁车站的一流形象。

【郑机城际铁路开通运营】 12月31日7时50分，郑州东站至新郑机场站的C2961次动车组列车驶出郑州东站，郑州至机场城际铁路正式开通运营，成为继郑开、郑焦铁路开通运营后，河南省正式投入运营的第三条城际铁路。郑机城际铁路位于郑州市境内，自郑州东站城际场引出，向南经经开区，上跨南绕城高速、南水北调主干渠、京珠高速、四港联动大道，过航空港区中原路后逐渐入地，直达新郑国际机场综合交通换乘中心（GTC）正下方。郑机城际新建线路全长29.99公里，设郑州东、南曹、孟庄和新郑机场4站，由郑州东站负责运营管理。其中南曹、孟庄、新郑机场站为新建车站。线路设计最高运营速度200公里每小时，从郑州东站到新郑机场站仅需19分钟。运营初期开行图定列车22.5对。该线新郑机场站是全国最大地下火车站之一，为双层三跨双岛四线车站，总建筑面积51848平方米，主体结构全长505.8米，标准段宽41.7米，总高19.83米。车站采取上进下出的旅客流线模式，其中地下一层为候车大厅，主要为旅客提供购票、候车、检票、进站服务，并与地铁站厅层互通，地下二层为站台层。全站设3个出入口，分别与机场T1、T2、T3（规划）航站楼互联。有10部电梯可与机场综合交通换乘中心（GTC）双向直达，实现了城际铁路、飞机、地铁、公共汽车、出租车、私家车等多种交通方式的“零换乘”。同时，开封、焦作两市居民也可通过郑开、郑焦城际铁路经郑机城际快速抵达新郑机场。该条城际铁路的开通运营，对于巩固郑州现代综合交通枢纽地位，提升中原城市群综合竞争力，完善区域综合交通网，推进中原崛起、河南振兴具有重要意义。

【圃田物流园一期建成投用】 圃田物流园位于郑州市经北四路东段，郑州国际物流园区核心区，毗邻郑州航空港经济综合实验区和中原国际陆港物流中心，是郑州铁路局“1+6+N”物流基地规划中集仓储、配送、加工、分拣、客服、国检、通关等功能于一身的智能化现代物流园。一期工程含一座综合货运楼和两条货运线。综合货运楼总建筑面积6000平方米，共7层，其中一层为营业厅，面积1200平方米，分为业务办理和业务洽谈两个区域，业务办理区除设置无隔离的业务咨询、货票受理、起票、结算等柜台外，还在大厅内摆放休闲椅和茶几供货主使用；业务洽谈区在大厅东侧单独设置，配有沙发、茶几、传真电话、资料柜、联网计算机等，为货主提供一流的业务咨询和商务洽谈环境。二至七层为办公层，分设安全监控、货运管理、货运营销、货运统计等岗位，并预留中铁快运、中铁特货办公区，为整合园区功能，提高业务办理效率创造一流条件；新建货1、货2两条站内货运线（含站台、雨棚），作业有效长各约260米，为释放园区作业能力，满足业务拓展需求提供有力支撑。

【职教工作】 从车站发展需要入手，做好人员储备培训。针对高铁、城际铁

圃田物流园集装箱作业区

路新线开通，做好高铁车站值班员、客运员、售票员、电梯安管人员、消防人员的资格性、适应性等培训。结合郑机城际联调联试需求，组织行车人员劳动安全、电气化区段安全、联调联试、调度命令传输等专项培训6项，安排客运人员服务质量、作业标准等专项培训7项。做好陇海线“集中修”前行车人员施工安全、上道作业安全培训，做好行车人员接发列车防错办和调车人员防溜培训，安排客运电梯、高风险作业票、《货损规则》等培训。全年举办各类脱产培训班41期1489人次；组织劳动安全、春运、调图、防洪、暑期安全等10个内容的适应性培训考试9698人次。在落实培训计划的同时，开展精品培训课程和培训项目创建活动。在车站“教育在线”网站开设技师讲堂、安全生产“每月一讲”专栏，安排30余名技术骨干参与专栏讲座，形成系列精品课程50余个。同时，车站出资在生产一线推行职教“一体化”考核，全年发放技术津贴10万余元。

（亢 宁）

郑州北站

【概况】 郑州北站位于京广、陇海两大干线的交会处，是贯通我国北方、华东、华南、西北和西南的主要铁路交通枢纽之一，也是郑州铁路局管内唯一路网性编组站。郑州北编组站站区南北长6.63公里，东西宽0.8公里，下行驼峰位于京广线K669+526以西710米，陇海线（陇客高线）K574+625以北2.4公里。车站按技术性质为编组站，按业务性质为货运站，按业务量为特等站。站型为双向纵列式三级八场，有各种线路228条，其中到发线61条，调车线91条，联络线及段管线76条，线路总延长390公里。主要担负着南北京广、东西陇海四个方向行包、军用和货物列车的中转及货运检查作业，各专用线、段管线的取送和装卸作业，检修车的取送作业，机械保温车的加油作业，超限货物车辆的复检作业，货物的整理换装作业。

至年末，郑州北站下辖中间站8个。其中，三等站5个：中原、海棠寺、南阳寨、铁炉、广武车站；四等站3个：东双桥、马寨车站、欢河车站。按业务性质分类，中原、海棠寺、南阳寨、铁炉、广武车站为货运站。编组站区有5个生产车间，1个信息设备车间，全站有生产班组79个，在职职工总数2259人。

【主要技术设备】 郑州北站有电子计算机服务器10台，生产微机328台；自动化驼峰2座、非机械化驼峰1座；内燃调车机14台；道岔1026组，信号机835架；TDJ-302减速顶12076台；无能源液压停车器 201台；挡车器11台；站场工业电视监视系统4套；各种线路228条，总延长约390公里。

【运输安全】 2015年，运输安全工作坚持“管理靠制度、作业按标准、关键全盯控、结果严考核”的原则，全面深化“安全管理规范化、现场作业标准化、检查整治常态化”安全体制建设，强化基础管理，紧盯安全问题的解决，不断提升安全风险控制能力。2015年，先后开展防洪大检查、接发列车防错办及防溜专项整治、整顿职工两纪规范现场作业秩序专项整治、调车专项整治、路外专项整治、消防专项整治、春检和秋检、安全生产月、安全大检查、安全大检查回头看等系列活动，建立长效安全生产问题库，将活动中查出影响安全的设备隐患，统一汇总纳入问题库。全年开展专项整治13项，消除安全隐患611件，建立健全安全管理制度35项，修订完善安全卡控措施11项，制定完善应急制度（预案）9项，修订完善车站安全风险点及控制措施4次。严格落实“安全红线”管理办法，强化安全底线意识，加强对管理者的考核，安全管理基础得到明显强化，安全管理水平实现整体提升，车站安全局面实现“V”字形逆转。至年末，车站实现连续安全生产125天。

【运输生产任务】 2015年，郑州北站牢固树立“非常就是正常，非常就是平常”的思想意识，全力克服综合自动化改造、货快列车给运输组织带来的困难，紧盯路网，科学调度，以开车促编组、以编组促解体，见缝插针，组流上线。全年，日均到达211.6列，日均出发206.4列，日均办理20053辆，日均有调作业量11981 辆，有调比达到61.7%。开行远程技术直达列车9119列，组织编开计划外列车4457列，组织直达补轴4504列，共计56530辆。中时完成7.7小时，较年计划8.0小时压缩0.3小时；停时26.6小时，较年计划34.0小时压缩7.4小时。全年运输收入完成36237.07万元，装车完成31363车，发送吨完成1671155吨。自2014年9月6日郑州铁路局确定将郑州北站作为全局中原货物快运列车集结、始发、中转、终到站，至2015年末，开行快运列车1499趟，完成发送货物2600单，共计18630.014吨，运输收入519.5746万元；批量货物快运发送2915车，共计169141吨，运输收入2467.75万元。

【技术装备升级改造】 2015年，郑州北站技术装备升级进入收官阶段，编组站综合自动化系统（CIPS）工程进入开通前的倒计时。先后完成了上行驼峰自动化改造，子场、交换场、下编尾、上编尾微机联锁换装等大型施工，车站科技装备水平实现飞跃式提升。郑焦铁路南阳寨车站改造完成，6月26日郑焦铁路开通，车站迈入城际铁路时代。“铁路货检站安全监控与管理系统”投入使用，货检作业实现确报、现车、车号识别等信息共享及信息采集、分析、处理目标，优化了作业模式，打造了“全程监控、科技保安”的货检形象品牌。全年组织、配合施工961次，其中Ⅱ级施工82次、Ⅲ级施工879次，安排车站机关参加盯控305次，保证全站范围内各项重点施工的顺利进行。

【职工培训】 2015年，坚持抓安全必须抓职工教育的思路，引入安全风险管理理念，结合安全生产风险源中涉及职工素质教育的风险点，倒推职教工作的关键管理环节，提高培训工作的针对性。立足“实际、实用、实效”的原则，创新职工教育工作方法，推进星级职工教育基地建设，突出实作培训，助推全员提素。全年举办各类适应性培训班46期，培训13116人次；承办郑州铁

5月19日，自驾游汽车运输专列安检验试和装载加固

路局脱产培训29期，培训1053人；开展春运、暑运、汛期、防寒过冬安全培训6项，培训6185人，抽验14次、共计检查53个班组267人；组织擂台赛7次53场，共计53个班组265人参赛，产生擂主7个；7大工种、125个班组参加年度职业技能大赛，全年发放练功比武、擂台赛奖励374850元，营造了“学比赶超”的浓厚氛围。

【民生建设】落实“严格管理+人文关怀”的理念，真心关注职工冷暖健康和所忧所盼。投资800余万元，建成上行车间综合办公生产楼。整修中原货物快运派班室、交换场、下行整装线等工作场所。改造信息设备车间办公楼、海棠寺车站信号楼、东双桥车站信号楼等现场作业岗点24个。坚持开展“冬送暖、夏送凉，一年四季送健康”活动，解决夏冬两季职工代表巡视检查发现问题50件，为现场更新空调52台，配备电磁炉、电视、消毒柜186台。落实“三不让”帮扶救助机制，全年帮助职工732人，发放慰问金、物品共计59万余元。职工人均年收入较2014年增长1.88%。

（谢雨歆）

郑州客运段

【概况】 郑州客运段担当东到上海、厦门、福州、杭州、温州、宁波、青岛，西至乌鲁木齐、成都、重庆、银川，北抵北京、沈阳北，南达广州、深圳、海口、昆明等方向的特快、快速各等级旅客列车及郑州至北京西、上海虹桥、西安北、太原、济南等方向动车组的乘务工作任务。担当的94.5对旅客列车形成连接东西、贯通南北的旅客运输网络，乘务区段纵横4个直辖市、21个省、1个自治区。作为担当客运乘务和运转乘务的综合段，旅客运输规模和能力居全路前列。2015年运送旅客7753万余人，加开临客1413列、旅游列车67列、军运313辆。

客运段下属客运车队25个：高铁一队、高铁二队、北京一队、北京二队、北京三队、京九车队、上海一队、上海二队、上海三队、西宁车队、广州一队、广州二队、昆明车队、厦门车队、海口车队、乌特车队、乌快车队、成都车队、温州车队、深青车队、福州车队、银川车队、杭州车队、杭宁车队、重庆车队。5月20日，银川车队易名为呼和车队，班组名称为呼和车队呼和1-6组。太原车队易名为银川车队，班组名称为银川车队银川1-6组。深青车队原深圳1组、深圳3组整建制划归湛江车队，班组名称易名为湛江7组、湛江8组。7月1日，湛江车队易名为海口车队，班组名称易名为海口车队1-8组。至年末，客运段内设乘务中心2个、车间3个，下辖公司1个，全段职工总数6758人。

【主要技术设备】2015年，客运段有机械设备139台，其中剪冲设备2台、锅炉4台、装载机2台、洗涤设备75台、客货电梯11部，汽车45辆，电气设备850台。年固定资产总额3419.4万元。

【客运乘务】2015年，针对调图任务的变化，均衡郑州、洛阳、新乡三地任务量，科学调配生产力，在职工总量不增的情况下，担当列车对数由年初76对增加至94.5对，进一步提高了生产效率。成立郑州乘务中心和综合维修组，优化地面生产组织流程，强化地面保洁、洗涤、供应生产保障。针对打造“信息化企业、数字化郑铁”的要求，为一线增加对讲机1532台、影音记录仪93台，并开发列车长手机终端软件，推进信息化工作。春运期间，首次采用非乘务单位整建制担当的全新乘务组织模式。段乘务科牵头组织业务科室、客运车队和地面车间，全面预想研判，建立一系列管理机制、沟通机制。节后高峰期，增开高铁动车5对，直通临客20对，管内临客7.5对，图定管内列车延长1对，运用39组车底，组建80个临客班组，其中非乘务单位整建制班组41个，均未发生安全、路风、质量等问题。春运期间共计运送旅客9483872人。郑焦铁路开通后，重新调整了管内城际列车。宋城路—郑州东城际列车5对，郑州—焦作城际列车5对，焦作—宋城路城际列车2对，宋城路—郑州城际列车0.5对，焦作—南阳寨城际列车2对。此次郑焦城际开行是客运段首次实现跨线开行列车，焦作、郑州、开封三地将通过郑焦、郑开两条铁路连成一体，形成“一小时经济圈”。落实铁路车票实名制管理要求，严格实名制验证验票和安检查危工作。各次列车加大实名制乘车、实名制验票宣传，做到车门口查验、开车后全面查验、途中按规定查验，实现查验全覆盖。同时，规范岗位作业标准，重新制作、完善各工种作业指导书，以图文并茂的形式直观展现各工种作业标准和规范，有效指导现场生产。

【客运收入】2015年，引导职工树立增运增收意识和“大收入”观念，强化法律意识和职业道德教育，抓好班组每个关键环节和岗位，坚持标准化作业，落实车门验票、途中查票制度，确保增运增收。开展加强运输收入安全活动，学规对规，联系乘务实际情况，落实票据、现金安全管理制度，坚持现金票据谁主管谁负责和逐级负责的安全管理原则，建立健全安全岗位责任制、答卷测试、剖析整改、检查通报。开展“运输收入百日竞赛”活动，动员全段干部职工积极查堵、堵塞漏洞，挖潜提效。总结运输收入工作，从增运增收的大局出发，层层发动，切实抓好运输收入工作的每个环节、每个班组、重点区段和岗位，把运输收入指标落实到班组和个人。加强对班组运输收入任务的日常分析，找出班组收入增减的变化因素，制订有效措施，确保运输收入任务完成。加强宿营车“三乘”人员定铺和旅客卧铺的管理，落实车门验票、途中查票加剪制度，开展旅客列车联网补票，加大对无票旅客的查堵，努力增加运输收入。全年完成运输进款21126万元，列车餐营、商品累计收入10988万元。

【安全管理】坚持“安全第一”思想不动摇，以推进“三化”建设为重点，狠抓基础工作、机制建设、挂牌整治和现场控制，确保安全有序可控，实现了安全年。坚持段标高于局标、严于局标的理念不放松，依托高铁、普速客车专项整治活动，改善列车环境，提升作业标准，先后下发《旅客列车非正常情

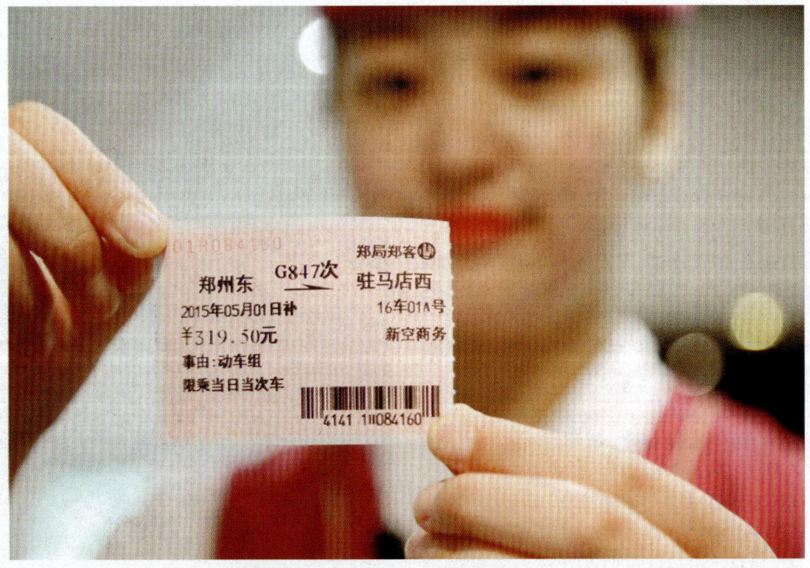

5月1日，郑州客运段铁路联网售票第一天，G847列车售出的第一张车票

况下应急处理办法》《旅客列车发生火灾、爆炸应急处置预案》《乘降安全和车门安全风险卡控措施》《安全红线管理办法》《违章违纪考核办法》等。加大对安全管理“红线”教育和检查力度，组织记名式传达段《安全红线管理办法》，强化职工“红线”意识和敬畏感。深化“安全风险管理大家谈”活动，做好“三对照”“三必谈”，全面梳理和归纳活动中发现的问题，制订措施，抓好问题整改。开展春季设备大检查、安全生产大检查和安全生产专项检查，以及冬季消防安全暨劳动安全专项检查等活动，认真进行自查、排查，针对检查发现的问题下发专题通报，并做好追踪落实、限期整改。机关各分线工作组坚持每周下现场、添乘检查，车队严格干部添乘，强化夜间、远区段、运行长时间区段的检查，严盯两纪。现场检查的问题，每周生产交班会通报，典型问题、严重问题立即上报，确保大检查活动取得效果。同时，加强非常情况下的应急处置演练，各车队制订火灾爆炸、防洪、空调失效等科目演练程序，组织班组在库停列车上进行应急演练。

【路风建设】2015年，以“三严三实”专题教育为动力，加强教育引导、严格监督检查，注重源头治理，不断改进服务方式、提高服务质量。开展职工路风教育，筑牢思想防线。做好关键时期提醒教育，对新上岗人员严格岗位路风教育。加强高铁、城际路风隐患和风险的研判预防，掌握现场路风新情况，制定有效防控措施，提升新形势下路风管控能力，实现“一消灭，两控制，三提高”，即消灭一般及以上路风事件，高层路风批评投诉控制在职工总数的0.8‰以内，路风不良反映件数控制在较低水平，实现无路风事件4000天。同时，建立健全安全路风生产勤绩考核标准和安全生产责任制考评办法，明确各级干部的管理职责和工作标准，促进各级管理干部依法依规履职。实施车队工作质量评价和车长业绩评价，每月对车队工作进行评分和排名，每年对列车长进行积分考核，促进车队和车长主动管理、主动作为，初步在全段形成用制度管人、用制度管事的有效机制。全年实施经济责任制考核308人次，考核金额132040元，提拔使用各类干部56名，行政处分干部12名，提拔使用列车长50名，降级使用列车长8名。

【旅服管理】强化旅服安全。以安全系列活动为依托，以食品安全为重点，针对冬春运、暑运、春季、秋季等不同时期安全关键点，制定春秋季设备大检查、大整治措施，防火防爆应急预案，防洪防汛预案等各个不同时期应急预案。其中“春检”纳入问题库问题11件，“秋检”纳入问题库问题6件，均完成整改。在日常餐车安全检查中，重点加强“两个检查”，即：检查餐车班组落实餐车安全情况，检查餐车防火及油垢清理。

组织经营承包。2015年结合段餐营实际，对郑州地区昆明K337/8次、京九1488/7次、1304/3次、呼和K1626/5次、海口K457/8次、上海K154/3次、K1104/3次、深圳Z146/5次、青岛1566/5次等9对22组车底；洛阳地区北京K269/70次、广州K758/7次、上海K1108/7次、北京K183/4次等4对11组车底；新乡地区北京K1164/3次、重庆K909/10次等2对6组车底，共计15对车次39组车底实行对外承包经营。12月10日，组织招标会，3家公司中标既有车的4个标段，承包金额922.945万元。

严格餐营培训。全年组织餐营人员岗前培训342人（次）。利用休班时间到五里堡旅服培训基地、职工教育基地进行日常业务培训，全年培训480人（次）；利用每月9日、19日、29日组织休班餐车长、餐车领班进行餐营文件和餐营专业培训；每月8日、18日、28日，对三地休班的委外餐车餐服员进行业务培训。6月，选派餐车内台人员180名到郑州新东方烹饪职业培训学校、郑州市商业技师学院分别进行了热菜特训、中式烹调师专业培训，并形成传帮带机制。

（介雁飞）

公路运输业

综述

【概况】2015年，郑州市交通运输系统各部门迎难而上、奋发有为，圆满完成年初确定的目标任务。

交通运输行政执法体制改革和运输管理体制改革全面完成。通过改革，将分散在交通运输系统内8个单位的执法职能统一整合到新的执法机构，构建了权责明确、体系统一的交通运输行政执法体制和运输管理体制，彻底解决了多头执法问题。同时进一步健全财政保障机制，将执法经费纳入财政预算，经费来源由自收自支变为财政全供，2000余名执法人员财政经费保障问题得到解决，斩断了趋利执法的“利益链”。五县（市）及上街区提前完成改革任务，分别获得奖励资金150万元。结合改革，市、县两级在现行法律框架下，探索建立了与公安部门的联席会议、相互驻勤、案件移交等联合执法协同机制，在全省起到了先行示范作用。

服务郑州都市区发展战略成效显著。市本级全年累计完成交通运输固定资产投资33.3亿元，新改建国、省干线公路、新型城镇化县域路网548公里；科学大道与西南绕城高速互通式立交、陇海西路与西南绕城高速互通式立交、郑登快速通道等近20个重点项目建成；莲花街与西南绕城高速互通式立交等10余个重点项目开工建设。

运输服务保障能力不断加强。城乡道路客运一体化发展稳步推进，新开乡镇客运线路18条。长途线路接驳运输、长途班线全省接点运输等经营有序。利用物联网、移动互联网等现代信息技术，物流业转型发展步伐进一步加快。圆满完成“上合组织峰会”运输服务保障任务，市交运委受到市委、市政府通报表彰。

“公交都市”创建加快推进。建立完善了政府主导、部门联动的“公交都市”创建推进机制，制定了《郑州市创建“公交都市”示范城市三年行动计划（2015-2017年）》。开展《郑州市公交都市综合规划》《郑州市快速公交专项规划》编制工作，形成初步成果。全市新购新能源公交车839辆。建成公交场站9处，新开和调整优化公交线路68条。陇海路快速公交新建工程投入使用，二环路快速公交迁改工程进入收尾阶段。

依法规范管理工作有力有效。坚持问题导向、疏堵结合、多措并举，强力推进“六类车”非法载客和出租车综合整治行动，城区重点区域、窗口地区交通秩序和出租车营运秩序持续好转。强化对社会关注的机动车驾驶员培训、机动车 维修、长途客货运输、水上运输的监督管理，确保了行业管理规范有序。

扬尘污染防治成效显著。城区所属交通项目均落实“6个100%”要求；公路管理养护标准不断提升，四环道路实现机械化清扫，绕城高速以内国省干线公路机械化清扫率达到90%以上。

安全生产工作态势良好。坚持抓管理、重预防、强基础，全年工程施工、工业生产未发生亡人事故，道路运输事故起数、伤亡人数同比均减少50%，道路客运实现了“零亡人”，安全生产工作保持了稳中向好的态势。

【安全生产】2015年，郑州市交通运输安全生产工作以“安全交通运输”为主线，深入贯彻执行上级要求，加强领导，强化监管，落实责任，稳步推进全年各项工作，安全生产保持了的良好态势。学习中央领导批示精神，落实安全生产责任。先后组织安全生产专题会议21次，学习领导批示和各级会议精神，分析安全形势，完善制度规定，细化分解任务，层层签订目标，明确责任落实。2015年保持了基础建管、水上交通、工业生产、消防安全“零亡人”，道路运输事故四项指标大幅下降。市交运委获得全市“安全生产月”和城市防汛先进单位荣誉称号。 推进安全生产标准化建设，提升企业管理水平。把推进交通运输企业安全生产标准化建设作为落实企业安全生产主体责任的主要途径，全市175家企业通过了标准化考评，其中一级5家，二级35家，三级135家；客运站15家，长途班线59家，危货运输31家，普通货运23家，城市公交11家，出租31家，轨道1家，维修2家，水上1家。突出重点部位、关键环节，强化日常安全监管。2015年，市交运委结合实际，成立了8个交通运输安全生产督察工作组，出动人员220多人次，督察重要节点550多个，对二级单位基本实现了全覆盖、全方位的督察。在重要时期，对重点部位、关键环节，委主管领导亲自带领督察组检查指导工作，加强了安全监管的力度。

【安全生产专项行动】 2015年，开展了“百日攻坚”“安全生产大检查”“查尽责、除隐患、保安全”、道路交通安全综合整治工作暨公路安全生命防护工程、“打非治违”“隐患排查治理攻坚”等多项安全生产专项行动。对每一项活动做到有方案、有部署、有检查、有落实、有总结。在专项活动中，全系统查获违禁物品8614件，检查营运车辆安全设施15558台次；排查企业535家，排查一般事故隐患7949项，其中整改7949项，整改率100%；干线公路落实整改资金约1.5亿元，完善三级安全监管体系，加装标志牌28块，设置振荡标线5805平方米；打击非法违法行为180起，整治违章违规行为673起。

【交通保障应急管理】 组织修订了《郑州市水上突发事件应急预案》《郑州市处置地铁运营恐怖袭击事件基本预案》《郑州市交通运输行业突发事件应急救援预案》，排查了队伍、清理了装备。在“上合会议”期间，重点加强了公共交通领域的安保防范，实施全行业防恐三级戒备，提升了应急管理的水平。组织协调轨道运营分公司在市体育中心站举办了轨道消防应急综合演练、市运管局在南三环举办了道路运输旅客应急救援演练等，全系统各单位共举行应急演练80余场，参加人员12000余人，涵盖消防安全、客货运输、危险品运输、水上交通、城市客运、建筑施工等行业。7月7日，成功处置107辅道郑新黄河大桥油罐车侧翻事故，避免了次生灾害发生。

【交通信息化建设】 2015年，交通信息化建设工作以部级示范工程为抓手，加快信息技术的开发与应用，为全市交通运输事业快速、高效、安全、绿色发展提供了有力的技术保障。完成出租汽车服务管理信息系统试点工程建设。为全市1万余台出租汽车安装了“一套终端”，包括车载智能终端、机打发票计价器和服务评价器等设备。配合数据资源中心、监控指挥中心和电召服务中心的应用，完成了车辆监控与指挥调度子系统、动态监管与稽查子系统等11个应用系统开发。研究开展了出租执法体系、电召服务诚信体系和以服务评价为中心的质量考核体系建设。完成城市公共交通智能化应用示范工程五大应用系统软硬件平台建设。开发了郑州交通出行网和手机APP，对数据中心网络架构进行了重新规划，建成了郑州公共交通云服务平台。组织编制了《城市公交智能调度系统技术规范》《城市公共交通监管与服务信息系统建设规范》等10个河南省地方标准，并通过审查发布。

【12328交通热线服务】 2015年，12328交通热线服务水平得到进一步提升。积极配合交通运输行政执法体制改革工作，完善热线电话布局，调整人员组成，加强技能培训。全年12328共接听群众来电20167个，受理举报投诉、意见建议共近2000件，主要涉及长途车、出租车、公交车、黑车、驾校、物流、汽修等方面。及时办结率达到98%以上，群众满意率达到98.5%以上。

【无纸化办公和远程办公】 2015年，市交运委大力推进无纸化办公和远程办公。适应信息化发展新形势，组织开发了OA电脑版和移动端，成功推行了OA办公。对机关工作人员和二级单位收发文件人员进行了多次OA系统操作培训，在全市交通运输系统建立起电子公文流转体系。积极协调完成全市政务网和行政处罚系统的技术保障。组织完成了党政机关网站开办审核、资格复核、普查整改工作，开展了信息安全、软件正版化检查等工作。

【交通信息化项目研究】 一是组织召开了全市交通运输系统信息化工作座谈会，积极谋划“十三五”行业信息化发展思路，起草了《关于推进交通运输信息化智能化发展的指导意见》。二是参与交通运输部科技项目“城市客运网络安全风险主动防控技术研究”。三是参与全市反恐怖“大情报平台”信息资源调研，梳理了客货运、维修、驾培、出租、水上交通等方面的信息资源。

【营运黄标车淘汰工作】 2015年，郑州市提前超额完成营运黄标车淘汰任务。一是从年初开始，组织全市运输管理部门对未取得绿色环保标志和尾气检测不合格的营运车辆，不办理道路运输年度审验手续，不发放道路运输证；新申请进入道路运输市场但未取得环保检测合格标志和安全技术检验合格标志的车辆（含转籍、过户车辆），一律不予核发道路运输证。二是制定了《郑州市营运黄标车及老旧车淘汰工作实施方案》和《营运黄标车淘汰工作考核细则》，积极配合市黄标办对全市各县（市）区营运黄标车淘汰工作进行督察考核。对有营运手续的30019台营运黄标车进行营运资质注销，并于10月16日在《郑州日报》和交通委官方网站予以公示。三是10月31日前，郑州交运集团已将所有1570台营运黄标车车辆注销手续报车管所办理。四是市公交总公司完成新能源车置换607台黄标车任务，所有1233辆全部退出运营。五是2015年12月25日，全市2005年年底前注册营运黄标车全部淘汰完毕。

【绿色交通城市创建】 2015年5月，郑州市成功申报创建绿色交通城市。38个重点支撑项目中，中原西路高性能乳化沥青厂拌冷再生应用、长通物流照明节能改造、中鑫之宝绿色维修等项目已完成，并投入使用；陇海路新能源快速公交建设工程、CNG和LNG客车购置与应用等29个项目按计划推进；市区新能源公交车辆保有量达3864台，占公交车辆总数的60.28%，新创建“绿色公交”线路5条，总数达66条。截至2015年年底，共完成项目投资17.13亿元，首批

全市交通运输工作会议召开

部补资金1743万元已下拨至项目负责单位。

【依法行政】 2015年，市交通委严格落实依法行政责任制，依法行政工作整体水平不断提高，圆满完成了年度依法行政工作任务，树立和提升了郑州交通的良好形象。加强规范性文件管理。全面严格审查，及时公开47件规范性文件，审核率、及时率和备案率均达100%；并对2014年12月31日前制定现行有效的规范性文件进行全面清理，共审查清理54件，依法保留32件，废止22件，对继续有效的在交运委门户网站上公布，并报市政府备案。

行政审批制度改革成效显著。2015年，按规定时限、规定环节共办理完成审批事项21956件，扎实做好"日清周结"工作，服务大厅对外窗口秩序优良，树立了郑州交通的良好形象。

大力推进"五单一网"改革。组织指导交通委及8个委属执法单位全面梳理5个清单，按规定时限完成编制审核，通过市联席办审核确定保留的行政许可20项，行政处罚353项，行政强制35项，行政裁决1项，行政确认2项，行政检查17项，基本公共服务44项，其他行政权力28项，6月16日上网运行。

服务型行政执法和行政指导工作。指导各执法单位落实事前提示、事中指导、事后回访制度，并召开现场会，不断提高执法服务水平。完成《郑州市轨道交通管理条例》立法。《郑州市轨道交通管理条例》于2016年1月1日起实施。

【交通战备】 2015年，市交通战备办公室在市国动委、市交通委的正确领导下，在济南军区交战办和省交战办的指导下，以党的十八大和十八届三中、四中全会精神为指引，以军事斗争备战保障需求为牵引，全力做好部队应急作战、抢险救灾、处置突发事件的交通保障工作，圆满完成了各项工作任务。

组织召开了全市交通战备军事需求座谈会。为及时准确地了解驻郑部队的交通需求，搭建起军地双方交流沟通的平台，4月初，市交战办组织召开了"郑州市2015年交通战备军事需求座谈会"，省军区、省预备役师、济南军区三十三分部、郑州警备区、防空兵学院、雷达旅、空十九师场站、武警支队等驻郑部队和省交战办、市公安局交警支队以及全市交战系统单位代表40余人参加会议。会后，交战办对驻军所提出的军事需求进行了归纳整理，多数需求已在2015年工作中解决，部分需求将按计划逐步解决落实。

大力推进国防交通基础设施建设。在汇总驻军进出口道路建设需求的基础上，多次实地勘察，区分轻重缓急，拟定出2015年驻郑部队进出口道路建设计划。年初，郑州市交战办根据济南军区和省交战办要求，认真总结评估郑州市"十二五"交通战备建设，充分征求驻郑部队建设需求，经过现场勘察、严格审核和综合平衡后，编制上报了《郑州市"十三五"国防公路战备建设规划》，并顺利通过了由省交战办组织的项目初审。

圆满完成部队交通保障任务。通过积极与演习部队沟通联系，及时了解部队行军路线和保障要求，组织协调公安、高速公路等相关部门，认真做好实地勘察，制定保障方案，强化服务保障意识，严密组织，严格交通管制，落实领导带班、值班制度，加强巡查疏导，实施不间断保障，确保24小时通信畅通。同时，针对部队行军路线难度大、情况复杂的实际情况，积极在交通调整管制、部队休整、路障清除等方面进行了协调、服务，保障了部队重大军事行动顺利实施。2015年，市交战办先后为部队弹药运输、军区车辆检测、院校演习、部队海训、省军区拉动等军事行动提供交通保障50梯次，共出动交通保障车辆160余台次、交通保障人员190余人次，协调交警部门出动警车90余台次、警力1000余人次，确保了部队14000名官兵、1700台车辆装备的安全通行。

夯实国防交通专业保障队伍基础。4月，按照省预备役高炮师要求，交战办组织郑州市交通系统部分预备役预任军官参加了由省预备役高炮师组织的军事训练。训练采用军事化全封闭集训。5月13-15日，市交战办在郑州市人民警察培训学校组织了"2015年国防交通干部专项集训班"，郑州市国防交通专业保障队伍骨干120人参加了集训。本次集训，采用封闭式准军事化管理，集训班邀请部队教官组织队员进行军事训练，邀请军事专家和交警队长分别为集训班讲授军队历史和交通安全。此次集训，提升了队员们国防交通专业理论水平和组织动员能力、综合保障协调能力，收到了良好效果。

加强交通战备正规化建设。根据国家交战办落实交通战备机构编制的文件要求，2015年落实了交通战备办公室的编制规格，使郑州市的交通战备正规化建设迈上了一个新台阶。国家交战办升级后的《国防交通信息管理系统》，要求各省、市、县交通战备部门及时填写上报相关数据，根据省交战办统一部署，安排工作人员对信息系统进行学习，对涉及道路、车辆等国防交通信息数据进行系统的整理和汇总，在规定时间内高质量完成了国防交通信息数据的采集上报工作。

【交通规划】 2015年，郑州交通规划工作以服务"畅通郑州"建设为目标，精心组织，科学规划，为郑州市经济社会发展提供支撑。

科学谋划"十三五"交通运输规划，为推进郑州交通发展奠定基础。完成了《郑州市"十三五"交通运输发展规划》初稿和修编稿。在编制过程中，多次组织编制人员到基层单位走访调研，充分征求了各县（市）区、管委会及委属单位的意见，全面总结分析了"十二五"交通运输发展现状，并对"十三五"交通运输发展目标和建设任务进行了科学规划。

强力推进交通重点工程项目前期工作，确保项目按时开工建设。加强与市交建投、市发投、市建投、市地产集团等市级投融资平台公司相关项目前期工作的沟通，积极做好相关协调和配合工作，促进项目前期工作顺利开展。新增16个出入市口项目中，除迎宾路与连霍高速公路互通式立交暂缓实施、北三环东延与京港澳高速公路互通式立交项目移交给市地产集团建设外，其余14个项目均已协调完成了前期报批工作，保证了项目顺利开工建设。国省干线公路方面，主要围绕航空港综合经济实验区建设，积极推进相关外围道路前期工作。G107东移（一期）工程、G107东移（二期）工程、S102线改建工程、G310中牟段改建工程等涉港干线公路均完成了前期报批工作。同时，市交运委协调省发改委、省交通运输厅完成了对S323线新密关口至登封张庄段改建工程等12个项目的设计审批工作。

市管交通重点项目设计批复工作。完成了S314线安保工程等6个项目施工图设计的批复。组织了对G107与经北四路互通式立体交叉新建工程和南四环快速化工程嵩山路—十八里河桥段附属工程施工图设计的评审工作。对2015年省发改委下达的30个农村公路县乡道项目组织了实施方案审查和施工图审批，完成了2个桥梁工程的施工图批复工作。

【资金协调】 2015年，市交运委不断加大资金筹措力度。定期召开专题会议研究部署，及时向有关部门沟通反映情况，全年协调项目资金累计达352435.6万元。其中，市建投融资13000万元，交建投融资9000万元，市财政拨付工程款67620万元，回购款227850万元，建设期利息34965.6万元，项目建设得到了充裕的资金保障。

【财务审计】 一是配合完成了市审计局对交通委机关2014年度财政财务收支审计。二是项目竣工决算审计能够按计划实施。完成航海东路跨京港澳立交等11个项目超概审计工作；国道107线郑州段改建工程、郑汴物流通道新建工程、嵩山路与南四环分离式立交新建工程、石武客专匝道（桥）工程、机场高速郑州南收费站迁建工程、南三环东段新建工程、郑州市铁魏路新建工程、国道107线郑州境改建工程东四环利用段大修改造工程等9个项目竣工决算审计工作按计划有序推进。三是配合有关部门完成了城市基础设施建设政策措施落实情况跟踪审计、“稳增长、促改革、调结构、惠民生”政策落实情况跟踪审计以及市财政监督办组织进行的2014年度会计信息质量监督检查。

【中期财政规划编制】2015年，市交运委为加快建立现代财政制度、改进预算管理和控制，建立跨年度预算平衡机制，组织有关人员认真学习相关法规，积极征求机关处室意见，总结以前年度预算编制工作的经验和预算执行中发现的问题，反复修订，按时完成了2016-2018年中期财政规划编制工作。

【平安建设】一是制定了年度平安建设工作实施方案，并组织委属各单位与委党委签订平安建设目标责任书，健全了各项工作制度，确保平安建设工作规范有序运转。二是在全市交通运输系统继续深入开展平安建设“细胞工程”创建活动，着力打造“平安交通”“平安出租”“平安车站”“平安客运”“平安工地”等创建活动。三是在平安建设宣传活动中围绕平安建设“细胞工程”创建及推进社会矛盾化解等方面取得的阶段性成果、经验做法、典型材料、典型事迹等情况。制作《平安建设小知识》200册、《信访漫话》400册，制作标语、条幅60余幅，袖标5500个，取得良好宣传效果。

（宋立新　闫从明　陈振坤）

交通基础设施建设

【“畅通郑州”工程建设】2015年，“畅通郑州”工程建设进展顺利。有10个工程项目完工，并进行交工验收工作。分别为：南三环与京港澳高速互通式立交、陇海西路与西南绕城高速互通式立交、G107辅道与连霍高速互通式立交、陇海西路西延（西南绕城高速至S232）快速通道、郑尧高速侯寨收费站连接线改扩建工程、经济技术开发区东风日产物流天桥、郑登快速通道、沿黄快速通道（江山路至石河路段）、G107郑州境改线项目孟庄至龙湖连接线、四港联动大道与郑汴路互通式立交等。有3个项目开工建设，分别为：G107与经北四路互通式立体交叉工程、四港联动大道南延、莲花街与西南绕城高速互通式立交。有续建项目10个，按照时间节点加紧施工建设。

10条市域快速通道建设方面，已通车9条，中原路西延快速通道上街镇把坡至巩义S237段在建，计划2016年建成。

16座新增环城高速互通式立交建设方面，已通车10座，2座进入交工阶段，在建4座。大学南路与西南绕城高速互通式立交、G107辅道南延线与西南绕城高速互通式立交目前主体已完工，交工验收工作按计划推进。西三环北延与连霍高速互通式立交，累计完成投资2.38亿元，占总投资的80.25%，2015年年底主体完工，计划2016年6月份通车。莲花街与西南绕城高速互通式立交，累计完成投资0.18亿元，占总投资的14.51%。北三环东延与京港澳高速互通式立交计划2016年1月2–4日进场施工，征迁工作按计划推进。迎宾路与连霍高速公路互通式立交已开始征地拆迁和路基清表工作。

其他道路工程项目。大学路南延（西南绕城高速至S323段）已全线通行；中州大道与郑新快速通道互通式立交、S323线新密关口至登封张庄段改建工程（除跨永登高速立交计划2016年5月完工外）及南四环快速化工程（嵩山路—十八里河桥）高架部分均已主体完工。G107辅道南延线（南四环至西南绕城高速段）铁路代建部分已进场施工，计划2016年5月1日完工通车。

【干线公路建设】2015年，在市委、市政府的正确领导下，在省交通运输厅的大力支持下，全系统围绕中心，紧扣主线，团结协作，攻坚克难，郑州市干线公路建设加快推进，路容路貌显著改善，为服务省会经济社会发展做出了积极贡献。一是依托平台强管理。依托市交通委建管中心，对干线公路建设项目实施统一指挥、统一协调、统一服务，有效解决了项目分散、协调难的问题。二是健全机制促效能。实行“四个一”工作推进机制，即“一个项目、一个领导、一套方案、一抓到底”；建管中心实行“周例会、月检查、季评比”机制；坚持项目代表部周例会制及不定期碰头会制，及时研究解决问题。三是创新载体增实效。开展以“比进度、比质量、比安全、比拆迁、比文明”为内容的“百日会战”竞赛，不断掀起施工高潮，有力地促进工程进度。四是严把质量树形象。建立健全质量管理体系，严把工程原材料关，严把工程监理和质量验收关，严格质量终身追究制，并加入第三方独立巡检制，大力筹建优质工程。五是统筹协调破难题。争取地方党委和政府、市职能部门和沿线群众的大力支持，有效解决了“三线”拆迁难、群众阻工等问题，为项目建设创造了良好环境。2015年，郑州市有S323线新密关口至登封张庄段改建、S314线改建（含江山路至Y104段、南水北调大桥）、S316线改建、中原路西延（上街镇把坡至巩义S237段）、大学路南延（西南绕城高速至S323段）等5个在建项目，建设总里程268公里，国、省、市三级概算总投资127.6亿元。工程合格率100%，优良率90%，实现了质量“零缺陷”、质量“零事故”、廉政“零违纪”目标。市交运委组织完成了S314线改建（含江山路至Y104段、南水北调大桥）、S223线中牟贺岗至三官庙段改造、梁湖超限站迁建等3个项目的交工验收工作。

【农村公路建设】2015年，郑州市农村公路建设以省政府确定的实现“县县畅、乡乡联、社社通和农村骨干路网等级化”，圆满完成省重点安排骨干路网中的县乡公路和大中桥梁改造项目任务为目标，以“三比一创”活动为工作推进器，以新市镇建设为载体，圆满地完成全年建设任务，各项工作都走在全省的前列。创建省级文明示范路100余公里。加快推进农村公路“乡村通畅”工程，新建改建农村公路270公里。全年新建改建农村公路总里程达到282.2公里，完成总投资3.079亿元。

【农村公路“三年行动计划”】（1）深入发动，狠抓落实。2015年，郑州市对农村公路“三年行动计划”工作高度重视，与各县（市）区签订目标责任书，并出台了《关于实施农村公路三年行动计划乡村通畅工程加快农村公路发展的意见》，对2015年农村公路建设工作进行安排部署，以规范全市农村公路

12月18日，商登高速郑州航空港区段建成通车

10月13日，郑登快速通道朝阳沟特大桥胜利合龙

建设的建设程序、质量管理。（2）积极筹措建设资金，加强建设资金管理。为确保全市农村公路建设“三年行动计划”目标任务顺利完成，市交运委积极与财政部门协商，出台了“年度计划项目市补资金先拨付90%，剩余10%待项目经省市抽验合格后拨付”的政策。（3）加强行业监管，确保质量安全。一是加强督促指导，切实抓好“三年行动计划”各项目标的落实工作，重点督导各县（市）区落实省政府农村公路发展工作会议情况，采取的支持和保障措施、政策，配套资金筹措办法及到位以及工程进度及质量情况等方面的内容，采取听取汇报、外业检查量验、抽查内业资料等方法对建设项目进行检查，检查覆盖率达100%，督导检查8次，抽查路面宽度、基层面层厚度161处，强度92处，平整度420尺。二是切实加强对施工薄弱环节的质量控制，抓好路面强度和厚度、桥梁混凝土和砂浆强度等关键指标和重点环节的质量监控，大力实施工程建设规范化和精细化管理，提高施工工艺水平，提升工程质量。三是在确保工程质量的同时，按照省交通运输厅要求，从施工图设计、招投标等环节入手，加大监管力度，做到县乡道建设项目安防、排水等附属设施与主体工程“同时设计、同时招标、同时施工、同时验收”，使农村公路的服务水平得到进一步提高。四是全市各级农村公路管理机构严格执行安全生产责任制，认真落实各项安全生产操作规程和安全检查制度、隐患整改制度、事故报告以及事故查处制度，进一步健全“横向到边、纵向到底、各负其责”的安全监管网络，杜绝了安全事故的发生。（4）认真做好“三年行动计划”建设项目验收工作。市交运委派出检查组分别于4月和10月对各县（市）区申请验收的全市农村公路“三年行动计划”建设计划项目进行了两次抽验，共验收139个项目，其中第一批33个，第二批106个，对抽验情况进行了通报，要求各县（市）区针对抽验过程中发现的问题制定具体措施，并限期整改到位。第一批33个项目已通过省交通运输厅验收。

（宋立新　闫从明　陈振坤）

公路养护

【干线公路养护】 2015年，郑州市干线公路养护工作以迎接“十二五”全国普通干线公路养护管理大检查为契机，持续推进“六路升级、五路改造、构建大五环”，大力实施路域环境整治，干线公路通行能力和保障水平显著提升，全市干线公路优良路率达92.6%，远超全省平均数。

一是按照“三位一体”要求，对新密湾子河、登封管养中心等养护工区进行升级改建，增加应急抢险、信息化监控、指挥等硬件设备投入，提升了基层养护单位和道班的专业化、机械化养护水平。二是积极争取省公路局支持，投入资金750万元，对全市11座道班房实施统一改造，进一步改善基层养护单位和人员的生产、生活条件，充分发挥基层站所的管理和服务功能。三是筹措资金近6000万元，采取购置、租赁方式，投入近200台道路清扫保洁车辆，并建立了路面保洁、绿化、路灯、雨污水、应急抢险等多支专业队伍，市域快速通道全部按照城市道路标准进行管理养护。郑州市四环道路已实现了机械化清扫，环城高速以内国省道机械化清扫达到90%以上。四是以S316线郑州至登封、G107线新郑段为标志，大力推进“畅安舒美示范路”创建工作，文明示范路两侧建成有50米宽绿化生态廊道，路域环境达到“八个无”，沿线道班全部达到“三基”标准。

【农村公路养护】 2015年，郑州市农村公路养护工作以“好路杯”竞赛活动为载体，圆满地完成了全年养护管理工作，在全省农村公路养护工技能大赛中获得第二名。全年累计整修路肩边坡3.1万平方米，疏通边沟2700公里，处理塌方1610立方米，处理裂缝8.6万平方米，处理坑槽4.6万平方米，植树13600多棵，量验9000公里，巡路保洁31万公里。创建“省级文明示范路验收”100余公里；创建“文明道班”6个、“文明养护站”6个。

主要措施。（1）思想重视、统筹管理。制定实施方案，细化目标、明确责任，对全市各县区严格督促、精心指导。根据《郑州市农村公路综合考核办法》，结合“好路杯”竞赛半年检查和年终检查，评选出全年工作先进单位、养护管理工作先进单位、文明道班和养护站，并分别给予了奖励。（2）抓好农村公路日常养护工作，坚持推进常态化养护。始终贯彻早计划、早安排的工作思路，做到了全市农村公路养护管理工作年度有目标，季有计划，月有安排，确保了对各地管所的督促管理有的放矢、有章可循。（3）积极响应政府号召，全面开展全市农村公路防治大气污染扬尘治理活动。根据《郑州市政府关于加强农村公路扬尘污染防治工作的通知》要求，对全市9437公里（含中牟县）农村公路进行了扬尘治理，其中，县道893公里，乡道3357公里，村道5040公里。全年，郑州市投入农村公路扬尘污染治理资金5132.04万元，每天对管养的县道和重要乡道进行不间断养护作业，大大降低了扬尘污染，空气质量得到了很大的改善，农村公路路容路貌保持良好。（4）进一步完善农村公路养护体制建设，提高养护站管理水平，规范行业管理。郑州市辖区有农村公路的74个乡（镇）办均成立了有独立办公场所的养护站，人员、资金落实到位，各项职能履行基本正常。（5）绿化、美化公路，打造舒适的出行环境。全年绿化管护工作思路清晰、措施得力，道路绿化采取乔灌结合，四季常青、百花争艳，即提高了绿化品质，又美化了农村公路，在保持绿化管理工作数年来胜利果实的基础上又得到了稳步提升。（6）积极保持管养年的胜利成果。农村公路县、乡、村道责任主体、管养资金均得到了有效落实，建立了市有农村处、县有农村所、乡镇有养护站的三级农村公路管养机构，各级养护机构制度健全、责任明确，工作标准、内业资料统一规范。（7）积极开展“文明示范路”创建工作。按照省“文明示范路”标准，彻底消除公路上的脏、乱、差现象。坚持“以点带线，以线促面，整体推进”的原则，倾心打造了“畅、洁、绿、美、安、文”六位一体的“文明示范路”新样板，郑州市共创建农村公路省级“文明示范路”100.7公里。（8）认真开展交通安全三年综合整治活动，努力提升全市农村公路的

文明示范路郑登快速通道2015年10月通车

交通安全和服务水平。在全市农村公路系统开展了为期三年的交通安全综合活动，按照公路生命防护工程技术规范要求，组织开展培训，全面开展排查，重点对桥梁、高落差、临水临崖、视距不良、过村等路段进行治理。通过活动开展，全市共创建"安保工程"430余公里。（9）完善预警机制，加强队伍建设，确保全市农村公路安全度汛。针对事故预防、物资储备、信息报告、道路保通、人员救治、道路抢修、事后总结等各个环节制订预防处置措施，同时督促各县（市）区成立相应组织，建立抢险队伍，完善防汛预案、物资储备、责任目标等制度。积极组织各种防灾演练，较好地锻炼了全市农村公路防灾队伍，提高了农村公路的防灾、抗灾能力。（10）大力开展技术练兵，积极参加省养护工竞赛活动。组织各县市区在相继开展了农村公路养护基础知识、生命防护工程等技术培训，选拔出登封代表队参加省交通运输厅组织的全省农村公路养护技能大赛，获得全省团体第二名。

（宋立新　闫从明　陈振坤）

道路运输生产

【概况】 2015年，全市道路运输工作紧扣"改革、法治、提升、转型、强化"五个关键词，抓好深化改革这个重心，提升安全监管、市场治理和运输服务三种能力，促进管理思路和行业发展两类转型，强化法治体系、科技创新、党风廉政和行业文明四项建设，统筹部署，扎实推进，为全市经济社会发展提供了有效的运输保障。全市道路运输共完成客运量10643万人，比上年同期下降4.74%；完成客运周转量722939万人公里，比上年同期下降11%。完成货运量18069万吨，比上年同期增长8.35%；完成货运周转量2972592万吨公里，比上年同期增长5.7%。

【运管体制改革】 为推进全市道路运输管理体制改革工作任务，市交运委积极向市政府汇报，主动与市编办、市财政等相关部门沟通，有效推进了改革进程。8月，市政府下发了《郑州市人民政府办公厅关于道路运输管理体制改革的意见》（郑政办〔2015〕107号），为全市运管体制改革提供了政策依据；9月，市编委印发《关于全市道路运输管理体制改革有关机构编制问题的通知》（郑编〔2015〕39号），对全市各县（市）区编制进行了统一分配，为全市体制改革提供了编制依据。截至11月底，市所辖5县（市）及上街区均按改革要求下发了改革文件，规范了经费渠道，实施了机构更名挂牌，完成了改革任务。市区运管体制改革工作正在顺利推进。

【客货运输】 2015年，郑州市道路客货运输能力不断增强，道路安全生产形势平稳。全市共有客运企业48家，客运车辆5189台；客运班线691条，其中省际222条，市际265条，县际107条，县内97条；货运业户6.8万家，货运车辆11.7万辆；危运企业31家，危运车辆682辆。全市共发生道路运输事故3起，死亡6人，受伤4人。事故起数、死亡人数、受伤人数较上年同期均下降70%以上，安全形势明显好转。

【驾驶培训市场】 2015年，驾驶培训市场稳步健康发展，全市有驾校156所，其中AAA级驾校2所，AA级驾校45所，A级驾校109所；有教练员2948人，教学车辆2826辆，全年培训学员近3.4万人。

【信息化建设】 完成了重点营运车辆联网联控监管平台建设工程。该平台共投资160余万元，6月开始施工建设，10月底正式投入运行。平台建成后，拥有监管平台自主数据库、通信软件、数据处理软件、服务器端的管理等，可实现平台在实际保用中的二次管理需要、平台使用标准对接，对接入的数据实现自动流转、互联互通、资源共享。该平台的建设将对全市的重点营运车辆运输企业的监控平台进行统一接入并实施监管发挥重要作用，信息化建设成果显著。

【业务基础工作】 全年新增许可证制发4517份，换发证件1423份，补发证件268份；录入有效从业资格证件信息97566人次。培训道路客货运输从业学员7762人次，补（换）证5342人次。全年组织从业人员考试172多场次，考核客货运输从业资格证10135人，合格8378人。客运发放证牌25707张，省际、市际临时包车15150张。办理日常延续经营、更新、新增、调线等业务1300余次。以上均无一例差错发生，没有发生一起行政许可复议和诉讼。业务基础工作扎实有效开展。

【便民服务活动】 全市1600余台旅游车辆全部喷涂了二维码，乘客利用手机扫描张贴在营运车辆上的二维码，可获取和验证当前车辆的相关信息；利用运政网信息平台每月平均办理新增业务2400余件，办理从业人员考试业务达1000件。便民服务活动成效突出。

【新闻宣传报道】 2015年，郑州市运管部门利用电子屏幕、板报和横幅进行宣传报道，在市交运委交通信息网、河南运政信息网及新闻媒体刊登各类新闻信息或稿件279篇，营造了良好的舆论氛围，提升了运管形象。

【郑州市道路运输从业资格考试中心建成】 根据《河南省道路运输从业资格考核考点建设标准》有关要求，3月份，改扩建了新的郑州市道路运输从业资格考试中心，总面积为650平方米。7月份主体工程建设完毕，并投入使用。设置了专业理论考场、应用能力考场及候考区，配备了80台电脑，采用了考位分隔式电脑专用考桌，安装了网上巡查系统、考场监控设备及现代防范作弊的相关检测设备，考场每次容纳考生80人。新的考试中心投入使用后，共组织从业人员考试172多场次，考核客货运输从业资格证10135人，合格8378人，合格率为82.7%，圆满完成从业资格考试工作任务。

（宋立新　闫从明　陈振坤）

城市公共交通

【公交运营概况】 2015年，郑州公共交通总公司始终坚持把满足市民出行需求放在首要位置，积极调整优化线网布局，努力扩大运营服务范围、提高运营服务能力和运营效率，着力保障市民的正常出行。全年完成客运量9.54亿人次，运营里程2.82亿公里，运营收入7.29亿元，安全生产无重大责任事故，行车责任事故频率为0.27次/百万公里，各项指标均达到目标要求。

【公交运营组织保障】 一是加快推进快速公交建设，完成了陇海路快速公交、秦岭路长江路快速公交的主要建设工作。二是持续优化公交线网布局，新开线路19条，调整优化线路51条，对因道路施工需绕行的79条线路采取了合理的措施，并组织人员现场督导，保障了道路施工期间市民的正常出行。三是强化公交定制服务，8月份推出“定制公交服务平台”，根据市民出行需求，陆续开通了13条定制公交专线，全年为企事业单位安排定制服务班车22万趟次，其他定制服务3万多趟次。四是加强运营秩序管理，充分发挥GPS监控中心的功能作用，对首末班运营准点及运营间隔进行了规范管理，夜班首末班准点发车率达99%，间隔执行率从2012年初的5.80次/万车次降低至0.8次/万车次。

【优质服务】 一是提高职工服务意识和技能，全年开展培训2313期，服务合格率99.68%，车辆卫生合格率98.10%，获评市五一劳动奖状等市级先进集体6个、市五一劳动奖章等市级先进个人27名，车长徐亚平被评为全国劳动模范。二是持续开展创先评优活动，评出精品线路27条，品牌车组54个，精品站台13个，累计“三无”线路1070条，其中有5条线路连续12个月获得“三无”线路的称号。三是充分发挥客服中心“桥梁”作用，全年受理各类信息925978件，电话回访乘客4404件，满意率97.82%，“公交热线微博”发帖1760件，客服中心全年7次评为“市长电话工作十佳单位”，并被中国文化管理协会评为“2015最美中国服务榜样——最美服务热线”称号。

【公交安全生产】 健全安全管理制度，先后制定了《2015年春运工作实施方案》《2015年运营安全管理实施意见》《2015年道路交通安全综合整治工作实施方案》等近10项安全生产制度。严格做好节假日、重大活动安全组织工作，春运期间累计检查车辆9268台次，市公交总公司获得市级春运工作先进组织单位荣誉称号；上合会议期间，下发每日督察通报12期，图片400余张，每日检查车辆达2000台次以上。建立运营车辆车长驾驶状态监控分析报告制度，不断完善安全管理细节，推进科技应用与现场管理的有效结合，全年违章率下降36%，出现无违章车队87个。加强安全应急管理工作，修订了《安全生产突发事件应急救援预案》，共组织二级单位大小各类应急演练活动10余次，参加演练人员2000余人次。

【职工队伍建设】 认真做好职工招聘工作，全年招收大客驾驶学员10期，输送顶岗驾驶人员1122人，与河南工业大学、中州大学、河南工业技师学院等建立校企合作，全年招收大中专院校维修技工约70人。加强职工队伍培训工作，制定了《2015年度职工培训计划》，全年对车长、修理工进行初级工资格证培训8期。继续提升职工收入水平，按照《工资集体协议》，平均增资比例 8.56%，通过工资调升，稳定了职工队伍，激发了职工工作的积极性和主动性。改善职工生产生活条件，新建调度、生产用房10处，总面积2216.12平方米，新建改造场区地坪8处，总面积5376平方米，为职工团购房屋180余套，建设单身职工公寓床位近200个，为职工申报二七区公租房183套。

【公交场站建设】 一是完善规划体系工作，完成了《郑州市两环三十一放射廊道公交场站选址规划》《郑州市经济技术开发区公共交通专项规划》的编制工作。二是加快公交场站前期手续办理工作，完成了134处公交场站的用地性质调查工作，完成了11处公交场站立项、选址意见书办理工作，完成了航空港区8处新场站选址工作。推进场站建设工作，建成并交付使用的公交场站6处，在建的公交场站4处，新增竣工场站面积4.3万平方米。

【绿色公交和智能公交建设】 2015年，郑州市加快新能源车辆的更新工作，完成了612台新能源公交车的购置和751台运营车辆的报废工作，新能源公交车辆达4017台，占运营车辆总数的64.57%。继续推进节能降耗工作，市公交总公司组织开展了两次节能大赛，专项培训16次，参培人数达1700多，车长畅通获得全国公交驾驶员节能技术大赛12米级油电混合车型冠军，被评为全国“节能技术明星”。创新智能调度模式，选取具备条件的30多个线路调度室安装GPS智能调度设备，将调度中心部分调度职能转移至调度现场，减少中间环节，提高人员沟通效率，使运营生产更加灵活。创新服务形式，发布“郑州行”官方手机客户端，为乘客提供走向信息、候车信息、舒适度提示，基于时间短、换乘少、步行少、路程短四种优先级排序的多种换乘方案。

【企业管理】 一是做好企业发展规划工作，编制完成了《2015-2017年公司发展战略与规划》和《总公司十三五发展规划》。二是推进完善公交优先政策，起草了新的《郑州市人民政府关于优先发展城市公共交通的实施意见》（代拟稿），并按照省交通运输厅要求，配合公交协会完成了《河南省优先发展城市公共交通考评指标体系》的编写工作。三是积极提升企业管理效率，按照公司年度经营计划，对绩效考核办法进行了调整，提升了基层单位的成本控制意识。四是坚持依法治企，对市公交总公司各类管理制度进行了系统的梳理和完善，形成《2015年度管理制度汇编》，同时，在回顾“六五普法”的同时，启动了“七五普法”的筹划工作。

【出租汽车】 2015年，郑州市出租汽车共完成客运量2.92亿人次，行业服务质量明显提升，较好地完成了年度工作目标。（1）行业稳定工作。2015年

五龙口公交场站

初，针对全国多地出现的出租汽车行业因互联网等新业态而出现的停运风波，郑州市运管部门冷静分析，积极应对，根据上级的要求和郑州市实际，主动作为，超前预警，在省内外未造成大的社会影响。同时明确出租车企业的主体责任，发挥行业协会的桥梁作用，保持了全年行业大局稳定。（2）强力推进新增运力工作。根据《"畅通郑州"2012-2014》白皮书的要求，认真贯彻落实市政府会议纪要精神，于2015年启动了第一批新增300台运力工作。通过政府采购方式完成招标工作，38家中标企业已进入合同履行程序。同时两批600台出租汽车运力在总结第一批经验教训的基础上，有计划组织实施。（3）信息化建设卓有成效。作为全国出租汽车信息试点城市之一，于2015年初正式启动了出租车信息化平台建设和设备安装工作。至年末已全部完成信息化智能管理系统安装任务，并及时投入初步运营，实现了集数据传输、卫星定位、机打发票、声像采集、真伪识别等功能，出租车品位得到提升，管理手段更加智能，效果在日常工作中已得到初步显现。（4）积极开展评先创优。为弘扬行业正气，于2015年6月份启动了新一轮"文明的士之星"评选活动。经过4个季度的评选，有817名驾驶员被授予"文明的士之星"称号，行业文明服务意识得到了进一步提升。（5）认真开展营运市场整治活动。针对火车站、火车东站、郑州机场地区非法客运现象突出的现实，市客运管理处联合公安、运管、路政等单位组成联合执法力量，分别在窗口地区开展了专项整治工作。先后参与组织了两次交通秩序整治"百日行动"和为期3个月的机场专项整治活动，窗口地区违章行为得到有效遏制，营运秩序明显好转，受到了省、市领导和社会的好评。全年共查处各类违章车辆2627台，上缴财政罚款430余万元。（6）行政审批改革效能得到充分发挥。年初按照要求，进一步简化办事流程，提高办事效率，率先完成"五单一网"的编报工作。组织完成了2014年度企业、驾驶员服务质量信誉考核，对2.4万名出租汽车驾驶员进行了在岗培训；窗口办理业务33629份，收取并上交经营权有偿使用费5966万余元；办理办结信访投诉处理案件5363起，办结率、满意率均为100%。

【2015年春运】 2015年春运从2月4日开始至3月15日结束，共40天。为保证郑州市春运工作安全有序，各级各部门高度重视，把春运工作作为头等大事来抓，做到春运工作早安排、早部署、早准备，层层落实责任，自上而下形成了一套完整而严密的组织网络，确保上下步调协调一致，政令畅通。春运期间，全市共完成客运量1756.28万人次，较上年同期减少1.80%。其中，道路运输完成旅客发送量1225.13万人次，比上年同期减少7.9%；铁路运输完成客运量531.15万人次，比上年同期增长7.51%，其中，郑州站436.84万人次，较上年同期增长1.91%；郑州东站94.31万人次，较上年同期增长41.20%。

（宋立新　闫从明　陈振坤）

交通行业管理

【道路运输市场管理】 2015年，郑州市道路运输管理部门进一步提升服务水平，加强道路运输市场管理，市场秩序健康良好。一是运输市场。坚持源头治理、标本兼治、综合整治、依法监管理念，积极开展了交通秩序综合整治"百日行动"和春运、黄帝拜祖大典等专项治理活动，主动与企业联合执法，对重点地区、重点路段进行布防监控，共出动稽查人员4000余人次，出动稽查车辆1000余台次，联合执法160余次，检查各类车辆5000余辆次，查处违法违规经营104起，有效地规范了客运市场秩序。二是客运市场。大力开展营转非大中型客车专项整治。从车辆准入关、加强证牌发放、多部门联动等方面入手，全面排查旅游客运企业，对不符合规定的，坚决不予办理营运手续，对1100余辆营运"黄标车"通过年审等方式予以淘汰和报废，受理各地市公安运管部门抄告函上百件，对410余人次违章人员的从业资格证件诚信计分进行信息登记，注销（吊销）从业资格证件40余人次；积极开发"郑州市道路运输管理局旅游客运管理信息服务中心平台"，该平台将融合运政网、包车牌管理、客运车辆卫星定位平台等功能，方便对旅游客运企业的管理和监管。三是货运市场。对全市无证运输液化气罐车、柴油等无证经营开展专项稽查，共查扣违法车辆8辆，注销营运黄标车3万辆；完成了2015年济南军区郑州市运输保障大队的重编工作，组建了4个中队，687人314台货运车辆加入了运输保障大队重编工作。四是驾培市场。加强对非法培训点的查处，共查处违法培训点23处，查处港区黑驾校36所，扣车20台；全市已有132所驾校的3165台教练车安装了培训计时系统，同时市运管局积极与车管部门沟通，计划推广和应用IC卡计时系统，提高行业的培训水平及教学质量。依照新国标，6月1日前，郑州市完成了全市驾校新国标的复核工作。经复核，有近70%的驾校达到国标要求，对未达标的驾校下达了整改通知，经整改达标驾校达到98.5%。新国标的实行，对提高驾校市场准入门槛，提升驾校规范化培训与服务水平发挥重要作用。

【道路运输市场安全监管】 一是强化责任。严格落实"一岗双责"，认真落实安全生产"四项机制""两关一监督"制度，注重源头监管，把好驻站监督关，突出运输企业安全主体责任，督促运输企业严格落实"三不进站、六不出站"制度，落实企业约谈制度，共约谈企业5次。二是加强排查。按照"企业自查、辖区排查、市局督察"的三级管理模式，采取"四不两直"、明察暗访方式，共检查企业240余家，发现安全隐患及整改179项。三是抓好动态监控。加强了对"两客一危"跟踪监管，4100辆客运车辆上网率100%，上线率达到了95%以上。920辆危运车辆上网率100%，在线率99.8%。严格凌晨2点至5点停车休息制度，对65辆违规车辆一律停运整改。四是力推标准化建设。积极开展企业安全标准化考评工作，全市规模以上普通货运、物流企业全部提交了考评申请，70%以上运输企业实现达标。为抓好安全监督精细化管理，积极与科研部门合作，推进安全监督管理标准化研究。五是搞好宣传。开展了"平安车辆""平安车站""平安春运""安全生产月""安全生产大检查"及应急演练等活动，共印发放宣传品6000余份，接受咨询800人次，悬挂横幅12条，制作展板6块，确保了全年安全无重大责任事故。

【城市精细化管理"百日行动"】 2015年，郑州市积极开展城市精细化管理"百日行动"，市交运委成立了"百日行动"领导小组，及时制定下发了工作方案，在《郑州日报》《郑州晚报》刊登了交通、公安联合治理"六类车"公告，发放公告宣传彩页2万余份。以"六类车辆"非法载客和出租汽车综合治理为重点，稳步推进活动开展。每天出动执法人员450余人次，出动警力60余人次，共对涉嫌非法载客的2万余台车辆进行了检查，经甄别认定950台为违法载客车辆，并对其实行暂扣。查处超载超重车辆 280台。市交运委执法支队组织200余名执法人员与各区政府、管委联合，对郑州辖区违规广告牌进行拆除。同时，市交运委机关抽调30名正式人员以普通乘客身份乘坐出租车，对出租车运营秩序、车容车貌、司机服务质量等方面情况进行了暗访调查。"六类车"违规违法载客的态势有所遏制，出租车和公交车运营秩序、车容车貌、司机文明服务得到明显提升，郑州市交通营运环境得到净化，"百日行动"治理工作取得明显成效。

【交通工程建设管理】 （1）完成了国道107线郑州境东移（一期）改建工程、郑州市中州大道与郑新快速通道立交向阳路地道工程、郑州市京广快速路（北三环—连霍高速）工程连霍高速惠济站改扩建工程、S102线新郑郭店镇至蒿家段改建工程、郑州市国道107与经北四路互通式立体交叉新建工程、G310中牟境改建工程、G107 辅道南延

（西南绕城高速至新老G107 连接线）新建工程、S236线连霍高速至G310段改建工程等14个新建项目的施工和监理招投标工作。（2）完成了国道107线郑州境东移（一期）改建工程、郑州市中州大道与郑新快速通道立交向阳路地道工程、郑州市京广快速路（北三环—连霍高速）工程连霍高速惠济站改扩建工程、S102线新郑郭店镇至嵩家段改建工程、郑州市国道107与经北四路互通式立体交叉新建工程、G310中牟境改建工程、G107 辅道南延（西南绕城高速至新老G107 连接线）新建工程、S236线连霍高速至G310段改建工程等13个项目招标人报价审核工作。（3）完成了南三环与京港澳高速互通式立交新建工程、郑州市陇海西路与西南绕城高速公路互通式立交新建工程、G107辅道与连霍高速互通式立交新建工程、郑尧高速侯寨收费站连接线改扩建工程、陇海西路西延（西南绕城高速至S232）快速通道新建工程、省道314线郑州境改建工程（江山路至石河路段）等9个项目的交工验收工作。同时，按照省交通运输厅要求，配合省南水北调办公室中线管理局郑州段建管处完成了荥阳段跨渠29座桥梁的交工验收和2座跨渠桥梁的竣工验收工作。（4）下发了《关于进一步加强交通建设项目招标投标工作的通知》，着重强调了招投标工作程序和关键节点，进一步规范招标管理工作。

【制度建设】 （1）按照行业管理有关要求，结合郑州市交通重点工程建设实际，对照工作职责，对规章制度进行了认真梳理，制定完善了《关于进一步加强交通建设市场中介服务机构管理工作的通知》《关于加强参与我市交通建设项目企业资质信用管理的通知》《郑州市公路建设市场秩序专项整治工作方案》等3项制度措施，通过弥补管理漏洞，强化制约监督，提升工作水平。

【公路建设市场监督管理】 （1）认真开展干线、重点工程项目质量、安全监督工作。指导质监站对国道107郑州段改线项目孟庄至龙湖连接线工程、郑州市大学路南延（西南绕城高速至S323段）新建工程、郑州市中州大道与郑新快速通道立交工程等11个重点工程项目和3个农村公路建设项目开展了质量安全监督工作，组织开展质量安全综合检查3次，质量专项检查3次，安全专项检查3次，下发监督工程师通知书16份、质量抽查通知书17份，及时消除了工程质量安全问题和隐患，确保全市建设工程质量处于可控状态。加强工地试验室和试验检测机构信用及资质管理，并完成了新密市S321线新郑界至郑尧高速出口段改建工程、郑州市陇海西路与西南绕城高速公路互通式立交工程、省道314南水北调桥新建工程、郑州市G107辅道与连霍高速互通式立交新建工程等13个项目的交工验收质量检测工作。（2）印发了《关于加强参与我市交通建设项目企业资质信用管理的通知》，拟定了《郑州市交通建设施工企业信用评价指标评分细则（征求意见稿）》，进一步加大了企业信用管理力度，提高了企业信用意识，有力地保障了交通建设市场健康有序。（3）及时与省交通运输厅和市大项目办对接沟通，配合完成河南省综合评标专家库交通系统专家库的组建工作及抽取专家等前期服务工作。（4）对招标代理中介机构实施动态管理，新增招标代理机构12家。（5）加强交通重点工程建设市场监管，建立了企业信息动态管理资料库，强化参建单位的信誉管理，为公路建设市场科学、规范发展提供保障，进一步规范了公路建设市场秩序。

【路政管理】 认真开展公路路域环境专项治理工作。全年共清理非公路标牌790余块，整治加水点116处，拆除违章建筑28起，清理违章占道439处、打场晒粮58处，治理抛洒滴漏车辆190余辆，制止侵占、危害路权的违法行为4起；共处理路政赔补偿案件50起，路政案件总结案率为96%；公路沿线垃圾杂物等主要不良影响物明显减少，公路沿线绿化美化率显著提升，营造了“畅、安、舒、美”的公路通行环境。按照省交通运输厅《干线公路迎国检实施方案》的整体部署，认真开展路政管理工作的督导和检查，进一步加强干线公路的巡查力度，严格按照迎国检路政内业资料归档标准对内业资料进行充实、完善，逐项逐条过关，确保了迎国检工作的圆满完成。切实做好公路安全保通工作。根据《郑州市公路应急保通实施细则》，建立了路政管理、公路养护、公安交警等部门联动机制，有效增强了预警预防和应急处置能力，最大限度减少因公路突发事件造成的人员伤亡和财产损失，保证了人民群众安全、便捷出行，保障了重点物资和人民群众生活必需品的正常运输。顺利完成乙未年黄帝故里拜祖大典及第九届中国（河南）国际投资贸易洽谈会车辆免费通行及悬挂宣传标语工作。为970辆会议车辆办理了免费通行证，并在郑州至机场高速公路电子显示屏上显示欢迎和宣传标语，派出路政执法人员进行保通，保障了拜祖大典和投资贸易洽谈会顺利进行。持续推进重点工程项目路政许可报批工作。积极与省交通运输厅、项目经理沟通协调，做好莲花街与西南绕城互通立交等工程项目路政许可的报批工作，保障了重点工程项目如期开工。

【超限超载治理】 2015年，市交运管理部门共对10万余台车辆进行了检测，治理超限车辆8976台，累计卸货24余万吨，拆解车辆988台，对278名驾驶员实施计分处理。

主要措施:（1）积极筹划2015年车辆超限超载治理工作。及时向市政府提交了《郑州市车辆超限超载治理工作现状及意见建议》，印发了《2015年郑州市车辆超限超载治理工作方案》，并与各治超成员单位签订了目标责任书。（2）召开全市车辆超限超载治理工作现场会。4月，在新密市召开了全市车辆超限超载治理工作现场会，下发了《郑州市人民政府关于进一步加强车辆超限超载治理工作通知》。（3）完成动态检测系统和临时卸货点建设布局工作。在全市范围经勘查拟定30处货运车辆超限超载动态检测技术监控设备点和临时卸货点，起草了《郑州市国省干线公路超限检测站和货运车辆超限超载动态检测技术监控设备点布局及调整方案》，年内分别建成临时卸货点16处。陇海路西延荥阳动态检测试点建设项目已完成。（4）认真开展督导检查，做好经济挂钩和信息抄告工作。共组织完

纪律严明、作风优良、业务精湛、风清气正的交通运输执法队伍

成30余次明察暗访，对超限百分之五十以上的超限超载车辆货源地和车源地实行经济挂钩，2015年共认定超限超载车辆89台次，实施财政资金划转267万元；及时准确上报超限超载车辆信息。全市共抄告超限超载车辆521条。

【超限站规范化管理】2015年8月，根据省运输厅有关要求，配合省交通执法局完成了登封刘沟超限站的四级联网和超限站规范化管理工作。该站现已实现与省治超信息的互联互通，并在2015年度迎国检活动中得到了交通部考核组的一致肯定；2015年11月，按照省政府批复，完成了新密王家窝超限站迁移至巩楼的工作。2015年，南阳市、济源市、许昌市等多个地市交通部门到郑州市进行了观摩学习。

【机动车修配市场管理】2015年，郑州市机动车修配市场管理工作紧紧围绕省市交通运输工作总体部署，积极转变观念，推进改革创新，认真履行职责，提高服务水平，坚持依法行政，强化规范管理，大力提升了行业服务保障能力，树立了良好的行业形象。一是完善了对二维作业过程的技术监督。组织进行了二维监控系统的升级改造工作，增加了打印机机打送检单功能，调整了业务流程，有效杜绝了车辆不进厂维护的现象，使二维业务更加规范。同时，研发推行营运车辆维护检测信息卡，对二维厂家、营运车辆从维护到检测全过程建立电子记录，强化了车辆维护的跟踪和督促。二是加强了对维修企业巡查力度。全年开展集中检查6次，下发整改通知书65份，严格按照国标对二维企业资质进行逐户复核、整顿，建立了二维企业价格备案、优胜劣汰等长效监管机制。三是开展了维修企业质量信誉考核工作。采取“分组考核，上门服务”的办法，从相关科室抽调人员组成考核组集中力量开展考核工作，在较短时间内完成考核工作任务。全年确定341家，其中AAA级企业31家，AA级230家，A级50家，新办30家。四是开展维修质量纠纷调处工作。对接到的维修质量纠纷投诉，坚持“积极调处、公平公正”的原则，在规定时限内完成调查、调解、回复，全年受理各类维修质量纠纷17起，调处率100%，较好地维护了双方当事人的合法权益。

【维修市场整治】将维修市场清理整顿与城市管理整治提升及网格化管理工作相结合，以城市管理整治提升工作为重心，认真开展了市场整治工作。一是及时宣传，发布维修市场执法检查工作动态。利用网络和电视等媒体向社会发布执法工作信息、曝光违规经营业户，引导群众对违法现象进行举报和监督，增强维修业户依法诚信经营的自觉性。二是狠抓整治，集中力量打击违规经营行为。把打击违规经营行为，特别是无证经营行为作为市场整治的中心任务，采取“集中整治、重点突破、以点带面”的方法，先后对国基路、工人路、民安路、沁河路等业户较集中的路段以及天荣汽配城等维修业户较集中区域进行了清理整顿，全年累计出动执法人员341余人次、执法车辆158余台次，纠正违规经营业户151家，下达责令停业通知书53份，下发告知书189份。三是执法为民，有效处理群众投诉举报。共受理各类投诉举报案件36件，所有案件全部在规定时间内处理完毕，及时查处了群众和车主反映的违法经营行为，解决了车主因维修纠纷产生的疑难问题，有效地维护了行业管理部门的良好形象。

【车辆技术管理】一是落实企业主体责任。召开“全市道路运输车辆技术管理工作会议”和“道路运输企业车辆技术管理专题会议”，与市属各客运（旅游客运）企业、危险品运输企业签订了2015年道路运输企业安全目标责任书、运输企业保证书，并定期对各运输企业的到期车辆清单进行抄告，督促运输企业强化管理，及时整改，落实运输企业对车辆技术管理的主体责任。二是强化日常监督。对客运、危险品运输企业进行了多次专项检查，共下达安全检查表78份，督促运输企业落实车辆定期维护、检测制度，确保车辆技术状况达到国家规定的技术标准。三是加强车辆技术档案管理。每天对检测备案的车辆资料逐一核对、统计、入档，确保了车辆技术档案规范、整齐，为车辆技术管理提供了完善的基础支持。全年共完成营运车辆评定备案204265台次，维护备案共426619台次；新车入户备案49309台次，客车类型等级复核备案34738台次。

【安全生产管理】按照“安全第一、预防为主、综合治理”的方针，扎实做好安全生产管理工作。一是逐级签订了安全生产责任书。与各部门逐一签订2015年度安全生产工作目标责任书，进一步明确了责任，细化分解了安全生产任务。二是积极开展安全宣传教育。利用展板、条幅、广场咨询服务等多种形式开展安全生产知识宣传，营造出浓厚的安全生产氛围，定期邀请专家开展安全生产、消防知识讲座，增强广大职工的安全意识和知识。三是加强了监督检查，定期组织安全生产排查，及时发现和消除安全隐患，确保了全年的安全形势稳定。

【海事管理】2015年，郑州海事工作深入贯彻省航务海事工作会议精神，按照年度工作计划部署，准确把握新形势，主动适应新常态，真抓实干，锐意进取，强化水上交通安全监管，全年辖区水域无水上交通安全责任事故，各项安全制度健全，安全措施有效，安全监管到位，继续保持了全市水上交通安全无事故的良好态势。

辖区水域航行秩序良好。坚持日常安全巡查和元旦、春节、清明、五一、十一、汛期、调水调沙等重点时段现场安全监管，查处水上交通违规违章行为，维护了水上交通秩序；进一步完善龙舟赛水上活动审批许可程序，做好赛事保障服务；认真落实恶劣天气预警预报及停航规定，防止船舶冒险出航，保证水路运输市场运行平稳有序。

海事行政执法能力和水平得到进一步提升。2015年，安排100多人次到辖区水域、小浪底、大连、兴城、昆明、成都等地，组织或参加各项业务、执法培训，不断提高执法人员执法水平，规范执法行为，提升海事执法队伍社会形象，服务型执法建设再上新台阶。在市公务员技能比武活动中，市地方海事局组织的水上技能理论和实操考试比武，取得圆满成功。

郑州市水上突发事件应急预案通过专家组评审。市地方海事局牵头制定的郑州市水上突发事件应急预案，在充分征集相关部门意见和调研的基础上，从总则、组织机构体系与职责、突发事件的信息处理、预防与预警、突发事件的响应与处置、善后处置以及应急保障等7个方面进行完善，已通过相关专家和单位代表对预案的评审。

海事站房、水运基础设施建设加快推进。龙湖海事航务站房、码头用地、海事执法船艇配置及配套水上安全监管、应急搜救、港航服务设施规划选址，已上会研究通过；同时加强对县市区海事处站房建设指导帮助，惠济海事处站房用地合同已签；金水海事处站房已开始施工建设，按施工计划2016年就可以投入使用。

处置水上突发事件能力进一步提升。年初购置了4艘定制冲锋舟和1台水陆两栖车；7月，省海事局拨付郑州市3艘海事巡航搜救装备已到位。

（宋立新　闫从明　陈振坤）

交通企业

【郑州宇通客车股份有限公司】2015年，郑州宇通公司销售大中型客车、工程机械合计70616台，较2014年增长5535台，增幅8.5%；实现营业额418.12亿元，较2014年增长45.25亿元，增幅12.1%；上缴各项税款32.6亿元，同比增加19.9%。同时，客车板块实现上市18年连续正增长，“五条主线”战略落地初见成效，抓住了新能源市场爆发机会，销量、销额及利润均超额完成计划；国内海外总体增长实现“双高于”，产品满意度全面超过对手，“客车第一品牌”得到巩固。

新能源客车生产方面。2015年，宇

通销售新能源客车20445台，较2014年增长179%，销量和占有率稳居行业第一；主持完成的《节能与新能源客车关键技术研发及产业化》项目获得国家科学技术进步二等奖。2015年，宇通T7上市，总理李克强视察河南、参加上合会两次使用该车出行，为国内高端公商务接待用车树立了新标杆。

外贸出口方面。2015年，宇通出口客车超过7000台，较上年增长10.4%，欧洲等高端市场业绩获得持续性突破，树立起中国制造走出去的新标杆。

公益事业方面。2015年，宇通三大公益平台——“爱心宇通”“展翅计划”和“社会开放日”持续开展。“宇通致敬全省抗战老兵”项目累计投入2300万元，用实际行动展现企业的责任担当。截至2015年年底，宇通公益捐款累计1.6亿元，在诚信纳税，用技术创新和管理创新引领行业发展，代表民族工业走向世界的同时，以热忱的公益之心回报社会。

【郑州交通运输集团有限责任公司】 2015年，郑州交通运输集团有限责任公司实现收入16.8亿元，为年度目标的100.6%；实现利润3300万元，为年度目标的101.2%；实现税金9200万元。完成客运量2563万人次，客运周转量36.8亿人公里；货运量277万吨，货运周转量5.1亿吨公里。行车安全四项指标均低于上级考核指标，消防安全、劳动安全等方面保持稳定局面。

企业经营方面。一是积极推进客运转型发展，稳定客运产业。着力抓好旺季运输，开通扩大网络、邮政、自助、联网等售票方式。积极推进城乡客运一体化、线路公司化改造和长途线路接驳运输、长途班线全省接点运输、小件快运集约化经营。积极推行城际约租客运、汽车租赁和旅游客运发展，先后开通了郑州至济源、郑州至焦作“豫州行”城际约租客运，创新开展了AA约伴、定制自助游业务。二是全力推进物流转型升级，着力打造物流支柱产业。深入推进利润抵偿承包、营运货车集约化经营，加快推进金象物流、保税物流、货运中心稳定发展，扩展公铁联运、大项目运输、危险品运输辐射面，新开展了金象优购物流电子商务；华电金源、中电投等大型经营项目；亿腾冷冻食品运输、郑州到新疆散装氧化铝集装箱运输和北京畅联、联邦快递等业务，不断推进物流业转型升级。

企业管理方面。一是加强安全管理。着力强化安全标准化建设、安全源头化管理和隐患排查，开展营运客车凌晨2-5时高速公路违规运行、驾驶员不文明驾驶等违规行为专项治理活动。加大失控车辆清理，稳步推进实名制购票。加强科技强安，升级改造车辆防碰撞系统、GPS监控系统，实行GPS监控系统集中管理。扎实做好黄标车治理，升级扩大ETC系统，积极推进节能减排，扎实做好防暴恐、防洪防汛等工作。二是加强内部管理。深化组织机构改革，优化人力资源配置，稳妥推进定岗定编。加强财务管理、预算管理和信息化建设，扎实开展城市管理整治提升、长效机制网格化管理等活动。积极推进服务延伸，深入开展“服务延伸提升年”活动，着力深化服务品牌和企业文化建设，进一步提升企业核心竞争力。

场站建设方面。客运北站项目完成主体竣工验收。港区客运站项目完成项目核准批复和整体概念性设计方案，按计划进行修规方案深化。客运西站项目控规获市政府批复同意，土地预审相关资料准备工作有序推进。客运东站项目完成地面附属物清理、总平面规划设计方案和项目核准报告书编制，土地预审相关资料准备工作全面启动。客运西南站和客运东南站项目选址均已确定，与相关部门对接前期工作进展顺利。

民生保障方面。继续提升职工待遇，提高职工工资水平。按照国家政策，扎实推进房改、土地证分割和自来水户表改造，妥善做好房改遗留问题等工作。落实好在岗职工带薪年休假政策、困难职工帮扶和职工集体福利工作。做好工会、共青团、离退休管理、平安建设和信访稳定等工作，为集团公司发展营造了稳定和谐的环境。

【郑州市交通规划勘察设计研究院】 2015年，郑州市交通规划勘察设计研究院完成经营开发合同额1.47亿元，连续第5年突破亿元；实现营业收入1.04亿元。均超额完成既定目标任务，保持了稳定增长。实现纳税额575万元。

技术中心建设方面。2015年，设计院技术中心地位更加突出，主持编写了郑州市、航空港区及荥阳市“十三五”交通运输发展规划。《郑州市创建绿色交通城市实施方案》通过交通运输部评审，为郑州市成功申报“全国绿色交通创建城市”做出了积极贡献。郑州市综合运输服务示范城市建设实施方案、郑州市公交都市建设综合规划、郑州华南城项目交通影响评价与交通优化改善等项目顺利推进。同时，积极参与了郑州市环城高速十八里河收费站、柳林收费站改造方案及连霍高速公路北移方案的研究工作，为“畅通郑州”提供了技术支持。

队伍建设方面。全年申报通过教授级高级工程师1人、高级工程师7人、中级工程师10人。研究制定了《员工分级管理办法》，并完成了全院职工的分级定级工作，结合员工分级管理工作制定了新的薪酬标准。上挂、委派、借调了19名技术骨干参与交通规划和重点工程管理。

经营开发方面。2015年，洛阳分院、安徽亳州分院、港区分院相继成立，外部分支机构达到7家，全年分院完成经营合同额1971.83万元，占年度经营合同总额的13.4%。为调动全院职工的积极性，大力开展全员经营，全年职工自主引进了汤阴县夏都大道市政工程、兰考境高场村至何寨段改建工程等一批项目，市场经营形式更加多样。

资质保级升级成果显著。2015年顺利完成了工程勘察甲级资质延续申报工作，并成功取得市政行业（道路工程）设计、公路行业（交通工程）设计两项甲级资质。设计院已持有8项甲级资质，能够满足郑州交通基础设施建设的需要。同时，设计院还取得了测绘（不动产测绘、地籍测绘）乙级和土工实验室计量认证（CMA）资质。

业务生产方面。主要完成了包括G310线中牟境改建工程、G107郑州境改线项目工程（孟庄至龙湖连接线）、郑州市陇海西路西延（西南绕城高速至S232快速通道）新建工程等共165个项目的咨询、规划、勘察、设计任务，累计完成产值12147.1万元。

技术质量管理方面。全年设计院围绕勘察设计质量重点开展了“质量管理年”活动，通过下发《设计质量管理办法》，明确设计流程和责任划分，并将设计质量与绩效考核有效结合，强化了质量管控力度。联合开展的《沙土非共轴微观机理的宏细观数值分析及工程应用》科研项目，获得省交通运输厅科学技术一等奖。郑州市南出口暨郑新快速通道改建工程设计，被中国公路勘察设计协会评为“公路交通优秀勘察设计三等奖”，这是设计院勘察设计项目首次获得国家级奖项。

综合管理方面。重新修订了《绩效考核办法》，圆满完成高新技术企业申报工作并取得认证，牵头组织召开郑州市公路学会第四届会员大会，完成了学会的换届选举工作及各项手续变更工作，公路学会各项工作有序推进。

信息化建设方面。全面参与了郑州市出租车服务管理信息系统试点工程和郑州市城市公共交通智能化应用示范工程建设，交通出行网和手机APP顺利上线，功能不断完善，郑州交通信息中心云平台搭建工作基本完成。信息公司已与百度公司达成商务合作协议，与郑州电视台合作了《红绿灯》栏目。

（宋立新　闰从明　陈振坤）

轨道交通

【概况】 2015年，郑州市轨道交通运营顺利实现了“三提高、三降低、一保持”的年度发展目标，客运量、客运收入、乘客满意度稳步提高，人工成本、能源消耗、物资消耗明显下降，安全事件保持为零，并顺利通过“三标”管理体系认证。全年共开行列车103147列次，运营里程269万列公里，客运量8810万人次，日均客运量24.1万人次，为年度目标的104.7%，与上年同期相比增长28.6%；其中，11月24日单日客流量创新高，高达36.5万人次。客运收入完成2.33亿元，运行图兑现率为99.94%，正点率达99.87%，运营故障率、有效乘客投诉率、列车可靠度、乘客满意度等服务指标均优于国家标准。

【轨道工程建设】 2015年，郑州市轨道交通全年完成投资108.2亿元，超额完成市发改委下达的106.66亿元的轨道交通年度城建计划。其中，1号线二期完成投资15.1亿元；2号线一期完成投资34.8亿元；南四环至郑州南站城郊铁路工程一期完成投资20亿元；3号线一期完成投资11.9亿元；4号线龙湖段控制性工程完成投资0.4亿元；5号线完成投资26 亿元。

1号线二期工程各项工作平稳向好，已实现车站主体结构完工，“洞通”，铺轨、机电安装、装修全面进场施工。5号线不断理顺征地拆迁等各项前期工作思路，克服困难，沟通协调，征迁等前期障碍性问题逐步破解。32座车站已实现23座车站开工建设，3个区间开始盾构施工，腾飞路站已开始主体结构施工。剩余车站正在进行征地拆迁、绿化移植、公交迁移、管线迁改等前期工作。3号线一期工程按照“抓两头、带中间”的原则，优先推动开展控制性站点的征地拆迁、管线迁改、交通疏解等前期工作；对参与控制性站点的土建施工队伍提出配置要求，确保控制性站点土建施工进度。全线初步设计已完成，世行贷款项目段招标工作按计划推进，PPP项目实施方案已编制完毕并上报市政府，征迁等前期工作已启动。4号线龙湖段控制性工程龙湖岛站主体结构已完工，鑫融路站进入维护结构施工阶段。

【轨道工程质量安全管理】 市轨道公司质量安全管理以“平安地铁”建设为目标，牢固树立安全发展的理念；以加强宣传、演练、检查、体系构建等为重点多措并举保质安，质量安全形势平稳、有序；以安全生产月系列活动为契机，进一步加强轨道交通质量安全工作的宣传，营造工程建设“人人讲安全、事事究质量”的浓厚氛围。全年开展专项检查56次，发现各类质量安全隐患1260项，及时消除各类隐患。优化、固化施工围挡标准，树立了良好形象。不断探索使用信息化方式提升地铁保护区工作的质量和水平，地铁规划及在建、运营控制区保护工作水平得到新提升。加强扬尘治理等专项工作管理力度，按照“六个100%”即100%围挡、物料堆放100%覆盖、出入车辆100%冲洗、施工现场地面100%硬化、100%湿法作业、渣土车辆100%密闭运输的要求，开展扬尘污染治理，连续4次获得市政府扬尘污染治理检查第一名。按照“同步完工、同步竣工验收、同步竣工资料整理归档、同步结算”的原则，做好过程验收管理。防汛度汛、消防安全检查、应急演练等专项工作常态化推进。在建工程未发生较大及以上质量安全事故，各项安全指标均在可控范围内。

【客运服务】 2015年，郑州市轨道公司通过深入开展客服十大提升、节假日及大客流日保障等活动，不断提升客运服务水平，乘客满意度创新高。客运量不断攀升，全年客运量约8810万人次，较2014年客运量增长28.6%；日均客运量约24.1万人次，比原计划增长4.7%，较上年同期增长30.8%；累计客运量1.6亿人次。全年客运收入约 2.3 亿元，较上年同期增长24.2 %；列车运行间隔由5分46秒缩短至4分43秒。

【行车组织】 1号线运行安全、稳定、可靠。运行图兑现率、列车平均正点率均大于99%，信号系统故障率、供电系统故障率、屏蔽门可靠度、自动扶梯可靠度、电梯可靠度、售票机可靠度等运行指标均优于国家标准。

【运营安全管理】 2015年，郑州市轨道公司开展各项隐患检查、排查活动上百次，整改率100%，临时抢修计划执行率100%，生产指标兑现率100%，各项设备故障均在第一时间得到有效解决。开展各类应急演练48项、突击演练26项，应急演练趋于常态化，员工安全生产意识不断得到提升，全年未发生一般A类及以上事故，各项安全指标均在可控范围内。

【上合组织会议交通保障】 11月23日至12月5日，郑州市轨道公司按照公安部门要求，全面提升了1号线运营安全检查等级，实行人物同检，保持安检率100%，确保了上合组织成员国政府首脑（总理）理事会第十四次会议前期和期间的安全保卫需求。面对安检升级、流量剧增的双重压力，为实现安全运营和市民顺畅出行双重目标，与公安部门协同配合、联防联控，通过采取增加人员、增加设备、增加安检通道、分级限流等措施，在保证运营安全的同时，提升通行速度，引导乘客快速进站乘车，取得了良好的社会效果。11月24日，1号线以单日36.5万人次的客流量，创历史新高，客流组织有序，乘客乘车文明规范，无任何客伤事件发生。之后，持续性大客流通行组织亦保持平稳有序。

【新线运营筹备】 从调架构、定人、定岗、定制度、建机制、介入工程等多方面高效快速推进2号线一期、南四环至郑州南站城郊铁路一期、1号线二期运营筹备工作。进一步优化运营组织架构和岗位设置；全年校园、社会招聘2026人，大批掌握熟练技能的新员工入职，成为运营筹备的生力军；新线文本编制已基本完成；运营提前介入工程建设成效显著；综合联调联试前期工作全面启动；2号线一期工程五站四区间动调工作有序进行，其他运营筹备高效快速推进。

【财务管理及融资工作】 财务管理严谨规范。财务管理、会计核算、资产管理、保险工作严谨、规范、有序，财务预算实用性、可操作性强。2015年，运营预算执行率达91%，成本控制较2014年有新提升。

多元化融资，确保资金足额到位。全年筹集资金47.05亿元，其中地铁建设资本金22亿元，贷款12.05亿元，融资租赁资金9亿元，完成城际铁路出资4亿元。做好3号线一期5站、5区世行贷款具体工作，实现了2015年2月正式签约。做好轨道交通PPP项目具体工作，PPP项目进展顺利。

7月6日，市长马懿视察郑州轨道交通2号线东大街站

地铁列车停车库

控制成本，减轻利息负担。在融资渠道和合作伙伴选择时，郑州市轨道公司坚持以资金成本和资本周期为首要考虑因素，争取低利率。2015年，通过多轮洽商谈判，将原签订的20亿元工银租赁合同利率由基准利率上浮10%下调为基准利率上浮3%，仅此一项预计可节省利息2000万元。同时根据国家发改委专项建设债政策，争取到低息专项债券共计22亿元。

【招标、合同、造价、法律事务工作】全年完成招标、比选项目113项，中标金额约44.95亿元，在概算或控制价的基础上实现了合理降造，平均降幅10%，实现了法定招标和具备竞争性的非法定招标全覆盖，保证了优选一流参建单位的源头活水。

推行精细化和标准化合同管理。抓好源头，推行合同立项和计划管理，并纳入全面预算管理范畴；加强招标工作统筹管理，制订统筹计划，实行节点监控；推行招标文件、合同文件的精细化、模板化管理，将前期合同从散点签订模式逐步过渡到框架协议模式；在合同审核中，实施首签责任制和按时办结制，强化合同审核依据和要点，确保合同内容的合法性、合同条款的完整性、合同履约的可行性。

开展各类法律宣传活动，强化依法治企理念。积极推进轨道交通条例的立法工作，9月26日《郑州市轨道交通条例》获河南省第十二届人民代表大会常务委员会第十六次会议批准，按程序于2016年1月1日起施行。

造价管理注重优化造价形成机制，完善工程计价依据体系，推进工程造价管理上水平上台阶。全年圆满完成总额近815亿元的初步设计概算编制、审核及量价核算。

【商业资源开发】积极探索适合郑州市市情的轨道交通资源经营模式，1号线广告、便民服务区、自动售货机、自助取款机、通信、互联互通等轨道交通资源经营工作均稳步有序推进，全年实现资源开发收益1.4亿元。2号线广告资源经营权立项、便民服务区建设工作已全面启动。南四环至郑州南站城郊铁路一期、5号线、3号线便民服务区、互联互通通道规划编制按计划推进。

郑州市轨道公司首个置业开发项目颐嘉园建设项目已完成各项前期工作，实现开工建设。12月3日通过招拍挂方式取得1号线西三环站置业开发项目土地使用权，为轨道交通开发事业注入新动力。2号线黄河路站安置项目前期工和南四环站上盖物业、3号线物业开发、5号线车辆段以及停车场综合开发前期工作按计划有序推进。

（韩冰冰　杨鹏飞）

航空运输业

河南省机场集团有限公司

【概况】2015年，河南省机场集团有限公司紧紧围绕加快“两大枢纽”建设目标，以扩大航空运输规模和二期工程竣工投运为重点，进一步提升服务保障能力，加强企业经营管理，深化体制机制创新，圆满完成了各项目标任务。全年完成货邮吞吐量40.3万吨，同比增长8.9%，其中国际地区货邮吞吐量达到22.7万吨，同比增长10.4%；完成旅客吞吐量1729.7万人次，同比增长9.4%，其中国际地区旅客吞吐量达到119.8万人次，同比增长32.9%。

【货邮运输】货运方面。（1）进一步完善航线网络。稳定DHL、卢森堡等货航货代既有运力，加密既有货运航线，每周增加航班11个；引进意卢航、俄罗斯航星、全日空、美国康尼等货航公司，新开9条国际货运航线。截至2015年年底，郑州机场入驻货航公司总数达到18家，通航城市36个；开通货运航线34条，其中国际地区货运航线30条，全货机快线9条；周计划航班量94班；在全球前20位货运枢纽机场中，郑州机场已开通15个航点，基本形成覆盖欧美和东南亚主要货运枢纽的航线网络。（2）努力拓展货运新业务。国际邮件经转业务运营稳定，冰鲜肉类进口业务实现整机运输，澳大利亚活牛指定口岸通过验收，一般模式跨境电商业务突破单日1万单，进口水果业务实现常态化，进境食用水生动物开始批量运输。（3）进一步提升货邮保障能力。提前启用国际西货站，国际货物年保障能力提高至30万吨；改建原国际货站，提升国际快件和邮件保障能力；安装6条跨境电商在线检查系统，同时开展一般模式和保税模式电商业务；改造军投基地3号库为二级监管库，引进大型货代企业开展业务；开发建设物流信息平台，全面提升航空货运信息化水平。（4）努力提高腹舱货量。实施包舱包量销售模式，降低货物运输成本，提升航班舱位利用率；开展空空中转，推动陆空联运，优化业务流程，采取“双货站”保障措施，有效提升了腹舱货邮量。全年共完成腹舱货邮13.4万吨，同比增长18%。

客运方面。（1）加大运力引进力度。积极推动西部航空郑州分公司项目落地，加强与海南、西部等航空公司合作，引进宽体机执飞，增加过夜运力；努力开辟国际客运航线，春秋航空、暹罗航空开通大阪、曼谷廊曼航线，南航公司开通日本4城市定期航线，东航、厦航开通甲米、吉隆坡定期航线以及8个东南亚城市旅游包机航线；进一步完善国内航线，加密乌鲁木齐等5个城市主要干线，新开敦煌等7个城市国内航线。截至2015年年底，在郑州机场运营的客运航空公司有32家，通航城市81个，开通客运航线137条，其中国内客运航线115条，国际地区客运航线22条；宽体客机完成运输飞行1162架次，同比增长51.5%。（2）千方百计增加航班时刻。配合省民航局开展航班时刻清查工作，通过查漏补缺、削峰填谷等办法增加时刻容量；积极对接航空公司，增加过夜飞机和早晚航班；提前谋划换季航线编排计划，冬春换季后航班同比增长18%以上。（3）注重扩大中转业务。完成中转流程改造，优化中转服务流程，实现行李免提、延误改签、免二次安检等服务功能，提升了中转乘机效率和服务水平；积极开展中转业务宣传推介，联合南航、海航、厦航、西部航推出“海天无限”“经郑飞”等中转优惠产品；深化与携程网合作，联合实施中转设计，实现线上推广销售，创建郑州机场中转服务品牌。全年服务保障中转旅客22.7万人次，同比增长31.5%。（4）持续开展客运市场营销活动。强化航旅联盟平台建设，提高旅行社组团积极性；进一步完善常旅客系统，与深航、山东航合作开展机票定向采购；适时开展“早班飞”“学子飞”“孝敬飞”活动，加强对偏远地区进行市场营销。截至2015年年底，航旅联盟会员单位达118家，常旅客会员达39万人次。

【机场二期工程投运保障】 河南省机场集团有限公司高度重视机场二期工程投运保障工作，进一步健全领导体制和工作机制，投入大量人力物力，实现了按时转场、安全投运目标。（1）研究制订整套工作方案和推进计划。编制总体方案和总进度计划，细化9大类188项任务，排出150个控制节点、4135个具体项目；出台41个专项工作方案，召开22次专题会议，协调解决了一系列转场投运的重大问题。（2）一线业务骨干提前介入工程建设。选调114名业务骨干介入二期工程，直接参与设备选型、采购、安装、调试等工作，熟悉设施设备情况，掌握第一手资料，提出切实可行的意见和建议，达到工程建设与投入准备的良好互动。（3）开展转场投运专项培训。邀请上海机场建设专家介绍投运转场经验，组织196名业务骨干赴深圳、上海机场跟班学习，全年共组织转场投运相关培训24批60场次，参训约1.5万人次。（4）完成二期工程接管和实物接收准备工作。研究制订实物接收方案，确定31类193项工程项目及424台特种车辆实物接收责任单位；实施15个项目的外包工作，完成基础设施设备的实物接管和飞行区、航站区的3次清场。（5）认真开展系统设备测试调试。与二期工程指挥部建立点对点联系机制，按照设施设备进场计划及安装调试进度参与单调联调，对信息集成等16个系统进行3轮满负荷压力测试，对13个系统设备进行6次整体联调联试，及时掌握设施设备及系统的性能，有效地检验系统的可靠性与稳定性。（6）圆满完成综合模拟演练。组织开展3次2500人参加的综合模拟演练，模拟了航班保障的基本流程和12种特情应急处置，综合演练与总结评估、整改问题相结合，达到了边演练、边改进、边提升的效果。（7）扎实推进T2和GTC招商。圆满完成T2航站楼和GTC商业、广告招商，首批推出104个餐饮零售店面，实现T2航站楼广告媒体全覆盖；贵宾服务部与港龙等12家航空公司签订服务保障代理协议，与建设银行等相关单位签订冠名合作协议。（8）完成首批航空公司转场运营。山东航空和港龙航空于2015年12月19日进驻T2航站楼试运行，截至12月底，共保障航班322架次，旅客25380人次，行李9879件次，出港航班正常率达到88.2%，T2航站楼、飞行区各类设施设备和系统运行稳定。河南省政府于12月22日召开二期工程转场投运动员大会，二期工程按期顺利投运。

【机场安全和运营管理】 2015年，河南机场集团共保障飞机安全起降15.4万架次，同比增长4.6%，其中国际地区航线1.7万架次，同比增长11.9%。圆满完成抗战胜利70周年纪念活动、上合组织成员国政府首脑理事会、联合国维和部队运输等重要专机保障任务。未发生机场责任原因事故征候以上不安全事件，实现了持续安全目标。

2015年，郑州机场生产任务繁重，安全运行压力较大。河南机场集团有限公司强化“红线”意识和“底线”思维，认真落实公司生产运营和安全管理主体责任，健全完善“五统一”协调机制，狠抓安全风险防控，努力提高运营效率，使机场安全运营和管理水平进一步提升。一是继续深化安全绩效管理。细化绩效管控指标体系和安全考核办法，落实风险管控措施；深入推进安全隐患和薄弱环节排查治理，加强安全基础和应急处置教育培训，开展空防安全、危险品运输专项整治，进行反劫机、航空器故障、危险品泄露等突发事件综合演练，有效地提升了应急处置和救援能力。二是努力提升机场运行效率。机场容量评估取得实效，航班时刻由27架次/小时提升至33架次/小时；机坪管制移交顺利推进，运行风险管控方案得到完善；加强FOD防治、电磁环境保护、净空安全宣传，建立鸟击防范管理体系；提高设施设备信息化水平，启用机场综合信息发布平台；优化残疾人服务保障流程，规范超规特殊行李工作流程，有效提升了机场运行效率。三是持续提升机场服务品质。修订完善服务质量体系，进一步规范航站楼服务标准；强化特色服务，建立服务微信平台，设立“蛇形排队”待检区，开展“值机区金牌引导”，增添Web在线问询等服务；健全质量监测体系，改进投诉管理办法，建立“售后”服务机制；圆满完成民航局质量审核，机场服务质量受到驻郑航空公司和广大旅客好评。四是推动机场管理创新。建立AOC、TOC运行指挥平台，进一步提升机场运行效率和质量；建立员工安全服务微平台，创新隐患排查治理手段；参照SKYTRAX星级机场标准，将航空器服务保障纳入质量管理体系，为创建国际星级机场奠定了基础。

【枢纽规划建设】 “十三五”及中长期发展战略规划编制基本完成。按照国际化大型航空枢纽建设要求，深入研究“枢纽如何建设、主业如何做大、辅业如何做强、集团如何管控”等问题，明确郑州机场客货运发展方向、航线航班网络布局，确定非航产业发展战略及集团管控提升战略。

机场总体规划获批实施。郑州机场总体规划修编获得民航局和省政府联合批复，确定机场功能区总体布局、阶段发展目标及建设任务，为机场用地控制、功能布局、净空保护和城市规划控制提供了依据。

一批专项规划顺利完成。完成北货运区控制性详规编制工作，上报机场综合交通规划研究；积极对接航空港实验区专项规划，在雨污水排放、热力管网、供电线路、物流信息、核心区路网等方面实现与城市规划的融合；协调配合航油公司完成北货运区用油规划；配合城铁、地铁规划，完成机场专项防护方案，为郑州机场未来建设预留条件。

（郭智杰）

郑州机场二期效果图

中国南方航空河南航空有限公司

【概况】 2015年，河南公司经营呈现出收入增长、成本下降的特征，带动效益出现好转。实现利润总额2.87亿元，税后净利1.81亿元，利润目标完成比例为148.85%；可供座公里成本费用下降为0.4159元，完成比例为102.47%，预算考核综合完成比例为111.97%。运输旅客462万人次，同比增长5.1%；货邮运量4.44万吨，同比增长6.7%。飞机日利用率9.7小时，同比增长2.1%。南航在郑州机场的旅客运输量为515万人次，市场份额占29.8%。

【安全生产】 2015年，南航河南公司共安全飞行8.99万小时，安全行车约120万公里，实现了280个月的飞行、空防和地面安全无事故。全年发生飞行责任原因的一般差错1起。安全考核排名列全南航第6位，较上年上升10位。

强化规章学习，强调作风养成。深入持续开展了新版事故征候标准、差错标准、安全生产法的学习培训，不定期对飞行机组、机务人员等开展规章抽考，组织了2000名员工参加了《安全生产法》知识竞赛活动，进一步推进了新安全生产法的宣贯、普及。

强化SMS体系运用，重在风险防控。增加现场安全检查的频次和力度，全年开展安全检查131次，启动不安全事件调查36次，保证了安全问题的及时发现解决，每月进行风险分析、评估、讲评，共讲评安全问题27项次，警示分析安全风险55项次。有效地做到了安全关口前移，提升了安全管理裕度。

严格奖惩措施，狠抓责任落实。严格安全考核，加大安全管理责任追究，坚持对无后果违章严肃处理。全年就8起典型不安全事件对6个部门进行了考核扣分，对8人进行了安全处罚。坚持正向激励，全年共奖励177人次，奖励金额49900元，就机务有效防范飞机刮伤向总部提请奖励申请并获安全奖励5000元。

【优质服务】 各保障单位注重内部挖潜，以服务创新推动整体服务质量的提升。地服部开展分段登机。按照后舱—前舱依次登机顺序，提高登机速度；运用“一图两表”管控工具，开展航班大面积延误演练，航延服务得到较大改善。客舱部采取空勤干部带班迎检、开展乘务长管理培训、以赛代练，提升乘务员服务技能等多项措施，从乘务员职业形象、服务标准落实、服务品牌演绎、客舱服务文化创建各环节着力打造客舱服务软环境。货运部通过货物运输状态的短信告知、航班信息的告知、服务环境的美化、客户休息区设置和服务设施添置等，不断优化服务举措。各单位协调配合，从出票、行李运输、登机、客舱服务等各个环节，为高端旅客提供一站式星级服务。

【企业管理】 南航河南公司通过完善规章制度、规范工作流程、创新工作机制，使各项工作更加规范有序、顺畅高效，整体管理水平得到逐步提升。（1）建章立制。对标八项规定制定了《领导人员履职待遇、业务支出管理办法》《公车管理细则》等制度，进一步严明了行政办公纪律；制定《总经理年度管理奖励实施办法》，奖勤罚懒，促进劳动效率的提升；修订完善了《中层管理人员绩效考核方案》《全面预算管理制度》《内部控制制度》等，提升管理的执行力和规范性。（2）流程梳理。明确了管理人员选拔和聘用程序，规范完善了干部绩效考核、任免制度，建立公平公正的选人用人机制；坚持制度控制和流程控制相结合，对招投标程序进行梳理规范；加强合同的签订、流转、归档程序管理，确保合同的严肃性，维护公司的合法权益。

【企业人力资源管理】 2015年，选人用人工作中，南航河南公司严格执行《中国南方航空股份有限公司管理人员管理规定》《中国南方航空股份有限公司选人用人工作监督检查办法》等文件精神和规定，制定了《河南公司四级正副职管理人员选拔任用实施办法》，选人用人公信度进一步提升，干部选拔工作和日常管理工作趋于科学化、制度化、规范化。2015年共选拔任用各级管理干部9人，其中三级正1人，三级副1人，四级正4人，四级副3人，均严格按照干部选拔的动议、民主推荐、考察、讨论决定和任职五个工作程序产生，没有破格和越级提拔现象；严格按程序抽查核实干部有关个人事项报告情况，完成了中层干部的档案信息核查，完善了干部基础信息，为规范干部日常管理提供了决策依据。

【企业改制工作】 根据南航与河南航投的投资约定，至2015年年底双方已累计认缴出资40亿元，其中南航24亿元，河南航投16亿元。第三期注资20亿元，按计划2017年12月31日前认缴到位。

（杨瀚青）

南航河南分公司机队

华南蓝天航空油料有限公司河南分公司

【概况】 2015年，华南蓝天航空油料有限公司河南分公司完成航煤销售量51.70万吨，同比增长5.9%；保障航班77518架次，同比增长4.9%。河南分公司连续5年被河南省总工会和河南省安全生产监督管理局授予“河南省安康杯竞赛优胜单位”称号；获得中国航空油料责任有限公司“安康杯”优胜单位及2015年度先进单位荣誉称号；二期供油工程项目组获河南省政府表彰先进单位荣誉称号，表彰先进个人2人。

【设施设备维修】 2015年，华南蓝天航空油料有限公司河南分公司将维修关口前移，通过做好日常的维护保养和预防性维修来提升设施设备的保障能力。同时对设施设备进行改造升级，全面提升自动化管理水平和本质安全水平。

使用油库实施长输管线监控系统升级，实时精确监控长输管线的各项运行参数，提升长输管线的自动化管理水平；创新油罐呼吸阀监控手段，在自控系统中添加油罐顶部压力报警监控，实现24小时在线监控，有效减少人员上罐监控的频次，进一步释放人力资源，提高工作效率，此项目获得华南蓝天航空油料有限公司青年创新创效二等奖。

使用油库通过更换油泵房配电室主进断路器、低压配消防主进断路器、油罐雷达液位计、油罐DBB阀门等关键设备元件；航空加油站通过加油车延时呆德曼改造、加油车滤芯核减工作，进一步提高了各现场设备设施的可靠性，提升了本质安全水平。

【预算管理】 2015年，华南蓝天航空

油料有限公司河南分公司进一步加强预算管理。制定《2015年河南分公司预算费用管理方案》，采用分解与归口的管理方式，动态分析预算费用完成情况，做好费用的有效跟踪，为实现降本减费打下基础。严控费用支出，强化资金管理，明确报账程序，完善资金支付系统审批程序，简化审批流程，重新修订了《河南分公司报账管理规定》。

【保税油核销】 2015年，华南蓝天航空油料有限公司河南分公司变更保税油核销方式，实现降本增效。采取差额保证金方式开展保税油报关核销，以解决向海关缴纳全额保证金给公司资金运作带来的压力。同时，积极跟进政府保税油补贴，争取保税油补贴政策延续。

【风险管控】 开展年度风险评估，累计关闭20项2014年识别风险，采取有效措施降低风险等级12项；共评估出风险262项，其中高风险34项，中风险66项，低风险162项。为做好高风险的管控工作，华南蓝天河南分公司通过再评估对34项高风险中的28项进行了量化评估，编制了量化风险评估表，进一步明确了缓解和防范措施。

针对二期供油项目试运转工作点多、面广、持续时间长、风险高的特点，不断修订完善试运转方案，通过3次修订、2次评审完成1万余字的试运转方案定稿，并通过了总公司评审和安监局的专家审查、现场条件确认。开展各子项目试运转的风险评估，共识别出48项风险并制订控制措施，重点分析油品泄露、井下作业人员伤害、新旧系统窜油、井外人员意外伤害、静电火灾5项重大风险，逐项制订针对性管控措施。通过翔实的方案、有效的风险管控，确保试运转工作按照既定的方案圆满完成各项工作任务。

【应急管理】 华南蓝天航空油料有限公司河南分公司对照《危化品单位分级标准应急物资最低配备要求》全面梳理现有应急物资，及时完善应急物资配备，重点完成应急移动发电机、应急转输泵、正压呼吸器等重要应急物资的补充。全年累计完成83次应急演练。针对试运转工作，制定9项专项应急处置预案，并在正式开展试运转工作前完成了实战演练。加强库外输油管线应急管理，联系应急抢修单位，推动应急抢修服务协议的签订。

【机场航油供应安全专项整治】 开展机场航油供应安全专项整治工作，共排查13项影响航油供应安全的重大风险，其中2处库内建筑物不符合新规范安全距离要求的整改随库区扩容项目进行迁建；5处库外建筑物不符合规范安全距离要求、3处建筑物距离管线安全距离不足和2处管线占压的整改，经专家现场论证确定拆迁范围。聘请专业测绘公司绘制了《郑州机场油库及机坪加油管线与周边建构筑物安全距离红线图》，已呈报航空港区管委会。航空港区管委会协调有关部门全力推进拆迁工作，已完成1处距离管线安全距离不足民房的拆迁工作。

【特色安全活动】 各库站结合各自工作特点，开展了形式多样的特色安全活动。卸油站持续开展卸油安全里程碑活动，通过细化评价、个人激励、荣誉鼓励、模范引领四大要素，很好地营造了公正、引领、激励的安全作业氛围。使用油库以"航油铁军"建设为抓手，制订员工行为观察、宿舍办公场所生产场所管理规定、记录填写管理规定等多项制度。航空加油站坚持开展以"做最美航油人，我为自已代言"为主题的月度"加油之星"评比，并以此为切入点开展"2015年安康杯红旗班组劳动竞赛"；为有效解决"两新"问题，举办"金牌师傅"比武选拔，通过聘任金牌师傅，切实解决工作中难点问题；针对机坪不安全的行为和状态，采取"图说安全"的方式进行教育，并建立图说安全教育园，共分享30多项不安全行为和状态，有效确保了机坪的安全平稳运行。

【管线建设】 认真研究现有国家法律法规，积极协调地方政府，实现航油管道上跨城铁，减少管线绕行1.5公里。经协调，在2公里范围内管线先后穿越1条高速、4条市政道路，经过1个房地产公司、1处市政绿化、2个村庄土地，同时取得了规划许可和完成规划验线及法律法规规定的各种报建手续。

【成本管控】 华南蓝天航空油料有限公司河南分公司全力控制投资成本，实现最大化增值税抵扣。在工程费用估算紧张的情况下，对外协调相关单位，减少管线绕行1.5公里，合理控制交叉处城铁防护设施混凝土厚度，减免市政施工费用，利用机场设施铺设紧停电缆，协调机场进行现有道坪的破除和恢复等，节省投资近千万元；对内积极协调集团进出口公司帮助采购非集采物资，与供应商、施工单位签订三方合同，在满足招标规定基础上，合理取得增值税发票，累计取得增值税抵扣发票525万元，为工程节约投资成本80万余元。

【二期供油工程建设】 严格建设程序和标准，焊缝一次Ⅰ级片率达到97.78%，在工程相对滞后机场建设进度的情况下对外加强协调，对内加强管理，采取"5+2"和"白+黑"工作方式，人员24小时值班，保证了工程进度，实现275391安全人工时，通过努力圆满完成工程建设，满足河南省委、省政府的进度要求，二期供油工程分别受到河南省政府、民航局、机场二期指挥部等单位的一致好评。

【新孟公路航油管道改迁】 深入推进新孟公路航油管道改迁。针对新孟公路扩建先后出现3次不听劝阻，强行施工对航油管线安全运行造成重大影响，积极协调民航河南监管局、机场集团、省安委会，促成省安委会召开2次专题协调会，华南蓝天航空油料有限公司河南分公司组织召开1次专家评审会。就管线改线的迁建资金问题与地方政府达成共识，明确由新郑市政府出资迁建后整体移交华南蓝天航空油料有限公司河南分公司，分公司全力配合并提供专业技术支持和指导。

【上合峰会专机保障】 2015年12月14-15日，上海合作组织成员国政府首脑（总理）理事会第十四次会议在郑州举办，适逢郑州二期试运转、行业验收、试航认证、年底收官等关键时期，华南蓝天航空油料有限公司河南分公司克服车辆、人员紧张的困难，提前筹划，精心部署，通过召开专机保障专题会，开展专项风险评估，制订专项保障方案，明确职责分工，细化专机保障每一个细节，最终安全、高效、圆满地完成保供任务，共计保障6国专机14架次，加注航煤291.357吨。

（马晓祎）

民营经济

综　述

【概况】　2015年，郑州市非公有制经济完成增加值5320亿元，同比增长10.2%，约占全市GDP的72%。其中规模以上工业企业完成增加值2530亿元，同比增长10.3%，占全市规模以上工业增加值75%。民间投资完成4530亿元，同比增长15.2，占全市固定资产投资总额的73%。完成社会消费品零售额2560亿元，同比增长11.6%，占全市社会消费品零售总额78%。企业总数8.8万家左右，从业人员超过190万人。

【中小企业“十三五”发展规划编制】根据《国务院关于扶持小型微型企业健康发展的意见》《河南省人民政府关于进一步促进小型微型企业健康发展的若干意见》《郑州市人民政府关于进一步促进小型微型企业健康发展的若干意见》精神等国家和省市有关政策措施，紧紧围绕郑州市“三大主体”工作和“三大一中”、国际商都战略定位，在全面总结“十二五”发展经验的基础上，科学制定了全市中小企业“十三五”发展规划基本思路，明确了发展目标任务、主要措施，不断完善全市中小企业考核评价指标体系，确保中小企业平稳健康较快发展。

【行业运行监测】建立郑州市非公有制经济统计体系数据库，以数据库为平台，建立中小微企业市—县（市）区—乡（镇）办事处三级统计监测分析系统，加强非公经济和中小企业的运行监测工作，及时反映、解决运行中出现的问题，掌握中小企业信息，把握中小微企业发展情况，引导中小微企业健康平稳快速发展。搞好数据上报工作。根据市政府、省工信厅中小企业局相关工作要求，认真完成郑州市中小企业和非公有制经济各类数据填报及上报工作，及时反映全市非公有制经济和中小企业发展情况，为政府出台相关政策提供参考依据。

【中小微企业政策扶持】　积极推动政策落实。贯彻好国家、河南省、郑州市出台支持小微企业健康发展的政策，并开展涉及各部门政策的细分工作。进一步落实《郑州市金融支持小微企业发展（暂行）办法》和《小微企业贷款风险补偿基金实施细则》的要求，加大对小微企业金融、财税支持。加大对本土中小微企业支持力度。支持中小微企业走“专精特新”发展道路，选择一批发展前景好、成长性高、具有一定行业地位、特别是在战略性新兴产业领域内的中小企业，给予重点扶持。

【中小企业公共服务平台和“双创”基地建设】　2015年，郑州市三级命名的服务平台总数达到57家，其中，国家级1家，省级21家，市级35家。有省级小微企业创业基地4家，市级创业基地7家。全市中小企业公共服务平台和“双创”基地全年累计组织服务4269场次，服务全市中小企业达27900多家。发布各类政策及管理服务信息227000多条，展示企业产品17000多个，发布供求招聘求职信息23万条，培训企业员工39300多人次。抽查被服务企业3300多家，服务满意度达95%以上。

【融资渠道建设】　一是深入调研，及时起草上报了《关于听取人大代表建议着力缓解中小微企业融资难的报告》，对全市小微企业融资难的原因进行了梳理和分析，并提出破解中小微企业融资难的对策建议。二是拓展中小微企业融资渠道。开展了新三板挂牌企业和拟挂牌企业的统计和培训工作。收集统计新三板挂牌企业信息35家、后备企业信息75家，推荐新三板挂牌及后备企业110家进入全省培育资源库，组织郑州市企业参加新三板企业董秘职责管理实操培训，参加省工信化厅召开的新三板挂牌企业座谈会、经验交流会等。三是研究探讨建立中小企业金融服务平台，组织相关信托、证券负责人、金融部门、小贷公司、担保公司、股权登记、投融资公司、县（区）主管部门和部分商会代表进行座谈，讨论成立郑州市中小企业金融服务中心的可行性和运作模式。四是开展“种子基金”贷款和财政补贴贷款工作，全年有46家次获得授信，额度为2.04亿元，行业涉及IT、电力、服装、食品、新材料、节能环保等多个行业。五是积极搭建银企合作交流平台，下发《关于推荐中小微企业贷款项目的通知》，积极向银行组织推荐贷款融资项目。

郑州市打击处置非法集资广场宣传活动

郑州市中小企业专家服务日活动

【中小微企业综合素质提升】（1）加强郑州市中小企业专家服务团力量，制订专家服务团年度工作要点，及时组织开展好专家服务日活动和专家走基层巡回服务，建立中小企业专家服务中小微企业长效机制。（2）做好人才培训。与郑州大学、省工信厅联合，通过举办研讨班、培训班等形式，培训中小企业高管人员200多人次；依托浙江大学等高等院校，组织企业家、高管等入校培训；组织中小企业参加中小企业经营管理领军人才培训班、“百度翔计划”等培训活动。组织11家企业参加“青春点亮中国梦”第三届河南省大学生暑期见习岗位征集活动，提供岗位153个。（3）组织企业搞好产学研对接。组织3家企业参加全省中小企业与四川大学产学研合作食品及生物医药对接洽谈活动；组织74家企业报名参加第二届全省中小企业与省高等院校科研院所产学研合作对接活动，共征集企业技术难题78项，达成合作意向61项，落实签约项目14项，签约金额9165万元。

【担保行业规范整顿和监管职能移交】为维护全市担保行业发展秩序，更好地服务中小企业发展，2011年11月，郑州市启动担保行业规范整顿工作。通过清理吊销、排查整治，行业秩序得到有效规范；通过加强检查力度、托管注册资本、落实报表制度等各种措施，确保了全市担保行业和小额贷款公司逐步实现健康发展。截至2015年年底，全市担保机构从488家减少至70家，为中小企业融资担保额实现年度新增113亿元。54家小额贷款公司2015年共为1071户中小微企业或个体发放贷款1291笔，累计金额24.38亿元。按照全省统一部署，2015年下半年，市中小企业局积极配合，圆满完成了全市担保行业和小额贷款公司监管职能和人员的划转工作，顺利移交到市政府金融办。

【打击处置非法集资工作和监管职能移交】市中小企业局按照“地方为主、部门配合、职责明确、打防并举、综合治理、重在治本”的总体思路，协调各相关部门、各县（区）建立健全管理、预防、处置非法集资的工作机制，牢牢把握不发生系统性、区域性风险底线，强化县（区）政府和行业主管、监管部门的条块管理责任，发挥三级网格、四级联网信息平台源头化解优势，坚持处置与维稳并重，突出风险管控重点，遏制非法集资高发态势，加快消化存量案件，加强舆论宣传引导，努力推动各项工作有序推进。同时，扎实做好信访稳定工作。一方面，加强防范非法集资活动宣传工作，让群众掌握相关政策法规；另一方面，坚持分级管理、层层负责的工作机制，强化联合接访制度和信息预警制度，做到事有人管、访有人接、话有人听，及早发现和化解重大稳定隐患。截至2015年6月，郑州市打击处置非法集资工作没有发生重大恶性事件。按照市委市政府安排部署，2015年9月，打击处置非法集资工作正式移交市处非办。

（耿朝阳）

部门亮点

SECTOR HIGHLIGHTS 文/明/城/市 醉/美/郑/州

郑州市城乡建设委员会

市建委组织省、市住建系统机关干部“看郑州”活动

市建委党委副书记高永振一行到柿树行村走访慰问

郑州城建集团投资有限公司与上海实业融资租赁公司签订35亿元战略合作框架协议

郑州市人民政府网、市建委联合举办政府网站“在线访谈”活动

郑州市绿色建筑设计审查要点（2015年版）宣贯会召开

郑州市执行绿色建筑标准宣贯会召开

京广快速路工程获2014—2015年度
中国建设工程鲁班奖（国家优质工程）

举办郑州市2015年“安全生产月”应急示范演练

工程质量专项治理监督人员技能比试

郑州市2015年“安全生产月”施工现场观摩

窨井周围加固演示

2015年3月12日，京广快速路二期北延工程举行工程施工劳动竞赛

郑州市城乡建设委员会

2015年1月4日，陇海路快速通道工程大学路以西主线高架建成通车

2015年10月1日，未来路下穿金水路隧道工程竣工

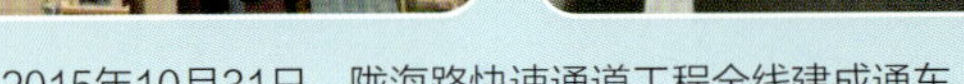

2015年10月31日，陇海路快速通道工程全线建成通车

2015年10月31日，经三路—城东路下穿金水路隧道工程按期投用

2015年5月19日，支线路网道路工程紫东路（规划路—中州大道）按期投用

2015年9月15日，京广快速路二期北延工程地面道路和部分高架桥竣工

2015年10月23日，农业路快速通道工程高架主线跨中州大道钢箱梁合龙

郑州市交通运输委员会

2015年2月17日，省委书记、省人大常委会主任郭庚茂等省、市领导视察郑州轨道交通建设情况

2015年9月16日，全国“公交出行宣传周”活动启动仪式在郑州举行，交通运输部党组成员、运输服务司司长刘小明等领导出席

市交运委党委书记、主任吴耀田在“三严三实”专题教育动员部署会上带头上党课

全市交通运输工作会议召开

现代化的地铁运行控制中心

纪律严明、作风优良、业务精湛、风清气正的交通运输执法队伍

组织开展全员执法培训，提高依法行政能力

郑州市交通运输委员会

地铁列车停车库

"十二五"时期，郑州市新增4000余台新型空调公交车，空调公交车占比90%以上

五龙口公交场站

三环快速公交试运营

2015年12月18日，商登高速郑州航空港区段竣工

商登高速公路互通立交

2015年10月13日，郑登快速通道朝阳沟特大桥合龙

新建文明示范路郑登快速通道，2015年10月通车

郑州市公安局

2015年12月13日，公安部党委委员、副部长傅政华到上海合作组织总理会议安保指挥部视察工作

2015年7月3日，公安部党委委员、副部长黄明视察郑州火车站等重点区域安保工作

2015年6月2日，省委常委、政法委书记刘满仓到郑州市公安局保安公司视察工作

2015年2月18日，副省长、省公安厅厅长王小洪到柳林公安分局慰问民警

2015年12月31日，副省长、省公安厅厅长许甘露在郑州市各商场、娱乐场所等人员聚集场所视察安保工作

2015年4月1日，省公安厅副厅长、副市长、市公安局局长沈庆怀与局直机关民警代表一起，在郑州公安英烈园祭奠公安英烈

2015年10月27日，郑州市公安局召开新闻发布会，通报“1999.12.5”特大抢劫银行案经过16年不懈努力，最终成功告破

2015全市公安工作会议召开

市公安局在省人民会堂举行誓师大会，誓保上海合作组织总理会议安保工作万无一失

市公安局近千名民警代表与社会各界群众一起，在郑州市殡仪馆送别因公殉职的交警二大队民警曹伟

市公安局组织部分网友代表走进金水路分局、交警二大队等地参观警营

在金印阳光社区举行迎春联欢，共贺新春佳节

举办“绽放2015”警营十佳歌手大赛

在全市范围内增设8个出入境分理处，缓解群众办证难问题

组织全局中层以上领导赴中牟豫中监狱接受反腐警示教育

郑东新区CBD商务内环上海合作组织总理会场外，执行安保任务的郑州公安民警

郑州市人民检察院

郑州市东城地区人民检察院揭牌仪式

选派法制副校长

送法进军营活动

开展登山比赛

举办法制讲座

郑州市人民检察院

召开防范打击和处置非法集资电视电话会议

开展帮扶活动

开展歌咏比赛

"送法进机关"活动启动仪式

举办文艺汇演

郑州市人力资源和社会保障局

2015年12月9日，国务院农民工工作领导小组第二督查组组长、人社部副部长邱小平带队督察郑州市农民工工作情况

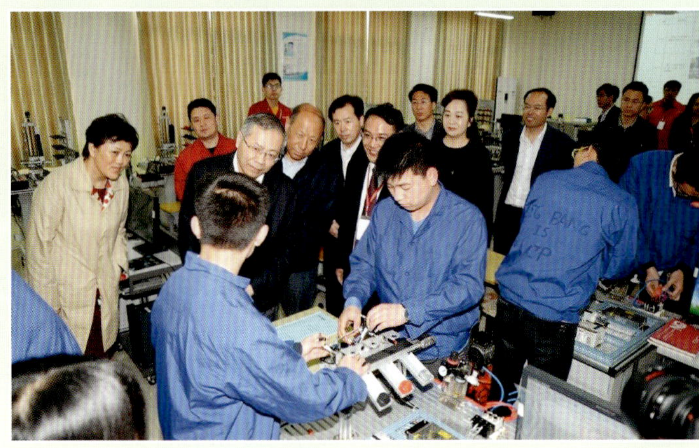

2015年4月17日，人社部副部长汤涛在省委组织部副部长、省人社厅厅长杨盛道的陪同下，在郑州市专题调研技工教育建设情况。省人社厅副厅长郑子健，副市长刘东，市委组织部副部长、市人社局局长戴春枝等陪同调研

2015年3月10日，人社部就业促进司司长吴道槐在郑州市调研经济运行情况及对就业的影响

2015年5月28日，市政协主席王璋到郑州市商业技师学院调研技工教育和职业教育情况

2015年2月13日，市委常委、常务副市长孙金献慰问农民工

2015年8月11日，省人社厅厅长田金钢到郑州考察调研

2015年7月14日，省教育厅副厅长尹洪斌到郑州检查调研

2015年9月，市委组织部副部长、市人社局局长戴春枝到市社保局管城区分局调研

市委组织部副部长、市人社局局长戴春枝到金水区和管城区社保局督导工作

市委组织部副部长、市人社局局长戴春枝慰问老党员

郑州市人力资源和社会保障局

中共郑州市人力资源和社会保障局委员会党校挂牌仪式

市人社局获“全国文明单位”称号

2015全市人力资源和社会保障工作会议召开

“三严三实”专题教育党课暨动员部署会召开

“大爱中原 暖冬行动”2015年度启动仪式

对定点扶贫对象开展帮扶慰问送温暖活动

郑州市多种形式开展工伤保险集中宣传活动

郑州市2015年全民创业项目推介创业先进表彰活动暨创业孵化园和高校毕业生就业见习基地授牌仪式

市人社局获“全国农民工工作先进集体”称号

郑州市城乡规划局

市规委会研究中州大道沿线城市设计方案

市人大常委会主任白红战参观“四个中心”规划方案模型

市政协主席王璋参观“四个中心”设计方案展

市委常委、郑东新区党工委书记、管委会主任张建慧向南京市领导介绍郑州规划情况

市委常委、宣传部部长王哲研究“四个中心”方案

副市长张俊峰作“一设计三规划”情况的报告

局长杨东方接受媒体采访

局长杨东方在城乡规划工作会议上讲话

信访接待日局长杨东方接待信访群众

郑州市城乡规划局

“三严三实”专题教育部署动员会召开

“一设计三规划”在市人大分组会议上讨论

市文明办检查市规划局创建文明单位情况

在荥阳市开展义务植树活动

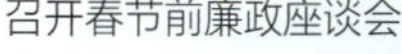

召开春节前廉政座谈会

参加慈善捐款活动

规划局女职工参加市百万妇女健身活动展示大赛

开展郑州市违法建设查处网格化管理工作培训

召开新闻专题通气会

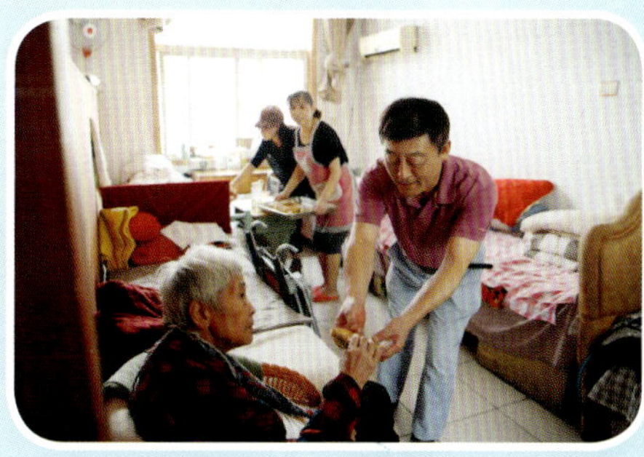

中秋节到敬老院看望老人

组织局系统演讲比赛

郑州市工商行政管理局

2015年2月15日，省长谢伏瞻到纬四路农贸市场调研节前农产品供应情况

2015年4月11日，副省长王艳玲到郑州调研商标工作

2015年9月23日，国家工商行政管理总局副局长甘霖到郑州调研电子商务工作

2015年9月23日，国家工商行政管理总局纪检组长、中国市场监管学会会长何昕到郑州调研

2015年7月2日，河南省首张电子营业执照在郑州航空港综合实验区发放

2015年8月13日，市委常委、副市长薛云伟到工商行政管理部门调研

郑州市获河南省实施商标战略先进市荣誉称号

局党组书记、局长吴凤军参加郑州电视台《我看这五年——局长访谈》栏目

郑州市工商行政管理局

参加郑州市纪念中国人民抗日战争暨世界反法西斯战争胜利70周年合唱比赛荣获一等奖的合唱队员

召开支持创业创新发展现场会

召开2015年郑州市工商行政管理工作会议

牵头组织召开郑州市文明经营活动总结表彰大会

解读新《广告法》

2015年1月19日，为企业颁发全省第一份“三证一章”

举办2015年3 · 15新闻发布会

对全系统中层领导干部进行廉政谈话

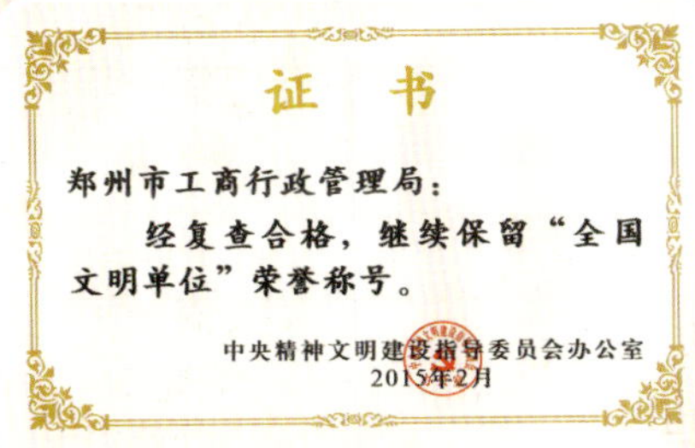
证　书

郑州市工商行政管理局：

经复查合格，继续保留“全国文明单位”荣誉称号。

中央精神文明建设指导委员会办公室
2015年2月

连续三届获“全国文明单位”荣誉称号

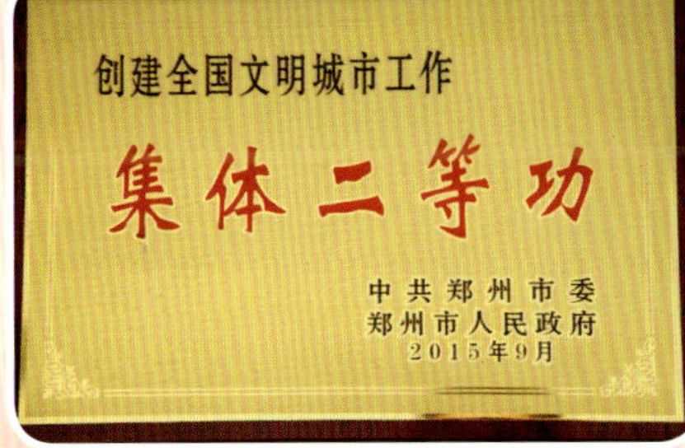
创建全国文明城市工作

集体二等功

中共郑州市委
郑州市人民政府
2015年9月

获创建全国文明城市工作集体二等功

郑州都市区建设三年行动计划
“坚持依靠群众推进工作落实”长效机制工作

先进单位

中共郑州市委　郑州市人民政府
二〇一五年一月

获郑州都市区建设三年行动计划先进单位

郑州市林业局

2015年8月12日，市委副书记胡荃、副市长杨福平调研郑州黄河湿地公园建设工作

① 金水东路生态廊道
② 郑新(郑州—新郑)快速通道生态廊道
③ 黄河大堤生态廊道
④ 生态廊道之人行步道
⑤ 中原西路生态廊道

郑州黄河国家湿地公园

四港联动大道

生态廊道骑行健身

国家一级保护鸟类大鸨迁徙落脚郑州黄河湿地

郑州黄河湿地荻花开放

郑州树木花卉博览园

郑州市畜牧局

2015年10月12日，副市长杨福平陪同农业部政策法规司司长张天佑调研畜牧业发展情况

2015年5月6日，副市长杨福平调研循环畜牧业发展情况

市人大代表、政协委员在雏鹰无害化处理中心，听取厂负责人介绍病死畜禽无害化处理流程

局长蔡仲友带队到帮扶村慰问困难群众

局长蔡仲友在郑州恩宠动物医院查看宠物病历、处方签及常规记录情况

举办复转军人庆“八一”座谈会

全市畜牧兽医执法工作会召开

全市畜牧工作会议召开

市畜牧局对全市兽药生产企业负责人进行加强兽药生产监管暨法规知识专题培训

河南瑞亚牧业有限公司标准化奶牛场

雏鹰农牧集团股份有限公司现代化生猪屠宰生产车间

正在采食中的育肥猪

郑州双汇食品有限公司屠宰生产线

郑州市妇女联合会

2015年5月29日，全国人大常委会原副委员长、全国妇联原主席彭珮云来郑调研村规民约等工作

2015年4月8日，全国妇联党组书记、副主席、书记处第一书记宋秀岩来郑调研基层妇联工作

2014年度郑州市寻找“最美家庭”活动成果交流会

郑州市庆“六一”儿童阅读成果展示暨“书香万家”活动启动仪式

郑州市“法进万家·巾帼在行动”活动启动仪式

郑州市“服务城市精细化管理·巾帼在行动”活动启动仪式

举办“新常态·新女性”公益讲座周活动

举办妇联系统干部培训班

举办全市社区“两委”换届妇女参选示范培训会

郑州市纪念男女平等基本国策实施二十周年专题论坛

郑州市第七届百万妇女健身活动成果展示

“贫困母亲两癌救助金”郑州市发放仪式

郑州市“心暖万家”——“向贫困宣战•巾帼在行动”活动启动仪式

福彩百名春蕾女生资助金发放仪式

郑州市“春风送岗位”女性专场招聘会

郑州市巾帼电子商务培训班

郑州市科学技术协会

2015年7月15日，中国科协党组书记、常务副主席尚勇在省委副书记邓凯、省科协主席霍金花、市长马懿陪同下调研威科姆公司

2015年8月5日，万众创业大众创新评估组在中国科协党组成员、书记处书记徐延豪带领下到河南省国家大学创业园调研，副市长黄卿陪同调研

2015年10月14日，中国科协书记处书记吴海鹰、中国反邪教协会秘书长王慧梅等调研郑州市反邪教工作，副市长黄卿陪同调研

2015年9月19日全国科普日，省委副书记邓凯、副省长徐济超在市科协展台观看机器人演示

关怀科技工作者，慰问驻郑院士吴养洁

2015年4月21日，院士专家企业行活动中，中国工程院院士张生勇到韩都药业解答疑难

2015年5月29日，市政协副主席李新有在市科协主席吴予红，党组书记、副主席张福清陪同下观看百花路艺术小学科幻画展

全国科普日，市政协副主席李新有在虚拟现实展台前参观

2015年8月26日，省全民科学素质工作督导组督导郑州市工作

第二届全民科学素质培训班开班及授课

“科普进园区”院士专家报告会

“低碳行 科普游”我看郑州新变化千人行

市科协、老科协举办纪念抗战70周年集邮展

举办“春光杯”第二届营养早餐大赛

抗战胜利70周年之际，在豫西抗日纪念馆接受教育

举行“三严三实”书记讲党课活动

市科协承办多期公务员大讲堂

承办2015年全国科技馆发展论坛

促进产学研对接

参加郑州市举办的各项文体活动

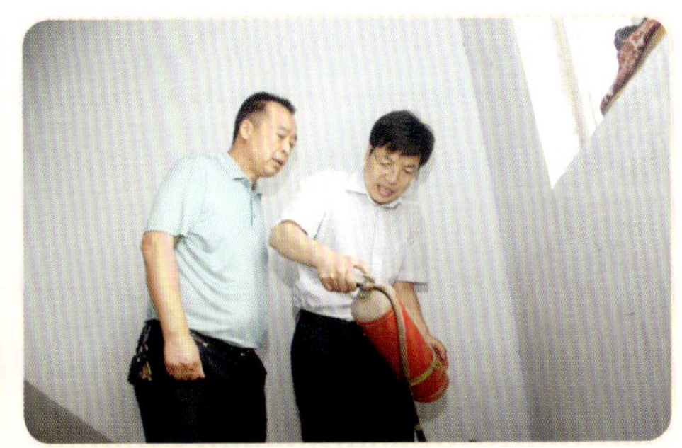
做好驻村帮扶工作，检查老年公寓隐患

郑州市地方史志办公室

2015年9月22日，副市长刘东莅临市史志办调研工作

召开全市地方史志工作会议

举办全市乡镇（街道）志编纂业务培训班

召开新密市乡镇（街道）图志、中原区街道图志评稿会

召开全市乡镇（街道）志编纂工作推进会

省史志办领导到市史志办督查工作

召开县（市）区史志工作督查会

在复旦大学举办郑州市修志编鉴业务培训班

组织郑州市史志工作者到上海国歌展示馆参观学习

“八一”前夕，主任张群保到市史志办分包的花沟王村慰问抗战老兵

组织开展省、市史志机关干部“看郑州”活动

“七一”前夕到八路军驻洛阳办事处参观

参加市直机关2015健步走活动

参加郑州市2015年元旦长跑启动仪式

组织市史志办机关干部参观中原英烈纪念馆

承办郑州市公务员大讲堂

授予：2015年度河南省地方史志工作

综合先进单位

河南省地方史志办公室
二〇一六年一月

市史志办被省史志办评为全省史志工作综合先进单位

获奖证书

《郑州年鉴》（2014年卷）荣获第五届年鉴编纂出版质量评比综合一等奖。

特发此证

中国出版协会
二〇一五年四月

郑州年鉴（2014）获第五届全国年鉴编纂出版质量评比综合一等奖

获奖证书

《郑州年鉴》（2014年卷）在中国出版协会主办、年鉴工作委员会承办的第五届年鉴编纂出版质量评比中，荣获框架设计二等奖，条目编写一等奖，装帧设计特等奖。

特发此证

中国出版协会年鉴工作委员会
二〇一五年四月

郑州年鉴（2014）获第五届全国年鉴编纂出版质量评比框架设计二等奖、条目编写一等奖、装帧设计特等奖

郑州市人民防空办公室

市人防办领导与郑州警备区领导探讨人防工作

召开人防专业队伍组织整顿暨训练会议

召开精神文明建设提升会议

举办“践行三严三实 提升创新能力”演讲比赛

开展“走进人防 触摸人防 感受人防”人防知识普及活动

开展人防《大纲》暨准军事化集训

召开人防综合演练骨干培训会

人防纳凉点开展志愿服务活动

“9 · 18”警报鸣放日开展人防行动演练

“五四”青年节开展爱国主义教育

郑州市人民防空办公室

“5·12”人防应急疏散演练

参加郑州市应急知识竞赛获得一等奖

开展人防特种救援实战演练

黄帝故里拜祖
大典保障工作

开展人防宣传活动

开展人防知识进校园活动

迎“八一”人防军事日活动

人防“准军事化”训练野外拉练

郑州市扶贫开发办公室

荥阳市扶贫搬迁项目崔庙古城社区新建文化活动中心

新密市扶贫搬迁后续扶持项目“伏羲古镇”商业外街效果图

荥阳市实施产业化扶贫，举办河阴石榴文化节

市委办公厅驻村工作队开展送服务下乡工作

市级雨露计划培训——月嫂培训

新密市焊工培训班学员实践操作

上街区扶贫搬迁项目五云社区

省畜牧专家宋云海教授对二郎庙村民进行现场指导

市农委进行农业技术现场教学

市文物局群众工作队修复惠济桥

新密市尖山风景区神仙洞村整村推进项目

荥阳市开展云客服培训

新密市乡村旅游扶贫项目古城寨景区

贫困山区区域特色经济项目——新密市伏羲山大峡谷景区

郑州市南水北调工程建设管理领导小组办公室（郑州市移民局）

2015年7月3日，国务院南水北调工程建设委员会办公室副主任张野到郑州2段王庄排污廊道工程调研

2015年7月24日，省南水北调中线工程建设领导小组办公室常务副主任刘正才到水泉沟渡槽和索河东路跨渠大桥察看防汛工作

2015年9月1日，省南水北调中线工程建设领导小组办公室常务副主任刘正才在23号泵站调研

2015年10月13日，市人大常委会副主任王铁良带队省人大机关干部察看23号泵站

驻豫全国人大代表视察南水北调工程

移民后扶观摩团到新郑市及中牟县移民村参观移民村及相关产业

郑州市南水北调工程建设管理领导小组办公室（郑州市移民局）

2015年1月16日，市南水北调办主任薛永卿带领记者到中原西路泵站、常庄水库和新郑19号口门泵站及新郑供水公司水厂参观采访

全市南水北调和移民工作暨配套工程建设“劳动竞赛”总结会议召开

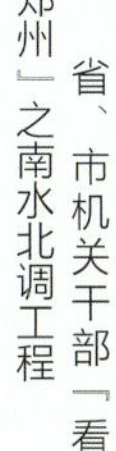

省、市机关干部「看郑州」之南水北调工程

郑州市南水北调跨渠桥梁管理移交会议召开

“三严三实”讲党课

开展捐款活动

签订责任书

南水北调干渠

中原西路泵站

中共郑州市委党校

“六一”前夕，市委党校在帮扶小学开展献爱心活动

2015年度分校工作座谈会在中牟分校召开

2015郑州市统一战线培训班开班

举办2015届中央党校在职研究生班毕业典礼

市委党校2015年秋季学期开学典礼

看望儿童福利院小朋友

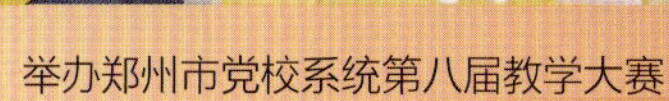

举办郑州市党校系统第八届教学大赛

郑州市卫生和计划生育委员会

2015年8月29日至30日，全国政协副主席、九三学社中央主席韩启德调研郑州市安宁疗护工作

2015年3月30日，国家卫生计生委主任李斌调研郑州市医改工作

2015年7月31日，副省长王艳玲调研郑州市社会资本办医工作

国家卫生计生委督查组莅郑督查卫生计生“十二五规划”工作

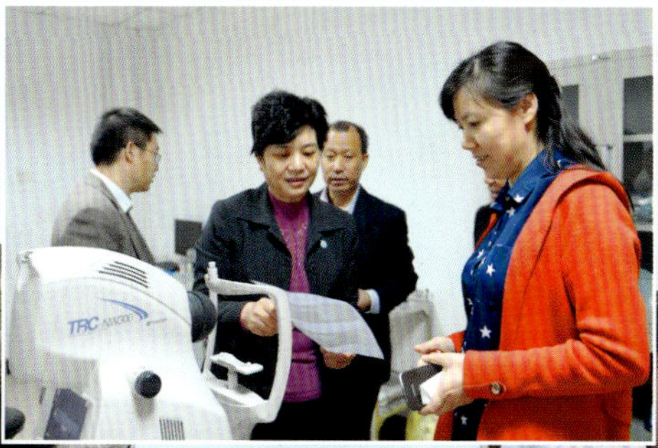

市卫生计生委主任付桂荣调研医疗服务工作

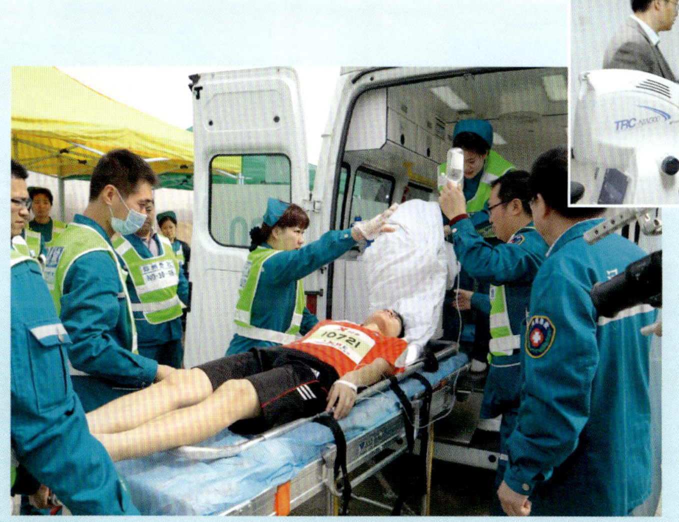

护航郑开国际马拉松赛

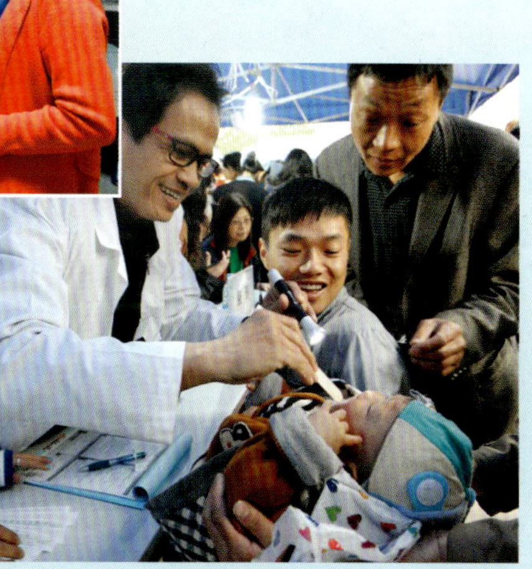

开展国际微笑行动

郑州市司法局

2015年1月23日，司法部部长吴爱英在河南文丰律师事务所视察

2015年6月2日，副市长沈庆怀到市司法局调研

“三严三实”专题教育党课暨动员部署会召开

2015年国家司法考试郑州考区报名现场

局领导察看郑州市法律援助中心新址

全市司法行政工作会议召开

市人大调研郑州市依法治市工作

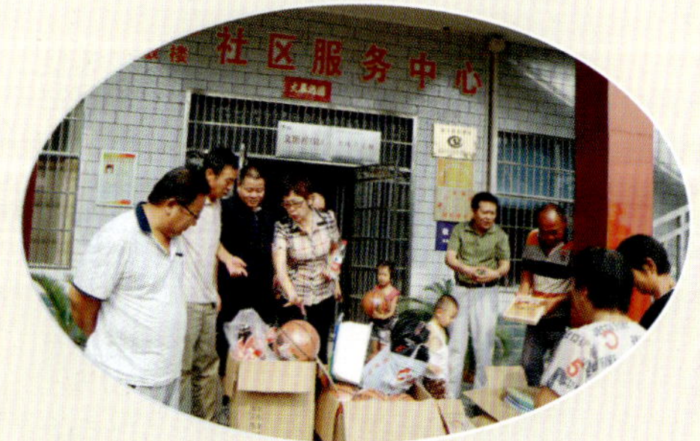

市司法局到新郑市敬楼村给村民送体育用品

郑州市基层综治民调培训启动仪式

中央电视台军事农业频道采访郑州市人民调解工作

郑州市农业机械管理局

组织参观中国农机展

召开“三秋”生产暨秸秆禁烧会

“蓝天卫士”监控平台

小麦机收

自动打捆
压块作业

玉米机收

河南黄河河务局郑州黄河河务局

黄委会副主任李春安调研根石位移智能监测系统

2015年6月9日，中纪委驻水利部纪检组组长田野到郑州花园口视察河南黄河防汛工作

2015年4月10日，河南河务局局长牛玉国调研中牟河务局领导班子和作风建设情况

由水利部司法部组成"六五"普法验组对郑州河务"六五"普法工成果进行验收

"三严三实"专题教育期间，郑州河务局组织领导干部到红旗渠接受"红旗渠精神"教育

2015年度"世界水日""中国水周"期间，郑州河务局在郑州黄河花园口景区举办"同饮黄河水，共保母亲河"义务普法活动

开展联合执法集中清除工程范围内违章建筑物

俯瞰湿地公园

郑州黄河堤防景观

郑州市地震局

“5・12”
防灾减灾日开展
防震减灾宣传

举办晋冀鲁豫交界区
地震联防会议

举行地震台站保护标志牌颁发仪式

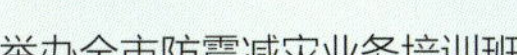

举办全市防震减灾业务培训班

开展全市防震减灾系统应急演练

通过郑州应急广播开展防震减灾知识宣传

召开全市地震系统年度表彰和目标签订会

郑州市地震局应急分队参加豫北地震应急演练

组织全局干部职工参加义务植树

郑州市体育局

郑州市组团参加全国第一届青年运动会授旗仪式

2015郑州市体育工作会议召开

郑州运动员芦玉菲在全国一青会比赛中

组织2015年元旦长跑活动

2015全国百城千村健身气功交流郑州市展示活动

龙舟竞速

2015郑港国际徒步大会

郑州市红十字会

2015年10月21日，中国红十字会副会长郭长江在郑州调研小天使基金项目运行情况

2015年7月27日，副市长刘东为红十字夏令营营队授旗

“5·8”世界红十字日广场展示活动

2015年造血干细胞捐献200例活动现场

博爱家园志愿者应急救护师资培训

春节期间开展博爱送万家活动

红十字夏令营小朋友们参观宇通公司

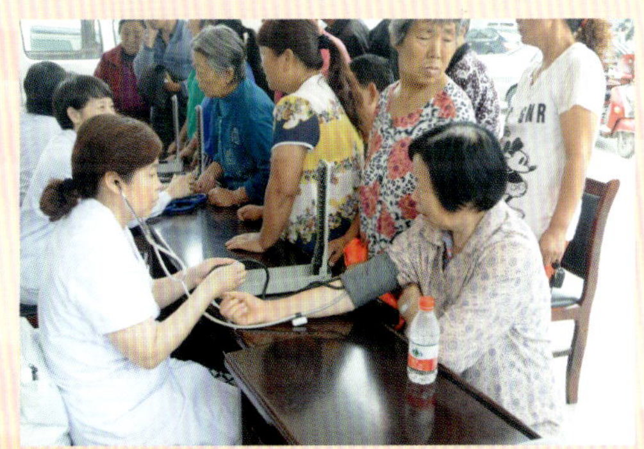

红会送医试点新密活动现场

郑州市城区河道管理处

主任王永平陪同市城管局局长赵新民在金水河视察工作

主任王永平在河区检查指导工作

党委书记邵长喜带领党员在兰考缅怀焦裕禄同志

管理处干部在竹沟革命纪念馆重温入党誓词

开展“市民看城管之看河道活动”及“未成年暑期安全教育活动”

开展职工劳动竞赛活动

开展志愿者学习雷锋活动月宣誓活动

管理处志愿者协助维护交通秩序

市建委组织省、市住建系统机关干部“看郑州”活动

郑东新区CBD商务内环“上海合作组织总理”会场外，执行安保任务的郑州公安民警

市史志办组织机关干部参观中原英烈纪念馆

市妇联举办2014年度郑州市寻找“最美家庭”活动成果交流会

市规划局女职工参加市百万妇女健身活动展示大赛

市人防办开展“准军事化”训练野外拉练

国家一级保护鸟类—大鸨迁徙落脚郑州黄河湿地

南水北调中原西路泵站

新密市乡村旅游扶贫项目古城寨景区

贫困山区区域特色经济项目—新密市伏羲山大峡谷景区

财政管理

【概况】 2015年，全市财政收支再上新台阶。全市地方一般公共预算收入完成942.9亿元，为预算的101%，增长13.1%。其中，税收收入完成699.3亿元，为预算的98.4%，增长11.7%；非税收入完成243.6亿元，为预算的109.3%，增长17.3%。全市地方一般公共预算支出完成1103.3亿元，为预算的97.2%，增长20.1%，教育等9项民生支出完成865.8亿元，增长31.5%，占一般公共预算支出的78.5%，比上年提高6.8个百分点。

全市财政工作会议召开

【财政支持经济发展】 2015年，市财政部门围绕市委、市政府重点推进的大事要事，深入研究谋划，统筹安排资金，实施稳增长、调结构、促双创、增动力十六条等一系列财政政策措施，有力促进了经济社会发展。推进财政涉企资金基金化改革。设立产业发展引导基金，政府出资3亿元，撬动中国光大实业募集资金7亿元，成立10亿元的“光大郑州新产业基金”，按照“政府引导，市场化运作”的方式，重点支持主导产业和战略性新兴产业发展。促进现代产业发展。充分发挥财政资金引导和撬动作用，市级整合投入产业引导资金107.8亿元，重点支持产业转型升级，促进现代产业体系构建。支持产业结构调整。拨付资金68.8亿元，培育壮大战略性新兴产业，改造提升传统优势产业，促进工业结构优化升级。拨付资金10.8亿元，支持现代物流、电子商务、现代金融、文化创意旅游等服务业发展，推进服务业提质增效。支持外向型经济发展。拨付资金12.3亿元，支持开放平台建设和对外经济发展。完善郑欧班列扶持政策，计划从2015年到2017年，每年按照2.6亿元标准对郑欧班列给予奖励。制订跨境贸易电子商务服务试点支持政策，对业务量达到一定标准的给予奖励。支持科技创新驱动发展。拨付资金7.3亿元，支持培育科技型企业，推动自主创新和高新技术产业发展。制订“智汇郑州·1125聚才计划”，促进人才培育引进。支持郑州航空港实验区建设。继续落实实验区土地出让收入全留和税收增量返还等财政支持政策，拨付资金85亿元，不断加大对实验区的支持力度。拨付资金20亿元，支持机场二期工程建设。安排航空发展专项资金7亿元，支持新郑机场开拓航线。争取新增地方政府债券22亿元、置换债券33.7亿元，支持实验区基础设施建设。

【保障和改善民生】 2015年，郑州市完善财政民生保障机制，新增财力向民生倾斜，确保人民群众充分享受改革发展成果。全市财政民生支出865.8亿元，增长31.5%。支持教育均衡发展。全市财政教育支出146.2亿元，增长17.5%。保障基础教育发展。拨付资金73.2亿元，继续提高义务教育小学、初中公用经费定额标准，免除134.2万学生学杂费和教科书费用，资助5万家庭经济困难生，保障教师工资足额发放。制订《郑州市2015年市对区基础教育均衡性转移支付办法》，科学分配转移支付资金4亿元，促进教育均衡发展。支持中小学建设。拨付资金4.5亿元，支持农村及城市中小学校舍建设，新建、改扩建市区中小学37所，新增学位5.3万个，新建幼儿园47所。促进职业教育和高等教育发展。拨付资金27.8亿元，实施生均财政拨款预算改革，落实职业教育和高等教育国家奖助学金及免学费政策，推动职业教育和高等教育健康发展。支持社会保障和就业发展。全市财政社会保障和就业支出78.2亿元，增长25.2%。推进创业就业。拨付资金15.3亿元，落实就业再就业财政补贴政策，全市实现新增城镇就业15万人、农村劳动力转移就业10万人。不断完善社会保障体系。拨付资金44.3亿元，继续提升社会保险待遇，城乡居民养老保险基础养老金由每人每月120元提高到138元；市级企业退休人员基本养老金每人每月增加216元。完善社会救助体系。拨付资金6.2亿元，保障困难群众基本生活，城市低保标准提高到每人每月520元，农村低保标准提高到每人每月290元。支持公共卫生和医疗事业发展。全市财政医疗卫生与计划生育支出80.6亿元，增长14.7%。提高医疗保险补助标准。拨付资金38.2亿元，新农合财政补助标准在国家规定380元的基础上提高到428元，城镇居民医疗保险财政补助标准从320元提高到380元。提升公共服务水平。拨付资金12.7亿元，加快宜居健康城、市儿童医院东区等重点医疗项目建设。拨付资金7.7亿元，基本公共卫生项目年人均经费标准从35元提高到40元。推动基层医疗卫生机构和县级公立医院综合改革。拨付资金8亿元，支持基层医疗卫生机构和县级公立医院实行药品零差率销售，实施新农合按病

全市财政工作座谈会召开

种付费和“先住院，后付费”等惠民措施。支持文化体育事业发展。全市财政文化体育与传媒支出17.3亿元，增长21.9%。深入实施各类文化惠民工程，推进公益性文化设施免费开放。加大老旧体育场馆维修改造和群众体育活动经费投入，促进全民健身事业发展。支持平安郑州建设。全市财政公共安全支出41.6亿元，增长14.3%。继续深化政法经费保障机制改革，提高基层政法机关执法办案经费保障水平。加强弱势群体法律援助，建立道路交通事故社会救助基金，维护社会大局和谐稳定。支持扶贫开发。拨付资金5.2亿元，大力推进易地扶贫搬迁，增强贫困群众就业增收能力，完成易地扶贫搬迁1.3万户、整村推进30个，实现脱贫5.5万人。

【财政助推新型城镇化建设】 2015年，郑州市紧紧围绕“畅通郑州”、大棚户区改造、城市综合承载能力提升等新型城镇化建设重点工程，不断加大资金筹措和投入力度，确保新型城镇化建设资金需求。支持“畅通郑州”建设。完善公共交通筹资机制，制订《郑州市域公共交通基础设施建设发展专项资金筹集使用管理办法》，充分发挥财政资金杠杆效应，引导撬动社会资本投资，增强公共交通项目建设资本金保障能力。加大资金投入力度，拨付资金127亿元，继续支持轨道交通5号线、2号线一期、1号线二期、“井字+环线”快速路建设，加快实施农业快速路、107辅道快速化等工程，继续推进公交客运场站、快速公交迁建等项目。发挥投融资公司作用，完善投融资公司参与“畅通郑州”重点项目建设工作机制，全年完成投资173亿元，承建项目进展顺利。支持城乡统筹发展。加大财政资金支持力度，综合考虑各种因素，科学分配财政资金，支持城乡一体化发展。争取国开行、农发行政策性贷款129亿元，采用政府购买棚户区改造服务模式，发挥财政资金撬动作用，加快推进棚户区改造项目融资。制订《郑州市中心城区储备土地成本核算管理办法》，建立土地出让收入核算体系，实行全成本核算，拨付土地出让金279亿元，重点用于支持大棚户区改造。支持生态保护和节能减排。加大对大气污染防治和水生态保护的支持力度，筹措环保资金8.3亿元，重点用于市区燃煤锅炉拆改奖补、黄标车提前淘汰补贴、洒水车购置和环境监测能力建设，支持推进污染源综合治理。支持节能和新能源汽车推广应用，拨付资金56.7亿元，推广新能源汽车3738辆。

郑州市轨道交通世界银行贷款项目启动会召开

【财政改革创新】 2015年，郑州市继续深化财税体制改革和投融资体制改革，进一步加强财政管理监督，财政科学化、规范化、信息化管理水平稳步提升。深化财税体制改革。实行全口径政府预算，编制一般公共预算、政府性基金预算、国有资本经营预算、社会保险基金预算等“四本预算”，将政府所有收入和支出全部纳入预算管理。推进中期财政规划，在7家单位试编2015-2017年中期规划基础上，全面启动市本级2016-2018年中期规划编制工作。建立跨年度预算平衡机制，制订《郑州市市本级预算稳定调节基金管理暂行办法》。继续扩大政府综合财务报告试编范围，试编单位达到9家。健全债务管理运行机制，将甄别后的地方政府存量债务纳入预算管理，争取省财政公开发行置换债券394.8亿元，腾出更多资金用于重点项目建设。推进预决算公开，预决算和“三公”经费公开范围扩大至所有使用财政性资金的部门。深化投融资体制改革。增强投融资公司融资能力，拓展融资渠道，探索政府公益性资产有偿使用、股权融资、向社会力量购买服务等融资新模式，撬动社会资本投入项目建设。跟进省新型城镇化发展基金，按照省市联动、“母子”两层方式设立子基金，建立以政府资金撬动社会资本投入新型城镇化建设的融资新机制。加快推广应用PPP模式。率先在省会城市开启政府与社会资本合作新模式，面向全国发布32个PPP项目。首批启动轨道交通3号线一期、107辅道快速化等7个示范项目，总投资353.8亿元，其中，轨道交通3号线、107辅道快速化等4个项目纳入财政部第二批示范项目。推进财政科学化规范化管理。建立税源经济信息共享平台，财政涉税信息实现动态监控和智能分析。推进国库支付制度改革，市本级国库集中支付实行电子化，市县乡公务卡制度改革实现全覆盖。推进预算绩效管理，专项支出绩效目标和评价试点范围逐步扩大。加大财政投资评审力度，送审投资479.5亿元，审减率16.9%。加强政府采购制度建设，全市政府采购规模202.4亿元，增长10.9%。加强财政监督检查，组织开展财政专项资金、会计信息质量等一系列检查，提升财政管理水平。

（陈 娜）

国税管理

河南省国税局局长孙荣洲到郑州市国税局互联网+办税服务厅调研指导

【概况】 截至2015年年底，郑州市国家税务局下辖5个县（市）局、7个市区局和市局稽查局、车购税分局共14个基层单位，65个税务分局（含2个税源管理科）。全系统有干部职工2570人，占全省总人数的7.85%，在职干部职工2013人；市局机关设17个职能处室，在职人员149人；全系统在职人员平均年龄44.08岁。全市国税系统共登记各类纳税人21.5万户，其中，郑州市局20.45万户，郑州新区局1万余户。共登记一般纳税人3.34万户，小规模企业3万户，个体工商户13.38万户，其他6000余户（在国税系统缴纳所得税企业）。市级以上重点税源1004户，主要分布在烟草、商业、金融、电信、煤炭等11个行业。

2015年，全市国税系统共完成各项税收收入347.6亿元，地方级收入完成109.1亿元，完成省局、市委、市政府分配的组织收入任务。市四大班子领导先后13次批示肯定郑州国税工作。市国税局获全省国税系统绩效管理优秀单位、郑州都市区建设三年行动计划优秀单位等称号。

【组织收入】 2015年，受经济下行、支柱行业持续下滑等因素的影响，组织收入工作面临前所未有的压力。全系统全力打好组织收入攻坚战，全年全局共组织各项税收收入347.6亿元，同比增长6%，增收19.6亿元；地方级收入完成109.1亿元，同比增长11.21%，增收11亿元，完成省局、市委、市政府分配的组织收入任务。一是强化分析导向作用。坚持收入原则，以税收分析为导向，以风险管理为抓手，依托税源管理专业化，完善和推进组织收入良性机制。紧扣税收收入分析、预测分析、风险分析和政策效益分析四个主题，突出税收分析在工作中的主导地位，多篇税收分析得到省、市领导批示，为领导决策提供参考。二是强化重点税源管理。紧盯大中型企业开展行业集中管理，实地开展调研、约谈，掌控大户情况，提升管理质效。全市1188户重点税源企业共实现入库税款234.37亿元，同比增长20.5%，占全局税收收入的67.43%，增收39.87亿元。三是强化组织收入督导。9月底，全市离全年收入目标仍有15亿元缺口，系统上下全力以赴，集中精力抓收入，将税收监控细化到天，税收预测细化到五日，牢牢把握组织收入主动权。下发《郑州市国家税务局组织收入工作督导实施方案》，综合征管、稽查、税政、风险管理等多个部门的力量，压实责任，齐抓共管。2015年实现税收收入347.6亿元，与2011年的294.28亿元相比，年均增长6.8%，有力支持了郑州国际商都建设，支撑郑州市一般公共预算收入在全国27个省会城市中前移至第6位。

【纳税服务】 2015年，市国税系统全面落实简政放权要求，深入开展便民办税春风行动，持续优化纳税服务。一是探索“智慧国税”建设。运用“互联网+”思维，打造“智能化实体办税服务厅、网上办税服务厅、手机移动办税厅”三大办税平台，打破时间、空间、区域限制，逐步形成从“柜上”到“网上”再到“掌上”的全方位、多形式办税新格局，近80%的涉税业务搬到网上，纳税人网上缴税比例达到97%，实现了“把纳税人请出大厅”的目标。二是深化国地税合作。一方面和地税合作，出台《郑州市国家税务局 郑州市地方税务局关于办税服务厅联合办税的实施方案》，全系统联合举办纳税人讲堂（税收宣传）21期次。另一方面探索新时期国地税合作新途径，成立全省首家全职能办税服务厅，每个窗口均可办理国地税业务，实现“进一家门、办两家事”。三是转变车购税征收方式。立足郑州市实际情况，科学规划、稳妥实施，在保留车购税办税服务厅的基础上，在高新区、惠济区、新郑市新建3个车购税征收点，同时新建4个车购税自助办税服务厅，形成郑州市内东西南北全覆盖的布局，最大程度方便车主办税。四是持续优化服务。按照“九统一、一推行”要求，持续推进办税服务厅标准化和升级版建设，大力推行多元办税方式，92%的涉税业务实现大厅即办，流转业务全部实现限时提速办结，初步实现纳税人办理业务时间一般不超过8分钟，办税效率不断提高。《人民日报》、央视《新闻联播》对“互联网+税务”的做法进行专题报道，市国税局获得全市政风行风评议第一名，获郑州市优化经济发展环境先进集体等称号。

【税源管理】 新一轮征管改革中，郑州市局先行先试，率先推进税源管理专业化，2015年，持续完善新的征管模式，保证新模式的有效运转。强化风险分析应对。各管理部门围绕组织收入工作精准发力，组织开展房地产企业、出口退免税企业、股权转让企业、重点税源企业、汽车经销企业、医药经销企业、黄金交易企业虚开欠税整治等专项检查和专项整治，有效地发挥管理环节、稽查环节管住管好税源的作用；推行“风险应对和后续管理平台”，形成“任务有派单、下户有审批、结果有反馈、过程有痕迹、绩效有评价”的信息技术支撑平台。2015年，全局下发风险派单2021户，入库税款2.3亿元，所得税汇算同比增长6.93%，稽查查补入库税款5.21亿元，同比增长20.48%。加强征管基础建设。成立金税三期项目组，“金三”系统在全市成功上线。制订《金税三期运维管理办法》，强化职责追究和考核，组织税源管理、发票管理和个体税收3个运维小组，共处理运维请求1000余条，问题回复率达到100%。推行增值税发票系统升级版，按照“试点先行、积极稳妥、有序合理”的推行原则，抓好环境准备、宣传培训、流程组织、优化服务重点环节，确保在全市6.2万户纳税人中顺利推行升级版系统。

【税收政策落实】 一是全面落实税制改革。稳妥推进“营改增”工作，截至2015年年底，全市营改增试点纳税人7.4万户，同比增加2.8万户，增长60.87%。全年入库增值税收入29.17亿元，与原缴纳营业税相比，试点纳税人累计减税12.9亿元，原增值税一般纳税人新增抵扣营改增进项税额17.81亿元，两项合计减少纳税人负担30.71亿元。二是落实税收政策。2015年，郑州市国税部门落实国家一

全省首家全综合全职能国地税联合办税服务厅在中原区揭牌成立

系列结构性减税政策，共为各类企业办理减免退税62亿元。落实出口退税政策，定期收集整理"一带一路"沿线国家的税收征管动向，鼓励企业走出去、扩大出口，办理出口退（免）税30.95亿元；落实小微企业税收优惠政策，鼓励大众创业，减免所得税3.7亿元；落实高新技术企业优惠政策，鼓励万众创新，减免所得税1.64亿元；落实福利企业优惠政策，促进残疾人就业，减免税收2.7亿元。三是推行权力清单制度。4月，在全省国税系统率先推行权力清单制度，以"清权、减权、制权"为核心内容，进一步规范税收执法权力。对税务行政许可、税务行政征收、税务行政强制、税务行政检查和其他税收执法权力等五大类权力事项进行全面梳理。共梳理市局权力6类16项，编制权力流程图16幅，梳理县（市）区局权力6类25项，编制权力流程图25幅，制约权力运行，规范税务执法。

【党风廉政建设】 一是强化两个责任，构建齐抓共管新局面。把党风廉政建设同税收工作同部署、同督导、同落实，做到"逢会必讲，逢讲必重"。注重发挥市、县两级党组中心组学习的引领作用，把党风廉政建设作为必学内容，强化"两个责任"的认识。二是加强纪律建设，形成作风建设新常态。制订下发《郑州市国税局严守政治纪律严明政治规矩专项治理工作方案》，组织全系统党员干部签署"党员干部严守政治纪律严明政治规矩承诺书"，签署承诺书1941份。开展落实中央八项规定专项监督检查，共发现5个方面的19项问题，逐一反馈问题并限时整改。开展明查暗访3次，发现5大类9条问题，涉及13个单位45人，予以通报并督促整改。三是保持高压态势，实现纪律审查新转变。坚持"一案双查"，把纪律审查放在突出位置，运用监督执纪"四种形态"，坚持抓早抓小。全年共开展一案双查15起，组织核查信访问题线索12起（立案2起），开展警示教育4次。四是整合监督资源，探索两权监督新途径。将廉政建设渗透税收工作的各个方面，对税务干部行使行政管理权和税收执法权进行全过程、全方位的监督。2015年，全系统没有发生税务人员被检察机关立案查处的情况。

【绩效管理】 高标定位，稳步推进绩效管理。2015年是总局确定的"绩效管理推进年"，郑州市国税系统强力推进绩效管理工作。一是建立组织体系。成立绩效管理工作领导小组、考评委员会和绩效办，配备专职绩效管理人员。二是构建指标体系。在全面承接省局绩效指标的基础上，区分不同对象的不同情况，制订县局、区局、稽查局、车购税分局和机关处室的不同指标体系，实现指标分类管理，促进指标和工作融合。三是完善运转机制。建立过程监控机制，下发《重点工作任务分解表》，对重点工作完成进度跟踪监管，推进重点工作落实。建立按月考核、按季分析、系统考评和人工考评相结合的考评机制，对考核结果进行分析，每季度形成绩效考评分析报告，针对问题研究改进措施，跟进督促整改，达到持续改进的目的。建立结果运用机制，下发《郑州市国家税务局绩效考评结果运用办法》，激励先进，鞭策后进。四是强化督考合一。把督察督办作为"谋划、决策、执行、督察、反馈"工作链条的重要环节，让绩效查摆问题、督察整改落实成为常态。2015年，结合绩效考评结果，开展两次系统督察，下发《整改通知单》15期，推进工作改进提升。五是推行个人绩效。按照"明晰岗责、借鉴经验、解放思想、强力推进"的原则，探索构建个人绩效指标体系，实施《个人平时考核工作任务单》管理，使干部职工切实感受到"人人都有责任、人人皆是关口"，引导干部职工干事创业。

（许培娟）

地税管理

【概况】 2015年，市地税部门强化组织收入工作，全市共组织各项收入375.54亿元，同比增长5.3%，增收18.79亿元；税收357.96亿元，同比增长6.21%，增收20.94亿元；地方级税收301.19亿元，同比增长6.84%，增收19.27亿元。将全年税收目标分解，由年初下达计划、年底考核改为逐月下达目标任务，具体量化落实到每旬、每月，均衡调配全年收入任务，防止收入的大起大落、陡升陡降，做到以旬保月、以月保季、以季保年。对确定的每旬、每月税收目标，实行市局班子和包点处室与基层单位责任连带机制，将税收目标完成情况与处室绩效考核挂钩，调动全市干部职工参与组织收入工作的积极性，圆满完成税收任务。继续推进精神文明创建活动，市局机关通过全国文明单位复查，稽查局通过省级精神文明建设标兵单位验收，4个基层单位通过省级文明单位复审，1个单位获得省级青年文明号。组织全系统青年文明号号长培训，开展以创建文明窗口、青年文明号、青年岗位能手为主要内容的群众性精神文明争创活动，2人获得"河南省青年卫士"荣誉称号，3人获得"郑州市青年卫士"荣誉称号。

【税收征管】 为适应金税三期新环境，克服因新旧系统切换、数据迁移、系统磨合不稳定等不利影响，市地税部门逐户核实计算机定税户的实际税负，共核实双定纳税人17.09万户，月增定税28万余元，全省首家开展并完成全市个体工商户2015年度定税工作。随机抽取可能存在风险的纳税人和零申报户，进行实地突击检查，核对经营面积、设备、成本支出等经营信息，及时掌握纳税人的生产经营形势和动向，对存在异常情况的零申报户以及连续3个月零申报企业，进行纳税评估，规范管理。组织全市税收征管现状、房地产税收管理等八项专题调研，形成税收分析报告，根据分析情况，针对征管薄弱环节，提出强化税种、行业和重点税源的管理措施，进一步规范管理。加大欠税清缴力度，对欠税10万元以上的信息进行核实，逐户制订清欠计划，对200万元以上欠税企业按季进行公告；实行清欠周报制度，每周汇报欠税清缴进度，共清理欠税4.5亿元。

【科技兴税】 一是金税三期优化版系统平稳上线。建立金税三期上线运行反馈机制，及时开展新旧系统差异分析，按照要求完成相关业务测试，组织编写《金税三期业务操作规程》，制订各项应急制度和值班制度，进行全员实战模拟演练，实现金税三期平稳上线、顺利运行。二是业务档案电子化管理系统试点成功。按照待办事项清理、用户多身份确认、上报档案系统县区局系统管理员、新系统初始化、启用新系统的工作步骤，实现市级集中到省局集中的平稳对接，正式开始使用省级集中的业务档案系统。截至年底，全市13个单位采集整理纸质档案共计53万户，归档共计51万户，整体归档率为96.6%。三是税源经济信息共享平台地税需求编写顺利完成。成立项目组，抽调业务骨干，收集涵盖全部地税业务所需的第三方信息需求，充分发挥信息管税的优势，开发具有郑州地税特色的税源经济信息共享平台查询比对功能，充分解决第三方信息获取难的矛盾，更好适应税收管理改革的要求。

【税种管理】 2015年，市地税部门狠抓日常管理薄弱环节，攻克清理难点，全覆盖推进全市营业税清理工作，共清理补缴税款2.86亿元。建立“新系统、新报表、新软件”宣讲机制，加强企业所得税汇算清缴，全市共有3.82万户企业参加汇算，同比增长7.93%，应补所得税12.09亿元，增收4.38亿元。设立12万元以上自行申报专用窗口，推行专人受理、专户保管等举措，全市有2.84万人办理个人所得税自行申报，补缴个人所得税1080万元，申报人数、收入总额、应纳税额等五项指标位居全省第一。创新土地增值税动态管理机制，深入开展土地增值税清算“讲、评、学”活动，入库土地增值税29.22亿元，同比增收2.94亿元，增长11.2%。完善印花税分类征收办法，入库印花税4.52亿元，增收0.38亿元。优化“以地控税、以税节地”项目，关联核实土地信息3.46万条，补征税款2570万元。加强与国土部门协调沟通，集中开展耕地占用税税源摸底排查，及时督促用地单位结清税款，入库耕地占用税8.61亿元；全年“两税”收入36.38亿元，增收1.27亿元。

【依法行政】 2015年，市地税部门开展依法行政示范单位创建活动，推进法治税务示范基地建设和普法讲师团、法治顾问团建设，建立法律法规知识题库，举办税收法制骨干培训，组织1592名执法人员进行业务轮训和税收综合法律知识考试，切实提升干部队伍的法律素养。按照事先防范、过程控制和事后纠错的思路，设定预案，统一标准，使法制审核风险管理制度化、规范化。按照行政处罚预先审核制度要求，审核行政处罚案件25起，处罚金额2900余万元。邀请法律顾问、专家学者、检察院人员组成案件审理顾问团，对10起重大税务案件进行集体审理，涉案金额1100余万元，有效防范税收执法风险。落实税收执法权力清单，编制岗位权力运行流程图，主动接受社会监督。

【稽查保障】 2015年，市地税部门依托风险应对机制，对高风险纳税人开展定向稽查，进一步提高税务稽查准确性。深化“稽查案卷质量提升年”活动，建立稽查案源信息库，深化电子查账技术应用，加快推进税务稽查现代化。开展税收专项检查和重点税源专项检查，大力打击发票违法犯罪行为，规范举报、协查案件办理，切实维护税收执法刚性，查补稽查收入8.01亿元。与公安、国税等部门密切配合，开展打击发票违法犯罪“蓝天行动”，保持对发票违法犯罪高压态势，查处违法案件118件，涉及金额1.75亿元，查补收入1233.94万元。

【内审工作】 市地税部门综合考虑基层特点，重构内部控制业务框架，初步建立以“制度”和“制约”两个层次为主导，既涵盖税收执法全过程又覆盖行政管理各领域的内控机制，实现预算、收入、支出、执法等关键业务流程化控制，使经费使用得以规范，权力运行得以监控，监督制约得到加强。对基层单位调整岗位的35名副科级所长、办税服务厅主任、稽查局局长，进行任期经济责任审计。审计基建项目13个，涉及建设资金550万元，审减金额28万元，规范资金使用，遏制浪费。

【纳税服务】 市地税部门深入开展“税务人走进纳税人”大走访活动，各级党组成员带队走访“双百”企业和重点税源企业，深入企业一线，听取企业心声，征求意见和建议，询问困难和涉税诉求，共走访企业纳税人3712户，收集各类问题和建议327个，解决315个，解决率96.33%。全面落实《全国税务机关纳税服务规范》，将纳税人依申请和税务部门依职权服务事项，前移到办税服务厅集中办理或受理，实行“首问责任制”和“一次性告知制度”，全面推行涉税事项“一厅式办结”，发放35万份《“一厅式”办结告知卡》。创新流程前置和资料预审的服务理念，单笔业务办理时间由4.5分钟压缩到3分钟，一次办结率达98%。集中开展解决“办税难”百日整治活动，进一步提升办税服务厅的服务质量和服务效率。

明确支持“大众创业、万众创新”等多项优惠政策，大力服务民生和“双创”发展，全年为纳税人减免各项税款14亿元。加大小微企业减免政策宣传力度，发放《税收优惠政策宣传册》3.3万册，为小微企业办理减免税4.2万户，减免税款近0.9亿元，全面支持经济社会发展。

【监察工作】 市地税部门各级纪检监察机构落实监督执纪问责的意识日益增强，逐步树立“将不该管的交出去，该管的管起来”的工作理念，监督触角向更深层次延伸。前10个月，市地税局纪检组对127名提拔交流干部的个人重大事项进行备案，严格执行党组会、局务会、“三重一大”事项等监察室主任列席制，对30余项大额经费支出进行监督。初步实现让监督成为一种常态、让被监督成为一种习惯。充分运用“互联网+监督”模式，搭建新型电子监察平台，按照风险预警、督察督办、信访举报、问题线索、案件管理、反腐倡廉考核6个功能模块，对税收执法和行政管理风险实施动态监控和责任追究，电子监察平台初步搭建完成。

承建的省局数字化廉政教育基地成功试点运行，省局公共展馆和31个基层单位展厅上线运行情况良好。以“廉郑先行”为理念打造郑州展厅，并积极推进教育基地向县（市）区局延伸。结合发生在身边的故事，自创廉政微电影《梅花》《一碗饺子》，制作公益广告《出门饺子回家面》《坚守》等，承办《全省地税系统税务人员违纪违法典型案例汇编》编纂工作，系统总结全省100个真实案例，充分发挥警示预防作用。

（王全堂）

城乡建设与环境保护

建设行业管理

综 述

【概况】2015年，郑州市城乡建设事业认真贯彻落实中央、省、市决策部署，围绕全市“三大一中”战略定位，主动融入“三大主体”建设，各项工作实现持续快速平稳发展。“畅通郑州”工程建设大头落地，圆满完成了“十二五”市政重点工程的收尾工作；完善市场诚信体系，强力推进全省“四库一平台”监管系统建设；不断规范建筑劳务市场秩序，推进建筑劳务用工实名制和一卡通管理；扎实开展无障碍建设工作，郑州市获评国家无障碍建设示范市，荥阳市获评国家无障碍建设示范县（市），新郑市获评全国无障碍建设县（市）；质量安全监管水平持续提升，颁布实施了《郑州市建设工程施工安全管理条例》，深入推进建筑扬尘污染综合整治工作；建筑产业现代化稳步推进，编写技术规程11项，中建七局PC构件生产基地被住建部命名为“国家住宅产业化示范基地”；加强行政立法，《郑州市建筑市场管理条例》等通过立项；深入推进“五单一网”制度改革，行政权力运行更加规范。同时，在加强行业日常监管、统筹村镇建设、依法开展房屋征收、拟制全市城建计划、组织建设系统招商引资以及行业精神文明建设等方面取得了显著成效。

2015年各项任务的完成，标志着“十二五”主要目标的顺利实现。“十二五”期间，中心城区“大井字+环线”快速路网体系基本建成，郑州跨入立体交通“快时代”；建筑企业总产值突破1500亿元大关，传统支柱产业地位更加凸显；工程质量安全标准化建设全面推行，连年获得行业最高质量奖；绿色建筑推广全省率先启动，建筑节能进入新阶段；行政体制改革扎实推进，行业监管体系更加科学；连续3届保持全国文明单位称号，政风行风建设成效明显。

【市政重点工程建设】2015年，“畅通郑州”工程建设各项工作圆满完成，累计完成投资161亿元。陇海快速路（除铁路代建外）于10月31日全线通车；京广快速路北延于9月18日通车；商鼎路下穿中州大道隧道，未来路、城东路下穿金水路隧道分别于8月29日、10月1日、10月31日按期通车；全市首个PPP项目107辅道快速化开工建设；紫荆山南延工程郑航北路至南四环段于12月底通车；完成支线路网工程128条，266条支线路网项目全部完成。

“十二五”期间，积极推进“畅通郑州”工程建设，累计完成投资709.65亿元，同比增长约250%，新增通车里程360公里，其中快速路90.99公里，优化了城市路网结构，改善了城区交通状况，提升了城市承载力，奠定了打造国际商都的硬件基础。着眼优化城市“大动脉”，谋划建设“大井字+环线”快速路网系统，三环快速化、陇海快速路、京广快速路及相关配套道路建成通车，农业快速路加快推进，快速路从无到有，通车里程近百公里，占“十二五”新增道路的25%，郑州市跨入城市立体交通“快时代”。着眼打通交通“肠梗阻”，谋划实施城市准快速路、主干道、隧道、桥梁等一系列工程，高阳桥大修、13座跨南水北调桥梁、北三环、黄河路下穿铁路编组站、107辅道下穿高铁东站隧道、3条下穿中州大道隧道、2条下穿金水路隧道以及紫荆山南延、金水路西延等建成通车或加快推进，节点道路通达性不断提高。着眼畅通道路“微循环”，谋划推进了线路网工程，“十二五”期间，完成各类支线道路292条，总长度261公里。

郑州市三环路快速路

【村镇建设】2015年，全市27个重点镇完成基础设施建设项目129项，总投资20亿元。争取中央、省级资金1763万元，完成农村危房改造2600户。获批省级传统村落5个，被省推荐评选国家级7个；获批省级美丽宜居镇、村庄试点18个。“十二五”期间，积极突出小城镇战略地位，完善发展政策和措施，制定《郑州市人民政府关于以新型城镇化为引领协调推进小城镇建设发展的意见》（郑政〔2013〕226号），全市39个重点镇（2013年调整为27个）累计完成基础设施建设774

项，总投资85.5亿元。申请中央、省级资金8834万元，改造农村危房11851户。获评国家级传统村落2个、省级传统村落17个。

【房屋征收】 2015年，依法实施房屋征收，审核征收补偿方案9个，备案房屋征收决定10个、补偿决定19个。积极参与10余项市政重点工程房屋征收。排查解决拆迁工地清零问题，共达成征迁协议4136户，完成率96.7%。"十二五"期间，围绕解决交通拥堵、棚户区改造、城市扩容等系列民生问题，坚持依法征迁、合理征迁，城市发展空间进一步拓展，全市国有土地上累计实施房屋征收项目50个，总面积约298.96万平方米、总户数18078户，承担市政重点工程房屋征收任务10余个，总户数9500余户、总面积210万平方米。

【行政审批制度改革】 "十二五"期间，按照郑州市第十轮行政审批制度改革要求，取消行政审批事项2项、非行政审批事项3项，调整为事后监管事项2项，所有审批事项全部纳入办事大厅，并大幅压缩了办事环节和办理时限。深化行政审批"两集中、两到位"改革，任命首席代表，成立行政审批办公室，严格按照"批管分离"要求，重新研究梳理审批流程，细化批前服务、事中支持、批后监管程序标准，进一步提升了审批效能和服务质量。

【"五单一网"制度改革】 2015年，按照郑州市"五单一网"制度改革要求，市建委以改革加快职能转变，规范权力运行，按照"法无授权不可为""法定职责必须为"的要求，全面梳理行政权责清单事项380项。并按照"逐一对应、权责明晰、高效便民"的原则，逐一编制修订权力运行流程图和服务承诺，按照要求逐步开展政务服务网建设。

【监管权限下放】 "十二五"期间，针对全市集体土地上的建筑活动监管问题，市建委先后出台《郑州市关于加强集体土地上房屋建筑活动管理的通知》《市建委关于支持加快郑州市安置房建设的工作意见》，向市内五区下放了安置房、城中村改造、集体土地建设以及公共建筑装修装饰等相关工程审批及监管事项，并按照"传、帮、带、督、管"的原则，协助各区组建了监督机构、培训了监管人员，各区属地监管能力不断增强，进一步理顺了市、区两级的监管体制，消除了集体土地的监管"盲区"。体制机制创新发展，探索建立了市场现场两场联动、市级区级两级互动、政府市场两方驱动的监管机制。

（陈恩军 朱书伟）

建筑业管理

【概况】 2015年，全市建筑施工企业完成总产值1409亿元，同比增长4%，年产值超100亿元企业达5家、超10亿元企业达44家，特级、一级企业产值占总产值的70%左右。鼓励科技创新，推荐新技术示范工程42项、省级工法36项，申报QC成果79项。健全两场联动机制，全面开展建筑市场综合治理，建筑市场秩序进一步规范。加强行业诚信体系建设，积极推广全省建筑市场监管"四库一平台"系统，发布企业"红黑榜"信息31条。规范劳务市场，组织开展"大排除，大协调"和拖欠隐患排查治理等活动，清理工程款及民工工资115起，涉及金额8549.6万元。提升服务水平，简化企业换证程序，取消不必要证明3项。"十二五"时期，建筑业发展改革大力推进，全市施工企业累计完成总产值5774亿元，同比增长190%，建筑产业支柱地位更加稳固，在城乡建设、增加税收、吸纳就业等方面发挥了重要作用。市场秩序不断规范，严格市场"准入清出"，累计清出各类不合格企业583家，总淘汰率15%。建立预防拖欠工作机制，累计清欠农民工工资2.09亿元、工程款4.52亿元。加强科技创新，全市创省部级工法120余项，获专利近百项，"四新"技术广泛用于市政工程建设，取得较好的经济和社会效益，研发国内最大矩形盾构机用于中州大道下穿隧道工程，实现安全环保、零断行等综合效益；后注浆灌注桩技术用于三环快速化、陇海快速路工程桩基施工，实现节约资金近10亿元；热拌温压沥青工艺大规模用于陇海快速通道高架桥工程，解决北方冬期沥青铺设难题。

【招标投标监管】 2015年，郑州市建筑行业招投标监管不断规范，进场工程交易量3030项、交易额880亿元，其中市建委监管项目523项、工程造价223亿元。积极完善电子标书和计算机辅助评标系统系统，加强招投标代理机构管理，规范招标代理行为。打造星级服务升级版，做好专家入库、抽取服务和动态管理，不断深化"绿色通道"服务，做好铁路、水利和市政重点项目的服务和对接工作。"十二五"期间，进入郑州市有形市场交易工程11800多项、交易额2500多亿元，郑州铁路工程项目纳入郑州市招投标交易市场。

【工程质量监管】 2015年，严格质量终身责任，深化监督模式改革，全面开展工程质量治理两年行动。坚持精品引路，前移监督关口，开展质量通病防治。突出监管重点，加强对保障房、城中村改造、轨道交通工程、市政重点基础设施工程的质量监管，积极为重点工程保驾护航。推进工程实体质量和行为质量标准化建设，着力培育精品工程。全年创鲁班奖2项，国家市政金杯奖4项，詹天佑奖1项，省商鼎杯、中原金杯、中州杯奖共65项。市政工程质量监督任务保质保量完成，全年监督市政工程183个，重点市政工程质监率100%。"十二五"期间，狠抓建设工程质量管控，扎实推进工程质量标准化建设，质量监督到位率、竣工工程合格率均为100%，创土木工程詹天佑奖2项、鲁班奖19项、国家市政工程金杯示范奖9项，省级各类质量奖369项。

【建设安全监管】 2015年，全市建设安全生产形势总体向好，未发生较大以上安全生产事故，全年创省级安全文明工地61项。严格落实企业主体责任，提高企业自控能力。强化科技兴安，大力推广建筑工地远程监控系统。加大隐患排查整治力度，开展安全生产隐患大排查大整治。开展建筑工地彩钢板房

10月31日，陇海路快速通道工程全线建成通车

消防安全专项整治，共排查临建板房24811间，开具限期整改通知书609份。强化安全生产法制改革，《郑州市建设工程施工安全管理条例》正式实施。“十二五”期间，大力推广安全生产标准化工作，进一步提高全市建设施工现场管理水平，累计创省级安全文明工地559项。

【扬尘综合整治】强力推进建筑工程扬尘综合整治工作，全年累计查出各类文明施工问题46376条，开具整改通知单13386份，下发督办催办通知书414份，立案查处478起，行政处罚942万元，实施财政扣款209家、共计2090万元。在国庆大阅兵及上合会议期间，全市城乡建设系统高标准、严要求，做了大量卓有成效的工作，为“阅兵蓝”“上合蓝”做出了突出贡献，得到了市委、市政府和社会各界的高度认可。“十二五”时期，牵头抓好建筑扬尘综合整治工作，出台《郑州市建设工程施工安全管理条例》，开发应用“综合监管系统”，调整扬尘污染防治费率，建立有奖举报制度，引入第三方治理，加大媒体曝光力度，累计查处扬尘问题5万多个，下发整改通知单1.5万多份，实施财政扣款317家、扣款3170万元，行政处罚478起、罚款942万元，为“蓝天郑州”工程做出了积极贡献。

【加强法治建设】2015年，郑州市修订了《郑州市建筑市场管理条例》，全面推进服务型行政执法工作，加强“五星级执法监察队伍”建设。不断加大违法建设查处力度，全年立案查处工程68项，执行罚款1.1亿元。“十二五”期间，坚持依法治建，狠抓法制宣传教育，加强法律法规学习培训，加强服务型行政执法建设，全面梳理行政权责清单事项380项。明确执法项目、执法依据、执法权限和执法责任，依法公开权力运行流程，严格规范行政执法自由裁量权行使，出台《郑州市建设工程施工安全管理条例》，着手修订《郑州市建筑市场管理条例》《郑州市国有土地上房屋征收与补偿管理条例》等法规政策，广泛开展依法行政观摩交流活动，成功创建省住建厅“五星级执法监察队伍”。累计立案调查违法建设工程360项，涉案违法当事人923个，催缴罚款总额2亿多元。

（陈恩军 朱书伟）

勘察设计业管理

【勘察设计】2015年，全市勘察设计业完成合同金额57亿元、同比增长10%，完成营业收入86亿元、同比增长32%。从方案评审、施工图审查环节严格把关，落实推进光纤到户、绿色建筑、建筑节能、抗震设防、无障碍建设

10月31日，经三路—城东路下穿金水路隧道工程按期通车

等工作，郑州市获评国家无障碍环境市县先进城市。

【标准定额管理】加强造价咨询企业和行业从业人员管理，及时批复补充定额缺项子目11项。印发市建委《关于郑州市调整建设工程施工扬尘污染防治费的通知》，为控制郑州市建筑扬尘污染提供了保障。“十二五”时期，推进建筑设计创新创优，提高勘察设计质量和水平，高强钢筋推广经验被全省学习，《轨道交通工程单位估价表》及《隧道分册》填补全省空白，郑州市成为全国首批现场标准员岗位设置试点城市。

（陈恩军 朱书伟）

建筑节能

【建筑节能发展】2015年，新建建筑节能标准执行率和实施率均保持在100%。建筑节能保持全省领先，节约标准煤21.41万吨，新增可再生能源应用建筑282万平方米，约占全省的1/3。绿色建筑稳步推广，已申报绿色建筑标识项目28个、建筑面积478.32万平方米，通过施工图审查项目31个、建筑面积97.5万平方米。“十二五”期间，严格执行居住建筑节能设计标准，城区建筑节能标准执行率、实施率以及县（市）实施率均达100%。可再生能源建筑有序推广，既有建筑节能改造加快实施。绿色建筑推广完成顶层设计并在全省率先应用，提出了全市大型公共建筑、保障性住房必须达到一星级及以上标准、政府投资的公益性建筑必须达到二星级及以上标准的强制性要求，同时努力推进三星级示范项目。建筑产业现代化稳步推进，修改完善行业发展政策，编写技术规程11项，中建七局PC构件生产基地被住建部命名为“国家住宅产业化示范基

郑州市建委召开郑州市执行绿色建筑标准宣贯会

地”，确定中建观湖国际一期14号楼为郑州市首个装配式建筑示范工程。

【墙体材料革新】 2015年，全市新型墙材产量41.2亿块标砖，征收新型墙材基金1.74亿元，征收率100%，超过省住建厅88%征收目标，返退8400万元，返还率86%。“十二五”期间，墙材革新稳步发展，加强新型墙材确认产品管理，整顿规范蒸压加气混凝土砌块行业，禁实、禁黏成效明显，市区无黏土砖使用情况，所属乡（镇）提前1年实现“十二五”“禁实”目标。

【散装水泥、预拌混凝土、预拌砂浆“三位一体”推广】 2015年，全市散装水泥、预拌混凝土、预拌砂浆分别推广1273.25万吨、1607.16万立方、102.04万吨，城市“禁现”保持90%以上，征收散装水泥专项资金1954.62万元。“十二五”期间，全市预拌砂浆生产、供应、物流能力进一步提高，“三位一体”发展模式良性推进，累计推广散装水泥、预拌混凝土、预拌砂浆6183万吨、6111.11万立方米、359.67万吨，郑州城区“禁现”率保持90%以上，所有县（市）区均被省商务厅评为“河南省农村发展散装水泥示范县（市、点）”，农村各乡镇散装水泥网点供应覆盖率达80%以上。

（陈恩军　朱书伟）

城乡规划与管理

城乡规划编制

【概况】 2015年，郑州市规划局认真贯彻落实市委全会精神，深入践行“三严三实”，贯彻落实“三查三保”，紧紧围绕“抓改革创新、强投资开放、促结构转型、求民生改善”的总要求，坚持规划引领，推进项目实施，全力服务经济社会发展。共完成规划编制202项。其中，总体规划5项，城市设计3项，交通规划28项，市政规划10项，专项规划5项，片区和项目控规151项。市政府、开发区共批复城中村、合村并城、旧区改造等建设项目控规148项，批复总用地约4574公顷，总建筑面积约6178万平方米，估算项目土地、建安总投资约3168亿元，拉动配套项目建设投资约630亿元。

【郑东新区北部区域概念性总体规划（2014-2030）】 2015年2月，《郑东新区北部区域概念性总体规划（2014-2030）》获郑州市人民政府批复。规划范围：西起中州大道，东至京港澳高速辅道，南起连霍高速，北至黄河南岸，规划面积约111平方公里。其中，城市建设用地面积42平方公里。规划期限：2014-2030年，其中，近期为2014-2020年，远期为2021-2030年。规划理念：整合转型，生态智慧，有机聚合，产城融合。功能定位：围绕“中原智慧核、郑州生态城”的核心目标，确定规划区的主体功能定位为生态智慧新都。具体定位为：新型城镇化示范区、智慧型创新服务区、国际创新创意人才宜居区、生态型城市精品区域。规划目标：以电子信息、金融服务、科技研发为主导产业，打造“生态智谷”，构建牵引郑州市飞跃发展的智慧新都；以沿黄文化和生态为特色，依托郑东新区CBD和黄河滨河景观，建成一座以低碳生态、宜居宜业的生态宜居新城；走出一条以人为本、四化同步、生态文明、文化传承的新型城镇化道路。人口规模：北部区域城市人口规模为43.5万人，总人口约45万人。产业布局规划：打造都市区生态休闲胜地，构筑复合高效、集聚辐射、文化示范、生态和谐的生态智慧新区。沿黄生态区域产业定位：以沿黄生态旅游、沿黄文化休闲、都市休闲农业、循环农业为主的生态休闲旅游示范区。城市功能区产业定位：发展软件产业为主的信息技术产业、高技术服务业、泛旅游产业、商贸服务业、高端商务服务、教育培训于一体的区域性智慧型服务核心。

城乡用地布局：区域总体规划结构。将全域总体布局确定为北部生态旅游、南部城市，以全域均衡式发展的战略视角明确未来发展重点。构建两区4点，即中心城区+沿黄生态旅游保护区+4个合村并点社区的城乡一体化发展框架。功能区规划结构：规划区空间结构为“金轴智环，环环相扣，多元联动”的空间发展格局。通过纵向南北向金融主轴和环形的“金轴智环”结构，打通基地与郑东新区以及中心城区的联系，串联三个城市组团，联系多个高新技术创新创意园区，发挥产业集聚优势，协同促进，多赢共生。规划强调功能的多元与复合，提倡功能区的适度混合。花园口、中心、祭城三个城市组团用地布局规划在满足主导功能的情况下，对其他配套功能的各类用地统筹安排。北部区域范围内总用地面积约111平方公里，非建设用地约60平方公里，建设用地约51平方公里，其中城乡居民点建设用地约44平方公里，包括42平方公里的城市建设用地和2平方公里的村庄建设用地。公共服务设施布局：采用分级配置的布局思路，采用综合职能和专项职能相结合的方式、多层次的服务中心，构建生活方便快捷的宜居城市。形成一核带两心、多点映全城的布局结构，即一个区域级服务核心，两个片区及服务中心，多个居住商务区级服务节点。

综合交通策略：提倡“交通枢纽+廊道”的TOD发展模式，形成公交主导的生态型公共交通示范区。内联与外接，构建环形+放射路网体系，实现“10+10”机动化出行目标。依托区域生态体系，倡导绿色交通出行，构筑“3+3”慢行体系健康新城。铁路：现状京广客运专线、在建郑徐客专；规划环城铁路及2处铁路货运站。高速公路：连霍高速和京港澳高速，形成“十字形”国家干线结构；1处高速公路互通立交，3处高速公路出入口。快速通道：“两横四纵”快速通道。公路客运站：规划1座二级客运站。规划形成“两横四纵”的快速路系统，“三环三横六纵”的主干路网格局以及“九横十纵”的次干路系统。

【郑州市中州大道沿线城市设计】 2015年6月，《郑州市中州大道沿线城市设计》经市规委会研究通过。本次城市设计范围为中州大道（黄河桥—南绕城高速）两侧各1—2个街坊，全长32.4公里，规划面积42.7 平方公里。规划将中州大道定位为：以巨型公园为装点的，以各个功能系统组结为支撑的，21世纪“中原绿城”郑州的核心展示走廊。规划结构为“东西联动、多点缝合；三段五区、一脉统领”。三段，即：北段（黄河大桥—北三环）、中段（北三环—陇海铁路）、南段（陇海铁

中原大道城市设计研创智段效果图

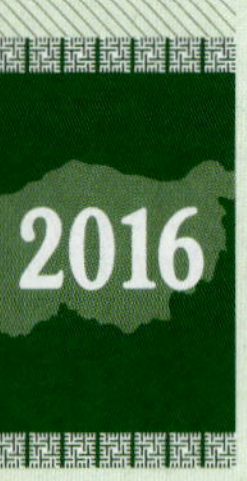

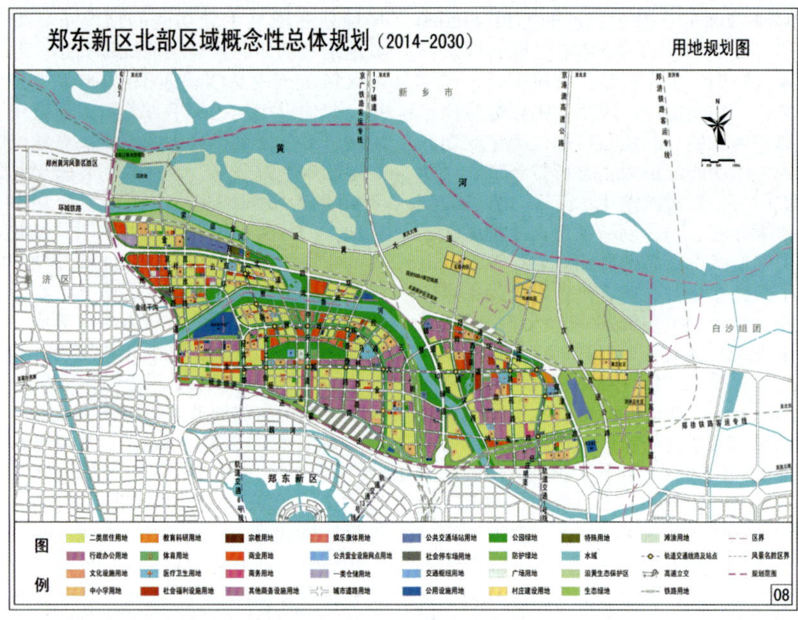

北区总规用地规划图

路—郑州绕城高速）；城市设计围绕城市总体空间连续性和品质景观的建构要求，以更好地展示郑州城市发展及建设成果为目标，展开中州大道沿线城市意象重要元素的整合重构。一方面，将构成城市景观画面前景的，有层次、有内容的巨型公园系统的建设作为首要关注点，全面梳理沿线道路交通系统等城市设施的布局，引导沿线建筑界面的风貌和相关功能控制。另一方面，将有可能形成的巨型公园作为沿线地区发展的重要优势，通过巨型公园的建构，促进中州大道东西两侧的联动发展和功能缝合。规划以“巨型公园”的构建为整合着力点，根据用地情况和建设条件，将中州大道沿线区域划分为5个主体段落，即低碳乐活区（黄河桥—贾鲁河）、水岸新都区（贾鲁河—新龙路）、城市森林区（新龙路—陇海铁路）、门户活力区（陇海铁路—南三环）、绿野风情区（南三环—南绕城高速）。在为市民提供一个丰富的，有多种主题的休闲娱乐空间的基础上，通过这些公共空间的进一步设计提升，实现地块间衔接及中州大道东西两侧的缝合。

【郑州市中原大道（西四环至京港澳高速）沿线城市设计】 2015年10月，《郑州市中原大道（西四环至京港澳高速）沿线城市设计》经郑州市规委会研究通过。规划范围西至绕城高速，东至京港澳高速，道路总长约32平方公里，总面积约33平方公里。规划将中原大道形象定位为“中原脊梁、商都彩廊”，功能定位为“以公共服务职能为主的城市景观大道，反映郑州历史变迁、引导与整合城市空间发展的东西向主轴线”。通过本次规划，在服务职能基础上兼顾疏解城市东西向交通，反映并展示不同时期郑州的建设与发展历程，确立引导城市向东西两翼拓展的空间发展主轴线，展现郑州现代城市发展建设风貌。规划从功能、形象、交通、文化四个角度出发，提出四大提升策略，最终形成“一主轴、三副轴、三大核心、七大区段、四大节点”的总体功能结构。其中“一主轴”指中原大道城市主轴线；“三副轴”指南北向的古荥—高新产业园—市民文化服务区城市副轴线、花园路—紫荆山路城市副轴线、中州大道—郑东新区—龙湖城市副轴线城市次轴线；“三大核心”指公共文化中心、二七商业中心、郑东商业中心；“七大区段”指文化服务段（西四环至西三环）、活力宜居段（西三环至桐柏路）、科研创智段（桐柏路至大学路）、核心商贸文化段（大学路至紫荆山路）、创意展示段（紫荆山路至中州大道）、郑东商业段（中州大道至107辅道）、产业服务段（107辅道至京港澳高速）；“四大节点”指秦岭路功能节点、嵩山路功能节点、未来路功能节点、明理路功能节点。结合不同区段的主导功能，在分段具体设计上，明确每个区段的设计重点，从目标定位、功能结构、规划用地、空间形态、建筑风貌引导、开发强度、节点详细设计及地段拆迁量等方面进行了详细的规划，保证了成果的深度和实用性。

【“畅通郑州”白皮书（2016—2018）】 2015年9月、11月，《“畅通郑州”白皮书（2016—2018）》两次经过郑州市城乡规划建设管理工作领导小组会研究。2016年1月，经过郑州市规划委员会研究通过。主要内容由“建设回顾和展望”“两大骨干系统引领城市发展”“四大核心举措践行‘畅通郑州’”三大章节组成，回顾了郑州市在构建畅通城市上的多年努力、切实行动、工作成效。未来3年是郑州交通建设、交通需求增长高峰期，此轮白皮书明确了郑州市委、市政府做出的新研判、新举措，确定的应对之举和攻坚重点，系统制订“畅通郑州”行动计划。提出的总体目标是：建设国际航空大都市，打造“一带一路”通道上国际化、现代化、立体交通枢纽体系，构建高效、便捷、绿色、有序的综合交通系统；提出的发展重点是：继续坚持“域外枢纽、域内畅通”总体目标，提升郑州综合交通枢纽地位，建设国际空港和国际陆港，推进“米”字形高铁网络、城际铁路、城市路网建设、智能交通等工程建设，提效交通管理并加强轨道交通成网和公交都市建设，开展精细管理，促进绿色出行和智慧出行。

【郑州市中心城区步行和自行车交通系统专项规划（2016—2030）】 2015年12月，《郑州市中心城区步行和自行车交通系统专项规划（2016—2030）》经郑州市人民政府市长办公会研究通过。主要内容包括郑州市步行和自行车交通系统发展战略、休闲慢行系统规划、步行系统规划、自行车交通系统规划、重要慢行区域系统规划、步行和自行车交通系统设计指引和近期建设规划7个部分。规划提出结合生态水系、生态廊道、公园绿地等构建“一廊、两带、两环、七链”的绿道慢行休闲网；结合城市不同层级道路、公共交通廊道、城市用地结构等构建 “一环、一带、三核、四横十纵”的自行车廊道网络主体；结合国内外公共自行车系统建设的经验教训，发展公共自行车系统等，为郑州市自行车和步行系统建设提供了指引。规划目标为：结合郑州“公交都市”的发展理念，打造 “自行车+公交”模式，引导形成合理的交通出行结构；逐步建立一个适宜慢行的城市，为市民提供安全、便捷、舒适、优美的出行环境。

【郑州市公交专用道建设规划方案】 2015年12月，《郑州市公交专用道建设规划方案》经郑州市人民政府市长办公会研究通过。方案以创建国内领先的“公交都市”示范城市为总体目标，以郑州市主城区范围为主，远期拓展都市区范围内，规划2015—2017年共实施公交专用道31条，长度449公里，建成后公交专用道总长度达到约510公里，中心城区总体置率达到90%。2018—2020年规划40条道路公交专用道，长度约643公里。

【郑州市轨道交通2号线一期工程沿线站点交通接驳规划】 2015年3月，《郑州市轨道交通2号线一期工程沿线站点交通接驳规划》经市规划委员会研究通过。该规划的研究对象为郑州市轨道交通2号线一期工程的15座站点（除紫荆

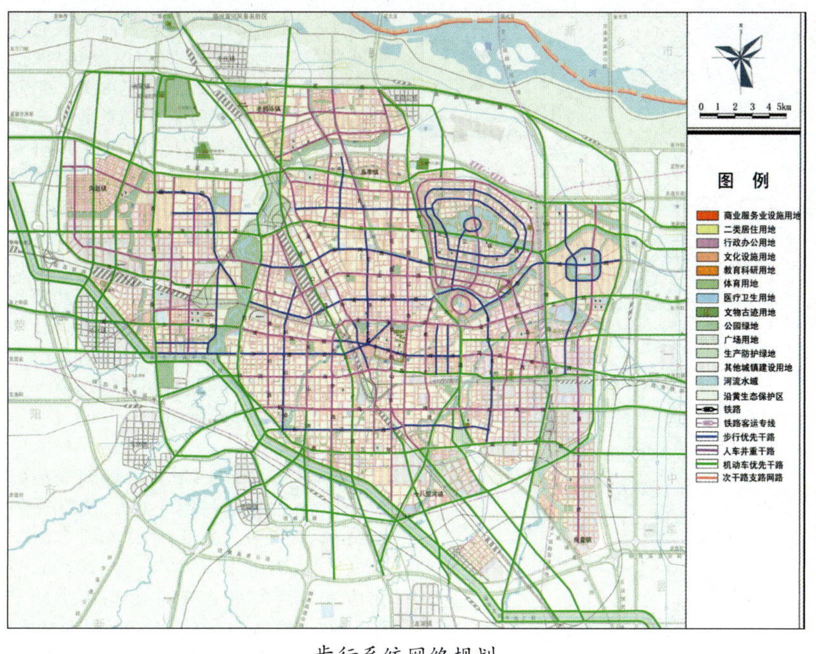

步行系统网络规划

山站），站点周边500米半径范围。该规划在对轨道交通2号线一期工程沿线站点现场调研的基础上，主要针对沿线15个轨道站点周边接驳设施进行规划，包含公交场站、公交停靠站、小汽车停车场、出租车停车场、慢行交通系统及集散广场等设施。规划原则总体体现“公交优先、以人为本”的接驳思想，共规划6处公交场站，分别为刘庄站、北三环站、南五里堡站、花寨站、站马屯站、南四环站，规划5处小汽车接驳停车场，分别为刘庄站、北三环站、南三环站、站马屯站、南四环站，以截留外围地区进入中心城区的小汽车交通量，缓解中心城区的交通压力。规划近期实施67处公交停靠站，远期实施65处公交停靠站。此外，结合轨道交通站点，本次规划有非机动车停车场、出租车停靠站接驳设施，以提高各种交通方式与轨道交通的换乘效率，建设便捷、安全、舒适、环境优美的接驳系统。

【郑州都市区水、暖、气、电、排水防涝专项规划】 2015年11-12月，《郑州都市区排水（雨水）防涝综合规划》《郑州都市区给水工程专项规划》《郑州都市区集中供热工程专项规划》《郑州都市区燃气工程专项规划》《郑州都市区电网电力设施布局规划》等5项规划分别通过专家评审，其中《郑州都市区排水（雨水）防涝综合规划》通过市联审联批会批复。规划范围与郑州都市总规保持一致，整个市域面积7446平方公里，期限为2015-2030年，其中近期为2015-2020年。

《郑州都市区排水（雨水）防涝综合规划》。本次规划郑州市年径流总量控制率为75%，对应设计降雨量为23.1毫米，至2030年，都市区城镇建成区80%以上面积达到目标要求，同时径流污染物削减量达到40%以上。截止到2030年，主城区保留现状雨水管网944千米，改造887千米，新建2576千米；航空城保留现状雨水管网88千米，改造23千米，新建118千米。各新城共保留现状管网669千米，改造246千米，新建477千米。核心区共新建78座立交提升泵站，主城区规划行泄通道191条，雨水调蓄池73座，有效调蓄总容积82万立方米，最终通过源头径流削减，排水过程控制和末端控制，解决常规和超常规雨水排放问题。

《郑州都市区给水工程专项规划》。本次规划通过蓄水量预测、水资源平衡配置、供水设施布局优化、保障体系构建等多个方面来保障都市区安全供水、合理供水。至2030年，都市区规划扩建水厂5座，新建水厂18座，总供水规模达到594万立方米/日。在现有水源基础上，扩建邙山、花园口提灌站，新建赵口提灌站。对现有输水、供水管网进行提升改造，构建覆盖全域的水安全体系。

《郑州都市区集中供热工程专项规划》。本次规划都市核心区规划保留现状热源7座，改造热源4座，扩建集中热源6座，新建热电厂2座，新建热源厂9座，新建垃圾电厂2座，外围组团改造扩建现状热源厂2座，新建热源厂及热电厂3座。

《郑州都市区燃气工程专项规

公交专用道总体廊道规划图

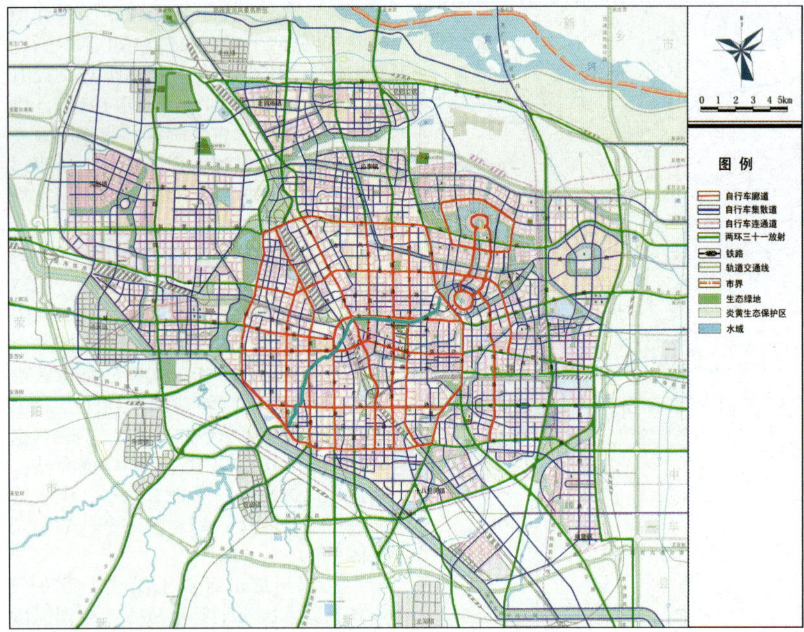

自行车系统网络规划

划》。规划至2030年，都市区天然气消费量达到85亿立方米，核心区天然气覆盖率达到100%，新建门站16座，新建调压站59座，新建高压次高压管道762千米。组建核心区两环加外围三环的高压环状网络，形成“超高压—高压—次高压—中压”的四级供气系统，最终实现“气化郑州”的总目标。

《郑州都市区电网电力设施布局规划》。规划预测至2030年都市区最大用电负荷为34180兆瓦，最大负荷利用小时数维持在4000小时。新建电厂5座，扩建7座，总装机容量达到24900兆瓦；扩容及新建500千伏变电站11座，容载比达到1.8；新建220千伏变电站78座，容载比达到2.0；新建110千伏变电站364座，容载比达到2.1；加强输配电线路改造，完成主城区四环内高压入地改造。最终建成以特高压电网为支撑，500千伏电网为主干网架，220千伏电网分片运行，110千伏电网均匀分布的覆盖全域的供电体系和以信息化、自动化、互动化为特征的坚强智能电网。

【郑州市二七区马寨镇新镇区控制性详细规划】 2016年3月，《郑州市二七区马寨镇新镇区控制性详细规划》经郑州市政府批复。规划范围：《郑州市二七区马寨镇总体规划（2011-2030年）》中确定的马寨新镇区建设用地范围，即郑少高速公路以东，尖岗水库一级水源保护线以西，航海西路以南，绕城高速辅道以北区域，规划范围总用地面积为612.43公顷。规划目标：规划整合马寨新镇区内现状优势资源，突出新镇区优美的自然生态环境，以生态型规划为切入点，以自然生态景观、新区文化为特色，以生态人居、休闲游憩、旅游服务为主导职能，梳理新镇区内道路交通、景观环境，通过城市设计、用地布局、公共服务设施规划等，形成配套设施完善、环境优美的生态镇区、休闲镇区、魅力镇区。用地功能与结构：规划形成“一环、两轴、两心、六片区”的功能结构。“一环”指沿郑少高速公路—航海西路、南四环、绕城高速辅道的防护绿地以及尖岗水库一级水域保护区内的生态绿地环绕整个规划范围，形成一条绿色的环廊。“两轴”指沿椰风路打造东西向功能拓展轴，加强与老镇区之间的联系，实现新老镇区功能拓展互补；沿萍湖路打造南北向生态旅游休闲轴，通过萍湖路绿道将各类旅游休闲设施联系起来，加强新镇区的生态旅游休闲功能。“两心”指在萍湖路与景中路交会处打造一处旅游服务中心，在萍湖路与宜湖路交会处打造一处文化休闲中心。“六片区”指在椰风路与景中路交会的核心区域打造一处综合服务片区，在萍湖路东侧的近水区域打造一处旅游服务片区，在南四环北侧结合快乐星球影视基地打造一处文化休闲片区，结合居住用地布局在规划范围内形成三处生态居住片区。绿地系统规划：绿地系统建设与新镇区发展建设同步，规划构建“绿环、绿轴、绿链、绿心”生态网络绿地系统，实现人与自然和谐共生，打造富有滨水特色的城市绿地系统。

（谢　科）

城乡规划管理

【规划审批】 2015年，郑州市召开规委会主任会议5次，研究议题20项；召开城乡规划建设管理工作领导小组会议12次，研究议题82项；召开市政府规划联审联批会15次，研究议题105项；召开市政府疑难项目专题会8次，研究议题39项。市规划局召开局长业务会54次，专题和现场办公会16次。共研究议题413项，其中审查总规、专项、控规、修规方案议题239项，涉及规划疑难问题、行政审批等事项174项。市内五区核发《建设项目规划设计条件通知书》261项，核发“一书两证”820项。其中，核发建设项目选址意见书133项、建设用地规划许可证178项，核发建设工程规划许可证市政类276项、交通类69项、建筑类164项。

【规划管理】 2015年，市规划局积极配合住建部规划督察工作，认真开展图斑核查工作。牵头组织各县（市）区政府、开发区管委会等16家单位完成2014年郑州市建成区面积统计工作。中心城区城市建成区面积为392.8平方公里，市域城市建成区面积为637.42平方公里。全年共办理规划核实项目292件，其中出具验线报告171件，核发建设项目规划核实意见书121件。按照地下管线工程的验线程序和技术规程，完成了190余项工程项目的验线工作，验线工作量共计280余公里。全年接收规划管理档案、施工图3900余卷。接待工作查考、规划审批和编制、案件取证、新闻调查和各界来访等查询档案11300余人次。受理初验项目276个，完成验收项目39个，接收竣工档案18000余卷。

【规划执法】 市规划局强化规划执法工作力度，与市国土资源局联合出台《关于建立制止和查处违法用地违法建设行为加强沟通协调工作机制的意见》。全年，发现新增违法建设395处，发现原有违法建设99处，市内五区拆除违法建设715处，面积168余万平方米。下达行政处罚告知书142份，责令改正通知书107份，罚款处罚决定书100份，行政处罚决定书36份，共审核并办结违法建设案卷90件，收缴罚款5767万元。对62个因调整容积率需补缴土地出让金的项目加大追缴力度，已完成52个项目3.5亿元的追缴工作。

【规划研究】 积极开展中原经济区核心区（郑州都市圈）规划前期研究、郑州绿博文化城时尚旅游和文化创意产业研究等5项重点研究工作。《生态智慧低碳导向的郑州航空港经济综合实验区规划研究》被省住房和城乡建设厅授予2015年度河南省建设科技进步奖一等奖和郑州市科学技术进步奖二等奖。《关于构建“一区三圈八轴带”紧密圈规划前期研究》《关于郑州市大型城市综合体规划布局策略研究》获得2014年政府决策研究优秀成果。

（谢　科）

住房保障和房地产管理

【概况】 2015年，市房管局紧紧围绕市委、市政府“三大一中”战略定位，着力突出“三大主体”工作，以促进民生改善和助推经济发展为目标，认真履行住房保障和房地产管理各项职能，全面完成了年度工作目标任务，全市房地产市场在较大压力下平稳健康发展。

房地产市场调控体系不断完善。印发了《关于进一步加强住房保障工作促进房地产市场平稳健康发展的通知》《关于印发全市促进房地产市场平稳健康发展实施意见的通知》，符合郑州市实际的多层次住房供应体系进一步确立。

房地产市场环境进一步净化。坚决制止非法集资活动，共排查开发企业600家、中介机构300家，涉及房地产开发项目300个，未发现非法集资活动；定期对销售率不足30%的房地产开发项目开展跟踪监测，预防出现问题楼盘；严格商品房合同查验留存，共完成163个房地产开发项目的商品房买卖合同查验留存。

房地产市场监管手段进一步强化。有序开展房地产市场秩序专项检查，历时40天检查在售和待售房地产项目266个，对发现的问题及时予以处理；切实规范房地产中介市场经营秩序，开展专项检查行动，检查中介机构（门店）760家，将经纪机构存在的市场违规行为记入信用档案。

房地产企业开发行为日趋规范。承接省住建厅下放的房地产开发企业三级及以下资质的审批权限，并以此为契机，加大对《项目手册》的督导力度和《交付使用细则》的宣传力度，及时约谈存在重大问题的房地产开发项目，努力避免出现“烂尾楼”现象。

企业服务工作持续深化。采取灵活多样的服务方式，收集并建立企业问题台账，及时协调和解决企业经营过程中遇到的困难和问题。圆满完成对外开放和招商引资工作，先后组织客商参加了第九届中国（河南）国际投资贸易洽谈会等数场重大招商引资活动，促进了企业的有效投资。

行业管理成效日益凸显。注重《信用分级管理办法》的深入推广，全年共记录房地产开发企业信用信息378条，其中良好信息281条，不良信息97条。共有48家企业信用升级，21家企业信用降级。加大对拖欠工程款的清理力度，全年共处理拖欠工程款及民工工资问题的房地产开发企业34家、建筑企业57家、房地产项目63个，涉及工程款2.46亿元，完成清欠率95.4%。

房屋租赁市场管理方式进一步优化。积极贯彻落实《河南省房屋租赁管理办法》，修订完善《郑州市城市房屋租赁管理办法》；深入开展房屋租赁联合管理，下发了《郑州市房屋租赁联合管理实施方案》，市房管局会同各区政府和其他相关部门对全市出租房屋消防安全进行了检查；探索信息化发展新模式，继续丰富完善租赁电子地图功能，同时更新和完善房屋租赁信息软件系统，实现了与县（市）区、管委会房屋租赁管理部门的联网运行。

【房地产市场运行】 2015年，全市完成房地产开发投资2000.2亿元，同比增长14.7%；完成商品房投放2701.77万平方米，同比增长1.10%，其中商品住房投放1980.16万平方米，同比下降6.05%；完成商品房销售2223.84万平方米，同比增长16.36%，其中商品住房销售1920.59万平方米，同比增长20.82%；全市商品房销售均价7733元/平方米，其中商品住房7359元/平方米；全市商品房累计可售面积3115.12万平方米，其中住宅1478.6万平方米，消化周期9.2个月；完成二手房交易643.47万平方米，同比增长42.72%，其中二手住房交易625.76万平方米，同比增长42.35%。

全市完成各类房地产抵押登记222218件，面积4363.69万平方米，收缴各类抵押登记金额2239.68亿元。完成各类房屋交易面积1463.76万平方米，同比增长10.70%；各类房屋交易额989.46亿元，同比增长18.96%；各类房屋登记业务204892件；监管预售资金456亿元，监管面积1152.5万平方米；累计核发房屋所有权证145488本。累计完成非住宅管理面积1087.47万平方米，是年度目标任务的128%；完成私房管理99802户，是年度目标任务的142.6%。

【保障性住房建设】 2015年，市房管局通过建立项目台账、签订目标责任书、加强督察考核、实行联审联批等措施，同时配合国家、省、市多次对全市保障性安居工程建设情况进行了对口督察，实现了保障性安居工程建设目标任务提前并超额完成。2015年，全市新开工公共租赁住房10357套，完成省定目标任务10328套的100.28%；新开工棚户区改造住房108369套，完成省定目标任务100000套的108.37%；全市基本建成保障性住房48177套，完成省定目标任务41779套的115.31%。

大棚户区改造货币化试点方面。按照“政府主导、市场运作、企业自改、政策扶持”的原则，通过棚户区居民自主购房、政府购买存量房源和货币补偿等方式，扩大了居民选择余地，提高了安置效率。截至2015年年底，全市购买商品住房作为安置房累计7384套，棚改货币化安置17059户。

创新思路，转变公租房建设模式。稳步推进保障性住房建设方式转变，着力优化公共租赁住房建设模式，打破以往完全分散建设的单一模式，探索建立了公共租赁住房“项目集中建”和“区域集中建”相结合的建设新模式。

着力深化“三房合一”住房保障新机制。公共租赁住房申请受理平稳运行，市区（不含港区）累计受理公共租赁住房申请20838户；积极推进经济房项目落地，截至2015年年底，用于解决已取得经济适用住房购房资格证家庭的28个经济适用住房项目中，已有14个项目开工建设；创新经济适用住房房源筹措渠道，积极协调市物价等部门，筹措7个项目，1648套公共租赁住房转化为经济适用住房并进行了公开轮候；加快已购经济房有序退出步伐，全年有8718户家庭通过全额补差取得了完全产权，累计达6万户，缴交差价款金额3.91亿元，累计超过25亿元。

探索推行住房保障货币化。全年受理已取得经济适用住房购房资格证明的

2015年郑州市房地产工作会议召开

物业管理在线访谈

家庭自愿放弃购房资格转购普通商品住房补贴申请191户。

坚持公示，阳光操作，保障房分配公平公正。切实强化目标管理和督察考核，全面落实和推行分配台账式管理，圆满完成了正商蓝海港湾、裕华美晨等25个项目7190套公共租赁住房的公开配租。

打造智能化管理平台。以郑东新区为试点，探索公共租赁住房智能化管理经验；明确由市住投公司成立公租房运营中心，实现对市区公租房的统一后期管理；完成公共租赁住房智能化管理信息系统的开发，已在全市推广应用。

落实政策，有序推进住房改革工作。做好公有住房出售工作，积极探讨适应市场经济要求的房改出售政策；稳妥处理遗留问题，有步骤地进行纠错纠误；指导帮助部分困难企业集资建房，充分利用自有土地，有效解决了部分职工住房困难问题。

【物业管理】 城乡光纤覆盖工作进展顺利。郑州市住房保障和房地产管理局立足于全市物业管理行业，深入104家物业服务企业管理的105个小区开展调研，加大协调力度，在加强与物业企业联系的同时，下发了《关于加快推动我市既有住宅小区光纤改造工作的通知》，推动了该项工作的顺利开展。

行业监管工作日趋规范。市房管局对全市897家物业服务企业进行了资质动态考核，限期整改企业17家；督促做好住宅小区安全防范工作，先后组织行业开展了地下管线井盖安全和住宅小区机动车停放问题排查，督促物业企业及时消除安全隐患；加强前期物业管理招投标管理，着力推进建管分离，共监督全市77个新建项目通过招标方式选聘了物业服务企业；开展行业诚信建设工作，严格落实《郑州市物业服务企业信用分级评定管理办法》。

物业服务延伸工作逐步推进。指导各县（市）区落实《郑州市新型农村社区物业管理工作指导意见》，加强新型农村社区物业管理模式探索；指导市内五区根据改造后老旧小区的实际，采取多种管理方式开展物业管理，巩固改造成果；借助信息化手段推进物业管理技术创新，积极促进“互联网+”在物业行业的应用，探索智慧物业平台项目建设，助推企业提升质量和拓展空间，支持企业跨界发展和转型升级，已有20家物业服务企业的30多个项目签约加入平台。

房屋安全管理工作有序开展。有效转变房屋安全管理模式，推动房屋安全管理由静态变为动态；组织各区房管部门重点对辖区内的直管公房进行了排查，共排查出直管公房危旧房屋33处，面积1.07万平方米，均按照程序进行了处理；妥善处理房屋安全事故，进一步完善了事故隐患处理方式。

物业维修资金管理和使用日趋加强。创新交存方式，将维修资金的交存由原来的初始登记前移至合同备案之前；提高维修资金使用效率，全年共审批划转资金762笔4791.8万元，用于2668幢房屋的维修和设施设备更新维护，惠及业主18.6万户。

2015年，全市物业服务企业总数达到1307家，其中一级资质企业发展到38家，二级资质企业发展到105家，三级资质企业发展到1164家；新增物业管理面积1274.41万平方米，累计物业管理面积突破1.9亿平方米，从业人员超过15万人，累计成立业主委员会394个；创建市级物业管理示范项目39个，推荐省级物业管理示范项目17个。归集物业维修资金13.81亿元，完成年度6亿元目标的230%。

【房屋登记和交易】 直管公房出售、改制企业房产过户及划拨土地上房产转让方面。办理直管公房房改售房165套，办理国有、集体企业纳入改制房产过户手续10家，总建筑面积21.1万平方米。集体土地上房屋登记方面。在集体土地上房屋登记试点工作的基础上，对具备办证条件的房屋加大办证力度，并借助房屋登记办件质量检查抽查，对五县（市）、上街区、高新区、经开区、郑东新区的新型城镇化项目安置房屋登记情况进行了实地调研。积极协调房屋征收过程中注销登记难题。推进了金水区寺坡村、六里屯村老旧危房连片改造项目和天荣服装城旧城改造项目房屋注销登记等工作，确保房屋征收工作顺利开展。各类房屋交易登记和测绘工作方面。市内五区共完成各类房屋登记业务20.5万件，完成预售监管协议备案199起，监管资金456亿元，监管面积1152.5万平方米，完成各类房产实测1919件，实测面积2149万平方米。房产抵押管理方面。继续完善抵押工作流程，加强风险防控，实施分等级管理业务；完成与公证处信息平台建设工作，共核查本地公证书23451件、外地公证书413件；启动多证抵押颁发多个房屋他项权证业务调研工作，形成了切实可行的工作方案。房产档案管理方面。积极协调市政府和相关部门推动新档案馆建设工作，有序开展房产档案整理归档工作和房屋登记信息查询工作，共完成房产档案整理入库29.3万卷，受理群众查档46.3万余人次。

【行政审批制度改革】 2015年，市房管局在郑州市行政审批年终绩效考核中总成绩排名第三。全年共受理各类审批业务431295件，日均受理量为1768件，占全市行政审批业务受理总量的26.32%；办结420340件，占全市办结总量的25.92%。

机构改革工作稳步推进。根据市委、市政府《关于市政府职能转变和机构改革的实施意见》要求，市房管局完成三定方案的调整拟制工作；不断深化事业单位机构改革，有序推进不动产统一登记职责整合调整，市物业管理办公室筹备组建工作圆满完成；有效提升公务员队伍建设水平，加强公务员管理，做好公务员的招录、培训、考核等工作；不断加大人才引进力度，继续完善事业单位岗位设置和职称管理；完成行业协会、商会与行政机关脱钩工作。

“五单一网”制度改革持续深化。市房管局完成了各项行政职权的全面梳理、规范和登记工作，确定现有行政许可3项、行政处罚127项、行政强制1项、行政征收1项、行政给付1项、行政确认1项、基本公共服务7项、其他行政权力6项；进一步简政放权，简化工作流程和审批环节，提高工作效率。

行政诉讼、复议工作更加规范。市房管局通过聘请法律顾问、优化诉讼工作流程、提高办案效率、引入法律顾

郑州市租赁管理办法普法宣传

问代理诉讼和履行行政首长出庭制度等措施，切实提高全局应诉水平，督促各诉讼案件有效运转，全年局长出庭6次，分管局长出庭43次。

规范性文件管理有效加强。市房管局对《关于进一步加强公共租赁住房建设和管理的通知》等7份文件进行了法制审核，对41份行政机关合同进行了合法性审查，配合市政府对现行有效的政府规章和规范性文件进行了清理。

服务型执法建设工作顺利推进。市房管局全年共出动执法人员850余人次，巡查项目483个，及时发现、制止违法违规行为89起，立案查处房地产违法违规行为为59起，处罚额度417.5万元，同时开展了8次送法进社区、进企业活动，促进了行政执法与服务民生的有机结合。

【政风行风建设】 “三严三实”主题教育按阶段推进。按照市委工作部署，市房管局在领导干部中开展了“三严三实”主题教育活动，党委中心组先后开展了“严以修身”“严以律己”和“严以用权”3个专题的研讨，对“不严不实”问题进行了对照检查，对存在问题的原因进行了剖析，并制定了详细的整改措施。

精神文明建设提升工作多渠道展开。深入开展文明城市和文明单位争创活动，通过多种方式推动工作进展，其中市房管局机关、郑州市房屋交易和登记中心、郑州市物业维修基金管理中心、郑州市房地产抵押管理办公室省级文明单位已顺利通过验收；市房管局与张堂村帮扶对子，助推农村精神文明建设结对帮扶工作；深入开展“六联系”工作，组成群众工作队下基层走访慰问并帮助群众解决实际问题。

着力建设惩防体系，严格落实风险防控。市房管局调整充实局惩治和预防腐败工作领导小组，不断健全廉政文化建设制度，切实发挥廉政文化教育作用，及时对相关人员进行廉政约谈；加大宣传力度，市房管局制作的廉政公益广告和警示教育舞台剧参加了全市巡演，反映房管廉政工作成绩的相关报道被市纪委采用并在市级多种媒体上进行了集中宣传。

便民服务力度进一步加大。东区办事大厅实施了系统降噪工程改造，改善了工作和办事环境；督促各办事大厅进驻单位继续完善“一站式”服务、上门服务等服务模式，创新性实施预约排号服务，为特殊群体提供预约、上门服务192次，惠及群众近9万人。

房地产网格化管理体系进一步完善。对网格下沉人员进行了调整，有效开展了房地产网格化管理标准化体系建设，通过加强培训、推广经验等措施，实行痕迹化管理，深化三网融合，提高发现问题和处理问题成效，推动网格化管理工作取得长足进步。

市房管局系统行风形象进一步提升。全年累计开展行风宣传157次，发放宣传资料35800多份；开展懒政怠政、为官不为问题专项治理，及时纠正不良行为；定期组织实地督导检查，及时整改发现问题；认真处理群众行风投诉，受理群众投诉170余起，下达群众投诉督办36件，办结率100%。

（文保成）

市政建设与管理

综　述

【概况】 2015年，郑州市城市管理工作紧紧围绕市委、市政府“三大一中”战略定位，以城市精细化管理服务为统揽，以打造“畅通、整洁、有序”的城市环境为目标，着力深化环境整治、完善城市功能、创新体制机制，为建设自然之美、社会公正、城乡和谐的现代田园城市作出了积极贡献。

【开展城市精细化管理“百日行动”】 2015年11月，市委、市政府以整治“四乱”问题为抓手，开展城市精细化管理“百日行动”，推动管理重心下移，以78个办事处为考核单位，划分为重点区域、双重区域和一般区域，综合整治取得了明显成效，“四乱”问题数量大幅下降。通过整治前后数据的分析，非机动车辆乱停乱放案件数量环比下降了51.15%，占道经营案件数量环比下降了85.74%，市容环境案件数环比下降了92.33%，小广告案件数环比下降了69.33%。

【公用事业】 柿园水厂、白庙水厂完成了南水北调水水源置换，罗垌水厂建成通水试运行，侯寨水厂工程可研报告上报待批，新建改建供水管网122公里，完成“一户一表”改造5.5万户，主城区实现丹江水全覆盖；市区集中供水价格改革完成，居民生活用水计划2016年1月1日起实行阶梯水价。燃气供应规模进一步扩大，燃气薛店门站已完成项目备案，博郑线北四环门站已通过专家评审会评审，航空港南区调压站前期准备工作进展顺利，年供气规模增加到9.7亿立方米，新建、改迁燃气管网100公里，新增燃气用户8.5万户口，供气普及率达91%。荥阳国电“引热入郑”工程顺利完工供暖，北郊热源厂锅炉房工程全部完工并具备试生产条件，新建供热管网407.8公里，新增供热能力1900万平方米，集中供热普及率约68.7%；通过公用事业资产整合，供热体系进一步理顺，全市形成了“大热源、大联网、大调度、大维护、大客服”的供热格局。郑州新区污水处理厂厂区三大池完工并完成满水试验并通水试运行，双桥污水处理厂工程、马头岗污水处理厂一期一级A升级改造工程有序推进，再生水利用三环配套工程已完成立项、选址，八岗污泥处置厂改扩建工程被省政府列入政府与社会资本合作项目库，已完成项目PPP战略合作框架协议的签订工作。

【市政设施管理】 （1）国基路等49条道路大中修已完工，道路大修复浇62.57万平方米。（2）江山路拓宽改造工程南、北段快车道已建成通车。（3）红旗路等9项雨污水管网改造工程已完工；配合轨道交通等重点工程，迁改雨污水管涵40.58公里。（4）组织对市内36座桥梁进行了检测，大石桥大修加固工程完工并恢复通行，彩虹桥大修改造工程有序推进，完成了快速路沿线37处限高门架的制作安装。（5）维修路灯11887盏项，设施整修25551处，

人工机扫结合开展道路除尘降尘作业

综合亮灯率98.2%以上。认真开展“河流清洁行动”和“水清河美行动”，对137处入河排污口全部采取了长效截污措施。（6）组织利用“管道内窥机器人”等专业设备，对129公里老旧污水管道进行了检测，并对4级以上病害进行紧急处置。（7）针对停车难问题出台了《关于进一步加快市区公共停车场建设管理工作的指导意见》，全年新增停车泊位14.8万个，其中配建泊位81308个，有效缓解了停车供需矛盾。

【环境卫生管理】推进生活垃圾管理专业化、一体化，逐步实现生活垃圾全收集、全覆盖。建立完善市、区（开发区）、作业单位、班（组）四级检查机制，开展道路、公厕、中转站等评优评差活动。各区购置以吸尘车为主的清扫车辆200台，市政府投资配套奖补吸尘车145台、小型压缩车186台、快速保洁车786台，机扫（冲洗）率达到80%。东、西两个餐厨垃圾处理厂开工建设，东部生活垃圾焚烧处理厂前期工作基本完成，日处理600吨垃圾渗滤液处理项目已完工试运行。各区新建公厕121座，升级改造公厕50座，新增24小时开放公厕50座，新建压缩式垃圾中转站4座。坚持加大积存垃圾有偿整改力度，有偿清运积存垃圾71550立方，核减责任单位经费7234.8万元，有效解决了垃圾清运不及时、严重影响城市环境等问题。发挥“互联网+”的优势，建立完善了环卫信息化监控管理平台，对市区2座垃圾处理厂、1500台环卫车、900座环卫设施等安装监控设备和北斗定位系统，实现由人工监管向信息化、数字化监管的转变，确保监督监管与考核的公平、高效。

【扬尘污染治理】采取日检查、日汇总、日考评、日排名等形式开展督察工作，形成督察通报66期，督导整改各类问题23200余个、媒体曝光问题70多个，整改率100%。建立了以机械化作业为主、人工清扫保洁为辅的作业模式，施行“以克论净、深度清洁”工作模式，推行“双10”标准，即城市道路每平方米浮尘不超过10克，地表垃圾停留时间不超过10分钟。全力推进消纳场建设和积存建筑垃圾清运工作，全市不可再生利用的3609.33万立方积存建筑垃圾已基本完成清运，可进行再生利用的642.45万立方建筑垃圾就地处置405.35万立方，其余全部防尘网覆盖，建筑垃圾资源再生利用企业从原有的2家公司发展到现在的6家公司，共筹建了18处建筑垃圾临时消纳场地；重拳打击渣土运输违规行为，建立清运公司及车辆退出机制，全年共有62台渣土车因违规被清退出郑州市渣土清运市场。对全市占道经营露天烧烤和未设置专用油烟排放通道、安装油烟净化装置的餐饮场所开展集中整治，全市原有占道露天烧烤2453处，已安装油烟净化装置1750处，取缔703处，整改率100%。全市共有餐饮服务场所12440处，已加装油烟净化装置、设置专用油烟排放通道的10386处，整改率83.5%。

【城乡管理综合考评工作】依据《郑州市委办公厅关于县市区综合考核办法》，制定了《郑州市2015年城乡管理综合考评工作方案》，对区（开发区）、县（市）区、市政府有关单位分别制定了相应的评分标准。充分发挥城考委的高位协调作用，完善了考核内容和考核标准，坚持每月暗访、每季度明查。针对检查中发现的问题，及时下达责令整改通知书，并进行跟踪复查，对整改不力或整改不到位的问题下发督察通报。全年共发现问题5500余处，下达责令改正通知书155份，下发督察通报18份。通过综合考评，建立了以办事处为工作主体和考核主体的工作模式，实现城市管理问题发现在一线、解决在一线，有效地提升了城市形象和城市管理水平。

【便民服务】不断完善公众参与机制，通过城市管理应急处置中心、三级城市管理服务热线、城管微博、“城市管理工作日”加强与群众的交流互动，听取群众诉求，解决群众遇到的问题。以问题为导向，提出整改方法和建设性意见，受理各类电话646859，其中市民反映问题81125个。市城管局立刻办通过市长电话客户端接收转办市民反映的各种问题1223件，市长信箱收件68件，ZZIC收件14件，均及时进行了回复。全市共受理数字化案件278534件，有效派遣案件277665件，派遣率100%，有效派遣率99.69%，现场督办案件3864件。郑州市城市管理局微博积极打造“郑州市城市管理系统政务微博矩阵”，发稿量1.6万余条，新增粉丝11.4万人，粉丝总量接近60万，获得“郑州60年功勋青年突击队”“郑州市青年文明号”“河南省十大政务微博”等荣誉称号。

（孟芳萍）

市政设施养护

【概况】2015年，郑州市市政工程管理处按照城市精细化管理三年行动计划和内环地区有机更新三年行动计划的总体部署，建立完善了市政设施网格化管理工作体系和养护单位微信群工作机制，依靠两级平台、三级网络架构，明确分工，落实责任，实现了市管市政设施日常巡视全覆盖。2015年共完成生产总值3.74亿元，其中，养护维修产值7868.17万元，建安工程产值2.95亿元。

市政设施养护维修方面，完成道路大中修62.57万平方米，其中，车行道60.59万平方米，人行道1.98万平方米。完成道路零修零补8.1万平方米，其中，车行道4.85万平方米，人行道3.25万平方米。完成排水管道疏挖274公里，窨井疏挖11.41万余座（次），泵站污雨水抽升1913万吨。道路掘动管理方面，全年共办理破路证65份，面积1.3万平方米，收取道路掘动费用553.39万元；办理占道证858份，总面积2.68万平方米，收取占道费114.14万元。窗口服务及为民服务方面，共受理社会各界来电、来访4396件，受理数字化中心案件3649起，接受上级督办件及人大提案、政协建议114件，全部在规定时限内办理完毕，办结率100%。

【市政设施防汛除雪】2015年，郑州市市政设施防汛工作继续实行以行政首长负责制为核心的各级防汛责任制，立足于防大汛、抢大险、抗大灾，汛期来临前按计划将全市雨水排水设施全部疏挖一遍，对重点区域和易积水区域疏挖二至三遍；制订抢险预案，成立抢险突击队并提前抢险演练；安装窨井防护网1313套。汛期累计出动防汛人员3100余人（次）、安装窨井警示框1800余套，其他抢险机械设备720余台（次），为中心城区安全度汛做出了应有的贡献。在冬季除雪工作中累计出动人员1660余人（次），机械设备220余台（次），撒布融雪剂89吨，确保了市区立交桥正常通行。

【城市道路大修改造（复浇）】 2015年，郑州市市政工程管理处对市区部分道路和路段进行了大修和中修改造工程，截至2015年年底，大学路、国基路、沿河路道路大修工程以及大石桥立交加固工程等4项全部完工；郑汴路、商城路、二七路等22条道路中小修工程已全部完工；华山路、天明路、嵩山路、电厂西路等4条道路大修工程进展顺利。主要工程情况为：

大学路道路大修工程（航海路—河医立交）。该工程于2015年10月31日开工，2015年11月30日竣工。共完成沥青路面铣刨复浇2.98万平方米，沥青路面基础翻修6000平方米。

国基路道路大修工程（花园路—文化路）。该工程于2015年7月5日开工，2015年9月30日竣工。共完成沥青路面铣刨复浇4.52万平方米，沥青路面基础翻修0.27万平方米。

沿河路道路抢修工程（金水路—未来路）。该工程于2015年11月9日开工，2015年12月4日竣工。共完成沥青路面铣刨复浇2000平方米。

大石桥加固维修工程（南阳路—铭功路）。该工程于2015年3月30日开工，2015年12月31日竣工。工程完成2处花瓶墩改造，增加5处墩柱，箱梁内部增加体外预应力钢绞线11.4吨，新增泄水孔348个，新增通气孔1866个，翼板粘贴碳纤维布2752平方米，腹板粘贴钢板227.6平方米，更换伸缩缝159米，桥面沥青复浇29441平方米，桥面混凝土铺装18994平方米。

市政道路中修工程。该工程于2015年7月18日开工，2015年12月4日竣工。完成了郑汴路（东明路—建业路）、商城路（人民路—东明路）、五龙口南路（农业路—秦岭路）、二七路（金水路—太康路）、人民路（商城路—金水路）、嵩山路（建设路—铁路立交）、二马路（兴隆街—解放路）、中原路（正兴街—西三环）、福寿街（正兴街—兴隆街）、正兴街（福寿街—二七广场）、一马路（大同路—东三马路）、棉纺路（桐柏路—河医立交）、二七广场周边（二七广场—福寿街、二七广场—人行过街天桥、解放路公交站前）、文化北路（国基路—大河路）、南阳路（金水路—兴隆铺路）、建设路（河医立交—秦岭路）、金水路（南阳路—未来路）、花园路（金水路—黄河路）、兴隆街（福寿街—二马路）、东风路（信息学院路—中州大道）、未来路（金水路—纬五路）、纬五路（经五路—政六街）22条道路的中、小修工程，共完成沥青铺装36.79万平方米。

【市政排水管网改造】 2015年，市雨污水管网改造工程工作重点是先行区改造工程和生态水系。共计铺设雨污水管道11.38公里，完成投资5927万元。主要工程情况为：

陇海路雨水系统完善工程（金水河—桐柏路）。该工程于2015年4月5日开工，2015年8月26日竣工。主要工程量：2200*1200-2800*1600方涵1055米，D500-D1600砼管1422米。完成投资860万元。

三官庙明沟改暗涵工程（西三环—西流湖）。该工程于2014年2月16日开工，2015年5月25日竣工。主要工程量：3.8*3.4米钢筋砼箱涵653米。完成投资2300万元。

劳卫路雨污水管网改造工程（优胜南路—优胜北路）。该工程于2015年3月26日开工，2015年6月8日竣工。主要工程量：雨水600-800管224米，污水D500管218米。完成投资95万元。

红旗路雨污水管网改造工程（卫生路—东三街）。该工程于2015年3月26日开工，2015年6月8日竣工。主要工程量：雨水D900管288米，污水D600管258米。完成投资102万元。

未来路与沈庄北路交叉口雨水系统完善工程（玉凤路—熊儿河）。该工程于2015年6月20日开工，2015年9月30日竣工。主要工程量：1400*1200-2400*1500方涵1122米，D1350砼管17米。完成投资500万元。

工人路雨水系统完善工程（建设路—纱厂明沟）。该工程于2014年4月8日开工，2015年4月29日竣工。主要工程量：铺设雨水管涵1310米，铺设污水管道762米。完成投资800万元。

华山路生态水系工程（建设路—岗坡路）。该工程于2015年8月20日开工，2015年10月8日竣工。主要工程量：D800-D1000雨水管514米。完成投资170万元。

纬一路雨污水管网改造工程（文化路—花园路）。工程于2015年6月2日开工，2015年8月24日竣工。主要工程量：D800管382米，1.2*1.2方涵575米；1.6*1.0方涵383米。完成投资600万元。

东三街雨污水管网改造工程（优胜南路—黄河路）。该工程于2015年6月2日开工，2015年8月24日竣工。主要工程量：1.0*1.0方涵265米，D700-D1000管537米，污水D500管790米。完成投资340万元。

嵩山路与建设路交叉口抢险工程（建设路—棉纺路）。该工程于2013年8月20日开工，2015年12月8日竣工。主要工程量：D500-D1000雨水603米。完成投资160万元。

【老旧污水管网检测和病害处置】 郑州市市政工程管理处积极引入新科技、探索新方法，邀请专业机构（郑州大学联合郑州安源工程技术有限公司）采用电子潜望镜检测、CCTV（电视）检测、声呐检测等3种国际上最先进、最成熟的内窥摄像检测技术，利用“管道内窥机器人”等行业尖端设备，对市区使用20年以上的老旧排水管网进行直观、科学的检查与评估，在全面、真实地收集排水管网运行基础数据的同时，也为合理制订维修方案、延长管线使用寿命、尽可能避免道路塌陷提供了科学依据。截至2015年年底，已完成东明路、伊河路等百余条道路（路段）的检测工作，累计检测管网129公里；已完成丰产路、东风路等12条道路684米老旧管网修复工程。

11月3日，副市长李喜安调研市政道路大修工作

【城市照明设施维护】2015年，郑州市城市照明灯饰管理处全年维修路灯2.4万盏，设施整修10.2万处，敷设更换低压电缆1.54万米，处理高低压故障743处，清理路灯检查井4759座，照明设施综合亮灯率达98.16%以上，设施完好率达95.16%以上。

开展城市照明设施综合整治活动。全面查找带病运行的、薄弱的、存在安全隐患的问题设施，确保整治合格为止，共整治道路360余条，维修更换路灯7576处，设施整修6120处，清理路灯检查井2200余座，砌修路灯检查井288座，更换路灯检查井盖232处，补灯座门912处，敷设更换低压电缆5444米，包扎电缆头1226处，检查维护箱台变380台次，维修更换交流接触器600余个，维修处置高低压线路故障270余次。

加强路灯设施安全管理。集中开展路灯、外接广告（电源）、箱式变电站、台式变压器等重点设施安全专项整治和隐患排查治理，共排查各种设施5.8万余处，发现整治安全隐患970多处，其中路灯隐患整改42项，隐患整改率100%，确保了安全生产无事故。

推进城市照明设施建设。采取BT模式的20条道路照明设施改造工程现已完成17条，天明路、丰庆路、花园路等3条道路随道路改造项目一并推进，完成56条道路、金水立交及“四桥一路”亮化设施提升、完善智能化控制系统的整治提升工程。

【城区河道管理】2015年，郑州市城区河道管理处认真开展“河流清洁行动”和“水清河美行动”，继续加强“两河一渠”科学化、精细化管理，园林绿化、环境卫生、河道防汛、依法行政、河区设施管养维修等各项管理水平持续提升。

园林景观整治提升取得成效。围绕园林景观的完善工作，进一步提高绿化管理水平，两河一渠补栽乔木338株，补栽绿篱32820株，重大节假日和重要活动期间在滨河公园重点桥段、主要景点摆放、栽植时令草花28730棵，改造草坪及斑秃补栽134460平方米，绿篱及草坪修剪114.9万平方米，清理死树、枯枝31926株，积极做好草坪、苗木的日常养护管理，充分保持植物外形整齐美观，认真做好病虫害防治工作，确保了河区植物良好长势。

开展环境卫生整治工作。开展市容环卫综合整治活动，共清运垃圾10184立方米，基本保持了河区无明显烟头、瓜果皮等杂物，积水、浮土、焚烧杂物、乱贴乱挂等现象基本消除，确保了滨河公园园容园貌整洁有序。

做好城区河道防汛工作。为扎实做好城市防汛工作，制定了城区河道防汛工作方案，组建了近200人的防汛抢险队伍；对沿河橡胶坝等防汛设施进行全面检修，落实橡胶坝操作、检修责任人，确保橡胶坝随时启闭自如，泄洪畅通；实行24小时值班制度，时刻监视汛情，确保了城区河道安全度汛。

11月3日，副市长李喜安调研郑州市渣土车监控平台运行工作

积极开展服务型行政执法工作。查报河区雨水管口遗漏污水93处；清理劝阻各种违章占道经营摊点15770人次；清理乱贴乱画639处；劝阻踏踩草坪行为5101人次；处理乱倒垃圾19处；处理乱搭乱建56处，违章施工35处；劝阻违规遛狗8633人次，收缴违规犬只46只，有效地遏制了河区违章行为，确保了河区正常秩序。

加强河区设施养护。在金水河（淮河路—汝河路）两岸安装青石栏杆783米，在东风渠安装花岗岩护栏10000米。全力做好园路、广场、护栏、照明设施等市政设施的维护保养工作，完好率达95%以上。检修供水设施65处次、供电设施2317处次、橡胶坝等相关设施1072处次，为确保沿河设施作用正常发挥做出了努力，为市民的出行、休闲、娱乐等提供了舒适的环境和安全保障。

【环城快速公路管理】2015年，郑州市环城快速公路管理工作以全面提高快速路管养精细化水平为重点，以实现快速路道路整洁、路面平整、设施完善为目标，完善措施扎实推进，全力实现跨越式发展。

环卫保洁工作。购置吸尘车33台、垃圾压缩车16台、三轮车166台、果皮箱350个、环卫工具箱50个，郑州市街道实现了机械化清扫全覆盖。全年共完成机械清扫606357万平方米，人工清扫79581万平方米，冲洗道路28503万平方米，降尘洒水298530吨；清洗防撞墙、隔音屏、桥栏杆、护栏等设施1102万平方米；清运垃圾17145立方米，清理突发垃圾2495车；清除各类小广告29085处，拆除较大广告2200平方米；清除水泥罐车遗漏、渣土车淤泥砂石遗撒60550平方米；清除路面较严重积水488处，抛撒融雪剂410吨。

道桥及其设施维修养护工作。强化道桥巡查，及时发现并排除隐患，合理安排道桥维修养护工程，按月统计、汇总各类报表，实现了快速路养护制度化、规范化。彩虹桥大修改造按照工作节点计划有序推进。完成了快速路沿线36处限高门架的制作安装，以及快速路29座桥梁的检测和西三环陇海铁路桥加固方案设计等工作。全年挖补坑槽1172平方米，矫正限高架426次，维修道板砖355平方米，安装加水栓23处，维修护栏34.5米，维修侧平石35米，清运道路侧平石及隔离墩92块，更换地下通道玻璃9处，整修彩虹桥引桥排水板48块，整修郑上路西流湖桥护坡150平方米。

市政设施行政执法工作。加强执法培训学习，结合实际制定年度学习计划，切实增强了执法人员的法制观念和业务能力。加强道路巡查，及时制止损坏、私拆人行道板砖，乱倒、遗撒垃圾，张贴、悬挂小广告等违规行为；依法查处擅自开挖道路、埋设架设管线、构筑建筑物等违法行为。强化施工路段管理。每天对三环路沿线各工地进行检查、督导，逐个签订施工现场管理协议书，规范施工单位安全设施和围挡设置，督促施工单位及时清理占道杂物，监督做好保通路清扫保洁及破损修复工作，发现安全隐患立即责令整改。全年共制止掘动道路擅自开挖行为8起、占用道路乱搭乱建21处，拆除大型广告332处、软体广告条幅240处，规范施工路段围挡设置47处次，督促整改隐患25处、制止扬尘污染69起，处置限高架被撞损坏20处次，协调处理设施损坏23起，发现、告知并临时处置窨井塌陷22处、井盖丢失36处，劝离立交桥下滞留闲散人员500余人次。

【二七广场管理】开展广场综合整治。针对容易反弹、影响窗口形象的问题定期开展综合整治。清理周边交界商贩800余人次，制止突店经营360余次，清理收缴小广告12万余份、乱喷乱涂小广告400余处，清理、劝退盲流、乞讨人员1500余人次，清理乱停乱放机动车280余台次、黑摩的8000余次。

实施广场绿化美化。采取对环卫工人分工定岗、定责，“统一管理，分片包干”的办法，进行保洁，同时做到日检查、周评比，月总结。每日清扫（晨扫）面积4.7万平方米，冲刷面积1500平方米，每日流动保洁面积23.5万平方米，擦拭廊桥玻璃面积4500平方米，内侧玻璃随脏随擦，城市家具等各项设施每日一擦，垃圾箱内胆每周清刷。地面保洁落实“3105”工作法，即主保洁范围主动外扩3米，早10点至晚10点延时、错时执法，5分钟保洁制度。在绿化养护上坚持科学管理，按时施肥浇水，更换补栽苗木35604棵。

加强广场设施维护。按照“小损小修、勤修快修、厉行节约”的原则，对广场设施、设备进行管理，共维修灯具28次，更换维修电梯梯级138级、梳齿板70块，升级安装照明灯饰20盏、LED灯带568米，更换维修喷泉水泵24个、喷泉变频器20个，维修更换加固下水箅子26次，整理维修琴键灯玻璃地砖（含框架）26次，疏通整理下水设施6次，维修整理仓库10次，整理维修城市家具32次，更换维修地砖150平方米。

【郑开大道市政管理】2015年，郑开大道市政管理工作以建设整洁美观、通畅有序、功能完善的郑开大道为目标，不断创新管理理念，提升服务意识，确保郑开大道安全畅通。

道路桥梁管理工作。结合市城市管理局新制定的设施管理标准和考核评定办法，不断完善管理制度，规范管理程序，提高管理水平。全年挖补沥青砼路面452.92平方米，铣刨清理路面混凝土170余平方米，更换、维修侧平石74米，升降雨水检查井2座，加固、更换雨水箅子11套，更换边沟盖板178块，粉刷桥涵护栏及侧石30平方米。

路灯维护管养工作。坚持定期巡查和不定期检查相结合，做到白天正常巡视检查箱变工作运转情况不少于1次，每周周三夜间巡视检查路灯照明情况，每月巡视检查变压器运转情况两次，随时掌握路灯设施的运转情况。全年更换电缆1065米，维修路灯297座，更换灯泡239盏、镇流器136个、电容器143个、触发器151个、灯口136个、空气开关243个，排查低压线路28公里、高压线路13公里，处理低压故障点41处、高压故障点6处，维护保养变压器21台，检修21台箱变监控设施，设施完好率达到98.5%以上，明灯率达到98%以上。

环卫保洁工作。对郑开大道沿线的1972座雨水井，每月疏挖1次，并进行抽查考核，全年共清理垃圾约1825吨。针对雨后平交路口车辆带泥较多的现象，增加人员，集中清理，确保路面干净整洁。积极采取措施，加大机械化清扫保洁力度，及时对环卫设施设备保养和修理，机械化作业率达到70%以上。依法查处损害郑开大道市政设施、市容市貌的行为，规范各类施工120处，查除违章89余处，清除沿线桥梁、涵洞及侧石等处的违章广告和乱涂乱画15处。

防汛除雪工作。郑开大道市政管理处认真落实防汛工作方案和预案，加强应急抢险人员培训演练和器材的准备工作，严格执行汛期的值班管理和汛情巡查制度，及早发现、及时处置各类汛情，确保郑开大道市政设施的安全度汛。除雪期间，全处干部职工坚守在工作第一线，克服困难，连续撒布融雪剂60余吨。确保了贾鲁河桥等8座桥梁及京港澳涵洞的上下路段的积雪完全清除，全线主干道完全畅通。

（王耀坤　林　倩　索建明　陈东磊　李　旭）

市容环境卫生

【市容管理】2015年，市容管理工作围绕全市楼顶广告拆除、创文创卫迎检、大气污染防治、城市精细化管理“百日行动”等重点，以加强城管执法督察工作为中心，有针对性地推进各项措施落实到位。全年累计出动执法人员44280人次、执法车辆14760台次，督察各类问题18.3万起，查处（整改）违规私设户外广告、燃气、自来水等违法行为6137起。

户外广告执法工作。以全市楼顶广告集中拆除为突破口，全面加大执法力度。全年巡查发现各类广告问题1130处，依法拆除536处，清理条幅594处。同时配合各区、开发区完成了全市157处10余万平方米的违法楼顶广告拆除任务，较好地规范了全市户外广告管理秩序。

燃气执法工作。全年累计检查有证燃气站点1102次，督促整改问题39处；排查瓶装燃气站点753处，查处违规站点368处，暂扣违规燃气钢瓶705个，规范了燃气经营管理秩序，强化了燃气安全生产。

道路扬尘治理。针对130处占道经营乱点、18个交通拥堵路口及9个环境空气质量监测点等重点管理区域，结合城市精细化管理和大气污染防治工作部署，以“双节”、拜祖大典等重大活动保障为重点，以市容高发早、晚时段为突破点，全面加大执法督察，努力维护重点区域市容秩序。积极参与城市精细化管理“百日行动”，每周联合相关部门开展“城管集中执法日”活动。全年督察发现各类问题17.6万余起，下达督察整改通知书1230余份，督促整改问题10.26万余起，全市餐饮场所油烟净化改装率达99%以上，露天烧烤现象基本绝迹，市容管理水平明显提升。

市区养犬管理。结合2015年推进养犬办证年检和规范遛犬等工作，成立8个养犬督导组，突出重点时段，深入社区楼院，市区联合查处违规行为，全年联合执法行动21次，组织专项督察57次，累计检查社区及重点区域5336处，发现违规问题4196起，现场纠正466起，全市养犬办证年检率明显提高。

渣土清运管理。坚持督察各区加强治理与现场查处违章行为相结合的方式，每天对各区渣土清运管理进行督导检查，对发现的问题，及时督促整改落实。全年督察检查建筑工地、垃圾填埋场和清运车辆2359起，发现问题1966处，督促整改1355起，较好地规范了城

夜间道路洗扫联合作业

市渣土清运管理秩序。

重点项目占道施工现场管理。对照重点项目台账，严格按辖区分工进行普查统计，及时发现违章占道施工、围挡设置不规范、不整洁等问题，现场督促整改落实。全年检查全市重点项目施工工地803次，发现问题589次，督促整改问题398处，维护了重点项目工程施工现场管理秩序。

【环境卫生管理】2015年，郑州市环境卫生处以实现城市精细化管理服务为目标，牢固树立大局意识、服务意识和科学发展意识，团结一致，踏实工作，圆满完成了各项工作任务。（1）环境卫生检查督导。及时调整6个环境卫生督察组的检查周期及工作重点，进一步消除督察工作中的盲区，主动配合做好“环卫双竞赛”、城市精细化管理、重大活动路线巡查等任务，保证检查工作的成效性、检查过程的合理性、检查结果的公正性。全年检查市内道路3844条（段）、公厕2246座（次）、垃圾中转站636座（次）；检查县（市）道路360条（段）、公厕216座（次）、垃圾中转站144座（次），及时发现、督促各区解决问题5120处。（2）积存垃圾有偿清运。为落实市区积存垃圾有偿清运制度，创造清洁有序的生活环境，郑州市环境卫生处加大巡查力度，及时清运市内积存垃圾，共对市区459处积存垃圾实施有偿清运13233车，累计70115立方米，上报市级财政核减责任单位经费人民币7105.55万元，市区环境卫生状况得到了显著改善。（3）道路扬尘污染治理。推行“以克论净”制度，检查人员全天候、全覆盖对市区道路尘土清扫情况进行日查和夜查，每天汇总检查结果，并对各区、开发区进行排名。常态化的检查称重有效促进责任单位做好辖区的环境卫生管理工作，各区主次干道的浮尘重量已由最初的30余克下降至10余克。全年共出动1590人（次），检查道路3070条，称重点数9270处，下达整改通知书176份。发现违反扬尘污染治理有关规定的53处，财政扣款841万元，发现黄土遗撒问题71处，约21460平方米，处罚2100万元。

（薛芳礼 季松茂 潘春瑞）

数字化城市管理

【概况】2015年，郑州市数字化城市管理指挥中心依托指挥系统平台和网格化管理方式，严格按照信息收集、案卷建立、任务派遣、处理问题、处理结果反馈、核实结案和综合考评等7个工作流程开展工作，在城市精细化管理中发挥了重要作用，提高了城市管理效能。全年共接受数字化城市管理案件278534件，派遣案件278534件，派遣率为100%；有效派遣案件277665件，有效派遣率达99.69%。完成督察案件265325件，督察率100%；现场督办协调案件3864件。

【案件派遣】强化指挥系统管理功能，在数字城管系统平台中增设了大厅案件的统计功能、派遣员岗位考核功能、责任不清案件管理功能、案件回退管理功能、综合协调案件管理功能、跨区案件派遣功能、案件强制（督办）派遣功能等9大功能模块，派遣督办工作更加高效。加强大厅派遣员综合业务培训，提高了派遣员对案件的直观认识和案件派遣准确率。开展“案件回头看”活动，选出具有代表性的案件，派遣员对案件进行过程说明，开展自评与集中评议，有效提高派遣员的业务能力。

【案件督办协调工作】案件督办协调工作以“立足本职、破解难题”为主要目标，创新工作方式，通过现场督办协调等方式，解决了一批难点（重点）案卷。一是进一步完善了案件督办工作流程，形成了包含案件接收、建立台账、电话协调、督办通知、现场督办、结案归档等程序的工作机制。二是主动与相关部门沟通协调，加大对施工现场未采取防尘措施、渣土裸露、路面未硬化、围挡不全等易造成扬尘污染的不文明施工案件的派遣督办力度。三是加强无主案件的督办，制定了分区域督办案件工作制度，按照“统一管理、分工合作”的原则，实行案件分区域责任到人，由各区域负责人进行督办协调案件，并跟踪派遣过程和责任单位处置情况，直至案件结案；经协调不能明确责任单位的，在案件分析会上集体研究确定责任主体或到现场协调相关责任单位。

【宣传教育工作】以“对内加强思想教育，对外展示城管形象”为主线，多渠道、多手法做好宣传教育工作。结合工作实际，制定了《宣传教育工作计划》，明确了新闻发言人、新闻联络员，完善了《新闻发布制度》《舆情分析研判制度》《媒体接待流程》等制度，为宣传教育工作的顺利开展奠定了良好的基础。加强与新闻媒体联系沟通，树立了良好的外部形象。

（张 勇）

火车站地区管理

【概况】2015年，火车站地区管理工作，围绕“平安、文明、美丽、法治”站区建设目标，坚持“管理、服务、建设”并重，创新工作机制，扎实推进安全、交通、治安、市容、商业“五项”秩序整治，有序实施窗口地区有机更新，着力提升城市精细化管理服务水平，圆满完成了2015年目标任务，站区面貌明显改善，窗口形象进一步提升。

创新“五个24小时”工作机制，保持高压常态管控。突出网格化长效管理抓手，创新24小时管理模式，构建了以反暴恐、城管执法、环卫保洁、便民服务为主的24小时管理、24小时执法、24小时保洁、24小时服务、24小时督察“五个24小时”工作机制，对“五项秩序”实施全天无空档、无盲点、无缝隙管理。建立相应配套考核措施，制定“千分倒扣评比办法”，跟进24小时大督察，督察结果一周一通报，一月一评比，对连续2次排名末位的网格或部门负责人进行问责。实施督察制度后，共督察发现各类问题15318个。

创新城管执法机制，实施网格化执法管理。以东西广场为中心建立3个执法网格，每个网格由一名副局长、一名大队长负责，一月一轮岗，一月一考

2月4日，副省长张维宁、公安厅副厅长吴忠华检查站区春运工作

火车站地区开展安全生产宣传活动

核，考核结果与年度评先、干部任用挂钩，促进执法效果提升。整肃执法队伍，基于防暴恐、治安、城管执法需要，购置防刺背心、手套、头盔、执法记录仪等装备配备执法队伍，规范执法，文明执法，保持执法力度不减。

整合执法资源，构建联勤联动立体综合执法机制。以城管执法队伍为主体，整合站区公安、武警、交警、交管、综治等力量形成执法拳头，多部门联勤联动，借力整治，综合治理，破解单一职能部门执法力量不足、协调不畅等问题。坚持每月定期召开联合执法部门负责人联席会议，研究推进执法工作，形成常态化治理机制。综合执法模式实施后，在针对打击非法营运中的抗法、阻挠执法、煽众闹事者难点问题起到了显著效果，有力维护了执法威严。在反暴恐工作中，以驻区武警、公安为主体，统筹消防、城管、公共单位安保人员力量，群防群治，综合巡防，形成了强力震慑。

重典治乱，建立非法营运专项治理机制。针对非法营运顽症，以10月份市交通委执法支队入驻为契机，成立非法营运打击专项组，由执法局牵头，从交警、交通执法、城管执法部门抽调30人组成精锐队伍，强化执法力度，非法营运得到了较好控制。

【非法营运、乱停乱放治理】 贯彻"畅通郑州"建设要求，把交通秩序作为治理重点，以非法营运、乱停乱放"两大顽疾"为突破口，充分发挥立体综合执法机制作用，交警、城管、公安、综治等多部门联勤联动，扎实开展交通秩序整治专项行动，交通环境更加顺畅。充分发挥非法营运打击专项组作用，着力打击以机动三轮车、摩的、黑出租、残疾人汽租、长途客车、以富士康招工为幌、冒充机场大巴为主的"七类车"，严管重罚，迅速扭转了乱象。重拳治理乱停乱放和东广场南北出口、出租车通道、公交港湾、西广场地下等"四重点部位秩序"，加大处罚力度，拖贴结合、以拖为主，租赁拖车及时清理乱停乱放车辆。规范停车秩序，对东广场地下停车场亮化改造，明确车辆停放区域，重新规划停车标线6000余米，保持了道路畅通。申请180余万元实施人机非硬隔离，安装硬隔离设施1800余米、阻车桩100余根，全区主次干道实现了机非分离、规范行驶。2015年，共开展联合执法行动180余次，查处各类非法营运车辆6000余辆、机动车违章3000余起，暂扣违规出租车证件10个、大客车证件9个，拘留酒后驾驶10人。

【平安建设】 以"平安站区、平安广场"创建为抓手，以"反暴恐保稳定"为重点，扎实推进平安建设，确保了站区社会大局形势稳定。加强反暴恐工作，立足反恐形势，以武警、公安为主体，统筹消防、城管、公共单位安保力量，组建160人联勤联防队伍，实行"人员统一编队、电台统一频道、服装统一式样、装备统一配备"四统一管理，群防群治，综合巡防，严厉打击危害公共安全、"两抢一盗"、变相乞讨、叫客拉客等违法行为，形成了高压震慑。开展冬季专项救助，加强信访稳定，努力化解不稳定因素。加强扫黄打非工作，规范出版物、网吧、娱乐场所管理，净化文化市场。2015年，共刑事拘留30人，行政拘留231余人，强制戒毒5人，抓获网上逃犯10人，救助流浪乞讨人员1300人次；清查文化经营场所800余次，取缔无证经营商户1家、无证流动商贩12起，暂扣违规报刊50份，停业整顿网吧违规经营1家；处理信访投诉案件1起，接待来访群众41人次，全年没有发生越级集访、规模访、重访和赴京非访事件，郑州市火车站地区管委会成功创建市平安建设先进单位。

【市容环境治理】 2015年，火车站地区市容环境治理以"四乱"治理为重点，扎实开展百日行动，推进清扫保洁精细化，落实24小时保洁制，坚持"双十五净"标准，加大机械化作业，坚持1日4次以上清扫冲洗路面，保持环境清洁干净，郑州市火车站地区管委会获得市道路清扫保洁先进单位称号。深化爱国卫生运动，坚持以病媒生物防治为重点，以市场化运作为手段，大力开展健康教育宣传和环境卫生整治，开展搬家式大扫除，清除卫生死角，保持了市容整洁，火车站地区管委会连续3个月获得"爱国卫生杯流动红旗"。创新城市管理思维，火车站地区管委会采取网格化执法管理和机关分包路段条块融合双管齐下办法，强力整治占道经营、突店经营、流动商贩、小广告、橱窗广告，规范了市容市貌。着力整治户外广告、门头牌匾，按照国际化标准，聘请美院老师规划方案，一楼一策，打造国际商都形象窗口。加大市政设施管养，清洗更换果皮箱250个，完成道路沥青铺设9500平方米。2015年，火车站地区整治环境卫生问题2000余处，开展搬家式大扫除4次，清运生活垃圾5000余吨，机械化清扫冲洗路面200余次，清理小广告、地面粘贴物、污渍1万余处，喷洒各类消杀药物1900公斤。

【"平安市场"创建】 加大市场秩序监管，以食品安全专项整治为重点深入开展商业秩序治理，严厉打击、取缔无证经营、超范围经营行为，严查假冒伪劣、知假售假和价格违法行为，对售假门店实施"黑名单"管理，进一步规范了市场秩序。加大公共场所卫生监督和疾病防控，开展非法行医专项整治，维护了人民群众身体健康和生命安全。积极推进市场外迁，圆满完成了中州商场、郑州国际小商品城、盛和针织城、地一大道4家市场外迁任务。2015年，共开展食品卫生监督执法5000余户次，健康体检870人次，监督覆盖率达100%；累计查处各类违法案件105起，罚款43.75万元，严厉打击了不法行为，站区商业经营秩序明显好转，旅客消费投诉明显减少。

【安全生产】 火车站地区管委会立足站区人员密集场所多、建筑设施老化、安全生产基础薄弱实情，把安全工作摆在首位，以消防安全为重点，严格落实安全生产责任制，建立领导干部分包责任制和联合约谈制度，加强安全生产常态化监管，全面实施安全生产和消防安全目标责任管理，深入开展隐患排查和专项整治及非法违法行为治理，实施重大隐患挂牌督办和一票否决制度，对隐患问题实施"零容忍"，实现了安全生产连续4年"零事故"。2015年，共排查单位133家（次），排查一般火灾隐患161处，整改149处，整改率达93%，确保了站区安全生产形势持续稳定。

【项目建设】围绕打造国际商都形象窗口，实施站区三年有机更新，规划建设西广场二期休闲广场等11个项目，2015年，启动新建项目6个，有续建项目3个。截至2015年年底，“精品站区”改造、站区航拍图、东广场3座人行天桥等3个续建项目全部完成；6个新建项目中慢行交通导视系统于10月启用，数字化电子监控系统12月启用，西广场二期休闲广场完成地下空间开发规划，并通过专家评审，东广场南北地下疏散大厅升级改造已签订施工合同，福寿街大同路2座人行天桥建设完成了规划，待市政府联审联批。按照消防整治要求，12月新增西广场临时办公用房项目已建成启用，为执法单位集中办公提供了保障。

【便民服务】2015年，火车站地区管委会进一步完善站区便民服务设施，按照提服务、凝特色、惠民生要求，在东西广场新建公厕3座、改建2座全天免费开放；增设市民阅报栏；设置9个便民服务点，长期为旅客提供问询、免费针线包、急救药品、旅游地图等贴心服务；在西广场地下停车场开设洗车服务项目，方便车主。加强春运、暑运和节假日客流高峰服务保障，坚持开展经常性志愿服务，火车站地区管委会组织机关党员干部、辖区单位职工、青年大学生志愿者在节假日期间开展各类志愿服务，全年为旅客提供便民服务达2万余次。

（张广瑞）

园林绿化与公用事业

园林绿化建设与管理

【概况】2015年，郑州市园林绿化工作以创建国家生态园林城市为统揽，以“组团发展、廊道相连、生态隔离、宜居田园”为发展理念，以第十一届园博会的筹办为工作主线，以园林文化建设和重大项目推进为工作重点，通过抓基础、抓规范、抓管理、抓服务，实现了园林绿化建设管理服务的全面提升。全年市区共完成新建绿地1201万平方米，建设开放区级综合公园10个、游园18个，建成区绿地率、绿化覆盖率、人均公园绿地面积分别达到35.3%、40.1%、11.8平方米。全市新创建省级园林单位、园林小区26个；新创市级园林单位、园林小区43个。

【第十一届中国（郑州）国际园林博览会筹办工作】园博会是园林行业的国际性盛会，郑州市于2014年4月24日获得第十一届中国国际园林博览会的举办权，成立了由市主要领导担任指挥长的筹建指挥部，指挥部办公室设在市园林局。2014年12月25日，郑州市召开了第十一届园博会筹办工作暨“千日行动”动员会，全面启动园博会的筹办工作。2015年，第十一届园博会筹办工作有序推进，完成了园博园总体规划方案的初步设计和多次优化；完成了《第十一届园博会组织实施方案》和邀展前期准备工作；完成了园博园周边市政基础设施及交通设施规划设计，全面启动园博园周边区域建设。

【公园绿地建设】2015年，郑州市园林绿化工作以公园绿地建设为抓手，大力推进南水北调文化公园、区级综合公园等重点工程项目建设，南环公园建设于6月16日建成并向市民开放。南水北调生态文化公园各区示范段建设已全面开工，完成绿化面积2万多平方米。区级综合公园建成开放10个，分别是金水区科教公园、经开区凤河公园、管城区郑新公园、航空港实验区正弘中央公园和青年公园、郑东新区郑信公园、西运河公园、高新区天健湖公园和锦和公园、中原区东陈伍寨公园，超额完成了市委、市政府确定的新增10座城市公园的为民办实事工作任务。

【游园绿地建设】2015年，各区、开发区积极推进游园绿地建设，共建成游园18个，新建绿地1201万平方米，新植乔木90万株，垂直绿化26.98万株，屋顶绿化4.7万平方米。其中，中原区新建绿地54.33万平方米，新植乔木10.5万株，完成垂直绿化3万株，屋顶绿化0.6万平方米，建成游园2个；二七区新建绿地214.05万平方米，新植乔灌木9.6万株，完成垂直绿化3.5万株，屋顶绿化0.32万平方米，建成游园1个；金水区新建绿地50.6万平方米，新植乔灌木10.2万株，完成垂直绿化3.13万株，屋顶绿化0.36万平方米，建成游园2个；管城区新建绿地50.8万平方米，新植乔灌木5.15万株，完成垂直绿化3万株，立体绿化0.3万平方米，建成游园1个；惠济区新建绿地214.86万平方米，新植乔灌木12.6万株，建成游园4个；上街区新建绿地56.62万平方米，新植乔灌木5.2万株，完成垂直绿化3万株，屋顶绿化0.3万平方米，建成游园2个；郑东新区新建绿地149.45万平方米，新植乔灌木11.5万株，完成垂直绿化5万株，屋顶绿化2万平方米，建成游园3个；高新区新建绿地200万平方米，新植乔灌木8万株，完成屋顶绿化0.3万平方米，建成游园2个；经开区新建绿地200万平方米，新植乔灌木8万株，完成垂直绿化3万株，屋顶绿化0.3万平方米；航空港实验区（新郑综合保税区）新建绿地145.31万平方米，新植乔灌木12万株，建成游园1个。

【道路绿化建设】2015年，新建生态廊道10条（段），分别是二七区郑登快速路、管城区紫荆山南路、惠济区江山路、郑东新区北三环东延、金水区文化路南段、经开区前程大街、航空港区四港联动大道东侧和郑港十一路、上街区中原西路引线和五云路，绿化面积450.68万平方米。全市铁路沿线绿化建设完成绿化12.06万平方米。支线路网绿化建设协调推进。按照道路主体完工时间及时绿化跟进，共新绿化道路（支线路网）111条（段）。

【单位及居住区绿化建设】2015年，郑州市单位庭院和居住区绿化美化工作水平不断提升。全市新创建省级园林单位11个：郑州工业大学、郑州工业应用技术学院、郑州市疾病预防控制中心、河南省新郑市第一中学分校、荥阳市林业局、荥阳市地方税务局、荥阳市乔楼镇人民政府、荥阳市京城路街道办事处、新密市人民检察院、中牟县公路管理局、河南省省直机关综合办公楼管理中心；新创省级园林小区15个：郑东新区永威·翡翠城、郑东新区东方国际花园、郑州市正商新蓝钻E区、郑州市银基王朝东南御、郑州市裕鸿世界港·丽宫、郑州市裕鸿世界港·丽园、郑东新区鑫苑·中央花园、郑州市锦艺国际华都·美域、郑州市橡树玫瑰城（二期）、上街区理想名城、荥阳市豫龙之春、荥阳市清华·忆江南、荥阳市清华·大溪地、荥阳市万业世纪广场、中牟县绿城·雁鸣湖玫瑰园。

新创市级园林单位11个：华北水利水电大学（北环路36号）、中国人民财产保险股份有限公司河南省分公司、河南省水利厅、河南省重竞技运动管理中心、郑州市上街区矿山街道办事处、中牟县卫生局、郑州市第十六人民医院、河南省登封市阳城企业集团有限公司、登封市供水总公司、新郑市黄帝故里景区管理委员会、新郑市社会福利服务中心；新创市级园林小区32个：方园经纬花园小区、锦艺国际华都·博郡小区、盛润锦绣城西院小区、人和家苑小区、金域上郡2号院小区、路砦花园小区、亚星盛世家园B区·城市山水小区、橄榄城柏林印象小区、万达广场住宅区小区、天伦·琥珀名城美树馆小区、河南省体育局家属院（健康路176号院）、郑汴路138号艺术家小区、正弘世熙小区、豫军长基花园小区、正商恒钻小区、美景鸿城小区（三期）、永恒理想世界五里堡西堡新居小区、民安北郡小区、珠江荣景小区、建业壹号城邦小区、郑州奥兰花园小区、中豪汇景湾小区、富田·兴和苑小区、新密市未来城小区、新密市世悦·凯旋山小区、荥阳市郡临天下小区、荥阳市贾峪镇洞林寺社区、荥阳市贾峪镇南王村社区、荥阳市贾峪镇郭岗社区、中牟县东方润景小区、中牟县中央御景小区、中牟县东润郎郡小区。

【县（市）园林绿化建设】 2015年，各县（市）大力推进公园绿地建设，共完成投资21.9亿元，新建（续建）公园5个，建成游园9个，新建绿地1349万平方米，新植乔木35.5万株。中牟县按照“生态隔离、宜居田园”的绿化理念，强力推进园林绿化建设，新建绿地851.7万平方米，新建游园3个；新郑市新建绿地99万平方米，续建公园2个，新建游园2个，新建生态廊道5条（段）；荥阳市以创建国家级园林城市为目标，不断加大园林绿化建设投入，全年新建绿地136.98万平方米，新建公园1个、游园2个，新建生态廊道3条（段），新建道路6条（段）；登封市以城市园林绿化持续发展为中心，大力推进精细化管理，新建绿地43.2万平方米，续建公园2处，新建游园2个，新绿化道路12条（段）；新密市以绿化工程建设为重点，推进重点工程建设，新建绿地47.7万平方米，新建生态廊道3条（段），新绿化道路9条（段）。

【园林绿化管理】 根据季节变化，抓好补植补栽和日常管护工作，共补植补栽各类乔灌木44万株、地被植物11万平方米；同时，加大园林绿化督导督察力度，组织开展多样化的督察、巡查活动，全年累计巡查、督察200余次，下发督察整改单240余份，涉及整改问题1569个，整改率98.6%。

市园林部门组织开展生态廊道综合整治百日行动，廊道内机动车乱停乱放、占道经营、摆摊设点、死树枯枝、垃圾积存、白色污染等问题得到有效遏制，已建成的135座公厕全部投用；大力开展大气污染扬尘治理工作，重点对园林绿化工地扬尘、绿化带内黄土裸露等问题进行整治，消除绿地内黄土裸露3.8万平方米，采用新技术手段，在河医立交桥区安装了雾喷装置，全市36个园林绿化工地全部达到6个100%的扬尘治理标准。

各公园广场按照精细化管理标准，引入ISO质量和环境管理体系，碧沙岗公园、紫荆山公园通过ISO9000质量管理体系和ISO14000环境管理体系的认证，起到了示范引导作用。

【园林绿化依法行政及执法监督工作】 2015年，郑州市园林部门按照“五单一网”制度改革要求，梳理整合行政权责35项，严格控制和优化临时占用绿地的审批，优化行政许可项目办理流程，认真履行规划并联审批职责，做好建设项目配套绿化设计方案审核，严格实施绿色图章制度，全年行政审批提前办结率100%。同时，认真做好依法行政工作，加大执法监察力度，全年共受理举报、转办件646起，勘验复查许可证1040处，立案24起，全部结案，罚款68万元，挽回经济损失600余万元。

【城区美化和氛围营造】 组织参加各项评比活动，展示园林行业风采。市人民公园、市碧沙岗公园、郑州植物园等3个单位获得第二届“中国风景园林学会奖——优秀管理奖”（养护管理类）；参加2015年中华菊王争霸赛，获得金奖、一等奖各1个。参加2015年全国第二十九届荷花展，获得一等奖、二等奖各1个；参加第十五届中国中原花木交易博览会，获得银奖1个；参加亚太地区盆景赏石会议暨展览会（广州），获得银奖1个、铜奖1个；在首届中国盆景制作比赛暨第二届中国精品盆景（沭阳）邀请展中，获得银奖2个、铜奖1个；在2015中国（南阳）月季展中，获得月季新品种特等奖2个、金奖各2个、银奖1个。

以“绿满商都、花绘郑州”为主线，在各公园广场组织开展了以月季文化、海棠文化、牡丹文化等为主题的17个特色花卉展览，丰富了市民群众业余文化生活。重大节日和重要活动期间，在公园广场、重要道路节点摆栽花卉，制作花坛景点及园林小品，营造了良好的城市景观氛围。

上合会议期间，根据市政府工作安排，积极做好园林绿化保障工作，开展全市范围内园林绿化整治和会场花卉摆放工作，共完成整治绿化面积258万平方米，摆放花卉176万株。

【园林绿化规划设计与监理】 2015年，郑州市园林绿化规划工作取得显著成果，完成《郑州市城市绿地系统规划》（2013-2030）修改完善工作。全年完成的园林绿化规划设计项目有：郑州城市公园、广场的升级改造项目精细化管理服务先行区内的设计工作，包括绿荫公园、文博广场、经纬广场、文化公园及市管游园的改造设计；世界月季洲际大会郑州展园设计；郑州市反腐倡廉中心庭院设计；省纪委宣教中心庭院设计；郑州市第二十一届月季花展绿城广场展位摆放方案设计。同时完成了武汉园博园郑州园——“郑州院子”的建设和监理等工作。

【园林科研及植物病虫害防治】 2015年，园林科研工作取得新提升，全年4个科研项目列入城建科技资助计划并于10月顺利结题鉴定，1项成果获市科技进步二等奖。加大植物引进、科研种苗和花卉生产，全年各专业单位引进植物新品种375个，法桐月季种质资源和园林科研基地共栽植、扦插月季苗100万株，栽植法桐等苗木1.3万余株；苗圃栽植花卉苗木145个品种共50万盆（株）。同时，做好园林植物保护和病虫害防治工作，下发园林植保工作计划和病虫害防治技术规范，制订年度植保方案，建立和完善病虫害防控预测预报网络，建立病虫害防治周报制度，每月督导检查，有效控制病虫危害。

【动物管养与繁育】 2015年，市园林部门加大动物繁育和引进，提升动物管养水平，提高动物福利待遇，做好动物疫病防治，完善动物馆舍建设，改善动物生活环境。全年引进国家I、II级保护动物 19种76头（只），繁殖动物32个品种208头（只）。全年未发生任何动物脱笼、逃逸、伤人等重大安全事故。

（张　泳）

城市供水

【概况】 2015年，郑州自来水投资控股有限公司以“一保两提”为目标，以建设促发展，以经营增效益的总体要求，积极转变思路，突破发展，完善企业法人治理结构，加快推进城市供水工程规划和建设，统筹城乡供水一体化和区域供水一体化，编制完成《郑州市（市区）给水规划》《郑州都市区供水专项规划》等规划项目，为郑州市供水发展提供依据，城市供水供应和保障能力得到很大提升。全年完成供水量3.52亿立方米，售水量2.95亿立方米，新增供水管网680公里，累计供水管网长度3119公里，出厂水水质综合合格率为99.5%，管网水水质综合合格率为98.5%，管网压力合格率为99.44%；供水产销差率为14.4%，管网修漏及时率为99%，供水设备完好率为96%。新增供水注册用户15万户，累计供水注册用户达115万户。供水面积达到500平方公里，供水覆盖范围包括郑州市区、郑东新区、航空港区以及荥阳市区等区域，供水服务人口519万人。航空港区水务有限公司完成供水量3350万立方米。新郑双湖水务有限公司完成污水处理总量944万立方米。

【供水保障】 相继建成刘湾水厂、航空港一水厂、罗垌水厂并投产运行，供水能力增加到177万立方米/日；依据2012年7月1日正式实施的国家新的《生活饮用水卫生标准》（GB5749-2006），郑州市自来水投资控股有限公司先后投入近千万元购置专项设备仪器，经国家计量认证，水质检测能力达到195项。完成柿园水厂、白庙水厂深度水处理工艺改造，城市供水综合保障能力和区域供水能力得到很大提升。南水北调中线工程建成通水后，郑州市主要城区已置换为南水北调水源供水。根据南水北调水源与黄河水源水质特性的不同，制定相应的处理对策。对制水生产工艺处理效果进行全面评估，对原水水质、出厂水水质进行系统性跟踪监测，制定相应的预防措施，建立长效机制，形成水厂安全生产指导体系。调整区域供水综合调度，结合刘湾水厂投产、航空港区向市区反供水情况，解决局部区域供水压力不均衡问题，完善水质技术保障，保证了出厂水质达到新国标要求，全年引用丹江水2.1亿立方米。

【供水工程建设】 推进刘湾水厂、航空港区一水厂改扩建、罗垌水厂、户表改造等项目收尾工作。推进刘湾水厂配套管网工程建设，完成刘湾水厂中州大道方向出厂主干管铺设及宇通路、郑新路、紫荆山路管道施工；推进航空港区一水厂改扩建工程配套管网建设；完成罗垌水厂厂区主体构筑物建设，于10月21日通水试运行。同时与市政道路建设同步改造老旧管网和新建管网，形成中心城区与航空港区、郑州新区、二七新城、中原新城等区域互联互通、联合统一调度的供水架构，完成郑州市配水管网工程120公里，其中新建94公里，改造26公里。户表改造工程完工55447户。完成侯寨水厂可研批复、罗垌水厂配套调蓄池工程、二七新城2号与侯寨1号加压泵站立项，推进智慧供水系统工程前期规划、花园口水源地应急取水工程项目审批等。推进航空港区供水建设发展。完成中州大道给水工程审计，柿园、白庙深度水处理工程、航空港一水厂审计工作正在进行，完成配水管网、户表改造、水厂深度处理、刘湾水厂等完工项目暂估入账工作。

【水价调整】 2015年3月，郑州市城市供水实施成本公开。在成本审核和监审的基础上，8月完成郑州市市区城市集中供水价格改革听证等工作。11月市物价局发布《关于调整我市市区城市集中供水价格的通知》，新的供水价格于2016年1月1日起实施。同时还发布了《郑州市市区城市集中供水价格调整实施细则》。

【供水营销管理】 一是扩大远传水表覆盖率，提高计量精准度；加强DMA漏控动态管理，对1726个二级计量小区全面推行漏控动态管理。二是开辟用户报装工程绿色通道，拓宽水费缴纳渠道，增加支付宝、微信缴费方式，方便市民缴纳水费，抄表准确率和及时率均达100%，全年水费回收率为98%。三是依法严厉打击偷盗水行为，加大违规工程排查和用水监察力度，开展消火栓用水、自建供水设施违章用水专项整治活动，追缴疑难欠费，查处盗用水及破坏供水设施等违法行为，规范城市供用水市场和污水处理费用清欠追缴工作。

【供水服务】 2015年，供水服务工作成效显著。强化用户报装流程管理，进一步简化报装工程环节。对1726个二级计量小区全面推行漏控动态管理。打造郑州供水“白师傅”品牌服务，连续开展“供水服务·春暖万家”活动，拆换表9816台，检修闸门2000个。完成在纪念中国人民抗日战争暨世界反法西斯战争胜利70周年阅兵、上合组织峰会期间的供水安全保障工作。通过政府网站、企业门户网站逐步推进信息公开。

（朱　林）

城市燃气

【概况】 2015年，郑州华润燃气股份有限公司积极应对宏观经济减速换挡的新常态，紧紧围绕郑州都市区建设，以推广清洁能源应用为己任，优化输配系统建设，进一步提升燃气供应能力。全年销售天然气9.7亿立方米，日最高供气量656万立方米，新增燃气用户8.5万户口，服务用户总数达到157.5万户。在第三届全国燃气行业职业技能竞赛中，以郑州华润燃气股份有限公司为主力的河南代表队获得燃气具安装维修工专业团体金奖，团体总分铜奖。

【气化郑州】 2015年，郑州华润燃气股份有限公司充分发挥自身优势，积极行动，持续深化气化郑州、蓝天工程战略实施。积极配合郑州市北郊热源厂煤改气工程，投建北郊热源厂燃气专线及配套设施，于2015年11月14日顺利点火通气；全力推动港区热源厂燃气工程建设，项目于12月19日顺利置换通气，确保了居民温暖过冬。

【气源建设】 持续打造多级多通道的输配系统，开工建设博郑线门站及配套管网，增加郑州市西北部的气源接收通道，完善气源布局。建设完成竹川到小里河燃气管线，为巩义小里河等区域提供充足的气源保障。根据郑州市都市区总体规划的最新要求，编制《郑州都市区燃气专项规划》（涵盖1400平方公里），谋划超高压五环以及多气源通道建设，在中心城区规划次高压系统，提升中心城区输配能力。编制《航空港区燃气专项规划》，并于2015年4月通过了市政府审批，将为未来航空实验区燃气基础设施建设提供依据。配合市政道路建设及改造计划，做好燃气管网铺设及改造，全年新建燃气管网97公里，配合轨道交通、快速通道等改迁管网8公里，合计105公里，实现了中心城区燃气管网的优化完善，确保燃气安全平稳供应。

【燃气安全管理】 2015年，郑州华润燃气股份有限公司燃气安全管理工作重点聚焦薄弱环节，围绕外部管控、内部提升，多措并举，全面提升安全管控水平。关注用户侧安全，营造安全用气环境，主动思变，开展安检模式改革，抽调业务骨干，组建安检中心，实现安检队伍专业化，取得了显著成效，安检入户率达到75.48%，同比提高2.68个百分点；深入推动危险热水器整改，累计更换危险热水器2369台，发放危险热水器隐患整改告知书20598份，发现闲置阀门15521处，整改13707处，整改率达到88.31%，有效保障用户用气安全。强化重点用户安全用气管理，聚焦新兴的城市综合体用气安全，编制《城市燃气商业综合体安检标准》，扩大巡检范围，提高安检频次，加强用气安全培训，提高用户的安全用气意识和应急处置能力，成立专业的维保队伍，对大型工商业用户重要设备实行重点监控，确保安全运营。创新机制，深化管网隐患排查与整改。创新巡检工作管理模式，实行“分片包干”的片区承包制和计件工资制，提升巡线工的工作主动性和积极性，全年外力破坏发生52起，同比减少10起，埋地管网泄漏自查率达96.7%，同比提升两个百分点，有效保障了管网

6月16日，河南省安全宣传月活动，副省长李亚、市长马懿听取燃气管网建设情况汇报

安全运行。加强安全基础管理，编制安全管理专项支出计划，推行全员安全风险抵押金，实行安全互查互访管理、经理人定期安全检查反思制度，并强调“管业务必须管安全、管生产必须管安全”的安全理念，促进安全主体责任意识的形成；全面开展员工安全应知应会培训，覆盖全部一线核心岗位；举行城镇燃气输配系统综合应急演练，提升应急处置及协同作战能力。强化新技术、新设备应用，推动本质安全。高度重视技术创新及进步，紧跟智能化、信息化步伐，引入先进技术，推动安全生产。完成3处高压管网气液联动装置改造，提升应急处置能力；全面升级调度中心SCADA系统，实现对所有场站的全面监控和智能化调度；开展管网信息普查，开展管网拓扑关系检测、防腐层缺陷检测、违章及隐患发现及上报处理等工作，完善GIS系统，保证管网连接关系和数据的准确。

【规范服务】 2015年，郑州华润燃气股份有限公司进一步深化用户服务工作，各类服务质量指标保持优良、持续提升，华润燃气公司获得“心通桥2015年度网友满意的公共服务单位”荣誉称号，服务督察部程瑞瑾被授予“2015年度网络问政先进个人”荣誉称号。深化服务文化建设，编制发布服务文化手册，凝聚公司的服务向心力，通过评选“优质服务微视频”，开展多层级服务文化理念宣贯，提升员工认识，助推前线服务效果。加强员工培训和服务监督。对一线员工持续开展服务标准强化培训，全年涉及8个单位、10个关键岗位、600余名员工；深化服务监督，持续开展服务行为观察活动，涉及员工869人次，服务标准合规指数达99.80%；通过电话回访、现场走访等形式，了解用户侧感知，共实施电话回访48651户，现场走访1184户，营业现场检查259次，视频观察563人。深入用户关系维护，促进双向良好沟通，持续开展牛师傅进社区活动，全年累计开展牛师傅进社区活动50次，服务用户52256户，接待用户咨询6254人，发放宣传资料6017户，近距离接受用户用气需求，现场解决用户用气难题，树立企业良好形象。

（王英娜）

集中供热

【概况】 2015年，郑州市热力总公司按照“气化郑州”和蓝天工程的统一部署，以科学规划为引领，以多热源联网供热、能源管理、水质管理为重点，站位全局，实现供热生产大飞跃。全年完成供热量1598.7万吉焦，同比增长31%，新增供热能力1900万平方米，供热能力达7220万平方米，新增供热面积540万平方米（不包括西区回归热力数据），实际供热总面积约5482万平方米，实现热费收入11.27亿元。全年新建改建供热管网2×78公里，新建改建热力站93座，实现银企联网、收费到户42万余户；1183座热力站实现远程自动监控或监测，占热力站总数的94.9%。全年室温合格率达99.49%，设备完好率达99.9%，抢修及时率达100%，热线电话回复率、办结率均为100%，回访满意率99.9%，供热质量稳中有升。华润燃气公司先后获得全国模范职工之家、国家统计局河南调查总队先进调查企业、河南总工会工人先锋号、五一巾帼标兵岗、河南省建设工会女职工工作先进集体、郑州市共青团委青年文明号、郑州市节能减排促进会节能减排先进单位等多项荣誉。

【主业发展】 2015年，郑州市热力总公司按照市城市集中供热规划和热电联产规划，以“引热入郑”“煤改气”等项目为抓手，主业发展声势迅猛，发展步伐更加稳健。荥阳国电“引热入郑”项目建成投运，新增供热能力1400万平方米，北郊热源厂项目建成又新增供热能力500万平方米，使供热能力达7220万平方米，全年新增供热面积540万平方米，不包括热力西区回归，采暖供热总面积达5482万平方米，实现热费收入11.27亿元。加快对外发展与合作的步伐，2015年与荥阳市的集中供热合作正式实施，已开始建设宜居健康城供热管网，为企业规模化与集约化发展打开了良好局面。

【供热工程】 荥阳国电“引热入郑”工程。该工程全长24公里，管径为1.4米，是国内已投运的管径最大、跨度最长的供热管网项目。项目于2015年3月底开工建设，11月初国电荥阳电厂至市区主干热网全线贯通，11月9日正式投入运行。建成投运后，新增供热能力1400万平方米。

北郊热源厂工程。该项目建设规模为5台58MW的燃气热水锅炉，总投资19432.82万元，于2014年8月22日土建单位进场，到2014年12月完成5台锅炉安装和水压试验，并通过省锅检院的验收。2015年11月18日外部各类管线建设完毕，年底5台锅炉联调联试及煮炉已全部结束，具备投运条件，新增供热能力500万平方米。

航空港北区热源厂（二期）工程。该项目建设规模为5×58MW燃气热水锅炉房，总投资2.2亿元，建设期为2015-2017年，根据区内供热需求状况，拟分两期建设。全年区内敷设供热管网15.6公里，10月底航空港北区热源厂一期的燃煤锅炉提前启动供热，10月21日二期2台58MW燃气热水锅炉工程开工建设。

供热管网工程。继续推进市区、航空港区等区域的集中供热管网建设，加大老旧供热管网改造力度，全年新建、改建供热管网78公里，使全市热网的综合承载能力显著提升。在管网建设过程中，继续扩大GPS、管网探伤等先进技术的应用范围，落实文明施工、安全施工等规章制度，加强施工现场的巡检与考核，有效保障了工程质量。

燃煤锅炉拆改工程。为保障燃煤小锅炉拆改工作顺利进行，郑州市热力总公司制定了改后加入集中供热的相关方案，按时保障了17家单位5台燃煤锅炉拆改后的正常用热。

【供热生产】 供热准备期。3月，市热力总公司在上个采暖季结束后，及时启动管网湿保养工作。4月，大修技改项目有序推进。7月，各分公司开始进行二次网初调节及维修维护等工作。8月，管网冲洗工作全面展开。加大无人值守站建设力度，有1183座热力站

10月20日，市长马懿到郑州热力总公司视察工作

实现远程自动监控或监测，约占热力站总数的94.9%。2015年10月《郑州市城市供热与用热管理办法》正式实施，对供热质量和服务质量提出了更加规范的要求。11月，市热力总公司提出了确保用户室温不低于18℃的标准，并要求各个层面采取有效的保障措施，切实兑现对市民的承诺。2015年，中原环保西区供热分公司并入市热力总公司，使市热力总公司的供热版图更加完整，合并前，公司提前做好调度、经营、服务等各层面的对接工作，首次在西区采用多热源联网供热，使西区供热质量明显好于往年，整体供热质量稳中有升。

安全运行。为落实安全生产责任，2015年初，市热力总公司对生产各个环节逐级签订安全生产目标责任书；完善《燃气锅炉房运行管理制度》，并按照行业标准修订燃气锅炉运行操作规范；对特殊工种岗位坚持持证上岗，对特种设备和车辆等坚持100%取证及检测，持证上岗率达100%，特种设备和车辆等取证、检测率达到100%。开展"安全生产"竞赛，对重点领域进行专项整治检查，完善燃气锅炉房等各类安全操作规程。11月1日供热系统已具备供热条件，2日开始进行冷态运行，8日管网升温，14日用户室内温度达标。运行期内，市热力总公司根据天气状况和运行参数，加强二次网的精细化调节，有效消除了二次网流量失衡、用户冷热不均等现象。全年完成供热量1598.7万吉焦，供热量增长380.7万吉焦，同比增长31%，为有集中供热历史以来供热量增速最快的一年，总供热量再创历史新纪录。

供热调度。2015年，市热力总公司科学调度、统筹全市供热，"大调度"工作再上新台阶，多热源联网供热再次升级。通过对历史数据的系统分析，进行了1500余次水力计算，以近50套运行方案为基础，最终形成了合理可行的2015年供热调度方案，首次提出了电厂与电厂联网运行的模式。方案将全市划分为人北区、人东区、南区、西区以及惠济区5大供热区域，对热网调节、水力平衡、流量分配等工作进行了统筹安排，确保了在任何情况下，各区域的供热都能得到相互支援、有效保障，为进一步构建集约化的城市集中供热系统奠定了基础。2015供热季，在保障用户室温不低于18度的标准要求下，用户室温合格率达99.49%。

能源管理。2015年，市热力总公司从健全能源管理机制入手，加强能源信息化管理，规范节能信息统计上报流程，启用了河南省万家企业能源利用状况填报系统；开发能源管理在线平台，实现了能耗信息的共享可控；修订完善节能降耗考核指标，新增了燃气锅炉房能耗考核指标。同时，通过督促节能设备的有效投运，加大奖励节能先进的力度等手段，进一步激发广大职工主动节能的意识，热网单耗、热力站水电单耗等运行指标稳中有降，保持在行业先进水平，节能降耗工作成效明显，获得郑州市节能减排促进会节能减排先进单位荣誉称号。

环境保护。2015年，市热力总公司心系民生，勇于承担社会责任，积极落实各级环保责任，为打造郑州市的碧水蓝天做出积极贡献。强力推进"煤改气"工作，并对无法或尚未进行"煤改气"的经开区、港区热源厂等单位的燃煤锅炉进行排放综合治理；对经开区热源厂燃煤锅炉脱硫系统等进行提标治理。烟气在线监测项目已正式通过验收，港区燃煤锅炉房烟气在线监测完成联网。

热网维护。2015年，市热力总公司充分利用非采暖期，对1720处检查井、4850台阀门进行了维修保养，累计整治供热设施隐患30余处。继续推广带压堵漏技术，及时增添了史丹利动力站等先进的抢险设备，进一步规范抢险物资备品备件库，提高了热网突发事故的抢修及时率，保障了整个供热系统的安全稳定运行。全年累计成功处置突发故障214起，抢修及时率达100%。

【技术进步】市热力总公司始终坚持科技兴企，不断完善企业的科技进步机制，以科技创新促改革，以技术进步凝聚企业高品质的核心竞争力，用技术进步服务公司发展大局收效明显。在荥阳国电"引热入郑"管网工程施工中，全部作业面使用安全屋，重点部位引入了喷锚支护工艺，用科技手段确保支护的安全可靠，提高施工的安全性。积极开展"郑州市热力节能与环保技术研究中心"前期筹划工作，借鉴吸收式热泵、热电厂循环水余热回收利用等相关技术，进行彻底改善供热系统水质等重点课题的技术研究。继续推进供热计量改造工作，编制完成《用户供热计量工程技术标准》等新标准并进行应用，2015年，完成了9个小区约111.7万平方米的供热计量改造工程，安装入户热量表及其附属装置9420套。坚持信息网络先行，提升管理效率。以无人值守站全覆盖为重点，逐步将信息网络技术推广到公司发展管理的各个领域，有1183座热力站实现远程自动监控或监测，占热力站总数的94.9%；增加新的热费代收机构，开通第三方支付，实现收费方式的再革新；研究与建立地理信息、设备管理等新的子系统；2015年继续调研多个信息化平台整合的可行性，努力实现信息的共享与数据的互通，通过供热自动化管理系统的全方位建立，全力打造在行业技术领域叫得响的企业名片。

【供热服务】继续规范服务热线，认真贯彻落实《郑州市供热办法》，依法运营，客户服务再出新形象。市热力总公司坚持学好办法、用好办法，深入社区宣传供热法规，并根据办法修改完善了内部管理制度与流程，把供热法规贯彻到日常服务中去。同时吸取同行业"大客服"的建设经验，新建了北区、枣庄、南区3个客服大厅，统一企业标识和服务标准，在传统热线电话的基础上，增添了便民缴费等现场服务。开通"市热力总公司"微信公众号，及时宣传公司发展、经营服务和供热常识等宣传内容。截至2015年年底，共记录用户来电及各类转办件15万件，均及时办理，实现了"阳光服务"品牌内涵与外延的双提升，热线回复率100%、办结率100%，回访满意率99.9%。不断创新便民收费措施，新增了光大银行、中原银行两大代收银行，在新建的客服大厅配备了16台自助缴费终端机、31台POS机，供热前夕及时推出了"市热力总公司"微信公众号缴费功能，实现了足不出户便捷缴纳热费。2015-2016采暖期，有约42万户热用户实现了收费到户。

（王力艰）

污水处理

【概况】2015年，王新庄、五龙口、马头岗、南三环、陈三桥污水处理厂共处理污水49615.99万吨，累计削减氨氮15528.97吨、BOD79564.86吨、COD151282.84吨、SS116148.26吨，均超额完成上级下达的年度减排任务。市污水净化有限公司持续稳定向新力电力、燃气电厂、荥阳国电、金水河供应优质再生水，并通过三环再生水管线成功向东风渠供应景观用水，全年累计供水4900.8万吨。八岗污泥处置厂全年累计处理污泥20.6万吨。

【污水处理工程建设】马头岗污水处理厂二期工程污水处理区已完成环保设施验收，工程审计有序展开，消化干化区域进行土建施工进展顺利。南三环污水处理厂工程已全面完成建设任务，并通过环保设施验收，工程审计工作按要求正式启动。马寨污水处理厂工程建设任务已完成，已具备通水条件，审计决算工作进入收尾阶段。郑州新区污水处理厂工程于2015年12月31日进行通水调试，完成既定目标，污水干管、深度处理等后续工程建设按计划推进。双桥污水处理厂工程于2015年11月30日开工，各项工作进展顺利。再生水利用三环管线工程现已基本完工，并向东风渠成功送水。新力电力再生水管线工程完成各单项验收和审计决算，具备竣工验收条件。马头岗污水处理厂一期一级A升级改造工程已完成可研审批和初步设计招标，初步设计编制工作进展顺利。王新庄污水处理厂再生水管线切改工程初步设计和勘察的招标工作按计划推进。再生水利用三环配套泵站工程和南三环中水公园工程2个项目的可行性研究报告均已通过专家评审。污泥应急处理工程已完成可研审批，EPC一体化招标已发布招标公告。

【内部管理】 2015年，市污水净化有限公司不断提高企业内部管理水平，持续推进精细化管理，“三标一体”管理体系日趋完善。信息化建设初见成效，网上OA办公平台和HR系统投入试运行。目标管理体系整合统一，形成行政和党群两大目标体系，进一步提高了目标管理效率。马头岗污水处理厂修编完成国内一流的《应知应会》手册，并通过精确曝气、中控系统软件整合等科技手段的应用，逐步向生产管理智能化迈进。五龙口污水处理厂引入巡更管理系统，消除工作盲点，目标分解细化量化，绩效考核扎实有效，在常年超负荷运行的状况下完成达标排放、成本费用节约等任务。八岗污泥处置厂筛分系统改造初步取得成效，为降低生产成本打下基础，通过推行“少吃多餐”等生产工艺改进，实现提质增效，强化ISO9000意识，生产标准化稳步提高。南三环污水处理厂作为中部地区首座大型半地下污水处理厂，通过推行交接班环节“十交五不走”等手段，逐步完善标准化生产管理，投运首年实现“夯实基础、平稳过渡”的目标。

【投融资体制创新】 2015年，市污水净化有限公司在项目建设投融资方面进行大胆创新，实现了多渠道、多方式的融资投资模式，为项目建设提供了资金保障。争取双桥和马头岗二期工程中央预算内投资1.315亿元，争取双桥和马头岗一期一级A升级改造工程中央专项建设基金1.36亿元，极大缓解了项目建设资金的压力。积极探索项目对外合作模式，按照国家关于政府和社会资本合作的统一部署，八岗污泥处理厂改扩建工程被纳入河南省政府第一批PPP示范项目，双桥污水处理厂工程被纳入郑州市政府首批PPP推介项目。开拓项目建设利用外国政府贷款低成本渠道，向美国进出口银行主权担保融资项目资金申请报告，获得国家发展改革委同意批复，财政部已批复项目清单，准备进入招标实施阶段。

【科技创新】 2015年，市污水净化公司以省、市工程技术中心为平台，与中国农科院、南京大学、河南农大、河南工业大学等科研院所及高校建立合作关系，持续推进“十二五”水专项贾鲁河课题、城市污泥无害化处理产品的农用开发与研究、城市污泥改良沙化潮土和生态环境安全评价研究、污泥好氧发酵可循环调理剂回收利用项目等国家级和省、市级重大科技专项。累计开展科研项目5项，争取各级科研经费620万元。

【行业发展】 召开行业政策宣贯会，对现行环保政策进行解读。举办分会体育赛事活动，增强了会员间的凝聚力和向心力。组织召开了2015年度河南省市政公用业协会污水处理分会年会。进一步创新宣传方式，建立微信公众账号和微信群，增加分会影响力。受省住建厅委托，启动编制《河南省污水处理厂污泥土地利用技术规范》。同时启动了省内各地市检验检测机构的计量认证工作。配合国家排水委、省住建厅等上级部门完成《城镇污水处理厂污染物排放标准》意见征求等十余项工作。

【安全生产】 2015年，市污水净化有限公司成功蝉联第二届“郑州平安建设基层创建示范单位”荣誉，并以“三查三保”活动为抓手推进平安建设工作不断提升。严格落实安全生产责任制，完善安全生产管理制度，强化现场监督检查，深化隐患排查治理，加大安全生产设施投入，进一步完善职业健康安全管理体系，确保全年安全生产形势良好。同下属各部门签订了安全生产目标责任书，把安全生产目标进行层层分解。对《受限空间作业安全管理制度》等48项安全管理制度进行了完善和修订。全年开展了各项内部安全隐患排查共528次，累计排查安全隐患936处，拆除全公司范围内非阻燃型彩板房11197平方米，隐患整改率为100%。加大消防安全管理力度，以人员密集区消防管理工作为抓手，联合郑州市消防支队开展以“职工宿舍消防逃生”为主题的联合消防演习。加大安全生产硬件设施投入，先后采购正压式呼吸机、安全防护服、长管式呼吸机、四合一有毒有害气体检测仪等安全应急物资和防护用品，累计投入239万元。加强安全应急管理工作，全年共举行应急演练31次。推行安全标准化试点建设，八岗污泥处置厂顺利通过安监部门的安全标准化认证。

（王鹤楠　郭绍君）

城市环境雕塑建设

【概况】 2015年，郑州市环境雕塑建设围绕城市雕塑管理、创作、宣传、交流等工作，积极推进各项工作开展，对92座公共城市雕塑加强管理，进一步完善工作标准、工作制度，加强日常管理维护措施，积极开展城市雕塑问题排查、集中整治、督导检查，全年完成城市雕塑日常巡视维护2万余座次，整治雕塑局部问题和清理涂鸦小广告400余处。对两座地标性大型城市雕塑《礼仪之门”》和《翔》进行了全面维修翻新，全年维修城市雕塑28座，城市雕塑完好率100%。

【郑州雕塑工作研讨会】 2015年4月22日，郑州市雕塑工作研讨会召开，本次会议由郑州市美术家协会主办，郑州市雕塑建设研究所、郑州市雕塑艺术委员会承办。会议就理顺郑州雕塑专业机构关系、打造搭建郑州雕塑艺术交流平台达成共识。郑州雕塑工作研讨会的召开对推动郑州市雕塑工作发展，促进省会雕塑专业机构创新起到了积极作用。

【雕塑创作营活动】 为纪念抗日战争胜利暨世界反法西斯战争胜利70周年，迎接建党94周年，市环境雕塑建设研究所联合郑州市美协雕塑艺委会组织举办了“纪念抗日战争胜利、反法西斯战争胜利70周年雕塑创作营”活动。共有23名省、市雕塑工作者集中进行了主题雕塑创作活动，创作完成雕塑作品35件，其中市环境雕塑建设研究所创作作品8件。

【郑州市第一届雕塑作品展】 2015年11月21日，由市委宣传部、郑州市文联、郑州市美术家协会、郑州市城市管理局主办，郑州市环境雕塑建设研究所、郑州市雕塑协会承办的郑州市第一届雕塑作品展，在郑州市环境雕塑建设研究所雕塑艺术馆开幕。本次展览是郑州市雕塑界举办的第一次专业作品展，汇集了全市老中青三代雕塑艺术工作者创作的作品140余件，这些作品形式各异，题材众多，内涵丰富，代表了郑州市雕塑艺术的创作水平。对展示郑州当代雕塑文化的风采、提升雕塑艺术的层次和品位、鼓励积极探索和艺术创新、推动新人创新作起到了积极促进作用。

【郑州市雕塑工程技术研究中心建设】 为进一步推进郑州市雕塑专业科研工作开展，搭建雕塑技术研发平台，2015年，市环境雕塑建设研究所积极开展《郑州市雕塑工程技术研究中心》的申报筹建工作，在发掘整合单位软硬件优势的基础上，认真调查了全国相关雕塑专业机构研究工作模式，编制了可行性研究报告和项目申请书，于8月按程序向科技局进行了申报，12月，获市科技局审核批准建设。通过组建技术研究中心，设立科研项目，将进一步明确郑州市环境雕塑建设研究所的科研工作方向，推进了郑州市雕塑技术研究平台建设。

（周宏昶）

城乡环境保护

环境保护

【概况】 2015年，郑州市环保工作牢固树立生态文明理念，紧紧围绕省政府下达的年度目标任务，着力解决危害群众健康和影响可持续发展的突出环境问题，较好地完成了各项环保目标任务，全市环境质量得到了持续改善。郑州市城区空气质量优良天数为138天，下半年优良天数99天，比上半年增加了60天，PM10、PM2.5平均浓度双下降，比上半年分别降低34.5微克/立方米、26微克/立方米，比2014年同期分别降低3.5微克/立方米、1.5微克/立方米，大气治理的效果逐步显现；4个省控断面水质得到改善，黄河水源厂、柿园水厂、井水厂、东周水厂和石佛水厂等5个城区集中饮用水源地取水水质达标率为100%；圆满完成了污染减排各项目标任务，环境质量得到了积极改善。

【大气污染防治】 2015年，郑州市强力推进大气污染防治。市委、市政府坚持把大气污染防治工作列入“十大民生实事”和新型城镇化建设重点工作积极推进，严格落实“党政同责、一岗双责”。市大气污染防治工作领导小组由市长任组长调整为市委书记和市长同时担任组长，市委副书记、常务副市长担任常务副组长；成立7个专项小组，各职能部门承担相应的治理工作；出台《关于全民行动坚决遏制大气污染的意见》《关于调整郑州市大气污染防治工作领导小组组成人员的通知》《郑州市大气污染治理督导工作推进机制的通知》《郑州市大气污染防治工作责任追究办法》等，进一步完善了大气污染防治工作机制。市人大常委会组织召开专题询问，积极推进《郑州市大气污染防治条例》落实，强化人大监督职能；废除了《郑州市市区烟花爆竹安全管理条例》，市政府配套出台了《郑州市禁止燃放烟花爆竹规定》，“禁改限”8年后全市域重新禁止燃放烟花爆竹。市政协召开双月民主协商会，邀请各民主党派、工商联和政协委员、专家学者及公民代表积极献言献策，专题研究大气污染防治工作，推进各项工作落实。

加强督导检查，严格实施奖惩。建立三级督察机制，市委督察室、市政府督察室和市监察局组成联合督导组，每天对各县（市）区、开发区和市相关单位开展专项督导；市城建委、市城管局等牵头单位按照职责分工，分别做好工地扬尘、道路扬尘、机动车污染、工业企业污染等治理工作的监督考核；各开发区、县（市）区负责本辖区的日常督察，实行副县级领导分包驻乡（镇）办，明确工作人员驻企和工地，确保实现24小时全时段监管。印发了《郑州市大气污染防治考核暂行办法》，对县（市）区、开发区和相关责任单位量化指标，每月进行1次考核排名，在全市进行通报。全年追责总计97起，通报批评或书面检查22起，诫勉谈话3起，约谈66起，停职5起，警告处分1起，有力地促进了环保问题的及时解决。

【燃煤污染控制】 通过源头控制、压减存量、引热入郑、拆改锅炉等措施，加大燃煤污染治理力度，促进能源结构调整。2015年市区拆改燃煤锅炉13台，超额完成全年10台的目标任务；中心城区禁燃区从2010年的35平方公里扩大到2015年的280平方公里，占建成区总面积的67%，超额完成年度建设目标。按照环保部通报要求，督促新力电力和郑东新区热电厂4台燃煤机组完成脱硝治理，全市10家燃煤电厂全部完成改造任务，并稳定达标排放。东明路、政七街、枣庄和北郊热源厂4家热源厂煤改气工程全部建成投入使用，新增供热面积2000万平方米。配合市发改委完成新密裕中电厂、登封华润电厂3台机组共160万千瓦超低排放改造，占全市装机总量的20%。积极推进泰祥电厂、裕中电厂、荥阳国电等三大引热入郑工程，新增供热面积2900万平方米，柔性减少用煤476万吨。

【工业企业污染治理】 对全市13家电厂、48家碳素企业、25家水泥、297家耐火材料等涉气重点企业进行排查整治，未完成治理的涉气企业全部停产治理。扎实开展“土小”企业（作坊）清理整治，对不符合政策的小作坊企业，发现一起、取缔一起，全市共排查“土小”企业（作坊）221家，均依法取缔或停业整改。

【机动车尾气污染治理】 严格落实机动车“两检合一”要求，强化机动车排气污染定期检验，建立完善年度检测、道路遥感检测和监督抽测相结合的监督管理体系，累计抽检车辆8679辆，限期整改1363辆。强力推进黄标车淘汰，加大机动车监督管理力度，严禁高污染车辆入市，形成了机动车全程管控治理的局面。1月1日起在市区四环以内实施黄标车限行，11月1日起全市域范围禁行，配合市公安局全年现场查处黄标车违规上路行驶7106起，智能卡口查处黄标车闯限行3.07万辆次。在省定目标为淘汰5.88万辆黄标车任务的基础上，自加压力提出2015年淘汰全部黄标车目标，采取入户调查、黄标车限行、灭失未验车辆等措施强力推进，每周调度讲评，并在媒体公示进度；配合做好黄标车淘汰奖补工作，全年办理黄标车注销9.7万辆，其中营运黄标车3.7万辆，超额完成省定目标任务。全市11座储油库、678座加油站和615辆油罐车全部按期完成油气回收治理任务；定期组织抽查加油站销售油品质量，严厉查处对销售劣质油品的加油站，从源头上控制机动车尾气污染。

【扬尘污染治理】 针对扬尘污染突出问题，从建筑施工、渣土运输、道路清扫等重点环节入手，坚持做到建设工地文明规范，城市道路整洁有序，扬尘污染得到明显抑制。督促市建委按照6个百分之百的标准和要求全面开展工地治理，全市工地综合达标率达到90%以上；出台《郑州市建筑施工企业扬尘污染综合整治诚信计分评价办法》，将存在污染问题的建筑工地列入黑名单，实施财政扣款、新闻媒体公开曝光等惩治措施。协调市城管局加大道路清扫、吸尘和洒水频次，提高机械化清扫保洁水平，市区各类道路机扫（冲洗）清扫率达到80%以上；道路扬尘实施“以克论净”定量考核；落实渣土车封闭运输和

郑州市召开大气污染防治攻坚动员大会

轮胎冲洗等管理措施，利用监控平台严控行驶路线和时段，防止带泥上路和沿途抛洒，特别是发生重污染天气时，渣土车辆按区域统一时间进行运输。大力推进科学防治。通过“走出去、请进来”，提高科学防治的水平。组织百人党政代表团到石家庄市考察学习，通过学经验、找差距，推进郑州市大气污染防治工作深化、细化、常态化。聘请中国工程院院士、清华大学教授郝吉明等9位国内知名专家成立郑州市大气污染防治工作专家咨询组，推动郑州市科学防治、精细防治、精准防治。与中国环科院、中组部千人计划特别防治小组等专业团队开展合作，针对大气治理源解析、机动车尾气治理、应急预案修订、冬防方案编制等工作召开论证会，提高治理措施的科学性。积极开展源解析工作，PM2.5源解析报告已完成国家环保部评审，为科学治理提供决策依据。

【重污染天气预警应急工作】与市气象局建立合作机制，成立了环境气象条件和污染形势日会商工作小组，出台了《市区不利气象条件及空气质量监测异常数据响应办法》和《郑州市不利气象条件下大气污染管控措施和程序（试行）》，坚持每天会商、每10天召开1次空气质量分析会，通报空气质量监测结果，研究分析空气质量变化规律，为及时采取相应的管控措施提供意见建议。圆满完成了“9·3”阅兵和“上合”会议空气质量保障任务，受到了国家环保部的表彰。11月9日建立管控程序后，根据日会商预测结果，共采取管控措施17次，其中轻度管控6次、中度管控6次，重度管控5次，有效减少了各类污染物排放，最大程度上减轻了重污染天气对群众健康的伤害。

【水污染防治】2015年，郑州市大力实施水污染防治，持续改善水环境质量。（1）加快整治工程建设。制定了《2015年郑州市“碧水工程”工作计划》，将国家、省规划和“碧水工程”计划中的水污染治理工程，纳入各级政府环保责任目标，明确工作要求、完成时限和责任单位；建立了领导分包、周督察、月例会等制度，督促相关部门加快贾鲁河、双洎河流域综合整治工程，逐步实现流域内污水全收集、全处理，建成16项治理工程。马头岗二期、南三环、马寨污水处理厂等相继建成，新增污水处理厂能力45万吨/日，有效解决了城区污水处理能力不足问题；郑州新区污水处理厂建成主体工程，投运后将新增污水处理能力65万吨/日，贾鲁河水质可得到明显改善。（2）强化治理措施。针对贾鲁河、双洎河水质超标情况，及时召开工作推进会，明确了加快青年沟截污、强化王新庄污水处理厂化学除磷、加密水质监测、加强双洎河污染排查及治理等要求，进一步提升河流水质。（3）加强涉水企业监管。市控以上重点排水企业全部安装自动监控设施，24小时自动监控。对重点企业实施专人负责、驻厂监管；实施“河段长”制度，明确责任到人；建立水质超标预警和紧急应对机制，发现水质超标立即启动响应程序，协调相关部门及时处置。（4）加强饮用水水源地保护。扎实开展饮用水水源地环保专项整治工作“回头看”活动，严格排查整治违法建设项目，完成了市集中式饮用水水源环境状况评估和报告编制，切实保障了人民群众饮水安全。

【主要污染物减排】2015年，郑州市严格总量预算管理，强力推进工程减排、结构减排和管理减排，完善倒逼、约束和激励机制，认真落实省政府减排目标要求，将年度减排目标分解下达到各县（市）区，并纳入地方国民经济社会发展计划和年度政府环境保护责任目标体系，圆满完成年度污染减排各项目标任务。32个纳入“十二五”重点减排目标责任书项目，除中牟县毛庄污水处理厂经国家环保部同意调整外，其他项目提前一年完成；核定建设项目1417个，未超出年度预支增量指标；20家企业完成清洁生产，经开区国家生态工业园区创建工作通过省级验收。

【环境影响评价工作】2015年，郑州市严格建设项目环境管理和环保验收，市本级审批建设项目320个，验收项目104个，全部执行“三同时”制度。积极推进省市重大项目建设，207个省、市重点建设项目全部完成，提前完成重点项目联审联批工作目标。积极推进园区规划环评工作，完成了郑州市通用航空实验区、登封市天地之中文化旅游专业园区规划环评审查工作。全市13个省级产业集聚区全部完成规划环评工作。

【农村环境保护】2015年，郑州市不断加强农村环境保护，持续改善农村环境面貌，8个农村环境综合整治项目全部建成；扎实推进生态创建，指导新密市完成了省级生态县（市）区验收工作，2个省级生态乡镇、8个省级生态村通过省环保厅现场验收并命名，超额完成年度目标任务，12个市级生态村通过现场验收并命名；严格控制重金属污染，列入《河南省重金属污染综合防治“十二五”规划》的6个重点治理项目全部完成，重金属污染物排放总量比2007年降低49.45%。

【环境安全保障】2015年，郑州市不断加强环境应急管理，强化环境风险源头管理，对全市89家化工行业企业、32家医药制造行业企业、6家涉重金属企业、6座尾矿库开展环境风险隐患排查整治，指导207家企业完成了突发环境事件应急预案编制，及时处置6起环境突发事件，确保全市环境安全。加强危险废物和辐射安全管理，安全收贮废旧放射源49枚，全市未发生固废污染和辐射安全事故。积极推进环境信访，以平安建设工作为主线，加强矛盾排查，强化责任追究，着力解决突出环境信访问题，切实维护社会和谐稳定，市本级受理群众来信来访330件，立案查处295件，办结率、按期回复率均为100%。

【环境监测】2015年，郑州市不断加强监测预警，出台了《郑州市环境监测预警响应实施办法》，及时发出重点污染源超标预警、空气质量预警，及时处理。强化监测站点管理，借鉴国家和省环保厅的经验，上收了所辖6个县（市）区15个市控空气自动监测站点的事权，由市环境监测中心站统一管理、统一维护，确保监测数据的真实可靠。积极推进企业自行监测工作，企业自行监测率和公布率均达到90%以上。

电力机组烟气超低排放

郑州盛通机动车检测站

【环境监察】2015年，郑州市坚持把环境监察执法作为保护环境的重要手段，强化现场监督检查，将排污企业“划区、分片”，纳入监察网格体系，实行分包责任制，先后开展了饮用水源地排查、生态水系巡查等多项专项执法行动，依法查处环境违法行为561件，处罚金额3594.7万元，其中市本级立案查处223起，处罚金额1740.7万元；各县（市）区立案查处338期，处罚金额1853.9万元，移交公安机关24起。

【环保法制建设】2015年，郑州市积极推进《郑州市大气污染防治条例》落实，废除了《郑州市市区烟花爆竹安全管理条例》，出台了《郑州市禁止燃放烟花爆竹规定》。强化执法人员培训，组织开展领导学法、“两高司法解释”培训等活动，提高执法人员专业水平和业务素质。加强规范性文件管理，完善规范性文件征求意见、合法性审查、集体决定、公布、清理、异议审查等监督管理制度，审查规范性文件33个，审核率、内容合法率100%。积极完成人大建议、政协提案办理工作，共办理人大建议、提案33件，满意率100%。

【环保科研】2015年，郑州市不断提升环保科研水平。开展饮用水水源环境状况评估工作，编制完成《2014年度郑州市集中式饮用水水源环境状况评估报告》《2014年度郑州市典型农村饮用水水源环境状况调查评估报告》。开展郑州市环境功能区划工作，编制完成《郑州市环境功能区划报告》。基本摸清了城区主要排污口及生活污水直排口分布情况，及时编制完成《郑州市城镇污水基础情况调查报告》并上报省环保厅。积极谋划郑州市“十三五”环保规划，做好郑州市“十三五”环保规划编制前期准备工作。

【环保宣传】2015年，郑州市坚持务实宣传、正面引导、开拓创新、公众参与，通过多种形式的宣传引导，群众环保意识得到较大提高，社会共同参与的积极性明显增强。一是依托“郑州环保世纪行”活动载体，先后10次组织省、市新闻媒体集中采访报道大气污染防治热点、难点问题。二是定期召开环境新闻发布会和通气会发布全市环境质量状况、环保工作进展情况；在媒体开设大气污染防治专栏，刊登燃煤锅炉拆改进度及各县（市）区空气质量简报41期，接受公众监督。三是充分利用新媒体，“绿色郑州”微博、微信处理群众投诉、咨询3056件，连续4年荣获全国十大环保政务微博（微信）荣誉称号；作为12369微信举报工作的4个试点城市之一，郑州市经验做法在全国进行了推广。四是开创“环保沙龙”活动，不定期组织环保专家、NGO环保组织、环保公益人士、网友等开展面对面座谈和网上交流，开门纳谏。五是实施环境违法行为有奖举报，自2015年10月16日开始实施后，2015年核实奖励42件并兑付奖金2.1万元，对打击工业企业环境违法行为起到了促进作用。

【环保行政审批制度改革】2015年，按照市政府“五单一网”实施方案的要求，全力推进环保行政审批制度改革，完成了“五单一网”清单编制、报审工作，构建了“一个窗口对外、一个机构履职、一枚印章签批”工作新机制，共梳理行政审批6项、行政处罚219项、行政强制6项、行政征收2项、行政确认1项、行政检查2项、基本公共服务5项、其他行政权力10项，并已在市政府网站、环保局网站上进行了公布。进一步完善联审联批会议制度，对重大审批事项集体审议、审批，对一般性审批事项随时办理，首席代表实施“当即批、零停留”方式，有效提高了审批效率。

（张正权）

气象服务

【概况】（一）降水。2015年，郑州平均降水量611.6毫米，较常年同期偏少4%，比上年同期偏多15%。其中2015冬季，郑州平均降水量15.7毫米，较常年同期偏少50%，比上年同期偏少26%；春季平均降水量174.6毫米，较常年同期偏多47%，比上年同期偏多43%；夏季平均降水量260.4毫米，较常年同期偏少26%，比上年同期偏多84%；秋季平均降水量159.8毫米，较常年同期偏多18%，比上年同期偏少35%。降水时空分布不均，4月和9月降水异常偏多，其余月份均偏少或异常偏少。年内1日最大降水量出现在5月2日的新郑，为53.7毫米。9月7-18日的连阴雨天气郑州平均降水量达156.4毫米，其中荥阳最大，为194.4毫米。

最长连续无降水日数为72天。

（二）气温。2015年，郑州平均气温15.4℃，较常年同期偏高0.7℃，比上年同期偏低0.4℃。其中冬季，郑州平均气温4.2℃，较常年同期偏高1.9℃，比上年同期偏高1.0℃；春季平均气温16℃，较常年同期偏高0.6℃，比上年同期偏低1.4℃；夏季平均气温26.4℃，较常年同期偏高0.4℃，与上年同期持平；秋季平均气温15.2℃，较常年同期偏高0.0℃，比上年同期偏低0.6℃。极端最低气温-7.2℃，出现在登封的11月25日。6-8月高于35.0℃日数，荥阳20日、郑州16日、中牟14日、新密12日、新郑12日、登封9日。极端最高温度39.1℃，出现在荥阳的7月14日。

（三）日照时数。2015年，郑州日照时数1853小时，较常年同期偏少145.3小时，比上年同期偏少79.6小时。其中2015冬季，郑州日照时数434.3小时，较常年同期偏多36.6小时，比上年同期偏多79.0小时；春季日照时数571.3小时，较常年同期偏少13.0小时，比上年同期偏少33.0小时；夏季日照时数536小时，较常年同期偏少15.0小时，比上年同期偏少31.7小时；秋季日照时数368.2小时，较常年同期偏少97.2小时，比上年同期偏少0.8小时。

【主要气象灾害】（一）风雹影响。（1）5月6日晚8点50分-5月7日上午8点，受风雹灾害的影响，郑州市出现了短时强降水，并伴有雷电、短时大风，最大风速达17.4米/秒。5月7日晚11点-5月8日凌晨3点又出现短时降雨，累积最大降雨量达53.4毫米。新郑市局部出现了冰雹，冰雹直径达1.5厘米左右。造成荥阳市、新郑市的16个乡（镇）办受灾。郑州市民政局发布核查统计信

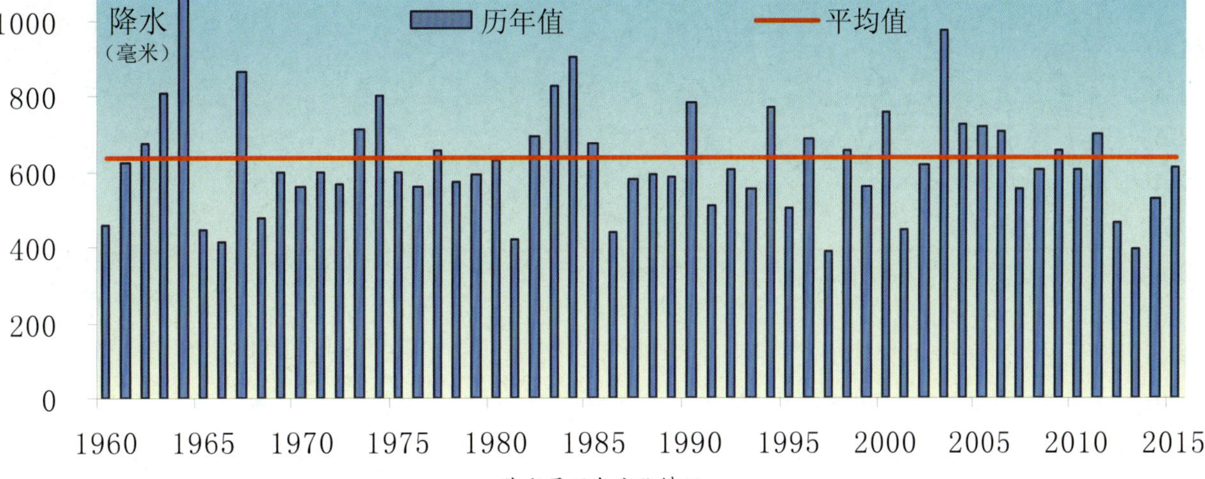

降水量历年变化情况

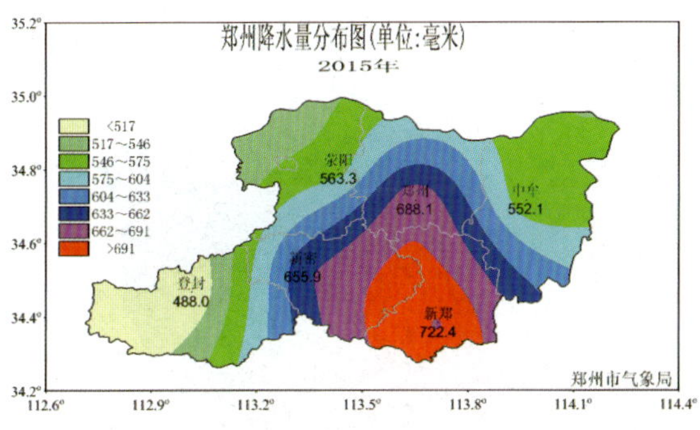

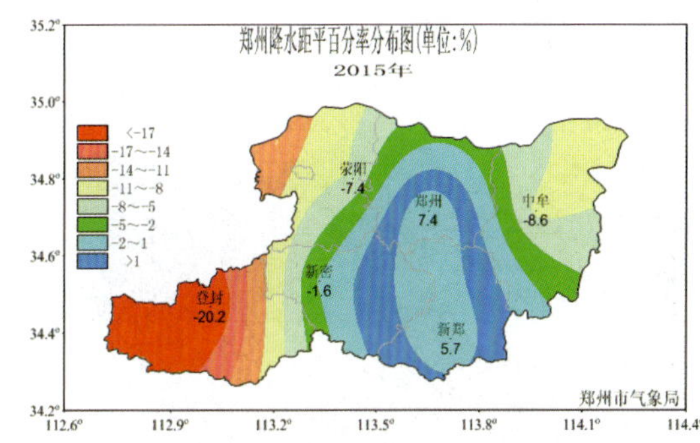

2015年降水量及距平百分率分布图

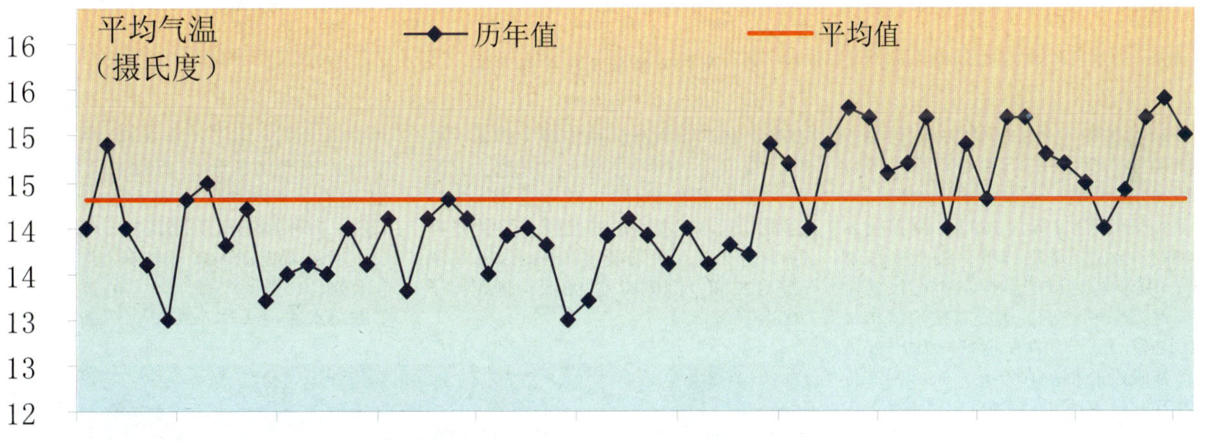

平均气温历年变化情况

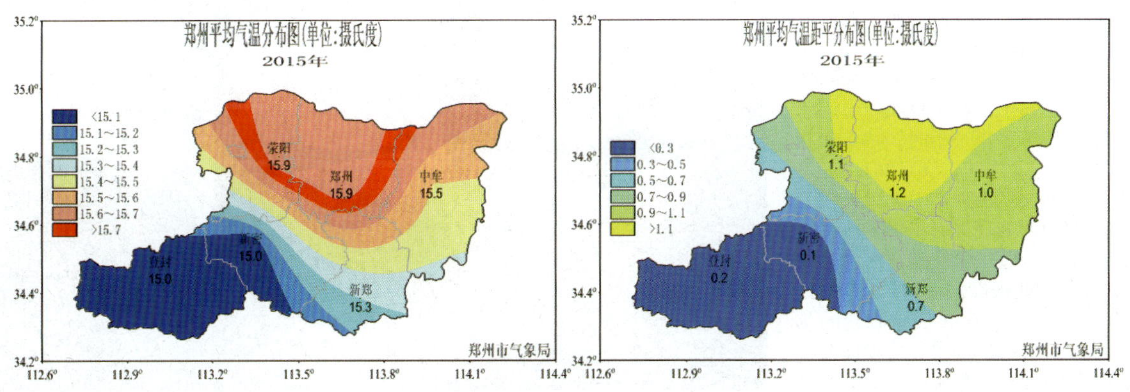

2015年平均气温及距平分布图

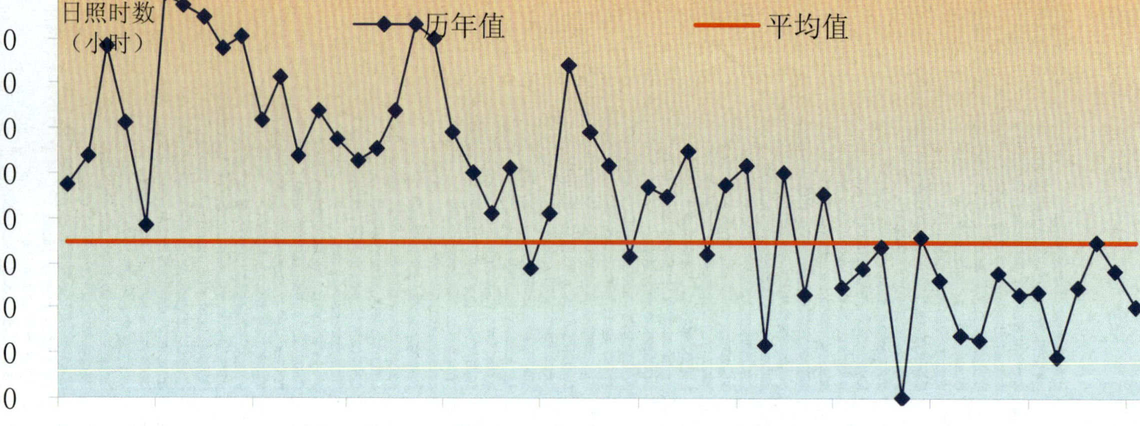

日照时数历年变化情况

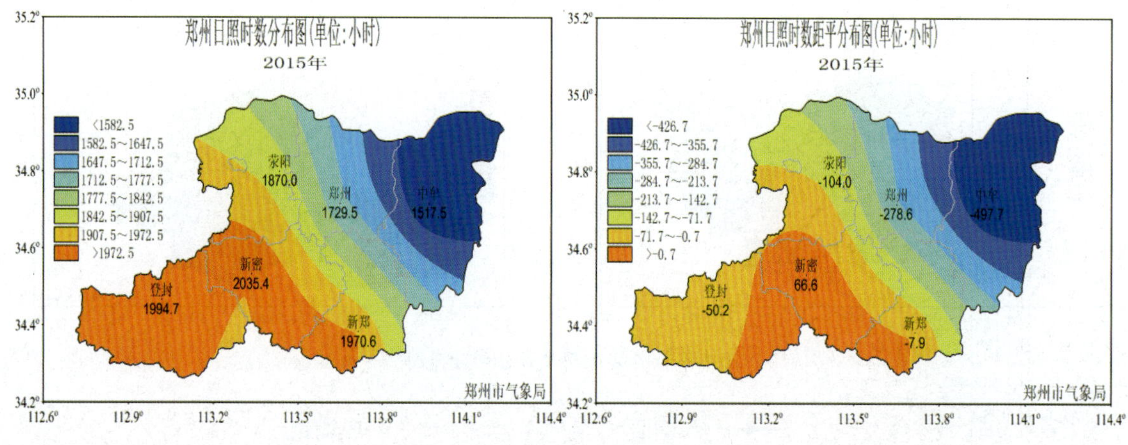

2015年日照时数及距平分布图

息显示：受灾人口58579人；农作物受灾面积3977.47公顷，其中农作物成灾面积1870.8公顷，农作物绝收面积41.57公顷；倒损临时板房66间；倒损树木254棵；电线杆倒损12根，损坏变压器1台；由于临时板房倒损刮进居民楼院内，砸损车辆47辆；造成直接经济损失950.126万元，其中农业损失919.126万元，基础设施损失10万元，家庭财产损失21万元；无人员伤亡。（2）8月下旬由于受东北冷涡持续影响，强对流天气频发，8月22—31日，受东北冷涡后部下滑槽携带冷空气的影响，每天午后都有雷阵雨天气，局地出现了大风、冰雹、短时强降水。8月22—31日郑州市气象台发布雷电预警9次。8月22日下午16：30左右，郑州南部乌云密布，天空瞬间暗了下来，并下起了如花生粒般大小的冰雹。冰雹持续下了半个小时，17：00左右冰雹停止，天空放晴。8月26日下午5点左右，郑州突然出现雷雨大风天气。桐柏路以西至西四环大面积降下冰雹，航海西路附近一些玉米被砸，市内一些汽车车顶及玻璃被砸伤。8月28日的狂风冰雹，使惠济区300亩即将收获的花田被全毁了。荥阳广武镇8月30日下午4点左右天气从东起大风、乌云密布后下大雨冰雹，持续时间约为40分钟，大有拳头和鸡蛋大小，给庄稼、树木、房屋、蔬菜、果树等造成了极大损失，其中，房屋受损231间，蔬菜受损381.53公顷，玉米受损488.67公顷，果树受损260.13公顷，太阳能受损822台，车辆受损122辆，刮倒树木393棵，砸死鸭子200余只等。

（二）大雨。（1）4月1日，郑州降水达到大雨级别，瞬时最大风力为7级左右。大雨加上大风，街头瞬间被横扫。降水量最大为莆田站，达51.5毫米，为暴雨级别。市区多条道路被淹，金水路沙口路立交桥下停靠的百余辆汽车被污水淹过大半个车身，车辆不同程

9月1日，副省长王铁视察气象科普馆

设施农业气象站

度损坏。（2）受高空槽和低层切变线的共同影响，郑州地区于6月23日-629日经历了一次连阴雨天气，降水量级为大到暴雨。整个降水过程分为两个时段：6月23日下午至25日夜间；26日白天有一短暂的间歇，26日夜间降水重新开始，一直持续至29日夜。连阴雨天气过程总雨量：全市观测站点中25.0-49.9毫米的有3个，50-99.9毫米的有87个，100.0-249.9毫米的有79个。其中荥阳的广武179.1毫米，新郑的苗家沟171.6毫米；柿树行159.4毫米；郑州的东开发区167.2毫米；中牟的刁家158.8毫米，三官庙155.6毫米，官渡154.1毫米。

（三）暴雪。11月21日-24日全市出现了1次暴雪天气过程，暴雪日为11月24日。过程降水量（毫米）分别为：郑州41.6，荥阳41.9，登封22.4，新密35.3，新郑39.2，中牟40.2；积雪深度（厘米）分别为：郑州12.7，荥阳22.3，登封5.0，新密10.0，新郑12.0，中牟10.6。

【气候影响评价】 2015年的气候对郑州市的农业生产利大于弊；11月下旬的暴雪天气过程对其他行业造成一定的影响。

（一）气候与农业。2015年冬季的气候条件对农业生产利大于弊，整个冬季气温正常或偏高，没有出现对小麦生长造成严重影响的极端天气。春季，3月上旬由于长期少雨，大部地块有轻度干旱，丘陵地干旱严重，不利于冬小麦返青起身期生长。从3月中下旬开始，降水明显增多，土壤墒情明显改善，温度和光照条件总体适宜，对小麦后期生长非常有利。5月6日夜间郑州地区出现短时强降水，并伴有雷电、短时大风，局地出现冰雹，造成部分地块小麦倒伏。夏季气候条件对农业生产利大于弊。6月初冬小麦进入成熟收获期、玉米花生等作物的播种期，进入中旬夏收夏种基本完成；6月23—29日全市普降大到暴雨，降水持续时间长、强度变化小，雨水下渗深度达60-100厘米，有效补充了土壤水分，解除了干旱，对玉米等秋粮生产十分有利。7月上旬适期播种的夏玉米进入七叶期，晚播玉米处于出苗期；7月下旬适期播种的玉米进入抽雄、吐丝、开花期。8月份夏玉米处于灌浆期，下旬进入乳熟期；月内气温、光照条件好，大部分地块土壤墒情良好，有利于玉米、花生等秋粮作物生长；8月下旬由于受东北冷涡持续影响，强对流天气频发，8月22-31日，受东北冷涡后部下滑槽携带冷空气的影响，每天午后都有雷阵雨天气，局地出现了大风、冰雹天气，部分农作物受到影响。秋季的气候对农业来说利大于弊。9月上旬夏玉米处于乳熟期，下旬进入成熟收获期。上、中旬全市大部分地块土壤墒情适宜，气温、光照条件较好，有利于玉米、花生等秋粮作物后期灌浆生长；下旬气温偏高，降水少，光照较充足，有利于秋作物收获、晾晒。10月上旬夏玉米等秋粮已经基本收获完毕，开始整地、备播冬小麦；10月中旬开始大面积播种，至下旬初已基本播种完毕。播种期间天气、温度条件良好，有利于播种和晾晒秋粮。11月上、中旬全市冬小麦进入分蘖期。上旬全市有一次降水天气过程，全市进行了人工增雨作业，效果良好，全市普降大雨、局部暴雨，降水持续时间长、强度稳定、雨水下渗效果好，有效增加了土壤水分，解除了干旱，对冬小麦苗期生长十分有利。11月下旬小麦进入越冬期，强降雪有效地补充土壤水分，有利于冬小麦安全越冬。11月从中旬开始日照时数持续偏少，日照持续偏少对大棚蔬菜水果生长不利，易引起大棚作物烂根、叶片发黄、霉菌病害等。

（二）气候与交通。

冬季整体降水正常或偏少，气温正常或偏高，对交通有利。夏季降水偏少，且无区域性暴雨日，对市内的交通运输业、人们出行基本无影响。11月24日，郑州迎来入冬首次大范围降雪，受暴雪及道路结冰影响，道路拥堵；铁路部门限速，导致列车大面积晚点；郑州新郑国际机场也出现部分航班延误。

（三）气候与健康。冬季降水偏少，空气干燥，雾霾日数较多，不利于户外运动，冬季气温偏高，其中元月气温偏高2.6℃，呼吸道疾病高发。春季平均气温除登封较常年略偏低外，其他县（市）较常年显著偏高或异常偏高，气温变化平稳，对人们身体健康影响不大。夏季气温起伏不大，持续35℃以上高温天气少于常年，对人们的工作和生活影响不大。秋季温度正常，日照时数偏少，暴雪天气及市区雾霾日数较多，对市民开展户外活动有一定影响。

（四）气候与旅游。元旦、春节黄金周期间，无雨雪天气，气温适宜，有利于人们的出游；“清明”假期间，无降水，气候冷热适中，适合市民外出旅游；“五一”假期间，受降水影响，对外出旅游略有影响；“十一”黄金周前期少雨，利于人们外出旅游，6-7日的降水对游客外出返程造成一定影响。

（五）气候与其他。2015年秋季，降水较为集中以及11月下旬降雪天气对建筑施工、野外作业及人们的日常生活造成一定的不利影响。

（张俊杰）

防震减灾

【概况】 2015年，郑州市防震减灾工作在省防震抗震指挥部、市委、市政府的正确领导下和省地震局的指导下，认真落实国务院防震减灾工作联席会和省防震抗震指挥部工作部署，紧紧围绕市委、市政府三大主体工作和中心工作，统筹监测预报、震害防御、应急救援、科技创新等防震减灾体系建设，实施和完成防震减灾“十二五”规划，全面、依法、规范履行防震减灾各项工作职责，扎实做好防震减灾工作，为全市经济社会发展提供地震安全保障。

【地震监测预报】 根据郑州市及其周边地区地震形势，进一步坚持和强化“震情第一”观念，密切关注震情，切实加强地震异常落实和震情短临跟踪工作。及时成立郑州市震情短临跟踪工作领导小组和郑州市震情短临跟踪技术组，制定了《2015年郑州市震情短临跟踪工作方案》（郑震文〔2015〕10号），对全年的监测工作和震情短临跟踪各项工作进行了安排部署，进一步加强全市的震情短临跟踪工作。坚持落实异常“不过夜制度”。及时向省地震局汇报，并会同省地震局技术人员落实了郑州航海台观测井水位和水温加速上升

的异常。

加强地震监测台站的运维和管理工作。加强督察检查工作，确保地震台站仪器正常运转，全年共巡查22次。3月和8月分别组织技术人员对尖山地震台、航海地震台和各县（市）地震台的监测仪器进行了全面认真的检查和维护，对地震流动监测仪器进行了调试和维修，确保观测资料的连续性和可靠性。组织全市地震台站维护人员和观测人员参加了省地震局组织的业务培训班，提高了地震观测水平。依法保护地震监测设施和地震观测环境。按照河南省地震局、河南省公安厅《关于设立地震台站保护标志的通知》要求，为郑州市纳入挂牌保护范围的9个地震台，分别制作了地震台站保护标志（公告牌和警示牌）。市公安局、城乡建设委员会、城乡规划局、国土资源局、水务局等部门对设立地震台站保护标志工作进行了备案。2015年，全市监测台站的监测设施运转正常，观测环境良好。

继续推进县（市）"一县一台"建设工作。按照省地震局的要求，认真准备，报请省地震局，加快上街地震台的验收工作。完成了新密市地震台、荥阳市地震台站的勘选工作，并形成勘选报告报送河南省地震局进行审核。登封、新密、新郑、荥阳市地震台进入试运转阶段，上街地震台顺利通过验收，正式投入运转。

做好群测群防工作。强化宏观观测人员的岗位职责意识，坚持实行重大宏观异常及时报告和落实制度。4月和7月分别对各县（市）区管理的宏观观测点进行了全面检查。确保观测人员24小时在岗和不出现漏登漏报情况，并保持通信畅通。通过检查，确定全市现有宏观观测点88个，基本达到每个乡（镇）1个宏观观测点要求。

坚持周、月、季和紧急地震趋势会商制度。牢固树立震情第一的观念，按时召开了周、月和季度会商会，认真准备年度会商报告，参加省地震局年度会商会，科学分析判定震情趋势，及时向市政府和河南省地震局报告地震趋势会商意见，并及时向警备区等市防震抗震指挥部成员单位及县（市）区防震减灾部门通报，为政府决策提供依据。

加强地震联防区的区域交流与合作。参加了在山西省长治市召开的晋冀鲁豫交界区4省15市第50次地震联防会。作为主办方，9月16日至18日在郑州市成功组织召开了晋冀鲁豫交界区4省15市第51次地震联防会议。晋冀鲁豫交界区4省15市的联防成员单位代表和特邀河南省辖市的地震局领导、专业技术人员共80余人参加了会议。会议期间召开了防震减灾工作经验交流座谈会和联防区震情会商会以及地震台站运行维护工作论坛。交流了防震减灾工作新思路，通报了震情，实现了地震观测资料资源共享，为联防区共同应对地震灾害奠定了基础。

【震害防御】 严格落实郑州市建设项目并联审批制度和流程要求，进一步完善了涉及发改、规划、建设、地震等部门的建设工程抗震设防审批联系机制，审批效能和监管能力进一步提高。全年共审批建设工程项目334项。

进一步加大抗震设防要求行政执法工作。为了提高建设单位的法律意识，促进执法工作的顺利开展，编制了抗震设防相关内容的法律白皮书在执法现场进行发放。2015年重点加大了对在建学校项目的检查力度。2015年共检查工地67个，下发责令整改通知书1份，4个项目正在整改中。

积极推进防震减灾科普教育基地、示范学校、示范社区建设工作。完成了郑州市地震局防震减灾科普馆建设。该馆建设工作已经基本完成，可作为日常的工作展览和防震减灾科普知识宣传的场所。5月，按照国家地震局、河南省地震局的要求，结合郑州市实际，详细制定了科普示范学校、科普教育基地、示范社区创建具体标准、具体条件和创建所需要准备资料等方面内容，与市教育局、科技局联合下发了《关于创建郑州市防震减灾科普教育基地和科普示范学校工作的通知》，与市民政局联合下发了《关于创建郑州市地震安全示范社区工作的通知》，联合地震、教育、科技、民政等部门对创建单位进行验收。2015年，共创建防震减灾科普示范学校19所、地震安全示范社区6个。

【防震减灾科普宣传】 充分利用"7·28"唐山大地震纪念日、"5·12"防灾减灾日等重要纪念日，在全市开展形式多样、丰富多彩的防震减灾宣传教育活动。2015年，全市在防震减灾宣传活动中，共制作展板300余块，发放了30000份防震减灾知识宣传单、6000份宣传图书。（1）在5月12日，即我国第七个"防灾减灾日"来临之际，围绕"科学减灾、依法应对"宣传主题，于5月10日上午，在绿城广场进行了"防灾减灾日"防震减灾知识集中宣传活动。在活动现场设置了宣传咨询台、宣传展板、应急救援装备展示区，并向市民和群众宣传防震减灾知识和发放宣传资料。同时，各县（市）区在本辖区范围内开展了形式多样的集中宣传活动。（2）在防灾减灾日和"7·28"唐山大地震纪念日宣传期间，结合"平安中国"防震减灾系列宣导活动和河南省防震减灾宣讲团宣讲活动，在各县（市）区进行防震减灾知识系列电影播放和知识宣讲活动，根据机关干部、中小学生、社区居民等不同受众群体有针对性地投放宣传内容，提高防震减灾知识知晓率，增强广大人民群众防震减灾意识。（3）免费开放郑州市防震减灾科普教育基地。基地内设地球知识区、地震识别区、抗震设防区、避震体验区、医疗急救区等多个板块，采用仿真、模拟控制、计算机、多媒体等技术以及图片展板、模型模具等方式，让小学生们很直观地了解多种自然灾害形成的原因和特点。（4）充分发挥广播电视媒体主阵地的优势，扎实地做好宣传工作。市地震局组织分管地震业务的领导在郑州市应急广播电台、郑州电视台等主流媒体，与主持人面对面，从专业的角度就如何防震、避震、自救互救方面进行讲解，同时根据广大人民群众关心防震减灾方面的问题，进行了答疑。通过媒体，将郑州市的防震减灾工作和防震减灾科普知识传达到千家万户，增进了广大市民对郑州市防震减灾工作的了解，扩大防震减灾知识

晋冀鲁豫交界区4省15市第51次地震联防会议

开展全市防震减灾系统应急演练

宣传普及面，进一步提高全市民众防震减灾意识。（5）充分利用网站、微博、微信等新媒体进行防震减灾知识宣传。进一步创新宣传形式和丰富载体，市地震局开通了防震减灾宣传微信公众号。并结合网站、微博发布辟谣信息，及时有效地处置了7月23日网络上出现的涉及郑州市的地震谣传事件。

【防震减灾应急体系建设】 结合当前震情形势，制定了《2015年郑州市地震应急准备工作方案》，并下发各县（市）区地震主管部门，要求各县（市）区地震主管部门制订本级地震应急准备工作方案，严格落实地震应急指挥机制、队伍、演练、应急避难场所和科普宣传等具体措施，做好地震应急的各项准备工作。

抓好各级地震主管部门地震应急预案的修订工作，并明确专人负责市（县）级地震应急预案管理系统软件的维护管理和动态更新、使用，加强地震应急预案管理。进一步发挥县（市）区防震抗震指挥部机构的作用，主动同政府各部门进行协调和沟通，推进各项工作的有效落实，形成政府主导、部门联动、群众参与的地震应急工作局面，提高全社会应对地震灾害的能力。

积极推进全市应急避难场所建设。按照市政府要求，协调市园林局加大对具备防灾避险功能公园的建设力度。将应急避难场所建设列入2015年郑州市园林绿化工作要点和园林绿化重点建设项目中，完善人民公园、南环公园、东陈五寨公园、科教公园、惠济中央公园、郑信公园、凤河公园等7个公园的防灾避险功能。同时积极参与郑州市航空规划建设，将已建成应急避难场所的应急停机坪纳入航空发展规划中。

加强演练，提高全市综合防灾避险能力。为了加强应急救援队伍建设，不断提高应急救援能力。4月，完成了全市防震减灾工作人员培训和演练和市地震局地震应急现场工作队员的培训、演练。5月，市地震局与市教育局联合下发《在全市中小学校（幼儿园）中开展以地震为背景的防灾避险演练活动的通知》，开展了2015年度全市中小学校（幼儿园）以地震为背景演练活动。9月，完成了2015年度豫北地震应急联队新乡区演练活动；指导荥阳市和上街区等县（市）区组织开展了地震应急演练活动；在人员变动的情况下，及时调整地震应急志愿者队伍，组织新上岗地震应急志愿者进行演练，了解地震应急救援工作内容，明确地震应急志愿者工作职责和任务；

加快郑州市地震应急指挥技术系统基础硬件平台建设。该系统平台建设依据河南省地震局下发的《河南省辖市、县（市）区地震应急指挥技术系统建设技术指标、设备配置基本要求》，包括：基础网络平台建设、主机系统建设、视频会议系统建设、多媒体系统建设、地震现场移动应急平台系统5个方面。按计划已完成招标和建设工作。

【地震应急数据库建设】 根据《河南省人民政府办公厅关于2015地震趋势和进一步做好防震减灾工作意见的通知》和《河南省地震局关于加快推进地震应急数据建库工作的通知》要求，6月，以政府明电的形式下发了通知，要求各县（市）区人民政府和开发区管委会认真做好地震应急数据库所需数据的调查收集、统计汇总和上报工作，建库工作圆满完成。同时市交通运输等部门分别组织了本系统的应急资源普查工作，并建立台账，对应急储备物资实施分类登记、实时动态管理和信息共享，保证应急状态下应急物资供应充足。

（陈启佳）

经济监督与管理

发展计划管理

【国民经济和社会发展计划执行情况】 2015年，郑州市深入贯彻落实中央、省重大决策部署，认真实施市十四届人大二次会议批准的国民经济和社会发展年度计划，紧紧围绕"三大一中"战略定位，坚持以航空港实验区建设为统揽，持续推进"三大主体"工作，深入实施开放创新双驱动战略，主动适应经济发展新常态，抓改革创新，强投资开放，促结构转型，求民生改善，经济社会总体保持平稳健康较快发展，人民生活持续改善，较好完成"十二五"规划的主要目标和任务。2015年全市地区生产总值7315.2亿元，增长10.1%，一产、二产、三产分别增长3.0%、9.4%、11.4%，三次产业结构比由2014年的2.2：51.4：46.4调整为2.1：49.5：48.4；规模以上工业增加值3312.3亿元，增长10.2%；一般公共预算收入942.9亿元，增长13.1%；固定资产投资6288.0亿元，增长19.6%；社会消费品零售总额3294.7亿元，增长11.5%；进出口总额570.3亿美元，增长22.9%；城镇居民人均可支配收入、农民人均可支配收入分别达到31099元、17125元，分别增长8.7%、8.9%。全市主要指标增速在全国35个大中城市位次普遍前移，发展的科学性与协调性进一步增强，计划执行情况总体良好，为"十三五"顺利开局奠定坚实基础。

（一）航空港实验区建设深入推进，引领带动作用不断凸显。2015年，航空港实验区地区生产总值完成520.8亿元，增长22.5%；固定资产投资完成521.8亿元，增长30.2%。一是体制机制创新示范区建设深入推进。成功复制上海自贸区海关制度创新11项、检验检疫制度创新8项，实现与美国、俄罗斯等13个国家邮包直封；在全省率先推行"五单一网""三证一章"、电子营业执照登记管理等创新改革，实施内资准入负面清单制度；启动内陆首个"跨境人民币贷款和人民币贸易融资资产跨境转让业务"创新试点。二是大枢纽建设全面推进。郑州机场开通客货航线171条，客运量1729.7万人次，货运吞吐量40.3万吨，增速位居国内大型机场第一；机场二期工程提前一年建成投用，迈入双跑道双航站楼时代。米字形快速铁路网加速形成，郑徐客专主体工程完工，郑万、郑合高铁开工建设；郑焦、郑机城际铁路通车运营，高铁西站投入使用。三是产业培育成效明显。以富士康为龙头，中兴、天宇、华世基等15家手机企业正式投产，智能手机产量2亿部，全球智能终端制造基地初步形成；友嘉精密机械产业园、明匠机器人研发制造服务基地等项目加快推进，富士康液晶面板等重大项目开工建设，中原冷链物流产业园、中原国际医药物流产业园成功落地。四是要素平台不断完善。成功申报认定空港科技创业服务中心、智能终端（手机）孵化器2个省级科技企业孵化器；中原航空港产业投资基金、河南省新型城镇化发展基金和郑州航空港城市发展基金等8只基金成功获批，总规模673亿元。五是航空都市建设稳步推进。空港、古城、双鹤湖、会展物流四大组团片区联动发展，确定进驻项目155个，总投资2012亿元，产城融合步伐加快。

（二）新型城镇化建设扎实推进，城乡统筹发展开创新局面。以人的城镇化为核心，突出重点，破解难点，新型城镇化迈入全面推进的新阶段。一是大棚户区改造步伐加快。全年累计启动村庄拆迁改造359个，开工建设安置房4414万平方米，回迁群众42.6万人；上街区率先实现全域城镇化，郑东新区、高新区基本实现全域城镇化。二是"畅通郑州"工程进展顺利。地铁2号线一期、1号线二期、5号线、南四环至机场城郊铁路工程顺利推进；郑登快速通道等4条市域快速通道通车；陇海快速路、经三路—城东路和未来路下穿金水路隧道等工程通车，农业快速路、京广快速路二期等工程加快推进；完成支线道路138条建设任务；市区新增公共停车泊位8.3万个，中心城区大"井字

市发改委主任李书峰在精神文明工作专题会议上安排文明创建工作

加环线”快速路网正在形成。三是城市服务功能持续增强。柿园水厂、白庙水厂完成南水北调水源置换，罗垌水厂建成通水试运行，新建供水管网107公里，丹江水已成为郑州市的主要水源；坚强智能电网建设步伐加快，哈郑特高压配套500千伏郑州北输变电工程、黄家庵等3座变电站建成投用；燃气薛店门站、博郑线北四环门站、空港南区调压站建设工作有序推进，新建、改迁燃气管网100公里，新增燃气用户8.5万户口；荥阳国电“引热入郑”工程实现供暖，北郊热源厂工程进展顺利，新建、改造供热管网98公里，新增集中供热能力2300万平方米；郑州新区污水处理厂、双桥污水处理厂、马头岗污水处理厂等工程扎实推进，新增污水处理能力25万吨/日。四是城市精细化管理稳步推进。积极开展城市精细化管理百日行动，加快构建以“三级三类”便民服务中心为依托的公共服务体系，着力建设“畅通、整洁、有序”的市容环境、“天蓝、地绿、水清”的城市环境和“十五分钟便民服务圈”生活环境。五是城市组团加快推进。全市11个组团新区固定资产投资完成1042亿元，完成年度计划任务的104.2%，增长29.2%，实现融资260.8亿元，完成年度任务的130.4%；17个城市（商业）综合体项目共完成投资218.9亿元，占全市组团新区投资比重的21%。

“三严三实”活动启动大会召开

（三）固定资产投资平稳增长，重点项目建设顺利推进。一是投资结构进一步优化。第三产业投资完成4725.6亿元，增长27.4%，三次产业投资结构比由2014年的1.2:31.4:67.4优化调整为1.4:23.5:75.1。二是省市重点项目建设进展顺利。省市重点项目完成投资4074.7亿元，完成年度目标的113.2%，其中省重点在郑项目完成投资2161亿元，完成年度目标的119.2%，市重点项目完成投资1913.7亿元，完成年度目标的106.4%；新开工项目234个，开工率100%；竣工项目70个，竣工率100%；联审联批任务提前完成。三是政府投资计划顺利实施。努力提高政府投资管理水平，及时高效下达政府投资计划613亿元，政府投资项目建设扎实推进。四是争取上级项目资金支持成效明显。争取地方债券转贷资金33.6亿元，争取置换债券156.9亿元，争取国家新能源汽车推广应用预拨资金52.7亿元；30个项目获得43亿元的国家专项建设基金资本金支持。

（四）工业经济运行平稳，转型升级步伐加快。一是主导产业支撑作用进一步凸显。七大主导产业完成增加值2375.6亿元左右，占全部工业的比重达到71.7%，较上年提高2个百分点，增速高于全市规模以上工业平均增速3个百分点左右，拉动全市工业增长8个百分点。二是工业结构进一步优化。强力实施新型工业化“3366”战略，工业总产值突破1.5万亿元，稳居中部省会城市首位；汽车及装备制造、电子信息、新材料、生物医药四大战略性产业占全市工业比重提升到49.4%，高耗能产业比重降低到40.2%。三是产业集群培育成效明显。电子信息产业销售收入突破3000亿元，汽车及装备制造业销售收入突破2600亿元，全市千亿级产业集群达到5个。四是两化融合持续提升。国家级、省级、市级两化融合示范企业分别达到1家、15家、50家，国家互联网与工业融合创新试点企业达到3家，两化融合指数达到全国先进水平；成功创建国家信息消费示范城市，信息消费规模达到450亿元，增长25%以上。五是产业集聚区建设成效显著。全市产业集聚区固定资产投资2178.5亿元，增长26.7%；规模以上工业增加值1589.1亿元，增长13.2%；经济技术产业集聚区、航空港产业集聚区分别成为全省仅有的六星级和五星级集聚区。

（五）服务业发展提质增效，业态水平不断提升。一是现代服务业加快发展。物流业稳定增长：物流业增加值增长7.3%，5A级物流企业达到5家，4A级24家。金融业快速发展：金融业增加值增长19.1%；郑东新区金融集聚核心功能区新引进中原银行、东方资产管理公司金融机构22家，总数达到265家；新增上市公司3家、新三板挂牌企业47家，全市挂牌上市公司累计118家，上市企业通过资本市场直接融资540亿元；郑州银行成为河南省首家登陆香港资本市场的银行机构。高技术服务业稳步发展：全市技术合同成交额完成130.1亿元，专利申请总量达到2.6万件，专利授权量突破1.6万件。电子商务持续高速发展：全市电子商务交易额超过3672亿元，增长33%；网络零售额523亿元，增长30%，约占全省50%；国家级电子商务示范基地达到2个，国家级示范企业3家，省级示范基地9个、省级示范企业32家，均居全省首位。文化创意旅游业不断壮大：华夏历史文明传承创新示范工程建设有序推进，中牟方特梦幻王国主题公园建成运行，登封天河文化休闲广场、新密伏羲山旅游区加快推进；国家级、省级、市级文化产业示范基地（园区）分别达到3家、13家、66家；全市旅游外汇收入达到1.78亿美元，增长4.5%；旅游总收入达到926.6亿元人民币，增长12.8%。二是传统服务业稳步提升。商贸业平稳发展：成功获批全国内贸流通体制改革发展综合试点城市，二七商圈年交易额突破1000亿元，创建4条省级特色商业街区。房地产业保持平稳：全市房地产增加值增长9%，商品房销售1898.7万平方米，增长19.3%。三是服务业载体建设有序推进。全市服务业“两区”固定资产投资743.7亿元，增长33.9%，主营业务收入1701亿元，增长14.4%，从业人员达到39万人。

（六）都市型农业提速发展，农业农村工作稳步提升。一是农业生产保持稳定。全年粮食总产量168.3万吨；蔬菜、肉类、水产品等产量分别达到300万吨、27.3万吨、14.8万吨，较上年均有所增长；建立了覆盖流通环节和生产环节的农产品质量安全追溯体系，主要农产品质量监测合格率稳居全国前列。二是农业产业化经营势头良好。全市市级以上农业产业化

参与文明城市创建，志愿者在街头执勤

集群达到28家，市级以上农业产业化经营重点龙头企业达到429家，全市农产品加工营业收入2000亿元，其中三全、思念等速冻食品在全国市场占有率达到50%以上；新型农业经营主体进一步壮大，全市合作社总数达3032家、社员17万户，带动农户近43.4万户。三是都市型现代农业有序推进。大力实施“136工程”，谋划建设现代都市生态农业示范园47个，总面积4000公顷；积极发展休闲观光农业，国家级和市级休闲农业与乡村旅游星级示范企业达到26家。四是农村生产生活条件进一步改善。解决16.1万农村居民农村师生饮水安全问题；设施农业面积达到10800公顷；美丽乡村试点工作有序推进。

（七）体制机制改革全面深化，内生动力不断增强。一是加快行政审批制度改革。以依法行政为核心，推进“五单一网”制度改革，全面取消非行政许可审批，依法确认登记政府权责事项7478项；政府性基金事项由17项压减至11项，确认企业投资项目管理负面清单106项；编制完成40个市级审批职能部门、147个事项的办理指南和市建委、国土等5个部门的办理规程；联通市、县、乡、村四级的政务服务网正式启动运行。二是投融资体制改革加快推进。率先在省会城市开启政府与社会资本合作新模式，面向全国发布32个PPP项目，总投资1126.1亿元；产业发展引导基金有序推进，光大郑州国控新产业基金募集到位资金30亿元。三是土地管理制度改革持续深化。清理存量建设用地8666.7公顷；城市周边基本农田划定工作开展顺利，初步完成基本农田划定落实到户、上图入库任务。四是城乡综合改革统筹推进。户籍制度改革有序推进；继续扩大土地承包经营权确权登记颁证试点范围，各县（市）制订出乡镇土地确权方案，部分县（市）开展土地实测。五是先行先试亮点突出。信息惠民国家试点城市、郑州国家下一代互联网示范城市、电子商务示范城市等示范工程进展顺利，积极创建国家现代物流创新发展试点城市，成功入选交通部绿色交通试点城市。

（八）开放创新双驱动战略深入实施，发展活力持续释放。一是对外开放稳步提升。积极融入国家“一带一路”战略，连接国内外的立体开放格局初步形成；顺利完成上海合作组织成员国政府首脑（总理）理事会第十四次会议服务保障工作，提升了郑州的国际影响力。郑欧班列保持领先地位，全年开行156班，货运总量和满载率、境内外集疏分拨范围均居中欧班列首位。跨境电子商务领跑全国，中国（郑州）跨境电子商务综合试验区成功获批，试点业务走货量突破5000万单，居全国试点城市前列，日均综合处理能力达到100万单。外贸进出口逆势上扬，全年进出口总值增长22.9%，超过年度目标17.9个百分点，高于全国、全省平均水平。载体平台建设成效显著，中国（河南）自贸区、经开综保区申建工作顺利推进，出口加工区B区通过国家预验收；汽车口岸进口车辆248辆，货值1900万欧元；肉类口岸和澳洲活牛口岸通过质检总局正式验收，肉类口岸开始运营；河南电子口岸初步形成集通关、物流、商务服务于一体的大通关信息平台。招商引资扎实推进，围绕“四力”型项目，突出集群式引进、产业链接式转移，引资总额1874.8亿元，实际利用外资38.3亿美元。二是科技创新迈出新步伐。成功举办郑州（首届）国际创新创业大会暨全球众筹峰会，20个创新创业综合体累计投入45亿元，建成面积达到110万平方米，入驻企业1060家。“智汇郑州·1125聚才计划”启动实施。培育科技创新团队36个，引进科技领军人才82名。企业自主创新能力不断提高。深入实施科技型领军企业培育计划，全市认定科技型企业1892家、创新型（试点）企业432家，建设市级以上研发中心154家，科技企业孵化器达到79家。科

党组中心组学习

技创新服务体系不断完善。以争创国家促进科技和金融结合试点城市为契机，持续完善"两金一扶持"的政策环境，成立2家科技特色银行和11家创业投资基金。

（九）切实保障和改善民生，社会事业健康发展。坚持实施实事工程，持续加大民生投入，一般公共预算收入民生支出865.8亿元，增长31.5%。一是大气污染防治强力推进。拆改市区燃煤锅炉14台，禁燃区面积达到建成区的67%；淘汰黄标车和老旧车辆9.7万辆，新增新能源公交车607辆；市区全面禁止燃放烟花爆竹；建筑工地扬尘治理达到"六个100%"整治标准。二是就业创业工作积极开展。大力实施全民技能振兴工程，发放创业小额担保贷款10.6亿，新增城镇就业15万人，转移农村劳动力10万人。三是教育事业不断进步。市区新建、改扩建中小学37所、幼儿园47所，妥善安置5.6万进城务工人员随迁子女入学；加快职业教育资源整合重组，郑州旅游职业学院新校区建设有序推进，中州大学成功升本。四是社会保障水平稳步提升。养老保险制度实现全覆盖；城镇医疗保险参保335.2万人，参保率95%以上；新农合参合农民达到374.6万人，参合率99.5%；深化"三房合一"住房保障机制，新开工公共租赁房1万套；慈善事业加快发展，蝉联全国"七星级慈善城市"。五是医疗卫生水平持续提高。一大批优质医疗资源项目投入使用，新增床位9300张；持续完善"片医"基层卫生服务体系，成为全国推进医疗卫生改革示范城市。六是公共文化服务建设进一步加强。深化创建国际公共文化服务体系示范区，四级公共文化基础设施网络基本建立，市民公共文化服务区"四个中心"等一大批文化旅游重大项目落地建设；《琵琶记》《都市阳光》等文艺精品不断涌现。七是精准扶贫工作开展顺利。完成易地扶贫搬迁1.3万户5万余人、整村推进30个，脱贫群众5.46万人。八是生态建设深入推进。启动海绵城市建设试点申报工作；新增绿地1201万平方米，新建公园10个、游园18个；建成森林公园9个、林业生态廊道467公里，植树造林5000公顷，森林覆盖率达到33.4%；加强索须河、金水河等7条河道沿线生态治理，环城生态水系循环工程、石佛沉沙池至西区供水工程顺利开工；农村人居环境综合整治顺利推进。九是城市安全生产监管不断加强。以网格化管理体系为支撑，扎实推进平安郑州建设，共排查确认油气长输管道安全隐患217处，整改到位176处；累计排查处置非法集资风险线索829起；食品药品监管体系建设不断强化，社会大

社会主义核心价值观研讨会

局保持和谐稳定。

（十）"十二五"主要目标任务圆满实现，"十三五"规划编制顺利完成。五年来，郑州市较好地完成"十二五"规划确定的主要目标和任务，郑州带动力、辐射力和承载力显著增强。综合实力晋位争先，GDP年均增长11.2%，总量在27个省会城市中排名提高一位至第七位；区域竞争力显著增强，2011-2014年郑州综合竞争力在全国294个城市中由第54名前移至第19名；群众生活质量大幅提高，"十二五"民生支出2889亿元，年均增幅达26%，城乡收入比由2.0缩小到1.8。同时，按照国家、省统一部署，科学编制"十三五"规划。成立专门机构。市政府成立规划编制工作领导小组，市长任组长，各副市长担任副组长。明确任务部署。对"十三五"规划的重要意义、指导思想、主要任务等工作进行明确。深入研究分析。围绕"十三五"期间经济社会发展的热点、难点问题，完成8大重点领域、33个重大课题研究，起草了郑州市"十三五"规划基本思路。完善规划体系。制订郑州市"十三五"规划体系，提出53项专项规划和16个区域规划，市直相关责任部门和各县（市）区、开发区编制完成。集中精力编制纲要。深入贯彻国家、省"十三五"规划建议、《河南省全面建成小康社会加快现代化建设战略纲要》等文件精神，通过实地调研、外出学习、座谈研讨等多种形式，广泛征求各界意见，编制完成《郑州市国民经济和社会发展第十三个五年规划纲要》。

2015年，郑州市经济社会发展的质量效益和协调性都在稳步提高，主要表现在：服务业占比超过工业，主导产业和高成长产业增速快于传统产业，高技术产业增速高于工业平均水平，落后和过剩产能加快淘汰，产业集聚集群发展效应逐步凸显，农业生产、物价水平、就业形势和居民收入增长都保持稳定态势。全市经济平稳增长的基本面没有改变，中长期发展的机遇依然存在，做好2016年经济社会发展具有较好的基础和有利的条件。

总体来看，在错综复杂的国际国内经济形势下，全市经济社会保持健康平稳的发展态势。同时，受经济下行压力加大和自身结构性问题叠加影响，经济社会发展中还存在着一些突出矛盾和问题。虽然服务业占比进一步提高，但仍低于全国平均水平，高耗能行业增加值占工业比重仍在40%左右；投资、消费增长放缓，税收增速出现回落，企业效益出现下滑；行业发展走势分化，煤炭、电力、水泥等传统产业生产经营困难加剧，以"互联网+"为代表的新兴产业发展迅猛但不够壮大，房地产市场存在结构性过剩；实体经济融资难、融资贵等问题突出，高端科研和管理人才仍比较缺乏；城市承载能力和精细化管理服务水平难以满足城市快速发展的要求，雾霾天气、交通拥堵、拆迁安置等难题亟须破解，就业、就医、就学等条件与群众需求还有不小差距；同时，生产生活安全、食品药品安全等方面依然存在薄弱环节。

郑州市国民经济和社会发展计划主要指标一览表

指标名称	计算单位	2014年实际		2015年预计		2016年计划	
		绝对值	增长%	绝对值	增长%	绝对值	增长%
一、全市生产总值	亿元	6776.9	9.4	7315.2	10.1	8000	9.0左右
第一产业	亿元	147.1	3	151.0	3.0	155	3.0
第二产业	亿元	3487.1	10	3625.5	9.4	3897.4	9.0
其中：工业	亿元	3066.8	10.7	–	–	–	–
规模以上工业	亿元	3093.9	11.3	3312.3	10.2	3577.3	10
第三产业	亿元	3142.7	9	3538.7	11.4	3947.6	9.5
二、财政							
地方财政一般公共预算收入	亿元	833.9	15.2	942.9	13.1	1027.76	9
三、物价							
居民消费价格指数	%	102		101.1		103	
四、固定资产投资	亿元	5259.6	19.5	6288.0	19.6	7300	16.0
其中：一产	亿元	82.6	50.4	87.1	5.5	95.0	9
二产	亿元	1466.5	6.2	1475.3	0.6	1535	4.0
三产	亿元	3710.6	25.2	4725.6	27.4	5670	20.0
五、消费							
社会消费品零售总额	亿元	2955.4	12.7	3294.7	11.5	3657.1	11.0
六、对外贸易							
进出口总额（市属及以下）	亿美元	464.3	8.6	570.3	22.9	610.2	7.0
其中：出口总额	亿美元	266.6	6.4	312.4	17.2	328.0	5.0
七、利用外资							
实际利用外资	亿美元	36.3	9.3	38.3	10.0	39.5	3
八、科技							
R&D投入占GDP比重	%	1.73	—	1.75	1.0	1.78	2.0
技术合同成交额	亿元	90.9	27.0	110.0	21.0	130.0	18.2
九、教育							
研究生招生	人	7300.0	4	7900	8.2	8000	1.3
普通高等学校招生	万人	33.4.0	–1.2	33.5	0.3	33.6	0.3
十、人民生活质量							
城镇居民人均可支配收入	元	29095	9.3	31099	8.7	33898	与经济增长同步
农村居民可支配收入（纯收入）	元	15470	10.4	17125	8.9	18666	

续表1

指标名称	计算单位	2014年实际		2015年预计		2016年计划	
		绝对值	增长%	绝对值	增长%	绝对值	增长%
千人口医院和卫生院床位数	张	7.9	10.0	8.0	7.2	8.1	2.9
十一、人口与就业							
年底总人口	万人	937.8	2	960.0	2.3	980.0	2.1
人口自然增长率	‰	5.9	1.8	6.0	1.8	5.8	0.9
城镇新增就业人数	万人	14.1	—	15.3	—	13.0	—
城镇登记失业率	%	2.2	—	1.50	—	3.0	—
十二、社会保障							
城镇参加基本养老保险人数	万人	263.4	33.4	317.0	20.3	—	—
城镇参加基本医疗保险人数	万人	315.0	6.5	325.0	3.1	330	10.0
城镇参加失业保险人数	万人	132.0	24.9	136.0	2.7	150	10.3
十三、农业主要产品产量							
粮食	万吨	162.0	-3.7	168.3	3.8	162.0	-3.7
棉花	万吨	0.2	10	0.3	13.6	0.2	-4
油料	万吨	16.2	-7	15.4	-5	15	-2.6
肉类总产量	万吨	26.7	2	27.3	2.2	27.8	2
水产品	万吨	15.7	3.3	15.5	2.0	15.5	持平
十四、工业主要产品产量							
原煤	万吨	3354.0	-17.9	3223.1	-9.3	2500.0	—
发电量	亿千瓦时	495.0	-4.4	444.2	-10.3	446.2	1.3
速冻米面食品	万吨	125.0	14.2	122.4	-2	125.0	4.2
服装	万件	2.1	30.0	2.0	-0.5	2.1	5
水泥	万吨	2428.0	-3.6	2184.4	-10.5	2000.0	-9.1
耐火材料制品	万吨	3236.0	11.7	3375.5	4.6	3550.0	4.4
原铝（电解铝）	万吨	53.2	-18.5	55.7	4.7	52.0	持平
氧化铝	万吨	238.3	-10.1	260.7	9.4	265.0	持平
铝材	万吨	403.1	7.5	450.0	10.7	500.0	11.1
汽车（含改装车）	辆	50.7	9.9	51.4	1.4	55.0	2.8
卷烟	亿支	1733.25	1.2	1674.3	-3.4	1670.0	持平
手机	万部	11890.0	23.3	19672.4	51.8	25000.0	66.7

续表2

指标名称	计算单位	2014年实际		2015年预计		2016年计划	
		绝对值	增长%	绝对值	增长%	绝对值	增长%
十五、运输							
全社会货运量	亿吨	2.28	-21.4	2.4	5.3	2.5	5.5
全社会货物周转量	亿吨公里	537	-21.6	538	0.2	546.0	1.4
全社会客运量	亿人	1.8	-53.8	1.8	持平	1.8	-1.2
全社会旅客周转量	亿人公里	275	-26.2	276	0.4	277.0	0.4
十六、旅游							
入境游客人数（含港、澳、台）	万人次	45	3.2	46.5	3.5	48.0	3.5
国内旅游人数	万人次	7720.9	10.7	7705	10.0	8475.0	10.0
旅游外汇收入	亿美元	1.71	3.6	1.78	4	1.9	4.0
旅游总收入	亿元	892.6	11.4	911.5	11.0	1011.0	11.0
十七、能耗和环保							
万元生产总值能耗降低率	%	-9.1	-	-7.0	23.0	-3.2	-3.2
万元工业增加值用水量	立方米	15.7	-29.9	15.0	-4.5	14.2	-5.3
工业固体废物综合利用率	%	80.0	5.3	83.0	3.8	85.0	2.4
化学需氧量（COD）	万吨	9.7	-3.5	9.25	-5.1	8.9	-4
二氧化硫排放总量	万吨	9.4	-2.3	9.3	-1.7	9.0	-3
氮氧化物排放总量	万吨	17.1	-10.0	15.1	-11.5	14.7	-3
氨氮排放量	吨	12100.0	-4	11330.0	-6.4	10870.0	-4
城市污水集中处理率	%	89.2	4.9	93.7	5.0	96.0	2.3
城市生活垃圾无害化处理率	%	94.0	1.1	95.0	1.1	96.0	1.0

备注：1. 全市生产总值及其三次产业增加值绝对值为现价，增长速度按可比价格计算

2. 2014年、2015年城镇居民人均可支配收入、农村居民人均可支配收入增长率均为名义增长率 2015年及之后农民人均纯收入统一调整为农民人均可支配收入

3. 2016年研究生计划招生数为学校申报数。2016年，研究生招生计划书包括全日制、非全日制

4. "年底总人口"指标为常住人口口径

5. 2015年保障性住房开工量包含棚户区改造

6. 主要农产品产量及增速均包含巩义

7. 货运量、客运量是指发送量

8. 海外旅游人数统计口径由海外旅游总人数改为过夜入境人数

9. 排放量，是指在一定时期内最大允许的主要污染物排放总量

（范雨帆）

开展安全生产教育活动

【新型城镇化建设】 2015年，全市上下紧紧围绕"三大一中"战略定位，以航空港综合经济实验区为统揽，以人的城镇化为核心，"三位一体"统筹城乡发展，以新型城镇化建设引领经济社会发展大局，长远谋划，务实推进，圆满完成"十二五"确定的新型城镇化发展目标任务，新型城镇化建设迈入全面推进的新阶段。

2015年全市地区生产总值完成7315.2亿元，增长10.1%，地方公共财政预算收入完成942.9亿元，增长13.1%；固定资产投资完成6288亿元，增长19.6%；城镇居民人均可支配收入、农村居民人均可支配收入分别完成3.1万元、1.7万元，分别增长8.7%、8.9%。全市城镇化率达到69.9%，较上年增长1.7个百分点。

【新型城镇化建设政策体系不断完善】 为全面落实国家发展改革委等15部委制定的《推进"三个1亿人"城镇化实施方案》和《河南省推进三个一批人城镇化实施方案》，坚持以人的城镇化为核心，积极开展农业转移人口市民化成本分担等城镇化体制机制探索。市发改委牵头起草《郑州市人的城镇化政策体系建设工作实施方案》，从户籍、教育、医疗、就业、社保等8个领域，整体上健全完善人的城镇化政策体系建设。起草《关于加快推进中心市镇（新市镇）建设的实施意见》《郑州市推进三个一批人城镇化实施方案》等文件，着力推进城乡一体化发展，全面提升新型城镇化发展质量和水平。

【"畅通郑州"工程】 2015年是实施"畅通郑州"新三年行动计划开局之年，按照市委、市政府工作部署，加快推进轨道交通、黄河路西延、农业路高架、东三环（G107辅道）快速通道等"井字+环形"快速路网系统构建和支线路网微循环进程，各项工程进展顺利。一是大力推进轨道交通建设工程。轨道交通2号线一期工程全线隧道、车站主体结构全部完工，预计2016年10月正式通车运行；1号线二期、5号线、3号线一期开工建设；5号线、3号线一期、4号线一期等工程前期工作顺利推进。二是大力推进重大市政基础设施项目建设。陇海快速路实现通车运行，农业快速路工程高架部分（南阳路以东）、未来路下穿金水路等工程竣工通车，京广快速路二期（北段）局部投入使用，南三环东延二期、国道107辅道快速化、金水路西延、西三环北延等重大工程顺利推进。三是大力推进民生关注的支线路网和停车位建设。累计打通断头路138条、新增城市道路123公里，新增公共停车泊位8.3万个。

【公用设施建设】 围绕城市可持续发展目标，按照市政府工作要求，对郑州都市区建设发展面临的基础设施承载力进行研究，同时，对航空港实验区内水、电、气、暖等生产要素成本问题进行分析研究，为市政府决策提供参考。围绕提升城市服务能力，加快推进市政道路、市政设施综合整治，城市集中供水、污水处理能力明显增强。侯寨水厂、开元路和西四环抢修基地等供水设施项目前期工作进展顺利；刘湾水厂配水管网逐步完善，罗垌水厂建成投用；"民生十大实事"城区28万户的供水户表改造工程全部完成；新增日供水能力16万吨，新建改造供水管网153公里。郑州新区污水处理厂水区工程建成投用，双桥污水处理厂开工建设，陈三桥污水处理厂二期工程前期工作进展顺利，新增日处理污水能力25万吨，新建改造雨污水管网246公里。

【园林绿化建设】 以创建"国家生态园林城市"为目标，以完善城市绿地系统功能、提升市区园林绿化景观品位为主线，推进城市公园游园、街头绿地、生态廊道等城市绿地系统建设，着力打造郑州都市区良好的生态环境。第十一届中国（郑州）国际园林博览会筹建各项工作积极推进；两环三十一放射生态廊道建设、区级综合性公园、南水北调生态文化公园、铁路沿线绿化等重点工程进展顺利；南环公园建成开放；三环快速路园林绿化、文化路（金水路—北四环）段景观工程全部完工；27个区级综合性公园建设加快推进，20个建成开放；市区新增绿地1201万平方米，新建公园游园28个，建成区绿地率达到35.3%。

【保障性住房建设】 根据国家、省、市各级政府出台的一系列房地产业的金融政策和调控措施，紧紧抓住国家对保障性安居工程配套基础设施建设给予中央预算内资金支持的政策机遇，组织各县（市）区申报项目，努力争取上级资金支持。2015年向省发改委报送保障房项目配套基础设施建设申请中央预算内资金支持项目17个，获中央预算内资金补助4.2亿元，推进了郑州市保障性住房及配套基础设施建设步伐。全年全市新开工建设公租房1万套，建成保障性住房4.85万套。

（姚慧敏）

【地区经济工作】 2015年，市发改委围绕区域经济发展，深入研究和开展地区经济发展工作。一是研究武汉、长沙等中部相关地市经济社会发展形势，分析起草郑州与武汉、长沙、西安等城市在国家层面方面的优势和劣势，及时提出借鉴之策。二是坚持做好县域经济分析。及时总结分析县（市）经济社会发展情况，组织编写2015年郑州市县域经济发展报告和中牟、新郑、新密、登封、荥阳经济发展报告。三是办理人大代表议案、政协委员提案。针对政协委员提出的打造郑州经济发展第二增长极问题进行调研，提出答复意见，并在工作中落实。四是做好农村危房改造工作。制订下发《2015年郑州市农村危房改造工作实施方案》，争取农房抗震改造2015年中央预算内资金1500万元，支持新密、中牟等市（县）2000户农房抗震改造。五是按照省发改委的部署，研究申报中欧区域政策合作示范城市问题。赴广州、武汉、成都等地学习调研，起草《关于将郑州市列入中欧区域政策合作示范城市的报告》等相关材料并分别上报市委、市政府和省发改委。

【谋划申报设立国家级新区】 为抓好国家推进新区建设的重大机遇，进一步

开展业务知识培训

提升郑州的综合实力和辐射带动功能，推进中原城市群建设，郑州市研究谋划申报设立国家级新区。2015年3月，根据省长谢伏瞻《省长专报》批示，郑州市有关人员赴国家发改委汇报了解申报设立国家级新区条件、程序等相关情况，市发改委起草《关于申报国家级新区的报告》，提出初步考虑，并向市委、市政府进行汇报。

【区域经济合作】 深入推进郑州与开封、新乡、许昌等周边毗邻城市经济社会融合发展。一是赴新乡进行调研，对接两市合作发展问题；与焦作市有关部门座谈，推动郑焦融合发展。二是结合关于构建郑州都市圈战略构想进行研究，提出以航空港经济综合实验区为突破口，推进郑州与开封、许昌、新乡、焦作等周边城市融合发展，推进同城化，实现城市规划统筹协调、基础设施共建共享、产业发展合作共赢，培育大郑州都市圈，构建组合型大郑州都市区。三是组织开展《郑州与周边城市融合发展问题研究》和《针对郑州的特色政策实验区突破方向研究》课题研究，结合“十三五”规划编制，将郑州与周边城市融合发展、推进中原城市群协同发展等问题纳入“十三五”规划。

【水污染治理项目中央预算内资金争取】 加强重点流域水污染治理项目中央预算内资金争取和项目管理。一是加强对2014年获得中央资金支持项目的监督和管理，坚持做好月报表填报工作，所有项目均完成中央下达的投资计划。二是组织申报2015年中央资金。帮助项目单位完善申报手续，多次与省发改委和国家发改委汇报衔接。经过努力，郑州市马头岗污水处理厂二期工程、郑州航空港区第二污水处理厂（一期）工程、郑州市双桥污水处理厂等3个项目被列入中央预算内投资计划，获得中央资金14360万元，创历年来新高。三是谋划重点流域水污染治理“十三五”建设规划项目。按照国家和省发改委的要求，组织各县（市）区、港区谋划“十三五”重点流域水污染治理项目，共谋划上报40多个项目，包括污水处理、垃圾处理、河道治理等，其中筛选7个项目申请2016年中央投资。同时，组织双桥污水处理厂申请国家专项建设债券，双桥污水处理厂纳入第二批专项建设债券范围，国开行给予约1亿元贷款支持。

【对口援疆工作】 贯彻中央新疆工作座谈会和全国对口支援新疆工作会议精神，紧紧围绕省委、省政府援疆工作总体要求，推进援疆工作进一步深入开展。一是拨付援疆财政资金。根据省财政厅下达的2015年应负担援疆资金数额，郑州市按照对口支援新疆资金筹措办法，将9207万元及时足额拨付省财政专户。二是加强互访交流。10月，郑州市教育局组织12家新闻媒体远赴哈密市开展5年教育援疆总结交流暨第十批支教教师慰问采访活动。郑州市旅游局研发推出2015年传奇丝路、甜蜜哈密、研学夏令营、亲子互动游、落地自驾旅游专厢等系列产品，共组织开行专列10列次，河南旅客赴新疆7000余人。10月17日，新疆哈密市政协主席司马义·依不拉音带领该市考察团一行考察荥阳市，就新时期政协工作、旅游风景区环境保护及景区农民搬迁安置等工作进行考察交流。12月5日，新疆哈密地区科协考察团一行7人到荥阳市学习考察社区科普、科普信息化工作。三是利用郑欧班列开展援疆工作。郑州市与新疆阿拉山口有关方面对接，实现郑欧班列在阿拉山口上下货，实现郑欧班列高效运营。

（罗书森）

【服务业发展】 2015年，全市服务业持续保持快速增长态势。全市服务业增加值完成3538.7亿元，增长11.4%，较第二产业高2个百分点，自2003年以来第三产业增速首次超过第二产业增速，较上年提高2.6个百分点，服务业对经济增长的支撑作用明显增强。服务业增加值占全市GDP的比重达到48.4%，较上年提高2个百分点。服务业固定资产投资完成4725.6亿元，增长27.4%，占全市投资的比重由上年的70.5%提高到75.2%，对全市投资增长的贡献率达到98.6%。服务业主要行业健康发展，物流业、商贸业平稳发展，金融业发展迅速，电子商务、健康服务业等新兴业态健康发展。

【物流业】 2015年，物流业增加值完成354亿元，增长7.3%。一是交通运输形势不断向好。全市货运周转量达到548亿吨公里，增长2.2%。二是争创国家现代物流创新发展试点城市。编制完成《郑州创建国家现代物流创新发展试点城市工作方案》，着力打造国家现代物流创新发展先行区。三是航空枢纽及通用航空影响力不断提升。郑州新郑国际机场旅客吞吐量首次突破1729.7万人次，货运通航城市达36个，开通货运航线34条，完成货运吞吐量40.3万吨，郑州机场成为国内除上海浦东、广州白云、深圳宝安以外的第四大货运机场。四是郑欧班列领跑全国。郑欧班列全年开行班列156班（其中，97班去程，59班回程），总货值7.21亿美元，总货重6.28万吨，货运总量、满载率及境内外集疏分拨范围均居中欧班列首位。五是口岸通过体系不断完善。汽车口岸通过验收并投入运营，进口汽车业务发展平稳，共从欧洲进口汽车247辆，货值1900余万欧元；肉类口岸通过验收并投入运营，澳大利亚屠宰用牛指定口岸通过验收；粮食口岸、食品、药品口岸年内全面开工建设。

【商贸业】 2015年，商贸业增加值完成784亿元，增长6.9%。一是社会消费品零售总额增速持续回升。全市社会消费品零售总额3294.7亿元，增长11.5%，连续6个月持续回升。二是商圈规模突破“千亿级”。二七商圈年销售额突破1000亿元，郑东新区CBD商圈年销售额超过300亿元，商圈的影响力、集聚力不断增强。三是特色商业街展示独特魅力。天下收藏、农科路酒吧一条街、中原金街等先后获省、市命名认定，全市国家级特色商业街2条、省级特色商业街4条、市级特色商业街13条。四是会展业快速发展。2015年，共举办展会235个，展览面积225.76万平方米；3

万平方米以上展会16个，展览面积89.1万平方米；实现经济社会效益约200亿元，会展业主要指标保持全国会展城市前列。五是积极培育本地展会。成功举办上海合作组织成员国政府首脑（总理）理事会第十四次会议、第九届（河南）国际投资贸易洽谈会、郑州航展等高规格的节事活动，进一步提高了郑州市会展业的综合竞争力。

【金融业】 2015年，金融业增加值完成667亿元，增长19.1%。一是金融业税收贡献不断提高。2015年，金融业税收达103亿元，占全市税收比重15%，在全市17个重点行业中仅次于房地产业居于第2位，为全市经济增长做出突出贡献。二是银行业实现稳定增长。本外币存贷款余额分别达到17445亿元、12956亿元，同比分别增长21%、16%。三是企业挂牌上市继续提速。挂牌上市企业达到119家，实现资本市场“郑州上市板块”向多层次资本市场“郑州板块体系”的转型升级。四是创新打造小微金融服务体系。持续深化提升金融支持小微企业1+4推进机制，着力填补小微企业获取资金时的“信用”和“抵押”两大短板。12月末，全市小微企业融资余额达2455亿元，高于全市各项贷款增速16个百分点，名录库企业累计贷款140亿元。“共保体”模式为50家企业实现融资10660万元。

【文化创意旅游业】 2015年，文化创意旅游业增加值完成694亿元，增长8.1%。一是探索文化创意产业发展新模式。重点推进白鸽厂区、郑州亚能热电厂等老工业建筑建设文化创意产业园，探索“政府推进+工厂改型+园区聚集”的发展模式。二是推进文化产业集聚发展。推荐河南约克动漫影视股份有限公司等6家文化企业成为河南省第六批文化产业示范基地；河南索易文化发展有限公司等15家文化企业成为第三批郑州市文化产业示范基地。三是建立文化产业招商引资项目库。收集前景好的文化产业项目18个，总投资达197亿元。四是推动文化与创意融合发展。深圳华强方特主题公园、凤凰国际文化产业园、华谊建业电影文化城（“郑州版”横店）、华特迪士尼郑州项目先后入驻郑州国际文化创意产业园；截至年底，郑州国际文化创意产业园入驻文化企业29家，规模以上重大项目40多个，计划投资达1000亿元。五是旅游市场平稳发展。2015年，全市旅游总收入达到926.6亿元，增长12.8%；其中，国内旅游收入为915.42亿元，增长12.9%，外汇收入达到1.8亿美元，增长4.5%。六是旅游新产品不断涌现。登封天河文化休闲广场、伏羲山旅游区开发进展迅速，“四湖一日游”水系观光线路培育成效明显，樱桃沟、泰山村被授予“中国乡村旅游模范村”称号，隆馨农家乐园、神农庄园、百果园农庄、农家乐园、龙福山庄，被授予“中国乡村旅游金牌农家乐”称号。

【高技术服务业】 2015年，高技术服务业增加值完成164亿元，增长4.9%。全市技术合同成交额130.1亿元，同比增长17.3%。一是电子商务发展迅猛。全市电子商务交易额3600亿元，增长33%；网络零售额520亿元，增长30%，占全省比重近50%。郑州电子商务园区建设粗具规模，电商发展指数居全国第11位，“互联网+”指数居全国第6位，综合指标居中部首位，呈现快速、健康、有序发展的良好态势。二是跨境电商实现新突破。共完成海关备案企业805家，全年累计包裹量突破5000万单，交易总货值39.3亿元，征收关税约1.12亿元，实现爆发式增长。进口商品来自世界55个国家，出口商品发往77个国家。三是国家知识产权创意产业试点园区建设取得新进展。建成包含彩色3D打印、FDM快速成型等世界前沿科技的技术服务平台、信息服务平台、知识产权孵化中心等，与500余家企业签订订单，拉动产值近10亿元。四是大力推进创新创业综合体建设。大众营造大众创业万众创新的良好氛围，吸引海外和国内各类创新创业人才到综合体创办企业、转化科技成果，辐射各产业集聚区，带动高新技术企业发展。全市20家创新创业综合体全部开工建设，入驻企业达920家。

【房地产业】 2015年，房地产业增加值完成411亿元，增长10.4%。一是房地产销售市场趋稳。商品房销售2223.8万平方米，增长16.4%；其中商品住房销售1920.6万平方米，增长20.8%。二手房交易643.5万平方米，同比增长42.7%，其中二手住房交易625.8万平方米，同比增长42.4%。二是房地产开发投资放缓。全市房地产开发投资2000.2亿元，增长14.7%，较全国、全省分别高13.7、4.6个百分点，较上年回落5.9个百分点。三是灵活实施房地产调控政策。为稳定房地产市场秩序，印发《关于印发全市促进房地产市场平稳健康发展实施意见的通知》（郑政办〔2015〕79号），推动郑州市房地产稳步增长。四是加快保障性住房建设。印发《2015年保障性安居工程建设目标任务》（郑政〔2015〕49号），每月督察，有效地推动保障性安居工程的建设进度。2015年，全市新开工公共租赁住房10357套，新开工棚户区改造住房108369套，基本建成保障性住房46028套。

【健康服务业】 健康医疗。一是大力推进“医养结合”的健康养老服务。推行郑州市老年病医院（郑州市第九人民医院）“医养结合”新型服务模式试点工作，成立由20名医护人员组成专职老年医养服务巡诊队，对所有协议养老机构完成6轮巡诊、义诊工作，建立健康档案4096份；共为老人服务4900人次。二是完善国家基本药物制度。编制《基层医疗卫生机构实施国家基本药物制度补助资金管理办法的通知》（郑财社〔2015〕6号），进一步规范和加强基层医疗卫生机构实施国家基本药物补助资金的分配使用和管理。三是持续开展星级社区卫生服务机构创建活动。23家社区卫生服务中心、6家社区卫生服务站成功创建三星级以上，提升了服务能力和水平。四是郑州片医特色基层卫生服务体系不断夯实。新增两所社会卫生服务中心（金水区丰庆路安泰社区卫生服务中心、高新区枫杨社区卫生服务中心）建成开诊，服务覆盖面扩大。五是县级公立医院综合改革试点工作稳妥推进。全市5个县（市）12个县级公立医院全部纳入改革范围，实现全覆盖，在所有县级公立医院实施新农合按病种付费和“先住院，后付费”等惠民措施。

健康养老。一是出台《郑州市城乡建设委员会等五部门关于实施特殊困难老年人家庭无障碍设施改造工作的通知》（郑建文〔2015〕38号），自2015年到2019年，每年投入100万元用于推进特殊困难老年人家庭无障碍改造工作。二是加快推进养老服务体系建设。发放养老机构扶持资金562万元，农村养老服务中心扶持资金180万元，全力推进养老机构和城乡养老服务中心等养老服务设施快速发展。2015年，全市新增社会办养老机构8家，城乡养老服务中心102个，新增养老床位4800余张。

【服务业推进措施】 出台政策措施促进服务业快速发展。一是召开全市服务业发展工作会议，厘清服务业发展思路，明确各单位、各县（市）区工作职责，从组织领导、任务考核等方面进一步强化政策保障。二是印发《2015年服务业发展工作实施方案》和《2015年服务业两区建设专项工作方案》，明确年度工作目标和重点工作任务。

双月协商凝心聚力促发展。按照市政协双月协商工作部署，市发改委配合市政协开展双月协商工作。一是组织委员对商务中心区和特色商业区“两区”建设进行专题调研，召开系列座谈会，赴省外先进地区学习考察，就加快“两区”建设提出意见建议。二是撰写“两区”建设情况汇报、制作汇报PPT、宣传电视片等。

“两区”建设促进产业集聚。一是组织省、市“两区”及专业园区观摩活动，交流建设经验。协调完成上街通航特色商业区规划范围调整，解决发展空间受限等问题。二是加快“两区”项目建设。2015年，全市“两区”建设千万元以上项目93个，其中新开工项目26个，累计完成投资400.3亿元，以龙头项目为带动，不断加快项目集中集聚建设，提升园区整体实力、形成产业集群优势。

质量强市助推服务质量提升。市发改委会同市质监局在全市服务业行业推行先进质量管理方法，引导和鼓励物流、商贸、金融、文化创意旅游等服务业企业采用国内、国际先进标准，促进服务业标准化和规范化发展。依托市服务业发展领导小组，协调解决服务质量建设中存在的重大问题，推动服务质量强市工作有序开展。

【市场外迁】 中心城区市场外迁的三年工作任务基本完成，腾出城市发展空间800余公顷，建设城市基础设施和新型商业体，集聚区承接商户3万余人，解决就业10万余人，外迁成效初步显现。通过市场外迁，中心城区发展空间得到拓展，外迁腾出的土地重新建设商业综合体和公交场站、休闲公园等公共服务设施，承接地集聚效应明显。

【服务业重点项目建设】 一是加快推进重点项目建设步伐。采取经常检查与重点督察相结合，督促检查与宏观协调相结合的办法，狠抓重点项目建设。通过推进服务业重点项目建设，进一步拉动服务业固定资产投资持续快速增长，战略新兴产业不断发展壮大，推动服务业扩大总量、优化结构。2015年，全市406个服务业重点项目累计完成投资1461.2亿元。二是加大对服务业项目扶持力度。筛选储备服务业项目，与国家、省沟通衔接争取资金支持，2015年共争取国家、省各类服务业引导资金3.39亿元，其中，郑州鲜易温控供应链产业基地等4个项目共获得国家专项债券建设资金2.8亿元；物流类项目13个，争取资金5400万元；平台类项目1个，争取资金300万元；文化创意类项目1个，争取资金200万元。

（王礼光）

【固定资产投资】 2015年，郑州市固定资产投资工作围绕市委、市政府中心工作，深化投融资体制改革，扩大开放合作，重点推进“双十”项目和省、市重点项目建设，着力推进固定资产投资项目入库，进一步扩大有效投资，优化投资结构，保持全市经济社会稳定发展。

固定资产投资规模不断扩大。全年固定资产投资突破6000亿元，完成6288亿元，比上年增长19.6%。分产业看，第一产业完成投资87.1亿元，增长5.5%；第二产业完成投资1475.3亿元，增长0.6%，其中工业投资完成1472.7亿元，增长0.5%；第三产业完成投资4725.6亿元，增长27.4%，其中房地产开发投资完成2000.2亿元，比上年增长14.7%。全年商品房屋施工面积10818.2万平方米，比上年增长2.3%；商品房新开工面积2834万平方米，增长3.1%；商品房屋竣工面积1076.7万平方米，下降43%。固定资产投资中，民间投资完成4509.8亿元，增长14.5%。全年固定资产施工项目2354个，计划总投资10884.6亿元，比上年增长2.4%；新开工项目1261个，计划总投资3992亿元，比上年增长19.5%。基础设施投资完成1297.4亿元，增长23.1%。

【政府投资项目推进】 市发改委总结2014年政府投资计划执行情况，对计划实施过程中存在的问题和困难进行梳理，并向市政府提出有针对性的措施建议。牵头编制2015年度市本级政府投资项目计划报告，提出2015年市本级政府投资安排的总体思路、基本原则，汇总整理项目255个，年度投资计划673.7亿元，并在市十四届人大常委会主任会议第十九次会议上获得审议通过。加强政府投资项目前期辅导，协调有关处室和单位，适应PPP模式客观要求，加快推进项目审批。强化与项目单位的沟通协调，提高政府投资管理水平，及时高效下达政府投资计划。

【政府和社会资本合作】 市发改委推动出台郑州市政府和社会资本合作项目（PPP）模式相关政策配套文件，发布《关于推广和运用市政府和社会资本合作模式的实施意见》1个主文件，《郑州市政府和社会资本合作项目管理暂行办法》和《郑州市政府和社会资本合作项目政府采购操作指南》2个配套文件，以及《郑州市政府2015年政府和社会资本合作项目工作推进台账》，形成“1+2+1”政策体系，对项目具体操作环节进行规范。做好全市PPP项目库建设工作，共收录项目68个，涉及轨道交通、城市供水、污水和垃圾处理、环境综合治理、地下综合管廊、公路、市政道路等行业，总投资2300亿元。4月8日，召开全市PPP项目推介会暨签约仪式，会议邀请中国建筑股份有限公司、深圳市特区建设发展集团有限公司等97家社会资本和国家开发银行河南省分行等26家金融机构参会，《人民日报》（人民网）、新华社（新华网）等40家新闻媒体参加推介活动。首批发布32个项目、总投资1126.3亿元；市政府及相关投融资公司分别与意向社会资本就郑州市轨道交通3号线一期工程等7个PPP项目，签署10个框架协议，总投资353.8亿元。

【重大项目库充实完善】 市发改委组织各县（市）区、开发区和有关处室，编制郑州市“十三五”重大项目规划，整理筛选项目2864项，总投资规模45349亿元，“十三五”期间计划完成投资36079亿元；上报拟纳入省“十三五”重大项目规划项目261个，总投资规模7683亿元，“十三五”期间计划完成投资3858亿元。推进国家重大项目库使用和管理。按照国家“编制三年滚动投资计划”建设国家重大项目库的要求，通过与市数字办对接沟通连接电子政务外网等相关事宜，召开全市部署会。根据省政府《关于印发扩大有效投资“双十”行动计划的通知》要求，与省发改委对接，明确郑州市目标任务，整理重大项目519个，力争全年完成有效投资1800亿元。起草《关于落实省扩大有效投资“双十”行动计划推进“十大工程”项目建设的通知》，并以市政府明电形式下发有关责任单位。加强跟踪监测，及时向省汇报进度情况。全年实际完成投资2630亿元，占年度计划目标的146%。建立2015年总投资亿元以上项目库，印发《郑州市发展和改革委关于建立2015年亿元以上重大项目月报机制的通知》，逐一明确目标任务和责任单位，完善项目推进机制，力促项目顺利实施。加快实施投资项目在线审批监管平台。做好投资项目在线审批监管平台上线运行的相关准备工作，组织市、县（市）区在线审批监管平台与省级平台的联通座谈会，邀请省发改委相关人员讲授各级联审部门及联审人员在线操作方法与要领，定期通报各县（市）区上线项目数量。

【上级资金争取】 市发改委围绕国家确定的5大类33个领域，及时谋划一批、储备一批高质量的项目。加强与国家开发银行河南分行六处、农业发展银行河南分行营业部对接，做好专项建设基金项目的上报、衔接、沟通工作。做好后续批次专项建设基金项目的谋划、储备工作。加快推进符合国家重点领域项目前期手续的办理工作，提高后续批次上报项目的成熟度。加强重大项目督导、督察，将74个中央预算内和省基建投资项目纳入重点监管范围，严密组织，全面加强督导工作的协调推进。市政府督察室牵头，组成4个督察组对未开工项目进行持续性的督导检查，建立项目台账，实行项目进展情况周报制度。市发改委组成7个督导组，对所有项目逐一督察。到11月底，郑州市的中央预算内、省基建投资项目开工率达到100%，全面完成省定目标。

（王世洪）

【重点项目建设】 2015年，郑州市坚持把重点项目建设作为新常态下“强投资、保增长”的主抓手、主平台，不断创新政策举措，切实强化协调服务，提前或超额完成年度各项目标任务。省、市重点项目全年完成投资4075亿元，为年度目标3600亿元的113.2%；全年累计开工项目234个，开工率100%，全年累计竣工项目70个，竣工率100%；省下达郑州市的1211个联审联批事项提前于9月底全部完成。郑州市重点项目建设工作在全省考核排名中，综合排名居全省第一；省考核类项目完成投资比例达139.3%，居全省第一；项目开工任务11月底提前完成，居全省第一；联审联批事项9月底提前清零，居全省第一。

（王连忠）

国土资源管理

【概况】 2015年，郑州市国土资源局紧紧围绕“抓改革创新、强投资开放、促结构转型、求民生改善”工作大局，以“保需求、保红线、重改革、重监管”为工作主线，全力深化管理，强化服务保障，全面推进依法行政，始终把保发展、保增长摆在首要位置，通过重点调整土地利用总体规划，优化基本农田和建设用地布局，积极向上争取指标，大力保障经济社会发展用地需求。全年全市上报用地使用指标5.7万个，确保1个国家批次、90个乡镇批次、43个港区批次和5个单独选址项目用地使用计划。全年全市上报建设用地189个批次（含单选）项目用地，面积6060公顷；批回建设用地180个批次，面积6426.67公顷。聘请专业评估公司完成对区片综合地价的动态调整评估，成果上报市政府。市国土资源局先后被国土资源部评为依法行政及“六五”普法先进单位，被省委省政府授予“省级文明单位”称号、第一批省级服务型行政执法示范点；被省国土资源厅评为2015年度完成工作责任目标优秀单位、优质服务窗口、国土资源执法监察工作先进集体、测绘地理信息工作优秀单位、测绘地理信息统计工作先进单位；被市政府评为郑州市重点项目建设先进集体、存量建设用地清理处置工作先进单位、人大建议政协提案办理工作先进单位等。

【制度改革】 深入落实“五单一网”总体要求，并按照减权、简政和便民的要求，编制权力运行流程图和服务承诺，初步厘清权力底数。简化和规范国土资源行政审批程序，完善各事项办事指南，审批环节由原来8个减少到3个，审批时限由原来最少30个工作日减少至7个工作日。2015年办结卷宗905件，行政审批窗口被省国土资源厅评为优质服务窗口。全市不动产登记工作完成职责整合任务，12月9日，郑州市不动产登记局、郑州市不动产登记中心挂牌成立。稳步推动管城区、中原区、二七区土地一级开发项目，涉及面积3425.47公顷，实现以土地一级开发促进土地储备融资规模稳定增长。完成银行批准授信额度264亿元，到位贷款资金140亿元。

【耕地保护】 严格落实政府牵头、部门联动、齐抓共管的耕地保护共同责任机制，连续17年实现耕地占补平衡。根据国土资源部办公厅、农业部办公厅和

12月9日，郑州市不动产登记局挂牌成立

省政府办公厅关于做好永久基本农田划定工作的决策部署，报请市政府制发《进一步做好永久基本农田工作方案》（郑政办〔2015〕87号），稳步推进永久基本农田划定工作，划定举证成果在全国首批通过数据库质检。大力实施土地整治项目和高标准基本农田建设。全市竣工验收6个土地整治项目，建设规模840公顷，新增耕地800公顷。新立项1个高标准基本农田建设项目，规模3200公顷，完成入库备案和招投标工作。完成非农业建设用地批次（含单选项目）补充耕地2873.33公顷、城乡挂钩试点项目复垦补充耕地1080公顷，共计补充耕地3953.33公顷。

【测绘管理】 深入贯彻省测绘地理信息工作会议精神，严格执行《测绘法》及各项规章制度，加强测绘统一监管，深入开展涉密测绘成果保密检查工作。全市批准新申请测绘资质单位61家、资质升级单位30家，业务范围、法人代表、机构性质、名称等变更单位76家。为16家单位办理测绘成果使用手续。8月29日，在二七区郑飞社区组织以“树立国家版图意识，维护国家主权安全；监测地理国情为国为家，发展地信产业利国利民”为主题的《测绘法》宣传活动，进一步使《测绘法》深入街道、社区，接近群众。

【矿产资源管理】 贯彻落实“矿产资源领域专项整治行动”和“查尽责、除隐患、保安全”工作部署，全面排查治理全市矿产资源领域突出问题和各类安全隐患，矿产资源勘查开发监督管理规范有序。全年完成86家矿山、17个勘查项目的现场督察工作。现场核实22家煤矿、3家水泥灰岩的矿产储量动态监测。现场实测核查21家煤矿、1家铝土矿山的采掘工程布置及资源利用情况。完成2014年度固体矿山的储量动态检测报告的复验、矿山开发利用年度检查和2015年度勘查项目的年度检查工作。规范资源补偿费征管，全年共征收入库矿产资源补偿费2260余万元。出具建设项目压覆矿产资源审查证明（初审意见）22宗。

【资源管控】 按照“节奏要加快、

市国土资源局党组召开民主生活会

力度要加大、任务要提前”的要求，加大存量闲置建设用地集中清理处置力度。自专项行动以来，共处置2006-2013年度批而未征土地6380.33公顷，批而未供土地7536.96公顷，处置闲置土地789.57公顷，未供即用土地3096.69公顷，征收率、供地率分别达到97.45%、77.11%，较专项行动前分别提高19.15个和25.26个百分点。城镇空闲土地核查工作全面展开。全面开展2015年土地矿产“卫片”执法检查，经认定违法用地983宗，立案查处715宗，拆除建筑物166.53万平方米，没收违法建筑物85.15万平方米，收缴罚款4420.4万元。25个矿业违法图斑全部依法处置。全年办理与处置交办以及受理群众12336举报违法线索407件，办结403件，按时办结率99%。经郑州市耕地破坏鉴定委员会对28宗破坏耕地的案件作出鉴定意见，公安机关接收并立案17起，向检察院移送起诉案件4宗。

【地质灾害防治】 严格落实地质灾害防治管理工作目标责任制，依靠县、乡、村群测群防监测预警体系，扎实做好地质灾害防治工作。全市排查出各类地质灾害隐患点334处，发布地质灾害3级以上预警31次，发放各类宣传彩页及防灾避险明白卡2万余份，组织地质灾害应急演练30次，全年未发生因地质灾害造成的人员伤亡及重大财产损失。实施地质灾害搬迁避让项目。完成上街区峡窝镇沙固村120户居民地质灾害搬迁避让项目，实施惠济区314户地质灾害搬迁避让项目，申请3970万元用于荥阳市汜水镇虎牢关村搬迁避让，计划搬迁受威胁群众700余户。上街区被国土资源部命名为“地质灾害群测群防高标准十有县”。

【平安建设和信访稳定】 坚持加强系统内综治平安建设和信访稳定工作，建立健全信息公开制度，狠抓主动化解矛盾纠纷的常态化管理，畅通群众利益诉求和信访渠道。全年接待来访群众68起406人次，受理群众信访复查事项4件，受市政府委托办理信访复核案件27件，按期办结率100%。大力推行政府信息公开工作，依法答复群众依申请公开信息1070件，回复率100%。

【土地登记管理】 严格执行《土地登记办法》，市本级核发国有土地使用证33403本，核发土地他项权利证书529本，办理抵押、抵押注销、查解封业务1232件，受理查询业务2033件，办结率100%。

【法治国土建设】 全面贯彻落实关于加强法治国土建设的意见要求，坚持以实现管理法治化为目标，健全决策程序，规范行政行为，加强执法监察，强化行政监督。成立依法行政工作领导小组，健全依法行政管理体制，及时掌握和解决工作中存在的突出问题。全年完成310件合同、260件文件的合法性审核、备案审查，办理行政诉讼案件83件、行政复议案件115件。完成省厅“六五”普法依法行政验收工作，上街区、郑东新区、惠济区国土资源局获全省国土资源管理系统“六五”普法先进单位称号。规范建设用地使用权和矿业权交易行为。严格落实审批接管分离、网上报批、限时办结、结果公开制度。编制完成权责清单事项57项。加强督察督导工作的动态台账管理，在抓督察、促落实、求实效上下功夫。健全领导决策台账和专项督察台账，落实领导重大决策和重要工作部署等督察事项54项，督促完成人大建议、政协提案22件，督导各类交办转办督办件31件，督促办理并及时反馈上报各类督察督办事项材料109份。

（李前进）

工商行政管理

【概况】 2015年，全市工商系统积极应对工商行政管理体制改革和商事制度等改革叠加新形势、新挑战，坚持以法治工商建设为统揽，以深化改革为主线，全面履行服务发展、市场监管、消费维权等各项职责，各项工作取得新成绩。一年来，中央、省、市媒体宣传报道郑州工商工作1003次。市工商局先后获得全国工商系统2014-2015年度诚信市场创建工作突出单位、全国工商行政管理系统政务信息工作先进单位、全国工商系统十大微信等称号，被评为河南省内部审计工作先进集体、全省行政事业资产管理工作先进单位、河南省人民满意公务员示范岗、全省商标战略年度考核第一名，郑州都市区建设三年行动计划综合工作优秀单位、处非和担保整顿工作先进单位、依法行政工作先进集体、社会信用体系建设工作先进集体、“扫黄打非”工作先进集体等荣誉称号。市工商局连续三届被评为“全国文明单位”，实现创建全国文明单位“三连冠”。

【商事制度改革】 商事制度改革紧紧围绕郑州市“三大一中”战略定位和开放创新双驱动战略，以构建更加开放活跃的都市区营商环境为目标，挖掘职能潜力，全力把简政放权、降低门槛、优化服务推向纵深。市工商局代市政府起草《关于进一步深化商事制度改革释放市场经济活力的意见》，出台《关于支持众创空间发展的意见》《关于支持郑州市跨境贸易电子商务发展的14条意见》，从市场准入各个环节入手深化改革，为社会大众创业创新“清障松绑”。航空港实验区作为商事制度改革先行先试示范区，1月15日和7月2日在全省率先启动实施“三证合一”和电子营业执照改革，9月28日在全市同步启动实施“三证合一、一照一码”登记制度改革。在一系列改革政策激励下，郑州市市场主体大发展。2015年，全市新增各类市场主体16.23万户，同比增长21.95%，平均每天新设立市场主体445户。其中，航空港区新增市场主体3882户，同比增长114.24%。截至12月底，全市实有各类市场主体58.3万户，同比增长7.08%，注册资本16699亿元，同比增长45.4%。

【注册登记】 针对商事制度改革后市场主体“井喷”给注册窗口带来的压力，增设服务窗口，采用政府购买服务的方式对外公开招聘注册官助理增加窗口力量；减少审批环节，全面推行“独

“3·15”国际消费者权益日，市工商管理人员现场为消费者讲解真假商品辨识方法

7月2日，郑州市颁出全省首张电子营业执照

任登记制”；下放登记权限，将部分注册登记权限下放到基层工商部门；优化审批流程，多分支机构企业登记事项由市局统一集中办理；优化窗口服务，为孵化器工业园区、产业集群区、跨境贸易中心、重点上市后备企业、创业大学生等开辟绿色通道；整治积压办照，开展窗口积压办照和不法中介代理专项治理，有效解决部分窗口预约周期长的问题，到9月底，全市工商登记窗口基本实现当天排号、当天受理、限期办结，注册登记实现大提速。

【商标战略实施】 市政府明确全市商标年度工作目标，制订对县（市）区及开发区的年度考核办法。加大商标品牌培育帮扶力度，催生一批名牌产品和名牌企业。郑州市获得全省商标战略年度考核第一名，受到省商标战略实施工作领导小组通报表彰。2015年，全市新增注册商标24921件，是历史上增量最大的一年；新增中国驰名商标5件，占全省新增25件的1／5；新增河南省著名商标154件，同比增长57.14%。全市注册商标总量首次突破10万件，同比增长30.98%，有河南省著名商标521件，中国驰名商标50件。

【信用监管】 面对郑州市市场主体总量大、年报公示任务重等情况，加强政策宣传和帮扶指导，建立工作通报机制，动员市场主体做好首次年报公示工作。全市2013年和2014年度企业年报公示率分别达到94.24%和93.54%，均排在全省前列。

【企业公示信息抽查】 对企业公示信息检查由市场巡查模式逐步转变为随机抽查模式，先后组织开展企业即时信息抽查、企业公示出资信息定向抽查和市场主体年报抽查，在新密市工商局试点“双随机”抽查机制，推动市场主体自我约束、诚信经营。根据年报和抽查结果将63925条企业信息列入经营异常名录。截至年底，有3167条企业信息经申请移出异常名录。

【文明经营活动开展】 市工商局牵头开展全市文明经营活动，设立165个市场诚信榜，大力加强文明经营示范街区和示范企业培育。市工商局被评为全国工商系统2014－2015年度诚信市场创建活动工作突出单位，华南城被评为全国诚信示范市场，万邦国际农产品物流城等5家单位被命名为省级“平安市场”，占全省总数1／6。积极推进失信联合惩戒，对被列入“黑名单”的企业法定代表人和法院提供的失信被执行人依法进行任职限制，信用约束机制初见成效。

【非法集资风险排查】 市工商行政管理部门积极开展非法集资风险排查，维护全市发展稳定大局。对政府交办的重要工作，抽调专人成立专项工作办公室，组织全市各级工商机关深入开展非法集资风险排查。全市工商系统共排查存在非法集资风险重点市场主体37536户，下达询问通知书101份，张贴《非法集资风险告知书》89927份，签订《远离非法集资活动承诺书》75902份，排查出涉嫌非法集资企业99户，排查中发现失联企业853户。先后向市委、市政府主要领导呈送非法集资风险排查专项工作情况专报8期。

【网络商品交易监管】 市工商行政管理部门不断推进网络交易监管试点项目建设，加快网络市场主体备案贴标工作，大力开展红盾网剑专项行动，为跨境电子商务发展提供宽松的准入环境和可信交易保障环境。共受理企业备案申请4156家，审核发放电子标识2033家，查处网络交易违法案件44起，关闭违法网站2个。国家工商总局副局长甘霖莅临调研期间充分肯定郑州工商试点工作成绩，对市工商局坚持以服务促监管、支持跨境电子商务发展以及建立网络商品交易监管部门联席会议制度专门提出表扬。宁波、广州等地工商部门相继来郑州市工商局考察学习。

【市场监管】 市工商行政管理部门不断强化各类市场监管，加大农资、成品油、电动自行车等重点商品抽检力度，实施高不合格率商品跟踪抽检，抓好无照经营清理、虚假广告治理、农资市场整顿、打击传销和不正当竞争、查处侵权假冒等工作，加强消费者权益保护，规范一次性消毒餐具强制收费行为和塑料购物袋销售使用行为。全年累计抽检各类商品样品1063个批次，合格率71.78%，查处不合格商品案件122起；查处传销案件6起，捣毁传销窝点76个，教育遣散参与传销人员505人；查处无照经营案件1653起、侵害消费者权益案件992起、商标侵权案件231起、不正当竞争案件144起、农资案件85起、汽车行业违法案件28起，纠正违规格式合同条款35条；监测各类广告22.73万条，停发2067条，立案查处195起；新建、规范消费维权服务站和12315联络站309个，受理消费者投诉、举报、咨询11.94万件，同比增长43.32%，郑州市12315热线接听率稳居全省第一名，全省12315话务员热线接通量前10名郑州占8名。

【体制改革和职责划转】 市工商行政管理部门克服种种困难推进体制改革和职责划转，妥善处理各种矛盾和问题，完成食品监管职责划转和人员移交，经过反复协调，市工商局机关及直属单位人员移交及档案审核工作全部结束，县（市）区工商行政管理体制改革基本完成，市工商局机关“三定”方案获市政府批准，直属行政、事业单位“三定”方案上报市编办。

【法治工商建设】 市工商行政管理部门大力规范行政行为，公开发布并严格执行市政府确定的市工商局491项行政权责事项，按照规定将61491项具体行政行为目录向市政府进行备案。做好规范性文件合法性审查、备案和定期清理，对案件核审及重大行政处罚备案工作进行规范，加强执法监督，坚持行政复议和行政诉讼败诉分析制度，做好行政复议和行政诉讼工作。

【业务工作推进】 建立主要业务工作推进机制，实行月统计、季点评，推进工作落实。各单项工作分类评出优秀、先进单位，以此为主要依据，评出年度综合工作优秀单位和先进单位。围绕商事制度改革、新《广告法》、网络交易监管、合同监管等重点工作，开展多层次、针对性的教育培训，并组织参加总局网络专题培训和市公务员网络教育在线学习，提升队伍履职能力。

（李晓鹏　龚　利）

审计监督

【概况】 2015年，全市审计机关紧紧围绕“反腐、改革、发展、法治”和全市中心工作，科学谋划审计项目，不断创新方式方法，狠抓审计质量建设，依法加大审计力度，通过对公共资金、国有资产、国有资源和领导干部履行经济责任情况的审计监督，摸清真实情况，揭示风险隐患，反映突出问题和体制机制性障碍，并推动及时有效解决，发挥国家审计的预防、揭示和抵御的“免疫系统”功能，全面完成年度各项目标任务。

2015年，全市审计机关共完成审计和审计调查项目740个，查出违规金额827122万元、管理不规范金额5678276万元，发现非金额计量问题905个。审减政府投资额147700.97万元，促进财政增收节支207924.97万元；移送有关部门处理事项25件。提出审计建议2075条，被采纳审计建议1304条。提交专题报告、审计信息836篇，被省审计厅采用或被市领导批示64篇。2015年，先后获得河南省人民满意公务员示范单位及河南省人民满意公务员示范岗、全省审计业务工作考核先进单位、郑州市综合工作优秀单位等省、市表彰奖励共10余项，郑州市审计局实施的商丘市土地出让收支和耕地保护情况审计项目被评为审计署表彰项目。

进行审计项目公开竞标

【重大政策执行审计】 围绕促进经济提质增效，加强重大政策执行审计。2015年，郑州市审计系统按照省审计厅的统一部署，采取市局统一领导、分级实施、下上结合、内容衔接、重点抽查的组织方式，持续对稳增长促改革调结构惠民生政策措施落实情况进行跟踪审计。6月份开始，每月对一项重大政策落实情况开展跟踪审计，并逐月报送审计结果，取得明显成效。2015年，全市审计系统共投入420人次，抽查单位415个，涉及资金总额1791953.3万元；抽查各类项目224个，涉及投资1634919.36万元，跟踪审计中发现问题156个，涉及资金252410.94万元。通过持续跟踪审计，加快审批重大投资项目15个，促进新开工项目1个，建设完成项目6个，加快实施进度项目30个，收回结转结余资金53.94万元，加快财政资金下达13185万元，促进政策落实39项。市审计局向市政府和省审计厅上报汇总跟踪审计报告7份，涉及国务院出台的21个方面50多项政策，每份审计报告均得到市长马懿或副市长薛云伟等市领导的批示，较好地发挥了审计的监督服务功能，为领导决策提供可行依据。

【预算执行审计】 围绕提高财税资金使用效益，深化预算执行审计。预算执行审计以加强财政管理、完善预算编制、规范资金分配行为、提高财政资金使用效益为重点，全面推进计算机审计，深入开展对体制机制的审计，积极探索绩效预算审计，加强对“三公”经费的审计和公开，不走过场、不搞形式，促进预算规范管理。在对郑州市2014年度税收征管执行审计中，采取纳税数据分析筛查、重点企业抽查、重点税种全面检查等方式进行审计，为财政增收近亿元。组成36个审计组对72家单位开展会议活动费、“三公”经费、“小金库”、楼堂馆所建设及正版软件应用专项审计，有效发挥审计部门在建设节约型机关和党风廉政建设等方面的监督促进作用。市人大常委会充分肯定并一致通过《关于郑州市2014年度市级预算执行及其他财政收支审计工作报告》，市人大常委会还对2013年度市本级预算执行审计工作报告中反映问题整改情况开展首次专题询问会，并通过电视、网络、电台进行现场直播。

郑州市审计局开展“在线访谈”活动

【投资项目和企业审计】 围绕优化政府投资结构，扎实开展投资项目和企业审计。全市审计机关从提高工程建设管理水平和投资效益、减少损失浪费和节约资源出发，围绕重点部门、重点资金、重点项目，开展投资审计和企业审计。2015年，对三环快速化项目、市轨道交通建设项目、陇海快速路项目、金水路准快速化下穿隧道工程项目等实施跟踪审计，确保工程资金的安全。全年共完成政府投资项目竣工结算审计481个，审计金额1521696.45万元，审减额147700.97万元，审减率9.7%，审计金额和审减率较往年大幅提升。全年共开展企业金融类审计项目7个，查出违规经营资金17.39亿元，其中违规出借资金15.29亿元，违规担保资金1.62亿元。

【经济责任审计】 围绕权力运行的监督制约，稳步推进经济责任审计。学习贯彻《党政主要领导干部和国有企业领导人员经济责任审计规定实施细则》，制订《县（市、区）长经济责任审计实施方案》《市直部门（单位）主要领导干部经济责任审计实施方案》，紧紧盯住工程建设、土地及资源出让、国有资产管理和金融交易等关键环节，进一步加大领导干部经济责任审计力度，促进领导干部依法行政和履职尽责。2015年，全市共对192名党政领导干部进行经济责任审计，查出各类违规违纪资金12.4亿元，管理不规范资金47.45亿元，损失浪费金额379万元，提出审计建议576条，为市委、市政府监督管理干部提供参考依据，促进领导干部遵章守纪、依法行政、依法理财、廉洁从政，在构建惩治和预防腐败体系等方面发挥重要作用。

【民生项目审计】 围绕维护人民群众权益，密切关注民生项目审计。加强医疗、公积金、安居工程、教育等重点民生资金和项目的专项审计或调查监督，促进公共资源配置更多地向民生领域倾斜，切实维护人民群众的利益。2015年，开展多项专项审计调查，包括郑州市失业保险征缴，2014年、2015年城镇保障性安居工程，2012年、2013年度社区卫生服务机构建设及运营，郑州市2011至2014年优质医疗资源倍增工程资金，2012至2014年郑州市公积金归集、管理、使用等。同时，配合市财政局开展2015年度全市涉农资金专项整治行动市级检查工作。

【上级交办临时性工作】 精心组织，周密部署，圆满完成市委、市政府、省审计厅交办临时性工作。在计划审计项目之外，对市委、市政府、省审计厅等交办的抽调人员配合省、市巡视巡察工作、公务车辆改革、打非工作，以及对市污水净化公司整合资产评估审计，郑州投资控股有限公司、郑州市财务开发公司持有海马汽车股权处置事项审计等十余项临时性工作，先后共派出审计骨干81人次，完成交办任务。同时，做好政协提案办理工作，提案答复满意率100%。

（周小玺）

物价管理

【概况】 2015年，郑州市价格工作始终把保持价格总水平基本稳定作为首要任务，精心组织调控，稳妥推进改革，持续强化监管，着力保障民生，切实加强价格监管，营造良好的价格环境。

2015年1-12月，郑州市居民消费价格总水平累计上涨1.1%，比河南省（1.3%）低0.2个百分点，比全国平均水平（1.4%）低0.3个百分点，比全国36大中城市的平均水平（1.7%）低0.6个百分点，在全国36个大中城市中居第30位。全年价格窄幅波动，运行区间下移，其中价格水平上涨最高是2%，分别是2月份和4月份；最低是0.4%，出现在10月份。全年呈现总体平稳的走势。

1-12月居民消费价格指数对比表（同比）

月份	郑州	河南	全国	36个大中城市	在36个大中城市排序
1月	101.1	101.2	100.8	100.9	13
2月	102	102	101	102	18
3月	101	102	101	102	25
4月	102	102	102	102	19
5月	101	101	101	102	27
6月	101	101	101	102	31
7月	101	101	102	102	27
8月	101	102	102	102	31
9月	100.9	101.2	101.6	101.8	34
10月	100.4	100.7	101.3	101.6	34
11月	100.8	101	101.5	101.7	31
12月	101.2	101.1	101.6	101.8	26
累计	101.1	101.3	101.4	101.7	30

从月环比变动情况看，2015年各月郑州市居民消费价格总水平窄幅波动，运行区间进一步下移。无论从平均涨幅，还是年内高点、低点来看，价格运行区间均比上年有所下移。1-12月份各月环比涨跌幅度分别为：1.1%、2%、1%、2%、1%、1%、1%、1%、0.9%、0.4%、0.8%、1.2%。

【八大类价格情况】 2015年，郑州市八大类价格累计六涨一降一平：食品价格累计上涨1%，其中，肉禽及其制品价格上涨2%，蛋类价格下降14.4%，蔬菜类价格上涨6.2%；烟酒价格上涨0.3%；衣着价格上涨2.5%；家庭设备用品及维修服务价格持平；医疗保健和个人用品上涨2.5%；交通和通信价格下降2.4%；娱乐教育文化用品及服务价格上涨2.1%；居住价格上涨1.6%。

【粮油价格变动情况】 2015年，我国粮食生产实现十二连增，粮食市场价格整体较为稳定，成品粮在年底略有上涨。

1-11月，纬四路农贸市场25公斤装面粉价格特一粉和精制粉价格分别为1.80元/500克和1.6元/500克；12月3日，25公斤装特一粉和精制粉价格分别为1.84元/500克和1.7元/500克，分别上涨2.2%和6.3%。农贸市场主销粳米价格基本稳定在2.8元/500克左右，与上年平均

市物价局局长杨虎臣在法制和廉政教育会上授课

1-12月郑州市居民消费价格指数走势

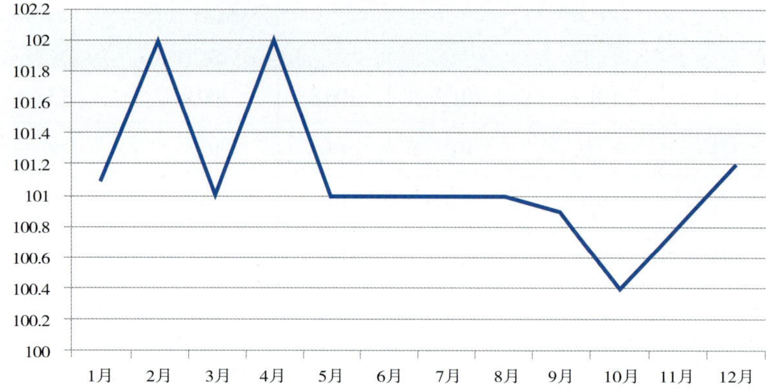

1-12月郑州市居民消费价格总指数走势（环比）

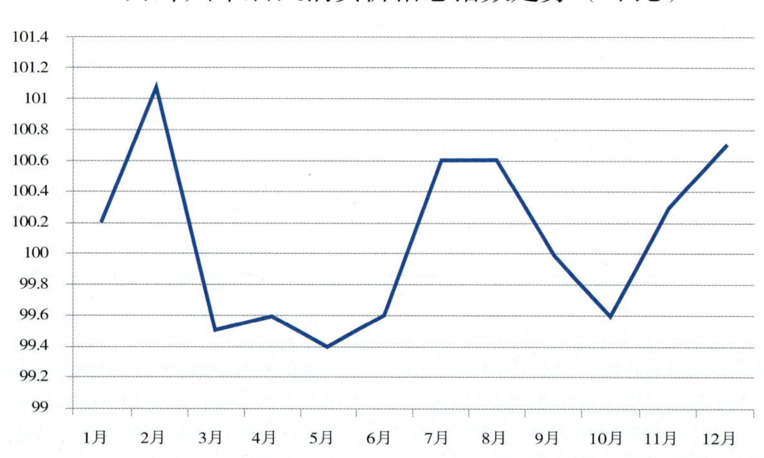

2015年郑州和全国八大类价格对比表（累计）

名　称	郑州	全国
居民消费价格总指数	101.1	101.4
一、食品	101.0	102.3
肉禽及其制品	102.0	105.0
蛋	85.6	93.0
菜	106.2	107.4
二、烟酒	100.3	102.1
三、衣着	102.5	102.7
四、家庭设备用品及维修服务	100.0	101.0
五、医疗保健和个人用品	102.5	102.0
六、交通和通信	97.6	98.3
七、娱乐教育文化用品及服务	102.1	101.4
八、居住	101.6	100.7

价格持平。

2015年，国内食用油供应充足，价格较上年有所下降，全年价格稳定，没有异常波动。大商超市金龙鱼花生油、调和油和大豆油主销价格基本保持在109.9元/5升、59.9元/5升和69.9元/5升，与上年同期价格比，分别下降13.4%、9.9%和17.4%。

【生猪和猪肉价格情况】 2015年，郑州市猪肉价格整体呈现先降后涨再降的走势，一改近年来走低的趋势，上半年生猪价格慢慢走出亏损，在成本线附近徘徊，下半年价格大幅上涨，养殖进入赢利状态，价格持续高位运行。2月份虽有春节，但终端消费不佳，春节后为传统消费淡季，3月份价格回落明显，进入4月份后，价格进入上涨通道，6月份起开始迅速上涨，一直向上涨至8月份最高价9.13元/500克后逐步回落。夏季常是肉类销售淡季，但2015年却一改常态，从二季度上涨拐点出现后，一路上涨，10月份小幅回落至11月份。入冬后，价格再度小幅上扬，四季度消费高峰期没有带动猪肉价格大幅上涨，主要是生猪出栏逐渐增加，同时玉米等饲料价格持续下跌，养殖成本低，抑制生猪价格持续上涨。2015年生猪平均价为7.67元/500克，同比上涨16.04%。

2015年，猪肉零售价格上涨。1-6月份，猪肉后腿肉和精瘦肉主销价格分别为14元/500克和15元/500克，7月份猪肉价格开始上涨，至9月份分别上涨至16元/500克和17元/500克，比上年同期价格分别上涨14.3%和13.33%。。

2015年猪肉价格上涨的主要原因：是前期市场价格长期低迷、养殖户严重亏损后的产能大幅度调整引起的，具有恢复性和补偿性特征，是市场机制合理作用的结果。

【牛羊肉价格情况】 2015年，牛羊肉价格相对较为平稳，牛肉价格在年初出现上涨，而羊肉价格较为稳定。一方面是养殖户不断扩大养殖规模和国内进口牛羊肉的增加，导致牛羊肉市场供应增加。另一方面餐饮行业不景气，对牛羊肉的消费有所抑制。农贸市场鲜牛肉和鲜羊肉主销价格相对平稳，分别为26元/500克和30元/500克，与上年同期价格持平。

【鸡蛋价格情况】 从全年走势看，2015年鸡蛋总体价格同比下降，呈季节性波动特点。2015年春节前后，鸡蛋价格保持相对高位运行，节后价格持续回落，6月初跌至全年最低点，出场价为3.4元/500克，零售价为4元/500克；而随着夏季气温升高，蛋鸡产蛋量下降，鸡蛋价格开始止跌回升，加之中秋和国庆“双节”市场的影响，9月份达到全年最高点，零售价为5.15元/500克；之后鸡蛋价格出现回落，11月零售价再次跌

2015年郑州和全国八大类价格对比

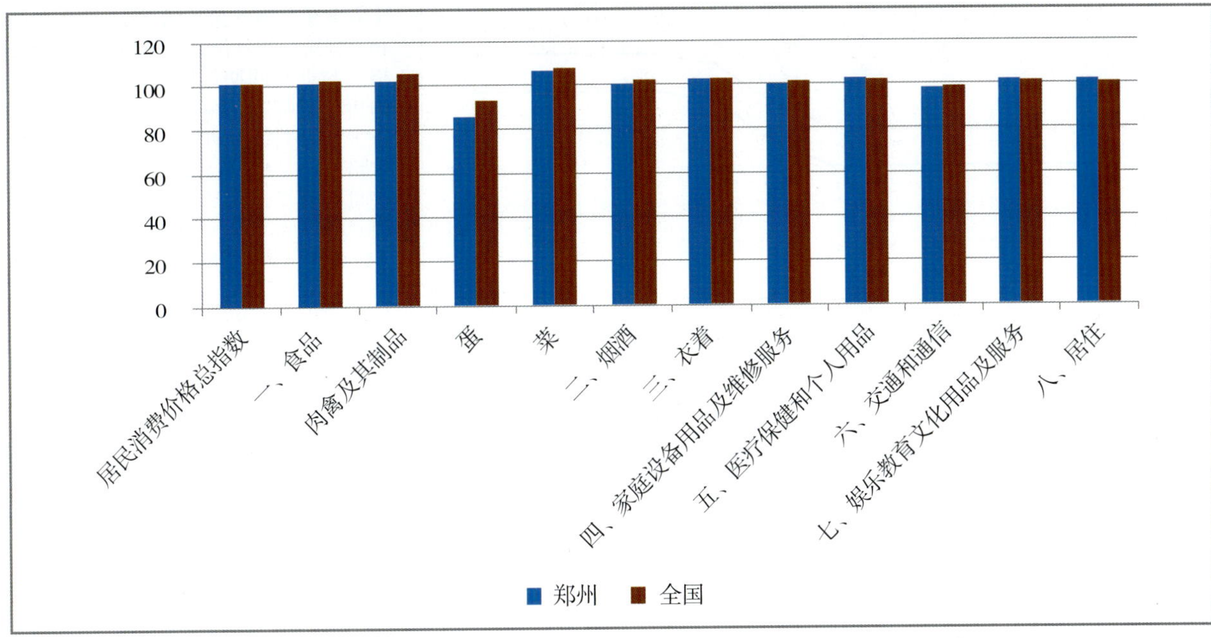

1-12月农贸市场面粉、粳米平均价格走势

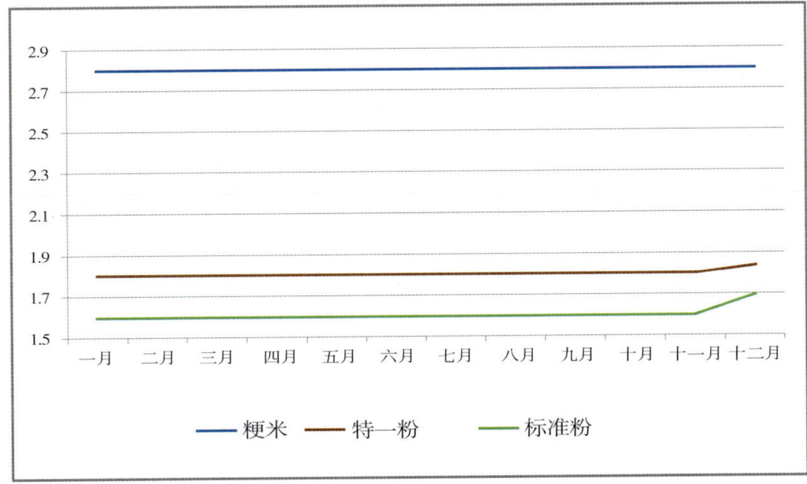

2015年郑州市生猪出场平均价格走势

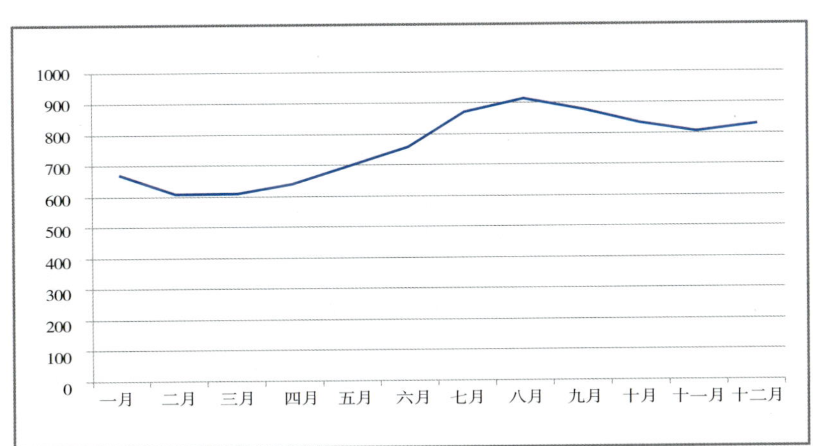

至4.27元/500克；之后开始缓慢回升，12月鸡蛋的零售价格为4.50元/500克。

鸡蛋价格波动的主要原因：一是玉米等主要饲料价格一直保持在低位，蛋鸡养殖成本在一定程度上降低；二是受上年鸡蛋价高利好等因素影响，蛋鸡养殖规模扩大，市场供应量充足，导致上半年鸡蛋价格持续走低；三是季节变化对鸡蛋价格的影响。作为农副产品，鸡蛋价格具有明显的季节性特征。由于中秋、国庆“双节”备货，而且9月初学校开学的叠加效应，导致鸡蛋价格上涨至年内高点。

【蔬菜市场价格情况】 2015年，蔬菜价格指数累计为6.2%，纬四路农贸市场蔬菜全年平均价3.4元/500克，同比上涨15.3%。

从指数上看，2015年蔬菜价格正常波动，受季节性影响较大。第一季度受天气和节日等因素影响，推动蔬菜价格上涨，春节过后，随着需求的降低和气温的升高，蔬菜价格明显回落。第二季度，随着气温回升和本地蔬菜上市量大的影响，价格有所回落。第三季度，受节日影响和大中专院校开学，蔬菜价格呈现季节性上涨波动态势。第四季度，整体蔬菜价持续小幅上扬，首先是天气转冷后的季节性涨价，蔬菜生产旺季过去，本地菜上市量逐渐减少，很多新鲜蔬菜都要从外地调入，运输物流成本增加。

【工业生产资料价格情况】 2015年，全球经济增速放缓，金融市场大幅动荡，大宗商品价格深度下跌，我国经济处于结构深度调整推进期，下行趋势比较明显，郑州市重点监测的工业生产资料价格以跌为主。

2015年郑州市猪肉市场价格走势

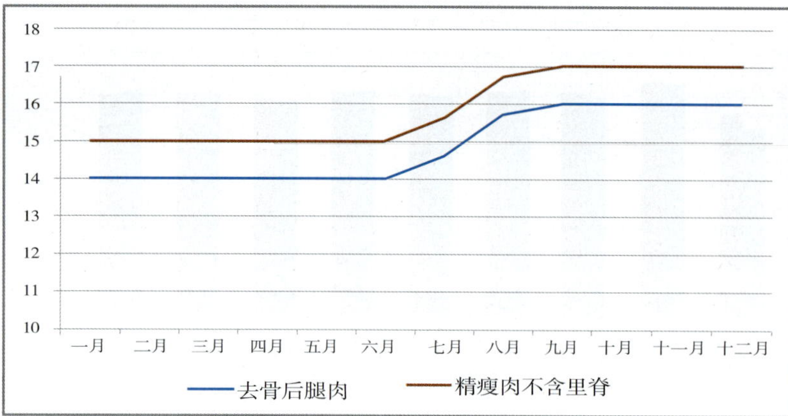

2015年郑州市牛羊肉市场价格走势

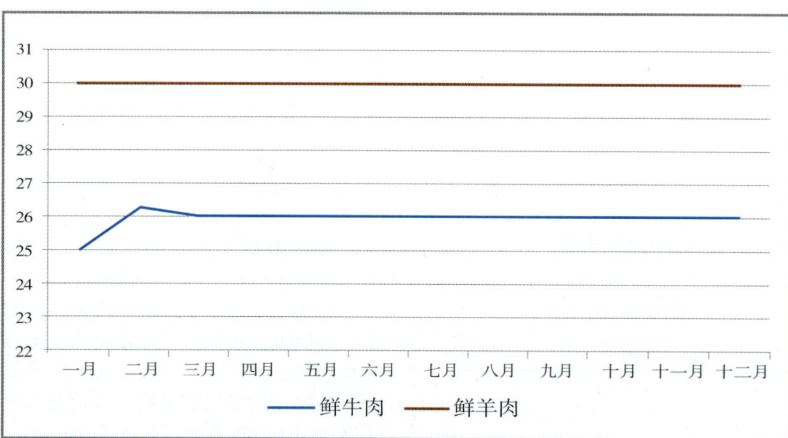

有色金属价格窄幅震荡下跌。12月铜、铝、铅、锌、锡、镍每吨价格分别为36320元、10900元、13280元、13700元、97000元、69300元，与上月同期价格相比，变动幅度分别为-0.08%、1.87%、0.61%、0.74%、13.45%，与上年同期价格相比，变动幅度分别为-21.72%、-16.15%、5.4%、-20.81%、-25.95%。

受国内产能过剩，市场需求疲软等因素影响，郑州市钢材价格持续走低。12月下旬，螺纹钢（22mm，Q235）、中厚板（10mm，Q235）、热轧薄板（1mm，Q235A）价格分别为1680元/吨、1870元/吨、2230元/吨，与上年同期相比，分别下降37.1%、37.5%、34.4%。

化工产品总体弱势呈下跌态势。12月下旬，监测的化工产品价格均与上月持平；与上年同期价格相比，大部分品种价格有所下降，降幅较大的有聚丙烯，6400元/吨，下降28.89%；ABS树脂，9100元/吨，下降28.35%；二甲苯，5700元/吨，下降28.75%；合成橡胶，8700元/吨，下降31.50%。

【农业生产资料价格情况】 农资价格相对稳定。12月份，监测的18种农资价格，与上月同期价格相比，除农用柴油价格下降2.4%外，其余品种价格均持平；与上年同期价格相比，4个品种价格下跌，4个品种价格上涨，其余品种价格持平。变动幅度较大的为草甘膦异丙胺盐，2.4元/100毫升，同比下降20%；农用柴油，4.82元/升，同比下降18.3%；乙草胺，2.5元/100毫升，上涨25%；尿素，1.9元/千克，上涨11.8%。

【家用电器价格情况】 2015年，郑州市家用电器价格窄幅波动。12月，彩电（创维42英寸液晶）、电冰箱（新飞BCD-222MR）、空调（格力1.5匹冷暖KFR-35GW）和洗衣机（海尔滚筒式XQG50-B10866）价格分别为4199元/台、2669元/台、3499元/台、2099元/台，与上年同期价格相比，变动幅度分别为-4.5%、2.7%、-10.3%和-10.7%。

【服务类价格情况】 2015年，郑州市水、电、市内电话费、公交车票、居民公有住房租金、教育收费等公用事业价格和医疗服务价格保持稳定，水、电和管道燃气价格分别为2.4元/吨、0.56元/度和2.25元/立方米。

【价格调控】 2015年，郑州市居民消费价格指数（CPI）与上年相比，累计上涨1.1%，累计涨幅在全国36个大中城市中列30位，较好实现年初确定的价格调控目标。一是加大市场价格监测力度，健全分析预警和应急处置机制。继续抓好市场价格监测调查巡视工作，全面加强市场价格的监控，全市共设监测点68个，监测品种670种，累计上报各类监测报表1872次，完成监测快报60期，报送市场价格动态信息60条。二是完善基金征管机制，发挥扶持生产、平抑物价作用。截至5月31日（6月1日后全省停止征收价格调节基金），全市价格调节基金征收总额2.2亿元。使用价调基金1493万元，储备大白菜等各类蔬菜及鸡蛋800吨，使用价调基金937万余元扶持平价蔬菜超市建设，保证市场供应和价格稳定。三是继续开展农产品平价商店建设，构建政府调控平台。全市建成平价蔬菜超市172家，销售蔬菜品种达90余种，共计销售蔬菜2000万公斤，每日市场监测的40种大众蔬菜，销售价格平均低于市场均价20%，让利于民1000余万元。四是做好低保户社会救助和基本生活保障工作。推进2015年度市政府“民生十大实事”落实，为全市低保家庭每月减免3立方米水费、补贴10度电费、享受30立方米以内低价气。2015年共计为全市低保家庭补贴电费94.83万元，补贴水费66.87万元，办理天然气登记退费2.14万元。

1-12月农贸市场鸡蛋零售平均价格走势

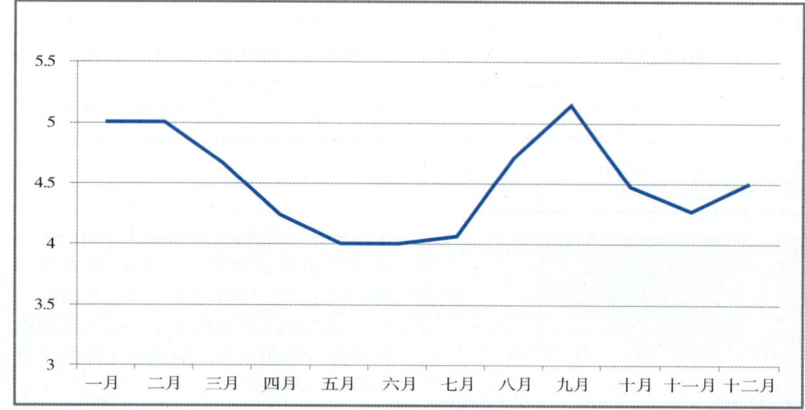

赴大别山干部学院进行理想信念教育

【城市集中供水价格改革】 2015年，在制订市区的城市集中供水价格改革方案的基础上，经过成本审核、成本公开、价格听证、风险评估、集体研究等相关程序，广泛听取各方面意见和建议，对改革方案进行反复修改完善，经市政府第35次常务会议研究通过，郑州市新的城市集中供水价格确定，将于2016年1月1日起正式施行。在居民生活用水实施阶梯水价的同时，此次水价改革又简化了水价分类，将原工业用水、行政事业用水和经营服务业用水归并为非居民用水，并将原特种用水中美容美发、商务会馆、纯净水生产用水等十几种行业用水性质调整为非居民用水，经营者经营成本大大降低。同时，为缓解供水价格调整后对困难居民家庭带来的影响，决定继续对城市低保家庭给予水价补贴，将低保居民家庭生活用水补贴标准，由每户每月减免3立方米水费提高到减免5立方米水费。另外，此次改革还建立了城市供水价格与原水价格、污水处理费、水资源费同向调整的联动机制。

【非民用天然气价格改革】 在河南省存量气、增量气价格并轨后，市物价局对郑州华润燃气股份有限公司购气成本进行测算，确定郑州市非居民用天然气终端销售价格为3.60元/立方米，并报经省发改委批准。11月，根据国家发改委通知，自2015年11月20日起，对郑州市非居民用及车用天然气销售价格统一再降低0.7元/立方米，郑州市工商业经营成本大大降低。

【药品价格改革】 根据国家和省统一部署，自6月1日起，郑州市除麻醉药品和第一类精神药品外，所有药品都实行市场调节价，由原来的政府制定药品价格的管理模式，改为由经营者自主制定药品价格，将对药品具体价格的监管变为对销售经营行为的监管，推进药品生产和销售的市场化进程。

召开年度工作会议，部署全市价格工作

【收费管理改革】 2015年，郑州市物价局推进收费管理改革，全面废止《收费许可证》管理制度，并同步开展《收费许可证》回收和行政事业性收费统计上报工作。全市共收回《收费许可证》976个。

【机动车尾气检测收费标准出台】 2015年，市物价局与省发改委协调沟通，出台郑州市机动车安全检测检验新标准，在价格政策上支持治理雾霾天气，净化空气质量，助力环境治理工作。

【价格市场监管】 2015年，市物价部门在调控物价的同时，重点加大价格市场监管力度，完善民生价费政策，维护群众合法权益。开展节日市场、停车收费、药品、教育、医疗等多项专项检查，共查处各类价格违法案件265件，实施经济制裁128.99万元，其中，没收违法所得78.48万元，罚款50.51万元。12358价格举报投诉电话共接听投诉、咨询7363件，其中，电话咨询7068件；受理举报295件，办结254件，实施经济制裁74010元，其中，罚款56800元，退款17210元。

【价费管理】 加强价费管理，优化经济发展环境。第一，根据郑州市养老服务业发展现状，在广泛调研和借鉴外地成功经验的基础上，拟订《郑州市养老机构服务收费管理办法》，并经市政府第28次常务会议研究通过。第二，针对机动车停车收费行为不规范的问题，根据市委工作部署，市物价局组织开展机动车停车差别化收费调研，并提出全面加强停车收费管理，进一步优化机动车停车差别化收费政策的意见。第三，分别在物业管理、检测检验、建设等多个行业中开展收费调研，在调研的基础上，根据国家和省的要求，先后取消涉及物业管理、建设项目、邮政、检测检验等多个行业的42项收费。

【价格网格化管理】 市物价部门结合职能特点，探索价格网格化管理长效机制新途径。全市物价系统共有544名干部职工逐级下沉到第一、二级网格，占总人数的83.7%。全年通过网格共发现、排查、解决属于价格职能范围的各类问题597起，包括物业服务收费、小区停车场收费、都市村庄超标准收取电费、商品房价外收费、机动车非机动车停车收费等群众反映强烈的热点问题，解决595起，有效处置率达99.6%。

【依法行政】 做好规范性文件的审查、备案工作。不断加强对规范性文件的监督管理，切实做到有件必备、有备必审、有错必纠。全面贯彻落实《行政复议法实施条例》，规范办案程序，切实依法办案。2015年共应对行政诉讼、行政复议案件26起。建立行政复议和诉讼预防机制。对可能出现行政复议和行政诉讼案件的重点领域，加强调查研究，掌握信息，及时提出改进建议，及早采取预防措施，全年无败诉案件发生。

【定期和调定价成本监审】 2015年共完成定调价成本监审项目53项，涉及成本约18.29亿元，核减不合理成本约9.3亿元。修订《郑州市民办中小学教育定价成本监审暂行办法》《郑州市物价局定价成本社会平均指标测定办法（试行）》等制度，进一步促进成本监审工作科学化、规范化。

【涉案物品价格鉴证】 2015年全市共办理价格鉴证业务4712件，标的总额7688.64万元。其中，涉及非法集资5件，标的总额1550.31万元；涉纪3件，标的总额940万元，为郑州市司法机关、行政执法机关依法及时办理各类案件提供了准确依据。

【人大建议政协提案办理】 2015年，市物价局共接到建议提案25件，其中，省政协委员提案2件，市人大代表建议9件，市政协委员提案14件，主要涉及医疗服务价格、小区公共用水用电价格、物业相关收费、停车收费等方面的内容。市物价局收到建议提案后，将每一件建议、提案落实到具体承办业务处室，并明确承办责任人。各承办处室在调查研究的基础上，逐一登门拜访，征求代表、委员的意见和建议，所有答复材料在征得代表、委员满意后，进行整理、汇总，确保按时办结率100%，代表、委员满意率100%。

（汤其涛）

质量技术监督管理

【概况】 2015年，市质量技术监督管理工作围绕市委、市政府“三大一中”战略定位，以全面提高产品质量、保障人民生命安全、促进地方经济发展为目标，围绕年初确定的各项目标任务和重点工作，进一步解放思想，创新思路，转变作风，强化服务，整体工作呈现出良好态势。

2015年，郑州市质监体制改革稳步推进。完成管理体制调整和食品监管职能划转。市、县两级向食药系统划转行政编制39个、人员35名，事业编制91个、人员128名，妥善安置交流干部和借调人员。机构建设方面，在先期直属3个开发区分局的基础上又成立郑东新区分局，10个县（市）区质监局与当地工商局合并为工商管理和质量技术监督局。市局新成立电梯应急处置中心，核定财政全供事业编制18个，新设立行政审批办公室。在整个改革过程中，做到人心不散、队伍不乱、工作不断、监管不软。

3月24日，国家质检总局副局长吴清海在郑州宇通公司调研

【服务政府中心工作】 一是以质量强市建设为载体，全力服务以航空港经济综合实验区为统揽的郑州都市区建设。做好综合协调，扎实推进“全国质量强市示范城市”创建，郑州市以高分通过河南省组织的预验收。二是全面推进行政审批制度改革。推进市级行政审批事项的下放授权，为辖区企业发展提供宽松环境。推进行政审批能力建设，简化审批流程，方便企业群众，累计办理行政许可审批3323项，办结时间平均缩短30%，在2015年度行政审批绩效考核中，名列全市39个部门第四。编制质监部门《行政审批清单》《行政权责清单》《行政事业性收费清单》等3个清单，涉及8类415项权力事项，3个“清单”通过郑州市政府网站公开，在郑州市“五单一网”制度改革推进讲评会议上，市质量技术监督管理局受到市政府通报表扬。三是积极推进长效机制工作。认真落实长效机制“三支队伍”管理考核工作要求，加强痕迹化管理，深化考核奖惩，强化督察问责，市局本级68人下沉到全市190个一级网格，促进条块融合。以市食药监局、二七区政府、经八路办事处为网格标准化试点，打造全市网格化管理工作的新亮点。四是全面完成市委、市政府交办的各项临时性任务。参加大气污染防治、道路交通安全综合整治、上合会议安全保障等工作，均取得优异成绩。

【执法打假维权工作】 2015年，市质监部门制订郑州市2015年食品农产品认证监督检查计划，共出动执法车辆50余

郑州市创建全国质量强市示范城市工作顺利通过河南省预验收

辆、监管执法人员280人次，检查生产企业110余次、商场超市55家（次），规范了认证秩序。先后组织“质监利剑”行动五大战役及农资、能效标识、建材、水泥制品、车用发动机及车用燃油、日用消费品等18个专项执法行动。健全完善12365平台，共处理企业和消费者咨询、市长热线、信函投诉、举报转办案件782起。市质量技术监督管理局执法创新的做法作为市政府依法行政工作亮点报送至省政府法制办。

【质量管理基础建设】 2015年，市质监部门帮扶新郑黄帝故里始祖文化传承等4个国家级服务标准化试点通过考核，新郑机场集团综合服务标准化国家级试点项目有序推进。以《地理标志产品河阴石榴》为代表的农业标准化工作成效明显，石榴标准化种植面积达4000公顷，示范区农户年均增收10%以上。服务、推荐2家企业参与中国质量奖评选，其中，中铁工程装备公司获第二届中国质量奖提名奖。培育金星啤酒等6家企业申报省长质量奖，评定四方达超硬材料公司等5家单位为市长质量奖获奖单位。将高新区北斗产业园和郑州国际物流园作为创建全国知名品牌示范区的重点培育对象，多次邀请省质监局领导和专家到园区进行现场指导。在全省率先成立企业首席质量官俱乐部，质量管理交流活动丰富多彩。探索“互联网+加油站”监管模式，引导广大消费者对油品质量和计量的服务进行监督和评价。开展诚信计量体系建设，完成河南省A级计量合格确认9家、B级计量合格确认4家，评定诚信计量示范单位10家。

【特种设备安全监察】 2015年，市质监部门深入开展专项整治行动，以电梯、液化石油气充装、游乐设施等为重点，严厉打击特种设备安全违法行为，组织各县（市）区开展特种设备安全应急救援演练。在全省率先筹建电梯应急处置中心，开展软件系统研发，在25家电梯维保单位中组建120个电梯应急救援站，编织出分布在全市各个区域的救援协作网。对5万多台电梯进行编号和信息核对，郑东新区和高新区的5000台电梯加装“电梯卫士”。在全市电梯、维保使用单位中全面部署开展电梯安全大会战，抽检电梯，3110台电梯的安全隐患得到消除。对使用时间长、使用强度大、安全管理弱、群众投诉举报多的电梯进行重点排查，共检查使用单位539家，责令整改74家，依法封停9家。

【产品质量监管】 2015年，市质监部门落实产品生产许可准入，共受理涉及8大类31个单元发证、换证企业申请68家次，全年共对25类490家获证企业进行监督检查，发现问题及时责令整改，对行业质量安全问题进行集体约谈。2015年，全市企业接受国家、省、市各级产品质量监督抽查2507批次，抽查合格率94.93%。实施重点产品质量安全提升，对纺织服装、电线电缆、木制家具、低压电器、电控柜、水表、电表、燃气表9类重点产品抽样297批次，委托国家纺织质检中心和国家磨料磨具质检中心对纺织服装和涂附磨具抽样341批次，开展21个重要质量指标的风险监测活动，为重点产品质量监管提供可靠翔实的情况和数据。全市2514家企业基本信息录入河南省工业产品动态监管系统。机动车安检机构管理工作稳步推进，参与《郑州市非机动车管理办法》起草、推进工作，起草电动自行车目录管理社会稳定性风险评估方案，为市政府决策提供依据。争取市节水办支持检测中心科研专项经费20万元。

（樊宏颜）

安全生产监督管理

【概况】 2015年，全市安全生产监督管理工作牢固树立“红线”意识和安全发展理念，以“三严三实”专题教育为总揽，以构建“安全和谐郑州”为目标，以全市网格化管理平台为依托，扎实开展安全生产大检查及“三查三保”“查尽责、除隐患、保安全”等活动，着力转作风、强基础、抓监管、治隐患、防事故，保障全市经济社会持续稳定健康发展。2015年，全市共发生各类生产安全事故2096起，死亡100人，受伤388人，直接经济损失3765.6万元。与上年相比，死亡人数下降13%，直接经济损失下降4.2%，全面完成省政府下达的控制指标任务。市安监局直接监管的非煤矿山、危险化学品、烟花爆竹等行业领域全年未发生安全生产死亡事故，全市安全生产形势继续保持稳定好转的态势。郑州市安监局被河南省委、省政府命名为省级文明单位，被河南省政府安委会表彰为安全生产月活动优秀组织单位，被市委、市政府授予上海合作组织政府首脑（总理）理事会第十四次会议郑州市服务保障工作先进单位荣誉称号。

【安全生产责任制落实】 2015年，郑州市按照《中共河南省委、河南省人民政府关于加强安全生产工作的意见》（以下简称省委、省政府《意见》）和郑州市《安全生产党政同责制度》等文件的要求，进一步强化安全生产党政同责和“一岗双责”机制，把安全生产工作纳入总体工作目标和年度综合考核，将安全生产党政同责、“一岗双责”列入党政目标考核和领导干部绩效考核体系之中，形成市委总揽全局，市人大、市政府、市政协齐抓共管，“四大班子”责任领导各司其职，各负其责，一级负责一级，一级支持一级安全生产工作的良好格局。郑州市按照省委、省政府《意见》要求，结合全市安全生产工作实际提出有针对性的贯彻意见，拟订《关于进一步加强安全生产工作的实施意见》（简称市委、市政府《实施意见》）并广泛征求意见。修订完善后的市委、市政府《实施意见》（意见稿）共七大块31条内容。7月13日，在工业经济科技和安全生产领导小组会议上对文件进行讨论和研究。9月28日，经市委常委会讨论通过。市安监局通过在郑州电视台、郑州电台开辟专栏等形式，广泛对市委、市政府《实施意见》进行宣传，进一步强化安全生产工作党政同责、“一岗双责”的重要性，确保安全生产工作在各级、各部门、各单位得到真重视、有人管、不出事。

5月28日，市安监局组织省、市机关干部“看郑州”活动

【安全生产网格化管理】 2015年，在巩固前三年网格化长效机制工作的基础上，全市各级安监部门以"深化规范提升"为总要求，按照"夯实基础、抓住重点、细分网格、职责量化、工作留痕、常态管理"的工作模式和"逐级下沉、分包到位、全面融入"的工作思路，积极完善新措施、搭建新格局。按照"逐级下沉、分包到位、全面融入"的思路和"分包到位、下沉到位、责任到位、排查到位"的要求，全市安监系统1013名工作人员通过"定人、定岗、定责"，全员下沉、深入一线，全面排查各类问题和隐患，形成上下融合、层层联动的网格化管理运行体系，做到重心下移、关口前移、全员参与，构建一个全覆盖、无缝隙的安全生产网格化管理体系。5月和7月，组织各分包组和下沉人员在全市范围内对游乐设施及场所和游泳场所安全管理情况、应急预案演练情况进行专项排查，共检查各类水库103座，经营性游泳场馆67座，水上游乐场所9处。对照《郑州市直职能部门下沉人员管理暂行办法》，制定留痕管理方案和稽查方案，进一步细化网格化下沉人员考核办法，对下沉网格人员进行量化评比，形成每个下沉人员履职尽责的综合成绩，定期组织评优评差，依托社会公共管理信息平台，每季度进行一次考核通报。

【安全郑州创建】 2015年，根据省安全创建行动计划有关要求，研究制订《安全郑州创建2015年行动计划》及实施方案，进一步明确安全和谐型村镇、安全和谐型社区、安全发展型企业、安全保障型城市和安全生产监督管理机构标准化建设等五个方面的创建标准，对创建任务进行详细的分解，明确责任和时限，为安全创建工作提供指导。同时，把安全创建工作列入安全生产督察和绩效排名，切实推动创建工作开展。截至年底，全市18个社区达到省级标准，54个社区达到市级标准，6个街道办事处准备申报"全国安全社区"。稳步推进安全生产标准化达标创建工作，22家非煤矿山、210家规模以上工贸企业、115家危险化学品企业、4座油库、176家加油站、83家危险化学品生产企业顺利通过安全标准化复评。扎实开展行政审批"两集中、两到位"改革和"五单一网"制度改革，压缩办理环节和办结时限，共办理业务180余件，梳理并经市政府确认登记行政审批事项和权责事项清单350项、代市政府行使的权责清单共38项。广泛组织开展安全生产"百千万"对话谈心活动，组织各级各类对话谈心工作组375个，对话乡（镇、办）主要负责人197名、企业党政主要负责人及安全管理部门负责人861名。推动应急指挥平台建设，全面做好应急演练工作，先后设置演练科目609项，动用演练车辆器材5000余台（件、套），参加演练人数达6万余人，检验和修订全市各类应急预案1.2万余个，锻炼全市各类专业应急救援队伍50余支，教育社会公众达百万余人，事故处置的快速反应能力和协同作战能力得到提高。

【安全生产监管】 2015年，全市各级安监部门始终把"强化安全监管、确保红线不破"作为安全监管工作总思路，全面做好职责范围内的各类安全生产监管工作。在非煤矿山行业，推广运用露天矿山"台阶式分层开采、中深孔爆破"、井采矿山安全避险"六大系统"建设、尾矿库干式排尾方式等先进技术，重点做好春节期间和汛期非煤矿山安全监管，关闭非法违法开采矿山37家，超额完成省政府下达给郑州市关闭10家非煤矿山的任务；在危险化学品行业，吸取天津"8.12"爆炸事故教训，深入开展危险化学品行业领域和油矿库安全生产专项整治活动，通过各县（市）区副县级领导分包、组织专家开展查隐患促整改活动和组织督导组开展专题督察等形式，对全市石油库、危化品生产企业、带有仓储设施的危险化学品经营企业、烟花爆竹仓库等进行全方位、全覆盖、拉网式检查，做到不留盲区、不留死角；在烟花爆竹企业，扎实开展烟花爆竹经营安全专项治理活动，突出做好烟花爆竹零售点"两关闭""三严禁"和烟花爆竹批发企业"六严禁"查处工作，共排查烟花爆竹批发企业14家、烟花爆竹零售点106家，取缔关闭零售点2家；在职业卫生监管方面，突出做好职业病防治法宣传培训、职业病危害项目申报、职业卫生"三同时"、职业卫生基础建设等工作，扎实开展职业病危害大检查活动，共完成企业职业病危害项目申报1887家、职业病卫生"三同时"企业16家，检查存在职业病危害用人单位513家，所有存在职业病危害的用人单位基本都达到基础建设目标要求；在工贸行业和部分行业主管部门综合监管方面，做好冶金、机械、涉氨制冷企业以及一般商贸企业等非高危行业和工贸企业的安全监管，并发挥综合协调职能，联合行业主管部门开展在建工地、市政基础设施、轨道交通工程、火灾隐患排查的专项整治工作，以及道路交通综合治理、特种设备安全大检查、旅游景区（点）安全大检查等活动。

【安全专项整治】 2015年，郑州市开展百日攻坚行动，全力对重点行业领域和反复发生、长期未得到根治的问题进行重点攻坚，共组织各类检查组7431个，检查各类企业和单位58667家，责令改正、限期整改、停止违法行为50168起，责令停产停业停建1968家，暂扣或吊销有关许可证、职业资格31个，关闭非法违法企业598家，罚款538.65万元。重点开展"三查三保"和"查尽责、除隐患、保安全"活动，先后召开6次局班子成员会、2次专题部署会，研究部署安监系统及局机关"三查三保"和"查尽责、除隐患、保安全"活动，科学制订活动总方案和各分项方案，并成立专门领导小组和工作小组，共同保障活动的正常、有序、健康运行，共排查各类隐患74791处，打击违法违规行为8818起，停产（停业）企业715家，关闭取缔企业125家，罚款235.84万元。

6月16日，省、市政府安委会在绿城广场联合举办以"加强安全法治、保障安全生产"为主题的省会"安全生产月"宣传咨询日暨全省安全大检查中原行活动

【安全隐患排查治理】 2015年，郑州市按照《安全生产事故隐患排查治理十项制度》《郑州市重大事故隐患销案制度》《郑州市事故隐患双向验收制度》等文件要求，落实重大事故隐患政府挂牌和领导包案制度，对涉及多个单位的

7月16-17日，省安委会第一联合专项督查组对郑州市“查尽责、除隐患、保安全”活动开展情况进行专项督导

重大事故隐患，由市安委会或相关市领导组织协调，现场办公，跟踪监控，整改到位，形成政府统一领导、部门主动履职、各方积极联动的隐患排查治理模式。2015年，全市共排查各类事故隐患130941处，全部整改到位，整改率100%；市政府安委会挂牌督办隐患217处，整改到位176处，未整改到位的41处隐患，都列入县（市）区挂牌和领导分包督办。

【安全生产大检查和“六打六治”打非治违活动】 2015年，全市各级安监部门按照“全覆盖、零容忍、严执法、重实效”的总要求，督促指导煤矿、非煤矿山、道路交通、建筑施工、消防、危险化学品、烟花爆竹、人员密集场所等重点行业和领域开展安全生产大检查和“六打六治”打非治违专项行动，下发具体实施意见，专门成立综合督察组15个和县（市）区政府督导组近200个，推动安全生产大检查及专项整治等工作落到实处。共排查各类事故隐患130941处。着力抓好春节、“五一”“十一”等重点时段和“两会”“上合”会议等重点会议期间的安全监管工作，查源头、查隐患、查细节，确保重点时段安全稳定，市安监局被市委、市政府表彰为“上合”会议服务保障先进单位。

【安全生产“三查三保”和“查、除、保”活动】 2015年，按照“三查三保”活动总要求，郑州市组织开展安全生产领域“查尽责、除隐患、保安全”活动，明确做好消防、煤矿、交通运输等十个方面的安全隐患排查治理工作。先后印发《全市“查尽责、除隐患、保安全”活动实施方案》《全市非煤矿山行业“查尽责、除隐患、保安全”实施方案》《全市工贸行业企业“查尽责、除隐患、保安全”实施方案》《全市危险化学品和烟花爆竹企业“查尽责、除隐患、保安全”专项行动实施方案》《郑州市开展职业病危害大检查实施方案》，保障“三查三保”活动全面融入安监系统以及全市各行业领域，真正实现“查尽责、除隐患、保安全”的目的。自“三查三保”和“查尽责、除隐患、保安全”活动开展以来，全市共排查各类隐患74791处，并全部整改到位；打击违法违规行为8818起，停产（停业）企业715家，关闭取缔企业125家，罚款235.84万元。

【安全生产对话谈心活动】 2015年，根据省安委会《关于开展安全生产对话谈心活动的通知》要求，从3月至5月底，在全市范围内组织各级各部门广泛开展以“明责、尽责、知厉害”为主题的安全生产对话谈心活动，共组织各级各类对话谈心工作组375个，出动工作人员1686人次，对话乡（镇）办主要负责人197名；对话企业党政主要负责人、安全管理部门负责人861名，促进各级各部门各单位主要负责人对安全生产红线意识的认识，自觉做到“明责、尽责、知厉害”，强化了抓好安全生产工作的积极性、主动性。

【安全生产标准化建设】 2015年，郑州市严格按照标准化细则，督促全市各类企业广泛开展安全生产标准化达标创建活动。通过实施安全生产标准化工作，强化企业安全生产基础工作，提升企业本质安全水平。截至年底，全市22家规模以上金属非金属矿企业里，有2家达到二级标准、20家达到三级标准；210家工贸行业企业里，有4家达到一级标准、49家达到二级标准、157家达到三级标准；建筑行业2000多个建筑工地里，通过标准化工地达标验收253个，其中有100个为省级文明工地；交通行业里，有120家委属企业达标；全市11座油库、487家加油站、83家危险化学品生产企业里，有4座油库、12家加油站达到二级标准，164家加油站达到三级标准，83家危险化学品生产企业全部达到三级标准。

【安全生产执法检查】 2015年，郑州市努力探索新形势、新常态下专业执法监察的新思路、新方法，组织编制《郑州市安全生产十三五规划（草案）》，为“十三五”期间依法开展安全生产工作指明方向。开展新《安全生产法》等法律知识的学习宣传和行政执法人员培训工作，分3个批次组织全市安监系统70名执法人员参加省局组织的行政执法业务培训，组织全局85名执法人员参加市政府组织的2015年度行政执法人员轮训暨执法证件年度培训工作，合格率100%。推进服务型行政执法建设工作，组织召开全市安监系统服务型行政执法建设经验交流会，制订《服务型行政执法示范单位建设标准》，有效解决当前服务型行政执法建设“有目标、无标准”的现状。扎实开展各类专项执法检查活动，检查各类企业560余家次，审查立案案件100起，收缴财政罚款59.4万元，案件如期结案率100%，无行政败诉现象。按照“四不放过”原则严肃做好事故调查处理工作，共追究责任单位和责任人63人次，并对事故发生单位进行约谈和开展“回头看”活动，有效遏制全市事故多发的势头。

【安全生产宣传活动】 2015年，郑州市坚持立足全社会，面向全民，通过扩大媒体宣传、开展主题活动、塑造公共安全文化，在全社会筑牢安全思想防线，力求全领域渗透。做好“安全生产月”各项活动。2015年6月是全国第14个“安全生产月”。活动月以“强化红线意识、促进安全发展”为主题，以“四个活动周”为基础，以搞好十项活动为主线，制订下发《郑州市人民政府安全生产委员会关于开展2015年安全生产月活动的通知》，突出抓好“安全生产月宣传咨询日”“安全生产应急救援演练”和“红线意识大家谈”系列大型宣传报道等全市性的大型活动。6月9日，省、市两级政府安委会在绿城广场开展形式多样的安全生产月宣传咨询日活动，开展现场咨询答疑安全生产问题，发放安全法律法规及安全知识读本、画册、宣传页等活动。“安全生产月”期间，全市共展出展板1643块，发放宣传资料100余万份，悬挂标语2916幅，在《郑州日报》开设《红线意识大家谈》专栏9期，上百万群众直接受到安全教育，达到“以周促月、以月促年”的效果。

【安全生产教育培训】 2015年，郑州市先后3次召开安全生产培训会议，对培训工作进行专题部署，制订全年教育培训计划。全年共完成各类规范性安全生产培训80009人次，其中培训高危行业主要负责人及安全管理人员3510人，一般生产经营单位主要负责人及安全管理人员14033人，特种作业人员11950人，生产经营单位其他从业人员16741人，安全监管人员6229人，其他各类人员28494人，切实提高从业人员的安全意识和技能。

【安全生产资格考试体系建设】 2015年，根据《郑州市机构编制委员会办公室关于郑州市安全生产教育中心加挂郑州市安全生产资格考试中心的批复》精神，教育中心加挂考试中心牌子，承担全市的安全考核业务，办理单位法人变更登记和事业单位产权登记证。同时，根据《河南省安全生产资格考试体系建设实施方案》中“旨在规范和加强我省安全生产资格考试及证书管理工作，切实提高从业人员安全素质，服务于经济建设，坚持以人为本，质量第一”的精神，中心成立安全生产资格考务办，组织人员到徐州市培训考试中心考察学习，组织有关人员参加省局举办的考核系统学习培训班信息系统，制订考试中心业务流程和考试场地、设施配置标准，并对郑州市区的考试点和培训点进行安全生产资格考试监考员和信息系统管理员研讨会。在此基础上，根据省局安全生产资格考试考场设备进行升级调试，逐步完善考试中心的配套设施。

【安全生产应急救援】 2015年，全市安全生产救援工作以安全生产应急管理“一案三制”建设为重点，以提高应急能力为主线，履行各项职责。修订完善《郑州市事故灾难应急救援总体预案》《郑州市公共突发事件应急救援预案》和16个专项应急救援预案，聘请157名安全生产专家成立应急救援专家队伍。各县（市）区、各有关部门和单位结合实际，分别制订完善本辖区、本部门和本单位的公共突发事件应急救援预案。重点监管的8512家企业共制订应急预案12422个，全市“横向到边、纵向到底”应急预案体系基本形成。全面推进安全生产应急管理体制机制建设和信息化平台建设，筹建郑州市安全生产应急平台，郑州市矿山和危险化学品应急救援基地基本建成并投入使用。各县（市）区、开发区中，管城区、新郑市、中原区经机构编制部门批复成立安全生产应急救援指挥中心；新密市经机构编制部门批复增挂应急指挥中心牌子；中牟县经机构编制部门批复增挂应急中心牌子；登封市“三定方案”在局综合管理科设应急救援指挥中心办公室；二七区“三定方案”设安全生产应急救援科；未建立专职机构的县（市）区、开发区都明确应急管理工作的分管领导、责任科室和人员，基本形成分类管理、分级负责、条块结合、属地为主的安全生产应急管理体系。全市组织开展应急演练，共设置演练科目609项，动用演练车辆器材5000余台（件、套），参加演练人数达6万余人。6月30日，在新郑市举办的郑州市危险化学品事故应急救援演练中，省、市领导及相关部门负责人参加观摩，参演单位16个，参演人员200余名，动用车辆装备20余台（套），是2015年郑州市举办的一次较大规模的综合性应急救援演练。

（李墨玥）

国有资产监督管理

【概况】 2015年，面对复杂多变的宏观经济环境和艰巨繁重的改革发展任务，国资国企系统积极适应经济发展新常态，保持定力、主动作为，坚持稳运行、促改革、调结构、抓监管、强党建，国有经济持续发展，国企改革步伐加快，监管效能不断提升，服务大局成效显著，党建工作持续加强，国有企业改革发展和国资监管工作取得显著成效，实现国有资本保值增值和“十二五”圆满收官。

（夏建新）

【国资国企布局和结构调整】 一是总结回顾“十二五”国资国企发展和改革的主要成绩、存在问题，分析“十三五”面临的新形势，研究拟定《郑州市国资国企发展和改革“十三五”规划基本思路》，明确“十三五”工作的指导思想、基本原则、发展目标、工作重点、主要任务和保障措施。二是围绕《贯彻落实〈郑州国际商都战略规划纲要〉三年行动计划》，研究拟定《郑州市国资委新三年行动计划》，明确市国资委2015-2017年新三年行动计划的指导思想、总体要求、发展目标、重点任务和推进措施。

【市管企业重大投资事项审核监管】 一是审核企业年度投资计划。按照《郑州市市属企业重大事项监督管理暂行办法》要求，年初下发《关于报送市管企业2014年投资完成情况和2015年投资计划的通知》（郑国资〔2015〕31号）。市管企业2014年投资项目共70个，投资总额152.74亿元，完成投资额29.47亿元。2015年计划投资项目165个，投资总额2110.74亿元。二是审核企业投资事项。2015年，14家市管企业共上报投资请示57项，办结52项。新批投资事项累计总投资86.60亿元。

【与央企战略合作】 市国资委充分发挥郑州市与央企合作联席办的职责作用，贯彻落实河南省与央企合作方案，制订下发《郑州市2015年与中央企业合作工作方案的通知》（郑政办明电〔2015〕116号）、《关于报送2015年中央企业河南行活动签约项目的通知》（郑政办明电〔2015〕186号），具体安排部署郑州市与央企合作。9月10日，参加在黄河迎宾馆举行的2015年中央企业河南行活动重点项目签约仪式，郑州市共与光大银行、北车、中国华戎、中建七局等央企签订15个合作协议，主要涉及装备制造、高科技、新材料、金融、基础设施和物流等行业。15个合作项目累计投资额260.8亿元，比上年的176.54亿元增长48%，名列全省前茅。

【对外开放和招商引资】 按照市政府和省国资委关于组织招商工作的要求，组织国有企业参加第九届中国（河南）国际投资贸易洽谈会、豫沪产业转移合作系列对接活动，以洽谈会为契机，组织企业开拓招商途径，落实对接项目，

2月10日，中央综治办主任陈训秋调研郑州市系统（行业）平安创建工作

寻求合作商机；充分利用对接活动平台，开展与央企合作的工作交流。

（王松峰）

【国有资产统计分析和市管企业财务预决算】 市国资委组织召开全市国有资产统计暨企业财务预决算工作会议，印发相关报表，讲解报表编制要求；开展市管企业年度财务决算审计工作；解答报表编报过程中的疑难问题，采取多种措施解决因企业产权层级多、企业财务人员业务素质参差不齐导致的报表上报困难的问题；汇总、审核、分析各有关单位上报的报表数据，保质保量完成《郑州市企业国有资产统计报表》和《企业财务决算报表》，并及时上报省国资委审核。在市管企业中全面推行财务预算管理，使企业了解掌握财务预算编报方法，初步建立财务预算制度。汇总结果显示，全市国有企业保持整体平稳发展态势，但国内经济下行的压力，在部分指标上也有所体现。至2014年末，全市254户国有企业资产总额5720亿元，同比增长29.4%；所有者权益1741亿元，同比增长0.4%；年度营业总收入469.29亿元，同比增长63.9%；年度利润总额64.81亿元，同比减少4.1%；净利润51.49亿元，同比减少9.7%；上缴税金35.14亿元，同比增长50.8%。其中，44户市管企业资产总额4065亿元，同比增长18.3%；所有者权益1092亿元，同比减少18.4%；营业总收入256.9亿元，同比增长45.7%；利润总额49.95亿元，同比减少14%；净利润40.1亿元，同比减少18.9%；上缴税金23.55亿元，同比增长44.5%。

【市管企业目标管理】 1月5-12日，市国资委与市委组织部组成5个考核组开展2014年度市管企业目标管理考核工作，以全面掌握市管企业资产运营、党风廉政建设等年度责任目标完成情况，准确评价企业领导班子的工作实绩和德才表现。市国资委领导、各目标管理责任处室和监事会分别进行综合评议。根据综合评分情况，对郑州银行等12家2014年度目标管理先进单位进行表彰，并明确2015年度目标管理责任。

【市管企业负责人经营业绩考核】 依据经审计的年度财务决算数据，对29家市管企业经营业绩完成情况进行分类考核，确定考核等级。其中，A级2家，B级15家，C级6家，D级4家，E级2家。在考核确认的基础上，确定2015年度经营业绩考核目标值。要求企业预报的目标值原则上不低于前三年考核指标实际完成值的平均值或者好于上一年度，并与郑州市经济发展速度相适应；对企业上报的预报目标值，整理分类汇总审核，并与企业进行充分沟通，以目标管理责任书的形式确定2015年度考核目标值。

【市管企业财务动态监测】 市国资委将各县（市）区国有企业纳入财务动态监测范围，扩大了监测范围。重新印发符合新企业会计准则要求的报表格式，进一步明确财务快报的编报范围和级次，统一合并口径和汇总方法。充分挖掘财务数据信息价值，增加分析内容，提高分析深度，结合《全市“三查三保”活动实施方案》的要求，及时掌握和分析市管企业生产经营状况和财务状况，反映经营中存在的问题。

【市属政府投融资公司建设】 依据2015年政府投资计划和重点项目建设情况，按照市政府要求，市国资委下达8家市属政府投融资公司2015年度融资目标208亿元，投资目标156.7亿元。推动各投融资公司开展融资业务，2015年共实现融资317亿元。完成《关于我市推广运用政府和社会资本合作模式的调查研究》的调研课题，会同市发改委、财政局建立PPP项目库，项目库共64个项目，涉及轨道交通、城市供水、污水和垃圾处理等行业，总投资2222亿元。

（陈云仲）

【完善国有资本经营预算制度】 市国资委组织市管企业上缴国有资本收益，实现2015年度收益上缴入库24275.44万元，较上年度增加16837.44万元，增长226.4%；编报完成2016年度国有资本经营预算建议草案。

【指导国企工资分配】 市国资委完成对地方国有企业薪酬状况摸底调查工作，涉及全市国有独资及控股企业211户、在岗职工47036名、企业负责人426名。调查结果显示，2011-2014年在岗职工平均工资水平逐年递增，年均增长率为15.52%。

【规范国企负责人薪酬管理】 市国资委完成对年薪制企业负责人2014年度年薪审算工作；参与起草《郑州市市管企业负责人薪酬改革实施意见（草案）》，并对企业薪酬系数测算相关的36个数据指标进行调查统计。

【健全职工福利保障】 市国资委完成对2015年度市管企业及其所属工程项目的承建单位农民工用工及工资支付情况的调查统计；指导企业建立年金制度，建立企业年金受托人信息资料数据库，全市3家市管企业建立年金制度，参加企业年金计划共计4668人。

【政府专项工作】 市国资委完成对2015年度7个企业主管部门、25户市属国有困难企业的事项审核报批和资金发放工作，6559名困难职工享受到政府财政“双节”补助金435万元；完成对2015年度市属部分国有、集体困难企业退休人员专项补贴的受理审核报批工作，市属国有、集体困难企业的85173名退休职工，享受到财政借款补贴5110.38万元；完成2013、2014年度郑州市国有企业职教幼教退休教师生活补贴发放工作，补贴金额共计1207.09万元，完成2011-2014年度职教幼教资金清算及2015年度补贴预算的审核测算上报工作，清算2015年预算资金共计2956万元；完成对2015年度市属国有破产（困难）企业退休人员基本医保统筹的联合审核工作，141户市属国有破产（困难）企业、9家经办机构共计47962名退休人员享受到财政借款补贴医保费共计18211.2万元；完成对2016年度市属困难企业离休干部医疗保障的审核工作，127户困难企业的833名离休干部享受到财政补贴医保费共计941.6万元。

（张晟）

【文化体制改革协调推进】 根据《郑州市深化文化体制改革实施方案》和郑州市文化体制改革专项小组关于分解落实有关任务要求，3月，市国资委成立

7月6日，市长马懿视察地铁2号线工程

深化文化体制改革领导小组，印发《市国资委深化文化体制改革工作方案》，对国资委作为责任单位的改革工作进行全面部署。细化改革任务，制定工作目标，明确完成时限，并严格按照有关要求每月向市文改办报送工作台账和进展情况。

【行政事业单位国有资产处置】 市国资委配合市委宣传部、市文广新局做好东区新闻大厦资产处置的前期准备工作；对建委培训中心的资产提出处置建议；按照市政府有关会议精神，做好深圳平乐骨伤科医院转企改制相关工作，医院的清产核资、审计评估工作已展开，待市政府明确改制方向后，将严格按照国有资产处置程序规范进行；对郑州商贸技工学院和郑州市技师学校整合工作提出意见建议，按照市政府要求做好合并后新学校的国有资产登记工作；根据市政府明电要求，对《郑州市公共资源交易平台建设实施方案》有关内容提出修改意见，下一步将按照方案中市国资委的职责分工做好拟划入单位的资产清查工作；做好郑州中原网络传媒有限公司增资扩股的相关工作；严格按照程序对郑州市郑房测绘队、郑州市房地产交易中心、郑州市房地产抵押服务中心、郑州市规划勘测设计院、市政工程管理处以及郑州市报业集团等有关单位固定资产进行报废处置。

（赵　雷）

【产权管理】 一是对46户一级企业（含委属企业3户）、142户二级企业、18户三级企业及1户四级企业共计207户企业进行产权信息统计分析工作。截至2014年年底，46户一级企业合计注册资本202.61亿元，实收资本189.93亿元，其中国家资本148.43亿元，国有资本29.68亿元；161户下属企业合计实收资本227.01亿元，其中国有资本54.9亿元。二是规范组织国有资产评估备案工作。2015年共组织国有资产评估项目31个，评估总额20860.61万元，并对评估结果予以备案。三是完成郑州投资控股有限公司资产转让以及郑州旭飞光电科技有限公司国有股权转让等事项共7项，进场交易率达100%。

（安　培　辛靖杰）

【探索深化国有企业改革】 市国资委拟订《关于进一步深化全市国有企业改革的意见》，方案经市政府常务会议、市委常务会议研究通过，待正式印发后实施。对省《政府工作报告》和市《政府工作报告》中涉及深化国有企业改革的重点工作进行细化和分解，强化对列入任务目标工作的督促落实，协调推进。

（陈国平）

【企业改制重组】 一是金阳电气与中航工业集团战略重组，金阳电气重组搬迁工作取得阶段进展。郑州控股公司持有的金阳电气100%国有股权无偿划转给中航机电系统有限公司获批复同意。该项目完成在荥阳市重新选址和征地工作。二是白鸽磨料磨具与国机集团战略重组，白鸽磨料磨具公司迁建荥阳新材料工业园项目得到协调推进。白鸽磨料磨具有限公司、白鸽集团有限责任公司正式签订搬迁协议；河南国创文化发展有限公司完成收购中国华融资产管理股份有限公司所持白鸽集团32.54%的股权，华山路78号院房产、土地过户及规划等工作积极推进；经郑州市政府协调，白鸽集团迁建荥阳项目中有关土地征用、项目建设，同意暂时搬迁至荥阳五龙电厂原厂区，为实现两家白鸽公司同步搬迁创造条件。三是按照市政府要求，市国资委推进中原制药厂与省投资集团战略重组工作。设在市国资委的市政府推进中原制药厂重组工作领导小组办公室召集相关单位进行工作对接，明确工作路径。完成中原制药厂清产核资工作，摸清了企业的资产和债务情况，重组工作进入到协议签订谈判阶段。四是市国资委就郑州欧丽电子（集团）股份有限公司国有股权退出工作与大股东华融资产管理公司进行多次沟通后达成一致意见，确定了寻找企业战略投资者、实现国有股权合规有序退出、对职工进行妥善安置的重组改制思路。市企改办已批复同意该厂改制预案立项。

（陈国平　安　培）

举办“国资监管大家谈”讲坛

【现代企业制度加快建立】 市国资委协调指导郑州热力总公司完成对历史遗留问题的整理汇总，热力总公司启动公司制改制程序。推进郑州第二面粉厂公司制改制工作。批复同意郑州国有闲置资产调剂中心建立现代企业制度方案，进行公司制改制。新公司完成工商登记注册。

（陈国平）

【旭飞光电国有股权退出】 郑州旭飞光电科技有限公司液晶玻璃基板项目的引进和生产，实现了政府注入引导资金进行扶持的初衷。为适时进行国有股权的有序退出，提升国有资本的利用效率，郑州投资控股有限公司公开进场转让所持旭飞光电27.88%的国有股权，东旭光电科技股份有限公司以5.26亿元的价格受让，增值6.5%。

（安　培）

【公用事业企业资产整合】 一是根据市政府对公用事业资产整合工作的安排部署以及监管部门要求，完成省国资委对公用事业资产整合方案预审核批复的工作。此次资产整合涉及3项交易事项：（1）热力公司以2.8亿元收购中原环保西区热力资产。（2）中原环保以2.1亿元收购郑东水务100%国有股权。（3）中原环保定向增发股份购买净化公司污水处理资产32亿元，并配套募集资金11.4亿元。二是将整合涉及事项报经市政府批准，并对涉及的资产评估事项进行专家评审，完成资产评估项目核准工作。三是将公用集团出资人变更为市国资委，按照《上市公司收购管理办法》规定，其出资人变更涉及市国资委间接收购上市公司国有股权，按规定需聘请独立财务顾问上报豁免要约申请，此项工作正在进行。四是按照市政府会议纪要精神，对2006年中原环保资产重组、股权分置改革时形成的历史遗留问题提出解决意见并上报市政府。

【郑州银行H股上市】 按照市政府、金融办等部门的相关要求，市国资委推进郑州银行H股上市前准备工作，协助郑州银行对其法人股东性质进行梳理核查，协调郑州投资控股有限公司减持郑州银行国有股权；配合市金融办，参与郑州银行历次股东变更确认工作；根据市政府文件精神，批复同意中原环保及公用事业集团认购郑州银行H股股份；对郑州银行股东变化情况及时进行产权变更登记。12月23日，郑州银行在香港联合交易所主板成功上市（股票代码为6196.HK），共发售H股13.2亿股（不含超额配售部分），募集资金约50亿港元。

【粮食系统资源整合】 按照市政府组建粮油集团的相关要求，市国资委配合开展粮食系统资源整合工作，将郑州市粮食系统下属的5家国有企业和1家事业单位的产权无偿划入郑州粮油集团，先行进行报表合并；配合完成粮油集团收购昶晟担保公司51%股权工作。

（辛靖杰）

【企业改制遗留问题协调解决】 市国资委对郑州市2000年以来的国有企业改革重组情况进行统计汇总；组织召开企改办主任办公会，研究同意郑州欧丽电子（集团）股份有限公司、郑州华山实业有限公司等8家企业的改制立项、土地出让金返还、资产移交管理等相关问题；针对办理审核事项中遇到的国有划拨土地与破产企业财产一并处置所产生的溢价收入分配问题，与市国土局会商确定溢价部分归属土地出让收益的一般性原则；会同市国土、房管、规划、财政等部门，审核办理郑州化工设备厂、郑州纸袋厂、郑州市色织三厂等改制企业涉及的后续资产过户事项的审核办理；协调解决9家国有企业改制中涉及的职工安置费专项审计、企业退休职工医疗保险、改制企业金融债务等相关事宜；为央企、省属及外地驻郑改制企业土地资产过户、返还土地出让金等事项进行审核上报。

【驻郑央企“三供一业”分离移交】 市国资委摸底排查汇总上报12家驻郑央企“三供一业”分离移交情况调查表，涉及拟分离移交住户1.5万户，预计改造费用2.28亿元。组织驻郑部分央企与供电、热力、自来水等接收单位进行工作对接。

（陈国平）

【监事会规划发展纲要制订】 2015年，在市国资委统一协调安排下，5个国有企业监事会以改革创新的思维谋划监事会工作发展布局，结合对口企业监管特点，明晰工作发展思路，确立2015年、2015年至2017年、2015年至2019年工作发展目标，分析和研究实现目标的差距和原因，并提出一年工作安排、三年行动计划、五年发展纲要的改进措施。梳理和汇总各监事会制订的发展目标，拟订《郑州市国有监事会“531”规划发展纲要》。

【监事会“两个示范点”建设】 根据

开展“三严三实”专题教育活动

《郑州市国有企业监事会“531”规划纲要》，2015年，第一至第五国有企业监事会分别确定在郑州市轨道交通有限公司、郑州投资控股有限公司、郑州交通运输集团投资有限公司、郑州城建集团投资有限公司、郑州污水净化有限公司等5家企业进行“两个示范建设”试点工作，即国有企业监事会日常监督示范点和企业监事会建设示范点工作。试点企业结合自身行业特点组织制订工作方案和任务推进表，坚持《工作日志》制度，每月组织召开示范点进展情况交流会。在日常监督示范建设中，主要突出对公司财务、重大事项和董事会、经理层、公司监事会运作等方面进行规范，并分别就每项工作职责权限、工作程序和方法、重点关注内容列出具体事项清单；在企业内部监事会示范建设中，主要突出企业内部监事会组织架构、人员定岗定位、建立健全相关制度机制，完善日常工作运作内容、程序和方法等方面进行规范。

根据工作进度，2015年分别在郑州投资控股有限公司、郑州交通运输集团投资有限公司、郑州市轨道交通有限公司及郑州污水净化有限公司4家企业召开现场观摩会。通过监事会试点工作现场观摩会，汇总试点企业成绩，总结经验，发现不足，更好地指导工作的开展。

【企业日常监督】 2015年，各监事会坚持以开展日常监督示范点为基础，以《郑州市国有企业监事会日常监督工作指引（讨论稿）》为指导，以建立和完善企业内控制度为抓手，不断强化对市管企业日常监督工作。一是突出对企业财务状况的动态监督。通过对企业会计报表进行定期分析，动态掌握企业会计报表重要项目变动及重大异常变化，发现监督检查线索，提示企业风险。二是突出对企业重大决策事项的监督。通过列席企业的董事会、领导班子会、总经理办公会、年度工作会及财务工作会等重要会议，及时掌握各企业年度经营方针、工作计划和重大决定。三是突出对企业投资、改革改制、重大资金使用、法律诉讼等重大事项的过程监督。及时掌握情况，发现存在的重大问题，及时向国资委领导报告，全年共完成监事会专报5篇。

【企业年度监督检查】 2015年，各监事会结合分管企业实际，分别对郑州市轨道交通有限公司、郑州投资控股有限公司、郑州交通运输集团投资有限公司、郑州市水务建设投资有限公司、郑州污水净化有限公司等5家企业开展年度监督检查工作。一是充分做好年度检查的准备工作。紧紧围绕集中检查工作目标，组织企业填报企业基础材料，深入企业开展年度检查的预备性调研，确定检查重点，制订《监事会年度检查工作方案》。二是深入企业开展现场检查。各监事会在现场检查中把握关键环节，突出重点，注重工作实效，通过听取汇报、实地察看、调阅文件、召开座谈会、个别谈话，以及采用监盘、观察、查询、函证、分析计算等方法对财务会计资料和企业经营管理活动进行检查，验证企业财务报告的真实性、合法性、完整性，客观分析企业持续发展能力和潜在风险，检查企业对外投资、筹资、担保以及重大支出和法律诉讼等重大事项的决策程序、实施程序以及产生的效益和存在的风险。通过现场检查，全面了解企业情况，掌握企业存在的问题。三是撰写监督检查报告。对检查情况进行归纳整理，揭示企业存在的问题，提出意见和建议。

【《郑州市国有企业监事会日常监督工作指引》修订】 市国有企业监事会借鉴先进地市经验，结合郑州市实际，修

市国资委领导调研二砂文创广场项目

订完善《郑州市国有企业监事会日常监督工作指引（讨论稿）》《指引》分总则、监督企业财务、监督企业内部控制、监督企业重大事项、监督董事会运作、监督领导班子和负责人、列席企业会议、沟通协调机制、报告制度、监督成果的运用等十章及九个附件，进一步完善监事会工作制度，规范工作内容，统一工作流程，提高工作执行力，为监事会建设提供必要的制度保证。

【监事会工作调查研究】 2015年，市国资委向郑州市社科联申报调研课题《关于市管国有企业监事会建设的思考》。通过学习相关政策法规、查找文件资料，进行纵向，横向比较，多次深入企业走访调研，完成调研报告并报送郑州市社科联。

调研报告回顾了郑州市国有企业监事会从无到有的发展历程及发展现状，明确了国有企业监事会的法律地位和作用，指出了监事会存在的问题及原因分析，重点从创新监事会设立方式、完善监事会工作制度和沟通机制、探索监事会工作重点、转变监督检查方式、提高监督检查队伍建设等方面提出解决问题的思考。

（卢　伟）

【法制建设】 一是开展国资系统“六五”普法宣传：拟订《2015年度机关领导干部学法计划》，在委机关开展“我读宪法”活动，组织全体人员参加学法用法无纸化考试。深入市管企业调查，推选热力公司作为郑州市“法律进企业”试点单位，完成对“六五”普法依法治理工作的检查验收。二是坚持依法治企。拟订起草《郑州市国资系统2015年普法依法治理工作要点》《郑州市市管企业章程管理暂行办法》，整理新《环境保护法》以及防范和打击非法集资宣传资料，征集市国资委“十三五立法计划”，准备2016年立法项目申报的相关工作。指导市管企业进一步完善规章制度，建立健全法制机构，严格落实法律意见书和涉讼案件备案制度，增强企业法制意识。

（张　珂）

【机构编制管理】 市国资委根据全市机构改革方案，拟订国资委新“三定”方案初稿，确保新“三定”方案顺利出台。做好机构编制实名制管理，核对编制管理系统数据，及时为调入调出人员办理增减编手续，更新完善编制台账。对机关及产权市场超职数配备和“吃空饷”问题开展自查，并向有关部门报送工作情况。

【人员档案管理】 严格把好档案管理关，规范档案的查阅、借阅手续，全年整理规范个人档案10余份，移送科级以上干部档案材料10份，档案管理接收规范，转递合格。按照中组部要求，对机关科级以下76名公务员档案进行审核，重点核对相关重要信息，对有出入的重新予以认定，对缺项漏项进行补充完善，对收集的零散材料进行整理归档。

【企业干部管理】 严格按照规定程序办理出国（境）审批手续。完成2015年度出国（境）培训项目计划申报工作。收缴企业市管干部个人因私出国（境）证件报组织部管理22本，办理因公、因私、撤销特殊人员信息报备等手续8次。参与2014年度市管企业领导班子及领导人员年度考核。对8家投融资公司纪委书记职位进行调整充实。

（张　怡）

【国有企业党建工作】 2015年，市国资系统认真学习贯彻党的十八大暨十八届三中、四中、五中全会精神和习近平总书记系列重要讲话精神，扎实开展“三严三实”专题教育，深入开展基层服务型党组织建设，加强宣传思想工作，拓展企业文化建设成果，履行党委主体责任，强化纪委监督检查，务实重做，大胆实践，努力提升国企党建科学化水平，为加强国企党组织建设、凝聚国企党员干部职工合力、促进国资国企改革发展提供坚强有力的思想支撑和组织保证。

一是精心组织，扎实开展“三严三实”专题教育实践活动；二是强化书记抓党建责任，认真落实党建工作责任制，健全“坚持依靠群众推进工作落实”长效机制，认真落实党组织书记抓党建职责；三是整体推进，深入开展基层服务型党组织建设；四是唱响主旋律，加强和改进国企宣传思想工作；五是站位提升，巩固和拓展国企文化建设成果；六是务实重做，深入实施国企党建“六大工程”。各国有企业党组织集中培训党员689场次，发展新党员239人，组织党建大型活动177场次，新成立和调整党组织62个，帮扶困难党员职工1119人，办实事好事8339件。集中组织企业文化建设活动205场次。接受监督、查摆问题210项，整改问题181项，制订整改措施231项。获市级表彰先进单位39个、先进个人99人，获省部级以上表彰先进单位23个、先进个人16人。巩固和创建区级文明单位4个、市级文明单位6个、省级文明单位16个。市级以上新闻媒体报道3008篇次。

（杨德波）

【“两个责任”落实】 2015年，市国资系统贯彻落实党风廉政建设党委主体责任和纪委监督责任。制订党委主要负责人主体责任清单，使主体责任具体化、明晰化。年初，市国资委党委书记、主任与领导班子成员签订党风廉政建设责任书；领导班子成员与各分管处室签订党风廉政建设责任书。在落实党委主体责任的同时，落实好纪委的监督责任。一是制订监督责任清单。二是大力加强对所监管企业的党风廉政建设的监督检查。三是受市纪委、组织部的委托，市国资委对市管8家投融资企业拟任纪委书记履行考察程序；对市管企业两名纪委副书记（企业中层）进行考察任命。

【违规违纪案件查办】 紧紧围绕落实中央八项规定精神、省委若干意见和市委二十条规定，加大执纪检查力度。对上级督导组在暗访中发现的公交总公司驾驶员培训中心公款吃喝问题进行调查。对群众反映的两起公款吃喝问题进行调查，并追究有关领导的责任。对委机关中层干部轮岗交流进行全过程监督；对市管企业招标进行监督。加大对群众反映的企业违规违纪问题的调查力度，查处两起招标投诉案件；初步核查中原制药厂、建投集团等十多起违规违纪线索，其中两起经初步调查后移交市纪委深入查办。

【平安国资创建】 市国资系统坚持把企业发展、平安国资创建与平安郑州创建相结合。持续开展“平安企业”“平安工地”“平安班组”“平安车厢”创建活动，充分调动每个单元细胞履职尽责，积小安为大安，由小和谐创大和谐。完善机制，夯实基层基础。主要依托企业综治工作站和网格化管理平台，将平安建设创建任务明确具体到部门、人员、时间、措施，严格奖惩，进一步激发干部职工持续参与平安创建的积极性、主动性。把握舆论导向，营造浓厚氛围。充分运用传统媒体和新兴媒介，占领宣传阵地，大力宣传平安河南、平安郑州建设，有效提升平安建设知晓率和参与度。动员国资系统干部职工参与平安志愿者活动，发挥群防群治的骨干作用；深入社区开展以法律咨询、医疗诊治、家电维修、绿城通充值、供水、供热服务为主要内容的便民利民服务，努力塑造为基层、为群众服务的良好社会形象。

【信访稳定】 贯彻落实国家、省、市信访稳定会议精神，以“三查三保”活动开展为契机，坚持以群众工作为统揽，坚持关口前移，源头预防，持续开展领导干部大接访，扎实开展矛盾纠纷大排查、大接访、大化解和人民建议征集，开展社会稳定风险评估，推广运用网上信访信息处理系统，进一步畅通信访渠道，加强信访干部教育培训，提升能力素质，全力化解信访积案，最大限度地减少赴京、到省、市集体上访和非正常上访。全年深入企业走访13次，化解矛盾100余起，接待来访群众94起471人次，收到上级转办的信访案件83件，均按有关办理程序转办、督办和回复，按期办结率100%；多次协助有关部门到省委、省政府、省信访局、市委、市政府处理突发事件。

【安全生产管理】 坚持“安全第一、预防为主、综合治理”的方针，贯彻落实国家、省、市安全生产文件要求和电视电话会议精神，深入学习贯彻习近平总书记关于安全生产重要论述，履行“三管三必须”职责，开展“查尽责、除隐患、保安全”活动，督促企业落实主体责任，深入企业重点部位、重要场所开展安全生产大检查和专项整治行动，建立安全生产大检查落实机制；突出“加强安全法治保障安全生产”宣传主题，组织企业制作安全生产月宣传方案和标语，踊跃参加绿城广场咨询日活动，现场发放资料5000余份；组织国资系统3000余人参加第七届“安全河南杯”安全生产知识竞赛；紧扣“加强安全法治、建设安全郑州”主题，扎实开展新《安全生产法》实施一周年“主题宣传月”活动，通过提升安全素养，强化依法治安，巩固基层基础，狠抓责任落实，进一步推动企业安全文化建设，进一步提升干部职工的安全生产意识，努力营造人人关注安全、关爱生命的浓厚氛围。

（吴克奇）

【志愿者服务活动】 组织机关人员参加清洁家园、文明交通、党员进社区等志愿服务活动，举办文明礼仪讲座和道德讲堂，宣传道德模范事迹，倡导文明新风，弘扬传统文化。广泛开展丰富多彩的文体活动，扎实推进省级单位文明创建工作。

（杨占波）

【定点扶贫和送温暖活动】 结合扶贫工作方案，对荥阳市刘河镇石庄村225户贫困户实施定点扶贫。对106名困难群众给予每户500元的帮扶。结对帮扶荥阳市架子沟村，投入资金4万元，制作道德文化墙、购置道德讲堂桌椅，促进架子沟村精神文明建设。

（孙军青）

【老干部工作】 加强离退休干部思想政治建设和党组织建设。组织元旦春节慰问、体检等活动，完成离退休干部第二次团购房分配工作。开展门球比赛、摄影、运动会文体活动，丰富老干部的精神文化生活。

（王小菊）

食品药品监督管理

【概况】 截至2015年年底，郑州市食品药品监督管理局辖区有食品生产企业862家，食品添加剂生产企业86家，备案食品生产加工小作坊217家；食品经营企业55059家；餐饮服务单位22261家；药品生产企业42家，药品零售企业2995家，连锁总部46家；医疗器械生产企业235家，医疗器械经营企业2917家；保健食品生产企业43家，化妆品生产企业30家，保健食品、化妆品经营企业2426家，化妆品使用单位2236家。

2015年，郑州市食品药品监管工作以确保全市人民群众饮食用药安全为目标，深入推进食品药品监管体制改革，坚持问题导向，着力推进保障体系建设，着力探索创新治理方式，着力推动社会协同共治，着力化解各类风险隐患，守住不发生重大食品药品安全事故的底线，全市食品药品安全形势稳定。

【机构改革】 深化机构改革，整合职能。2015年，郑州市食品药品监督管理局将推进机构改革，建立科学完善的全过程、全覆盖监管体系作为工作的重点。9月2日，市食品药品监督管理部门接收工商、质监94名人员和食品监管职能。印发市局“三定”方案、直属机构职能调整文件，食品药品检验所升格为副县（处）级单位，重新任命正科级干部31名，保留3个直属派出机构，在县、区级设立监督所186个，向12个县（市）区移交279名监管人员，监管重心进一步下沉。

【食品生产监管】 2015年，市食品药品监督管理局共受理287家企业食品生产许可证申请，发放食品生产许可证231家企业301张，行政不予许可20家企业22种产品。开展各类食品生产安全专项整治16项（次），抽检66家小作坊生产的79批次样品，不合格样品7批次，排查食品安全隐患426个。组织召开月饼、调味面制品、豆制品等行业食品安全集中约谈会议17次，约谈企业168家（次），下达责令整改通知书105份，注销128家企业143张证书，公开发布涉及17家违法生产

局长周铭带队检查“上合”会议接待酒店后厨

者的食品安全黑名单2期。印发《郑州市食品生产加工领域后处理和核查处置工作规范（试行）》，与郑州市公安局联合发布《食品守法生产加工告知书》，制作展板510套。举办食品添加剂、桶装水、坚果炒货等行业培训班15期，培训从业人员1620余人次。

【食品经营监管】 市食品药品监督管理部门实行重点约谈，强化主体责任，召集46家大型商场超市法人或负责人进行集体约谈。创新手段，构建信息交流平台，建立郑州市食品流通监管、大型商场超市、食品批发市场及食品行业协会等3个交流群。加强流通环节抽检，抽检月饼、调味料、酒类产品等重点商品共计257批次。开展专项整治，检查经营者3万户次，检查批发市场、集贸市场298个次，下达责令改正通知书1723份，行政约谈386户。

执法人员在高考前检查学校食堂食品安全

【餐饮服务环节监管】 市食品药品监督管理部门做好行政许可事项办理，核发《餐饮服务许可证》7572家，开展"明厨亮灶"活动，1621家达到标准，量化评定餐饮单位18541家，量化率100%。开展餐饮服务食品安全专项整治与检查18次，抽检3642批次，快速检测样品6750多份，检查餐饮单位35259家（次），下达《监督意见书》4750份，责令整改2039家。完成重大活动餐饮服务食品安全保障60多起，保障人数近35万人。圆满完成上合会议餐饮保障，受到市委、市政府表彰，3人获先进个人，1人记二等功。举办餐饮服务食品安全培训班216期，培训从业人员31200人，培训协管员、信息员1307人、农村厨师912名。开展了食品安全"六进"活动及食品安全周活动。

【药品化妆品生产监管】 市食品药品监督管理部门推动实施2015版《中国药典》，核查药品批准文号374个，换发42家《药品生产许可证》和17家《医疗机构制剂许可证》，140个制剂品种进行再注册上报。以新版GMP标准检查，7家生产企业通过认证。建立药品质量风险研判、质量风险告诫约谈和"红黑名单"三项制度；开展中药材中药饮片生产经营活动等5项专项检查治理；完成生产环节基本药物抽样322批次、化妆品监督抽样210批次等7项抽验检验工作；基本药物抽样、药品电子监管、药品化妆品生产企业监督检查、药品生产企业变更备案、非特殊用途化妆品网上备案、申请GMP认证通过、跟踪检查缺陷项的整改核查、监管档案健全等9项完成率100%，完成药品化妆品生产环节质量安全的中心目标。

【药品化妆品流通监管】 市食品药品监督管理部门开展药品流通领域专项整治，对全市78家药品批发企业检查245家次，对2725家药品零售企业检查5483家次，对86家县及县以上医疗机构检查183家次，下发责令整改通知书538家次。把全市具有疫苗经营范围的13家企业作为重点企业，把含麻黄碱复方制剂、含可待因口服溶液经营作为重点环节，加大对高风险药品的监管。推进78家药品批发企业和2703家药品零售企业纳入电子监管网，全年处理预警信息13万多条，完成流通环节基本药物抽验220批，2662家经营企业通过GSP认证。

【医疗器械监管】 全年完成235家医疗器械生产企业分类分级管理，办理第一类医疗器械生产备案、产品备案、第二类医疗器械经营备案1501家次；开展医疗器械"五整治"专项行动"回头看"等8个专项整治行动，责令整改331家次，集中谈话12家，约谈2家，检查整顿23家生产企业；协助举办国家"体外诊断试剂生产企业开放日"活动；完成54批次医疗器械产品质量抽验，以质量分析会等形式组织监管人员、从业人员培训10期，培训人员798人次。

【不良反应监测】 2015年，市食品药品监督管理局编印《郑州ADR/MDR监测》通讯3期，完成MDR重点监测工作。审核提交ADR报告6488份，审核提交MDR报告793份，收集上报药物滥用报告686份、化妆品不良反应监测报告410份，药品不良反应、医疗器械不良事件、药物滥用、化妆品不良反应报告数量平稳。新的一般报告1510份，占比23.27%，新的和严重报告占报告总数的比例为28.11%（省中心目标为25%）；其中医疗机构报告数6072份，占报告总数比例为93.59%（省中心目标为不低于80%），各项指标好于上年同期。组织对基层监测员集中培训6次，参训单位约1000个，参训人员1300余人；组织举办2015年"两品一械"安全监测技术大比武活动。

【违法案件查办】 按照"小案独立、大案协作、信息互通、资源共享"的大稽查执法模式，市食品药品监督管理部门畅通投诉举报渠道，完善转办、交办、协查机制，组建市局投诉举报中心，共办理案件1052件，结案1024件，移交司法机关11件，刑拘23人，累计罚没金额517万元。市本级受理举报投诉1938件，立案173件，转办、交办协查件1380件，办结1211件，办理的"某销售部经营无证器械案"案卷，被评为郑州市年度十大优秀行政执法案卷。

【检验检测能力建设】 市食品药品监督管理部门争取财政支持，开展大宗食品抽验。2015年公开招标8家社会检测机构，抽样12期2万批次，大宗食品抽检工作成绩突出，获市政府表彰，《中国医药报》头版头条报道郑州市食品药品监督管理局创新做法。药检所不断提升检测能力，检验所3500平方米办公、实验室新址改造基本到位，完成设备安装。经省资质评审组认定，食品、药品、化妆品的检验参数达到1287个，位居全省各地市之首。2015年检验基本药物365批次，首次开展化妆品检验210批次，任务完成量居全省之首。

【行政审批改革】 按照"五单一网"和"两集中、两到位"的要求，市食品药品监督管理部门将分散在7个处室的8个审批项目，缩减为6个，并集中到一个部门办理。明确"权责清单"241项、"收费清单"1项，梳理优化审批流程事项14项，缩短审批时限，方便群众办事。全年共受理审批事项4848件，按时办结率100%，接待来人、来电咨询1.6万人次，实行朝九晚五、延时服务及双休日预约服务，为群众办好事、办实事。《中国医药报》以《“减”出来的加速度》报道郑州市食品药品监督管理局审批改革的做法。

【应急综合能力建设】 市食品药品监督管理部门按照属地管理、分级负责、依法规范、科学处置的原则，建立快速反应、协同对应的突发事件应急机制，处置“黑馒头”“五毛食品”等舆情事件16件。组织全市三级应急演练，参加市政府主办的应急知识竞赛，获二等奖。

【依法行政】 市食品药品监督管理部门建立健全重大决策听证、论证制度，完善许可程序、时限、责任追究等各项规定，实行政务公开，按时信息报备。依法应对行政复议、行政诉讼，全年办理25起复议诉讼案件。接受人大、政协监督，办理人大建议和政协提案29件，办结率、满意率100%。市食品药品监督管理局连续多年被评为郑州市依法行政先进单位。

（廖真强）

2月15日，省长谢伏瞻深入经八路农贸市场视察春节前市场供应情况

市场发展工作

【概况】 2015年，市市场发展局按照“主动适应新常态、积极作为新常态”的工作要求，紧紧围绕市委、市政府提出的“建设国家商贸中心，打造国际商都”的战略目标，顺势而为，乘势而上，抢抓“国际商都”建设机遇，充分整合现有资源，积极发挥云平台信息服务作用，不断完善现代化市场体系建设，开创市场发展新格局。

【中心城区市场外迁】 2015年，郑州市完成外迁市场58家。2013-2015年，共外迁转型提升批发类市场180家，规划布局的12家市场承接地项目，全部开工建设，开建面积1177万平方米；11个承接地项目局部建成并达到承接标准，建成面积758万平方米；7个承接地项目开业，营业面积278万平方米，入驻商户约3万家。全市承接地项目投资额达438亿元，安排就业10万余人，完成市委、市政府下达的任务。通过实施中心城区市场外迁，整合资源，提升业态，集聚发展，推动市场产业升级，优化产业布局。一是腾笼换鸟，城区土地资源得到高效利用。二是解决城市拥堵顽疾，市区部分路段交通得到缓解。三是改善民生，部分市场外迁后在原址上建设公共服务设施。四是形成郑州模式，中央主流媒体进行宣传报道，在全国引起关注。

【智慧市场建设】 在市场集聚效应初步彰显的基础上，以应用现代经营理念和云平台信息技术改造传统批发市场为突破口，将“互联网+”引入商品交易批发市场领域，结合“智慧城市”建设，搭建郑州市“智慧市场”管理服务平台，以“智慧市场”建设促进批发市场转型升级和“三力”市场集聚区建设。百荣世贸商城“智慧市场”建设完成投资1990万元，有线网络、光纤入户、无线WiFi实现全覆盖，百荣e通手机APP上线运营；华南城与腾讯公司合作，打造电子商务产业园；元通“智慧商城”部分功能上线运营。

召开市场外迁观摩推进会

【市场管理与发展】 2015年，市市场发展局坚持以“城市精细化管理”为抓手，全面推进商品交易市场规范化管理和转型提升发展。一是借力而为，与市公安局、市工商局、市文明办、市质监局等单位联合下发关于消防安全、文明经营、电子计价秤专项整治、农贸市场计量器具管理等方面的规范性文件，解决市场管理手段缺失的突出问题。二是狠抓落实，针对承担的市场整治工作，通过成立组织、完善方案、加强督导等措施，在相关局委的配合下通过上级部门验收，实现专项整治新突破。三是对症下药，集中开展集贸市场和居民楼院整治提升两项工作，排查市场管理中存在的薄弱环节，找准问题存在的原因，建立问题台账，制订专项解决方案，解决日常管理中存在的突出问题，实现整治提升新突破。

【市场发展投资公司工作】 市市场发展投资公司充分发挥“三位一体”（政府、企业、协会）效益，破解发展难题、厚植发展优势，更好地发展市场配套业务，积极拓宽融资渠道，做实做大市场主业。一是创新融合，转变思路，建成郑州市首个标准化星级智慧农贸市场。二是紧扣重点，助力外迁，打造国际化、现代化的水产品外迁承接地。三是提升认识，促进转型，投建全国唯一一家绿色建材商贸城。四是整合资源，实现共赢，打造郑州市最重要的市场建设投融资平台。五是强化交流，提升形象，与市场协会强强联合，服务全市市场，通过举办市场论坛、文艺体育、扶贫助困等活动强化交流对接。市市场发展投资公司总体投融资能力已达30亿元，为郑州市现有市场升级改造和新市场项目开发提供资金保障。

（周春雅）

统计工作

【概况】 2015年，全市统计系统常规统计调查工作高质量开展。全市统计部门严格执行国家和省统计报表制度，推进国民经济各行业、各领域40多项常规统计调查，完成季度、年度GDP核算任务，真实客观地反映全市经济社会发展状况和趋势。开展信息化和电子商务、房地产新政实施情况、小康社会完成情况、健康服务业、企业创新、境外来中国大陆专家统计等20多项专项调查以及重大政策落实情况调查，获得大量的统计数据信息，为各级党委、政府科学决策，谋划经济社会发展提供准确依据。

2015年，市统计局先后获得全国文明城市创建工作集体三等功、全国文明城市届满重创工作红旗单位等20余项先进集体荣誉。绝大多数专项工作被省统计局评为优秀。

【人口抽样调查】 2015年，全国1%与全省3%人口与城镇化调查融合开展，1%人口抽样调查任务圆满完成。各级政府下发通知，组建机构，制订方案，落实责任，为开展调查提供保障。全市统计部门完成村级样本整理和抽取、调查试点、宣传动员、调查员选调、业务培训等工作，首次采用手持电子终端和联网直报完成入户调查和数据收集整理工作。国家局先后两次到郑州市拍摄录取相关资料，省统计局局长胡五岳到郑州市统计局调研，肯定郑州市人口抽样工作的经验做法。

【农业普查】 2015年是第三次全国农业普查准备年，河南省作为全国6个试点省份之一，在新郑市新村镇云湾村进行方案试点，较好地完成试点方案前期调研工作。市经济社会调查队对试点方案制订、调查表测试、PDA程序试用等方面的经验进行总结，为国家开展相关工作提出意见和建议，得到省统计局的充分肯定。各级政府相继印发做好第三次全国农业普查的通知，迅速组建普查机构，及时编制资金预算和物资规划，为高质量开展第三次全国农业普查做好准备。

【名录库建设】 2015年，郑州市在贯彻落实省政府第五次全体会议精神时，将统计入库工作列为2016年五项重点工作之一。常务副市长孙金献多次作出指示，并专题听取统计入库工作汇报，3月，全市“四上”单位依法统计工作座谈会召开，要求全市“上下联动抓好统计入库”管理工作。截至年底，全市“四上”单位共入库1181家，是2015年下达工作任务433家的2.7倍。

【统计服务】 全市统计部门着力强化经济运行监测分析，用专业的统计数据解读经济、判断形势、预测走势，有效履行统计信息、咨询和监督职能。2015年，市统计局给政府主要领导报送20多期“短平快”市长专报，“郑州经济运行总体平稳、稳中趋优、稳中向好、稳中有忧”“郑州发展挑起全省大梁”“郑州全面走在全省最前列”等观点和判断被市委、市政府采用，为全市“两个率先”目标制定提供决策依据。《郑州日报》每个季度都刊登统计部门对经济形势的研判分析，《是什么支撑了郑州的10.1%》《经济总量连上台阶龙头作用持续增强》等多篇分析文章对研判经济形势、检验政策效果、宣传统计工作发挥了作用。

【统计分析】 全市统计部门紧扣新常态下国内外经济环境，围绕“十二五”收官之年郑州经济发展特点，在全市开展信息化和电子商务、战略新兴产业、高端制造业、生产性服务业、互联网+、E贸易、现代物流业等新兴业态调查，市统计局共组织撰写60余篇专题分析和研究报告，11篇统计分析获得主要领导肯定性批示。

【统计数据解读】 全年全市统计部门共撰写各类分析报告3000多篇，向各级党委、政府“两办”报送各类信息2000多篇，向“两会”、政府全会、经济形势分析会和各部门提供数据2万余次。2015年，市统计局全面改版《郑州经济动态》，新增《公报解读》和月度主要经济指标动态分析图，图文并茂解读展示统计信息。创新编印《郑州服务业发展动态》，全面分析全市服务业发展情况。市局及各县（市）区局均编辑三年行动计划、“十二五”期间各地经济发展成就和资料汇编，开通官方微博、微信公众号，使社会公众了解统计，更加便捷获取信息。

【统计监测评价】 全市统计部门围绕党委、政府工作部署，开展统计监测评价工作。市统计局开展对各县（市）区、乡镇办、产业集聚区、商务中心区、特色商业区评价考核测算，做好产业集聚区和郑州航空港经济综合实验区月度统计以及城乡一体化示范区、商务中心区和特色商业区季度监测调查，继续推进新型城镇化、全面建成小康社会、妇女儿童发展两纲规划统计监测工作，为各级党委、政府指导经济社会发展，表彰先进单位和科学评价干部提供准确依据。中牟承接国家局投资遥感监测试点项目，为探索全国利用高科技手段开展投资建设进度跟踪监测提供依据。

【重点领域统计改革】 全市统计部门严格按照国家局、省统计局要求，核算、投资、就业、能源、服务业、住户六大改革任务进展顺利。一是研究核算改革对全市GDP核算工作的影响，做好主动适应、稳妥跟进的各项准备工作。二是开展新旧制度下的投资数据比对测算，组织其他亿元在建项目法人单位审核确认和投资试点报表试填试报工作，全市范围内推进双轨制运行。三是加强月度劳动力调查工作，探索建立反映人口城镇化发展成果评价体系，为全面科

3月18日，省、市统计局联合举办《统计条例》宣传月活动

11月2日，省统计局局长胡五岳莅郑检查指导2015年全国1%人口抽样调查入户登记工作

学地评价城镇化进程提供依据。四是开展生态文明建设指标体系研究工作。重新核定能源消费总量，研究全国能源供应端统一核算体系，为正式实行能耗统一核算打下良好基础。五是实现规模以上服务业企业季度统计向月度统计的转轨，推进服务业全行业统计良好开局。六是继续推进住户一体化改革。实现全体居民收入和新口径城乡居民收入数据的发布。

【“三公”统计】 不断加大“三公”统计宣传力度，加强“三公”统计执行情况核查，促进“三公”统计落地生根。郑州市全部专业都拟定“三公”统计实施方案，实现“三公”统计全覆盖，强化统计监督，规范统计行为，为全面实现数据公开公平公正审核认定提供完善的制度保证，实现统计数据审核认定科学高效、公开透明和规范统一，统计数据质量和政府统计公信力得到提升。

【部门协作】 全市统计部门注重加强与部门间的联动协作，及时交流有关统计资料，推进部门间合作与信息共享。《郑州市部门统计数据报告制度》进一步完善，部门数据覆盖面扩大，成为现行统计调查制度的有效补充。部门服务业统计生产方式发生变革，数据采集方式由传统的纸质报送改为联网直报，在年度数据报送内容、报送方式上首次实现统一。注重依靠部门力量完善基本单位名录库，名录信息共享取得重大进展。

【依法统计】 深入学习、广泛宣传《河南省行政机关执法条例》和《河南省统计管理条例》，建立健全《郑州市统计局统计资料查询服务制度》《关于进一步加强服务型统计执法》等工作制度，进一步规范权力运行，维护统计秩序。市统计局和省统计局联合举办大型广场活动，深入宣传《条例》。组织全市统计干部跨级集中培训，进一步强化全市统计干部服务型执法理念。推进依法行政，将法定统计职责清单通过网络向社会公布，明确职责范围，接受公众监督，有效推动政府统计权力运行的标准化、程序化和阳光化。全年全市共依法检查单位371家，立案查处案件27起。

【社会信用体系建设】 2015年，全市信用体系建设工作会议研究出台全市信用体系建设“1+3”政策体系，与全市重点推进的“五单一网”制度改革、市场经济秩序监管、打击处置非法集资等多项重点工作互相关联、互为支撑。贯彻执行《郑州市企业信用信息管理办法》，企业信用报告转入市场化运作。全市企业信用信息数据库总量超过180万条。深入推进诚信“红黑榜”发布制度，在主流媒体公示“红榜”诚信企业122家，“黑榜”失信企业450家，形成较强的影响力和震慑力。探索建立失信惩戒联动机制，对郑州市重大税收违法案件当事人实施联合惩戒，全市信用监管力度不断增强。

【统计信息化建设】 全面加强市、县、乡三级统计信息化建设，提升硬件配置，加强网络安全管理，完善数据采集处理平台，狠抓基层人员培训、数据衔接、企业规范化建设等重点环节，健全源头数据核查评估机制，进一步提高联网直报率和统计数据质量。强化郑州统计信息网宣传主阵地作用，年度访问量突破2万人次，2015年网站综合考评排名前进24位，为统计工作提供了强有力的信息技术支撑。

【基层统计规范化建设】 按照《关于切实加强和改进统计工作的通知》要求，全市统计部门着力“夯基础、抓基层、保源头、促提升”，建立健全数据采集、审核、查询、汇总、上报和资料管理等各项制度，继续推进统计规范化建设向企业延伸，进一步提升统计业务规范化水平。全市基层统计台账、数据收集、办公条件、人员素质等方面都得到明显改善。

（郑　惠）

海关工作

【概况】 2015年，郑州海关认真落实全国海关关长会议以及河南省委经济工作会议部署，牢牢把握新常态下发展机遇，深入践行“四好”总体要求，大力推进“五型”海关建设。出台全面深化改革实施方案，深入推进准军事化纪律部队建设。开展专题党课和3个专题学习研讨活动，利用网上专栏、微信公众号等新媒体开展“微”课堂、“微”互动、“微”宣传，扎实开展“三严三实”专题教育活动。丝绸之路经济带海关区域通关一体化改革顺利实施。通关作业无纸化率稳步提升，“双随机”抽查机制效果明显。关检合作“三个一”持续深入，“一站式作业”逐步实施。实行行政审批“一个窗口”对外，对内部核批事项进行精简规范，累计下放管理事项54项、取消4项，压缩管理层级169级。实行省内“多点报关、口岸验放”的通关模式，提高通关效率。推进集中汇总征税，公式定价备案管理改革，加快落实税款电子支付和银行保函电子化。推广预审价、预归类等便利措施，开展集约化接单改革试点。13项自贸试验区海关监管创新制度在关区推广应用。全年全省进出口总值4600.2亿元，同比增长15.3%，外贸进出口规模再创历史新高。

【海关监管】 2015年，郑州海关进一步优化监管查验机制，改进查验方式方法，推进复查复验工作，深入开展分类查验、查验分流和查获分类考核。实现在河南电子口岸平台“一次查验”和“一次放行”电子信息对碰功能。签订《关检合作“三个一”通关模式管理办法》，全面推进“一站式作业”。全面推广通关作业审批辅助系统（报关单修改撤销）试点运行，实现报关单修撤无纸化。成立郑州海关监管场所清理核查专项工作组，对关区15家通过验收和正在运行的监管场所开展清理核查，关停问题场所3家，注销1家。加强对旅检、邮递渠道禁限物品的查堵，严格执行监管查验“两个100%”的比例标准，在邮递进境渠道查获枪支配件案件2起、枪支配件3件。在关区各业务现场启用统一版“一次申报”系统，原广州版申报系统停用。制订《郑州海关人工查验规范化作业实施细则（试行）》，推进关区复查复验工作。全年共监管进出口货运量1686.4万吨，进出口货值633.9亿美元，同比分别增长10.4%和15.7%；监管集装箱65987箱次，集装箱货运量69.4万吨，同比分别增长19.3%和11.3%；监管进出境航班16138架次，进出境人员132.6万人次，同比分别增长13.8%和36.1%。

【海关税收征管】 2015年，郑州海关立足“三位一体”网状监控格局，对关区税收业务领域各环节“三大风险”进行分析、预警、处置与评估。建立关区审价、归类和减免税技术小组，有效发挥职能作用。加强调研分析，对重点税源企业的生产运行和进出口情况进行调研，摸清税收底数。积极培养税源，提高关区口岸和特殊监管区域货物流转效率。坚持“量、质、效”并举，强化税收征管业务领域监控机制。深化综合治税改革，加大归类、审价、稽查力度，形成税收征管合力。全年税收入库304.13亿元，同比增长50.2%；审批减免税货值4.69亿美元，减免税款4.5亿元，同比下降28.6%；内销补税7579万元，同比下降11.2%。

【海关缉私】 2015年，郑州海关按照海关总署“打得准、管得住、叫得响”的要求，依托地方政府在反走私综合治理工作中的基础作用和河南省打私办平台，健全公安、检察院、法院、工商、国税、环保等打击走私综合治理工作领导小组各成员单位间联系配合机制，着力打造“打防管建”一体化格局。推进基础信息化建设，运用单警视频装备系统，提升缉私部门单警科技化应用水平。实行“一警双权，一案到底”办案模式，通过整合刑事、行政执法资源，使缉私人力资源统一调配，统一指挥，有效解决刑事、行政案件相互移交衔接不畅问题。发挥情报信息主导作用，定期开展关区反走私形势分析，广泛搜集线索，防止走私活动“游走漂移”。创新办案模式，积极开展专案组、“扁平化”的办案模式改革实践，健全完善缉私与风险、关税、加工贸易、稽查等海关部门间的联系配合，强化缉私办案与海关业务环节的优势互补。开展“五大战役”行动及冻品走私专项打击和综合整治行动，立案侦办“4·01”、“11·24”冻品走私案，查获涉案走私冻品6800余吨，案值1.5亿元，查扣涉嫌来自境外疫区的走私冻品牛肉260余吨，抓获走私犯罪嫌疑人12名。全年立案走私罪案件10件，同比增长66.7%，案值1.7亿元，同比下降93.9%；立案行政案件182件，同比下降28.3%，案值5.87亿元，同比增长616.4%；罚没收入（实际入库）353万元，同比增长68.1%。

【海关统计】 2015年，郑州海关着重提升海关统计服务效能和质量，结合海关总署发布的统计分析重点关注项目，围绕国家“一带一路”发展战略，撰写编报统计分析219篇，其中，被海关总署《海关要情》采用12篇，省委、省政府快报采用12篇，省、市等各级主要媒体采用30余篇。累计为海关职能部门提供内部数据咨询68次，向各业务现场下发存在疑问数据875条，经现场确认反馈申报有误的数据记录838条，核查有效率95.8%；为河南省商务厅、统计局等相关部门提供外部数据咨询20余次，为外贸企业提供数据咨询证明50余份。结合海关业务改革实际，撰写执法评估报告38篇，其中参与撰写的《丝路区域通关一体化改革半年评估》被海关总署采用。优化数据审核模式，开展关区疑似虚假贸易情况半年审，调取数据近4万条，筛查出疑似虚假贸易额15.9亿元。全年共审核统计报关单34.8万票，同比增长26.5%；报关单记录条数135.5万条，同比增长36.6%，关区报关单记录条数首次突破百万条。

【海关风险管理】 2015年，郑州海关根据海关总署“双随机”工作部署，加大“双随机”工作改革的执行及督办力度。修订完善《郑州海关业务职能监控管理办法（试行）》和《郑州海关现场监控管理办法（试行）》。加强风险信息处置转化，做好风险信息分析研判，提升预定式布控准确率。开展随机布控指令作用效果的持续跟踪和监控，对维度随机命中的报关单的守法程度进行有效测量，及时调整布控维度。筛选、汇总、发布采集各类报告载体，为“绿篱”行动、综合治税、联合打私和一线监管提供有效信息支持。依托HZ2011可拓展功能，加载配置涉及关税、监管、统计、审单和风险等海关部门联系单20种，实现跨关区跨部门联系处置单的发出、流转、办理和反馈。

【海关稽查】 2015年，郑州海关以“多查合一”为重点，出台关区稽查改革实施方案，在关区范围内划分稽查试点区域4个。制订《郑州海关报关单位注册登记操作规程》《郑州海关企业信用管理暂行办法实施细则》，实行报关企业注册登记行政许可事项授权，界定关区企业信用管理业务职责划分。研究主动披露作法，探索引入社会中介机构协助稽查工作模式，完成对进口果汁、棉花、大米等大宗商品的专项稽查。全年共对75家企业开展稽查，企业稽查办结69家，查发问题31家，稽查补税275.45万元；移交缉私部门12家，涉案货值7845.61万元，涉案税款413.79万元；受理注册登记企业2892家，报关企业注册登记行政许可22家；完成高级认证企业重新认证2家，一般认证业务1家；对29家企业进行信用等级动态调整，对2家高级认证企业实施特殊调整措施。

【科技应用创新】 2015年，郑州海关以优化科技管理机制为核心，构建科技管理、基础支撑、项目应用和运维保障多位一体的现代科技体系。按照“多载体、多模式、多元化、全覆盖”的使用要求，河南电子口岸版平台建设和河南保税物流中心版平台优化扩容建设通过国家验收。关检合作“三个一”海关总署统一版在关区推广运行。实施海关监管现场视频监控系统互联互通项目建设，实现与关区符合条件的监管场所、特殊监管区域卡口系统、场站系统对接。丝绸之路经济带海关区域通关一体化系统顺利切换。南阳卧龙综合保税区、出口加工区B区海关信息化辅助管理系统和HP2015海关通关作业审批辅助系统在关区推广应用。运行金关工程

7月22日，郑州海关将结案的一批古钱币移交河南博物院

2015年郑州海关主要业务统计指标

序号	业务指标	计量单位	2015年1-12月	2014年1-12月	同比增减±%
1	进出口货运量合计	万吨	1686.4	1527.5	10.4
2	#1. 进口	万吨	1640.6	1487.4	10.3
3	2. 出口	万吨	45.8	40.1	14.2
4	进出口货值合计	亿美元	633.9	547.7	15.7
5	#1. 进口	亿美元	284.7	256.8	10.9
6	2. 出口	亿美元	349.2	290.9	20.0
7	海关税收(实际入库)	亿元	304.13	202.5	50.2
8	#1. 关税	亿元	5.5	6.5	-15.4
9	2. 代征税	亿元	298.5	196	52.3
10	审批减免税	亿元	4.5	6.3	-28.6
11	统计报关单	万份	34.8	27.6	26.8
12	监管集装箱	箱次	65987	55331	19.3
13	集装箱载货量	万吨	69.4	61.8	11.3
14	监管飞机	架次	16138.0	14177.0	13.8
15	监管进出境人员	万人次	132.6	97.4	36.1
16	备案加工贸易合同数	份	670	811	-17.4
17	加工贸易合同备案金额	万美元	80137	91671	-12.6
18	缉私局立案走私罪案件数	件	10	6	66.7
19	缉私局立案走私罪案值	万元	17000	277000	-93.9
20	缉私局结案走私罪案件数	件	4	3	33.3
21	缉私局结案走私罪案值	万元	11270.5	301827.6	-96.3
22	缉私局立案行政案件数	件	182	254	-28.3
23	缉私局立案行政案件案值	万元	58713	8195.9	616.4
24	缉私局结案行政案件数	件	178	256	-30.5
25	缉私局结案行政案件案值	万元	9657.8	13907.1	-30.6
26	罚没收入(实际入库)	万元	353	210	68.1
27	内销补税	万元	7579	8530	-11.2

二期运行管理平台，完成通关管理、政务办公、决策分析署级应用项目系统升级。向海关总署信息中心提交服务请求200余次，节假日响应业务现场50余次，各类技术维护保障22446次。全年共办理进出口企业电子口岸入网手续2095家，电子口岸变更794家，电子口岸代理1354家；制发IC卡8220张，IC卡证书更新2202张，解锁643张；办理企业海关备案手续1337家，海关备案变更417家；新增海通网预录入用户20家，新装客户端46套；新增TCS用户1家，处理报关协同20.01万票；新签约电子车牌用户31家，发放电子车牌1549张，车辆进出卡口17.23万次；受理企业技术咨询2.22万次。

8月13日，海关总署署长于广洲、副署长邹志武在河南调研

【支持航空经济发展】 2015年，郑州海关融入郑州航空港经济实验区发展战略，支持开展跨境电子商务、保税航油、保税航材及国际转运货物等新型业务。加强与航空口岸相关管理部门的联系配合，指导完善海关监管设施，保障郑州机场T2航站楼和西航空货栈顺利运营。探索“卡车航班”监管模式，促进郑州机场货运量提升。支持郑州机场集疏进出口国际邮件，顺利实现郑州至俄罗斯国际航空出口邮路的常态化运行。实施水果、海鲜鱼类、活牛等生鲜类商品单证快速审结及“随到随验”快速通关便利措施，其中，来自澳大利亚的冰鲜牛肉首次实现自郑州机场口岸进口。加强与牵头、沿线海关的沟通交流，开展“区港联动”、海陆空铁多式联运及多点报关。截至12月底，郑州机场共开通国际客货运航线52条，其中，客运22条，货运30条，新增定期航线7条。全年共监管郑州航空港货邮量23.8万吨，同比增长28.7%；保税航油12.7万吨，同比增长6.7%；验放鲜活商品5600吨，货值2.88亿元，同比分别增长52.7%和108.9%。

【支持开展智能手机返区维修业务】 2015年，郑州海关主动开展智能手机返区维修业务调研，向海关总署争取新郑综合保税区智能手机返区维修试点的政策支持。结合郑州航空港经济综合实验区、新郑国际机场航空资源和口岸优势，创新开展“港仓内移”业务。全年共有来自日本、美国、英国、荷兰、新加坡、澳大利亚、韩国等地入区报关单3242票，验放待维修手机557.67万台，货值16.98亿美元。

【跨境贸易电子商务监管】 2015年，郑州海关加强对跨境贸易电子商务服务试点工作的业务指导，主动开展有关跨境贸易电子商务的政策研究，积极支持郑州申建跨境贸易电子商务综合试验区。支持保税模式和一般模式均衡发展，陆续将跨境贸易电子商务服务试点稳步推广到郑州机场、铁路口岸和郑州综合保税区，实现多模式、多区域、多元化发展格局。落实“全年无休日，24小时内办结海关手续”的海关通关时限要求。优化海关监管平台，不断提升系统智能化处理能力和风险防控水平，为实现“秒通关”奠定基础。定期开展业务形势分析评估，实行三段式风险管理。交叉运用多种风险防控手段，有效打击处置“电子水客”。探索完善跨境贸易电子商务监管通关模式，支持郑州跨境贸易电子商务服务试点项目顺利通过国家验收。全年共验放跨境贸易电子商务服务试点进出口清单4616万票，货值39.9亿元。

【上合组织峰会服务保障工作】 12月14–15日，上海合作组织成员国政府首脑（总理）理事会第十四次会议在郑州举办。郑州海关成立通关礼遇专项工作组，开设“上合组织峰会专用通道”。主动加强与省市有关部门的及时对接沟通，结合实际调整充实一线监管力量。加强安全防范和情报预警工作，加大对进出境航空器、班列、货物和旅客行李物品及寄递物品的监管查验力度。期间共监管验放入出境专机17架次，外宾352人次，机组228人次。

【海关准军事化纪律部队建设】 2015年，郑州海关以深化“内涵学军”为主线，组织全员赴军营开展军事训练，强化纪律作风养成；深化内务规范强化月活动，开展党员示范岗、“每月一星”、“海关榜样”评选活动。广泛开展岗位练兵活动，监管系统查验机检岗位获片区技能比武第4名。

【海关总署领导到豫调研】 1月27–29日，海关总署副署长、政治部主任胡伟到河南调研。听取郑州海关关于监控指挥中心建设情况介绍。参加郑州海关2014年度党组专题民主生活会并检查党风廉政建设责任制落实情况。主持召开海关总署定点扶贫工作座谈会。7月15–16日，在郑州出席郑州海关新任关长任职仪式。听取郑州海关和河南省打私办关于“五大战役”行动开展情况汇报。会见河南省人民政府副省长赵建才，对河南省委、省政府长期以来对海关工作的关心和支持表示感谢，要求郑州海关认真落实好《署省合作备忘录》各项任务，提升署省合作水平。

8月13日，海关总署署长于广洲、副署长邹志武在河南调研，与郑州关区11家企业代表进行座谈交流。

10月15–16日，海关总署副署长兼广东分署主任吕滨到河南调研郑州跨境贸易电子商务服务试点工作。听取郑州海关关于跨境贸易电子商务专题汇报，了解郑州跨境贸易电子商务试点运行情况、海关监管方面的有益经验、存在问题及相关建议，要求进一步解放思想、创新思维，站在全局角度深入研究国家跨境贸易电子商务相关政策和海关监管模式，为跨境贸易电子商务顶层设计建言献策。

12月15日，海关总署署长于广洲、副署长孙毅彪在郑州出席上海合作组织成员国政府首脑（总理）理事会第十四次会议。于广洲在上海合作组织成员国六国总理的见证下，与俄罗斯海关署署长、哈萨克斯坦国家收入委员会主席、吉尔吉斯斯坦海关署署长、乌兹别克斯坦海关委员会主席、塔吉克斯坦经济部部长共同签署《2016–2021年上海合作组织海关合作纲要》。参加国务院总理李克强分别与来华出席上海合作组织成员国政府首脑（总理）理事会第十四次会议的巴基斯坦总理、塔吉克斯坦总理和阿富汗首席执行官的双边会谈。同日，副署长孙毅彪到郑州海关调研，听取郑州海关党组工作汇报，要求郑州海关按照形势发展新要求，在坚持依法行政、依法把关的前提下，紧密结合河南地方实际，支持河南开放型经济发展。

（姚长江）

文化事业

社会文化

【概况】 2015年，郑州市社会文化事业发展以建设华夏历史文明传承创新核心区、提升国家公共文化服务体系示范区建设为抓手，以发展文化产业为重点，积极探索文化改革发展新思路、新举措，取得了一系列重要进展。

文化民生工程惠及城乡。“舞台艺术进乡村、进社区”千场演出活动完成演出任务1000场。“舞台艺术送农民”文艺演出任务完成80余场。圆满完成2015年“情暖新春”专场文艺演出活动，共组织14场精品剧目演出，吸引观众2万多名。精心组织“绿色周末”系列活动，抓住重要时间节点，组织第255期10场庆“七一”精品剧目展演活动、第256期10场郑州市纪念中国人民抗日战争暨世界反法西斯战争胜利70周年精品舞台剧演出季活动，通过优秀剧目展演广泛开展爱国主义主题教育，大力弘扬民族精神。“公益电影放映”任务圆满完成，放映23480场，观影人员达354万人。

群众文化活动硕果累累。2015年，郑州市文广新局采取“送文化”与“种文化”相结合的方式，为基层文艺骨干和文艺爱好者开设摄影、美术、雕塑、音乐、舞蹈等12个艺术门类培训班，吸引了近2万名市民报名参加。组织业务骨干深入厂矿、农村、机关、学校、部队和社区，培训业余文艺骨干1.5万名。举办“情韵郑州”系列群众文化活动100余期，丰富了人民群众的精神文化生活。在第十二届河南省“群星奖”音乐舞蹈大赛中，郑州市选手获得表演最高奖，同时获得一等奖2个、二等奖2个，郑州市文广新局获得优秀组织奖。积极承办郑州市各类大型文艺会演工作，万人大合唱活动在央视《新闻联播》头条播出，极大振奋了社会各界群众精神。新发展6000余名文化志愿者及百余个志愿者团队，开展百余个服务项目，近10万人次参与。进一步建立健全了文化志愿者网络管理平台，实现文化志愿者线上注册、参与活动。

公共文化服务水平全面提升。文化信息资源共享取得新突破，已有荥阳市图书馆等10个县（市）区完成郑州地区公共图书馆服务联盟馆并入工作，郑汴一体化图书馆服务联盟建设工作正式启动。公共文化服务场馆零门槛免费开放水平不断提升，郑州图书馆先后举办少儿公益课堂、优秀影视展播等各类读者活动70余场次，参加读者5万余人次；邀请王立群、二月河、徐光春等知名学者、文化名人举办了10余期讲座，“天中讲坛”逐渐成为中原地区具有一定影响力的大型公益性文化惠民品牌。郑州美术馆各类陈列展览精彩纷呈，共举办展览30余个，免费接待观众9万余人次；申报的《中原·汉风——郑州美术馆馆藏汉代画像砖精品展》成功入选2015年度全国美术馆馆藏精品展。

【非物质文化遗产保护】 2015年，郑州市非物质文化遗产保护力度不断加大。组织征集了一批非遗项目新实物，充实展示馆，免费对外开放质量和水平不断提升。开展了第五批市级非物质文化遗产项目申报工作；积极组织第四批河南省非物质文化遗产代表性项目和扩展项目的申报工作，郑州市共有19个项目入选。完善了省级非物质文化遗产代表性传承人资料，启动传统美术抢救保护工程。利用文化遗产日和传统节假日，组织非物质文化遗产展演和非遗进社区活动，广泛开展非物质文化遗产宣传。完成了23集纪录片“郑州记忆”的拍摄工作。2015年，郑州市文广新局编制新“三定”方案，专门设立非遗管理处，进一步强化了组织保障。

【艺术创作生产】 新编现代豫剧《都市阳光》在河南省第六届黄河戏剧节评比中获得戏曲类金奖第一名，同时获得导演、表演、舞美、灯光、服装设计、造型设计、道具等7个单项奖。豫剧《琵琶记》参加第27届中国戏剧梅花奖大赛，张艳萍获得最高奖项——梅花奖。市曲剧团苏咏梅参加第二届中国黄河流域戏剧红梅奖大赛，获得金奖。组织参加河南省第七届专业舞蹈暨第三届舞蹈“洛神奖”评奖活动，《屈原·行吟》等11个节目进入专业组的决赛，占全省专业组比赛节目的1/3。

【对外文化交流】 2015年，郑州市对

中哈艺术交流

外文化交流工作力度不断加大。2月，圆满完成文化部组织的赴乌兹别克斯坦、哈萨克斯坦“欢乐春节”演出任务。郑州市歌舞剧院赴韩国等地交流演出取得良好效果，韩国前国务总理李寿成率韩国文化经贸高端访问团，专程到郑州歌舞剧院参观访问，文化交流迈出新步伐。开展“2015赣州·郑州区域文化交流活动”，赣州市政府在市群众艺术馆举办了“客家文化（赣南）生态保护实验区建设成果展”主题展览活动，加深了郑州市群众对客家民系与多元融合的客家文化的了解。

【优秀文艺资源培育】 2015年，市文广新局积极探索建立“出人、出戏、出精品”的长效机制，组织开展了“2015年郑州市优秀剧本征集活动”“2015年郑州市青年戏曲演员大赛”等活动。重点对豫剧《都市阳光》《朝阳城》等精品剧目进行创排、加工、再提高；进一步提升经典剧目《卷席筒》《秦香莲后传》，《李三娘》剧本论证会顺利召开；继续推进市歌舞剧院《乐天舞》《建安雅颂》等舞蹈的加工提高。在省第七届专业舞蹈大赛及第三届河南舞蹈“洛神奖”评奖活动中，郑州歌舞剧院选送的11个舞蹈节目全部获奖，其中，一等奖3个、二等奖4个、三等奖4个。

【文化产业发展】 2015年，郑州市文化产业发展成绩显著。全市有国家级文化产业示范基地3个，国家级动漫产业基地1个，国家文化出口重点企业2个，国家认定的动漫企业17个，国家认定的重点动漫企业1个，河南省级文化产业示范基地11个，河南省文化产品出口示范基地1个，郑州市文化产业示范基地51个，郑州市文化产业特色乡（村）15个。全市文化产业实现增加值283亿元，年增长17%，占全省总量的25%以上，占全市生产总值的4.2%，全市文化产业的规模和增速均居全省第一。其中，全市电影放映经营单位48家，2015年电影票房4.55亿元，平均年增长幅度达到37%；郑州市艺术品市场经营商户达1700多个，已从收藏性初级市场升级为投资性中级市场。

【产业政策扶持】 市文广新局配合市委宣传部，收集整理国家、省、市和其他地市文化产业政策相关文件116篇并汇编成册，及时为企业做好政策宣传解读工作，同时，搞好网上咨询服务工作。探索文化创意旅游产业“政府推进+工厂改型+园区聚集”发展模式，研究推进中原区白鸽厂区、郑州亚能热电厂等试点建设。落实《郑州市委市政府关于加快培育战略性企业（集团）行动计划》的要求，研究制定了《郑州华强文化科技有限公司战略培育行动计划工作专案》，积极扶持华强项目做大做强。

【优化产业发展环境】 组织申报2015年度省级高成长服务业专项引导资金，审核通过项目12个，已拨付资金1250万元；组织申报2016年度省级高成长服务业专项引导资金扶持新型文化业态项目，申报工作进展顺利。组织企业报名参加小微文化企业投融资路演暨项目推介活动（山东站），探索构建服务于小微文化企业的多层次融资体系。组织观摩第11届（杭州）国际动漫节产业博览会和第10届义乌文化产品交易会，拓展文化企业发展平台。制定《郑州市文化广电新闻出版局关于征集2015年文化产业招商引资项目的通知》，征集到符合国家文化产业政策、前景好的文化产业项目18个，总投资达197亿元。

【文化产业转型升级】 2015年，郑州市文化产业转型升级步伐加快。国家动漫产业发展基地、郑州动漫产业基地建成投用，涌现出小樱桃、华豫兄弟等知名品牌；全市通过文化部“国家动漫企业资质”认定的企业达到22家，占全省的91.7%；部分动漫企业积极探索文化产品出口、国际制作代工、教育等领域，国家文化动漫产业中心代表项目、省市重点文化产业项目——索易快乐成长中心等项目的实施，进一步拓展了动漫企业的经营范围。文化旅游龙头企业郑州华强文化科技有限公司方特欢乐世界、方特水上乐园、方特梦幻王国等项目投入运营，带动了全市文化创意旅游产业提升发展，郑州国际文化创意产业园、登封“天地之中”文化旅游产业园等一批省、市重大项目实现落地建设。郑州国际文化创意产业园成功签约，入驻华特迪士尼、建业华谊电影小镇等项目40多个，计划投资达200亿元。

【现代文化市场体系建设】 一是强化摸底排查，以全市文化市场经营单位技术监管与服务平台的信息录入和换发新版文化经营许可证为契机，及时掌握全市文化市场经营单位的总体状况和发展动态。二是组织开展平安文化市场大检查，共组织集中检查78次，出动执法人员794人次，检查文化经营场所1453家次，现场整改46家。三是规范艺术品市场行业秩序，组织开展文化市场诚信经营百家示范店评比活动，共评选出110家“诚信经营示范店”，并通过《中国文化报》及各大网站向社会公示。四是结合国家、省有关放宽互联网上网服务行业市场准入有关要求，在全市开展互联网上网服务行业转型升级工作，鼓励上网服务场所探索多种业态和经营方式，提升整体形象。

【文化体制改革】 宏观管理体制改革。市文广新局编印《文广新局行政权力清单》，有420条权力事项经市编办审核通过。市级行政审批权仅保留1项，并实行网上审批，提前办结率达100%，同时完善事中事后监管，进一步提高了行政水平和服务效能。

公益性文化单位改革。根据中央“建立法人治理结构”的要求，美术馆按计划完成了公共文化事业单位法人治理结构改革，建立了10人以上的理事会。郑州图书馆等公益性文化机构的法人治理结构试点工作按计划积极推动。

经营性文化单位改革。凤凰电影院遗留问题取得新进展，退休职工的养老金转移手续和社会化发放已办理完毕，在职职工事业统筹转入企业统筹。关于解决郑州市文化局招待所和郑州市美术广告公司改制遗留问题的请示得到市政府批复，后续工作有序推进。

文艺院团改革。按照“政府购买、院团演出、群众受惠”的原则，通过政府支持，盘活文艺院团，全市文艺创作、生产和演出保持旺盛势头。市群

3月5日，副市长刘东在郑州歌舞剧院调研

郑州市豫剧院张艳萍获中国戏曲界演员最高奖——第27届梅花奖

艺馆中层竞聘上岗工作已完成，其他单位中层竞聘上岗方案制订工作按计划有序推进。

【文化发展保障工作】 （1）文化立法工作顺利推进。《郑州市公共文化设施建设管理办法》《郑州市非物质文化遗产保护实施细则》被列入郑州市2015年立法调研项目，各项准备工作按计划有序推进。（2）认真做好规划编制工作。在总结“十二五”文化发展情况基础上，初步提出了“十三五”工作的总体要求、基本原则、发展目标、主要任务、重大项目和推进措施等基本思路。截至2015年年底，规划修改完善工作按计划积极推进，力争将文化重点工程、重大项目纳入市政府“十三五”规划。（3）公共文化服务项目顺利推进。郑州大剧院、郑州市群艺馆、郑州美术馆等项目已完成立项审批，规划设计招标工作按计划加紧推进。（4）按照市政府“四个中心”建设的整体进度要求，市文广新局积极开展广电中心置换工作，在项目办的指导下，与郑东新区管委会进行了初步对接，针对涉及房产证、土地证、置换价格、付款时间、交房时间等具体问题交换了意见，并向市政府专题行文请示。

（张明华）

文物管理

【概况】 2015年，郑州市文物管理工作紧紧围绕“三大一中”战略定位，配合“三大主体”工作格局，坚持“依法保护、积极利用、彰显文明、强化传承”工作理念，有力推动了全市各项文物事业的健康持续发展。全市有世界文化遗产2处，全国重点文物保护单位74处，位居全省第一，全国前列。

世界文化遗产保护方面。大运河通济渠郑州段管理规划获国家文物局批复，标志着大运河管理走上规范化道路；按照《世界遗产公约操作指南》要求，设置了统一规范的标识和展示系统。登封“天地之中”历史建筑群完成了中岳庙太尉宫保护维修方案的报批工作，启动了少林寺塔林一期、中岳庙峻极殿维修工作，完善了世界文化遗产动态信息及监测预警系统建设方案。

大遗址保护方面。依托郑州大遗址片区保护利用战略规划，启动“六大特色片区”建设，加快遗址公园建设，“两园一中心”等重点项目稳步推进。郑州商城国家考古遗址公园项目的紫荆山断面节点展示工程已经完工；大河村遗址博物馆新馆建成并对外开放；郑州市文博展示中心项目已完成立项；原日本驻郑领事馆旧址正式对外开放；黄河博物馆改造项目文物本体和工程质量验收完毕；大运河节点展示工程初具规模。

配合郑州市经济建设，认真做好文物勘探考古发掘工作。全年累计勘探面积1262万平方米，发现各类遗迹3400处；完成考古发掘项目131个，发掘面积达59050平方米，清理各时期遗迹4027个，出土完整器物3752件。

深化博物馆、纪念馆免费开放工作，全年郑州市26家博物馆、纪念馆（包括民办博物馆）累计接待观众近300万人次。稳步推进郑州市第一次可移动文物普查，完成全市16万余件文物的数据采集、录入工作。完成了郑州市“全国第三次不可移动文物普查”中核定公布的不可移动文物7639处的现状核查，进一步完善了未定级不可移动文物的档案，启动了未定级建筑类文物迁移保护工作。

加强文物行政执法，全年共巡查160次，查处案件8起，开展专项检查20余次，下达整改通知书10份、执法督察通知书9份，有效地维护了全市的文物安全。

文物行政审批及社会服务工作严格按照相关法律、法规，简化办事程序，提高服务质量，推行网上审批，优化发展环境。出具建设项目选址和初步设计指导意见356份，完成审批、报批建设项目设计方案9项。

【文物资源基础工作】 完成了第七批河南省文物保护单位和第三批郑州市文物保护单位的名单推荐工作。2016年1月22日，河南省人民政府公布了第七批河南省文物保护单位名单，郑州市（含巩义）列入36处。截至2015年年底，郑州市（含巩义）共有市级以上文物保护单位452处，其中全国重点文物保护单位74处、省级文物保护单位131处、市级文物保护单位247处。

持续推进全国第一次可移动文物普查工作。完成郑州市国有文物收藏单位的可移动文物认定、鉴定、复核工作，基本完成全市16万余件文物的数据采集、录入工作，正在积极筹备迎接实地检查与集中审核。

【服务航空港区建设文物勘探、考古发掘工作】 服务郑州航空港经济综合实验区建设项目，郑州市文物局多措并举开展文物勘探、考古发掘工作，在已有的六大服务机制基础上，不断探索适合航空港区发展的工作模式，继续明确工作目标，落实工作责任，加强督办问效，强化各项服务，确保航空港区基本建设项目文物勘探、考古发掘工作快速开展。2015年，共完成文物勘探项目30余个，考古发掘项目20余个。

【文物安全与行政执法】 扎实开展文物行政执法工作，维护文物行政管理秩序。全年共立案8起，其中对重大违法行为处罚6起，罚款73.4万元已全部缴入财政专户。认真开展文物保护单位执法巡查工作，对全市217处各级各类文物保护单位开展执法巡查，巡查累计行驶里程2万余公里。通过执法巡查，为摸清郑州地区文物资源存量及保护现状提供了重要帮助。对巡查中发现的问题，及时向有关单位通报，并督促其整改落实。

【纪念郑州商城发现60周年学术研讨会】 2015年7月，郑州市文物局组织召开了“夏商周时期的中原与周边——纪念郑州商城发现60周年暨韩维周、安金槐、邹衡先生学术成就研讨会”。中国社会科学院、中国科学院、中国国家博物馆、北京大学、南开大学以及省内外科研院所、高等院校等单位150余名专家学者与会。此次会议加强了相关领域的学术交流与沟通，对郑州商城及夏商周考古学研究，乃至中华文明史的研究具有积极的推动作用。

【文化遗产保护与数字化国际论坛】 8月，2015文化遗产保护与数字化国际论坛在登封市举办，本次论坛由国际文化遗产记录科学委员会、河南省中视新科文化产业有限公司、郑州中华之源与嵩山文明研究会主办，来自8个国家的70余名专家、学者出席了论坛。本次论坛以“重新发现世界文化遗产保护与发展，纪念登封天地之中历史建筑群列入世界文化遗产名录5周年”为主题，与会专家围绕“天地之中”历史建筑群的价值与保护，世界遗产应有的作用与价值，文物保护的数字化技术应用与传播等内容展开了深入探讨。

【世界文化遗产保护管理】 持续开展登封“天地之中”历史建筑群遗产本体

修缮、监测工作，确保遗产安全。完成中岳庙太尉宫保护维修方案的报批工作，启动少林寺塔林一期、中岳庙峻极殿、太尉宫保护维修工程，登封“天地之中”历史建筑群监控、监测平台建设初具规模。

中国大运河申遗工作圆满完成，根据国家文物局关于细化大运河管理措施，推进研究、展示、推介等相关要求，市文物局及时编制《大运河通济渠郑州段管理规划》并报经国家文物局批复同意，提升了大运河郑州段的精细化管理水平。同时，大运河遗产博物馆完成方案设计及选址征地工作；《大运河通济渠郑州段景观展示规划设计方案》编制完成，景观展示工程进入招标程序；《郑州大运河》书稿已完成初稿。

【文物保护规划、方案编审、报批】 完成芦村河、京城古城址、陈家沟遗址等9处文保单位保护规划和环境整治方案的审核上报工作，继续推进娘娘寨遗址、南洼遗址等10余处文物保护规划编制工作。组织开展郑州商城东城垣中段、荥阳故城南城垣、苑陵故城东、北城垣本体保护方案、卧佛寺塔、凤台寺塔等数十处文物保护单位的方案编制、审核及报批工作。

【文物本体抢救性维修工程】 2015年，郑州市进一步加快文物本体抢救性维修工程建设进度，确保了文物本体安全及周边环境协调。完成了京城古城址西城垣本体维修、郑州商城A3段环境整治及木栈道围栏工程、荥阳故城西城墙抢修4处遗址类本体保护工程；完成了惠济桥本体保护、万嵩寺本体维修等5项古建筑类文物保护工程，并持续推进新密魏长城、新密城隍庙、白氏祠堂、至圣家庙等文物保护工程建设；启动了小双桥遗址夯筑建筑基址本体保护工程、新密市古城寨城址南城墙维修加固工程。

【苑陵故城展示利用项目】 全国重点文物保护单位苑陵故城位于郑州航空港经济综合实验区龙王乡，是一处兴建于战国至汉代，废弃于隋唐的古城遗址，对于研究中原地区城市发展、社会文化具有重要研究价值。为使苑陵故城得到充分的保护利用，郑州市文物局委托河南省古代建筑保护研究所承担编制苑陵故城东、北城垣保护维修方案。同时与航空港区社会事业局、河南省文化产业投资有限责任公司协调沟通，启动苑陵故城保护展示项目，将苑陵故城保护展示、老家小镇纳入园博会统筹实施。

【黄河博物馆保护性迁建工程】 黄河博物馆旧址位于郑州市紫荆山路，是我国唯一一座以黄河为专题内容的自然科技类博物馆。主建筑陈列大厅属欧式建筑风格，是郑州颇具时代特色的标志性建筑。为配合郑州地铁1号线建设，经国家文物局批准，决定对黄河博物馆主展厅进行加固与平移，对南北展厅进行保护性拆除与复建。工程于2011年5月开工，2014年4月完成施工，2015年4月通过河南省文物局组织的专家验收。

【郑州商城A3段环境整治及木栈道围栏工程】 全国重点文物保护单位郑州商城遗址位于郑州市管城回族区，为商代早期都城遗址。为做好郑州商城遗址本体保护，提升遗址展示效果，经河南省文物局批复同意，郑州市文物局指导相关单位于2013年9月起根据国家文物局批复同意的《郑州商城城垣遗址保护展示设计方案》（文物保函〔2010〕843号）开工实施郑州商城内城垣遗址本体保护——A3段城垣外侧绿化保护项目和商城内城垣遗址南大街—西南角木栈道、防护围栏保护工程。2015年4月29日，两项保护展示工程顺利通过河南省文物局组织的专家验收。

【印发《郑州市文化遗产地图》】 由郑州市文物局印制的《郑州市文化遗产地图》正式印发到各县（市）区、开发区文物主管部门和各文博单位。文化遗产地图标注了郑州市行政区划内重要文物点600余处，涵盖了古遗址、古墓葬、古建筑、石窟寺及石刻、近现代重要史迹与代表性建筑等文物类别，文物价值重要，体现了郑州深厚的文化底蕴。

【方家沟遗址考古发掘】 方家沟遗址位于登封市卢店镇方家沟村。2015年9–12月，郑州市文物考古研究院与北京大学考古文博学院合作对遗址进行了第二次发掘，位置处于前次发掘区的西侧，面积约40平方米，发掘深度9.06米。地层情况与前次发掘相同，文化层埋藏在马兰黄土之下、MIS3阶段古土壤之上的河漫滩相堆积中，找到了遗物较集中的沟的西部边界，进一步厘清了遗物的埋藏过程。出土标本30件，其中石制品22件，动物骨骼（牙齿）化石2件，鸵鸟蛋皮6件。本次发掘发现古人类充分利用地震后的裂隙带现象尚属考古界首次。

【老奶奶庙遗址考古发掘】 老奶奶庙遗址位于郑州市西南部二七区侯寨乡樱桃沟景区内。2015年的考古发掘主要在往年发掘的基础上继续往下发掘，从下活动面即3E和3F层开始。下活动面为主要遗迹和遗物分布区，包括用火遗迹和大量的动物骨骼以及石制品。下活动面深度在探方分布不甚均匀，最深处可达50厘米，最浅处仅15厘米左右。下文化层之下为4层堆积，从土质土色和包含物来看主要可以分为4A、4B、4C、4D、4E和5层四个层位，其中4A层深度最浅，不见遗迹现象，但遗物有较多发现。4B、4C层是发掘过程中仅次于下活动面，遗物分布最多的层位，从堆积形成角度来看，该层受水动力影响较重，以黄褐色黏质粉砂为主，局部可见水流形成的冲积层。4D、4E层遗物明显减少，应为遗址使用最初阶段，人类活动尚未集中，今年发掘至4D、4E层不见遗物出土为止。5层为遗址下原生地层，包含有大量钙质结核，不见遗物出土，在遗址中呈南北向斜坡分布。该考古发掘项目被列为“2015年国家社科基金重大项目”。

【双槐树遗址考古发掘】 双槐树遗址位于巩义市河洛镇双槐树村南黄河南岸台地上，东西长1500米，南北宽600米，面积90万平方米。2013年，郑州市文物考古研究院申请的“郑州地区仰韶时期聚落形态、仰韶文化类型研究以及

维修后的万嵩寺

郑州大河村遗址

中华文明探源”项目被国家文物局批准立项。2014年3月，市考古院联合中国社会科学院考古研究所、巩义市文物局，对双槐树遗址进行考古调查、勘探和发掘。截至2015年年底，共在双槐树村及周边勘探55万平方米，勘探发现灰坑460余处，墓葬530余座，道路6条。全年，共布探方40个，探沟2条，清理墓葬40余座，清理灰坑40余处，清理房基2处，清理祭祀坑3处，清理活动面1处。另有40余座墓葬因为打破活动面而尚未清理。墓葬中有12座战国贵族墓，出土有青铜鼎2件，青铜剑1把，铜带钩1件，陶礼器40余件，水晶环1件。其余为仰韶墓葬，大多无随葬品。灰坑出土有陶盆、罐、鼎、豆、钵、小口尖底瓶、瓶、碗、杯、弹丸、器盖、器座、纺轮等。陶片以灰陶为主，红陶次之，少量黑陶，还有少量硬白陶，在龙山过渡期遗迹中，发现有篮纹陶片。彩陶有红衣黑彩、白衣褐彩、白衣红彩。纹饰有网格纹、花卉纹、三角纹、直线纹、平行线纹、太阳纹。石器有铲、斧、纺轮、弹丸。骨器有簪、镞、锥。该考古发掘项目，对于研究仰韶时期的祭祀活动及探讨整个遗址的性质和规模提供了新的实物材料。

【东赵遗址考古发掘】 东赵遗址位于郑州西郊的高新区沟赵乡赵村（东赵）南、中原区须水镇董岗村西北。2015年，对东赵遗址新砦期城址进行了全面揭露，取得了一些重要收获。（1）在小城内发现一批新砦期遗迹，遗迹主要有窖穴、灰坑等，窖穴、灰坑皆为圆形袋状，窖穴的底部、坑壁均有加固或防潮措施，形制大小基本相同；灰坑大小、深浅不一。（2）对夏商时期用水遗存进行了初步清理。在小城中部发现了大面积淤土并进行了初步解剖，解剖发现此淤土并非一个单一大水池，而是由众多淤土坑组成，淤土坑是由人工挖成的多个小水池组成，其性质应为当时的用水遗存，对探讨夏商时期用水设施具有重要价值。（3）出土了一大批新砦期、二里头一、二期的陶器标本，修复了大量该时期的陶器，大大丰富了新砦期的文化内涵，对龙山晚期—新砦期—二里头早期陶器演变研究提供了新素材。（4）发现了完整的东周时期墓地。共发掘62座东周墓葬，集中分布，按形制、随葬品组合等分区明显，这批墓葬年代同于东赵大城年代，应为大城时期墓地。东赵遗址这些遗存的发现对新砦期的深入研究以及早期夏文化研究均具有重要价值，同时为夏商周综合研究也提供了新材料，意义重大。

【文博公共服务】 深入开展博物馆、纪念馆免费开放工作，国有博物馆全年向社会开放时间不少于300天，民办博物馆不少于240天，在做好基本陈列展览的基础上，举办临时展览76个、巡展及爱国主义教育报告65余场，接待观众总数为300万余人次，取得了显著的社会效益。

【2015国际博物馆日】 围绕2015国际博物馆日主题“博物馆致力于社会的可持续发展”，全市26家博物馆举办《楷模——感动中国之河南籍人物风采篇》《世界反法西斯战争图片展》《抗战1941——30天克复郑州》《饮食男女——仰韶先民的饮食与婚姻生活》《天边的彩云》等20个专题展览，免费讲解100余场，举办特色活动12个，共接待观众8万余人次。

【文博研究成果】 （1）继续推进“中原地区晚更新世古人类文化发展研究”“郑州地区仰韶时期聚落形态、仰韶文化类型研究以及中华文明探源”“中原腹心地区早期国家的形成与发展”等国家社科基金重大项目。（2）成功举办“夏商周时期的中原与周边——纪念郑州商城发现60周年暨韩维周、安金槐、邹衡先生学术成就研讨会”；参与组织召开2015文化遗产保护与数字化国际论坛；成功争取首届中国考古学大会承办权。（3）出版《天地之中——嵩山》《百年郑州人与事》《纸质文物保护技术与材料》《郑州文庙》《抗战1941——30天克服郑州》等一系列学术专著。发行《古都郑州》《二七》等学术期刊。（4）完成了《新型文物修复黏合剂的研究与应用》《纳米SIO2材料用于铁质文物保护的研究》《郑州新型城镇化建设中的文化遗产保护及利用研究》等科技攻关项目。（5）完成了《河南红色文物资源保护与整合利用问题研究》《郑州红色旅游

郑州东赵遗址航拍图

文化品牌的创新与开发》《郑州工业遗产价值评估与分级利用研究》等课题调研并获奖。

（于皓洋）

档案工作

【概况】2015年，全市各级档案部门按照国家档案局、省档案局的总体要求和市委、市政府的工作部署，围绕“坚持一条主线，强化三大支撑，突出六个重点”工作主题，统筹兼顾，突出重点，全面推进档案法治化建设，进一步提升档案工作管理水平和服务能力，有力推动了档案事业的健康持续发展。

档案法治工作全面推进。2015年，全市各级档案部门深入贯彻落实国务院《全面推进依法行政实施纲要》，坚持依法治档，推进依法行政。市档案局结合实际制定了《2015年依法行政工作要点》，组织人员对郑州档案信息网进行改版升级，利用郑州市政务服务网、郑州市档案信息网、“郑州档案”政务微博、户外大屏、信息公开栏等形式及时向社会公开信息。按照市政府“五单一网”工作要求，市档案局作为全省档案系统首家单位，组织梳理权责事项17项，重新制作权责事项清单，在“郑州档案信息网”上公示。市档案局组织召开全市档案行政执法培训暨动员会，邀请省内档案法制专家授课，对全市100多家行政机关、企事业单位进行执法检查。各县（市）区档案部门不断提高依法治档能力，2015年9月，国家档案局局长、中央档案馆馆长李明华到新密市检查指导档案执法检查工作，对工作成效给予充分肯定。

服务大局成效明显。全市各级档案部门围绕重点项目建设、棚户区改造、土地确权等重点工作，规范建档内容，主动靠前指导。组织对全市重点建设项目实施跟踪服务，派员到京广快速北延工程、市委党校二期工程等重大建设项目实地指导，现场讲解，督促参建各方做好项目档案的收集、整理和移交工作。将地铁1号线工程、南三环污水处理工程等4个项目上报省档案局备案，迎接国家档案局检查。2015年11月，登封华润电厂二期工程和新郑国际机场二期建设工程项目通过了国家档案局组织的重点项目档案检查验收。中牟县档案局指导县建设局成立了工程项目建设档案科，承担全县工程项目档案的收集整理工作，2015年整理出建设工程档案1203卷，1014盒。中原区档案局组成工作组深入到常西湖管委会和中原新区管委会对棚户区改造拆迁档案的形成、收集、整理进行业务指导，确保棚户区改造拆迁档案的齐全完整。郑州市档案局作为成员单位参加郑州市2015年农村改革工作座谈会，按照郑州市农村土地承包经营权确权登记颁证工作方案，在5个县（市）各选2个乡（镇）开展农村土地承包经营权确权登记颁证工作。截至2015年年底，各项工作按时间节点有序推进。

服务民生作用突出。2015年，市档案局多次到市内各区调研，实地了解社区服务窗口的工作流程、服务项目，掌握社区档案的形成、管理和利用机制，收集汇总社区档案工作中存在的问题，指导上街区成功创建2个社区档案工作省级典型。市档案局积极推动民生档案跨馆查询工作，与杭州市档案局签订了民生档案跨馆查询利用协议；组织各县（市）区召开民生档案跨馆利用协商会，讨论并汇总了意见建议，组织制订民生档案跨馆查询利用的各项制度。市档案馆、管城区档案馆发挥自身资源优势，举办了“纪念抗日战争胜利七十周年档案史料展”；二七区档案局联合汝河路小学，完善“省一级档案室”和“少儿党史档案教育基地”，面向全区中小学生开放，将档案资源转化为教育资源的现实价值；惠济区档案局对辖区抗战史料进行了收集，进一步充实了爱国主义教育基地红色教育图片展。2015年全市共接待查档52.9万人次，查阅档案45万卷（件、册），为市民、群众查找各种证明，享受相应待遇，提供了翔实的档案资料，有效发挥了档案服务民生、化解矛盾等方面的突出价值。

【档案馆库建设】郑州市高度重视档案工作，规划建设郑州市档案新馆中原西路项目，建筑面积34000平方米，设计馆藏量450 万卷，设计有档案库房、对外服务用房、档案业务和技术用房、办公用房、附属用房。在项目推进过程中，市档案局积极与市发改、财政、规划、国土等部门加强沟通联系，推动分工、任务和责任的明晰和落实。2015年，完成了设计任务书编制、设计单位招标、设计方案筛选等工作，2015年11月8日，项目正式奠基。2015年，荥阳市档案新馆项目完成了电气、暖通、消防等工程建设，外部绿化和办公设备、库房设施的招标采购等各项工作进展顺利。

【档案资源建设】市档案馆组织人员先后接收市人大、市自来水公司等机关和企事业单位档案40余万卷（件）。征集到总理李克强视察郑州照片42张；全国20余省市的粮票、布票、侨汇券200多张；郑州汉画像砖拓片68幅；复制一史馆与郑州有关的清代奏折电子档案20件370页、条目596条；豫剧大师马金凤、剧作家杨兰春、摄影家周淑丽等光盘92张。派专人参加黄帝故里拜祖大典筹备工作，积极收集、整理重大活动档案资料151件。上街区委、区政府联合下发了《上街区新型城镇化专题档案整理方案》，对新型城镇化过程中产生档案资料的建档原则、收集内容、建档方法等工作进行了明确，共收集23个村（社区）的图片、视频资料12821张（个）。荥阳市大力开展新型城镇化建设声像资料专项收集工作，接收照片3835张、音视频44个，全方位记录了新型城镇化建设的过程和成果。

【档案信息化建设】2015年，市档案局争取财政资金支持，将2016-2018年档案数字化项目资金472万元列入财政预算。组织制订了《郑州市档案数字化业务外包安全管理细则》，对郑州市档案数字化业务外包进行初步规范。对郑州市数字档案馆项目进行决算和固定资产登记，挂接18个机关单位档案数据83.7万页，数据量159.7G。将智慧档案作为专项列入《郑州市智慧城市建设总体规划》。2015年，全市共完成档案数

2016年度全市档案工作会议

《中原壮举——纪念抗日战争胜利70周年档案史料展》开展仪式

字化处理377.3万页，其中市档案馆完成216万页。新密市档案局、金水区档案局加强信息化基础设施建设，完善了档案管理局域网和数据存储设施设备。

【档案宣传工作】2015年，全市各级档案部门和广大档案工作者充分利用电子屏幕、档案网站、报纸杂志等宣传阵地宣传档案工作，有力提高了档案工作的社会认知度，为档案事业发展创造了良好的社会舆论环境。市档案局不断加大档案宣传工作力度，组织人员到社区开展“档案普法宣传”志愿服务活动。在绿城广场举办了第8个“国际档案日”宣传活动，设置宣传展板，印制并发放《档案与你相伴》《档案利用实例》《走进档案》等宣传资料5000余册，现场解答群众咨询，邀请郑州电视台、郑州人民广播电台等多家媒体对活动现场进行了报道，受到了社会的广泛关注。同时各县（市）区开展了形式多样的“国际档案日”宣传活动。

【档案文化建设】市档案局将档案开发利用作为重点列入2015年工作目标管理考核指标，鼓励各级档案部门积极探索，努力开拓档案文化工作新领域。市档案馆拍摄了微电影《信息化助推档案查询利用工作》，荥阳市档案局和荥阳市电视台联合拍摄了微电影《档案颂》，上街区档案局拍摄了《新型城镇化》专题片，惠济区档案局在省电视台播出了《走进隋唐大运河郑州荥泽枢纽》专题新闻片，新密市档案局组织编写了《新密档案工作大事记》《新密档案荣誉汇编》。围绕“抗战胜利70周年”主题，市档案馆编辑出版了《郑州抗日战争史》，管城区档案局制作了《牢记历史 珍爱和平》宣传纪念册；新密市档案局组织编写了《抗日烽火》。

【档案队伍建设】全市各级档案部门不断加强人才队伍建设，完善人才录用机制和使用机制，努力打造一支业务强、作风好的高素质档案工作队伍。2015年，郑州市档案局、馆公开招录公务员5名。新密市档案局新增两个科室，并选调了5名同志，安排了3个公益性岗位，专门从事档案扫描录入工作。中牟县档案局在举办档案从业人员岗位培训班的同时，编写了《档案业务培训教材》。新郑市档案局举办了全市档案从业资格培训班，发放《河南省档案人员岗位培训班讲义》《农村档案人员工作手册》等学习材料，对全市机关、企事业单位等部门的120名档案员进行了免费培训。

（孙超峰）

地方史志工作

【概况】2015年，郑州市史志工作认真贯彻落实《地方志工作条例》《河南省地方志工作规定》《全国地方志事业发展规划纲要（2015-2020年）》，以深入开展“三严三实”专题教育为契机，紧紧围绕“贴近中心，服务社会，突出特色，扩大影响”的基本要求，扎实做好修志编鉴工作，拓宽修志用志领域，加强地情数据库建设，强化史志工作法规保障，推动了史志事业的发展。

地情资源开发不断加强。整理完成《郑州名典》系列地情书《名水》分册，其他分册的资料收集工作有条不紊地进行。持续开发“美丽郑州”系列微型地情书，编辑出版《概览郑州》《民生郑州》《数字郑州》《荣誉郑州》《领航郑州》等，增强《郑州年鉴》的实用性和服务性。各县（市）区地情资源开发工作也卓有成效，新郑市《乡愁》、中原区《回眸中原2014》、管城区《守望乡俗》、登封市《大嵩山》、金水区《金水故事》、荥阳市《荥阳回族简史》、二七区参与编辑的《二七区城乡建置存目》等10余部地情书相继出版发行或编写成稿。《郑州都市区建设大事月报》进展良好，全年编辑发行12期，总期数51期。

史志成果运用取得良好效果。郑州市、县两级史志机构充分发挥地情资料库的作用，积极为招商引资、项目建设、特色规划、展览展出、文化名村申报等提供资料和咨询服务。2015年，市史志办对郑州市市花、市树、市歌、市徽及十大历史人物等进行查阅整理，提供确定时间、内容等情况；参与省广播电台纪念抗战胜利70周年回顾访谈节目；登封市地方史志办公室组织并参与“嵩山论坛”“二十四节气”申报非物质文化遗产；新郑市地方史志办公室参与组织第九届黄帝文化国际论坛、建立白居易图书馆论证，一批史志成果得到了挖掘和利用。

年鉴编纂工作持续推进。《郑州年鉴》按照“科学、创新、提升”要求，调整栏目设置，优化框架结构，狠抓质量管理，着力反映郑州都市区建设重要成就，《郑州年鉴（2015卷）》经过反复编校把关，年内出版发行，市、县（市）区年鉴工作实现了全覆盖。

地方志法治建设顺利推进。市史志办深入贯彻落实《地方志工作条例》《河南省地方志工作规定》，认真修改完善，研究制定《郑州市地方志工作规定（送审稿）》，已报市政府法制局审理，并经过专家论证，列入2016年全市立法预备项目。

【郑州市地方史志工作会议】3月31日，郑州市地方史志工作会议召开。会议总结2014年工作，安排2015年工作。郑州市人民政府副市长刘东出席会议并作重要讲话。会议对郑州市修志用志工作先进集体和个人进行了表彰，部分先进单位代表作了典型发言。

【《郑州年鉴（2015）》出版发行】2015年12月，郑州市人民政府主办、郑州市地方史志办公室编纂的《郑州年鉴（2015）》由中州古籍出版社出版。全书设有《特载》《市情概要》《大事记》《党政机构》《法制》《农业和农村工作》《工业经济》《开发区及产业集聚区》《县（市）区》等23个篇目，结合郑州“三大主体”工作，围绕市委、市政府中心工作，突出新型城镇化建设、产业体系构建等特色，展现了郑州都市区建设重要成就，特别是全面更新了郑州城区地图、郑州地势图、郑州市政区地图、郑州市交通图等，突出反映了郑州建设新面貌。

【“美丽郑州”系列微型地情书编印出版】

《郑州年鉴（2015）》出版

“美丽郑州”系列微型地情书之《领航郑州》《数字郑州》《民生郑州》《荣誉郑州》

“美丽郑州”系列微型地情书之《领航郑州》《数字郑州》《民生郑州》《荣誉郑州》编印出版。《领航郑州》以图片和文字形式记录各级领导人在郑州的视察、调研等工作情况；《数字郑州》以数字为表现形式，真实记录2015年郑州市经济社会发展基本情况；《民生郑州》记录全市为民办理民生实事目标及完成情况；《荣誉郑州》真实记录郑州市、各县（市）区及市直机构获得的各类荣誉和称号。“美丽郑州”系列微型地情书增强了年鉴的实用性、便利性和时代性，拓展了年鉴工作的广度和深度。

【县（市）区史志工作督察会】 12月4日，郑州市2015年县（市）区史志工作督察会召开。会议期间，各县（市）、区史志机构负责人就学习贯彻《全国地方志事业发展规划纲要（2015－2020年）》、地方志工作“一纳入八到位”、修志工作、年鉴月报编纂和方志资源开发等情况进行了自查汇报，市史志办对各县（市）区2015年的工作进行了评价，肯定了工作成绩，提出了工作要求。

【乡镇志编纂】 2015年，郑州市乡镇志编纂工作势头良好。市史志办先后召开全市乡镇（街道）志编纂工作推进会、全市县（市）区史志工作督察会，举办全市乡镇（街道）志编纂业务培训班，总结交流经验，分析存在问题，强化督促指导，全市乡镇（街道）志编纂工作扎实推进。截至2015年年底，全市有50个乡（镇）街道正式开展志书编纂工作，其中已出版3部，准备出版2部，完成初稿8部，正在编写初稿6部。

郑州市地方史志工作会议召开

【乡镇（街道）图志编纂】 2015年，郑州市乡镇（街道）图志丛书编纂工作稳步推进。市史志办先后召开图志编纂座谈会、图志样稿研讨会和《新密市乡镇（街道）图志》《中原区街道图志》评稿会，积极争取市政府下发《郑州市人民政府办公厅关于郑州市乡镇（街道）图志丛书编纂工作的通知》（郑政办明电〔2015〕119号），推动郑州市乡镇（街道）图志丛书编纂工作深入开展。截至2015年年底，新密市、中原区图志已经送厂印刷，金水区图志完成复编，二七区图志形成初稿，其他县（市）区的编纂工作也有序进行。

【村志、村史编写】 按照郑州市政府关于做好拆迁改造村庄历史文化保护传承工作的要求，市史志办起草了《郑州市拆迁村变迁史编写工作指导意见》，在全市启动了拆迁改造村村史编写工作。积极鼓励、引导支持有条件的村编纂村志，二七区在全区启动了村志编纂工作。2015年，全市出版村志6部，30多个村村志编纂工作按计划有序推进。

【《郑州地情活页》编辑发行】 《郑州地情活页》紧贴时代、形式新颖、图文并茂、内容丰富，《经济关注》《百业亮点》栏目贴近中心工作，服务经济社会建设；《文化视窗》《文明之根》栏目传承历史文化，促进群众文明素质提升。每季度1期，全年共发行4期，总期数18期。

【指导部门志、行业志编纂】 2015年，郑州市各级史志机构主动掌握机关、企事业单位志书编修情况，积极对有编纂意向的单位开展业务指导，组织培训编纂人员，严格把关编纂质量，重点指导了《郑州市外事侨务志》《郑州市黄河志》《中牟黄河志》《荥阳农业

举办2015年郑州市地方史志业务培训班

志》等部门志的编纂。

【《郑州侨务志》出版】《郑州侨务志》2015年3月印刷发行。该书共分两卷，全书共8章，从机构沿革、友好接待、友好城市、因公出国（境）管理、涉外管理、参与国际组织活动、侨务工作、重大外事活动等方面，用大量翔实的资料，比较全面、系统地记述了郑州侨务工作的历史及现状。

【地情资料信息化建设】市史志办按计划完成了地情信息化建设二期工程；将收集的康熙《登封县志》、乾隆《荥阳县志》（点校本）、民国《河阴县志》上下册（点校本）、嘉靖八年《登封县志》（点校本）、乾隆五十二年《登封县志》（点校本）、乾隆四十一年《新郑县志》（点校本）、嘉庆二十二年《密县志》（点校本）等7种旧志及旧志整理本进行了数字化。全年数字化县（市）区志、鉴和地情书籍资料近百册，总计近1亿字。

郑州市情网运行良好。市史志办不断完善、更新"郑州市情网"，刊载文章数量4000余篇，近1000万字，访问量累计超过60万人次。

《郑州市情》APP应用日益广泛。《郑州市情》APP依托"郑州市情网"，为用户提供地情类资讯服务，开设有《郑州历史上的今天》《郑州概览》《郑州之最》《历史名人》《名山名水》《少林武术》等具有地情特色的栏目，并可免费查阅两轮《郑州市志》、30部《郑州年鉴》、旧志及几十部相关地情资料。截至2015年年底，访问总量累计超过2万人次。

举办全市乡镇（街道）志编纂业务培训班

【方志馆建设】郑州市地方史志办公室积极与相关部门沟通，进一步筹划、论证方志馆项目，细化具体功能和空间布局，2015年，郑州市方志馆建设项目作为郑州西区市民公共文化服务区首批入驻项目已开工奠基。

【业务培训】2015年，市史志办加强干部教育培训，着力提升干部综合素质和业务水平。8月23–29日，在复旦大学举办全市地方志业务培训班，组织全市地方史志系统和市直有关单位从事志书、年鉴编纂的业务骨干70余人参加了培训；10月21–23日，举办了全市乡镇（街道）志编纂业务培训班，组织11个县（市）区史志业务骨干和部分乡镇（街道）志书主编及相关业务人员共89人参加了培训。

（李占虎）

图书发行

【概况】2015年，郑州市新华书店以党的十八大精神为指导，以图书经营销售为中心，以发行网点建设为重点，以打造品牌形象为突破口，积极谋划全区卖场布局改造，不断强化企业内部管理，大力加强人才队伍建设，有效提高抵御市场风险能力，带动了各项工作稳步提升，2015年整体销售达到3.35亿元，取得了较好的社会效益和经济效益。截至2015年年底，郑州市新华书店拥有省内最大的图书零售卖场郑州购书中心和3家综合性卖场，设有团体销售部、教材教辅销售中心、新华培训中心、市场发展部、新华国际旅行社等10个职能部门，专门为全市的学校、机关、团体和图书借阅者服务，主营各类中外文图书、电子音像出版物，负责发放全市中小学生课本，供应各类大中专教材以及学生教辅读物。

【重点图书发行和教材发行】2015年，市新华书店树立高度的政治责任意识，坚持发行工作的宣传导向作用，及时组织并重点做好习近平总书记亲自作序的第四批全国干部学习培训教材、《习近平关于党风廉政建设和反腐败斗争论述摘编》《习近平谈治国理政》《中国共产党廉洁自律准则 中国共产党纪律处分条例》等重点图书的征订发行工作，第一时间编制学习读物书目推荐、征订单，为发行人员深入机关、学校、企事业单位进行重点图书宣传提供帮助，有效地满足了各方学习需求。

教材发行方面，市新华书店认真执行国家关于教材出台的方针政策，按《通知》规定的内容订齐订足各科教材，确保"课前到书，人手一册"。在征订发行中，不断完善服务手段，提供更加细致认真的服务，确保教材征订发行工作的准确无误。

【图书营销活动】2015年，市新华书店以打造“影响力”为总体目标，强化大型活动，线上线下结合，扩大手机宣传，大幅度提升营销水平和企业品牌形象。以大型签售会为先导，拉动卖场人气。先后举办36场作家签售会，邀请央视著名主持人敬一丹、少儿文学名家沈石溪、百家讲坛唐博等名家举办签售，并通过精心策划，把这些高规格活动打造成社会文化热点，既创造良好销售业绩，也形成了突出的社会效应。

以营销新技术为抓手，线上线下结合。通过完善微信公众平台功能、创办“郑在阅读”手机微刊、运行手机微店等方式把顾客导向实体店面。在宣传方面，以手机营销为重点，建立宣传网络，着力打造书店自媒体，通过读书脱口秀、读书微刊等方式，围绕顾客手机，逐步搭建以书店自媒体为核心，以社会微信、微博大号为传导，以公立传统媒体为辐射的宣传网络，塑造了富有活力的企业形象。

【发行网点建设】2015年，市新华书店积极谋划网点布局，采取多种形式，全面推进网点建设工作。（1）加快上街区书店工程进度。成立相关的工作小组与上街区委、区政府就有关问题进行协商，争取项目早日开工建设。（2）积极推进弘润路书店和建业凯旋广场项目。经过仔细研究，反复协商，积极谈判，详细商定各项目建成投入使用后的细节，最终完成了弘润路书店和建业凯旋广场项目购置合同的签订。（3）完成了农业路店临时卖场的装修改造。因农业路店被列入拆迁范围，市新华书店提前做好搬迁预案，在丰乐路、群办路附近租赁了500平方米卖场，用一周时间完成了卖场装修改造，顺利实现了新老卖场的稳定过渡。（4）完成中原万达店的开业工作。在前期充分论证、考察的基础上，利用中原万达自有房产打造了900平方米的中型卖场，该书店在设计理念、空间布局、功能分布、业态融合等方面做到了极致，营造出流畅、雅致的文化空间。

【文化综合体建设】2015年，市新华书店进一步丰富多元化经营项目，满足了市民一站式文化消费需求。继续做好招商工作，进一步引进和调整多元化经营项目。陆续引进了“ROOK儿童运动服饰专营店”“美饰优品”、“老船吧”音乐餐厅3家联营商户，同时引进了捷渡高端行车记录仪和车得宝汽车用品，结合汽车类图书同步展销，有效提升了相关产品的销量。丰富培训内容和方式，提升读者俱乐部服务水平。2015年，读者俱乐部完成了全方位的升级改造工作，分别创设了富有特色的“知·味”书屋、“童·摇”绘本馆、“缦·舞”形体室、“创意”手工坊、“视觉”3D影厅5个场馆。读者俱乐部依托自身优势，通过为读者提供卖场新书、中英文绘本同步借阅，开展创意手工课堂，增设3D电影欣赏、形体舞蹈训练、DIY烘焙、咖啡、甜点、茶饮等增值服务，满足会员不同需求，提高会员卡销售量。同时，正式开启了“零点书吧”经营模式，将营业时间延长至24:00，在为广大会员提供多功能“夜读”空间的基础上，进一步扩大和延伸读书氛围。

【电子商务平台建设】借助互联网优势，市新华书店逐步探索电子商务平台销售模式。（1）积极筹建并打造专业化电商人员队伍。组建郑州市电子商务运营中心，加强对电子商务人员的业务素质培训，打造一支专业素质过硬的电商人员队伍。（2）全力打造云书网“郑州特色馆”。借助云书网平台，认真收集能代表郑州特色的文创产品，顺利完成了特色馆产品采集及服务信息收集工作。上线品种丰富，包括“河南博物院文创产品”、音像、家电、学习用品、生活食品、手工艺品、家政服务、婚庆类、旅游类等多种服务产品，为探索电子商务平台奠定了基础。（3）极力推进乡村服务站建设工作。通过对郑州市区周边各个乡（镇）经济情况、人口分布、消费观念等一系列调研分析，初步选定了多个乡村服务网点地址，建立云书网电子商务服务站，全面提升电子商务服务能力和销售水平。

（李　菁）

新闻出版与传媒

新闻出版

【概况】2015年，郑州市新闻出版业转型步伐加快。全市共有32家印刷企业通过绿色印刷认证验收，居全省认证之首，占全省55%。郑州（绿色）印刷包装创意文化产业园合作框架协议签订，有40余家企业明确入驻意向。推动郑州市印刷企业推进"联网+印刷"模式，郑州市最大印刷电子商城——都能印，入驻印刷企业21家，在全省开设分店46家，有效解决企业规模小、产品单一、竞争力不强等问题。图书发行单位达到1489家，年销售总额达到73.13亿元。图书销售额继续保持了10%的增长速度。

【版权保护】2015年，郑州市版权公共服务水平显著提升，共办理著作权登记700余件，为著作权人搭建了良好的服务和维权平台。启动了各级版权示范城市、示范园区、示范单位创建活动，扎实做好首批申请创建省级示范的初审、推荐和报批工作。全面贯彻落实市政府《关于在全市建立落实政府机关软件正版化长效机制的通知》要求，组织开展2015年软件正版化检查工作，有效推进了全市软件正版化工作进程。持续营造尊重版权的社会氛围，通过媒体宣传和开办讲座等形式，开展《著作权法》、"4·26世界知识产权日"等主题宣传活动，增强了市民保护知识产权的意识。

【扫黄打非】深入开展"扫黄打非"集中行动和专项整治活动，先后组织了"双节""两会"期间出版物市场及网络文化环境监管集中行动、"清源2015""净网2015""秋风2015""护苗2015"集中整治行动。截至2015年年底，共出动执法人员9329人次，收缴侵权盗版、淫秽色情等非法出版物63046册（张），处置网络有害信息493条，取缔关闭网站7个，查办案件26起，行政处罚11人，刑事处理案件4起，刑事处罚3人。严查大案要案，有效震慑违法犯罪，全市共查办案件67起，行政处罚46起，刑事处理4起，查处了"6.02""7.21""8.06"新闻敲诈勒索案、"5.27"盗版盗印教辅图书案、"3.04"销售非法出版物案，有力地震慑了违法犯罪。注重扫黄打非工作宣传，与省扫黄办联合举行了侵权盗版及非法出版物集中销毁活动和"扫黄打非"成果展，共销毁盗版音像制品、图书、电子出版物及非法报刊15万册（盘、张）。

中共河南省委原书记徐光春在世界读书日做客"天中讲坛"

【第十二届绿城读书节】10月13日，郑州市第十二届绿城读书节在郑州人民广播电台第一演播厅正式启动。从10月份持续到12月底，期间举办了"童心绘美，阅动中原"首届绿城都市童书展、"阅读让女性更出彩"主题征文活动、"我的书屋、我的梦"农家书屋征文活动、"我最喜爱的豫版图书"征文活动、"阅读之星""十佳书香家庭""十佳书香之乡"等多项活动。本届绿城读书节的最大亮点是将网络媒体融汇于各项活动之中，书香家庭评选、"网上悦读"、读书故事征集等活动都开通了互联网参与渠道，通过互联网和微信服务平台与市民互动，让所有市民足不出户就能参与到全民阅读的各项活动中来。活动期间，"书香郑州"微信公众号向市民提供好书推荐、电子书库、书店定位、参与阅读活动等在线服务，让阅读更加方便、更加快捷。截至2015年年底，近5万名市民直接参与读书节的各类现场活动，累计有15万人次参与读书节网络互动和评选活动；通过广播、电视播出播送公益宣传广告300余次；通过各类媒体传播影响的人群超过50万人，营造了浓郁的书香氛围。

（张明华）

郑州报业集团

【概况】2015年，郑州报业集团认真学习贯彻落实习近平总书记系列讲话精神，自觉践行"三严三实"，学习贯彻中央、省、市各项方针政策，按照"宣传全媒体，发展多元化"战略，沿着"做强以《郑州日报》为旗帜的党报全媒体宣传矩阵，做大以《郑州晚报》为龙头的都市报系传媒平台，做活以中原网为先锋的新媒体媒介集群，做优以文化创意产业为突破口的多元化产业链条"的"四做"发展路径，不断强化互联网思维，积极开展"互联网+"背景下的"报业+"创新实践，以创新精神做宣传、抓管理、谋发展，积极作为，有效作为，抓业务、抓队伍、抓机制，做强新闻主业，转变增长方式，积极推动传统媒体与新兴媒体融合发展，在新闻宣传、媒体融合、经营管理等方面均取得显著成绩。截至2015年年底，郑州报业集团拥有五报三网二杂志37家下属单位及公司，经营范围已拓展到传媒印刷、媒介经营、文化创意、旅游及酒店管理、影视制作、金融及资本运作、智慧社区、房地产等多个领域。

【新闻宣传】 2015年，郑州报业集团围绕中心，服务大局，全媒体联动，创新形式，打造精品，“讲述郑州好故事，传递郑州好声音”，圆满完成规定动作。同时，策划推出“全国两会”报道、“省市两会”报道、《陇海大院爱心集团》报道、《郑州都市区建设三年行动计划》大型报道、《三年大盘点数字看发展》报道、《坚决打赢大气污染防治攻坚战》系列报道、《城市精细化管理百日行动》系列报道、《总理回家》大型系列报道、《有一种爱叫“王宽家”》系列报道、“上合会议”系列报道、《我看十二五 郑州这五年》系列报道等，很多报道产生全国影响。其中，《“总理回家”》大型系列报道受到国务院总理办的肯定和表扬；《有一种爱叫“王宽家”》系列报道，助推“王宽家”入选“感动中国”，郑州报业集团连续3年推出3个感动中国人物，这在全国省会媒体绝无仅有；为“上合会议”创作的歌曲MV《郑州欢迎你》受到热烈追捧，推出不到两天点击率超过1000万。《河南新闻阅评》多次对郑州报业集团的宣传报道进行点评，给予高度肯定，3月9日第16期，对郑州报业集团进行了全省通报表扬。

【全国“两会”报道】 2015年全国“两会”报道，郑州报业集团创新报道方式，扩大报道阵容，跨界联合郑州电台、郑州电视台组建“郑州全媒体全国两会北京新闻中心”。不仅融合了郑州报业集团旗下的报纸、杂志、网络、微博、微信、客户端，还集合了郑州人民广播电台的多个频率和郑州电视台的多个频道，实现新闻报道的零时差、多渠道、全方位、立体式播报。全媒体宣传“两会”做出了亮点，形成了声势，提升了集团的影响力。省、市领导对郑报集团全媒体宣传的创新之举，给予充分肯定和高度评价。《河南新闻阅评》对郑州全媒体合力报道“两会”的做法给予全省通报表扬。

【“总理回家”大型系列报道】 2015年9月23—25日，国务院总理李克强到河南考察。郑州报业集团组建了“郑州报业集团全媒体指挥中心”，推出了70多个图文并茂、有视觉冲击力的特刊专版，并由新媒体及时进行整合推送。《总理回家》专版受到业内著名新闻设计类专业公众号“Chinanews设计”的关注，被整合成《总理回河南 〈郑州晚报〉〈郑州日报〉报道版面合集》进行专题播发推送。新媒体客户端以最快速度推出《大玉米前留影指南》《大国总理的郑东情怀》等报道，迅速收获数万点击率。本次报道达到了领先同城媒体的预期目标，得到了国务院总理办的肯定和表扬。

【《有一种爱叫“王宽家”》系列报道】 2015年9月30日，郑州报业集团全媒体联动，推出《在郑州，有一种爱叫“王宽家”》典型报道，旗下两报一网大篇幅隆重报道，两微一端等新媒体及时推送，在全国媒体圈和舆论界引发强大冲击波。央视、辽宁卫视、人民网、新华网、凤凰网、新浪、网易、搜狐、腾讯、《北京晚报》《扬子晚报》《新民晚报》《钱江晚报》等上百家网站、数十家主流媒体纷纷跟进报道和转载。报道在全国产生了影响，“王宽家”入选央视2015年感动中国年度人物。郑州报业集团继2013年、2014年后，连续第三年推出感动中国人物，在全国省会媒体绝无仅有。

【“上合”会议系列报道】 2015年12月14—15日，上海合作组织成员国政府首脑（总理）理事会第十四次会议在郑州召开，郑州报业集团高度重视，成立“上合会议全媒体指挥中心”，研讨制订报道方案。各媒体开设了《郑州欢迎你》《当好东道主 文明迎嘉宾》《上合在郑州》《给“上合”伙伴讲郑州》等系列专栏，推出《上合风云》《上合时间》《上合通鉴》《上合·如意归》等特刊。各新媒体以最快的速度推出系列报道，中原网制作的原创歌曲MV《郑州欢迎你》，推出不到两天点击率超过1000万。集团全媒体“上合会议”报道受到读者点赞、同行好评，省委宣传部、市委宣传部点名要求上报全套特刊资料并向有关部门推荐。郑州报业集团被郑州市政府评为上海合作组织成员国政府首脑（总理）理事会第十四次会议郑州市服务保障工作先进单位。

【新媒体产品】 2015年，郑州报业集团大力推动媒体融合。集团旗下媒体《郑州晚报》依托自身优势，投资上百万元开发设计了APP项目“身边”，4月30日上线后，下载量突破百余万次，日均UV百万，日均PV超过十万，为报纸的延伸阅读和广告经营提供了强有力的支持；中原网以郑州圈儿、中原网微信大号为引领，形成由豫览、掌上楼市、医学汇等30多个微信公众号组成的立体式传播阵营。以微博、微信和客户端为主体的新媒体产品24小时滚动立体式播发，全面覆盖郑州市民。中原网微信推送的《每天三分钟，尽享天下事》早新闻栏目，已成为中原网微信的拳头产品，吸引来一大批忠实的粉丝。中原网微博保持本地网络媒体的领先地位，粉丝量达到105万。2015年，中原网与北京海量大数据公司达成战略合作，建立中原大数据研究中心。此系统包含网页、论坛、微信、微博，1秒钟响应，准确率达99%。同时，中原网尝试与全国大号进行互推，开发小游戏、小测试，增加与网友的互动和黏性。截至2015年年底，《郑州日报》《郑州晚报》、中原网的官方微博，成为粉丝量300万级别的官微大号。

【中原网上市工作】 2015年，中原网改革进入全面实施阶段。改革工作分两步走，先转企，后股改。注销中原网原有事业单位身份，建立权、责、利明晰的现代企业制度，确立自主经营、自负盈亏、自我约束、自我发展的运营机制，实施年薪制等有效的绩效激励机制，充分调动人的积极性。截至2015年年底，国泰君安证券股份有限公司对中原网股改上市工作中牵涉到的法律、财务和资产等问题进行了上市辅导；中原网已经完成了人员规整、事业单位注销、增资扩股、财务梳理、资产评估等工作。按计划，2016年9月，中原网有望实现新三板挂牌。

【多元化经营】 郑州报业集团在做强宣传主业的同时，努力做优、做大多元副业，用副业夯实主业，用主业引领副业。集团旗下公司数由2014年的21家发展到2015年的37家，全年利润达3000万元，比2014年增长10倍，集团整体实力进一步加强。

房地产经营方面。顺利推进郑报·润园项目。在航空港实验区开发的郑报·润园房地产项目取得重大进展，一期楼盘实现主体封顶；二期大部分主楼实现封顶，精装样板间开始装修；安置区项目顺利交房；售楼部装修完成，开始接待客户，楼盘对外销售持续向好，一期、二期楼盘2016年都可实现交房，将回笼大量资金，促进集团其他多元化项目的顺利推进。进军海南国际养生度假产业。2015年5月16日，郑州报业集团牵手大陆希望集团、安家传媒集团，签署三方战略合作协议，共同在海南开发希望木棉湖山海湖国际养生度假区的万亩大盘。郑州报业集团利用老报业大厦开发建设的M酒店于2015年年底建成，并实现对外营业。2015年12月，新郑州报业大厦建设正式启动，该项目总面积达十几万平方米。建成后，可改善集团办公条件，同时可将多余楼层面向全国进行招商，形成媒体创意产业园区。

影视文化投资方面。2015年，郑州报业集团在影视文化方面加大投资力度，投资拍摄了百集公益电视系列剧《中华百家姓·起源故事》、36集电视连续剧《“糊涂”县令郑板桥》、反腐倡廉史诗电影《第一大案》，并参股建业·华谊兄弟电影文化小镇项目；集团旗下河南郑大文化传播有限公司参与出品了36集电视连续剧《“糊涂”县令郑板桥》。其中，电视剧《中华百家姓·起源故事》、电影《第一大案》产生重大影响，受到省部级以上领导的高度关注和鼎力支持。（1）投拍《中华百家姓·起源故事》。2015年，郑州报业集团联合河南瑞君文化传播公司成立河南东方启源文化有限公司，共同打造百集公益电视系列剧《中华百家姓·起源故事》。（2）参股建业·华谊电影文化小镇项目。2015年5月19日，郑州报业集团正式参股建业·华谊兄弟电影文化小镇项目，这是郑州报业集团“报业+”进军文化创意领域的又一转型和创新之举。该项目投资规模逾100亿元，入驻位于中牟的郑州国际文化创意产业园，首期工程计划年内动工，计划2016年开放经营。（3）投资拍摄反腐电影《第一大案》。郑州报业集团投资拍摄反腐倡廉史诗电影《第一大案》。2015年11月份正式开机，斯琴高娃、侯勇等实力派演员加盟，计划2016年全国上映。

创建“郑报创客”服务基地。11月18日，郑州报业集团与北京万视通科技有限公司合作，共同打造的“互联网+”双创空间和电子商务综合服务平台项目正式签约，项目计划投资3亿元。

合力建设智慧城市项目。6月22日，郑州报业集团联合北京东方笑脸科技有限公司，共同打造社区智能化管理平台“笑脸社区”。该项目利用物联网、云计算、移动互联网等新一代信息技术，集成移动APP、社区网站、智能电视、智慧魔屏多媒体终端一体机等多种智能终端，统筹物业、公交、社保等各类服务资源，免费为辖区居民提供人文化、多元化、社会化、转移化、专业化的公共服务。项目选定郑州正商地产集团旗下正商新蓝钻A区、E区为试点。

（史越三）

郑州人民广播电台

【概况】 2015年，郑州人民广播电台在市委、市政府的正确领导下，认真贯彻落实党的十八届四中、五中全会精神，围绕“深化改革、提升素质”这一主题，科学部署，狠抓落实，圆满完成了全年的各项目标任务。新闻宣传工作围绕市委、市政府中心工作，坚持团结稳定鼓劲和正面宣传为主的方针，创新思路和理念，不断强化广播与新媒体的融合，做到了导向正确、形式活泼、效果显著。节目质量稳步提升硕果累累，3件作品获市第19届“五个一”工程奖，同时获单位组织奖，2件获郑州市新闻宣传工作创新优秀作品奖；电台制作的广播连续剧《苏兰芳》获2014年度河南省广播剧奖一等奖，广播连续剧《焦裕禄》获得2014年度河南省广播剧创新奖。通过市场调查数据深入分析，节目听评，节目研讨，品牌节目带动等措施，不断对节目进行优化，丰富节目内容，增强听众黏性。全年电台7套节目平均收听市场份额达到49.78%，比2014年（46.22%）提高了3.56个百分点，超过了省台全部频率节目收听市场份额。新闻广播收听率市场份额达到23.27%，位居郑州地区第一位。车载收听率实现了两位数的增长，车载收听市场份额达到44.82%，比2014年增长10.08%，都市广播车载收听率达到25.7%，排名郑州地区所有广播频率车载收听率第一名。工会工作以团结动员全台职工推动电台事业健康和谐、持续快速发展和构建和谐电台为首要任务，努力为职工办好事、办实事，丰富职工精神文化生活。计财部严格落实各项财务制度，强化预算管理，为全台经济效益的提高管好账、理好财，为电台的事业发展和职工生活水平的提高提供了有力的保障和支持。电台新发射塔和西区新广播中心的建设工作进展顺利，经过与中原区、市规划局等有关部门多个回合的谈判，新发射塔项目完成了项目选址，与中原区签订了征地协议，完成了项目规划许可证的办理，完成了项目可研报告和环境评估报告，项目环评报告已经上报省环保局。西区新广播中心项目完成了新广播中心地界的定桩，内部设计工作进展顺利。

【新闻宣传】 强化重点报道的组织策划，提升宣传效果。围绕市委、市政府中心工作和群众关心关注的热点话题，全年共策划推出了40多个系列报道和专题栏目，确保市委、市政府的每一项中心工作、重点工作都得到全面深入系统的宣传报道。《黄帝故里拜祖大典国际大联播》《用声音做公益 带盲人听世界》《郑州电台携手8家地市电台推出全媒体直播回家路上》等3组报道在河南新闻阅评刊发。

强化传统广播与新媒体的联动。在宣传报道中以“互联网+”的思维引领采编改革，购置了@radio先进的采编装备，推动新闻采编人员向全媒体编辑记者转型发展，进一步强化了传统广播与新媒体联动。电台全年采制新闻稿件18000多条，基本实现了广播与新媒体同步播出与推送。

充分发挥媒体的舆论引导和监督作用。围绕市委、市政府中心工作开展舆论监督和舆论引导，对在采访中发现的热点难点问题以《民生摘报》的形式上报给市委、市政府相关领导和部门，已报送《专车服务申请加入几乎零门槛 出租车司机经营出现问题》《东区信号灯大面积瘫痪 起因竟然是路灯跳闸》等多篇民生摘报，并引起了相关领导及部门的重视，推动了问题的解决。同时，通过电台的热线系统和官方微博、微信平台广泛搜集新闻线索，了解舆情动态，对突发事件和群众关注的热点问题进行跟踪报道，提升舆论引导能力。

【“上合”会议宣传报道】 都市广播打破常规节目方式，策划推出了“72小时大型直播——这里是郑州”；经济广播积极研讨节目形式，开设了“FM931和你共同感受上合”72小时特别直播节目；音乐广播结合频率特色推出《我在郑州等你来》、《你又弄啥咧》、郑州版《五环之歌》3首原创歌典，歌颂“大美郑州”。在推出这些特别节目的同时，电台还通过新媒体渠道强化对上合会议的宣传，上合会议期间，电台各频率充分利用新媒体平台推出了100多条相关报道，由于制作精良，内容丰富，受到了网络用户的一致好评，都市广播会议期间，通过新媒体推送相关报

“发现东方之美：华裔青少年‘中国寻根之旅’微信大赛”2015年郑州热身赛嵩山少林寺启动仪式

道30多篇，其中阅读量超过10万的就有5篇，累计阅读次数近300万，七天新增粉丝1万多。音乐广播推出的三首原创歌曲经新媒体推送后阅读量和网络视频点击量双双突破百万。

【合作成立“蜻蜓河南”】 郑州电台控股与中国最大的移动互联网音频聚合平台蜻蜓FM合作成立“蜻蜓河南”。这一全新的合作模式实现了投入成本低、风险小、平台高、空间大，且合作双方实现了优势互补、资源共享。“蜻蜓河南”正式上线运营后，下载用户数超过千万，全省有18个地市的87套广播节目在平台上线播出，在蜻蜓FM上的收听人数一直保持在百万以上，最高达到180万，收听人数和次数方面始终位居全省第一，在全国排行榜中居于前50名。

【构筑新媒体传播网络】 2015年，郑州人民广播电台不断加强自身网站建设，在丰富网站信息内容的同时，实现多个直播间视频采集和网络播出。“郑州广播在线网站”再次入选郑州市百家网站建设推进工程。加强微博、微信等新媒体传播网络建设，初步构筑起了电台官方微信平台、频率微信平台、重点栏目微信平台等多层次的新媒体传播网络。截至2015年年底，微信矩阵总用户数近60万人；电台通过微信平台推送新闻单条阅读量突破万人次的有700多条，突破10万的有20多条；通过微博、微信等新媒体方式收听、收看并参与节目互动的听众超过百万人次，都市广播单频率微信互动量达到12.5万人次。

【节目创优】 2015年，郑州人民广播电台共上报各级创优作品200多件，有122件作品获奖，获奖率超过了60%。（1）河南省广播电视新闻奖评选：一等奖14件，二等奖8件，三等奖5件，在全省18个市台中排名第一。（2）省地市台新闻奖评奖:一等奖3件，二等奖1件，三等奖1件。（3）全国城市台新闻奖评选:一等奖4件，二等奖2件，三等奖5件。（4）郑州市广播电视协会新闻奖评选:一等奖25件，二等奖31件，三等奖20件。（5）1件作品获省记协新媒体二等奖。

【宣传活动】 2015年，郑州人民广播电台强化活动建设，不断提升电台软实力。继续发挥在活动建设方面的优势，在举办好《黄帝故里拜祖大典国际大联播》《校园歌手大赛》、《戏曲演员排行榜》等传统品牌活动的同时，突出广播特色，先后组织举办了《2015新春诗会》《郑州市三年行动计划大型广播诗会》《践行价值观 诗颂文明河南》《中秋嵩山诗会》等一批高水平的诗歌朗诵会，在社会上树立了郑州广播良好的品牌形象。成功举办郑州音乐广播首届 METOO音乐节，市委常委、宣传部部长王哲对音乐节的成功举办给予了高度评价。12月29日，郑州电台河南戏曲流派艺术家塑像落成暨叱咤中原——河南戏剧演员排行榜2015流派传承奖颁奖典礼成功举行，全国政协教科文卫体委员会副主任、中华豫剧文化促进会会长、河南省原政协主席王全书，郑州市委常委、宣传部部长王哲等领导出席了活动，并为获奖演员颁奖；本届典礼通过蜻蜓河南、微信视频进行了现场直播。

【外宣工作】 2015年，郑州人民广播电台在中央台发稿数量多，质量高，实现了双丰收，全年在中央台中国之声发稿居全国省会城市电台第一名。其中在中央台名牌节目《新闻和报纸摘要》《全国新闻联播》发稿94篇，在发稿内容方面，紧紧围绕市委、市政府中心工作，突出科学发展、共建和谐社会这条主线，精心策划制作并上传了《温暖回家路》《乙未年黄帝故里拜祖大典隆重举行》《大学生15年接力照顾高位截瘫的村民》《丝路故事》等一大批质量优良、内容丰富、形式鲜活的稿件，在中央台的重点栏目播出，通过中央台这个窗口将郑州的声音传向海内外。采制的录音报道《郑州借力跨境贸易电子商务打造内陆千亿元进出口市场》6月22日在中央人民广播电台中国之声《新闻和报纸摘要节目》头条播出，为郑州打造国际商都鼓劲加油，传递郑州城市正能量。新闻播出后，全国22家网站及新闻媒体相继刊登、转载，郑州电台官方微博阅读量突破了10万人次。

郑州人民广播电台加强与中央台、中国国际广播电台的合作，推出了多个大型采访活动，全方位宣传郑州，收到了非常好的效果。（1）2015年4月20日“中华文化巡礼——百家电台走进郑州”集中采访活动在郑州举行。中央人民广播电台副台长赵忠颖亲自为采访活动授旗，来自中央人民广播电台、中国广播杂志、中国广播网以及各直辖市、计划单列市和省会城市36家电台的近百名媒体人全程参与采访报道。（2）7月，承办了海外华裔青少年“中国寻根之旅”夏令营——河南营暨“发现东方之美”微信大赛郑州热身赛，活动期间制作的以海外华裔青少年学习中华茶道为主题的公益视频短片《我在天地中》，在习近平主席访美期间多家海外合作媒体进行联合推广播放，该公益短片在海外社交媒体的总浏览量超过500万次。（3）与中国国际广播电台西亚非中心合作推出 “爱上功夫”中国郑州城市形象推广活动，期间在西亚非地区的梅伽、伊斯坦布尔、安卡拉、肯尼亚、内罗毕、蒙巴萨等电台推出了“爱上郑州”郑州广播周专栏，共播出宣传郑州的专题节目11期，向当地民众全面介绍了郑州深厚的历史人文积淀和现代城市发展风貌，以及郑州铁路枢纽、航空港综合经济试验区在“一带一路”建设中的重要作用。同时还在伊斯坦布尔和内罗毕两座城市进行了为期一周的“郑州城市影像展”。

【广告经营】 2015年，郑州人民广播电台在广告经营方面采取强化监管力度，提高服务意识，调整广告结构，提升收入水平，下放经营权限，拓展外埠广告等一系列行之有效的措施，推动广告经营收入突破亿元大关，达到1.2亿元。（1）成功举办两场节目推介活动。6月，成功在上海举办了电台节目推介活动，吸引了数十家知名的广告公司参与，扩大了郑州电台的影响力，挖掘了一批有价值的潜在客户资源。11月，成功地举办了电台2016广告推介会。通过这两场活动，促成了车语传媒

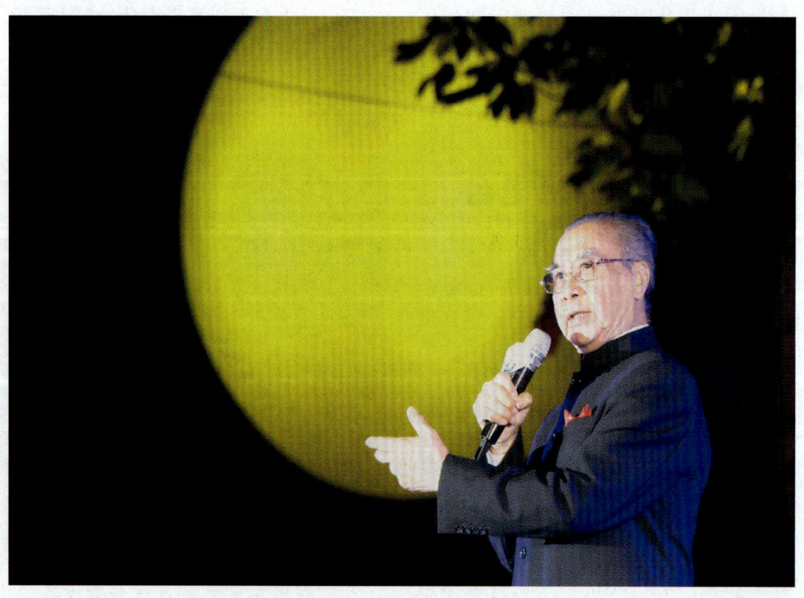

2015“嵩门待月”中秋广播诗会

与郑州新闻广播的深度合作，为2016年郑州电台的创收打下了坚实的基础。（2）强化广告监管，提升服务水平。2015年，新广告法正式颁布实施，对广告监管提出了更高的要求，为了贯彻落实新广告法，郑州人民广播电台对相关人员进行了专业培训，进一步提高了工作中对违规违法广告的处理手段。全年审核各类音频稿件3980多件，下发整改、停播通知20多条次。（3）广告收入突破亿元大关，创历史最好水平。2015年，郑州人民广播电台将广告经营权下放给各频率，由频率主导自身的广告经营，调动了频率的积极性，增强了经营的灵活性，在完成2015年广告经营任务的同时，各频率顺利完成了2016年的广告签约。2015年，电台广告经营收入顺利迈过亿元大关，达到1.2亿元，增长幅度超过25%，是近几年来涨幅最高的一年。

【队伍建设】2015年，郑州人民广播电台不断加强人才队伍建设，加大业务培训力度，先后策划组织开展了第四届“广播之星”评选暨首届金牌脱口秀、第六届“十佳主持人评选”等岗位练兵活动，并组织全台50多名业务骨干前往北京大学进行专业培训，全年举行各类业务培训15次，参训员工2000余人次，通过一系列的比赛和培训，强化了队伍的业务素质和专业技能，对节目的创新和发展起到了很好的推动作用。同时，为了防止人才引进方面的不正之风，电台严格执行《事业单位人事管理条例》和电台的相关文件严把进人关；建立人员能进能出的制度，对不适应工作岗位的人员坚决清退，完善的人才引入和退出机制保证了电台职工队伍的稳定与活力。截至2015年年底，电台在岗人员稳定在380人左右。

（赵岩军）

郑州电视台

【概况】2015年，郑州电视台紧紧围绕市委、市政府工作大局，牢牢把握正确舆论导向，以完善制度、建章立制为基础，以规范化管理为手段，注重实效，核心竞争力不断增强，各项事业产业发展稳中有进、稳中提质。截至12月15日，全台平均收视率为1，较上年同期上升17.7%，市场份额8.27，较上年同期上升16.2%；实现总收入1.14亿元，较上年增长3.4%。

【媒体助政】2015年，郑州电视台围绕全市中心工作精心策划，加强正面宣传，着力社会主义核心价值观引领，壮大主流舆论声音，创优工作硕果累累，核心竞争力不断增强，主流媒体助政作用愈发显著。

精心策划、周密安排，宣传好全市重大活动、重要会议、重点工作。圆满完成了第十四次上合组织总理会议报道，完成了李克强等党和国家领导人，郭庚茂、谢伏瞻等省领导同志来郑州调研视察活动的报道，圆满完成了市委、市政府领导活动的新闻报道，加大了市人大、市政协工作的宣传报道力度。

围绕市委、市政府中心工作，营造良好舆论氛围。制作了“向大气污染宣战”“我看十二五”“三年行动计划”“为3年巨变点赞”“文明河南 郑州先行”“暖暖新年”“行进中国 精彩故事”“百日行动”“畅通郑州”“平安建设”“聚焦产业集聚区”“文明郑州”“聚集特色商业区”“新型城镇化”“劳模风采”“出彩郑州”“三严三实”“党建先进典型”“城市精细化管理百日行动”“当好东道主 文明迎嘉宾”等40多个专栏。

围绕“三年行动计划”，开展全方位多角度报道，同时联合《郑州日报》、郑州广播电台等媒体联动，推出的40篇报道在社会上引起较大反响。

开设“向大气污染宣战”专栏，该专栏成为2015年度郑州电视台开设时间最长的专栏，在100多天的时间里，以每天2—3篇的篇幅重点关注大气污染的治理，同时派出多路记者，赴石家庄等其他城市采访，借鉴外地的大气污染治理经验，有力地配合了全市大气污染整治的中心工作。

社会主义核心价值观宣传方面。《陇海大院：三十余载的爱心传奇》《陇海大院：地儿变了爱不变》《陇海大院 感动中国》《陇海大院 爱心延续》《妈妈欠工人的工资 我来还！》《三名大学生 黄河勇救人》《90后小伙：捐献干细胞 挽救患者生命》等报道，展示了郑州的大爱精神，弘扬了主旋律，传播了正能量。

创新思路，运用航拍，制作播出了《三年巨变 大美郑州》电视音乐风光片，直观地展现了郑州市在新型城镇化、园林建设等多方面取得的巨大成就。承担了黄帝故里拜祖大典、郑州消费品博览会等大型活动的电视现场直播，取得了良好的宣传效果。

利用新媒体，牢牢掌握话语权。利用微博、微信平台，抢先进行快讯报道，随后在新闻栏目中进行详细报道，使微博微信与电视新闻形成互补。重要新闻、重大活动、主题报道，通过微信公共号向外发布，对新闻宣传起到了良好的推介作用。上合总理会议期间，新闻部制作的《上合总理的郑州24小时》微信推送在不到1天的时间里，点击量就突破了5万。截至2015年年底，郑州电视台各频道各栏目均开通微博、微信公共平台，影响迅速扩大，拥有粉丝数量几十万人。

【民生类新闻报道】与“市长电话”平台合作，第一时间获知舆情热点，抢占话语权，每周播出1期《市长电话一周综述》，关注百姓、聚焦民生。《毁坏绿化带 为建加油站？》《幼儿园顶楼建 孩子安全成隐患》等社会焦点报道，让权威部门和专家学者出来讲原因、讲政策、讲变化，使舆论引导更具针对性、说服力。《失去母爱的他 需要更多的关爱》《8岁女孩 欲捐骨髓救哥哥》《多砸点钢丝 爸爸也许就得救了》等报道，体现关爱、汇聚爱心、传达社会温暖。

【县（市）区宣传工作】依托县（市）区记者站，加强基层阵地建设。为宣传好各县（市）区建设成就，郑州电视台成立驻县（市）记者管理部，统一管理协调县（市）区宣传工作，为县（市）区鼓劲加油，把来自基层的鲜活报道展现在全市人民面前。按照主动联合各县（市）区开展各种宣传活动要求，在传递党和政府声音的同时，与县（市）区达成了一系列合作意向，完成了与航空港区合作的庆祝港区国家战略批复两周年宣传报道、中原基层党建宣传报道、市总工会庆祝五一国际劳动节文艺晚会的录制。策划的航拍系列报道《飞越郑州》，和全市15个县（市）区、开发区中的12个达成合作意向，为招商引资提供宣传支持。

【“平安郑州”杰出法治人物评选】2015年7月，市委政法委开展首届“平安郑州”杰出法治人物评选活动。为配合好这一评选，郑州电视台成立“平安郑州”杰出法制人物评选工作宣传领导小组。8月，工作启动后，一线采编部门积极参与，对37名杰出法制人物候选人进行了为期两个多月的采访、拍摄，同时完成了节目制作，并在《郑州法治报道》栏目中进行了展播。活动以展播节目投票的形式选出杰出法治人物20名。由郑州电视台文艺部主创的“平安郑州”杰出法治人物的颁奖晚会计划于2016年元月份正式播出，同时20名杰出法治人物的事迹计划于2016年春节期间在《郑州新闻》栏目播出。

【外宣工作】截至11月底，在河南卫视共播发稿件672余条，位居全省地市台首位。其中《河南新闻联播》发122条，头题21条，《郑州航空港：创新激活力提速创新绩》在《河南新闻联播》提要中播发6次，《习近平在抗战胜利70周年纪念大会重要讲话在河南引起强烈反响》《总理“回家”第二天·郑州新郑机场二期工程一定要保证工程质量》等均获好评；与央视建立畅通的发稿通道，截至11月底，在央视播发稿件130余篇。其中，围绕乙未年黄帝故里拜祖大典，央视国际频道《中国新闻》播发《海峡两岸炎黄子孙今日共拜轩辕黄帝》，新闻频道播发《黄帝故里拜祖大典举行》《新闻联播》播发《黄帝故里拜祖大典举行》简讯，央视国际频道、英语频道对报道进行了重播。《4万黄河儿女在黄河岸边合唱保卫黄河》和《抗战老兵参加黄河大合唱》汇编后，在央视新闻频道《新闻联播》头条播出。

【创优工作】 创优工作扎实推进，2014年度河南省新闻奖（广播电视）创优评选中，共有20件作品获奖，其中特等奖2件，一等奖5件，二等奖3件，三等奖10件。在中广协城市台新闻评选中，有2件作品获一等奖，5件作品获三等奖。2014年度，《医者仁心胡佩兰》获得中国广播影视大奖，《哈密至郑州特高压输电线路跨黄直播》获得中国广播影视大奖提名奖。获得河南省播音主持作品奖一等奖2个、二等奖2个、三等奖1个。各类技术评奖创优工作硕果累累，获得2014年度省广电局科技创新奖一等奖1件、二等奖2件、三等奖2件；技术质量奖一等奖6件、二等奖4件；技术能手二等奖1名、三等奖1名。

【技术保障】 2015年，郑州电视台技术部门对7个演播室节目生产过程实施了全天、全程、实时的技术保障。完成了全台动力、空调、办公电话、办公楼机房用电巡视、检修，对各演播室ups电源模块清洗、维护以及定期检修巡视。维护维修工作站点600多台、非编工作站300多台。完成动画创作30多部，获省级质量制作奖6个。完成新媒体、网站、CUTV深圳节目传输、18地市联播体节目传输复制保存等工作。较好完成了重大任务技术保障，展现了郑州电视台技术优势。全国“两会”期间，在北京设立演播室，首次通过4G传输技术，实现了北京演播室与郑州电视台演播室的现场连线报道，在第一时间内传达全国“两会”声音；乙未年黄帝故里拜祖大典大型直播期间，为演播室提供技术保障、给转播车提供设备和技术人员支持，同时录制台湾东森电视台拜祖直播信号为央视新闻提供资料；在第十四次上合组织总理会议期间进行了连续4天的技术保障值班工作；根据要求，考察测试并完成舆情监控系统的安装、调试和使用，定时录制和远程监控10套有线电视节目。与联通公司联合，完成节目进入IPTV系统，在家即能上网点播收看郑州电视台的精彩节目，有效扩大了节目覆盖面，提升了节目收视率，还确保了5市1县1区1台1网络的传输入网工作、节目信号安全传输到CMMB手机电视发射机房以及地铁播出控制中心。

【新媒体融合】 一是积极推动，加快与新媒体融合步伐。成立了媒体融合发展领导小组，统筹郑州电视台媒体融合发展工作。结合实际情况，组建“郑州大美融媒有限公司”（简称“大美融媒”），实行市场化运营。实现重点突破，计划构建郑州电视台融合媒体内容平台、无线宽带网络平台、智慧家庭平台“3个平台”，有效扩大传播、增强影响力。二是大胆尝试，不断探索与新媒体合作模式。郑州电视台与长沙中广天择传媒股份有限公司正式签约，《郑在收藏》栏目由天择公司长期购买，这是郑州电视台历史上自制栏目首次成功对外销售，为推进新媒体融合，提供了一个可借鉴模式。三是紧密结合线上线下精彩互动。在新媒体上及时发布权威声音的同时，利用新媒体，组织多种线上活动，扩大自身品牌影响力。微信平台推出的《郑州的气球奶奶去哪儿了？》阅读量突破10万人次，所链接的微社区开展了“晒宝贝照片、来郑州电视台当小主持人”等活动，总阅读量近16万人次。建立了“ZZTV创新前线”公众订阅号，通过对商业发展动态、产业环境的变化等资料的整理，为节目的商业运营及产业化发展提供科学建议和参考。

【多元化经营】 结合优势资源，开拓多种经营合作。《天天美食》栏目创新推出团购模式，开创微商先河；《车影随行》栏目联合4S店开展车辆线上团购；组建“商都车友会”和“河南18地市电视旅游联盟”；联合河南永翔通用航空公司共同举办女子飞行学员电视选拔赛，积极开拓多种经营合作。

开展多种活动，带动多项合作。利用地铁频道的影响力，举办了“麦当劳回家过年”“兔女郎快闪”“萌宝贝”等活动，粉丝量达8000多人；通过微信公众号组织开展了“小浪底观瀑节”“伏牛山滑雪”“母亲节黛眉山”“1元秒杀美食”“微电商家电节”“地迷观影”等系列有偿互动活动，实现互利双赢，以活动带动合作。

开拓思路，走多元化发展之路。积极利用“互联网+”网络营销模式，与河南航投物流公司合作“航投臻品”项目，成功签约落地，成为媒体唯一战略合作方，同时在许昌、周口、安阳成功复制项目。强强联合，合作开发雁鸣湖野生动物园项目，各项筹备工作按计划推进。

【《爱满绿城》栏目爱心活动】 《爱满绿城》栏目先后与相关单位合作，组织“善行绿城 暖冬行动”“爱心传递一起过年”“关注紫面男孩”“为你而蓝——关爱自闭症儿童”等10余个有影响力的活动，涉及助困、助残、助老、助学等多个领域。与郑州慈善总会、郑州市妇联、河南省福建商会、河南省公益演义联盟、郑州大学、河南农大等多个单位合作，共为弱势群体募集善款善物20余万元。策划组织了郑州市慈善嘉年华，汇集80多家慈善组织、上万名市民参与。开展了招募贫困大学生担任养老护理员等活动，充分彰显了主流媒体的责任担当，受到郑州慈善总会的高度评价，《爱满绿城》已成为省会知名的爱心活动合作平台。同时，持续不断推出“民生公益进社区”大型公益活动，把涉及民生的免费服务送到百姓身边。

【队伍建设】 多措并举、强化人才培养。建立人才库、后备干部库，切实解决电视发展中业务骨干断档、干部梯队接不上的问题。和院校联合举办培训班，邀请国内省内资深记者、主持人、专家进行面对面交流，传经送宝。开展第一届“观众喜爱的电视主持人”“十佳名编辑”“十佳名记者”“最佳栏目”等评选活动。发挥骨干记者、主持人、技术人员的“传帮带”作用，举行“首席主持人结对子带新人”活动，以老带新，使新聘主持人迅速提升业务水平。严格培训纪律，分门别类精准培训，做到理论有提高、业务上水平、新知识、新技能会掌握，磨炼一支理论上、笔头上、口头上有“几把刷子”，实际工作中有“好把式”、能干出漂亮活的精干队伍。

【首届“观众喜爱的主持人”评选活动】 以建台30周年为契机，开展郑州电视台首届“观众喜爱的主持人”评选活动，通过网络投票、微信投票、观众现场投票等方式，评选出最具影响力主持人1名，十佳主持人10名，电视新星2名，最佳收视主持人2名，最具网络人气主持人2名。举办“和你在一起”郑州电视台首届观众喜爱的主持人颁奖典礼，邀请央视名嘴张泽群、海霞和省市播音主持界专家参加，取得良好反响。

（戴烁琪）

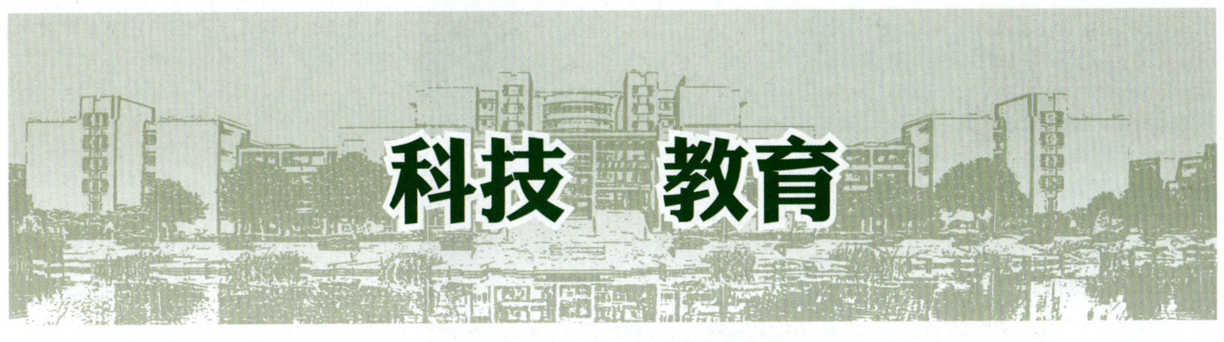

科技

【概况】2015年，郑州市科技工作紧紧围绕市委、市政府中心工作和“三大一中”战略定位，着力深化科技体制机制改革，大力营造“大众创业、万众创新”的生态环境，加快推进创新、创业综合体建设，完善“政产学研资介”六位一体的自主创新体系，大幅提升自主创新能力，引领支撑全市经济社会发展，强力推进国家创新型城市建设，取得了较好成效。

创新驱动发展核心作用进一步凸显。全面落实《国务院关于深化体制机制改革加快实施创新驱动发展战略的若干意见》《中共河南省委河南省人民政府关于加快自主创新体系建设促进创新驱动发展的意见》，结合郑州市总体规划部署，制定出台了《中共郑州市委郑州市人民政府关于引进培育创新创业领军人才（团队）的意见》《郑州市人民政府关于加快发展众创空间、推进大众创新创业的实施意见》等政策措施，全力打造有利于创新、创业和人才集聚的生态环境，推动形成大众创业、万众创新的新机制和新态势。清华大学“2015中国城市创新、创业环境评价研究报告”显示，郑州市在统计的100个城市中位居第9位，首次跻身全国十强。

创新创业载体平台建设日趋完备。加快推进创新创业综合体建设，2015年，政府主导建设的双创综合体建成面积达到110万平方米，成立运营团队37个，入驻企业1060家，其中新三板上市企业16家，拟上市企业22家。积极推动中科院过程所郑州分所、郑州市高端装备与信息产业技术研究院、郑州市物联网产业技术创新研究院、郑州信大先进技术研究院等建设项目。新认定产业技术创新研究院3家、产业技术创新战略联盟3家。加强研发中心建设，全市已建立市级以上研发中心2012家，其中省级585家，国家级35家。郑州磨料磨具磨削研究所有限公司超硬材料磨具国家重点实验室获批建设。

高新技术产业步入加速发展期。全面落实国家、省、市关于促进高新技术产业发展的优惠政策，提高高新技术产业发展的速度和质量，高新技术产业对全市经济社会发展的支撑能力进一步增强。2015年，全市实现高新技术产业产值6520亿元，同比增长12.4%；实现高新技术工业增加值1798.5亿元，同比增长19.7%；高新技术产业增加值占规模以上工业增加值比重达到53%。

科技创新综合实力显著增强。（1）2015年，全市专利申请量为26046件，同比增长10.5%；专利授权量为16125件，同比增长30.9%；每万人发明专利拥有量达到6.87件。技术合同成交额达到130.12亿元，同比增长17.3%。（2）2015年，郑州市科技成果在省科技进步奖评审中再获殊荣，共有202项科技成果获奖，其中7项获得省科技进步奖一等奖，占一等奖总数的58.3%。郑州宇通客车股份有限公司主持完成的“节能与新能源客车关键技术研发及产业化”项目获得国家科技进步奖二等奖。（3）2015年，郑州市获国家新能源汽车推广应用预拨资金39.2亿元，科技进步对经济增长的贡献率达到60%。

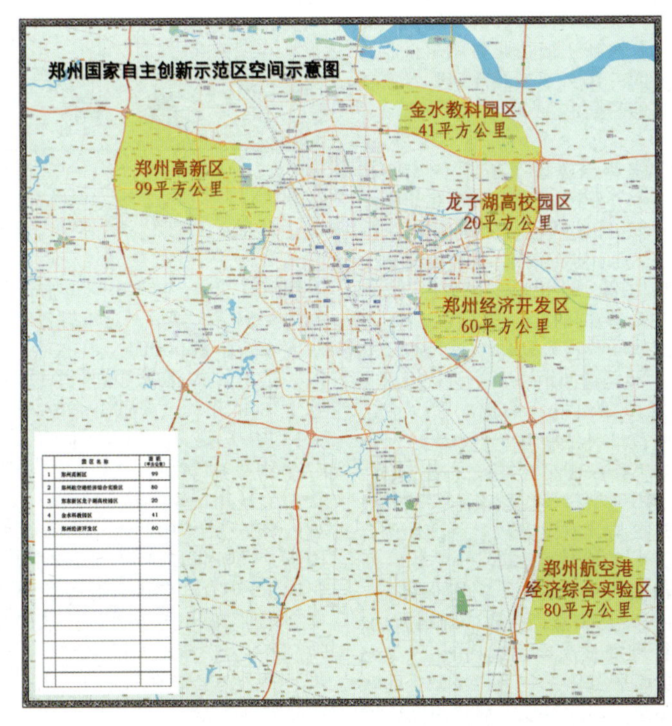

郑州国家自主创新示范区示意图

【优化“双创”生态环境】2015年，郑州市全面贯彻《国务院关于发展众创空间推进大众创新创业的指导意见》精神，借鉴吸收外地先进经验，制定出台了《智汇郑州·1125聚才计划》《关于鼓励科技人才和大学生在郑创新创业的若干政策》等一系列政策文件，举办2015郑州（首届）国际创新创业大会，召开全市大众创业、万众创新现场观摩及经验交流会，进一步优化了创新创业发展生态环境。

【郑州国家自主创新示范区工作】郑州市高度重视做好涵盖郑州、洛阳、新乡三地的中原城市群国家自主创新示范区争创工作，加大推进力度，发挥郑州国家自主创新示范区创建工作领导小组的核心作用，形成上下联动、统一高效的工作机制。通过加强产业融合和商业模式创新，创造了一批新技术、新业态和新模式，力争将郑州国家自主创新示范区建成创新驱动发展的引领示范区、体制机制创新先行区、战略性新兴产业与现代服务业发展核心区、科技金融推

国家863软件园

动创新创业发展实验区、国家区域性技术转移集聚区和高端创新创业人才密集区。截至2015年年底，郑州国家自主创新示范区创建工作已走在全国其他创建区域前列。

【创新创业综合体建设】 各县（市）区按照市委、市政府提出的综合体建设“边建设、边培育、边运营”的要求，创新机制，科学谋划，上下联动，重点推进，按照“五个一”，即一块牌子、一支队伍、一套政策、一套机制、一批在孵企业的建设标准，开始组建、对接引进精干、高效、专业化的建设运营团队和创业服务机构，强力推进综合体建设与运营。大力推进创新型孵化器建设，全市科技企业孵化器达到79家，其中国家级10家，省级22家。全市纳入统计的众创空间有66家，其中国家级众创空间3家，省级众创空间9家，市级众创空间54家。

【科技型企业培育】 郑州市加大科技型企业培育政策支持力度，制定了《“十百千万”科技型企业培育工程实施方案》《2015年度科技型企业培育行动计划》，进一步优化了科技企业发展生态。做好16家科技型领军企业跟踪服务工作，促进科技型领军企业快速成长。加强高新技术企业补助、科技金融资助、研发费用税前扣除项目鉴定税收等优惠政策的宣传，共有1650个项目通过省、市两级的研发费用加计扣除项目鉴定，加计扣除额15.54亿元，为企业发展增添了内生动力。2015年，郑州市科技型企业达到1892家，创新型（试点）企业达到432家，全市累计高新技术企业总数达到465家。

【实施重大科技专项】 2015年，郑州市在装备制造、汽车及零部件、新材料、电子信息、生物与制药、现代农业、节能环保、城市建设等领域实施了42个重大科技专项。通过重大科技专项的实施，带动项目承担单位直接投入50亿元，申报专利1000多项，完成新产品、新技术开发500多项，实现新增销售收入210亿元。郑州市支持的可见光通信关键技术研究与应用重大专项取得重大突破，该成果经过国家工信部电信传输研究所测试认证，已将可见光实时通信速率提高至50Gbps，是当前国际最高通信速率的5倍，达到世界领先。

【首届郑州国际创新创业大会暨全球众筹峰会】 郑州市成功举办了首届郑州国际创新创业大会暨全球众筹峰会。本次大会实现了“三个聚集”，即人才聚集、资本聚集、项目聚集，300多个创新创业项目现场签约落地，50余家国外高科技企业、孵化机构入驻郑州或设立分支机构，30余家投融资机构计划入驻郑州，30余家新三板企业与郑州企业达成合作意向，10名“千人计划”专家签署项目落地意向书。

【创新服务平台建设】 依托国家专利河南审协中心和国家技术转移郑州中心等平台，积极推进科技服务业集聚区规划与建设。加快域内外高等院校科技成果、专利技术在郑州市落地转化，成功引进浙江大学郑州技术转移中心、上海交大中原研究院技术转移中心、西安交大郑州技术转移中心等6家技术转移服务机构落户郑州市；郑州高新区被认定为国家首批科技服务业试点区域。加强郑州市大型仪器平台建设，制定出台了《郑州市大型科学仪器设施共享促进办法》，参与共享仪器数量达到5010台（套），入网会员704家。2015年，新增股权投资机构227家，全市股权投资机构累计超过500家，注册资金超过100亿元，管理资金规模超过150亿元。完善科技金融服务体系，为科技型企业融资进行贴息、风险补偿、股权投资，增强企业的发展动力。

【实施《智汇郑州·1125聚才计划》】 实施《智汇郑州·1125聚才计划》，进一步放宽人才引进条件，为引进各类人才特别是高层次人才提供支持和便利，为郑州市“4+6”战略主导优势产业和航空经济、互联网、大数据等战略性新兴产业集聚人才。2015年，新认定院士工作站10家，全市院士工作站总数达到69家；引进创新团队52个、创新创业领军人才86名、创业紧缺人才72名。组织实施国际合作与交流项目27项，重点建设国际创新园、国际联合实验室、国际科技合作基地。

【实施《科技惠民行动计划》】 围绕生物工程与制药、生态环境、现代农业、城镇发展等领域，组织实施科技惠民计划项目10项，推广应用先进适用新技术和新产品20项。积极推进都市生态农业、农产品深加工等领域科技创新，新认定20家企业为郑州市现代农业科技创新型龙头企业。加快推进郑州国家农业科技园区建设，形成以农业为主的大型综合体。

【知识产权示范市建设】 加快国家专利审协河南中心建设，高质量按期完成了永久性办公用房主体建设；加快推进国家专利导航产业发展实验区、国家知识产权服务业集聚发展试验区、国家知识产权创意产业试点园区、国家知识产权试点园区工作（高新区）建设，着力提高郑州市知识产权服务管理水平。2015年，新认定11家单位为郑州市知识产权优势企业，21家单位为郑州市知识产权优势培育企业。加强知识产权宣传，促进知识产权创造、运用和保护，提升综合服务能力。

（肖　建）

教育

综述

【概况】 2015年，郑州市中初等教育统计年报结果显示，全市有各级各类中初等教育学校1488所，在校生158.27万人。其中，普通高（完）中114所，在校生18.45万人；普通初中297所，在校生32.75万人；中等职业学校（含省属中专学校）129所，在校生27.84万人，其中全日制在校生26.33万人；小学935所，在校生79.10万人；特殊教育学校12所，在校生1227人；工读学校1所，在校生120人。全市各级各类中初等教育学校有教职工9.76万人，其中专任教师8.48万人。有幼儿园1451所，在园幼儿35.79万人，教职工4.19万人，其中专任教师2.25万人。

郑州市2015年教育工作会议召开

【中初等教育主要水平指标】 小学：学龄人口入学率100%，毛入学率102.50%，小学五年级巩固率101.4%。初中：学龄人口入学率100%，毛入学率111.6%，初中三年级巩固率104.2%。

全市各级各类学校生均预算内公用经费情况表

单位：元

项目	2015年（元）	2014年（元）	增长（%）
普通高中	4544.48	4066.55	11.75
普通初中	3924.29	2867.07	31.87
普通小学	1733.39	1556.33	11.38
高等教育	3778.04	3851.52	−1.91
中职学校	3448.89	3664.04	−5.87

【教育经费投入】 2015年，全市教育经费总投入为1782088万元，比2014年教育经费总投入1505745万元增长18.35%，教育经费投入增长比例高于经常性财政收入增长比例7.7个百分点。其中，国家财政性教育经费1413540万元，包括公共财政预算教育经费1409590万元、政府性基金预算安排的教育经费3484万元、企业办学中的企业拨款335万元、校办产业和社会服务收入用于教育的经费130万元；民办学校中举办者投入13209万元；社会捐赠经费448万元；事业收入340425万元；其他教育经费14466万元。

2015年，全市国家财政性教育经费支出141.35亿元，占GDP7315亿元的比例为1.93%；2014年，全市国家财政性教育经费支出120.70亿元，占GDP6783亿元的比例为1.78%；2015年财政性教育经费支出占国内生产总值比例比2014年增长了0.15个百分点。

2015年，全市公共财政教育经费支出124.04亿元，占全市财政支出1106亿元的比例为11.20%；2014年，全市公共财政教育经费支出101.66亿元，占全市财政支出918.51亿元的比例为11.06%；2015年公共财政教育经费支出比2014年增长了0.14个百分点。

【教职工队伍规模】 全市各类中初等教育学校有教职工总数97570人，其中专任教师84789人。普通中学有教职工43644人，普通高中专任教师12599人，普通初中专任教师23053人。小学教职工（含小学教学点）38529人，专任教师37815人。中等职业学校有教职工14962人，专任教师10933人。特殊教育学校有教职工414人，专任教师369人。工读学校有教职工21人，专任教师20人。另有幼儿教育教职工41868人，专任教师22459人。全市中小学每一教师负担学生数（生师比）分别为：普通高中14.64，普通初中14.21，小学20.92。

【专任教师学历达标情况】 普通高中99.22%，普通初中99.30%，小学100%，幼儿园（含学前班）98.25%，中等职业学校88.62%。普通初中专任教师本科以上的比率为83.78%，小学专任教师专科以上比率为96.00%。

【校舍建筑面积】 全市中初等教育校舍建筑面积1695.58万平方米。其中，普通中学校舍建筑面积805.46万平方米，中等职业学校校舍建筑面积395.76万平方米，小学校舍建筑面积488.02万平方米，特殊教育学校校舍建筑面积6.34万平方米。生均校舍建筑面积：高中21.44平方米，初中12.52平方米，中等职业学校14.21平方米，小学6.17平方米，特殊教育学校51.65平方米。

【图书资料】 全市中初等学校藏书3899.75万册，其中，普通高中547.68万册，生均29.69册；普通初中894.41万册，生均27.31册；中等职业学校826.58万册，生均29.69册；普通小学1623.63万册，生均20.53册；特殊教育学校7.44万册，生均60.63册。

（王永刚）

全市各级各类学校生均教育事业费情况表

项目	2015年（元）	2014年（元）	增长（%）
普通高中	9818.83	8756.43	12.13
普通初中	9109.73	7455.83	22.18
普通小学	4707.14	4217.17	11.62
中职学校	6937.58	7078.87	−2
高等教育	8668.7	7750.01	11.85

基础教育

【概况】 （一）学前教育。全市共有独立设置的幼儿园1451所，比上年增加23所。离园（班）幼儿106858人，入园（班）幼儿155725人；在园（班）幼儿357879人，比2014年增加15028人。

（二）义务教育。（1）小学。全市共有小学935所，总数和2014年保持不变；毕业生109187人，比2014年增加

8047人，增长7.96%；招生144792人，比2014年增加4900人，增长3.50%；在校生791010人，比2014年增加39802人，增长5.30%；小学平均规模846人，平均班额49.46人。

（2）普通初中。全市共有普通初中297所，比2014年增加6所，毕业生102052人，比2014年增加11781人，增长13.05%；招生112296人，比2014年增加4482人，增长4.16%；在校生327482人，比2014年增加11277人，增长3.57%；普通初中平均规模1102.63人，平均班额53.69人。

（三）普通高（完）中。全市共有普通高（完）中114所，比2014年增加8所；毕业生58693人，比2014年增加3861人，增长7.04%；招生65144人，比2014年增加5035人，增长8.38%；在校生184452人，比2014年增加7587人，增长4.29%；普通高中平均规模1618人，平均班额58.57人。

（四）特殊教育和工读学校。全市共有特殊教育学校12所，招生174人，在校生1227人；工读学校1所，在校生120人。

【学生德育】坚持把立德树人作为教育的根本任务，不断创新工作内容、途径、方式和方法，为学生全面发展创设良好环境。积极贯彻落实中学生、中职学生德育习惯养成实施方案。不断加强未成年人思想道德建设，持续开展社会主义核心价值观宣传教育、“我们的节日”主题教育、中华优秀传统文化教育、“争当美德少年”等主题教育活动。持续开展书香校园读书活动。

【校园体育】通过课题研究、展示交流、创建示范校等活动，深入推进运动处方体育教学模式与体育课程改革、学生体质健康监测的有机结合，有效提高全市中小学生体质健康水平。大力开展校园足球活动，重点在组织建设、队伍发展和活动体系构建3个方面全面展开，并取得显著成效。

【课外校外教育】校外教育资源整合利用取得新进展，初步建立郑州校外教育微信平台，开通郑州市校外教育网站，出版了中小学生校外实践活动指导丛书、活动手册和教师参考用书。举办第六届教育艺术节，丰富学生文化生活，提高学生艺术素养。多种渠道开展国际交流与合作，更加注重对学生国际化视野、国际化情操和参与处理国际化事务能力的培养。启动10项学生社团联盟试点探索工作，在团中央举办的首届大中学生国学社团优秀项目和优秀社团评选活动中，郑州“大河魂”国学社团联盟被评为全国中学生优秀国学社团教育项目，成为全国50个项目之一；11中、62中、艺术工程学校的国学社被评为全国中学生“百佳”国学社团。以创客为主题的创智科技社团联盟聘请了全国顶尖创客李大炜博士等6人为指导专家，契合了“双创”发展和创客教育。

【特色课程与评价体系建设】（1）按照中小学各学科课程标准，对119所学校的课程规划方案进行了审议，有40所学校通过审议。（2）在市区初中实施以课程建设为中心的提升发展工程，学科课程基地建设全面启动；市级基础教育教学成果奖和第二届校本课程建设奖评选完毕。（3）推进中小学生学业质量评价改革，加强基础教育质量监测分析中心建设，继续实施中小学绿色评价实验和高中增值评价实验。启动新一轮的项目测试准备工作。进一步完善义务教育阶段的教育质量健康体检指标体系，各项基础数据已采集完毕。高中增值评价项目就增加项目面向学生和学校进行了问卷专家合议。

【学前教育普惠发展】出台《郑州市新建改扩建公办幼儿园绩效评估办法》，巩固第一期学前教育三年行动计划中新建和改扩建的305所幼儿园项目基础，保障公办幼儿园的建设成效。积极实施《郑州市第二期学前教育三年行动计划（2014-2016年）》，研究制定了《郑州市规范幼儿园办园行为实施办法》《郑州市幼儿园等级评定办法》《郑州市幼儿园督导评估细则》《郑州市普惠性民办幼儿园认定和管理办法（试行）》等，继续开展示范性幼儿园评估验收和上等级幼儿园评估验收工作，引导幼儿园规范、普惠发展。

【义务教育评价改革】把“区域教育质量健康体检”项目作为全面推进郑州教育评价改革的突破口，新一轮评价探索中，增加了小学阶段的科学素养评价和中学阶段的人文素养评价，反映学生发展情况和反映影响学生发展过程因素的指数分别达到16项和11项。

【高中教育多样化发展】通过开展高中学业水平增值评价试验，为高中阶段多样化发展创造良好外部环境。在7所河南省普通高中多样化发展试点学校的基础上，评选确定了15所郑州市普通高中多样化发展试点学校和6所普通高中学生创新素养培育实验项目学校。在4所试点学校开设大学先修课程的基础上，2015年秋季开始在全市省级示范性高中全面展开。

【特殊教育专项资助项目】实施随班就读专项资助项目，已完成6所小学的资源教室建设，项目实施学校邀请特教专家到校对班主任、教师进行专业培训，指导学校对随班就读学生进行个别辅导，量身定制校本课程，包括心理辅导、生活技能课及思维训练课等。为有资源教室学校招募特殊教育专业大学生，到相关学校实习，同时为其他无资源教室学校聘请特教专业教师协助学校做好随班就读工作。

【民族团结教育】开展中小学民族团结教育工作，坚持课堂教学与实践活动相结合的原则，把民族团结教育贯穿到育人全过程中，将课堂教学和实践活动有机结合起来，不断提高民族团结教育效果。积极开展民族团结教育实践活动，以学生为主体，注重针对性和实效性，增强吸引力。

（王永刚）

2015年郑州市中小学课程与教学工作会议召开

中等职业教育和成人教育

【中等职业教育】全面启动示范校和特色校的示范专业、特色专业建设。对郑州职业教育集团化发展现状、存在的问题及下一步的措施进行分析。指导以郑州市国防科技学校为主的汽车运用工程专业集团的成立工作。建立职业院校与企业合作会商机制，发挥学校和企业在校企合作中的双主体作用，加强在订单式培养与就业推荐、专业建设与课程改革、师资交流与培训等方面展开合作。为进一步促进师生教育教学理念的转变，推动教改深入开展，组织召开学分制试点改革工作现场会。总结学分制试点改革开展以来的经验和做法，推广数字化校园建设，健全学生综合评价，加快推进学分制试验改革工作向纵深发展，推动郑州市中等职业教育教学改革不断深入。

专业技能工作室综合评审。为持续引领学校专业建设，加强校企合作，实现优质资源共享，在各校申报的基础上，召开评审会，对2015年拟建的专业技能工作室进行综合评审，最终确定学前教育等8个第三批专业技能工作室。

“双师型”教师认定工作。按照《中等职业学校“双师型”教师认定工作实施细则》的要求，顺利完成郑州市首批326名“双师型”教师认定工作。“双师型”教师认定工作的开展，进一步提高了中等职业学校教师队伍的综合素质，促进郑州市职业教育健康有序快速发展。

建设项目专项督导。按照省教育厅审定的项目任务书标准和要求安排布置，对各校的建设工作进行了专项督导。截至2015年年底，郑州市国防科技学校、新密职教中心示范校建设工作已通过终期验收，郑州市机电工程学校的各项建设任务已经完成，进入验收预备段。郑州市财贸学校等8所第二批特色校顺利通过中期检查。郑州市金融学校等11所第三批特色校的建设按计划有序推进。

【中等职业教育规模】 全市共有中等职业学校129所（包含省属中等专业学校），比2014年减少2所；毕业生82833人，比2014年减少2921人，下降3.41%；招生111920人，比2014年增加8138人，增长7.84%；在校生278432人，比2014年增加20391人，增长7.90%。

【全民终身学习活动周】 根据教育部及省教育厅关于举办2015年全民终身学习活动周的通知要求，郑州市启动以“发展全民终身学习，推进法治社会建设”为主题的全民终身学习活动周。活动周的成功举办，对推进郑州市社区教育的全面发展，倡导人人学习社会氛围的形成具有重要的指导意义。

【张德江视察郑州职业教育】 2015年4月，全国人大常委会委员长张德江视察郑州职业教育关于职业教育法的落实情况，委员长对郑州市职业教育的发展和职业教育法的落实情况给予了高度评价。

（王永刚）

高等教育

【高等教育规模】 郑州地方学历高校有本科7所，专科13所（包括郑州财税金融职业学院），共计20所。2015年，郑州地方高校学历教育招生68123人，高等学历教育在校生总数达到205969人。有教职工14022人，教学科研仪器设备值138002.29万元，一般图书1790.1万册。

【大学生思想政治工作】 开展了培育和践行社会主义核心价值观主题征文活动。开展了2015年度理论研讨征文活动。重新完善新加入郑州地方高校反邪教联盟的高校信息，建立队伍，指导联盟认真开展反邪教工作。组织了“四个一”活动，即一次反邪教活动策划大赛、一次主题班会、一个学习心得、一次新生教育，地方高校反邪教工作活动实现系列化。开展了反邪教专家推荐工作。开展了反邪教暑期社会实践活动。中央反邪教协会对新成立的郑州反邪教研究中心进行了考察、调研。

【高等教育内涵建设】 通过书面评审、听取汇报及现场察看等方式，对地方高校所申报的名师工作室进行了评估。经综合评定，最终确认“机械制造及其自动化工作室”等10个工作室准予立项建设。通过名师工作室建设及作用发挥，形成以名师为核心的高层次教学团队和专家型教师群体，为加快郑州市现代职业教育体系建设做出新贡献。同时加强项目检测，健全日常管理规范和激励考评制度，完善工作机制，制订三年工作总目标和年度实施方案，建立工作档案，对技术技能名师工作室目标达成度进行定期考核和年度考评。继续支持2014年立项的24个重点（示范）专业、11个重点实验室、16门精品资源共享课程、13个优秀教学团队、19名特聘高层次人才和第四届优秀中青年骨干教师等项目建设。

【高校升本】 10月16日，全国高等学校设置评议委员会召开会议，中州大学成功升本，更名为郑州工程技术学院，成为郑州市公办高校第二所本科院校，也是地方高校中第七所本科院校，为郑州市高等教育整体层次提升做出了贡献。

【国内外合作办学】 郑州职业技术学院与戴姆勒铸星教育正式签订合作协议，在学院开设奔驰班，每年根据项目人才需求确定招生人数。

（王永刚）

民办教育

【民办教育规模】 全市共有各级各类民办学校（教育机构）2439所，在校生78.80万人。其中小学99所，7.41万人；初中65所，6.44万人；高中42所，3.84万人；中等学历教育56所，5.77万人；高校11所，11.98万人；培训机构950所，16.36万人；幼儿园1149所，25.63万人。

【民办教育规范管理】 郑州市民办教育管理工作以制度建设为抓手，规范民办学校办学行为，确保学校健康持续发展。狠抓年检、开学检查、学校管理例会、学校信息公开、学校信访投诉查处通报等制度的落实，规范常态化管理。组织专家，对照检查标准，从教育

郑州市“中国大学先修课程”项目教师培训开班仪式

政策落实、办学行为实施、硬件设施安全等多方面对持有办学许可证的民办学校进行了实地年度检查，并在《大河报》等媒体公布年检结果，接受社会监督，对年检中发现的问题进行回访，督促学校整改。组织开展了民办学校春季、秋季开学暨校园安全大检查，提高学校师生安全意识，发现并及时消除安全隐患。建立民办学校信访投诉台账，畅通网上政务平台、电话和现场信访渠道，并按要求进行及时查处、回复。全年共计受理信访300余件，解决率基本达到100%。针对民办教育发展过程中出现的新问题、新情况，制定完善新规章制度，以规范办学行为。为进一步深化民办学校校长队伍管理改革，提高民办学校校长管理水平，拟定了《关于加强民办学校校长队伍建设的通知》，对民办学校校长的任职资格、核准登记、职责与权力、奖惩、培训等进行明晰。为深化民办学校日常监管改革，建立常态化、制度化的管理体系，市教育局制订了《民办学校（教育机构）网格化监管制度》，拟通过三级网格体系，对民办学校实施一周一排查、一月一座谈、一季一观摩；对年度新审批学校实施首月回访、首季督察、半年恳谈、年度检查。为规范和加强郑州市学生课外托管服务机构管理，促进学生课外托管行业健康发展，市教育局召开县（区）座谈会征求意见和建议，起草了《郑州市学生课外托管服务机构管理办法（草案）》，已经上报市政府。

【民办教育质量提升】 2015年，郑州市加大民办教育投入，组织民办学校师生体检，拨付192万元，对4000余名民办学校教师、75000余名民办学校学生进行了免费体检；拨付教育经费，向市属义务教育阶段民办学校拨付公用经费595.3万元、学杂费330.51万元、教科书费208.08万元、作业本费40.67万元。组织民办学校培训，提升办学水平。组织120名民办教育杰出人物到浙江大学进行研修培训，通过研修，使民办学校校长了解当前民办教育改革动态，学习借鉴民办教育管理的新模式，更新教育理念；对300名民办幼儿园园长进行了任职培训，全面提升幼儿园园长的理论与实践水平。奖励先进，引领发展，通过树典型、促发展，以奖代补方式全力扶持民办学校发展。出资785万元，奖励52所郑州市民办教育十佳单位、30位郑州市民办教育杰出人物和100名民办教育优秀教师。为发挥校园文化在育人中正确导向、规范管理的作用，加强民办学校校园文化建设，开展了校园文化创建活动，对参与创建的学校进行了评比。为发挥优秀民办学校的示范引领作用，推动全市民办学校提升办学水平、提高办学质量、彰显办学特色，开展了示范性民办学校创建活动。

（王永刚）

师资队伍建设

【教师人事管理】 建立完善郑州市直属学校教师职称评审业绩库。收集整理2002—2014年全市范围的表彰文件目录，将表彰文件的扫描版入库；重新梳理2014年学校整理上报的所有业绩excel数据，对录入和核对中出现的问题，一一梳理，并有针对性地提出解决办法；调研全市各县（市）区中小学教师职称改革有关情况，重点围绕教师业绩认定和建立完善教师业绩库，积极推进中小学教师职称改革调研。召开郑州市中小学教师职称评审工作座谈会，省、市人社部门领导参会并就职称改革的政策要求与部分校长、教师进行了座谈。截至2015年年底，业绩库管理系统的开发和内部测试已完成，并正式投入使用。

【开展全市中小学教职工编制状况调研】 按照省编办、省教育厅、省财政厅、省人社厅《关于开展全省中小学校有关情况调研的通知》（豫编办〔2015〕84号）要求，市教育局在系统内各中小学、职业学校、特殊教育学校、工读学校开展有关情况调研，包括在校生人数、教职工编制数、在职人员数、岗位结构、年龄结构等。经过对57所各类学校上报的表格、材料进行整理、汇总和分析，形成了书面调研材料。

【师德师风建设】 开展寻找“河南最美教师”推荐和“郑州最美教师”评选活动。通过基层推荐和初选、演讲等环节，最终选出15名“郑州最美教师”。以“做党和人民满意的好老师”为主题，组织广大教师积极参与师德征文和演讲比赛活动。将师德优秀、无私奉献的选手推荐参加省教育厅比赛，取得了优异的成绩，同时成功举办了10场郑州市第三届师德巡回演讲报告会。开展师德师风先进校创建活动。组织全市各学校师德专家成立师德师风评估小组，对申报师德师风先进校的学校进行检查评估，对师德师风建设工作优异的学校进行表彰；评选市级师德先进个人。由基层推荐的具备优秀职业素养和职业道德、爱岗奉献的383名教师被市教育局命名为郑州市师德先进个人，号召全市教师向身边的榜样学习，提高自身师德水平。健全师德违规惩处体系，创新突破师德监管机制。依据国家事业单位工作人员管理制度和教育部近年下发的师德管理规定，借鉴外地经验，在广泛征求基层广大教职工意见的基础上，出台了《郑州市中小学教师违反职业道德行为处理实施细则（试行）》。下发了《郑州市教育局关于严禁教师寒假期间违规补课的通知》《郑州市教育局关于做好2014-2015学年中小学幼儿园教师职业道德考核工作的通知》。转发了教育厅关于师德建设的两个文件：《关于转发建立健全中小学师德建设长效机制的通知》和《关于转发严禁中小学校和在职中小学教师有偿补课的通知》。要求学校高度重视师德建设工作，认真学习文件精神，制订适合本地的师德建设畅销机制。

【教师培训】 开展了形式多样的教师培训活动。（1）继续采取“短期集中培训、教学实践、校本研修”的联合培养模式来遴选培养市级骨干教师，为中小学优秀教师梯级攀升搭建了平台。共培养中小学骨干教师500名，幼儿园骨干教师200名。（2）初、高中基础学科教师培训体现“三贴近”。为了提高中学学科教师的教学能力，在设置培训项目时，更加注重贴近一线教学、贴近课堂、贴近参培教师实际，组织400名初高中物理、化学、历史、地理学科教师到陕西师范大学开展了集中培训和观摩交流活动。（3）均衡配置城乡教师培训资源，开展骨干学科教师专业能力提升培训活动。按照城乡教师学科能力提升一体化发展理念，针对不同类别、层次、岗位教师的需求，以学科教师施教能力提升为重点，分类别、分层次开展了中小学英语教师能力提升培训、“TFU”课程培训、中学英语骨干教师高级研修等市级培训研修活动。同时针对县（市）区和市直学校教师培训负责人举办一期培训者培训学习班，提高他们的教师教育管理能力。（4）配合省教育厅组织开展了“国培计划”和省级骨干教师培训对象培训，国培集中培训和网络培训共计培训教师17628人，省级骨干教师培训对象培训参训33人，有力促进了骨干学科教师专业能力提升和城乡教师教育均衡发展。（5）艺术学科教师培训和班主任心理健康教育培训。组织100名中小学音乐专任教师到华中师范大学进行了培训；100名美术教师到湖北美院感受了大学艺术文化和美术人家的教学风范；400名中学班主任及心理教师在中州大学接受了来自国内外知名心理学专家的培训指导。（6）教师岗位基础培训和信息技术培训活动稳步推进。培训中小学新任教师2300人、中小学新任班主任2300人；高中教师继续教育岗位培训结业952人。开展省培计划（2014）地方项目集中培训和校本反思实践活动，培训小学骨干教师181人。培训中小学教师信息技术市级骨干教师595人、市级测评骨干人员460人。

【层级攀升体系建设】 一是与华中师范大学合作，采取大学教授集中授课、优秀名师工作室主持人专题报告、现场观摩名师工作室等联合培训模式，对

100余名名师工作室主持人及助理进行了高层次培训。与苏州大学合作开展了第四届名师、第二届杰出教师、终身名师培训。二是以集中培训、实地考察、入校实践和自主研修等方式开展培训。通过专家报告、参与式研讨以及到苏州相关中小学实地考察等形式，按需施教，学用结合，突出专业性、针对性和实效性。培训获得了很好的效果，开阔了名师视野，分享了名优教师成果，提升了名师的综合素养。三是郑州市107名师德高尚、业务精湛的优秀教师被省教育厅确定为河南省中小学幼儿园教师教育专家暨省级中小学教师培训团队人员。多人受邀参加教育部组织的国培授课，在全市乃至全省成为学科教科研领军人物。

【2015-2020年中原名师培育对象选拔工作】 根据省教育厅《关于2015-2020年中原名师培育工作的通知》，经过报名与资格审查、业绩考核、演讲答辩、结果公示等环节，选拔了10名中原名师培育对象，并参加了全省年度培养培训活动。其中4名教师被列入2015年重点考核对象接受省教育厅专家评估，占全省评估对象的六分之一，评估通过后被省教育厅命名为“中原名师”称号。同时设立省级名师工作室，所在学校命名为省级教师发展学校。

【校长队伍建设】 通过课题研究，引领校长工作室工作的开展，41个校长工作室根据各自学校特点，确立了专项课题，并围绕专项课题开展研究。培训工作方面。全年安排64名干部参加上级部门举办的各类干部培训。举办校长任职资格培训两期，校长提高培训两期，共培训校长389人。

【名班主任工作室建设】 完成了第一届40个立项建设名班主任工作室的届满结项评审工作，同时开展了第二届33个名班主任工作室的立项评审工作，并对基本符合办学条件的工作室提出具体整改意见，进一步促进了普通中小学班主任工作水平的提升和整体素质的提高。

【师资援疆】 2015年，先后派出第九批和第十批共计38名支教教师赴哈密支教，同时接受两批130名哈密中小学教师和书记校长来郑跟岗研修；派出3位市级中小学名师赴哈密开展一线教师培训活动，获得了听课教师的一致好评；组织12家新闻媒体赴哈密开展“5年教育援疆总结交流暨第十批支教教师慰问采访活动”，深化了两地教育交流；组织人员系统回顾了郑州市5年教育援疆历程，编撰了五年教育援疆系列丛书，真实反映了郑州市教育援疆工作取得的丰硕成果。

（王永刚）

教育管理

【教育督导与评估】 通过开展中小学幼儿园建设、中小学中等职业学校生均公用经费标准制定及落实情况、职业教育和义务教育办学条件达标等专项督导工作，推动县级政府更好地履行教育职责。开展义务教育均衡地督导评估，指导上街区和惠济区通过省级评估验收，做好迎接国家评估认定的准备工作；指导、督促登封市、金水区、管城区和中原区加强自查、自评，做好迎接2016年省和国家的督导评估。对各县（市）区参与国家和省评估申报的130所学校进行教育现代化专项督导评估。

【教育信息化建设】 以“互联网+”为契机，积极推动教育信息化变革。为全市240多所学校建设高清智能录播教室；对市属学校监控设备进行升级改造，依托郑州教育城域网构建一个高清晰、全覆盖、数字化、网络化的视频监控系统；加强中小学班班通提升工程系统管理应用及运行维护；推进“云教育资源公共服务平台”建设与应用。截至2015年年底，郑州市在教育信息化建设方面累计投入13亿元，在城域网建设、数字化校园、班班通提升工程、优质资源共享、教育教学应用等方面取得显著成果，信息技术与教育教学及管理深度融合，助推了郑州教育发展的升级换代。市人大常委会对郑州市教育信息化建设工作开展了专项评议，充分肯定了郑州教育信息化工作取得的成绩。

【学校布局规划建设】 继续推动市政府出台《郑州市城市中小学校幼儿园规划建设和管理暂行规定》。《郑州都市区中小学布局规划（2014-2030）》得到市政府批复并开始实施，依据此规划对涉及学校、幼儿园控制性详细规划进行预审，提出针对性的控规修改意见。根据《市区中小学规划建设现状和未来五年预测分析报告》《市区热点区域中小学入学难情况及对策》两份调研报告，有针对性地督促和协调市区中小学规划建设工作。超额完成列入政府民生“十件实事”的中小学幼儿园建设任务，市区新建、改扩建中小学校37所，新建幼儿园47所。把基建项目的健康推进放在第一位，23个市本级新建、改扩建学校项目推进有力，已顺利完成年初目标任务。认真梳理基本建设遗留问题，首次排查出16个基建项目存在的超概算问题，并按计划逐步分类解决。

【招生考试工作】 出台以公办高中为主，解决进城务工人员随迁子女在郑接受普通高中教育的办法，确保了符合条件的随迁子女享受和郑州市区户口同等待遇。市区招录高一新生3.3万人，其中随迁子女7650人，占比23%。义务教育阶段继续坚持“两为主”“三统一”的招生原则，确保招生工作规范有序。市区招收初中新生5.6万人，其中随迁子女2.2万人，占比39.29%；市区招收小学新生7.16万人，其中进城务工随迁子女2.7万人，占比37.71%。进一步完善了义务教育阶段进城务工人员随迁子女在郑就学管理办法，已进入人社、公安部门会签，待发布实施阶段。规范民办学校初中招生行为，市区46所民办学校全部采取小学生综合素质评价的方式录取新生，录取学生1万多人。市招办着力打造平安考试，努力营造公平公正、风清气正的考试环境，全年组织各类考试共计27项，累计考生数达90余万人次，圆满完成了各项招生考试任务。

【学生资助工作】 建立完善分级管理、协作区管理的资助工作管理体系，规范管理标准及操作流程。与省资助中心合作开发郑州市中职资助监督管理系统，以高科技手段有效防止套取、骗取国家资助金现象的发生。春季学期累计发放各类资助资金10269.67万元，惠及学生121038人次。

【校园安全】 强化“党政同责、一岗双责、失职追责”和“管业务必须管安全”的意识，更加细化明确全市教育系统安全工作的职责分工。全面细致抓好春、秋两季安全工作大检查，突出“硬、快、全、实”抓安全。制定市属学校安全工作考核办法，安全工作日常评比纳入常态。各项评先推优工作与安全工作挂钩，实行一票否决。安全工作人人有责、齐抓共管的氛围初步形成。

【依法治教】 成立法律咨询专家委员会，建立学校常年法律顾问制度，明确工作内容、工作职责及工作流程，提高依法治教和法制教育的专业化水平，实现了从应急式到常态化的转变。大力开展依法治校年活动，进一步规范、完善法制副校长工作，加强了对青少年学生的法制教育。启动学校章程制定与评估工作，通过学校章程的制定与评估，进一步推进依法治教、依法治校，加快学校法制建设进程，加快郑州市教育治理现代化进程和法制建设进程。

（王永刚）

卫生 体育

卫生与计划生育

卫生应急队伍

【概况】 截至2015年年底，全市拥有各级各类医疗卫生机构3921家，其中医院213家（综合医院104家、中医院50家、中西医结合医院3家、专科医院56家）；基层医疗卫生机构3543家（社区卫生服务中心69个、社区卫生服务站147个、乡镇卫生院99家、村卫生室2404家、门诊部及诊所824家）；公共卫生机构137家；其他卫生机构28家。全市医疗机构总床位数78242张，拥有卫生技术人员86518人，千人口床位数8.15张，千人口执业（助理）医师数3.22人，千人口注册护士数4.27人。

全年开展“健康大讲堂”3016场，受众人数达22.5万人，发放宣传资料达45.5万份，资金投入达128.7万元。市一院、市中心医院、市中医院及市儿童医院被授予“河南省健康促进示范医院”荣誉称号。

制定下发《郑州市突发公共卫生事件应急预案》和《郑州市突发事件医疗卫生救援应急预案》等5部预案，调整市级卫生应急队伍336人和专家组53人，组织1158人开展应急训练；有效做好H7N9禽流感、埃博拉和中东呼吸综合征疫情应急防控工作；先后完成黄帝故里拜祖大典、抗日战争胜利日纪念活动、上合组织会议等重大活动卫生应急保障79次；有效处置5人以上突发事件146起，救治879人次。

建立无证诊所暗访督察制度，开展暗访督察27次，暗访诊所680家，发现并查处无证诊所71家；发布卫生监督监测信息8期500余条；查处卫生类违法案件548件，罚没金额88.15万元；郑州市连续三届获全省卫生监督知识竞赛暨技能比武团体冠军。

完成农村孕产妇住院分娩补助人数、增补叶酸预防神经管缺陷新增服用人数分别为4.05万人、3.83万人；为郑州市户籍新生儿免费耳聋基因筛查6.7万人次；为具有郑州市户籍的适龄（35–59岁）妇女免费两癌筛查和人类乳头状瘤病毒（HPV）DNA检测，共筛查宫颈癌10.2万人、乳腺癌10.5万人、HPV5.01万人；为具有郑州市户籍的新生儿免费筛查35种遗传代谢病2.09万人。

开展中医药养生保健巡讲“三进”活动，筛选121名讲师组建中医巡讲团，开展巡讲活动143次，受益群众3.3万人；为85家社区卫生服务中心91名医务人员开展中医药适宜技术培训，举办第十二届职工技术运动会中医药技能竞赛，提升基层人员中医服务能力；开展大型中医医院巡查、等级评审、重点指标考核等活动，进一步强化中医医院规范化管理；郑州市成功创建全国基层中医药工作先进单位。

卫生重大项目建设。2015年，市中心医院全科医生培养基地及门诊综合楼项目、市二院新建眼科楼项目投入使用，市三院北区新医院项目主体结构全面封顶，市卫校宜居健康城项目主体工程开工。市三院、市骨科医院、市中医院等项目被评为“郑州市重点工程优秀参建单位”，市三院获集体“五一劳动奖章”。

人才培养和引进。全年引进博士或副高以上职称高层次人才107名，其中博士9名，高级职称98名。为县、乡两级医疗机构招聘医学高校毕业生34名，特岗全科医生5名，进一步夯实了基层卫生人才基础。

国际交流合作取得突破。市六院与美国加州大学洛杉矶分校（UCLA）远程会诊中心挂牌成立，市儿童医院与美国卢里芝加哥儿童医院签订合作协议，市三院与台湾欧安乐龄集团合作的医养联合体建设项目稳步推进。建立国外医疗培训基地，选派65名管理骨干和专科医生赴美、英等国家培训，开展对外学术交流36次，开启郑州市医疗卫生事业国际化合作新篇章。

卫生计生信息化建设。积极推进居民健康卡工作，市七院率先实现自助终端实时发卡，10家市属医疗机构实现居民健康卡应用；12家医疗机构接入市级区域信息平台并实现数据上传共享。启动基层医疗卫生机构管理信息系统云计算项目，2家医院通过河南省数字化医院评审。

地图式定位责任服务管理。对服务平台进行优化整合，由原来的7个调整为10个服务模块，全市252个打击无证行医责任区域、医疗机构等十二类1.01万家卫生监管对象、6237名城乡片医、389家疾病防控和预防接种单位等3万余条信息均已上图定位，服务范围扩展到15个县（市）区，真正成为服务群众健康的卫生便民地图。

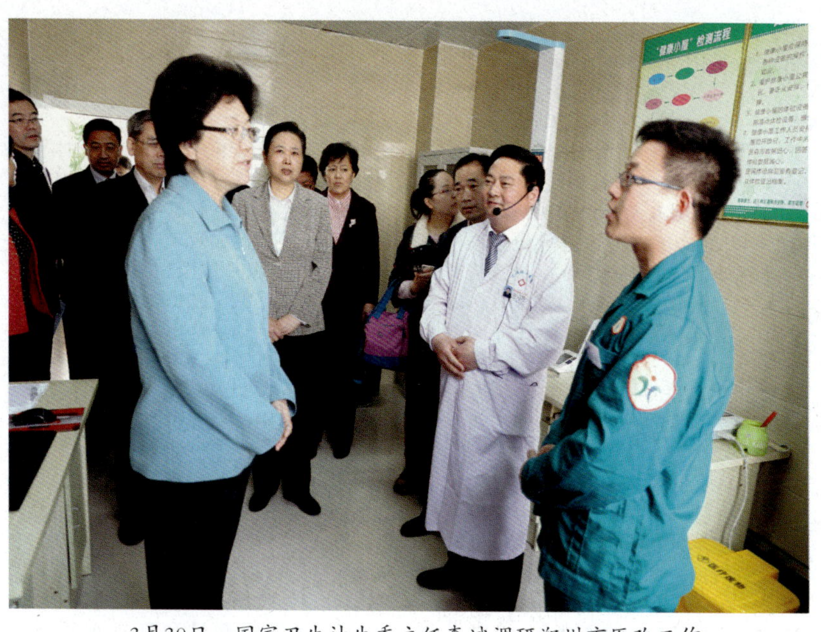

3月30日，国家卫生计生委主任李斌调研郑州市医改工作

招标采购服务。严格药品、医用耗材网上采购监管，持续规范设备采购、工程招标服务管理。全年市属医疗机构自筹资金医疗设备购置和工程建设项目共涉及资金4.43亿元，经招标采购、结算审计等服务监管，共计节约资金9452.3万元，总节资率21.29%。

【疾病防控】 2015年，郑州市完成了结核病防治“十二五”终期评估任务，累计落实结防经费2311.39万元，发现治疗肺结核患者2.48万例；法定传染病报告发病率比上年下降6.34%，全市未出现重大传染病疫情、无甲类传染病病例发生；切实做好疫苗接种管理工作，落实“消除麻疹”措施，有效控制郑州航空港实验区麻疹聚集性病例蔓延；全市新增免疫规划儿童7.75万名，国家免疫规划11种疫苗整体接种率达到99.5%；成立“郑州市精神卫生防治工作联席会议”办公室，2家区疾控中心完成疾病预防控制网络项目立项，全市51家二级以上医疗机构完成了疾控科（处）设置；郑州市获得全省疾控比武第一名；全年监测心脑血管病例4.59万例、肿瘤病例8721例，35岁以上人群首诊血压测量率达到80.6%，慢性病防治能力明显提升；结合创建国家艾滋病综合防治示范区，探索创新艾滋病防治干预新模式，艾防工作得到加强；圆满完成地方病防治工作“十二五”目标任务，首家通过省级验收。

【新农合实施情况】 2015年，全市参合农民374.63万人，参合率99.47%，人均筹资标准、财政补助标准、住院补偿封顶线分别提高到498元、408元和20万元；农民大病保险人均筹资标准由15元提高到30元，起付线由2万元降低到1.5万元，大病住院补偿提高到30万元。全年全市筹集新农合基金18.62亿元，1133.82万人次享受了新农合补偿，累计补偿医疗费用17.87亿元，其中门诊补偿2.68亿元，门诊实际补偿比达到73.96%；筹集大病保险基金1.12亿元，累计补偿2.04万人，补偿金额约7426.6万元，分段补偿比最高达80%。

【片医社区卫生服务体系】 积极推动片医服务全覆盖。2015年新增的两所社区卫生服务中心已建成开诊，扩大了覆盖面，消除了服务空白点；片医服务覆盖全市88个社区卫生服务中心、168个社区卫生服务站、79个乡镇卫生院、1920个行政村卫生室和省、市、县887个行政企事业单位，建立城乡居民电子健康档案778万份；将流动人口服务管理纳入“片医负责制”社区卫生服务，建立流动人口电子健康档案77.2万份。

不断加强社区卫生服务中心建设。开展星级社区卫生服务机构创建活动，31家社区卫生服务中心、6家社区卫生服务站成功创建三星社区卫生服务机构；郑州市推荐的《国家公共卫生服务规范》培训速记口诀在第十届中国社区卫生服务发展论坛暨第四届“我身边的社区卫生服务”主题宣传活动总结大会上获一等奖，郑州市陇海马路中心宋增伟主任被授予2015年度“群众满意的社区卫生工作者”荣誉称号。

加快推进签约服务。突出慢性病人、儿童、孕产妇等重点人群，充分发挥农村片医体系和地图式定位责任服务管理的优势，将签约服务融入农村片医工作，签订家庭保健协议132.2万户；全国乡村医生签约服务现场会在新密市召开。

深入开展“建设群众满意的乡镇卫生院”活动。以创建活动为抓手，不断加强乡镇卫生院的内涵建设，6所乡镇卫生院被评为全国“群众满意乡镇卫生院”，国家和省卫计委对郑州市创建活动的成果给予充分肯定。

积极开展乡村医生注册工作。全市乡村医生再注册审批通过5028人，圆满完成乡村医生再注册换发新证工作。

持续加大培训力度。开展城市社区卫生服务能力建设技术骨干培训1050人次、妇幼保健技能培训230人次、中医药服务技术培训80人次、“手拉手”基层技术骨干培训400余人次，基层卫生服务能力明显提升。

【医疗卫生体制改革】 2015年，郑州市顺利推进县级公立医院综合改革，将5个县（市）12家县级公立医院全部纳入，实现全覆盖。在所有县级公立医院实施新农合按病种付费和“先住院，后付费”等惠民措施。联合市医改办等单位对2014年度试点县（市）政府、试点医院开展县级公立医院综合改革工作进行督导考核，并对综合考评成绩突出的前3名医院（中牟县中医院、中牟县人民医院、荥阳市人民医院）给予30万元、20万元、10万元的奖励。改革启动以来，县级公立医院药品零差率销售累计让利患者1.57亿元，分别有3.5万和9.27万名患者享受新农合按病种付费和“先住院，后付费”服务。

巩固完善基本药物制度，出台基本药物制度补助资金管理办法，规范和加强补助资金的分配使用和管理。全年基层医疗卫生机构基本药物累计销售金额3.31亿元，为患者减轻医药费用负担4960.3万元；对村卫生室财政补助613.8万元；增补390种低价药品保障基层用药。

加快发展社会办医，采取放宽准入、强化监管、推进医师多点执业等措施，多元化办医格局逐步形成。截至2015年年底，全市社会办医疗机构数量、床位、年门急诊人次占比分别达到26.3%、26%和38.3%。国家卫生计生委主任李斌、国家督导组、全国人大代表、政协委员先后考察调研郑州市医改工作，给予充分肯定，认为郑州市深化医改多项工作走在全国前列。

【医疗服务管理】 持续强化医院内涵建设。推进“甲等医院”创建，市一院顺利通过评审，正式跻身三级甲等医院行列。开展“进一步改进医疗服务行动计划”，市儿童医院、市中心医院在全省进行经验交流。

着力提升医疗服务效能。优化医院门急诊流程与环境，推行日间手术、“零加床”制度，增加日间手术人次和手术项目，缩短平均住院日，提高床位周转率，提升医院医疗服务效能。

深入推进医联体建设。深入推进区域医疗联合体建设，探路分级诊疗。全市成立6个医联体，成员单位的基层医疗机构达217家，积极开展学科共建、对口支援、双向转诊、远程诊疗等工作，2117名医师开展多点执业，有力促进优质医疗资源下沉和基层医疗卫生服务能力提升。

【科技兴医】 制定《郑州市医学重点（培育）学科后备人才国内培养管理办法》，为优秀青年人才培养提供政策支持；全年获市科技进步一等奖1项，二等奖38项，占全市获奖总数的39%；获批市级科技发展计划项目197项，创历史新高；获批省级医学科技进步奖36项，新技术引进奖7项；获批省科技厅科技计划项目18项；开展国家级继续医学教育项目21项，省级教育项目57项，举办国内外学术交流会议465次；郑州市干细胞转化与应用工程研究中心在市一院揭牌成立；出台支持鼓励引进国内外知名学科团队的指导意见，创新建立考核机制，成功引进37个国内外知名学科团队，有效提升卫生学科技术水平。

【机构和行政审批改革】 机关业务工作融合提升。卫生和计生在服务体系、宣传教育、信息共享、妇幼保健和健康促进等方面业务有效融合，推动业务发展有序提升。“五单一网”改革加快推进。印发《全面推行五单一网制度改革工作实施方案》，形成“五单一网”制度改革工作行政权责事项清单，并录入信息系统；494项行政权责事项通过市政府审核并对外公布，“五单一网”工作运行良好。医疗机构审批权限调整工作扎实推动。全面完成向各区移交一级及以下医疗机构和注册医师工作，接收省下放二级医疗机构相关审批工作，走在全省前列。全市下放移交医疗机构共计157家，医师3795人；接收省下放医疗机构50家，接收医师6728人。行政审批制度改革持续深化。进一步降低社会办医准入门槛，压减审批层级，减少审批环节，简化办理程序，大力推行便民服务。全年共受理行政审批事项3627件，办结3651件，提前办结3625件，及时办结率100%，提前办结率99.3%。平均办结时间1.43天，同比缩短25.57天，压缩比率达94.7%，审批服务效能显著提高。

【计生概况】 全面实施“单独两孩”生育政策。组织学习国家卫生计生委员会出台的《改革生育服务证制度的指导意见》（国卫指导发〔2015〕5号）和《河南省生育服务证管理办法》（豫卫指导〔2015〕5号），并组织了专门培训和生育服务证办理工作专项督察，认真落实“单独两孩”生育政策。自2014年6月3日“单独两孩”政策实施以来，截至2015年年底，共受理申请1.22万件，办结1.14万件，出生5900人。

综合治理出生人口性别比偏高问题。2015年，在全市开展性别比“治理年活动”，先后组织4次联合执法活动，清理清查诊所、药店358家，现场予以取缔62家，下发整改通知61份。2015年，全市出生人口性别比为112.03，同比下降0.97个百分点。

流动人口计划生育工作。2015年，出台了《关于做好流动人口基本公共卫生计生服务工作的指导意见》，进一步强化责任，明确目标，新创建流动人口均等化服务示范单位89个。全年共为23.4万人次流动人口进行免费康检，免费发放宣传品260万份、避孕药具85万人次，圆满完成流动人口动态监测工作。

【计划生育扶助保障政策体系建设】 全年共为计划生育奖励扶助对象97.7万人（户）落实各项奖励扶助金4.9亿元。2015年12月24日，出台了《郑州市计划生育特殊困难家庭救助办法》，从2016年起为全市计划生育特别扶助对象中的“失独”家庭发放一次性救助金1万元。在全市启动了卫生计生系统全国“敬老文明号”创建活动。

计划生育基层群众自治工作。制定下发《郑州市创建计生基层群众自治示范村（居）、合格村（居）活动五年规划实施方案》，全面启动了“示范村（居）、合格村（居）”创建工作。

【计划生育优质服务能力建设】 扎实开展春秋季“生殖健康进家庭”服务活动，全市共为育龄群众提供健康检查153.2万人次，排查漏管已婚育龄妇女1.3万人；稳妥开展已婚育龄妇女健康检查改革试点，减少康检频次，优化分类管理，达到了减负增效的目的。加强免费孕前优生健康检查项目的宣传倡导和业务培训，进一步规范服务内容，完善信息数据和健康档案，扎实推进免费孕前优生健康检查项目城乡全覆盖，全年为3.99万对计划怀孕夫妇提供了免费孕前优生健康检查服务，圆满完成预期任务。

（姚永成）

体育

【概况】 2015年，郑州市群众体育蓬勃开展，竞技体育再创佳绩，公共体育设施日趋完善，品牌赛事越办越好，体育产业发展初见成效。

积极组织开展全民健身品牌赛事和亮点活动。截至2015年年底，市级举办全民健身活动（赛事）86项次，各县（市）区每年开展活动分别达200余项次；承办国家、国际级有影响的重大赛事活动16项次，承办省级赛事22项次，共组队参加省以上群体赛事45项次；打造市级品牌赛事28项次，特色体育活动24项次，乡镇街道均有特色体育亮点。

加快发展全民健身骨干队伍。全市社会体育指导员总人数达2万余人，基层健身站点达4016余个，各县（市、区）品牌赛事和特色活动覆盖率达100%。

大力开展全民健身志愿服务走基层活动。充分发挥单项协会作用，利用周末和节假日组织全民健身志愿者深入学校、社区、广场、公园、厂矿企事业单位开展志愿服务活动。

【竞技体育】 竞技体育水平不断提升。2015年，郑州市竞技体育创造了新辉煌。第一届全国青年运动会上，郑州代表团荣获了6金、12银、15铜共33枚奖牌，在全国省会参赛城市中排名第6位，并获得“体育道德风尚奖代表团”称号。在俄罗斯喀山举行的第十六届国际泳联世界锦标赛上，宁泽涛夺得男子100米自由泳决赛冠军，其意义堪比2004年雅典奥运会的刘翔；2015年女排世界杯比赛，郑州市运动员杨珺菁作为主力队员，为中国女排时隔11年重夺本届世界杯冠军发挥了重要作用。

积极做好体育传统学校、青少年

2015年郑州市体育工作会议召开

俱乐部的创建和管理工作。2015年，郑州市积极创建河南省科技体育传统项目学校、青少年俱乐部，26所中小学被评定为河南省省级科技体育传统项目学校，12个俱乐部被评定为省级青少年体育俱乐部。截至2015年年底，郑州市拥有国家级传统项目体育学校7所，省级传统项目体育学校62所，市级传统项目体育学校106所。

认真做好青少年业余训练及竞赛工作。制定了《2015年至2018年郑州市竞技体育后备人才培养工作意见》。积极开展河南省单项体育后备人才基地（2015—2018）认定工作，本周期申报了16个单位（8个项目）作为单项体育后备人才基地，截至2015年年底，已全面通过检查评估。郑州市体育运动学校、郑州市少年儿童体育学校被评定为国家高水平体育后备人才基地。完成各项目年度冠军赛及锦标赛45项赛事，其中田径、跆拳道、武术（套路、散打）等项目连续金牌、奖牌、总分第一名；全年共举办篮球、田径、排球、足球、乒乓球等17项比赛。完成了2015年度河南省青少年体育竞赛注册工作，全年确认、注册运动员共6223人，其中新注册人员为1178人。

郑州运动员参加第一届青运会武术散打比赛颁奖仪式

【体育设施建设】 科学制订体育设施规划布局。市体育局委托郑州市规划勘测设计研究院编制《郑州市体育设施专项规划》，对郑州市中心城区990平方千米范围内的体育设施建设进行空间布局与指标控制，2015年年底已经通过市政府联审联批会议。大力实施乡镇体育健身工程。截至2015年年底，全市86个乡（镇、办）实施了乡镇体育健身工程，除3个规划拆迁新建的乡镇外，覆盖率达到了100%。加大示范区建设力度。建设了新密市来集镇翟坡社区、上街区峡窝镇五云社区、郑东新区龙子湖办事处牧专社区、荥阳市高村乡、王庄、枣树沟、崔庙镇、植物园等8个示范区。积极做好体育场馆免费开放工作。全市各级政府兴办的健身广场、体育公园等场地实现了全天候免费开放，截至2015年年底，郑州市人均体育场地面积达1.52平方米，超过全国1.46平方米的平均值。大力推动公共体育设施及学校、企业、机关体育设施向社会公众开放，截至2015年年底，市级学校体育设施开放率为63%，县级以下学校体育设施开放率为93%。加快大型体育场馆建设步伐。郑州市西区奥林匹克体育中心项目已经奠基；郑州市东区市民健身中心项目已完成绿化部分方案设计、文物勘探、地质勘探；郑州市北区市民健身中心项目的选址意见书通过了规划批复。

【品牌赛事】 2015年，郑州市承办了中国郑州国际少林武术节、郑开国际马拉松赛、世界斯诺克巡回赛、世界名校赛艇挑战赛、全国百城市自行车赛（郑州赛区）、“谁是球王”海选赛、郑港国际徒步大会、河南省城市坐标定向赛、城市乐跑赛、无极限世界行走日等品牌赛事。其中集武术、旅游、文化交流于一体的大型综合性节会中国郑州国际少林武术节，自1991年开始举办以来，在国内外影响越来越大。被国家体育总局、国家旅游局评为“中国体育旅游十佳精品赛事”。郑开国际马拉松赛每年举办一次，每届参赛选手均达数万人，已成为一张耀眼的城市名片。世界斯诺克巡回赛郑州公开赛、国际名校赛艇挑战赛、国际奥委会主席杯全国百城市自行车赛（郑州赛区）、中国龙全国业余网球赛和羽毛球“谁是球王”海选赛（郑州站）等众多大型赛事，吸引力越来越强，影响力越来越广。

【体育产业】 郑州市认真学习贯彻落实《关于加快发展体育产业促进体育消费的若干意见》（国发〔2014〕46号），大力发展体育产业。2015年，出台了《郑州市人民政府关于加快发展体育产业促进体育消费的实施意见》（郑政〔2015〕48号），加强对体育市场的规范管理，鼓励和支持符合条件的单位申报国家和省级体育产业基地。上街区获得河南省体育产业基地荣誉称号；登封市被命名为国家体育产业基地，为河南省第一个国家级体育产业基地；加大体育彩票销售力度，2015年郑州市体育彩票销售额达23.8亿元。

（徐晨革）

社会事业

精神文明建设

公民思想道德建设

【“三个一批”建设】 精心实施“三个一批”建设（即以社会主义核心价值观为主题，建设一批主题公园、一批主题广场和一批主题社区）。打造宣传教育的新阵地，凝聚传播正能量，努力达到“两融两入”（即在社会主义核心价值观宣传教育中，融进优秀中国传统文化，融进市民生活环境，以优秀的作品和景观为载体，力促核心价值观入脑入心）的效果。2015年，累计投入资金7000多万元，建成社会主义核心价值观主题公园41个，主题广场30个，主题社区79个。已经建成并投入使用的主题公园、广场、社区成为一道亮丽的风景线，受到市民群众的广泛欢迎和好评。

【公益广告宣传】 按照中宣部、中央文明办及省委宣传部、省文明办等部门的一系列工作要求，采取强有力措施，狠抓推动落实，充分利用新闻媒体、建筑工地、公园广场、公共交通运载工具、城市户外固定广告牌、楼宇电视、LED大屏幕等媒体媒介，广泛刊载刊播“讲文明树新风”公益广告、“我们的价值观”及文明河南公益广告。截至2015年12月底，市属新闻媒体已累计刊播“讲文明树新风”公益广告：《郑州日报》91.27个整版，《郑州晚报》87.87个整版，郑州电视台417.94小时32896次，郑州教育电视台72小时，郑州电台205.2小时19462次，中原网集中展示12个月，建筑工地围挡692.4万平方米，灯杆幕旗3629幅，灯杆灯箱553座，公交站牌1901座，公交车5000余台，公交候车亭11666座，公交移动电视1500个，出租车9888台每天每车滚动播放640次，出租车停靠站2650座，轨道交通195封，交运集团电子显示屏滚动刊播96674条次，公园广场1079块，LED大屏幕滚动播放16145小时。郑州市“讲文明树新风”公益广告及文明河南公益广告多次受到了中央文明办、省委宣传部和省文明办领导的表扬和肯定。

【道德模范评选与宣传】 2015年，郑州市卖唱救孤的老艺术家王宽，被评为感动中国年度人物，郑州成为全国唯一一座连续三年获此殊荣的城市，大爱之城的名片叫响全国。积极参加中央文明办开展的全国道德模范、“我推荐、我评议身边好人”等推荐评选活动。2015年，向省推荐全国道德模范候选人5名，入选全国道德模范提名奖2人，“中国好人榜”上榜好人8名，入选河南省道德模范候选人2名。开展“月评文明市民”活动，评出文明市民90人。全市各级各单位围绕践行价值观、助推公民道德建设，开展了系列活动，培育和挖掘道德典型。市妇联多年坚持开展的“感动郑州慈孝人物”“最美家庭”，市民政局等部门组织的“感动绿城 郑州十大孝星”，荥阳市的“感动荥阳”、登封市的“感动登封”十大人物，新郑市的“最美故里人”等评选活动等都取得了良好的社会效果。春节、端午等节日期间，对全市生活困难的各级各类道德模范、身边好人进行慰问，为他们送去党和政府的关怀。

【“道德讲堂”和传统文化教育】 按照贴近实际、贴近生活、贴近群众的原则，围绕社会主义核心价值观，常态化开展以“身边人讲述身边事、身边事教育身边人”为主要形式的“道德讲堂”。2015年共举办郑州市道德讲堂总堂28期（总第42期），全市各地各单位开办“道德讲堂”1万余期，文化讲堂2000余场。举办了培育和践行社会主义核心价值观楹联展，200多副作品参展。举办了“弘道养正”培育和践行社会主义核心价值观优秀篆刻作品展，200多幅作品参展，并在基层、社区进行巡展。

【“24个字”教育活动】 全市开展了社会主义核心价值观“24个字”教育活动，深入培育和弘扬社会主义核心价值观，用多种形式唱响核心价值观“24个字”。统筹《郑州日报》、《郑州晚报》、郑州电视台、郑州广播电台等市属媒体，按照中宣部培育和践行社会主义核心价值观工作的要求，在重要版面、重要时段、重要频率频道开设了专题栏目，通过新闻报道、理论专刊、专家解读、言论评论等形式，开展社会主义核心价值观阐释教育工作。利用中心组学习、干部培训、党校课堂、形势政策教育等平台，面向广大党员干部深入解读社会主义核心价值观的理论内涵和

全市精神文明建设工作表彰暨深化全国文明城市创建工作会议召开

现实意义。把社会主义核心价值体系的基本要求渗透到课堂教学、社会实践和校园文化的各个环节，宣传、阐释、叫响“24个字”，培养了青少年高尚的思想品德和良好的道德情操。组建了市、区两级社会主义核心价值观宣讲团，深入到学校、企业、社区宣讲社会主义核心价值观的基本内容及践行社会主义核心价值观的现实路径等。全市共组织开展培育和践行社会主义核心价值观宣讲活动1万余场，受教育人数400余万人，取得了良好效果。

【典型人物事迹宣传报道】 组织市广播电台、电视台、《郑州日报》《郑州晚报》、中原网等市属媒体，陆续宣传了一批自觉践行社会主义核心价值观的身边好人典型，收集全市各基层单位上报优秀典型187个，对民政、卫生、公安、教育、园林、交通等行业的51个基层典型进行了集中采访和宣传。郑州人民广播电台精心策划，制成反映践行社会主义核心价值观典型事迹的稿件87篇，在重点栏目播出。《郑州晚报》精心开设了《郑能量》《郑温暖》《做文明人 办文明事》《讲述郑州故事 传递郑州声音》等4个重磅专栏，一大批典型公益人物和感人事迹，通过这些栏目走进公众视野。《郑州日报》开设《文明郑州 身边的劳动者》和《讲述郑州好故事 传播郑州好声音》专栏，刊发稿件近百篇，关注普通劳动者，关注在践行社会主义核心价值观中的典型人和事，积极传递正能量。

【“我们的节日”主题活动】 元宵节期间，广泛开展了群众性节日民俗文化娱乐活动，组织开展了庙会社火、迎春灯展会和踩高跷、划旱船、扭秧歌等传统民俗文艺表演，增强了广大群众的节日认同感。结合“红红火火过大年”主题志愿服务活动，开展了春运便民志愿服务、亲情关爱志愿服务、文化体育志愿服务、环境秩序志愿服务、平安建设志愿服务活动，认真组织开展了“四项关爱”志愿服务活动，组织志愿者为空巢老人、农民工、残疾人、留守儿童和进城务工人员办好事办实事。开展了向“道德模范”和“身边好人”等先进模范人物拜年走访、慰问交流、座谈联欢等活动，为他们送去节日祝福，帮助解决生活实际困难，大力宣传他们的先进事迹和崇高品德，展示了郑州市崇德向善、文明进步的精神风貌。清明节期间，组织开展了祭奠先烈、扫墓踏青等活动。全市各级各类学校开展了“清明祭英烈”活动。充分利用各类爱国主义教育基地，广泛开展缅怀革命先烈的群众性纪念活动。结合全市植树活动，开展了“关爱自然”志愿服务活动。组织机关、学校、企事业单位和社区开展“中华经典诵读”“唱红歌，祭英烈”活动。端午节期间，广泛开展了全民健身活动、爱国卫生运动、经典诵读活动。以普及端午民俗知识为重点，开展了端午民俗文化墙画展、传统习俗与健康讲座等形式多样的宣教活动，增强人们日常生活保健知识。

（张元魁）

精神文明创建

【概况】 2015年2月28日，经中央文明委复查审核确认，郑州市继续保留“全国文明城市”荣誉称号，并在于北京举行的全国精神文明建设工作表彰暨学雷锋志愿服务大会上受到表彰。同时，登封市大冶镇、新郑市辛店镇2个镇和荥阳市高山镇高山村、荥阳市高山镇冢岗村2个村被授予“全国文明村镇”荣誉称号；郑州未成年犯管教所、河南省交通运输厅京珠高速公路新乡至郑州管理处、郑州市第四十七中学、郑州市管城回族区人民检察院、郑州市人力资源和社会保障局、郑州师范学院、新密市人民检察院等7个单位被授予“全国文明单位”荣誉称号；郑州市科学技术馆被授予“全国未成年人思想道德建设工作先进单位”称号。2015年10月20日，由中央文明办一局副局长崔海教带领的全国文明城市创建工作调研组莅临郑州市检查指导，通过听取汇报、实地考察、查阅资料等方式，了解郑州市深化全国文明城市创建工作的实际情况，在反馈中对郑州市的精神文明建设工作给予了充分肯定和高度评价。在2015年12月份省文明办组织的全国文明城市年度复查中，郑州市创建工作受到检查组充分肯定。

【全国文明城市创建工作】 2015年，市委、市政府制订出台《关于建立深化全国文明城市创建工作长效机制的实施意见》，明确了目标责任制度、检查监督制度、考核评价制度、奖励处罚制度及保障措施。对《全国文明城市测评体系》进行分解打包，把创建责任落实到职能部门和县（市）区，明确工作标准和完成时限。市长与相关职能部门、各县（市）区主要负责人签订目标责任书，对突出问题成立专项指挥部进行专项整治，确保创建任务落到实处。

严格督促考核。继续实行市级专项督导组、专项指挥部考核各开发区、市内各区，各开发区、市内各区考核专项指挥部、市直单位的双向考核办法，评出红黑旗单位，对挂红旗的单位予以奖励，对挂黑旗的单位进行约谈并限期整改。同时，把创建工作与绩效考核、文明单位管理挂钩。

抓好重点环节。对照《全国文明城市测评体系》，着力做好材料收集整理、考察点筛选与突出问题整治等三个重点环节。组织协调全市50余家市直单位、5个开发区和11个县（市）区收集、整理创建档案材料，确保所提交资料真实、准确、翔实、合规。对创建全国文明城市的1400多个实地考察申报点进行严格筛选、梳理、督导和整改，努力确保实地考察部分不失分、不丢分。组织协调市直各部门重点抓好交通秩序和城市环境“两大专项整治”。在交通秩序方面，重拳整治乱停放、乱穿行、乱闯红灯、酒后驾车等不文明交通行为和违法行为，努力缓解出行难问题。在城市环境方面，加快实施城市主要道路街景改造工程，抓好重点街区、公园绿地的复绿补绿，加大背街小巷、老旧小区、城郊接合部、集贸市场及城市内河的专项治理力度，大力治理乱摆摊、乱搭建、乱张贴、乱扔垃圾等顽症，迅速扭转局部地区脏乱差的局面。

【精神文明细胞工程建设】 按照中央、省、市关于国家级、省级、市级文明单位、文明社区、文明村镇的创建要求和相关测评体系，积极指导全市各有关单位大力开展创建活动。2015年5月份，市委、市政府命名郑州市房管局等117家单位为市级文明单位，命名金水

郑州市举行“月满中秋，梦圆国庆”中华经典诵读优秀节目展示活动

区花园路街道办事处戊院社区等20个社区为市级文明社区，命名新郑市龙湖镇等13个村镇为市级文明村镇，不断壮大郑州市精神文明建设工作力量。同时，加强对国家级、省级和市级文明单位的动态管理和指导力度，充分发挥文明单位的模范带动作用，加大文明创建工作的宣传力度，不断吸收新经济组织、新社会组织参与文明行业、文明单位创建活动，扩大创建覆盖面。对全国文明村镇实施动态管理，组织新闻媒体对文明村镇的创建经验进行宣传报道，调动村镇创建的积极性。对照《全国文明单位测评体系》和《省级文明单位测评体系》，不断完善《市级文明单位测评体系》，积极做好2015年度全国文明单位和省级文明单位的申报、推荐工作，并做好2015年度市级文明单位申报和考核工作。市委、市政府率先在全省制定出台了《郑州市文明家庭评选管理办法》，为郑州市文明家庭评选管理提供了政策制度依据。全市各级文明单位也广泛在内部开展了文明科室、文明服务标兵、文明窗口等创建活动，不断拓展群众性精神文明创建活动覆盖面。

（张元魁）

郑州市举行第二届志愿服务项目资金援助工程受援项目签约仪式

志愿服务活动

【概况】 2015年，郑州市印发了《郑州市志愿服务制度化三年行动计划（2015-2017年）》（简称《计划》），结合实际对站点建设、注册记录系统建设、队伍建设、管理激励机制建设等重点任务进行了明确和量化，提出了计划落实的保障措施。该《计划》成为今后一个时期全市志愿服务制度化工作的基本遵循，有效指导了志愿服务各项工作任务的落实。

在社区、窗口单位、公共场所领域，按照“一站一特色”的原则，提升了已建成的“文明使者”志愿服务站的质量；在乡镇领域，按照阶段性推进的原则，着力提升新建站点的覆盖率。2015年，全市建成各类站点617个，站点建设工作屡屡吸引各级媒体关注，迎接了来自全省各地市文明办的观摩，得到了一致好评。组织开展了全市“文明使者”志愿服务站建站工作年度考核，有效促进了各地工作的开展。

【志愿服务网络平台建设】 完成了“志愿郑州”管理服务平台系统升级，搭建了系统的容灾备份平台，依托该平台，积极推进了志愿者招募注册制度化、培训管理制度化、回馈激励制度化。市、县（市）区、街道、社区四级培训体系不断健全，组织较大规模的培训36次，累计培训骨干志愿者3000余名。志愿服务信息记录工作不断规范，志愿者二次注册活动稳步推进，志愿者电子档案逐步完善。志愿者回馈激励机制建设成效显著，建立了志愿者回馈激励措施公开承诺制度，市人社局、市房管局、市卫计委等5家单位首批就优秀志愿者在就业、就医等方面享受的优待公开向社会进行了承诺，志愿者表彰信息初步实现了与公民诚信数据库对接。

【志愿服务活动领域拓展】 2013-2015年，郑州市连续3年组织开展了“温暖回乡路，共铸留守情——春运期间关爱外来务工人员志愿服务活动”，有效推进了外来务工人员融入城市进程。2015年，在全市范围内组织开展了第52个“学雷锋纪念日”主题宣传与实践活动，全市开展区域性大型活动11项，取得显著效果。组织开展了优秀志愿者故事进高校示范巡讲活动，在郑州大学、华北水利水电大学举行优秀志愿者故事进高校示范巡讲2场，受到在校大学生的热烈欢迎。参与策划组织了“文化中原 大美郑州”郑州市首届微电影大赛，委托中原网制作的反映“文明使者”志愿服务站建设的影片《红房子》获最佳影片奖。组织参与了“讲志愿者故事，传河南好声音”、河南省电视台《聚焦中原》栏目录制工作，配合完成了4个外景地的前期录制，4支优秀志愿服务队伍的百余名优秀志愿者参与室内录制，集中展示了郑州市志愿者的良好精神风貌。首届志愿服务项目资金援助工程受援项目取得突出成绩，“我以我言做你眼”文化助残项目被评为第十届全国优秀青年志愿服务项目，“爱心流动图书车”获第二届中国青年志愿服务项目大赛银奖。组织开展了“2015年郑州市优秀志愿服务项目展示会暨第二届志愿服务项目资金援助工程项目评审会”，31个优秀志愿服务项目现场展示并参加评审，受到新闻媒体广泛关注。组织开展了“四个100”志愿服务先进典型评选活动，郑州市推荐的2名志愿者、2个志愿服务组织、1个志愿服务项目和1个志愿服务社区分别获评河南省最美志愿者、最佳志愿服务组织、最佳志愿服务项目和最美志愿服务社区，1名志愿者、1个志愿服务组织和1个志愿服务社区被列入全国最美志愿者、最佳志愿服务组织和最美志愿服务社区公示名单。

（张元魁）

诚信建设

【概况】 2015年，制定实施了《郑州市推进诚信建设制度化的实施意见》《郑州市社会信用体系建设实施意见》《郑州市诚信红黑榜发布制度（试行）》《郑州市社会信用体系建设工作制度》《郑州市企业信用信息征集管理制度》《郑州市企业失信惩戒联动实施办法（试行）》等政策制度文件，并与全市党务政务公开、“五网一单”制度改革、市场经济制度监管、打击处置非法集资等多项规章制度互为支撑，标志着郑州市诚信建设法规制度体系基本成型。

2015年，市信用办与市发改委、市财政局、市数字办沟通协调，投入专项资金，对现有的信用信息平台进行升级改造，并与全省统一信息平台对接。2015年，联合38家单位征集了134类1182项企业信用指标，企业信用信息总数近180万条，平均每季度更新各类信用数据6万条。市县两级信用体系建设已开启了互动发展模式，截至2015年年底，有10个县（市）区成立了社会信用体系建设工作领导小组和信用服务中心，新郑市、中牟县开展了信用信息征集、信用信息数据库建设等工作，全市社会信用体系建设向县（市）区级延伸和拓展。

【诚信“红黑榜”发布工作】 2014年12月，郑州市印发了《郑州市诚信红黑榜发布制度（试行）》《郑州市重点领域诚信“红黑榜”指标及更新的有关规定》等文件，为全市诚信红黑榜发布工作提供了政策制度依据和具体的操作规范。2015年8月3日，市文明办、市信用办联合市发改委、市工商局、市建委、市旅游局、市房管局、市食药监督管理局、市中级人民法院等7家单位，在《郑州日报》、郑州电视台、郑州广播电台、郑州信用网、郑州文明网、中原网等媒体同时发布了"郑州市诚信建设红黑榜"名单。首批入选诚信"红榜"企业共有122家、"黑榜"企业450家。这是郑州市首次大规模集中发布诚信红名单和失信黑名单，在社会上引起了强烈反响，一定程度上起到了褒扬诚信、惩戒失信的作用。

【企业失信惩戒联动机制建设】 2015年，郑州市印发了《郑州市企业失信惩戒联动实施办法（试行）》的通知，对企业失信行为划分为一般失信行为、较重失信行为和严重失信行为三种，并按照不同级别的失信行为，制订了相应的失信惩戒标准，实行联动公示和联动监管，采取有效措施，加大联合惩戒力度。2015年10月，由市发改委牵头，市信用办、市国税局、市地税局4家单位联合组织召开了"关于对重大税收违法案件当事人实施联合惩戒联席会议"。对重大税收违法案件当事人实施联合惩戒是继全市"红黑榜"发布制度后又一项以行业主管部门为主开展的失信惩戒联动工作。

【信用服务市场培育工作】 2015年，制定了《郑州市信用评价机构备案办法（试行）》，明确了备案工作的依据、目的、适用范围以及备案登记、变更与注销的程序流程、信息公开等内容。对全市近30家市场信用服务机构进行了摸底调查，备案机构24家，同步在"郑州信用网"进行公示。制定《郑州市企业信用评价指导性标准和规范（政府招标采购领域使用）》，规范了市场信用服务机构开展企业信用评价流程、信用报告内容、评分标准等。通过公开招标，为郑州市2015–2016年政府采购项目选定了5家市场信用服务机构，要求市场信用服务机构接受委托开展企业信用评价。将原由市信用中心承担的对参与政府采购的企业开展的信用评价工作顺利移交市场信用服务机构，档案的装订与保存工作初步完结。

（张元魁）

未成年人思想道德建设

【概况】 围绕宣传践行《河南省未成年人文明行为规范》，开展了"爱家乡知家乡——文明小导游""践行文明行为规范，文明游园""践行文明行为规范，文明出行"等活动，引导中小学生爱祖国、爱家乡，培育遵德守礼社会风尚。继续深入开展"洒扫应对"活动，引导全市广大未成年人"从小事做起，从身边做起，引领文明风气，争当文明小使者"。组织开展了"学习雷锋，做小小志愿者"活动，利用寒暑假组织了"我的一次志愿者经历"活动，积极弘扬"善"。

召开全市乡村学校少年宫观摩培训会，参照中央和省彩票公益金支持的乡村学校少年宫建设标准，由市级财政投入625万元新建了25所乡村学校少年宫。截至2015年12月，全市共建成"乡村学校少年宫"254个、城市学校少年宫65个、"心理健康辅导中心"13个，为全市未成年人健康成长和全面发展提供了广阔舞台，也营造了全社会关心、关爱未成年人的浓厚氛围。

【"我的中国梦"主题教育实践活动】 2015年，清明节期间组织全市中小学生开展了"网上祭英烈"活动，签名寄语达145万余条。"六一"期间开展"学习美德少年和争做美德少年"活动，参与签名寄语的学生达120万余人。"十一"期间组织开展"向国旗敬礼"活动，组织全市中小学生通过网上签名寄语、网下主题活动等多种形式向国旗敬礼，仅网上签名寄语就达167余万条。开展了优秀童谣创编、传唱活动，把征集到的优秀童谣编印成《郑州市优秀童谣集》发放到全市各个学校，让优秀少儿作品在未成年人中传播。组织开展了"童心向党"歌咏活动，有6首歌曲在中央文明网上进行了展播，其中二七区大学路小学的节目被省文明办评为"童心向党"优秀歌咏节目一等奖。

【培育和践行社会主义核心价值观系列活动】 联合《郑州晚报》、郑州电视台在全市中小学校开展了"展校训晒家风"征文演讲比赛。在全市中小学校普遍开展了"认星争优，做美德少年"活动，有4名学生获"河南省美德少年"称号。截至2015年年底，郑州市已有25名学生先后获得全国美德少年、"河南省美德少年"及提名奖荣誉称号。认真组织开展了"绿城美德少年"评选活动，全市共评出107名绿城美德少年。各中小学校充分运用《学道德模范、诵中华经典、做有德之人》电视专题片，组织开展中华经典诵读活动，在校园营造了浓厚的诵读氛围。组织道德模范进校园活动，全市全年共组织开展培育和践行社会主义核心价值观活动1400余场，受教育人员达90余万人，取得了良好效果。

（张元魁）

农村精神文明建设

【美丽乡村建设】 以"文明村镇""文明集市""星级文明户"创建为抓手，扎实开展以改善农村人居环境为内容的清洁家园行动，深入治理农村"五乱"，使全市1/3集镇的镇容镇貌有了明显的改观，农村群众精神、文化生活水平和层次也不断提高。截至2015年年底，郑州市已有国家文明村镇6个（其中文明镇4个，文明村2个），河南省文明村镇13个（其中文明镇9个，文明村4个），郑州市文明村镇64个（其中文明镇25个，文明村39个），县级文明村镇209个（其中文明镇9个，县级文明村200个）。连续三届（含三届）国家级文明村镇1个。2015年，按照省文明办的要求在荥阳和登封选定了20个村镇文化墙示范点，对村镇文化墙建设方案进行审核、实地指导和现场考核，完成了年度农村文化墙建设任务，新郑市拟建的15个文化墙将于2016年6月迎接省文明办的考核验收。

郑州市举行第三届道德模范颁奖仪式暨交流活动

【结对帮扶工作】 组织955个文明单位结对帮扶郑州市辖区内的822个村庄、40个新型农村社区和41个拟建乡村学校少年宫，调整了44个文明单位和帮扶村庄。各级文明单位累计帮扶项目（活动）5152次，投入资金5818.19万元，开展教育培训1431次，帮扶项目466个，帮建文化大院620个，文艺演出1618次，送图书65万册、文体器材3794套，制作"讲文明、树新风"公益广告67215块，有效提升了农村生活环境和精神文明建设水平，推动城乡精神文明建设同步发展。

【文化、科技、卫生"三下乡"活动】 2015年，郑州市文明办组织协调13个部门在中牟县青年路街道明山庙村文化广场联合举办了郑州市2015年文化科技卫生"三下乡"集中服务活动启动仪式，捐赠物品总价值31.8万元，农业科技专家、医疗卫生专家、书法家、艺术家、心理教育专家、法律、文艺、新闻工作者及中牟县相关局委的负责同志、青年路街道明山庙村村民共700余人参加了活动。市直相关局委全年不间断持续开展下乡活动，共开展了各项活动3万余次，累计价值1568.2万元，受益群众800万人次。市文广新局开展舞台艺术进乡村活动1000次，累计价值880万元，受益群众170万人次；开展农村公益电影下乡活动23928次，累计价值478.56万元，受益群众360.53万人次。市农委开展农业技术培训、"走进乡村 寻梦田园"等活动191次，累计价值26.78万元，受益群众3万余人。市卫计委开展送健康、义诊活动42次，累计价值41.96万元，受益群众26017人。

（张元魁）

网络精神文明建设

【网络精神文明阵地建设】 着力加强中国文明网联盟郑州站（郑州文明网）建设，重点展示全市宣传思想文化和精神文明建设领域的亮点和特色，积极弘扬社会主旋律，释放文明正能量。截至2015年年底，郑州文明网共设立专题8个，编发精神文明建设信息3100余篇（条），其中，被中央文明办简报、中国文明网转发280余篇（条），被河南省文明办简报、河南文明网转发200余篇（条）。

开通"文明郑州"官方微信平台，拓宽开展网络文明传播活动的渠道。截至2015年年底，粉丝已达7600余人，发布有关文明城市创建、"好人365"、社会主义核心价值观等特色传播活动信息100余条，丰富了网络文明传播形式，增强了影响力。

【网络精神文明队伍建设】 依托全市12个县（市）区、6个管委会文明办及19家国家级文明单位、1020家市级以上文明单位成立了1039个网络文明传播志愿者小组，拥有5100多名志愿者，其中骨干传播队伍90人，评论员队伍36人。同时联合郑州晚报爱心公益社、豫残联盟、小蚂蚁志愿者服务队等28个民间公益团队共近万名爱心人士，共同参与网络文明传播活动，并充分发挥道德模范、身边好人、美德少年、最美人物、优秀志愿者等的模范带动作用，大力宣传与弘扬主旋律、传播正能量。

8月14日，省委宣传部部长赵素萍到人民公园调研

组织、发动广大网络文明传播志愿者积极配合中国文明网重大传播活动，上传、转发、撰写大量微博和博文；并配合郑州文明网当地特色传播活动，踊跃参与"中国文明网"、"文明河南"、"好时·好事·好景·好人"微博和"文明郑州"微博话题点评、讨论，充分利用微博、微信、客户端等方式，积极主动策划特色传播活动，打造品牌官微。截至2015年年底，已发布微博11298余条，拥有"粉丝"149300余人，吸引网友转发、评论90000余条。建立微话题16个，阅读转发量达4938458次。

【线下互动】 联合郑州市教育局、中原网在全市范围内组织开展"寻找最美校园"活动，共寻找筛选出30所最美校园，进一步深化了学校、家庭、社会"三位一体"育人网络，共建和谐校园。联合小蚂蚁志愿服务队、郑州晚报爱心公益社等公益团队通过微博互动、线下组织，积极开展绿城换书大会、"大爱中原·暖冬行动"之"助失智老人回家 7000只黄手环免费发放行动"等公益活动，市民广泛参与、媒体广泛报道，社会效果良好。

（张元魁）

"六个文明"主题活动

【文明服务】 依托各类讲坛、讲座、学习教育活动和学习型党组织建设等平台，进行"三观""四德"教育，进一步增强党员干部的社会责任感和道德认知感。定期对各单位"文明服务"活动的开展情况进行督导，对"文明服务"活动的内容进行明察暗访，督促窗口单位提高文明服务的质量。制定了岗位职责规范和文明行为规范。各类项规章制度、工作流程在墙面明显部位体现，制定了承诺服务、一站式服务、限时服务等制度，印制了各类"明白卡"，开设畅通了投诉反馈渠道，开通了投诉电话、意见箱等设施。接受了群众的监督、投诉，听取了群众的意见建议。开展"岗位学雷锋"创评活动，把"五好、三无、一满意"的标准具体细化，制定出了评比标准、评比原则，形成比学争先、风清气正、团结奋进、服务至上的浓厚氛围。

【文明执法】 2015年，除继续组织开展文明法官、文明检察官、文明警察评选活动外，重点在规范执法程序、端正执法理念、推进依法行政、开展各类专项整治活动等方面进一步进行强化。活动中突出"五个结合"，即：把活动和解决突出问题结合起来、把活动和规范管理结合起来、把活动和队伍建设结合起来、把活动和服务发展结合起来、把活动和相关活动结合起来。市法院建立驻村（校）法官与村（社区）网格员日常联系和信息互通机制，以52个人民法庭、160个社会法庭为载体，组织1825名法官、2165名社会法官联系2308名乡村、社区网格长，构建司法网格化服务工作模式，实现司法服务与网格服务有效对接和优势互补。市公安局、市工商

市民参与文明交通活动

局等单位改进办证窗口服务质量，推进网络化行政执法方式，明确执法岗位、执法责任，解决好基层行政执法机构岗位不固定、责任不明确等问题，消除行政执法中的盲点和死角。

【文明交通】 2015年，在春节前后开展了城区道路交通秩序综合整治"百日行动"，为深化交通秩序整治效果，于4月份建立了城区交通整治工作联席会议制度，设立了5条交通严管街和1个交通严管区，并在中原路、嵩山路等数个路口设立交通示范岗。开展多种形式的宣传教育。全年共开展文明交通宣传活动359场，上交通安全课190次，开展交通安全进工地50次，创建交通安全示范单位（社区、学校、村庄）15个，创建交通安全警示教育基地30个，设置不锈钢交通安全固定展板89块，张贴文明交通提示语690条，展示交通宣传展板1576块，制作文明交通光盘10万张、宣传彩页70余万张，发放《致市民群众的一封信》80余万张。创办《小辉在路上》《红绿灯》《交警在身边》等栏目，每天播出交通安全和文明交通专题，取得了很好的社会效果。开展文明交通违法治理行动，并邀请新闻媒体随警作战，跟踪报道，对不文明交通违法行为进行曝光，起到教育和震慑作用。组织文明交通志愿者上街义务执勤，劝导不文明交通违法行为，倡导文明出行风尚，提高交通参与者的安全意识和文明出行意识。

【文明经营】 将文明经营活动纳入全市工商业务考评体系，明确业务考评标准、项目分值和奖惩办法等，系统上下层层签订了工作目标责任书。加强宣传教育，发放文明经营公开信5万余份，深入企业、市场、商户、夜市、产业集聚区，及时悬挂张贴和更新宣传标语条幅2300余条，在新闻媒体上刊发宣传稿件23篇。大力开展企业信息公示工作，截至2015年年底，全市已有386827家企业对外公示了年度报告。加强经营异常名录管理，设立企业诚信"红黑榜"，定期公布和及时更新公示信息。积极指导市场主体加强行业自律和自评自创，提升文明诚信意识，做出文明诚信经营的郑重承诺。大力整顿和规范市场经营秩序，查处违法案件2773件。继续深入开展文明经营活动和"文明诚信企业""文明诚信市场""文明诚信商户"评创工作，评选出20家国家级"守合同重信用"公示企业和89家省级"守合同重信用"公示企业。

【文明旅游】 2015年，郑州市出台了《郑州市2015年文明旅游工作方案》，进一步明确了各单位的职责分工；建立了文明旅游联席会议制度；在全市范围内开展最美导游、服务技能、文明景区等评比，在各旅行社开展文明导游、文明游客评选活动，评选文明导游880人次、文明游客1900多人次。进行游客行前教育13000多场次，20万人次接受行前教育。发放文明旅游宣传资料30余万册，发放《漫步郑州》1万余册，在报纸杂志宣传文明旅游7个版面，上万次播放文明旅游公益宣传片9部、文明旅游宣传口号26条，制作文明旅游宣传展板96块。加大查处"非法经营旅行社和导游业务""不合理低价组织旅游活动""挂靠承包""非法网络经营旅行社业务"等违法行为，加大对黑导游的打击力度。

【文明餐桌】 依托电视、电台、报刊、网络等媒体，深入进行"厉行节约、文明用餐"宣传教育，强力推动"光盘行动"。倡导消费者文明用餐，理性消费，做到不剩饭、不剩菜，吃不完就打包，杜绝使用一次性筷子，形成"节约用餐、文明消费"的良好社会风尚。在市属院校，包括小学、中学、大中专院校开展"珍惜粮食、文明用餐"校园宣传活动，设立文明餐桌巡视员，对学生进行文明劝导。开展文明餐桌示范街、示范店等评选活动，经推荐申报、实地考察等程序，共评选出文明餐桌活动示范店180家、示范学校食堂75家、示范机关食堂31家、示范街15条；同时，评选出活动推进工作先进单位6家。对机关、学校食堂和餐饮企业中存在的严重浪费现象，集中开展"曝光泔水缸行动"，对执行不力、存在问题的，责令限期整改；问题严重的，在新闻媒体予以曝光，相关部门依法查处。

（张元魁）

民生工程

【2015年民生"十件实事"完成情况】 2015年，市委、市政府紧紧围绕人民群众反映强烈的民生问题，继续推进以大气污染治理、交通拥堵、教育、医疗救助、减轻市民负担、提高就业质量为主要内容的民生十件实事项目落实，共投入资金207.18亿元，占预算安排的99%；18个项目，17项已完成（其中7项超额完成），剩余1项即陇海快速路快速公交BRT系统（通泰路以东段因规划调整预计2016年6月完工）工程正在加快推进。

（一）持续加强大气污染治理，改善空气质量。一是加大燃煤污染治理，全市拆改燃煤锅炉14台，超额完成拆改任务4台。二是荥阳国电"引热入郑"工程供热管网于11月6日投用，中心城区新增供热面积1400多万平方米，减少中心城区用煤约200万吨。三是加快黄标车淘汰进度，全年淘汰社会黄标车8.36万辆、老旧车辆5284辆，财政共补贴资金1.67亿元。四是加大工地扬尘综合治理，共下发整改通知13005份，45416个问题中已经整改45041个，各县（市）区政府对辖区内扬尘违法行为行政立案342起，依照相关规定追责35人次。五是提前完成2571台渣土运输车辆密闭运输改装工作，改装率达到100%；主次干道机械化清扫率达到了80%以上。

（二）持续推进"畅通郑州"工程建设，缓解交通拥堵。一是投资50亿元，新开工建设农业路快速通道工程已全面展开，力争春节前南阳路以东高架主线通车。二是投资71亿元的陇海快速路高架桥及地面道路工程已建成通车，剩余京广路陇海路口3个匝道、中州大道上跨陇海铁路工程计划春节前完工。三是金水路准快速化工程中经三路下穿工程、未来路下穿工程于10月底前已完工通车；投资4亿元的商鼎路—沈庄北街下穿中州大道工程主线已建成通车。四是投资7.9亿元，新购607辆清洁能源公交车，11月底投入运营，公交运营服务能力进一步提升。五是全年市区100条支线路网打通工程已完工，进一步缓解了中心城区交通拥堵问题。

（三）持续加大教育投入，缓解入学难。一是投资3.9亿元，市区30所新建、改扩建中小学校全面开工，建成后将增加1162个教学班计5.38万个学位。二是投资2亿元，全市47所幼儿园全面开工，超额完成开工任务7所，建成后可增加476个班计1.43万个学位。三是加快推进往年中小学校和幼儿园项目建设，竣工并投入使用中小学校29所（超目标任务3所），幼儿园39所（超目标任务4所）。

（四）持续加大医疗卫生防治，扩大救治范围。一是投入2086.21万元，免费为具有郑州市户籍的新生儿2.09万人进行了35种遗传代谢病筛查和6.07万人进行了耳聋基因筛查。二是投入1597.34万元，为具有郑州市户籍的适龄（35-59岁）妇女免费进行人类乳头状瘤病毒（HPV）DNA检测及宫颈癌、乳腺癌筛查，共筛查宫颈癌10.21万人次、乳腺癌10.46万人次、HPV4.41万人次。三是进一步提高新农合、农民大病保险筹资标准和保障水平，新农合市级和县（市）区级补助在2014年补助标准的基础上每人每年各提高20元，农民大病保险筹资标准由每人每年15元提高至30元；农民大病保险起付线由2万元调整至1.5万元，大病住院补偿封顶线由20万元提高至30万元，通过优化补偿程序、开展即时结报、追溯补偿及上门服务，最大限度地惠及参合农民。

（五）持续推进全民技能振兴工程，促进就业再就业。全市新增城镇就业145830人，完成目标任务（13万人）的112.18%；农村劳动力转移就业96873人，完成目标任务（7万人）的138.39%；再就业培训30212人，完成目标任务（3万人）的100.71%；创业培训19367人，完成目标任务（1万人）的193.67%；农村劳动力职业技能培训54859人，完成目标任务（5万人）的109.72%。开展企业职工技能提升培训计划13.6万人，完成目标任务（13万人）的104.62%；就业技能培训计划5.05万人，完成目标任务（5万人）的101%；高技能人才培训1.86万人，完成目标任务（1.85万人）的100.54%；加快发展现代职业教育，在校生规模保持36万人，完成目标任务的101.33%；“阳光工程”培训1.52万人，完成目标任务（1.5万人）的94%；“雨露计划”培训5200人，完成目标任务（5000人）的104%；退伍兵技能培训2500人，完成目标任务的100%；残疾人就业技能培训9300人，完成目标任务（9000人）的103.33%。

（六）持续加快保障房建设，改善群众居住条件。郑州市保障性安居工程建设，已开工建设153231套（含货币化安置2149套），完成目标任务（144805套）的105.82%。基本建成66383套（含货币化安置15621套），完成目标任务（62134套）的106.84%，棚户区改造和公共租赁住房均超额完成任务。

（七）持续关爱特殊群体，扩大救助范围。一是为郑州市1.01万残疾人免费进行了残疾评定，对郑州市所有符合条件的0-14岁残疾儿童提供了康复救助。二是通过筛选为全市22116名一级、二级重度残疾人和精神、智力三级残疾人发放特殊生活补贴2902万元。三是加大扶贫开发，完成了30个村的整村推进，超目标任务10个村，建成易地扶贫搬迁住宅11675套，完成目标任务（10526套）的110.92%，年底前51468人全部实现易地搬迁。

（八）持续完善生活设施建设，改善居民生活质量。一是推进城市生态园林建设，投资3亿元，市区新建10座集休闲、健身、娱乐等功能为一体的城市综合性公园并于年底前开放。二是城区新增绿地1192.56万平方米，完成目标任务（500万平方米）的238.5%。三是5条新建城市道路生态廊道已全部建成完工。四是加快公共停车场建设，全市已建成公共停车泊位57083个。

（李林晓　陈一帆　陈海彬）

城乡居民生活

【城镇居民收入】 2015年，市委、市政府强力推进大众创业、万众创新，扩大就业，增加城镇居民收入，提高城镇职工最低工资标准，城镇居民收入水平进一步提高。2015年，全市城镇居民人均可支配收入突破3万元，达到31099元，比上年增加2004元，增长8.7%，增速分别高出全国、全省0.5个和0.7个百分点。

提报酬促就业，工资性收入增加。2015年，郑州市继续提高最低工资标准，调整机关事业单位人员津贴，全市工资水平进一步提高。同时，市委、市政府出台各项政策，采取有效措施，扩大城镇居民的就业比例，全年城镇新增就业人员14.5万人，居民家庭就业人员的不断提高，使得城镇居民工资收入稳步提高。2015年，全市城镇居民人均工资收入20014元，比上年增加1469元，增长7.8%。

优结构促升级，经营净收入增长。2015年，全市紧紧围绕“去产能、去库存、去杠杆、降成本、补短板”五大任务，加快推进转型升级，通过“物联网”“互联网”“大数据”等技术，与阿里、淘宝、京东等互联网销售平台进行链接，打造销售网点，全面推进和大力培育发展新技术、新产业、新业态，营造“大众创业、万众创新”的良好环境，全市非公有经济持续快速健康发展。在这一系列利好举措影响下，全市城镇居民家庭经营净收入继续呈现增长态势。2015年，全市城镇居民人均经营净收入2715元，比上年增长8.9%。

分红利享租金，财产性收入提高。随着经济的发展，城镇居民理财意识不断增强，加之银行多次下调存款利率，各类理财渠道快速增加，使得居民理财收益有了较快增长，红利及出租房屋收入不断增加，拓宽了城镇居民增收渠道。2015年，全市城镇居民人均财产净收入为1202元，比上年增长12.8%。

提标准重保障，转移性收入增加。2015年，郑州持续推进居民养老保险制度改革，逐步建立起更加公平、可持续的机关事业单位养老保险制度。不断提高城镇居民基本医疗保险财政补助标准，在政策全覆盖基础上深入实施居民大病保险工作，多渠道促进居民增收。2015年，全市城镇居民人均转移净收入达到7168元，比上年增长8.9%。

【农村居民收入】 2015年，郑州市继续大力推进新型城镇化和加快农业现代化建设，着力转变农业发展方式，坚持以保障和改善民生为抓手，不断增进农村居民福祉，在经济增速放缓、结构调整转型的“新常态”下，全市农村居民收入继续保持稳步增长。2015年，全市农村居民人均可支配收入17125元，比上年增加1655元，增长8.9%，增速高于城镇0.2个百分点，自2010年以来连续6年增速超过城镇居民收入。城乡居民收入差距进一步缩小，城乡居民收入比由上年的1.88：1缩小到2015年的1.82：1。

扩就业提技能，工资收入较快增长。2015年，全市继续实施农民工技能提升计划，促进农民工返乡创业就业计划和全民创业行动计划等，加强创业孵化基地和农民创业园建设，加大农民工的转移就业力度，全年农村劳动力转移就业10.2万人。同时，全市基础设施建设、新型城镇化建设快速推进，劳动力价格不断攀升，农民工工资标准和打零工标准日益提高，拉动农村居民工资性收入增长。2015年，全市农村居民人均工资性收入9889元，比上年增加948元，增长10.6%，拉动可支配收入增长6.0个百分点，对可支配收入贡献率为67.7%。

多经营提品质，经营收入稳步提高。2015年，受畜产品价格一路走高和各种农副产品优化品种结构、价格回升等影响，蔬果产业发展良好，同时节假日消费市场和农村旅游市场发展繁荣，拉动了农村居民以“农家乐”为主的餐饮业、各景点附近短途运输为主的交通运输业、农副产品的销售等方面的收入增长，有效带动农民农业生产经营增收。2015年，全市农村居民人均经营净收入4976元，比上年增加284元，增长5.7%，拉动可支配收入增长1.8个百分点，对可支配收入贡献率为20.3%。

城镇化强推进，资产净收入快速增长。2015年，随着新型城镇化建设的强力推进和小城镇建设、“合村并城”和城乡一体化建设的不断深入，部分农民土地被征用和房屋拆迁等得到了不少的赔偿金，获得了一定的利息收入，带动农村居民财产性收入快速增加。2015年，郑州市农村居民人均财产净收入1117元，比上年增加181元，增长16.2%，拉动可支配收入增长1.2个百分点，对可支配收入贡献率为12.9%。

惠民生保障好，转移净收入持续增长。2015年，全市各级党委、政府加大力度落实惠农、强农政策，“三农”政策补贴及配套资金持续增加，中央财政安排的粮食直补等各种补贴一一落实到位。农村低保、新合疗、新农保、社保和基础养老金标准逐年提高，覆盖范围不断扩大，带动农民转移性收入继续保持平稳增长。2015年，全市农村居民人均转移净收入624元，比上年增加54元，增长8.7%，拉动可支配收入增长0.3个百分点，对可支配收入贡献率为3.9%。

【城镇居民消费】 2015年，市委、市政府认真贯彻中央、省宏观经济政策，更加突出转方式调结构，更加突出改革攻坚，更加突出创新驱动，更加突出民生保障，在经济增长放缓的大背景下保持了经济和居民收入的较快增长，居民消费也保持了中高速增长。2015年，全市城镇居民人均消费支出21692元，比上年增加1570元，增长7.8%，生活消费八大类支出呈现整体攀升的趋势，城镇居民生活质量明显提升。

衣食住行仍然是居民消费的主体。2015年，衣食住行四大类人均消费支出为15534元，比上年增加1005元，增长6.9%，占消费支出的71.6%。其中，食品人均支出6326元，比上年增长6.3%。恩格尔系数为29.2%，比上年下降0.4个百分点。

随着居民增收以及消费观念的转变，城镇居民家庭交通工具加速升级换代，汽车的普及导致家庭交通工具、燃料、维修服务等支出项目增长。另外，智能手机的发展促使通信支出也呈稳定的增长态势。2015年，交通和通信人均支出2182元，增长21.4%。

生活用品及服务支出增加。随着家庭耐用品更新换代步伐不断加快，城镇居民购置生活用品消费支出持续增加。2015年，城镇居民生活用品及服务支出2028元，比上年增长4.2%，占消费支出的9.4%。

文化娱乐生活日益充实。随着人们对教育文化的重视、文化体育设施的开发以及社区文化娱乐市场的发展，居民业余时间文体娱乐活动内容多样，带动了居民教育文化娱乐服务支出增长。2015年，城镇居民教育文化娱乐服务人均支出为2048元，比上年增长3.2%，占消费支出的9.5%。当前市民更加注重教育投入，在基本生活得到充足保障的前提下，文化娱乐这一较高层次消费继续增长。

健康投资成为城镇居民消费的一大亮点。随着生活水平的提高，城镇居民对健康的关注度越来越高，居民用于医疗保健的支出出现大幅增长。2015年，郑州城镇居民人均医疗保健支出1390元，比上年增长24.3%，增幅领跑八大类消费。

【农村居民消费】 2015年，郑州市各级党委、政府认真贯彻落实、强化支农惠农政策，促进了农村经济稳定发展，农民收入持续增加，农村居民生活水平整体提升，消费水平稳步提高。2015年，全市农村居民人均消费支出12080元，比上年增加955元，增长8.6%。

食品消费稳步提高，营养状况不断改善。2015年，全市农村居民食品消费人均支出2881元，比上年增加227元，增长8.6%。营养丰富的享受性食物增加。2015年，肉、禽、蛋和奶类消费支出人均为607元，比上年增长14.7%，占食品消费的比重为21.1%，比上年提高了1.1个百分点。

衣着消费趋于时装化。衣着是人们对物质生活和精神生活的共同需要。农民衣着消费越来越讲究穿着的款式、花色、质量、舒适和装饰，西装、裙装、皮装等已在农村广泛流行，个性化、时装化、城市化趋势不断增强。2015年，衣着消费人均支出1069元，比上年增长9.8%。衣着加工费几乎为零，成衣化达到99.9%。

住房支出平稳增加，居住条件进一步改善。宽敞舒适的住房一直是农民家庭向往的目标，也是生活质量改善的重要标志。2015年，农民用于居住的人均支出3216元，比上年增长6.0%。住房面积由2014年的人均52.1平方米增加到53.6平方米，增加1.5平方米。

交通和通信支出稳定增长。随着全市交通通信基础设施的完善，越来越多的农民享受到现代交通通信的方便与快捷，农民交通通信支出稳定增长。2015年，交通与通信人均支出1819元，比上年增长8.2%。

保健意识增强。随着农村居民健康意识逐步增强，新型农村合作医疗制度和农村基层医疗卫生体系建设的完善，农民医疗保健支出增加。2015年，农村居民医疗保健人均支出882元，比上年增长14.7%。

新潮耐用消费品大量进入农村居民家庭。随着农村居民收入的增长和农村消费环境的改善，汽车、空调、计算机等耐用消费品大量进入农家，购买各种高档家用物品已成为农民生活质量提高的又一个重要标志。2015年，每百户农村家庭拥有汽车38辆、空调110台、计算机51台，分别比上年增长22.6%、6.8%、4.1%。

（黄 飞）

爱国卫生运动

【概况】 2015年，全市发现解决不卫生问题192400多个，新郑市、荥阳市、登封市3个国家卫生城市，新郑市薛店镇、二七区马寨镇、荥阳市豫龙镇等7个国家卫生镇及登封市君召乡、荥阳市高村乡2个省级卫生镇顺利通过复审，新郑市梨河镇、登封市唐庄乡、中牟县雁鸣湖镇等分别新创建成国家、省、市卫生镇（乡）。水利部总工程师汪洪带队的国家督导组对郑州市城乡环境卫生整洁行动表示充分肯定，并对七里河生态水系治理、四港联动大道绿化美化、新密市餐厨垃圾处理和农村生活垃圾分类等工作点名表扬。

2015年，郑州市爱国卫生工作以发现问题、解决问题为导向，以办事处（乡、镇）为单位，抽查主次干道和公共场所，以及辖区单位80%以上，共检查城区街道、社区楼院、集贸市场、“六小”单位等样本点14590个，所发现的问题均得到圆满解决。积极开展城市清洁行动。强化国家卫生城市日常监督管理，评出城区“爱国卫生杯”流动红旗101面。邀请全国爱卫会专家委员会委员、广东省爱卫办主任许立凡解读了2014版《国家卫生城市标准》及评估方法，全市爱卫系统共280人参加了培训。

【城乡环境卫生整洁行动】 以农村城乡环卫一体化、新型城镇化为重点，开展了城乡环境卫生整洁行动，推动了市、县（市）区、镇、村四级资金补贴机制的建立，完善了“组保洁、村收集、镇运输、县处理”的农村垃圾处理模式。持续开展垃圾有偿清运活动，下发督察督办通知书47期，确认核实垃圾积存1320处22300立方米，均得到及时清理。坚持措施、督导、落实三个到位，健全了科学规范的考核机制，开展月检查、季评比活动，共评出县（市）及乡（镇）“爱国卫生杯”流动红旗40面，通报表扬乡（镇）47个，通报批评乡（镇）6个。

【病媒生物防治工作】 扎实开展了4次季节性专项防治活动。以环境治理为重点，以物理防治为主要手段，完善卫生管理机制，加强基础设施建设，清

4月7日，副市长刘东参加在绿城广场组织的第27个爱国卫生月和第66个世界卫生日集中宣传活动

除积存垃圾和各类积水水体。全年共计清理积存生活垃圾3000余吨，发放各类宣传资料32000余份，清理（处理）大中型水体165万平方米，发放防治药品9.7吨、各类防治器械约6.2万个，全市重点场所防治覆盖率在95%以上，各项指标均达到国家卫生城市标准。深入开展了病媒生物防治市场化服务工作。依法监督各县（市）区及办事处开展好公共环境和无主管居民区的市场化服务工作，督促相关行业和业主单位推行市场化服务，检查督促770多个样本点完成了招标服务。圆满完成了"上合会议"期间病媒生物防治保障工作。组织市内各区（管委会）爱卫办、市疾控中心及郑州有害生物防治协会的专家，对郑州市承担会议接待任务的20多家接待单位，进行病媒生物防治工作专项督导检查，取得明显成效。组织"除四害先进城区"指导考核工作。分别对新郑市、荥阳市、马寨镇等"除四害先进城区"进行了现场指导，审验了病媒生物防治工作资料，分别对灭鼠、灭蚊、灭蝇、灭蟑现场绩效进行复核，为其顺利通过全国爱卫会复审提供了有效保证。

【健康教育工作】 坚持以月促年工作思路，开展了第27个爱国卫生月宣传活动。发放了市民健康读本10万册、宣传海报8万张、纸杯40万个、抽纸10万盒。开展了第66个世界卫生日和第28个世界无烟日宣传活动。各区、各成员单位通过制作宣传展板、发放控烟折页、发放《公共场所禁烟倡议书》及劝阻不文明行为等各种形式，深入宣传"吸烟和被动吸烟有害健康"等相关知识，市卫计委、市交运委、市商务局、市教育局等市直机关分别组织医疗机构、长途客运站、商场、中小学以及所属单位开展了相关的宣传活动，有效提升了市民健康知识水平。继续落实中共中央办公厅、国务院办公厅关于领导干部带头控烟的要求，在全市范围内开展无烟单位创建工作，全年共申报无烟单位127个，115个通过验收并命名；同时，采取抽查的方式，对全市现有的983个无烟单位进行了督促检查。

（韩　凌）

民　政

综　述

【概况】 2015年，郑州市民政局着力深化改革，着力提升民政管理服务水平，各项工作均取得新的成绩，民政事业呈现良好的发展态势。2015年10月，民政部部长李立国在视察郑州市养老、低保核对工作时，对郑州市的各项工作给予充分肯定。市民政局被市委、市政府评为全民技能振兴工程先进单位、人大代表建议政协委员提案办理工作先进单位，立全国文明城市创建工作集体三等功。救助申请家庭经济状况核对机制建设、优抚对象"三级服务网络"被省民政厅在全省推广先进经验。

【民政项目建设】 2015年，市民政局8个建设项目，完成投资14159.32万元。其中，完工项目2个，分别为：郑州市社会福利院改扩建项目、郑州市军人服务中心二期工程。即将开工1个：郑州市军事供应站军供保障综合楼项目。前期准备5个，分别为：郑州市殡仪馆迁建项目（二期）、郑州市综合救灾物资仓储中心、郑州市残疾儿童康复中心项目、郑州市第八人民医院西区新院项目、新建郑州市老年公寓（郑州市养老服务中心）。

（武勇军）

社会管理

【社会组织管理工作】 推动社会组织登记体制改革。按照《郑州市关于对部分社会组织试行直接登记的实施意见》，加大社会组织直接登记，全年已直接登记社团11家，民非48家。按照《郑州市异地商会登记管理暂行办法》，加强异地商会登记管理，全年已登记审批异地商会26家。按照《郑州市行业协会商会与行政机关脱钩实施方案》，推进行业协会商会去行政化，截至2015年年底，郑州市脱钩工作已全部完成。

优化社会组织发展环境。依据《郑州市政府向社会力量购买服务暂行办法》的有关精神，2015年，政府拿出财政资金500万元对社区社会组织进行扶持。向省民政厅申报社会组织参与社会服务项目1个，资金20万元。加大社会组织宣传，在各类新闻媒体共计刊登信息文章96篇，在郑州民政网刊登45篇，编发办公室工作简报42期，郑州社会组织信息网更新刊载文章1722篇，网站总浏览量达218727人次，获"全国社会组织宣传工作先进单位"称号。加强党建工作。全年新成立、变更的社会组织党支部150家，市属社会组织党建率达85%。

规范社会组织管理创新。严格行政审批制度，按照行政审批"两集中、两公开"要求，设立了社会组织行政审批大厅，执行"五单一网"制度，将成立审批时限由条例规定的60天缩短为7个工作日，共办理各项社会组织行政审批188项。强化监督手段。设立督导员岗位，选派19名督导员将市属1000余家社会组织分包到户，责任到人。更新年检理念，从坐等式服务变为主动服务，用1个月的时间完成了市属918家应参加年检的社会组织的年检工作。实行四级网格，实现全市所有社会组织有人负责、有人对接、有人督导，及时解决各类问题916件次。开展社会组织评估，出台郑州市社会组织的评估办法，连续3年对郑州市社会组织进行了评估。市本级社会组织全部提交评估材料，参评率100%。经过评估程序，连续3年达到3A级以上的246个。探索执法行政新路。每周一、三、五利用半天的时间，由支部书记牵头组织执法人员进行执法业务学习或研究探讨行政执法案例，研究创新了"四项执法"，处置"四不现象"执法机制，有效解决社会组织中存在的一系列问题。全年共督导问题社会组织218家，受理群众或上级批转投诉举报问题8起，行政处罚社会组织8家，下达责令整改通知书42份，下达撤销登记的行政处罚4家。被河南省民政厅设立为"全省民政系统服务型行政执法建

10月11日，民政部部长李立国到郑州荥阳和佑尊长园调研

设示范点”。

引导社会组织参与公益活动。坚持每月进社区开展便民服务活动，连续组织社会组织进社区开展“组团式”便民服务活动24次，近百家社会组织参与，累计服务群众10万余人；携手社会组织定点救助慰问乡村小学、儿童福利院、困难党员、抗战老兵等活动5次，累计发放钱物20余万元；在绿城广场组织举办行业协会商会诚信自律建设与塑造品牌服务社会大型广场公益活动1次，参与社会组织200家，现场服务群众累计11000多人次，活动得到了社会各界的一致欢迎和赞扬。

【城乡社区建设工作】 扎实推进基层政权建设。开展村级组织换届选举后续收尾工作。组织完成对全市村级组织换届选举工作的检查验收工作，收集汇总了全市村级组织换届选举工作总结报告、统计报表等相关资料，指导各县（市）区及时做好村民小组长、村民代表的换届选举，修订完善村民自治章程和村规民约。配合市委组织部对全市1994个行政村的3505名新任村级班子正职分九批进行集中培训，提高村务管理水平。对市区拆迁改造回迁村（社区）村改居及社区建设管理情况进行调研，并向市政府提交了调研报告。开展全市农村“村规民约”情况调研，撰写了调研报告，并向省民政厅进行上报。开展“双改”工作调研，对全市农村“双改”工作进展情况及存在的主要问题进行了认真梳理，为市委出台“双改”工作意见、加快推进“双改”工作提供了重要依据。农村社区示范点和农村社区服务中心创建工作有序开展，全市共创建达标农村社区示范点474个。

有效开展城乡社区建设。出台《中共郑州市委办公厅 郑州市人民政府办公厅关于加强新形势下城市社区建设的意见》，对社区管理、社区服务、设施建设、社区组织、队伍建设、经费保障等方面作出明确规定，为全市社区建设提供了有力的政策支撑。组织开展第五届社区居委会换届选举工作，选出居委会成员4841人，其中居委会主任670人，党组织书记和居委会主任“一肩挑”267人。举办全市社区居委会干部培训班，对新当选的社区居委会主任、副主任1400余人进行培训，提高社区干部的政策理论水平和业务素质，提升了社区干部的社会管理能力、工作理念和服务水平。配合市委组织部完善落实四项基础制度，进一步规范社区工作人员服务流程。

【区划调整】 完成二七区增设人和路街道办事处、管城区十八里河撤镇设办等工作。市政府常务会议审议并通过登封唐庄乡撤乡设镇，中牟县雁鸣湖镇、大孟镇撤镇设办，管城区南曹乡撤乡设办等区划调整工作方案，并上报省政府。积极协调航空港实验区代管新郑八千乡、和庄镇20个村代管移交工作。印发《郑州市民政局关于推进产业集聚区与乡镇行政区域管理套合的通知》，对套合中涉及行政区划的工作进行了具体安排。

【地名管理】 地名管理工作进展顺利。对轨道交通2号线16个车站、5号线32个车站、1号线2期及南四环至郑州南站城郊铁路24个车站进行实地踏勘，截至2015年年底，2号线16个车站名称已经市政府常务会研究通过，5号线、1号线2期及南四环至郑州南站城郊铁路车站已报市政府。全年共有2批共计164条道路完成了申报、审核、论证、公示等程序，其中第一批82条道路已经市政府常务会研究通过，第二批82条道路正待市政府审批。积极开展全国第二次地名普查工作。成立由政府（管委）分管领导任组长的地名普查领导小组和办公室，健全普查工作体系。分批培训地名普查员1300人次，为地名普查的顺利开展打下坚实的基础。先后印发《郑州市第二次全国地名普查实施方案》《郑州市第二次全国地名普查工作制度》等16个文件，健全完善了地名普查相关工作制度。及时拨付国家地名普查补助资金187万元，市、县两级落实普查经费2523万元，足额保证市本级地名普查经费。开通地名普查专栏网站，发放宣传单8000余张、宣传海报6000余张、普查标语条幅730余条，广泛宣传，营造了良好普查氛围。

【勘界工作】 完成市级界线郑州开封线、县级界线中原二七线、中原金水线、中原惠济线、二七金水线、登封新密线、管城金水线、金水惠济线、上街荥阳线等400多公里的界线联合检查工作和31桩界桩的野外联合检查。及时处置郑州新乡黄河滩区、郑州许昌五里山、郑州平顶山送表等边界纠纷。

【婚姻登记服务】 积极推动各县（市）区民政局开展婚姻登记机关等级评定工作，提升婚姻登记工作水平和服务能力。加强婚姻登记队伍建设，举办两期婚姻登记员培训班，经考核合格后持证上岗，使婚姻登记员队伍整体素质大大提高。2015年，全市共办理婚姻登记142275对，其中结婚89232对，离婚31261对，补领婚姻证件21782对，办理涉港、澳、台婚姻登记39对。

【流浪乞讨人员救助管理】 2015年，郑州市救助流浪乞讨人员30302人，救助流浪儿童584人。晚间巡查共出动21504人次，出车5701台次，累计救助生活无着人员10554人次，救治流浪乞讨急（危）重症病人、有明显特征的精神病和传染病833人。探索困境未成年人社会保护工作。选取4个县（区）12个乡（镇、办）作为试点单位，排查出困境未成年人185名。设计分阶段推进未成年人社会保护工作，积极探索建立符合郑州市实际的未成年人社会保护体系。尝试开展购买社工岗位服务流浪乞讨人员实践探索，拓宽服务领域，满足不同社会需求。成立冬季专项领导工作小组，进一步做好冬季流浪乞讨人员专项救助服务工作，使流浪乞讨人员基本能够得到及时救助。

【殡葬管理】 稳步开展殡葬管理工作，殡葬惠民政策落实到位。2015年，全市火化遗体31441具，落实惠民政策投入2170.1418万元，惠及28657人。积极推进绿色殡葬方式。举办树葬活动8年来，共有711个家庭与市殡葬协会签订了树葬协议，6000多人次参加了活动，900具骨灰回归自然。首次举行

局领导看望社区贫困老人

“传承清明文化传统 弘扬文明祭祀新风”清明共祭活动，29个家庭的200多名家属参加，倡导祭扫新理念。组织开展“文明祭扫，生态安葬”主题宣传月活动，广泛宣传文明低碳祭扫的行为，逐步引导群众接受文明低碳祭扫。

【社会工作】 认真组织社会工作师报名考试。2015年，全市通过资格审查的报名新考生共480人，其中报考初级考生320人，报考中级考生160人。充分利用3月18日国际社工日、“郑州社工网”，积极宣传社会工作。分三批组织人员参加社工专业培训，提高工作人员的业务水平。

（武勇军）

社会服务

【社会救助工作】 不断完善社会救助体系。建立市社会救助工作联席会议制度，强化组织领导。健全社会救助“一门受理、协同办理”工作机制，明确单位职责。推进医疗救助“一站式”结算平台建设，方便困难群众就医。出台多项社会救助政策，完善社会救助制度体系，保证社会救助工作健康运行。

持续提高社会救助水平。从2015年7月开始，全市城市低保标准由470元调至520元，农村低保标准由260元调至290元。截至2015年年底，全市累计发放低保救助资金3.07亿元，保障11.21万人次。发放农村五保供养资金5226万元，保障1.02万人次。发放取暖补贴2702.74万元，居民用电价格补贴47.86万元，居民用水价格补贴33.96万元。发放医疗救助资金4320万元，救助3.6万人次。发放临时救助资金783万元，救助困难群众6700户次。在市人大常委会对城乡低保工作进行的专项评议中，满意率达到97.8%。

不断加大社会救助监管力度。开展社会救助工作专项治理，新增城乡低保对象7132人，退出1.58万人，基本实现动态管理下的应保尽保。设立市、县两级民政专项资金网上信息公开专栏，方便广大群众对救助对象、资金发放等情况进行监督。加快推进低保申请家庭核对机制建设，初步实现信息比对自动化，在省会城市中是第一家。2015年，全市核对城乡低保申请家庭38080户69646人，查出问题并退出低保1064户2522人，检出率为2.79%；核对低收入申请家庭3560户9423人，查出问题并退出低收入298户711人，检出率为8.37%；核对公租房申请家庭5358户9470人，查出与所报收入不符人数为1482人，检出率为15.64%。

【老龄工作】 加快推进养老服务体系建设。协调落实优惠政策，及时发放扶持资金，严格审核和验收养老补贴扶持项目，推进养老服务设施快速发展。2015年，全市新增社会办养老机构9家、城乡养老服务中心171个，新增养老床位7000余张。新建12349居家养老服务信息平台2个，新增入网服务的老人8万多名。2015年到2019年，市财政将每年拿出100万元对特殊困难老年人家庭进行无障碍改造。高龄生活补贴发放范围扩大到80岁以上的所有户籍老人。

不断规范养老机构安全管理。召开养老机构安全管理工作会议，组织开展养老机构安全检查，并联合市消防支队进行消防安全知识讲座，确保全市养老机构安全运行。

积极开展爱老敬老活动。组织开展了以“培育敬老家风，建设和睦家庭”为主题的“敬老月”活动，慰问1.5万名老人，开展义诊244次，开展文艺义演190次，开展健康咨询365场，开展法律咨询138场，组织文体活动333余场，为老服务896人次，开展家政上门服务3332次。圆满完成“传递温暖 呵护夕阳”资助贫困大学生担任养老护理员慈善项目。启动“情暖夕阳”关爱老人慈善项目，严格按条件选出60名老人，分两批到海南度过为期一个月的暖冬之旅。

【减灾救灾工作】 高效推进应急救灾工作。冬春期间，下拨生活救济资金976万元，发放棉被5600条、毛毯300条、大衣600件、棉衣490套，救助受灾群众5.25万人次。完善县、乡（镇、办）、村三级灾情信息报告体系，认真做好灾后救助工作。积极开展查灾核灾工作。2015年，全市先后发生5次自然灾害，造成6个县（市）区22个乡（镇、办）受灾。受灾人口7.93万人

组织福利院收养人员到开封大相国寺参观游玩

全国人大代表调研军民融合发展情况

次，农作物受灾面积5536.5公顷，其中成灾面积2822.73公顷，绝收面积132.87公顷，倒塌房屋2户5间，造成直接经济损失2284.726万元，其中农业损失1857.526万元。经摸底排查，需救助人口2.51万人次。

全面提升自然灾害救助能力。组织140多人次参加省、市举办的培训班，切实提高救灾工作人员的业务水平。自查应急准备情况，及时调整补充。认真落实汛期值班制度，保证值班人员24小时在岗，联络畅通。

扎实推进防灾减灾体系建设。开展“5·12防灾减灾日”主题宣传活动，发放宣传页2000余份，接受群众咨询3000余人次。建立全国综合减灾示范社区动态管理通报制度，对23个综合减灾示范社区进行了专项抽查。协调省厅给予13个全国综合减灾示范社区补助39万元，用于加强社区的防灾减灾基础设施建设。组织并推荐2个社区申报全国综合减灾示范社区。加大救灾仓库的安全管理力度，对全市救灾仓库（点）进行了安全隐患排查，并投入2.04万元对市本级救灾仓库的自动消防设施进行了检测和维护保养。

【社会福利】 逐步完善儿童福利保障。城区、城镇、农村社会散居孤儿养育标准每人每月分别提高到1070元、995元、760元。截至2015年年底，全市共有孤儿2277人，其中散居孤儿1355人，机构内孤儿922人，全年发放孤儿救助专项资金1034.1万元。加强孤儿救助监管，建立定期巡访制度，并依托县级儿童福利指导中心，对孤儿救助情况进行全面督察。开展困境儿童调研，梳理出困境儿童5945人，其中自身困境儿童2014人，家庭困境儿童3076人，监护困境儿童855人。部分儿童福利项目顺利实施，儿童福利院二期康复训练楼投入使用后，已成功举办4期孤残儿童护理员培训，共培训229名护理人员，均取得职业证书。

扎实开展社会福利工作。强力推进县级福利中心建设。加强督导巡查，建立月报制度，召开县级福利中心建设推进会，定期向省厅汇报项目进展情况。截至2015年年底，荥阳市、新郑市社会福利中心已建成并投入使用，登封、新密、中牟三县市社会福利中心项目主体已完工。提高管理服务水平。针对县（市）福利中心即将建成投入使用，立足郑州市社会福利院、儿童福利院功能设置及日常开展的教、治、养、康等方面工作进行业务培训，提升整体服务水平。组织5县（市）及上街区福利中心主管领导及负责人开展业务培训，并赴新乡市延津县福利中心和新郑市福利中心参观学习，逐渐提高管理水平。按照《家庭寄养管理办法》规定，对全市180户寄养家庭285名寄养儿童全面梳理排查，对不符合寄养条件的，及时解除寄养协议，对符合寄养条件的家庭每月不少于两次的上门回访监督。

规范弃婴和“三无人员”收养登记工作。2015年，市儿童福利院收养弃婴268人，市社会福利院收养“三无人员”37人，市八院收治“三无”精神病人332人，慈善救助病人365人次，救助资金112.95万元。根据《民政部关于开展收养评估试点工作的通知》，积极申请试点经费，起草《郑州市收养评估试点工作实施方案》和《郑州市国内收养家庭评估细则》，商讨聘请社工组织对收养家庭进行评估。组织5县（市）及上街区工作人员参加收养登记业务培训，规范登记工作，提高依法办理登记水平。认真做好精简退职职工救济工作，全年审批12名精减退职人员纳入40%救济，并对于特别困难的救济对象，积极协调有关部门和单位解决其实际困难。全面落实艾滋病救助政策，全市共有因艾滋病致孤人员33人、单亲家庭未成年子女89人，累计发放艾滋救助专项资金576.78万元。

福彩发行有序进行。全市共发行福利彩票14.28亿元，为国家筹集公益金4.9亿元，为郑州市创收公益金1.12亿元，为国家上缴税收0.2099亿元。大力开展公益资助活动，对全市家庭生活困难的100名成绩优秀的女学生进行资助。看望慰问困难职工、社区困难群众和聋哑儿童，捐赠了大米和食用油等慰问物资。通过开展助残助困助学帮扶活动，提升福彩的公益性、慈善性形象。

慈善事业发展成效显著。慈善日全市募捐达到创纪录的1.46亿元，郑州慈善总会全年接收善款6000余万元，支出救助款4973万元，救助人数55万人次。设立慈善基金37项，合计募捐133万元。通过微博、微信、支付宝、公益淘宝店等新媒体工具，获得网络募捐15余万元。加大医疗救助扶持力度，投入救助金530多万元，救助贫困患者2973人次。持续推进慈善工作站建设，建立100家工作站，并已全部投入运行，同时建立了11支专业志愿者服务队。

【双拥优抚工作】 加大双拥优抚工作力度。组织完成驻豫全国人大代表调研军民融合发展情况、全国双拥办主任会议保障、迎接全国双拥办调研督导、总结优抚对象三级服务网络建设经验全省现场会、省会各界2015年烈士纪念日公祭活动、纪念抗日战争胜利70周年等重大活动，受到了国家、省、市有关领导充分肯定。积极开展“双节”期间走访慰问驻军活动，送去220万元慰问现金及10万元慰问品。积极开展庆“八一”建军节系列活动，看望慰问驻军单位，送慰问金、慰问品55万元。深入开展“三送”活动，并在前期优抚对象三级服务网络（即“1211”新机制、联络员机制）基础上，大力推进优抚对象联络员机制建设。建立走访慰问优抚对象制度，规范走访慰问活动。出台双拥工作机制，规范日常联络人员制度。印发《郑州市建立优抚对象三级服务网络的实施意见》，推进优抚对象三级服务网络建立。组织各县（市）区优抚系统工作人员进行业务知识和操作技能培训，提高郑州市优抚对象信息化管理水平。严格按照《河南省伤残抚恤管理办法》的规定，办理完成伤残备案121人，补办、新办评定及调整等级134人，带病退伍92人，其他对象认定691人。全力做好“两参”复退军人稳控工作，接待复退军人来信来访130余起810人次，到现场处置集访事件20余起。有力地保障了抗战胜利70周年纪念日和上合峰会政府首脑会议等重大活动期间的社会稳定工作。

【退役士兵安置】 2015年，办理接收报到手续3957人（市本级2370人），符合政府安排工作条件764人（市本级612人）。其中，重点安置对象237人（市本级183人）。2011年12月1日以前入伍符合政府安排工作条件的一、二期复员士官527人（市本级432人），自愿选择自谋职业方式安置465人；部队自主就业3204人（市本级1766人）；计划伤残移交3人；复员干部5人，较好地完成了年度接收报到任务。依据《郑州市重点对象退役士兵安置办法》和《郑州市2015年度重点安置对象安置工作方案》，237人（市本级183人）全部安置结束。举办退役士兵管理教育培训班8期，2200余名退役士兵参加了培训；职业教育和技能培训工作开设了16个专业供退役士兵选择，共有1825人（市本级1048人）参加了培训，培训率为92%。发放自主就业退役士兵地方一次性经济补助资金3515.25万元，发放自谋职业一次性经济补助5250余万元，发放符合政府安排工作条件退役士兵待安置期间生活补助资金151.67万元，市财政匹配退役士兵职业教育和技能培训资金561.571万元，发放1–4级伤残退役士兵购（建）房补助70.399万元（上级拨款10万元）。为1500余名退役士兵党员办理组织关系档案转接手续，为近350名退役老战士办理兵役证明手续。累计发放各类办事须知、明白卡5000余份，发送各种短信提醒8000余条，接听各类事务咨询电话10000余人次，办理市长信箱、心通桥信访事项20余件。

【军休服务管理】 全年接收军工84人，实现符合安置条件人员安置率达100%。落实军休干部的政治待遇。坚持开展学习教育活动，及时传达上级的重要文件、会议精神。坚持重大节日走访慰问制度，全市性重大庆典活动邀请军休干部参加。注重发挥军休干部管理委员会的作用，定期听取军休干部管理委员会工作情况报告，研究解决其反映的问题。落实生活待遇。认真执行政策，确保军休人员、无军籍职工生活待遇100%落实。严格经费管理，确保军休人员工资津（补）贴足额发放，及时为郑州市军休人员补发2014年补贴资金4227.1万元，为离休退休干部遗属发放生活补助费340.3万元。认真落实无军籍职工地方性津贴、补贴的发放，积极协调有关部门，为郑州市接收的1–4批无军籍退休退职职工补发2010–2014年地方财政补贴资金1567.5万余元。军休干部的房改工作全面完成，共计完成了对郑州市584名军休干部住房补贴或货币补差统计上报和资金的下拨工作，共拨付房改资金5889.4万元。积极做好协调，搞好服务保障。按照《移交政府安置的军队无军籍退休退职职工参加城镇职工医疗保险办法的通知》要求，解决了军工纳入郑州市医保人员待遇标准、筹资渠道及参保手续等问题，实现了军工医疗的妥善解决。建立工作人员联系军休干部制度，军休办6名科级以上干部分包联系18个军休所（站），军休所领导划片分包军休干部，工作人员逐户分包联系军休干部家庭并及时做好走访慰问工作，全年走访军休干部家庭5200余人次。积极协调有关部门，为离退休干部办理或换发老年优待卡、乘车证1800余人次，进行一次健康体检，为新接收的167名军休人员办理医保卡，为112名师职军休干部办理了医疗优诊卡。

加强和完善郑州市军休服务管理机构的基层党组织建设，截至2015年年底，一、三、四、五所党总支的改建工作已经完成，其他6个所的改建正在有序开展。开展丰富多彩的军休文化活动。根据军休干部的身体健康状况，结合省民政厅开展的系列军休文化活动有关安排，先后举办了门球赛、乒乓球赛、书画摄影展评、“军休系统纪念抗日战争胜利70周年主题演讲比赛”活动等系列文化体育活动。

（武勇军）

民族与宗教

【概况】 郑州市是一个典型的少数民族散杂居城市，全市有54个少数民族成分，人口15.8万人，约占全市总人口的1.7%。少数民族以回、满、蒙古、壮族为主，其中回族人口最多，约13.4万人。设有1个民族区和1个民族乡：管城回族区和荥阳市金寨回族乡，少数民族人口在万人以上的市（区）有5个，千人以上的乡（镇、办）50个，少数民族村（社区）85个，民族中小学校16所。

2015年，根据市委、市政府和省民委工作安排，结合郑州市民族宗教工作实际，郑州市民委紧紧围绕“三大一中”战略定位和“三大主体”工作布局，以巩固和谐民族关系为主线，以贯彻落实党的民族政策为核心，以促进少数民族和民族地区社会经济发展为根本，以加强班子和队伍建设为保证，圆满完成了2015年度工作任务。

【民族政策法规宣传教育活动】 2015年，郑州市组织县（市）区民族宗教部门开展“民族宗教政策法规宣传月”活动。按照省民委和市依法治市领导小组办公室的要求，做好全市民族宗教系统“六五”普法及总结验收工作。

充分利用广播、电视、报纸等新闻媒体，对民族工作和民族政策进行广泛宣传报道，积极指导县（市）区开展民族团结进步创建及模范评选活动，营造民族团结的良好社会氛围。2015年，市委召开了民族工作会议暨郑州市第十次民族团结进步表彰大会，会议总结了2011年以来全市民族工作，对做好新形势下民族工作进行了全面安排部署。市政府对评选出的30个民族团结进步模范集体、60名民族团结进步模范个人进行了隆重表彰。推荐的9个集体、10名个人被评为全省民族团结进步模范。不断加强对少数民族干部的政策法规培训工作，在西南民族大学组织举办郑州市第三期少数民族干部培训班，学习贯彻中央民族工作会议精神，增强干部的政策水平和工作能力。全国政协副主席、国家民委主任王正伟2015年1月8日来郑州市调研，先后到管城回族区北顺城街清真食品市场、代书胡同社区、第一回民小学等地进行实地考察，对郑州市民族团结进步创建、清真食品管理等工作给予了高度评价。11月中下旬，市民委联合多部门组织观看纪念抗日战争胜利70周年爱国主义教育影片《马本斋和他的母亲》，反响良好。

【少数民族经济和社会事业】 积极推动少数民族经济发展。2015年，市政府常务会决定将郑州市少数民族补助费由180万元增加到300万元，并列入财政预算，对少数民族的扶持力度进一步增强。为加强少数民族和民族聚居地区道路、饮用水、学校等基础设施建设，2015年共争取省少数民族发展资金197万元。同时，全年下拨市级少数民族补助费三批，其中第一批下拨资金87.5万元，对5个县（市）区的8个项目进行扶持；第二批下拨资金60万元，对5个民生项目进行扶持；第三批下拨资金22.5万元，对县（市）区的2个项目进行扶持。加强对民族企业的引导扶持，组织清真食品用品企业参加了全省年货博览会、青海清真食品用品展等，提高了企业知名度。帮助少数民族用品定点企业郑州三棉争取流动资金贷款6780万元，享受财政贴息98万元，降低了企业融资成本，促进了企业健康发展。

支持少数民族社会事业发展。进

全市五大宗教团体及办公地点

宗教团体名称	办公地点分布
郑州市佛教协会	郑州市花园路新闻大厦B座10楼
郑州市道教协会	登封市中岳庙院内
郑州市伊斯兰教协会	郑州市管城回族区北大清真寺院内
郑州市天主教爱国会 郑州市天主教教务委员会	郑州市惠济区清华园路天主教堂院内
郑州市基督教三自爱国运动委员会 郑州市基督教协会	郑州市中原区桐柏路朱屯基督教堂院内

举办郑州市第二期伊斯兰教中青年阿訇政策法规培训班

一步加大对民族学校支持力度，对郑州市回民中学、管城区回族幼儿园、回民小学、荥阳市乔楼镇民族小学等予以扶持，帮助改善基础设施和教学条件。积极组织毽球队、板鞋竞速队、民族健美操队和武术队，代表河南省参加了第十届全国少数民族传统体育运动会，取得了1个一等奖和2个三等奖。经过积极争取，郑州市被成功确定为2019年第十一届全国少数民族传统体育运动会举办地。协助管城回族区投资4亿元规划建设郑州市民族医院和养老院，2015年年底项目前期征地工作已经完成，各项工作有序推进。投资1700万元，正式开工建设郑州市回民公墓综合建设工程，更好地满足少数民族的殡葬需求。

【清真食品管理】 依法加强对清真食品的管理。通过展出宣传版面、发放宣传资料等多种形式，加大对省、市《清真食品管理办法》的宣传力度。配合市食安办做好2015年食品安全宣传周系列活动，发放各类清真食品宣传资料800份。进一步巩固与兄弟单位的联系，建立良好的协调工作机制，组织开展经常性的联合执法检查活动。2015年元旦、春节期间会同五部门组成联合检查组开展执法检查，收缴转让、仿冒、异地非法清真牌证15个，责令36家商户限期整改，取缔2家严重违法的商户，督促9家无证商户尽快办证。6月份，经报请市政府同意，成立郑州市清真食品联合执法检查组，对全市50多家清真连锁加盟饭店开展专项检查，强化监督管理，打击假冒伪劣。全年先后组织开展了4次执法检查活动，对重点部位进行集中整治，共取缔违规违法清真商户30家，收缴非法清真牌证88个，限期整改商户210家。根据群众举报，先后查处了4起案件，对违法商户进行了严厉处罚，起到了震慑作用。在对经开区知味斋、惠济区信基市场等地的检查指导中，要求加强市场监管，教育商户严把进货关。组织对重点企业进行表彰，培育清真知名企业和知名品牌，带动清真食品行业健康发展。为进一步调动监督员工作积极性，评选出39名监督之星和50名优秀监督员。要求县（市）区开展监督员培训，经常组织集中监督，促进监督员之间交流，提升监督员工作能力。创新管理举措，开发了郑州清真食品微信平台，不断加强信息化系统建设，构建清真食品管理工作立体网络，全面推动清真食品管理工作向制度化、规范化、信息化发展。

【少数民族流动人口服务管理】 构建完善的少数民族流动人口服务管理体系。截至2015年年底，全市已设立少数民族流动人口服务中心17个，乡（镇、办）设立服务站80个，社区设立服务点88个，民族企业、清真寺设立联系点35个。与少数民族流动人口输出地民族工作部门、劳动就业部门进行沟通对接，掌握西部地区少数民族经商人员基本情况，及时通报少数民族流动人口的管理情况。配合青海省化隆县劳动就业局举办化隆籍在郑经商务工人员培训班，为50多名学员讲解暂住证办理、子女入学、城市管理、创业发展等方面的政策和常识，提高少数民族流动人口的适应能力，引导少数民族流动人口融入城市。

【宗教事务管理】 积极开展寺观教堂创建活动，加强宗教活动场所的管理。开展以“教风”为主题、以“五星级评定”为载体的寺观教堂创建活动，制定了活动实施方案，争取通过制度建设推进宗教活动场所和宗教团体的依法管理，有利于引导宗教健康有序发展。采取措施加大宗教活动场所消防和安全的工作力度，于2015年6–7月开展消防安全专项检查工作，由各网格化下沉工作组对分包区域的宗教活动场所消防安全进行督察。根据市政府工作部署，制定了《2015年度宗教活动场所冬春火灾防控工作方案》，决定从2015年11月15日起至2016年全国“两会”结束，在全市宗教活动场所集中开展冬春火灾防控工作。下发《关于进一步明确宗教活动场所开立单位结算账户有关事项的通知》，要求宗教场所依照通知开立单位银行结算账户，并建立健全财务规章制度，以促进宗教活动场所管理的法制化、规范化。截至2015年年底，全市已有80%的宗教场所开立了银行结算账户。

做好宗教调研，夯实宗教领域基础性工作。在往年宗教基础信息采集系统的基础上，对全市的宗教数据进一步进行核实、汇总，形成动态、科学的宗教基础信息系统，为科学开展宗教工作及政策制定提供依据。组织专门力量对郑州市清真寺阿訇生活待遇情况进行了专项调研，拟向市政府提出建议，妥善解决伊斯兰教阿訇待遇较低的问题，更好地解除阿訇的后顾之忧。近年来，基督教方面出现了游离于“两会”体系外的校园团契、商人团契、文艺团契、律师团契等新的活动形式，市民委组织相关人员重点对工商团契进行调研，经过认真调研、收集整理相关资料，截至2015年年底，郑州市存在的两个符合工商团契特点的组织均已纳入市“两会”管理。

【依法行政和服务型执法建设工作】 加强培训教育，认真落实领导干部和公务员学法制度，制定了政策法规学习培训工作方案，把领导干部学法纳入中心组学习计划。加强执法管理，严格执行持证上岗、亮证执法。进一步规范执法流程，督促处（室）及县（市）区民族宗教工作部门严格按程序执法，按照规范的格式建立完善行政执法档案。加强行政执法监督，健全投诉举报处理工作机制，严格落实执法责任追究制度，强化行政执法监督效果。市民委的行政执法案件和行政合同、行政复议等具体行政行为办理情况，按照要求向市法制办进行了及时备案。

积极推进行政审批工作。严格按照“两集中、两到位”的要求做好行政审批改革相关工作。2015年共办理公民民族成分变更83件，办理寺观教堂外固定处所审批件5件。所有办理件均按要求在行政审批网上循环，坚持上报日清周结，整理并每月向审改办上报行政审批案卷卷宗。全年未发生一件误批、漏批、迟批等现象。2015年共审核、制发规范性文件2件，并向市政府进行了备案。动态管理规范性文件。对市民委2015年之前发布的规范性文件进行了再审查、再清理，经审查决定继续有效22

省市领导与穆斯林群众共度开斋节

件，失效1件，废止1件。

推动服务型执法建设工作。制定服务型行政执法建设工作实施方案，明确指导思想、组织领导、重点任务和推进措施等。强化服务型行政执法理念教育，把服务型行政执法相关知识列为学习教育活动的重要内容。探索实施行政指导工作，向县（市）区民族宗教部门转发了省民委关于行政指导工作规范，制作了行政指导规范文书，确定了行政指导示范点。指导县（市）区民族宗教部门制作行政指导案卷，撰写行政指导案例，编制《郑州市民族宗教系统行政指导案卷》。

加大“五单一网”工作力度。认真梳理权责事项。认真贯彻全市关于机构改革暨“五单一网”工作的要求，按照权力法定的原则，分12类对法律法规规章明确授予的行政权力进行多次梳理、修改、完善。严格规范权责内容。对梳理出的12类48项行政权力，均列出了权责种类、权责名称、法律依据，提出处理意见、法定办理时限和承诺办理时限，细化岗位责任，制定事中事后监管措施，逐项绘制流程图，填制了相关表格等，并在网上公布。推进行政处罚标准化。重点针对市民委（宗教局）的28项行政处罚事项，进一步规范行政处罚信息，明确主体资格，划分执法类别，确定处罚文书式样和编号规则，进一步厘清处罚阶次和裁量标准，依法规范处罚措施等。编制审批办理规程。按照市审改办的要求，依照法律法规进一步认真梳理审批法律依据、前置条件，规范工作标准和审批流程，明确岗位职责，制定办事指南，强化监督检查，针对审批办理的各个环节设置常规要素和下级要素，编制市民委（宗教局）行政审批事项办理规程，推进行政审批标准化建设。

（薛　强）

开发区及产业集聚区

郑州航空港经济综合实验区（郑州新郑综合保税区）

【概况】 2015年，航空港实验区把全面深化改革和全面依法治国贯穿于经济社会发展各个领域各个环节，紧紧围绕“建设大枢纽、发展大物流、培育大产业、塑造大都市”这一发展主线，以打造中原经济区核心增长极、带动“三个层次”发展战略突破口为目标，坚持以“枢纽为起点、物流为翘板、产业为目的、城市为依托”，谋划“四大片区组团”、“八大千亿级产业集群”、跨越式“新三年行动计划”和“万千百工程”，完成了“三年打基础”各项目标任务。

2015年地区生产总值完成520.8亿元，同比增长22.5%；规模以上工业增加值完成429.9亿元，同比增长25.9%；固定资产投资完成521.8亿元，同比增长30.2%；一般公共预算收入完成29.5亿元，同比增长39.4%；进出口总额完成483.3亿美元，同比增长27.5%，约占全省的67.4%以上。

【多式联运体系建设及国际航空物流中心建设】 坚持以机场二期工程为核心，把物流放在优先发展位置，全力推进“四港一体”多式联运体系建设。

机场二期工程建成投用。2015年12月22日机场二期工程建成投用。航空港实验区财政直接完成投资43亿元，加之村民安置，累计完成投资超过120亿元；完成6个村庄、1个市场、175万平方米的房屋征迁，回迁安置村民1.3万多人，交付建设用地578.2公顷；水、电、气、暖等配套设施已全部接入，迎宾路高架、云港路、航海路、东西贯穿路等外围道路已大部分建成投用。

多式联运体系初步形成。2015年，以郑州为中心的“米”字形高铁路网建设方案确定，高铁南站选址于机场东6公里处，郑万、郑合高铁已开工建设，郑济高铁将于2016年下半年开工建设。郑机城铁已建成投用，地铁2号线将于2016年建成投用。商登高速港区段、机西高速一期、机场高速改扩建等高速路网已建成投用，G107东移改建、S102改扩建等外联道路正在快速推进。开通卡车航班城市由2014年的12个增加到45个。“机公铁”一体的多式联运体系正在快速形成。

口岸平台建设快速推进。2015年，已建成投用鲜切花、鲜果、水产品、肉类、活体等口岸，综保区三期已具备验收条件，在建口岸有食品、药品、医疗器械、邮政等口岸，植物、种苗等口岸正在申报，已形成了内陆地区最完善的口岸体系。河南电子口岸投入运行，实现了“一次申报、一次检验、一次放行”，实现了省内通关流程全覆盖，通关体制创新取得重大进展；口岸作业区建成投用，真正实现了“区港联动”。航空港实验区已构建起了与沿海相当、与国际接轨的对外开放口岸体系，内陆对外开放门户雏形初步显现。

航空客货运迅猛增长。“郑州—卢森堡”航空双枢纽战略成功实施。开通航线171条，其中全货运国际航线30条，居内陆第一，基本形成覆盖全球主要经济体的航线网络。郑州机场2015年旅客吞吐量达到1729.7万人次，居全国第17位；货邮吞吐量达到40.3万吨，居全国第8位，并且出现了国际货邮量超过国内、全货机承运量超过客机腹舱、进出港货物基本持平的局面。内陆国际航空物流枢纽地位初步确立。

2月10日，省四大班子领导在航空港实验区调研

【现代产业基地快速形成】 始终把产业集群培育放在突出位置，谋划了富士康、正威、非苹智能终端三大智能终端产业集群与航空物流、精密机械、大宗商品、跨境贸易电子商务、生物医药五大千亿级产业集群，共八大产业集群。以开放招商“一举求多效”，2015年签约项目52个，总投资1012亿元，其中117个省重点项目完成投资424.5亿元，占年度目标的164.6%。

智能终端产业跨越发展。全年签约金通威、乐洲等项目53个，投产项目16个；建成投用智能终端出口退税资金池、手机产业园、商贸通供应链、校企合作等支撑平台；2015年手机产量2.02亿部，约占全球手机供货量的1/7。其中富士康产业集群2015年手机产量1.39亿部；另有研发中心、生活小镇、准时达电子商务、苹果手机翻新维修、航空物流园等多个项目建成或正在快速推进。正威手机产业园2015年3月28日开工建设，总投资250亿元，截至2015年年底，已有100个项目签约入区，全部建成后，年手机产能2亿部，年产值2000亿元以上。

新兴产业快速集聚。截至2015年年底，精密机械产业集群已有友嘉精密

机场T2航站楼投用

机械、穆尼飞机、天迈科技等多个项目开工建设。其中友嘉精密机械产业园，总投资约10亿美元，项目全部建成投产后年产值将达到200亿元人民币，是当今世界唯一一个可以制造“八轴十三联动”精密机床的企业。大宗商品产业集群已有兴瑞大宗商品产业园、黄河国际贸易大宗商品产业园等多个项目入驻。其中，兴瑞大宗商品产业园入园项目达到60个，瑞茂通易煤网电子商务平台已经上线运行，网上煤炭交易量排名全国第一。黄河国际贸易大宗商品产业园2015年5月份营业，截至2015年年底，共完成大宗商品交易量204万吨，交易额119亿元。跨境电子商务产业集群，综保区已有唯品会、京东国际等52家电商企业与7家支付企业入驻；中部电商产业园已有67家电商、物流商入驻，大学生创客空间、河南省电子商务虚拟产业园投入运营。世航之窗与世界500强韩进集团合作的跨境商品展示交易中心、高端诊疗中心将于2016年开业运营，实验区第一个跨境电子商务示范园已具备开园条件。中国移动大数据中心、云和互联网产业园等多个电商和大数据项目2015年已开工建设。航空物流产业集群编制完成了物流产业发展规划，申报成为国家示范物流园区、海峡两岸冷链物流产业合作试点基地。已有UPS、FedEx、俄罗斯空桥等航空物流企业相继入驻，菜鸟智能骨干网、中外运、TNT中原陆运中转枢纽等项目已开工建设。2015年新签约引进澳洲活牛、三弦集团、北海宏远等8个冷链物流项目。跨境电商信息平台日处理能力达到100万单，保税物流中心总建筑面积17.4万平方米，可满足800万件货物存储。生物医药产业集群快速发展，中泽新概念生物制剂产业园、中科干细胞等5个项目于2015年12月开工，预计项目建成后年销售额可达50亿元；河南美泰宝新药项目、富建达医疗器械项目、瑞普新型营养素项目已落户园区。台湾科技园已签约企业67家，其中，院士项目2个，国家千人计划专家项目4个。三弦空港LC项目签约35个，其中生物医药项目15个，上市公司3家。

【航空都市雏形初显】 以新型城镇化建设“一发动全身”，重点突出北部城区，加快推进城市功能区连片开发，提升城市承载能力。

“四大片区”建设全面启动。按照“四集一转”“产城互动”的发展理念，空港、会展物流、双鹤湖、古城“四大片区组团”产业与城市功能区建设已同步启动，已确定入区项目155个，总投资2012亿元。其中，已建成投用项目15个，在建项目79个。

市政配套设施建设快速推进。截至2015年年底，累计建成区内通车道路248公里，18座跨南水北调干渠桥梁、7座跨兰河桥梁建成通车，6座跨梅河桥梁正在施工；第一水厂已建成投用，日供水能力20万吨，第二水厂已开工建设；建成污水处理厂2座，日处理能力15万吨；已建成投用变电站6座；建成北区燃气门站1座，规模5万方/小时，南区燃气门站已启动建设；北区热源厂一期已建成投用，供热能力70蒸吨/小时；新增绿地面积超过300万平方米，已建成或部分建成城市公园4个。

公共服务能力不断跃升。新建、改扩建学校11所，新增学位10440个，郑州一中航空港校区开工建设，中澳国际双语学校开始招生，中小学、幼儿园达到129所。全区现有一级医院2家，乡镇卫生院5家，社区卫生服务中心1家，村卫生所162个，在建有河南省省立医院、郑州市第一人民医院港区医院及郑州中医骨伤病医院等。2015年开工建设6个市民服务中心。新农合参合率近100%。

新型城镇化建设成效显著。万三公路以西区　城合村并城方案已经确定，共规划13个居民安置区，建筑面积1819万平方米，总投资769亿元。南水北调干渠以西4个居民安置区共35个项目607万平方米安置房已全部开工建设，其中16个项目209万平方米已建成，已回迁村民47643人；河东第四至第九安置区正在进行土方开挖或桩基施工。另有正弘、裕鸿世界港、豫发等多个高端住宅项目及世航之窗等商务中心项目建成投用。

【全省体制机制创新示范区建设成效显著】 以体制机制创新“一优带百通”，坚持问题导向，围绕投融资、贸易、物流、监管四个便利化，强力推进改革创新。

管理体制创新快速推进。全面实施了“一门受理、并联审批、多证联办”的“政务超市”审批服务模式。在全国率先实施了行政执法全委托。在全省率先进行了工商登记改革，实施了“一址多照、一照多址”、“注册资本认缴制”、电子营业执照等改革。组建了公共资源交易中心，建立了“五单一网”“三证一章”工作机制。率先实施了主审法官负责制和检察官办案责任制。

投融资体制创新取得实效。2015年，航空港实验区获批成为我国内陆首个跨境人民币创新试点，已到位境外融资15.61亿元。正在筹备或发行基金7个，总规模700亿元，已到位178.69亿元。已分两批上报PPP项目16个，总投资752亿元。截至2015年年底，兴港、建投资产总规模684.97亿元，净资产规模257.48亿元。

用人机制创新成效明显。约翰·卡萨达教授工作室投入运转，多位“千人计划”专家受聘为产业顾问。推行了“人才+项目”“人才+产业”“人才+课题”等培养开发模式，建立起协同创新机制与实用人才定向培养机制；23位（个）有意愿落户航空港实验区的领军人才（团队）中16个已通过初审。

“大众创业、万众创新”热潮正在掀起。2015年，空港科技创业服务中心和手机产业园已获批省级科技企业孵化器，云海科技园、河南港建科技孵化器、中部电商产业园3个项目正在申报。正在建设3个集科技企业孵化、创新研发、成果转化、科技金融服务、人才集聚等功能于一体的综合体。

【社会管理水平不断提升】 依托网格化管理长效机制，落实条块联动、会商研判等各项制度，突出社会综合治理和城市精细化管理，强化矛盾问题排查处置，全区社会秩序平稳有序。

城市管理实现了从“乱象频生”

智能终端手机产业园

到“管控有序”转变。2015年，按照“治乱象、抓规范、谋提升”工作思路，大力开展城市精细化管理，建成数字化管理指挥平台，先后组织开展了环境综合整治、“百日会战”等大型整治活动20余次，清理占道经营8万余处，规范店外经营20余万次，清理各类积存垃圾6万吨；拆除违法建设68.6万余平方米，拆除大型户外广告700余处，查处违章渣土车辆6310台次；先后设置9个临时商业疏导点，规范了占道商贩和流动摊点经营。按照真抓、真干、真罚与铁面孔治污、铁面孔监督、铁面孔执法的“三真三铁”要求，全力推进大气污染防治和环境整治，完成了燃煤锅炉拆改、加油站油气回收治理，全力推进了黄标车治理，建筑工地实现“六个100%”要求。

社会治理实现从行政管理到网格精细化治理转变。搭建了由14个一级网格、187个二级网格和778个三级网格以及17个下沉职能部门组成的网格工作体系，调配组建了883人的网格长队伍和476人的下沉人员队伍，开展过渡安置点及南水北调干渠安全隐患、易燃易爆危险品、非法行医等排查整治，排查发现各类矛盾问题33.9万起，处置解决33.6万起，办结率98.9%；解决了违法建设、私屠乱宰、非法加油等200多起复杂疑难案件。航空港实验区被评为郑州市都市区建设三年行动计划长效机制先进单位和2013、2014年长效机制建设先进开发区。

信访稳定工作实现从单纯信访到综合治理转变。以建立健全各项工作制度为抓手，突出抓好了群众来信来访、社会治安立体防控、司法行政和社会稳定工作。实施信访工作长效机制，推进依法逐级走访工作，赴京上访和赴省市集访专项治理成效明显，人防、物防、技防体系初步建立。积极开展平安创建活动和矛盾纠纷排查化解工作，信访事项按期结案率均高于95%，息诉息访率达90%，矛盾化解率超过96%。

（王　丹）

郑东新区

【概况】 2015年，郑东新区固定资产投资完成609亿元，同比增长21.3%，规模居全市第一，增速全市第三。全口径财政收入185.4亿元，同比增长23.94%。三产增加值完成234.5亿元，同比增长13.7%。其中，金融业增加值完成132亿元，同比增长18.4%。实际利用外资4.63亿美元，同比增长10%。引进省外资金119.5亿元，同比增长2.75%。

2015年，郑东新区国际化区域金融中心建设稳步推进。依托和君咨询等金融智库，强化顶层设计，抓好机构引进、金融载体建设等，国际化区域金融中心影响力进一步提升。

金融集聚度持续提升。以外资银行、股份制银行、民营银行、保险、中西部期货法人机构等为重点，制订招商计划，积极跟踪对接，新引进渤海银行郑州分行等金融机构31家，签约金融项目11个，累计入驻机构265家。河南保监局迁入，河南银监局签约，“一行三局”全部进驻。中原农保、中原资产管理公司等“中原系”金融机构全部落户并开业，中原证券香港子公司投入运营。恒丰银行郑州分行开业，民营银行组建积极推进。郑商所全年成交量10.6亿手，占全国市场份额的1/3，服务实体经济和价格发现功能显著提升。

金融载体建设步伐加快。完善推进机制，加快项目建设，龙湖金融中心整体开发项目三区主体封顶，平安金融中心主体施工顺利，内环规划的20个金融地块已出让19块，郑州银行综合业务大楼等9个项目加快推进。后台园区中华联合保险等3个项目取得土地，所有签约项目土地出让完毕。互联网金融大厦装修和招商工作同步推进，金融智谷开工建设，金融创新集聚区规划编制完成。

资本市场加快发展。出台扶持政策，引导优质企业在境内外资本市场挂牌上市。郑州银行在香港上市，中原证券在港增发，黑蜘蛛等5家企业在“新三板”挂牌。中原股权交易中心开业运营，为中小微企业进军多层次资本市场搭建了平台。

金融业发展环境进一步优化。省政府、人民银行相继出台加快金融集聚核心功能区建设的方案和政策，进一步强化了东区在全省金融业发展中的主体地位。金融集聚区纳入河南自贸区申建方案。全国唯一的期货类专业媒体《期货日报》迁入，第三届中原国际论坛等一批品牌论坛相继举办。中原产业金融

郑东新区高楼林立

郑东新区夜景

研究院等一批金融研究机构先后揭牌。中原金融创新平台启动，积极对接引进清华大学金融研究院，开通金融城微信公众号，金融博物馆建设加快推进。

楼宇经济提质增效。出台《郑东新区促进楼宇经济发展的若干办法（暂行）》等配套政策，完善服务体系，全年新增市场主体21424家，同比增长74%，累计入驻46167家。CBD市场主体达到1万家，从业人员超过10万人，地区生产总值和全口径税收突破100亿元。培育金融、电商等特色楼宇20栋，签约中国通号、东华软件、达安基因等项目12个，天语智能终端研发园开工。累计入驻国际国内500强企业分别达到49家、68家。培育税收超亿元楼宇26栋，其中超5亿元楼宇7栋，超10亿元楼宇1栋。

电商产业初具规模。新引进电商企业53家，累计入驻105家。电子商务大厦集聚电商等企业67家，完成全口径税收5.8亿元。全国首家互联网渠道交易所——豫货通天下启动运营。进一步明晰白沙园区主导产业，中原云大数据一期建设顺利，千亿级大数据产业园签约，百亿级电商平台喜买网上线运行，建设科技园、有色地质科技园共入驻企业70余家。

【科技创新】 2015年，郑东新区大手笔推进"双创"工作，全市现场会在东区召开，创新创业工作走在全市前列。按照"四个同步"和"五个一"要求，加快推进九大创新创业综合体建设。审协河南中心项目基本完工，国家技术转移郑州中心先期运营选址确定，质检中心综合检测基地即将投用，以国家级平台为核心的科技服务业集聚区加快建设。新引进众创空间3家，累计入驻7家。出台《郑东新区推进自主创新奖励办法（暂行）》等扶持政策，加快构建人才聚集、创新创业的环境。新引进"两院"院士5人、"千人计划"专家6人。浪潮集团国家重点实验室郑州中心启动运行。

【城市建设与管理】 2015年，郑东新区大棚户区改造成效显著。以乡（镇、办）为主体，坚持周例会、月观摩，完成28个行政村41个自然村1500万平方米整村拆迁，围合区域拆迁任务基本完成。实现8家市场外迁改造，率先完成市场外迁三年目标。强化进度、成本和质量控制，新开工安置房582万平方米，竣工5个项目200万平方米。在全市大棚户区改造7次综合考评中5次排名第一。

主干路网基本成型。新开工路桥项目81个，新增通车里程41公里。龙湖区域规划道路全面开工，中环路及5座跨河桥梁、北三环—龙湖中环路东立交工程完工，综合管廊主线工程基本建成，"四环四纵一横"主干路网全面形成。龙子湖湖心岛主干路网建成投用。白沙核心区路网建设全面推进，中原大道开工建设。郑州会展宾馆、郑州东站被国家建筑业协会评为建设工程鲁班奖。龙湖中环路跨北引水渠桥获全国市政金杯示范工程奖。

生态建设持续发力。以四大公园为重点，坚持大公司、大标段、大投入，全年新开工项目60个，完工37个，龙湖沿湖绿廊初步形成，龙子湖生态植物园EPC招标完成，郑信公园建成开放，京港澳高速两侧50米生态廊道完成建设，新增及改造提升绿地367万平方米，人均绿地达到33平方米。龙湖、龙子湖、象湖三大水系成湖蓄水，新增水域面积300万平方米，完成投资4.3亿元。

要素保障不断强化。编制各类规划110余项，建设用地批、征、供情况居全市前列。注重做大做强平台公司，五大公司总资产规模达520亿元，融资规模198亿元。新行政服务中心建成投用，积极推进"五单一网"改革，公布实施"五个清单"，四级政务服务网试点启动运行。

城市精细化管理水平不断提升。把CBD区域整治作为城市管理先行区的示范工程，以交通秩序整治为重点，邀请国内外一流团队进行顶层设计。结合上合首脑会议保障，聚焦"四乱"治理，实施八大整治工程，率先开通公共自行车和微公交系统。通过系统整治、疏堵结合，"四乱"突出问题得到基本解决，市容市貌明显改观。坚持第三方考评等机制，城市管理长效机制逐步建立。

大气污染治理成效明显。建立环保部门牵头，市政、执法、交警等单位配合的综合调度机制。组建两支联合执法队伍，以47中周边、工地和道路扬尘、散源、黄标车等为重点，坚持周排名等机制，跟踪督促整改。燃煤锅炉拆除完毕，黄标车淘汰率达84%，大气质量排名全市前列。

绿色智慧城市建设稳步推进。推进绿色六大工程，绿色低碳生态示范区建设三年行动计划编制完成，率先启动龙湖区域绿色建筑审批。绿色能源、绿色交通等建设扎实推进。借鉴宁波、苏州等地经验，坚持高起点规划，加快智慧东区"1+3+1"系统建设，完成建成区三维数据采集，智慧博览馆建设启动。

【民生保障】 便民服务体系加快构建。组织平台公司对便民服务中心统一建设、招商、运营，宏图街等7个便民服务中心开工建设。依托互联网+，整合政务服务、文体卫生、餐饮超市等资源，建成智慧社区30余个，5–15分钟便民服务网初步形成。

教育医疗体系更加完善。高标准配置教育资源，2015年列入郑州市十件实事的8所学校全面开工，新增学位11580个，完成投资6.7亿元。形成了涵盖从学前教育到基础教育、从普通高等教育到职业教育的完整的教育体系。河南省骨科医院开诊，郑大 附院东区医院启动装修，阜外华中心血管病医院进场施工，由国际到国内、由综合到专科、由高端到社区的全方位健康医疗服务体系初步建成。

社会保障工作稳步开展。积极构建"大社保"体系，拆迁群众参保率达98%以上，新农合参保率99.9%，拆迁群众基本实现应保尽保。加强劳动监察，为劳动者追回工资1880余万元。公租房建设进展顺利。

社会治理水平全面提升。深化、规范、提升网格化管理，坚持领导接访下访、联席会议、风险评估等机制，化解了旭日龙园小区违规加盖等26起信访难题，"处非"工作成效显著，信访形势平稳可控。成立基层安全生产工作机构，持续开展隐患排查治理，安全生产形势总体稳定。扎实推进平安东区建设，群众安全感进一步增强。

（李 盼）

郑州经济技术开发区

【概况】 2015年，郑州经开区围绕“三大一中”战略定位，突出“三大主体”工作，按照“抓改革创新、强投资开放、促结构转型、求民生改善”总要求，坚持开放创新双驱动，积极引领经济发展新常态，干成了一系列具有奠基性、战略性、标志性的大事要事，成为全省唯一一家六星级产业集聚区，主要经济指标全面完成，实现了“十二五”圆满收官。

2015年，面对经济下行压力持续加大的严峻形势，全区把稳增长、保态势作为全局工作的首要任务，牢牢把握经济工作主动权，加强经济运行监测和调节，经济发展的规模质量和效益稳步提升。全年地区生产总值完成680亿元（按产业集聚区口径核算），同比增长12%；规模以上工业增加值完成480亿元（按产业集聚区口径核算），同比增长15%；固定资产投资完成405亿元，同比增长23.4%；社会消费品零售总额完成141亿元，同比增长21.1%；财政总收入完成166亿元，同比增长109%；公共财政预算收入完成33亿元，同比增长43.1%；税收收入占公共财政预算收入的比重达95%以上。主要经济指标增速位居全市前列，财政总收入、公共财政预算收入、税收收入和社会消费品零售总额增速及税收收入质量在全市排名第一，国税收入总量在全省地市中排名第四。经开区在全市、全省的地位和形象显著提升。

2015年，郑州经开区积极抢抓“一带一路”战略机遇，以郑州跨境电子商务综合试验区获批为标志，开放平台建设取得重大进展，牢固确立了在中西部地区对外开放的先进地位和领先水平。

郑欧班列运营综合指标全国领先。开行数、货值全国领先。2015年累计开行156班，承运货物6.3万吨，货值7.2亿美元，开行班次占中欧班列的1/4以上，货运量占40%以上。首家多口岸运行。已实现从阿拉山口、二连浩特口岸出入境，成为国内唯一实现多口岸出入境、多线路开行、多目的地通达的中欧班列。首家均衡往返。已实现了每周去3班、回2班的常态化开行，2016年将在国内率先实现去3、回3的均衡往返开行。集疏网络范围最广。以郑州、汉堡为境内外双物流枢纽，境内集货半径超过1500公里，覆盖全国22个省份，辐射长三角、珠三角、环渤海等区域，省外货物占比80%。境外分拨地覆盖22个国家108个城市，集疏节点遍布欧盟、俄罗斯和中亚地区。市场化运营水平最高。相继开发散货拼箱、过境中转、集拼中转、恒温运输等市场产品，运营成本持续下降，运营效益稳步上升。“站到门”全程货运一口价总承包服务实现了效益最大化。“郑欧商城”电商平台上线运营，为班列业务提升奠定了坚实基础。

跨境贸易电子商务试点领跑试点城市。业务量全国领先。2015年进出口业务量达5001万包，货值40亿元，其中，进口4526万包，排名全国第一，进口化妆品业务占全国份额的80%以上。信息化水平全国最优。信息化平台已具备关检监管申报、查验放行、运单处理等功能，既满足了政务端的有效监管，又实现了商务端的快速通关，日均处理能力达到500万包以上。通关能力最快。积极推动口岸管理部门“三互”和关检合作“三个一”，在满足有效监管的同时实现了“秒通关”。创新的（1210）通关模式，成为海关总署在全国复制推广的“郑州模式”。O2O模式运营效果最好。自2015年5月2日中大门运营以来到2015年年底，已累计成交44.5万单，销售额4000余万元，接待顾客近96万人次，有20多个国家馆合作进驻。产业聚集效应最强。已完成海关备案企业902家，聚美优品、唯品会、小红书、敦豪等境内外知名企业已相继落地并实际开展业务。同时，还带动了万国优品、9号店等河南本土电商的诞生和壮大。

国际陆港规划建设快速推进。港口的集疏功能逐步增强。2015年完成货运吞吐量10万标箱，“四港一体”的多式联运物流体系逐步建立，陆港核心区城市设计和控制性详细规划导则的高标准编制完成，为其“十三五”时期跨越式发展奠定了基础。配套设施建设加快推进。陆港区域内部及周边道路工程基本完工，水电气暖等配套设施持续完善，内外通达、设施完善的路网和配套体系逐步形成。支撑项目加快实施。中部首家多式联运海关监管中心主体建成并开始运营。铁海联运中心投入运营，实现了海港与陆港一体化操作。集疏中心项目正加快建设。陆港商务中心项目、汽车口岸项目具备开工条件，粮食口岸项目完成规划，正加快推进。口岸业务实现突破。汽车口岸实现常态运营，2015年进口整车246辆。邮政、粮食口岸均成功完成业务测试，为常态化运营奠定了坚实基础。

出口加工区B区通过预验收。2015年，按照验收的标准和要求，加强组织领导、多方沟通协调、突出重点任务和薄弱环节，集中发力，全面完成B区1平方公里围网内的13项基础设施建设。与此同时，将A、B两区和保税物流中心整合申报经开综保区，整体工作进展顺利。

【现代产业体系构建】 结构调整促转型，现代产业体系加快构建。强力实施制造业“3366”工程和现代物流“10个百亿”园区工程，主导产业发展又迈上了一个新台阶，继续领跑全省产业集聚区。2015年，全区规模以上工业总产值首次突破千亿大关，达到1182亿元，增长13.9%，奠定了全区工业经济发展的新高度。

汽车产业逐步壮大。全年汽车产业实现产值602亿元，同比增长18.6%，高于全区规模以上工业总产值增速4.7个百分点，主导优势更加突出。其中，东风日产15万台技改项目竣工投产，整车产能达到35万辆，全年生产整车21万辆，产值突破260亿元。海马轿车生产整车首次突破10万辆，同比增长22%，海马郑州基地销售收入首次超百亿，受到市委、市政府通报表彰。宇通客车生产整车6.7万辆，集团销售收入突破400亿元，其中，新能源工厂实现产值185亿元，同比增长37%。全年出口整车7000余辆，客车销量世界第一。

装备制造业稳步提升。全年装

中大门保税直购体验中心

备制造业完成产值238亿元，同比增长5.2%。其中，海尔600万台空调项目全面投产，实现产值17亿元，增长251.5%。中铁盾构全球最大矩形掘进机走出国门，实现产值23亿元，增长33.4%。富泰华实现产值78.8亿元，增长10.1%。投资280亿元的富士康液晶面板项目开工建设，其科技含量、投资强度、规模水平均创河南之最。

现代物流业势头强劲。2015年，现代物流产业完成营业收入650亿元，增长16%，成为新的经济增长点。“10个百亿”园区工程进展顺利，电商及快递物流园、时尚物流园等5个精品“园中园”已初具规模，医药物流营业收入308亿元，占全省一半以上。国际物流园区成功创建省级现代物流示范园区，已成为全省现代物流业发展的集聚区、核心区。

在主导产业快速发展的同时，郑州经开区传统优势产业也得到了长足发展。中烟以及以双汇、益海嘉里、中粮等为代表的传统产业全年完成总产值突破330亿元，同比增长15%以上。

【项目建设】 精准发力抓招商，重大项目建设稳步推进。2015年，郑州经开区积极优化营商环境，按照签约一批、洽谈一批、储备一批的梯次招商方式，大力实施以商招商、配套招商。全年实际利用外资5.33亿美元，引进域外境内资金70亿元，实现进出口总额30亿美元，均超额完成目标任务。签约海尔虚实网等主导产业项目45个，签约总额595亿元，“四力”和“五职”招商项目37个，投资总额367亿元，居全市先进行列。坚持以强投资为引领，强力推进项目建设，基本实现了重大项目早开工、早建设、早投产、早见效。全区166个重大建设项目共完成投资405亿元，增长23.4%。陆港集疏中心、中铁盾构TBM产业化基地等53个项目开工建设，安图生物、宇培物流等44个项目竣工投产。东风日产30万辆新工厂项目2016年将进行设备调试，正式投产后将加快推动经开区向百万辆汽车城迈进。

【新型城镇化建设】 统筹推进促提升，新型城镇化建设明显加快。围绕全域城市化目标，加快配套设施建设，区域承载能力显著提升。路网框架基本形成。全年新建、续建道路56条90余公里，完成道路绿化120万平方米。大棚户区改造加快推进。全年投资44亿元，启动了大王庄等25个村9833户的征迁，当年征迁村庄占全区村庄的47%。投资26亿元，新增安置房主体面积125万平方米，交付85.6万平方米，回迁群众3万余人。生态水系初具形象。总长18公里的龙渠、凤河一期工程基本完工，全年新增水面150万平方米，绿化208万平方米，潮河两侧整治，机场、京港澳高速两侧绿化加快推进，区域生态环境明显改善，成功通过国家生态工业示范园区省级验收。滨河国际新城加快建设。占地近66.67公顷的蝶湖实现蓄水，环湖路、经南八路等主要道路全部贯通，青少年科技馆加快布展，观湖国际、金尊文苑等商业项目加快实施，宜业宜居生态新城初步显现。大气污染治理成效显著。加强监测点周边治理，加大巡查督察，共排查各类工地500多次，及时督促整改。累计投入9000多万元，购买降尘车辆40余台，新增防尘网200余万平方米，选址建设了2个垃圾集中消纳场，实现了建筑垃圾的集中化、规范化管理。

【发展要素保障】 完善要素解难题，发展动力和活力持续增强。2015年，郑州经开区围绕破解制约发展的瓶颈难题，着力完善规划、土地、融资等方面要素保障，不断增强发展动力和活力。规划引领成效明显。进一步完善汽车城总体规划，完成了3.51平方公里跨境电商综合试验区城市设计，完成了富士康液晶面板等项目控规35宗，为项目落地提供了规划指导。土地难题有效破解。采取有效措施，积极协调土地占补平衡指标，全年争取339.67公顷，排名全市第一。加大土地供应力度，完成报批535.2公顷，供应391.73公顷，收取出让金53亿元，有力保障了重大项目的用地需求。融资规模取得突破。积极打造投融资平台，整合区内资产，多渠道、多形式开展融资。经开投发企业债成功发行。持续降低融资成本，变短期融资为长期融资，变高息融资为低息融资。全年完成融资136.9亿元，是建区以来融资规模最大、融资效果最明显的一年。

【科技创新】 创新驱动强支撑，大众创业万众创新成效显著。2015年，郑州经开区积极构建以企业为主体、市场为导向、产学研相结合的创新创业体系，“大众创业、万众创新”氛围日益浓厚。政策扶持持续加大。出台了《关于加快推进创新创业工作的实施意见》等多项政策，鼓励和支持科技创新，不断优化创新创业的政策和载体环境。载体建设持续提速。依托留学人员创业园、高新技术创业中心两个国家级平台，建成留创园、联东U谷、中兴产业园等创新创业载体18万平方米，入驻企业106家。全年新增工商注册企业3000余家，日均15家，创历年最大增幅。成果转化持续加快。新认定高新技术企业17家，获批市级以上研发技术中心5家。完成技术合同交易额8亿元，完成高新技术产业增加值115亿元，增长32%。竹林松大、景安网络等6家企业在“新三板”挂牌，后备企业超过20家。中铁盾构获国家级知识产权优势企业，宇通新能源获国家科技进步奖二等奖，成为新能源汽车作为我国战略新兴产业发展中的里程碑。

【社会民生】 强化保障惠民生，各项社会事业协调发展。2015年，郑州经开区持续加大投入，提高民生保障质量和水平。教文体事业蓬勃发展。办学条件不断改善、规模不断扩大，全年新建、续建中小学幼儿园14所，建成4所，新增学位5520个，实现了辖区学龄儿童“应入尽入”。建成经开区游泳馆，举行全民健身日活动，实现体育惠民。依托区图书馆、艺术中心，大力开展形式多样的文化惠民活动56场，受惠群众6万人次，丰富了群众文化生活。就业服务成果显著。新增城镇和农村劳动力转移就业3010人，完成目标任务130%以上，开发就业岗位4500个，动态消除了零就业家庭。社会保障体系更加健全。郑大二附院新院区、七院滨河院区均立项批复，具备开工条件。新农合参保率达99.6%，实现了辖区群众大病统筹。城乡低保、五保等生活困难群众的

郑州出口加工区A区

郑州宇通客车股份有限公司节能与新能源客车生产车间

保障标准进一步提高。社会管理日趋规范。打造无线经开，月均浏览量30万人次以上。建立了以网格化为载体，集城管、交通等为一体的社会管理联动监控系统，共受理问题54227件，办结51440件，办结率94.9%。积极开展信访稳定矛盾排查化解，排查不稳定因素150余起，均进行了集中交办和化解。认真落实安全生产责任制，全年无重大安全事故发生。有效开展质量技术监督、食品药品监管、计划生育等工作，有力促进了平安、幸福经开建设。

（陈传宇）

【出口加工区概况】 2015年，河南郑州出口加工区围绕打造“国际贸易示范区、保税制造引领区、政策创新先行区”的目标，全力推进重点项目建设，大力拓展新兴业态，提升园区承载能力，各项工作进展顺利，全区经济保持平稳较快发展。全年完成固定资产投资14.6亿元；完成工业总产值90亿元，同比增长13%；实现进出口（含结转）19.5亿美元，同比增长32%，其中，出口16.9亿美元，同比增长51%。

B区开发建设、经开综合保税区申报、富士康项目扩能一直是出口加工区的重点工作。2015年，该区着力将人力、财力、物力向这三项工作倾斜，主体工作顺利向前推进。

B区基础及监管设施顺利完工并通过预验收。2015年，B区开发建设指挥部紧盯封关验收期限，统筹协调，克服资金压力、拆迁问题等多方面的困难，定岗定责，多项任务齐头并进，在较短时间内完成各项手续办理和用地范围内全部拆迁任务后，自3月份起，采取超常规措施强力推进13项基础及监管设施建设，仅用四个半月就完成全部建设内容。7月27日，B区顺利通过省预验收小组的验收。9月上旬，按照B区的一次性整体规划，正式启动了包括加工制造区、物流仓储区、生活配套区、临街商业区和综合商业办公区等五大区域的配套设施开发建设。

稳步推进经开综合保税区申报。该区按照市委、市政府的要求，积极推进经开综合保税区申报工作，密切跟踪申报进度，主动到国务院办公厅、海关总署、国土部和省政府沟通汇报，先后向有关部委补充上报申报材料7次，对郑州经开综合保税区的用地规划、建设规划、产业布局、项目引进、管理机制等方面作了详细的补充说明。住建部和国土部已经分别出具同意意见，并反馈至海关总署，海关总署正在征求发改委、财政部、商务部等七部委意见。

富士康扩产项目顺利实施，产能稳步提升。2015年，出口加工区调整了富士康项目建设工作组工作机制，依据议题随时随地组织联席协调会议，及时解决项目建设过程中存在的问题。在主要配套设施方面，新建的3#厂房（富士康综合楼）于9月上旬开工建设，至年底，项目主体已经建成，完成投资约3000万元；电力设施方面，从区外6公里向富士康厂房引入供电专线，完成四期电力增容；公寓方面，冠达花园和昇阳花园均于2015年下半年正式投用。此外，对富士康项目基础配套设施进行了多方面的整修，包括厂房、餐厅、道路等基础设施，涉及消防、照明、管网等方面。在配套设施不断完善的基础上，富士康项目产能稳步提升，2015年，富士康实现工业产值78.7亿元，同比增长11%；其手机玻璃面板项目也于下半年顺利落地出口加工区。

【出口加工区招商和产业发展】 2015年，出口加工区继续坚持实施项目带动战略，在园区政策优势逐渐减弱的不利条件下，力求以招商质量的提升带动产业结构调整。

积极开展招商活动，为园区扩展和产业升级提供有力支撑。围绕B区项目建设和新兴业态拓展，出口加工区调整招商策略，多次组织赴长三角、珠三角和环渤海地区开展驻地招商活动，深入挖掘项目信息，拓宽原有招商渠道和信息来源，着眼于有影响力、有辐射带动作用的大项目，先后组织了电子信息、珠宝钻石加工、跨境电商、保税物流等多次主题招商活动，全年全区共引进新项目12个，储备长线跟踪项目15个，完成入库项目15个。其中，已经对联盛兴实业、金安生物、天津浩鸿物流、中欧进出口商品交易中心4个重点项目在B区进行选址安置。

园区主导产业快速发展，高新技术产业在制造业中的优势加强。在经济发展进入新常态的背景下，出口加工区以富士康为龙头的电子信息产业平稳发展，以华晶、科隆为代表的新材料产品加工制造快速发展，全区产值超亿元项目增至6家，全区共完成工业总产值90亿元，在中部六省出口加工区中名列第二，工业增加值、税收排名第一。电子信息产业项目中，富士康产值同比增长11%，其配套企业锜昌科技同比增长22%，官田电子和建泰科技分别实现86%和173%的高速增长；新材料产业方面，华晶微钻、华晶精密和科隆实业的增速分别达到39%、59%和34%。科技项目成为拉动全区经济增长的主力军。

新兴业态快速成长，跨境贸易电子商务成为新的经济增长点。按照市委、市政府“多区域、多主体、多模式加快发展跨境贸易电子商务”的总体要求，在经开区统一部署和驻区海关、国检办事处的大力支持与积极参与下，出口加工区努力拓展E贸易业务。硬件设施方面，自2015年8月份至10月份，仅用不到3个月的时间新建保税仓库7.2万平方米（包括8个独立库和2个公共库，共10栋）。工作机制方面，自10月份起，成立了包括管委主要业务部门和保税物流中心的“E贸易”融合发展协调工作小组，建立了周例会、周督察等工作推进机制，组建了4个团队，强力推进相关平台建设及基础设施建设，迅速于11月初完成了监控、监管、通关等信息化系统升级改造，与河南省保税物流中心共享E贸易平台系统，技术上实现了单独统计。11月5日，出口加工区“E贸易”业务全面展开。至2015年年底，有唯品会、舶来汇、万庚、中启、万国万购、陆港公司等6家跨境电商企业入区运营，E贸易业务出区总单量计328万包，货值达到3.2亿元，缴纳行邮税税金322万元，顺利实现了E贸易硬件设施和软件系统“双提升”，跨境贸易电子商务已经成为出口加工区经济发展的新亮点，成为全市“E贸易”发展新的增长极。

（张辉）

郑州高新技术产业开发区

【概况】 2015年，郑州高新区按照“抓改革创新、强投资开放、促结构转型、求民生改善”的工作要求，以打造郑州国际商都创新驱动战略主引擎为使命，突出科技创新和制度创新，着力“破瓶颈、夯基础、铸优势、求提升”，强力推进“五大攻坚”，全力加快推进北斗云谷·千亿科技城建设。

全年共完成GDP220亿元，比上年增长10%；地方公共财政预算收入28.9亿元，比上年增长13.5%；固定资产投资319.6亿元，比上年增长20%；利用域外资金118亿元，比上年增长10%；实际利用外资27537万美元，比上年增长8%。

【新型城镇化建设】 全域城市化目标基本实现。围绕提升城市承载能力，改善群众生产生活环境，方便群众生活的目标，以村庄改造为龙头，以城市精细化管理为抓手，城市面貌和管理水平发生日新月异的变化。

大棚户区改造实现重大突破。按照拆迁与安置并重的原则，全力加快推进剩余村庄拆迁和已拆迁村庄的安置房建设工作。全年完成陈庄、榆林、任砦、南流、岳岗、张五砦、西连河7个行政村和小双桥、于庄自然村共约680万平方米的拆迁，基本实现村庄拆迁工作全部完成。安置房建设方面，新开工瓦屋李、贾庄等11个安置房项目；交付使用祥营（一期）等9个项目，全年完成投资130亿元。洼刘、瓦屋李两个村的股份制改造工作顺利完成。资金保障方面，全年完成各项融资73.9亿元，实际到位资金63.9亿元，有力保障了大棚户区改造工作的顺利进行。

基础设施建设持续完善。道路方面，围绕“畅通郑州”工程征迁、出入区口道路和完善区域路网，全年新开工道路23条，完工道路14条，新建里程26.8公里，完成投资3.92亿元；“畅通郑州”涉及高新区的东风路西延、西三环北延等拆迁工作全部完成。绿化和生态廊道建设方面，天健湖公园基本完工，锦和公园、铁路沿线绿化、S314沿线绿化和南水北调带状公园正加快建设。水电气暖配套建设方面，新增供暖入网面积400万平方米，新建供热管网70公里、供水管网55公里。

城市精细化管理水平大幅提升。全力加快城市精细化管理服务先行区建设，对科学大道、瑞达路、枫杨街等相关道路进行重点整治提升；组织成立了保通中队，提升信号灯配时、交通标线设置等细节管理水平，通行效率明显提高。组织开展了城市精细化百日行动，对交通秩序、市容市貌、环境卫生和“四乱”等方面进行了大力整治，取得了明显成效，城市环境和市容市貌得到较大改善。

【现代产业体系构建】 现代产业体系构建取得新成效。2015年，委托国务院发展研究中心编制的《北斗云谷·千亿科技城发展规划纲要》，通过由国家北斗导航位置服务数据中心等单位专家评审组的专家论证会，高新区的产业发展思路和举措进一步明晰。

招商引资工作取得新成果。全年新签约项目15个，总投资约262亿元。总投资50亿元的联东U谷产业综合体、总投资30亿元的亿达软件园、总投资30亿元的远大国际投资集团三甲医院等一批重大项目签约落地。

重点项目建设快速推进。23个省市重点项目完成投资83.8亿元，占全年任务120%，比全市高7个百分点；新开工项目、联审联批手续和竣工项目均全面完成。通过重点项目观摩讲评会及现场协调会，协调解决了超过110项项目建设实施过程中存在的问题，确保了重点项目建设的顺利推进。

上市工作成绩斐然。新增光力科技、思维自动化等2家公司上市；“新三板”挂牌企业总数达到50家，约占全省的1/3，全国高新区排名第4，为全国“新三板”试点园区扩容后的第1名。与深圳证券交易所共建的路演中心已开展11期预路演活动。

【科技创新】 科技创新能力稳步提高。2015年，郑州高新区在全国高新区的综合排名升至第16位，较上年度前移2名，科技创新能力排名升至第10位；获科技部批准入选国家首批科技服务体系试点区域；国家自主创新示范区申建工作进展顺利，申报材料已获科技部审核通过。

产业技术研究院等研发机构引进和建设成效明显。与郑州大学联合共建的郑州大学产业技术研究院已挂牌，入驻各院系研究所16家；郑州磨料磨具磨削研究所有限公司的超硬材料磨具国家重点实验室获批建设，高新区国家重点实验室数量达到5家；与解放军信息工程大学合作共建的信大先进技术研究院已正式签约。

科技创新体系不断完善。出台了《关于支持科技创新推进大众创新创业的实施意见》和《关于加强知识产权工作的若干意见》。创新创业综合体和众创空间建设成效明显，建成投入使用2个、新谋划2个创新创业综合体；全年引进众创空间20家，大学科技园创新创业综合体和UFO众创空间的建设和运作模式得到省市领导的充分肯定。

知识产权保护工作再上新台阶。全年申请专利5600件（超过全市排名第二的金水区近1500件），同比增长51.4%，其中申请发明专利1562件，同比增长38.5%；共授权专利3200件，同比增长35.3%，其中授权发明专利540件，同比增长39.3%。

【体制机制创新】 着力提高政府行政效能。围绕理顺职责、提升效率的目标，对管委会部分机构进行了撤并和调整，使管委会工作运行机制更加顺畅，分工更加明确，工作效率明显提升。加快简政放权，推进“五单一网”改革和“两集中两到位”工作，通过依法依规自行编制、联席办集中审核，审定确认了709项拟列入区级“行政权责清单”事项、140项拟列入区级“行政审批清单”事项，政府行政效能得到较大提升。

着力构建促进工作落实的体制机制。建立了微信工作展示平台和重点工

5月20日，国家科技部副部长曹健林到高新区汉威电子调研

郑州机械所“新型钎焊材料与技术国家重点实验室”

作观摩平台制度。通过微信平台，每日将管委领导和各部门重点工作进展情况在平台上展示，每周对重点工作进行汇总，通过工作展示，达到互相沟通、借鉴和督促的目的；同时，每半月对重点工作完成情况进行观摩，现场汇报工作落实情况和下一步打算，督察办固化督办。通过这些措施，重点工作得到有效推进。

着力深化对公共事业单位市场运营改革。与上市公司河南汉威电子股份有限公司合作，完成了对供水公司和热力公司的改制，探索引进民间资本参与公共事业领域建设、运营和管理，进一步规范了公司的运作，提升了服务效能；按照“建管分开，管养分离”的原则，设立了郑州高新市政建设有限公司和郑州高新路桥建设有限公司，采用公司化运作模式，对区内道路、桥梁、市政绿化管养等基础设施建设进行融资、建设和经营，多种手段吸引社会资本参与高新区基础设施建设。

【社会民生事业】 各项民生实事和社会事业和谐发展。强力推进大气污染防治工作。对全区81个工地采取了围挡、覆盖、洒水、绿化、硬化等措施，严格按照“6个100%”标准要求进行了整治。2015年，共覆盖防尘网约1020万平方米，绿化148万平方米，固化110万平方米，设置围挡38万平方米，增加冲洗设备350多套，施工工地扬尘得到较好控制。同时持续做好道路扬尘治理、渣土车治理、“土小”治理、畜禽养殖清理等工作，黄标车治理工作全市领先。

三级三类便民服务中心建设。完成了现有社区和便民服务设施情况的摸底调查和《郑州高新区三级三类市民服务中心专项规划》的编制，对区级市民服务中心进行了提升扩容；4个居住区级市民服务中心投入使用。

学校和医疗服务体系建设。截至2015年年底，新开工续建11所中小学幼儿园，区外国语小学和五龙口小学投入使用，郑州中学高招成绩再创新高；郑州市中心医院高新医院（二期）项目进展顺利，新引进河南省中医院高新分院项目已完成立项和选址，正在进行规划和土地报备工作，新建枫杨社区卫生服务中心，为群众提供更优质便捷的医疗服务。

全面推进法依法治区工作，确保社会大局和谐稳定。针对强买强卖、违法建设、违法用地等行为，开展了专项整治行动，进一步优化了经济发展环境。积极处理各类信访案件，严格查处安全生产隐患，没有发生重大稳定事件和安全生产事故。

（鲁华雨）

高新区须水河生态水系

产业集聚区

【郑州市产业集聚区“十二五”发展成就】 “十二五”时期，在省委、省政府的正确领导下，全市上下紧紧围绕“三大一中”战略定位，按照“四集一转、产城互动”要求，突出规划引领，加大招商引资力度，承接东部产业转移，大手笔谋划发展，大气魄推进产业集聚区建设，集聚区已经成为带动全市经济增长的主引擎、重大项目落地的主平台、农业人口向城镇加快转移的主渠道。

五年来，11个省级产业集聚区累计完成规模以上工业主营业务收入21441.4亿元，年均增速38.5%，高于全市年均水平11.3个百分点，总量占据全市工业半壁江山，对全市工业收入增长的贡献率由48.3%提高到69.7%；完成固定资产投资6664.8亿元，年均增速32.2%，高于全市10.8个百分点，对全市投资增长的贡献率由36.2%提高到51.4%；实现税收512.9亿元，年均增速26.8%，高于全市7.9个百分点。郑州市产业集聚区累计荣获省级“十强”“十快”荣誉称号18次，经济技术产业集聚区和航空港产业集聚区分别成为全省唯一的六星级、五星级产业集聚区。产业集聚区真正肩负起省会城市的“双重”责任，为郑州市在全省“挑大梁、走前头、做表率”打下了坚实基础。

坚持“五规合一”先行，科学优化产业布局和功能分区。“十二五”时期，全市始终坚持高起点规划、高标准建设产业集聚区，始终坚持规划先行，把环保规划、生态规划、城市总体规划、土地规划和产业发展规划有机结合起来，实现“五规合一”，明确了各产业集聚区的发展方向和功能布局。同时将“四集一转”、产城互动理念贯穿于产业集聚区提升发展的全过程，促进了全市工业化与城镇化协调推进，拓展了产业集聚发展空间，推动了企业集中布局、产业集群发展、资源集约利用、功能集合构建，优化了全市产业布局，促进了人口向城镇转移。

坚持功能集合构建，集聚区综合承载能力显著增强。以交通路网为先导，产业集聚区实现了“九通一平”，不断完善行政审批、检验检测、电子商务等公共服务设施和投融资、土地整理、人力资源和创新创业综合体等要素平台建设。五年来，累计完成基础设施和公共服务设施投资1806.7亿元，占全市基础设施投资的比重超过36%，其内生动力和综合承载能力进一步增强。以闲置用地清理处置和建立土地保障体系为抓手，持续提高节约集约集聚、高效用地水平，盘活闲置用地3200公顷，累计安排建设用地计划指标和增减挂钩指标5066.67公顷；融资平台实现融资突破千亿元。

坚持培内引外并举，主导产业集群规模持续壮大。“十二五”时期，全市产业集聚区积极实施战略性企业培育行动计划，大力发展先进制造业，稳步推进二、三产融合，促进块状经济向现代产业集群转变。2015年，产业集聚区主导产业规模以上工业增加值占比65.8%，占全市工业七大主导产业的比重达到41.9%，较2010年提升了3.9个百分点。产业集聚区在加快重大项目建设的同时，重点围绕“三力型”项目，大力开展“五职招商”“产业链招商”和“龙头+配套+协作”的集群化招商活动。五年来，累计完成亿元以上投资4790.8亿元，实际利用省外资金1402.3亿元。

以产业集聚区为依托，全市已经培育形成电子信息、装备制造、汽车、食品加工、生物医药等主导产业集群。围绕全市七大工业主导产业，集聚区带动郑州市实现了产业集群发展，为全市加快构建现代产业体系提供了坚实保障。2015年，电子信息产业集群规模突破2500亿元，汽车及零部件和装备制造产业集群分别超过1500亿元、1000亿元。

坚持优效益降能耗，转型升级提质增效效果显现。2015年，全市产业集聚区规模以上工业实现利润总额368.6亿元，较2010年增长2.4倍，年均增长27.8%；规模以上工业综合能源消费量668.8万吨标准煤，较2010年下降5.4%，低于全省产业集聚区平均综合能源消费量7.7个百分点，节能降耗效果显著。

“十二五”时期，全市产业集聚区率先调结构促升级，积极打造特色产业链条，形成了完整的智能终端产业链，汽车零部件制造、整车生产、销售为一体的汽车产业链，研制开发、生产制造、营销售后为一体的装备制造产业链，食品制造、包装、化工、物流为一体的食品产业链。2015年，集聚区电子信息规模以上工业增加值占全市比重90%以上，汽车及装备制造规模以上工业增加值占全市比重60%以上，食品加工规模以上工业增加值占全市比重40%以上。中牟汽车集聚区拥有郑州日产、海马商务、河南红宇等5家整车生产企业，带动入驻零部件、内饰件等上下游生产企业近百家。上街装备集聚区成为全国大口径蝶阀的重要生产基地，占全国市场份额的43%。围绕新郑新港集聚区的中储粮、达利食品、光明乳业、金丝猴和马寨集聚区的康师傅、天方、花花牛等国际国内知名的龙头食品企业，引进配套关联产业110余家。

坚持产城互动理念，城乡统筹发展水平不断提高。“十二五”时期，全市积极推进产城融合，坚持以产兴城、依城促产，加快推进新型城镇化进程。按照“一基本两牵动”的要求，把产业集聚区作为农民就近就地就业创业的重要载体，推进以就业为核心、依附于就业的“五险一金”规范交纳和自由转移为基础、住房和教育保障覆盖常住人口的制度创新，吸引了务工人口回流，以及省内其他地市的劳动力就业。五年来，产业集聚区新增就业岗位113.7万个，从业人员年均增长51.4%，超出全省产业集聚区从业人员增速17.3个百分点，带动大批农业人口实现了就地城镇化。

按照“一个主体四个权益”（坚持农民主体，保障农民的土地承包经营权、农村宅基地集体所有权、农民集体收益分配权、社区房屋所有权）的原则，优先启动产业集聚区内及周边三公里的棚户区改造和合村并城工作，以产业集聚带动人口集聚。五年来，产业集聚区建成区面积从125.2平方公里扩大到191.3平方公里，拓展了52.7%，带动郑州市五年来累计净迁入户籍人口23.7万人；安置小区鳞次栉比，城镇公共服务向集聚区延伸，公共配套设施实现全覆盖。集聚区的带动力和承载力不断提高，城乡统筹互动发展，郑州市城镇化率由2010年的63.6%提高到2015年的69.1%。

坚持深化改革创新，增强内生发展动力。按照“属地管理、精简机构、提高效率、完善功能”的原则，在全省率先实行集聚区与乡镇办行政区域套合改革，在管理体制、运行机制、领导班子配备和管理权限调整等方面进行了积极探索。真正发挥集聚区统一领导、分工负责的整体管理效能，形成经济建设、社会管理相互促进的有序运行机制。

【郑州航空港产业集聚区】 2015年地区生产总值完成520亿元，同比增长21%；规模以上工业增加值完成430亿元，同比增长25%；固定资产投资完成520亿元，同比增长30%；一般公共预算收入完成29.5亿元，同比增长39.4%；进出口总额完成490亿美元，同比增长30.1%，约占全省的67.4%以上。各主要经济指标增速均高于全省、全市增幅，继续领跑全省180个产业集聚区与全市4个开发区。

培育主导产业集群。始终把产业集群培育放在突出位置，谋划了富士康、正威、非莘智能终端三大智能终端产业集群与航空物流、精密机械、大宗商品、跨境贸易电子商务、生物医药五大千亿级产业集群，共八大产业集群。智能终端产业集群已有签约入区项目121个，2015年手机产量2.02亿部，约占全球手机供货量的1/7。精密机械产业集群已有友嘉精密机械、穆尼飞机、天

航空港产业集聚区——跨境商品展示交易中心

迈科技等多个项目开工建设。大宗商品产业集群已有兴瑞大宗商品产业园、黄河国际贸易大宗商品产业园等多个项目入驻。跨境电子商务产业集群已有唯品会、京东国际等52家电商企业与7家支付企业入驻。航空物流产业集群编制完成了物流产业发展规划，申报成为国家示范物流园区、海峡两岸冷链物流产业合作试点基地。已有UPS、FedEx、俄罗斯空桥等航空物流企业相继入驻，菜鸟智能物流、中外运、TNT中原陆运中转枢纽等项目已开工建设。生物医药产业集群已有河南美泰宝新药项目、富建达医疗器械项目、瑞普新型营养素项目入驻，新泽概念生物制剂产业园、中科干细胞等项目已开工建设。

管理体制创新快速推进。全面实施了“一门受理、并联审批、多证联办”的“政务超市”审批服务模式。在全国率先实施了行政执法全委托。在全省率先进行了工商登记改革，实施了“一址多照、一照多址”“注册资本认缴制”、电子营业执照等改革。组建了公共资源交易中心，建立了“五单一网”“三证一章”工作机制。率先实施了主审法官负责制和检察官办案责任制。用人机制创新成效明显。推行了“人才+项目”“人才+产业”“人才+课题”等培养开发模式，建立了协同创新机制与实用人才定向培养机制；23位（个）有意愿落户该区的领军人才（团队）中有16个已通过初审。要素平台保障能力大幅提升。已建成投用鲜切花、鲜果、水产品、肉类、活体等口岸，在建口岸有食品、药品、医疗器械、邮政等口岸。获批成为我国内陆首个跨境人民币创新试点，已到位境外融资资金15.61亿元。正在筹备或发行基金7个，总规模700亿元，已到位178.69亿元。

产城互动水平全面提升。空港、会展物流、双鹤湖、古城“四大片区组团”产业与城市功能区建设已同步启动，已确定入区项目155个，总投资2012亿元。市政配套设施建设快速推进。累计建成区内通车道路248公里，18座跨南水北调干渠桥梁、7座跨兰河桥梁建成通车；第一水厂、6座变电站、2座污水处理厂、北区1座燃气门站、北区热源厂一期已建成投用；第二水厂、南区燃气门站已开工建设；新增绿地面积超过300万平方米，已建成或部分建成城市公园4个。新型城镇化建设成效显著。南水北调干渠以西4个居民安置区共35个项目607万平方米安置房已全部开工建设，已建成投用16个项目209万平方米，回迁村民47643人。

经济技术产业集聚区——中铁装备盾构总装车间土压平衡盾构生产线

【郑州经济技术产业集聚区】 2015年，全区围绕“三大一中”战略定位，突出“三大主体”工作，按照“抓改革创新、强投资开放、促结构转型、求民生改善”总要求，坚持开放创新双驱动，积极适应经济发展新常态，干成了一系列具有奠基性、战略性、标志性的大事要事，成为全省唯一一家六星级产业集聚区，主要经济指标全面完成，实现了“十二五”圆满收官。

（一）把握主动稳增长，经济社会持续健康发展。2015年，面对经济下行压力持续加大的严峻形势，全区把稳增长、保态势作为全局工作的首要任务，牢牢把握经济工作主动权，加强经济运行监测和调节，经济发展的规模质量和效益稳步提升。全年地区生产总值完成680亿元，比上年增长12%；规模以上工业增加值完成480亿元，比上年增长15%；固定资产投资完成405亿元，比上年增长23.4%；社会消费品零售总额完成141亿元，比上年增长21.1%；财政总收入完成166亿元，比上年增长109%；公共财政预算收入完成33亿元，比上年增长43.1%；税收收入占公共财政预算收入的比重达95%以上。主要经济指标增速位居全市前列，财政总收入、公共财政预算收入、税收收入和社会消费品零售总额增速及税收收入质量在全市排名第一，国税收入总量在全省地市中排名第四。经开区在全市、全省的地位和形象显著提升。

（二）强力推进求突破，开放平台建设日新月异。积极抢抓“一带一路”战略机遇，以郑州跨境电子商务综合试验区获批为标志，开放平台建设取得重大进展，牢固确立了在中西部地区对外开放的先进地位和领先水平。

郑欧班列运营综合指标全国领先。开行数、货值全国领先。2015年累计开行156班，承运货物6.3万吨，货值7.2亿美元，开行班次占中欧班列的1/4以上，货运量占40%以上。首家多口岸运行。已实现从阿拉山口、二连浩特口岸出入境，成为国内唯一实现多口岸出入境、多线路开行、多目的地通达的中欧班列。首家实现均衡往返。已实现每周去3班、回2班的常态化开行。集疏网络范围最广。以郑州、汉堡为境内外双物流枢纽，境内集货半径超过1500公里，覆盖全国22个省份，辐射长三角、珠三角、环渤海等区域，省外货物占比80%。境外分拨地覆盖22个国家108个城市，集疏节点遍布欧盟、俄罗斯和中亚地区。市场化运营水平最高。相继开发散货拼箱、过境中转、集拼中转、恒温运输等市场产品，运营成本持续下降，运营效益稳步上升。“门到门”全程货运一口价总承包服务实现了效益最大化。“郑欧商城”电商平台上线运营，为班列业务提升奠定了坚实基础。

跨境贸易电子商务试点领跑试点城市。业务量全国领先。2015年进出口业务量达5001万包，货值40亿元，其中，进口4526万包，排名全国第一，进口化妆品业务占全国份额的80%以上。信息化水平全国最优。信息化平台已具备关检监管申报、查验放行、运单处理等功能，既满足了政务端的有效监管，又实现了商务端的快速通关，日均处理能力达到500万包以上。通关速度最快。积极推动口岸管理部门“三互”和关检合作“三个一”，在满足有效监管的同时实现了“秒通关”。创新的（1210）通关模式，成为海关总署在全国复制推广的“郑州模式”。O2O模式运营效果最好。自2015年5月2日中大门运营以来，已累计成交44.5万单，销售额4000余万元，接待顾客近96万人次，有20多个国家馆合作进驻。产业聚集效应最强。已完成海关备案企业902家，聚美优品、唯品会、小红书、敦豪等境内外知名企业已相继落地并实际开展业务。同时，还带动了万国优品、9号店等河南本土电商的诞生和壮大。

国际陆港规划建设快速推进。港口的集疏功能逐步增强。2015年完成货运吞吐量10万标箱，“四港一体”的多式联运物流体系逐步建立，陆港核心区城市设计和控制性详细规划导则的高标准编制完成，为其“十三五”时期跨越式发展奠定了基础。配套设施建设加快推进。陆港区域内部及周边道路工程基本完工，水电气暖等配套设施持续完善，内外通达、设施完善的路网和配套体系逐步形成。支撑项目加快实施。中部首家多式联运海关监管中心主体建成并开始运营。铁海联运中心投入运营，实现了海港与陆港一体化操作。集疏中心项目正加快建设。陆港商务中心项目、汽车口岸项目具备开工条件，粮食口岸项目完成规划，正加快推进。口岸业务实现突破。汽车口岸实现常态化运营，当年进口整车246辆。邮政、粮食口岸均成功完成业务测试，为常态化运营奠定了坚实基础。

出口加工区B区通过预验收。2015年，按照验收的标准和要求，加强组织领导、多方沟通协调、突出重点任务和薄弱环节，集中发力，用了不到4个月时间，全面完成B区1平方公里围网内的13项基础设施建设。与此同时，将A、B两区和保税物流中心整合申报经开综保区，整体工作进展顺利。

（三）结构调整促转型，现代产业体系加快构建。强力实施制造业“3366”工程和现代物流“10个百亿”园区工程，主导产业发展又迈上了一个新台阶，继续领跑全省产业集聚区。2015年全区规模以上工业总产值首次突破千亿元，达到1182亿元，比上年增长13.9%，奠定了全区工业经济发展的新高度。

汽车产业逐步壮大。全年汽车产业实现产值602亿元，比上年增长18.6%，高于全区规模以上工业总产值增速4.7个百分点，主导优势更加突出。其中，东风日产15万台技改项目竣工投产，整车产能达到35万辆，全年生产整车21万辆，产值突破260亿元。海马轿车生产整车首次突破10万辆，比上年增长22%，海马郑州基地销售收入首次超百亿元，受到市委、市政府通报表彰。宇通客车生产整车6.7万辆，集团销售收入突破400亿元，其中，新能源工厂实现产值185亿元，比上年增长37%。全年出口整车7000余辆。

装备制造业稳步提升。全年装备制造业完成产值238亿元，比上年增长5.2%。其中，海尔600万台空调项目全面投产，实现产值17亿元，比上年增长251.5%。中铁盾构全球最大矩形掘进机走出国门，实现产值23亿元，比上年增长33.4%。富泰华实现产值78.8亿元，比上年增长10.1%。投资280亿元的富士康液晶面板项目开工建设，其科技含量、投资强度、规模水平均创河南之最。

现代物流业势头强劲。全年现代物流产业完成营业收入650亿元，比上年增长16%，成为新的经济增长点。“10个百亿”园区工程进展顺利，电商及快递物流园、时尚物流园等5个精品“园中园”已粗具规模，医药物流完成营业收入308亿元，占全省一半以上。国际物流园区成功创建省级现代物流示范园区，已成为全省现代物流业发展的集聚区、核心区。

（四）精准发力抓招商，重大项目建设稳步推进。积极优化营商环境，按照签约一批、洽谈一批、储备一批的梯次招商方式，大力实施以商招商、配套招商。全年实际利用外资5.33亿美元，引进域外境内资金70亿元，实现进出口总额30亿美元，均超额完成目标任务。签约海尔虚实网等主导产业项目45个，签约总额595亿元，“四力”和“五职”招商项目37个，投资总额367亿元，居全市先进行列。坚持以强投资为引领，强力推进项目建设，基本实现了重大项目早开工、早建设、早投产、早见效。全区166个重大建设项目共完成投资405亿元，比上年增长23.4%。陆港集疏中心、中铁盾构TBM产业化基地等53个项目开工建设，安图生物、宇培物流等44个项目竣工投产。东风日产30万辆新工厂项目即将进行设备调试，正式投产后将加快推动经开区向百万辆汽车城迈进。

（五）统筹推进促提升，新型城镇化建设明显加快。围绕全域城市化目标，加快配套设施建设，区域承载能力显著提升。路网框架基本形成。全年新建、续建道路56条90余公里，完成道路绿化120万平方米。大棚户区改造加快推进。全年投资44亿元，启动了大王庄等25个村9833户的征迁工作，当年征迁村庄占全区村庄的47%。投资26亿元，新增安置房主体面积125万平方米，交付85.6万平方米，回迁群众3万余人。生态水系初具形象。总长18公里的龙渠、凤河一期工程基本完工，全年新增水面150万平方米，绿化208万平方米，潮河两侧整治，机场、京港澳高速两侧绿化加快推进，区域生态环境明显改善，成功通过国家生态工业示范园区省级验收。滨河国际新城加快建设。占地近66.67公顷的蝶湖实现蓄水，环湖路、经南八路等主要道路全部贯通，青少年科技馆加快布展，观湖国际、金尊文苑等商业项目加快实施，宜业宜居生态新城初步显现。大气污染治理成效显著。加强监测点周边治理，加大巡查督察力度，共排查各类工地500多次，及时督促整改。累计投入9000多万元，购买降尘车辆40余台，新增防尘网200余万平方米，选址建设了2个垃圾集中消纳场，实现了建筑垃圾的集中化、规范化管理。

（六）完善要素解难题，发展动力和活力持续增强。围绕破解制约发展的瓶颈难题，着力完善规划、土地、融资等方面要素保障，不断增强发展动力和活力。规划引领成效明显。进一步完善汽车城总体规划，完成了3.51平方公里跨境电商综合试验区城市设计，完成了富士康液晶面板等项目控规35宗，为项目落地提供了规划指导。土地难题有效破解。采取有效措施，积极协调土地占补平衡指标，全年争取339.67公顷，排名全市第一。加大土地供应力度，完成报批535.2公顷，供应391.73公顷，收取出让金53亿元，有力保障了重大项目的用地需求。融资规模取得突破。积极打造投融资平台，整合区内资产，多渠道、多形式开展融资。经开投发企业债成功发行。持续降低融资成本，变短期融资为长期融资，变高息融资为低息融资。全年完成融资136.9亿元，是建区以来融资规模最大、融资效果最明显的一年。

【郑州高新技术产业集聚区】 2015年完成GDP220亿元，比上年增长10%；实现公共财政预算收入28.9亿，比上年增长13.5%；完成固定资产投资319亿元，比上年增长20%；实际利用外资完成2.73亿美元，比上年增长20%。

主导产业。拥有规模以上电子信息产业企业47家，占规模以上企业总数的32%。全年规模以上电子信息制造产业企业增加值实现41.5亿元，占规模以上工业增加值的46%；规模以上电子信息制造产业主营业务收入167.9亿元，占规模以上工业主营业务收入的45%。

企业上市。拥有上市企业10家，占全市的25%、全省的近10%。拥有“新三板”挂牌企业50家，占郑州市的65%、河南省的近30%。挂牌后劲足，悉知信息等10家企业已向全国股转系统上报材料，另40余家企业正式进入辅导程序，“新三板”挂牌工作良性、持续发展。

重大项目建设。该区承担省市重点项目共计23个，总投资387亿元，年投资完成72.3亿元。新开工项目共6个，按计划开工率达到100%；联审联批共36项，完成100%；竣工省市重点项目4个，完成目标任务的100%。

招商引资。全区新签约项目15个，总投资约262亿元。其中产业类项目9个，总投资199.7亿元，包括总投资30亿元的联东U谷产业综合体项目等；服务类项目6个，总投资62.3亿元，包括总投资30亿元的远大国际投资集团三级甲等医院项目等。市级“三力”项目共9个，总投资108亿元。

基础设施建设。全年新开工道路23条，完工道路14条，新建里程26.8公里，完成投资3.92亿元；“畅通郑州”涉及高新区的东风路西延、西三环北延等拆迁工作全部完成。绿化和生态廊道建设方面，天健湖公园基本完工，锦和公园、铁路沿线绿化、S314沿线绿化和南水北调带状公园正加快建设。水电气暖配套建设方面，新增供暖入网面积400万平方米，新建供热管网70公里、供水管网55公里。

创新功能平台建设。大学科技园

高新技术产业集聚区——大学科技园东区

创新创业综合体东区孵化7#、8#楼约4万平方米已建成投入使用。西区规划建筑面积23.4万平方米，孵化1#楼、南配楼1#、2#楼、研发5#楼、祝福红城社区2栋3.4万平方米配套公寓共20.4万平方米已建成并部分投入使用。东西区已累计完成投资12亿元。高新区郑州磨料磨具磨削研究所有限公司申报的超硬材料磨具国家重点实验室获批建设，该区国家重点实验室数量达到5家。

大棚户区改造。全年完成陈庄、榆林、任砦、南流、岳岗、张五砦、西连河等7个行政村和小双桥、于庄2个自然村共约680万平方米的拆迁，基本实现村庄拆迁工作全部完成。安置房建设方面，新开工瓦屋李、贾庄等11个安置房项目；交付使用祥营（一期）等9个项目，全年完成投资130亿元。洼刘、瓦屋李2个村的股份制改造工作顺利完成。资金保障方面，全年完成各项融资73.9亿元，实际到位资金63.9亿元，有力保障了大棚户区改造工作的顺利进行。

【白沙产业集聚区】 郑州市白沙产业集聚区西起京港澳高速，东至万三公路，北起黄河，南至陇海铁路，总面积156平方公里，规划建设面积79平方公里，土地规划覆盖42平方公里，是郑州都市区重要的拓展空间和郑东新区着力打造的“三大主战场”之一。

2015年全部增加值完成约23.9亿元，同比增长42.3%；固定资产投资完成174.6亿元（其中，社会投资77.6亿元，政府投资97亿元），同比增长48.2%；全部从业人员约1.3万人，同比增长10.2%；全部税收收入约7亿元，同比增长79.5%；融资19.1亿元，完成目标任务的127.3%；新增规模以上企业2家；新入投资库项目50个。

强力推进项目建设。围绕项目推进过程中存在的问题，进一步落实解决措施，积极对接镇（办），深入现场，了解情况，全力解决项目建设过程中遇到的施工环境、清障等问题。基础设施方面，2015年，白沙园区计划实施路桥项目56个，其中续建20个，新开工36个，已全部启动，完成投资27亿元。其中，5个项目已竣工，44个正在正常建设，7个已经完成招投标工作。全年新增通车里程共13公里。社会项目方面，白沙园区2015年度共计划推进社会项目51个，其中新开工项目17个，续建项目34个，全年计划完成固定资产投资约71.58亿元。截至年底，园区社会项目共完成固定资产投资约76亿元，占全年任务的106%。

明确重点招商区域。依据白沙园区总体规划，明确5个重点招商区域。分别是大数据产业园、高端商务园（六合）、国际医疗产业园、电商产业园和特色科技园。2015年已签约项目4个，协议资金87.3亿元，完成项目备案22个。确定区域整体开发项目1个，确定入驻河南中原云大数据集团有限公司等项目8个，协议资金103.2亿元。

【郑州马寨产业集聚区】 4月3日，在全省产业集聚区建设工作会议上，马寨产业集聚区荣获全省“一星级”产业集聚区称号；4月24日，在全市产业集聚区建设工作会议上，马寨产业集聚区再次被评为郑州市“两快”产业集聚区。

创建省级经济开发区工作。申报的相关材料已报送至省商务厅、省国土厅、省住建厅、省发改委，正在征求意见，待征求意见后，上报省政府。

主要指标保守增长。“四上”企业增加值完成42亿元，规模以上工业总产值完成166.6亿元，规模以上工业主营业务收入157亿元，“四上”企业税收完成5.7亿元，财政收入完成13300万元，社会消费品零售总额完成21亿元。

重点项目大力推进。康师傅新面厂项目制面一车间8条生产线已投入生产。苏宁物流园项目配送中心大库、办公楼已完工，大库货架安装已完成，厂区道路完成95%，围墙完成55%。苏宁（食品）电商创新创业综合体项目地块围墙已设立，项目施工方案及施工设计图初稿已完工，待进场完成地勘、物勘后完成设计图。花花牛项目一期已投产25条生产线；二期地块已完成土地平整，正在进行动力车间地基施工以及厂房车间打桩。帝益肥项目正在进行选址论证。

招商引资成效明显。招商引资实际到位资金完成46亿元，位列全市第二；实际利用外资7000万美元。新签约投资36亿元的杨寨社区合村并城、投资1亿元的合记品牌总部及投资1.2亿元的河南日钢门业新型材料加工及配送中心等一批项目；新引进河南鼎元食品、河

白沙产业集聚区——白沙1号安置小区

马寨产业集聚区——顶新国际集团再投资项目（面厂）

南泰和食品、郑州锐隆食品等主导产业类二次招商项目25个；新引进郑州国控西城建设有限公司、河南日钢门业技术研发中心有限公司等总部楼宇经济项目6个。先后拜访接洽了荷兰帝斯曼（DSM）集团、上好佳食品集团等国内外一批知名企业和国有投融资平台。

基础设施不断完善。2015年基础设施建设总投资约1.6亿元，重点建设“六路两桥”。（1）工业路大修工程已通车。（2）公安西路道路部分，东方路至张河路段所有土方工程已完成，污水管网主干管已全部铺设完毕，雨水管网已完成总量的85%，天然气、通信管网已完成放线，管沟开始开挖。（3）梦想路已完成高压塔以北路基土方平整，总计挖方1.7万立方米，完成了高压塔以北污水管网沟槽施工。（4）康佳南路土方工程累计完成挖方6.75万立方米，占总量的75%。（5）明晖南路已完成土方工程4.2万立方米，占总工程量60%。

大棚户区改造强势突破。2015年，先后完成了程炉、娄河、湾刘、坟上、马寨和水磨村（社区）的拆迁任务，共涉及拆迁人口约9500人、2400户，拆除房屋面积约100万平方米。

新镇区起步区一平方公里土地组卷上报工作。已签订三方征收协议，新镇区二期54.6公顷开发地已编报郑州市2015年度第二十三批乡镇建设征收土地并上报省政府；新镇区三期46.17公顷开发地已编报郑州市2015年度第二十五批乡镇建设征收土地并上报省政府。

【郑州上街装备产业集聚区】 2015年，产业集聚区共入驻企业78家，其中规模以上工业企业38家，工业总产值完成163.4亿元，同比增长4%；工业增加值完成34.4亿元，同比增长8.4%；固定资产投资完成38.2亿元，同比增长14.57%。

招商引资。围绕产业延伸链和园区发展定位，通过网络等多种渠道，搜集电子信息类和装备制造类企业信息，不断充实完善招商引资企业名录库；积极开展“走出去”招商活动，变坐等上门为主动出击。主动赴高新区、马寨、荥阳、九龙工业园等郑州西部企业集中区，通过悬挂条幅、发放产业园宣传资料等形式，搜集意向项目。2015年，已赴高新区等地悬挂条幅8次，发放宣传资料300余份，对接企业40余家。其中聚能机械、航宇防爆电机、中恒电力、合宇道路已签订正式投资合同，共计签约资金5.25亿元。积极盘活存量，实现零土地招商。充分整合土地资源，利用现有企业的剩余厂房、土地盘活资产进行招商，进行招租项目。全年引进项目13个（签订正式合同10个，计划总投资7.24亿元，签订框架协议3个），盘活闲置厂房35600平方米。

重大项目建设。始终把项目建设作为拉动增长、促进转型、积蓄后劲的重要抓手，不断强化领导分包、台账管理、观摩点评等推进措施，全年产业集聚区新开工、续扩建项目25个，完成投资38.2亿元。其中，新开工项目13个，续建项目12个；已投产项目17个。

基础设施不断完善。一是加快道路建设。华山路、许昌路西延、纵六路建成通车，洛宁路改建、纵三路正在加快建设；五云路南延、汝南路南延、金屏路南延、中原西路引线绿化、丹江路小游园、五云路绿化等项目建设顺利。二是加快公共服务建设。南水北调水厂、峡窝邮政所已建成，投入使用后将为园区健康快速发展提供强有力的保障。三是加快职工公寓建设。职工公寓一期项目，前期手续已全部完成，并完成招标，一号楼正在进行基础施工。

【中牟汽车产业集聚区】 2015年，中牟汽车产业集聚区实现工业产值320亿元，完成贸易业销售额300亿元，完成固定资产投资110亿元，实现增加值110亿元，实现税收收入14亿元，生产整车12万辆，从业人员达到3.3万人。

项目建设。园区完成工业项目投资约46亿元，建成项目18个，在建项目78个。

基础设施建设。建成道路10条24公里，建成4座路跨堤里小清河桥梁，2座立交桥建成通车，1座立交桥完成箱涵施工；架设电网13公里，建成1座220千伏变电站，110千伏谢吉线和220千伏谢杏线改线工程已进场，1所开闭所正在进行环网施工；完成6条道路66.33公顷生态廊道绿化；铺设供水管网20公里，中牟新城水厂完成主体施工；铺设污水管网20公里，郑州新区污水处理厂一期三大处理池正在安装设备；1座公交调度中心和环卫站完成基础施工。

招商引资。2015年，实际利用域外资金35亿元，签约项目34个，协议资金约392亿元。同时，储备项目148个。

产城互动。2015年，完成拆迁约340万平方米，建设安置房271万平方米，回迁群众1000余户约4540人；东工职工家园、万邦公寓共建成约29万平方米。牟风•安惠园一期6栋12万平方米已建成；3所九年制学校和1所幼儿园投入使用。

要素平台保障。2015年，行政审批手续代办服务中心受理企业各类手续

上街装备产业集聚区——黎明西芝重工有限公司产品履带式移动破碎站

中牟汽车产业集聚区——郑州日产自动化生产线

2800多项。规划展示服务中心完成了集聚区水系规划和郑民高速以南30平方公里千分之一地形图测绘及验收工作，“五规合一”中的城市总体规划、基础设施和公共服务设施规划已编制完成，实现了郑民高速以北区域控制性详细规划全覆盖。科技服务中心成功将集聚区申报成为省智慧园区试点单位，谋划并启动了汽车产业集聚区创新创业综合体，帮助红宇专汽、凯雪冷链申报成为省级工程实验室。土地储备服务中心共获批土地293.8公顷，供应土地103.93公顷。投融资服务中心举办银企对接会10场，完成融资40亿元。人才培训服务中心累计培训工人1800余人，代招工人900余人。公共信息服务中心发布各类信息940余条。产品检验检测中心协助建成郑州雁鸣机动车检测中心，并已投入使用，启动建设郑州日产、河南红宇2条产品质量检测线。

【荥阳市产业集聚区】 荥阳市产业集聚区是2009年省政府批准成立的省级产业聚集区，规划面积15.84平方公里，主导产业为现代装备制造业。2015年荥阳市产业集聚区紧紧围绕“五规合一”“产城融合”总要求，抢抓发展新机遇，加强规划引导，完善机制体制，创新工作举措，不断破解发展难题，扎扎实实推动产业集聚区的综合带动作用和集聚发展水平持续提升。

2015年，集聚区完成主营业务收入320亿元；完成固定资产投资79亿元，同比增长9.8%；完成规模以上工业增加值81亿元，同比增长16.8%。各项经济指标都保持平稳持续增长态势。

招商引资。2015年，集聚区新签约和达成合作意向的项目共12个，总投资50亿元，其中大方重工、广州海格通信等4个亿元以上项目已签约落地。另外，普洛斯物流园、新天科技智能抄表系统等7个拟签约项目正在对接洽谈。

工业项目建设。2015年，集聚区在建续建产业项目共24个。其中，郑州南车、山川润德信等省重点项目2个，总投资23.5亿元；工程机械产业园、五洲国际、通信电缆厂等市重点项目3个，总投资93.4亿元。

产城融合发展。2015年，集聚区内新启动拆迁茹砦、廿铺2个村庄，涉及1805户，共6791人。在新型社区方面，2015年社区建设新开工面积50.53万平方米。其中，槐西社区二期、石柱岗一期工程已竣工，群众已回迁入住；赵家庄、四村联建等其他社区正在加紧建设。

基础设施建设。按照集聚区路网规划，2015年新建续建棋源路、杜鹃路等道路6条，共14.055公里。截至年底，集聚区共开工13条道路，共计29.72公里。其中，荥运路、荥泽路等7条道路已竣工通车，共计15.667公里，完成投资2.57亿元。配套设施方面，荥阳市第四供水厂、消防特勤站等项目主体工程均已全部完工。

以“主业突出、链条式发展”为目标，郑州中车、工程机械产业园、海格通信等主导产业项目先后落地并开工建设，产业链条更加完善，集聚区的影响力、辐射力和带动力进一步增强。

【新密市产业集聚区】 2015年，按照“三个集中”“四集一转”“五规合一”发展理念，突出产业集聚区的战略支撑作用，持续完善基础设施，提升服务功能，加快项目建设，壮大主导产业，促进产城融合，产业集聚区建设进入了提质转型创新发展的新阶段。2015年集聚区实现企业营业收入320亿元，实现增加值81亿元，完成固定资产投资150亿元，从业人员达到30000人。

强化基础支撑，完善载体功能。高标准编制完成产业集聚区及周边曲梁镇全域公共服务基础设施规划。累计投资20余亿元，大力推进以交通路网为先导的水、电、气、暖等基础设施和教育、卫生等公共服务设施建设。贯穿产业集聚区郑州大学南路、密杞路改造工程顺利建成通车，道路两侧高标准的绿化亮化工程基本完工；日处理1.5万吨的污水处理厂二期建成投用，110千伏变电站设备安装完毕并投入使用，天然气管网、引热入郑供热管网铺设完工并投入使用；溱水河生态水系景观建设正在加紧进行前期规划设计。锦绣、绿茵、溱水湾3个安置社区建设进一步加快，建成安置房2210套，群众正在有序入住；锦绣社区二期和绿茵社区1000余套安置房工程正在加紧施工。产业集聚区综合承载能力不断提升。

突出特色产业，放大集群效应。以打造环保装备、品牌服装“两个百亿级”产业集群为目标，着力引进培育建设一批带动力强的高成长性项目，吸引上下游企业协作配套，提升产业影响

荥阳市产业集聚区——郑州煤机综机设备有限公司

新密市产业集聚区——六冶科技重工有限公司标准化厂房

力、竞争力。围绕主导产业和战略性新兴产业，大力开展精准招商、以商招商、专题招商、集群招商。截至年底，已签约项目52个，计划总投资475亿元。环保装备产业深化与浙江大学等高等院校战略合作，着力打造中部地区有影响力的环保装备产业基地。园区已集聚了康宁特环保、工信华鑫等一批重点企业和项目，初步形成了以大气、水、电子垃圾治理为重点的环保装备产业体系。品牌服装积极承接沿海产业转移和郑州服装批发市场外迁，逐步打造集研发设计、生产销售、展览展示、电子商务于一体的产业基地。香港迅捷服装园、锦荣服装创意园、中金服装孵化园、金盛服装商贸城等超10亿元项目正在有序推进，带动了斐格利亚、赛蘭服饰等30多家本土自主品牌服装生产企业健康发展。同时，抢抓“互联网+”发展机遇，同赢服装电子商务全省试点建设扎实推进，锦荣·衣天下电子商务园正在加快建设。

提升服务效能，增强发展后劲。一是规范运行机制。深化产业集聚区和所在的曲梁镇行政套合，实行人员统一调配、工作统一部署、财政统一调度。建立产业集聚区发展联席会议制度，定期研究、解决集聚区发展中的重大问题，凡经联席会议决定的事项，市直相关部门直接履行手续。二是强化要素保障。以人才、土地、资金等为关键，千方百计破解制约瓶颈。产业集聚区人才分市场，为企业输送各类人才近千人；市政府与上海股权托管交易中心建立战略合作关系，成立上海股交所新密企业挂牌上市孵化基地，推动企业进入资本市场融资提速扩面增量。三是搭建创新平台。采用“1+N”模式加速推进创业创新综合体建设，政府直接投资1个环保科技综合体，政府引导企业投资N个综合体（品牌服装、机器人等）。至年底，环保科技创新创业综合体正在抓紧施工；品牌服装综合体即将开园入驻。

【新郑市新港产业集聚区】 新港产业集聚区位于新郑市东部，原规划面积12.8平方公里，根据豫集聚办〔2015〕21号文件，河南省产业集聚区发展联席会议原则上同意新港产业集聚区调整后的发展规划，规划调整后面积为27.61平方公里。2015年，完成销售收入204亿元，同比增长12.1%；完成工业增加值87.3亿元，同比增长12.2%；完成固定资产投资110亿元，同比增长5.5%；完成税收收入8亿元；实际到位市外资金50.2亿元；从业人员达到3.75万人。新港产业集聚区在做好做强食品产业的基础上，积极整合本地医药生产企业资源，重点培育生物医药产业，不断推进产业结构调整，初步形成了以食品加工、生物医药为主导的产业体系。

食品产业已经形成规模。区内中储粮油脂、达利食品、雪花啤酒、雏鹰屠宰、郑州东元火腿等一批大型食品企业先后建成投产；2015年，投资5亿元的光明乳业、3.5万平方米好想你红枣批发市场已具备投产条件；投资18亿元的冠超食品、投资11.68亿元的恒喜龙食品、投资10.5亿元的威纳啤酒等在建项目正在加快推进；投资5.5亿元的康盛葡萄酒、投资4亿元的佳龙食品、投资3亿元的联合聚邦膜业食品配套、投资2亿元的有客休闲食品、投资2.4亿元的香祖油脂、投资14.5亿元的中烟物流即将陆续开工建设。

医药产业初步形成集聚效应。围绕培育医药产业，总投资10亿元、具备年产30亿支小容量注射液、10亿片片剂、5亿粒胶囊生产能力的润弘制药工业园项目正在加快建设中，小容量注射剂车间、综合制剂车间及1栋仓库正在建设，锅炉房、危险品库、办公楼即将开工建设；总投资13.3亿元、年产30亿支水针剂、20亿片片剂、20亿粒胶囊剂生产能力的遂成药业生物医药产业园项目，7月开始动工建设，截至年底，3栋车间主体建设完成封顶，1栋宿舍楼、1栋办公楼及餐厅主体已建设完成。

与主导产业相配套的兼容及共生产业发展迅速。2万平方米的瑞孚医疗产业园会展中心投入使用，中德医疗产业园首批90余家企业陆续进驻，IBM智慧芯城、投资6亿元的郑州市百智商务有限公司郑州百智工业园标准化厂房项目、投资6.5亿元的新港中原智谷产业园项目、投资8亿元的上海鸿元控股集团新地电商物流产业园项目、投资4.2亿元的河南和美实业有限公司年产量约7000吨新型材料食品包装膜及新型材料食品包装袋生产项目、投资6亿元的新郑市腾翔物流有限公司腾翔综合性仓储物流园区项目等陆续都将开工建设，涵盖仓储物流、食品会展、企业孵化、商业贸易、科技研发等，将进一步完善产业结构，满足主导产业发展需求。

新郑市新港产业集聚区——好想你枣业

投资力度不断加大，基础设施日益完善。2015年基础设施共完成投资5亿元。完成中华北路、庆安路、莲花路、暖泉路等4条新建和改扩建道路工程，新开工建设新村大道东延、中兴大道东延、冠超路、冠恒路、华山路、龙岗路等6条道路。电力方面，新申请的11万千伏安的河西变电站可研方案已通过评审；新区苇河变电站和车站变电站到产业集聚区的10千伏的支线线路正在建设。供水方面，铺设完成了沿庆安路、神州路等供水管网约9公里。污水处理方面，北部区域日处理6万吨的污水处理厂已经投入运营；南部首期日处理3万吨的新港产业集聚区污水处理厂已开工建设，年底前实现试运行。华润电力2×350MW热电联产项目选址已确定，正申报“十三五”电力规划项目。

登封市产业集聚区——TATA木门生产线

【登封市产业集聚区】 登封市产业集聚区位于登封新区东部，郑少洛、永登高速交会处，规划面积9.7平方公里。其中，发展区5平方公里，控制区4.7平方公里。省定主导产业为铝精深加工及装备制造业。

全年实现增加值46亿元，同比增长11%；完成固定资产投资88亿元，同比增长20%；实际到位市外资金16亿元，同比增长17%；从业人员达到2.4万人，比上年新增4000人。

企业建设步伐不断加快。登封市产业集聚区企业数量达到92家，其中，规模以上企业62家，全年完成投资68亿元。现有省市重点项目8个。其中，TATA木门、中岳非晶风电变压器项目于10月建成投产；白云牧港顺利通过GMP认证；慧宝源、亚力山卓家具生产基地、天地之中新能源电动汽车等项目已基本建成。

基础配套设施日趋完善。全年完成投资20亿元，实施基础设施项目11个。控制区“两横一纵”主干道、S316和S237省道产业集聚区段已全部建成通车，隧道工程正在回填土方，计划2016年5月底竣工。产业集聚区形成了建成区“一横一纵”、发展区“两横一纵”、控制区“两横一纵”的主干路网格局，并实现与周边城区路网的互通互联。

招商引资工作成绩显著。按照“选好商、招大商”的工作要求，围绕主导产业，由市主要领导带队，多次赴北京、深圳等地跟踪对接项目。全年共签约项目15个，签约资金70多亿元。其中，登封阿里淘宝项目已建成运营，浪潮集团云计算中心、北京德利迅达豫云大数据中心项目正在进行开工前的准备工作；恒益香港家电产业园、郑州仲景药业、电动汽车一体化空调项目、汉能分布式太阳能发电项目、欧尼克木塑板等项目正在进一步跟踪洽谈。

“五规合一”工作积极推进。按照省产业集聚区联席办及郑州市要求，紧抓河南省土地利用总体规划调整完善的历史机遇，积极与省市相关部门沟通对接。截至年底，生态环境规划和公共服务基础设施规划已通过专家评审；发展规划中涉及的主导产业调整已拿出初步方案；登封市土地利用总体规划于2013年批复；登封市城乡总体规划正在修编。

转型升级取得阶段性成果。登封市产业集聚区管委会充分发挥服务职能，协助企业申报重大科技攻关项目、组建科技创新平台，引导企业开展“新三板”上市工作，助推企业转型升级发展。区内企业全年申报专利300余项，荣获河南省重大科技专项1项、郑州市重大科技专项1项、河南省科学技术成果3项。中岳非晶和河顺自动化两家科技型企业成功在“新三板”上市。

（王 琳）

县（市）区

巩义市

【概况】 2015年，巩义市总面积1041平方公里。辖15个镇、5个街道办事处，26个居民委员会，289个村民委员会。全市常住人口82.4万人。2015年人口出生率为10.97‰，死亡率为6.05‰，自然增长率为4.92‰。

2015年，巩义市生产总值完成640.49亿元，比上年增长8.0%。其中，第一产业增加值完成11.29亿元，比上年增长4.6%；第二产业增加值完成408.22亿元，比上年增长7.6%；第三产业增加值完成220.98亿元，比上年增长9.3%。三次产业结构为1.8：63.7：34.5。

全市财政总收入46.54亿元，比上年增长7.4%。公共财政预算收入34.73亿元，比上年增长9.1%。其中，税收收入17.40亿元，比上年增长16.4%，税收收入占公共财政预算收入的50.1%。公共财政预算支出50.43亿元，比上年增长9.9%。其中，教育支出7.65亿元，比上年增长18.4%；社会保障和就业支出5.16亿元，比上年增长27.5%；医疗卫生与计划生育支出9.28亿元，比上年增长12.0%。

年末，全市金融机构人民币各项存款余额320.9亿元，比上年末增长3.1%。其中，住户存款余额224.6亿元，比上年增长8.2%。人民币各项贷款余额182.4亿元，比上年增长7.7%。其中，住户贷款34.53亿元，比上年增长15.8%。全市居民人均可支配收入21968元，比上年增长9.8%；居民人均消费支出13020元。按常住地分，农村居民人均可支配收入17985元，比上年增长10.1%；农村居民人均消费支出8524元。城镇居民人均可支配收入26105元，比上年增长8.8%；城镇居民人均消费支出17687元。

全市社会消费品零售总额248.3亿元，比上年增长13.0%。分城乡看，城镇229.3亿元，增长12.8%；乡村19.0亿元，增长14.5%。分行业看，批发和零售业194.4亿元，增长12.6%；住宿餐饮业53.9亿元，增长14.2%。

全市进出口总值4.17亿美元。其中，出口总值3.57亿美元，与上年持平；进口总值0.6亿美元，增长0.6%。机电产品出口3020万美元，下降25.0%。

全市实际利用外商直接投资3亿美元，比上年增长8.3%。实际利用省外资金66.3亿元，增长8.5%。

截至年底，全市共有6家境内外上市公司，发行股票6只。其中A股4只，境外股票2只。全年再融资募集资金19.4亿元，自发行上市以来累计融资162.7亿元。

全市建筑业完成增加值22.18亿元，比上年增长6.5%。全市共有资质内建筑业企业22家，房屋施工面积158.38万平方米，比上年下降11.9%；房屋竣工面积41.71万平方米，比上年下降33.9%。

全年固定资产投资（不含农户）475.5亿元，比上年增长17.6%。其中，国有及国有控股投资12.43亿元，比上年下降10.3%；民间投资460.76亿元，比上年增长20.6%；港澳台商控股投资2.3亿元。分产业看，第一产业增长72.5%，第二产业增长15.7%，第三产业增长21.3%。

全市工业投资327.79亿元，比上年增长15.4%。其中，高成长性制造业投资128.96亿元，比上年增长39.7%；传统支柱产业投资188.58亿元，比上年增长5.7%；六大高耗能行业投资181.33亿元，比上年增长6.4%。

全市房地产开发投资39.73亿元，比上年下降27.9%。其中，住宅26.49亿元，比上年下降35.9%。房屋施工面积206.95万平方米，比上年下降28.1%。其中，住宅167.18万平方米，比上年下降28.4%。房屋竣工面积91.08万平方米，比上年下降18.1%。其中，住宅58.82万平方米，比上年下降37.9%。商品房销售面积97.64万平方米，比上年增长6.7%。其中，住宅81.17万平方米，比上年增长8.4%。

全年亿元及其以上固定资产投资在建项目148个，完成投资297.57亿元，比上年增长14.6%。重大基础设施建设持续加强，S314沿黄快速通道、S237大修、南山旅游路建成通车，中原路西延快速通道完成工程量的80%；昆仑燃气回郭镇—竹林段燃气管道、巩义燃气河洛路及紫荆路燃气管道、华润燃气米河站建成投产，全年完成供气量1亿立方米。中心城区功能持续提升，洛神路、伏羲路建成通车，市养老院、福利院基本完工，体育公园有序推进。商务中心区建设加快，明泰商务楼、五耐科技大厦主体完工，建业壹号城邦等61项重点项目顺利实施。

雨后城市

方便人们出行的新购公交车

2015年，全市两个产业集聚区共完成固定资产投资161.7亿元，比上年增长31.3%，占固定资产投资的34.0%，对全市固定资产投资增长的贡献率为54%。

2015年9月，巩义市被评为浙商最佳投资城市。11月，巩义市产业集聚区有2家企业（河南明泰铝业有限公司、河南万达铝业有限公司）荣登河南省民企100强榜单。11月，巩义市鲁庄镇被河南省书法教育专业委员会命名为河南省书法教育示范区，同时，该镇赵城小学被命名为全国书法教育实验学校。2015年，巩义市被国家文化部命名为2014-2016年度“中国民间文化艺术之乡”。

【机构与领导】 中共巩义市委：书记徐相锋；副书记张春阳（2月免）、马志峰（2月免）、樊惠林（7月任）；市委常委：徐相锋、张春阳（2月免）、马志峰（2月免）、杨彦峰（1月免）、樊惠林（7月免）、冯献峰、朱军、谈得胜（7月免）、扈明华（5月免）、李刚（7月免）、景雪萍（女）、袁道强（8月免）、南毅强（5月任）、张学东（5月任）、梁险峰（7月任）、贺传伟（7月任）。

市委工作部门：办公室主任朱军；组织部部长冯献峰；宣传部部长景雪萍（女）；统战部部长李刚（7月免）、贺传伟（7月任）；政法委书记谈得胜（7月免）、梁险峰（7月任）；群工部部长王向阳（6月免）、姜占元（6月任）；市直工委书记张坤霞（女）；党史办主任刘翠霞（女）；老干部局局长徐彦龙；新闻宣传中心主任范谡进；党校常务副校长田本学；档案局局长王俊欣；目标考评办主任周杰。

市五届人大常委会：主任李明桢；副主任申新中、闫红涛、范志武、钟西军、崔俊理。

市人大常委会工作机构：办公室主任韩利敏；教科文卫工委主任吴喜玲（女）；财经工委主任马克霞（女）；选工委主任冯晓慈（女）；农工委主任祖振坤；法工委主任曹会婷（女）。

市人民政府：市长张春阳（2月免）、孙淑芳（3月任）；副市长樊惠林（7月免）、李刚（7月任）、梁险峰（7月免）、贺传伟（7月免）、李凤芝（女，1月免）、袁斌（1月免）、赵培丰、孙现升（7月免）、史建伟、袁道强（8月免）、景秀香（7月任）、陈兆甲（7月任）、杨红伟（7月任）。

市政府工作部门：办公室主任王继锋；发改委主任王向党；统计局局长周占龙；人力资源和社会保障局局长吴建禄；财政局局长袁海昌；审计局局长张庆福；国税局局长曹永桢；地税局局长路程；工商局局长梁险峰（10月免）、席新渠（10月任）；质监局局长祖世泉；监察局局长郑占国；审批中心主任王建设；农委主任赵现才；林业局局长张清海（10月免）、庞国栋（10月任）；水务局局长李立新；烟草局局长武延华；气象局局长杜光伟；住建局局长王元洪；国土局局长马振杰；执法局局长张丰海；交通局局长崔志强；环保局局长赵寿涛；电业局局长张建波（9月免）、程旭（9月任）；园林绿化中心主任贺芳清（女，10月免）、刘文生（10月任）；教体局局长李易（女）；卫计委主任崔国强（10月免）、段志斌（10月任）；药监局局长马占福；史志办主任郅笃威；爱卫办主任梁广旭；科工信委主任杨文彪；城集联社主任杨武宪；安监局局长肖现军；煤炭局局长王东；文化广电新闻局局长逯熙鹏；商务局局长刘建伟；供销社主任魏建中；盐业局局长张鹏飞；文物旅游局局长赵新海（8月免）、秦文坦（8月任）；公安局局长陈兆甲；司法局局长贾孟杰；民政局局长张亚晓（10月免）、王国锋（10月任）；信访局局长王向阳（6月免）、姜占元（6月任）；机关事务局局长白利亚；邮政局局长梅建宏。

政协市五届委员会：主席王双圈（3月免）、谈得胜（3月任）；副主席焦天伟、王红生、焦振福、曹克强。

市政协工作机构：财贸经济委主任王保康；提案委主任常成军；社会和法制委主任夏文英（女）；科教文卫委主任张相忠；学习文史委主任乔万章。

中共市纪律检查委员会书记：杨彦峰（1月免离）、南毅强（5月任）。

市人民武装部部长：黄柏源；政委：扈明华（5月免）、张学东（5月任）。

市人民法院院长：王季。

市人民检察院检察长：陈宏钧。

市群团组织：工会主席范志武（10月任）；妇联主席张文红（女）；科协主席杨秀芬（女）；文联主席邵玉龙；工商联会长王少辉；残联理事长孙占国（10月免）、李贵卿（10月任）。

街道、镇：新华街道党工委书记康新伟，办事处主任校现伟；孝义街道党工委书记张东杰，办事处主任韩润峰；永安街道党工委书记符维（12月免），办事处主任李曙光；杜甫街道党工委书记杨晓贤，办事处主任孟玉杰；紫荆街道党工委书记杨红伟，办事处主任杜鹏懿；米河镇党委书记王震平，镇长王耀伟；新中镇党委书记许元浩（12月免），镇长杨少华；小关镇党委书记白东升，镇长张文锋；竹林镇党委书记赵明恩，镇长李书转（女）；大峪沟镇党委书记庞国栋，镇长王国栋；河洛镇党委书记逯雨林，镇长李继锋；站街镇党委书记庞冠峰，镇长曹明勋；康店镇党委书记马海山，镇长路少辉；北山口镇党委书记陈冠彬，镇长刘怀威；西村镇党委书记王国锋（10月免）、侯松强（12月任），镇长侯松强；芝田镇党委书记范钦伟（12月免）、王跃举（12月任），镇长王跃举；回郭镇党委书记张会录（7月免）、刘冠勋（7月任），镇长赵静波；鲁庄镇党委书记王乾玺，镇长焦成举；夹津口镇党委书记张宏杰，镇长李争妍；涉村镇党委书记闫龙涛，镇长许学辉。

【农业与农村经济】 2015年，全市粮食播种面积4.3万公顷，比上年下降1.2%。其中，小麦播种面积2.2万公顷，比上年下降1.2%；玉米播种面积2.1万公顷，比上年下降1.3%。油料种植面积2796公顷，比上年下降4.0%；蔬菜种植面积1356公顷，比上年下降0.2%。

全年粮食产量16.9万吨，比上年增长15.9%。其中，夏粮产量9.4万吨，比上年增长20.6%；秋粮产量7.5万吨，比上年增长10.5%。棉花产量769吨；油料产量5265吨，比上年增长7.7%；肉类总产量2.6万吨，比上年下降2.8%；禽蛋产量1.1万吨，比上年增长10.0%；牛奶产量0.6万吨，比上年增长10.0%。

年末，全市农业机械总动力59.53万千瓦，比上年增长0.7%；农用拖拉机1.47万台，比上年下降2.8%；农用运输车5467辆，与上年持平。

全年共造林1233公顷，其中，人工造林573公顷。全市拥有森林公园4个，森林覆盖率达到29.5%。

全年农作物受灾面积543.7公顷。全年因低温冷冻和雪灾造成直接经济损失397.9万元。

【工业经济】 全市全部工业增加值386.5亿元，比上年增长7.6%。规模以上工业增加值完成375.2亿元，比上年增长8.0%。其中，轻工业增加值完成14.98亿元，比上年增长4.6%；重工业增加值完成360.22亿元，比上年增长8.1%。轻、重工业比例为4.0：96.0。产品销售率为95.6%。

规模以上工业增加值居前10位的行业：非金属矿物制品业增长3.1%，占比重43.9%；有色金属冶炼和压延工业增长20.9%，占比重21.6%；专用设备制造业增长27.5%，占比重6.7%；化学原料和化学制品制造业增长12.8%，占比重5.5%；金属制品业增长13.8%，占比重4.5%；电气机械和器材制造业增长17.8%，占比重4.4%；通用设备制造业增长1.3%，占比重2.7%；文教、工美、体育和娱乐用品制造业增长7.2%，占比重2.6%；电力热力的生产和供应业下降11.9%，占比重2.3%；黑色金属冶炼和压延业下降30.0%，占比重2.1%。

煤炭开采和洗选业、化学原料和化学制品制造业、非金属矿物制品业、黑色金属冶炼和压延加工业、有色金属冶炼和压延加工业、电力热力的生产和供应业等六大高耗能行业增长6.5%。

规模以上工业主要产品产量中，发电量增长4.6%，电线增长31.4%，钢材下降47.5%，电解铝增长15.5%，铝材增长13.5%。

年末全社会发电装机容量90万千瓦。其中，火电装机容量90万千瓦，与上年同期持平；发电量71.2亿千瓦，比上年增长4.6%。

全年规模以上工业企业主营业务收入1839.5亿元，比上年增长1.8%；利润总额139.2亿元，比上年下降11.6%。分行业看，28个行业大类中利润总额居前10位的行业分别为非金属矿物制品业49.01亿元，下降2.2%；有色金属冶炼和压延工业10.58亿元，下降46.3%；专用设备制造业9.19亿元，增长11.5%；化学原料和化学制品制造业7.66亿元，下降19.6%；电气机械和器材制造业4.14亿元，下降3.9%；通用设备制造业3.14亿元，下降6.5%；金属制品业1.80亿元，下降21.7%；文教、工美、体育和娱乐用品制造业1.58亿元，增长20.6%；橡胶和塑料制品业1.44亿元，增长12.5%；黑色金属冶炼和压延工业0.46亿元，下降16.4%。

全市两个产业集聚区规模以上工业增加值完成149.2亿元，比上年增长17.5%，占全市规模以上工业的39.8%；规模以上工业主营业务收入865.7亿元，比上年增长11.1%，占全市规模以上工业的47.1%；规模以上工业利润总额17.4亿元，比上年下降28.4%。

【第三产业】 交通运输业。全年运输旅客2734万人，比上年增长2.4%；运输货物2995万吨，比上年下降0.6%。全年共完成旅客周转量5.84亿人公里，比上年增长9.7%；完成货物周转量57.46亿吨公里，比上年增长14.2%。

邮电通信业。全年共完成邮电业务总量5.57亿元，比上年下降2.6%。其中，邮政业务总量6554万元，比上年增长9.7%；电信业务总量4.9亿元，比上年下降4%；本地固定电话用户期末数10.98万户，比上年下降10.1%；移动电话用户达到79.1万户，比上年增长9.6%；互联网用户达到15.37万户，比上年增长27.2%。

旅游业。全年共接待海内外游客703.8万人次，比上年增长8.3%。其中，入境游客3.8万人次，比上年增长19.2%。旅游总收入10亿元，比上年增长17.6%。年末全市拥有4A级以上景区1处，3A级景区5处；拥有出境游组团社及国内和入境游旅行社10家。

2015年10月，巩义市公交查询软件“巩义行”投入运行。

【社会事业】 2015年，全市中等职业技术教育招生1106人，在校生3266人，毕业生1131人。普通高中招生4596人，在校生13495人，毕业生4969人。初中招生8239人，在校生24100人，毕业生7063人。小学招生9566人，在校生51340人，毕业生8279人。特殊教育招收残疾儿童8人，在校生64人。幼儿园在园幼儿29716人。

全市拥有省级以上企业技术中心23个，其中国家级1个；省级工程技术研究中心2个。获得省级科技进步奖2项。申请专利625件，比上年下降0.3%。授权专利463件，比上年增长14.9%。2015年1月，国家发改委、科技部、财政部、海关总署和国家税务总局联合下文，正式授予河南中孚实业股份有限公司技术中心为“国家认定企业技术中心”称号。在此批国家认定企业技术中心中，铝产业链生产企业仅有中孚实业入选。

年末，全市拥有产品质量监督检验机构1个；法定计量技术机构1个。22个产品获得“河南省名牌产品”称号。全年强制检定计量器具35792台件。制定、修订地方标准2项；新建计量标准3项。

年末，全市拥有区域气象观测站28个，卫星数据广播接收系统1个。

年末，全市拥有艺术表演团体2个，文化馆1个，公共图书馆1个，博物馆1个；全国重点文物保护单位10处；国家级非物质文化遗产名录1个；广播电台1座，电视台1座。

年末，全市拥有卫生机构（含村卫生室）659个。其中，医院、卫生院29个（其中专科医院2个），妇幼保健院1个，疾病预防控制中心1个，卫生监督机构1个。卫生机构拥有病床床位3205张。拥有卫生技术人员（含村卫生室）4640人。其中，执业医师和执业助理医师1800人，注册护士1999人，疾病预防控制中心卫生技术人员98人。拥有乡镇卫生院18个，床位564张，卫生技术人员840人。

全市拥有体育馆3个，体育场地设施829个。全年组织群体性竞赛活动15次，其中大型比赛6次。全民健身活

黄河滩区露地供港精品蔬菜基地

现代化无人机喷洒作业

动蓬勃开展，学校体育更加活跃，有93.6%的在校中小学生达到国家体质健康标准。

2015年3月30日，首届“天下诗人拜诗圣”清明节祭拜活动在巩义市杜甫故里纪念馆举行。6月25日，由中国国土资源部、河南国土资源厅、巩义市委、市政府、中数中影（北京）传媒有限公司联合摄制的电影《守护家园》在中央电视台电影频道播出。6月29日，巩义市书画院在市民文化艺术中心挂牌成立。10月，纪录片《遥远的村庄》在康店叶岭村开机。该片被河南省委宣传部确定为“中原人文精神精品工程”2014度重点项目。10月21日，巩义市首届大型汉式集体婚礼举行。

【社会保障】 年末，全市参加城镇职工基本养老保险人数11.13万人。其中，参保职工8.75万人，参保离退休人员2.38万人。参加城乡居民基本养老保险人数38.31万人。参加城镇基本医疗保险人数11.34万人，其中，参加城镇职工基本医疗保险人数7.38万人。参加失业保险人数5.85万人，年末领取失业保险金人数428人。参加工伤保险人数8.1万人。参加生育保险人数5.33万人。

全年共发放城镇居民最低生活保障资金733.7万元，城镇享受最低生活保障人数3.1万人。发放农村最低生活保障金2847万元，农村享受最低保障人数19.8万人。发放城乡医疗救助资金348.6万元，救助6231人次。

全年城镇新增就业人员11510人，其中，失业人员实现再就业2746人。就业困难人员再就业1050人，城镇登记失业率2.70%。新增农村劳动力转移就业22080人。

【巩义特种铝材项目获鲁班奖】 由中国第六冶金建设有限公司承建的河南中孚实业股份有限公司产业转型核心项目——高性能铝合金特种铝材项目热轧生产线获得2014～2016年度“中国建设工程鲁班奖”。该项目全部采用德国、美国等世界一流进口设备。高性能铝合金特种铝材将用于军工、航空航天、交通运输等领域，品种规格填补国内空白，替代进口并部分出口。热轧生产线自2011年4月6日开工建设以来，应用建筑业10项新技术8大项17小项，自主创新技术14项。

【巩义市图书馆开通移动图书馆系统】 2015年，巩义市图书馆开通了移动图书馆系统。读者可利用手机和平板电脑等终端设备客户端，随时随地点击阅读300万册电子图书和报纸杂志，进行电子文献资源的一站式检索、导航和全文获取。办理借书证的读者还可以实现馆藏图书的查询、续借、预约、挂失和咨询等自助式移动服务。

【巩义农商银行成立】 12月17日，河南巩义农村商业银行股份有限公司创立暨第一届股东大会第一次会议在信用社7楼会议室召开，标志着巩义农商银行正式成立。

巩义农商银行的前身是巩义农村信用合作联社，组建于1952年10月，是巩义支持地方经济发展的领头羊。巩义农村信用合作联社始终立足于支农第一线，坚持服务“三农”、服务中小企业、服务县域经济的市场定位，在繁荣巩义地方经济的同时，实现了跨越式发展。截至2015年11月底，各项存款余额91.92亿元，各项贷款余额57.88亿元，涉农贷款达到51.58亿元，占贷款总额的92.3%。

会上审议通过了《河南巩义农村商业银行股份有限公司章程（草案）》等9个议案。选举产生了第一届董事会和监事会，并分别召开了董事会、监事会第一次会议，选举产生了巩义农商银行董事长、监事长，聘任了行长、副行长等高级管理人员，完善了巩义农商银行的组织架构，明确了三会一层的职责边界。

（魏小艳）

新密市

【概况】 2015年，新密市总面积1001平方公里，其中耕地面积46185.61公顷。辖4个街道、12个镇、1个乡、1个风景区和1个产业集聚区，303个行政村，47个居委会。总人口80万人。2015年人口出生率为10.43‰，死亡率为5.43‰，自然增长率为5.00‰。

2015年，全年完成生产总值6516731万元，比上年增长10.1%。其中，第一产业增加值201012万元，增长5.0%；第二产业增加值3662956万元，增长9.2%；第三产业增加值2652763万元，增长12.5%。三次产业结构由上年的3.1：65.7：31.2调整为3.1：56.2：40.7。人均生产总值81103元，比上年增长9.8%。全年财政总收入完成431509万元，比上年增长0.1%。公共财政预算收入完成303097万元，比上年增长1.0%。其中，税收收入156372万元，比上年下降4.2%。税收占财政一般预算收入的比重为51.6%，比上年下降2.8个百分点。公共财政预算支出479293万元，比上年增长10.8%。全年全部工业增加值完成3967986万元，比上年增长6.6%。其中，规模以上工业增加值完成3507648万元，比上年增长9.7%。全年全社会固定资产投资完成4686095万元，比上年增长17.6%。在固定资产投资（不含农户）中，第一产业完成投资103248万元，增长126.9%，占投资比重2.3%；第二产业完成投资1692222万元，下降34.0%，占投资比重37.3%；第三产业完成投资2741470万元，增长122.9%，占投资比重60.4%。城乡居民收入继续增加。全市全体居民人均可支配收入21376元，增长9.3%。农村居民人均可支配收入16242元，比上年增加1508元，增长8.6%。城镇居民人均可支配收入26633元，比上年增加1777元，增长9.0%。城镇居民收入增速快于农村居民收入增速0.4个百分点。

至2015年，新密市连续三年被评为郑州市长效机制工作先进县（市）。

【机构与领导】 中共新密市委：书记蒿铁群；副书记张红伟（3月不再兼任新密新区·新密市产业集聚区党工委书记、管委会主任）、李芳（女，3月兼任曲梁镇党委第一书记、新密新区·新密市产业集聚区管委会主任）；市委常委：蒿铁群、张红伟、李芳（女）、薛晓军、付建峰、翟国防、姚志伟、程雨笋、辛绍河、史启新（1月

密州大道南延

任）、曹红学（1月任）。

市委工作部门：办公室主任虎荣鑫（1月任）；组织部部长翟国防；宣传部部长付建峰；统战部部长史启新；政法委书记姚志伟；监察局局长苏松杰；党校常务副校长王宗福；编办主任宋照；督察室主任梁书灿；史志办主任王西林；外宣办主任王炎军；老干部局局长杨彦秋；档案局局长周建军；优化局局长张超峰；保密局局长赵清江；机要局局长李三妹（女）。

市三届人大常委会：主任王玉枝；副主任许东凡、郭占鳌（1月免）、秦耀堂（1月任）、徐培林、王敬梅（女）。

市人大常委会工作机构：办公室主任陈国敏；代表工委主任秦红霞（女）；法工委主任范超峰；教工委主任侯丽君（女）；农工委主任蔡璐（女）；财工委主任马爱荣（女）；城工委主任刘群岭；信访室主任靳福生。

市人民政府：市长张红伟；常务副市长辛绍河；副市长徐操志、秦耀堂（1月免）、王彦国、张元明（6月免）、史启新（1月免）、蒋剑茹（女）、虎荣鑫（1月免）、史启新（1月免）、姚志刚（1月任）姬贤杰（1月任）、齐智慧（1月任）。

市政府工作部门：办公室主任李宏伟（2月免）、屈国强（12月任）；发展和改革委主任张超峰；科技和工信局局长刘大军；创建办主任赵明晓；爱卫办主任钱瑞芳；接待办主任王议唯（女）；工农办主任孙宏伟（女）；机关事务局局长梁宏彬；人防办主任朱青见；文化广电旅游局局长张银灿；农业农村工委主任祖君；行政服务中心主任王建华；教育体育局局长卢长水；民政局局长冯伟东；财政局局长徐桂林（12月免）、李富安（12月任）；人力资源和社会保障局局长虎伟东；社会保险管理局局长王钊铭；国土资源局局长马卫东；煤炭局局长王旭康；安全生产监管局局长樊瑞辉；住房和城建局局长陈铁建；房地产管理中心主任梁松辰；园林局局长张海俊；城乡规划局局长宋卫敏；拆迁办主任程柏松；交通运输局局长郑二卿；环保局局长王冰；林业局局长魏颖阳；水务局局长徐绍敏；畜牧局局长张孟丽（女）；气象局局长郭世民；卫生局局长寇海荣；审计局局长刘建军；人口和计生委主任冯嵩懿；统计局局长田建勋；行政执法局局长谷宝山；商务局局长张艳艳（女）；盐业局局长张春旺；物价局局长耿爱萍；农机局局长郑路明；国有资产管理办主任崔皓哲；食品安全办主任刘根旺；供销社主任郭彦卿；民族宗教局局长郭福珍（女）；台办主任理建中；质监局局长李宗显（1月免）；食品药品监管局局长侯德林；烟草专卖局（分公司）局长（经理）刘志伟；国税局局长李宏德；地税局局长任彦山；工商局局长陈三建；电业局局长李新有；邮政局局长豆艳（女，2月任）。

政协市三届委员会：主席桑萌莉（女）；副主席刘保立（1月免）、刘春喜（1月免）、高永森、岳慧玲（女）、李松涛、宋林祥。

市政协工作机构：办公室主任王伟峰；提案联络委主任王浩洲；教科文卫委主任孟晓红（女）；经济委主任李现民；学习文史委主任于祥萍；委员联络委主任李毅敏。

中共市纪律检查委员会书记：薛晓军。

市人民武装部部长：董红利；政委：曹红学（1月任）。

市人民法院院长：刘文斌。

市人民检察院检察长：张东。

市群团组织：总工会主席申慧萍（女）；团市委书记王幸；妇联主席尚书亚（女）；科协主席刘广军；工商联主席宋林祥；文联主席王镜镔；残联理事长尚文法（8月免）、孙明建（8月任）。

街道、乡镇、管委会机关：西大街街道党工委书记刘彦伟，办事处主任程华民；青屏街道党工委书记邓献村，办事处主任刘银华；新华路街道党工委书记李春阳，办事处主任张丽祥（女）；矿区街道党工委书记朱丽华（女），办事处主任樊建伟；米村镇党委书记袁金伟，镇长陈永建；牛店镇党委书记陈钊利，镇长王健；平陌镇党委书记李晓峰，镇长裴晨翔；超化镇党委书记虎荣鑫（兼，2月免）、李霞（女，2月任），镇长屈国强（12月免）、刘振敏；大隗镇党委书记史启新（兼，1月免）、姚志伟（兼，1月任），镇长周建凯；苟堂镇党委书记李雅（女），镇长谢明勋；刘寨镇党委书记宋光洲，镇长高淑峰（女）；白寨镇党委书记桑勇，镇长张占令（12月免）；曲梁镇党委第一书记李芳（女，市委副书记兼任），书记李宏伟（2月任），镇长王英朝；岳村镇党委书记杜怀峰（12月免），镇长杨志强；来集镇党委书记陈晓伟（12月免），镇长王淑慧；城关镇党委书记冯玉玺，镇长冯俊亚；袁庄乡党委书记赵凯（1月免，1–12月任党委第一书记）、李松涛（1月任），乡长周建伟；尖山风景区管委会书记李忠敏，主任刘宏建。

【工业经济】 工业生产稳定增长。全年全部工业增加值完成3967986万元，比上年增长6.6%。其中，规模以上工业增加值完成3507648万元，比上年增长9.7%。分轻重工业看，轻工业完成830961万元，增长12.6%；重工业完成2676687万元，增长8.8%。规模以上工业产品销售率99.7 %。规模以下工业企业及个体增加值完成460338万元，比上年增长5.1%。

从重点监测行业看，煤炭业完成增加值146489万元，下降20.5%；耐材业1929018万元，增长6.9%；造纸业355950万元，增长10.0%；服装业300007万元，增长16.1%；电力热力燃气业264518万元，增长2.2%。

主要工业产品产量中，耐火材料1338.5万吨，增长5.0%；服装10143万件，增长17.9%；发电量101.0亿千瓦时，下降14.5%；机制纸及纸板216.9万吨，增长12.0%；水泥151.7万吨，下降15.2%；煤炭1143万吨，下降7.2%。

全年规模以上工业企业产品销售收入完成15601681万元，比上年增长10.2%；利税总额完成2254887万元，增长2.7%，其中，利润完成1630021万元，增长2.6%。

全年产业集聚区（含专业园区）规模以上工业增加值实现202.4亿元，比上年增长8.4%。实现主营业务收入853.1亿元，增长14.4%；其中，主导产业主营业务收入615.7亿元，增长

13.6%。

全年全社会建筑业增加值完成229546万元，比上年增长8.6%；建筑业总产值598001万元，增长30.4%，主营业务收入435524万元，增长10.8%；营业利润29553万元，增长17.1%。

【农业与农村经济】 全年实现农林牧渔业增加值20.56亿元，比上年增长5.0%。粮食总产量218755吨，比上年增产10.9%。其中，夏粮总产量116828吨，比上年增产14.1%；秋粮总产量101927吨，比上年增产7.4%。全年油料总产量10588吨，比上年下降1.8%；蔬菜总产量273300吨，增长0.3%；水果总产量21091吨，增长6.6%。全年粮食种植面积5.7万公顷，比上年减少54公顷。油料种植面积3381公顷，比上年下降2.1%；蔬菜种植面积5235公顷，比上年下降0.2%；果树种植面积1382公顷，比上年增长1.7%。

全年肉类总产量22105吨，比上年下降3.1%；禽蛋产量29448吨，比上年增长1.5%；奶类产量31843吨，比上年下降7.6%。

全年水产品产量900吨，与上年持平；水产品养殖面积463公顷，与上年持平。当年造林面积497公顷，木材产量13469立方米，比上年下降8.6%。

全年农田有效灌溉面积15790公顷，节水灌溉面积4210公顷。全市农业机械总动力106万千瓦，比上年增长3.5%。农用拖拉机9572台，农用运输车12534辆，耕种收综合机械化水平80.6%。农村用电量29232.1万千瓦时，化肥使用量25790吨。

【第三产业】 交通运输业平稳增长。全年交通运输、仓储和邮政业增加值完成588593万元，比上年增长4.7%。

年末全市机动车拥有量238482辆，比上年新增11365辆。民用汽车131815辆，其中私人轿车89785辆。大型汽车10388辆，小型汽车124804辆，摩托车88725辆，农用车12518辆。年末实有公交汽车758台，城市公交客运量0.27亿人次。年末实有出租汽车437台。全市拥有公交线路61条。

全年完成邮电业务总量102056万元，比上年增长28.8%。其中，邮政业务总量8266万元，增长15.5%；电信业务总量93790万元，增长30.1%。全市拥有邮政局（所）26个，邮路总长度290公里。全年累计订销报纸873.85万份、杂志34.2万本。邮政储蓄存款余额37.8亿元。

年末本地电话用户总数达到887611户。其中，固定电话用户87420户，移动电话用户800191户。固定电话普及率下降至10.9部/百人，移动电话普及率为99.6部/百人。年末互联网用户199284户，增长7.0%。其中，手机上网人数601215人。新增光缆线路长度1849千米。

全年共接待国内外旅游者160万人次，比上年增长12.7%；旅游总收入45900万元，比上年增长39.9%。年末共有11家旅游景区景点，其中AAAA级旅游景区1处，AAA级1处。星级酒店3家，星际饭店客房总数725间。国内旅行社14家。

【交通路网建设】 坚持打基础、利长远，强化交通支撑，主动对接省、郑州市交通路网规划布局。“十二五”时期，实施交通道路项目219个527.3公里，完成投资66.2亿元。市域内郑登快速通道、大学路南延、国道343建成通车，黄帝宫旅游专线、产业集聚区中心大道、省道S321线密杞路升级改造项目建设完成，商登高速、密州大道正在施工，新增国省干道、高速道路108公里，实现了没有国道的突破。全市路网密度由“十一五”末的每平方公里1.6公里提高到2.5公里，境内“七纵六横、内捷外畅、互联互通”骨干交通路网体系逐步形成，郑少、郑尧和规划建设的商登、上新4条高速将实现交联互通。

中韩产业对接

【新型城镇化建设】 新密市新型城镇化建设，探索出一条规划先行、分类推进、产城融合、农民就近就地转移，具有广泛指导意义的县域新型城镇化之路。“一城、一区、新市镇、新型社区”城乡一体发展格局初步形成，全市城镇化率“十二五”期间由43%提高到55.3%，实现了“让城市融入大自然，让居民望得见山，看得见水，记得住乡愁”。中央电视台连续4次对新密新型城镇化建设进行了报道。

新型城镇体系规划把全市303个行政村中的71个并入城区，83个并入镇区，149个通过合村并点并入56个新型农村社区。按照这一布局，现有农村70%的人口将进入城镇，30%的人口将集中居住在56个新型农村社区。通过规划实施，可节约建设用地6733.33公顷，为新型工业化和新型农业现代化提供了较大的发展空间。

宜居宜业，就地城镇化。35万名农村劳动力近75%从事二、三产业，基本实现农民就业不离家、增收不失地、就地城镇化。

【现代产业体系构建】 “十二五”时期，新密市抢抓区域战略布局和产业转移机遇，持续“做优一产、做强二产、做大三产”，三次产业比重由“十一五”末的3.3：73.2：23.5调整为3.1：56.2：40.7。新型耐材、环保装备、品牌服装等千百亿产业集群发展壮大，文化旅游、商贸物流等新兴产业加快发展，对经济增长贡献率由“十一五”末的47.2%提升至79.5%。新密市产业集聚区被评为全省“十快”产业集聚区，超化、大隗两个专业园区分别被评为郑州市“五强”“五快”专业园区，米村、白寨、苟堂等乡镇产业园发展态势显现。在新密投资的国内外500强、大型央企、行业20强企业达32家，培育挂牌上市企业17家，建设省级院士工作站3个、郑州市级及其以上工程技术研究中心18家，拥有高新技术企业18家、创新科技型企业101家，创新发展活力持续增强。

2015年有法人企业5600多家，其中工业企业1200多家，规模以上企业489家，中国驰名商标3项。有省级产业集聚区1家、郑州市级专业园区2家、农民创业园区33家。

现代农业稳步发展。“十二五”期间，全市粮食产量持续增长，2015年达到22.4万吨，比2011年增长9.8%。生态农业示范园区申报24个共计1400公顷，已建成10个累计700公顷，申报面积和争取资金数额在郑州市排名第

新密产业集聚区锦绣社区

一。农业产业化经营加快，加大对金银花、大隗牛肉、密十香等特色农产品加工业扶持力度，构建生产、加工、销售一体化的农业产业体系，五年累计开工建设现代农业示范区“136”工程项目12个，农业产业化龙头企业达到36家，农民专业合作社达到260家，市供销社入选全国“百强”。累计流转土地9533.33公顷，改造中低产田466.67公顷。农机耕种收综合机械化水平、秸秆综合利用率分别达79.5%、90%以上，被评为全国农机科技科普标兵县（市）。

现代服务业依托优越的区位交通优势，商贸物流基础良好，发展迅猛。新密国际家居建材城已建成运营，普洛斯郑南物流园、中澳鞋帽物流园、藏金源仓储物流中心、浩金元仓储物流中心正在建设中，中广国际智慧影城、红星美凯龙城市综合体项目已经入驻。

【生态环境体系建设】 蓝天工程。治理扬尘大气污染是新密市打造“蓝天工程”的重点。对卫生创建、大气污染防治实行“党政一把手工程”。2015年，新密市空气质量优质天数达到254天，卫生创建工作在全国城乡环境卫生整洁行动中受到好评，被命名为河南省生态市。

引水入密工程。新密市属于严重缺水型县市，全市人均水资源量为180立方米，是全国人均水资源量的1/12，是全省人均水资源量的1/5。为从根本上解决水资源短缺问题，确保用水安全，市委、市政府多次组织有关专家召开论证会，结合自身水源潜力和周边水源条件等因素，确立了从域外调水即引水入密的基本思路，并进行了大量的前期工作。2013年11月20日，新密市向郑州市政府上报了《关于建设新密市城市饮用水应急水源工程的请示》，2014年11月19日，市四届人大常委会第26次会议批准同意市政府采用BT模式开发建设引水入密工程议案。

该工程属于跨流域调水工程，水源地位于郑州市尖岗水库，水源来自于南水北调中线工程之丹江水。工程起点位于郑州市二七区郑密公路侯寨大桥处的尖岗水库西南岸，沿郑登快速通道，经二七区侯寨，新密市的白寨、岳村、来集、新华路街道等辖域，到新密城区东北部战鼓山水厂。工程由取水工程、输水工程、调蓄工程、水厂工程及供水工程五部分组成。取水工程采用竖井取水，设计规模为每日7.84万立方米，核定年取水量为1952.8万立方米，实际引水规模可达每年2850万立方米；输水工程包括三级加压泵站和24.088公里输水管道等；调蓄工程主要是对云蒙山调蓄水库作防渗处理及建设3.2公里输水管道；新建水厂工程规模为每日5万立方米；供水工程主要是新建水厂与市区现有供水管网共3.567公里管道进行铺设对接。经过反复优化设计，郑州市发改委批复引水入密工程概算总投资为3.9亿元。引水入密工程的投资单位是郑州发展投资公司，施工单位是郑州市市政工程总公司。工程建成通水后，不仅解决了新密市区居民用水紧缺问题，而且能够满足新密市未来30年的城市发展用水需求，对实现新密经济社会持续、健康、稳定发展将产生重大影响。

2015年，全市已创建省级生态乡镇9个、省级生态村49个、郑州市级生态村61个；顺利通过河南省林业生态文明建设示范县验收，成为全省第七个、郑州市第一个省级生态县（市），荣获全省改善农村人居环境工作先进县（市）称号。

【旅游业】 “十二五”时期，新密市实施“11311”旅游工程——以“华夏圣地、生态新密”为核心品牌，以创建国家旅游标准化示范县（市）为载体，以打造“乐游华夏圣地、乐闲千年古城、乐养岐黄圣境”为三大名片，完成10项重点任务，细化11项措施，全面推进全域旅游发展。开发建设和对外开放景区10处，伏羲大峡谷景区荣升国家4A级景区，神仙洞森林公园成为国家3A级景区，美玉桃源、凤凰山、九里山、大鸿山等景区风光秀美；具有一定规模的旅行社15家，星级宾馆2家，乡村旅游经营单位（农家乐）200多家，密玉、梦祥银饰、金银花茶、高山杂粮等特色旅游商品10余种。

精心实施全域旅游。依托新密自然与人文之美，三年行动计划（2015年–2017年）旅游项目65个，其中在建旅游项目52个，投资预算880多亿元；列入省市发改委重点项目21个，其中列入省市旅游局重点项目库6个，投资均在百亿元以上。2014年，郑州市考核的5项旅游指标体系，新密市取得了3个第一——项目建设第一、游客满意度第一、旅游标准化建设第一。

【民生实事工程】 优化教育资源配置，着力构建普惠性基础教育体系，规划建设城区两所小学和新密新区实验小学，完成中小学校舍建设工程，对7500名教师实施信息技术应用能力培训，推进全国艺术教育实验县建设。提高公共卫生服务能力，完善片医签约延伸服务，探索市域内医疗联合，推进建立分级诊疗制度。完成市中医院搬迁，确保市公共卫生服务中心投运，市妇幼保健院（儿童医院）新址开工建设。加快文化产业发展，持续开展文化惠民工程，启动规划市公共文化服务中心。落实好“单独二孩”政策，促进人口长期均衡发展。实施全民创业工程。将2015年确定为“全民创业年”，广泛开展创业促进就业活动，建立健全服务网络，积极落实帮扶政策，强化职业技能培训，提高劳动者创业就业能力。发放小额担保贷款7000万元以上，城镇零就业家庭动态为零，农村每户剩余劳动力转移就业1–2人。强力推进扶贫开发。制定落实扶贫开发三年攻坚行动计划，建立精准扶贫机制，“旅游引领、就业促进、易地搬迁、社会参与”四措并举，力争全市9420户33900名贫困人口与全市人民一道奔向小康。实施易地扶贫搬迁2800户、整村推进项目5个。提升社会保障水平。认真落实社保待遇调整政策，建立城乡居民大病保险制度，推进养老、工伤等险种扩面征缴，推行社会保障“一卡通”。提高城乡低保、五保供养等标准，市社会福利中心、20个农村养老服务中心建成投用。

（王西林　郑立果）

登封市

【概况】 2015年，登封市总面积1219平方公里。辖3个街道办事处、8个镇、4个乡、1个工业区和1个矿区管委会。总人口69.43万人，其中乡村人口33.64万人。2015年人口自然增长率为5.45‰。

2015年，登封市实现生产总值52.22亿元，比上年增长10%。其中，第一产业增加值1.63亿元，比上年增长4.8%；第二产业增加值31.29亿元，比上年增长8.9%；第三产业增加值19.3亿元，比上年增长13.3%。工业增加值完成29.79亿元，比上年增长9%。粮食总产量19.44万吨，比上年增长14%。财政一般预算收入26.28亿元，财政一般预算支出0.8亿元。全社会固定资产投资完成418.1亿元。社会消费品零售总额191.73亿元。商品出口总额4879亿元。实际利用外资1955万元。城镇居民人均可支配收入25689元，人均消费性支出21370元；农村居民人均纯收入14683元，人均生活费支出11952元。城乡居民年末储蓄存款余额284.2亿元。

【机构与领导】 中共登封市委：书记郑福林；副书记乔耸（10月免）、王鸿勋（10月任）、杨昆峰（4月免）、马志峰（3月任）；市委常委：郑福林、王鸿勋、马志峰、李同堂（12月任）、陈耀宗（12月任）、杜文功、杨戌超、王升建、马宏伟（12月任）、马素华、康红阳（12月任）。

市委工作部门：办公室主任康红阳（12月任）；政法委书记杨戌超；组织部部长王升建；统战部部长马宏伟；宣传部部长马素华；群工部部长刘爱芳；信访局局长郝炳欣（7月任）；机关事务局局长刘国栋；党校常务副校长郭年凯；市直工委书记卢青；老干部局局长吴桂荣；档案局局长李会卿（12月任）。

市四届人大常委会：主任董焕德（12月免）、赵华敏（12月任）；副主任王书军、谢奇（3月免）、闫新生、曼国永、杨建勋、董喜年。

市人大常委会工作机构：办公室主任张克彬；财经工委主任王学杰；农工委主任岳继红；人事任免工委主任杨意华；代表联络信访工委主任王红伟；法工委主任郑永红；城建工委主任郑建伟；信访室主任高泉平；科教文卫工委主任孙红伟。

市人民政府：市长王鸿勋；副市长陈耀宗、裴松宪（12月免）、张治怀、陈治龙、杨国强、杨勇。

市政府工作部门：办公室主任曹红宾；嵩管委主任乔耸（12月免）；监察局局长李云敬；人防办主任赵大杰；法制局局长席遂兴；市志办主任吕宏军；扶贫办主任郭少峰；发展和改革委主任闫文定；物价局局长刘效克；粮食局局长徐臣义；工信委主任任永立；科技局局长景松霞；安监煤炭管理局局长梁跃飞；卫计委主任冯巧云；财政局局长王建永；公安局局长张遂旺；民政局局长范新杰；人力资源和社保局局长荣二平；住建局局长尚春和；环保局局长郭更森；农工委主任马宗仁；林业局局长刘超杰（12月任）；水务局局长翟国臣（12月任）；国土资源局局长韩志刚；工商质监局局长崔东飞（7月任）；交通运输局局长甄少杰；教体局局长杨飞剑；文物局局长吕伟；爱卫办主任李劲飞；统计局局长张健；审计局局长冯颖灿；司法局局长王老康；文广新局局长王彩红；宗教局局长白金永；旅游局局长王绍锋；林管分局局长王亚飞；农机中心主任吴英敏；商务局局长毛鹏展；供销社主任吴建洪；药监局局长李耀峰（10月任）。

7月22日，省长谢伏瞻到登封市产业集聚区调研

政协市四届委员会：主席孟永瑞；副主席张书凯、常兴文、孟占江、刘白雪、王丽、释永信。

市政协工作机构：办公室主任赵彦铮；提案委主任刘春萍；经济科技委主任张颖钊；文教卫体委主任刘元京；台港澳侨联络委主任吕富岳；农业委主任刘丹颖；学习文史委主任常松木；社会法制委主任（空缺）；民族宗教委主任（空缺）。

中共市纪律检查委员会书记：高志（12月免）、李同堂（12月任）。

市人民武装部部长：邱学川；政委：杜文功。

市人民法院院长：李新。

市人民检察院检察长：刘文胜。

市群团组织：总工会主席张书凯；团市委书记王磊；妇联主席屈超敏；侨联主席李庆林；文联主席孙晓玲；工商联主席杨志伟；科协主席张松波。

乡镇、街道、区工委：颍阳镇党委书记胡鹏，镇长雷新亚；君召乡党委书记郜东辉，乡长张晓峰；石道乡党委书记段世民，乡长王志鸿；大金店镇党委常务副书记郭建刚，镇长王韶亮（3月任）；东华镇党委书记董剑飞（3月任），镇长李俊峰（12月任）；白坪乡党委书记刘洋，乡长刘现伟（12月任）；卢店镇党委书记周华芳，镇长孔玉峰；唐庄乡党委书记高少雷，乡长杨绍峰（3月任）；告成镇党委书记何聪道，镇长杨伟平；徐庄镇党委书记宋剑，镇长韩迎旭（3月任）；大冶镇党委书记程彦宏，常务副书记郑振武，镇长王志斌；宣化镇党委书记赵军，镇长景晓明（3月任）；嵩阳街道党工委常务副书记吴建伟，办事处主任岳小争（12月任）；少林街道党工委书记王升建，常务副书记何延木，办事处主任周莉；中岳街道党工委书记杨洁，常务副书记申卫保，办事处主任朱振信；阳城区党委书记孙卫杰，管委会主任孙利锋；送表矿区管委会党委书记薛少龙（3月任），管委会主任吴燕（12月任）。

【现代农业】 2015年，全市粮食总产量达到20.1万吨，接近历史最高水平。落实支农、惠农补贴5500余万元。新型农业经营主体不断壮大，新发展郑州市级龙头企业4家，新增农民专业合作社28家、家庭农场15家，核桃、金银花、苗木花卉等经济作物种植面积达到2万公顷。建成康家现代、中宇华强等现代都市生态农业示范园5个。生态养殖发展迅速，三木绿源成功创建国家级标准化规模养殖示范单位。市农产品质量安全监测站及5个乡镇农技推广区域中心站建成投用。登封市获得“全国供销系统电子商务示范县”“全省首批粮食服务型行政执法建设示范点”荣誉称号。

【工业经济】 2015年，主导新兴产业累计完成产值260亿元，同比增长16%，占工业比重21%，成为推动工业发展的新动力。中岳非晶被纳入中原千亿级非晶产业集群。亚力山卓家居生产基地、慧宝源生物医药产业园等项目加快推进，TATA木门一期、跃博智能门锁、银河科技SMD一期、白云牧港等项目竣工投产。嵩山风电场实现并网发电。通用机场经过三年努力，终获总参、空军司令部、民航中南局审批，成为国家通用机场新政策颁布后，全国首批、全省第一个获批的通用机场。创新创业综合体完成投资4.4亿元，建成面积16万平方米，入驻研发机构和人才团队10家、企业5家；浪潮集团成功签约，豫云科技顺利落地；“阿里巴巴”“地球猫”“嵩基e便利”等电商平台投入运营。传统产业进一步提升，30家地方主体煤矿深入实施“163”工程，自动化生产和安全生产水平全面提高；新恒美铝型材二期投产见效，昊南新型耐材实现自动化生产。产业集聚区和专业园区累计完成基础设施投资33亿元，新入驻企业25家。

【旅游业】 《登封建设华夏历史文明传承创新示范工程战略规划（2015-2030年）》《嵩山论坛生态文化示范区概念规划》编制完成。旅游新业态不断涌现，世界功夫中心正式签约，天河体育休闲广场主体完工，嵩山爱诺丁风洞、少林古兵器展览馆开业运营，登封旅游“天猫店”正式上线，禅武大酒店、永泰净舍与“途家网”成功联姻；探索“赛事节会+旅游”新模式，汽车拉力锦标赛盛况空前，嵩山马拉松、武术少林拳、永泰素食文化节成功举办，嵩山论坛年会、中华五岳年会、遗产保护与数字化国际论坛影响广泛。旅游标准化不断推进，少林景区和嵩阳书院、中岳庙景区顺利通过国家5A、4A级旅游景区复验。登封市被命名为国家级体育产业基地，荣获全国地质公园科普先进县（市）称号。“天地之中”文化旅游专业园区、登封特色旅游服务商业区被评为“郑州市五强专业园区”。美丽乡村初见成效，大金店镇三王庄村、唐庄乡范家门村美丽乡村项目全面实施，石道乡李爻村被命名为河南省首批美丽宜居村庄，徐庄镇杨林村入选河南省第三批传统村落名录，扳倒井村、朝阳沟村被列入河南省特色旅游村和乡村旅游示范村，告成镇被评为全国特色景观旅游名镇。2015年全市接待游客1100万人次，同比增长8.2%；实现旅游总收入83亿元，同比增长16%；文化旅游产业增加值达到50亿元，同比增长13%，占地区生产总值比重达到9.6%。

【新型城镇化建设】 坚持规划引领，《登封世界历史文化旅游名城概念规划》全面落实，《登封市城乡总体规划（2014—2030年）》纲要、《登封市中心城区规划建设管理导则》编制完成，《登封市智慧城市规划设计方案》纲要通过专家评审。路网建设加快推进，郑登快速全线贯通，汝登高速（登封段）、S323升级改造基本完成，G207、S316、S237（南段）大修改造全面完工，修建道路77条159.7公里。投资81.2亿元，完成大棚户区改造、干线公路两侧拆迁210万平方米，新建安置房226万平方米，建设配套设施103个，回迁群众5890户2.4万人。城市承载能力不断提高，少林大道（东段、西段）综合提升工程全面完工；滨河路（G207—大禹路）建成通车；颍河路、菜园路等16条道路完成大修整治；中城区主干道9.5公里路灯完成升级改造；新增城市绿地面积31万平方米；新建天然气应急调峰站1个，新铺设供热管网17.4公里、供气管网11公里，新增人防工程8万平方米。龙玺湾、德融花园、天河英伦庄园等房产项目主体完工，国际商贸城开业运营。深入开展城乡环境卫生综合整治，创成省级人居环境达标村22个、示范村11个；石道乡被命名为省级生态镇，唐庄乡被评为省级卫生镇；国家卫生城市顺利通过届满复审。

【生态环境保护】 扎实开展大气污染治理，淘汰黄标车5002辆，位居郑州县（市）区前列；整治污染企业90家，完成环保改造企业25家，治理建筑工地44处、油烟餐馆565家，PM10、PM2.5浓度削减率分别为11.3%、4.3%，空气质量优良天数达到261天。加强砂石矿山管理，规范采砂磨砂行为，逐步实现砂石开采与环境复绿同步进行。加大饮用水源地保护，城市饮用水源地水质达标率达100%。治理逛河8公里、少溪河2公里，建设生态廊道133.2公里，造林面积1000公顷。省级节水型城市创建顺利通过考核验收。

【社会事业】 大力保障和改善民生，全市民生支出30.7亿元，占财政支出74.6%。积极促进就业再就业，完成各类培训2万人次，发放小额贷款7229万元，新增城镇就业8966人，农村劳动力转移就业1.9万人。大力实施精准扶贫，建立三级包户帮扶机制，实施贫困户互助金贷款项目，完成整村推进项目5个、特色经济项目4个、易地搬迁3849户1.6万人，实现8100人稳定脱贫。

加强教师队伍建设，积极实施国培省培计划，开展各类师资培训2.1万人次。办学条件持续改善，投资9747万元，建成实验高中运动场馆，新建乡镇幼儿园8所，改扩建农村学校23所，创成省、郑州市级示范成人学校22所，资助贫困学生3.7万人次。

城乡医疗卫生设施不断完善，完成颍阳、送表、徐庄3个乡镇卫生院改扩建工程，中医院门诊综合楼主体完工，市医院肿瘤病房楼建成投用。新农合筹资水平提高，大病保险起付线降低，农村居民参合率达99.1%。慢性病综合防控示范区创建通过省级评估验收。

“五险合一”全面实施，累计发放社保卡33.6万张。发放低保金9040.4万元、慈善救助金187万元。郑州市第十六人民医院投入1亿元，为全市65岁以上老人免费体检。

实施文化惠民工程，有线电视网络数字化双向改造完成投资3000万元，扶持乡镇文艺队伍80支，文化下乡演出4000余场，二十四节气、嵩阳宝剑锻造技艺等5项入选河南省非物质文化遗产，杨岭闹歌荣获河南省文艺演出最高奖项“金鼎奖”。

健全食品药品安全监管机构，成立17个乡镇监管所；加大食品药品抽查检测和行政执法力度，居民饮食用药安全进一步得到保障。安全生产基层基础

郑登快速通道朝阳沟特大桥合龙

不断加强，监管水平持续提升，安全生产形势基本平稳。

建立三级矛盾纠纷调处化解平台，全面推行“一单式”逐级走访、“一本制”台账管理，及时解决群众合理诉求，全年进京非访总量下降79%，分行业矛盾调处化解率达95%以上。扎实推进平安登封建设，新增190路高清视频监控，在全省率先建立“四位一体”视频工作室，创成平安基层单位200个、零发案村210个，被命名为郑州市民主法治村25个。深化提升网格化管理，集中清理拖欠农民工工资，严厉打击和妥善处置非法集资，社会大局保持和谐稳定，人民群众安全感、满意度持续提升。

【政府自身建设】 深入推进机构改革，优化调整政府组成部门“三定”规定，食品药品监管、卫生计生、工商质监、交通行政执法和道路运输管理体制改革顺利完成，大冶镇、告成镇成为省级经济发达镇行政管理体制改革试点。扎实推进“五单一网”制度改革，建立涉及85个单位政府权力清单和责任清单，全部录入郑州市五单信息管理系统，政务服务网正式上线运营。登封市获得“全国电子政务公开先进县（市）”称号。深化商事制度改革，“三证合一”“一照一码”“先照后证”全面实施。启动公车改革，行政机关、参公事业单位取消的公车已全部封存。严格执行中央八项规定，“三公”经费支出同比下降22.1%。主动接受人大法律监督、政协民主监督、社会监督和群众监督，办结人大代表议案、建议92件，政协委员提案157件，满意率达98%。

（雷省委　郜悟棋）

新郑市

【概况】 2015年，新郑市总面积873平方公里。辖9个镇、2个乡、3个街道办事处、2个管委会。总人口65.7万人，其中城镇人口35万人。2015年人口自然增长率为6.13‰。

2015年，全市完成地区生产总值620亿元，比上年增长10.4%。地方公共财政预算收入60亿元，比上年增长28.4%。其中，税收41.5亿元，比上年增长16.9%。固定资产投资473.2亿元，比上年增长20.6%。社会消费品零售总额199.2亿元，比上年增长19.2%。农村和城镇居民人均可支配收入分别达到17027元和27258元，分别比上年增长10.5%和9.5%。年末金融机构存贷款余额分别达到493亿元、346.9亿元，分别比年初增长27.8%、47.4%。县域经济发展质量总体评价连续四年位居全省首位，全国中小城市综合实力百强县（市）和县域经济基本竞争力百强县（市）排名分别升至第45位和57位。龙湖镇成为全省唯一一个全国综合实力百强镇。

【机构与领导】 中共新郑市委：书记王广国；副书记刘建武、王效光；市委常委：王广国、刘建武、王效光、王俊杰、李占龙（12月免）、彭立、刘德金、李志强（4月免）、汤晓义、苗瑞光、王保军、秦彩霞（4月任）、赵建武（12月任）。

市委工作部门：办公室主任汤晓义；组织部部长刘德金；宣传部部长王保军；统战部部长李志强（4月免）、秦彩霞（4月任）；政法委书记李占龙（12月免）、赵建武（12月任）；老干部局局长荆勇杰（11月免）、王燕（12月任）；信访局局长尚忠；编办主任荆新发；党校常务副校长王向阳；党史研究室主任刘如江；档案局局长秦成伟。

市四届人大常委会：主任李书良；副主任王军生、孙阔、彭德成、郭明熙、王金灿、左建新、杨流、王海亮。

市人大常委会工作机构：办公室主任白春芳；法工委主任周宏伟；农工委主任谷宏发；代表工委主任张新志；老干部科科长孔会成；教科文工委主任歹银花（女）；人事任免科科长刘占有；信访室主任董建红；财经工委主任贺立军。

市人民政府：市长刘建武；副市长彭立、杜焱（3月任）、赵建武（12月免）、关民安、缑云峰、康红阳（12月免）、秦彩霞（女，4月免）、乔琳、张富永、秦洪源（4月任）、周建超（12月任）、李猛（12月任）。

市政府工作部门：办公室主任李俊鹏；监察局局长杨献珍；机关事务局局长丁利民；市志办主任马红军（11月免）；爱卫办主任仪刚（11月免）、赵建军（11月任）；法制办主任张建鸿（11月免）、李俊鹏（11月任）；工商管理和质监局局长宋雪峰（11月任）；住房和城乡建设局局长齐光辉（11月免）；住房和城乡规划建设局局长齐光辉（11月任）；城乡规划和城市管理局局长王忠贺（11月免）；规划发展服务中心主任王忠贺（11月任）；交通运输局局长贾桂芬（女）；农工委主任李俊岭；畜牧局局长李俊岭（11月任）；林业局局长戴金平；水务局局长王国良；商贸公司总经理安永强；财政局局长貊海森；审计局局长周宏超；供销社主任李新保；卫生局局长李长法（11月免）；人口和计生委主任唐宏伟（11月免）；卫生和计生委主任李长法（11月任）；文化广电新闻出版局局长刘学敏；环保局局长贾有怀；旅游文物局局长赵舒淇（5月任）；发展和改革委主任刘红军；粮食局局长鲁生伟（11月免）、刘红军（11月任）；商务局局长刘松岭（11月免）、王燕（11月任）；统计局局长刘德智；国土资源局局长赵海峰；人力资源和社会保障局局长韩东伟；社会保险事业管理局局长赵明；公安局局长朱海新；司法局局长朱秋国；民政局局长李炎宏；科技和工信委主任付建峰（11月免）；科技局局长付建峰（11月任）；工信委主任仪刚（11月任）；气象局局长闫伟杰；邮政局局长杨俊丽；烟草局局长胡贵州；安监局局长马冠亚；轻工公司经理耿扬（11月免）、卢鹏程（11月任）；供电公司经理王相杰；食药监局局长王晓莉；物资公司经理石贵现；黄帝故里景区管委会主任秦洪源（4月免）、李志强（4月任），副主任郭伟斌（12月任）；具茨山国家级森林公园管委会主任李新成（11月免）、李军辉（11月任）；中心城区新区建设管理委员会主任关民安（1月免）、张富永（1月任）。

政协市四届委员会：主席陈莉（女，12月免）、马国亮（12月任）；副主席李中俊、王海民、李建国、张全民、苏铁林。

市政协工作机构：办公室主任李

9月24日，中共中央政治局常委、国务院总理李克强走进孟庄镇农民创业园，与农民兄弟面对面聊农产品加工、聊创业、聊电商

炎武；教科文体卫委主任张瑜；经济委主任史新军；文史资料委主任陈新红（女）；老干部科科长高烨；社会法制委主任赵明旭；港澳台侨委主任王艳（女）；农委主任刘新轩；提案委主任白宵惠（女）。

中共市纪律检查委员会书记：王俊杰。

市人民武装部部长：胡其宝；政委：苗瑞光。

市人民法院院长：王栋。

市人民检察院检察长：李广建。

市群团组织：妇联主席郑彩霞；团市委书记张磊；工商联主席刘彩云（11月任）。

街道、乡镇：新华路街道党工委书记李宗元，办事处主任薛智强；新建路街道党工委书记秦洪源（4月免），党工委常务副书记赵敏祥，办事处主任朱郁琦；新烟街道党工委书记敬伟民，办事处主任刘志刚；城关乡党委书记周建超（12月免），乡长马东亮；辛店镇党委书记戴茂松，镇长师俊杰；观音寺镇党委书记陈定（12月免），镇长贾伟斌；梨河镇党委书记刘奎志，镇长陈同周；和庄镇党委书记汤晓义，党委常务副书记田延辉，镇长冯军辉；八千乡党委书记曾海林，乡长米海涛；薛店镇党委书记郭伟斌（11月免）、安广涛（12月任），镇长安广涛（12月免）、孙现峰（12月任）；孟庄镇党委书记赵东伟，镇长唐永刚；龙湖镇党委书记马国亮（1月免）、王保军（4月任），党委常务副书记马书强（11月免）、胡凯军（12月任），镇长马绍敏；郭店镇党委书记高红伟，镇长马聪峰（11月免）、马举增（12月任）；新村镇党委书记李占龙，党委常务副书记赵淑梅（女），镇长周伟杰。

【工业经济】 围绕以商贸物流、食品加工、生物医药为主，富士康配套、高端制造和传统产业提升为辅的“三主三辅”现代产业体系日益完善，项目建设成效突出。新开工项目68个、竣工123个，中德医疗产业园、瑞孚医疗产业园、润弘制药、遂成药业等一批重点项目进展顺利，好想你红枣城、雪花啤酒、光明乳业等一批企业建成投产。新型工业化步伐加快。全市规模以上工业企业达291家，年销售收入超10亿元企业24家、超5亿元企业69家，完成主要工业增加值284.7亿元，比上年增长9.8%。食品加工和生物医药产业完成增加值118.5亿元，比上年增长14%，占全市主要工业增加值41.6%。招商引资卓有成效。新签约台湾高效农业示范园、郑州星灏电子产业园等项目35个，签约金额753亿元，到位资金146亿元，比上年增长17.7%。产业集聚区建设步伐加快。新港产业集聚区实现主营业务收入360亿元，被评为郑州市“两强”产业集聚区；中原食品工业园荣获郑州市“五强”专业园区称号，辛店循环经济产业园、各乡镇农民特色创业园配套功能日益完善。

【农业与农村经济】 农业基础更加夯实。新打配机井841眼，新增改善灌溉面积2333.33公顷，再次夺得省“红旗渠精神杯”和郑州市“中州杯”。畜禽养殖总量达3500万头（只），连续两年被国家确定为生猪调出大县。农业产业化水平显著提升。新增农业龙头企业4家、农民专业合作社68家，新认证无公害农产品基地153.33公顷、绿色有机食品35个。都市型现代农业示范区建设提速。入驻企业26家，建成高标准农田1333.33公顷，全市新增流转土地573.33公顷。

【第三产业】 商贸物流业规模壮大。华南城入驻商户1.2万多家，营业面积突破100万平方米；华商汇建成面积36万平方米，签约商户4500多家；圣戈班绿色建材园、不锈钢物流园、卓商农机交易中心等项目稳步推进。文化旅游业持续升温。成功举办乙未年黄帝故里拜祖大典和第九届黄帝文化国际论坛。郑韩故城国家遗址公园一期完工。2015年，全市接待游客443万人次，实现旅游收入11.9亿元。房地产业运行平稳。全年竣工商品房201.3万平方米，完成交易额187.6亿元，比上年增长20.4%。第三产业完成增加值242亿元，比上年增长13.3%。

【城乡建设与管理】 新区建设蒸蒸日上。学院西路、万福路等6条道路及中兴路黄水河桥建成通车，“六纵六横”路网更加完善；轩辕湖公园、泥河公园、黄水河公园一期向市民开放；新尚商业综合体、港中旅商业综合体开工建设，华夏国际商务中心、商会大厦、建行总部大楼基本完工。中心城区功能持续完善。打通繁荣街东延等4条断头路，人民路西延竣工通车，3个城区公共停车场投入使用，裴大户寨安置社区启动建设，改造背街小巷30条。成功创建全国无障碍环境达标县（市）。龙湖新城建设提档加速。高规格举办中国镇级市发展模式研讨高峰论坛，郑州轨道交通2号线南延、龙湖湿地公园、双湖大道人防及休闲广场等工程快速推进。

以新型城镇化为引领，围绕“六个切入点”，大力推进新型社区、基础设施等工程建设。全年新开建孟庄镇城后马、观音寺镇石固堆等社区6个，续建社区56个，建成安置房9110套120万平方米，回迁群众3240户1.1万多人；新建改造城乡电网225公里、城乡道路25条159公里，中华路北延至新老G107连接线、郑韩路改造、华南城二路建成通车；新港产业集聚区、城关乡污水处理厂正式启动，第二垃圾无害化处理场快速推进，第二水厂及辛店镇、薛店镇、华南城污水处理厂投入运营。全市新型城镇化率达62%。

顺利通过国家卫生城市复审验收。建成省级农村人居环境达标村11个。深入开展生态城市创建，新增造林1266.67公顷、城市绿地45万平方米，绿化覆盖率达42.8%；新建提升郑尧高速、S323等4条道路及南水北调干渠生态廊道65公里676万平方米。强力推进工地扬尘治理和黄标车淘汰工作。全市219个建筑工地全部达标施工，淘汰黄标车6077辆。大力实施“蓝天碧水”工程。清理双洎河、黄水河等河道5.7公里，拆除改造燃煤锅炉159台，空气质量达到或优于国家二级标准天数达212天。

【改革创新】 大力推行行政审批“两集中、两到位”和“五单一网”制度改革。梳理权责清单8301项，削减行政审批事项48项，取消非行政许可事项20

“唱响中国梦·出彩新郑人”全民歌唱大赛

项、民生服务不必要证明18项。市行政审批服务中心建成投用，40家行政事业单位进驻办公，所有商事业务和便民事项实现一站式办理。政府机构改革顺利完成，24个政府组成部门“三定”方案正式印发。深化食品药品监管体制改革，成立14个乡镇食品药品监管机构。创新公共资源交易服务，实现国有土地网上招拍挂，受理业务672宗，成交金额151亿元，为财政增收节支62亿元。加快大众创业、万众创新步伐。电子商务和新能源新材料创新创业综合体一期投入运营，入驻创业团队126家；大力支持科技创新，新申请专利720件，转化科技成果12项。高新技术产业实现增加值58亿元，比上年增长22.6%。创新实施“2233”土地运营管理模式，获批建设用地451.67公顷，盘活闲置低效用地125.33公顷，有力保障发展用地需求。灵活采取公司债、基金等方式，完成融资90亿元；成立4亿元企业发展基金，有效解决企业融资困难；全年争取上级资金12.5亿元。

【社会事业】 全年投入民生资金49.4亿元，比上年增长22.2%，向全市人民承诺的十件实事基本完成。积极帮扶群众就业创业，新增城镇就业再就业7180人，农村劳动力转移就业17702人，发放小额担保贷款7015万元。保障体系日益健全。建成29个村级幸福站、社区托老站，城乡居民、企业离退休职工养老金标准稳步提高，大病救助最高补贴标准提高至30万元，城乡居民最低生活保障标准分别提高至520元、290元；全年发放低保金3449万元。关爱特殊人群生活，发放80岁以上老人高龄补贴853万元、普通高中一线教师就餐补贴115万元、环卫工人早餐补贴89万元。大力推进安居工程。配备居民小区充电棚534座，新开建保障性住房7111套，基本建成3438套，为298户住房困难家庭发放住房补贴86万元。加大教育投入，新修、改扩建中小学、幼儿园12所，启动二中迁建，高考成绩连续24年位居郑州县（市）首位，荣获全省教育系统五好关工委荣誉称号。医疗服务能力得到提升，省级慢性病综合防控示范区创建全面启动，市级公立综合医院建设快速推进，人民医院新院区投入使用；向全市居民免费发放健康卡16.7万张。大力发展广电事业，数字广播电视发射塔建成投用，免收4.9万户居民家庭视听维护费。深入开展文化惠民工程，新组建文艺队伍100余支，举办各类文艺演出506场，顺利通过省公共文化示范县（市）验收。扶贫开发成效明显，6800名贫困人口稳定脱贫，具茨山柿树行行政村、大槐树行政村整村实施扶贫搬迁。2015年，新郑市继续保持全国计划生育优质服务先进县（市）荣誉称号。

【社会管理】 加强社会治安防控，连续八年荣获全国平安建设先进县（市）称号。严格落实信访工作责任制，引导群众依法逐级走访，信访形势持续稳定。严格落实安全生产责任制，大力开展隐患排查和专项整治，被评为郑州市安全生产月活动先进单位。加强“坚持依靠群众推进工作落实”长效机制、网格平台和基层四项基础制度建设，排查问题81720项，解决79842项，调处率97.7%。

【政府自身建设】 扎实开展“三严三实”专题教育和“三查三保”活动，认真整改“不严不实”突出问题。严格落实一线工作法、“三色旗”评定和AB角工作机制，机关效能明显提升。定期邀请企业负责人、群众代表对行政审批服务部门开展“背靠背”民主评议，部门为民服务意识逐步增强。全年办理人大代表建议152件、政协委员提案190件。强化行政监察和审计监督，全年审计核减资金1.4亿元。全面推行政府信息公开，24个政府组成部门预决算信息全部公开，政府网站连续5年荣获中国政务网领先奖。深入开展服务型行政执法活动，被评为省服务型行政执法和郑州市依法行政示范单位。“六五”普法圆满完成，连续三年被评为全国法治县（市）创建活动先进单位。

（王 昱）

荥阳市

【概况】 2015年，荥阳市总面积943平方公里，其中常用耕地面积4.03万公顷。辖9个镇、3个乡、2个街道、1个风景名胜区，289个村民委员会，2276个村民组。总人口615790人，其中城镇人口317378人。2015年人口出生率为10.7‰，死亡率为5.75‰，自然增长率为4.95‰。

2015年，全市生产总值完成612.8亿元，比上年增长10.0%。其中，第一产业增加值30.5亿元，比上年增长4.8%；第二产业增加值398.6亿元，比上年增长9.3%；第三产业增加值183.6亿元，比上年增长12.7%。公共财政预算收入31.6亿元，比上年增长19.3%；公共财政预算支出40.8亿元，比上年增长26.7%。全社会固定资产投资完成483.2亿元，比上年增长19.5%。年末全市金融机构各项存款余额267.3亿元，比年初增长15.2%；金融机构各项贷款余额147.1亿元，比年初增长6.5%。城乡居民储蓄存款余额186.1亿元，比年初增长14.6%。社会消费品零售总额222.8亿元，比上年增长18.9%。城镇居民人均可支配收入26652元，比上年增长9.1%。农民人均纯收入16228元，比上年增长8.8%。

【机构与领导】 中共荥阳市委：书记宋书杰；副书记王新亭、王新；市委常委：宋书杰、王新亭、王新、马炳林、腾飞、王素梅（女）、刘建峰、程洋、董中扬（2月免）、陶冶、孙建功、方本选、王保陆（2月任）。

市委工作部门：办公室主任刘建峰；组织部部长程洋；宣传部部长孙建功；文明办主任马柳琴（女，4月免）、陈秀珍（女，4月任）；统战部部长王素梅（女）；政法委书记方本选；群工部部长何国玺（9月免）、李建业（9月任）；老干部局局长李占胜（3月免）、赵喜梅（女，3月任）；市直机关工委书记朱玉霞（女）；党校常务副校长（空缺）；档案局局长杨柳（女）；党史研究室主任何醒民；信访局局长王超峰。

市四届人大常委会：主任张淑霞（女）；副主任张志安、康宁（1月任）、马建克（1月免）、王海林（1月免）、宋金贵（1月免）、许其明、李伟（1月免）、赵炎利、饶泽涛。

市人大常委会工作机构：办公室主任史明杰；法工委主任赵春洪；代表联络人事工委主任吴跃勋；教科文工委主任孙振中（3月免）、李怀根（3月任）；农工委主任刘仪；财工委主任张长山；城建环保工委主任吴仲信（3月任）；信访室主任鲁晓炜（女，1月免）、王永钦（3月任）。

市人民政府：市长王新亭；副市长腾飞、李凤芝（1月任）、王伟、赵晨阳（1月任）、张宏伟（1月任）、李云峰（1月任）。

市政府工作部门：办公室主任耿元奇；农开中心主任曹惠莉（女，3月任）；发改委主任陈新力；科技和工业信息化委员会（3月在科技局挂工业和信息化委员会牌子，11月单独设置）主任吴仲信（3月免）、蒋绍斌（3月任）；中小企业服务中心主任蒋绍斌（3月免）、左宗明（3月任）；统计局局长李冠顺；交通运输局局长孙魁；电业局局长苏合明；轻工联社主任丁铁柱；安监和煤炭局局长许新建（2月免）、马洪超（2月任）；财政局局长李贵希；国税局局长马小海；地税局局长李栋；工商局局长韩虎；市场发展服务中心主任李怀根（3月免）、马新献（3月任）；供销社主任乔延民；商贸总公司经理蔡进宝；物资总公司经理戴广强；外贸总公司经理（空缺）；粮食局局长李彦军（3月免）、马占鳌（3月任）；审计局局长陈金洲；国资中心主任刘胜勇；人力资源和社保局局长王文铎；编办主任范喜昌；住房和城乡建设局（3月组建住房和城乡规划建设局）局长杜文杰；国土资源局局长李本栋；城乡规划局（3月撤销，保留规划设计中心）局长张保中（3月免）、苟雷（3月任）；城市管理局（3月在住房和城乡规划建设局挂城市管理执法局牌子）

局长车永生；住房保障和房地产中心主任王惠玲（女）；环保局局长宋秋忠；民族宗教事务局（归统战部管理，3月更名为民族宗教事务委员会）局长杨凤英（女）；民政局局长田军；商务局局长王向东；旅游和文物局局长张海庆；农业农村工委主任苌廷选；林业局局长郭明举；水务局局长张振海；畜牧局局长周文生；农机站站长王永钦（3月免）、蒋世忠（3月任）；移民局局长张舒春；气象局局长王玉岗；烟草局局长陈强；河务局局长杨建增；科技服务中心（3月科技和工业信息化委员会更名为科技局）主任王志强（3月免）、张保中（3月任）；质监局局长刘长青；教体局局长张双利；文化广播电视新闻出版局局长王志中；卫生和计划生育委员会（3月卫生局和人口计生委合并成立）主任王玉荣（女，4月任）；爱卫办主任赵喜梅（女，3月免）、李占胜（3月任）；创建办主任赵喜梅（女，3月免）、李占胜（3月任）；人口计生委（3月与卫生局合并）主任周红武（4月免）；新闻中心主任付春明；食药监局（3月重组，加挂食品安全委员会牌子）局长赵卫华（女）；盐业局局长徐玛丽（女）；行政审批服务中心主任魏惠英（女）；公安局局长夏日红；司法局局长贾学军；监察局局长赵卫华（女）；银监办主任（空缺）；住房公积金管理中心主任秦向阳；郑氏联谊中心主任郑朝阳；文物管理中心主任陈万卿；园林绿化管理中心主任李向阳；新区管委会主任范胜利（3月免）、尚宝旺（3月任）；荥阳健康园区管委会主任王新亭；五龙产业集聚区管委会主任王素梅（女）；荥阳产业集聚区管委会主任王新亭；郑州市新材料产业园区管委会主任王新；郑州宜居健康城索河整治项目指挥部副指挥长时永奇。

政协市四届委员会：主席付东菊（女）；副主席阎红举（1月免）、邓宝山（1月免）、范胜利、张国增（1月免）、刘阳、靳西峰、王殿玉（1月任）。

市政协工作机构：办公室主任吴敏生；民主法制委主任周世存；提案委主任石永强；文教卫生委主任陈秀珍（女，4月免）；经济科技委主任沈青峰（4月任）；信息文史委主任王港钤；农工委主任王红梅（女）。

中共市纪律检查委员会书记：马炳林。

市人民武装部部长：吕庆星（2月免）、曹俊峰（1月任）；政委：董中扬（2月免）、王保陆（2月任）。

市人民法院院长：余剑锋。

市人民检察院检察长：李国强。

市群团组织：总工会主席李向亭；团市委书记白栋；妇联主席郭玉霞（女）；文联主席韩露（女）；科协主席陈天祥；工商联主席周聚民（4月免）、马柳琴（女，4月任）；侨联主席刘阳（3月免）、胡建华（女，3月任）；残联主席常维华（女）。

街道、乡镇：索河街道党工委书记李麦玲（女），办事处主任王星；京城路街道党工委书记陈晓瑞，办事处主任张荣耀；城关乡党委书记黄凯歌（2月任第一书记，9月任）、车玉峰（2月任，9月免），乡长郭俊杰（2月免）、赵鹏（2月任）；乔楼镇党委书记程洋，常务副书记李继锋（1月任），镇长李继锋（1月免）、马胜伟（1月任）；豫龙镇党委书记滕飞，第一书记付书敏，常务副书记方亚平（3月任），镇长方亚平（3月免）、司红辉（3月任）；广武镇党委书记周培山（1月任），镇长周培山（1月免）、张佳涛（1月任）；高村乡党委书记李占国，乡长朱桓霈（女）；王村镇党委书记许元甲（9月免）、车玉峰（9月任），镇长张光明；汜水镇党委书记王凤琴（女），镇长张佳涛（1月免）、王新文（1月任）；高山镇党委书记周世军，镇长郭松涛（11月免）；刘河镇党委书记李新军，镇长王军伟；环翠峪风景名胜区党工委书记金振邦（2月免）、牛新超（女，2月任），管委会主任车玉峰（2月免）、范超杰（2月任）；崔庙镇党委书记赵国君，镇长陈志刚；贾峪镇党委书记吉喆（1月任），镇长吉喆（1月免）、鲁晓炜（女，1月任）；金寨回族乡党委书记王新（1月免）、古隽（1月任，9月免）、许元甲（9月任），乡长古隽（1月免）、赵红星（1月任）。

第一届中国石榴文化节开幕式

【工业经济】 2015年，装备制造、新材料两大主导产业持续壮大，完成增加值177亿元，占全市规模以上工业的47.8%，对工业增长贡献率达58.8%。荥阳产业集聚区新建续建产业项目24个，五洲国际工业品博览城和工程机械产业园一期投入运营，禹锡南一路等6条道路建成通车。新材料产业园区新建续建产业项目11个，5个项目建成投产，园区污水厂、排水工程、金寨变电站主体完工。五龙产业集聚区完成特色装备制造创新创业基地规划，金阳电气项目开工建设。传统产业加快转型，持续开展"工业技改年"活动，实施百万元以上技改项目112个，完成技改投资58亿元，新增郑州市级科技型企业50家。企业服务活动持续深化，设立"企业110"服务热线、微信平台，帮助120家企业解决各类问题156个，新增规模以上工业企业54家、省级电子商务示范企业2家。

【第三产业】 2015年，第三产业增加值占全市生产总值达30%，较上年提高1.9个百分点。特色商业区正上新世界商业综合体主体封顶，海龙商业街获评省级示范，总投资50亿元的锦荣悦汇新天地项目成功签约。商品房销售230.7万平方米，销售收入143.4亿元，分别比上年增长91.3%、130.8%。荣膺"中国最美宜居宜业宜游城市"称号，旅游人次突破900万人次，旅游总收入2.8亿元。广武镇、刘沟村分获全省乡村旅游示范镇、示范村。完成《荥阳市商业网点规划》，成皋、京城农贸市场主体建成，提升乡镇（社区）超市6家、配送中心2个，新增限额以上批零住餐企业30家。

【"三农"工作】 2015年，荥阳市"一带五区"现代农业示范区加快建设，培育小麦新品种3个，建成良种基地6666.67公顷，河阴石榴产业示范区基础设施建设基本完工。农业综合生产能力稳步提高，广武农田水利现代化示范乡镇建设基本完成，索河上游补源工程主体完工，实施抗旱应急工程3个，新增节水和有效灌溉面积1866.67

荥阳市举办首届嫘祖文化节

公顷；创建万亩示范方4个、千亩示范方12个，打造高标准农田1800公顷，粮食总产达33.6万吨。农业产业化进程加快，培育郑州市级农业产业化龙头企业6家，新增农民专业合作社16家，升级改造标准化规模养殖场4个；荥阳市新型农业产业联盟组建成立，上海西郊国际农产品展示直销中心荥阳馆开馆运营。全市经济运行总体平稳、稳中有进、进中趋优，在全省稳增长保态势经验交流会上作典型发言。豫龙、汜水、贾峪、城关、广武5个乡镇入围全省百强乡镇。

【城乡建设与管理】 2015年，荥阳市科学优化空间布局，完成城乡总体规划纲要修编和新“三化”协调发展空间布局规划调整，编制市域新农村建设、中小学布局等专项规划57项。开展新型城镇化“百日攻坚”活动，建成安置房190万平方米，回迁群众2560户9980人。大棚户区改造等重点工作受到郑州市通令嘉奖。健康园区加快推进，“三院”项目主体封顶，“一校”项目实现开工，索河整治一期基本完工，一期6条道路实现贯通，引入郑州地产集团加盟园区建设。基础设施加速完善。南水北调罗垌水厂建成运行，荥阳城市规模摆脱了地下水源的刚性制约；郑州西站投入运营，荥阳跻身高铁俱乐部。陇海路西延、沿黄快速通道建成通车，修建县域路网道路35条83公里。改造城区道路16条，打通断头路4条，新建过街天桥2座、停车场2个。第三污水处理厂、智能公交调度中心建成投运，公交实现“一卡通”。新（改）建公厕52座、环卫休息房8处。实施医源性废水处理工程20个，铺设供水管网40公里、污水管网15公里。创成“国家无障碍环境示范县（市）”。

城乡环境更加宜居。率先在郑州五县（市）建成数字化城管系统，打造精细化管理示范街4条；新购机械化保洁设备71台，新增保洁面积60万平方米。坚持大气污染防治“六个结合”，成立郑州市首支环境保护警察大队；提标治理建筑工地130个、污染企业45家，取缔“土小”企业49家；淘汰黄标车5756辆，新增电动公交车207辆；市区大气环境质量二级以上天数达221天；顺利通过国家卫生城市复审。生态廊道绿化1868万平方米，完成林业生态建设工程2333.33公顷，蝉联省级园林城市称号。入选郑州市级以上美丽乡村试点村3个，创成农村人居环境整治达标村24个、示范村12个。荣获“河南省改善农村人居环境先进县（市）”称号和“郑州市新型城镇化建设先进单位”称号。

【改革开放】 2015年，荥阳市“五单一网”改革基本完成，“五个清单”对外公布，市、县（市）、乡（镇）三级电子政务网实现联通。政府机构和事业单位改革步伐稳健，完成卫生计生、广播电视、食品药品监管、交通运输执法等机构和职能整合，市人民医院、中医院建立法人治理结构，市不动产登记中心挂牌成立。教育、文化、投融资等重点领域改革有序推进。与世界象棋联合会、亚洲象棋联合会、欧洲象棋联合会、德国象棋协会等国际象棋组织建立合作沟通，举办第十七届亚洲象棋个人锦标赛暨首届亚洲象棋嘉年华启动仪式，组团参加“2015楚河汉界首届亚洲象棋文化博览会”，获“特别贡献奖”；与中国象棋协会、河南天伦旅游发展有限公司签署共建“世界象棋文化之都”战略合作协议。深入开展大招商，新签约首创奥特莱斯、广州海格、房克电梯等亿元以上项目24个，总投资175亿元；引进域外境内资金123亿元，实际利用外资1.3亿美元，进出口总额9300万美元。完善项目推进和要素保障机制，谋划重点项目107个，81个项目实现开复工，完成投资193.3亿元，获“郑州市重大招商引资项目先进单位”称号。强化土地征收考核管理，盘活闲置土地469.27公顷，完成征收265.73公顷。探索推行PPP、投资基金等融资新模式；面向中小企业“助保贷”平台发放贷款4000余万元；香堤湾酒店在“新三板”成功挂牌，实现企业挂牌上市零的突破。

【创新创业】 2015年，荥阳市国家专利导航产业发展实验区加快建设，《专利导航郑州超硬材料产业创新发展规划》编制完成，新材料产业园区专利专题数据库初步建立。引入浙江大学技术成果转移中心，中原智谷创新创业综合体启动运营，签约项目9个，注册企业5家，引进高层次创新创业人才8名，其中国家“千人计划”专家4名，填补了历史空白。全市新增省级高新技术企业4家，完成高新技术产业增加值12.7亿元。新建郑州市级以上企业研发中心5家；申请专利630件，授权专利750件；完成科技成果鉴定5项，技术合同成交额6.6亿元。“宇明阀门”创成中国驰名商标，新增省级名牌企业5家、名牌产品5个、著名商标13件。创业环境日益优化，制定出台《荥阳市创新创业扶持办法》，发放小额担保贷款8048万元，扶持个体工商户、小微企业425家；与中国青年博士联盟签订战略合作协议；全要素引进义乌国内电商和跨境电商顶尖企业、实训学校、创业导师系列合作协议正式签署；落实推行“三证合一、一照一码”登记制度，新注册企业1075家、个体工商户5330户。

【民生保障】 2015年，全市财政民生支出32.1亿元，占一般公共预算支出78.8%，63项三级民生实事基本完成。各项社会保险新增参保1.1万人，城镇居民医保、新农合最高补偿标准分别提高至36万元、30万元；城乡“低保”标准分别提高至520元、290元，“五保”集中供养和分散供养年人均标准分别提高至6960元、4176元。新增城镇就业6648人，农村劳动力转移就业1.9万人。新建棚户区改造安置房2062套、公共租赁住房829套，改造老旧小区32个，发放廉租住房租赁补贴26.6万元。建成易地扶贫搬迁住宅1695套，完成贫困村整村推进项目6个，实现脱贫人口8635人。募集慈善资金1226.7万元，帮扶困难群众1.1万人。为三类残疾人发放特殊生活补贴647万元。落实各类计生补助资金1920万元。

【社会事业】 市八小、二幼开工建设，市二中迁建项目主体完工，改造提升农村义务教育薄弱学校39所，公开招录教师154名。市健康管理中心建成投用，为基层医疗单位更新设备551台

荥阳市召开修身行善明礼守法动员大会

（件），按照省级示范化标准升级改造预防接种门诊5家，创成"郑州市慢性病综合防控示范区"。组织"舞台艺术送农民"等文化惠民活动278场，新建新型社区文化活动中心14个，建成郑州市首个县级街区自助图书馆。完成苏寨民居、秦氏家庙保护性维修，新增省级非物质文化遗产2项。深入开展"修身行善、明礼守法"全民行动，继续保持"河南省文明城市"称号。蝉联"全国科普示范县（市）"称号，关心下一代工作荣获全省先进。

【社会治理】 2015年，荥阳市深化规范提升"坚持依靠群众、推进工作落实"长效机制，建立痕迹化管理制度，推行"内外双循环"问题交办模式，录入平台信息12.1万条，办结率97.1%。建设DNA数据库，"2010·5·3"荥高命案成功侦破；完成视频监控系统建设一期工程，开展"雷霆扫毒""平安创建"等专项行动，刑事案件发案率下降5%，现行命案破获率100%；荥获"上合组织政府首脑（总理）理事会第十四次会议郑州市服务保障工作先进单位"称号。以"六落实"强化安全生产基层基础工作，深入开展"查尽责、除隐患、保安全"活动，安全生产形势持续稳定。坚持标本兼治解决问题，大力推进为民信访、阳光信访、法治信访和责任信访，赴上三级访起数、人数分别下降42%、14%。设立14个乡镇（街道）食品药品监督管理所，完善三级联动监管网络，全年未发生等级以上食品药品安全事故。

【法治与效能建设】 行政执法责任制和法律顾问制度全面推行，服务型行政执法建设整体推进，政府行政行为更加规范。建立健全政府议事会制度和重大行政决策工作程序，召开议事会25次、常务会议23次，研究决策议题146项，依法公开政府信息2000余条。政府及有关部门办理人大代表议案3件、建议77件，政协委员提案102件。优化政府机构设置和职能配置，修订24个政府组成部门"三定方案"，取消议事协调机构188个。完善行政审批电子监察系统，行政审批事项全部纳入实时监督，按时办结率99%。落实党风廉政建设主体责任，健全完善预防和惩治腐败体系，查处贪污贿赂、职务侵占案件108件。开展审计项目109个，增收节支1.5亿元。全面推行预算公开，启动公车改革，规范公务接待，"三公"经费下降14.6%。

【郑州西站开通】 郑州西站位于荥阳市豫龙镇境内，中原西路与荥泽大道交会处西南侧。原为郑西铁路客运专线荥阳南站，2011年5月24日正式开建。整体工程主要涵盖站房及站前广场，其中站房包括旅客候车厅、站台雨棚、天桥及站场，总投资约1亿元，建筑总面积约4000平方米。站前广场占地约10公顷，包括中心文化广场、商业街区、商贸中心、精品绿化景观、疏散广场及公交、公共停车场等基础设施，总投资约7000万元。2014年4月，站房工程顺利完工；2014年底，站前广场建设完成，初步具备使用条件。2014年6月6日，郑西高铁荥阳南站正式获得国家铁路总公司升级更名批复，命名为郑州西站。该站东距郑州市区西三环15公里，南距陇海西路2公里，北距中原西路200米，西距上街区15公里，处于郑州西区组团发展的核心位置。2015年12月18日正式通车，将成为以荥阳和上街为主体的郑上新区的大动脉。

【举办第一届中国石榴博览会】 2015年9月19日，由中国园艺学会石榴分会和中国农业科学院郑州果树研究所主办，郑州市休闲观光农业协会、荥阳市河阴石榴产业基地承办的第一届中国石榴博览会暨第六届全国石榴生产与科研研讨会在荥阳开幕，来自全国20多个省区的石榴基地负责人、专家学者、客商等800多人，携近50个石榴品种亮相。本次博览会以"互联网+石榴"为主题，为期三天，主会场分石榴、农副产品、休闲观光和房产展区，设展位136个。博览会期间，还举办了"一带一路"战略与石榴产业国际化发展论坛、石榴生产与产业发展研讨会、全国石榴优质产品评比及中国石榴产品、荥阳市农特产品展销及商贸洽谈会等。与会专家围绕"互联网+石榴"，就科技、金融等资源的有效驱动、提升石榴品质、挖掘石榴文化、拉长产业链条等展开技术交流。

【举办首届嫘祖文化节】 2015年4月30日，荥阳·中国首届嫘祖文化节在环翠峪景区举行。中国民间文艺家协会副主席夏挽群，河南省文联副主席、省民间文艺家协会副主席、秘书长程健君等出席了文化节开幕式，并为"中国嫘祖文化传承基地""省级非物质文化遗产保护单位"揭牌。嫘祖是黄帝的元妃，她在荥阳市环翠峪教人养蚕制衣，开创了人类文明，被尊奉为人文女祖，嫘祖文化已成为中华民族灿烂辉煌文化中的重要组成部分。2009年，荥阳市环翠峪景区被河南省文化厅命名为"省级非物质文化遗产保护单位"。2013年，荥阳市被中国民间文艺家协会命名为"嫘祖文化之乡"和"中国嫘祖文化传承基地"。荥阳市曾出土了世界上最早的丝织品，又曾发现了轩辕时期西山古城，都佐证了荥阳是嫘祖故乡，也是古丝绸的故乡。嫘祖故里是荥阳的一张文化名片，嫘祖文化凝聚了为民谋福利的牺牲精神和奉献精神。

（李建民）

中牟县

【概况】 2015年，中牟县总面积917平方公里，其中耕地面积6.95万公顷。辖10个镇、1个乡、3个街道，273个行政村。总人口47万人。2015年人口出生率为13.4‰，死亡率为6.51‰，自然增长率为6.89‰。

2015年，全县地区生产总值完成270亿元，同比增长10%；一般公共预算收入完成36亿元，同比增长14%；固定资产投资完成330亿元，同比增长20%；社会消费品零售总额实现95亿元，同比增长18%；城镇居民和农村居民人均可支配收入分别达到25000元、17000元，同比分别增长9.5%、10.5%。2015年，中牟县被评为全国基层中医药工作先进单位、全国疾病预防控制工作先进单位、全省平安建设工作显著进步县、全省第八次森林资源清查工作先进单位；顺利通过了国家卫生县城复核验收；连续24年夺得“红旗渠精神杯”。

【机构与领导】 中共中牟县委：书记路红卫（1月免）、樊福太（1月任）；副书记楚惠东；县委常委：路红卫（1月免）、樊福太（1月任）、潘开名、楚惠东、张永宪（7月免）、李文岭（12月免）、张书勤、李晓亮、王素梅（女，12月任）、王朝杰、李长松、姚方海、任程伟（11月任）、牛健（12月任）。

县委工作部门：办公室主任张书勤；政法委书记李晓亮（12月免）、牛健（12月任）；组织部部长王朝杰（12月免）、王素梅（女，12月任）；宣传部部长任程伟（11月任）；统战部部长姚方海；信访局局长姬会杰；机要局局长冉宁；县直机关工委书记李韶敏（女）；文明办主任贺敏（女）；台办主任曹书杰；老干部局局长刘欣；机构编办主任姚保林；档案局局长谢悦（女）；党校常务副校长李虎群；党史研究室主任霍银群。

县十三届人大常委会：主任刘玉玲（女）；副主任冯政忠（3月免）、郭礼印（3月免）、王兴林（1月任）、段长兴、李鸿欣、李五群、李长宝。

县人大常委会工作机构：办公室主任王平（女）；财工委主任李鑫（11月任）；法工委主任刘岚（女）；农工委主任李森林；教工委主任王体军；选工委主任袁瑞霞（女）；信访室主任周国富。

县人民政府：县长潘开名；常务副县长李文岭（12月免）、王朝杰（12月任）；副县长王洪波（女）、任程伟、张建锋、杨书立、牛健（12月免）、张胜利、朱清伟。

县政府工作部门：办公室主任李有忠；发改委主任於红太；教体局局长陈赞枝（女，7月免）、王国恩（7月任）；科技工信局局长张海献；公安局局长朱则军；监察局局长白由祥（11月免）、闫志强（12月任）；民政局局长李晓莉（女）；司法局局长李绍然；财政局局长仇向阳；人社局局长耿鲜明；国土资源局局长吴文鑫；住建局局长张伍发；交通运输局局长罗振华；环保局局长兰伟；农委主任樊守峰；水务局局长冉章献；林业园林局局长尚会军；文化广电和旅游局局长王玉忠（7月免）、王成立（7月任）；卫生局局长王进兴；计生委主任刘须峰（7月免）、王进兴（7月任）；食药监局局长张海峰（10月免）、马爱国（11月任）；审计局局长马建民；统计局局长李广柱；安全生产管理局局长王梦醒；质量监督局局长李义柱。

县政协九届委员会：主席李延中；副主席刘海燕、朱怀召、王连宇、申宏尧、梁凌达（女）。

中牟县雁鸣湖

县政协工作机构：办公室主任吴杰；提案委主任宋羊群；经济科技委主任马振坤；文教卫体委主任杨凯（女）；社会法制委主任王瑞芳（女）；台港澳侨联络委主任孙海霞（女）；学习文史委主任杨红莉（女）。

中共县纪律检查委员会书记：张永宪（7月免）、李晓亮（10月任）。

县人民武装部部长：李增辉；政委：李长松。

县人民法院院长：王炅。

县人民检察院检察长：张捍卫。

县群团组织：总工会主席孙玉霞（女）；团县委书记郭忠强；妇联主席李玲玲（女）；科协主席秦建国；残联理事长李记勤；工商联主席霍新全。

乡镇、街道：青年路街道党工委书记王国恩（7月免），办事处主任申永强；东风路街道党工委书记陈国岭，办事处主任李军强；广惠街街道党工委书记张明科，办事处主任王林祥；韩寺镇党委书记张振中（7月免）、乔松伟（7月任），镇长张振中（2月免）、郭宏领（2月任）；官渡镇党委第一书记李晓亮，党委书记段长海，镇长乔松伟（7月免）；狼城岗镇党委书记马爱国，镇长路彦伟；雁鸣湖镇党委书记张书勤，常务副书记刘聚宝（2月免）、刘海玲（女，2月任），镇长刘海玲（女，2月免）、白钢林（2月任）；大孟镇党委第一书记卢志刚，党委书记冉建军，镇长姚国森；万滩镇党委书记张照强，镇长马素萍；刘集镇党委第一书记王朝杰，常务副书记刘永强，镇长李恒；郑庵镇党委书记蔡跃彬（7月免）、张振中（7月任），镇长曹西峰；刁家乡党委书记钱晓坤（回族），乡长刘星；黄店镇党委书记谷金福，镇长张小马；姚家镇党委书记骆照顺（3月免）、周国富（3月任），镇长郝宏彬。

【工业经济】 2015年，全县规模以上工业增加值完成105亿元。汽车产业集聚区生产整车12万台，实现总产值650亿元，成为省十强和二星级产业集聚区。引进青山变速箱等项目44个，协议利用资金393亿元。建成郑州日产20万台扩能等项目18个，完成投资60亿元。其中，国能一期、比克一期竣工投产，销售新能源电池2亿安时。汽车服务业博览园建成宏达车业广场等项目6个，在建项目12个，集聚商户5000余家。

【现代服务业】 第三产业比重达到50.5%，首次超过第二产业。房地产业平稳运行，商贸流通体系日趋完善。郑州国际文化创意产业园发展上升至省级层面，规划面积拓展至132平方公里，完成固定资产投资85亿元，实现主营业务收入18亿元，成为全市“五快”专业园区。华特迪士尼、建业•华谊兄弟、凤凰卫视等重大项目纷纷入驻，海宁皮革城、杉杉奥特莱斯项目主体完工，方特梦幻王国开业迎宾。全域旅游局面初步形成，全年接待游客650万人次，实现旅游总收入60亿元，成为“最美中国绿色生态•文化魅力旅游目的地城市”“全省乡村旅游示范县”。

【都市生态农业】 中牟现代农业示范区成为“全国科普教育基地”。万邦国际农产品物流城年交易额达到750亿元，建成弘亿、晨明等都市生态农业示范园6个，刁家乡万邦万亩都市生态农业示范园开工建设，探索出“农企合作”新模式。农业组织化程度持续提高，新培育市级龙头企业4家，新增、规范农民专业合作社75家。农业综合机械化水平达到82.5%。成为全省唯一连续24年夺得河南省“红旗渠精神杯”的先进县。

【社区建设】 以“两带两区”为重点，全面实施拆迁和安置。全年拆迁面积1532万平方米，在建安置房面积1230万平方米，超额完成“两个超千万”目标。全县在建新型社区数量达到54个，大孟镇镇区社区、刁家乡付李庄社区等

4个社区实现回迁入住；社区功能同步完善，建成社区基础设施、公共服务设施和商业设施项目110个。连续3年荣获全市新型城镇化建设先进单位称号。

【园区建设】 汽车产业集聚区总体规划批准实施，正中大道等10条道路建成通车，新架设电网13公里，新建学校4所，投资融资服务中心等8个要素平台实现规范化运行，园区就业人数达到3.2万人。郑州国际文化创意产业园概念性总体规划及城市设计加快编制，“三路一桥”工程全面实施，新建学校2所，依托“平安文旅荟”平台，产业发展基金达到100亿元，园区就业人数达到2.6万人。城区与园区交通衔接进一步畅通，解放路升级改造工程、文通路铁路立交桥竣工并实现通车，人文路跨贾鲁河大桥、广惠街铁路立交桥、中兴路铁路立交桥加快建设。产城融合、互促互动发展格局初步形成。

【城乡基础设施建设】 城区功能不断提升，改造雨污水管线33公里，新建供水供气管线50公里，新增绿化面积29.4万平方米，生活垃圾无害化处理率达到100%，城区天然气用户达到8万户，集中供热面积达到205万平方米。城乡路网体系日趋完善，完成国道220线升级改造，机西高速、国道107线东移、国道310线南移工程加快推进，新建、续建县乡道路13条。保障能力持续增强，郑州新区污水处理厂、110千伏黑李变电站扩建工程基本竣工，110千伏肖庄输变电工程加快建设，新建、改造农村电网205公里。城乡基础设施一体化的格局初步形成。

【重点改革】 新一轮政府机构改革全面完成，工作部门由27个调减为24个。“五单一网”制度改革加快实施，削减行政审批事项70项，取消民生服务事项中不必要证明25项。县乡财政管理体制进一步理顺。第一轮公务用车制度改革基本完成。“三公”经费支出同比下降7%。农村土地承包经营权确权登记、集体产权股份合作制改革试点工作有效推进。县级公立医院改革成效显著，国家卫计委给予了充分肯定，中央电视台也进行了专题报道。

【发展后劲持续增强】 要素保障能力不断提升，获批建设用地1000公顷，供应建设用地580公顷，处置存量土地480公顷，新增黄河滩区占补平衡指标533.33公顷；16家企业进入省级“新三板”上市后备资源库。招商引资成效明显，全年引进项目57个，协议资金760亿元，实际利用域外境内资金90亿元、外资5000万美元，郑州国际文化创意产业园8个“四力”型项目集中签约。项目投资超额完成，155个县级以上重点项目完成投资411.8亿元，占年度投资计划的112%。

【创新创业】 创新创业政策体系基本建立，建成创新创业综合体11.7万平方米，并实现规范运营，入驻企业和团队25家；引进培育创新创业团队17个、高层次人才11人，发放创业扶持资金2000万元。全年申报实施省市级科技项目18个、市级重大科技专项3个；新认定市级以上科技型企业25家、高新技术企业3家，专利申报600余件，登记技术交易额4.5亿元。人才集聚、创新创业浓厚氛围加快形成。

【生态建设】 生态建设成效明显。“蓝天、绿地、碧水、清静、改善农村人居环境”五大生态工程全面实施。大气污染防治初见成效，拆改燃煤锅炉179台，整治涉尘工地192处，关闭养殖场607家，3700余辆黄标车全部淘汰，加油站油气回收治理全部完成。实施生态廊道建设800公顷，营造生态林2000公顷。贾鲁河生态治理工程主体完工，运粮河等8条中小河流综合治理完成。噪音污染得到有效遏制。省市级卫生镇达到7个、卫生村达到138个。

中牟县贾鲁河

【社会事业】 以办好民生实事为重点，持续加大民生投入，全年完成民生支出47.7亿元，占一般公共预算支出的81.8%。就业工作成效明显，新增城镇就业3300人、农村劳动力转移就业1.5万人。社会保障覆盖面不断扩大，“五险”覆盖面保持在99%以上，新农合参合率达到99.96%，农村养老保险参保人数达到26.4万人。社会救助工作有效开展，县福利中心基本建成，全民慈善活动募集善款2000万元，救助困难群众2600人次。办学条件进一步改善，新建、改建中小学、幼儿园11所。群众文化生活不断丰富，积极组织文化艺术进基层活动，广泛开展全民健身活动。卫生计生服务水平持续提升，县中医院新院区、计生服务站等项目加快建设。群众就业难、入学难、看病贵问题得到有效解决。

【“十二五”成就】 实现了由农业大县向多元经济大县的转变。确立了汽车产业、时尚文化创意旅游产业和都市生态农业“三大主导产业”。汽车产业加快集聚、持续壮大，时尚文化创意旅游产业从无到有、从有到优，传统农业加速向都市生态农业转型升级。三次产业结构比由“十一五”末的13.5：52.5：34调整为9：40.5：50.5，经济增长由二产独立支撑转变为二产、三产共同拉动，生产总值是“十一五”末的1.6倍，年均增长9.7%；一般公共预算收入是“十一五”末的4.5倍，年均增长35.4%，稳居全省第二位；固定资产投资是“十一五”末的2.7倍，年均增长22.8%；规模以上工业增加值是“十一五”末的1.8倍，年均增长11.4%。

实现了由城乡二元结构向城乡一体化推进的转变。以“四个体系”为路径，“一带一轴四组团五中心”的城乡格局初步形成，城镇化率达到42%，比“十一五”末提高11个百分点；路网密度由“十一五”末的每百平方公里144公里提升至232公里，位居全省各县（市）第一位；新增绿地面积6666.67公顷、水域面积1333.33公顷，“互联互通、环廊相连、水绿交融、宜居宜游”的生态格局初步构建。

实现了由区域比较优势向区域发展热点的转变。“三区”叠加、“四区”环绕的区位优势，“米”字形高铁汇集、“井”字形高速环绕、国际航空机场带动的交通优势，促进发展活力全面释放，开放程度不断扩大。累计引进项目284个，协议资金达到3100亿元，引进域外境内资金339.8亿元，实际利用外资3.8亿美元；重点项目密集布局，累计承建省市重点项目378个，投资额度975亿元。

实现了由民生保障向增进民生福祉的转变。城镇居民人均可支配收入比“十一五”末净增10000元，年均

中牟县郑庵镇春晖社区

增长11.5%，农民人均可支配收入比“十一五”末净增6700元，年均增长12.4%，“五更”农民正在向“五金”农民转变；累计建设中小学25所、幼儿园65所、医疗卫生设施26项、城市游园及活动广场21个；累计实施民生实事112项，实现了发展成果全民共享。

【民生实事工程】 2015年，郑州市“十大实事”项目涉及中牟县共7大类16小项，中牟县承诺的县级民生实事项目10项，市县民生实事项目全部得到落实，并按照要求完成了年度建设任务。

郑州市“十件实事”涉及中牟县项目：（1）新建幼儿园3所，新增建筑面积约为6245平方米，新增学位720个。（2）往年幼儿园建设7所。（3）进一步提高新农合、农民大病保险筹资标准和保障水平，新农合市级和县级补助在国家规定和不低于2014年当地实际补助标准的基础上每人每年各提高20元。（4）农民大病保险筹资标准由每人每年15元提高至30元；农民大病保险起付线由2万元调整至1.5万元，大病住院补偿封顶线由20万元提高至30万元。（5）为具有中牟县户籍的新生儿免费进行35种遗传代谢病、耳聋基因筛查；为具有中牟县户籍的适龄（35-59岁）妇女免费进行人类乳头状瘤病毒（HPV）DNA检测及宫颈癌、乳腺癌筛查。（6）向全县“低保户”每月发放3立方米用水价格补贴和提供30立方米以内低价天然气，为城市“低保户”和农村“五保户”家庭每月补贴10度电。（7）为中牟县户籍残疾人在办理残疾人证时免费进行残疾评定。（8）为全县一级、二级重度残疾人和精神、智力三级残疾人单独全额提供城乡低保。（9）为全县所有符合条件的0-14岁残疾儿童提供康复救助。（10）新开工公共租赁住房3752套。（11）新开工棚户区改造住房15271套。（12）基本建成保障性住房和棚户区改造住房868套。（13）完成易地扶贫搬迁住宅建设690套，搬迁贫困群众690户3186人；完成2个贫困村整村推进任务。（14）实现新增城镇就业2700人，其中失业人员再就业700人，困难人员再就业250人；再就业培训500人；创业培训360人；农村劳动力转移就业14000人；农村劳动力职业技能培训7500人。（15）“阳光工程”培训150人和“雨露计划”培训500人。（16）残疾人就业技能培训200人。

中牟县承诺的县级民生实事项目：（1）新建成新型农村社区小学5所和新型农村社区幼儿园2所；新建、改扩建县城中小学校3所；迁建县城小学1所。（2）逐步对乡镇初中、农村寄宿制小学（5年内不搬迁）运动场进行改造。（3）实施农村集中供水厂水质净化升级改造工程，解决7000余名居民的安全饮水问题。（4）实施农田灌溉机井升级改造工程，新打机井689眼，配套水泵2320台。（5）在新城区新建一个标准化菜市场；在新老城区新建10家平价蔬菜超市。（6）在全县安装建设949处高清数字监控及后端存储设备。（7）改建危桥10座。（8）在新老县城新增免费公厕8座。（9）免费为已入住新型农村社区群众实施有线电视数字化整体转换。（10）免费为参加2015年新型农村合作医疗保险的农民进行健康体检。

【中牟汽车产业集聚区晋级全省十强】 中牟汽车产业集聚区位于中牟县城南部，集聚区按照“一个载体、三个体系”和“五规合一、四集一转、产城融合、产城互动”的发展理念，逐步形成集上游研发、中游生产、下游销售与服务为一体的全汽车产业链集聚区。集聚区总规划面积71平方公里，包括汽车生产制造板块（占地21平方公里，已建成10平方公里，正在建设6平方公里，集中布局整车及零部件生产企业）和汽车后市场服务板块（占地50平方公里，已建成5平方公里，正在建设4平方公里，主要进行4S店及整车销售、汽车后市场各类产品批发、零售及配套服务）。

集聚区入驻有郑州日产、河南红宇、深圳比克、郑州傲雪、郑州海马等7家整车企业以及330多家零部件及服务企业。2015年，集聚区实现产值700亿元，完成固定资产投资110亿元，实现增加值110亿元，实现税收收入14亿元，生产整车15.5万辆，从业人员达到3.3万人。全年集聚区完成工业项目投资46亿元，建成项目18个，在建项目78个。其中，国能一期、比克一期项目均建成投产，伏尔斯生产改装的纯电动汽车、龙驹电动车已正式量产并投入市场。先后引进了北京国能、深圳晟能激光、深圳大晟等新能源产业项目5个，签约青山变速箱、北京海亿、辰祥盾构等项目34个，协议利用资金约392亿元。

2015年，中牟汽车产业集聚区成功申报全省智慧园区试点单位，并被省委、省政府评为全省十强产业集聚区和省二星级产业集聚区，也是郑州市唯一的二星级县级产业集聚区。

【郑州国际文化创意产业园发展纳入省级战略层面】 郑州国际文化创意产业园位于中牟县县城北部，西起万三公路（郑州市未来东五环），东至官渡大道，北接连霍高速，南部贾鲁河穿境而过。园区成立于2013年3月，前身为中牟绿博文化产业园区。

按照郑州市提出的“建设国际化、现代化时尚创意旅游文化新城”的要求，立足“文化创意、时尚旅游、高端商务”三大主导产业，通过夯实“规划编制、拆迁安置、基础设施建设”三个基础，大举招商引资，强力推进项目建设，各项工作呈现出良好的发展态势，连续两年（2013、2014）发展速度位居全市17个服务业园区第一名，被评为“郑州市五快专业园区”。省市党委、政府高度重视并大力支持园区建设，2015年6月省政府成立了以张广智副省长为组长的园区建设工作领导小组，并将园区正式更名为郑州国际文化创意产业园，园区发展上升至省级层面，规划面积由36平方公里扩展至132平方公里。

园区全面启动了概念性总体规划及城市设计方案国际征集工作，并邀请日本日建、同济大学建筑设计院等国内外知名设计单位，对园区城市设计等20余项规划进行了高起点、全覆盖设计。园区已建成平安大道、文通路等“九横六纵”骨干路网80公里，构建形成园区基本框架；建成生态廊道200余公里，新增绿化面积1400公顷，开挖园区水系640公顷，园区生态建设成效显著；按照“政府主导、市场运作”的模式，一次性启动占地279.47公顷、建筑面积452万平方米的5个安置区建设，用于辖区内5.3万名群众的集中安置。安置区建设推进顺利，2017年底前将实现辖区群众的回迁安置。

商都大道

按照省委、省政府战略部署，坚持把项目带动作为产业园发展壮大的主引擎，充分发挥招商引资“一举求多效”的综合效应，紧盯国内外500强、行业20强等“四力”型项目招大引强。园区已建成绿博园、方特欢乐世界、方特水上乐园、方特梦幻王国等项目。以华强为带动，华特迪士尼、建业•华谊兄弟电影小镇、华强“美丽中国三部曲”等项目顺利签约、奠基；4A级旅游购物综合体•海宁皮革城、杉杉奥特莱斯、宏盛梦之城、长城书画院、规划设计专业园等25个在建项目顺利推进。同时，以韩国SBS为代表的韩国文化产业园、由河南日报报业集团打造的河南报业文化传媒产业园，以及省律师服务中心、省建筑服务中心、省监理服务中心、省奥体中心、海昌极地海洋公园、砂之船奥特莱斯、中书控股书院中国等10个重大文化产业项目即将签约入驻，郑州国际文化创意产业园正逐步成为全省乃至全国文化产业发展的新高地。

【举办郑州·中牟第二届农业嘉年华活动】郑州·中牟第二届农业嘉年华于2015年3月28日开幕，为期67天，由中牟雁翔现代农业公园管理有限公司主办，总体设计为“九馆四场两街两线七活动”。“九馆”即九大主场馆：欢乐农庄、农科快轨、番茄迷宫、鸟语花香、动物乐园、乐活园艺、精品展销、开心农场、未来农业。“四场”即四大广场：领头雁广场、丰收广场、欢庆广场、露营广场。“两街”即两条美食街：龙祥室外美食街、丰收广场美食街。“两线”即两条观光线路：园区场馆游览线路、水上观光线路。“七活动”即七大主题活动：竞走大赛、骑行比赛、摄影采风、风筝大赛、动漫乐园、中牟好声音、房车露营节。

本届嘉年华不仅在规模和项目品类上明显增加，而且打破了以往农业嘉年华只能游览观光的定式，加入了更多互动元素，更加突出互动、突出都市参与，促进现代农业及都市生活的完美融合。实现了区域游客数量的大幅增长，农业公园入园人流量达到120万人次，接待各类旅游团队190个，比上年同期增加3倍以上。实现了全域农业旅游的互动发展，实现南北的遥相互动，南部弘亿草莓园作为本届嘉年华的分会场，同时开幕，南部弘亿草莓园积极参与到农业公园的各种展示，农业公园也将游客推介到南部弘亿草莓园体验草莓采摘。同时，第二届农业嘉年华七大主题活动也在两个区域同时开展。实现了现代农业科技的科普示范推广，不但展示了太空蔬菜、无土栽培，还首次引进农业物联网技术，实现现代农业的水肥一体化管理，起到很好的示范带动作用。实现了周边农民的持续增收，园区企业及餐饮业直接收入达420万元，带动周边“农家乐”增收2000万元，为周边农民提供3000多个就业岗位，农民人均纯收入同比增长20％。实现了园区内企业之间的互动发展，充分调动园区企业之间的互动共赢，嘉年华成为各企业很好的展示窗口，活动吸引了人气，拉动了企业采摘体验、餐饮接待、休闲度假等方面的收入。

（张恒献）

金水区

【概况】2015年，金水区总面积136.66平方公里，其中城区面积71.45平方公里。辖17个街道办事处。总人口145.3万人。人口自然增长率为6.54‰。

2015年，全区实现地区生产总值950亿元，比上年增长8%；地方公共财政预算收入55.1亿元，比上年增长6.5%；全社会固定资产投资468亿元，比上年增长16.3%；社会消费品零售总额673亿元，比上年增长6%；城镇居民人均可支配收入37353元，比上年增长8%；农民人均纯收入20594元，比上年增长10.4%。综合经济实力继续位居中部六省省会城区前列。

产业结构调整不断加快。主导产业引领作用更加明显，金融商贸和高技术服务等主导产业完成增加值533亿元，占三产比重达到62.5%。优势产业支撑作用更加突出，商务楼宇入驻企业近2万家，缴纳区级税收19亿元，单幢楼宇税收最高达到3.6亿元；特色街区实现营业收入33.2亿元，缴纳区级税收1.7亿元；曼哈顿等五大商圈年交易额突破290亿元。新兴产业发展全面提速，辖区服务外包企业达到510家，占全市总数的1/2；创意产业完成企业订单1亿元，带动相关产业产值30亿元；电商企业达到301家，实现年交易额108亿元。

经济发展方式加快转变。深入开展项目建设年活动，万达中心等89个项目快速推进，兰德国际等11个项目竣工投用，180个重点项目完成入库投资413亿元。全力推进“招大引强”，成功举办招商大使年会，新引进百联奥特莱斯等主导产业项目44个，总投资816亿元。全面加快产业载体建设，金水科教园区新引进地理信息导航产业园等项目41个，总投资141亿元；金泰信息技术服务中心等7个项目一期主体封顶。金水特色商业区实现主营业务收入150亿元。金水（获嘉）产业新城起步区16万平方米厂房主体封顶。

【机构与领导】中共金水区委：书记郑灏东；副书记陈宏伟、苏建设；区委常委：郑灏东、陈宏伟、苏建设、牛晓萌、杨林、王爱辉（女）、杨洁（12月任）、李建超、李继东、徐卫东、时博。

区委工作部门：办公室主任丁胜全（1月免）；机要局局长王建锋；群众工作部（信访局）部长曹可艳，常务副部长、信访局局长刘艳萍（女）；组织部部长李建国（4月免）、时博（4月任）；机关工委书记段佳荣（女，满族）；宣传部部长杨林（1月任）；文明办主任赵蔚（女）；统战部部长王爱辉（女，1月任）；台办主任王忠；工商联主席李江波；民族宗教委主任巴姝靖（女，回族）；政法委书记徐卫东（1月任）；老干部局局长张敏（女）；编办主任宋陆岩（女）。

区委直属事业单位：党校校长苏建设；档案局局长胡景帅；科协主席贺秀斌；残联理事长陈玉新（女）；绩效办主任（暂缺）。

区十二届人大常委会：主任薛燕（女）；副主任李贻忠、常新河、许贵舟、燕建华、刘营敏、冯景义、王静（女）、张涛。

区人大常委会工作机构：办公室主任李慧敏（女）；财经工委主任薛文平；法制工委主任林宇峰；城建工委主任陶宏智；代表联络工委主任崔海东；教科文卫工委主任单敬坤；信访办主任王丽（女）；老干部管理办主任邱媛

11月23日，国家知识产权局党组书记、局长申长雨到金水区调研

（女）。

区人民政府：区长陈宏伟；常务副区长李建超；副区长王爱辉（女，1月辞）、王智明（1月任）、赵高翔、姚方海（1月辞）、张华、樊安民（1月辞）、徐雄、张士先（1月辞）、赵德武、李小虎（1月任）。

区政府工作部门：办公室主任竟新宇；外侨办主任（暂缺）；法制办主任（暂缺）；发改统计局局长崔文修；物价局局长陈玉清；教体局局长王珂；科技局局长库晓（女）；工信委主任王延军；监察局局长刘建伟；民政局局长刘健；司法局局长刘耀东；财政局局长袁先锋；人力资源和社保局局长鞠卫；国土资源局局长梁新生；安监局局长李怒潮；城乡建设局局长李敏（女）；房管局局长许银欣；交通局局长郭峰；城管执法局局长李国强；城市管理局局长王国安；环保局局长孙华民；农委主任赵竞生；商务局局长刘军；文化旅游局局长杜海营；卫生局局长张遂喜；人口计生委主任张沛（女）；审计局局长司金涛。2015年3月，区卫生局与区人口计生委合并为区卫生和计划生育委员会，主任暂缺；区房管局与区城乡建设局合并为区住房和城乡建设局，局长暂缺。

区政府直属事业单位：城改办主任何守华；爱卫办主任吕志献；征收办主任周玉梅（女）；投资公司经理余志钦（3月任）；楼宇办主任连卿（3月免）；事管局局长张岚（女）；数字化中心主任陈亚文（女）；开发公司经理徐工（3月免）、于建勋（3月任）；科技园区管委会主任张双喜；红十字会会长张士先（1月免）、赵德武（1月任）；接待办主任徐峰杰；采购中心主任刘琴（女）；投资评审中心主任周保民；粮食管理中心主任李俊勇；综合交通办主任冯新杰；滨水产业带管委会主任郑长林。

政协区八届委员会：主席武建民；副主席王克勤（1月辞）、王庆豪（1月辞）、孙鲜龙（1月辞）、王居良、赵海叶（女，1月辞）、宋红霞（女）、张建民（1月辞）、杜艳洁（女）、刘凌云（女，1月任）。

区政协工作机构：办公室主任张书林；城建环保委主任张竹萍（女）；民主法制委主任刘雷立；经济科技委主任徐工；学习文史提案委主任王彩虹（女）；港澳台侨委主任邢惠娟（女）；委员管理联络委主任王建伟（女）；文教卫生委主任吴兆强；老干部管理办主任连艳丽（女）。

中共区纪律检查委员会书记：牛晓萌。

区人民武装部部长：周学军；政委：李继东。

区人民法院院长：杨发群。

区人民检察院检察长：梁平。

区群团组织：工会主席李劲松（女，满族）；团区委书记吴昊；妇联主席马晓宇（女）。

科教园区管委会主任：陈宏伟（1月免）、王智明（1月任）。

街道：丰庆路街道党工委书记王金城，办事处主任郑迎波；杨金路街道党工委书记樊安民（兼，4月免），常务副书记郝俊昌，办事处主任齐建立；国基路街道党工委书记高学峰，办事处主任孔之见；丰产路街道党工委书记刘运泽，办事处主任彭涛；南阳路街道党工委书记李力（女），办事处主任李国梁；南阳新村街道党工委书记姚霞（女，4月免）、连卿（4月任），办事处主任白平坤（回）；花园路街道党工委书记李东，办事处主任刘继峰；人民路街道党工委书记杨振茂，办事处主任董青丽（女，回）；经八路街道党工委书记叶齐科（4月免）、周纪斌（4月任），办事处主任周纪斌；文化路街道党工委书记李长虹，办事处主任王麟乐；杜岭街道党工委书记秦历源（女），办事处主任花磊；大石桥街道党工委书记张向奥，办事处主任李迪；东风路街道党工委书记张双喜（兼），常务副书记李华（女），办事处主任梁振国；未来路街道党工委书记杨振玉（4月免）、聂思军（4月任），办事处主任聂思军；北林路街道党工委书记杨宇峰，办事处主任牛易；凤凰台街道党工委书记赵伟峰，办事处主任翟俊杰；兴达路街道党工委书记刘楠，办事处主任黄涛。

【区域发展】 重点领域改革取得新进展。深入推进“五单一网”制度改革，梳理确认行政权责事项9105项，优化行政审批事项98项，压减率达38.75%；清减行政事业性收费4项，清减率达15.38%。积极探索PPP模式，成功运作棚户区改造基金、城市发展基金、科教园区PPP项目基金和新兴产业创投基

2月17日，省委书记、省人大常委会主任郭庚茂到金水区慰问

金，总规模达到525亿元，成功落地89亿元。率先在全市建立了社会公共治理联动指挥中心，各类问题的发现和处置能力大幅提升。

科技创新能力获得新提升。建成中科院过程所郑州分所等科技创新服务平台7个，新增院士工作站6家，工程技术研究中心累计达到136家；成功引进国家“千人计划”专家何伟、彭秀东和省级“百人计划”专家张翼冠落户该区。专利申请量突破4000件，其中新增国际专利授权6项，实现了金水区国际专利授权“零”的突破。新增高新技术企业8家、科技型企业183家，销售收入超亿元的高新技术企业达到19家，高新技术产业增加值突破100亿元。

创新创业环境实现新改善。初步构建了科技公共服务、金融服务、创业孵化服务三大公共服务体系，先后为1.4万家企业提供检测、研发等技术服务；建成孵化器8个、众创空间3个，入驻创业项目（企业）380家；帮助707家中小微企业融资19.8亿元，河南金象文化等4家企业实现“新三板”上市；成功承办郑州（首届）国际创新创业大会暨全球众筹峰会，顺利举办首届“创赢未来”全国大学生创新创业大赛和第三届郑州服务外包创新大会，全区“双创”热情更加高涨，发展活力竞相迸发。

【城区建设】 大棚户区改造实现重大突破。新启动7个城中村改造、4个合村并城项目、1个旧城改造以及5个零星棚户区改造共17个改造项目，三环内、四环外大棚户区改造项目全部完成，三环四环之间大头落地；顺利完成纬三路水产市场等6个市场外迁，拆除建筑物1263万平方米，腾出土地358.8公顷。新开工小铺等安置房项目23个，累计回迁群众6.7万人。率先在全市探索建立了依法保障下的充分协商、良性征迁机制，征迁遗留问题在法治轨道上有序解决。

综合承载能力持续提升。强力实施“畅通郑州”工程，普庆路等35条道路建成通车，纬四路等40条道路整治完成，农业路快速通道、轨道交通5号线等重大市政工程征迁工作顺利推进，新增停车泊位3.8万个。全面提升精细化管理水平，推行常态化联合执法，占道经营、乱停乱放等城市管理顽疾正在逐步解决。积极构建“三级三类”便民服务体系，新（改扩）建各类便民服务项目1294个，城区服务功能显著增强。

生态环境建设扎实推进。大力实施“蓝天工程”，辖区216处工地覆盖防尘网1000万平方米、绿化73万平方米、硬化72万平方米；淘汰黄标车3589辆，完成灭失车辆登记11230辆。大力推进“绿色金水”建设，科教公园和4个街头游园建成开园，8条道路绿化、24个区管游园整治提升、文化路等生态

9月1日，市委常委、郑东新区党工委书记、管委会主任张建慧出席郑东新区与金水区签约仪式

廊道绿化任务全部完成，建成区绿化覆盖率达到43%。

【民生保障】 社会保障日趋完善。坚持将财力最大限度地向民生领域倾斜，全年民生项目支出达到37.8亿元，持续办理了就业、住房、供暖等一大批民生实事。全年完成就业创业培训11543人次，新增就业再就业31953人。新开工公共租赁住房项目2个，分配公共租赁住房951套。投资6000万元，完成金成热力等6台燃煤锅炉改造，系统解决了44万平方米住宅集中供暖问题，惠及群众4000多户。

【社会事业】 天明路小学等5所学校竣工，城区中小学在校学生生均经费分别提高到846元/年和640元/年，实现翻番；成功承办全国青少年校园足球工作研讨会等国家级教育体育活动，金水教育品牌在全国打响。圆满完成第五届社区居委会换届选举，在全省建立了首个社会组织孵化基地。扎实推进出生缺陷一级预防，免费孕前优生健康检查5532对夫妻，成功创建“国家级妇幼健康优质服务示范区”，顺利通过“全国基层中医药工作先进单位”复审。成功举办第三届中国（郑州）国际街舞大赛，开展送文化进基层演出700余场次，“人文金水”更具魅力。

【社会治理】 网格化管理深入推进，排查各类问题21.2万起，处置办结20.6万起，办结率达97.25%。坚持领导接访、矛盾排查化解和信访联席会议等制度，妥善处理群众反映的难点问题；坚持不懈地开展安全隐患排查整治，消除隐患2.2万处；持续强化食品安全领域监管，深入开展各类专项治理；积极预防和妥善处置各类群体性事件，依法防范和严厉打击违法犯罪活动，营造了稳定和谐的社会环境。

【政府自身建设】 依法行政更加深入。认真落实区人大及其常委会的决议决定，自觉接受人大法律监督和政协民主监督。不断健全领办督办工作机制，共办理人大代表建议和政协委员提案142件。深入推进政府信息公开，主动公开政府信息8000余条，向公众提供信息查阅服务10000余次。深入推进“六五”普法，办理行政复议案件37件，纠正不当行政行为2起。

权力运行更加规范。统筹推进工商质监体制调整、食品药品监管体制改革和卫生计生机构改革，顺利完成新一轮政府机构改革。大力推进商事登记制度改革，新办理各类企业登记5.1万户。持续提升行政审批效率，压缩审批环节，办理时限由法定的3470天压缩至1485天，累计压缩1985天。完善政府工作规则和议事规则，政府决策更加科学、民主、公开。

自身建设更加扎实。深入开展“三严三实”专题教育，延展深化教育实践活动成果，“三公”经费支出较2014年减少20%。排查群众反映强烈的“四风”和腐败突出问题线索22件，给予政纪处分10人，移送司法机关2人。突出对预算执行、政府投资、经济责任等方面的审计监督，节约财政资金6414万元。

【“十二五”成就】 “十二五”期间，金水区综合实力始终位居中部六省城区前列。2015年，全区地区生产总值、全社会固定资产投资、社会消费品零售总额分别是“十一五”末的1.6倍、2.2倍、1.5倍；地方公共财政预算收入于2014年率先在全省迈入“50亿元俱乐部”，2015年又突破55亿元，是“十一五”末的1.9倍。金水经济社会发展迈上了新的台阶。

城区空间和承载能力大幅提升。

先后启动大棚户区改造项目66个，累计拆除建筑物4974万平方米，腾出土地2533.33公顷，建设安置房项目52个，大棚户区改造大头落地。积极参与陇海路高架、金水路西延等重大市政工程，完成征迁67.3万平方米。2015年建成区面积达到71.45平方公里，城市化率达到92%。

推动发展方式加快转变。紧紧围绕全省现代服务业核心集聚区建设，确定了“1+N”产业布局，明确了金融商贸和高技术服务产业主攻方向，基本形成了以金融商贸和高技术服务为主导，楼宇、商圈、特色街区和总部经济等为支撑的现代产业体系。2015年全区三次产业结构调整为0.1∶9.9∶90，高端引领、集约集群的发展态势全面彰显。

发展动力和活力得以充分释放。率先在全省探索推行了“三室一庭、四权分离”城市管理行政执法新模式；率先在全省出台了一系列助力大众创业、万众创新的扶持政策；率先在全省成立了中西部首个互动型飞地经济产业示范区——金水（获嘉）产业新城；率先在全省设立了首家区级金融港；率先在全省探索了PPP投融资模式，全省首只棚改基金落户金水区；率先在全省创建了2个大学生创业园，运营面积2.8万平方米，入驻项目269个，创新创业活力不断迸发。

辖区群众享受到更多经济发展成果。围绕打造“一刻钟便民服务圈”，持续强化民生领域投入，解决了一批就业、就学、就医等民生问题。率先在全市探索建立了以网格为载体“坚持依靠群众推进工作落实”长效机制，累计排查各类问题128万起，整治率达98.9 %；新（改）建中小学68所，新增小学教学班932个、中学教学班306个，平均班额降至56人，“上学难”问题和“大班额”问题得到明显缓解；投资5.2亿元建设了金水区总医院，构建了区总医院—乡镇卫生院—社区卫生服务中心三级医疗体系，初步解决了“就医难”问题；完成各类培训5.4万人次，新增就业再就业12.9万人，城镇调查失业率控制在4%以内；累计建成和规范提升各类便民服务项目3583个，实现了社区层面全覆盖并逐步向大型楼院延伸，基本形成了布局合理的网状服务体系，群众生活更便捷、居住更美好。

（窦　凯）

二七区

【概况】 2015年，二七区总面积156.2平方公里，其中耕地面积18.66平方公里，园地面积18.65平方公里，林地面积22.40平方公里，建成区面积36.25平方公里。辖14个街道办事处、1个乡、1个镇，107个城市社区，2个村改居，40个农村社区，13个行政村。总人口781445人，其中城镇人口696736人。2015年人口出生率为10.82‰，死亡率为4.81‰，自然增长率为6.01‰。

全区地区生产总值完成471.4亿元，同比增长9.2%，总量和增速在市内六区均排名第二。其中，第一产业增加值完成0.5亿元；第二产业增加值完成86.3亿元，同比增长7.2%；第三产业增加值完成384.7亿元，同比增长9.9%；全区三次产业结构比例为0.1∶18.3∶81.6。一般公共预算收入累计完成30.7亿元，同比增长8.12%，总量和增速在市内六区均排名第二，完成年度预算的100.06%。规模以上工业企业完成增加值43亿元，同比增长7.7%，总量和增速在市内六区均排名第三；规模工业总产值累计完成190.9亿元，同比增长6%。全区固定资产投资完成407.3亿元，同比增长20.2%；总量在市内六区排名第二，增速在市内六区排名第三，增速高于市平均增速0.6个百分点。全区社会消费品零售总额完成393.6亿元，同比增长12.8%；总量在市内六区排名第二，增速在市内六区排名第一，高于市平均增速1.3个百分点。全区出口总值完成11879万美元，同比下降14.6%；实际利用外商直接投资22790万美元，同比下降1.7%。城镇居民人均可支配收入达到30660元，同比增长10%；农民人均纯收入达到19397元，同比增长11%。

【机构与领导】 中共二七区委：书记：蔡红（女）；副书记：陈红民、李晓雷；区委常委：蔡红（女）、陈红民、李晓雷、张全金、王玉红（女）、卢书选、李峰（12月免）、丁文霞（女，12月免）、赵吉平（12月免）、胡新生、黄卫东、翟国防（12月任）、程洋（12月任）、袁斌（12月任）。

区委工作部门：办公室主任赵吉平；组织部部长丁文霞（女）；宣传部部长王鲁明（1月免）、黄卫东（1月任）；统战部部长王玉红（女）；政法委书记卢书选；群工部部长曹宪武；机关党工委书记杨芳（女）；编办主任董跃武；党校常务副校长冯晶丽（女）；老干部局局长徐建宇（女）；档案局局长张艳玲（女，3月免）、牛志宏（女，3月任）；信访局局长曹宪武（8月免）、冯军（8月任）。

区十五届人大常委会：副主任张丽英（女）、姚实（1月任选）、郭穆顺、柳建华、周国建（1月辞）、武志亮（1月辞）、靳凤英（女，1月辞）、兰海、杨明军、周国堂。

区人大常委会工作机构：办公室主任陈庆；城建工委主任任书庆；财经工委主任赵建堂（3月免）；代表联络工委主任刘德斌；法工委主任李玲（女）；教科文卫工委主任杨录生；信访室主任杨志华；机关老干部科科长雷芙蓉（女）；预算工委主任李新亮（3月任）；经济工委主任赵建堂（3月任）。

区人民政府：区长陈红民；副区长李峰、于珊（女）、袁斌（1月任）、刘利、董治会、唐莉军（1月任）。

区政府工作部门：办公室主任马世锋；地志办主任刘琴（女）；法制办主任吕锋卫；接待办主任刘长海；社管办主任李志刚（3月免）、郭向东（3月任）；食安办主任张晓慧（女）；畅通办主任王志平（3月免）；人防办主任（空缺）；民族宗教局局长法建军（3月免）、吕学斌（3月任）；监察局局长张军；行政服务中心副主任张斌（主持工作）；商务局局长王晓东（3月免）、井燕（女，3月任）；工信委主任张建忠；卫生与人口计生委主任王章正（3月任）；人力资源和

1月24日，国务院副秘书长、国家信访局局长舒晓琴到二七区视察矛盾排查、人民调解工作

社会保障局局长陈卫东；社保管理局局长薛燕（女）；财政局局长张建森（3月免）、王永利（3月任）；发改和统计局局长王永利（3月免）、时金华（3月任）；教体局局长刘子科；民政局局长苏连成；农业农村工委主任王国华；粮食局局长靳发宏；审计局局长李新亮（3月免）、朱松山（3月任）；城市管理执法局局长牛军领；科技局局长田培红（女）；建设局局长秦玉凤（女）；环保局局长邵建勇（3月免）、冯保强（3月任）；司法局局长张爱云（女）；交通局局长阴小强；爱卫办主任张新波；建设投资公司总经理崔宗晓（3月免）、王琳（女，8月任）；数字化城管指挥中心主任王琳（女）；投资促进服务中心主任王晓琳（女，3月免）；文化旅游局局长牛志宏（女，3月免）、肖锋（3月任）；安监局局长刘少卿；机关事务管理局局长高武汉（10月免）、刘长海（10月任）；物价局局长冯保强（3月免）、法建军（3月任）；住房保障服务中心主任刘钰（女，1月免）、李志刚（3月任）；房屋征收补偿办主任徐力夫；南水北调办主任田喜增；煤矿监管办主任牛学峰；土地储备中心主任张超（3月免）、张艳玲（3月任）；红十字会常务副会长井燕（女，3月免）、邵剑勇（3月任）；新型城镇化建设综合协调办主任毛新辉；城市管理行政执法局局长朱继光；食品药品监管局局长张晓慧（女，10月任）。

政协区八届委员会：主席于广志；副主席陈爱萍、李琳、吴书文、王同超、袁新生、曾平。

区政协工作机构：办公室主任李锦勇；老干部科科长翟伟锋；提案委主任田留锁；联络委主任刘来群；农业委主任鲁香敏（女）；经济科技委主任闫宗汉；社会和法制委主任牧秋君（女）；城建环保委主任黄晓江；宣教文卫体委主任刘栋（女， 月任）；文史资料办主任郭磊；港澳台侨委主任魏兵。

中共区纪律检查委员会书记：张全金。

区人民武装部部长：杨振河（2月免）、吕庆星（2月任）；政委：胡新生。

区人民法院院长：王焰斌。

区人民检察院检察长：丁铁梅（女）。

区群团组织：总工会主席张新云（女）；团区委副书记牛真（女，主持工作）；妇联主席李素佩（女）；残联理事长侯俊雷；科协主席任随意；工商联党组书记卢学俊。

乡镇、街道：侯寨乡党委书记丁文霞（女，兼任），常务副书记崔工作（3月免）、南中洋（3月任），乡长南中洋（3月免）、魏红利（3月任）；马寨镇党委书记王玉红（女，3月免）、袁斌（3月任），常务副书记刘丽红（女），镇长谢金旺；大学路街道党工委书记海鸥（3月免），第一书记马建（3月任），书记赵伟（女，3月任），办事处主任周彪（3月免）、崔宗晓（3月任）；五里堡街道党工委书记鲁林林（女），办事处主任魏锋；福华街街道党工委书记岳伟（市下派），办事处主任张振威；建中街街道党工委书记李景光，办事处主任李振伟；蜜蜂张街道党工委书记张振国，办事处主任李青青（女）；铭功路街道党工委书记张伟新（3月免）、路军（3月任），办事处主任王峰（3月免）、苏丹（女，3月任）；一马路街道党工委书记马建（3月免）、周彪（3月任），办事处主任徐建（3月免）、张巧云（女，5月任）；解放路街道党工委书记朱松山（3月免）、徐建（3月任），办事处主任尚可；德化街街道党工委书记卢书选（8月免）、黄卫东（8月任），常务副书记马遂鑫，办事处主任赵伟（女，市下派，3月免）、王志平（3月任）；淮河路街道党工委书记赵红林，办事处主任秦召玉；嵩山路街道党工委书记胡仲泰（3月免）、张勋（3月任），办事处主任张勋（3月免）、冯沛（女，3月任）；长江路街道党工委书记黄新宏，办事处主任路军（3月免）、周松杰（3月任）；京广路街道党工委书记张祎，办事处主任王晓东（3月任）、余莉（女，4月免）；人和路街道党工委书记张超（8月任），办事处主任魏辉利（8月任）。

【产业结构调整】 坚持主导产业升级和新兴产业培育并举，大力实施开放创新“双驱动”战略，以开放创新推动结构转型、促进经济发展。产业结构调整步伐加快。高端商贸产业品质持续提升，郑州华贸中心等一批高端商业综合体签约落地，德化无限城、正弘凯宾城等大型商贸项目建成使用，二七万达广场、华润万象城、德化新街等一批消费中心正加速形成，京莎鞋业电子商务产业园等传统批发市场实现成功转型，二七特色商业区获得河南省特色商业区建设“金星奖”。现代食品制造产业不断壮大，康师傅新面厂、花花牛一期等项目正式投产，帝益肥等企业成功上市，马寨产业集聚区晋级全省“一星级”产业集聚区。生态文化产业发展加快，老家印象休闲旅游度假区、樱桃沟国际艺术村等项目成功签约，打造生态游、采摘游、文化游等多条精品旅游线路，樱桃沟景区荣获“中国乡村旅游创客示范基地”等多项国家级荣誉。

【新兴产业蓬勃发展】 电子商务产业发展势头强劲，培育36家重点网商企业和中部地区最大的交易平台“世贸商城”，河南网商园交易额保持高速增长，中国中部电子商务港等重点项目即将建成运营。现代物流产业快速起步，平安智慧物流园等龙头型物流企业落户二七区，苏宁智慧物流园等项目建设顺利，与现代服务业相配套的物流服务体系正加速形成。楼宇经济持续壮大，已投入使用的商务楼宇47栋，其中纳税超千万元的商务楼宇13栋，汇聚企业总部1500多家，实现税收总额8.9亿元。

【开放水平和创新能力显著提升】 新签约路劲文化创意产业园等重大项目26个，签约额近600亿元，凤凰岛国际交流中心等5个“五职”招商项目实现当年签约、当年开工，二七区被评为“郑州市重大招商引资项目先进单位”。完善项目例会推进、台账管理、节点控制、全程服务、考核讲评等机制，60个重大项目完成投资350亿元，绿地滨湖国际城一期等项目已竣工，二七区连续4年荣获“郑州市重大项目建设先进单位”称号。启动了4个创新创业综合体建设，引进创业团队130多个，在孵企业230多家，“U创港黄河众创空间”被科技部认定为全国首批众创空间；探索形成了政府与高校优势互补、合作双赢的“政校共建”创新创业新模式，受到了省市主要领导的高度肯定，二七区荣获“郑州市创新创业工作先进单位”称号。

【城乡建设与管理】 以“人的城镇化”为核心，突出重点，破解难点，城乡建设品质和管理水平不断提升，连续3年荣获“郑州市新型城镇化建设先进单位”称号。安置房建设等重点工作快速推进。实现14个村庄、14处零星棚户区和5个项目拆迁清零，完成征迁1800万平方米，在绕城高速围合区域100平方公里范围内，基本实现了规划全覆盖、土地指标全覆盖、拆迁大头落地。坚持“拆迁先拆违”，拆除各类违法建设30.1万平方米。开工安置房256万平方米，刘砦等8个项目115万平方米安置房实现回迁，惠及群众3.1万人，在全市率先实现拆迁群众回迁50%以上的目标。

规划土地等难点工作得到有效破解。高标准编制了《二七区城乡总体规划（2015-2030）》，完成了现代田园城规划、马寨新镇区控规等36个区域规划和专项规划编制，为加快“三区融合”发展提供了科学指导。加大土地“报、批、征、供”和存量建设用地盘活力度，实现报地356.13公顷、批回169.8公顷、征收260.33公顷、供地226.6公顷。健全“借、用、管、还”良性循环融资机制，筹措各类资金91.2亿元，为全区城乡建设提供了强有力的资金保障。

城区功能进一步完善。南溪路等18条城区道路、郭樱线等4条农村道路建成通车，郑航北路等14条道路正加快建设；新建停车场129处、停车泊位

41378个；配合做好“畅通郑州”工程拆迁，金水路西延、陇海快速路等市建道路已通车。新建、改扩建公厕41座、垃圾中转站4处。启动4个变电站、2个自来水加压泵站和侯寨水厂建设，黄岗变电站已投入使用。大学路、嵩山路、南四环等5条道路地下管网建设列入市城建计划，正在进行管网一体化改造。“三级三类”便民服务设施加快完善，区行政服务中心等3个区级项目、黄岗寺等18个居住区级配建项目建成使用，“布局合理、功能完善、服务高效、方便快捷”的“15分钟便民生活圈”雏形初现。

城乡环境不断优化。强力实施“蓝天工程”，围绕“两保一争”目标，开展工地扬尘治理等11项专项整治；创建32.8平方公里无燃煤区，取缔“新五小”企业31家；河医监测点周边3公里区域内污染源得到有效治理，213个工地全部达到“六个100%”标准，城区道路基本实现“五净五无”，淘汰报废黄标车9758辆，在全市大气污染防治年度综合考评中位居市内五区第一。积极实施“生态绿化工程”，南水北调生态文化公园示范段基本完工，郑登快速路生态廊道建设全部完成；整治提升8个街头游园，新增绿地51.7万平方米。持续做好金水河、尖岗水库等水系综合治理，完成70余处排污口整治。坚持“建管并重”，针对“脏乱差”等城市顽疾和“四乱”问题，开展城市精细化管理“百日行动”，德化步行街、二七广场周边、河医周边等重点难点区域整治成效显著，在全市城市精细化管理年度综合考评中排名居市内五区第一。

【民生保障与社会事业】 坚持公共财政向民生领域倾斜，民生领域支出达到19.7亿元，占一般公共预算支出的70.2%，年初确定的民生实事目标圆满完成。社会保障水平持续提升。实现城镇新增就业23614人，占年度目标的118%。全面落实低保、困难救助等各项基础保障政策，发放各类救助补贴1383.3万元。积极推进社会保险事业发展，完成“五险合一”并轨运行，社保基金积余突破16亿元。新开工建设公共租赁住房1170套，基本建成3092套，超额完成目标任务。新农合保障水平大幅提升，在全市率先将人均筹资标准提高到586元，最高支付限额提高到55万元，累计发放补偿金3591万元，参保率达到99.1%。

探索市场化学校建设模式，支持鼓励社会资本投资教育，郑州外国语分校、省实验小学分校等一批名校落户二七区；新建、改扩建中小学幼儿园16所，新增学位近1.5万个。大力实施文化惠民工程，举办公益演出活动105场、公益大讲堂100场，培训文化骨干2.2万人；建成综合文化站10个、文化活动中心89个，区文化馆、图书馆被评为国家二级馆。积极保障残疾人权益，扶残助残工作成效显著，被评为“河南省残疾人工作先进单位”。

【社会大局和谐稳定】 深化“长效机制”建设，依托网格化管理平台，有效解决了一批“看得见管不住、管得住看不见”的民生问题。严格落实信访稳定“四包一”责任制，健全矛盾纠纷多元化解机制，全区矛盾纠纷调解率和上三级信访案件按期办结率均达100%。积极推进防范和处置非法集资工作，非法集资高发多发态势得到有效遏制。健全视频巡逻防控网络，全区技防覆盖率达到97%以上。扎实开展安全生产“百日攻坚”和“打非治违”行动，加大消防、煤矿、建筑、危化、食药等重点领域隐患排查治理，重点整治居民楼院电线私拉乱扯、彩板房消防隐患和电梯安全等问题，全区安全形势持续好转。

【政府自身建设】 全面贯彻落实中央八项规定和省市有关规定，扎实开展“三严三实”专题教育和“三查三保”活动，政风建设取得了积极成效。深入推进依法行政，完善科学民主依法决策制度，自觉接受人大及其常委会监督、政协民主监督和社会监督，办理人大代表建议和政协委员提案158件，办复率100%。认真落实“五单一网”改革，编制政府权责清单7406项、行政审批事项清单104项，取消行政审批事项36项。积极推进政府信息公开，依申请公开信息85件，办复率100%。建立“明确目标、分解任务、建立台账、督导检查、兑现奖惩”的工作推进机制，政府工作效能持续强化提升。加大重大项目、重点工程、专项资金等重点领域的监察审计力度，审查审计项目172个，核减节约资金2.42亿元。严格落实党风廉政建设责任制，加大从源头上预防和治理腐败的力度，营造了良好的干事创业环境。

（胡　雷）

管城回族区

【概况】 2015年，管城回族区总面积112.67平方公里，其中城区面积32.88平方公里。辖9个街道办事处，76个社区居委会；1个镇、1个乡，26个行政村，1个农村社区。总人口414820人（含圃田乡），其中回族人口22280人，占全区人口5.3%。2015年人口自然增长率为17.3‰。

2015年，全区地区生产总值完成306亿元，比上年增长8%；一般公共预算收入完成22.97亿元，比上年增长5.4%；规模以上工业增加值完成33.4亿元，比上年增长12.7%；固定资产投资完成296亿元，比上年增长18%；社会消费品零售总额完成258.6亿元，比上年增长7.8%；城镇居民人均可支配收入达到28837元，比上年增长9%；农民人均纯收入达到20435元，比上年增长10%。

【机构与领导】 中共管城回族区委：书记袁三军（11月免）、王东亮（11月任）；副书记虎强、武拥军；区委常委：袁三军（11月免）、虎强、武拥军、杜敏生、张平安、胡俊伟、王晓军、杨洁（女）、柴丹（女）、刘守斌、张艳敏（女）。

区委工作部门：办公室主任刘守斌；组织部部长柴丹；宣传部部长杨洁；统战部部长张平安；政法委书记王晓军；监察局局长郭庆伟；群众工作部部长郭剑锋；机关党工委书记张丽君

7月29日，海外华裔青少年“中国寻根之旅”河南营到二七区参观非物质文化遗产

（女，8月任）；党校常务副校长郭宝生；老干部局局长马晓红（女）；档案局局长朱红亚；编办主任李鑫（女）。

区十四届人大常委会：主任牛延平；副主任李蝴蝶（女）、刘三修、郑水泉、刘同杰、谢晓东。

区人大常委会工作机构：办公室主任魏峰；教科文卫工委主任赵秋霞（女）；财经工委主任李香梅（女）；城建农村工委主任徐长发；法工委主任巴忠义；代表民族工委主任王立磊；民族宗教工委主任陈瑞兰（女）；信访室主任周福利；老干部管理办主任毛松峰。

区人民政府：区长虎强；副区长张艳敏（女）、安惠萍（女）、高和平、罗国君、史伟、耿国志、苏莹玺、曹东锋。

区政府工作部门：办公室主任闫凯（2月免）、张平（2月任）；人力资源和社保局局长杨国华；财政局局长朱宣合；工信局局长乔希望（11月免）、聂晓红（女，12月任）；农业农村工委主任马万锋；人口和计生委主任邢惠君（女）；发展改革和统计局局长冯麟（女）；教文体局局长穆培华（12月免）；信访局局长海彦玲（女）；民政局局长周满堂；民族宗教局局长巴晓娟（女）；畅通办主任张静安；城乡建设和交通运输局局长赵栓来；环保局局长张红（女）；卫生局局长张彦军；司法局局长白刘军；审计局局长贾宝蕴（女）；城管执法局局长赵晨阳（1月免）、单书欣（2月任）；科技局局长吴俊斐（女）；粮食局局长陈宏安；机关事务局局长马建军；住房保障服务中心主任李行义（2月免）、张献忠（2月任）；商务局局长李金平（女，2月免）、张佰勇（2月任）；安监局局长魏良平；文化旅游新闻出版局局长李静（女）；文物局局长陈瑞勇（2月免）、李金平（女，2月任）；人防办主任李惠萍（女）；爱卫办主任陈俊杰；房屋征收与补偿办主任张献忠（2月免）、胡广宇（2月任）；南水北调办主任郝碧锋；建设综合开发总公司总经理王志华（12月免）；物资总公司经理王峰；接待办主任乔喜玲（女）；国资局局长孔艳玲（女）；投资评审中心主任王芳（女）；社区建设服务局局长高山岭；史志办主任周遂枝（女）。

金岱产业集聚区：主任虎强；常务副主任武拥军；副主任杨荣军（主持工作）。

垂直管理部门：国土资源局局长袁涛；工商局局长李建伟；国税局局长史越；地税局局长李志生；质监局局长杨泽；规划分局局长韩杰；食药监分局局长屈新义；市公安局商城路派出所所长王晓军（兼），政委陈艳芳（女）；市公安局二里岗派出所所长刘冰，政委张峰；市公安局南关派出所所长（空缺），政委顾健；市公安局十八里河派出所所长刘丛德，政委聂学锋；消防大队大队长李玮峰，教导员王夕。

政协区七届委员会：主席刘霞（女）；副主席韩红伟、陈兵、李雪宁（女）、雷金亮。

区政协工作机构：办公室主任陈孝明；民族宗教港澳台侨委主任郭海涛（女）；科教文卫委主任张红军；提案委主任冯雅莉（女）；经济委主任庄红梅（女）；城建社会法制委主任翟建平；学习宣传文史资料委主任陶丽丽；农业人口环境资源委主任刘子明（2月免）、刘坤（2月任）；联络委主任张志远；老干部管理办主任刘坤（2月免）、李行义（2月任）。

中共区纪律检查委员会书记：杜敏生。

区人民武装部部长：郭兴军；政委：胡俊伟。

区人民法院院长：谢凯歌。

区人民检察院检察长：王耀世。

区群团组织：总工会主席盛伟；团区委书记王歌（女）；妇联主席孟沛（女）；科协主席郑银铃（女）；残联理事长游东梅（女）；工商联主席韩红伟。

街道、乡镇：北下街街道党工委书记巴姝芳（女，2月免）、滕方炜（2月任），办事处主任滕方炜（2月免）、马勇（2月任）；南关街道党工委书记高建峰（2月免），副书记沙建武（2月任，主持工作），办事处主任沙建武（2月免）、赵玉（女，2月任）；陇海马路街道党工委书记刘本勇（2月免）、郭磊（女，2月任），第一书记刘本勇（2月任），办事处主任单书欣（2月免）、陈瑞勇（2月任）；二里岗街道党工委书记虎金治，办事处主任刘斌（2月免）、李杰（2月任）；城东路街道党工委书记柴丹（女，兼），常务副书记张平（2月免）、刘斌（2月任），办事处主任郭磊（2月免）、李旭东（2月任）；东大街街道党工委书记曹广凤，办事处主任李颖辉；西大街街道党工委书记李伟民，办事处主任张海军；紫荆山南路街道党工委书记王遂其（2月免）、侯春雷（2月任），办事处主任侯春雷（2月免）、陈新义（2月任）；航海东路街道党工委书记王永善，办事处主任庞福荣；南曹乡党委书记周福利（2月免）、王传胜（2月任），乡长王传胜（2月免）、陈慧君（2月任）；十八里河镇党委书记李阳东（2月免）、高建峰（2月任），镇长王志峰。

【优化结构促转型】 按照“做大主导强支撑，优化结构促转型，狠抓项目增投资，扩大开放添动力”的思路，推进主导产业提质增效。全区服务业增加值完成197亿元，同比增长7.5%，占GDP的64.3%，第三产业的主导地位更加稳固。紫荆山路与东西大街“黄金十字架”区域汇集黄金珠宝企业近300家，年交易额超300亿元，占全市黄金珠宝交易总量的70%以上，商业体量达50万平方米的百荣国际鞋城，以及110万平方米的百荣国际食品城、百货城主体已封顶；总投资35亿元的中部大观国际商贸中心已完成招商30万平方米；总投资20亿元的绿都商业中心（一期）已建成；商都物流园累计引入传化物流“郑州公路港”、中储物流园等9个物流项目，物流业的集聚发展效应逐步显现。金马电子商务成为全省首批网上交易额破百亿的企业；保税国际线下进口商品直购中心正式开业迎宾；中原黄金珠宝文化创新创业综合体完成投资4亿元，先期培育中心已入驻研发设计企业32家；回家软件有限公司成功入选国家互联网与工业融合创新试点单位。以商都遗址博物院和郑州市文物考古研究院

1月22日，全国政协副主席、国家民委主任王正伟到回民第一小学调研民族教育工作

国家级特色商业街国香茶城茶文化特色街

项目为带动，少林•开元盛世文化产业园、河南文化大厦、国香茶城商业文化中心等文化旅游产业项目加快建设，实现旅游经济收入约3亿元。宇通集团继续领跑全国客车制造行业，加快在全球布局；福耀汽车玻璃年度总产值达到4.8亿元。全区汽车制造业增加值完成27.3亿元，占规模以上工业增加值的81.8%。28个纳入考核的省市重点项目，完成投资88.2亿元，占年度计划的122.3%；81个区级重点项目，完成投资241.7亿元，占年度任务的186%。新签约360御玺时代广场、商都国际文化酒店、云时代广场等13个项目，签约金额95亿元，荣获“郑州市重大招商引资项目先进单位”称号。引进境内域外资金103亿元，外贸出口7.7亿美元，实际利用外资9881万美元。

【城乡建设】 全域城镇化进程不断加快，全年累计征迁各类建筑516万平方米，被评为“郑州市新型城镇化建设先进单位”。辖区四环以内村庄全部启动征迁。启动大棚户区改造项目8个，姚庄、大王庄、郎庄、小刘等4个村已完成征迁，南小李庄、柴郭、刘东等3个村正在加快推进，商都遗址博物院片区项目（一期）国有土地附属物已完成签约97%；坚持依法保障下的充分协商、良性征收机制，征迁遗留问题基本实现清零。全区在建安置房项目15个，总面积380万平方米。新启动安置房项目6个，开工面积125万平方米；回迁项目2个，回迁面积28万平方米，4280名群众乔迁新居。提高棚户区改造货币化安置率，“两院”项目货币化安置率达到84%；积极化解安置房存量，回购村民安置房2万平方米。南四环快速路、京广路南延、紫荆山路南延、陇海路快速通道等市政重点工程征迁遗留问题全部解决；启动21条断头路打通工程，金环路、岗南路等14条道路建成通车；南部路网体系中金岱路、紫辰路、豫六路、豫十路已建成。修订《管城回族区十八里河镇、南曹乡总体规划（2012–2030年）》，各片区控规正在加紧完善；实现各类融资68.73亿元，置换政府性债券26.45亿元；批回土地159公顷，完成供地80.13公顷，投入2.3亿元购买533.33公顷基本农田异地代保指标，为全区未来发展留足了空间。

【城市管理】 坚持将集中治理与长效管理相结合，城市基础功能完善与精细化管理相结合，全区环境更加整洁有序。针对火车站商圈、北顺城街、大上海城周边等41个城市乱点，相继开展城市精细化管理“百日行动”等专项整治，有效治理城市“四乱”问题。整治提升管城街、郑新里、货站北街等8条道路，整修车行道5万平方米；新建停车场41个，新增停车泊位15278个；新建垃圾中转站3座、公厕13座；查处违法建设169起，拆除面积32.7万平方米；完成市场外迁9家，升级改造1家。完成“两环三十一放射”生态廊道、铁路沿线等区域绿化174.8万平方米；升级改造商都遗址公园、紫新苑等5个游园绿地；建成区绿化覆盖率达37.5%。深入推进大气污染防治，严格按照“6个100%”标准治理全区105个工地；加大辖区255条道路的保洁频率；整改406辆油罐车，全区31座加油站完成油气回收治理；1485处门店安装油烟净化器；淘汰黄标车6894辆；整治河道排污口15个。

【社会事业】 民生支出18.05亿元，占公共财政总支出的72%，为民承诺“实事工程”圆满完成。保障性安居工程加快建设，建成公租房2533套，分配入住1250套。就业再就业政策全面落实，新增城镇就业再就业18607人，城镇登记失业率控制在4%以内。社会保障体系逐步完善，全区基本养老保险参保人数达5.5万人，基本医疗保险和生育保险参保人数达3.9万人，新农合参合率达99%，五保户集中供养率100%。发放低保资金918万元，惠及1341户；对城乡低保、五保家庭实施医疗救助300人次，发放救助资金111.5万元；对105户残疾人家庭免费实施无障碍改造。

教育资源配置持续优化，全年新、改（扩）建学校10所，新增优质学位7620个；外国语牧歌小学、创新街紫荆小学等4所学校已投入使用；免除城乡义务教育阶段学生“两免一补”资金3472万元；积极引进优质教育资源，与郑州市外国语中学、回民中学等名校达成联合办学意向。为农村4500名65岁以上老人和3200名环卫工人免费进行了体检；区人民医院新院正式投入使用，十八里河镇卫生院完成改造。社区服务水平全面提升，深入开展“社区建设提升年”活动，投入3500万元用于社区建设，打造蓉湾社区、西堡社区等星级社区10个，新增服务用房2.1万平方米；圆满完成第五届社区居委会换届选举工作。围绕打造“15分钟便民生活圈”，加快推进“三级三类”市民服务中心建设，启动建设便民服务项目50个，西大街便民服务中心成为全市亮点。公共文化服务网络更加健全，建成社区文化活动中心57个、公共电子阅览室61个，基本实现公共文化服务全覆盖。持续关注老干部生活，建成总面积2000平方米的老干部活动中心。科技兴区战略效果显著，连续10年保持“全国科技进步先进区”荣誉称号，建成市级科技成果体验基地20家，宇通客车荣获“国家科技进步二等奖”，成为全国唯一获奖的整车企业。民宗外侨工作全面进步，荣获“河南省民族团结进步模范集体”称号，代书胡同社区被评为“全国社区侨务工作示范单位”。促进人口均衡发展，继续保持“国家级人口优质服务先进区”称号。

着力构建“横到边、纵到底、全覆盖、无缝隙”的三级网络体系，全年发现社情13.2万件，办结率达98.3%。信访大局保持稳定，深入开展“信访积案清零”活动，全区非访总量下降71%。高度重视食品药品安全，严厉打击各类食品药品违法犯罪行为。安全生产责任明确，加大安全隐患排查力度，完成661个楼院的充电车棚（桩）建设，全年未发生重大安全事故。

【政府自身建设】 巩固党的群众路线教育实践活动成果，扎实开展“三严三实”专题教育，坚持问题导向，聚焦整改，以解决问题的成效来检验专题教育的成果；认真落实中央八项规定，政府机关作风明显改进，服务能力明显增强，行政效率明显提高。加强“五单一网”改革，梳理权责清单6648项，在全市率先开展行政审批四级联动，取消非行政许可事项15项；深化部门预算、国库集中收付制度改革，积极推行电子化政府采购，全年节约资金1.3亿元；加快政府机构改革，食品药品、工商质监、卫生计生等部门完成合并，职能职责进一步明确。弘扬民主法治，充分发挥民主党派、无党派、工商联参政议政作用，加强与工会、共青团、妇联等人民团体的联系；自觉接受人大及其常委会的法律监督和政协的民主监督，办理人大代表建议110件、政协委员提案152件，办结率达100%。严控“三公经费”，全面推行“公务灶”接待、“公务卡”支付制度，公务开支进一步降低。强化资金监管，评审各类政府投资项目71个，核减资金1.06亿元；完成审计项目125个，基本建设项目核减工程造价2303万元。完善惩治和预防腐败体系建设，坚持用制度管人、管权、管事；认真履行党风廉政建设“两个责任”，坚持党风廉政建设与经济发展统筹兼顾，两手抓两手硬、双促进双落实。

（王　忠）

中原区

【概况】 2015年，中原区总面积97.1平方公里。辖12个街道，46个行政村，243个村民小组，114个社区调整为91个社区。总人口751288人。2015年人口自然增长率6.96‰。

2015年，全区生产总值完成320.9亿元，同比增长8.1%。其中第二产业增加值完成92.8亿元，同比增长2.8%；第三产业增加值完成227.3亿元，同比增长10.9%。三次产业结构为0.3：28.9：70.8。公共财政预算收入完成28.8亿元，同比增长3.41%。规模以上工业增加值完成50.3亿元，同比增长0.1%。社会消费品零售总额完成176.6亿元，同比增长12.5%。固定资产投资完成272.4亿元，同比增长20.8%。

【机构与领导】 中共中原区委：书记王万鹏；副书记王鸿勋（11月免）、乔耸（11月任）、苏西刚；区委常委：王万鹏、乔耸、苏西刚、高天翼、王正轩、李长义、吴铁路（1月免）、苏进平（6月免）、杨洁（女，1月免）、陈春梅（女）、车建伟（1月任）、丁胜全（1月任，6月免）、成小波（1月任）、程雨笋（6月任）。

区委工作部门：办公室主任丁胜全（1月任，6月免）；组织部部长李长义；宣传部部长吴铁路（1月免）、成小波（1月任）；统战部部长杨洁（女，1月免）、王正轩（1月任）；政法委书记王正轩（1月免）、车建伟（1月任）；群众工作部部长李卫林；信访局局长冯铁生（3月免）、闫勤智（3月任）；文明办主任雷海超（6月免）、宋伟明（6月任）；老干部局局长张玲（女）；党校常务副校长杨文毅；机要局局长陈琳（女）；档案局局长曹永祥；编办主任谢辉；接待办主任张丽娜（女）。

区十五届人大常委会：主任贾成义（1月任）、陈纪忠（1月任）；副主任何进平（1月免）、张永国、李喜安、郭明立、靳爱菊（女，1月免）、王建业（1月免）、刘花明（女）、余泽军、吕文。

区人大常委会工作机构：办公室主任徐君伟；法制工委主任苏海涛（3月任）；城建工委主任任德福；财经工委主任李海亮；代表联络工委主任张学勤；老干部科科长马艳红（女）；信访室主任勒红伟。

区人民政府：区长王鸿勋（11月免）；副区长、代理区长乔耸（11月任）；常务副区长陈春梅（女）；副区长成小波（1月免）、王宏军、王泰峰、徐卫东（1月免）、陈耀宗、杨洋（女）、邵春雨、那磊（1月任）。

郑州中原新区（郑州纺织产业园区）管理委员会主任：王鸿勋（11月免）、乔耸（11月任）。

郑州中原常西湖新区管理委员会主任：成小波。

郑州中原特色商业区管理委员会主任：樊立伟（8月任）。

区政府工作部门：办公室主任赵启恒；教育体育局局长吴晓昊；民族宗教局局长景明；区直机关事务管理局局长罗云（6月免）、雷海超（6月任）；人力资源和社保局局长宋文广；科技局局长梅琳；发展改革和统计局局长苏宝民（6月免）、牛振军（6月任）；商务局局长韩中亮；工业和信息化局局长王明党；卫生局局长马德岭（12月免）；农业农村工委主任刘季科；人防办主任王新权；司法局局长李文智；民政局局长刘专民；城市管理执法局局长杨盘山；城市管理行政执法局局长苏保富；人口和计生委主任邢辉（女，6月免）；财政局局长孟金池（6月免）、苏保民（6月任）；审计局局长李平涛；爱卫办（创建办）主任毛国友；监察局局长秦云鹏；优化经济发展环境局局长秦文清；国土资源局局长魏瑞民；安监局局长刘志伟；文化旅游局局长陈烈；城乡建设局局长张海林；环保局局长牛振军（6月免）、邢辉（女，6月任）；交通运输局局长海宪岭；房管局局长朱永建；物价局局长高琪（女）；房屋征收与补偿办主任苏海涛（3月免）、冯铁生（3月任）；南水北调局局长闫超群；地方史志办主任王冬梅（女）；城中村改造工作领导小组办公室主任雷文（女，9月免）、唐炜（女，9月任）；旧城（棚户区）改造工作领导小组办公室主任孙建民；城区交通管理办公室主任魏东一（9月免）；合村并城新农村建设工作领导小组办公室主任王金杰；粮食局局长海志刚（6月任）；卫生和计生委主任马德岭（12月任）；工商和质监局局长王建修（12月任）；食品药品监管局局长崔金瑞（12月任）。

政协区八届委员会：主席姚朝社；副主席韩根有、张遂亮（1月免）、韩世昉（女）、苏振文、钟文明、黄乃林、张冠军。

区政协工作机构：办公室主任徐斌；社会法制委主任杨百祥；经济科技委主任胡青；宣教文卫体委主任张红军；港澳台侨民族宗教委主任牛淑君（女）；委员联络委主任魏彦娣（女，12月免）。

中共区纪律检查委员会书记：高天翼。

区人民武装部部长：付东杰；政

7月1日，省委常委、省纪委书记尹晋华到中原区调研“四项基础制度”建设情况

委：苏进平（3月免）、程雨笄（3月任）。

区人民法院院长：徐薇（女）。

区人民检察院检察长：王青（女）。

区群团组织：工会主席李艳玲（女）；团区委书记李嵘（女）；妇联主席李娜（女）；科协主席楚菊芬（女）；残联理事长任莉（女）；红十字会常务副会长金红（女）。

街道：须水街道党工委书记苏西刚，办事处主任孙涵（3月免）、刘向峰（3月任）；西流湖街道党工委书记郭宏力（3月免）、乔富霖（3月任），办事处主任乔富霖（3月免）；航海西路街道党工委书记程浩（3月免）、师河龙（3月任），办事处主任师河龙（3月免）、马卫华（3月任）；中原西路街道党工委书记崔晓，办事处主任黄涛；林山寨街道党工委书记王东甫，办事处主任侯慧芳（女）；桐柏路街道党工委书记李红超，办事处主任刘学桢；绿东村街道党工委书记赵青（女），办事处主任胡志军；棉纺路街道党工委书记周岭，办事处主任霍小庆；三官庙街道党工委书记常建明（3月免）、李卫林（3月任），办事处主任樊志峰；建设路街道党工委书记李红信，办事处主任李建华（女）；秦岭路街道党工委书记王政英（女），办事处主任吴孝刚；汝河路街道党工委书记刘淑霞（女），办事处主任宋盼峰。

【“十二五”成就】 2015年，中原区生产总值完成320.9亿元，与“十一五”末相比（下同）增加133亿元，年均增长8.4%；第三产业增加值完成227.3亿元，增加106.7亿元，年均增长9.5%；公共财政预算收入完成28.8亿元，增加13.6亿元，年均增长12.8%；社会消费品零售总额完成176.6亿元，增加61.8亿元，年均增长13.7%；固定资产投资五年累计完成969.1亿元，是“十一五”期间的4倍，年均增长23.5%；三次产业结构为0.3：28.9：70.8，中原区正大步从老工业区走向新兴服务业大区。区域发展协调推进。以产业集聚区和市民公共文化服务区建设为契机，分别规划建设了中原新区和常西湖新区。经过五年的快速发展，中原新区逐步成为产城融合的重要平台，常西湖新区成为引领全区发展的龙头，城市框架明显拉大。城市面貌焕然一新。强力推进大棚户区改造，34个行政村、109个自然村完成或基本完成拆迁，拆迁体量超7000万平方米，腾出土地2400公顷，为全区今后发展提供了广阔空间；新建、打通道路47条；新增绿地471万平方米；陇海路快速通道建成通车，轨道交通1号线开通运行；全区城市化率达90.5%。人民生活显著改善。重民生、谋民利、解民忧，新增财力优先倾向民生事业。新改扩建中小学、幼儿园28所，新增学位18730个；新增城镇就业12.6万人；救助城乡低保家庭8552户，发放低保资金5301万元；城乡居民人均可支配收入年均分别增长10.9%和12.9%；新农合、城镇居民医保制度全面建立，人民群众的获得感、幸福感和满足感不断增强。

【全域城市化建设】 2015年，中原区启动段庄、马庄、白家庄、西岗郑上路以北、冯湾、白寨、二砂、赵仙洞、铁炉、须水、庙王、郭厂、道李等村庄的拆迁工作。截至年底，完成了马庄、段庄等18个村（组）拆迁，累计完成各类拆迁2079万平方米，荣获2015年度全市新型城镇化建设先进单位称号，拆迁总量连续四年位居市内五区第一。积极运用依法保障下的充分协商良性征收拆迁工作机制，三官庙等遗留多年的拆迁问题基本解决。农业路快速通道、轨道交通5号线、黄河路西延等7项重点工程征迁任务基本完成。全力推进安置房建设。全区有安置房工地21处，分别是罗庄、六厂前街、南陈伍寨二期、煤田地质局、朱屯、白庄、桐树王、三官庙、西京花园、孙庄、东陈伍寨、北陈伍寨、赵坡小京水、大李西岗、北卧龙岗、周新庄、李江沟、林山寨、三官庙、后牛庄、中原文化广场；截至年底，桐树王、周新庄、北卧龙岗、南陈伍寨二期等6个安置房项目部分主体封顶；总面积约46万平方米的罗庄、白庄等3个安置房项目建成，1376户群众实现回迁。投资7210万元，在老城区修建鸿运路、西流湖路、锦艺路、锦嵩路等8条道路，整治提升文化宫路等5条道路。完成图书城市场和毛线市场外迁任务。努力改善城区环境，陇海西路生态廊道完成景观绿化30万平方米，全区新增城市绿地53万平方米；陈伍寨公园、六厂前街游园建成开放，“二横二纵六湖一库”（两横，即秀水河、南水北调中线干渠；二纵，即须水河、贾鲁河；六湖，即须水湖、西流湖、秀水湖、九曲莲湖、植物园内湖、柳沟水库；一库，即常庄水库）设计方案已通过专家评审。须水镇总体规划（2014—2030）获市政府批复。完成土地收储308.8公顷，实现土地“招拍挂”90.33公顷。出台了支持区三大平台公司发展政策，形成了职能互补、拆借灵活、收益互助、信用互保的良性运行机制。

【城市管理】 2015年，中原区扎实开展城市精细化管理。积极推进华山路以东、淮河路以北、建设路以南、嵩山路以西约8平方公里城市精细化管理先行区建设，在重点区域周边道路两侧加装硬隔离，实现人车分离；加大对占道经营等行为整治力度，规范提升便民疏导点7个，建设路街道“摊贩自治”管理模式在全市推广；利用拆迁空地建设临时停车场，新增停车泊位6352个。保持对违法建设的高压态势，累计拆除各类违法建设180万平方米。加强市政基础设施建设，新建公厕4座、垃圾中转站2座、游园3个、街头绿地2处。区财政投入近1000万元，购置道路吸尘车17台，在全市率先实施道路吸尘作业；购置小型环卫清扫车22台，有效解决了人行道、慢车道和背街小巷的扬尘治理问题。机械化清扫区域由西三环延伸到四环以内所有市政道路，不间断地实施道路冲洗和洒水降尘作业，机械化清扫率由年初的60%提升至年末的80%。在上合组织成员国首脑（总理）理事会在郑召开期间，全区干部群众顾大局、识大体，全民动员，全员上阵，对全区28个乱点、6条重点道路进行集中整治，为会议的顺利召开做出了积极贡献，被评为全市服务保障工作先进单位。

大气污染防治工作不断深化。在

7月30日，省妇联副主席吕娜到中原区桐柏路风和日丽社区调研妇联基层组织建设情况

2月11日，省发改委副主任王红到中原区察看春节期间商品供应情况

全市率先引进巡航式无人机，进行环境执法监察；在三环内创新采用外部封闭、内部雾化的封闭式拆迁，在三环外采用高空喷淋、炮车雾化、地面洒水的全方位立体式拆迁，有效削减了拆迁扬尘；在全区20家大中型饭店安装了油烟在线监测系统。全力遏制工地和道路扬尘。严格落实“6个100%”（施工现场围挡率100%、工地物料堆放覆盖率100%、路面硬化率100%、车辆冲洗率100%、湿法作业率100%、运土车辆密闭率100%）要求，投入9800万元，对全区156个工地进行整改，完成覆盖570万平方米，绿化314万平方米，硬化176万平方米，建成后牛庄、宏江中央广场等精品工地39个。以道路“无尘化”为目标，规范渣土车运输行为，投资2000万元，建设马庄垃圾消纳场，实现了建筑垃圾循环再利用。加大黄标车淘汰力度，淘汰黄标车6865辆。拆改燃煤锅炉3台，全部使用天然气。

【重点项目建设】 2015年，中原区有省、市重点建设项目27个，其中列入考核开工竣工、年度投资、协调服务与建设环境的项目22个。总投资398.86亿元，年度计划投资69.4亿元，全年省、市重点项目累计完成投资220.7亿元，占年度投资计划的318%。重点项目中，新开工项目10个，分别是安德电力设备产业园建设项目、省会文化设施建设打捆项目（现代传媒中心、文化艺术中心、文博展示中心和奥林匹克体育中心）、国网河南省电力公司电力科学研究院计量中心“四线一库”生产基地项目、焦作隆丰皮草企业有限公司瑞驰有限公司毛皮深加工项目、河南大中原物流港项目、郑州市市民公共服务中心核心区交通及基础设施建设工程、机械工业第六设计研究院有限公司高科技信息园项目、中原区李江沟商业综合体项目、盛润·锦绣城商业东广场项目、汇泉西悦城商业文化广场项目；竣工项目3个，分别是郑州市第十九中学（初中部）塑胶运动场及地下停车场项目、郑州市中心医院全科医生临床培养基地及门诊综合楼项目、郑州市社会福利院改扩建项目。

【经济发展】 2015年，中原区经济发展后劲持续增强。创新招商思路，改进招商方式，建立产业发展招商引资工作机制，累计引进域外境内资金159亿元，新签约招商引资项目13个，总投资额达311.8亿元。产业体系逐渐优化，在发展壮大传统商圈的同时，积极推进白鸽文化创意产业园、中晟银泰国际中心等10个总部、商业、创意项目，谋划绿地中原新区起步区、麦德龙等现代服务业项目。金马凯旋家居CBD家居MALL、中国中部纺织服装品牌中心、锦艺国际轻纺城开业运营，家居、纺织服装产业集群初具规模；大中原汽车物流港主体完工，大商集团在全省最大的单体综合性卖场——大商新玛特中原新城店开业。威尔克科技、鸿贝科技先后在“新三板”成功挂牌，实现了中原区中小企业在“新三板”挂牌零的突破。创新创业体系逐步完善。成立了中原互联网创意产业园，30余家企业入驻或签订入驻意向；橙石创科投资5000万元，设立“创客中心”；“中原时尚”创新创意创业综合体培育中心完成装修；实施科技创新领军人才培养工程，在全市率先出台了《引进培育创新创业人才（团队）实施办法》，引进创新创业团队50余个；云顶、娅丽达等8家服装企业，全年网上销售额达11.8亿元；强化政校合作，与河南工程学院等高等院校签订战略合作协议，共建大学生创新创业孵化基地；昊晟科技等3家企业，被省工信厅认定为“河南省中小企业公共服务示范平台”。认真落实“三证合一”“一照一码”工商登记制度改革，全年新办企业6003户、个体6720户，分别比上年增长126%和160%。

【民生保障】 2015年，全区深入开展食品药品安全“进机关、进社区、进校园、进农村、进企业”宣传活动，提高全民食品药品安全防范意识；严把行政许可环节、食品生产和流通环节、餐饮服务环节，推动食品安全状况不断好转；开展了节日期间食品安全、盒饭市场、校园食品安全、散装白酒、肉类及其制品、火锅底料、食用油、农村食品等多项食品安全专项整治行动，让辖区群众吃得放心。开展对农资、儿童用品、建筑防水卷材、车用燃油、净水器产品、电商产品生产企业等7次执法打假专项行动，规范企业生产行为，让群众用得放心。进一步加大安置房建设力度，升龙天汇广场（朱屯）项目、梧桐新语项目、锦艺国际轻纺城项目、和昌湾景国际项目、正商明钻沁园5个保障性住房项目基本建成，共建保障性住房1485套，总面积73332平方米。栖湖怡家项目、正商金域人家项目、嵩阳苑项目共配建有公共租赁住房797套。发放廉租住房补贴246万元，1172户居民享受实物配租。低保补助资金标准由每人每月470元提高到520元，救助城乡低保家庭1498户2189人，累计发放低保资金1024万元。加大对残疾群体的帮扶力度，发放各项助残优惠政策资金318万元。就业规模不断扩大，全年新增城镇就业26067人，始终保持零就业家庭动态为零，全区登记失业率稳定在3.5%。城乡居民社会养老保险资金达到2647万元，参保覆盖面进一步扩大。全区82名孤寡、空巢老人享受到居家养老服务。发放义务兵优待金、复退军人生活困难救助金、现役军人抚恤金、退役士兵自主就业经济补助等资金1600万元。

【社会事业】 2015年，继续推进基层医疗卫生机构综合改革，全区13家社区卫生服务中心、31家社区卫生服务站、1家乡镇卫生院、26个行政村、29家市直机关单位及56家区直机关单位开展片医服务，全部实施地图式定位责任服务管理，形成了集预防、医疗、保健、康复、健康教育、计划生育“六位一体”的综合服务模式，走在了全市前列。建立“社区双向转诊制度”，初步形成“城区居民15分钟就医圈”。林山寨社区卫生服务中心、汝河路社区卫生服务中心分别被评为国家级和省级示范社区卫生服务中心，须水卫生院被评为国家级群众满意乡镇卫生院。新农合区级配套资金提高至每人每年150元，参合人数达到69584人，参合率99.79%，基本实现全覆盖。全年有107558人次从新型农村合作医疗制度中得到医疗保险基金补偿。人口和计划生育工作进一步加强，人口出生率保持在11‰。强化计划生育优质服务，实施“单独两孩”政

4月23日，省政协副秘书长王克俊到中原区调研民主协商工作

策，发放计划生育家庭奖励资金996万元。基础教育水平不断提高。2015年共投资30077万元，新建平安街学校、工农路小学、互助路小学阳光校区、金桐路幼儿园、金田路幼儿园、玉轩路幼儿园等6所中小学和幼儿园；投资8400万元，改扩建中原区外国语小学、伏牛路第四小学、建设路第二小学3所学校；新增学位5880个。面向社会公开招聘教师142人，师资力量进一步加强。加大名师培养力度，成功创建"黄锐小学数学工作室""魏建莉幼儿教育工作室"2个省级名师工作室，评选中原区第二届杰出教师10名，培养专业技术拔尖人才、省市骨干教师、省市优秀教师等共110名。深化课程改革，积极组织教学成果和教育科研论文评审，共获省、市课题立项169项，获省、市教科研成果奖111项；组织参加国家、省、市级优质课评比，共获奖项116项。科技文化事业取得新进展。全区企事业单位获得市级科技进步奖12项，金泰制罐等65家企业被认定为省级科技型企业，新增专利1900项，获得"河南省科普示范区"称号。建设路街道阳光新城社区被评为国家地震安全示范社区。绿东村街道四季园社区获得全国"基层科普行动计划"奖。委托清华大学编制了"十三五"文化产业发展规划。以"中原国粹大讲堂"为平台，免费为辖区居民提供优质公益型文化素质培训，开办14个门类培训班400期，培训2万余人次。新建阳光新城、秦江、帝湖3个社区图书馆。成功举办河南省首届青年戏剧节，郑州爱乐轻音乐团举办公益演出10余场，丰富了群众业余文化生活。

【社会治理】 2015年，网格化管理长效机制逐步完善，全区累计排查各类问题72024起，整改解决71477起，办结率为99.2%。积极推进"三级三类"便民服务中心建设。改造提升社区服务中心13个，新增社区政务便民服务站12个，新建社区养老服务中心10家；建立基层四项基础制度，整合社区资源，加强阵地建设，将114个社区调整为91个，全区2000平方米以上的社区活动场所达26个，1000-2000平方米的社区活动场所达45个，圆满完成了第五届社区"两委"换届，社区服务能力和服务水平大幅提升。安全生产和信访稳定工作进一步加强。积极开展安全生产"大排查、大整治、大督察"活动，及时消除了一批安全隐患；建成安全和谐型社区（村）78个，安全生产标准化企业10家，全区未发生重大以上生产安全责任事故。坚持召开党政信访联席会，严格落实"四到位"工作机制，全区信访形势总体平稳，赴京非访人次与上年相比下降60%，集访、个访人数分别下降32%、44%。深入开展平安中原创建活动，依法防范、严厉打击各类违法犯罪活动，群众安全感进一步提升。"六五"普法工作圆满完成，建西社区等11个社区（村）被评为省级民主法治示范社区（村）。

【政府自身建设】 2015年，认真开展"三严三实"专题教育和"三查三保"活动，谋划成立了全区重点工作推进小组，政府工作科学化、规范化水平不断提高。深入推进重点领域和关键环节改革，完成了行政审批制度改革、政府机构改革等5项改革事项，特别是通过"五单一网"改革，初步实现了权责事项集中进驻、网上服务集中提供、数据资源集中共享；投资体制改革等31项改革事项正在抓紧推进。积极探索村级（社区）"小微权力"清单改革，不断推进基层党风政风监督检查制度建设，有效遏制了基层不正之风。坚持向区人大及其常委会报告工作，向区政协通报工作，认真办理人大代表议案、建议和政协委员提案，共办理人大代表议案2件、建议97件，政协委员提案142件，代表、委员的满意和基本满意率达100%。贯彻落实中央统战工作条例，广泛听取各民主党派、工商联、无党派人士的意见建议，充分发挥工会、共青团、妇联的桥梁纽带作用。

【新区建设】 2015年，中原新区整体形象初显。坚持规划先行，完成了中原新区城市总体规划修编，起步区安置区、柳沟安置区和三王庄安置区控规获得批复，马庄、白寨、庙王、二砂、三十里铺安置区等8个控规完成编制，控规覆盖率达到70%。积极推进基础配套设施建设。总投资10.26亿元的须水河以南片区26条道路实现开工建设14条，其中金马路、金桐路、常州路等10条道路建成通车；紫竹变电站建成并投入使用，紫藤变电站主体已完工，正在进行设备安装及进出线电缆铺设；须水河生态水系河道整治施工图设计及勘测基本完成，滨河景观设计已完成。马寨污水处理厂排水渠道工程，除郑西高铁段外，基本全线贯通。加快村庄拆迁改造，累计完成各类项目拆迁683万平方米。其中，白家庄与马庄片区拆迁基本结束，白寨片区宅基拆迁全面完成，二砂片区与庙王片区拆迁已完成80%，须水村拆迁工作正在快速推进。在马庄、白寨等片区拆迁中，探索性地进行货币化补偿，取得了较好效果，得到老百姓认可和市领导赞同。桐树王片区安置区一期工程21万平方米安置房主体封顶，二期工程（址刘安置区）14.2万平方米安置房正在建设；三王庄安置区已开挖基坑；起步区安置区一期39万平方米正在进行基础施工。重大产业项目建设进展顺利。金马凯旋家居CBD家居MALL建成运营，建材批发中心正在内部装修，建材MALL主体已完工，正在招商；中国中部纺织服装品牌中心项目2号、3号、4号商业馆投入使用，1号场馆装修已完成；奔驰汽车广场项目一期全年实现营业收入近10亿元，二期工程及时跟进；大中原汽车物流港项目14个4S店主体完工；中晟维港、中机六院等项目积极推进。

常西湖新区建设步伐加快。进一步明确了"政府主导、分级负担、区域平衡、滚动发展"的开发模式，工作重心由大拆迁向大建设转移，强势推进"强投资、大建设、快拆迁"三项重点工作。首批开工建设中原路以北区域站前大道、雪松路、文绣路、胜利路等11条道路共计24.18公里，兴国路、市民大道2条隧道共计3.3公里，地下交通环廊4公里，综合管廊5.6公里，至2015年末累计完成投资近6.5亿元。秀水河4.8公里，市民湖4.6万平方米，九曲莲湖7.84万平方米，道路、地下工程及水系等基础设施计划总投资126.09亿元。截至年底，健民路、洛水路、晨星路、兴国路、站前大道、雪松路等6条道路正在进行雨污水管道、路基、底基层工程施工；文绣路、胜利路2条道路正在进行污水管道施工；图强路、乐山路2条道路正在清表；兴国路隧道、市民大道隧道、中环廊、北环廊主体工程完工；主干路网体系雏形初显。11月10日，举行奥体中心、文博艺术中心、市民活动中心和现代传媒中心奠基仪式。郑州市行政审批服务中心开工建设。常西湖新区有安置区18个，2015年7月初启动西岗村郑上路以北区域拆迁，9月25日启动赵坡村拆迁，10月3日启动赵仙洞村拆迁，11月14日启动铁炉村拆迁。截至年底，白庄安置区已竣工；孙庄、东陈伍寨、北陈伍寨、南仗、小京水、大李—西岗（第一、第二村民组）6个安置区已开工建设；常庄、刁沟、址刘、柿园、宋庄、西岗村郑上路以北区域、赵坡、小张湾8个安置区已拆迁完毕，正在进行控规、修规编制审批及施工图设计；赵仙洞、铁炉2个安置区正在进行拆迁。

（赵志平）

惠济区

【概况】 2015年，惠济区总面积232.75平方公里，其中耕地面积7033.11公顷。辖6个街道、2个镇。总人口28.6万人，其中乡村人口8.3万人。人口自然增长率为6.37‰。

2015年，全区实现生产总值106.5亿元，比上年增长7.3%。其中，第一产业增加值5.9亿元，比上年下降1.5%；第二产业增加值46.2亿元，比上年增长1.9%；第三产业增加值54.4亿元，比上年增长14.8%。工业增加值完成22.4亿元，比上年下降3.4%。粮食总产量2.69万吨，比上年下降0.4%。财政一般预算收入完成12.5亿元，财政一般预算支出完成13.9亿元。固定资产投资完成165.7亿元。社会消费品零售总额完成108.1亿元。商品进出口总额完成0.5亿美元。实际利用外资10765万美元。城镇居民人均可支配收入达到27041元，人均消费性支出18168元；农村居民人均可支配收入达到20079元，人均生活费支出14541元。

【机构与领导】 中共惠济区委：书记王东亮（11月免）、黄钫（11月任）；副书记黄钫（10月免）、马军（10月任）、杨金军；区委常委：赵惠玲（女）、王雅伟、张卫民、崔平、刘宏伟、张东辉（12月免）、张士先、李伟光（12月任）、孙梅（女）。

区委工作部门：办主任崔平；机要局局长弓海军（1月免）；组织部部长王雅伟；机关工委书记王浩瞻；宣传部部长张卫民；文明办主任丁建国；统战部部长孙梅（女）；台办主任高歌（女）；工商联主席宋国彦；政法委书记张士先；编办主任马兆华（1月任）；老干部局局长史忠于（女，1月任）；档案局局长康卫军；档案馆馆长崔慧清（女）；党校常务副校长刘培军；监察局局长张根旺。

区二届人大常委会：主任禹舜；副主任陈建峰、刘满仓、宋国彦、李清海、高春声、华新定、袁加军。

区人大常委会工作机构：办公室主任刘勇；老干部科科长贾兴起；财经工委主任刘治军；代表联络工委主任师挺；法制工委主任孙正伟；来信来访办主任焦述宏；城建工委主任李建军。

区人民政府：区长黄钫（10月免）、马军（10月提名）；副区长张东辉（12月免）、李伟光（12月提名）、赵风军、杨勇、李文建、郑方燕（女）、李献武、戴玉振、赵登义、焦健。

区政府工作部门：办公室主任黄国彦；法制办主任宋梅英（女）；人防办主任肖新（1月免）、商桂平（女，1月任）；发展改革和统计局局长肖丰逸（女，7月免）；科技局局长李保国（12月免）；科技和工业信息化委员会主任弓永光（5月任）；教体局局长屈连武；民政局局长付广喜；财政局局长张红（女，7月免）、肖丰逸（女，7月任）；人力资源和社会保障局局长李睿彬；司法局局长宋保平；审计局局长王永忠；住房和城乡建设局局长李福顺（12月任）；交通运输局局长何景强；卫生和计划生育委员会主任刘博（5月任）；农业农村工作委员会主任李瑞；城市管理执法局局长禹金丽（女）；市政管理中心主任牛鸿飞；文化旅游局局长赵会勇；商务局局长段祥生（1月免）、肖新（1月任）；林业局局长王锋；安监局局长弓继军；环保局局长雷秀霞（女，7月免），副局长陈增林（7月任，主持工作）；食品药品监督管理局副局长卢雪华（女，7月任，主持工作）；食品安全委员会办公室主任卢雪华（女，12月任）；工商管理和质量技术监督局局长石朝伟（12月任）；机关事务管理局局长马兆华（1月免）、弓海军（1月任）；行政审批服务中心主任张克文；新型城镇化建设办公室主任李随有（1月任）。

政协区二届委员会：主席梁守海（12月免）、肖国俊（12月提名）；副主席宋金堂、李新安、谢和平、李建国。

区政协工作机构：办公室主任孙平安；经济委主任韩国林；提案委主任魏涛；教文体委主任陈百胜；社会和法制委主任李巧平（女，7月免）；老干部科科长于国彦。

中共区纪律检查委员会书记：赵惠玲（女）。

区人民武装部部长：王保国；政委：刘宏伟。

区人民法院院长：蔡理亮。

区人民检察院检察长：贾佳（女）。

区群团组织：总工会主席劳建新；团区委书记王凯；妇联主席弓育红（女）；科协副主席兰喜萍（女）；残联理事长王润香（女）。

街道、镇、开发区：刘寨街道党工委书记朱光明（8月免），党工委副书记胡斌（7月任，主持工作），办事处主任李向阳（1月免）、段祥生（1月任）；长兴路街道党工委书记赵登义，常务副书记耿建伟，办事处主任陈晓丽（女，1月免）、耿建伟（3月任）；老鸦陈街道党工委书记程嵩峰，常务副书记李向阳（9月免）、副书记陈伟森（8月任，主持工作），办事处主任张铁群；新城街道党工委书记杨金军，常务副书记胡斌（8月免）、朱光明（8月任），办事处主任杨喜军；迎宾路街道党工委书记王春晓（3月免）、张

1月6日，市长马懿调研彩虹桥大修工程筹备工作

东辉（3月任），常务副书记杨军（9月免）、李向阳（9月任），办事处主任王维翔（8月免），党工委副书记孙广斌（9月任，主持办事处工作）；大河路街道党工委书记贾新杰，办事处主任陈伟森（8月免），党工委副书记王国正（8月任，主持办事处工作）；古荥镇党委书记李振江（3月免）、王春晓（3月任），镇长张小海；花园口镇党委书记刘军杰，党委副书记陈晓丽（女，1月任，主持工作），镇长张志宏；郑州农业高新技术产业示范区管理委员会主任、党委书记王春晓；河南惠济经开区管委会主任、党工委书记申任；郑州惠济新区主任、党工委书记黄钫（10月免）、马军（10月任），常务副主任、党工委副书记杨金军。

【新型城镇化建设】 突出大棚户区改造，不断加快新型城镇化进程。安置房建设全面提速。10个项目主体封顶、部分建成，7个项目加快建设，新开工约102万平方米，主体建成约160万平方米。新建砖混结构过渡安置房项目10个，有效消除过渡安置区安全隐患。旧村征迁再掀高潮。新启动7个行政村的征迁工作，并已全部完成；迎宾路、刘寨、长兴路3个街道实现全域城镇化。要素运作成果丰硕。4个小城镇总规获批，出具“路条”“规划设计条件”343.73公顷，新增规划建设用地340公顷，累计19个项目控规，14个项目修规完成审批；完成土地征收23宗343.27公顷，供应35宗311.13公顷，土地出让收益超50亿元。拓宽融资渠道，全年融资26亿元；启动了全省首例PPP融资，为新型城镇化建设提供了强力保障。

【项目建设】 强化组团新区的平台集聚作用，以项目建设为引领，产业转型升级持续加快。组团新区综合实力快速提升。河南惠济经开区（惠济特色商业区）完成投资72.6亿元、营业收入226.9亿元，被郑州市评为“五强专业园区”；郑州农业高新区实现总产值3.61亿元；惠济新区连续两年被评为“郑州市两快组团新区”。现代产业体系加速构建。惠济万达广场落地开工，裕华富邦广场、中部两岸等项目正式营业，8个项目加快建设，商贸流通领域更具活力。河南百汇文化创意产业基地一期主体完工，河南城乡规划研究中心二期等项目有序推进，创意设计产业加速聚集。三全食品、思念食品续建项目加快推进，生态型工业不断壮大。惠济现代都市农业示范园建设过半，8个有机食品通过认证，2个产品获国家级金奖，现代农业实现了稳步发展。

【改革创新】 强化改革创新，大力招商引资，对外开放再结硕果。改革创新扎实有效。“四单一网”改革顺利完成，审定权责事项5905项、行政审批事项97项、行政事业性收费项目34项，惠济区“权责清单”被定为郑州市城区样板。机构改革深入实施，整合成立科工委、卫计委等机构，完成食品药品监管体系改革。商事登记制度改革有效落实，“三证合一”顺利推行。完成市政环卫体制改革，环卫作业范围扩大至北四环，惠济区被市政府授予环卫优胜杯。招商引资成效显著。引进联想河南增益供应链等项目16个，总投资约300亿元；全球最大的家居用品零售商——宜家家居选址惠济，是宜家家居在河南投资建设的第一个项目。引进楼宇企业40家，实现楼宇经济收入6742万元。引进境内域外资金100.6亿元，实际利用外资1亿美元。

【基础设施建设】 优先建设基础设施、公建配套设施，坚持建管并重，持续完善城市功能。道路建设掀起热潮。江山路拓宽改造工程、京广快速路北延一层实现通车，长兴北路等9条市建道路加紧施工；车站西路等14条区建道路建成通车；郑焦城际铁路和2个配套场站建成投用；沿黄快速通道一期主体完工，建成农村公路33公里，路网体系逐步健全。市政设施加速完善。马头岗污水处理厂基本建成，双桥污水处理厂开工建设。便民平台构建成型。“三级三类”便民服务中心规划初步完成，区市民服务中心等项目加快推进；刘寨街道居住区级中心建成服务站点25个，2个社区15分钟便民服务圈建设完成，19个无主管楼院物业管理得以全面改善。先行区精细化管理规范有序。沿街商户全面推行“一卡四色”分类管理，打造精品街1条，整修道路5条，建成停车位1792个，拆除违法建设29万平方米，户外广告、交通秩序整治等工作扎实推进，同步开展城市精细化管理百日行动，城区面貌焕然一新。

【生态建设】 坚持“增绿”“控污”两手抓，不断壮大生态优势。园林绿化再添新彩。新增绿地189万平方米，江山路北段生态廊道、连霍高速绿化带提升等项目完工，中州大道北段、京广快速路北延、沿黄快速通道景观绿化加快实施，绿化新竣工支线路网7条。古树苑改造、老年健身示范园项目完工，惠济中央公园项目稳步推进，郑州国家黄河湿地公园一期通过验收。生态水系治理持续深入。索须河天河路桥段提升工程完工，新建污水处理站7个，铺设污水管网8公里，堵截排污口27处；饮用水源地保护扎实开展。大气污染防治强力推进。道路和工地扬尘得到有效治理，黄标车治理、燃煤锅炉拆改、无燃煤区创建等工作成效显著。

【公共服务】 持续提升公共服务和社会保障水平，做到发展成果全民共享。宜学城区加速崛起。公开招录、聘用优秀教师220名。投入3.4亿元，建成教育项目13个，一个镇（街道）一所高质量公办幼儿园的目标基本实现。郑州四中、五十七中北校区等项目加快推进，辖区教育资源实现质、量双提升。卫计事业再上台阶。区人民医院新建项目即将投用，惠仁医院、市三院一期主体完工，区公共卫生服务中心开工建设。医疗卫生“云平台”项目建成，看病“难、贵、烦琐”问题得以缓解。新农合医疗补偿5631.9万元，受益群众31.6万人次。创新计生服务，区青春健康俱乐部作为示范基地在全省推广。就业和社会保障更加有力。创新创业综合体同步运营部分被确定为国家电子商务示范基地；占地4.53公顷的新建部分即将开工。城镇就业、农村劳动力转移就业任务全面完成。发放“两免一补”等教育补助3300万元，惠及学生5.9万人次。创新慈善载体，郑州市“衣暖人心慈善项目”在惠济区启动；创造性开展拥军

3月16日，区委书记王东亮、区长黄钫进行调研

优属工作，为困难军属帮建房屋，受到军内外好评。积极落实“三房合一”政策，公租房开工1192套，基本建成1115套。扎实开展“平安惠济”创建工作，未发生重大生产安全事故，社会大局和谐稳定。

【政府自身建设】 加强自身建设，转变政府职能。依法行政水平持续提升。严格执行区人大及其常委会的决议、决定，自觉接受区人大的法律监督、工作监督和区政协的民主监督，办理人大代表建议133件，政协委员提案112件，办结率、答复率均达100%。全面加强机关作风建设。认真开展“三严三实”专题教育和“三查三保”活动，实施工作纪律突击检查，严厉问责违纪干部，机关作风持续好转。深入推进惩治和预防腐败体系建设。坚持零容忍惩治腐败，全年立案32起、党政纪处分65人。财政预算执行、政府投资等审计力度持续加大，审计项目97个，评审政府投资项目377个，财政资金使用质量和效率不断提高。

（丁明伟 范雪莹）

上街区

【概况】 2015年，上街区总面积61.73平方公里，其中耕地面积1576.14公顷。辖5个街道、1个镇。总人口13.7万人，其中乡村人口1.2万人。全区人口自然增长率为3.12‰。

2015年，全区实现生产总值118.7亿元，比上年增长7.9%。其中，第一产业增加值0.4亿元，比上年减少26.3%；第二产业增加值75.7亿元，比上年增长8.1%；第三产业增加值42.6亿元，比上年增长7.8%。规模以上工业增加值完成71.8亿元，比上年增长8.5%。粮食总产量0.7万吨，比上年减少27%。地方财政一般预算收入完成12.0亿元，地方财政一般预算支出完成16.3亿元。固定资产投资完成139.5亿元。社会消费品零售总额完成47.6亿元。商品出口总额完成7861万美元，实际引进外资9198万美元。城镇居民年人均可支配收入36097元；农民年人均纯收入17857元。住户年末储蓄存款余额83.0亿元。

【机构与领导】 中共上街区委：书记宋洁（女）；副书记翟晓宾、李红乐；区委常委：宋洁、翟晓宾、李红乐、钱世哲、魏建民、崔世英、宋双兴、徐勇、马少军、王新伟、赵敏。

区委工作部门：办公室主任赵敏（1月任）；组织部部长魏建民；宣传部部长宋双兴；统战部部长崔世英；政法委书记马少军；巡察办主任丁志强（8月任）；机要局局长马风威（12月免）、吴永杰（12月任）；保密局局长

五云社区

王宁；网格办主任冯惠强；政研室主任王文豪（12月免）；档案局局长安青霞（女，3月任）；直属机关工作委员会书记李广久；党史办主任（空缺）；人才办主任李显发；目标绩效考核办主任郝斌；文明办主任部锋；外宣办主任蔡旭晓（女）；台湾工作办公室主任胡爱敏（女）；民族宗教局局长虎新伟（回族）；综治办主任张霞（女，12月免）、臧彬（12月任）；维稳办主任李怀超；群众工作部部长（空缺）；信访局局长王振宇（12月免）陈勇、（12月任）；编办主任张富强；事业登记局局长蔡文勇；老干部局局长樊向阳；关工委主任张虎平；党校校长李红乐。

区十二届人大常委会：主任周为国；副主任李华道、马丽（女）、朱书民、马松宝。

区人大常委会工作机构：办公室主任张光斌；法制工作委员会主任魏志强；财经工作委员会主任张威；城建工作委员会主任陈广宇；教科文卫工作委员会主任马丽平（女）；代表信访联络工作委员会主任张松茂；人事任免科科长张玉红（女）。

区人民政府：区长翟晓宾；常务副区长徐勇；副区长杜惠斌、王振慧、朱志刚、杨水军（挂职）、李献民、王继正。

区政府工作部门：办公室主任周伟杰；法制办主任张海涛；督察室主任（空缺）；金融办主任（空缺）；目标办主任（空缺）；史志办主任朱昌伟（3月免）、焦阳（3月任）；事务局局长陈亚萌；外侨办主任张华雯（女）；接待办主任祁亚；人防办主任曹铁信；发改委主任林虎；教体局局长刘玉贞（女）；科技局局长韩中秋；工信委主任张华君；公安局局长杜惠斌；民政局局长张俊超；司法局局长张富贵（3月免）、韩洪涛（3月任）；财政局局长牛志甫；人社局局长宋继宾；国土局局长刘铁强（回族）；安监局局长赵振乾（12月免）、张元恒（12月任）；住建局局长吕保良；城管局局长王兢（3月免）、杨满坡（3月任）；环保局局长张海涛（3月免）、秦永娜（女，3月任）；商务局局长张魁伟（3月免）、王胜利（3月任）；文广新局局长冯立新；卫计委主任王百峰（女，3月任）；审计局局长史瑞娟（女）；工商管理和质监局局长陈红伟（12月任）；食药监局局长刘晓辉（12月任）；房管中心主任何爱琴（女）；统计局局长王玉洁（女）；农业开发和扶贫办主任路继峰；投促中心主任马蕾（女，12月任）；粮管中心主任姚民（女）；疾控中心主任马景芳（女）；新型城镇化及城乡一元化办公室主任朱书民（3月免）、张立宏（3月任）；郑州通用航空试验区管委会主任李红乐；郑州上街职教园区管委会常务副主任徐勇，副主任李春发、平相乾；行政服务中心主任许发成；土地储备中心主任王利霞（女）；地产公司经理王立民；爱卫办主任吴建伟；国税局局长宋俊民；地税局局长王建忠；郑州供电公司上街客户服务分中心主任李群才（1月免）、刘可迎（1月任，6月免）、杨凤民（6月任）；烟草局局长邓子阳（7月免）、范泓（7月任）；邮政局局长刘海洋。

政协区八届委员会：主席邓书安；副主席武家寅、李新廷、吕现州、岳斌、赵文瑛（女）。

区政协工作机构：办公室主任阎光甫；专门委员会主任杨保军；提案委员会主任何奇志（女）；经济委员会主任闫荡西；社会和法制委员会主任陈俊杰；教科文卫体委员会主任马秋霞（女，3月任）；学习文史委员会主任路坦坦（女）；港澳台侨和民族宗教委员会主任（空缺）。

中共区纪律检查委员会书记：钱世哲。

区人民武装部部长：李向阳；政委：王新伟。

区人民法院院长：彭连城。

区人民检察院检察长：汪新亚。

区群团组织：总工会主席袁家伟；妇联主席苏建华（女）；团区委书记赵鹏；科协主席王淑勤（女）；侨联主席李长新（俄罗斯族，12月免）、杨月凤（女，12月任）；工商联会长薛景霞（女）；残联理事长王敬群（女）。

特技飞行表演

镇、街道：峡窝镇党委书记徐勇，党委常务副书记赵永军（3月免）、刘宁（3月任），镇长刘宁（3月免）、丁振江（3月任）；济源路街道党工委书记李立，办事处主任房玉雯（女，3月免）、张海涛（3月任）；新安路街道党工委书记李超，办事处主任马利伟；中心路街道党工委书记李金保（3月免）、房玉雯（女，3月任），办事处主任李智俊；工业路街道党工委书记李红乐，党工委常务副书记秦清宇，办事处主任张伟；矿山街道党工委书记杨满坡（3月免）、王兢（3月任），办事处主任杨剑秋（挂职）。

【新型城镇化建设】 2015年，完成区域内所有村庄拆迁，累计拆迁651万平方米；全年投资26亿元用于安置房建设，456栋安置楼已建成，444栋已封顶，累计建成安置房227万平方米，回迁群众4.3万人，回迁率达84%。在全市大棚户区改造中速度稳居第一，货币化补偿安置经验在全市推广。

委托上海同济城市规划设计研究院修编《上街区总体规划（2015-2030）》，实现了土地利用规划、产业发展规划、城市总体规划的“三规融合”，构建了支撑上街可持续发展的空间新格局。全年投资2.7亿元用于城市基础设施建设，新建、续建道路15条，竣工通车7条，20分钟全域通达的路网格局基本形成。新增供热面积201万平方米，南水北调配套水厂建成投用，第一污水处理厂提标改造顺利完成，新建便民充电桩7000余个，新建、改造提升“三级三类”便民服务中心14个。新建便民疏导点8个，新增公共停车泊位1780个。

【通航试验区建设】 全年完成投资39亿元，通航试验区的吸引力、辐射力、影响力显著提升。白云路、通航二路等道路完成延伸建设，8万平方米停机坪硬化顺利完工，可同时停放200架通航飞机；气象观测站建成投用，机场飞行程序设计通过军方和民航评审，为打造中原经济区通航枢纽奠定了坚实基础。

围绕通航制造、运营、服务三大板块，加大项目引进力度，总投资41亿元的河南丰荣、北京金都、中国气象局人工影响天气等5个项目相继签约落地，通航大厦、飞机展示交易中心等重点项目持续推进。啸鹰公司研发的全新机型穆尼M10试飞成功，河南三和公司生产旋翼机、无人机50架；河南蓝翔、永翔等通航运营公司累计完成各类农林作业约233.33公顷，飞行2000多小时，培训飞行员100余名；成功开辟沿黄空中旅游线路，全年参与飞行体验的游客达上万人次。试验区累计入驻企业达40家、机队规模达60架，初步形成了完整的通航产业链条。波音、中航工业等216家国内外知名航空企业参展，塞斯纳等217架高端飞行器集中展示，英国雅皮士、瑞士百年灵、欧洲环球嘉年华、美国空中海报4支顶级飞行队参与特技表演，中央电视台、河南卫视等240家媒体竞相报道，参展观众超20万人次。上街通航已成为郑州乃至河南对外开放的一张新名片。

【产业结构调整】 中海威环保设备等15个省市重点项目全年累计完成投资75.8亿元，智能电气产业园、中小企业园等专业园区建设顺利推进，全年产业集聚区主导产业营业收入完成126.2亿元，占全部营业收入的78%，占比在全省领先。

依托中铝优势资源，加快建设郑州国际陆港第二节点，中国有色金属国际陆港项目顺利推进，整合低效闲置用地68.67公顷，保税仓库完成海关注册申请，集装箱多式联运中心开工建设，全年货运量达620万吨，辐射20多个省市。总投资18亿元的160万吨氧化铝节能减排升级改造项目开工建设，中铝物流集团中部国际陆港有限公司等7家企业实现了属地化，中铝郑州企业扭亏脱困迈入新阶段。

通航特色商业区由1.04平方公里拓展至3.16平方公里，被评为郑州市“五快”专业园区。五云山云顶酒店、骑士庄园、山地运动场等项目完成建设，生态休闲观光功能不断提升，全年接待国内外游客30万人次，休闲运动度假区形象初显。盈盛老年公寓主体完工，方顶明清文化一条街加快建设，上街建材家居大世界、百硕金街等一批服务业项目建成投用，全年新增商业面积21万平方米，服务业税收贡献率达66%。

【重点领域改革】 强力推进“五单一网”制度改革，明确区本级权责7082项，调整行政审批148项，压减行政事业性收费41项，政府性基金压减至8项，政务服务网启动运行，政府职能转变取得突破性进展。

加快推进工商登记制度改革，全面完成“三证合一”，市场主体、注册资金分别增长20%、50%。大力支持科技型、创新型、创业型小微企业发展，积极扶持优势企业上市，凯普达实业、荣达高科、力威实业3家企业成功进驻上海股权资本市场。

率先在全市推行国有土地使用证注记制度，强力推进存量闲置建设用地清理处置，全年获批土地181.8公顷，收储土地309.8公顷，供应土地135公顷，土地节约集约利用水平进一步提高。资本市场开发利用取得新突破，累计融资超过30亿元。

【创新能力大幅提升】 全年新增高新技术企业3家、省级科技型企业10家、产学研合作平台3个，成功获评河南省著名商标4个。培养高技能人才510人，引进通航飞行及维修人才120人，中铝研究院新型轻合金研发团队被认定为郑州市创业领军团队，中国（郑州）有色金属材料创新创业综合体中试厂房建成并投入使用，人才集聚、创新创业的发展环境加快形成。

鼓励工业企业开展电子商务，黑马实业、豫立实业、长城科工贸等一大批区属企业借势互联网实现了提速发展，全区规模以上工业企业电子商务普及率达到85%以上，“互联网+工业”的产业格局逐步构建。

【生态建设和环境治理】 强化工业企业监管，依法关停重污染企业22家，取缔“土小”企业18家，查处纠正环境违法行为50起，中铝郑州企业投资1.4亿元实施脱硫、脱硝、除尘改造，实现达标排放；淘汰黄标车1592辆，建成区机械化清扫率达到70%以上，92个在建工地扬尘治理实现“六个100%”整治标准，全区481家餐饮企业完成油烟治理，高污染燃料禁燃区面积达到建成区的67%。

高标准完成了中原西路引线、五云路等生态廊道，新建及改造提升公园、游园7个，新增绿化面积11.6万平方米，绿化覆盖率达到40.7%，人均公共绿地面积17.2平方米，是郑州市的1.4倍。

方顶湖基本建成，五云山水系建设加快推进，城市水生态环境持续改善。

【民生和社会事业】 全年民生支出12.3亿元，比上年增长34.2%，占地方一般公共财政预算支出的75.2%。

推动大众创业、万众创新，全年共发放创业担保贷款2042万元，新增城镇就业再就业2868人，完成各类培训4363人，农村劳动力转移就业131人。

本科上线率、一本上线率分别为62.11%、6.66%，创历史新高，比上年分别提升13.2个百分点、4.91个百分点；48人被莫斯科国立大学等国外高校录取，开辟了上街区高中毕业生直接就读世界名校的新通道；投资3.3亿元、占地17.87公顷的北大培文学校主体完工，可容纳3600名学生就读；面向教育部直属师范类高校开展校园招聘，引进28名高素质教育人才；顺利通过“国家义务教育发展基本均衡县”验收。成功举办首届社区运动会，铝城小学获得全国“萌芽杯”少年足球比赛冠军。

郑州市第十五人民医院建设项目顺利推进，区公共卫生综合楼基本完工，新建五云山、通航2个社区卫生服务站，连续四年为60岁以上老人免费接种流感疫苗，新农合大病住院补偿封顶线由20万元提高到30万元。

对计生困难家庭成员实行集中供养，“一台五网，智慧养老”服务体系初步构建，上街区成为“河南省养老服务社会化示范区”。医保、城市低保、基本养老金、农村五保户、城镇职工离退休费、优抚对象抚恤金等保障标准进一步提高，残疾人康复教育托养中心投入使用，城乡居民社会保障实现全覆盖。深化住房保障机制，新建安置房1.46万套、公共租赁住房352套。

完成易地扶贫搬迁1092户4112人，累计脱贫群众1.4万人，率先在全市实现扶贫对象整体脱贫。

全年举办各类群众文化演出近140场，“五个一”工程获奖数量位居全市第二。上街图书馆加入郑州市公共图书馆服务体系，上街区群众可在全市12家公共图书馆免费借阅、异地还书；方顶明清古建筑群修缮工作顺利实施；中心路街道办事处、桃源社区、石嘴村书画院被评为市公共文化服务示范单位。

【社会治理】 创新“互联网+网格”管理模式，深化运用“一刻钟社区服务圈”微信平台，获得“全国2015政府网站政务微信卓越奖”。

全年未发生重特大事故。继续坚持领导接访、下访、包案等制度，连续六年荣获河南省信访工作先进单位称号。加大食品药品检测力度，在农贸市场和大型超市设立食品安全快检室，群众饮食用药安全得到有效保障。持续深化“平安上街”建设，公众安全感指数位居全市第一、全省前列，军地军民关系融洽，社会大局和谐稳定，人民群众幸福感和满意度明显上升。强化政府自身建设，推进依法治区工作，加强政务公开，开展政府各项改革和制度建设；认真落实办理人大代表建议、政协委员提案175件，办结率100%；强化“四个十”重点工程效能监察，深入开展政府系统“三严三实”专题教育，严肃执纪问责，作风建设和反腐倡廉工作取得新成效。

（焦阳 王柯）

附 录

荣誉榜

2015年郑州市全国劳动模范和先进工作者

王天宇 男，汉族，河南省郸城县人，1966年3月出生，1988年7月参加工作，中共党员，硕士研究生学历，郑州银行董事长、党委书记、高级会计师。2015年，被评为全国劳动模范。

1998年，郑州城市合作银行发生大面积挤兑，濒临倒闭。1999年，王天宇到总行担任副行长，他负责制定了新旧账划段、核心系统开发、不良资产处置等方案，推动郑州商业银行有效防范资产业务风险。2005年，王天宇担任总行行长。他带领全行开展ISO9001质量管理体系认证，堵塞风险漏洞；制订了第一个五年战略发展规划，明确每年各项战略目标任务。2011年，他带领郑州银行一次增发股份25.08亿股，募集资金68亿元，彻底化解历史包袱，使郑州银行进入良好银行序列。截至2014年底，郑州银行累计纳税36.8亿元，仅2014年就上缴利税14.8亿元；监管评级连续三年评为2级，进入了全国城商行第一梯队。在2014年英国《银行家》杂志世界银行1000强排名中，郑州银行资产规模位列全球第442位，一级资本排名位列全球第480位，两项关键排名双双进入世界500强。

自2006年开始，王天宇带领郑州银行成立小企业信贷部，改建小企业金融事业部，发行50亿元小微企业贷款专项金融债，获批并建立具有独立牌照的小企业金融中心，在河南省内金融机构中均为首创。截至2014年底，郑州银行小微贷款余额401亿元，占全部贷款的51.39%；小微贷款户数15565户，占全部授信客户总数的93.46%。郑州银行也因此被中国银监会评为“小微企业金融服务先进单位”。王天宇还积极带领郑州银行实施业务转型。2014年，郑州银行新增投行项目74个358亿元，对全行业务发展贡献突出，贸融业务授信187亿元，形成了较为完善的本外币供应链金融产品体系，成为业务转型发展的一大亮点。2014年，王天宇带领郑州银行连续取得了信用卡业务、意向承销商等资格，填补了多项业务空白。2015年2月，郑州银行又取得央行公开市场业务一级交易商资格，取得了2015年的开门红。他还积极带领郑州银行加快网点布局，截至2014年底，共有分支机构102家，覆盖郑州、南阳等7地市及郑州县域重点乡镇，发起设立中牟、新密、鄢陵3家村镇银行；自2006年起每年引进本科以上大学生100多人，郑州银行业务拓展能力、辐射区域和持续发展能力大幅提升。

王天宇为促进社会和谐尽心尽力。他带领下的郑州银行累计向地方投放贷款超过3200亿元。仅2014年，就累计投放一般性贷款710亿元，重点支持了郑州市道路拓宽、棚户区改造、环城快速路建设等一批重点工程。王天宇同时还带领郑州银行在全省首推下岗失业贷款，金额已达3.77亿元，帮助上千户企业走出困境，解决30000多人的再就业、创业问题。他还带领郑州银行累计向社会捐款近1亿元。其中，向郑州公交总公司捐赠公交车50辆，价值3300余万元，向郑州绿城一卡通公司、河南省敬老助老总会、河南省关心下一代基金会等单位捐款2400多万元，向郑州慈善总会捐赠善款达2100万元，获得“河南慈善风云单位”荣誉称号。王天宇还关心职工生活，推动实施企业年金制度、职工补充医疗保险，为员工购买重大疾病和意外伤害两项互助保障计划，持续提升员工收入和福利待遇水平。2014年郑州银行员工年平均收入18万元，平均增长率达到25%左右。他关爱社会弱势群体，经常带头捐助，担任行长以来累计为困难职工和灾区捐款20.68万元。在他的感染下，郑州银行近5年已慰问病丧难职工110余人；发放补助、慰问品和慰问金112.9万元；代困难职工向市慈善总会申请慈善救济金64.7万元。郑州银行职工之家也被全国总工会授予“全国模范职工之家”称号。

王天宇作为党委负责人，切实履行第一责任人职责，真正把主体责任时时放在心上、牢牢扛在肩上、紧紧抓在手上。严明党的纪律，自觉遵守廉政准则，严格执行领导干部重大事项报告制度，严以修身、严以用权、严以律己。在他的带领下，郑州银行党委先后多次被郑州市国资委评为“先进党委”。

李高鹏 男，回族，河南省平顶山市人，1976年8月出生，1998年7月参加工作，群众，硕士研究生学历，郑州宇通客车股份有限公司新能源技术研究院院长、高级工程师，国家电动客车电控与安全工程技术研究中心总工程师、常务副主任，电动车辆国家工程实验室理事会理事、科技部新能源汽车技术专家组专家。2015年，被评为

全国劳动模范。

李高鹏具有良好的探索精神和大局意识，能很好地激发研发人员的积极性和创造力，在新能源客车研发及应用推广方面做出了尤为突出的业绩，他曾获河南省科学技术成果3项；省市级科技进步奖励7项，其中省科技进步一等奖2项；申请专利37项，其中授权20项；发表论文7篇；参与起草行业标准1项。研发成果已经在公司多个量产车型上得到应用。他带领的团队不断突破，于2011年被评为河南省创新型科技团队，并成功获得包括国家863计划、国家科技支撑计划、国家技术创新工程等10个国家级项目，获得科技部批复国家级科技创新平台“国家电动客车电控与安全工程技术研究中心”。累计获得国家经费支持超过1.5亿元，处于行业领先地位。

在技术研究方面，他创新性地提出了经济适用的双电机同轴混联式动力系统构型；开发了纯电动客车动力系统技术平台，采用电机直驱方案；提出了基于驾驶员踏板开度变化及发动机燃油主动管理的多动力高效分配策略，开发了高可靠性、高容错的新能源客车整车控制系统；基于公交工况下客车从油箱到车轮的能量消耗分析，从发动机、高效动力总成、高效辅助系统、工况识别和控制策略参数标定、整车轻量化等方面提出了6大类10项节能技术。上述研究成果已批量应用于宇通6～18米新能源客车，节能水平处于国际领先地位。

在产品开发及推广应用方面，他带领团队主持开发了90多款新能源客车产品，车型产品涵盖油电、气电、插电式、纯电动等新能源客车，形成了国内外最完整的新能源客车产品型谱，已获得106款节能与新能源客车公告。其中，69款入选《节能与新能源汽车示范推广应用工程推荐车型目录》，24款入选《免征车辆购置税的新能源汽车车型目录》，13.7米纯电动客车与18米混合动力客车填补了国内空白。产品和技术创新多次获得国家专家组的高度评价和赞誉，并被院士鉴定为国际领先科技成果。截至2015年1月底，他带领团队研发的产品已在郑州、广州、天津等102个城市销售13780辆，销售额超过120亿元，市场占有率27.07%，高居客车行业第一，带动相关产业销售额600亿元以上。首次形成了过万辆的节能与新能源客车市场规模，累计运行里程超过10亿公里。

在节能方面，新能源客车的推广每年为郑州、天津、杭州等百余个大中城市节省燃油超过8600万升，节省燃气超过12500万立方米，节能效果显著；以每升柴油6元、每立方米燃气4元计算，这些节能与新能源客车的推广将节省燃料消耗成本10亿元以上，大大降低了运营成本，经济效益明显。在减排方面，每年可降低CO_2排放量46万吨以上，等同于1260公顷阔叶林一年的CO_2吸收量，将大幅度改善城市大气环境，社会和环境效益显著。

徐亚平 男，汉族，河南省濮阳市人，1963年9月出生，1981年10月参加工作，中共党员，大专文化，郑州市公共交通总公司车长。

徐亚平是郑州市205路公交车长，他多次荣获郑州公交总公司文明标兵、优秀共产党员，先后被评为郑州市“文明市民”、郑州市遵守职业道德“十佳”标兵、全国优秀工会积极分子，并获得河南省“五一劳动奖章”、全国“五一劳动奖章”。2015年，被评为全国劳动模范。

他推出车厢双语服务，努力攻克车厢服务的英语关，使英语对话更规范。他学习了心理学，提出了车厢服务的“换位思维法”，并根据多年的车厢服务经验，总结出在无人售票情况下驾驶员“服务百例”。“服务百例”在线路上推广，使广大车长对服务有了更感性的认识，车厢服务上了一个新台阶。随着公交运营的发展，徐亚平给自己提出了更高的要求，他不仅对本线路的沿途倒乘和地理情况了如指掌，而且利用业余时间对其他线路倒乘和经过的各大商场进行了走向调研，做到乘客有问必答、有求必应，被乘客誉为“活地图”。

工作中徐亚平把乘客当自己的亲人，用“心”去服务，用“情”来沟通，把“爱”洒满车厢。205路号称“老年专列”，他针对老年乘客多的特点，总结出了“三先、三心、三稳”的服务方法。“三先”即为老年乘客先问候、先找座位、先提醒下车位置；“三心”即热心帮助、细心照顾、诚心服务；“三稳”即车辆起步稳、行车稳、停车稳。

工作中，徐亚平严格遵守公交驾驶员职业道德规范和要求，不断钻研驾驶安全与节油的技术，他认为驾驶工作看似简单，实际上有很大的学问，要紧的是能否“钻”进去，不懈追求。正是这种不断的探索与追求，使他多次获得总公司标兵驾驶员称号，并具备三个方面的能力：具有精湛的操作驾驶能力，以高超的驾驶技术保证每一名乘客及行人的安全；具有较高的车辆保修能力，为保证车质、不开带病车，他潜心钻研修理和保养技术，较系统地掌握了修保的基本经验和汽车构造；具有较强的总结归纳能力。新交通法出台以后，为了便于掌握新交法条款与205路沿途的关系，他利用业余时间走遍整个线路，研究新交法在205路沿途的注意事项。并绘制了205路安全行车地段图，归纳了沿途事故多发地的地段、交通警示地段、高峰堵塞地段，及不同峰段的客流变化及驾驶对策并提交车队，为打造车队一流的安全管理工作创造了条件。

多年的驾驶工作使他练就了一身过硬的本领，他要把自己的本领回报组织，回报给广大职工。他注意带好身边的新学员，传授经验、上车指导、发现问题、帮助解决；他先后拿出千余元帮助困难职工；他为乘客做好事百余件，受到省会新闻媒体多次表扬。他的车厢服务不仅在郑州赫赫有名，在全国公交行业也声名远扬，树立了郑州的新形象。

孙娟娟 女，汉族，河南省台前县人，1981年4月出生，2003年9月参加工作，群众，大专文化，郑州领秀服饰有限公司工艺部经理。先后获公司2005–2007年“技术标兵”、2007–2012年“优秀员工”称号；2012年被中国服装协会评为“中国服装年度十大杰出人物”；2014年被河南省总工会授予“五一巾帼标兵”称号，被河南省政府授予“河南省劳动模范”荣誉称号。2015年，被评为全国劳动模范。

2003年大专毕业后，她来到领秀工作，岗位是工艺制单员。当时的裤子板型都是手画，不仅容易出错，而且效率低，一点画错了就要全部重新来过。怎样才能提高工作效率是孙娟娟一直思考的问题。她自己买来画图软件和工具书，摸索着学习，逐渐把手画版改

为由电脑绘制完成，建立起一个裤型绘图库。打开裤型制图的界面，包括直筒、铅笔、微喇这些基本裤型在绘图库里存档，裤兜、腰带、拉链乃至配饰的图形，调出来随时就可以用，不用每次都重新画，效率高很多，也为公司技术资料库的建立奠定了雏形。为了解决针织面料的新技术难题，她组织部门技术骨干去同行企业参观，回来仔细研究实验，及时更新工艺技巧，行成针织面料的制作工艺标准。2008年，在孙娟娟的主持下，编纂了公司第一版《质量手册》，制定了《关于车间用针规范管理的办法》《关于针织面料检验机针的办法》，这些使车间生产技巧达到标准化的各类通知制度，至今还在生产管理中起到稳定产品质量、指导管理作用。2010年，孙娟娟参与起草《河南省地方标准——女裤工艺质量标准》，形成行业内标准规范。

使用辅助模具来提高生产效率是近年来国内服装生产技术革新的重要研究方向。在孙娟娟的带领下，她为生产车间引进和发明了辅助工具30余种，平均每10款中就有一款使用到模具。其中，改制的松紧压腰机在国内模具市场中更是独一无二的。她还对废旧机器重新研发利用。由于2012年设计的车多道装饰线元素较多，孙娟娟根据款式的要求将公司闲置的四针机扩展辅助模具改造成适用的新机器，这不但提高了产品的质量、产量，还为公司节约了大量外购设备成本。

孙娟娟不但在技术研发方面取得了一定成绩，还在团队建设中为公司培养了一批技术骨干。技术部从最初的3个人发展到75人，和她每天都要召开“新员工技术培训交流会”有很大关系。新来的员工要快速适应工作，就需在生产实践中获得成长。孙娟娟就是这样一手一脚带出了很多员工。虽然工作要求严格，但无论在试验失败还是生产出现问题时，孙娟娟都会将所有责任一肩担起。也许正是这个原因，她的下属们都不愿离开公司，不愿离开她。

孙娟娟用自己的实际行动，10年来无怨无悔，兢兢业业完成公司各项工作任务，确保产品迅速进入市场，为公司技术革新和节约生产资源尽到最大的努力，得到公司领导和众多同事的好评。

汪登辉 男，汉族，湖北省黄冈市人，1987年6月出生，2005年10月参加工作，群众，中专文化，现任鸿富锦精密电子（郑州）有限公司生产现场技术组长。2015年，被评为全国劳动模范。

汪登辉从一名生产流水线作业员干起，跟随着企业从深圳转战郑州，走过了九年的风风雨雨。爱业方能执着，作为一名平凡岗位上的作业员，汪登辉常常以“把简单的事做好并不简单”为座右铭，鼓励自己用心做好每件事，当别人在休息时，他会用心地保养机台，时间长了，他对自己操作的设备上的每一个零部件都如数家珍。随后，又积极学习机台的操作技巧、产品的外观检验手法，在不懈的努力下，他所负责的设备单机产能和良率，远远超过了其他同事，他本人也如愿以偿地成为了车间技术员。在担任车间技术员岗位时，汪登辉从学习看图纸做起，反复将所学的知识应用到实践中，总结经验，摸索方法，先后学会了不同设备的维修、接线、安装、调试、程序编辑、治具加工设计等先进技术。

企业的干部培训，是增长员工才干和敬业、创新精神的根本途径和极好方式，是比物质资本投资更重要的人力资本投资。自2012年起，汪登辉主动要求负责生产车间教育培训工作。他不仅要求自己技术精，而且要求自己所带的团队成员，个个是精兵强将。结合生产实际，他利用生产现场的有利条件，手把手将工作中积累的操作技能和工作经验，传授给车间的其他同事。他主导成立“利剑专案”，组织基层线组长积极参与“利剑特种兵”培训，展开品质成本意识的培养、先进技术知识分享、基层主管强化训练等培训，先后培养技术骨干达200余人，培养出了一批高素质、高效率、高品质、高执行力的年轻而富有活力的精英人才。同时，汪登辉鼓励基层线组长参与“富士康之星——优秀基层员工”先进评选，鼓励技术员参加郑州市职工技术运动会，让他们通过比赛，长见识、储知识，激发他们的劳动热情和创造活力。基层线组长经过长期多次强化训练后，提案改善意识显著提高。他还用新人转向训练来测试其反应敏感度，用鸡蛋轻拿轻放训练挑选种子职工，用螺丝盘测试挑选锁螺丝工站职工，有效地保障了新产品良率的顺利达成。

汪登辉带领团队成员勇往直前，积极打造标杆团队。2012年8月，公司开发第五代新产品，面对建厂初期人力资源匮乏、生产治具供给困难等种种压力，他迎难而上，负责起两条线体的筹建工作。他多方协调资源，努力争取最快的速度开线，并认真处理各种生产安全隐患，保障职工人身安全。汪登辉常常与生产一线作业员面对面，了解生产异常，同时他还借助于自身生产技术优势，结合生产流程中存在的问题，不断进行作业手法改善，优化生产制程，提升生产品质，打赢了一场又一场的生产攻坚战。他所带的两条线直通率由90%提升为98%，单线产能由每天的9000个提升为12000个，为鸿超准事业群各线体树起了标杆。

汪登辉自从事技术岗位开始，便时刻都牢记着工程师“追根究底、据理力争、择善固执、不卑不亢”的理念，2013年2月，A客户第五代新产品急需量产，却面临着生产良率低下，每批次产品，不良高达30%。这种情况下，他带领自己的团队不断讨论、研究，反复在生产现场尝试、探索，经过上百次的验证中，最终通过A、B胶体混合后，经化学反应凝固变硬，再经高温加热可变软的原理，找到了胶体的熔点，从而自主设计，成功研发出了加热拆解设备。生产线的良率一下子就提升了25%，年节省成本高达8000万元。此外，该项生产技术的创新，还广泛应用到了更多的生产领域中，为更多的需求单位解决了生产上的技术难题，创造着更大的利润空间。

为缓解员工工作压力，丰富员工业余文化生活，汪登辉带领团队积极开展员工喜闻乐见的文体活动。通过参加各类活动，提升了团队的协作能力，增强了团队集体荣誉感。他还组织员工参加公司工会举办的民主管理座谈会，积极宣传工会福利政策，代表员工利益发声，反映员工心声，帮助解决员工困难。生活中他还主动关心一起奋斗的同事，资助身边生病住院的朋友，帮助同事解决生活中遇到的困难，累计帮助职工达20余人。

侯建芳 男，汉族，河南省新郑市人，1966年10月出生，1988年10月参加工作，中共党员，大专文化，雏鹰农牧

集团股份有限公司董事长、经济师。2015年，被评为全国劳动模范。

侯建芳1988年开始进入养殖行业，2003年创立河南雏鹰禽业发展有限公司，奠定了事业基础并创立"雏鹰"品牌。经过二十多年艰苦奋斗，公司于2010年9月15日在深交所A股成功上市，市值一直保持在百亿元左右，被誉为"中国养猪第一股"。截至2015年年底，公司分别在郑州、开封、新乡、三门峡、许昌、吉林洮南等地区建成或在建100万头及以上大型生猪综合产业集群项目，与公司紧密合作型农户超过6000户，带动了近2万农村人口脱贫致富，人均增收5万余元，取得了良好的经济和社会效益。

"三农"问题是历届国家领导关注的头等大事之一，而解决"三农问题"的关键则是农民增收、农业增长问题。多年来，侯建芳立足农村实际，创造出了"雏鹰模式"，建立了一套独特的与农户合作的方式，在自身不断发展壮大的同时，带动了大批农民脱贫致富。"雏鹰模式"的核心是与农户"优势互补、合作共赢、风险共担、成果共享"，合作对象主要是吃苦耐劳、责任心强，但就业机会少、抵抗市场风险能力差的农村"4050人员"（40岁到50岁的农民夫妇）；合作方式是在不同阶段设立不同的核算方式，一定范围内让农户自己当"老板"，让他们充分发挥自身主观能动性，增强责任心，最大限度地控制成本，最大限度地提高养殖效率。此外，解除合作农户后顾之忧，即便农户在养殖过程中出现异常，也给合作农户2万元"保底利润"。独特的"雏鹰模式"吸引了大量的农户与公司合作，2012年公司直接带动致富农民已近5万人，合作养殖、种植户人均增收5万余元，年带动农民增收近25亿元。按公司发展规划，2017年公司年产生猪将达1000万头，公司产业将辐射有机蔬菜种植、无公害粮食种植基地50余万亩，届时与公司合作农户将达5万余户，能直接带动10万农村人口脱贫致富，年带动农民增收近百亿元。

中国农业产业化多年来一直有两个瓶颈，一是8亿农民在农村，人人有土地，土地集约化难；二是产业分散，规模化上不去。侯建芳根据这一状况，创立了独特的"公司+基地+标准化"模式，结合"雏鹰模式"，与农户密切合作，有效地解决了这两个瓶颈，走出了一条独具特色的农业规模化道路。凭借这一创新性的模式，公司也实现了飞跃式发展。2010年9月在深圳证券交易所成功上市，同年生猪出栏数量达到了近70万头，2012年超过了150万头，公司利润由1.23亿元增长到了4.29亿元。公司的发展，也带动了周边一条致富产业链，如建筑、运输、超市、肥料等十多个行业，促进了农业、运输业等相关产业链发展，为农业结构调整提供了有益探索。

民以食为天，食以安为先。作为一家大型养殖企业董事长，侯建芳以"让国人吃上放心肉"为己任，始终把提供安全食品当作雏鹰集团的头等大事来抓。他常说，"食品企业要有良心，要用良心做企业"。多年来，雏鹰集团实施"六统一"标准化科学养殖管理模式，从饲料提供、药品使用、防疫预防等过程着手，科学严密布局，规范实施标准，从源头和技术上保证了养殖安全；2013年以来，公司又引进了世界一流水平的荷兰施托克公司生产的屠宰设备，率先在生猪养殖业完成HACCP体系认证，将危害分析与关键控制点应用于从农场到屠宰到餐桌的每一个环节，使公司的食品安全控制能力达到了欧美发达国家先进水平。同时，在产品销售上，引入了国际上最先进的气调保鲜包装技术，并率先在肉类产品建立安全可追溯系统，让消费者买得明白，吃得放心。

在坚守食品安全底线的同时，公司又投资40亿元，建设占地40万亩、年出栏达100万头的三门峡生态猪基地，充分利用荒山荒地，采用"轮牧放养方式"，把养猪业和农牧业发展与其他生态环境保护有机结合起来，有效地开发利用饲料资源和自然资源，形成循环生态养殖闭合系统，保持生态平衡，有效解决畜禽养殖与生态环境的矛盾，实现人与自然的协调发展，从根源上找到了一条养殖业生态文明道路。

侯建芳一直热心公益事业，多年来通过多种方式开展了一系列的公益实践。他一方面组织公司在救灾、支教、助残、扶困等方面捐款捐物累计达1000余万元；另一方面组织侯氏家族成员拿出个人资产向慈善事业捐赠1亿元，其中5000万元通过河南省慈善总会设立雏鹰农牧慈善基金，资助涉农专业的贫困大学生，帮扶低收入农户创业，救助因突发事件陷入困境的农民家庭，另外5000万元捐赠给中国留学人才发展基金会的"红烛老区公益基金"，用于资助带动老区人才培养。

郭光俊 男，汉族，河南省登封市人，1952年6月出生，1966年8月参加工作，中共党员，中专文化，登封市大金店镇梅村社区卫生服务站站长。2015年，被评为全国劳动模范。

郭光俊的家乡地处登封少林寺南，少室山脉的丘陵地区。幼年时期，家境贫寒，看到家乡缺乏医疗卫生人员，激发了他的学医之志，用家里卖鸡蛋的钱换来医书刻苦自学；进入20世纪80年代，郭光俊又到登封县人民医院、北京中国中医研究院和沈阳医科大学等地学习中西医和脑血管病专科共计十三年。郭光俊立志一辈子扎根农村，为家乡的父老乡亲们防病看病，一干就是许多年。

郭光俊大力宣传农村卫生工作政策，宣传新农合和传染病防治等卫生防疫与保健知识，把传染病预防宣传单直接送到每村每户每人手中。按照"农村片医负责制"的布局，开展了急诊急救进农户、健康教育进农户等党员片医十进农户惠民服务活动。他致力于落实慢性病健康管理，为本村2163位村民进行了免费体检，并为每位村民都建立了健康档案，常规定期为本村的高血压患者、糖尿病患者、重性精神病患者、儿童、老年人实施定期随访规范管理。全村村民健康档案建档率达99%以上，慢性病随访率达100%。郭光俊多年来一直坚持四季上山采药，充分利用本地的野生中药材资源熬制成中药液，免费供村民饮用，配合新型农村合作医疗为群众防病治病，尽量降低农村农民的医疗费用。他多方筹资50万元，为已停工半年的新农村中医卫生所又购置了建筑材料重新开工建设。在每年春夏秋三个农忙季节，送医送药送凉茶到田间地头，支持村民把更多的时间用于抢收抢种。定期为镇敬老院的五保老人和残疾人免费体检和义诊，先后为20多位孤寡偏瘫老人免费治好了偏瘫。在卫生室建了党员活动室、党员学习室和农民公共卫生宣教室，每月两次为村民讲解公共卫生保健和中医药土单验方防病知识，定期让农村农民、学生有组织地观看如《闪闪的红星》《长征》《开国大典》等红色革命影片。

为了方便群众就医，郭光俊每天24小时值班，每年都顺利地完成上级交给的卫生防疫、妇幼保健等任务，抢救和护送转诊了不少农药中毒、急腹症、急性脑血管病等危重病人。多年来不论天气路况、不论黑夜白天，急诊急救护送转诊的事例，到底多少回谁也数不清。他一直说是党和国家培养了自己，要用自己的全部才智和医技报效乡亲，报效社会，报效祖国，报效党恩。

郭光俊从来没有星期天，没有节假日。多年来，他的社区卫生服务站未出现任何医疗事故。他身背药箱走村串户为村民送医送药，无论是酷暑严寒还是刮风下雨；他上山采药，免费为群众防病治病；他以站为家，一直住在社区卫生服务站内，日夜守护着村民；他为村民义诊体检，他治疗偏瘫病人一万五千余例；他经常或白天或黑夜亲自护送转诊危重病人到县医院；他无数次连续几天彻夜不眠抢救守护危重病人。郭光俊用一名乡村医生的执着追求和无限爱心生动践行着生命健康守护者的神圣使命。

任卫东 男，汉族，河南省郑州市人，1967年5月出生，1985年9月参加工作，中共党员，高中文化，郑州航空港区新港社区平庄村党支部书记。2015年，被评为全国劳动模范。

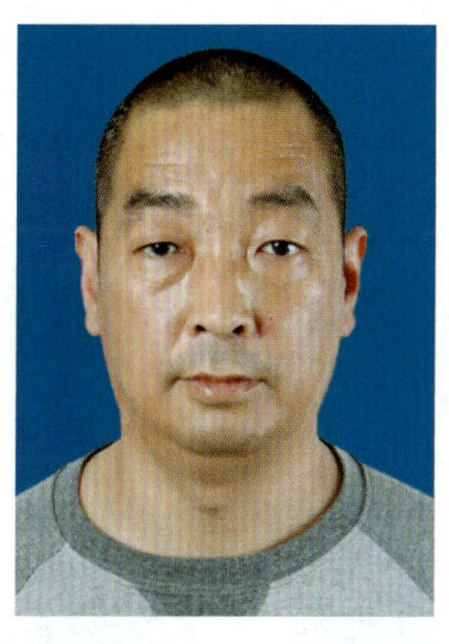

2008年当选村委会主任后，任卫东多方筹集资金，给村里打了一眼260米的深井，让全村用上了自来水，解决了平庄村吃水难的问题。他又筹资修通了平庄到机场的道路，解决了群众出行难的问题，同时还解决了许多安全隐患。机场二期征迁工作启动以来，担任银河办事处机场二期平庄村征迁指挥部副指挥长的任卫东始终保持着高度的工作热情，处处以身作则，率先垂范，认真履行职责，密切配合银河办事处开展征地拆迁工作，取得了明显成效。

"打铁还需自身硬"是他常挂在嘴边的一句话，身为一名征迁工作者，面对全新的考验，他深知征迁工作政策性强，标准要求高。因此，他坚持把学习放在突出的位置，认真研读航空港实验区的合村并城政策和相关征迁法律法规。他还甘当"小学生"，向征迁工作经验丰富的工作人员请教，从而提高自己的征迁工作水平。动迁伊始，他亲自组织相关人员拟订征迁宣传方案，召开征迁工作座谈会、动员会，使征迁政策家喻户晓，人人皆知，真正把政策交给群众，切实转变群众的思想观念。另外，他坚持深入征迁户家中，了解他们的所想、所求、所盼，对他们晓之以理、动之以情，进一步增强了群众自觉拆迁的积极性，变"要我拆"为"我要拆"。

在拆迁工作中，他坚持做到加强沟通，换位思考，以诚感人，认真面对群众提出的问题，逐步打开群众心结，直到把工作做通。对于找不到租房的拆迁户，积极帮助其寻找房源；对孤寡老人或病残的家庭，实行集中居住或给予资金补助；对符合低保条件的家庭，积极协调民政部门，使其享受低保；对有"学生"的家庭，积极联系学校，帮助其就近入学。真情付出换来了村民的积极配合，平庄村近100名老人及其他特殊困难家庭，用实际行动配合，支持了征迁工作。

他为人耿直，办事讲原则，从不优亲厚友。在征迁工作中，他坚持自重、自省、自警、自励，严于律己，宽以待人，言行一致，凡违反纪律及原则的事，坚决不办，主动抵制来自各方面的不正之风。一些人为了达到个人目的，采取散播谣言、网络举报等种种方式对他本人进行污蔑、诽谤，对此，他坚信"身正不怕影子斜"，毅然坚守在工作岗位上，不折不扣地履行着自己的职责，也正是因此，他成了征迁户的贴心人。

在工作中，他常说的一句话就是："既然老百姓选择了我，就要履行好自己的责任，为群众着想，为群众办事，甘当群众的勤务员和服务员。"再多的苦，再多的累，他都能承受，但作为一个儿子，一位丈夫，一名父亲，他对家庭的照顾欠缺却是问心有愧。为了按时完成工作任务，方便群众办事，他坚持吃苦在指挥部，工作在一线，"回家"对他来说已是一个被遗忘的词。

平庄村作为机场二期建设征迁主战场之一，它的征迁速度快慢将直接影响机场二期建设的进度。为了按时完成拆迁工作任务，保证机场二期建设顺利进行，他提出了"宁肯自己多吃苦，不让群众心里堵，宁愿瘦掉十斤肉，不让征迁落了后"的口号。短短两个月时间，基本完成了600余户、2300多人村庄的拆迁，过程中没有发生一起重大的信访及安全事件，达到了"开局好，速度快，秩序好，效果佳"的要求，初步实现了和谐征迁的总体目标。2015年初，他又带领村"两委"干部，第一个完成了办事处的回迁安置工作，受到了广大党员群众和各级领导的认可和称赞。

王复明 男，汉族，河南省沈丘县人，1957年3月出生，1987年7月参加工作，中共党员，博士研究生学历，郑州大学水利与环境学院教授，河南水利与交通基础设施安全防护协同创新中心主任。

王复明是1977年恢复高招制度后第一届大学生。跨入郑州工学院的大门，学习自己喜爱的水工建筑专业，这是他儿时做梦都想不到的。1987年，他在而立之年拿到了大连工学院（现大连理工大学）的博士学位。在英文里，博士和医生是一个词，他这个工学博士立志要做一名"工程医生"。近30年来，王复明针对国家基础设施安全保障重大需求，在十分艰苦的条件下，克服了常人难以想象的重重困难，潜心研究基础工程无损检测和非开挖修复技术及装备，取得了具有原创性的成果，应用于南水北调、宜万铁路、野三关隧道、上海苏州河堤坝、京港澳高速公路、兰新高速铁路、广州地下管道等重大工程，解决了渗漏防治、修复加固和应急抢险一系列技术难题，2014年获得国家技术发明奖和国际非开挖学术研究奖，成了国内外知名的"工程医生"。

1991年，王复明应邀参加美国战略性公路研究计划SHRP-A005项目，提出了基于系统识别原理的路面结构反演方法，被国际专家认为是反演理论突破性进展，对公路无损检测技术的发展具有重大价值。美方希望他长期留下，并承诺为他全家办理"绿卡"。但王复明却没有丝毫犹豫，毅然谢绝了美方挽留，期望早日投入国内高速公路建设大潮。1993年4月，项目一完成，他就立即带全家回国。

当时的中国大陆，高速公路还是个新生事物。王复明要继续开展他在留美期间从事的高速公路反演理论与无损检测技术研究，摆在他面前的第一道难关，就是没有无损检测试验设备。没有设备只能"纸上谈兵"。而引进一套动力无损检测系统需要16万美元。他向有关部门和企业写了一份又一份科研项目建议书，不厌其烦地向人们介绍无损检测技术的应用价值。然而，在当时的情况下，无论哪个部门和单位，要一下子给他这个刚从美国归来的年轻人解决16万美元的试验设备用于"冷门"课题研究，都是不现实的。

一次次的尝试和期盼，一次次的失望和打击，极度的焦虑和苦闷，使他终于病倒了。躺在医院的病床上，王复明做出了一个大胆的决定：自己筹钱解决试验设备问题。出院后，他说服了家人，拿出了全家所有积蓄，并以18%的年息申请了60万元银行投资贷款，终于凑齐了设备款。他说："为了早日走出没有试验设备的困境，自己就是倾家荡产也要豁出去了。"

设备买回来了，但王复明却又面临新的更大的困难。由于当时业内对于新兴的无损检测技术并不了解，很多单位不愿意让他去做检测试验，甚至有人认为这项技术不符合中国国情。

面对冷遇和怀疑，王复明却热情很高，劲头十足。他开着检测车，带着研究生，渴了喝开水，饿了啃面包、泡方便面，困了在路边打个盹。每天在公路上工作十几个小时，连着几个月夜以继日地在高速公路上奔波，过度劳累使他又一次住进医院。但一出院他又忘我地投入到公路检测试验中去。

从1994年到2004年，他和他的团队拉着检测车，从一个城市到另一城市，从省内到省外，既做技术讲座，又做现场演示，还提供免费检测。他们先后到10多个省、自治区、直辖市举办各类技术讲座100多场，无偿检测公路1.6万公里。

他的研究受到了国家和地方有关部门的重视。1995年，他申报的"高等级公路无损检测技术研究"入选国家重点科技攻关计划。1996年，他获得国家杰出青年科学基金。经过十多年的艰苦拼搏，他和团队创建了路基路面材料特性反演理论，开发了基于探地雷达与动力弯沉仪的道路无损检测与评价技术，获得了国家科技进步三等奖，成果被科技部列为国家重点科技成果推广项目在全国推广。

长期检测积累的大量数据使王复明对我国高速道路的各类病害了然于心，他开始思考如何在无损检测技术的基础上医治这些病害。传统的"开膛破肚"式的公路维修方法不仅周期长、成本高，还影响交通、污染环境。随着我国高速公路的快速发展，道路养护任务越来越重，亟须新的维修方法。他提出了无损检测与高聚物注浆相结合高速公路非开挖维修新理念，构建了产学研相结合的研发团队展开多学科联合攻关，发明了高聚物精细注浆技术，解决了我国高速公路基层脱空、唧泥翻浆等典型病害处治难题。

这项新技术不需开挖，无须养生，先对道路进行无损检测和病害分析，在此基础上利用高聚物注浆技术进行针对性修复，十几分钟就可恢复通行。2007年，河南省交通厅和科技厅联合组织实施该项技术示范工程，选取了车流量大、重载车多、病害严重的京港澳高速公路安阳至新乡段。采用该项技术，80天内处治病害2.4万处30多万平方米，一次性处治完好率达95%以上，比传统开挖式维修方法节省工期75%、节省经费53%。该项成果获得2007年度国家科技进步二等奖。已形成国家级工法和建设部行业标准，并在河南、湖北、安徽、河北、山西、云南等省120多项高速公路维修工程中推广应用，产生了巨大的社会经济效益。

公路检测维修技术的突破并没有让王复明止步，他的下一个目标是要攻克堤坝及隧道渗漏防治技术难题。传统堤坝防渗技术存在对堤坝扰动破坏大、构建的防渗体抗震抗裂不足等问题。特别是对于数量众多的中小型堤坝，传统技术施工设备体积庞大，进场困难。针对这些问题，王复明在国内外首次提出了土质堤坝柔性防渗理念，揭示了高聚物材料在土体中的扩散机理，发明了堤坝防渗加固和隧道涌水封堵高聚物注浆成套技术，并应用于南水北调、黄河堤防、上海苏州河堤防、宜万铁路野三关隧道等重大工程及病险水库防渗加固。该成果在理论、技术及装备方面具有原创性，2014年获得2014年国家技术发明二等奖。

地下管道灾变防控是王复明关注的又一项技术难题。我国有大量地下管道年久失修。管道渗漏、沉降时常造成道路塌陷、环境污染或爆管爆炸事故。传统开挖维修方式明显不符合城镇化发展需求。王复明在国内率先开展地下管道非开挖修复足尺试验研究，发明了高聚物水下复合注浆技术，开创了地下管道非开挖修复新技术方向。广州市广州大道排水管道出现严重渗漏、开裂和沉降，造成多处路面坍塌。管道紧邻居民楼和国防电缆，传统修复技术难以实施，采用该成果不仅解决了地下管道涌水涌沙封堵难题，而且成功提升沉降管道28厘米，使停止运行16个月的管道迅速恢复通水。鉴于王复明在地下管道非开挖修复领域取得的突出成就，他荣获2014年度国际非开挖学术研究奖。这是1986年该奖项设立以来中国大陆第二位获奖者。

王复明从事的基础工程设施检测修复技术研究工作，不但条件艰苦，而且经常面对险情。但他却不辞劳苦，不畏艰险，长期坚持在工程现场第一线。也许是高中毕业参加河南"75·8"抗洪抢险的记忆太深刻，每年到了汛期，他就食不甘味、夜不能寐，时刻密切关注水情，多次志愿带领团队参加救灾。随着公路唧浆、铁路沉降、堤坝渗漏、隧道及基坑涌水、地下管道开裂错位等工程抢修难题逐一的被攻克，他成了名副其实的工程医生。每当接到工程抢险抢修电话时，他总是力争第一时间到达抢险现场，展现了一个科技工作者乐于奉献的精神。

汶川大地震发生后，他上书国家科技部，要结合自己的团队专长为救灾和重建贡献力量；2010年8月，河南省白河流域出现特大洪水，他连夜赶到了最危险的唐河段，带领团队4天4夜抢修渗漏和管涌80余处，保障了高险堤防安全度汛；2014年10月，某高速铁路通车在即，20多块无砟轨道板出现不均匀沉降，王复明带领团队在海拔3000米的高原环境下，连夜修复了沉降的轨道板，保障了该高速铁路按期通车；南水北调中线工程通水后，某段渠道面板坍塌，他又带领团队进行抢修，及时排除了险情。

30多年来，王复明想国家之所想，急国家之所急，凭着求真务实、勇于探索、坚忍不拔和乐于奉献的精神，在科学研究、技术开发、成果转化中取得了突出的成就，受到了国家和河南省有关部门的表彰。他先后被评为河南省科技功臣、全国优秀科技工作者、全国优秀留学回国人员，并入选国家"千人计划"专家。2011年，他荣获河南省科技工作者最高荣誉——河南省科学技术杰出贡献奖。2015年，被评为全国先进工作者。

杨华民 男，汉族，河南省新郑市人，1969年1月出生，1986年10月参加工作，中共党员，大专文化，郑州市公安局公安交通管理局交警五支队副主任科员。2001年、2002年先后被市政府授予"畅通工程先进个人"，2008年被评为交警支队"四严一创"先进个人，2009年被评为省优秀人民警察，被郑州市评为"青年卫士"、精神文明先进个

人。先后获得河南省"五一劳动奖章、公安部交管局全国执勤执法标兵"、河南省人民满意政法干警、中央政法委优秀党员干警等荣誉称号。2015年，被评为全国先进工作者。

杨华民1992年参加公安工作，1999年参加公安管理工作，自参加公安工作以来，十几年如一日尽职尽责地完成组织交给的各项任务。为了治理群众反映较为拥堵的路口，郑州市交警支队曾在全市交警部门中"海选"岗长。杨华民担任岗长之后，为了缓解南口的压力，他建议支队将南口由南向北的机动车道改成三排直行道，一排直行加右转道，一排左转道，提高由南向北的通行能力。同时，根据行人和非机动车速度慢的特点，他要求交通协管员对非机动车和行人在绿灯变成黄灯前3秒的时候就进行拦停，这样就有效避免了非机动

车、行人滞留路中间，影响机动车的正常通行。此外，他还要求自己和岗上的其他三位民警在早高峰的时候，提前10分钟上岗，并加大疏导放行力度。

工作中，杨华民始终以理性、平和、文明、规范的执法行为，赢得过往行人和机动车驾驶员的赞誉。一次，杨华民发现豫A6B399的轿车因违法变道，被执勤交警纠章，在民警告知当事人违章行为的时候，该驾车男子却紧闭车窗车门，拒不配合。杨华民买来矿泉水、找来题板，又是送水解渴，又是题板告知，并不停地给其敬礼，可无论杨华民等怎样耐心劝解，该男子依然不为所动。最后，省会的各大媒体将杨华民等酷暑下规范执法、得体处置、无私奉献以及驾驶员拒不配合等情况给予了报道，在社会上引起极大反响，树立了郑州交警的良好形象。

为了更好地引导更多的市民参与交通管理工作，也为了倾听更多市民对解决交通问题的建议，杨华民用自己的名字建立了博客，有的文章阅读人数多达110人次，只要有人留言，杨华民就会很认真地给予及时回复。他用手机微博直播交通状况，为政府分忧，为群众解愁。

作为示范标准岗长一职，工作中杨华民率先垂范，敢于提出"向我看"的口号。每天带领岗上民警尽职尽责，高峰以疏导交通为主，平峰以纠正各类违法行为为主，没有周末。从竞争上岗开始，他每天都是早上7点10分到岗上，晚上八九点还没有回家，每天都忙于警卫任务和争创示范标准岗的各项活动，还要给过往行人和司机讲无数句安全提醒的话语，就连在学校上学的儿子，也只有周六晚上见上一面，根本没有时间回老家看望父母，每天回到家，对爱人也只有一句"我累了"，倒在床上便睡。对家人，他的内心充满了愧疚。

有一次，正在路口执勤的杨华民被一辆私家车撞伤住进了医院。他放心不下工作，特意选择了离上岗路口只有100多米远的河南省职工医院。刚住进医院时，因不能下床行走，他就让爱人在每天的高峰时期到所在岗位去看看交通流量，并用手机随时向他进行通报，然后，他再根据掌握的情况安排岗上民警合理进行疏导。住院期间，正逢郑州50年不遇的大雪，为此，他请示领导，坚决要求提前出院，带病坚持上岗，保证了大雪期间路口未发生一起交通事故。

为做好中小学校园交通安全保卫工作，杨华民主动深入辖区内各校园周边检查交通安全隐患，并积极与有关单位协调，消除不安全因素。利用休息时间走进学校进行交通安全常识宣传，并把交通安全常识整理成致学生家长的一封信，受到学校和学生家长的高度赞扬。

功夫不负有心人，由杨华民总结提出的"四勤、四快、四提前"工作法，即："眼勤、嘴勤、手勤、腿勤"，"快速赶到事故现场、快速处理事故现场、快速撤离事故现场、快速排除交通拥堵隐患"，"红灯提前3秒控制、绿灯提前3秒放行、早高峰提前10分钟到岗、警卫任务前后提前疏导"，已得到各级领导的充分肯定，现正在全支队进行推广。

袁义强 男，汉族，河南省光山县人，1971年5月出生，1997年7月参加工作，中共党员，博士研究生学历，郑州市第七人民医院院长、主任医师，南方医科大学教授，郑州大学硕士研究生导师。

袁义强1997年7月从河南医科大学毕业后来郑州市心血管病医院工作，多年来他始终坚持临床一线救死扶伤，对党无限忠诚，对患者极端热忱，对技术精益求精。他具有扎实的医学理论基础，积累了丰富的临床经验，尤其擅长心血管疾病的介入性诊疗，是河南省卓有成就的心血管病介入专家之一，也是国内能独立完成房颤导管消融术的术者之一。能独立完成射频导管消融术（房颤等）、心脏永久起搏器植入术、冠脉造影术、冠状动脉球囊扩张+支架术、二尖瓣球囊成型术、常见先天性心脏病（包括动脉导管未闭和房、室间隔缺损）的介入封堵治疗及主动脉夹层等心血管病介入诊疗、颈动脉、肾动脉、髂动脉造影及支架术、主动脉夹层及布加氏综合征的介入治疗及其他复杂周围血管疾病的介入诊疗共十多项，填补省技术空白6项、市技术空白11项。独立完成各种心血管病的介入诊疗手术10000余例，使郑州市七院心血管病介入诊疗技术水平成为郑州市属医院的龙头，跻身全省先进行列，并于2000年在郑州市率先参与开展了常规24小时急诊介入治疗急性心肌梗死，建立了郑州市七院急性心肌梗死救治的绿色通道，对于提高急性心脏病患者，尤其是急性冠脉综合征患者的救治成功率，提供了可靠的技术保障。

他积极拓展心血管病介入诊疗技术新领域，相继主持开展了颈动脉、肾动脉、主动脉夹层及布加氏综合征的介入治疗及肥厚梗阻型心肌病的化学消融术、自体干细胞移植治疗缺血性心力衰竭、心脏内外科杂交手术治疗复杂冠心病等新技术。在他的手下，濒临死亡的急性心肌梗死患者几近闭塞的血管被打通，起死回生；原来需要做开胸手术的先天性心脏病患者免去了开刀之苦；主动脉夹层患者埋藏在体内的"不定时炸弹"被及时排除，转危为安。同时，他还积极致力于心脏起搏与电生理的临床研究及应用，并取得可喜的成果。作为主要完成人（第二名）完成的科研成果——《房性快速心律失常的电生理机制及多部位起搏的临床研究》，获得郑州市科技进步二等奖、河南省科技进步三等奖。专家鉴定认为，"该项研究探讨了房性快速心律失常的电生理机制并对其进行了有效的消融及起搏治疗，设计思路新颖，试验方法科学、先进、合理，实验结果可信，临床应用前景良好，具有显著的社会效益和潜在的经济效益，并具有很高的理论价值，达到了国内同类研究的先进水平。"博士论文《超高速左心房起搏对肺静脉口及心房电重构和功能重构的影响》顺利通过答辩，受到导师好评；并作为主要负责人开展郑州市重点项目"郑州市冠心病临床研究重点实验室"。他主持的《优化导管消融术治疗左心房增大的心房颤动患者的临床研究》项目2012年获河南省卫生科技进步奖二等奖、郑州市科技进步奖二等奖。

袁义强勤学多思，善于总结临床实践经验，先后在《中国心脏起搏与心电生理杂志》《临床心血管病杂志》《郑州大学学报》等国家级核心期刊发表论文60余篇。其中，第一作者20余篇，SCI论文3篇（其中一篇影响因子3.2），均具有较高的学术水准和临床应用价值。其参与编写的论著《临床心肾彩色多普勒成像》由河南科学技术出版社出版发行，得到著名心脏外科专家朱晓东院士的好评，并于2008年获河南省医药卫生科技成果奖一等奖。承担省市科研项目12项，获科研成果9项，分获省、市科技进步一等、二等奖，技术成就被专家评审公认为"达到国家同类研究的领先水平"。

袁义强具有良好的职业道德，他为人正直，医风端正，从医多年来从未发现违纪违规行为，以高超的技术和高尚的医德，赢得了患者的高度信任和爱戴。多年来先后获国务院政府特殊津贴专家，河南省劳动模范河南省学术技术带头人、河南省优秀共产党员、河南省卫生系统先进工作者、"我最喜爱的健康卫士"，郑州市第八批专业技术拔尖人才、郑州市五一劳动奖章、郑州市学术技术带头人、郑州市卫生系统先进工作者、科技教育工作先进个人、郑州市医德标兵、郑州市优秀共产党员等荣誉称号。2015年，被评为全国先进工作者。

王保军 男，汉族，河南省郑州市人，1967年7月出生，1990年9月参加工作，中共党员，大学本科学历，郑州市第七中学校长、中学高级教师。

王保军自2009年任郑州七中校长以来，以先进的办学理念为指导，科学规划学校发展方向，明确学校发展愿景，注重办学规模与办学质量的同步提升，在办学实践中提出了一系列同国际接轨又符合学校实际的办学思想：实行依法治校，秉承民主公开规范的治校理念，确立了“五个一”的学校管理思想和以五条线为抓手的创新管理机制，开展课堂观察课堂诊断、课程资源整合，狠抓三风建设等。积极争办河南省第一个新疆内高班，已接招六届新疆籍学生，新疆班学生高招一本录取率60%以上，本科率达100%，受到教育部部长袁贵仁的高度评价。2011年创办国际部，已毕业两届学生，向世界前一百名校输送优秀人才近百人，被省教育厅树为全省品牌。郑州七中办学格局已初步确立为本土教育、民族教育、国际教育并举，学校规模也扩大到在校学生8000多人，承担着郑州市优质教育惠民的重担。由于成绩突出，学校连年被评为郑州市初、高中教育教学先进单位、郑州市教科研先进单位、郑州市学科竞赛先进单位、郑州市德育先进单位、郑州市民族团结进步模范集体。先后获得“全国中小学德育先进单位”“全国青少年科普创新示范学校”“全国优秀家长学校”“中国校园文化建设百佳示范学校”“河南人民最满意的十佳学校”“全省普通高中课程改革先进单位”等荣誉。郑州七中办学规模、办学成绩、社会影响力实现了跨越式发展。

王保军着力于校本课程建设和教师教育理念的更新，定期组织教师到全国知名中学学习，开设名家讲堂，邀请全国知名院士、专家到学校讲学。培养出了一批省市级名师、骨干教师、教学新秀。多名青年教师在省级、国家级教学技能比赛中取得了优异的成绩。在他的引领下，学校实现了素质教育和应试教育的有机结合。校内设有植物园、驾校、游泳馆、星空实验室、通用技术与综合实践活动中心等，为学生综合能力的提升搭建了平台。一批批学生在机器人、演讲、主持、美术、音乐等比赛中脱颖而出，获得全国、省市一等奖。学生的中高考成绩连年攀升，中考成绩升至全市第二位，高考成绩升至市直高中第三位。2012年起，郑州七中“学科节”成为推动学生探究式学习和教师教育理念转变的有力抓手，并被评为2012年助推郑州教育发展的十件大事之一，成为各大媒体和教育界同行关注的热点，也为七中师生学术水平、探究能力的提升搭建了有效平台。

学校定期召开教代会，把民主决策、校务公开制度落到实处。王保军重视和支持学校工会工作，切实关心教职工的生活，着力提高教职工的幸福指数。

在学校取得长足发展的同时，王保军也获得了郑州市优秀共产党员、全国科技先进校长、郑州市优秀教育工作者、“河南省五一劳动奖章”、郑州市领导直接联系高端人才、“全国五一劳动奖章”、河南省教育厅优秀教育管理人才、河南省名校长等荣誉称号。2015年，王保军被评为全国先进工作者。

郭天财 男，汉族，河南省济源市承留镇人，1953年6月出生，1973年3月参加工作，中共党员，大学本科学历，河南农业大学教授，河南粮食作物协同创新中心主任。

郭天财自参加工作以来，一直从事教学和小麦高产优质栽培研究与农业技术推广工作，曾获国家科技进步二等奖2项，河南省科技进步一等奖3项、二等奖5项；出版学术著作12部，发表SCI和一级学报论文86篇，主持创造了小麦高产典型，为我国和河南小麦连年增产做出了积极贡献。2015年，被评为全国先进工作者。

郭天财主持了河南小麦高产栽培研究工作，为河南小麦实现“十二连增”、中国小麦实现“十一连增”发挥了重要引领和支撑作用。指导温县、博爱县成为全国首批小麦千斤县，焦作市成为首个小麦千斤市；“九五”期间，主持在偃师市创造万亩连片连续两年亩产超600公斤高产典型；“十五”期间，在河南省3个基点连续15个点次实现15亩以上连片亩产超650公斤；“十一五”期间，在浚县创造了百亩连片亩产751.9公斤、万亩连片亩产690.1公斤的国内相同生态类型区同期同面积高产纪录；2014年，在修武县创造了小麦平均亩产821.7公斤的全国冬麦区最高产量纪录。

为优化品种和品质结构，满足城乡居民对优质小麦的市场需求，把河南小麦资源优势转化为产品和经济优势，郭天财从20世纪80年代末开展了小麦品质生态与调优栽培技术研究，明确了河南不同筋力型冬小麦品种籽粒蛋白质和淀粉的形成积累规律与生理机制，通过连续多年多点试验和监测分析，明确了不同筋力型冬小麦品种主要品质性状年际间、地域间的变异规律，澄清了主要加工品质性状与光、温、水、土等生态因子的关系，完成了以加工品质为主要依据的河南小麦品质生态区划，探明了肥水运筹等农艺措施对主要品质性状的调控效应，确立了不同生态区域、不同筋力型小麦品种以调氮控水为核心的调优高产栽培技术体系，并与面粉、食品加工龙头企业联合，探索提出“龙头企业+科研单位+基地+农户”和“订单种植、合同收购、优质优价”的优质小麦产业化开发模式，解决了农民卖粮难和企业优质小麦原料不足、质量不稳的难题，促进了河南小麦生产由数量型向质量效益型转变，为实现我国冬小麦三个历史性突破，即国产食用小麦首次出口、“郑州小麦”首次列入路透社报价单、优质强筋小麦首次挂牌上市交易，确保河南稳居全国第一优质小麦生产大省的地位提供了重要技术支撑，国务院办公厅曾将该模式批转全国推广。

郭天财担任了农业部小麦专家指导组副组长、河南省小麦专家指导组组长和国家小麦产业技术体系岗位科学家，连年主持或参与制订全国和河南省小麦生产技术方案；主持制定河南省4大生态类型区小麦丰产高效栽培技术规程，并作为主推技术在全省推广应用；积极参与小麦高产创建，曾多次陪同习近平、温家宝、汪洋、回良玉等中央领导视察指导小麦生产，每年都为全国小麦生产技术培训班做技术报告，并深入豫、冀、鲁、苏、皖、晋、甘等小麦主产省开展技术咨询与指导。每当我国冬小麦主产区发生极端天气，遭遇严重自然灾害侵袭时，他都能带领团队成员及时深入到小麦生产一线开展调研，提出的科学补救措施和管理技术方案被农业部门采纳实施，为我国小麦抗逆减灾实现连续增产做出了重要贡献，在全国农业和科技界产生了重大影响。

自“八五”期间担任“河南省小麦高稳优低研究推广协作组”组长以来，郭天财作为学术技术带头人，主持组建了“国家小麦工程技术研究中心”（1996），支撑作物栽培学与耕作学学科成为国家重点学科（2002）；作物学2003年获批设立博士后科研流动站，2007年被认定为一级学科国家重点学科；2010年建设了“省部共建小麦玉米作物学国家重点实验室”。2010年，国家小麦工程技术研究中心被科技部授予“十一五”优秀科技创新平台，被河南省人民政府表彰为河南省“十一五”科技创新先进单位，所带领的研究团队被国家现代农业产业技术体系确定为“小麦栽培创新团队”；2013年牵头申报的“河南粮食作物协同创新中心”被认定为全国首批14个之一和全国高校农业领域唯一的国家级协同创新中心，并入选2013年全省社会经济发展十个重大事件之一受到省委、省政府嘉奖。

2015年河南省“五一劳动奖章”获得者名单

周崇臣	郑州市儿童医院
张战军	河南省邮政公司郑州市分公司
宋成刚	新郑市地税局
牛　罡	郑州祥和集团有限公司
杨建红	中国铝业郑州轻金属研究院
孙翠娟（女）	恒天重工股份有限公司
刘　凯	郑州市殡仪馆
任宗现	郑州日产汽车有限公司
牛雪平	郑州飞机装备有限责任公司
寇泮望	郑州领秀服饰有限公司
张周涛	郑州市公共交通总公司
张业龙	郑州市骨科医院
黄文峰	国网河南省电力公司电力科学研究院
王建坡	郑州登电豫嵩新型装饰板业有限公司

2015年河南省“五一劳动奖状”获得单位名单

郑州航空港经济综合实验区商务和物流业发展局
河南中烟工业有限责任公司黄金叶生产制造中心
郑州市第十一中学
中国联合网络通信集团公司郑州市分公司
郑州飞机装备有限责任公司
国网河南新郑市供电公司
郑州四棉纺织有限公司

2015年河南省“工人先锋号”获得集体名单

郑州市公共交通总公司四公司三车队114路
中国铝业河南分公司热电厂电力运行部中心配电室运行班
富士康科技集团郑州科技园iDPBG事业群MLB2制四部TEST一课RF06线
河南雪中王皮业服饰有限公司样衣班组
大商集团郑州紫荆山百货商场有限公司空调班组
国网河南中牟县供电公司白沙供电所
郑州市中原区国家税务局办税服务厅
中国共产党郑州市惠济区长兴路街道工作委员会办公室
郑州市金水区城市管理行政执法局三中队
荥阳市地方税务局税政科
郑州市热力总公司枣庄供热分公司北段二班

（华　颖）

法规

郑州市轨道交通条例

（2015年6月26日郑州市第十四届人民代表大会常务委员会第十次会议通过 2015年9月26日河南省第十二届人民代表大会常务委员会第十六次会议批准）

第一章 总 则

第一条 为了规范轨道交通管理，保障轨道交通安全，维护轨道交通各方主体的合法权益，促进轨道交通事业健康发展，根据有关法律、法规，结合本市实际，制定本条例。

第二条 本市行政区域内轨道交通的规划、建设、管理、运营、安全及其相关活动，适用本条例。

本条例所指轨道交通，是指城市地铁、城市轻轨等具有城市公共交通功能的交通工具和设施。

第三条 轨道交通应当遵循统筹规划、优先发展、配套建设、安全运营、规范服务的原则。

第四条 市人民政府应当加强对轨道交通工作的统一领导，建立轨道交通综合协调机制，统筹解决轨道交通规划、建设、管理、运营、安全等重大事项。市轨道交通建设管理机构是市人民政府组织领导轨道交通工作的办事机构，负责全市轨道交通的统筹、协调、服务、督察工作。

市发展改革、交通运输、城乡规划、城乡建设、财政、国土资源、安全生产监督、城市管理、环境保护、卫生、文物、园林、人防、公安、消防、国有资产监督等部门按照各自职责，负责轨道交通有关管理工作。

轨道交通沿线的县（市、区）人民政府、郑州航空港经济综合实验区、郑东新区及各开发区管理委员会应当协助做好轨道交通规划、建设、管理、运营、安全等有关工作。

第五条 市人民政府依法确定的轨道交通经营单位负责轨道交通的建设和运营，并按照本条例的授权实施行政处罚。

电力、供水、通信等相关单位应当保障轨道交通正常建设、运营需要。

第六条 轨道交通所需资金由政府投资、社会筹集等方式解决。鼓励企业和其他经济组织投资及参与轨道交通建设和运营管理，并依法保护其合法权益。

轨道交通建设和运营按照国家、省、市有关规定享受政策支持、资金补助和减免优惠。

市人民政府设立轨道交通发展专项资金，支持轨道交通建设，资金实行专款专用，接受市财政、国有资产监督、审计等部门的监督。

第二章 规划与建设

第七条 轨道交通规划应当符合国民经济和社会发展规划，纳入城乡规划并与土地利用总体规划相衔接。经批准的轨道交通规划不得擅自变更；确需变更的，应当按照原审批程序报经批准。

第八条 轨道交通规划包括轨道交通线网规划、建设规划、用地控制规划、沿线站点交通接驳规划。

轨道交通线网规划、用地控制规划和沿线站点交通接驳规划，由市城乡规划行政主管部门会同市发展改革、国土资源、城乡建设、交通运输、人防、公安机关交通管理等部门和轨道交通经营单位组织编制。

轨道交通建设规划由市发展改革部门组织编制，并分期纳入市城市建设计划。

编制轨道交通规划，应当按照规定广泛征求专家、社会公众、沿线县（市、区）人民政府、郑州航空港经济综合实验区、郑东新区和各开发区管理委员会以及有关单位的意见。

第九条 城乡规划、国土资源行政主管部门应当做好轨道交通沿线及车站周边用地的控制管理和合理开发利用。

轨道交通车站周边应当规划预留换乘枢纽、公共汽（电）车和出租汽车站点、机动车和非机动车停车场、公共厕所等公共交通、公共服务设施用地及紧急疏散用地。

第十条 轨道交通规划线路两侧一定范围为规划控制区，具体范围由市城乡规划行政主管部门会同市发展改革部门划定，报市人民政府批准后向社会公布。规划控制区纳入城市黄线管理。

规划控制区用地范围内，国土资源行政主管部门在办理土地出让（划拨）手续、城乡规划行政主管部门在办理建设工程规划许可、城乡建设行政主管部门在办理建设工程施工许可时，应当书面征求轨道交通经营单位的意见。

规划控制区相邻地块建设工程的基坑工程支护结构不得超出用地红线；确需超越用地红线进入轨道交通规划控制区的，城乡建设行政主管部门在办理建设工程施工许可时，应当书面征求轨道交通经营单位的意见。

第十一条 轨道交通建设用地使用权依法实行分层登记，分别设立地表、地上、地下建设用地使用权。轨道交通建设使用地下空间的，不得损害已设立的用益物权。

第十二条 轨道交通沿线及车站周边用地涉及规划控制区且尚未出让或者划拨的，市城乡规划行政主管部门应当将轨道交通的整体规划设计要求纳入土地的规划设计条件；轨道交通设施用地与其他用地不能分割的，市城乡规划行政主管部门应当提出轨道交通出入口、通风亭（井）、冷却塔等设施以及地下结构要求的规划条件，作为国有土地使用权出让等有偿使用合同或者国有土地使用权划拨批准文件的组成部分。

第十三条 轨道交通建设需要征收土地、房屋及其他建筑物、构筑物的，按照有关法律、法规的规定进行，并依法予以补偿。

第十四条 轨道交通建设需要使用建筑物、构筑物、人防工程及管线等工程档案资料，相关行政管理部门、产权单位（管理单位）应当如实提供。

第十五条 因轨道交通建设需要迁移绿化或者迁改管线、公共交通、公共消防、公共照明、环卫等市政基础设施的，由相应产权单位（管理单位）组织实施，相关费用由轨道交通经营单位承担，接受审计部门的审计。因产权单位（管理单位）或者规划要求提高标准或者增加容量、数量的，增加的相关费用由产权单位（管理单位）承担。

第十六条 轨道交通建设影响道路通行的，公安机关交通管理部门应当会同城乡规划、城市管理、交通运输等部门和轨道交通经营单位制定交通疏解方案，避免或者减少轨道交通工程施工对城市交通造成的影响。

第十七条 轨道交通经营单位在建设期间应当对轨道交通沿线建筑物、构筑物、管线以及其他设施进行调查、监测，并采取措施避免或者减少施工影响；造成沿线建筑物、构筑物、管线以及其他设施损坏的，依法承担相应责任。

轨道交通建设需要进入建筑物、构筑物或者设施内进行查勘、鉴定或者监测的，应当提前书面告知产权人、使用人。产权人、使用人应当予以配合。

第十八条 在轨道交通用地范围内，轨道交通经营单位可以依照有关法律、法规，科学利用轨道交通设施及用地进行综合开发；对于结构上不可分割、工程上必须统一实施的开发项目，经市人民政府批准，可以与轨道交通工程一并建设。

综合开发应当优先统筹安排公共交通枢纽、交通换乘设施、公共步行空间等公共配套设施的建设。

综合开发所获得的收益，应当用于轨道交通发展，并接受市财政、审计等部门的监督。

第十九条 轨道交通地下空间建设项目及附着建设项目开发的地下空间，其建设用地使用权可以以协议方式出让给轨道交通经营单位。

轨道交通经营单位结合轨道交通设施一并开发使用的其他地表、地上及地下空间，符合划拨或者协议出让条件的，其用地与轨道交通设施用地由城乡规划部门一并规划，其使用权与轨道交通设施用地使用权由国土资源部门依法一并办理相应土地划拨或者出让手续。

第二十条 轨道交通建设勘察、设计、施工、监理等活动应当遵守有关法律、法规，执行相关技术标准，符合保护周围建筑物、构筑物、管线、文物以及其他相关设施的技术规定。

第二十一条 轨道交通建设工程完工后，应当按照相关规定进行验收，验收合格可进行试运行；试运行合格并通过试运营基本条件评审，方可试运营。

试运营验收合格的，方可交付正式运营。

第三章 运营与服务

第二十二条 市交通运输行政主管部门应当制定轨道交通运营服务规范和乘客守则，并对轨道交通运营活动进行监督检查。

第二十三条 轨道交通经营单位应当按照运营服务规范及相关规定提供安全、便捷、优质的运营服务，并履行下列职责：

（一）制定主要岗位的服务作业标准以及车站、列车设施设备和线路运营管理标准，制定落实相应的管理制度；

（二）合理编制、适时调整运营计划，保障客流运送畅通与安全；

（三）向乘客作出服务承诺并向社会公布；

（四）在车站醒目位置公布首末班车运营时间及换乘指示信息；调整首末班车运营时间时，及时告知乘客；

（五）通过广播、电子显示屏等提供列车到达时间、到达站点和安全提示等信息；

（六）维护车站和列车内运营秩序、环境卫生；

（七）开展乘客安全乘车宣传；

（八）使用安全监控设施的，依法保护乘客隐私；

（九）在车站提供问讯服务，引导乘客购票、乘车；

（十）无障碍设施完好、畅通，在列车内为老、弱、病、残、孕和携带婴幼儿的乘客设置专座；

（十一）配合有关单位提供通信便利；

（十二）其他依法应当履行的服务职责。

第二十四条 在轨道交通车站周边500米范围内，市交通运输行政主管部门应当按照国家有关标准和规范统筹设置轨道交通站外导向标志。

设置导向标志时，城市管理、园林等有关部门和周边物业的所有权人、使用权人应当予以配合。

第二十五条 建立轨道交通与地面交通衔接保障机制。

轨道交通、城市公共交通、客运出租汽车、道路旅客运输、铁路运输等经营单位应当配合实施衔接保障工作。

第二十六条 轨道交通票价实行政府定价。轨道交通经营单位应当执行价格主管部门依法确定的票价，不得擅自调整。

老年人、学龄前儿童、中小学生、现役军人和残疾人按照规定可享受优惠乘车或者免费乘车待遇。

轨道交通因故障或者突发事件不能正常运行的，乘客有权持有效车票要求轨道交通经营单位按照购票金额退还票款，轨道交通经营单位应当及时兑付。

第二十七条 轨道交通经营单位应当按照轨道交通安全检查规范设置安全检查设施，对乘客携带的物品实施安全检查，乘客应当予以配合。

乘客拒绝接受安全检查或者在安全检查中发现携带本条例第三十条禁止携带的物品的，轨道交通经营单位有权阻止其进站或者责令其出站；对强行进站、拒不出站等扰乱公共秩序的，由公安机关依法处理。

第二十八条 行动不便者在无人陪同情况下进出站上下车，可以联系车站工作人员获得帮助，轨道交通经营单位工作人员应当及时提供便利和服务。

第二十九条 乘客应当自觉遵守公共秩序和社会公德，遵守轨道交通乘客守则及相关规定，配合轨道交通经营单位工作人员的管理。

乘客应当持有效车票或者有效证件乘车，并接受票务稽查；不得无票、持无效车票、冒用他人乘车证件或者持伪造证件乘车；超程乘车的，应当补交超过部分的票款。

第三十条 禁止携带下列物品和动物进站：

（一）易燃易爆性、毒害性、腐蚀性、放射性或者传染性病原体等危险物品；

（二）非法持有的枪械弹药或者弩、匕首等国家规定的管制器具；

（三）有识别标志的服务犬除外，畜禽和猫、狗等宠物或者其他可能妨碍轨道交通运营安全的动物；

（四）充气气球、不能折叠的自行车、运货平板车；

（五）其他影响公共安全、运营安全、公共卫生或者妨碍其他乘客的物品。

禁止携带物品目录由轨道交通经营单位在车站醒目位置予以明示。

第三十一条 在车站或者列车车厢内，禁止下列影响轨道交通公共秩序、公共场所容貌和环境卫生的行为：

（一）吸烟，随地吐痰、便溺、吐口香糖，乱扔果皮、纸屑、包装物等；

（二）躺卧、乞讨、卖艺、收捡废弃物等；

（三）踩踏座席、追逐打闹等；

（四）擅自摆摊设点，兜售或者派发物品，散发广告宣传品等；

（五）涂写、刻画，擅自张贴、悬挂物品等；

（六）在列车车厢内进食；

（七）擅自停放车辆、堆放杂物，滑滑板（轮滑），骑独轮车、骑折叠自行车等；

（八）在运行的自动扶梯上逆行；

（九）擅自拍摄电影、电视剧及广告宣传片等；

（十）其他影响轨道交通公共秩序、公共场所容貌和环境卫生的行为。

第三十二条 禁止在轨道交通车站站前广场内及通风亭（井）、冷却塔周围堆放物品、摆摊设点、停放车辆、揽客拉客等妨碍乘客通行、救援疏散或者影响通风设施正常运行的行为。

第三十三条 精神病患者、智障者、学龄前儿童、醉酒者应当由其监护人或者健康成年人陪同乘坐轨道交通。

第三十四条 市交通运输行政主管部门应当定期通过乘客满意度调查等形式，对轨道交通运营服务情况进行评价。对评价中发现的问题，轨道交通经营单位应当及时改进。服务评价结果和改进情况应当通过多种方式向社会公布。

市交通运输行政主管部门可以委托具有相应资质的第三方开展轨道交通运营服务评估。

第三十五条 市交通运输行政主管部门和轨道交通经营单位应当建立投诉受理制度，公布投诉渠道，接受投诉，并应当自接受投诉之日起5个工作日内作出答复。

乘客对轨道交通经营单位答复有异议的，可以向市交通运输行政主管部门申诉，市交通运输行政主管部门应当自接受申诉之日起5个工作日内作出答复。

第四章 安全与应急

第三十六条 轨道交通经营单位依法承担轨道交通建设、运营安全生产责任，设置专门安全生产管理机构，建立健全安全生产管理制度，确保轨道交通建设和运营安全。

城乡建设、交通运输、安全生产监督、人防、公安、消防、环境保护等部门应当对轨道交通建设、运营安全进行监督检查，发现安全隐患的，应当责令轨道交通经营单位采取措施及时消除。

第三十七条 轨道交通经营单位应当对轨道交通建设工程、控制保护区、

轨道交通设施设备等进行巡查、检查，发现危及或者可能危及轨道交通安全的，应当立即采取措施，并按照规定报告相关行政管理部门。相关行政管理部门应当进行核查并采取措施消除安全隐患。

轨道交通经营单位巡查、检查时，有关单位或者个人应当予以配合。

第三十八条 轨道交通经营单位应当按照安全生产、消防管理、事故救援等有关规定，在轨道交通设施内设置报警、灭火、逃生、紧急疏散照明、救援、防爆、防毒、防汛等器材和设备，并定期检查、维护、更新，保持完好有效。

轨道交通经营单位应当保持出入口、通道畅通，不得在地下车站站厅乘客疏散区、站台及疏散通道内设置商业场所，保证安全、消防、疏散等各类导向标志准确、醒目。

第三十九条 轨道交通经营单位应当对轨道交通设施采取技术保护和监测措施，评估轨道交通运行对车站、隧道、高架线路等建筑物、构筑物的影响，定期对轨道交通进行安全性检查和评价，发现隐患的，应当及时消除。

第四十条 禁止下列危害轨道交通安全的行为：

（一）擅自操作有警示标志的按钮、开关等装置，非紧急状态下动用应急或者安全装置；

（二）遮盖、污损、冒用、擅自移动各种轨道交通标志、测量设施以及安全防护设备；

（三）在轨道上放置、丢弃障碍物，向列车、工程车、通风亭（井）、接触网等轨道交通设施投掷物品；

（四）损坏轨道、隧道、车站、车辆、电缆、机电设备、路基、护坡、排水沟等；

（五）拦截列车、阻断运输；

（六）擅自进入驾驶室、轨道、隧道、通风亭（井）、车控室或者其他有警示标志的区域；

（七）攀爬、翻越或者推挤围墙、栏杆、护网、闸机、列车、安全门、屏蔽门等；

（八）强行上下车；

（九）在车站、列车车厢、通风亭（井）等轨道交通设施内点燃明火；

（十）强拉、敲打屏蔽门、安全门及车门或者阻挠其开关；

（十一）在地面线路上擅自铺设平交道口、平交人行道；

（十二）故意干扰轨道交通通讯频率；

（十三）在高架线路（车站）垂直投影区域内非法占用土地，擅自堆放物品、停放机动车辆、机械设备等；

（十四）在地面线路或者高架线路两侧修建妨碍行车瞭望的建筑物、构筑物或者种植妨碍行车瞭望的树木等；

（十五）其他危害轨道交通安全的行为。

第四十一条 轨道交通沿线设立控制保护区和重点保护区，控制保护区和重点保护区范围包括地下、地表和地上。

控制保护区范围按照下列规定执行：

（一）地下车站和隧道结构外边线外侧50米内；

（二）地面和高架车站以及线路轨道结构外边线外侧30米内；

（三）出入口、通风亭（井）、冷却塔、变电站、控制中心、垂直电梯等建筑物、构筑物结构外边线和车辆基地用地范围外侧10米内；

（四）轨道交通过河（湖）隧道、桥梁结构外边线外侧100米内。

重点保护区范围按照下列规定执行：

（一）地下车站和隧道结构外边线外侧10米内；

（二）地面和高架车站以及线路轨道结构外边线外侧5米内；

（三）出入口、通风亭（井）、冷却塔、变电站、控制中心、垂直电梯等建筑物、构筑物结构外边线和车辆基地用地范围外侧5米内；

（四）轨道交通过河（湖）隧道、桥梁结构外边线外侧50米内。

因地质条件等特殊情况，需要调整控制保护区和重点保护区范围的，由轨道交通经营单位提出，经市城乡规划、交通运输行政主管部门审核后，报市人民政府确定。

第四十二条 在轨道交通控制保护区内进行下列施工的，施工单位或者个人应当制定专项施工方案和安全防护方案。城乡规划、城乡建设等有关部门依法办理有关行政许可手续时，应当书面征求轨道交通经营单位意见。对轨道交通安全有影响的施工，轨道交通经营单位应当组织评审、论证：

（一）新建、改建、扩建、拆除道路、建筑物、构筑物；

（二）从事基坑（槽）开挖、降水、顶进、爆破、桩基础施工、灌浆、喷锚、勘察、钻探、打桩等施工；

（三）敷设、埋设、架设排污、排水、泄洪沟渠、燃气管道、电力隧道、高压线路等管线和其他需跨越或者横穿轨道交通的设施；

（四）开挖河道水渠、打井取水；

（五）在过河（湖）隧道段水域从事疏浚施工、采石挖砂等施工；

（六）大面积增加或者减少载荷等影响轨道交通设施安全的活动；

（七）其他可能危害轨道交通运营安全的活动。

前款所列施工不需要行政许可的，施工单位或者个人应当在施工前书面征求轨道交通经营单位的意见，轨道交通经营单位应当及时回复。

施工单位或者个人应当在施工前与轨道交通经营单位签订安全协议，并接受轨道交通经营单位对施工过程的安全监控。

第四十三条 轨道交通重点保护区内，除必需的市政、园林、环卫和人防工程外，不得进行其他与轨道交通工程无关的建设活动。

前款工程对轨道交通安全有影响的，其设计方案、施工方案、安全防护方案由城乡建设行政主管部门会同轨道交通经营单位组织论证，并对施工过程实施安全监控。

第四十四条 从事本条例第四十二条第一款、第四十三条第一款规定的施工，出现危及或者可能危及轨道交通安全情形的，施工单位或者个人应当停止施工，采取补救措施，并报告轨道交通经营单位。

施工结束后，施工单位或者个人应当会同轨道交通经营单位评估施工对轨道交通安全产生的影响，并将评估结果报市城乡建设、交通运输行政主管部门备案。未进行施工影响评估的，由轨道交通经营单位组织评估，评估费用由施工单位或者个人承担。评估认为影响安全的，施工单位或者个人应当立即采取措施消除影响。

第四十五条 敷设在轨道交通控制保护区范围内的地下管线，其所有权人或者使用权人应当加强管线巡查、维护和管理，保障管线安全，避免影响轨道交通设施安全。轨道交通经营单位应当提供便利。

第四十六条 轨道交通控制保护区内既有建筑物、构筑物危及轨道交通安全的，轨道交通经营单位应当采取合理措施，排除危险，既有建筑物、构筑物的所有者或者管理者应当予以配合。采取措施后仍不能排除危险的，应当按照土地和房屋征收的相关规定依法予以处理。

第四十七条 市人民政府应当组织有关部门制定轨道交通突发事件综合应急预案，建立应急处置联动机制。

市城乡建设、交通运输行政主管部门和公安机关应当会同有关部门根据本市轨道交通突发事件综合应急预案，分别制定轨道交通建设、运营、反恐、治安、消防等突发事件应急预案，建立轨道交通应急保障联动机制。

轨道交通经营单位应当制定本单位的轨道交通突发事件应急预案，报市城乡建设、交通运输行政主管部门备案。

第四十八条 市城乡建设、交通运输、公安等部门和轨道交通经营单位应当定期组织应急处置培训和应急演练。

第四十九条 轨道交通建设、运营发生突发事件，轨道交通经营单位应当立即启动应急预案，同时按照规定及时向市人民政府以及市公安、城乡建设、交通运输等有关部门报告。

市人民政府应当根据突发事件的可控性、严重程度和影响范围，启动相应级别的轨道交通应急预案，及时组织指挥处置，尽快恢复轨道交通建设、运营。

市人民政府有关部门、突发事件所在地的县（市、区）人民政府、郑州航空港经济综合实验区、郑东新区和各开发区管理委员会以及电力、供水、通信、地面交通运营等单位，应当按照轨道交通突发事件应急预案进行应急保障和抢险救援。

涉及恐怖袭击、治安突发事件，市公安机关应当启动相应的反恐、治安应急预案，依法予以处置。

第五十条　因自然灾害、恶劣气象条件或者重大安全事故等突发事件严重影响轨道交通安全，无法保证安全运营时，轨道交通经营单位可以暂停运营，及时向市交通运输行政主管部门报告，并向社会公告。

第五十一条　因节假日、大型群众活动等原因造成客流量上升的，轨道交通经营单位应当及时采取措施，疏导乘客。

发生轨道交通客流量激增，可能严重影响运营秩序或者危及运营安全的紧急情况时，轨道交通经营单位应当按照规定采取限制客流、暂停运营的临时措施，确保运营安全。暂停运营的，应当立即报告市交通运输行政主管部门，并及时向社会公告。

限制客流、暂停运营造成客流大量积压的，市交通运输行政主管部门应当采取疏运等应对措施。

第五十二条　轨道交通建设、运营发生人身伤亡事故，应当先抢救伤者，排除障碍，维持秩序，尽快恢复建设或者运营，并及时向有关部门报告。任何单位和个人不得阻碍轨道交通正常的建设和运营。

第五章　法律责任

第五十三条　违反本条例规定的行为，有关法律、法规有处罚规定的，从其规定。

第五十四条　轨道交通经营单位违反本条例规定，有下列行为之一的，按照下列规定处罚：

（一）违反本条例第十七条第一款规定，未对轨道交通沿线建筑物、构筑物、管线以及其他设施进行调查和监测，未采取措施减少或者避免施工影响，由市城乡建设行政主管部门责令限期改正，予以警告；造成重大损失或者恶劣社会影响的，依法追究直接负责的主管人员和其他直接责任人员的责任；

（二）违反本条例规定擅自暂停运营的，由市交通运输行政主管部门责令限期改正，处以一千元以上一万元以下罚款，并依法追究直接负责的主管人员和其他直接责任人员的责任。

第五十五条　轨道交通经营单位违反本条例规定，有下列行为之一的，由市交通运输行政主管部门责令限期改正；逾期不改正的，给予警告，可并处以一千元以上一万元以下罚款：

（一）违反本条例第二十三条规定，未履行服务职责的；

（二）违反本条例第二十七条规定，未按照规定对乘客携带的物品实施安全检查的；

（三）违反本条例第三十五条第一款规定，未按照规定处理乘客投诉的；

（四）违反本条例第三十六条规定，未设置专门安全生产管理机构，未建立安全生产管理制度的；

（五）违反本条例第三十八条第一款规定，未设置相关器材和设备并保持完好有效的；

（六）违反本条例第三十九条规定，未采取有关措施或者未进行评估、检查、评价的；

（七）违反本条例第五十条、第五十一条第二款规定，暂停运营未向社会公告的。

第五十六条　违反本条例第二十九条第二款规定，乘客无票或者持无效车票、冒用他人证件或者持伪造证件乘车的，轨道交通经营单位可以按照出闸站线网单程最高票价补收票款，并可以加收出闸站线网最高票价五倍票款；情节严重的，由公安机关依法处理。

乘客有冒用他人证件、持伪造证件乘车等逃票行为三次以上的，可以纳入个人信用信息系统。

第五十七条　违反本条例规定，有下列行为之一的，由轨道交通经营单位按照下列规定进行处理：

（一）违反本条例第三十条第（一）项、第（二）项、第三十二条、第四十条第（一）项至第（十一）项规定危害轨道交通运营安全的，进行劝阻和制止，情节严重的，由公安机关依法处理；

（二）违反本条例第三十条第（三）项至第（五）项规定的，拒绝其乘车；已乘车的，责令其下车，并可处以五十元以上一百元以下罚款；

（三）违反本条例第三十一条规定的，责令改正，给予警告，拒不改正的，处以二十元以上一百元以下罚款。

第五十八条　违反本条例规定，有下列行为之一的，由市交通运输行政主管部门按照下列规定处罚：

（一）违反本条例第四十条第（十三）项、第（十四）项规定的，责令限期改正，可对单位处以一万元以上三万元以下罚款，对个人处以一千元以上五千元以下罚款；

（二）违反本条例第四十四条第二款规定，施工单位或者个人未进行施工影响评估的，责令限期改正；拒不改正的，可处以一万元以上五万元以下罚款；未采取措施消除影响的，责令限期改正，可对单位处以二万元以上二十万元以下罚款，对个人处以一千元以上一万元以下罚款。

第五十九条　违反本条例规定，有下列行为之一的，由市城乡建设行政主管部门按照下列规定处罚：

（一）违反本条例第四十二条第一款、第三款、第四十三条第二款规定，未制定专项施工方案和安全防护方案或者拒绝接受轨道交通经营单位对施工过程进行安全监控的，责令限期改正，拒不改正的，处以五千元以上三万元以下罚款；

（二）违反本条例第四十三条第一款规定，进行其他建设活动的，责令停止施工，恢复原状，消除影响，处以五万元以上二十万元以下罚款；

（三）违反本条例第四十四条第一款规定，未停止施工、未采取补救措施消除影响的，责令限期改正，可对单位处以二万元以上二十万元以下罚款，对个人处以一千元以上一万元以下罚款。

第六十条　发展改革、城乡规划、城乡建设、交通运输、国土资源等有关部门和轨道交通经营单位及其工作人员违反本条例规定，有下列行为之一的，由监察机关或者有管理权限的机关依法追究直接负责的主管人员和其他直接责任人员的相关责任：

（一）编制相关轨道交通规划，未按照规定征求社会意见的；

（二）擅自变更轨道交通规划、改变轨道交通用地用途的；

（三）未依法履行轨道交通建设工程安全、质量监督管理职责的；

（四）未履行规划控制区、控制保护区、重点保护区相关管理职责的；

（五）未依法履行轨道交通运营安全监督职责的；

（六）其他玩忽职守、滥用职权、徇私舞弊的行为。

第六章　附　则

第六十一条　本条例所称轨道交通设施，是指轨道交通的路基、轨道、隧道、桥梁、车站（含通道、出入口、冷却塔）、通风亭（井）、变电站、控制中心、车辆、车辆基地、机电设备、供电系统、通信信号系统、消防系统、给排水系统等设施。

第六十二条　本条例自2016年1月1日起施行。

郑州市建设工程施工安全管理条例

（2015年8月28日郑州市第十四届人民代表大会常务委员会第十一次会议通过 2015年9月26日河南省第十二届人民代表大会常务委员会第十六次会议批准）

第一章 总 则

第一条 为了加强建设工程施工安全管理，保障人民群众生命和财产安全，根据《中华人民共和国建筑法》、《中华人民共和国安全生产法》、国务院《建设工程安全生产管理条例》等有关法律、法规，结合本市实际，制定本条例。

第二条 在本市行政区域内从事建设工程的新建、扩建、改建和拆除等有关活动以及实施对建设工程施工安全的监督管理，应当遵守本条例。

水利、交通、电力等专业工程的施工活动，法律、法规另有规定的，从其规定。

第三条 建设工程施工安全管理应当以人为本，坚持安全第一、预防为主、综合治理的原则，建立企业负责、职工参与、政府监管、行业自律、社会监督的机制。

第四条 市、县（市、区）人民政府应当加强建设工程施工安全领导，完善施工安全监督体系，建立健全安全生产工作协调机制。

第五条 市城乡建设行政主管部门负责全市建设工程施工安全的监督管理工作，其所属的市建设工程安全监督管理机构具体组织实施。市城乡建设行政主管部门可以委托市建设工程安全监督管理机构实施行政处罚。

县（市、区）城乡建设行政主管部门按照职责分工，负责本行政区域内建设工程施工安全的监督管理工作。

安全生产监督、发展和改革、城市管理、质量技术监督、环境保护、国土资源、城乡规划、房地产管理、消防等部门和单位应当按照各自职责，共同做好建设工程施工安全监督管理工作。

乡、镇人民政府以及街道办事处应当加强本行政区域内建设工程施工安全监督检查，依法协助履行安全生产监督管理职责。

第六条 市、县（市、区）建设行政主管部门应当按照有关规定制定本行政区域内建设工程施工安全应急预案，并定期组织演练。

第七条 建设、勘察、设计、施工、监理、监测、检测、安装拆卸以及其他与建设工程施工活动有关的单位，应当遵守安全生产相关规定，建立健全施工安全责任制度，依法承担建设工程施工安全主体责任。

第八条 建设工程应当实行文明施工、绿色施工，避免或者减少对环境、交通的影响。

鼓励开展建设工程施工安全科技创新和先进技术的推广应用。

第九条 公民、法人和其他组织对建设工程施工安全违法行为有权举报和投诉。建设行政主管部门应当受理举报和投诉，并依法及时作出处理。

第二章 施工安全主体责任

第十条 建设单位应当履行下列安全生产管理责任：

（一）依法选定施工企业和监理单位；

（二）在招标文件、施工合同中，安全生产文明施工措施费用应当单列，不得列入招标竞价项目；

（三）进行建设工程安全评价，编制绿色施工方案；

（四）对危险性较大的分部分项工程进行全程监管，委托第三方监测单位进行监测；

（五）不得将建筑工程肢解发包；

（六）不得明示或者暗示施工单位购买、租赁、使用不符合安全施工要求的安全防护用具、机械设备、施工机具及配件、消防设施和器材。

第十一条 建设单位在建设工程开工前，应当持施工合同到建设工程安全监督管理机构确认安全生产文明施工措施费用总额，一次性存入施工企业银行专用账户，专款专用，不得挪作他用。

第十二条 勘察单位应当在勘察报告中注明复杂地形、地质情况和可能发生滑坡、坍塌等地质灾害的部位，提出防止施工安全事故发生的意见。

勘察单位应当参加建设工程设计文件交底和地基处理、深基坑开挖、降水施工条件论证，参加地基验槽、基础结构验收和工程竣工验收。发现现场存在地质实际情况与勘察报告不符或者工程出现异常情况时，应当及时提出处理意见，必要时进行复勘、补勘。

第十三条 设计单位应当在设计文件中对超限结构、大跨度、深基坑、高支模、隧道以及采用新结构、新材料、新工艺、新技术和特殊结构的建设工程，提出保障施工安全和预防安全事故的措施建议，并向施工现场派驻设计代表，处理与设计有关的安全问题。施工现场监测数据异常或者达到报警值时，应当及时提出处理意见。

第十四条 出租建筑起重机械、整体提升脚手架、模板等自升式架设设施和盾构机械的单位，应当保证出租的产品符合行业规范和要求，在签订租赁协议时，应当出具真实有效的产品合格证明、检测合格证明。

有下列情形之一的建筑起重机械，不得出租、使用：

（一）国家明令淘汰或者禁止使用的；

（二）超过安全技术标准或者制造厂家规定的使用年限的；

（三）经检验达不到安全技术标准规定的；

（四）没有完整安全技术档案的；

（五）没有齐全有效的安全保护及报警装置的。

第十五条 建筑起重机械、整体提升脚手架、模板等自升式架设设施和盾构机械使用前，施工企业应当按照规定进行验收，并自验收合格之日起三十日内，向建设行政主管部门或者其他有关部门登记。登记标志应当置于该设备的显著位置。

第十六条 检测单位检测检验建筑起重机械、整体提升脚手架、模板等自升式架设设施，发现重大安全隐患的，应当及时书面告知施工企业和其他机械设备使用单位，并向建设行政主管部门报告。

第十七条 施工企业项目负责人和专职安全生产管理人员不得同时承担两个以上工程施工现场的安全生产管理工作；变更施工企业项目负责人和专职安全生产管理人员的，应当经建设单位和监理单位同意，并到建设工程安全监督管理机构办理变更手续。

第十八条 施工企业应当依法为从业人员办理工伤保险。

鼓励施工企业为从事危险作业的人员办理意外伤害保险。城乡建设行政主管部门应当为从业人员依法理赔提供相应服务。

第十九条 施工企业项目负责人应当在施工期间现场带班，做好带班记录；临时离开现场的，应当经建设单位、监理单位项目负责人和本单位负责人同意，并委托施工管理负责人或者技术负责人负责现场带班。

第二十条 施工企业应当按照规定对从业人员进行安全生产、文明施工、绿色施工教育培训，建立个人电子培训档案。

未经安全生产教育和培训合格的从业人员，不得上岗作业。

第二十一条 监理单位应当依法履行监理职责，将施工安全管理的内容、方法和措施纳入监理规划及其实施细则。

第二十二条 监理单位应当为工程项目配备与工程规模和技术要求相适应的安全监理人员。

安全监理人员不得同时承担两个以上工程施工现场的安全生产监理工作。

第二十三条 监理单位应当审查下列事项：

（一）施工现场安全生产、文明施工、绿色施工规章制度的建立和实施情况；

（二）施工企业及安全生产管理

人员、特种作业人员的资格；

（三）施工现场安全生产文明施工措施费用落实情况；

（四）施工机械和设施的安全验收手续；

（五）安全专项施工方案和生产安全事故应急救援预案。

对超过一定规模的危险性较大的分部分项工程和涉及施工安全的重点部位、环节，监理单位应当实施旁站监理。

第二十四条 从事建设工程施工安全评价、检测、监测、审计等业务的单位，应当具备相应资质，并对所出具报告的真实性、准确性负责。

第三章 施工现场安全管理

第二十五条 施工企业应当落实安全生产、文明施工、绿色施工措施。

施工企业应当向施工人员提供符合国家标准、行业标准的劳动防护用品，并监督施工人员正确使用。

施工企业应当在作业前将下列事项书面告知施工人员：

（一）作业场所和工作岗位的危险因素；

（二）危险岗位的操作规程；

（三）违章操作的危害；

（四）安全事故和职业危害的防范措施；

（五）发生紧急情况时的应急措施；

（六）其他应当告知的事项。

第二十六条 施工企业主要负责人对本单位安全生产工作全面负责。项目负责人对本项目的安全生产管理全面负责。专职安全生产管理人员对施工现场日常的安全监督检查负责。

第二十七条 施工人员享有下列权利：

（一）接受安全生产、消防教育和培训；

（二）知晓施工作业的危险和危害；

（三）对施工作业的安全问题提出改进建议、批评、举报和投诉；

（四）职业卫生与安全健康保障；

（五）拒绝违章指挥和强令冒险作业；

（六）在施工中发现有危及人身安全的紧急情况时，立即停止作业或者在采取必要的应急措施后撤离危险区域；

（七）其他依法享有的权利。

第二十八条 施工人员应当依法履行下列义务：

（一）依法取得相应的岗位证书；

（二）遵守安全生产的强制性标准、规章制度和操作规程；

（三）正确使用安全防护用品、机械设备；

（四）服从安全生产管理，接受安全生产、消防教育和培训；

（五）参加安全应急演练。

第二十九条 施工现场管理应当遵守下列规定：

（一）做好节水、节能、节材以及保护环境工作；

（二）实行物业化管理；

（三）按照规定安装远程视频监控系统；

（四）按照规定采取封闭围挡措施并设置警示标志，在工程危险部位采取防护措施；

（五）在主要出入口采取措施，保证车辆清洁，清洗污水应当综合循环利用，或者经处理达标后排入公共排水设施以及河道、水库、湖泊、渠道；

（六）拆除作业时采取安全防护措施；

（七）采取硬化、固化、绿化、覆盖、喷淋等综合降尘措施；

（八）临时用房应当采用不燃材料建造，采取防火分隔和安全疏散等防火技术措施；

（九）设置消防通道、消防水源，配备消防设施和灭火器材，并在施工现场入口处设置明显标志；

（十）采用密闭式运输车辆，及时清运施工废弃物；施工现场禁止焚烧垃圾和物料；

（十一）遇高温、暴风雨、冰雹等天气时，对施工人员和现场临时设施、起重机械、脚手架、围堰等重点部位采取必要的安全保障措施；

（十二）其他应当依法遵守的规定。

第三十条 高处作业吊篮经检测合格后方可使用，其安装、拆卸作业应当编制专项施工方案，安装拆卸人员应当持证上岗。

建设工程外墙施工时禁止采用吊绳、吊板等违反高处作业规范的方式。

第三十一条 施工现场的办公区和生活区应当与施工区、加工区分开设置，保持安全距离，并符合环境、卫生、消防、交通、安全和文明施工、绿色施工管理的有关规定。

第三十二条 施工现场应当按照规范敷设用电线路，并确保漏电保护装置灵敏可靠，现场各类机电设备安全防护装置安全有效。

施工现场宿舍禁止使用煤气灶、煤油炉、燃煤炉等用具以及电取暖器、电炉等大功率电器。

第四章 监督管理

第三十三条 本市建立施工安全生产标准化考评制度，其考评结果纳入市征信系统并向社会公布。

城乡建设行政主管部门在办理竣工验收备案时，应当按照国家规定进行施工安全生产标准化考评。

第三十四条 建设工程安全监督管理机构应当对已经办理施工许可证等开工手续的建设工程实施监督，并制定监督工作计划，明确工程监督人员、监督时间、监督频次、监督内容。

未依法办理规划许可、施工许可、开工报告等相关手续或者手续不全擅自开工的建设工程，城乡规划、城乡建设等行政主管部门应当依照法定职责查处。

第三十五条 市、县（市、区）城乡建设行政主管部门应当及时掌握本辖区内从事建设工程施工活动的施工企业基本信息和动态，加强安全监管。

第三十六条 城乡建设行政主管部门及其建设工程安全监督管理机构应当依法加强施工安全行政执法。行政执法人员应当享有安全生产监管监察岗位执法所需的保障。

建设工程安全监督管理机构可以按照有关规定购买咨询、评价、审计等社会专业服务。

第三十七条 城乡建设行政主管部门对安全生产文明施工措施费用提取使用情况进行监督，可以依法委托有资质的审计机构对其进行审计，发现未按照规定提取使用的，依法处理。

第三十八条 城乡建设行政主管部门及其建设工程安全监督管理机构进行监督检查时，行使下列职权：

（一）要求被检查单位提供有关建设工程施工安全的文件和资料；

（二）进入施工现场进行安全生产、文明施工、绿色施工监督检查；

（三）对违反建设工程安全生产管理规定的行为，当场予以纠正或者责令限期改正；

（四）对检查中发现的安全隐患，责令立即排除；重大安全隐患排除前或者排除过程中无法保证安全的，责令从危险区域内撤出作业人员并停工整改；

（五）其他可以依法采取的措施。

监督检查不得影响被检查单位的正常生产经营活动。

第三十九条 城乡建设行政主管部门应当应用信息化手段实施安全监督，建立施工安全监管信息平台，建设电子执法制度，实现信息共享。

第四十条 城乡建设行政主管部门及其建设工程安全监督管理机构应当对施工企业的生产安全事故应急救援工作进行指导检查。施工企业应当按照应急预案要求，配备相应的应急救援装备和物资，并定期进行演练。

第四十一条 建设工程安全事故的调查处理应当依法由相应行业主管部门参与或者组织实施。

事故的调查处理和事故调查报告应当依法及时向社会公布。

事故安全管理责任的划分，以事

故调查报告中的责任认定为准。

第五章 法律责任

第四十二条 违反本条例规定的行为，有关法律、法规有处罚规定的，从其规定。

第四十三条 建设单位违反本条例第十条第（三）、（四）项规定的，由城乡建设行政主管部门责令改正，可处以一万元以上三万元以下罚款。

第四十四条 出租单位违反本条例规定，有下列行为之一的，由城乡建设行政主管部门按照下列规定予以处罚：

（一）违反本条例第十四条第二款第（一）、（二）、（三）项规定的，责令停止使用、限期改正，处以五万元以上十万元以下罚款；

（二）违反本条例第十四条第二款第（四）项规定的，责令改正，处以五千元以上一万元以下罚款。

第四十五条 施工企业违反本条例规定，有下列行为之一的，由城乡建设行政主管部门按照下列规定予以处罚：

（一）违反本条例第十七条规定，未办理变更手续的，责令改正，可处以五千元以上一万元以下罚款；

（二）违反本条例第二十五条规定，未落实绿色施工措施的，责令限期改正；逾期未改正的，对单位处以一万元以上三万元以下罚款，对直接负责的主管人员处以五千元以上一万元以下罚款；

（三）违反本条例第二十九条第（二）项规定的，责令改正，予以警告；

（四）违反本条例第二十九条第（六）项规定的，责令限期改正，处以五万元以上十万元以下罚款；

（五）违反本条例第二十九条第（七）项规定，施工现场未采取固化、绿化降尘措施的，责令限期改正；逾期未改正的，可处以三万元以上五万元以下罚款；

（六）违反本条例第三十条第二款、第三十二条规定的，责令限期改正，处以五千元以上三万元以下罚款。

施工企业违反本条第一款规定的，城乡建设行政主管部门可以责令停止施工。

第四十六条 监理单位违反本条例第二十二条、第二十三条第二款规定的，由城乡建设行政主管部门责令限期改正，处以五千元以上三万元以下罚款。

第四十七条 城乡建设行政主管部门和其他有关行政主管部门及建设工程安全监督管理机构工作人员在建设工程施工安全管理中，有下列情形之一，造成严重后果的，依法给予处分；构成犯罪的，依法追究刑事责任：

（一）未按照监督工作计划实施监督的；

（二）发现施工安全违法违规行为不及时查处的；

（三）在监督过程中，索取或者接受他人财物，或者谋取其他利益的；

（四）对涉及施工安全的举报、投诉不处理的。

第四十八条 有下列情形之一，造成安全事故的，由行为人承担责任：

（一）工程项目中止施工安全监督期间或者施工安全监督终止后，发生安全事故的；

（二）对发现的施工安全违法行为和安全隐患已经依法查处，工程建设责任主体拒不执行安全监管指令发生安全事故的；

（三）工程建设责任主体弄虚作假，致使无法作出正确执法行为的。

第六章 附 则

第四十九条 郑州航空港经济综合实验区、国家郑州高新技术产业开发区、国家郑州经济技术开发区、郑东新区建设工程施工安全管理，适用本条例。

第五十条 本条例自2016年1月1日起施行。

郑州市城乡规划管理条例

（2009年10月29日郑州市第十三届人民代表大会常务委员会第六次会议通过 2009年11月27日河南省第十一届人民代表大会常务委员会第十二次会议批准 2015年10月22日郑州市第十四届人民代表大会常务委员会第十二次会议通过 2015年11月26日河南省第十二届人民代表大会常务委员会第十七次会议批准的《郑州市人民代表大会常务委员会关于修改〈郑州市城乡规划管理条例〉的决定》修正）

第一章 总 则

第一条 为加强城乡规划管理，促进城乡经济社会全面协调可持续发展，根据《中华人民共和国城乡规划法》等有关法律、法规，结合本市实际，制定本条例。

第二条 在本市行政区域内制定和实施城乡规划，在规划区内进行各项建设活动，必须遵守本条例。

本条例所称城乡规划，包括城市规划、镇规划、乡规划和村庄规划。城市规划、镇规划分为总体规划和详细规划。详细规划分为控制性详细规划和修建性详细规划。

本条例所称规划区，是指城市、镇、村庄的建成区以及因城乡建设和发展需要，必须实行规划控制的区域。规划区的具体范围由市、县（市）、上街区、乡镇人民政府在组织编制的城市总体规划、镇总体规划、乡规划和村庄规划中，根据城乡经济社会发展水平和统筹城乡发展的需要划定。

第三条 制定和实施城乡规划，应当遵循下列原则：

（一）坚持城乡统筹、合理布局、节约土地、集约发展，正确处理近期建设与远景发展的关系；

（二）注重改善城乡生态环境，促进资源、能源节约和综合利用，保护耕地等自然资源；

（三）妥善保护历史文化遗产，保持地方特色、民族特色和传统风貌；

（四）坚持先规划后建设，合理确定建设规模和时序，优先发展基础设施和公共服务设施，科学开发和利用地下空间；

（五）符合区域人口发展、国防建设、防灾减灾和公共卫生、公共安全的需要。

第四条 城乡规划实行统一管理。

各类城镇新区、产业集聚区、开发区、园区等应当统一纳入城市规划、镇规划。

第五条 编制城乡规划，应当依据国民经济和社会发展规划，与土地利用总体规划相衔接，并符合相关法律、法规规定。

第六条 经依法批准的城乡规划，是城乡建设和规划管理的依据，未经法定程序不得修改。

第七条 城乡规划编制和管理经费纳入本级财政预算。

第八条 市城乡规划主管部门负责本市城乡规划管理工作。

县（市）、上街区城乡规划主管部门负责本辖区内城乡规划管理工作。

乡、镇人民政府依照本条例规定负责本辖区内城乡规划管理工作。

发展和改革、国土、建设、房管、市政、环保、园林绿化、水利、人防、文物、财政等有关部门应当依照各自职责，配合做好城乡规划管理工作。

第九条 设立规划委员会，负责研究、审议全市城乡规划制定和实施中的重大事项。规划委员会审议通过的事项，按照法定审批权限报审批机关审批。

规划委员会的组成、议事规则等具体办法按照有关规定执行。

第二章 城乡规划的制定和修改

第十条 郑州市城市总体规划由市人民政府组织编制，经省人民政府审查同意后，报国务院审批。

县级市城市总体规划由县级市人民政府组织编制，经郑州市人民政府审查同意后，报省人民政府审批。

县人民政府所在地镇、上街区的总体规划由县、上街区人民政府组织编制，经市人民政府审批后，报省人民政府备案。

市区镇的总体规划由镇人民政府组织编制，经市城乡规划主管部门审查后，报市人民政府审批。

其他镇的总体规划由镇人民政府组织编制，经上一级人民政府审批后，报郑州市城乡规划主管部门备案。

第十一条　市、县（市）、上街区人民政府组织编制的总体规划，在报送审批前，应当先经本级人民代表大会常务委员会审议，审议意见交由本级人民政府研究处理。

镇人民政府组织编制的镇总体规划，在报送审批前，应当先经镇人民代表大会审议，审议意见交由本级人民政府研究处理。

组织编制机关报送审批城市总体规划或者镇总体规划前，应当将本级人民代表大会常务委员会或者镇人民代表大会的审议意见和根据审议意见修改情况一并报送。

第十二条　城市总体规划、镇总体规划的内容应当包括：城市、镇的发展布局，功能分区，用地布局，综合交通体系，禁止、限制和适宜建设的地域范围，各类专项规划等。

规划区范围、规划区内建设用地规模、基础设施和公共服务设施用地、水源地和水系、基本农田和绿化用地、环境保护、自然与历史文化遗产保护以及防灾减灾等内容，应当作为城市总体规划、镇总体规划的强制性内容。

第十三条　市区建设用地范围外的乡规划、村庄规划，由乡、镇人民政府依据市城市总体规划组织编制，经所在区人民政府审查后，报市人民政府审批。

市区建设用地范围内的乡、村庄纳入城市、镇的统一规划，不再单独编制乡规划、村庄规划。

县（市）、上街区的乡规划、村庄规划由乡、镇人民政府组织编制，报县（市）、上街区人民政府审批。

乡规划在报送审批前，应当经乡人民代表大会审议；村庄规划在报送审批前，应当经村民会议或者村民代表会议讨论同意。

第十四条　市、县（市）、上街区城乡规划主管部门应当组织有关部门和单位依据城市、镇总体规划编制专项规划，报本级人民政府审批。

第十五条　市区、县级市的控制性详细规划由本级城乡规划主管部门依据城市总体规划组织编制，经本级人民政府批准后，报本级人民代表大会常务委员会和上一级人民政府备案。

县人民政府所在地镇、上街区的控制性详细规划由县、上街区城乡规划主管部门依据镇、上街区总体规划组织编制，经县、上街区人民政府批准后，报本级人民代表大会常务委员会和市人民政府备案。

其他镇的控制性详细规划，由镇人民政府组织编制，经县（市）、上街区人民政府审批后，报市城乡规划主管部门备案。

组织编制控制性详细规划，应当充分听取有关部门和单位的意见。

第十六条　控制性详细规划确定的各地块的主要用途、建筑密度、建筑高度、容积率、绿地率、基础设施和公共服务设施配套规定，应当作为强制性内容。

第十七条　市、县（市）、上街区城乡规划主管部门和镇人民政府可以依据控制性详细规划，组织编制重要地块的修建性详细规划。重要地块的具体范围由城乡规划主管部门根据城市规划建设的实际情况和需要确定。

建设工程需要编制修建性详细规划的，由建设单位依据控制性详细规划组织编制。

第十八条　编制城乡规划，应当进行环境影响评价的，依照《中华人民共和国环境影响评价法》等有关法律、法规的规定执行。

第十九条　城乡规划报送审批前，组织编制机关应当依法将城乡规划草案予以公示，并采取论证会、听证会或者其他方式征求专家和公众意见。公示时间不得少于三十日。

组织编制机关应当充分考虑专家和公众的意见，并在报送审批的材料中附具意见采纳情况及理由。

第二十条　城市、镇总体规划修改前，组织编制机关应当对原规划的实施情况进行总结，并向原审批机关报告；涉及城市总体规划、镇总体规划强制性内容的，应当先向原审批机关提出专题报告，经同意后，方可编制修改方案。修改后的城市总体规划、镇总体规划，应当按照本条例第十条、第十一条规定的程序报批。

修改乡规划、村庄规划，应当按照本条例第十三条规定的程序报批。

第二十一条　有下列情形之一的，组织编制机关可以对控制性详细规划进行修改：

（一）因总体规划发生变化，对城镇布局和功能产生重大影响的；

（二）基础设施或者公共服务设施难以满足城镇发展需要，且不具备更新条件的；

（三）因实施涉及公共利益的国家、省、市重大建设工程或者重点工程建设需要修改的；

（四）经组织编制机关组织论证，认为确需修改的。

第二十二条　修改控制性详细规划，组织编制机关按照下列程序进行：

（一）组织专家对修改的必要性和可行性进行论证；

（二）在本地的主要媒体上公示或者采用其他形式征求利害关系人意见，必要时应组织听证；

（三）依法提出修改建议并附论证、公示等相关材料，报原审批机关审查同意；

（四）组织编制修改方案。

修改后的控制性详细规划按照本条例第十五条规定的程序报批并备案。

第二十三条　市、县（市）、上街区城乡规划主管部门应当结合城市整体风貌特色、空间景观结构、公共空间系统、实施运作机制等内容，组织编制城市设计。

编制城市设计应当符合经依法批准的城市总体规划和控制性详细规划，召开论证会，并征求社会公众的意见。

第二十四条　城市总体规划层次的城市设计方案应当制作城市设计导则，详细规划层次的城市设计方案应当制作城市设计图则。城市设计导则、图则应当按照行政区域分别报市、县（市）、上街区人民政府批准。

第二十五条　地下空间的开发和利用应当编制专项规划，在符合城乡总体规划的前提下，优先满足防灾减灾、人民防空、地下交通、地下管网等基础设施的需要。

开发利用地下空间，应当办理规划许可手续。与地面建设工程一并开发利用地下空间的，应当与地面建设工程一并办理规划许可手续；独立开发利用地下空间的，应当单独办理规划许可手续。

第三章　建设用地规划管理

第二十六条　建设用地应当根据城乡规划确定的土地使用性质和建设用地的兼容性实施规划。

严格控制在城乡基础设施不能满足需要，又无有效措施的地区安排新建、改建、扩建项目。

第二十七条　城乡规划主管部门进行规划选址，涉及土地、文物、宗教、环保、消防、教育、卫生、水利、人防、市政、园林绿化等相关事项的，应当征求相关部门的意见。重要建设工程选址，应当组织选址论证。

城乡基础设施和公共服务设施因节约土地、功能需要等原因，可以结合规划道路、河道、绿化等公共用地进行安排。

建设工程因安全、保密、环保、卫生、交通等原因需要与其他建设工程保持一定距离的，可以独立选址。

第二十八条　按照国家规定需要有关部门批准或者核准的建设工程，以划拨方式提供国有土地使用权的，建设单位在报送有关部门批准或者核准前，应当持下列材料向城乡规划主管部门申请办理选址意见书：

（一）书面申请；

（二）拟建工程的相关证明文件；

（三）现状地形图；

（四）法律、法规、规章规定的其他材料。

前款规定以外的建设工程不需要申请办理选址意见书。

第二十九条 选址意见书的审批按照建设工程的审批权限实行分级管理。国家、省批准、核准的建设工程，依照国家、省有关规定办理选址意见书；市、县（市）、上街区批准、核准的建设工程，由市、县（市）、上街区城乡规划主管部门核发选址意见书。

第三十条 选址意见书自取得之日起满一年，经建设单位申请，建设工程未获得有关部门批准或者核准的，选址意见书自行失效。确需延期的，应当在期限届满三十日前向城乡规划主管部门提出申请，经批准可延期一次。延期期限不得超过六个月。

第三十一条 在城市、镇规划区内以划拨方式提供国有土地使用权的建设工程，在办理土地划拨手续前，建设单位应当持下列材料向城乡规划主管部门申请办理建设用地规划许可证：

（一）书面申请；

（二）选址意见书；

（三）建设工程批准、核准、备案文件；

（四）现状地形图；

（五）法律、法规、规章规定的其他材料。

建设单位取得建设用地规划许可证后，方可依法向土地管理部门申请办理用地手续。

第三十二条 在城市、镇规划区内以出让方式提供国有土地使用权的，在出让前应当由城乡规划主管部门依据控制性详细规划提出规划条件，作为国有土地使用权出让合同的组成部分。规划条件未纳入国有土地使用权出让合同的，该国有土地使用权出让合同无效；未确定规划条件的地块，不得出让国有土地使用权。

规划条件应当包括：出让地块的位置、范围、使用性质、建筑密度、建筑高度、容积率、绿地率、需要配置的基础设施和公共服务设施、各类规划控制线、建筑界限、地下空间开发利用及其他要求。

第三十三条 城乡规划主管部门、土地管理部门不得在建设用地规划许可证和国有土地使用权出让合同中擅自变更已经确定的规划条件。

第三十四条 在签订国有土地使用权出让合同后，建设单位应当持下列材料向城乡规划主管部门申请办理建设用地规划许可证：

（一）书面申请；

（二）建设工程批准、核准、备案文件；

（三）国有土地使用权出让合同；

（四）现状地形图；

（五）法律、法规、规章规定的其他材料。

建设单位取得建设用地规划许可证后，土地管理部门方可依法为其办理用地审批手续。对未取得建设用地规划许可证的建设单位批准用地的，由市、县（市）、上街区人民政府依法撤销用地批准文件；已占用土地的，应当及时退回；给当事人造成损失的，依法承担赔偿责任。

第三十五条 建设用地规划许可证自核发之日起满一年，建设单位未申请办理建设用地使用手续的，建设用地规划许可证自行失效；确需延期的，应当在期限届满三十日前向城乡规划主管部门提出申请，经批准可延期一次。延期期限不得超过六个月。

第三十六条 未改变规划条件转让国有土地使用权的，受让方应当持原国有土地使用证、转让合同、原建设用地规划许可证等材料，到城乡规划主管部门办理建设用地规划许可证变更手续。

转让方、受让方应当在转让合同中明确配套建设基础设施和公共服务设施的义务，并不得改变规划确定的使用性质。

第三十七条 城乡规划确定的铁路、道路、轨道交通、机场、公园、绿地、输配电设施及输电线路走廊、通信设施、广播电视设施、管道设施、河道、水库、水源地、自然保护区、风景名胜保护区、文物保护区、防汛通道、消防通道、公交场站、公厕、垃圾中转站、垃圾填埋场及焚烧厂、污水处理厂和中小学校、幼儿园、文化体育等公共服务设施用地以及其他需要依法保护的用地，不得擅自改变使用性质，任何单位和个人不得侵占。

第三十八条 沿城乡规划道路、轨道交通、河道、沟渠、绿化带等公共用地安排的建设工程，建设单位应当按照规划要求一并办理相关公共用地手续。

第三十九条 核发选址意见书、建设用地规划许可证，城乡规划主管部门应当自受理申请之日起三十日内审查完毕。符合条件的，予以核发；不符合条件的，不予核发并书面说明理由。

依照国家、省规定应当公示的建设工程，城乡规划主管部门在核发选址意见书、建设用地规划许可证前应当依照有关规定向社会公示。

第四章 建设工程规划管理

第四十条 建设单位或者个人在城市、镇规划区内进行建筑物、构筑物、道路、各类管线及其他工程建设的，应当依法取得城乡规划主管部门核发的建设工程规划许可证。

第四十一条 在城市、镇规划区内进行重要建筑工程建设的，建设单位或者个人在办理建设工程规划许可证前，应按照下列程序编制建设工程设计方案：

（一）持建设用地规划许可证、使用土地的有关证明文件以及现状地形图等材料向城乡规划主管部门申请领取建设工程规划设计要点；

（二）城乡规划主管部门应当自收到申请之日起十五日内依据控制性详细规划、技术规范和相关法规、规章等，出具建设工程规划设计要点及其附图；

（三）建设单位或者个人在取得城乡规划主管部门出具的规划设计要点后，应委托具有相应资质等级的设计单位编制建设工程设计方案。设计单位应依照规划设计要点和有关技术标准进行设计。

进行一百一十千伏以上高压输电工程及跨县（市）、区的输油、输水、输气等管线工程和重要的交通工程建设的，建设单位在办理建设工程规划许可证前，应当持建设工程批准、核准、备案文件和现状地形图等材料向市城乡规划主管部门申请领取建设工程规划设计要点及其附图。

第四十二条 在城市、镇规划区内国有土地上新建、改建、扩建建筑物、构筑物以及进行道路、管线和其他工程建设的，建设单位或者个人向城乡规划主管部门申请办理建设工程规划许可证应当提交下列材料：

（一）书面申请；

（二）使用土地的有关权属证明文件；

（三）建设项目批准、核准、备案文件或者相关文件；

（四）建设工程设计方案；

（五）法律、法规、规章规定的其他材料。

需编制修建性详细规划的建设工程，还应当提交修建性详细规划；对区域交通影响较大的建设工程还应当提交交通影响评价报告；对区域市政管网影响较大的建设工程还应当提交市政管网承载能力评价报告。

第四十三条 在城市、镇总体规划确定的建设用地范围内集体土地上，确需进行公益事业、公共服务设施、村民住宅建设的，建设单位或者个人向城乡规划主管部门申请办理建设工程规划许可证应当提交下列材料：

（一）书面申请；

（二）集体建设用地使用权属证明或者宅基地证；

（三）村（居）民委员会的意见；

（四）建设工程设计方案；

（五）法律、法规、规章规定的其他材料。

村民住宅建设应当严格控制建筑高度、建筑层数和建筑面积。未取得建设工程规划许可证或者未按照建设工程规划许可证进行建设的，建设单位或者个人应当无条件自行拆除，其费用自负。

第四十四条 城乡规划主管部门应当自受理申请之日起三十日内审查完毕。对符合条件的，核发建设工程规划许可证；对不符合条件的，不予核发建设工程规划许可证并书面说明理由。

第四十五条 在城市、镇规划区内建设临时建设工程的，建设单位或者个人应当持土地使用证件、建设工程设计方案等材料，向城乡规划主管部门申请办理临时建设工程规划许可证。

依法需要水利、环保、文物等有关部门出具审查意见的，应当由有关部门提出审查意见。对违反水利、环保、文物等法律、法规规定的临时建设工程，城乡规划主管部门不得办理批准手续。

第四十六条 经批准的临时建设工程不得转让、抵押，不得改变使用性质，房管部门不得对其确权发证。

临时建设工程的使用期限不得超过二年。使用期满后确需延期使用的，应当在期限届满三十日前向城乡规划主管部门提出申请，经批准可延期一次。延期期限不得超过一年。使用期满，建设单位或者个人应当自行拆除，并清理场地。

在使用期内，因城乡规划建设需要拆除时，建设单位或者个人必须服从城乡规划，依法予以拆除。

第四十七条 经批准的建设工程规划许可内容不得擅自变更。确需变更的，建设单位或者个人应当向原审批部门提出申请。不符合控制性详细规划的，原审批部门不得批准。

第四十八条 建设单位或者个人自取得建设工程规划许可证之日起满一年，建设工程未依法办理相关开工手续的，建设工程规划许可证自行失效。确需延期的，应当在期限届满三十日前向城乡规划主管部门提出申请，经批准可延期一次。延期期限不得超过六个月。

第四十九条 在城市、镇规划区内集体土地上进行集中成片建设住宅的，应当先将集体土地转为国有土地，并纳入统一改造计划，按照规划要求同步实施。具体办法由市人民政府制定。

第五十条 城乡规划主管部门应当加强对城市道路、公共服务设施及配套基础设施建设的规划管理和综合协调。依附道路建设的地下管线，应当与新建、改建、扩建道路同步铺设；有条件的，应当配套建设地下公共管沟。已经建成地下公共管沟的道路，不得另行擅自开挖铺设管线。

已有的地上管线应当按照规划确定的时序改造入地。

第五十一条 建设单位或者个人应当在建设周期内，按规划同步完成相关配套设施建设。分期领取建设工程规划许可证的，城乡规划主管部门应当明确各类配套设施的建设时序，建设单位或者个人应当按期完成。

第五十二条 依照国家、省有关规定应当公示的建设工程，城乡规划主管部门核发建设工程规划许可证前，应当将总平面图、主要立面图或者效果图、各项经济技术指标、建筑后退道路红线和用地地界以及与周边建筑的距离等内容向社会公示。其中，建筑类建设工程应当在建设现场醒目位置公示。公示期不少于十日。

第五十三条 建设工程规划许可证（建筑类）核发后，建设工程放线前，城乡规划主管部门应在施工现场醒目位置设置公告牌，公告建设工程规划许可证及附图，直至建设工程规划核实完成。

第五十四条 建设工程施工图与建设工程规划许可内容不一致的，建设行政主管部门或者其他主管部门不得为该建设工程办理施工许可手续或者开工手续。

申请房屋预售许可的内容与建设工程规划许可内容不一致的，房管部门不得办理房屋预售许可手续。

第五十五条 设计单位应当按照城乡规划或者规划条件进行建设工程设计。

施工单位、监理单位在承建或者监理建设项目时，应当事先查验建设工程规划许可证，并按照建设工程规划许可证确定的内容进行施工、监理。

城乡规划、建设等相关行政主管部门应当将建设、设计、施工、监理等单位违反城乡规划的行为信息纳入本市企业信用信息系统，并予以公布。

第五十六条 建设工程施工前，建设单位或者个人应委托具有相应测绘资质的单位按照规划许可内容放线。

建筑工程施工至正负零前或者地下管线工程覆土前，建设单位或者个人应当向城乡规划主管部门提出书面验线申请；城乡规划主管部门应当自接到书面申请之日起五日内验线。验线合格的，方可继续施工或覆土；不合格的，责令停止施工并限期改正。

第五十七条 在城市、镇规划区内的建设工程竣工验收前，建设单位或者个人应当持下列材料向城乡规划主管部门提出规划核实申请：

（一）现状竣工图及成果报告书；

（二）建设工程规划许可证；

（三）放验线资料；

（四）其他需要提交的材料。

城乡规划主管部门应当自受理申请之日起二十日内，根据建设工程规划许可证的要求进行规划核实，对符合要求的，出具建设工程规划核实意见；对不符合要求的，不予出具核实意见并书面说明理由。

建设工程未经规划核实或者经规划核实不符合规划许可内容的，建设单位不得组织竣工验收，建设行政主管部门不得办理竣工备案手续，房管部门不得办理产权登记手续。

在建设工程竣工验收后六个月内，建设单位或者个人应当向城乡规划主管部门报送竣工验收资料。

第五章 乡村建设规划管理

第五十八条 在乡、村庄规划区内集体土地上进行公共设施、企业、公益事业建设的，建设单位或者个人应当持下列材料向乡、镇人民政府申请办理乡村建设规划许可证：

（一）书面申请；

（二）建设项目批准、核准、备案文件或者相关文件；

（三）现状土地使用权属证明；

（四）建设工程设计方案；

（五）现状地形图；

（六）法律、法规、规章规定的其他材料。

在乡、村庄规划区内进行住宅建设，村民应当持本人身份证及户口簿、村民委员会书面意见、建设图纸等材料向乡、镇人民政府提出申请。

在乡、村庄规划区内使用原有宅基地进行住宅建设的，按照省有关规定执行。

第五十九条 乡、镇人民政府应当自受理申请之日起二十日内初审完毕。对符合条件的，报市、县（市）、上街区城乡规划主管部门审批。

城乡规划主管部门在收到乡、镇人民政府的初审意见后，应当在二十日内审查完毕。对符合条件的，核发乡村建设规划许可证；对不符合条件的，不予核发乡村建设规划许可证并书面说明理由。

建设单位或者个人在取得乡村建设规划许可证后，依法办理用地审批手续。

第六十条 建设单位或者个人自取得乡村建设规划许可证之日起满一年未申请办理用地审批手续的，乡村建设规划许可证自行失效。确需延期的，应当在期限届满三十日前向原发证机关提出申请，经批准可延期一次，延期期限不得超过六个月。

第六十一条 在乡、村庄规划区，未经批准，任何单位和个人不得擅自在道路、铁路两侧，村镇的街道、广场、市场和车站等场所修建建筑物、构筑物和其他设施。

第六章 监督检查

第六十二条 市、县（市）、上街区人民政府应当向本级人民代表大会常务委员会报告城乡规划的实施情况，并接受监督。

乡、镇人民政府应当向本级人民代表大会报告城乡规划的实施情况，并接受监督。

第六十三条 市人民政府负责对全市违法建设查处工作的统一领导。

市、县（市）、上街区人民政府应当组织城乡规划、建设、国土、公安等相关部门，建立违法建设查处协调联动机制和信息互通共享机制，共同做好违法建设查处工作。

第六十四条 市、县（市）、上街区城乡规划主管部门负责对本区域内违法建设的认定、立案、调查取证、下达执法文书。

县（市）、区人民政府负责组织有关部门和单位进行日常巡查，依法制止和拆除违法建设。

第六十五条 市、县（市）、上街区人民政府及其城乡规划主管部门，应当加强对城乡规划编制、审批、实施、修改的监督检查。

乡、镇人民政府和街道办事处应当对本辖区内的建设工程进行监督检查；发现不符合城乡规划的，应当及时制止，并按照有关规定予以处理。

村（居）民委员会发现本区域内有违法建设行为的，有权予以制止，并向乡、镇人民政府、街道办事处或城乡规划主管部门报告。

第六十六条 城乡规划主管部门执法人员对建设工程实施监督检查时，有权进入施工现场调查情况、采集资料、组织勘测，要求有关单位和人员提供有关证件、材料；有关单位和人员应当予以配合，如实提供相关资料。

第六十七条 城乡规划主管部门在监督检查过程中发现违反本条例规定的行为需要其他有关部门协助查处的，及时告知有关部门；有关部门应当依法进行查处。

第六十八条 依照本条例规定应当给予行政处罚，县（市）、上街区城乡规划主管部门不给予行政处罚的，市城乡规划主管部门有权责令其作出行政处罚决定或者建议县（市）、上街区人民政府责令其给予行政处罚。

依照本条例规定应当给予行政处罚，乡、镇人民政府不给予行政处罚的，县（市）、上街区人民政府应当责令其给予行政处罚。

第六十九条 县（市）、上街区城乡规划主管部门违反城乡规划法律、法规规定作出行政许可的，市城乡规划主管部门有权责令其撤销或者直接撤销该行政许可。

因撤销行政许可给当事人合法权益造成损失的，依法给予赔偿。

第七十条 市人民政府可以委派城乡规划督察员，对县（市）、上街区人民政府及其城乡规划主管部门的城乡规划管理工作进行监督检查。

城乡规划督察员发现城乡规划违法行为，应当及时向派驻地人民政府及城乡规划主管部门提出督察建议。督察建议同时报送市人民政府。

第七十一条 公民、法人或其他组织有权向城乡规划主管部门或者其他有关部门举报或者控告违反城乡规划管理的行为；城乡规划主管部门或者其他有关部门应当及时受理并组织核查、处理。

第七章 法律责任

第七十二条 工程设计单位有下列行为之一的，由城乡规划主管部门责令改正，造成严重后果的，没收违法所得，可以并处行业标准收费一倍以上二倍以下的罚款：

（一）对未取得规划条件的建设项目进行设计的；

（二）未按照城乡规划或者规划条件进行设计的；

（三）采取隐瞒真实情况、标注虚假尺寸等手段进行设计的。

第七十三条 未取得建设工程规划许可证或者未按照建设工程规划许可证规定进行建设的，由城乡规划主管部门责令停止建设，并按下列规定处理：

（一）对尚可采取改正措施消除对规划实施的影响的，限期改正，并处违法建设工程整体造价百分之五以上百分之十以下罚款；

（二）对无法采取改正措施消除对规划实施的影响的，限期拆除；不能拆除的，没收该建筑物、构筑物或者违法收入，可并处违法建设工程整体造价百分之十以下罚款。

本条所指尚可采取改正措施消除对规划实施的影响的情形，须同时满足以下条件：

（一）符合城乡规划确定的规划建设用地范围，且不影响近期建设规划和控制性详细规划实施；

（二）不危害公共卫生、公共安全，不影响基础设施和公共服务设施正常运行；

（三）不违反城乡规划确定的自然与历史文化资源保护要求；

（四）不违反规划强制性内容和标准；

（五）改正后符合城乡规划。

本条所指无法采取改正措施消除影响的情形包括：

（一）违法占用本条例第三十七条规定的用地进行建设的；

（二）危害公共卫生、公共安全的；

（三）破坏具有历史意义、革命纪念意义、文化艺术和科学价值的建筑物、文物古迹、风景名胜的；

（四）影响主次干道、铁路两侧、火车站、汽车站、机场、城市出入口地带等城市风貌的；

（五）严重影响他人合法建筑物安全或使用的；

（六）违反规划强制性内容和标准的；

（七）其他严重违反城乡规划的情形。

对依照本条第一款第（二）项规定没收的违法建筑物、构筑物，城乡规划主管部门在作出没收处罚决定后，应将没收的违法建筑物、构筑物移交同级财政部门登记处理；涉及有关土地使用权变更的，由土地管理部门依照有关法律、法规规定处理。

第七十四条 未按照规划要求进行配套设施建设的，责令限期补建，在限定期限内仍未补建或者无法补建的，由城乡规划主管部门处以应建配套设施工程造价一倍以上五倍以下罚款。

第七十五条 对未取得乡村建设规划许可证或者未按照乡村建设规划许可证的规定进行建设的，由乡、镇人民政府责令停止建设、限期改正；逾期不改正的，可以组织拆除。

第七十六条 未依照本条例规定申请城乡规划主管部门验线的，由城乡规划主管部门责令停止建设，并处以一万元以上十万元以下罚款。

第七十七条 建设工程竣工验收后六个月内未向城乡规划主管部门报送有关竣工验收资料或报送资料不实的，由城乡规划主管部门责令限期补报；逾期不补报的，处一万元以上五万元以下罚款。

城乡规划主管部门可根据实际情况组织补测补绘，所需费用由建设单位承担。

第七十八条 对在建违法建设工程，城乡规划主管部门应当责令暂停施工，依照有关法律、法规进行调查取证后，以书面形式责令停止建设、自行拆除。违法建设单位或者个人拒不停止建设、自行拆除的，由市、县（市）、上街区人民政府责成有关部门立即采取查封施工现场、停水、停电等措施，并可对不符合城乡规划的建设工程立即予以拆除。

市、县（市）、上街区人民政府依法作出停水、停电决定后，应及时书面通知供水、供电单位停止对违法建设工程的供水、供电；供水、供电单位应当立即依照相关法规或者合同规定，停止供水、供电。

停水、停电措施应仅限于违法建设工程施工现场使用的水、电，不得影响周边单位、居民的生产经营和生活用水、用电。

第七十九条 城乡规划主管部门作出责令限期拆除的决定后，违法建设单位或者个人逾期不拆除的，市、县（市）、上街区人民政府责成有关部门强制拆除。

第八十条 对于无法确定建设单位或者个人的违法建筑物、构筑物，城乡规划主管部门应当通过公共媒体或者在违法建筑物、构筑物所在地发布公告的形式，督促建设单位或者个人依法接受处理，公告期限不得少于三十日。公告期届满，仍无法确定建设单位或者个人的，报市、县（市）、上街区人民政府组织强制拆除或者没收。

对于没收的违法建筑物、构筑物交由财政部门登记处理。

第八十一条 违反本条例规定的行为，触犯土地、建设工程、房地产、环保、水利、文物等有关法律、法规规定的，由有关部门依法给予处罚；构成犯罪的，依法追究刑事责任。

第八十二条 镇人民政府或者市、县（市）、上街区城乡规划主管部门有下列行为之一的，由本级人民政府、上级人民政府城乡规划主管部门或者监察机关依据职权责令改正，通报批评；对直接负责的主管人员和其他直接责任人员依法给予处分：

（一）未依法组织编制城市的控制性详细规划、县人民政府所在地镇的控制性详细规划的；

（二）超越职权或者对不符合法定条件件的申请人核发选址意见书、建设用地规划许可证、建设工程规划许可证、乡村建设规划许可证的；

（三）对符合法定条件的申请人未在法定期限内核发选址意见书、建设用地规划许可证、建设工程规划许可证、乡村建设规划许可证的；

（四）发现未依法取得规划许可或者违反规划许可进行建设的行为，不予查处或者接到举报后不依法处理的；

（五）未依法对经审定的修建性详细规划、建设工程设计方案的总平面图予以公布的；

（六）同意修改修建性详细规划、建设工程设计方案的总平面图前未采取听证会等形式听取利害关系人的意见的；

（七）违反法律、法规规定的其他行为。

第八十三条 镇人民政府或者市、县（市）、上街区城乡规划主管部门的工作人员滥用职权、玩忽职守、徇私舞弊、索贿受贿的，由其所在单位或者上级主管机关给予行政处分；构成犯罪的，依法追究刑事责任。

第八章 附 则

第八十四条 乡、镇人民政府管辖区域调整为街道办事处的，由所在地街道办事处参照本条例有关规定行使乡、镇人民政府对城乡规划的监督管理职责。

第八十五条 本条例下列用语的含义是：

（一）市区，是指本市行政区域内除县（市）、上街区行政辖区以外的区域。

（二）建成区，是指市、县（市）、上街区行政区域内实际已成片开发建设，基础设施和公共服务设施基本具备的地区，具体范围由市、县（市）、上街区人民政府批准后公布。

（三）建设工程，是指新建、改建、扩建的建筑物、构筑物、道路、轨道交通、广场、各类管线、防空设施、园林绿化等工程。

（四）违法建设，是指未依法取得规划许可或者未按照规划许可内容建设的建筑物和构筑物，以及超过规划许可期限未拆除的临时建筑物和构筑物。

（五）违法建设工程整体造价，按照该违法建设工程开工时市建设行政主管部门公布的建设工程造价指标确定。没有相应建设工程造价指标的，应当委托评估机构参照市场价格进行评估认定。

第八十六条 规划许可前的公示、专家评审、听证时间不计入规划许可的办理时限。

第八十七条 本条例自2010年2月1日起施行。1997年8月22日郑州市第十届人民代表大会常务委员会第三十二次会议通过、1998年3月31日河南省第九届人民代表大会常务委员会第二次会议批准，2003年12月23日郑州市第十一届人民代表大会常务委员会第四十二次会议通过、2004年5月28日河南省第十届人民代表大会常务委员会第九次会议批准修改的《郑州市城市规划管理条例》和2003年4月30日郑州市第十一届人民代表大会常务委员会第三十七次会议通过、2003年8月2日河南省第十届人民代表大会常务委员会第四次会议批准的《郑州市违反城市规划建设工程查处条例》同时废止。

统计资料

国民经济和社会发展总量及速度指标

指　标	单位	1990	1995	2000	2005	2010	2011	2012	2013	2014	2015	2015 比上年±%
人口与面积												
人口	万人	557.8	600.3	665.9	716.0	866.1	885.7	903.1	919.1	937.8	956.9	2.0
建成区面积	平方公里	112.0	108.3	133.2	262.0	342.7	354.7	373.0	382.7	412.7	437.6	6.0
宏观经济												
国民经济核算												
地区生产总值	亿元	116.4	386.4	728.4	1660.6	4040.9	4979.8	5549.8	6201.8	6777.0	7311.5	10.0
第一产业	亿元	14.4	28.5	42.4	72.4	124.6	131.7	142.4	147.0	147.2	150.9	3.1
第二产业	亿元	62.5	203.5	343.3	872.8	2269.9	2874.2	3132.9	3470.5	3487.1	3604.2	9.3
第三产业	亿元	39.5	154.3	342.7	715.4	1646.4	1974	2274.5	2584.3	3142.7	3556.4	11.3
固定资产投资												
全社会固定资产投资额	亿元	26.9	165.6	258.4	820.0	2757.0	3002.5	3669.8	4509.3	5355.3	6371.7	18.9
固定资产投资	亿元	20.0	132.4	159.4	610.2	2432.5	2900.0	3561.2	4400.2	5259.6	6288.0	19.6
财政												
地方公共财政预算收入	亿元	10.5	17.1	43.6	136.1	386.8	502.3	606.7	723.6	833.9	942.9	13.1
地方公共财政预算支出	亿元	6.5	17.8	49.0	136.7	426.8	566.6	700.6	815.7	918.6	1106.0	20.1
价格总指数												
商品零售价格指数	以上年为100	100.8	110.4	99.1	101.2	102.7	104.9	102.4	101.4	101.1	99.0	-1.0
居民消费价格指数	以上年为100	101.8	114.5	99.0	102.4	103.0	104.9	102.7	102.8	102.0	101.1	1.1
外商投资												
利用外资												
合同利用外资额	万美元	1132	21086	12860	63766	191632	238133	202058	183710	144557	125514	-13.2
实际利用外资额	万美元	768	15020	9211	33549	190015	310000	342898	332178	363002	382661	5.4
产业												
农业												
农林牧渔业总产值	亿元	24.6	51.5	73.2	126.2	221.4	235.5	254.6	263.3	269.9	276.6	3.0
粮食总产量	万吨	154.2	140.1	158.7	153.0	166.7	166.7	169.5	168.3	162.0	168.3	3.9
工业												

续表 1

指　标	单位	1990	1995	2000	2005	2010	2011	2012	2013	2014	2015	2015 比上年±%
工业总产值	亿元	174.4	647.9	1005.3	2411.5	7958.3	8459.7	10632.4	12153.5	13537.2	14779.6	11.8
工业增加值	亿元	39.8	87.1	187.5	569.7	1996.0	2316.0	2541.5	2857.7	3094.0	3312.3	10.2
规模以上工业												
资产总计	亿元	142.3	470.3	749.8	1473.6	3898.8	5173.0	7036.7	8528.6	9960.8	11296.7	13.4
负债合计	亿元	89.6	328.6	477.5	946.3	2134.9	2762.8	3915.4	4597.2	5444.4	6257.4	14.9
主营业务收入	亿元	104.6	307.8	530.9	1673.0	5942.3	8144.4	9603.4	11016.3	12391.4	13587.5	9.7
利税总额	亿元	18.0	37.9	67.2	230.2	1058.1	1351.7	1415.1	1529.2	1647.2	1539.6	-6.5
建筑业												
建筑业总产值	亿元	12.7	45.5	106.0	299.4	1352.3	1547.6	1816.6	2265.3	2713.3	2714.7	0.1
施工房屋面积	万平方米	325	805	1217	2937	8876.9	10505.5	12001.6	14247.2	17751.6	23205.9	30.7
竣工房屋面积	万平方米	148	306	440	765	2601.7	3403.6	3667.8	4095.8	5240.2	4317.9	18.8
交通运输												
旅客周转量	亿人公里	69.3	92.0	125.1	189.6	301.4	325.6	348.2	256.5	274.9	279.6	1.2
#铁路	亿人公里	46.0	53.0	60.0	80.0	113.9	111.2	119.4	130.0	130.2	134.5	2.2
公路	亿人公里	23.3	32.1	56.3	82.7	137.7	161.1	174.1	69.9	83.6	79.7	-4.6
航空	亿人公里	1.0	6.8	8.8	26.9	49.8	53.3	54.7	56.6	61.2	65.4	6.9
货物周转量	亿吨公里	196.2	212.9	226.5	287.7	479.8	564.1	630.9	527.7	537.0	548.2	2.2
#铁路	亿吨公里	181.6	181.9	156.2	187.9	199.4	210.2	216.2	217.2	199.9	172.7	13.4
公路	亿吨公里	14.7	30.9	70.1	99.4	279.8	353.3	414.2	306.3	332.4	370.0	11.3
航空	万吨公里	150.0	574	1281	3385	5641	5744	5477	39279	47139	54276	15.1
邮电通信												
邮电业务总量	万元	1.2	8.5	42	108.2	296.3	116.8	131.3	183.5	213.6	297.8	39.4
国内商业												
社会消费品零售总额	亿元	47.4	164.1	381.8	706.7	1702.1	2015.6	2322.7	2623.5	2955.4	3294.7	11.5
批零贸易企业销售额	亿元	44.9	401.0	437.4	1274.3	2339.1	2943.9	3247.5	3516.0	4308.1	351.7	18.6
对外贸易和旅游												
进出口总值	万美元		16129	19216	110193	452442	1535929	3528949	4217749	4643090	5702633	22.9

续表2

指　标	单位	1990	1995	2000	2005	2010	2011	2012	2013	2014	2015	2015比上年±%
#出口总值	万美元	1119	13072	12313	75659	331272	941400	2022563	2506438	2665710	3124586	17.2
旅游外汇收入	万美元			4653	7769	13384	14760	15800	16500	17100	18000	5.0
金融												
金融机构各项存款	亿元	86.3	464.4	1215.4	3116.1	7990.9	8964.9	10448.3	12450.5	13955.6	16936.3	16.4
金融机构各项贷款	亿元	87.0	373.7	881.9	2428.1	5717.5	6112.8	6794.1	9342.3	10868.3	12650.3	16.4
教育												
在校学生数	万人	84.4	114.9	139.7	191.3	222.3	227.4	231.6	241.0	260.0	260.2	
专任教师数	万人	6.2	5.9	7.1	9.4	12.5	12.9	13.6	13.9	14.7	15.6	6.1
人民生活												
城镇居民人均可支配收入	元	1496	4535	5935	10640	18897	21612	24246	26615	29095	31099	8.7
农村居民人均可支配收入	元	692	1555	2912	4774	9225	11050	12531	14009	15470	17125	8.9
农村居民人均居住面积	平方米	21.5	23.8	35.4	43.7	52.0	54.9	55.7	52.6	52.1	53.6	2.9
城乡居民储蓄余额	亿元	56.1	254.2	565.8	1436.1	2911.0	3252.1	3845.5	4475.3	4839.3	5695.5	11.3
工资												
在岗职工年平均工资	元	2126	5226	9017	16694	32779	35541	41480	44622	49279	52987	7.5
卫生												
医疗机构数	个	935	879	688	1637	1347	4044	3810	4026	3848	3922	2.1
卫生技术人员	个	28410	30590	31137	33568	49519	56891	65403	76282	80831	86518	7.0
医疗床位数	张	20937	22122	24472	29295	47094	52750	59664	68764	73865	78242	5.9
市政建设												
自来水供水量	万吨	23037	32506	28783	30448	37724	35785	35825	35413	34131	35181	3.1
城市集中供热面积	万平方米		851	1383	1777	2261	2285	3349	3815	4520	5270	16.6
用气人口	万人	59.5	107.9	149.2	230	439	457	533	528	476	513	7.8
城市道路长度	公里	428	563	684	1131	1338	1390	1446	1520	1630	1809	11.0
公共汽(电)车总数	辆	404	728	1342	3077	4788	5271	5548	5745	6297	6221	-1.2

注:1.1990年城市居民人均可支配收入以人均生活费收入代替;2.直接进出口总值、直接出口总值统计范围不包括国家部委及省属进出口公司,1995年、1990年为业务统计数,2000年和2003年以来为海关数;3.2013年邮电业务总量按2010年可比价格计算,2001-2010年按2000年可比价格计算,2000年以前按1990年可比价格计算;4.固定资产投资2010年以前为城镇投资;5.2010年以后,工业总产值和增加值包含河南中烟工业公司和河南电力公司。

全市及县（市）城镇居民家庭基本情况

（2015 年）

指　　标	单位	全市	中原区	二七区	管城区	金水区
调查户数	**户**	**652**	**82**	**69**	**71**	**106**
期内住户常住成员数	**人**	**1914**	**214**	**178**	**181**	**285**
常住成员从业人数	**人**	**1092**	**118**	**107**	**92**	**167**
从业人员成员受教育程度	**人**					
未上过学	人	11	3	1		
小学	人	35		2	1	2
初中	人	286	23	18	29	38
高中	人	328	30	34	23	39
大学专科	人	280	36	34	21	50
大学本科	人	134	25	11	16	31
研究生	人	19	1	7	1	8
从事主要行业	**人**					
第一产业	人	97	1		7	3
第二产业	人	175	24	8	10	10
第三产业	人	821	93	99	75	154
可支配收入	**元/人**	**31099.00**	**32068.67**	**33207.96**	**31487.74**	**36871.34**
总收入	**元/人**	**33116.91**	**34773.61**	**35321.04**	**32254.22**	**39136.22**
总支出	**元/人**	**25130.35**	**24880.59**	**23570.14**	**24460.47**	**23175.99**
消费支出	**元/人**	**21692.00**	**20586.20**	**20211.07**	**22857.34**	**19830.61**
恩格尔系数	%	**29.16**	**30.60**	**24.56**	**31.03**	**27.23**
年末人均居住面积	**平方米/人**	**36.84**	**28.40**	**29.07**	**29.45**	**34.48**

续表　　　　（2015 年）

指　　标	单位	上街区	惠济区	中牟县	巩义市	荥阳市	新密市	新郑市	登封市
调查户数	**户**	**36**	**38**	**45**	**58**	**27**	**42**	**40**	**39**
期内住户常住成员数	**人**	**83**	**99**	**164**	**199**	**85**	**160**	**129**	**138**
常住成员从业人数	**人**	**43**	**52**	**94**	**117**	**55**	**97**	**73**	**79**
从业人员成员受教育程度	**人**								
未上过学	人			3					4
小学	人	1		6		1	5	12	5
初中	人	12	14	31	32	17	24	29	20
高中	人	18	14	25	46	23	24	21	32
大学专科	人	6	13	23	29	10	35	6	16
大学本科	人	5	11	5	10	4	9	5	3
研究生	人	1		1					
从事主要行业	**人**								
第一产业	人		1	17	33		8	18	9
第二产业	人	18	2	10	27	17	12	23	14
第三产业	人	25	49	67	57	38	77	32	56
可支配收入	**元/人**	**36096.98**	**27041.37**	**24359.00**	**26104.70**	**26652.04**	**26633.00**	**26654.83**	**25689.16**
总收入	**元/人**	**37136.26**	**28639.10**	**26204.07**	**27772.18**	**28358.23**	**30665.72**	**28297.73**	**26273.06**
总支出	**元/人**	**21286.64**	**20771.99**	**18096.11**	**21528.73**	**22132.52**	**28816.81**	**29232.05**	**17310.81**
消费支出	**元/人**	**18595.71**	**19171.39**	**13819.60**	**17687.41**	**17971.36**	**22894.50**	**26436.15**	**15766.95**
恩格尔系数	%	**32.48**	**28.53**	**24.24**	**24.19**	**23.87**	**25.09**	**28.15**	**21.71**
年末人均居住面积	**平方米/人**	**44.11**	**36.56**	**44.84**	**39.19**	**40.14**	**58.59**	**55.64**	**48.36**

年末人口基本情况

（2015年底）

县(市)区	总户数(户)	总人口(人)				
		合计	#女性	#非农业人口	城镇人口	城镇化率(%)
全市	2908491	9568935	4681091	4018466	6669069	69.69
中原区	249598	751288	370107	646108	677736	90.21
二七区	266705	781445	383061	480432	696736	89.16
管城区	180434	545994	266118	277747	464094	85.00
金水区	501134	1453288	699971	941730	1322346	90.99
上街区	45595	136785	69717	86600	124405	90.95
惠济区	92019	286008	144217	69889	203351	71.10
中牟县	121556	481361	236797	77210	218489	45.39
巩义市	250333	823597	401915	156731	431364	52.35
荥阳市	175009	615790	280615	133887	317378	51.54
新密市	220945	803685	395520	298971	425470	52.94
新郑市	166459	656732	341708	172339	350103	53.31
登封市	182235	694315	339766	204128	357849	51.53
经开区	76813	220280	102468	75733	183735	83.41
高新区	92026	247674	120558	133108	205569	83.00
郑东新区	143108	470501	225937	171368	297450	63.22
航空港实验区	133937	600192	302616	92485	394446	65.72

人口自然变动情况

（2015年底）

县(市)区	年末平均人口（人）	出生人口（人）	死亡人口（人）	出生率（‰）	死亡率（‰）	自然增长率（‰）
全　市	9473385	98286	43483	10.37	4.59	5.78
中原区	747231	7952	2748	10.64	3.68	6.96
二七区	773919	8372	3723	10.82	4.81	6.01
管城区	541240	5603	2398	10.35	4.43	5.92
金水区	1444909	13423	3973	9.29	2.75	6.54
上街区	136462	1122	696	8.22	5.10	3.12
惠济区	284498	3156	1343	11.09	4.72	6.37
中牟县	476627	5630	2820	11.81	5.95	5.86
巩义市	821769	9015	4972	10.97	6.05	4.92
荥阳市	615600	6588	3539	10.70	5.75	4.95
新密市	803514	8379	4365	10.43	5.43	5.00
新郑市	651420	7349	3358	11.28	5.15	6.13
登封市	691629	7918	4150	11.45	6.00	5.45
经开区	210213	2268	631	10.79	3.00	7.79
高新区	247135	2078	751	8.41	3.04	5.37
郑东新区	452886	4331	823	9.56	1.82	7.75
航空港实验区	574338	5973	2797	10.40	4.87	5.53

农林牧

（2015 年）

指　标	全市	中原区	二七区	管城区	金水区	上街区	惠济区	中牟县
农林牧渔业总产值	**2765804**	**12666**	**8856**	**12777**	**20068**	**7813**	**124577**	**408783**
农业	**1399317**	**8265**	**4049**	**8303**	**3045**	**3877**	**60126**	**234454**
谷物及其他作物	505323	2414	223	1963	2258	1696	6853	56868
谷物	350135	1828	160	1409	2032	1525	5684	36897
#小麦	193714	1123	108	914	1184	905	3264	17585
稻谷	194						194	
玉米	140962	705	52	495	848	620	2226	19312
薯类	27072			36		48		3459
油料	82478	459	60	421	47	24	561	10461
#花生	74913	301	24	364	31	8	520	10140
油菜籽	6021	158	13	57	13	10	8	321
豆类	8047	5	3		29	6	60	1439
棉花	5321				25		186	2115
烟草	4666							
其他农作物	23485	122		97	125	93	362	2497
蔬菜园艺作物	657354	5782	59	3896	631	644	52275	167628
蔬菜（含菜用瓜）	623679	5782	59	3885	631	453	50794	167515
花卉	4276						1198	
水果、坚果、饮料和香料作物	234262	69	3767	2444	156	1537	998	9958
水果（含果用瓜）	189100	69	3767	2444	108	541	998	9958
#苹果	22322		49	21	11	57	109	2570
梨	5778		144	35	16	432	192	183
坚果	40486				48	996		
香料作物	4676							
中草药材	2377							
林业	**55502**	**830**	**76**	**224**	**1225**	**215**	**4105**	**4975**
林木的培育和种植	48873	794		122	1147	210	3974	3977
竹木采运	1560	36	76	102	78	5	131	998
牧业	**1093484**	**2920**	**4135**	**3920**	**4993**	**3721**	**34482**	**126984**
牲畜饲养	384150	621	311	931	3085	282	16798	63759
牛的饲养	139419	80	28	447	439	8	3895	11196
羊的饲养	31964	9	15	121	600	130	147	4600
其他牲畜饲养	1667							
奶产品	199892	532	268	363	2046	144	12756	47963
猪的饲养	403004	1759	662	2434	879	1094	7089	41984
家禽饲养	268018	540	3162	555	1029	2345	9795	21241
肉禽	61914	223	270	255	700	104	4970	4615
禽蛋	206104	317	2892	300	329	2241	4825	16626
狩猎和捕捉动物	11000							
其他畜牧业	27312						800	
渔业	**175606**	**138**	**176**	**175**	**10805**		**25384**	**37142**
鱼类	173788	138	176	175	10805		25259	36537
虾蟹类	210							105
其他	1600						125	
农林牧渔服务业	**41279**	**513**	**420**	**151**			**480**	**5266**

渔业总产值

单位:万元

巩义市	荥阳市	新密市	新郑市	登封市	经开区	高新区	郑东新区	航空港实验区
208954	**530737**	**370364**	**358811**	**281504**	**80108**	**8814**	**96464**	**211215**
80997	**283284**	**156193**	**173335**	**132582**	**31122**	**7544**	**28066**	**118414**
44980	82594	66367	79741	65743	17918	6743	11277	48205
34935	68838	44460	56876	38879	7334	6178	8517	23792
21526	40611	26403	32567	20783	4385	3774	4500	14083
13333	28008	17995	24228	18067	2949	2404	4017	9709
2245	3261	2039	2387	8525	418		350	3390
2925	5427	5724	15444	3356	3213	184	920	19106
1865	3874	3970	14604	2091	2862	173	727	18898
700	1205	1336	670	1052	351	11	64	196
253	626	1297	1181	2441	45		734	
1626	106	89	57	630			209	22
				4666				
2995	4336	12758	3796	2580	6908	381	547	1895
11776	102353	53177	51175	36343	6908	801	14232	54162
10726	100603	48932	51124	25610	6908	811	14232	54162
633	150	1334		648				
23263	97597	23443	42419	30496	6296		2557	16047
12438	94652	7927	41578	11754	6296		2557	16047
6109	2423	1271	1969	6067	462			1250
647	2511	556	440	639			143	1139
6345	2522	15322	841	18742				
4480	2	194						
977	740	660						
13048	**4419**	**38757**	**3403**	**39852**	**17770**		**7304**	**1832**
7091	3951	34099	2920	39698	17770		7070	
888	468	3460	483	154			138	
97264	**217781**	**155993**	**177403**	**98101**	**19541**	**1270**	**13764**	**89703**
14092	67441	52981	37460	33490	12154	427	7652	48675
6083	26887	12973	6787	27568	3543	54	1670	25433
1478	3118	1385	2964	4193	1016	19	429	5406
581	10	4266	25	100				
2048	37426	14517	19343	1629	1802	354	5553	17836
47289	80462	43389	83630	34360	6284	759	4101	30564
10945	69336	36693	56274	20155	1103	84	2011	10392
2337	9355	8045	19752	2895	346	42	311	4648
8608	59981	28648	36522	17260	757	42	1700	5744
		8235						
24938	542	14695	39	10096				72
6083	**20417**	**2112**	**854**	**6089**	**3518**		**42326**	
5983	20417	1357	854	3861	3518		42326	
				1537				
100		755		565				
10946	**4929**	**17309**	**3816**	**12968**	**8157**		**5004**	**1266**

农村基本情况及从业人员

（2015年）

指　　标	单位	总计	中原区	二七区	管城区	金水区	上街区	惠济区	中牟县
乡村人口从业人员									
乡村户数	万户	103.81	2.22	0.65	1.66	0.85	1.13	4.45	9.40
乡村人口数	万人	411.13	7.37	2.97	6.54	3.44	4.27	16.50	40.00
乡村从业人员数	万人	235.90	3.10	1.91	3.08	1.45	1.93	8.90	24.38
按性别分									
#男劳动力	万人	128.16	1.63	1.04	1.64	0.81	1.14	4.84	12.94
女劳动力	万人	107.74	1.48	0.87	1.44	0.64	0.79	4.05	11.44
按行业分									
农业从业人员	万人	93.15	0.06	0.43	1.25	0.46	0.63	4.37	15.22

注：乡镇数不包括县（市）所在地的城关镇。

续表

指　　标	单位	巩义市	荥阳市	新密市	新郑市	登封市	经开区	高新区	郑东新区	航空港实验区
乡村人口从业人员										
乡村户数	万户	15.07	13.46	15.61	11.38	14.29	2.20	2.19	2.84	6.42
乡村人口数	万人	60.37	50.51	60.85	43.13	57.77	8.80	8.20	12.42	27.97
乡村从业人员数	万人	33.37	32.19	33.27	26.93	34.83	4.49	3.26	5.96	16.85
按性别分										
#男劳动力	万人	18.65	17.24	18.02	14.20	19.29	2.41	1.69	3.36	9.26
女劳动力	万人	14.71	14.94	15.25	12.73	15.54	2.08	1.57	2.61	7.59
按行业分										
农业从业人员	万人	10.57	9.76	8.48	10.89	14.33	2.48	1.48	3.16	9.57

注：乡镇数不包括县（市）所在地的城关镇。

牧业主要产品产量

（2015 年）

指　　标	单位	合计	中原区	二七区	管城区	金水区	上街区	惠济区	中牟县
猪当年出栏头数	万头	228.66	1.10	0.61	1.59	0.53	0.53	4.36	32.91
牛当年出栏头数	万头	13.52	0.01	0.01	0.06	0.04		0.35	2.54
羊当年出栏只数	万只	54.23	0.02	0.06	0.24	0.12	0.17	0.27	19.74
禽当年出栏只数	万只	4168.96	23.70	24.50	19.00	49.84	7.00	280.60	409.07
肉类总产量	吨	259422	1039	782	1462	1111	499	7315	41324
#猪肉产量	吨	178291	828	445	1145	414	375	3175	29180
牛肉产量	吨	20623	12	11	66	65	5	500	4358
羊肉产量	吨	6837	2	8	26	13	28	33	2468
禽肉产量	吨	51219	197	318	225	619	91	3577	5318
兔肉产量	吨	1374							
奶类总产量	吨	436025	1485	748	1015	5714	400	35630	124580
#生牛奶产量	吨	428463	1485	748	1015	5714	400	35530	124580
山羊毛产量	公斤	92945							
绵羊毛产量	公斤	197937							
蜂蜜产量	公斤	368207							
禽蛋产量	吨	230497	408	3717	385	422	2610	6030	21974

续表

指　　标	单位	巩义市	荥阳市	新密市	新郑市	登封市	经开区	高新区	郑东新区	航空港实验区
猪当年出栏头数	万头	28.01	41.22	20.30	50.31	22.21	4.02	0.49	2.50	17.98
牛当年出栏头数	万头	0.63	2.66	0.99	0.68	2.46	0.39	0.01	0.18	2.50
羊当年出栏只数	万只	2.34	4.69	2.70	5.34	6.19	1.70	0.03	1.70	8.91
禽当年出栏只数	万只	166.28	830.92	467.73	1305.87	269.19	26.82	3.96	9.76	274.71
肉类总产量	吨	26245	48322	22105	52974	26770	4004	429	2478	22563
#猪肉产量	吨	22246	33945	14251	34942	18146	2956	357	1908	13978
牛肉产量	吨	900	3977	1235	1004	3925	524	8	271	3762
羊肉产量	吨	317	669	297	636	757	218	4	201	1160
禽肉产量	吨	2061	9701	5361	16308	3370	306	60	98	3609
兔肉产量	吨	175	21	900	76	148				54
奶类总产量	吨	5720	98954	31843	54030	4550	5033	990	15511	49822
#生牛奶产量	吨	5720	95827	27508	54030	4550	5033	990	15511	49822
山羊毛产量	公斤	10463		53205	774	28503				
绵羊毛产量	公斤	3491		174660	8044	11742				
蜂蜜产量	公斤	62701	1010	298088	2428	3980				
禽蛋产量	吨	11088	77095	29448	46543	22311	1086	54	600	6726

林业生产情况

（2015 年）

单位:公顷

县(市)区	当年造林面积	用材林	经济林	四旁植树(万株)	育苗面积	森林抚育实际面积
总计	**3446**	**1132**	**925**	**685**	**2518**	**2837**
中原区				45	361	
金水区					212	
上街区					23	
惠济区						
中牟县	1287	762	525	277	521	322
巩义市	329		140		90	680
荥阳市	545	370	175		454	605
新密市	404		85	47	528	676
新郑市	167			80	286	221
登封市	714			216	30	333

邮电通信行业基本情况

（2015 年）

指标名称	计量单位	本年实际	指标名称	计量单位	本年实际
邮政业网点及邮递线路			#期刊数	万份	835
营业网点	处	247	国定本地电话通话时长	万分钟	214335
#邮政局所	处	247	国定长途电话通话时长	万分钟	44241
邮政信筒信箱	个	517	移动电话通话时长合计	万分钟	5463246
邮路条数	条	1369	#去话通话时长	万分钟	2432304
邮路总长度	公里	121194.5	非漫游	万分钟	4261663
#汽车邮路	公里	61216.5	国内漫游	万分钟	632188
铁路邮路	公里	3508	国际及港澳台漫游	万分钟	420262
航空邮路	公里	56470	移动短信业务量	亿条	36
农村投递线路总长度	公里	16991	移动电话年末用户	户	13446086
城市投递线路总长度	公里	10279	#3G 移动电话用户	户	5078177
通信业务量			本年移动电话新增用户	户	3386284
邮电业务总量(2010 年不变价)	万元	2977621	固定本地电话年末用户	户	2043296
邮政业务总量	万元	637061	#公用电话用户	户	229766
电信业务总量	万元	2340561	城市电话用户	户	1449200
函件	万件	4769	#住宅电话用户	户	763818
包裹	万件	50	农村电话用户	户	342120
汇票	万笔	70	#住宅电话用户	户	230964
快递	万件	28929	互联网接入用户数	户	2398546
#国内同城快递	万件	5085	#互联网宽带接入用户	户	2008460
国内异地快递	万件	23609	**电信主要通信能力**		
国际及港澳台快递	万件	235	光缆线路长度	公里	95523
快递业务收入	万元	376949	固定长途电话交换机容量	万门	14
订销报刊期发数	万份	95	局用电话交换机容量	万门	112
#期刊数	万份	43	移动电话交换机容量	万门	2056
订销报刊累计数	万份	13054	移动电话基站	万个	3

规模以上工业总产值、增加值及销售产值

（2015 年）

项　　目	工业总产值（万元）	工业增加值（万元）	工业销售产值（万元）
总　计	**147795699**	**33122658**	**145027156**
按轻重工业分			
轻工业	22549145	7826908	23145346
重工业	125246554	25295751	121881810
按登记注册类型分			
国有控股企业	23227616	7233727	23128373
国有企业	15431809	4499217	15422760
集体企业	1041471	239224	1013830
股份合作企业	32180	7322	31008
股份制企业	91409748	21172259	89709249
外商和港澳台商投资企业	33955131	5875816	33093186
其他	5925361	1328820	5757123
按所有制类型分			
公有制	25368166	7729288	25227491
非公有制	122427533	25393371	119799665
按企业规模分			
大型企业	64997340	14800357	63963884
中型企业	34796595	7777161	33890178
小型企业	47954262	10534901	47125785
微型企业	47502	10240	47308

注：本表工业增加值、总产值、销售产值包含河南中烟工业公司和河南电力公司的全口径统计数据。

全社会固定资产投资

（2015 年）

单位：万元、万平方米

指　　标	全社会投资	固定资产投资	房地产开发	农户投资
总　　计	**63717259**	**62880031**	**20001954**	**837228**
住宅投资	13992700	13617086	13381631	375614
按经济类型分				
内资	**62124313**	**62124313**	**19375924**	
国有经济	13986896	13986896	628035	
集体经济	3274589	3274589	12597	
股份合作	237025	237025		
国有联营	142299	142299		
其他联营	18480	18480		
国有独资	891555	891555	213735	
其他有限责任公司	21629089	21629089	14734631	
股份有限公司	1980244	1980244	559047	
私营	11298646	11298646	3194127	
其他内资	8665490	8665490	33752	
港澳台商投资	**499277**	**499277**	**464777**	
合资经营	79179	79179	76179	
独　资	397799	397799	374799	
外商投资	**256441**	**256441**	**161253**	
合资经营	117116	117116	21928	
独　资	139325	139325	139325	
个体经营	**837228**			**837228**
本年新增固定资产	**30048837**	**29219620**	**4353110**	**829217**
本年施工房屋面积	**15898**	**14894**	**10818**	**1004**
#住宅	8342	7430	7256	912
本年竣工房屋面积	**2440**	**1479**	**1077**	**961**
#住宅	1627	753	671	874
本年竣工房屋价值	**6588400**	**6189003**	**2947947**	**399397**
#住宅	4158845	3812784	1760525	346061

城市建设用地情况

指　　标	单位	2014 年	2015 年
城市市区面积	平方公里	1010.3	1010.3
建成区面积	平方公里	412.7	437.6
#城市建设用地面积	平方公里	370.9	393.3
#工业	平方公里	33.2	35.2
物流仓储	平方公里	14.9	15.8
交通设施	平方公里	68.5	72.7
居住	平方公里	95.0	100.7
公共设施	平方公里	54.2	57.5
市政公共设施	平方公里	14.9	15.8
绿地	平方公里	76.6	81.2
商业服务业设施	平方公里	13.7	14.5
本年征用土地面积	平方公里	8.5	9.3

市政设施及公共交通

指　　标	单位	2014 年	2015 年
实有铺装道路长度	公里	1630	1809
实有铺装道路面积	万平方米	4174	4720
人行道面积	万平方米	873	979
实有桥梁数	座	207	226
#立交桥	座	52	57
路灯盏数	盏	85212	93551
排水管道长度	公里	3592	3812
污水年排放量	万立方米	30601	48077
污水处理厂	座	4	5
处理能力	万立方米/日	99	139
污水年处理量	万立方米	29342	46173
防洪堤长度	公里		
公共汽、电车运营车数	辆	6297	6221
标准运营车数	标台	8288.7	8298.2
运营线路网长度	公里	1248.3	1302.6
全年客运总量	万人次	98748	95387
实有出租汽车数	辆	10608	10608

城市供水、供电情况

指　　标	单位	2014 年	2015 年
供　水			
水厂数	个	7	9
自来水综合生产能力	万立方米/日	145	187
#地下水	万立方米/日	44	42
供水管道长度	公里	2902	2997
全年供水总量	万立方米	34131	35181
#生产用水	万立方米	4157	3877
生活用水	万立方米	26198	28692
#家庭用量	万立方米	15488	17381
用水人口	万人	638	661
节约用水			
取水量	万立方米	11849	11258
生产用水重复利用量	万立方米	132135	138227
节约用水量	万立方米	4931	6426
供　电			
公用配电线路长度	公里	19149	23318
全年销售总量	亿千瓦时	345	352
#生活用电	亿千瓦时	48	53
售给居民每千度电售价	元	593.3	551.4

城市燃气及供热

指　标	单位	2014 年	2015 年
液化石油气			
储气能力	吨	970	970
外购气量	吨	62607	61615
供气总量	吨	62018	61078
#家庭用量	吨	45244	43166
用气家庭户数	户	218770	209601
用气人口数	万人	99	95
天然气			
储气能力	万立方米	240	240
供气总量	万立方米	95319	106894
#家庭用量	万立方米	29121	34280
用气家庭户数	户	1550790	1691182
用气人口数	万人	476	513
输送管道长度	公里	4200	5495
供热能力			
蒸汽	吨/小时	550	550
热水	兆瓦	2786	4023
供热总量			
蒸汽	万吉焦	160	117
热水	万吉焦	1370	1599
管道长度			
蒸汽	公里	199	91
热水	公里	1190	1190
集中供热面积	**万平方米**	**4520**	**5270**
#住宅	万平方米	3903	4370

社会消费品零售总额

（2015 年）

单位:万元

类别	合计	按企业、个体分		按限上、限下分	
		批发零售住宿餐饮企业	贸易住宿餐饮个体	限额以上单位	限额以下单位
社会消费品零售总额	**32947106**	**19753136**	**13193970**	**16277627**	**16669479**
按销售单位所在地分					
城镇	29983015	19415229	10567786	15602106	14380909
乡村	2964091	337907	2626184	675521	2288570
按行业分					
批发业	3799545	2729891	1069654	1984935	1814610
零售业	23992722	15952847	8039875	13344730	10647992
住宿业	230859	170891	59968	172867	57992
餐饮业	4923980	899507	4024473	775095	4148885

对外经济贸易

单位:万美元

项　　目	2014 年	2015 年	2015 年比 2014 年±%
全市进出口总值	**4643090**	**5702633**	**22.9**
#全市进口总值	1977380	2578048	30.5
全市出口总值	2665710	3124586	17.2
#国内企业	458162	383144	-16.4
外资企业	2207548	2741442	24.2
新批外资企业	66	58	-12.0
合同外资额	144557	125514	-13.2
实际利用外商直接投资	363002	382661	5.4
国外经济合作营业额	193212	209850	8.6

财 政

（2015 年）

单　　位	郑州市	市本级	中原区	二七区	管城区	金水区	上街区	惠济区
公共预算收入	**9428968**	**5617913**	**287789**	**306946**	**229612**	**551140**	**120338**	**125065**
税收收入	**6992628**	**4119367**	**274206**	**290454**	**211420**	**533433**	**92119**	**115929**
增值税	678290	351178	29823	26356	23786	61835	9710	10536
国内增值税	445606	216640	19553	10063	18025	24521	7345	6917
国有企业增值税	44001	20405	8528	411	216	1816	706	107
集体企业增值税	3469	1098	14	168	458	186	119	70
股份制企业增值税	293631	142772	8193	5554	10400	16314	3957	3567
联营企业增值税	60	21			16	5		
港澳台和外商投资企业增值税	57443	29642	1406	3135	1550	3243	581	1721
私营企业增值税	7856	3155	5	67	32	28	826	49
其他增值税	26732	10824	821	765	1629	4013	1009	1387
增值税税款滞纳金、罚款收入	1300	629	28	8	42	94	22	6
福利企业增值税退税	-7403	-1082	-117	-229	-23	-685	-84	-10
软件增值税退税	-3204	-3042	-2			-160		
宣传文化单位增值税退税	-1664	-1034		-13		-617		
资源综合利用增值税退税	-4519	-210	-44	-20		-3	-97	
其他增值税退税	-129	-46		-5	-2			
免抵调增增值税	28077	13552	721	222	3707	287	306	20
成品油价格和税费改革增值税划出	-44	-44						
改征增值税（项）	232684	134538	10270	16293	5761	37314	2365	3619
改征增值税（目）	232791	134714	10268	16285	5757	37275	2362	3612
改征增值税税款滞纳金、罚款收入	193	91	2	8	4	39	3	7
改征增值税国内退税	-300	-267						
营业税	2555835	1641702	78809	101665	60519	142569	31834	40189
金融保险业营业税（地方）	606362	564855		100	10	1896	2207	16
一般营业税	1944509	1074337	78542	100806	60459	140491	29587	40159
营业税税款滞纳金、罚款收入	4964	2510	267	759	50	182	40	14
企业所得税	1133300	780596	27134	27861	30350	70022	7724	15032
个人所得税（款）	292890	206514	13058	9911	9852	23350	1333	3057
个人所得税（项）	292359	206204	13055	9855	9850	23286	1325	3056
储蓄存款利息所得税	13	13						
其他个人所得税	292346	206191	13055	9855	9850	23286	1325	3056
个人所得税税款滞纳金、罚款收入	531	310	3	56	2	64	8	1
资源税	32837			239		1	115	
城市维护建设税	361064	183927	23741	21484	19561	39114	5712	10074
房产税	193513	77955	14206	24981	12578	36278	3290	3885
印花税	116451	59586	6188	6978	5236	17745	1912	2749
城镇土地使用税	197913	53623	9098	12088	11783	14488	7712	7177
土地增值税	662939	258776	63084	46697	28209	126927	6741	20465
车船税（款）	84796	62516					3759	
耕地占用税（款）	191592	48327	9065	12194	9546	1104	6623	2765
契税（款）	490928	394667					5654	
烟叶税（款）	280							
非税收入	**2436340**	**1498546**	**13583**	**16492**	**18192**	**17707**	**28219**	**9136**
专项收入	586112	486875	32	205	44	3461	4350	22

收 入

单位:万元

经开区	高新区	郑东新区	航空港实验区	中牟县	巩义市	荥阳市	新密市	新郑市	登封市
330217	**289044**	**778533**	**295001**	**360516**	**347335**	**316038**	**303097**	**600369**	**262810**
293030	**252684**	**722830**	**212258**	**237822**	**173969**	**230032**	**156372**	**414624**	**142881**
35642	31666	13688	6518	24015	32945	16762	34711	26626	30007
29723	24558	6597	2931	20189	29516	14348	31356	20294	26839
3830	409	29		1106	2087	1532	3110	1808	2169
64	37	1		24	241	371	224	412	84
21218	19574	4392	864	9545	22158	12413	28298	16275	14185
						6			12
3141	2397	802	1600	3558	253	380	519	476	10979
10	760	715	2	34	3359	88	173	23	17
124	449	236	293	304	1780	711	542	1145	1802
42	60	118		3	161	31	70	112	94
-7			-2	-71	-1467	-356	-2102	-923	-254
-28	-1412								
		-156							
			-8	-148		-1463	-57	-50	-2427
	-20							-76	
1329	2326	460	182	5834	944	635	579	1092	178
	-22								
5919	7108	7091	3587	3826	3429	2414	3355	6332	3168
5914	7233	7088	3587	3820	3428	2414	3388	6300	3168
5	8	3		6	1			32	
	-133						-33		
44151	60998	263868	47392	82777	33270	90889	46609	171943	33060
11		110774		5130	5494	4252	9787	7961	4654
44123	60951	152878	47386	77186	27645	86443	36739	163806	28309
17	47	216	6	461	131	194	83	176	97
35268	33124	72688	48920	27215	16731	29496	21346	53710	26083
6655	12339	24525	3790	5215	2949	3330	3045	7935	3341
6654	12338	24483	3790	5201	2933	3328	3004	7924	3338
6654	12338	24483	3790	5201	2933	3328	3004	7924	3338
1	1	42		14	16	2	41	11	3
					12226	842	6163	2256	10995
80678	23878	27639	8992	8142	8809	9530	8384	14692	7894
13313	9391	20450	11704	3986	5858	2434	2365	4441	1256
7182	5723	10571	21112	2841	3928	2307	1562	4260	1159
17019	11786	14143	7377	12099	23853	12632	14489	13871	5000
22329	30248	194334	11659	16203	4023	29091	4945	54778	3000
		958		2086	8043	1240	2218	1848	3086
10794	10377	11896	15260	29840	17589	14182	7588	18193	14576
19999	23154	68070	29534	23403	3745	17297	2947	40071	3144
									280
37187	**36360**	**55703**	**82743**	**122694**	**173366**	**86006**	**146725**	**185745**	**119929**
34422	10079	10184	37443	19970	10415	15250	12683	13343	19462

续表 1 （2015 年）

单　　位	郑州市	市本级	中原区	二七区	管城区	金水区	上街区	惠济区
排污费收入(项)	8476	1674					134	
水资源费收入	5022	1538					47	
教育费附加收入(项)	162890	128420				2	2528	
矿产资源专项收入	3754	269		99				
地方教育附加收入	54690	43196					843	
文化事业建设费收入	3942	115	32	94	41	3457	15	7
残疾人就业保障金收入	29522	25789					281	
教育资金收入	176729	160737					263	
农田水利建设资金收入	138132	125017					211	
育林基金收入	786	20		12	3	2		15
森林植被恢复费	731	100						
水利建设专项收入	146							
其他专项收入(项)	1292						28	
行政事业性收费收入	417086	151528	8767	5894	9745	11000	2641	4257
公安行政事业性收费收入	46915	45134					6	
法院行政事业性收费收入	56438	23016	2557	4448	4435	11000	345	1486
司法行政事业性收费收入	3106	1547	608		64		2	518
外交行政事业性收费收入	8	8						
工商行政事业性收费收入	105							
商贸行政事业性收费收入	412	411						
财政行政事业性收费收入	1994	1565	85	28	14		19	9
人口和计划生育行政事业性收费收入	15175	6721	208	40	53		41	623
质量监督检验检疫行政事业性收费收入	5065	2512						
安全生产行政事业性收费收入	1069	323						
人防办行政事业性收费收入	24898	2201					76	
文化行政事业性收费收入	9	4						
教育行政事业性收费收入	72856	47738	2057	699	506			288
科技行政事业性收费收入	9	9						
发展与改革(物价)行政事业性收费收入	2238	-9	16					
国土资源行政事业性收费收入	34952	2	99	14	20		1565	255
建设行政事业性收费收入	69531	8750	578	4	41		350	46
环保行政事业性收费收入	1590	542					18	
交通运输行政事业性收费收入	976	474					16	
农业行政事业性收费收入	490	73			2		3	2
林业行政事业性收费收入	197				6			102
水利行政事业性收费收入	436							
卫生行政事业性收费收入	65388	3241	631	114	3985		187	896
民政行政事业性收费收入	920	53	9	11	9		2	3
人力资源和社会保障行政事业性收费收入	4410	4015	29	58	18		11	29
仲裁委行政事业性收费收入	2548	2548						
党校行政事业性收费收入	502	357	3					
其他行政事业性收费收入	4849	293	1887	478	592			
罚没收入	160671	102112	1160	1520	2482		1530	1592
一般罚没收入	160671	102112	1160	1520	2482		1530	1592
公安罚没收入	55774	40391					250	

单位:万元

经开区	高新区	郑东新区	航空港实验区	中牟县	巩义市	荥阳市	新密市	新郑市	登封市
			115	545	1594	677	1534	523	1795
				510	258	494	846	643	686
34368	10079	10152	3848	4876	4732	4605	5220	7848	4659
					1700	905	451	101	229
				1623	1582	1537	1740	2614	1555
54		32		75	23	5	9	3	66
				420	468	475	655	1113	321
			16740	6146		3462	1085		5036
			16740	4917		3090	868		4029
				248	58		275	84	69
				610					21
									146
								414	850
838	10943	5399	6835	59461	10424	53959	22219	69817	7374
				15	1336	212	44	43	125
	7361			1100	1651	443	2533	2427	997
				152	38	85	8	61	23
				105					
						1			
	1	11	56	96	68		47	40	23
	672	3096	2953	4228	262	984	456	1000	559
				218	783	409	392	331	420
					65	507	145	29	
			505	19004	307	1128	511	1671	
						5			
19	2515	826	769	2116	2608	6400	3691	4468	2285
						2231			
				18855	1626	9844	1133	620	919
814	346	1466	394	2509	911	2308	1775	51649	610
				79	116	23	164	16	632
				17	16	186	30	69	168
3				107	52	47	50	127	27
				36		52	1		
					1		287		148
			2158	10530	142	28833	9471	7126	232
2	4			140	304	168	99	113	9
	44			31	138	19	16	24	22
						74			68
				123			1366	3	107
1835	2681	15937	6630	13103	4876	8606	7308	8058	8324
1835	2681	15937	6630	13103	4876	8606	7308	8058	8324
				2002	1664	1454	2415	5557	2041

续表2 （2015年）

单　　位	郑州市	市本级	中原区	二七区	管城区	金水区	上街区	惠济区
检察院罚没收入	5126	2654	121	64	682		58	738
法院罚没收入	2946	464	112	344	332		39	87
工商罚没收入	2750	576	96	302	248		20	59
新闻出版罚没收入	7						2	
技术监督罚没收入	343	93	1	18	4			1
海关罚没收入	77	77						
食品药品监督罚没收入	553	208	15	7	29		3	4
卫生罚没收入	292	105	18	7	7		3	16
检验检疫罚没收入	21							
交通罚没收入	4219	714		1	5		360	
审计罚没收入	4378	7						
物价罚没收入	305	134	13		5			
其他一般罚没收入	83880	56689	784	777	1170		795	687
国有资本经营收入	544641	485746	40	602		283	89	585
利润收入	39376	9305						
股利、股息收入	34155	33424	40	602			89	
产权转让收入	468001	443017						
其他国有资本经营收入	3109					283		585
国有资源（资产）有偿使用收入	493966	197789	3584	7001	5292	988	16140	2122
利息收入	30422	20226	516	873	333	304	338	134
国库存款利息收入	6365	4308	150	209	153	304	65	118
财政专户存款利息收入	5136	2702						
其他利息收入	18921	13216	366	664	180		273	16
非经营性国有资产收入	75896	57045	1458	3447	1564	684	10290	402
行政单位国有资产出租、出借收入	4454	769	706	1569		531	212	371
行政单位国有资产处置收入	2904	2330	133	33	2		321	31
事业单位国有资产处置收入	13348	7957			1562		3779	
其他非经营性国有资产收入	55190	45989	619	1845		153	5978	
出租车经营权有偿出让和转让收入	5616	5616						
其他国有资源（资产）有偿使用收入	382032	114902	1610	2681	3395		5512	1586
其他收入（款）	233864	74496		1270	629	1975	3469	558
捐赠收入	7443	786		1258	629	1975		70
国内捐赠收入	7443	786		1258	629	1975		70
主管部门集中收入	2512							50
其他收入（项）	223909	73710		12			3469	438
政府性基金收入	**5403057**	**3862620**				**33**	**101152**	
政府住房基金收入	51678	51088				33		
上缴管理费用	6378	6378						
计提公共租赁住房资金	24704	24704						
公共租赁住房租金收入	20069	20006						
其他政府住房基金收入	527					33		
国有土地使用权出让收入	4479695	3081421					98487	
土地出让价款收入	3847975	2576351					97650	
补缴的土地价款	499010	437599					4337	
划拨土地收入	224066	163166						
缴纳新增建设用地土地有偿使用费	−137922	−99276					−3500	
其他土地出让收入	46566	3581						

单位:万元

经开区	高新区	郑东新区	航空港实验区	中牟县	巩义市	荥阳市	新密市	新郑市	登封市
	868		885	251	72	222		165	99
17	213			281	142	123	328	351	343
					266	249	366	261	307
					5				
				40	24	29	75	49	9
			25						
	49	17	23		43	38	107	44	55
				25	21	38	9	21	22
						10	11		
				190	551	212	686	234	1266
			7	419	27	3656	255		14
				93			56		4
1818	1551	15920	5690	9802	2061	2575	3000	1376	4164
		9205	100		9061	1902			46333
		9205	100						30071
					8722				16262
					339	1902			
92	12657	14904	31681	27596	119283	845	2426	85651	25249
47	353	11107	1660	959	2582	845	292	2158	862
47	133	493	807	144	120	340	80	249	125
				200	2197		35		2
	220	10614	853	615	265	505	177	1909	735
15	6000	3797	2000		68		290	338	310
15		688			10			10	276
		30			39			8	7
		959			19			4	27
	6000	2120	2000				290	316	
30	6304		28021	26637	116633		1844	83155	24077
		74	54	2564	19307	5444	102089	8876	13187
		74		14	108		1480	79	1044
		74		14	108		1480	79	1044
							2462		
			54	2550	19199	5444	98147	8797	12143
48807	**49159**	**124484**	**311077**	**430933**	**33856**	**345206**	**57601**	**513553**	**58103**
		423	19583	40	1		516		
		423	19583	40	1		22		
							494		
			257571	379066	24148	314140	38851	492530	51052
			275024	293825	28083	309009	40179	457226	45652
				56885	-3805	2023	893	531	547
			5323	44407	1119	8310	161		6903
			-24612	-16051	-1249	-5202	-2909	-7679	-2056
			1836				527	42452	6

财 政

（2015 年）

单　　位	郑州市	市本级	中原区	二七区	管城区	金水区	上街区	惠济区
公共预算支出	**11060158**	**6421050**	**233668**	**280682**	**250773**	**477892**	**162948**	**139231**
公共服务支出	850364	288966	43024	58711	46818	53819	20525	24018
人大事务	10190	2866	1122	657	578	516	506	418
政协事务	8927	2681	663	747	840	431	394	412
政府办公厅（室）及相关机构事务	370678	114823	21203	37257	30721	24143	10877	12926
发展与改革事务	19335	11476	416	359	853	252	240	203
统计信息事务	10742	3118	1255	719	115	666	200	761
财政事务	38820	10112	2110	1960	2492	1693	966	1116
税收事务	8347	4744					774	558
审计事务	12320	3410	204	843	245	461	257	310
海关事务	60	60						
人力资源事务	15216	4960	1242	1179	219	1985	86	458
纪检监察事务	14466	5484	732	890	851	576	293	628
商贸事务	21080	11181	1324	877	785	311	617	1228
知识产权事务	286	253					11	
工商行政管理事务	31093	7990	2084	2035	2135	3446	453	1217
质量技术监督与检验检疫事务	14843	7271	327	324	291	285	182	292
民族事务	2170	1638	101	38	75	10	26	52
宗教事务	1215	87	16	126	484	107	16	60
港澳台侨事务	191	92					27	
档案事务	3302	1052	193	210	221	159	117	172
民主党派及工商联事务	1727	862	12	104	68	79	53	78
群众团体事务	13329	5078	565	691	764	1070	286	265
党委办公厅（室）及相关机构事务	27169	8045	699	733	785	3039	607	1804
组织事务	10828	2145	1242	1086	881	1066	436	512
宣传事务	12299	4770	960	1254	514	360	757	309
统战事务	2973	625	214	296	248	324	102	234
其他共产党事务支出（款）	17930	3387	4059	1309	2653	4003	1042	5
其他一般公共服务支出（款）	180828	70756	2281	5017		8837	1200	
国防支出	4813	303	483		334	129		237
国防动员	3816	303	373			129		237
其他国防支出（款）	997		110		334			
公共安全支出	413975	243482	7842	8017	8887	11021	6441	6429
武装警察	14888	8465	520			805	163	272
公安	275588	190575				2043	4530	377
国家安全	250	250						
检察	36029	10698	2805	2377	3050	2769	508	2041
法院	54035	17462	2994	4910	4733	4249	783	2804
司法	20003	5204	1523	701	1096	1131	441	935

支 出

单位:万元

经开区	高新区	郑东新区	航空港实验区	中牟县	巩义市	荥阳市	新密市	新郑市	登封市
350471	**296108**	**593060**	**866369**	**504288**	**407939**	**582856**	**703274**	**411552**	**484005**
39948	19626	32580	48985	67763	41905	45848	71961	49369	37637
12	39	8		479	585	745	570	543	605
				420	501	496	410	449	483
32339	10325	21253	23220	13953	16013	28177	27342	15100	18143
2706	669	103	397	487	1238	965	1348	774	724
228	88	151	532	715	865	481	996	429	422
1038	624	1085	1037	2634	3782	2865	4026	1397	3667
1175		1561	1244	44		376		47	1804
	199	692	11	329	1107	2466	1648	359	681
			60						
89	690	551	264	1731	598	301	2071	141	245
78	503	537	116	676	1271	696	1147	700	522
425	2226	3281	1882	822	803	330	1988	364	450
				22					
50	50		30	1371	2241	2417	2395	1920	1389
		290	116	991	1364	764	1321	665	766
					135	9	20	32	34
		19		7		82	72	97	61
					55				17
				124	275	158	317	154	150
				71	109	15	193	54	29
91	268	501	19	276	367	1101	1713	650	503
	460	1963	167	2713	1567	1377	2765	1959	1076
	147	1	241	139	709	1103	472	473	564
			12	114	754	492	895	675	445
				89	126	149	258	210	98
344						194			1278
1373	3338	584	19637	39556	7440	89	19994	22177	3481
120				290	436	293	1837	296	175
120				117	436	265	1485	296	175
				173		28	352		
7275	6163	7830	7648	18053	21040	26400	22448	16151	17764
3502		1720	3243	326	962	1533	983	503	356
2006		5525	2783	11063	12670	18719	14168	10363	11080
300	1400	160	557	1570	2308	2393	1996	1293	2221
1330	4763	425	541	3126	2265	2436	3329	1961	2983
137			386	1249	2115	1058	1926	1542	1082

续表 1 （2015 年）

单　　位	郑州市	市本级	中原区	二七区	管城区	金水区	上街区	惠济区
监狱	3812	3812						
强制隔离戒毒	6878	6878						
其他公共安全支出(款)	2492	138		29	8	24	16	
教育支出	1476043	726733	44025	45152	39836	62086	27712	28545
教育管理事务	16185	3341	492	237	1204	129	547	802
普通教育	1026277	424871	34373	37422	33622	53318	22337	24605
职业教育	151403	128258	2	122	134	31	1465	278
成人教育	946	562						144
广播电视教育	2438	2050						
特殊教育	8319	6137	12	268	325	237		7
进修及培训	12912	4972	536	111	260	178	115	595
教育费附加安排的支出	149336	86349	6357	5730	1693	3457	2382	1031
其他教育支出(款)	108227	70193	2253	1262	2598	4736	866	1083
科学技术支出	178600	131368	2559	2240	4380	6992	2638	616
科学技术管理事务	10011	3988	235	209	400	204	180	118
基础研究	1362	1345		2		9		
应用研究	477	241				50		
技术研究与开发	78029	47603	2192	1726	3764	3849	2418	441
科技条件与服务	1604	185			102	1104		
社会科学	113	108						
科学技术普及	3960	1965	126	83	84	154	38	32
科技交流与合作	539	539						
科技重大专项(款)	200	200						
其他科学技术支出(款)	82305	75194	6	220	30	1622	2	25
文化体育与传媒支出	174029	115190	1179	1204	1091	1964	1001	426
文化	30192	15098	952	952	639	1217	352	355
行政运行	3432	1452		46	496	47	1	165
一般行政管理事务	925	742					7	36
机关服务	995			367				
图书馆	4418	3387	196	65	10	46	60	20
文化展示及纪念机构	372	372						
艺术表演场所	622	316						
艺术表演团体	4354	3244		2	3		2	2
文化活动	1573	1418	1				44	
群众文化	4664	2082	306	184	5		94	49
文化交流与合作	74							
文化创作与保护	1068	557		16	12	1		
文化市场管理	1887	599	306	132			143	
其他文化支出	5808	929	143	140	113	1123	1	83
文物	30807	16195	49	8	441		55	

单位:万元

经开区	高新区	郑东新区	航空港实验区	中牟县	巩义市	荥阳市	新密市	新郑市	登封市
			138	719	720	261	46	489	42
51007	29849	75972	31841	76542	79275	95066	96416	79453	75202
	530	180	419	552	926	2551	3574	877	953
19524	18446	63388	18139	66165	60085	74807	74550	58939	61183
				3483	4552	3127	3878	2613	3460
				200					40
					388				
10		12		117	230	187	313	180	306
			29	1094	1127	1086	1160	587	1091
18447	10066	11400	12732	4782	7777	10573	8426	4945	5834
13026	807	992	522	149	4190	2735	4515	11312	2335
12443	24531	38029	3545	7868	2199	4562	8931	2538	1709
283	487	2100		201	146	135	3836		359
	184			2			4		
	50				186				
12040	9745	1727	3461	3213	1550	4265	4782	1100	1126
72	85							213	
									5
				172	314	162	299	327	204
		200							
48	13980	34002	84	4280	3		10	898	15
1378	551	244	1282	6484	6315	16337	9056	8894	4888
1243	496	136	26	2362	1607	1659	2402	1693	904
	242			65	233	186	453	191	97
	53		6	79		49		12	
					623				5
694				130	38	118	281	52	15
				27			279		
				89	47	279	460	164	62
	10			39	34	22			15
477	45			1183	83	232	219	142	85
					2			72	
				88	62		50	129	153
				164	2	63	343	135	
72	146	136	20	498	483	710	317	796	472
	25		1111	2362	805	217	2744	5363	2568

续表2　　　　　　　　　　　　　　　　　　　　　　　　　　　（2015年）

单　　位	郑州市	市本级	中原区	二七区	管城区	金水区	上街区	惠济区
行政运行	1911	705			202			
一般行政管理事务	64	61					3	
机关服务	269							
文物保护	22392	11449	49	8	63		52	
博物馆	3790	2907						
历史名城与古迹	1589	471						
其他文物支出	792	602			176			
体育	5871	2716		230		20	230	56
行政运行	601	352						
一般行政管理事务	30					20		
机关服务	150	119						
运动项目管理	420	56						
体育竞赛	189	133						56
体育训练	253	253						
体育场馆	2678	1244		50			211	
群众体育	1506	559		160				
其他体育支出	44			20			19	
广播影视	15535	5382		7		70	307	
行政运行	802	70					123	
一般行政管理事务	24							
机关服务	424	223						
广播	4869	1055						
电视	8614	4034					30	
电影	176						61	
其他广播影视支出	626			7		70	93	
新闻出版	487	220	62					
行政运行	59		59					
一般行政管理事务	39	37	2					
新闻通讯	201							
出版市场管理	36	31	1					
其他新闻出版支出	152	152						
其他文化体育与传媒支出(款)	91137	75579	116	7	11	657	57	15
社会保障和就业支出	778406	410014	23570	31343	17519	26857	12254	9918
人力资源和社会保障管理事务	44770	27125	448	494	1733	1101	3067	1031
行政运行	8326	4354		3	627		175	863
一般行政管理事务	4771	4376					7	136
机关服务	1730							
综合业务管理	567	530						

单位:万元

经开区	高新区	郑东新区	航空港实验区	中牟县	巩义市	荥阳市	新密市	新郑市	登封市
				43				961	
			60						
					269				
	15		459	2116	130	217	2456	3731	2121
				203	397		283		
								671	447
	10		592		9		5		
107	30			311	1182	754	251	72	49
							177	72	
						10			
									31
					364				
60									
47									
				257	818	85			13
	30			54		659	74		
									5
				1089	2671	519	3561	999	930
				62	108	433	6		
				3		21			
					152				49
				320	161		3287		46
				563	2230	43		989	725
				111		4			
				30	20	18	268	10	110
				205					
				201					
				4					
28		108	145	155	50	13188	98	767	437
2609	7327	18523	13242	51558	27265	43347	31787	41135	51839
286	168	282	2612	862	2623	1565	898	1405	2418
	79		19	16	423	357	330	963	215
33	26		372		70	30			152
					1679				51
243					37				

续表 3 （2015 年）

单　　位	郑州市	市本级	中原区	二七区	管城区	金水区	上街区	惠济区
劳动保障监察	3264	1829		315	841		49	8
就业管理事务	2703	2527		10	17		63	
社会保险业务管理事务	481	61	28		3		5	
信息化建设	1287	1228					12	
社会保险经办机构	12765	8300	19	53	46	1	1186	9
劳动关系和维权	209	205					4	
公共就业服务和职业技能鉴定机构	1271	1209					20	
劳动人事争议调解仲裁	44	8					33	
其他人力资源和社会保障管理事务支出	7352	2498	401	113	199	1100	1513	15
民政管理事务	45985	11161	5343	8738	5487	2880	1312	1111
行政运行	6392	2343	510	105	1018	413	215	385
一般行政管理事务	1019	41	2		3		352	518
机关服务	1625			694				
拥军优属	2736	1552	82	101	7	163	72	40
老龄事务	1598	69	14	40	694	14	139	1
民间组织管理	438	404				31	2	
行政区划和地名管理	445	18	10	26	19	83	9	10
基层政权和社区建设	22649	4220	4563	7714	2669	1376	356	128
部队供应	1407	1407						
其他民政管理事务支出	7676	1107	162	58	1077	800	167	29
财政对社会保险基金的补助	218799	122474	2613	1837	2278	10826		1768
财政对基本养老保险基金的补助	30167	19394	2613		287	5287		
财政对失业保险基金的补助	921				8	250		
财政对基本医疗保险基金的补助	5194	2105			740			
财政对工伤保险基金的补助	1694	1				114		
财政对生育保险基金的补助	1427	775			31	125		
财政对城乡居民基本养老保险基金的补助	164830	100199			1140	871		1768
财政对其他社会保险基金的补助	14566			1837	72	4179		
行政事业单位离退休	164534	80029	8896	11428	2960		5567	3003
企业改革补助	47243	47235						
就业补助	43826	28998	94	625	308	743	746	399
扶持公共就业服务	905	641	34				3	
职业培训补贴	226							
职业介绍补贴	635			625				
社会保险补贴	215							
公益性岗位补贴	1987	289						
小额担保贷款贴息	10420	6886	50		108		250	
补充小额贷款担保基金	780	600						
职业技能鉴定补贴	48							

单位:万元

经开区	高新区	郑东新区	航空港实验区	中牟县	巩义市	荥阳市	新密市	新郑市	登封市
7	35	10	287	7	23	158			34
			28	1		85			
				41	174			45	124
				1		46			
				707	15	857	127	395	1050
					23	19			
	8					3			
3	20	272	1906	89	179	10	441	2	792
112	561	4911	46	657	1460	3263	2413	839	1321
		468		24	230	467	210	380	92
4	18		4	82	7	11			3
					821	61			49
17		48	31	103	111	131	145	99	130
21		46	2	9	19	348	241		10
						1			
10			8	5		144	37	67	17
	12	4131		56	156	252	484	205	470
60	531	218	1	378	116	1848	1296	88	550
867	1949	1325	3875	29820	4358	15274	6241	9448	11862
			600	2500					86
						513	115	25	10
50	101	114	1840	900					1449
			1	1042	7	147	214	60	109
						138	113	63	182
817	1848	1211	1434	20378	4351	14476	5799	5822	10026
				5000				3478	
70			30	6248	640	9430	8125	7364	20844
	18								8
356	487	3339	1511	2102	1288	1295	2514	2745	1969
						227			
						200			26
									10
						200			15
289				801		300			597
	12			356	438	309	408	1295	320
				20		11			149
						48			

续表4 (2015年)

单位	郑州市	市本级	中原区	二七区	管城区	金水区	上街区	惠济区
高技能人才培养补助	10	10						
其他就业补助支出	28600	20572	10		200	743	493	399
抚恤	40328	5330	3079	3034	1979	4024	582	1289
退役安置	60811	48284	1353	2549	1022	3159	87	222
社会福利	17460	11560	138	89	8	17	123	9
残疾人事业	13145	4126	739	964	637	633	517	668
自然灾害生活救助	1376	70						5
红十字事业	1394	427	93	87	98	95	1	58
最低生活保障	32228	2521	511	670	495	569	183	292
临时救助	4821	2329	65	237	86	43	18	29
特困人员供养	6545	376	32	117	383	29	20	22
其他生活救助	2141	83	10	212		46	6	
其他社会保障和就业支出(款)	33000	17886	156	262	45	2692	25	12
医疗卫生与计划生育支出	813893	276542	27145	27045	23323	33474	13105	14532
医疗卫生与计划生育管理事务	21209	3496	1391	1289	1231	701	288	1019
公立医院	126928	40561			18	5607	4700	223
基层医疗卫生机构	76648	6717	3146	2831	4781	1575	765	1142
公共卫生	79867	15036	6079	5166	4222	8114	2114	1289
医疗保障	384700	149042	9845	12113	8900	9361	3374	8595
中医药	1285	306		79	18		13	13
计划生育事务	62034	9830	6021	5156	3290	7009	1534	1976
食品和药品监督管理事务	20558	12365	429	391	672	614	304	245
其他医疗卫生与计划生育支出(款)	40664	39189	234	20	191	493	13	30
节能环保支出	744533	651819	968	4986	5567	4717	1025	1672
环境保护管理事务	20210	6386	480	562	437	1604	316	286
环境监测与监察	1157	349						
污染防治	108669	76501	488	4238	1130	3109	483	1343
自然生态保护	8221	608		166		4	40	5
退耕还林	3935	20						22
能源节约利用(款)	589899	565473		20	4000		186	
污染减排	7996	1582						16
可再生能源(款)	2715	186						
循环经济(款)	919							
能源管理事务	6							
其他节能环保支出(款)	806	714						
城乡社区支出	2919501	1935892	54378	66675	81287	253036	39009	22207
城乡社区管理事务	194583	76353	6113	13119	13125	12307	9183	4664
城乡社区规划与管理(款)	17634	6961		180	1178		5011	42
城乡社区公共设施	2172722	1659432	1525	14563	53455	116118	3121	15597
城乡社区环境卫生(款)	186120	68166	13909	18573	11770	29390	5920	1884
建设市场管理与监督(款)	332	53		35				20

单位:万元

经开区	高新区	郑东新区	航空港实验区	中牟县	巩义市	荥阳市	新密市	新郑市	登封市
67	475	3339	1511	925	850		2106	1450	852
387	376	1618	1553	4264	2849	2988	3527	3502	3881
65	89	498	317	722	672	434	848	592	867
		1307	202	493	620	2103	933	609	758
129	307	311	13	572	636	913	872	620	1248
10			6	459	135	94	215	182	216
4		1		22	46	31	230	166	40
213	34	552	1722	4033	4164	3487	3827	7449	4027
10	17	103	87	64	20	787	308	635	200
77		87	212	551	1349	416	690	1257	1303
	34	49		132	43	961		543	105
23	3287	4140	1056	557	6362	306	146	3779	772
8027	7940	16423	20434	92814	73294	62709	62710	45121	62079
244	505	25	404	441	1845	2234	5333	1632	309
				35646	24483	5677	7135	2347	531
215	135	2308	3836	10583	9699	13381	8154	2184	11690
1111	767	1964	1378	8313	3727	8832	3690	4614	8671
5635	5292	9311	3884	32978	28837	24125	31536	30722	35272
15		40			91	311	84	116	254
807	1112	2390	3889	4349	3558	6580	5367	2914	4450
	129	162	6561	474	1054	1323	1391	562	734
		223	482	30		246	20	30	168
519	1042	1179	10568	8646	16864	12640	8268	8490	18871
274	167	6	120	987	2198	317	1364	1576	3697
	41	86	168	414		394			
237	270	1087	10060	4053	1081	862	4821	3928	6632
				439	4499	567	134	266	1493
			20	130	49	268	396	982	2068
	50			362	7011	7561	605	1091	3590
8				1818	1426	492	948	383	1331
				124		2100		245	60
				319	600				
						6			
	514		200			73		19	
110803	122706	325193	220207	50552	68906	96628	135678	35373	79880
618	13565	16238	1343	2437	6506	5635	36955	4461	3725
	713	109	654	434	599	2089		80	1060
96684	10753	284492	210340	39260	52458	39966	97542	14825	64860
13279	4125	4992	7702	7563	4363	10976	1072	5683	6851
			31	159		65			

续表 5　　　　（2015 年）

单　位	郑州市	市本级	中原区	二七区	管城区	金水区	上街区	惠济区
其他城乡社区支出(款)	348110	124927	32831	20205	1759	95221	15774	
农林水支出	716326	242452	3198	4146	3986	4894	9296	13393
农业	292746	118086	1150	2125	2502	3551	1275	6711
行政运行	7656	2358	637	155	1003	104	365	246
一般行政管理事务	410	59	4				5	302
机关服务	1849							
事业运行	18698	5990		204		658		644
农垦运行	115	115						
科技转化与推广服务	14904	2281	3		65		9	352
病虫害控制	3447	443	6	2	5	3	7	119
农产品质量安全	5084	3636	6		13	202	29	32
执法监管	538	467					2	10
统计监测与信息服务	179	164					2	
农业行业业务管理	1777	192						5
防灾救灾	1238	138			8		4	16
农业结构调整补贴	4482	331		45			23	
农业生产资料与技术补贴	45301	5734	380	387	13	322	263	1131
农业生产保险补贴	2440	1						8
农业组织化与产业化经营	11696	864		173	714	725		1634
农产品加工与促销	552	40						210
农村公益事业	2882	146						10
农业资源保护修复与利用	96039	92914		260				10
农村道路建设	14788	165		849				
农资综合补贴	11055				250			
石油价格改革对渔业的补贴	67							
对高校毕业生到基层任职补助	2372	84	4			7	2	257
其他农业支出	45177	1964	110	50	431	1530	564	1725
林业	112930	41527	17	230	519	492	438	4872
行政运行	3990	1152						723
一般行政管理事务	1024	21			2	3		74
机关服务	365							
林业事业机构	7179	4277		20				
森林培育	20853	344			429	148	429	374
林业技术推广	463	352						
森林资源管理	1515	1447						
森林生态效益补偿	1234	36						26
林业自然保护区	87	76						
动植物保护	85	40						
湿地保护	3583	342						3078
林业执法与监督	476	187						

单位:万元

经开区	高新区	郑东新区	航空港实验区	中牟县	巩义市	荥阳市	新密市	新郑市	登封市
222	93550	19362	137	699	4980	37897	109	10324	3384
4093	4194	8659	99694	47719	34534	85153	102237	72431	92887
1044	1364	3187	95872	29347	16827	41064	26007	18399	25702
				219	332	371	587	1091	188
10		30	5	30				10	
						12			1837
		57		2171	1994	2392	2554		2091
20	365	3		866	1113	4554	1745	1895	2021
67	1	10	36	615	226	302	1162	222	335
				221	181	191	271	24	278
				15	31	3	4	4	2
				4		3	3	3	
				312		288	360	320	300
19	22		97	253		90	216	186	327
					182	1253	2353	72	223
839	552	1600	2459	5010	7463	8414	7539	6104	2541
				316		2	1482	238	393
41	424	110	223	355	930	1134	2533	1092	1542
20				187					115
8		6	132	215	1642	90	75	531	173
13			92700	242	360	1903		260	90
		165		10939		696		850	1289
						6006			4799
						33		34	
		22	62	352	370		311	479	506
7		1184	158	7025	2003	13327	4812	4984	6652
108	1	3443	374	3116	3034	9966	33090	8673	6956
				133	291	297	166	1075	153
			3	45	2	700	27	86	64
									365
		2981		465	611	159	666	482	499
			6	1421	1005	3192	9823	1750	1938
				74	12			25	
						18			50
				346	62	21	60	601	82
				11					
					4	5	2	16	18
					113	50			
				36	53	81	26	40	53

续表 6　　(2015 年)

单　位	郑州市	市本级	中原区	二七区	管城区	金水区	上街区	惠济区
林业工程与项目管理	17869	16566		50	46			537
林业产业化	104	5						
林区公共支出	31							
林业贷款贴息	13602	13602						
石油价格改革对林业的补贴	284	72						
林业防灾减灾	3722	493			2	3	9	60
其他林业支出	36464	2515	17	160	40	338		
水利	147715	47157	41	327	146	80	775	1464
行政运行	4672	2376						293
一般行政管理事务	91	11					4	
机关服务	1399							
水利行业业务管理	703	170						
水利工程建设	24073	5871					8	
水利工程运行与维护	13470	12548					78	60
长江黄河等流域管理	102	102						
水利前期工作	351	348						
水利执法监督	71							
水土保持	1496	60						
水资源节约管理与保护	1235	864						
防汛	3273	1346	11	11	45	11	20	57
抗旱	1601	205					15	10
农田水利	37546	182		221	50		424	929
大中型水库移民后期扶持专项支出	1503	154					3	
水资源费安排的支出	5406	2399			8	1	133	28
水利建设移民支出	21							
农村人畜饮水	12909	775					90	87
其他水利支出	37793	19746	30	95	43	68		
南水北调	12702	8082	106	232	325		15	
扶贫	57467	686		26	4		6330	
农业综合开发	12934	1731		31		31	87	10
农村综合改革	51531	5243	689	587	490	740	376	336
促进金融支农支出	17296	15300						
其他农林水支出(款)	11005	4640	1195	588				
交通运输支出	694483	582629	535	1301	351	1005	1449	1290
公路水路运输	164344	77300	521	760	262	496	996	1173
行政运行	3581	1343	331	135	122	56	130	496
一般行政管理事务	1284	460	15				557	142
机关服务	539			124				
公路新建	11233							
公路改建	32917	14094		103		29	61	38

单位:万元

经开区	高新区	郑东新区	航空港实验区	中牟县	巩义市	荥阳市	新密市	新郑市	登封市
67			317		100		300		270
								10	89
				26				5	
				27		73		107	5
28	1		1	406	265	448	869	892	275
13		462	47	126	516	4922	21151	3584	3095
542	23	362	405	3961	4977	22031	16754	16579	33423
				103	305	381	138	992	84
				46			30		
					1145				254
									533
					1519	854	4586	6728	4507
				122			29	170	463
								3	
									71
					84	9	65	70	1208
									371
60			26	184	114	192	234	367	681
		10	165	498	65	60	70	197	481
114		28		1898	348	12009	6834	2699	11952
				83	307	280	86	398	192
6	23		89	258	494	510	500	708	367
						21			
362			125	12	547	1343	84	2974	6997
		324		757	49	6372	4098	1273	5262
				17	533	1567	1825		
5		17	150	806	1282	3552	14932	21702	8147
				101	1647	2283	3166	1445	2402
585	375	1650	2569	5708	5894	4562	6148	5081	15677
				447	340	128	315	186	580
1809	2431		324	4216				366	
39280			140822	9821	6323	33978	38494	7679	9628
42			322	6340	5297	24480	34481	5352	6886
				27	242	253	234	124	88
			287			5		105	
					414	1			
				183	101	824	9404	293	428
				2455	545	3654	9281	702	1955

续表 7 （2015 年）

单 位	郑州市	市本级	中原区	二七区	管城区	金水区	上街区	惠济区
公路养护	21669	4262	10	129	100	130	40	333
公路路政管理	1396	25					146	
公路和运输安全	557	10						
公路运输管理	3238		108	264	40	258		84
公路客货运站（场）建设	195							
航务管理	12	6						
海事管理	291	278				5		5
取消政府还贷二级公路收费专项支出	1891							
其他公路水路运输支出	85541	56822	57	5		18	62	75
铁路运输	39637	39250		387				
民用航空运输	217707	217707						
石油价格改革对交通运输的补贴	17373	9032			89		374	
对城市公交的补贴	2483	1390					205	
对农村道路客运的补贴	5389	37					23	
对出租车的补贴	9054	7605					80	
石油价格改革补贴其他支出	447				89		66	
邮政业支出	141							
其他邮政业支出	141							
车辆购置税支出	53933	42969		154			79	117
车辆购置税用于公路等基础设施建设支出	43042	42921						
车辆购置税用于农村公路建设支出	10843			154			79	117
车辆购置税用于老旧汽车报废更新补贴支出	48	48						
其他交通运输支出（款）	201348	196371	14			509		
资源勘探信息等支出	464989	364875	2204	7102	2391	1632	1232	674
资源勘探开发	6304	47						
制造业	108477	108367			110			
建筑业	215	215						
工业和信息产业监管	44696	34906	794	984	1069	515	307	
安全生产监管	15440	5353	916	1008	710	851	208	385
国有资产监管	12949	11912						
支持中小企业发展和管理支出	195341	150963	494	40	202	222	597	279
其他资源勘探信息等支出（款）	81567	53112		5070	300	44	120	10
商业服务业等支出	137311	59826	67	1632	1393	2203	564	1014
商业流通事务	83632	33418	9	1561	500	1904	564	182
旅游业管理与服务支出	13527	3408	22	71	65	219		832
涉外发展服务支出	5214	4069	36		28			
其他商业服务业等支出（款）	34938	18931			800	80		
金融支出	58997	53946	227		146	205	218	
金融部门监管支出	50	50						
金融发展支出	56392	53896	227		146	205	218	
其他金融支出（款）	2555							

单位:万元

经开区	高新区	郑东新区	航空港实验区	中牟县	巩义市	荥阳市	新密市	新郑市	登封市
42				574	1510	8624	3383	510	2064
				390		284	130	340	81
			10	7				480	60
					992	515		599	378
				195					
				6					
				3					
								1891	
			25	2500	1493	10320	12049	308	1832
39238									
			140500						
				1379	571	1116	2061	1363	1388
				274	158	184	31	137	104
				721	261	666	1814	904	963
				374	152	261	208	314	60
				10		5	8	8	261
						141			
						141			
				1794	455	4678	1942	391	1354
				121					
				1673	455	4678	1942	391	1354
				308		3563	10	573	
32709	11449	36277	126970	29556	5471	6972	11622	24459	6799
				785	199	150		1180	3943
	991								
261	3213	31		5	1141	4441		534	
119	118	410	17	1000	1892	341	1104	1002	670
46					322			235	480
26532	3211	755	119937	27766	787	1540	10428	407	1616
5751	3916	35081	7016		1130	500	90	21101	90
7500	1170	936	1796	15003	1745	2170	47566	1784	2344
3480	1170	736	1596	10047	1286	914	30836	713	1698
20				3751	450	424	2568	1071	646
				977		104			
4000		200	200	228	9	728	14162		
	475	571		3690	73	51	372	17	52
	475	571		1383	20		282	15	
				2307	53	51	90	2	52

续表 8 （2015 年）

单　　位	郑州市	市本级	中原区	二七区	管城区	金水区	上街区	惠济区
援助其他地区支出	7689	4976	358		345		181	244
一般公共服务	4583	4583						
其他支出	3106	393	358		345		181	244
国土海洋气象等支出	41679	13080	1510	1104	889	1228	792	956
国土资源事务	39520	11738	1510	1104	889	1228	746	954
地震事务	620	486					21	2
气象事务	1539	856					25	
住房保障支出	360268	182293	18934	15103	7647	10706	24010	11255
保障性安居工程支出	286118	155320	11549	10145	5037	6768	22095	9909
住房改革支出	70167	26849	3902	4958	2610	3938	1895	1346
城乡社区住宅	3983	124	3483				20	
粮油物资储备支出	22388	12695	767	804	1168	1036	147	65
粮油事务	7332	1837	160	197	675	1036	147	65
物资事务	195				63			
粮油储备	13764	9761	607	607	430			
重要商品储备	1097	1097						
其他支出（类）	110441	77403	666	4052	3230	737	1212	1000
债务付息支出	91430	46566	29	65	185	151	137	740
政府性基金支出	**5036630**	**2474646**	**247745**	**347225**	**182106**	**48249**	**120499**	**137960**
国家电影事业发展专项资金相关支出	1116	75	217	66	427	99		
国家电影事业发展专项资金及对应专项债务收入安排的支出	1116	75	217	66	427	99		
大中型水库移民后期扶持基金支出	24282	509	28	102			11	
小型水库移民扶助基金相关支出	1140	14	36				1	
小型水库移民扶助基金及对应专项债务收入安排的支出	1140	14	36				1	
政府住房基金相关支出	34635	34629		6				
国有土地使用权出让相关支出	4202950	1814479	222114	346317	181317	47967	116572	137730
城市公用事业附加相关支出	107223	97455						
国有土地收益基金相关支出	246374	187468	24865					
农业土地开发资金相关支出	8211	3980					94	
新增建设用地土地有偿使用费相关支出	2688		5				89	
城市基础设施配套费相关支出	375517	317577					2946	
污水处理费相关支出	1373	959					130	
大中型水库库区基金相关支出	525			21				
水土保持补偿费安排的支出	115							20
散装水泥专项资金相关支出	376	356						
新型墙体材料专项基金相关支出	1116	1013		5			6	5
旅游发展基金支出	166							
彩票发行销售机构业务费安排的支出	1932	1913						
彩票公益金相关支出	24879	12419	480	708	362	183	650	205
其他政府性基金相关支出	2012	1800						

单位:万元

经开区	高新区	郑东新区	航空港实验区	中牟县	巩义市	荥阳市	新密市	新郑市	登封市
		393		529	321	266		469	
		393		529	321	266		469	
46	1184	613	2482	2032	4664	3281	3972	4792	3379
46	1184	613	2482	1936	4558	3215	3896	4409	3337
				21	90				
				75	16	66	76	383	42
26491	57485	29009	46245	13545	8600	30743	16154	8415	12863
26367	57485	26324	44080	9544	5536	28625	10143	4953	6494
		2685	2165	3665	3064	2098	6011	3462	6369
124				336		20			
	266	65		1029	578	1459	846	1145	649
		65		188	267	984	561	587	628
							132		
	266			841	311	475	153	558	21
6223	150	281	70749		2817	14953	384	3530	457
		283	19859	794	5314		32535	11	4903
277176	**255854**	**678659**	**460800**	**441270**	**44697**	**338423**	**86191**	**494765**	**72854**
		75			20	60	80	12	60
		75			20	60	80	12	60
			3	1367	378	918	13244	954	6771
							322	173	594
							322	173	594
		113	19583						
218725	206473	630385	347418	386910	33248	310805	58106	490952	56433
	3200		59500		4246	3657	900	356	609
			6942	24290	596	6694	245	16	2200
			3980	211	240	176	2094	1000	416
				69	750	511	961		303
58396	45143	48002	23216	25732	3876	14598	6910		3878
	959				284				
				29			250	26	199
								35	60
					15			5	
					5		57	25	
				67			80	19	
					19				
55	79	84	158	2595	818	994	2942	1192	1331
					202	10			

金融机构信贷收支

（2015 年底）

单位：万元

项　　目	合计	2015 年比年初	2015 年比年初±%	市区	中牟县	巩义市	荥阳市	新密市	新郑市	登封市	上街区
各项存款	**169362732**	**23859013**	**16.40**	**148414988**	**3923008**	**3209004**	**2672954**	**3370326**	**4930243**	**2842208**	**1280760**
境内存款	169298967	23847298	16.40	148354787	3922939	3208138	2672742	3370209	4928079	2842073	1280465
住户存款	56954874	5775525	11.28	43231921	2593370	2261457	1861481	2520102	2511903	1974639	829706
活期存款	24098499	2693529	12.58	18587167	1289229	847600	660838	911071	1145645	656950	313256
定期及其他存款	32856375	3081996	10.35	24644755	1304141	1413857	1200643	1609032	1366259	1317689	516450
非金融企业存款	72303264	10381185	16.76	66970197	969129	720740	605285	673740	1773849	590324	312967
活期存款	32436755	5307847	19.57	28741796	751310	326378	448715	481515	1437544	249498	165442
定期及其他存款	39866509	5073338	14.58	38228401	217819	394362	156570	192226	336305	340826	147526
广义政府存款	27429109	3424596	14.27	25648619	357740	225758	195976	150963	612503	237549	123357
财政性存款	3600486	880302	32.36	3467294	10690	8085	14392	6094	69135	24797	40549
机关团体存款	23828622	2544294	11.95	22181325	347050	217673	181585	144869	543368	212752	82808
非银行业金融机构存款	12611720	4265991	51.12	12504049	2699	184	10000	25403	29824	39560	14435
境外存款	63765	11715	22.51	60201	69	866	212	117	2165	135	295
各项贷款	**126594807**	**17891310**	**16.46**	**115001090**	**1910307**	**1823956**	**1470658**	**1723939**	**3469376**	**1195482**	**623022**
境内贷款	126588489	17890606	16.46	114994785	1910294	1823955	1470658	1723939	3469376	1195482	623022
住户贷款	35288113	6540356	22.75	31897297	737937	345352	629656	372451	1101577	203843	311352
短期贷款	9107810	377468	4.32	7870529	336699	123963	170196	154326	394329	57767	17596
消费贷款	3090497	697602	29.15	2984241	26643	15129	12861	11449	19304	20870	3141
经营贷款	6017313	-320135	-5.05	4886288	310055	108834	157335	142877	375025	36897	14455
中长期贷款	26180303	6162888	30.79	24026768	401238	221388	459461	218125	707248	146075	293756
消费贷款	22680820	5613722	32.89	20839419	337626	203862	413919	186609	591623	107760	264595
经营贷款	3499483	549166	18.61	3187349	63612	17526	45542	31515	115625	38315	29161
非金融企业及机关团体贷款	91290376	11360250	14.21	83097488	1172358	1478604	841001	1351488	2357799	991639	311670
短期贷款	30088462	2551982	9.27	25476871	640747	1044846	500843	645287	1281668	498201	159070
中长期贷款	57339945	7099728	14.13	53792242	530296	427903	340158	706201	1070180	472965	150880
票据融资	3683752	1673758	83.27	3656141		1187			5950	20474	920
融资租赁	400	-400	-50.00	400							
各项垫款	177817	35180	24.66	171835	1314	4667					800
非银行业金融机构贷款	10000	-10000	-50.00						10000		
境外贷款	6318	704	12.54	6304	12	1					

中资全国性四家行信贷收支

（2015 年底）

单位：万元

项　目	合　计	市　区	中牟县	巩义市	荥阳市	新密市	新郑市	登封市	上街区
各项存款	**50091472**	**42154109**	**819755**	**1571314**	**1028861**	**1549058**	**1783593**	**1184781**	**655814**
境内存款	50054568	42120599	819686	1570610	1028649	1548946	1781432	1184646	655520
个人存款	23675262	18378025	540190	1086421	725817	1228811	832027	883972	485331
其中：活期储蓄存款	11212185	8864218	321292	449673	322599	491744	433783	328874	203464
定期储蓄存款	10101698	7557776	184555	550928	348370	664652	333554	461863	250057
结构性存款	205294	179842	1496	10894	1855	4594	1105	5510	2930
单位存款	22767109	20239050	276797	483005	292832	294733	919580	261113	155710
其中：活期存款	11775984	10015235	244182	205452	243792	218839	699944	148540	119264
定期存款	5029576	4788615	4859	66771	18117	18535	84613	48065	23884
保证金存款	1184599	948794	8500	130696	19242	8776	45741	22850	4432
结构性存款	469452	419382					50070		
国库定期存款	321000	320000		1000					
非存款类金融机构存款	3291196	3183524	2699	184	10000	25403	29826	39560	14479
境外存款	36903	33510	69	704	212	112	2161	135	295
各项贷款	**37980394**	**33360884**	**374865**	**868693**	**674166**	**713230**	**1564066**	**424490**	**367687**
境内贷款	37978936	33359440	374852	868692	674166	713230	1564066	424490	367687
短期贷款	4498806	3505718	20293	465052	63968	122938	203374	117464	73589
个人贷款及透支	993915	921779	7730	9213	8771	17914	14036	14471	2278
其中：个人消费贷款	676407	631197	6192	5647	6569	7297	8509	10997	1874
单位贷款及透支	3504891	2583938	12563	455838	55196	105024	189337	102993	71310
经营贷款及透支	3038564	2150561	12563	455838	51196	95024	173859	99522	70975
固定资产贷款	54671	40500			4000	10000		171	
贸易融资	411656	392878					15478	3300	336
中长期贷款	31398230	27782079	354340	399553	610198	590292	1354742	307026	294098
个人贷款	13375753	11909838	233582	183370	321674	124152	524674	78464	215828
其中：个人消费贷款	12694419	11325778	231060	176112	314484	120325	450644	76016	191142
单位贷款	18022477	15872242	120758	216182	288524	466140	830068	228563	78270
经营贷款	2027507	1879260	3400	10700	21600	30000	30647	51900	
固定资产贷款	15859642	13889203	117358	188732	266924	436140	799421	161863	78270
并购贷款	88550	57000		16750				14800	
贸易融资	46778	46778							
票据融资	2057019	2049881		1187			5950		
各项垫款	24881	21762	220	2900					
境外贷款	1458	1444	12	1					

教育事业主要综合指标

（2015 年）

单位：所、人

指　　标	数　值	指　　标	数　值
平均每万人拥有各类学校数（个）	**1.66**	**小学五年巩固率（%）**	**101.40**
高等学校	0.07	**小学学生辍学率（%）**	**0.01**
中等职业学校	0.14	**初中学生毛入学率（%）**	**111.60**
技工学校	0.03	**初中三年巩固率（%）**	**104.2**
普通中学	0.43	**初中学生辍学率（%）**	**0.10**
普通小学	0.99	**初中毕业生升学率（%）**	**106.60**
平均每万人各类学校在校生数（人）	**2746.54**	**平均每万人各类学校教职工数（人）**	**214.36**
高等学校	987.93	#专任教师	164.22
中等职业学校	293.91	#高等学校	59.90
技工学校	64.23	中等职业学校	15.79
普通中学	540.39	技工学校	3.54
普通小学	834.98	普通中学	46.07
小学适龄儿童净入学率（%）	**100.00**	普通小学	40.67

卫生事业基本情况

（2015 年）

指 标	机构数（个）	实有床位数（个）	人员数（人）	卫生技术人员（人）	执业（助理）医师	执业医师	注册护士	药师（士）	技师（士）	其他	其他技术人员（人）	管理人员（人）	工勤人员（人）
总 计	**3922**	**78242**	**109625**	**86518**	**30932**	**27380**	**41007**	**3743**	**4401**	**6435**	**4992**	**5245**	**7594**
市区	1326	58677	79188	65256	23035	21591	31961	2697	3127	4436	3807	4012	5520
六县（市）	2596	19565	30437	21262	7897	5789	9046	1046	1274	1999	1185	1233	2074
中牟县	363	3135	4015	2771	1000	734	1195	162	147	267	216	94	398
巩义市	659	3205	6053	4640	1800	1301	1999	209	267	365	129	177	343
荥阳市	381	2480	4632	3132	1055	698	1239	153	158	527	119	261	510
新密市	392	4052	5681	3928	1448	1125	1748	229	279	224	190	281	229
新郑市	403	3549	5390	3634	1429	1103	1495	150	181	379	302	244	370
登封市	398	3144	4666	3157	1165	828	1370	143	242	237	229	176	224
医 院	**213**	**68606**	**80744**	**67383**	**22552**	**21196**	**34197**	**2980**	**3344**	**4310**	**3667**	**4138**	**5556**
综合医院	104	43507	50329	42720	14053	13313	22034	1754	2157	2722	2081	2408	3120
中医医院	50	11687	14362	11900	4483	4127	5359	744	518	796	765	699	998
中西医结合医院	3	305	322	260	151	113	71	7	5	26	29	9	24
专科医院	56	13107	15731	12503	3865	3643	6733	475	664	766	792	1022	1414
口腔医院	3	40	321	234	128	121	83	3	2	18	15	43	29
眼科医院	6	532	578	341	137	130	144	15	14	31	79	73	85
耳鼻喉科医院	2	180	212	158	49	43	92	6	9	2	35	11	8
肿瘤医院	2	3103	2930	2615	778	775	1572	70	137	58	120	64	131
心血管病医院	3	1305	1909	1596	486	468	826	50	62	172	80	162	71
胸科医院	1	1104	1275	1114	345	321	689	43	28	9	72	46	43
妇产（科）医院	4	184	713	360	146	121	176	14	20	4	6	57	290
儿童医院	1	2036	2804	2370	525	517	1382	80	164	219	76	162	196
精神病医院	3	678	547	429	119	116	231	24	25	30	35	51	32
传染病医院	2	1130	947	791	271	258	346	42	43	89	24	97	35
皮肤病医院	2	120	157	127	43	35	67	10	7		8	10	12
骨科医院	8	1319	1350	1081	432	397	490	54	63	42	57	65	147
康复医院	4	762	648	490	159	134	211	26	35	59	52	32	74
整形外科医院	1	34	319	89	28	25	57	2	2		56	31	143
美容医院	4	100	297	162	61	49	68	8	12	13	37	47	51
其他专科医院	10	480	724	546	158	133	299	28	41	20	40	71	67
基层医疗卫生机构	**3544**	**6335**	**19490**	**12755**	**6227**	**4226**	**4360**	**597**	**525**	**1046**	**478**	**271**	**710**
社区卫生服务中心（站）	216	1275	3962	3491	1506	1246	1392	187	178	228	128	143	200
卫生院	99	4933	5520	4703	1897	1026	1477	291	272	766	344	104	369
村卫生室	2405		6576	1300	950	302	350						
门诊部	35	127	695	584	285	246	206	28	51	14	6	24	81
诊所、卫生所、医务室	789		2737	2677	1589	1406	935	91	24	38			60
专业公共卫生机构	**137**	**3301**	**8260**	**6046**	**2072**	**1906**	**2427**	**161**	**442**	**944**	**656**	**655**	**903**
疾病预防控制中心	16		1611	990	512	444	93	24	127	234	151	206	264
专科疾病防治院（所、站）	3	159	295	221	93	91	43	4	27	54	21	28	25
健康教育所（站、中心）	3		31	8	3	2	2			3	7	11	5
妇幼保健院（所、站）	14	3142	4348	3717	1240	1193	1992	117	227	141	205	122	304
采供血机构	1		423	268	28	28	137	1	33	69	45	16	94
卫生监督所（中心）	16		572	395						395	19	113	45
计划生育技术服务机构	81		873	389	183	136	121	15	28	42	200	129	155
其他卫生机构	**28**		**1131**	**334**	**81**	**52**	**23**	**5**	**90**	**135**	**191**	**181**	**425**

重要文件目录

中共郑州市委文件

中共郑州市委关于深入学习贯彻《河南省全面建成小康社会加快现代化建设战略纲要》的决定

（郑发〔2015〕1号）

（2015年1月7日）

中共郑州市委关于进一步加强和改进新形势下机关党的建设的意见

（郑发〔2015〕2号）

（2015年1月30日）

中共郑州市委　郑州市人民政府关于深入实施开放创新双驱动战略加快新型工业化进程的意见

（郑发〔2015〕3号）

（2015年2月28日）

中共郑州市委　郑州市人民政府关于抓改革转方式调结构加快推进农业现代化的实施意见

（郑发〔2015〕4号）

（2015年3月30日）

中共郑州市委　郑州市人民政府关于做好2015年经济工作的实施意见

（郑发〔2015〕6号）

（2015年3月30日）

中共郑州市委　郑州市人民政府印发《关于加快革命老区发展和扶贫攻坚步伐全面建设小康社会的实施方案》的通知

（郑发〔2015〕7号）

（2015年4月21日）

中共郑州市委　郑州市人民政府关于引进培育创新创业领军人才（团队）的意见

（郑发〔2015〕9号）

（2015年5月19日）

中共郑州市委　郑州市人民政府关于进一步加强基层四项基础制度建设的意见

（郑发〔2015〕10号）

（2015年6月12日）

中共郑州市委关于全面推进依法治市的实施意见

（郑发〔2015〕11号）

（2015年6月4日）

中共郑州市委关于进一步加强县级以上机关四项基础制度建设的意见

（郑发〔2015〕12号）

（2015年6月26日）

中共郑州市委　郑州市人民政府　郑州警备区关于进一步加强征兵工作的意见

（郑发〔2015〕13号）

（2015年8月7日）

中共郑州市委　郑州市人民政府关于全民行动坚决遏制大气污染的意见

（郑发〔2015〕14号）

（2015年8月26日）

中共郑州市委　郑州市人民政府关于贯彻落实谢伏瞻省长调研大气污染防治工作讲话精神的意见

（郑发〔2015〕15号）

（2015年9月1日）

中共郑州市委　郑州市人民政府关于认真学习贯彻落实谢伏瞻省长在郑州调研大气污染防治工作讲话精神的通知

（郑发〔2015〕16号）

（2015年9月14日）

中共郑州市委　郑州市人民政府关于贯彻落实郭庚茂书记谢伏瞻省长调研郑州航空港经济综合实验区讲话精神的意见

（郑发〔2015〕17号）

（2015年9月15日）

中共郑州市委关于推进全面从严治党的实施意见

（郑发〔2015〕18号）

（2015年9月14日）

中共郑州市委关于认真学习贯彻党的十八届五中全会精神的通知

（郑发〔2015〕20号）

（2015年11月13日）

中共郑州市委　郑州市人民政府关于进一步加强安全生产工作的实施意见

（郑发〔2015〕21号）

（2015年11月27日）

中共郑州市委关于加强和改进党的群团工作的实施意见

（郑发〔2015〕22号）

（2015年12月26日）

（刘跃亭　郝巧梅　吕志坡）

郑州市人大常委会文件

郑州市人大常委会关于印发《郑州市人民代表大会常务委员会关于接受吴忠华辞去郑州市人民政府副市长职务的决定》的通知

（郑人常〔2015〕1号）

（2015年1月19日）

郑州市人大常委会关于印发《郑州市人大常委会关于设立河南省郑州市东城地区人民检察院的决定》的通知

（郑人常〔2015〕2号）

（2015年1月19日）

郑州市人大常委会关于印发《郑州市人民代表大会常务委员会关于批准郑州市2015年政府投资项目计划的决议》的通知

（郑人常〔2015〕4号）

（2015年1月29日）

郑州市人大常委会关于办理市十四届人大二次会议代表议案的通知

（郑人常〔2015〕6号）

（2015年2月27日）

郑州市人大常委会关于印发《郑州市人民代表大会常务委员会关于修改〈郑州市人民代表大会常务委员会讨论决定重大事项的规定〉的决定》的通知

（郑人常〔2015〕9号）

（2015年3月11日）

郑州市人大常委会关于印发2015年度地方立法计划的通知

（郑人常〔2015〕10号）

（2015年4月8日）

郑州市人大常委会关于印发《郑州市人民代表大会常务委员会专项工作评议办法》的通知

（郑人常〔2015〕11号）

（2015年5月5日）

郑州市人大常委会关于印发《〈郑州市民公共文化服务区城市设计〉、〈郑州市民公共文化服务区控制性详细规划〉、〈郑州市民公共文化服务区地下交通系统及地下空间利用专题规划〉及〈郑州市民公共文化服务区水系专题规划〉的决议》的通知

（郑人常〔2015〕13号）

（2015年6月26日）

郑州市人大常委会关于印发《郑州市人大常委会贯彻市委十届十一次全会精神推动依法治市工作方案》的通知

（郑人常〔2015〕15号）

（2015年6月30日）

郑州市人大常委会关于印发《郑州市人民代表大会常务委员会关于批准2014年市级财政决算的决议》的通知

（郑人常〔2015〕19号）

（2015年8月31日）

郑州市人大常委会关于印发《郑州市人民代表大会常务委员会关于批准郑州市2015年第一批新增地方政府债券资金及地方政府置换债券资金分配使用情况的决议》的通知

（郑人常〔2015〕20号）

（2015年8月31日）

郑州市人大常委会关于印发《郑州市人民代表大会常务委员会关于批准郑州市本级2015年调入预算稳定调节基金的决议》的通知

（郑人常〔2015〕21号）

（2015年8月31日）

郑州市人大常委会关于印发《郑州市人民代表大会常务委员会关于接受李喜安辞去市十四届人民代表大会常务委员会委员职务的决定》的通知

（郑人常〔2015〕23号）

（2015年10月22日）

郑州市人大常委会关于组织实施《郑州市建设工程施工安全管理条例》的通知

（郑人常〔2015〕24号）

（2015年10月28日）

郑州市人大常委会关于组织实施《郑州市轨道交通条例》的通知

（郑人常〔2015〕25号）

（2015年10月28日）

郑州市人大常委会关于贯彻执行《郑州市人民代表大会常务委员会组成人员守则》的通知

（郑人常〔2015〕29号）

（2015年11月10日）

郑州市人大常委会关于组织实施《郑州市人民代表大会常务委员会关于修改〈郑州市城乡规划管理条例〉的决定》的通知

（郑人常〔2015〕31号）

（2015年12月11日）

郑州市人大常委会关于组织实施《郑州市人民代表大会常务委员会关于废止部分地方性法规的决定》的通知

（郑人常〔2015〕32号）

（2015年12月28日）

郑州市人大常委会关于印发《郑州市人民代表大会常务委员会规范性文件备案审查办法》的通知

（郑人常〔2015〕33号）

（2015年12月28日）

郑州市人大常委会关于印发《郑州市人民代表大会常务委员会关于批准郑州市2015年第二批新增地方政府债券资金及第二、三批置换债券资金分配使用计划的决议》的通知

（郑人常〔2015〕34号）

（2015年12月25日）

（胡凯林）

郑州市人民政府文件

郑州市人民政府关于下达2015年度郑州市重点建设项目的通知

（郑政〔2015〕1号）

（2015年1月20日）

郑州市人民政府关于促进市场公平竞争维护市场正常秩序的实施意见

（郑政〔2015〕2号）

（2015年2月3日）

郑州市人民政府关于印发郑州市2015年水生态文明建设实施方案的通知

（郑政〔2015〕3号）

（2015年2月10日）

郑州市人民政府关于印发郑州城区生态水系“水清河美”工程方案的通知

（郑政〔2015〕4号）

（2015年1月26日）

郑州市人民政府关于废止《郑州市人民政府关于印发郑州市新建住宅项目供配电设施建设管理办法（试行）的通知》的通知

（郑政〔2015〕5号）

（2015年2月10日）

郑州市人民政府关于印发2015年郑州市蓝天工程行动计划实施方案的通知

（郑政〔2015〕6号）

（2015年2月10日）

郑州市人民政府关于修订郑州市生产安全事故应急预案的通知

（郑政〔2015〕7号）

（2015年2月12日）

郑州市人民政府关于印发郑州市总部经济发展三年行动计划（2014–2016年）的通知

（郑政〔2015〕8号）

（2015年3月3日）

郑州市人民政府关于加快推进跨境贸易电子商务发展的意见

（郑政〔2015〕9号）

（2015年3月16日）

郑州市人民政府关于印发郑州市行业协会商会与行政机关脱钩实施方案的通知

（郑政〔2015〕10号）

（2015年3月13日）

郑州市人民政府关于印发郑州市2015年主要污染物总量减排计划实施方案的通知

（郑政〔2015〕11号）

（2015年3月14日）

郑州市人民政府关于印发郑州市电子商务产业园管理办法的通知

（郑政〔2015〕12号）

（2015年3月19日）

郑州市人民政府关于加快推进都市生态农业示范园区建设的实施意见

（郑政〔2015〕13号）

（2015年3月24日）

郑州市人民政府关于印发郑州市扶贫开发三年攻坚行动计划（2015–2017年）的通知

（郑政〔2015〕14号）

（2015年3月24日）

郑州市人民政府关于全市交通运输行政执法体制改革的意见

（郑政〔2015〕15号）

（2015年4月1日）

郑州市人民政府关于进一步加强车辆超限超载治理工作的通知

（郑政〔2015〕16号）

（2015年4月3日）

郑州市人民政府关于印发郑州市新建住宅项目供电设施建设管理办法的通知

（郑政〔2015〕17号）

（2015年4月7日）

郑州市人民政府关于印发郑州市非法电台整治工作方案的通知

（郑政〔2015〕18号）

（2015年4月13日）

郑州市人民政府关于加快全域旅游发展的意见

（郑政〔2015〕19号）

（2015年4月27日）

郑州市人民政府关于对2013–2014年度防范打击和处置非法集资工作突出贡献人员记功嘉奖的决定

（郑政〔2015〕20号）

（2015年4月27日）

郑州市人民政府关于贯彻国务院计量发展规划（2013–2020年）的实施意见

（郑政〔2015〕21号）

（2015年5月10日）

郑州市人民政府关于印发郑州市保增长调结构强投资促转型实施意见的通知

（郑政〔2015〕22号）

（2015年5月20日）

郑州市人民政府关于印发2015年中心城区市场外迁工作方案的通知

（郑政〔2015〕23号）

（2015年5月29日）

郑州市人民政府关于下达2015年度郑州市第二批重点建设项目的通知

（郑政〔2015〕24号）

（2015年3月28日）

郑州市人民政府关于印发郑州市生活必需品市场供应应急预案的通知

（郑政〔2015〕25号）

（2015年6月1日）

郑州市人民政府关于印发安全郑州创建2015年行动计划的通知

（郑政〔2015〕26号）

（2015年6月1日）

郑州市人民政府关于印发郑州市2015年国民经济和社会发展计划的通知

（郑政〔2015〕27号）

（2015年6月5日）

郑州市人民政府关于推广运用政府和社会资本合作（PPP）模式的实施意见

（郑政〔2015〕28号）

（2015年6月17日）

郑州市人民政府关于进一步加强新时期爱国卫生工作的意见

（郑政〔2015〕29号）

（2015年6月23日）

郑州市人民政府关于加快发展众创空间推进大众创新创业的实施意见

（郑政〔2015〕30号）

（2015年6月29日）

郑州市人民政府关于印发郑州市突发公共事件医疗卫生救援应急预案的通知

（郑政〔2015〕31号）

（2015年6月24日）

郑州市人民政府关于印发进一步推进全市社会信用体系建设实施意见的通知

（郑政〔2015〕32号）

（2015年7月17日）

郑州市人民政府关于印发郑州市抗旱应急预案的通知

郑政〔2015〕33号

2015年6月30日

郑州市人民政府关于印发郑州市防汛应急预案的通知

（郑政〔2015〕34号）

（2015年6月30日）

郑州市人民政府河南省教育厅河南省科技厅河南省人力资源和社会保障厅关于印发鼓励科技人才和大学生在郑创新创业的若干政策措施的通知

（郑政〔2015〕35号）

（2015年7月15日）

郑州市人民政府关于印发郑州市火灾隐患综合整治暨消防安全提升工作总体方案的通知

（郑政〔2015〕36号）

（2015年7月23日）

郑州市人民政府关于印发郑州市2015年依法行政工作要点的通知

（郑政〔2015〕37号）

（2015年7月23日）

郑州市人民政府关于下达郑州市南水北调供水水费征缴办法的通知

（郑政〔2015〕38号）

（2015年8月6日）

郑州市人民政府关于进一步加快市区公共停车场建设管理工作的指导意见（试行）

（郑政〔2015〕39号）

（2015年8月7日）

郑州市人民政府关于印发中国人民抗日战争暨世界反法西斯战争胜利70周年纪念活动郑州市空气质量保障方案的通知

（郑政〔2015〕40号）

（2015年8月21日）

郑州市人民政府关于印发郑州市全民技能振兴工程三年行动计划（2015–2017年）的通知

（郑政〔2015〕41号）

（2015年9月24日）

郑州市人民政府关于印发郑州市2015–2017年燃煤削减和清洁能源建设工作方案的通知

（郑政〔2015〕42号）

（2015年9月25日）

郑州市人民政府关于做好第三次全国农业普查工作的通知

（郑政〔2015〕43号）

（2015年9月8日）

郑州市人民政府关于取消民生服务事项中繁文缛节和不必要证明的通知

（郑政〔2015〕44号）

（2015年10月21日）

郑州市人民政府关于印发郑州市2015–2016年度冬春农田水利建设实施方案的通知

（郑政〔2015〕45号）

（2015年10月29日）

郑州市人民政府关于下达2015年度环境空气质量改善目标的通知

（郑政〔2015〕46号）

（2015年11月4日）

郑州人民政府关于进一步完善城乡居民基本养老保险制度的意见

（郑政〔2015〕47号）

（2015年11月19日）

郑州市人民政府关于加快发展体育产业促进体育消费的实施意见

（郑政〔2015〕48号）

（2015年11月24日）

郑州市人民政府关于推动三个转变建设质量强市的实施意见

（郑政〔2015〕49号）

（2015年11月25日）

郑州市人民政府关于印发郑州市国内贸易流通体制改革发展综合试点实施方案的通知

（郑政〔2015〕50号）

（2015年11月27日）

郑州市人民政府关于发展通用航空产业的意见

（郑政〔2015〕51号）

（2015年12月31日）

郑州市人民政府关于优先发展城市公共交通的实施意见

（郑政〔2015〕52号）

（2015年12月31日）

（李林晓　陈一帆　陈海彬）

说明：

本索引为分类索引，包括主题词索引、表格和示意图索引、彩图插页索引。

主题词索引标目按汉语拼音音序排列，标目后数字为页码，页码后a、b、c分别表示为该页的左、中、右栏。

表格和示意图索引、彩图插页索引按页码顺序编排。

主题词索引

A

B

C

D

H

I

J

K

L

Q

R

T

V

W

X

Y

表格和示意图索引

彩图插页索引

和谐城乡 美丽郑州

区域新貌

部门亮点

企业新姿 基层风采

企业新姿 基层风采

天地之中 魅力郑州

NEW STYLE OF GRASS-ROOTS ENTERPRISES

郑州市轨道交通有限公司

2015年7月6日，市长马懿视察2号线工程

2号线盾构施工

2015年5月16日，2号线一期空载试运行

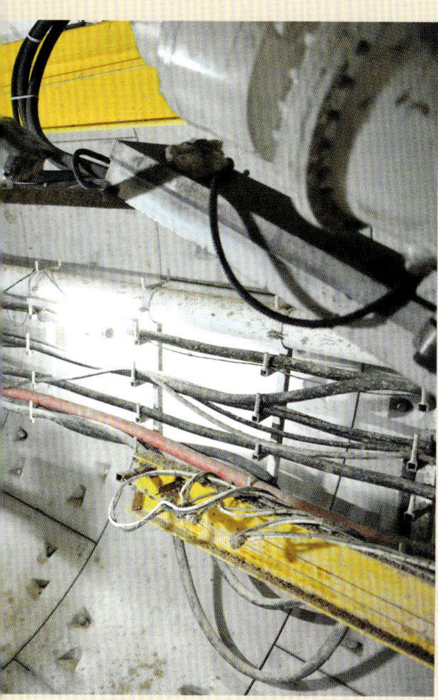

公司升旗

城郊铁路高架段建设

郑州市公共住宅建设投资有限公司

市国资委主任李秀山视察金光花苑安置区项目

市国资委主任李秀山、副主任李中正为金光花苑项目临时党支部揭牌

董事长于公带队考察房地产项目

党委书记赵兰带领党员重温入党誓词

建设中的金光花苑安置区项目

总经理耿颍强深入施工现场调研

组织青年员工赴红旗渠参观学习培训

大型安置社区——金光花苑项目

郑东新区商都路办事处

省、市领导调研辖区重点项目

郑东新区管委会组织观摩“省级示范安置区”商都嘉园

组织参观郑东新区“十二五”成就展

德国考察团参观黑蜘蛛网络销售渠道

规模日渐扩大的郑州东站

日新月异的高铁站东广场

穆庄、白佛两村旧貌换新颜

郑东新区商都路办事处

实施一线工作法，将办公桌椅搬到工作一线，吃住在项目一线，创造项目征迁的“郑州速度”

商都嘉园回迁安置抽签选房现场

商都路办事处联合绿地之窗等知名企业成立商都企业家联谊会

千名志愿者下网格活动动员会现场

联合交管部门对汽车站进行整治

慰问辖区老党员

刘老根大舞台入驻文化产业大厦

开展“民生直通车进社区”活动

办事处巡防队员综合培训活动

郑州高新技术产业开发区石佛办事处

2015年6月30日，市委副书记、市委秘书长胡荃与四大班子领导及各县（市）区负责人到石佛办事处视察指导村庄改造工作

2015年7月17日，市委常委、统战部部长王跃华到石佛办事处调研“三严三实”专题教育情况

2015年4月20日，副市长张俊峰到石佛办事处调研扬尘治理工作

2015年4月，高新区党工委书记、管委会主任赵书贤到石佛办事处调研村改工作

省纪委、市纪委到石佛办事处调研基层“四项基础制度”建设和党风政风监督检查机制落实情况

2015年9月7日，高新区党工委书记、管委会主任赵书贤到石佛办事处百炉屯安置区调研安置房建设和扬尘治理情况

高新区观摩团到石佛办事处观摩安置房建设工作

高新区组织人员到石佛办事处观摩基层“四项基础制度”建设情况

郑州高新技术产业开发区石佛办事处

党工委书记 田鸿鹏

主 任 张艳茹

召开"三严三实"专题教育党课报告会

召开大气污染防治工作推进会

组织召开党支部书记抓党建工作述职评议大会

陈庄村拆迁动员大会召开

组织人员到江西干部学院参加干部素能提升培训

郑州高新技术产业开发区梧桐办事处

高新区党工委委员、管委会副主任姚五洲到梧桐办事处兰寨村慰问困难党员

高新区党工委委员、管委会副主任姚五洲莅临梧桐办事处玉兰街社区指导红色教育史料展

市委组织部在梧桐办事处调研指导党建工作

举办"国学智慧与和谐人生"知识讲座

开展"两学一做"学习教育专题培训

健身体育设施

廉政文化长廊

参加市妇联组织的广场舞比赛

举办运动会

管城回族区十八里河镇人民政府

2015年7月28日，区委书记袁三军在上半年经济运行观摩会上讲话

2015年2月11日，区委书记袁三军到十八里河镇老年安置房慰问老人

2015年7月9日，区政协主席刘霞到十八里河镇调研十八里河村、八郎寨安置房建设情况

2015年6月18日，区委副书记邓英文在十八里河镇开展领导干部讲党课活动

2015年2月10日，区委宣传部部长杨洁慰问在南刘庄村、小王庄村安置房生活的老人

省民政厅在十八里河镇调研行政区域划分工作

管城回族区十八里河镇人民政府

中共十八里河镇四届三次党代会召开

召开“七一”表彰大会

镇机关干部观看《伟大复兴中国梦》纪录片

召开安全生产大排查动员会

十八里河镇村级组织书记抓基层党建述职评议会召开

十八里河镇南小李庄村元宵民俗会

2014年度安全生产工作

优秀单位

郑州市管城回族区人民政府
二〇一五年三月

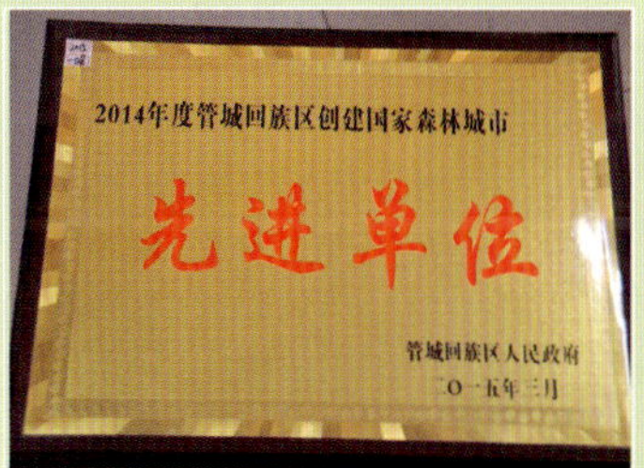

2014年度管城回族区创建国家森林城市

先进单位

管城回族区人民政府
二〇一五年三月

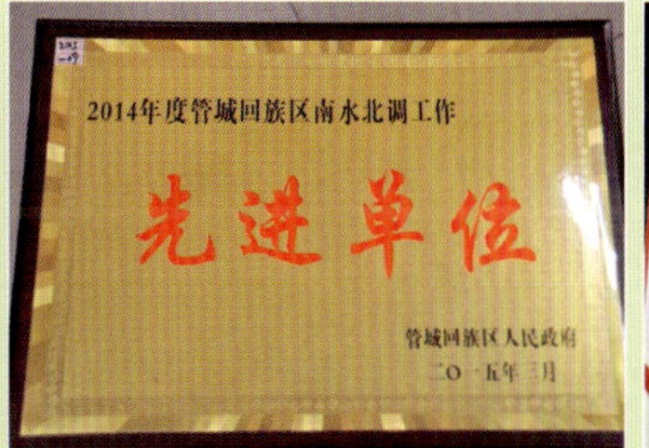

2014年度管城回族区南水北调工作

先进单位

管城回族区人民政府
二〇一五年三月

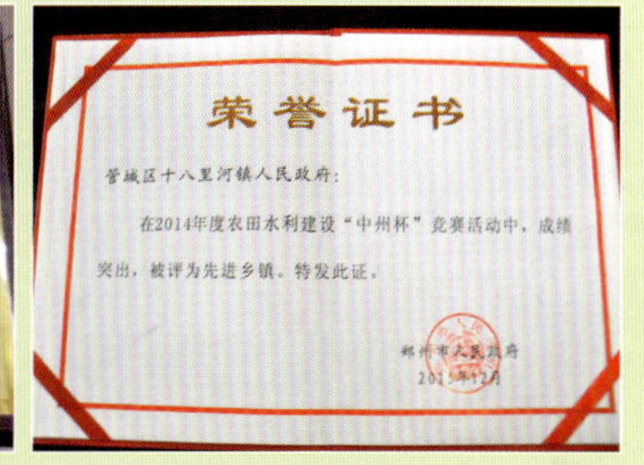

荣誉证书

管城区十八里河镇人民政府：

在2014年度农田水利建设“中州杯”竞赛活动中，成绩突出，被评为先进乡镇。特发此证。

郑州市人民政府

获得的荣誉

管城回族区南曹乡人民政府

2015年6月30日，市委宣传部常务副部长徐西平到野曹开元寺项目产业基地调研

2015年11月19日，区委书记王东亮在管城区委常委、区委办主任刘守斌和乡党委常务副书记王传胜、乡长陈慧军的陪同下调研南曹乡潮湖生态园生态廊道建设工作

2015年11月19日，区委书记王东亮在南曹乡党委常务副书记王传胜的陪同下调研新型城镇化建设工作

2015年11月19日，区委书记王东亮在南曹乡调研

2015年12月17日，区长虎强视察南曹乡安全、环境卫生工作

2015年7月9日，区政协主席刘霞视察郎庄拆迁工作

2015年10月22日，区政协主席刘霞视察姚庄拆迁工作

南曹乡第十五届人民代表大会第五次会议预备会召开

南曹乡第十五届人民代表大会第五次会议第一次全体会议召开

组织观看电影《马本斋和他的母亲》

二七区马寨镇人民政府

市委办公厅正县级干部黄忠田、市委组织部电教中心教学科长岁正菊、区组织部副部长冯沛调研马寨镇村组换届工作

区委常委、统战部部长王玉红，副部长尚红，马寨镇党委常务副书记刘丽红等出席二七书画院书法家迎新春“送文化 送祝福”进社区、进企业活动

区委常委、统战部部长王玉红赴马寨镇调研统战工作示范点创建成果

区委常委、区委办公室主任袁斌出席马寨镇“从严从实 百日攻坚 打赢硬仗”动员大会

区人大常委会副主任周国堂到马寨镇检查指导“人大代表之家”工作

区政府党组成员谭清录到马寨镇督导检查危化企业

镇长谢金旺陪同政协、人大领导，实地调研刘胡垌安置房建设工作，并查看扬尘污染治理情况

镇党委常务副书记刘丽红慰问困难党员

马寨镇庆祝第31个教师节暨表彰大会举行

河南省电力公司郑州供电公司

2015年7月28日，市委常委、统战部部长王跃华，副市长黄卿看望慰问调度一线值班人员

“雷锋号”电力抢修队到马寨老年康乐中心慰问

省会安全生产宣传咨询日活动

“上海合作组织总理”国际会议保电现场

配合市政建设开展的金水路西延工程地下电缆施工现场

郑州机场城际铁路线路入地

设备巡视

抢修工作现场

机场周边杆塔拆降改造

郑州银行股份有限公司

2015年12月23日，市委常委、常务副市长孙金献与郑州银行董事长王天宇共同为郑州银行上市鸣锣

董事长王天宇作为全国劳模先进代表在河南省、郑州市劳模座谈会上作典型发言

2015年12月23日，董事长王天宇和行长申学清参加郑州银行港交所上市仪式

2015年12月5日，副行长夏华在扶沟郑银村镇银行开业仪式上致辞

郑州银行科技部总经理姜涛代表郑州银行领取年度最佳IT-DR(信息系统灾难恢复)基础设施奖

郑州银行东明路支行、上街支行、营业部获中国银行业文明规范服务千佳示范单位称号

2015年9月，郑州银行漯河分行开业

2015年11月，郑州银行信阳分行开业

2015年，郑州银行获2000亿元以上城商行综合竞争力第一名荣誉称号

2015年，郑州银行获2014年度最佳城市商业银行荣誉称号

郑州交通技师学院

学院揭牌仪式暨新常态下汽车专业发展深化校企合作论坛

院长 张道勇

学院领导班子

郑州交通技师学院与三星携手打造中原“金蓝领”

河南省第三届技工院校汽车专业技能大赛在郑州交通技师学院举行

省、市部门领导来校指导工作

省人社厅职业能力建设处处长张荣瑞在校参观

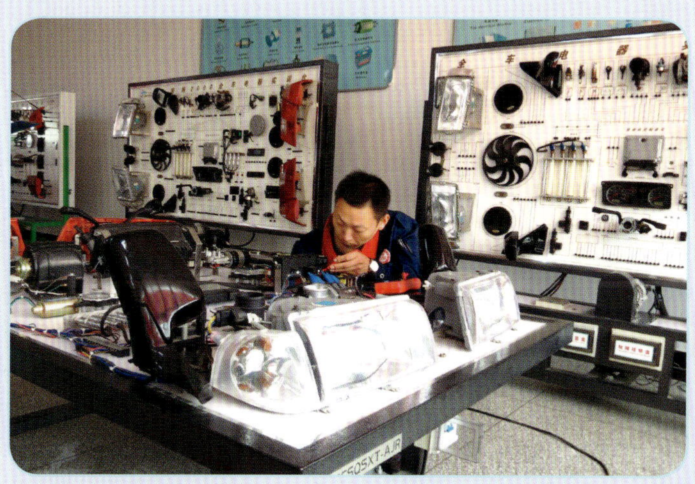

2015年郑州市技工院校师生职业技能大赛在郑州交通技师学院举行

郑州市第六十二中学

六十二中整体改造图　　新一届领导干部集体宣誓

召开"三严三实"民主生活会

乐之韵五星社团在校第十届英语艺术节上合唱

郑州市第六十二中学
ZHENGZHOU NO.62 MIDDLE SCHOOL

喜报

1. 2015年被省示范性高中录取241人。
2. 2015年南开中学录取1人，郑州一中录取17人，外语学校录取6人，省实验高中录取7人，以上三所学校共录取31人。
3. 单科最高分名单：

政治满分70分，我校学生张旭炎、王冰、张若琪、吴佳俊等考满分70分，全市第一名。
语文满分120分，我校学生张旭炎等考113分。
数学满分120分，我校学生梁伟康等考116分。
英语满分120分，我校学生娇海潮、叶雨鑫、尚平、王冰、李龙倩、李迅、惠兰心等考119分。
物理满分70分，我校学生梁伟康、潘泊豪等考67分。
化学满分50分，我校学生娇海潮、安晓宇、荆科瑶等考满分50分，全市第一名。
历史满分50分，我校学生王致远、申淑馨等考48分。
体育满分50分，我校学生田成龙等71人考满分50分，全市第一名。
实验操作30分，我校学生郭正阳等539人考满分30分，全市第一名。
我校有617人次为全市单科第一名。

郑州市第六十二中学
2015年8月

六十二中中招成绩录

市教研室教研员来校为授课教师把脉问诊

教师演讲活动

纪念"五四"运动96周年主题团日暨"法制进校园"活动

消防安全演习

校长李绍彬和开发商协商团购住房

郑州市第七十三中学

校长孙福增和学生在一起

东教学楼

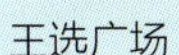

王选广场

三风一训

校园一景

校运动场

王选题词墙

校园木长廊

曲径通幽

国防教育实践活动展示

郑州市中原区第二中学

校 长 孙建伟

上级领导视察学业水平测试工作

校长孙建伟主持教研活动

班主任工作研讨会

生本课堂

庄严的升旗仪式

丰富多彩的社会实践活动

体育教学精彩纷呈

开展集体活动
彰显师生真情

郑州年鉴各县（市）区编辑组

巩义市

组　长　史建伟（副市长）
副组长　郅笃威（市史志办主任）
组　员　魏小艳

新密市

组　长　史启新（市委常委、市委办主任）
副组长　蒋剑茹（副市长）
组　员　王西林　樊彩凤　程淑青　郑立果

登封市

组　长　陈耀宗（市委常委、常务副市长）
副组长　吕宏军（市史志办主任）
组　员　雷省委　白少丹　鲍丽丽　郜悟祺

新郑市

组　长　王智明（市委常委、常务副市长）
副组长　李俊鹏（市政府办主任）
组　员　王　昱　沈永跃

荥阳市

组　长　李凤芝（副市长）
副组长　南必成（市史志办主任）
组　员　李建民　刘朝阳　袁　磊

中牟县

组　长　李慧芳（副县长）
副组长　李有忠（县政府办主任）
组　员　雍　超　张恒献　张海军　高　伟

金水区

组　长　李建超（区委常委、常务副区长）
副组长　竟新宇（区政府办主任）
组　员　窦　凯　向天燕　王　红　何金星

二七区

组　长　黄卫红（区政府党组成员）
副组长　刘　琴（区史志办主任）
组　员　胡　雷

管城回族区

组　长　罗国君（副区长）
副组长　周遂枝（区史志办主任）
组　员　崔　涛　王　忠　何　蕾　王海霞

中原区

组　长　杨　洋（副区长）
副组长　任　莉（区史志办主任）
组　员　赵志平　尹园园

惠济区

组　长　李伟光（区委常委、常务副区长）
副组长　黄国彦（区政府办主任）
组　员　丁明伟　徐玲玲　赵　莹　杨　芳

上街区

组　长　徐　勇（区委常委、常务副区长）
副组长　周伟杰（区政府办主任）
组　员　焦　阳　李永长　王　柯　张洋滉

图书在版编目(CIP)数据

郑州年鉴. 2016/郑州市人民政府主办；郑州市地方史志办公室编. — 郑州：中州古籍出版社，2016.9
ISBN 978-7-5348-6301-1

Ⅰ. ①郑… Ⅱ. ①郑… ②郑… Ⅲ. ①郑州－2016－年鉴 Ⅳ. ①Z526.11

中国版本图书馆CIP数据核字(2016)第243701号

出 版 社：中州古籍出版社
（地址：郑州市经五路66号 邮编：450002）
承印单位：河南省瑞光印务股份有限公司
开　　本：889 mm × 1194mm　1/16
印　　张：36
字　　数：1600千字
印　　数：2000册
版　　次：2016年9月第1版
印　　次：2016年9月第1次印刷
定　　价：320.00元